KB038947

한국 교육법학

Korea Education Law

고 전 高鐫

박영사

이 책을

같은 방향을 보고 있는 모든 분들에게 바칩니다.

책 머리에

이 책 『한국 교육법학』은 교육법 및 교육법학에 대한 한국에서의 연구성과를 집성한 것이다. 저자가 1997년 『教育法學研究』 학술지에서 밝혔듯이 교육법학은 "교육법 현상(敎育法現象)을 독자적인 연구대상으로 하여 교육학과 법학의 학제적 연구방법 및 결과를 토대로 교육과 법의 관계구조를 설명 · 진단 · 예측하는 학문"이다.

이 책은 교육법규사 측면에서는 구한말 근대교육의 출현으로부터 대한민국헌법(1948)에 교육조항(제16조)이 규정되고 교육법이 제정(1949.12.31.)된 이후 오늘에 이르기까지의 전개과정을 서술하였으며, 학술 연구사 측면에서는 1980년대 중반 교육법 관련 학회들이 출현한 이후의 그 학문적 연구성과를 반영한 것으로, 한국의 교육법 현상과 교육법학 연구에 관한 서적이다.

저자는 1981년 교육학을 접하였고 교육법을 전공할 결심으로 대학원 석사과정에 입문하였으니, 이 책은 40여 년 만에 내놓는 작은 배움의 결산서이기도 하다. 저자의 교육법 강의는 박사학위를 취득한 후 이화여대에서 故 백명희 교수님의 강좌를 이어받은 것이 계기가 되었고, 지금도 제주대 교육대학 학부, 석 · 박사 과정에서 교육법 강좌를 개설하고 있다. 이 책은 적지 않은 기간 다듬어 온 저자의 강의록과 그 간의 연구성과를 바탕으로 작성된 것으로 정년이 멀지 않은 시점에 이르러서야 더는 미룰 수 없어 마무리하게 되었다. 이 책이 교육법을 전공하는 동학제현(同學諸賢)과 앞으로 교육법 연구에 입문하게 될 후학들에게 작게나마 도움이 되길 바란다.

3년 전에 출판한 『일본 교육법학』(2019)에서 독자들에게 이 책의 출간 계획을 알렸는데, 『일본 교육법학』은 1996년 게이오대학 및 와세다대학에서의 수학경험과 2000년 동경대학 대학원에서 2년 동안 연구조교수로서의 교육법 연구성과를 갈무리하여 출간한 것으로, 이전의 『일본교육개혁론』(2014)과 함께 이번의 『한국 교육법학』에 도달하기 위한 학문적 여정이었다.

학문적 미몽 상태를 생각하면 허영 은사님의 『한국헌법론』을 따르는 '한국 교육법론'으로도 충분하다 하겠다. 하지만 교육법학을 표방하기를 주저하는 한국 교육법학계의 지나친 학문적 겸양의 전통으로는 후학들이 출판 열의를 자극하지 못하리라는 우려 반 기대 반으로 『한국 교육법학』이라 명명하였음을 동학제현께서는 널리 이해하여 주셨으면 한다. 이 책을 한국 교육법학의 완성이라기보다는 시작으로서 의미를 부여해주시는 것만으로도 감사할 일이다. 사실, 일본 교육법학계도 아리꾸라 료기치(有倉遼吉) 교수가 대표 집필한 『教育法學』(1976) 이후 개인 학자로는 나가이 켄이치(永井憲一) 교수의 『教育法學』(1993)이나 가네꼬 마사시 · 이치가와 준미코 교수 등(兼子 仁 · 市川順美子)의 『日本の自由教育法學』(1998) 등이 있는 정도여서 학문적 겸양의 관례는 양국 공통인가 싶다.

이 책은 3개 부(部)로 구성되어 있다. 제1부에서는 교육법과 교육기본권을, 제2부에서는 교육법 각론으로 7개 영역의 법률들을, 제3부에서는 교육입법 정책론으로서 학생의 인권, 교사의 교권, 학교의 자율성, 교육법과 교육법학의 과제를 다루었다. 각 장 진술의 주안점은 교육법학계뿐만 아니라 헌법학계 및 교육학계의 논의들을 폭넓게 소개하고 입법 대안들을 논의하여, 법률에 대한 다양한 해석과 더불어 입법 현안을 중심으로 한국의 교육법 현실을 균형있게 조명하고자 하였다.

그중에서도 헌법의 교육조항, 즉 '교육을 받을 권리'에 대한 헌법학계와 교육법학계 16인의 논의의 특징을 학계에서는 처음으로 도표화하여 제시했다. 당사자에 따라서는 의도치 않게 비교가 되었을 수 있겠으나 학설 간의 차이점을 변별해보고자 시도한 데 의의를 두고 양해를 구한다. 향후 학회에서 헌법상의 교육에 관한 기본권에 대한 학설을 더욱 정교하게 논의하고 분류하는 출발점이 되기를 바란다.

또한 교육제도와 법을 변화시킨 헌법재판소 및 대법원의 의미있는 판례를 소개하였고, 쟁점이 되는 사안은 제2부의 각 장에서 좀 더 자세히 소개하고 나름의 평석을 더했다. 이어서, 대한교육법학회 등 학술적 성과를 반영하는 취지에서 각 주제에 대한 주요 논객(leading writer)의 연구 결론을 중심으로 주제별 핵심 제안도 수록하였다. 주제에 관심있는 연구자의 논문을 다 인용하지 못한 것은 단지 지면의 한계 탓일 뿐이니 보다 깊이 있는 문헌은 『*教育法學研究*』 학술지에 맡긴다.

교육법의 특성상 법률 개정이 잦은 편이어서 제2부에서는 최근의 관련 법률의 개정까지를 소개하고 해석했다. 각 장에서 저자가 내린 결론 및 핵심 요점 5가지씩(총 75개)을 제시하였다. 75개의 설(說)은 이 책을 통해서 밝히고자 한 교육법과 교육법 연구에 대한 저자의 기본 입장이자 화두라고 이해해도 좋겠다.

책을 펴낼 때면 당부드리는 얘기지만, 이 책 역시 책꽂이에 선 채로 잠들어 있기보다 연구자에게는 전문서로, 일반 독자에게는 교육법을 이해하는 핸드북으로서 손 가는 대로 펼쳐지기를 바라며, 미흡한 부분은 다음 기회를 기대하고자 한다.

책의 구성

3개 부(部)로 이루어진 이 책의 제1부는 교육법과 교육기본권에 대한 기본 개념을 이해하는 데 초점을 맞추었다. 그 내용은 교육기본권의 원리로부터 시작하여, 교육입법사의 특징을 살펴본 후, 국내외 교육법학을 다루었으며, 교육기본권에 대한 논의와 기본권 제한 문제를 헌법재판을 중심으로 논했다.

제2부는 각론으로서 구체적인 법률인 교육기본법, 교육행정 · 재정법규, 학교교육법규, 교원 및 교직단체 법규, 고등교육법규, 평생교육법규로 나누어 살펴보았다. 각 장의 5절에서는 관련 법률의 주요 쟁점과 관련된 판례도 살펴보았다.

제3부는 '살아있는 교육법'에 대한 논의로 구성했다. 교육현장에서 핵심 주제로 다루어지는 세 주제를 택하였다. 학생과 관련해서는 인권보장 현안을, 교사와 관련해서는 교권보호 현안을, 학교와 관련해서는 운영의 자율성 보장 및 학교자치 관련 입법 현안을 다루었다. 끝으로 이 책의 마무리는 한국의 교육법에 대한 과제와 교육법학의 과제로 대신하였다.

제1장은 '교육법 원리론'으로서, 교육법의 의미 · 원리 · 유형 · 체계와 구조 · 기본원리 · 특징과 한계를 다루었다. 교육법 체계는 기본교육법규, 학교교육법규, 평생교육법규의 3법 체제로 파악하여 제시했다. 교육법의 기본원리는 기존의 헌법조항 중심의 논의를 탈피하여, 이념 측면에서의 교육기본권 기속의 원리, 방법 측면에서의 공공성 보장의 원리, 내용 측면에서의 교육조리 존중의 원리를 다루었다.

제2장은 '한국 교육입법사론'으로서, 근대 교육법의 태동 · 이식기(1895－1948), 현대 교육법의 형성기(1948－1980), 교육개혁 입법 정비기(1980－1998), 교육 3법 체제 전환기(1998－현재) 등 4기로 나누어 살펴보았다. 그리고 교육입법사의 특징으로 입법의 구체 · 다양화, 행정입법의 강화, 교육분권의 증가, 학습자 중심의 입법, 정치종속적 입법 동향, 법적 분쟁의 증가 등을 분설하였다.

제3장은 '교육법학론'으로서, 교육법학의 학문적 의의와 그 학제성을 살펴보았다. 독일의 학교법학, 미국의 판례학교법학, 일본의 교육법학을 중심으로 국외의 연구동향 논의를, 한국의 교육법연구는 1980년대 중반 학회의 설립을 전후로 한 연구동향을 정리하고 평가하였다. 특히 국내의 경우 『교육법학연구』 500여 편의 논문과 120편에 달하는 교육법 관련 박사학위 논문 그리고 주요 단행본들의 출판 동향을 분석하였다. 교육기본권 연구에서 개별 교육법연구로 연구의 중점이 옮겨져 오는 특성과 학문적 배경에 따라 다양한 접근 방법이 시도되고 있었다.

제4장은 '교육기본권의 보장과 제한'으로서, 교육기본권의 의미 · 성격과 주체 · 내용 · 헌법보장 · 제한과 헌법재판 총론 등을 다루었다. 교육기본권은 "인간이 인간으로서 살아가는 데 기초로써 필요한 생래적 권리(인권)의 실현을 위해 헌법상 보장된 '교육에 관한 기본적 인권'"으로 정의했다. 헌법 제31조에 대한 해석을 8인의 헌법학자와 8인의 교육법학자의 견해를 중심으로 정리하였고, 국민의 평생 학습권을 중심으로 한 교육당사자의 역할분담된 교육기본권에 대한 이해를 시도하였다. 6개 헌법 조항에 대해서도 분설하였고, 기본권 제한의 일반론 및 헌법재판을 살펴보았다.

제2부 교육법 각론의 첫 장인 제5장은 '교육기본법'으로서, 제정 배경과 의의 · 총칙의 의미와 내용 · 교육당사자의 의미와 내용 · 교육의 진흥의 의미와 내용을 분설하였다. 쟁점 판례로는 기본법 위상 및 무상의무교육제도에 대하여 다루었다.

제6장은 '교육행정재정법규론'으로서, 중앙교육행정 조직법규 · 지방교육행정 조직법규 · 지방교육자치에 관한 법률 · 교육세법 및 교육재정 관련 법규를 순서적으로 다루었다. 교육행정 법규의 최대 쟁점으로는 지방교육자치제와 관련하여 통합형 교육위원회 및 교육감 직선제를 다루었다.

제7장은 '학교교육법규론'으로서, 유아교육법 · 초중등교육법 · 사립학교법 · 특수교육법을 순서적으로 다루었다. 학교교육법규의 쟁점 판례로는 학교급식비의 부담 주체를 둘러싼 법적 분쟁과 학교운영위원회의 법적 지위 및 성격 문제를 다루었다.

제8장은 '교원법규론'으로서, 교원의 신분과 지위 · 교원의 권리와 의무 그리고 책임 · 교원의 자격 및 양성 관련 법규 · 교원의 임용 및 연수 관련 법규 등을 다루었다. 교원법규의 쟁점 및 관련 판례로는 교사의 교육활동의 자유와 밀접히 관계되는 국정교과서제에 대한 헌법재판을 다루었고, 교원임용 임용가산점에 대한 위헌 판결을 소개했다.

제9장은 '교직단체법규론'으로서, 교직단체 이원화와 법령 체계·교육기본법상의 교원단체의 법적지위·교원노조법상의 교원노조의 법적지위·교원단체 교섭과 협의 및 교원노조 단체협약의 실제 등을 살펴보았다. 교직단체법규의 쟁점 판례로는 쟁의행위의 금지에 대하여 기술하고 평석하였다.

제10장은 '고등교육법규론'으로서, 고등교육법규 체계·대학의 학생선발과 교수임용, 학사운영 및 학위수여·대학의 의사결정 구조와 과정·대학평가인증과 교수업적평가 등으로 구성하였다. 고등교육법의 쟁점 판례로는 최근의 법 개정에서 문제시되고 있는 대학의 자율성 문제와 국립대학 법인화와 관련된 주제를 살펴보았다.

제11장은 '평생교육법규론'으로서, 평생교육법규 체계·평생교육법·학원법 및 도서관법, 독학학위법, 학점인정법규·영유아보육법, 청소년 관계법 그리고 기타 평생교육법규를 알아보았다. 쟁점 판례로는 학교교육의 보완 교육으로서 국민생활에 가장 큰 영향을 미치는 과외금지와 관련한 헌법재판에 대하여 살펴보았다.

제3부 입법정책론은 제12장 '학생의 인권보호 입법정책'으로 시작하였다. 주요 내용은 학생 인권의 의미와 법적 근거·학생징계, 학교폭력, 학교안전사고와 관련된 법령과 인권 이해·학생 인권보호 관련 조례·학생 인권보호의 제도보장 및 정책으로 구성되었다. 학생 인권보호와 관련된 입법정책의 판례로는 전라북도 학생인권조례에 대하여 위법성을 다룬 대법원 판례를 살펴보았다.

제13장은 '교사의 교권보호 입법정책'으로서 학생 인권보호와 대응하여 이슈화된 교권 문제를 다루었다. 주요 내용은 교권의 의미와 법적 근거·교권보호 관련 법령·교권보호 관련 조례·교권침해의 영역과 구제 등을 살펴보았다. 교사의 교권보호 입법 정책의 쟁점으로는 새롭게 부각되고 있는 정치활동의 금지 현안을 다루었다.

제14장은 '학교의 자율성 보장 입법정책'으로서 그동안 정부의 교육개혁 정책 중 가장 일관되게 추진되어오고 있는 이슈이기도 하다. 주요 내용은 학교 자율성의 의미와 법적 근거·학교 자율성 관련 법령 및 조례·학교의 자율성 제도보장 및 정책을 다루었다. 판례로는 광주와 전북의 학교자치조례 관련 대법원 판례를 다루었다.

끝으로 제15장은 이 책의 결론에 해당하는 '한국 교육법과 교육법학의 과제'를 다루었다. 주요 내용은 교육법의 정립 측면에서 헌법정신 구현론 및 헌법 개정론을, 교육법의 해석 측면에서 공감대적 가치질서론을, 교육법학의 연구대상 측면에서는 교육법 전과정·전영역론을, 교육법학의 연구방법 측면에서는 교육법학적 접근방법론을 기술하였다. 결론으로서 교육법학의 연구성과 측면에서 '한국 교육법학'의 과제를 제시하였다.

부록에서는 한국교육법 연구자들에게 기초자료로서 대한민국헌법의 교육조항 및 관련 조항 그리고 교육기본법 전문을 소개하고, 핵심적인 주요 교육판례 및 요지를 수록하였다. 법률의 약어는 가급적 법제처의 국가법령정보센터에서 제시되는 약칭을 원칙으로 했으나, 지방교육자치에 관한 법률은 교육자치법이 아닌 지방교육자치법(교육자치의 내용을 포괄적으로 담지 않고 지방교육행정에 한정한 법)으로, 교원의 지위향상 및 교육활동 보호를 위한 특별법은 교원지위법이 아닌 교육지위향상법(교원지위에 관한 기본법이 아니라는 점)으로 의미를 부여하여 표기하였다.

본향회귀(本鄕回歸) · 책(册)테우리의 삶

나의 제주 집의 대문 명패는 「本鄕回歸 · 册테우리 고전의 家」라고 적혀있다. 본향으로 돌아와 책을 쓰는 사람 고전의 집이라는 뜻이다. 고향이 아닌 본향으로 쓴 것은 탐라 고씨 고을라 78세손이면서 중시조가 전남 장흥으로 나간 이른바 장흥백파의 후손으로 조상의 고향인, 본향으로 되돌아왔다는 뜻이다. 실제로 대학시절부터 제주도행을 꿈꾸었으나, 가족을 데리고 입도한 것은 2005년이었다. 당시에는 대구교대 교수였으므로 2년을 제주에서 대구로 출퇴근을 한 무모한 도전이었지만, 2007년 우여곡절 끝에 나를 받아들여 준 제주교대에 고마울 뿐이다. 한 학기 만에 제주교대는 제주대와 통합되어 2008년부터 제주대 교수가 되었고, 교수회 수석부회장을 거쳐 교수님들의 지원에 힘입어 과분하게 부총장이라는 직책을 수행하고 있다.

앞선 책에서도 소개했듯이 제주도 방언으로 말을 돌보는 목동을 '말테우리'라 한다. 나는 제주에서 혼자 책이나 쓰며 사는 사람이니 '책테우리'쯤 되지 않나 싶어 그리 붙여본 것이다. 아마도 정년을 전후한 나의 삶이 그리 진행될 것도 같다.

『한국 교육법학』이란 책을 써야겠다고 마음먹은 것은 대학원에서 허영 교수님으로부터 헌법학 강의를 사사받은 순간부터였고, 실제로 나의 강의 패턴과 기본권 · 헌법에 대한 이해는 그분으로부터 정초된 것이다. 허영 교수님의 강의는 그대로 바로 받아쓴다면 글이 되고도 남는 그런 정제된 것으로 나의 강의 롤모델이셨다. 허영 교수님의 『한국헌법론』으로 기본권을, 이형행 교수님의 『교육행정론』에서 교육자치를 배우기 시작하여 40여 년이 다 되어서야, 미흡하나마 이 『한국 교육법학』으로 보답해 드리게 된 것은 저자가 가장 보람되게 생각하는 '작은 업'이다.

국내에서 교육법 연구에 물꼬를 터주신 안기성, 정태수, 강인수, 표시열, 신현직 교수님과 선배 연구자들이 있어서 저자가 이 길에 들어설 수 있었고, 학문적 고락을 같이해 온 동료 교수와 후배 연구자들은 내가 부업(副業)이 아닌 본업(本業)으로 교육법을 연구하는 사람으로서 명함에 새기는 데 주저함이 없도록 나의 자부심이 되어 주셨다.

이 책이 나오기까지 저자는 선배 학자들의 놀라운 성과에 기대어 수학했었다. 대한교육법학회를 출범시키신 안기성 교수님의 『교육법학연구』(1989)는 일본 기반의 교육법학을 잘 소개해 주셨는데, 저자가 4년여의 일본유학을 결심한 계기가 되었다. 故 정태수 명예회장님은 학회학술상을 제정하셨는데, 어쩌다 보니 다(多)작자가 된 저자를 제1회 수상자로 만들어주셨다. 이 책의 해방 후 교육입법사는 그 분의 역작 『광복3년 한국교육법제사』와 『한국 교육기본법제 성립사』에 의존하였는데, 이 작은 결실을 영전에 바치게 됨이 아쉽다.

강인수 명예회장님을 도와 대한교육법학회 활동에 몰입하게 된 것은 크나큰 학문적 행운이었고, 그 분의 선구적 저서 『교육법연구』(1989)는 교육법 연구에 입문하려는 많은 사람들에게 영감을 주었음은 언급할 나위가 없다. 학회 원로이신 표시열 교수님은 박영사에서 20년 전에 『교육정책과 법』(2002)을 펴내시고, 『교육법－이론 · 정책 · 판례』(2008)로 증보하여 학자적 성실한 표본을 보여주셨는데, 편집실에서 이 책이 그 뒤를 잇는 것이라 하니 교수님께 누가 되지 않았으면 하는 바람이다. 그 외 학문적 여정에서 신세진 동학제현이 한두 분이 아니지만 故 신현직 교수님은 언급하지 않을 수 없다. 나에게 당신의 박사학위 논문 "교육기본권에 관한 연구"(1990)를 손수 보내주시고 격려해 주셨는데, 교육법 연구의 중핵이 교육기본권 개념의 이해와 정립에 있음을 깨닫게 해주셨다.

올해 대한교육법학회 박인현 전 회장님의 지도력으로 학회의 연구역량을 결집한 『교육법의 이해와 실제』 교재를 펴내게 됨과 아울러 이 책이 출간되어 더욱 뜻깊고, 후학들에게는 출판 의욕을 자극하는 계기가 되었으면 싶다.

이제 긴 머리말을 마무리하여야 할 것 같다. 이런저런 사연으로 불혹의 나이에 대학에 입문하여 제자를 길러내고 동학과 기쁨을 나눈 지 20년이 되었다. 저자와 학자삼락(學者三樂; 師友弟) 중에 있었던 그 모든 분들께 감사를 드리고 싶다.

제주대 교육행정연구실의 석·박사 제자들도 각자가 교육계에서 제 역할을 하고 있고, 저자의 책을 다듬는 데 모두 시간과 마음을 보태주었다. 백혜선·강은주·백규호·변정심 박사와 김태환 석사에게도 고마운 마음을 전한다.

끝으로 『일본교육개혁론』(2014)과 『일본 교육법학』(2019)에 이어서, 이 책 또한 채산성을 가늠하기 어려운 분야의 서적임에도 흔쾌히 출판을 맡아주신 박영사의 안상준 대표님께 감사드린다. 책을 기획하고 만드는 데 저자보다 더 큰 정성을 쏟아준 이후근 대리와 사윤지 님을 비롯한 편집실 식구들에게도 감사의 뜻을 전한다.

어머니는 지난 『일본 교육법학』의 출간을 보신 후 쓰러지셨다가, 한국교육학회의 저자와의 대화날까지 견뎌주시다가 운명하셨다. 결국, 이 책은 부모님의 영전에 바치는 유작이 되었다. 이 책 역시 나의 가족들에게는 '책테우리'로 늙어가는 아버지의 삶을 좀 더 이해시켜주는 학문적 소품이 되었으면 싶다.

더불어 남은 바람이 있다면, 이 책이 교육법을 연구하는 동학제현에게 꾸준히 사랑을 받아 수 년 내에는 책임있게 증보판으로 보답하는 날이 오기를 기대해 본다.

2022년 10월
本鄕回歸 耽羅島 연구실에서
저자 고 전 드림

일러두기

❖ 이 책에서 사용한 판례 표시 기호

【헌재판결】 헌법재판소 판시내용 및 결정례를 소개할 때

【대법원판결】 대법원 판시내용 및 결정례를 소개할 때

❖ 이 책에서 사용하는 조문의 기호

§ 조문을 뜻함(§31; 제31조)　제31조의1(§31의1)

① 항을 뜻함(§31①; 제31조 제1항)

1. 호를 뜻함(§31①1.; 제31조 제1항 제1호)

❖ 이 책에서 자주 인용한 국내외 주요 참고문헌

아래 문헌은 저자(연도)로 표기한다.

강인수(1989). 교육법연구. 서울: 문음사.

고전(2019). 일본 교육법학. 서울: 박영story.

김용(2019). 학교자율운영 2.0. 서울: 살림터.

노기호(2008). 교육권론. 서울: 집문당.

권영성(2007). 헌법학원론. 서울: 법문사.

김성기 · 황준성 · 이덕난(2017). 교권바르게 찾아가기. 서울: 가람문화사.

김철수(2008). 학설 · 판례 헌법학(상). 서울: 박영사.

대한교육법학회 편(2007). 교육법학 연구 동향. 경기: 한국학술정보(주).

대한교육법학회 편(2022). 교육법의 이해와 실제. 서울: 교육과학사.

성낙인(2008). 헌법학. 서울: 법문사.

신현직(1990). 교육기본권에 관한 연구. 서울대 박사학위논문.

표시열(2008). 교육법. 서울: 박영사.

안기성(1989). 교육법학 연구. 서울: 고려대출판부.

정종섭(2007). 기본권의 개념. 서울: 금붕어.

정종섭(2015). 헌법학원론. 서울: 박영사.

정태수(1996). 한국 교육기본법제 성립사. 서울: 예지각.

정필운(2022). 전환기의 교육헌법. 서울: 박영사.

조석훈(2020). 학교와 교육법. 서울: 교육과학사.

한국교육행정학회 편(1995). 교육법론. 서울: 도서출판 하우.

허영(1992). 헌법이론과 헌법(中). 서울: 박영사.

허영(2015). 한국헌법론. 서울: 박영사.
허영(2022). 한국헌법론. 서울: 박영사.
홍성방(2010). 헌법학(중). 서울: 박영사.
兼子 仁(1978). 教育法(新版). 東京: 有斐閣.
永井憲一(1993). 教育法學. 東京: エイデル研究所.
日本教育法學會 編(1993). 教育法學辭典. 東京: 學陽書房.
日本教育法學會 編(2014). 教育法の現代的爭點. 東京: 法律文化社.

❖ 이 책에서 사용한 법률 약어

❍ 기본교육법규

- 교육부직제 (교육부와 그 소속기관 직제)
- 지방교육자치법 (지방교육자치에 관한 법률)
- 지방교육행정규정 (지방교육행정기관의 행정기구와 정원기준등에 관한 규정)
- 지방교육교부법 (지방교육재정교부금법)
- 재외국민교육법 (재외국민의 교육지원 등에 관한 법률)

❍ 학교교육법규

- 초중등교육법 (초·중등교육법)
- 교과서규정 (교과용도서에 관한 규정)
- 학교시설법 (학교시설사업촉진법)
- 대안학교규정 (대안학교의 설립·운영규정)
- 교원연수규정 (교원연수에 관한 규정)
- 사립연금법 (사립학교교원연금법)
- 인사위규정 (교육공무원 인사위원회 규정)
- 공무원수당규정 (공무원 수당 등에 관한 규정)
- 교원지위향상법 (교원의 지위향상 및 교육활동보호를 위한 특별법)
- 교원노조법 (교원의 노동조합 설립 및 운영 등에 관한 법률)
- 대학설립규정 (대학설립·운영규정)
- 특수교육법 (장애인등에 대한 특수교육법)
- 도서벽지법 (도서·벽지교육진흥법)
- 교육정보공개법 (교육관련기관의 정보공개에 관한 특례법)
- 교육특구법 (교육국제화특구의 지정·운영 및 육성에 관한 특별법)
- 경제자유법 (경제자유구역 및 제주국제자유도시의 외국교육기관 설립·운영에 관한 특별법)
- 학교안전법 (학교안전사고 예방 및 보상에 관한 법률)
- 학교폭력법 (학교폭력 예방 및 대책에 관한 법률)

- 선행교육법 (공교육 정상화 촉진 및 선행교육 규제에 관한 특별법)
- 학교체육법 (학교체육진흥법)
- 직업교육법 (직업교육훈련촉진법)
- 장학재단법 (한국장학재단 설립 등에 관한 법률)

❍ 평생교육법규

- 영유아보육법 (영·유아보육법)
- 학원과외법 (학원의 설립·운영 및 과외교습에 관한 법률)
- 독학사법 (독학에 의한 학사학위 취득에 관한 법률)
- 학점인정법 (학점인정등에 관한 법률)
- 장애아동법 (장애아동복지지원법)
- 아동보호법 (아동·청소년성보호법)
- 청년활동법 (청소년활동진흥법)
- 청년복지법 (청소년복지지원법)
- 직업교육법 (직업교육훈련촉진법)
- 국민체육법 (국민체육진흥법)
- 산업교육진흥법 (산업교육진흥 및 산학연협력촉진에 관한 법률)

목 차

제1부 교육법과 교육기본권

제1장 교육법 원리론

제2장 한국 교육입법사론

제 3 장 교육법학론

제 4 장 교육기본권의 보장과 제한

제 2 부 교육법 각론

제 5 장 교육기본법

제 6 장 교육행정·재정법규론

제 7 장 학교교육법규론

제 8 장 교원법규론

제 9 장 교직단체법규론

제 10 장 고등교육법규론

제 11 장 평생교육법규론

제 3 부 교육 입법정책론

제 12 장 학생의 인권보호 입법정책

제 13 장 교사의 교권보호 입법정책

제 14 장 학교의 자율성 보장 입법정책

제 15 장 한국 교육법과 교육법학의 과제

부 록

제 1 부

교육법과 교육기본권

제 1 장

교육법 원리론

1. 교육법의 의미
2. 교육법의 유형
3. 교육법의 체계와 구조
4. 교육법의 기본원리
5. 교육법의 특징과 한계

'교육법'은 교육에 관한 행위규범으로서 법 전체를 통칭하는 일반적 개념이며, 헌법의 교육조항으로부터 학교규칙에 이르는 총체적인 개념으로는 '교육법규'를 상정할 수 있다. 교육법의 이해는 교육행정법규설, 교육특수법설 그리고 교육인권법설로 진화해 왔다.

교수자와 학습자 간의 인격과 자율을 바탕으로 한 교육활동이 법제화된 계기는 국민 모두에게 균등한 교육기회를 제공하고자 하는 공교육제도가 출현하면서부터이다. 교육법에 근거한 교육제도와 그 운영 체제인 교육행정은 순환관계에 놓여있다.

성문법주의를 택한 한국의 교육법의 유형은 헌법조항, 법률, 국제조약, 명령, 자치법규가 있고, 불문법적 의미를 갖는 관습, 판례, 조리(條理), 학설 등도 있다. 한국의 교육법 체계는 기본교육법규, 학교교육법규, 평생교육법규라는 3법 체제로 구성되어 있다.

교육법의 기본원리는 이념적 · 방법적 · 내용적 측면에서 살펴볼 수 있고, 교육입법의 기준이 되고 해석과 적용의 판단 준거가 되는 동시에 현행법을 평가하는 척도가 된다. 첫째로 교육기본권(教育基本權) 기속(羈束)의 원리로 균등한 교육기회 보장에 기여하여야 할 이념적 측면을, 둘째는 공공성(公共性) 보장의 원리로서 교육제도 등의 법률주의 및 의회유보의 원칙이라는 방법적 측면을, 셋째로 교육조리(教育條理) 존중의 원리로서 교육의 자주성 · 전문성 · 중립성 보장 등을 내용으로 한다.

교육법의 체계상의 특징은 제3의 법으로서 교육특수법(教育特殊法)이라는 점, 법 내용상으로는 교육인권법(教育人權法) 및 교육조성법(教育造成法)을 지향한다는 점, 법 적용상으로는 특별법(特別法)과 일반법(一般法)의 이중성(二重性)을 갖는다는 점을 들 수 있다. 교육법은 입법기능상의 한계, 기본권의 헌법적 한계, 법률에 의한 기본권 제한의 한계 그리고 교육법 원리 내적 한계를 갖는다.

제 1 장　교육법 원리론

1. 교육법의 의미

가. 교육법의 개념과 해석 관점

(1) 교육법과 교육법규

교육법(教育法)은 교육에 관한 행위규범으로서 법 전체를 통칭하는 일반적 개념이다. 이에 비하여 교육법과 유사한 용어로 사용되는 교육법규(教育法規)는 교육에 관한 법률(法律)과 규범(規範)을 포괄하는 복합 개념이다. 교육법의 경우에는 입법기관인 국회에서 제정된 법률을 지칭하나 위임 입법이 가능하므로, 그 의미를 확대하면 법률에 근거한 대통령령 및 부령, 지방의회의 조례, 자치단체장의 규칙 및 교육감의 교육규칙까지도 포함된다.

이에 비하여 교육법규는 법률과 규범을 총칭하므로 최상위의 헌법(교육조항 §31①－⑥)으로부터 단위학교에서 정하는 학교규칙(학칙; 學則)까지도 포괄하게 되며, 학칙의 범위 내에서 정하는 학교내규나 학급에서 정한 행동수칙 역시 자치규범으로서 의미를 갖는다.

비교하면, 교육법은 헌법상의 교육기본권[1]을 보장하기 위해 제정된 교육 관련 법의 총체와 그 체계를 지칭한다면, 교육법규는 교육법을 내포하면서도 넓게는 헌법의 교육조항에서부터 가깝게는 학교가 정한 규칙 및 내규라는 자치규범을 포괄한다. 따라서 법의 전체 구조와 체계를 논의할 경우나 학교규칙을 포함할 경우에는 교육법보다는 교육법규가 의미전달에 보다 적절하다고 할 수 있다.

그리고 법령(法令)이란 용어도 자주 사용되는데 법률과 명령을 통칭하는 용어이다. 법률은 국회에서, 명령은 주로 행정부에서 제정한 것으로 대통령령, 총리령, 부령이 대표적이다.[2]

과거 대한민국에는 1949년 12월 31일에 제정된 「교육법」이라는 법이 있어서 일반적인 교육법으로서의 개념과 실제 제정된 개별법으로서 「교육법」이 혼돈되기도 했다. 그러나 이러한 개념상의 혼돈은 1998년 3월 1일부터 기존의 교육법이 폐지되고 「교육기본법」, 「초·중등교육법」, 「고등교육법」으로 재편 시행되면서 해소되었다. 즉, 교육법은 개별법을 지칭하는 용어가 아닌 교육과 관련된 법에 대한 일반적

---

1) 교육기본권이란 인간이 인간으로서 살아가는데 기초적으로 필요한 생래적 권리의 실현을 위해 헌법상 보장된 '교육에 관한 기본적 인권'을 지칭한다. 이에 대해서는 제4장에서 보다 자세히 다룬다.

2) 법제처 자료(법령 입안·심사기준)에 따르면 법령명 전후에 낫표(「교육기본법」)를 붙이며 2005년부터는 띄어쓰기를 하고 있다(명사로만 되어 있는 경우 최대 8음절까지 붙여 쓴다). 법령의 약칭은 법제처 국가법령정보센터에 법령에 예시(지방교육자치에 관한 법률(교육자치법), 교원의 지위 향상 및 교육활동 보호를 위한 특별법(교원지위법))되어 있다. 그러나 연구자에 따라서는 법에 대한 의미를 명확하게 부여하기 위해 달리 사용하기도 한다. 예를 들어 교육자치법은 중앙과 학교단위 교육자치를 포괄하지 않고 지방에 한정한다는 점에서 지방교육자치법으로 약칭하거나, 교원지위법은 헌법상 예견된 교원의 지위에 관한 기본적인 사항을 정한 법이 아닌 특별법이라는 점에서 교원지위향상특별법으로 표기하기도 한다. 고전(2022), "제1장 교육법 개관과 교육법학", 대한교육법학회편, 교육법의 이해와 실제, 교육과학사, 16면.

개념으로 자리 잡게 되었다. 「교육법」이 폐지됨으로서 좁은 의미의 형식적 의미로서 실정법인 교육법의 의미는 사라졌다.

이제 교육법은 교육기본권 보장을 위한 교육 이념, 목적, 제도 등을 규정한 법이라는 일반적 개념이 되었고, 그 영역 면에서는 기본교육법규, 학교교육법규 그리고 평생교육법규에 걸쳐있다.[3] 즉, 교육법은 학교나 교육기관, 학생 및 교원에 관한 법을 포함할 뿐만 아니라 '교육'이라고 하는 '인간행동의 계획적인 변화과정'이나 '인격의 형성 및 완성 과정'을 포함하고 있는 법률이라면 이 법률은 교육법의 범주에 포함된다.[4] 영유아보육법, 학원과외법, 도서관법, 청소년기본법, 직업교육법 등 평생교육 관계법이 학교교육법만큼 중요한 영역으로서 교육법의 범주에서 논의되어야 할 이유가 여기에 있나.

한편, 교육법의 생성·변화·소멸 전 과정에서 나타나는 교육입법(제정 및 개정), 교육행정(법 집행), 교육사법(재판 및 권리구제)과 관련된 법들도 넓은 의미의 교육법의 개념 범주에 넣어서 논의할 수 있다. 동시에 이는 교육법의 연구 대상이 되기도 한다.

(2) 교육법 이해의 관점

교육법을 이해하는 관점은 교육법학의 전개 과정과 함께 변천되어 왔는데, 크게 세 단계의 과정을 거쳐 왔다. 교육행정법규설, 교육특수법설 그리고 교육인권법설이 그것이다.[5]

① 교육행정법규설(教育行政法規說)

교육법의 개념은 교육법학의 전개과정과 함께 변천되어 왔다. 그 전형적인 것은 '교육행정에 관한 법규'로서 이해되었던 이른바 '교육행정법규설'이다. 교육법의 독자성을 인정하지 않았던 행정법학적 견해이다.[6] 이 학설은 공교육체제하에서 교육이라는 업무를 국가나 지방자치단체가 행하는 '행정작용'의 일부분이나 이들이 주관하는 공공사업으로 이해했다.

교육행정법규설은 교육과 교육행정을 구분하기 않고 행정법의 하나로 취급하였다. 교육에 관한 권리는 기본적으로 국가에게 있다는 이른바 국가교육권론(國家教育權論)으로 연결된다.

1948년 대한민국헌법에도 의도되지는 않았다 하더라도 제16조 후단(모든 교육기관은 국가의 감독을 받으며…)을 통해서 당시의 국가 주도의 교육권 인식을 엿볼 수 있다.

② 교육특수법설(教育特殊法說)

교육법에 대한 독자적인 연구를 시도하면서 등장한 것이 '교육특수법설'이다. 교육법을 '교육제도에

---

3) 표시열은 실질적 의미의 교육법 중 좁은 의미의 학교교육법(헌법의 교육 기본원리 구현, 교육당사자의 권리·의무, 교육제도·정책·운영 내용)과 넓은 의미의 사회교육법으로 나뉘어 설명한다. 표시열(2008), 교육법, 박영사, 78면. 그러나 교육법은 협의와 광의보다는 교육기본법규, 학교교육법규, 평생교육법규등 3법 체제로 설명될 필요가 있다.

4) 같은 뜻, "교육법이란 교육에 관한 법인 동시에 교육에 관계되는 내용을 가진 법을 가리켜 말한다." "인간 형성을 위한 인간활동에 대하여 통제하고 조정하는 사회규범을 말한다." 한국교육행정학회(1995), 교육법론, 하우, 3면 참고.

5) 교육법에 대한 세 관점은 전후 교육법 논의를 종합하여 분류한 나가이 켄이치(전 일본교육법학회장)의 견해이다. 永井憲一(1993), 教育法學, エイデル研究所, 26－27頁.

6) 相良性一·林部一二(1960), 教育法規の基礎知識, 明治図書, 12頁.

관한 특수한 법 논리 체계'[7] 혹은 '학교 및 학교제도에 관한 법규의 총체'[8]로 이해하는 입장이다. 기본적인 논지는 교육법은 공법(公法)과 사법(私法)의 어느 한 쪽 논리만으로는 충분히 설명될 수 없다는 것이다. 즉, 교육법은 학생교육 관계라고 하는 특수한 사회생활 관계를 규율하므로 일반 행정법과는 다르다는 특수사회법학적 견해이다.

이 학설의 특징은 교육과 교육행정을 구분하여 교육행정을 포함한 교육제도의 특수성을 강조하는 것이다. 이것은 종래의 교육행정법규설에 대한 비판과 반성에서 대두된 학설로서 교육의 특수성을 교육법의 정립과 적용 및 해석에 반영하려는 입장이다.

대한민국헌법이 개정과정을 통하여 교육조항에서 '교육의 자주성, 전문성, 정치적 중립성, 대학의 자율성 보장'을 확대해 가고 있는 것 또한 교육의 특수성에 대한 인정과 이의 법제화의 반영 원리로 볼 수 있다. 공무원법의 특례로서 교육공무원의 신분법 체제를 선택한 것이나 근로계약자로서 사인(私人)인 사립학교교원에게 국·공립학교 교원과 동일한 권리·의무·책임관계를 상정하는 것 등은 특수법으로서 교육법의 특성을 잘 보여주고 있는 부분이다.

또한 교육특수법설은 국가가 주관하는 교육이라는 국가교육권론에서 교육행정 당국보다는 국민이 주체가 되는 교육이라는 국민교육권으로 넘어가는 시점에 그 전환의 논거를 제시하고 가교 역할을 했다. 다만, 대한민국헌법의 조문이 1948년의 제정 헌법에서 오늘날에 이르기까지 일관되게 '교육에 관한 권리'가 아닌 '교육을 받을 권리'라는 수동적 진술에 그쳐 국가교육권의 그림자를 여전히 드리고 있는 부분은 재고할 필요가 있을 것이다.

③ 교육인권법설(敎育人權法說)

교육인권법설은 교육법학의 진전과 더불어 교육법을 '교육기본권 혹은 교육인권을 보장하기 위한 법의 총체와 그 체계'[9]로 이해하는 입장이다. 이 입장은 '인간의 학습과정의 조건을 사회적으로 통제하고, 인간의 발달을 보장하는 법체계'[10] 등으로 이해한다. 이처럼 기본적 인권으로서 교육에 관한 권리를 중시하였다는 점에서 '교육인권법설'이라 명명한다.

이 입장은 교육법을 교육에 관한 국제인권법을 포함하여 교육기본권을 보장하기 위한 현대국가의 헌법 및 교육기본법제의 총체와 그 체계로서 이해하는데, 이는 교육법에 대한 헌법학적 이해라는 특징을 갖기도 한다. 그 특징은 교육에 관한 현대적 인권의 실현에 중점을 두고, 그 보장을 교육법에 기대하는 데에 있다. 이 학설은 국민교육권론을 기본적 논조로 하면서도 교육에 관한 국민의 권리를 기본권 인권, 혹은 기본권 중의 기본권으로서 교육기본권론(敎育基本權論)으로 전개되었다.

한편, 교육학계에서의 교육법에 대한 이해는 교육의 정의를 인용한 '인간의 학습과정의 조건을 사회

---

7) 兼子 仁(1978), 敎育法(新版), 有斐閣, 7頁.
8) Hans Heckel, P.Seipp(1976), Schulrechtkunde(5 Aufl), WG: Luchterhand, S.7f. 이 Schulrechtkunde(학교법학)는 교육법 논리 체계를 추구한 세계 최초의 체계적인 교육법학서로 평가되고 있다.
9) 永井憲一(1993), 앞의 책, 27－28頁.
10) 牧柾名·平原春好(1975), 敎育法入門, 學陽書房, 18頁.

학적으로 통제하여 인간의 발달을 보장하는 법체계'[11] 혹은 '인간형성을 위한 인간 활동에 대하여 통제하고 조정하는 사회규범'[12] 등으로 개념 정의되기도 한다. '인간교육을 위한 법'이라는 점에서 교육인권법설에 가깝다.

오늘날 교육법학의 연구 전개과정 면이나 교육의 본래적 의미를 고려할 때 교육기본권을 실현하기 위한 교육인권법으로서의 교육법이라는 헌법학적 견해가 더 확산되어 가고 있다.

이상에서 살펴본 교육법에 대한 이해는 종래의 일반 행정법에 대하여 종속적인 위치에 있던 교육행정법규설에서 출발했으나, 제2차 세계대전 후 국민교육권론에 기초한 교육법의 태동과 함께 교육특수법설을 통하여 그 특수성을 인정받기에 이르렀으며, 오늘날에는 기본적 인권실현을 위한 교육기본권의 기본법으로서 교육법의 의의가 더욱 강조될 것으로 보인다. 이를 진행 순서에 따라 나타내면 다음과 같다.

1설 학설: [과거] 미분화된 교육행정법설 ⇒ [현재] 독립된 교육특수법설 ⇒ [미래] 총체적 교육인권법설

나. 교육 법제화: 배경 · 목적 · 정당성 · 전개 · 한계

(1) 교육 법제화의 배경

인간의 삶을 '깨닫고 변화해 가는 과정'으로 볼 때, 삶의 과정은 가장 넓은 의미의 교육현상이다. 가르치는 자와 배우는 자의 상호작용 과정으로 이루어지는 '교육'은 '인간행동 특성을 바람직한 방향으로 계획적으로 변화시키는 과정'이라고 조작적으로 정의되곤[13] 한다.

교육의 일차적 목적은 개개인으로 하여금 인격완성과 자아실현을 통해서 행복한 삶을 영위할 수 있도록 하게 하는 것이며, 이것이 달성될 때 국가사회의 조화로운 유지와 발전이 가능해진다. 그리고 교육은 개인의 학습의지라는 사사성(私事性)을 출발점으로 하며 본질적으로 교수자와 학습자 간 인격적 만남을 통해서 이루어지는 자주적이며 주체적인 활동이다.

한편, 법은 인간의 행위 규범을 의미하는 인도어인 다르마(Dharma)를 한역(漢譯)한 것으로 어원적 의미는 '흐르는 물과 같이 거침없이 공평한 정의(正義)가 실현되는 상태'이다.[14] 법의 궁극적인 목적은 정

---

11) 牧柾名 · 平原春好(1975), 앞의 책, 18頁.

12) 한국교육행정학회(1995), 앞의 책, 3면.

13) 정범모(1968)가 교육과 교육학(배영사)에서 '인간 행동의 계획적 변화'로 개념 정의한 이후, 인간이해의 특성, 무의도적 교육, 교육목적, 규범성 등과 관련하여 교육학계 내 논쟁이 있었다. 이에 대한 이홍우의 '공학적 개념 모형의 근본적 애매성'이라는 변론에도 불구하고, 오늘날 대부분의 교육학 서적은 정범모의 행동주의 심리학적 관점에 사회성과 역사성이 반영시킨 '바람직한'이란 규범성을 보완하여 교육을 정의하고 있다. 교육의 개념과 교육학의 패러다임 논쟁에 관하여는 이종각(1994), 교육학논쟁, 하우, 68~89면 참고.

14) 법이란 용어는 고대 인도에서 사용한 것으로 법은 인도사상의 주류를 이루는 우주법칙의 관념에 유래하는 것이나. 우주법칙은 천칙(天則)이므로 수시로 변동하거나, 또는 그때마다 변화하는 것이 아닌 '곧고 바른' 법칙이다. 이러한 우주법칙의 관념에 기초하여 그 윤리적인 측면을 배제하고 다르마(dharma)라는 말을 사용하게 되었는데 여기서 다르마라는 뜻은 '인간행위의 규범'을 말한다. 법은 바로 이 다르마의 한역(漢譯)이다(허영민(1992), 일반법학개론, 박영사, 35면). 法이란 한자는 약자이고 원래 정자는 灋인데, 이 글자는 물(水)과 같이 해치(廌; 해태)가 간다(去)는 뜻이다. 중국의 묘족(苗族)이 신의재판(神意裁判)을 할 때 해치(獬豸; 상상의 해양 동물)를 재판석 앞에 내세우면 해치는 반드시 죄지은 자에게로 가서 뿔로 떠받는다는 고사가 있었는데 해치는 동양적 정의의 상징이며 오늘날 중국 법관이 입는 법복에도 해태의 문양이 수놓아져 있다(최종고(1994), 법학통

의의 실현에 있으나, 법 그 자체가 정의는 아니며 정의를 향하여 끊임없이 접근해 가는 것이다. 그리고 법은 동시대인의 정의감정(正義感情), 즉 무엇이 옳으냐에 대한 공감대적 가치질서(共感帶的 價値秩序)에 의해 결정되며, 평등성(平等性)과 공공성(公共性)에 기초하여 사회구성원들의 권리·의무·책임이라는 법률관계를 수반한다.

이처럼 사사성을 기본으로 하는 교육활동에 권리·의무·책임이라는 법률관계가 설정된 데에는 배경이 있다. 그것은 학교교육의 출현으로 교육제도의 공공성이 요구된 데 있다. 고대국가 이후로 이미 소수계층을 위한 학교가 생겨나고, 신분을 유지하는 중요한 수단으로서 교육제도가 활용되었지만, 근대국가 등장 이후에는 균등한 교육의 기회를 보장하는 학교교육에 관한 법제화(法製化)가 본격화되었다. 즉, 신분계급이 타파되고 시민사회가 도래하면서 교육은 인재를 양성하고 사회계층 간의 이동을 촉진하는 기제가 되었고, 국가적인 사업으로서 공교육제도 및 무상의무교육제도가 도입되면서 교육의 법제화는 가속화되었다.

요약하면, 학습의 자유와 자율성을 기초로 개인의 자아실현을 목적으로 하는 교육활동에 강제성을 특징으로 하는 교육법이 등장한 것은 공교육제도의 도입으로 인하여 균등한 교육여건을 정비하여야 할 합의된 규준이 필요하게 되었다는 데서 출발되었다. 교육의 본질적 특성인 사사성에 더하여 학교교육의 출현으로 요구되었던 교육제도의 공공성이 강조되면서 교육에 대한 관리는 법률과 제도에 의하여 규율되는 법제화 과정을 거치게 된 것이다. 이제 교육법은 교육의 공공성을 담보하기 위한 공교육체제 구축을 위한 필수적인 요소가 되었다. 국민에게 있어서 교육은 자신과 자녀의 삶을 위한 기본적 권리이자 의무가 되었다는 점에서 공공재 중의 공공재가 되었다. 교육이 법제화에 이른 과정을 도식 관계로 나타내면 다음과 같이 표현 될 수 있다.

2설 교육의 법제화(法制化) 배경: 교육활동의 사사성(私事性) + 교육제도의 공공성(公共性)

(2) 교육 법제화의 목적

교육법의 목적은 동시대인이 교육에 대해 공감하는 가치에 기초하여 교육정의(教育正義)를 규정하는 것이고, 궁극적으로는 국민들이 능력에 따라 교육기회를 균등히 보장받을 수 있도록 보장하는 데에 있다.

법의 궁극적인 목적은 정의의 실현에 있고 정의의 구체적인 내용인 동시에 그 방법상의 원리는 평등에 있다. 따라서 교육에 관한 법 역시 '교육에 있어서 정의의 실현'을 목적으로 하며, 그것의 주된 내용 및 방법은 '교육평등(教育平等)', 즉 교육기회의 균등한 보장이라고 할 수 있다. 이 교육평등의 수준은 당

론, 박영사, 31면). 해치는 순우리말 고어로서 '해님이 파견한 벼슬아치'의 줄임말이라고도 하는데, 같은 의미의 해태는 신양(神羊), 식죄(識罪) 등으로도 불렸다. 예부터 재앙을 물리치는 상상의 해양 동물로서 화재등 재앙을 막기 위해 설치된 광화문 앞의 해태상이 대표적이다. 조선 단종실록에 당상관 중대사헌의 관복과 관모에 해치형상의 문양을 했다는 기록이 있고, 해방 후에는 행정구역의 경계 상징물로서 세워졌다. 대검찰청은 1999년 5월 1일에 법과 정의의 상징인 해치상 제막식을 가진 바 있다. 해치는 2008년 서울시의 상징물로 선정되었고, 해치 문양을 부착한 '해치택시'를 비롯해 광화문광장에 해치공원을 만들기도 했고, 지금은 해치마당이 있다.

시 사회와 동시대인들의 교육에 관한 가치관인 교직관, 교사관, 학생관, 학교관 등을 위시한 교육관(敎育觀) 그리고 인간관(人間觀)을 비롯한 교육에 있어서 공감하는 가치질서인 '교육정의(敎育正義)'에 의하여 다양하게 나타나게 된다.

대한민국 국민 중 이른바 학생인구는 4분의 1에 이르며, 교육기관은 모든 국민이 일생을 통해 반드시 거쳐야 하는 곳이라는 점에서 교육기회의 균등한 보장은 교육법의 목적을 실현하는 방법적 원리를 넘어서 교육 법제화의 근본 목적이다.

동시에 모든 국민은 이러한 능력에 따른 균등한 교육기회의 보장을 통하여 종국적으로 각 개인의 자아를 완성하는 것을 목표로 한다는 점에서 개별성 보장을 위한 교육의 자율성의 보장도 교육 법제화의 주된 과업이 되었다. 이렇듯 공공성의 보장과 자율성의 보호라는 양극단의 방법적 원리의 수용은 교육을 법제화하는데 어려운 미션이 되기도 하다.

(3) 교육 법제화의 정당성

교육 법제화의 정당성은 '법의 정당성'과 '법률의 합법성'을 중심으로 살펴볼 수 있다. 법이 실현하고자 하는 궁극의 목적 및 이념이 '정의'라 함에는 이론(異論)이 없다. 독일어의 Recht란 말에는 법이란 뜻도 있고 정의란 뜻도 있다. 영어의 Justice도 재판(裁判)이란 뜻과 함께 정의란 뜻이 있다.[15] 앞서 밝힌 바와 같이 법에 해당하는 한자어(法)에도 물과 같이 공평하게 정의가 실현되는 의미가 포함되어 있다. 이는 법이 지향하고 있는 이상(理想)이 정의에 있음을 의미한다. 법의 정당성은 바로 이러한 정의에의 지향성에서 연유한다. 다시 말해, 법은 정의를 담고 있는 한 정당한 것으로 인정되며 이 정의는 법의 존재조건(存在條件)이기도 하다.

그러나 법이 정의를 실현하는 사회규범인 것은 틀림없으나 정의 그 자체는 아니며, 정의를 향하여 끊임없이 노력하는 규범이다. 또한 정의는 추상적인 이념 형식이므로 정의의 실질적인 내용이 영구불변의 보편적인 것, 즉 절대적인 정의는 있을 수 없고 시대와 사회적 배경에 따라 다를 수밖에 없다. 결국 무엇이 정의이냐 하는 것은 법을 제정하는 주체의 '정의감정(正義感情)'에 좌우되는 문제이다. 같은 논리로 국법질서의 기초로서 모든 법률규범의 정립 근거 내지 한계인 동시에 그 해석기준이 되는 헌법의 정당성도 마찬가지이다. 성문헌법이 국법질서의 합법성(Legalität)의 근거가 될 수 있느냐는 헌법 제정권자인 국민의 '법적인 양심'에 의해 결정될 수밖에 없다.[16]

일반적으로 정의의 구체적 내용 내지 실현 방식은 '평등'으로 일컬어지며 최고 규범인 헌법의 정당성의 근거는 '기본권의 보장'에 있다고 한다. 이를 토대로 할 때 교육에 관한 법률의 정당성은 교육에 관한 법적 정의인 '교육평등', 즉 '기회균등'을 기초로 하며 헌법의 하위법률로서 그 합법성은 '교육기본권의 보장'에 근거한다. 다시 말해, 교육에 관한 법률이 국민의 균등한 교육기회의 보장을 지향하고 있다면 법으로서의 정당성과 법률[17]로서의 합법성을 지닌 것이다.

---

15) 허영민(1992), 앞의 책, 77면.
16) 허영(2015), 한국헌법론, 박영사, 35−36면.
17) 엄격한 의미에서 법과 법률은 서로 다르고, 법과 법규범은 법률 그 자체가 하나의 규범이므로 양자는 같은 뜻이다. 즉 법은 규범이고, 규범이 아닌 법은 없기 때문이다. 법은 넓은 의미에서는 법일반(law in general)을 말한다. 즉, 법률뿐만 아니라 법

그러나 위의 법의 정당성과 법률의 합법성이 교육에 관한 법률 정립 자체의 정당성을 충분히 담보하는 것은 아니다. 즉 교육에 관한 법률이 정의를 지향하는 법의 일반적 정당성을 충족시키고 최고 규범인 헌법이 지향하는 기본권 보장에 근거한 합법성을 갖고 있다고 하여 교육에 관한 법률 정립 자체가 정당화되는 것은 아니다. 교육의 견지에서 볼 때 과연 어떤 교육활동을 법률로 규정하는 것이 옳은 것인가 하는 이른바 교육에 있어서의 정당성이 남게 되는 것이다. 예를 들어, 교육형식의 역사적 발전단계에서도 드러나듯이 교육현상은 학교교육 이전부터 인간의 삶의 시작과 함께 존재했고, 법으로 학교에 관한 규범을 정하기 이전에 교사라는 역할의 수행자는 있었으며, 가르치는 자와 배우는 자 사이의 규범은 존재하였다. 즉, 교육규범은 자연주의(自然主義)－칙령주의(勅令主義)－법률주의(法律主義)로 발전되어 왔다.

이러한 역사적 전개는 교육활동이 법률로 규정될 때에만 정당성을 갖는다는 논리가 성립될 수 없음을 반증하는 것이다. 결국 교육에 관한 법률 정립은 법의 정당성 이전에 교육의 발전과정을 통해서 사실로서 당위적인 것으로 받아들여져 왔다. 즉 교육이 개인적인 활동이 아닌 학교라는 제도를 통해서 공교육화되면서 교육에 관한 사회규범으로서 교육법은 출현하게 되었다. 따라서 공교육체제하의 교육법에 관한 논의에 있어서 법 정립 자체의 정당성은 교육법제사적(敎育法制史的) 입장에 볼 때 하나의 논의의 전제조건으로서 인정된다.

그리고 교육을 법제화하는 정도의 문제는 각 사회와 역사에 따른 '교육가치', 나아가 '교직관 및 교사관'을 바탕으로 한 입법정책의 문제이다. 그러나 교육의 제 측면을 모두 입법화한다는 것은 법률만능주의에 빠질 위험성이 있을뿐더러 자율성을 기반으로 한 교육 본질과 강제성을 기초로 한 법의 속성이 융화할 수 없는 한계를 무시한 것이다. 교육 법제화의 한계는 본질적으로 여기에서 출발하는 것이다.

교육법은 법 자체를 위한 법이 아닌 교육, 즉 인간의 삶의 과정을 위한 법이어야 한다. 교육에 봉사하는 교육법이어야 하는 것은 교육의 법제화가 교육의 방법적 원리로서 시도된 것이지 이념적 원리는 아니기 때문이다. 더불어 법률만능주의(法律萬能主義)의 폐단을 경계해야 하는데 법 정립(입법) 과정에서 확보된 민주적 정당성(民主的 正當性; 국회에서 다수결에 의해 제정된 법률의 정당성)에 근거한 법의 구속력 및 강제력이 교육에 있어서의 정당성을 완전히 담보해 주는 것은 아니기 때문이다.

또한 교육관계법은 법의 체계적 정당성(體系的 正當性; 헌법을 필두로 한 법률 상하 간의 일관성)을 벗어날 수 없고, 교육의 본질에 충실한 것이어야 하며 법의 규율 대상인 사회구성원들로부터는 규범적 타당성과 사실적 실효성을 인정받아야 한다. 그렇지 못하고 어느 한쪽이 결손되면 악법(惡法)으로 남거나 사법(死法)이 될 수밖에 없다.

(4) 교육 법제화의 전개

① 종교개혁 이전의 교육규범

17세기 종교개혁 이전까지는 일반 대중을 그 적용 대상으로 하는 교육법은 존재하지 않았다. 단지

규범 전체, 즉 대통령 및 행정각부의 장이 발하는 명령과 지방자치단체에서 제정되는 조리나 규칙 등을 총칭한다. 한편, 법률은 엄격한 의미에서 입법기관인 국회의 의결을 거쳐 대통령이 공포한 것만을 말한다(허영민(1992), 앞의 책, 37－38면).

통치자인 국왕이나 영주의 학교에 관한 칙령(勅令)이 있었고, 종교재단이 운영하는 학교에 관한 행정감독 사항을 주 내용으로 하는 사교육에 관한 규범이 있었을 따름이다. 그리고 이러한 칙령이나 규범들은 입법, 사법, 행정이 분리되지 않은 통치구조하에서의 규범이었으므로, 근대국가의 입법기관이 제정한 교육법과 비교하여 '민주적 정당성'과는 거리가 먼 것들이었다. 오늘날 의미하는 대의기관인 입법부에 의한 법이라기보다는 그 시대에 요구되었던 교육에 관한 하나의 규범일 뿐이었다. 또한 당시의 학교교육은 지배층을 충원하고 사제를 양성하는 것이 주된 목적이었으므로, 개인을 위한 교육법규라기보다는 정치집단과 종교교육을 위한 교육규범의 성격을 띤 것이었다.

② 세속주의 교육시대의 교육법규

종교개혁 이후에는 교회를 대신한 국가가 관리하는 세속주의적 교육제도가 본격적으로 시작되었다. 그리고 서구의 계몽주의 사조가 풍미함에 따라 계몽의 대상으로서 국민을 상정하게 되었고 국민교육의 개념으로 발전되어 갔다. 더불어 시민계급이 형성되어 교육의 대중화에 대한 요구가 높아지자 의무교육제도가 점차 도입되기에 이르렀다.

이른바 교육을 국가가 주관하는 사업으로 보는 국가교육관(國家敎育觀)에 따른 공교육(公敎育)이 본격적으로 시작되었고 이를 뒷받침하기 위한 교육법규들이 만들어져, 교육에 대한 국가규범에 의한 통제시대를 열게 되었다. 그 대표적인 교육법규로는 프로이센의 프리드리히 빌헬름 1세가 1642년에 내린 '고오타 교육령'을 들 수 있는데, 교육사 측면에서는 취학의 의무를 최초로 규정한 근대적 의미의 의무교육령[18]으로 평가받고 있다.

한편, 18세기 계몽기의 서구 유럽 각국의 교육상황을 보면 이 시기가 공교육제도의 도입기임을 쉽게 알 수 있다. 일찍이 독일은 프러시아 절대주의 체제하에서 의무교육법(1717)과 전국지방학교령(1763)을 공포한 바 있고, 영국에서는 국민교육운동이 활발히 전개하였는데 레이크스의 일요학교(Sunday school), 오웬의 유아학교(Infant school) 그리고 벨과 란카스터의 조교학교(Monitorial system school) 등이 그 예이다.

프랑스는 1789년의 정치혁명이 교육혁명으로까지 전이된 예로서 1791년 헌법에 무상 공교육제도를 규정하였고,[19] 샤로테의 '국민교육론(國民敎育論)'과 롤랑의 '교육재건안(敎育再建案)' 그리고 나폴레옹의 국가주의적이며 중앙집권적인 '국민교육제도(國民敎育制度)'는 서구의 근대 교육제도의 표본이 되었다. 이러한 교육의 국가관리 체제화 과정은 국립 교원양성기관의 설치·운영과도 깊은 관련이 있는데, 1794년 프랑스의 사범학교(normal school)가 그 효시[20]를 이뤘음은 이를 뒷받침한다.

한편, 일본은 1868년 메이지 유신 이후 프랑스와 미국의 학제를 모방하여 1872년에 소학사범학교(小學師範學校)를 설치함과 아울러 학제(學制) 및 소학규칙(小學規則), 중학규칙(中學規則) 등 근대적 교육

18) 교육사 관련 문헌에는 최초의 의무교육령으로서 카롤루스대제(Karolus; Karl: 742－814)가 802년에 포고한 '교육령'을 들고 있는데, 이 교육령은 "국민으로서 모든 아동은 교육받지 않으면 안된다"고 규정하였다. 또한 카롤루스대제가 787년 내린 승려학교 교육칙령인 승령법규(僧令法規; capituary)는 세속교육에 관한 최초의 교육대헌장으로 소개되기도 한다.

19) 그 내용은 "모든 시민에게 공통적이고 필수적인 교육부문에 있어서 무상 공교육제도는 도입·운영되어야 하며, 이를 위한 교육시설은 국가의 행정구역별로 교육단계에 따라 배치되어야 한다"는 것이다.

20) 이보다 앞선 사설 교원 양성기관으로는 Salle가 1685년 프랑스의 Rheim에 창설한 교사양성소와 Franke가 1698년 독일의 Halle에 설립한 교사양성기관이 있다.

법규를 제정하여 갔다. 그러나 1889년 제정된 '대일본국헌법(大日本國憲法)'에는 교육에 관한 조항이 빠져 있는 대신 대권사항(大權事項)을 규정한 제9조에 의거하여 천황은 의회로부터 구속을 받지 않고 칙령의 형태로 교육관계법규를 공포하였다. 이에 따라 1890년 10월 30일에 '교육에 관한 칙어(勅語)'가 공포되었는데, 이는 국가교육권을 전제로 한 의무로서의 교육 성격을 분명하게 드러낸 것이라 할 수 있다.

조선은 1894년 갑오경장 이후 근대적 학교법규의 효시라 할 수 있는 한성사범학교관제(漢城師範學校官制, 1895.4.16. 칙령 79호)를 공포하였고, 이 무렵 소학교령(小學校令, 1895.7.19.)과 중학교관제(中學校官制, 1899.4.4.)도 제정하였다. 한국에 있어서는 고종이 1895년 2월 2일(음력)에 교육입국조서(敎育立國詔書)를 공포하여 국가가 주관하는 공교육체제의 정립을 천명하였는데, 한일 양국의 공통점은 교육법규의 제정이 입법기관에 의한 법률주의(法律主義)가 아닌 천황이나 황제의 명령에 의한 칙령주의(勅令主義)에 의존했다는 점인데, 교육법 형식의 근대성 면에서는 흠결이라고 할 수 있다. 이러한 칙령주의의 방식은 대한제국(大韓帝國; Korean Empire: 1897.10.12.－1910.8.29.)에는 고종황제의 칙령형태로 교육법령을 제정했고, 대한제국과 일본제국 간의 한일병합조약(韓日併合條約; 韓国併合ニ関スル条約, 1910.8.22. 조인, 1910.8.29. 발효)후 일제 강점기(1910.8.29.－1945.8.15.)에 조선에서는 일본천황의 칙령 형태로 공포되고 시행되었다. 식민지 통치를 위한 교육을 위하여 제1, 2, 3, 4차 조선교육령(朝鮮敎育令; 1911, 1922, 1938, 1943)이 공포되었는데 칙령주의 시기를 대표하는 교육법규이다.

③ 20세기 전반의 교육법규

서구에서는 20세기에 접어들어 입법, 사법, 행정의 3권 분립에 기초한 근대국가의 형성이 본격화되면서 비로소 근대적 의미의 교육법이 출현하게 되었다. 즉, 국민의 대의기구로서 입법기구가 구성되고 민주적 정당성을 갖춘 입법기구에 의해 헌법에 교육관련 조항이 포함되거나 관련 교육법규가 제정되었으며 이러한 법규는 전 국민에게 적용되었다는 점에서 근대적 교육법으로 의미를 부여할 수 있다.

그러나 제2차 세계대전 전까지의 교육은 여전히 국가주도에 의한 공교육체제가 주류를 이루었고, 의무교육의 주된 목적은 부국강병(富國强兵)을 기치로 한 국가질서의 유지나 국력증진에 둔 것이었다. 이른바 '권리'로서의 교육이 아닌 여전히 국가에 의해 국민에게 부과된 '의무'로서의 교육이 강조되던 시기였다고 할 수 있다. 따라서 교육법 역시 교육활동을 '조성 · 지원'하기 위한 법이라기보다는 국가에게 교육에 관한 권한을 부여함으로써 교육을 '관할 · 통제'하기 위한 법으로서 기능하였다고 볼 수 있다. 세계적으로 제1차 세계대전과 제2차 세계대전을 치르는 동안 자연스럽게 국가주의 교육은 강화되었다. 특히, 대한민국과 같이 군국주의의 통치하에 놓인 식민지에서는 식민통치의 수단으로 식민교육이 이루어진 만큼 국민을 위한 교육권 실현은 생각할 수 없는 것이었다. 비록 임시정부의 헌법이 존재하고 교육에 관한 조항이 있었으나 실정법적 효력이 없는 상징적인 것에 불과했다.

④ 제2차 세계대전 종전 이후의 교육법규

제2차 세계대전 종전 이후의 교육법은 국민의 인권의 보장 및 교육에 대한 국가의 조성 · 지원을 포함한 제도보장(制度保障)에 보다 중점을 두게 되었다. 두 차례의 세계대전을 치르는 과정에서 자연스럽게 강조된 인권의 중요성과 평화로운 인류공영에 대한 염원의 결과였다. 대부분의 국가의 헌법은 교육에 관한 권리(the right to education)를 국민의 기본권으로서 선언하였고, 이를 실효성 있게 보장하기 위하여 관련 교육법에서 각종 제도보장을 구체화함으로써 생존권(生存權)으로서 교육권의 보장에 역점을 두었다. 특히 한국과 일본은 헌법(대한민국헌법 §31, 일본국헌법 §26)에 특별히 교육제도의 법정주의를 포함시켰는데 과거 칙령주의에 대한 반성이 포함된 것이다. 주요 국가의 전후 헌법에 포함된 교육관련 조항을 살펴보면 다음과 같다.

㉮ 프랑스 제5공화국 헌법(1946) 전문: "…국가는 아동 및 성년이 교양 · 전문 · 직업교육을 균등히 받을 수 있도록 보장한다. 공교육은 무상이며 이를 조직하는 것은 국가의 의무이다."

㉯ 이탈리아 헌법(1948) 제34조: "학교는 모든 사람에게 개방된다. 적어도 8년간의 초등교육은 무상의 의무교육이다. 능력있고 성적이 우수한 자는 가정형편과 관계없이 진급하고 상급학교에 진학할 권리가 있다. 국가는 시험에 의해 지급하는 장학금 및 가족수당의 지급 등을 통하여 그 권리를 실효성 있게 보장하여야 한다."

㉰ 독일 헌법(1949) 제7조: "모든 학교제도는 국가의 감독을 받는다. 교육권자는 자녀를 종교교육에 참가시킬지의 여부를 결정할 권리를 갖는다. 종교교육은 공립학교에 있어서는 종교와 관계없는 학교를 제외하고 정규의 교과목으로 한다. 종교교육은 종교단체의 재량에 의해 행해지지만 국가의 감독권을 방해할 수 없다. 어떤 교원도 그 의사에 반한 종교교육을 행할 의무를 부담지지 않는다. 사립학교를 설치할 권리는 보장된다.…"

㉱ 대한민국헌법(1948) 제16조: "모든 국민은 균등하게 교육을 받을 권리가 있다. 적어도 초등교육은 의무적이며 무상으로 한다. 모든 교육기관은 국가의 감독을 받으며 교육제도는 법률로써 정한다."

㉲ 일본국헌법(1946) 제26조: "모든 국민은 법률이 정하는 바에 의해 그 능력에 따라 동등하게 교육을 받을 권리를 가진다. 2. 모든 국민은 법률이 정하는 방에 의해 그 보호하는 자녀에게 보통교육을 받게 할 의무를 진다. 의무교육은 이를 무상으로 한다."

㉳ 국제 인권선언 및 조약: 오늘날 복지국가에서의 아동의 인권 및 학생의 교육기본권을 보장하게 된 계기는 제2차 세계대전 이후 유엔을 중심으로 한 인권결의문과 국제협약에 힘입은 바 크다. 유엔의 세계인권선언(世界人權宣言; Universal Declaration of Human Rights; UDHR, 1948.12.10.)은 1946년의 인권장전 초안 및 1966년의 국제인권규약과 함께 3대 국제인권장전(International Bill of Human Rights)이라 일컬어진다. 이를 계기로 세계대전 후 복지국가를 지향하는 각국의 헌법정신에 반영되었으며, 국제인권규약은 법적 구속력을 갖춘 최초의 인권조약이 되었다.

세계인권선언은 천부적 자유와 존엄, 평등한 권리를 선언(§1)한데 이어, 제2조를 통해 모든 사람이 인종, 피부색, 성별, 언어, 종교, 정치적 또는 기타의 의견, 민족적 또는 사회적 출신, 재산, 출생 또는 기타의 신분 등 어떠한 종류 구분에 의한 차별없이 선언된 권리와 자유를 누릴 자격이 있음을 규정했다. 이어서 제26조에서는 모든 사람이 교육에 관한 권리(the right to education)를 가지며, 초등교육의 의무 무상원칙과 기술 · 전문교육의 일반적 제공, 능력에 따른 고등교육 기회제공, 교육목표로서 인격완성, 인권, 기본자유의 존중, 인류공영의 증진 그리고 자녀교육 선택에 있어서 부모의 우선권 등을 선언했다.[21] 대한민국

및 일본국 헌법이 교육을 받을 권리(教育を受ける権利)로 표현한 것과는 대조를 이룬다.

한편, 아동의 권리에 관한 국제기구의 관심은 제1차 세계대전 후 세계아동헌장(1922)과 아동권리에 관한 제네바 선언(1924)으로 표출되었다. 그러나 여전히 자녀에 대하여는 독립된 인격체가 아닌 보호의 대상으로 보는 것이었다. 아동과 청소년을 존엄한 인격을 가진 자율적이고 독립적인 주체로 보고 이들의 이익을 우선시하는 인식의 전환은 유엔의 아동의 권리선언(1959)에 이르러서였다.[22]

유엔이 1989년에 정한 '아동의 권리에 대한 협약(兒童權利協約; Convention on the Rights of the Child; CRC)'은 아동을 단순한 보호대상이 아닌 존엄성과 권리를 지닌 주체로 보고 이들의 생존, 발달, 보호에 관한 기본 권리를 명시한 협약으로, 대한민국을 포함한 194개국이 비준하여 대표적인 국제교육법으로서 자리매김하게 되었다. 협약은 18세 미만 아동의 생명권, 의사표시권, 고문 및 형벌금지, 불법해외이송 및 성적학대금지 등 각종 아동기본권의 보장을 규정하고 있으며 협약가입국은 이를 위해 최대한의 입법 사법 행정적 조치를 취하도록 의무화하고 있다. 교육에 관하여는 제28조에서 아동의 교육에 대한 권리(the right of the child to education)를, 제29조에서 교육의 목표에 대하여 구체적으로 기술하고 있다. 즉, 제28조는 아동의 균등한 교육기회의 보장(무상의 초등 의무교육, 일반 및 직업 중등교육의 장려 및 재정지원, 능력에 따른 고등교육 기회의 보장, 교육·직업정보 접근의 보장, 학교출석·탈락률 관리 등), 학교 규칙의 인간 존엄 및 협약에의 부합을 규정하였다. 제29조에서는 아동교육의 목표로서 인격과 재능의 계발, 인권과 기본적 자유의 존중, 국내외 가치와 문명에 대한 존중, 이해·평화·관용·성평등·친화의 정신 함양, 자연환경의 존중 등을 예시했다. 특히 협약을 준수하는 조건하에 교육기관의 설립·운영의 자유를 보장토록 규정했다.[23]

이러한 아동과 학생의 인권존중의 영향과 흐름으로 기존의 교육자 중심의 교육법들은 점차 학습자의 선택과 인권을 존중하는 방향으로 전환되어 가고 있다. 한국의 경우 1995년 김영삼 정부가 발표한 「5·31 교육개혁」을 통해서 평생학습사회와 수요자 중심의 교육체제로의 전환을 선언한 데 이어 제2차 교육개혁 방안(1996.2.9.)에서는 교육법령 체제 개편 방안이 발표되었다.[24] 그 결과 기존의 교육법은 1997년 12월 13일 「교육기본법」·「초·중등교육법」·「고등교육법」으로 분할 제정되었고, 교육기본법에서 교육당사자의 개념을 확립함과 아울러 학생의 교육과정상의 인권보장을 강조하기에 이르렀다.[25] 이후 그 영향으로

21) 세계인권선언 제26조 1. 모든 사람은 교육의 권리를 갖는다. 교육은 최소한 초등교육 및 기본교육 단계에서는 무상이어야 한다. 초등교육은 의무적이어야 한다. 기술교육과 전문(직업)교육은 일반적으로 가능하여야 하고, 고등교육도 수학능력(성적)에 따라 누구에게나 동등하게 접근 가능하여야 한다. 2. 교육은 인격완성과 인권 및 기본자유 존중을 강화하는 데 목표를 두어야 한다. 교육은 모든 국가·인종·종교간 이해·관용·친선을 증진시키고, 유엔의 평화유지 활동을 촉진시켜야 한다. 3. 부모는 자녀에게 제공되는 각 교육을 선택하는데 우선권을 갖는다.

22) 김영인·최윤진·구정화(2014), 청소년 인권과 참여, 한국방송통신대학교출판문화원, 24면.

23) 구체적 규정에 대하여는 후술하는 '교육법의 유형' 부분에서 자세히 진술토록 한다.

24) "특히, 교육법학 전문가이자 교육권 이론가인 수원대학교 강인수 교수가 전문위원으로 활동하면서 이 논의의 중심이 되었다. 교육개혁위원회의 '수요자 중심 교육'은 국가교육권이나 교사의 교육권보다 더 기본적인 어린이·학생의 교육권(교육을 받을 권리)과 이에 대한 일차적 의무와 권리를 가진 학부모의 교육권(교육할 권리)을 우선 보장하는 것이 헌법정신인 자유민주주의 교육체제의 근간이므로 이를 교육법제에 체계적으로 반영하는 것이 교육법제 개혁의 핵심이었다." 안병영 외(2015), 5·31 교육개혁 그리고 20년, 다산출판사, 246면 인용.

25) 교육기본법상 교육당사자는 학습자, 보호자, 교원, 교원단체, 학교설립·운영자, 국가 및 지방자치단체로 열거되었다. 교육기본법 제12조(학습자) 제1항 통해서 "학생을 포함한 학습자의 기본적 인권은 학교교육 또는 사회교육의 과정에서 존중되고 보호

初·중등교육법은 2007년 12월 14일 개정을 통해서 학생의 인권보장 규정을 신설하기도 했는데, 국제인권조약의 대표적인 것으로 1989년의 '아동의 권리에 대한 협약(CRC)'을 들 수 있다.[26]

위에서 살펴본 바와 같이 많은 국가들은 교육에 관한 권리를 헌법상의 기본권으로 천명하고 있으며, 교육에 관한 국민들의 청구권을 보장하기 위하여 제반 제도보장책을 강구하고 있다. 그러나 국가에 따라서는 국가중심의 공교육체제 유지라는 오랜 관행에 따라 교육에 관한 권리가 교육기본권(敎育基本權)으로 서보다는 교육수권(敎育受權)의 의미로 받아들이기도 한다. 일반적으로 현대의 복지국가 이념 실현을 위하여 교육에 관한 권리는 그 중심이 국가교육권에서 국민교육권으로 옮겨졌다고 할 수 있고, 기본적 인권(人權)으로서의 교육기본권(敎育基本權)은 자아실현과 행복의 추구에 필수적인 권리로 인식되고 있다.

(5) 교육 법제화의 한계

교육 법제화는 무제한으로 이루어지는 것은 아니며 일정한 한계가 지켜져야 한다. 그런데 교육에 대한 정의감정이 각 사회와 동시대인이라는 시대와 공간 요소의 종속변수이기 때문에 교육 법제화 한계에 대한 통일된 기준은 없다. 그리고 모든 교육활동이 공공성 보장을 위해 법제화되어야 하는 것은 아니다. 교육법의 내용에 있어서 국법질서의 최고 규범이라고 할 수 있는 헌법의 기본이념을 실현시키기 위해 제정되어야 한다는 교육법의 입법정신에 따른 내적 한계에 대해서는 앞서 살펴보았다.

교육 법제화의 한계는 교육의 본질적 속성과 법률과 비친화적(非親和的)인 자율적 교육영역의 존재로 말미암아 나타나는 것으로 교육입법에 앞서서 이미 고려되어야 하는 부분이다. 또한 이 한계는 법률적 측면보다는 교육적 측면에서 비롯된 한계이므로 각 사회의 교육에 대한 개념 및 교육가치관에 기초하게 되므로, 이를 일반화하는 데에는 다소 무리가 따르며 입법정책에 의하여 구체적으로 드러나게 된다.

교육이 교육에 관한 국법질서를 통해서 체계화되고 통제되기 시작한 것은 국가가 주관하는 공교육이 출현하면서 본격화되었다고 기술한 바 있다. 그러나 굳이 법의 형태는 아니었더라도 학교라는 조직을 통해서 교육이 행해지면서부터는 여러 가지 사회규범의 제약을 받았던 것이다. 즉 교육이 가정에서의 개인적인 일로서 이루어지지 않고 정형화된 학교제도를 통해 실시되기 시작한 고대국가 이래로 교육에 대한 사회적 통제는 시작되었다고 할 수 있다.[27]

그러나 교육에 대한 사회적 통제의 역사성이 교육에 관한 법의 통제를 정당화시켜주는 것은 아니다. 오히려 교육활동은 개인의 인격완성을 목표로 하는 사사성(私事性)에서 출발하고 있으며, 교육제도의 법률주의가 실현하고자 하는 공공성(公共性)은 이후에 추가된 교육법규의 원리라 하겠다. 교육의 법제화가 어떤 사회규범의 형태를 띠던 그 근본적인 의미는 교육이 법에 의해 기속(羈束)을 받게 된다는 것을 의미하며, 이는 곧 교육의 자유와 서로 대립관계에 설 수 있음을 내포하고 있다.

여기에 교육의 법제화에 있어서 딜레마 내지는 한계가 있다. 어찌 되었건 자주적이며 전문적인 인격활동인 교육활동을 법제화하는 데 있어서 무엇보다도 대원칙인 '교육을 위한 법'의 정신을 기치로 삼아야

된다"고 규정되기에 이르렀다.

26) 초·중등교육법 제18조의4(학생의 인권보장) 학교의 설립자·경영자와 학교의 장은 「헌법」과 국제인권조약에 명시된 학생의 인권을 보장하여야 한다.

27) 한국교육행정학회(1995), 앞의 책, 3-7면.

한다. 즉 법제화가 가능한 영역에 있어서는 '국민의 교육기본권 실현을 위한 법'의 이념에 비추어 이러한 딜레마를 풀어가야 하며, 교육의 영역 속에는 법제화되기에 부적절한 영역이 있음이 인정되고 존중되며 교육의 자율에 맡겨질 필요가 있다.

교원의 지위 법제화와 관련지어 예를 든다면 '교원지위의 자연주의 영역'이라고 볼 수 있는 인격자로서의 지위가 바로 그것이다. 교직관의 역사에서도 드러나듯이 오늘날 교사지위에 관한 법률 내용 가운데에는 인격자로서의 지위가 포함되어 있으나 인격적 만남을 전제로 한 교육활동의 당연한 귀결로서 법 이전의 문제이다. 법으로서 권리·의무를 지우더라도 그것은 사회적 예우로서 선언적 의미를 가지며, 의무위반의 경우에는 징계의 사유는 될지언정 중요한 교육기본권의 제한의 근거 내지는 이유가 될 수 없어 법적 구속력이 약하다. 오히려 이러한 지위는 교원집단의 자율통제 방식에 위임하는 편이 나을 것이다. 즉, 권력적으로 강제되기에 부적합한 영역, 예를 들어 교수·학습의 자유, 인격자·스승으로서의 교원지위 등은 법을 통한 강제규범 형식보다는 교원의 전문적 역량과 교육계의 자율에 맡겨지는 것이 바람직하다.

결론적으로 오늘날 공교육체제하에서 교육의 방법적 원리로서 '공공성'이 추가된 결과 교육의 법제화는 필요불가결한 전제조건이 되었다. 따라서 이런 견지에서 교육에 관한 법 정립(法 定立) 행위의 정당성은 인정되고 해당 법률이 국민의 교육기본권을 보장하고 나아가 교육분야에 있어서 사회의 공동선이라는 목표를 지양하는 한 법적 정당성을 갖는다.

그렇더라도 법제화는 교육활동의 본질이 자율성을 기반으로 한다는 점에서 제한을 받는다. 즉 법률에 의거한 교육이거나 단순히 교육에 관한 법률이 아니라 교육을 위한 법률인 한 교육 법제화의 정당성은 인정되며, 법의 정당성 이외에 교육의 본질이나 교육원리에 합당하여야 함은 교육의 관점에서의 정당성 확보의 조건인 동시에 교육 법제화의 한계이다. 교육을 법제화할 때 법의 원리와 교육의 원리가 조화되어야 하는 이유가 여기에 있다.

교육법을 제정하는 데 있어서 지켜져야 할 내용적인 한계인 헌법의 기본정신(자유민주주의 등)이나 교육의 본질 및 원리(자주성, 전문성, 정치적 중립성) 내의 법제화는 교육법의 한계로서 절을 달리하여 다룬다.

다. 연관 개념: 교육행정 및 교육제도

(1) 교육행정과 교육법의 관계

교육행정에 대한 정의는 법규해석적(法規解解析的) 정의, 조건정비적(條件整備的) 정의, 정책실현설(政策實現說) 정의 그리고 행정행위설(行政行爲說) 정의로 구분해 볼 수 있다. 여기서는 이들 각 정의에 따라 교육법이 갖는 의미를 살피면서 교육행정과 교육법의 관계를 고찰한다.

첫째, 법규해석적 정의에 의한 교육행정은 '교육에 관한 행정'으로서 국가의 통치작용인 입법, 사법, 행정의 영역 중 교육에 관한 법을 집행하는 행정영역을 지칭하게 된다. 이 경우 교육행정의 주된 업무는 교육법규를 해석하고 교육정책을 집행하는 것이기 때문에 교육행정에 관한 법규 그 자체가 교육행정의 내용이 되고, 교육법은 곧 교육 전체에 관한 법규가 아닌 교육행정법규만을 의미하게 된다.

둘째, 조건정비적 정의에 의한 교육행정은 '교육을 위한 행정'으로서 교육에 필요한 인적·물적 제반

조건을 정비 확립시켜 주는 보조적인 봉사활동을 의미한다. 이 경우 교육법은 헌법에 보장된 '국민의 교육을 받을 권리', 이른바 교육기본권을 보다 실효성 있게 보장하기 위한 제도보장에 관한 것을 그 내용으로 하게 되어 보다 포괄적인 법규로서 의미를 갖는다.

셋째, 정책실현설의 정의에 의한 교육행정은 '국가의 권력기관이 교육정책을 실현하는 과정'으로서 교육목표의 달성을 위한 계획의 수립과 구체화에 있어서 지도·감독에 따르는 일련의 봉사활동을 의미한다. 정책실현설의 입장에서 볼 때 교육법은 정책의 구체적 표현으로서 의미를 갖는 동시에 최상위의 헌법상의 교육관련 조항의 실현을 위한 정책입안의 기본준거를 제시하며 이에 따라 제정된 각종 교육관계 법규들은 정책실현을 위한 수단으로서 기능하게 된다. 교육기본법상의 각종 진흥 정책에 관한 법률은 대표적인 사례이다.

끝으로, 행정행위설의 정의에 의한 교육행정은 '교육조직의 공동목표를 달성하기 위해 합리적 협동행위를 이룩하려는 작용'으로서 과학적 연구의 대상이 될 수 있음을 의미하는데, 교육법 역시 이 관점에서 보면 독자적인 연구 영역으로 간주될 수 있다.

행정행위설에 있어서 교육법은 합리적 협동행위의 한 과정으로 여겨지거나 그 결과로 이해될 수도 있겠으나, 오늘날 교육행정학 연구는 교육법규의 내용을 포괄하면서도 교육법의 제정·해석·적용·집행의 전 과정에 걸친 교육법에 관한 연구를 독자적인 연구영역으로 인정하는 추세이다. 이른바 교육법 현상(敎育法 現像)에 대한 과학적 연구를 추진하는 교육법학(敎育法學)[28]이 그것인데, 여기서 교육법 현상은 교육법에 관련되어 있는 법적 현실 모두를 지칭하는 것으로서 교육입법·교육행정(집행)·교육재판의 전 영역을 포괄하는 개념이다. 결국, 교육행정을 행정행위로 설명하듯이 교육법을 교육법 현상으로 이해할 때 하나의 독자적인 연구영역으로서 발전될 수 있는데 내용 면에 있어서는 상호 교차되는 영역이 많다.

위에서 살펴본 바와 같이 교육행정에 대한 정의를 통하여 교육법과의 관련성을 종합해 보면 각각의 학설이 의미하는 바가 있으나 그 중에서도 조건정비적 정의의 입장이 두 영역의 관계를 가장 잘 드러난다. 즉, 일차적으로는 교육행정이 법에 근거하여 이루어져야 하는 법치행정(法治行政)의 원리에 의한다는 점에서는 법규해석적 정의 속에서 양자 간의 기본적 관계를 찾아 볼 수 있으나 교육행정에 국한되는 교육법규라는 한계가 있다. 그러나 조건정비적 정의에 있어서 교육법은 교육행정에 관한 법규뿐만 아니라 교육목표 달성에 필요한 인적·물적 제반조건을 확립시키기 위한 법률관계를 포괄하게 되어 두 영역의 관계를 설명하기에 보다 적절하다.

종합하면 교육행정과 교육법의 교차점은 형식 면에서는 법치행정의 원리라는 행정의 기본원리를 뒷받침하고, 내용 면에서는 국민의 '교육기본권'을 보다 실효성 있게 보장하기 위한 조건의 정비에 있다고 할 수 있다.

대한민국헌법 제31조의 교육조항에 규정된 의무교육 및 무상원칙(제2항 및 제3항), 교육의 자주성·전문성·정치적 중립성·대학의 자율성에 대한 법률유보(제4항), 교육제도 법률주의(제6항) 등은 조건정비 활동인 교육행정의 기본원칙을 내포한 것이다.

---

28) 교육법학은 교육법 현상을 독자적 연구대상으로 하여 교육학과 법학의 학제적(學際的) 연구 방법 및 결과를 토대로 교육과 법의 관계구조를 기술·설명·예측하는 학문분야라고 할 수 있다. 교육법학에 대해서는 제3장에서 자세히 다룬다.

조건정비의 활동은 주로 국가 및 지방자치단체의 의무 및 책임으로서 규정되는데 헌법 제31조 제5항의 국가의 평생교육 진흥에 대한 의무를 비롯하여 교육의 자주성 및 전문성 보장과 지역실정에 맞는 교육시책을 강구할 국가 및 지방자치단체의 의무(교육기본법 §5①②), 국·공립학교의 종교교육 금지 의무(교육기본법 §6②), 안정적 교육재정 확보를 위한 시책강구의 의무(교육기본법 §7①), 학교와 평생교육시설을 설립·경영하고, 지도·감독하는 책임(교육기본법 §11①, §17) 그리고 양성평등의식의 증진, 학습윤리의 확립, 안전사고 예방, 평화적 통일지향, 특수·영재·유아·직업·과학기술교육, 기후변화 환경교육, 학교체육, 교육정보화, 학교 및 교육행정기관 업무의 전자화, 학생정보의 보호, 학술문화의 진흥, 사립학교의 육성, 평가 및 인증제도, 교육관련 정보의 공개, 교육관련 통계조사, 보건 및 복지의 증진, 장학제도, 국제교육 등에 관한 시책을 강구할 의무(교육기본법 §17의2－§29) 등을 들 수 있다.

결론적으로 교육행정과 교육법은 상호교류하며 역동적으로 순환하는 관계에 있다고 할 수 있다. 즉, 교육법은 교육행정의 원리와 조건정비의 내용을 반영하고, 교육행정은 이러한 조건정비의 충족을 위해 노력하는 동시에 정책을 구현하기 위해서 시책을 강구하고, 그 결과 제도정착을 위한 새로운 교육법규가 제정 및 개정되어 가는 순환구조를 형성하는 것이다.

(2) 교육제도와 교육법의 관계

교육행정과 교육법의 관계가 법치행정의 원리(교육행정의 근원으로서 교육법)로 설명된다면, 교육제도와 교육법의 관계는 교육제도 법률주의(교육법에 근거한 교육제도)라는 헌법정신에 함축되어 있다.

일반적으로 교육제도는 교육학 관련 저서에서 정의되고 있는데, 여기서는 교육법과의 관련을 다루고 있는 만큼 헌법학자들의 견해도 함께 개관하고 비교해보기로 한다.

『敎育學 대백과 사전』에는 교육제도를 '교육적인 목적을 실현하기 위한 교육활동의 조직으로서 사회일반으로부터 공인되어 있는 제도'[29]로 정의되며, 안정성을 갖는 법규적 제도와 적응성을 지닌 관행적 제도로 설명된다. 『교육학대사전』에는 '교육에 관한 조직·작용·기관 등이 법규에 따라 성립된 것'[30]으로 정의하며, 법규에 의해 구체화된 교육정책으로서의 교육제도라는 관점에서 교육제도·교육법규·교육정책의 관련성을 기술한다.

한편, 원로 교육행정학자 김종철은 교육제도를 '국가 사회의 의도적 교육활동이 특정한 형식과 조직을 통하여 비교적 안정되고 영속적인 형태를 갖추게 된 것'[31]으로 정의하면서 교육제도는 법제화를 통해서 표준화와 안정성을 기할 수 있으며, 교육정책이나 교육행정의 기반이 됨을 강조한 바 있다.

정진환은 교육제도를 '국가의 교육이념 및 교육목적을 달성하기 위한 국가적 차원의 인위적 장치로서 교육활동(교육목적, 교육내용, 교육방법, 교육평가 등), 학생, 교원, 교육기관, 교과용 도서 그리고 조직 및 기구 등에 관한 표준 및 기준을 총칭하는 것'[32]으로 정의했다.

이들 교육학자들의 교육제도 논의는 학교·사회·교육행정제도로 나누어 접근하면서 학교교육제도

---

29) 서울대학교 교육연구소 편(1998), 敎育學 대백과 사전, 하우동설, 762면에 기술된 최희선의 견해.
30) 교육학사전편찬위원회 편(1989), 교육학대사전, 교육서관, 148면.
31) 김종철·이종재(1997), 교육행정의 이론과 실제, 교육과학사, 26, 58, 153면.
32) 정진환(1994), 교육제도론, 정민사, 35면.

초점을 맞춘다. 교육제도의 중핵인 6－3－3－4 학제는 교육제도의 기본이자 상징이며, 전 교육제도와 국민에 미치는 영향이 지대한 만큼, 장기적이고 총체적인 개혁과제이다. 해방 이후 이 교육제도가 현재까지도 유지되어 온 제도 역사는 이를 잘 보여주고 있다.

이어 헌법학자들의 교육제도에 대한 헌법상의 의의를 고찰해 보면 다음과 같다.

교육제도에 관하여 김철수는 '교육의 기본방침과 내용, 교육행정의 조직, 교육 및 그 감독 등에 관한 제도'[33]로, 권영성은 '교육에 관한 법제, 즉 교육의 이념과 기본방침, 교육담당기관, 교육내용, 교육관리행정기구 등에 관한 법체계'[34]로, 신현직은 '교육체계(학교교육과 사회교육의 종별과 전체적 조직)와 의무교육제를 비롯하여 학교 배치기준, 학군제, 학년, 입학과 졸업요건, 학교시설기준을 이루는 조직편제 등 공교육제도에 관해 사회적으로 공인된 근간적 구조'[35]라 정의한다.

한편, 일본교육법학계의 원로 가네꼬 마사시(兼子 仁)는 '교육이 행해지는데 필요한 조건으로서 사회적으로 정비되어 있는 구조'로, 일본교육법학회는 '일정의 교육목적을 달성하는 기구로서 그 존속이 사회적으로 공인된 조직'[36]으로 정의한다.

교육의 기회 균등을 포함한 국민의 교육기본권을 보다 실효성 있게 보장하기 위해서는 가정과 국가의 교육책임, 교육의 자주성 · 전문성 · 정치적 중립성 및 대학의 자율성 보장 등 여러 가지 보장책이 필요하게 되는데 교육제도의 법률주의 역시 제도보장책 중 하나이다. 즉, 교육제도와 교육법의 관계는 헌법에 규정된 교육제도의 법률주의(§31⑤)에서 찾을 수 있는데, 교육에 관한 기본 방침은 원칙적으로 입법기관의 형성권에 속한다는 뜻이다.[37]

따라서 교육제도에 관한 법률은 학교교육과 평생교육, 교육행정 및 재정의 전 영역에 걸친 방대한 교육제도의 안정성을 담보한다. 동시에 시대 사회의 변화에 대응하는 교육제도가 유지되기 위해서는 관련 법규를 제정하거나 개정하는 과정을 거쳐야 하는 순환관계이다.

2. 교육법의 유형

교육법의 유형은 법의 존재형식을 말하는 것으로 통상 법학서적에서는 법원(法源)으로 표기된다. 대륙법 계통의 제정법인 성문법(成文法)과 영미법 계통의 비제정법인 불문법(不文法)으로 크게 나누어 볼 수 있다. 성문법과 관련하여서는 헌법, 법률, 조약 및 국제법규, 명령, 지방자치단체의 자치법규 등이 있고, 불문법의 형태로는 관습법, 판례법, 조리, 학설 등을 들 수 있다. 대한민국은 성문법주의를 택하고는 있으나 판례 및 학설 등의 불문법적 규범들도 법의 정립과 해석 및 적용에 광범위한 영향을 미치고 있다.

---

33) 김철수(1994), 헌법학개론, 박영사, 542면.
34) 권영성(1994), 헌법학원론, 법문사, 287면.
35) 신현직(1990), 교육기본권에 관한 연구, 서울대 박사학위논문, 137면.
36) 일본교육법학회 편(1993), 教育法學辭典, 學陽書房, 172頁 참고.
37) 이른바 '본질성이론'에 대해서는 허영(1990), 헌법이론과 헌법(上), 박영사, 281면 참조.

이를 좀 더 자세히 살펴보면 다음과 같다.

가. 성문법

(1) 헌법(§31①-⑥)

헌법(憲法)[38]은 모든 국법 질서의 근원이자 법의 기본원칙을 천명한 최고 규범이다. 이처럼 최고규범성(最高規範性)을 갖는 헌법은 교육법의 최상위 법원이다. 제헌헌법(1948.7.17.) 제16조[39]에 1개 조항으로 규정되었던 교육조항은 9차 헌법 개정을 거치는 동안 현재에는 제31조에 6개 조항으로 증가했다.

학자에 따라서는 이 조항을 '교육권', '학습권', '교육기본권' 등으로 지칭한다. 교육에 관한 헌법상 국민의 권리인 교육기본권 실현을 위해서는 제31조 이외에도 인간의 존엄성 및 행복추구권(§10), 직업선택의 자유(§15), 학문과 예술의 자유(§22)와 전제 혹은 인과 관계에 있다는 점에서 '교육기본권'의 개념은 '총체적 기본권'으로 불리기도 한다. 어떻든 이들은 모두 교육법의 직·간접적인 법원이 된다. 헌법정신을 내포한 교육과 관련한 헌법상의 조항을 '교육헌법'이라고도 할 수 있는데 헌법학자들이 즐겨 쓰는 표현이기도 한다.[40]

헌법학 개론서들은 헌법 조문대로 '교육을 받을 권리'로 기술되곤 하는데 학습자의 학습권이 강조되는 현대사회의 관점에서 볼 때, 이는 교육자와 국가 중심의 관점으로 보인다. 최근의 헌법 개정 논의[41]에서 표현 방식에 대하여 다양한 의견이 제시되기도 한다.[42]

대한민국헌법의 직접적인 교육에 관한 조항은 제31조에서 다른 국가에 비하여 비교적 상세하게 규정하고 있다. 제1항은 능력에 따라 균등하게 교육을 받을 국민의 권리, 제2항은 초등교육 및 법률이 정하는 교육을 받게 할 국민의 의무, 제3항은 의무교육의 무상 원칙, 제4항은 교육의 자주성·전문성·정치적 중립성 및 대학의 자율성에 대한 법률유보, 제5항은 평생교육을 진흥시킬 국가의 의무 그리고 제6항은 교육제도와 그 운영, 교육재정 및 교원의 지위에 관한 법률주의 등에 관한 내용을 담고 있다.

(2) 법률

입법기관인 국회의 의결을 거쳐 대통령이 공포한 것으로 교육법의 대표적인 유형이다. 교육기본법,

---

38) '憲法'이란 용어가 실정헌법으로서 처음 사용된 것은 1919년 9월 11일에 공포된 「大韓民國臨時憲法」이다. 일본은 大日本帝國憲法(1889), 중국은 欽定憲法大綱(1908)에서 실정법 용어로 처음 등장한다. 현재 헌법이란 용어는 한자 언어권인 중국, 일본국, 타이완에서 사용되고 있다. 정종섭(2003), 헌법연구 4, 박영사, 17면을 인용한 정종섭(2015), 헌법학원론, 박영사, 21면.

39) 모든 국민은 균등하게 교육을 받을 권리가 있다. 적어도 초등교육은 의무적이며 무상으로 한다. 모든 교육기관은 국가의 감독을 받으며 교육제도는 법률로써 정한다.

40) 정필운은 이 개념이 이종근 교수가 처음 사용한 용어로 소개하면서, 헌법31,22,36,전문,10조등 교육과 관련된 규정을 '형식적 의미의 교육헌법'으로, 교육영역에 적용되는 헌법사항을 규율하고 있는 규범의 총체를 실질적 의미의 헌법(형식적 교육헌법+교육기본법, 정부조직법, 교육자치법 및 명령 포함)으로 기술하기도 한다. 정필운(2022), 전환기의 교육헌법, 박영사, vi면.

41) 고전(2017), 교육기본권 관점에서의 헌법 개정 논의, 교육법학연구 29(2). 허종렬(2018), 교육헌법 개정 논의의 흐름과 쟁점 검토: 헌법 제31조와 제22조의 개정안을 중심으로, 교육법학연구 30(2). 황준성·정필운·이덕난(2019), 교육분야 헌법 개정 방안에 관한 델파이 조사 연구, 교육법학연구 31(1).

42) 고전(2022), 앞의 책, 22면.

초·중등교육법, 고등교육법, 사립학교법, 교육공무원법, 지방교육자치에 관한 법률, 평생교육법, 청소년기본법, 교원지위향상 및 교육활동 보호를 위한 특별법, 교육세법 등 학교교육과 평생교육 전 분야에 걸친 많은 법률이 제정되어 있다.

특히 교육기본법은 1997년에 기존 교육법을 분할 제정한 것으로 교육법 체제에 의미있는 변화를 가져왔다. 교육기본법의 목적 조항[43]이 밝히고 있듯이 교육당사자의 권리·의무·책임의 원칙과 교육제도 운영의 기본 사항을 규정한다는 점에서 같은 법률의 형태지만 기능적으로 교육법규들이 지향하여야 할 기본적인 입법 방향을 제시하는 법률이기도 하다.

교육기본법 제3조(학습권)에서 "모든 국민은 평생에 걸쳐 학습하고, 능력과 적성에 따라 교육 받을 권리를 가진다"고 하여 헌법 제31조 제1항의 '능력에 따른 균등한 교육을 받을 권리'를 학습자 관점에서 보다 적극적이고 구체적인 학습권으로 명명하고, 향후의 입법 방향을 학습자 중심의 평생교육 관점에서 능력뿐만 아니라 적성을 고려할 것을 제시했다.[44]

법률안의 제출은 국회와 정부에 있는데 최근에는 의원입법안이 정부입법안보다 많이 제출되고 있으나 본회의 통과 비율은 정부입법안에 미치지 못한다. 교육관련 법안은 주로 국회 교육위원회에서 논의되는데 사안에 따라서는 특별위원회(교육자치와 지방자치 통합의 경우 정치개혁특별위원회)에서 다루기도 한다.

법률은 법규명령(행정입법)이나 조례·규칙(자치입법)에 대하여 상위의 효력을 가지는 것으로서 법률에 저촉되는 법규명령이나 조례·규칙은 무효이다. 그러나 긴급명령·긴급재정경제명령(헌법 §76) 등은 그 예외로서 이들은 형식적으로는 행정입법이지만, 내용적으로 법률과 같은 효력을 가지고 있다.[45]

(3) 조약 및 국제법규

헌법에 의하여 체결·공포된 조약과 국제법규는 국내법과 같은 효력은 가진다는 점에서 교육법의 법원이 된다. 이는 헌법 제6조에서 "헌법에 의하여 체결·공포된 조약과 일반적으로 승인된 국제법규는 국내법과 같은 효력을 가진다"고 규정한 데 따른 것이다. 국내법과 같은 효력이라는 뜻은 법률과 같은 효력을 의미하는 것이 통설적 견해이다.

제2차 세계대전 후 현대 교육법에 영향을 미친 대표적인 국제연합의 결의문으로는 세계인권선언(Universal Declaration of Human Rights; UDHR, 1948.12.10.)이 있다. 제26조 제1항이 "모든 사람은 교육의 권리를 갖는다(Everyone has the right to education)"고 하여 국민의 기본권으로서 교육에 관한 권리를 선언했다. 특히, 받을 권리라는 뜻보다는 교육에 관한 권리로서 규정되어 있음에 주목할 필요가 있다. 이때

43) 교육기본법 제1조(목적) 이 법은 교육에 관한 국민의 권리·의무 및 국가·지방자치단체의 책임을 정하고 교육제도와 그 운영에 관한 기본적 사항을 규정함을 목적으로 한다.

44) 학습권 개념 도입에 대해서는 황홍규(2000), 교육기본법에서의 학습권 개념의 도입 배경과 그 의의, 교육법학연구 12를 참고할 것, 교육기본법 위상 및 개정에 대해서는 김용(2007), 교육기본법의 성과와 과제: 기본법론의 관점에서, 교육법학연구 19(1). 고전(2018), 헌법정신 관점에서의 교육기본법 개정 논의, 교육법학연구 30(1). 김갑석(2019), 교육법 체계에서의 「교육기본법」의 역할과 위상, 교육법학연구 31(2). 주영달(2019), 교육기본법의 성과와 과제: 판례 분석을 중심으로, 교육법학연구 31(1). 정필운(2021), 헌법이론의 관점에서 본 기본법의 정당성과 기능: 교육기본법의 정당성과 기능에 대한 평가, 교육법학연구 33(1). 허종렬(2021), 교육기본법의 법체계상 위상 및 효력과 체계 적합성 검토, 교육법학연구 33(1) 등을 참고할 것.

45) 김동희(1998), 행정법 I, 박영사, 44면.

같이 규정된 초등 의무교육의 무상 원칙, 기술·전문교육의 일반적 보장, 수학능력에 따른 고등교육의 균등한 기회보장, 인격완성·인권·기본적 자유 존중을 목표로 하는 교육, 부모의 자녀교육에 대한 우선 선택권의 원칙 등은 오늘날의 교육법의 핵심 규정이라 할 수 있다. 다만, 유엔의 결의문이라는 점에서 국제법으로서 법적 구속력은 인정되지 않으나 이후 대부분의 국가에서 교육에 대한 권리를 국민의 기본권으로 규정하고, 국가 주도로 공교육체제를 형성하는 과정을 밟았다는 점에서 국제 교육규범을 만드는데 선도적 역할을 한 것으로 평가할 수 있다.

이후, 유엔의 아동의 권리선언(1959)과 최초의 국제법적 효력을 인정받은 국제인권규약(1966)에 이어서 1989년에는 '아동의 권리에 관한 협약(Convention on the Rights of the Child; CRC)'이 유엔총회에서 만장일치로 채택(1989.11.20.)되었다.

오늘날 자녀 교육의 권리장전이자 국제 교육규범으로서 가장 영향력을 인정받는 이 협약(CRC)은 1990년 10월 2일부터 발효되었는데, 대한민국은 유엔에 가입(1991.9.17.)한 해 12월 20일에 국회 비준을 거쳐[46] 조약당사국이 되었다. 미국을 제외한 유엔 가입(옵서버 포함) 세계 196개국이 모두 비준(2015년 기준)하였다. 교육에 관하여는 제28조에서 아동의 교육에 대한 권리를, 제29조[47]에서 교육의 목표에 대하여 구체적으로 기술하고 있다.

【아동의 권리에 관한 협약 제28조】

1. 당사국은 아동의 교육에 대한 권리를 인정하며, 점진적으로 그리고 기회균등의 기초 위에서 이 권리를 달성하기 위하여 특히 다음의 조치를 취하여야 한다.[48]
   a. 초등교육은 의무이며 모든 이에게 무상으로 제공되어야 한다.
   b. 일반교육 및 직업교육을 포함한 여러 형태의 중등교육의 발전을 장려하고, 이에 대한 모든 아동의 이용 및 접근이 가능하도록 하며, 무상교육의 도입 및 필요한 경우 재정적 지원을 제공하는 등의 적절한 조치를 취하여야 한다.
   c. 고등교육의 기회가 모든 사람에게 능력에 입각하여 개방될 수 있도록 모든 적절한 조치를 취하여야 한다.
   d. 교육 및 직업에 관한 정보와 지도를 모든 아동이 이용하고 접근할 수 있도록 조치하여야 한다.
   e. 학교의 정기적 출석 및 탈락률 감소를 독려하기 위한 조치를 취하여야 한다.
2. 당사국은 학교 규율이 아동의 인간적 존엄성과 합치하고 이 협약에 부합하도록 운영되는 것을 보장하기 위한 모든 적절한 조치를 취하여야 한다.
3. 당사국은 특히 전 세계의 무지와 문맹의 퇴치에 이바지하고, 과학적·기술적 지식과 현대적 교육방법에의 접근이 용이하도록, 교육 관련 사항의 국제협력을 촉진하고 장려해야 한다. 이 문제에 있어서 개발도상국의 필요에 대응

---

46) 정부는 비준 당시, 이 협약의 제9조 제3항(부모로부터 분리된 아동의 면접교섭권 보장), 제21조 a항(공인된 기관에 의한 아동 입양 허가 절차), 제40조 제2항 b목 v호(아동의 항고권 보장)의 규정을 유보했다(제9조 제3항은 2008.10.16 유엔에 유보 철회 통보). 위키백과(https://ko.wikipedia.org) 검색 참조.

47) 아동의 권리에 관한 협약 제29조 1. 당사국은 아동교육이 다음의 목표를 지향하는 데 동의한다. a.아동의 인격, 재능 및 정신적·신체적 능력의 최대한 계발 b.인권과 기본적 자유 및 국제연합헌장에 규정된 원칙에 대한 존중의 진전 c.자신의 부모, 문화적 주체성, 언어 및 가치 그리고 현 거주국과 출신국의 국가적 가치 및 이질문명에 대한 존중의 진전 d.아동이 인종적·민족적·종교적 집단 및 원주민 등 모든 사람과의 관계에 있어서 이해·평화·관용·성평등·친선의 정신에 입각하여 자유사회에서 책임있는 삶을 영위하도록 하는 준비 e.자연환경에 대한 존중의 진전 2. 이 조 또는 제28조의 어떠한 부분도 개인 및 단체가 언제나 제1항에 규정된 원칙들을 준수하고 당해 교육기관에서 실시되는 교육이 국가에 의하여 설정된 최소한의 기준에 부합하여야 한다는 조건하에, 교육기관을 설립하여 운영할 수 있는 자유를 침해하는 것으로 해석되어서는 안 된다.

48) Article 28 1. States Parties recognize the right of the child to education, and with a view to achieving this right progressively and on the basis of equal opportunity, they shall, in particular.

하여 특별한 배려가 있어야 한다.

이러한 협약이 정한 의무에 따라 가입국 정부는 가입 뒤 2년 안에, 5년마다 아동의 인권 상황에 대한 국가보고서를 제출해야 한다. 유엔아동권리위원회는 그 국가보고서를 심의해 아동 인권 보장의 장애요인을 분석하고 그 대안을 해당국 정부와 함께 모색한다.49)

국제인권조약이 대한민국의 법률에 언급된 것은 초·중등교육법 제18조의4(학생의 인권보장)에서 "학교의 설립자·경영자와 학교의 장은 「헌법」과 국제인권조약에 명시된 학생의 인권을 보장하여야 한다"고 한 부분이다.

이 규정은 2007년 12월 14일 초·중등교육법 개정을 통해서 등장하였는데, 여기서 말하는 '국제인권조약'은 1989년의 '아동의 권리에 대한 협약(CRC)'이 그 대표적인 것이다. 2010년 10월 5일 경기도의회에서 제정한 '경기도 학생인권조례' 역시 제2조 제4호에서 "학생의 인권이란 헌법과 법률에서 보장하거나 「유엔 아동의 권리에 관한 협약」 등 대한민국이 가입·비준한 국제인권조약 및 국제관습법에서 인정하는 인간으로서의 존엄과 가치 및 자유와 권리 중 학생에게 적용될 수 있는 모든 권리를 말한다"고 하여 이를 보다 구체적으로 명기하고 있다. 광주광역시 학생인권 조례 역시 마찬가지이다.50)

(4) 명령

행정법학에서 명령이란 국가 행정입법권에 의하여 정립되는 법규를 말한다. 이는 다시 법규명령과 행정규칙(행정명령)으로 구분된다. 법규명령은 주로 국민과 행정권을 구속하고 재판의 규범이 되는 성문의 규범이라 한다면, 행정규칙은 행정조직 내부에서 상급 행정기관이 하급행정기관에 대하여 그 조직이나 업무처리의 절차·기준 등에 관하여 발하는 일반·추상적 규정을 말한다.51)

---

49) 2003년 1월 스위스 제네바에서 열린 아동권리위원회는 대한민국의 아동권리협약의 이행상황을 심의한 결과, 협약의 내용을 유보하는 부분이 남아 있는 점, 협약의 이행과 조정기능을 담당하는 기구가 없는 점, 관련 통계가 불완전해 개선이 필요한 점 등을 권고했다. 이 위원회는 또 이혼가정의 자녀가 부모를 볼 수 있는 권리가 법적으로 보장돼 있지 않은 점, 비상계엄하의 재판이 단심제여서 아동의 권리를 보호하기 어려운 점, 입양을 사실상 국가가 허용하는 제도 등을 문제 삼았다. 또 시도별 교육위원회와 학교운영위원회에 학생의 참여가 보장돼 있지 않은 점, 학교와 가정에서의 체벌이 여전한 점, 아동 관련 통계가 부처마다 다른 점 등을 지적하면서 아동권리협약의 이행을 저해하는 전통과 문화를 변화시키려는 정부의 노력이 부족하다고 평가했다. 이후 한국정부는 법령 개정을 통하여 이를 반영하기도 했다. 이에 따라 초·중등교육법 개정을 통해 신설된 제18조의4(학생의 인권보장) "학교의 설립자·경영자와 학교의 장은 「헌법」과 국제인권조약에 명시된 학생의 인권을 보장하여야 한다(2007.12.14. 신설)"는 대표적인 변화이다. 이후에도 체벌금지는 초·중등교육법 시행령 제31조(학생의 징계) ⑧ "학교의 장은 학칙으로 정하는 바에 따라 훈육·훈계 등의 방법으로 하되, 도구, 신체 등을 이용하여 학생의 신체에 고통을 가하는 방법을 사용해서는 아니 된다(2011.3.18. 개정)"를 통해서 이루어졌고, 학생대표의 참여는 이 시행령 제59조의4(의견수렴) ② "국·공립학교에 두는 운영위원회는 학생의 학교생활에 밀접하게 관련된 사항을 심의하기 위하여 필요하다고 인정하는 때에는 학생 대표 등을 회의에 참석하게 하여 의견을 들을 수 있다(2011.3.18. 신설)"를 통해 반영된 바 있다.

50) 광주광역시 학생인권 보장 및 증진에 관한 조례(2020.4.1.) 역시 제2조에서 "학생의 인권이란 「헌법」 및 법률에서 보장하거나 「유엔 아동의 권리에 관한 협약」 등 대한민국이 가입하거나 비준한 국제인권조약 및 국제관습법에서 인정하는 인간으로서의 존엄과 가치 및 자유와 권리 중 학생에게 적용될 수 있는 모든 권리를 말한다"고 규정한 바 있다.

51) 김동희(1998), 앞의 책, 130, 142면. 허영은 "행정입법권은 넓은 의미로는 국회입법권·사법입법권·자치입법권을 제외한 정부의 규범정립권을 그 내용으로 하기 때문에 대통령, 국무총리, 각부장관, 중앙행정관청이 장 등이 갖는 법규명령과 행정명령의 제정권을 모두 포괄하지만, 좁은 의미로는 대통령이 갖는 법규명령 제정권, 즉 위임명령과 집행명령 제정권만을 그 내용으로 한다. 행정명령은 행정기관 내부에서만 효력을 갖는 업무처리규칙(훈령·고시·통첩등)"이라고 하여 행정명령이란 용어를 사용한다. 행정규칙이 갖는 특성은 행정규칙 명칭에 해당하는 직접적인 법률적 근거를 필요로 하지 않으며, 행정기관과 구성원을 규율대상으로 하고, 원칙적으로 재판규범이 아니며, 조문형식일 필요는 없으며, 공포를 효력발생 요건으로 하지 않는다는 점

법규명령은 다시 법률의 위임 여부에 따라 위임명령과 집행명령으로 구분된다. 원칙적으로 명령은 법률을 집행하는 행정부의 권한이며 그 수반인 대통령의 명령제정권의 행사 역시 법률의 집행행위에 속한다. 대통령의 명령제정권은 헌법 제75조[52]에 명기되어 있고, 여기에서 위임명령과 집행명령의 구분이 출발하고 있으며 동시에 그 범위와 한계도 명확하다.

법규명령은 그 내용상 상위법령에 근거가 있어야 하고, 이에 저촉되지 않아야 하며, 그 내용이 명확하고 실현가능한 것이어야 한다. 대통령령은 법제처의 심사와 국무회의 심의를 거쳐 제정되며, 총리령과 부령은 법제처의 심사를 거쳐 제정된다(정부조직법 §27①). 명령은 또한 주체에 따라서는 대통령령·총리령·부령으로 구분되고, 이외 중앙선거관리위원회규칙, 대법원규칙, 헌법재판소규칙 등이 있다.[53]

법규명령 중 위임명령은 반드시 구체적이고 개별적인 사항에 관하여 한정되며 일반적이고 포괄적인 위임은 사실상 백지위임으로 의회입법의 원칙과 법치주의를 부인하는 것이 되고 행정권의 부당한 자의와 기본권에 대한 침해를 초래할 수 있다.[54]

집행명령은 법률 또는 상위명령을 집행하기 위하여 필요한 사항만을 규정할 수 있다. 즉, 상위법령을 집행하기 위하여 필요한 형식·절차, 세부적 사항 등에 관하여서만 규정할 수 있는 것으로, 그 한계를 넘어서 새로이 입법사항에 관하여 규정한 경우 당해 집행명령은 위법한 것으로서 무효라 할 것이다. 그러나 그 한계가 분명하지 않은 경우가 적지 않다.[55]

헌법 제95조에 따르면, 국무총리 또는 행정각부의 장은 소관사무에 관하여 법률이나 대통령령의 위임 또는 직권으로 총리령 또는 부령을 발할 수 있다. 명령은 모두 헌법 및 법률의 근거나 상급 행정기관의 위임을 필요로 한다. 이 경우 법률에 근거하여 하급 행정기관에 재위임하는 것은 가능하나 명시적인 규정이 없는 경우나 위임권한을 전부 다시 위임하는 것은 실질적으로 수권법(授權法)의 내용을 변경하는 것을 의미하므로 허용되지 않는다.[56]

교육 분야에서도 대통령령, 교육부령 등 많은 행정입법이 있는데 교육법규의 가장 많은 부분을 차지한다. 대통령이 구체적인 법률의 위임 규정에 의거하여 제정하여 위임명령으로 분류될 수 있는 것이 있는가 하면, 관련 법률의 시행을 위하여 제정된 집행명령으로 나누어 볼 수 있다. 그러나 최근 명령 제정 방식은 위임된 사항과 시행에 관한 사항을 동시에 규정하는 대통령령과 부령이 일반적이다. 해당 명령의 행정법적 성격은 결국 그 법에 정하고 있는 목적조항과 내용을 기준으로 그리고 국민생활에의 법적 영향 등을 고려하여 그 법규성을 판단해야 한다.

등이다. 허영(2015), 앞의책,1015면.

52) 헌법 제75조 "대통령은 법률에서 구체적으로 범위를 정하여 위임받은 사항과 법률을 집행하기 위하여 필요한 사항에 관하여 대통령령을 발할 수 있다." 전자는 위임명령, 후자는 집행명령을 의미한다.

53) 김동희(1998), 앞의 책, 44-45면. 감사원규칙의 법규명령성 인정에는 적극설과 소극설로 나뉜다.

54) 정종섭(2015), 앞의 책, 1242면.

55) 김동희(1998), 앞의 책, 136면. 같은 뜻으로 "집행명령은 위임명령과는 달리 새로운 입법사항을 대상으로 하지 않고, 법률을 구체적으로 집행하기 위한 세부적인 사항을 규율하는 일종의 시행세칙이므로 법률(모법)의 내용에 철저히 기속된다. 집행할 법률(모법)에 없는 사항을 규율하거나 내용을 변경·왜곡시키는 집행명령은 허용될 수 없다." 허영(2015), 앞의 책, 1019면.

56) 김동희(1998), 앞의 책, 136면.

주로 상위법의 근거를 명확히 제시한 위임명령으로 분류될 수 있는 것으로서 대통령령으로는 유아교육법시행령,[57] 고등학교 이하 각급학교 설립·운영규정,[58] 특수학교시설·설비기준령,[59] 교과용도서에 관한 규정,[60] 국립학교설치령,[61] 지방교육행정기관의 행정기구와 정원기준 등에 관한 규정,[62] 교육공무원승진규정,[63] 교원자격검정령,[64] 교원연수에 관한 규정[65] 등이 있다. 부령으로는 국립유치원 및 초·중등학교 회계규칙, 유아교육정보시스템 및 교육정보시스템의 운영 등에 관한 규칙 등이 있다.

그리고 집행명령의 경우에는 상위법과 관련은 되어 있으나 구체적 근거를 명시는 하지 않고 입법사항 및 시행사항을 규정하는 경우이다. 대표적으로 교육부와 그 소속기관 직제,[66] 교육공무원임용령,[67] 교육공무원징계령[68] 등이 있다. 부령 중에는 교원등의 연수에 관한 규정 시행규칙,[69] 교원자격검정령 시행규칙[70] 등이 있다.

한편, 상위법에서 위임된 사항과 시행(집행)에 관한 사항을 동시에 정한 경우 대통령령으로는 초·중

57) 제1조(목적) 이 법은 「교육기본법」 제9조에 따라 유아교육에 관한 사항을 정함을 목적으로 한다.

58) 제1조(목적) 이 영은 「유아교육법」 제8조, 「초·중등교육법」 제4조, 「사립학교법」 제5조 및 「유아교육법 시행령」 제8조, 「초·중등교육법 시행령」 제2조의 규정에 의하여 유치원·초등학교·중학교·고등학교·공민학교·고등공민학교·고등기술학교와 이에 준하는 각종학교(대안학교는 제외한다)의 설립·운영에 있어서 필요한 시설·설비기준과 학교법인이 설립·경영하는 사립학교의 경영에 필요한 재산의 기준 등에 관한 사항을 규정함을 목적으로 한다.

59) 제1조(목적) 이 영은 초·중등교육법 제4조 및 같은 법 시행령 제2조의 규정에 의하여 특수학교(이하 "학교"라 한다) 및 특수학급의 시설·설비에 관한 기준을 정함을 목적으로 한다.

60) 제1조(목적) 이 영은 「초·중등교육법」 제29조 제2항에 따라 각 학교의 교과용도서의 범위·저작·검정·인정·발행·공급·선정 및 가격결정에 관하여 필요한 사항을 규정함을 목적으로 한다.

61) 제1조(목적) 이 영은 「교육기본법」 제11조 제1항, 「초·중등교육법」 제3조 및 「고등교육법」 제18조·제19조에 따라 국가가 설립·경영하는 학교의 설치·조직 및 운영 등에 관하여 필요한 사항을 규정함을 목적으로 한다.

62) 제1조(목적) 이 영은 「지방교육자치에 관한 법률」 제30조부터 제34조까지의 규정에 따라 지방교육행정기관의 행정기구 조직 및 운영에 관한 사항과 지방공무원의 정원기준 등에 관하여 필요한 사항을 규정함을 목적으로 한다.

63) 제1조(목적) 이 영은 「교육공무원법」 제13조 및 제14조의 규정에 의하여 교육공무원의 경력, 근무성적 및 연수성적 등의 평정과 승진후보자명부의 작성에 관한 사항을 규정함으로써 승진임용에 있어서의 인사행정의 공정을 기함을 목적으로 한다.

64) 제1조(목적) 이 영은 「유아교육법」 제22조 및 「초·중등교육법」 제21조에 따라 교원의 자격검정에 관한 사항을 규정함을 목적으로 한다.

65) 제1조(목적) 이 영은 「유아교육법」 제22조, 「초·중등교육법」 제21조, 「고등교육법」 제46조 및 「교육공무원법」 제37조부터 제42조까지의 규정에 따른 교원의 자격 취득에 필요한 연수, 교원의 능력 배양을 위한 연수 등을 위한 연수기관의 설치·운영과 연수 대상 등의 사항을 규정함을 목적으로 한다(교원 정의 규정을 말한 것이지 해당 교원 연수를 대통령령에 의뢰하지는 않았음).

66) 교육부와 그 소속기관 직제 제1조(목적)는 "이 영은 교육부와 그 소속기관의 조직과 직무범위, 그 밖에 필요한 사항을 규정함을 목적으로 한다"라고 되어 있는데, 그 근거는 정부조직법 및 행정기관의 조직과 정원에 관한 통칙(대통령령)에 근거하고 있다. 즉, 정부조직법 제2조(중앙행정기관의 설치와 조직 등) "① 중앙행정기관의 설치와 직무범위는 법률로 정한다(따라서 교육부의 명칭과 직무는 이 법 §26, 28에 명기됨). ② 중앙행정기관은 이 법과 다른 법률에 특별한 규정이 있는 경우를 제외하고는 부·처 및 청으로 한다. ③ 중앙행정기관의 보조기관은 이 법과 다른 법률에 특별한 규정이 있는 경우를 제외하고는 차관·차장·실장·국장 및 과장으로 한다. 다만, 실장·국장 및 과장의 명칭은 대통령령으로 정하는 바에 따라 본부장·단장·부장·팀장 등으로 달리 정할 수 있으며, 실장·국장 및 과장의 명칭을 달리 정한 보조기관은 이 법을 적용할 때 실장·국장 및 과장으로 본다. ④ 제3항에 따른 보조기관의 설치와 사무분장은 법률로 정한 것을 제외하고는 대통령령으로 정한다. 다만, 과의 설치와 사무분장은 총리령 또는 부령으로 정할 수 있다." 따라서 교육부의 조직은 대통령이 스스로 정한 '행정기관의 조직과 정원에 관한 통칙'에 따라 교육부직제를 정하고 있는 것이다.

67) 제1조(적용범위) 교육공무원의 임용에 관하여는 다른 법령에 특별한 규정이 있는 경우를 제외하고는 이 영이 정하는 바에 의한다.

68) 제1조(적용범위) 교육공무원에 대한 징계는 다른 법령에 특별한 규정이 있는 경우를 제외하고는 이 영이 정하는 바에 의한다.

69) 제1조(목적) 이 규칙은 「교원 등의 연수에 관한 규정」의 시행에 필요한 사항을 규정함을 목적으로 한다.

70) 제1조(목적) 이 규칙은 「유아교육법」·「초·중등교육법」 및 「교원자격검정령」에 따른 교원자격검정의 시행에 관하여 필요한 사항을 규정함을 목적으로 한다.

등교육법 시행령,[71] 고등교육법 시행령,[72] 평생교육법 시행령,[73] 교육관련 기관의 정보공개에 관한특례법시행령,[74] 학교시설사업촉진법 시행령,[75] 학교폭력예방 및 대책에 관한 법률 시행령,[76] 인성교육진흥법 시행령[77] 등이 있다. 교육부령 중에서는 시행규칙으로 명명된 것들 또한 위임과 시행사항을 동시에 규정하고 있는데, 유아교육법 시행규칙, 초·중등교육법 시행규칙, 고등학교이하 각급학교설립·운영규정 시행규칙, 교육부와 그 소속기관직제 시행규칙,[78] 방송통신중고교 설치기준령 시행규칙, 국립대학의 회계설치 및 재정운영에 관한 법률 시행규칙, 학교시설사업촉진법 시행규칙, 인성교육진흥법 시행규칙 등이 이에 속한다.

이처럼 대통령령이나 부령의 명칭(시행령 혹은 시행규칙)만을 보고서 위임명령 혹은 집행명령으로 구분하기는 곤란하며, 최근 제정되는 대통령령 및 부령들은 위임과 시행을 동시에 언급하는 경향이 있다. 그런가 하면 시행령의 제정범위를 목적 조항에서 총괄하지 않고 규정한 경우도 있는데, 사립학교법 시행령(1963), 교육세법 시행령(1982) 등 주로 제정된 지 오래된 경우이다.

교육부는 초·중등교육법 시행규칙(부령) 개정(2015.3.5.)을 통해서 기존에 여러 훈령으로 분산 제정되어 있던 9개 교육부령을 통합[79]하고 훈령의 내용 중 일부를 부령으로 상향조정하여 이 시행규칙을 초·중등교육법의 실질적인 시행규칙으로 체계를 조정한 바 있다.

한편, 행정규칙(행정명령)은 행정조직 내부 또는 특별권력관계 내부에서 그 조직·작용에 대해 규율한 것으로 통상 훈령(訓令)·예규(例規)·고시(告示) 등의 형식[80]으로 수립되나, 때로는 법률 또는 법규명령의 형식으로 제정되는 때도 있다.

행정규칙의 법적 성격에 대하여 학계는 비법규설, 준법규설, 법규설로 나뉜다. 비법규설은 행정조직 내부에만 구속력을 가질 뿐 대국민 효력은 부인하는 입장이고, 준법규설은 재량준칙은 헌법의 평등원칙을 매개로 하여 간접적 대국민 효력을 인정하는 입장이다. 그리고 법규설은 행정권이 권한 내 자주적 법

71) 제1조(목적) 이 영은 「초·중등교육법」에서 위임된 사항과 그 시행에 관하여 필요한 사항을 규정함을 목적으로 한다.
72) 제1조(목적) 이 영은 「고등교육법」에서 위임된 사항과 그 시행에 관하여 필요한 사항을 규정함을 목적으로 한다.
73) 제1조(목적) 이 영은 「평생교육법」에서 위임된 사항과 그 시행에 필요한 사항을 규정함을 목적으로 한다.
74) 제1조(목적) 이 영은 「교육관련기관의 정보공개에 관한 특례법」에서 위임된 사항과 그 시행에 필요한 사항을 규정함을 목적으로 한다.
75) 제1조(목적) 이 영은 「학교시설사업촉진법」에서 위임된 사항과 그 시행에 관하여 필요한 사항을 규정함을 목적으로 한다.
76) 제1조(목적) 이 영은 「학교폭력예방 및 대책에 관한 법률」에서 위임된 사항과 그 시행에 필요한 사항을 규정함을 목적으로 한다.
77) 제1조(목적) 이 영은 「인성교육진흥법」에서 위임된 사항과 그 시행에 필요한 사항을 규정함을 목적으로 한다.
78) 제1조(목적) 이 규칙은 교육부와 그 소속기관에 두는 보조기관·보좌기관의 직급 및 직급별 정원, 정부조직법 제2조 제3항 및 제5항에 따라 실장·국장 밑에 두는 보조기관과 이에 상당하는 보좌기관의 설치 및 사무분장 등 「교육부와 그 소속기관 직제」에서 위임된 사항과 그 시행에 필요한 사항을 규정함을 목적으로 한다.
79) 통합되어 폐지된 교육부령은 국립고등학교 수업료및입학금에 관한규칙, 교원자격의 취득을위한보수교육에 관한규칙, 학교생활기록의 작성및관리에 관한규칙, 고등학교입학자격 검정고시규칙, 고등학교졸업학력 검정고시규칙, 학교발전기금의 조성·운용및회계관리에 관한규칙, 자율형사립고등학교의 지정및운영에관한규칙, 각종학교에 관한규칙, 초·중등학생 교육비 지원규칙이다. 교육부훈령인 학교생활기록 작성및관리지침에 규정된 학교폭력 등에 관한 학교생활기록부 기재사항 관련 규정을 이 시행규칙으로 상향 입법했다.
80) 김동희(1998: 142, 143)에 따르면 광의 행정규칙은 조직규칙(사무분장규정, 사무처리규정), 근무규칙(훈령, 지시, 예규, 일일명령), 영조물규칙(국립대학교학칙, 국립도서관규칙등)으로 나누며, 협의의 행정규칙은 조직규칙, 행위지도규칙(규범해석규칙, 재량준칙, 간소화지침, 법률대위규칙)으로 구분한다. 법제처의 '행정규칙 종합안내서'(2015: 1)에 따르면, 일반적인 행정규칙의 형식으로는 훈령·예규·고시·공고를 들 수 있으며, 그 외에도 그 명칭에 상관없이 법령의 집행과 관련된 규정·규칙·지시·지침·통첩 등을 포함하기도 한다.

형식을 위한 규율권을 가지고 대외적 효력을 갖는다고 보는 입장이다.

대법원은 기본적으로 행정규칙이 명칭과 상관없이 행정조직 내에서 권한의 행사를 지도 · 감독하기 위한 것이라면 원칙적으로 대외적 구속력이 없는 것으로 판결[81]하면서도, 법령의 내용을 구체적으로 보충하는 행정규칙의 경우 대외적인 구속력을 인정[82]하기도 한다. 헌법재판소 역시 법령의 직접 위임에 따른 행정규칙에 대해 대외적 구속력을 인정하거나, 행정 준칙에 따라 행정기관을 구속하는 관행이 형성되었다면 이 또한 대외적 구속력을 인정할 수 있다는 입장이다.[83]

법제처의 '2021 행정규칙 입안 · 심사기준'[84]에 따르면, 판례와 행정규제기본법의 규정[85]을 살펴볼 때, 법령의 위임에 따라 법령을 보충하는 내용을 규정한 행정규칙은 상위법령과 결합하여 법규성이 인정할 수 있다는 입장이다.

행정규칙은 법률이나 법규명령 형식으로 제정되어 있는 한 국민이나 법원을 구속하게 되므로 수범자의 범위를 위반한 처분은 위법한 것이 될 수 있고, 재판에 의한 취소 사유가 될 수 있다. 반면 형식적으로는 고시 · 훈령의 행정규칙의 형식을 취하나 내용적으로 법률의 보충적 성질을 가지는 것들이 있는데 이들은 그 실질적 내용에 따라 법규명령(위임명령)으로 보아야 한다고 한다.[86]

이처럼 행정법학에서는 명령의 성격과 행정기관의 상 · 하급에 따라 법규성 인정에 대한 논의를 전개하나, 행정규칙에 관한 규정들에서 이러한 구분들은 혼재되어 사용되고 있다.

「법제업무 운영규정」(대통령령) 제24조의3 제1항에서는 그 명칭에 관계없이 법령의 시행과 직접 관련하여 발령하는 규정 · 규칙 · 지시 · 지침 · 통첩 등을 '훈령 · 예규등'으로 약칭하고 있고, 「훈령 · 예규 등의

---

81) "훈령이란 행정조직 내부에서 그 권한의 행사를 지도 · 감독하기 위하여 발하는 행정명령으로서 훈령, 예규, 통첩, 지시, 고시 등 그 사용명칭 여하에 불구하고 공법상의 법률관계 내부에서 준거할 준칙 등을 정하는 데 그치고 대외적으로는 아무런 구속력도 가지는 것이 아니다"(대법원 1983.6.14. 선고 83누54 판결)

82) "법령의 규정이 특정 행정기관에 그 법령 내용의 구체적 사항을 정할 수 있는 권한을 부여하면서 그 권한 행사의 절차나 방법을 특정하고 있지 않은 관계로 수임행정기관이 행정규칙의 형식으로 그 법령의 내용이 될 사항을 구체적으로 정하고 있다면, 그와 같은 행정규칙은 행정 규칙이 갖는 일반적 효력으로서가 아니라 행정기관에 법령의 구체적 내용을 보충하는 기능을 갖게 된다 할 것이므로, 이와 같은 행정규칙, 규정은 해당 법령의 수임한계를 벗어나지 않는 범위에서는 그것들과 결합하여 대외적인 구속력이 있는 법규명령으로서의 효력을 갖게 된다"(대법원 1989.11.14. 선고 89누5676 판결)

83) "법령의 직접적인 위임에 따라 위임행정기관이 그 법령을 시행하는 데 필요한 구체적 사항을 정한 것이면, 그 제정 형식은 비록 법규명령이 아닌 고시, 훈령, 예규 등과 같은 행정규칙이더라도 그것이 상위법령의 위임한계를 벗어나지 않는 범위에서는 상위법령과 결합하여 대외적인 구속력을 갖는 법규명령으로서 기능하게 된다"(헌재 1992.6.26. 선고 91헌마25 결정) "재량권 행사의 준칙인 규칙이 그 정한 바에 따라 되풀이 시행되어 행정관행이 되면, 평등의 원칙이나 신뢰보호의 원칙에 따라 행정기관은 그 상대방에 대한 관계에서 그 규칙에 따라야 할 자기구속을 당하게 되고, 그러한 경우에는 대외적인 구속력을 가지게 된다"(헌재 1990.9.3. 선고 90헌마13 결정)

84) 법제처(2021), 2021 행정규칙 입안 · 심사기준, 법제처, 4－6면 참조.

85) 제4조(규제법정주의) ① 규제는 법률에 근거하여야 하며, 그 내용은 알기 쉬운 용어로 구체적이고 명확하게 규정되어야 한다. ② 규제는 법률에 직접 규정하되, 규제의 세부적인 내용은 법률 또는 상위법령(上位法令)에서 구체적으로 범위를 정하여 위임한 바에 따라 대통령령 · 총리령 · 부령 또는 조례 · 규칙으로 정할 수 있다. 다만, 법령에서 전문적 · 기술적 사항이나 경미한 사항으로서 업무의 성질상 위임이 불가피한 사항에 관하여 구체적으로 범위를 정하여 위임한 경우에는 고시 등으로 정할 수 있다. ③ 행정기관은 법률에 근거하지 아니한 규제로 국민의 권리를 제한하거나 의무를 부과할 수 없다.

86) 대법원은 행정규칙에 대하여는 소수의 외견상의 예외적 판결 예에도 불구하고, 그 법규성을 부인하여 국민이나 법원에 대한 법적 구속력을 인정하지 않고 있다. 행정규칙의 법적 성질에 대하여는 김동희(1998), 앞의 책, 146－156면 참조. 대법원은 예외적으로 고시가 법령의 수권(일정한 자격, 권한, 권리 따위를 특정인에게 부여하는 일)에 따라 법령을 보충하는 사항을 정하는 경우에는 근거 법령규정과 결합하여 대외적으로 구속력 있는 법규명령의 효력을 갖는다고 판시했다(대법원 1999.11.26. 선고 97누13474 판결(부동산양도허가신청반려처분취소)).

발령 및 관리에 관한 규정」(대통령훈령) 제2조 제1항에서는 그 명칭과 관계없이 법령의 시행 또는 행정사무처리 등과 관련하여 발령하는 훈령 · 예규 · 고시 · 규정 · 규칙 · 지침 등을 '훈령 · 예규등'으로 약칭하고 있으며, 이를 실무상이나 강학상 행정규칙이라고 부르고 있다.[87)]

행정규칙에 대한 가이드라인 법이라 할 수 있는 「행정효율과 협업 촉진에 관한 규정」(대통령령, 2021)[88)]에 따르면 제4조(공문서의 종류)에서 공문서의 종류를 법규 · 지시 · 공고 · 비치 · 민원 · 일반문서로 구분하고 있는데, 이른바 지시문서와 공고문서[89)]가 행정규칙이다.

법제처의 '2021 행정규칙 입안 · 심사기준'에 따르면, 행정규칙의 종류는 우선 내용상[90)]으로는 내부규칙(조직규칙), 집행규칙(법령해석규칙, 재량준칙), 위임규칙(법률대위규칙, 법령보충적 행정규칙)으로 나뉘는 것으로 소개되어 있다. 형식상으로는 훈령, 예규, 고시로 나뉜다.

법제처에서 운영하는 포털인 국가법령정보센터(http://www.law.go.kr)은 행정규칙을 다음과 같이 분류하고 있는데, 교육부 소관 행정규칙의 사례는 다음과 같다.

- 위임행정 규칙: 자율학교지정 및 운영에 관한 훈령, 시도교육청평가 운영 규정(훈령), 전문대학산업체위탁교육 시행 지침(예규), 초등학교 교육과정(고시), 2022년 검정교과용 도서책별 정가(공고)
- 집행행정 규칙: 학교생활기록부 작성 및 관리 지침(훈령), 교원휴가업무 처리 요령(예규), 학점인정등에 관한 업무처리 지침(고시), 중고등학교 특례입학 업무처리 요령(고시)
- 행정내부 규칙: 교육부위임전결규정(훈령), 교육부위임전결규정(훈령) 교육부공무원행동강령(훈령) 교육부감사활동수칙(훈령) 교육부보완관제지침(예규), 국립대학통폐합기준(고시)
- 처분적 고시등: 학교 석면안전관리인 교육 위탁기관 및 위탁업무(고시)

훈령 · 예규의 입안 원칙은 「훈령 · 예규 등의 발령 및 관리에 관한 규정」(대통령훈령)에 규정되어 있다. 제2조(기본원칙)에 따르면, 중앙행정기관(대통령 및 국무총리 소속 기관장 포함)은 훈령 · 예규 · 고시(명칭에 관계없이 법령의 시행 또는 행정사무처리 등과 관련하여 발령하는 규정 · 규칙 · 지시 · 지침 · 통첩 등 포함)를 입안할 때는 필요성, 적법성, 적절성, 조화성, 명확성의 원칙[91)]에 따라 입안하여야 한다고 규정하고 있다.

---

87) 법제처(2021), 앞의 자료, 법제처, 3면 참조.

88) 폐지된 「사무관리규정 시행규칙」 제3조에 따르면, 훈령, 예규, 고시, 공고, 지시의 의미는 다음과 같다.
· 훈령: 상급기관이 하급기관에 대하여 장기간에 걸쳐 그 권한의 행사를 일반적으로 지시하기 위하여 발하는 명령으로서 조문형식 또는 시행문형식에 의하여 작성하고, 누년 일련번호를 사용하는 것
· 예규: 행정사무의 통일을 기하기 위하여 반복적 행정사무의 처리기준을 제시하는 법규문서 외의 문서로서 조문형식 또는 시행문형식에 의하여 작성하고, 누년 일련번호를 사용하는 것
· 고시: 법령이 정하는 바에 따라 일정한 사항을 일반에게 알리기 위한 문서로서 연도표시 일련번호를 사용하는 것
· 공고: 일정한 사항을 일반에게 알리는 문서로서 연도표시 일련번호를 사용하는 것
· 지시: 상급기관이 직권 또는 하급기관의 문의에 의하여 하급기관에 개별적 · 구체적으로 발하는 명령으로서 시행문형식에 의하여 작성하고, 연도표시 일련번호를 사용하는 것

89) 2. 지시문서: 훈령 · 지시 · 예규 · 일일명령 등 행정기관이 그 하급기관이나 소속 공무원에 대하여 일정한 사항을 지시하는 문서
3. 공고문서: 고시 · 공고 등 행정기관이 일정한 사항을 일반에게 알리는 문서

90) 위임행정규칙이란 법률 · 대통령령 · 총리령 · 부령 등에 상위법령에서 위임한 사항을 훈령 · 예규 · 고시 · 공고 등의 형식으로 정하고 있는 것, 집행행정규칙이란 법률 · 대통령령 · 총리령 · 부령 등 상위법령의 시행에 필요한 세부사항을 훈령 · 예규 · 고시 · 공고 등의 형식으로 정하고 있는 것, 행정내부규칙이란 행정기관의 인사, 복무, 조직, 예산, 회계, 기록관리, 정보공개 등 행정기관의 내부적인 업무운영에 관한 사항을 훈령 · 예규 · 고시 · 공고 등의 형식으로 정하고 있는 것, 처분적 고시란 인허가 등의 행정처분에 관한 사항, 일회적 · 일시적인 행정업무처리에 관한 사항 등을 고시 · 공고 등의 형식으로 정하고 있는 행정규칙을 말한다.

91) 1. 필요성: 훈령 · 예규등은 법령(법률, 조약, 대통령령, 총리령 및 부령을 말한다. 이하 같다) 집행의 통일성 등을 확보하기 위

「법제업무 운영규정」(대통령령) 역시 훈령·예규등의 내용이 적법하고 현실에 적합하게 발령·유지·관리되어야 한다고 규정하고 있다.[92)]

(5) 지방자치단체의 자치법규

지방자치단체가 법령의 범위 안에서 제정한 조례 및 규칙을 말하며, 지방교육자치의 실시로 그 비중이 높아지고 있는 교육법의 법원이다.

① 조례(條例)

지방자치단체가 지방의회의 의결로 제정한 법규범으로 법령의 범위 안에서 제정이 가능하고 법률의 위임이 있는 경우에는 주민의 권리를 제한하거나 의무를 부과하거나 벌칙을 정할 수 있다.

조례를 위임조례와 자치조례로 구분하기도 하는데, 조례의 위임근거가 법령에 개별적으로 위임되어 있는 것을 위임조례, 지방의회가 법령의 법위 안에서 직접적이고 개별적인 근거없이 제정하는 조례를 자치조례라 한다.[93)] 입법의 실제상 자치조례보다 위임조례가 압도적으로 많은데, 이는 지방자치법 제28조 제1항의 단서(주민의 권리제한 또는 의무부과시 법률 위임 필수)[94)]에 따라 자치조례로 정할 사항에 대하여도 개별 법률에서 위임하는 것이 일반화되었기 때문이다.[95)]

기본적으로 해당 시·도의 교육행정기구 설치나 교육감 행정권한의 위임에 관한 조례를 제정하고 있고, 교육재정부담금 전출, 교육감소속 지방공무원 정원, 자율학교, 무상급식, 평생교육진흥 관련 조례가 있다.

최근 학생인권, 교권보호, 학부모회[96)]에 관한 조례나 교육격차 조례가 각 시·도에서 제정되기도 했다. 제주특별자치도나 세종특별자치시의 경우 타 지역에 비하여 특례를 정하는 조례나 지역의 특성을 반영한 조례를 제정하기도 한다.[97)] 그 외 시·군구 기초의회에서도 조례를 제정하기도 한다.[98)] 교육조례라

하여 필요한 경우에만 발령할 것

2. 적법성: 법률에 근거 없이 국민의 권리의무에 관한 사항을 규정하거나 법령의 내용과 다른 사항 또는 다른 중앙행정기관의 소관업무에 관한 사항을 규정하지 아니할 것
3. 적절성: 행정기관이 쉽게 확보할 수 있는 서류를 국민에게 제출하게 하거나 현실에 맞지 아니한 사항을 규정하여 국민에게 불편을 주지 아니할 것
4. 조화성: 다른 훈령·예규등과 조화와 균형이 유지되도록 하고, 중복·상충되는 내용이 없을 것
5. 명확성: 국민이 훈령·예규등을 이해하기 쉽도록 누구나 알기 쉬운 용어와 표현 등을 사용하여야 하며, 재량권이 남용되지 아니하도록 구체적이고 명확하게 규정할 것

92) 법제업무 운영규정(대통령령) 제24조의3(훈령·예규등의 적법성 확보 및 등재) ① 각급 행정기관의 훈령·예규·고시(그 명칭에 상관없이 법령의 시행과 직접 관련하여 발령하는 규정·규칙·지시·지침·통첩 등을 포함하며, 이하 "훈령·예규등"이라 한다)는 그 내용이 적법하고 현실에 적합하게 발령·유지·관리되어야 한다.

93) 홍정선(2014), 신지방자치법(제3판), 박영사, 302–303면.

94) 제28조(조례) ① 지방자치단체는 법령의 범위에서 그 사무에 관하여 조례를 제정할 수 있다. 다만, 주민의 권리 제한 또는 의무 부과에 관한 사항이나 벌칙을 정할 때에는 법률의 위임이 있어야 한다. ② 법령에서 조례로 정하도록 위임한 사항은 그 법령의 하위 법령에서 그 위임의 내용과 범위를 제한하거나 직접 규정할 수 없다.

95) 제주특별자치도 교육조례 173개 중 위임조례는 88개, 자치조례는 85개로 비슷하다.

96) 2022년 7월 현재 학생인권조례는 경기, 광주, 서울, 전북, 제주, 충남에 제정되어 있고, 교권보호 또는 교권보호위원회 조례는 강원, 경기, 경남, 경북, 대구, 대전, 세종, 울산, 인천, 전남, 전북, 제주, 충남, 충북에, 학부모회 조례는 강원, 경기, 경남, 경북, 광주, 대전, 부산, 서울, 울산, 인천, 전남, 전북, 제주, 충남, 충북에 제정되었다.

97) 각급 학교 43평화·인권교육 활성화 조례, 제주이해교육 활성화 조례, 제주어교육 활성화 조례, 제주 숙의민주주의 조례, 난치병학생 교육력 제고를 위한 지원조례 등이 있다.

98) 서울특별시 교육재정부담금의 전출에 관한 조례, 경기도교육감 소속기관 공인 조례, 경기도교육감 소속 지방공무원 정원 조례,

는 명칭은 지방의회나 교육행정기관에서 일반적으로 쓰여지기도 하나 법률적인 용어는 아니다.

② 규칙(規則)

지방자치단체의 장이 법령 또는 조례가 위임한 범위 안에서 제정한 것으로 교육청 소관에 속하지 않는 일부 교육관련 규칙을 정하는 경우가 있는데(규칙 고유번호에 교육규칙이라 표기되지 않은 것), 시·도가 재정을 부담하는 지원 사업이나 평생교육과 관련한 것이 주를 이룬다. 시·도지사는 물론 구청장이 정하는 경우도 있는데, 넓은 의미에 교육·학예에 관한 사항이라는 점에서 자치단체의 교육 자치법규의 간접적인 법원이라 할 수 있다.[99)]

③ 교육규칙(教育規則)

교육감은 법령이나 조례의 범위 안에서 그 권한에 속하는 사무에 관하여 교육규칙을 제정할 수 있다.[100)] 위의 조례에 대한 시행규칙이 대부분이며, 규칙명에 경상남도와 같이 '교육규칙' 용어를 포함하는 경우[101)]도 있지만 대부분 규칙의 고유번호에만 '00시·도 교육규칙 00호'로 표기된다.[102)] 행정권한의 위임에 근거하여 제정된 각종 규칙과 지방교육 행정기관 내의 과의 하부조직에 관한 교육규칙 등이 있다.

나. 불문법적 사례

성문법주의를 채택하는 한국의 경우 불문법의 유형들은 그 법적 효력에 대하여는 학설이 나뉘며 사실적 효력 또한 사례에 따라 달리 해석되기도 한다. 아래에서는 관습, 판례, 조리, 학설이 교육법을 해석하고 적용하는 경우 법적 효력 및 사실적 효력으로 작용하는 이른바 '불문법적 사례'를 중심으로 설명한다.

경기도교육청 행정기구 설치조례, 경기도 학생인권 조례, 전라북도 교권과 교육활동 보호 등에 관한 조례, 제주특별자치도교육비특별회계 전출에관한조례, 서울특별시 친환경무상급식 등 지원에 관한 조례, 서울특별시의회의 경우 서울특별시 교육격차해소와 인재양성을 위한 교육지원 조례, 서울특별시 민주시민교육에 관한 조례, 제주특별자치도 평생교육 진흥 조례 등이 있다. 시·군·구의회의 경우 서울특별시서대문구 교육경비보조에관한조례, 서울특별시송파구 평생학습진흥조례, 서울특별시강동구 평생교육진흥조례 등이 있다.

99) 서울특별시 교육격차해소와 인재양성을 위한 교육지원조례 시행규칙(서울시규칙 제3962호), 서울특별시 강남구립 국제교육원 설립 및 운영 조례 시행규칙(강남구규칙 제788호), 제주특별자치도 농어촌학교 학생 교통비 지원 조례 시행규칙(도규칙 제368호), 부산광역시 동구 평생학습 지원 조례(동구조례 제956호), 광주광역시 북구 평생학습 문화센터 운영 조례 시행규칙(북구규칙 제766호), 서울특별시 서대문구 친환경 무상급식 지원에 관한 조례 시행규칙(서대문구규칙 제634호) 등이 있다.

100) 지방교육자치법 제25조(교육규칙의 제정) ①교육감은 법령 또는 조례의 범위 안에서 그 권한에 속하는 사무에 관하여 교육규칙을 제정할 수 있다. ②교육감은 대통령령으로 정하는 절차와 방식에 따라 교육규칙을 공포하여야 하며, 교육규칙은 특별한 규정이 없으면 공포한 날부터 20일이 지남으로써 효력이 발생한다.

101) 경상남도교육감 행정권한의 위임에 관한 교육규칙, 경상남도교육과정편성·운영위원회 운영 교육규칙 등이 있다.

102) 경기도교육청 행정기구 설치조례 시행규칙(경기도교육규칙 제757호), 강원도교육감 위임전결 규칙(강원도교육규칙 제705호), 강원도 공립학교 회계규칙(강원도교육규칙 제729호), 경기도학생인권조례시행규칙(경기도교육규칙 제617호), 제주특별자치도 자율학교의 지정·운영 등에 관한 규칙(제주특별자치도교육규칙 제198), 경기도 평생학습관 지정·운영에 관한 규칙(경기도교육규칙 제741호) 등이 있다.

(1) 관습과 교육법

법원으로서 관습법이란 불문법 체계를 채택하는 국가에서 사회 구성원의 정의감정(正義感情)에 의하여 용인되어 법적 구속력을 갖는 사회의 관습과 통념을 말한다. 성문법 체계의 국가에서도 관습은 성문법을 보충하거나 개폐하는데 실질적으로 영향을 미친다.

대학의 자치에 관한 관습이나 교원 예우 및 학생 지도에 있어서 인정되어 온 사회적 관습이나 통념 등은 실정법 이전부터 관행으로 인정된 하나의 규범이다. 대학의 학칙에 근거하여 조직된 교수회 및 교수평의회는 대학 내 주요 의사결정 주체로서 대학자치 관습을 이어왔다. 스승에 대한 존경과 예우 그리고 과거 학생 지도시 허용되었던 선생님의 '사랑의 매'는 학교의 주된 관습이었다.

그런데 사회 통념과 법의식의 변화에 따라 관습적으로 행해지던 것들이 규제되거나 나아가 범법행위로 재규정되는 경우도 있다. 2017년에 고등교육법 개정을 통해 입법화된 대학평의원회[103]는 기존의 대학교수회 중심의 의사결정 구조와 과정을 구성원 전원으로 변화시키고 있고 대학사회 내 거버넌스 축의 전환을 예고하고 있다.

일선 학교에서의 스승에 대한 존경과 교원에 대한 사회적 예우는 교원지위법[104]에 반영되기도 했지만, 존중과 예우를 강제규범으로 보장하는 것은 법제화의 한계 영역이기도 하다. 또한 학교 방문 시의 학부모들이 선생님에게 드리던 인사 선물이나 촌지(寸志) 등 사례 관행은 「부정청탁 및 금품등 수수의 금지에 관한 법률」(2015.3.27.)을 통해 적용 대상에 각급 학교의 교원을 포함시킴으로써 금지되었다. 그러나 현장에서는 학생이 들고 온 캔커피 한 잔의 대가성을 놓고 논란이 일기도 했고, 교육계에서는 교원들이 스승의 날 기념식을 거부하는 등 교육계의 미풍양속과 잠재적 뇌물수수 취급 사이에 인식차이가 드러나기도 했다.

관습적으로 허용되어 왔던 교사에 의한 '사랑의 매' 역시, 그동안 교사의 판단에 의하여 '교육상 불가

---

103) 고등교육법 제19조의2(대학평의원회의 설치 등) ① 학교는 다음 각 호의 사항을 심의하기 위하여 교직원과 학생 등으로 구성되는 대학평의원회를 설치·운영하여야 한다. 다만, 제2호 및 제3호는 자문사항으로 한다. 1.대학 발전계획에 관한 사항 2.교육과정의 운영에 관한 사항 3.대학헌장의 제정 또는 개정에 관한 사항 4.학칙의 제정 또는 개정에 관한 사항 5.다른 법률에 따른 학교법인 임원 또는 개방이사추천위원회 위원 추천에 관한 사항(사립학교에 한정한다) 6.그 밖에 교육에 관한 중요 사항으로서 학칙 또는 정관으로 정하는 사항 ② 대학평의원회는 11명 이상의 평의원으로 구성하여야 하며, 교원, 직원, 조교 및 학생 중에서 각각의 구성단위를 대표할 수 있는 사람으로 구성하되, 동문 및 학교의 발전에 도움이 될 수 있는 사람을 포함할 수 있다. 이 경우 어느 하나의 구성단위에 속하는 평의원의 수가 전체 평의원 정수(定數)의 2분의 1을 초과해서는 아니 된다.
이와 같은 대학평의원회는 사립대학 운영의 공공성 확보를 위하여 사립학교법 개정(1990.4.7.)을 통해 임의적 심의기구로 도입되었고, 이후 필수적 심의기구(2005.12.29.)로 되었던 것을 고등교육법 개정(2017.11.28.)을 통해서 국·공립대학으로 확대한 대학자치기구라 할 수 있다. 그러나 대학에는 학칙을 통해서 교수회 및 교수평의회가 대학 내 주요 의사결정기구로서 이미 존재하면서 대학자치의 기능을 수행해 왔다는 점에서 2017년의 법 개정은 대학 측과의 협의없이 국회의원의 입법발의를 통해 대학자치 관습에 중대한 손상을 주었다는 이유로 전국국공립대학교수회연합회 등으로부터 비판을 받기도 했다. 이 또한 대학자치와 거버넌스의 관습과 실정법의 변화를 잘 보여주는 예이다.

104) 교원지위법(1991.5.31. 제정)은 교원이 사회적 존경과 높은 긍지와 사명감을 가질 수 있도록 교육활동 여건을 조성하고, 학생 교육지도시 권위를 존중하며, 국가지자체를 통해 행사시 교원을 우대하고 교육활동 수행에 적극 협조할 의무 등을 규정하였다. 최근에는 교육활동보호를 추가하여 '교원의 지위 향상 및 교육활동 보호를 위한 특별법'으로 개정(2015.3.27.)되었다. 다만, 이러한 인간이 사상과 감정의 영역인 존경과 예우에 관한 사항을 법률로 강제하는 것은 실효성을 담보하기 어려운 입법적 한계를 갖는다.

피한 경우'에 교사의 교육적 판단에 의해 '어느 정도 신체에 고통을 가하는 훈육(체벌 혹은 회초리 등)'이란 이름으로 허용되어 왔다.

그러나 2011년 초·중등교육법시행령의 개정[105]으로 신체에 고통을 가하는 지도방법은 금지된 상태이다. 그리고 일부 지역에서는 학생인권 조례를 통해 보다 직접적인 '일체의 체벌 금지' 조항[106]을 두어, 이른바 행동수정을 위한 적정 수준의 훈육 차원의 간접 체벌이 가능한지 여부를 놓고 교육 당국과 일선 학교 간 혼돈이 있기도 했다.

학교 현장에서는 여전히 신체에 고통을 가하지 않는 범위나 행동수정을 위한 효과적인 훈육·훈계 방법[107]에 대하여 난감해하고 있으며, 결과적으로는 교원들이 학생지도나 행동수정에 소극적으로 되어 오히려 학습권 보호와 학생 교육에 미진한 결과를 낳은 측면도 있다.

한편, 법원은 그동안 관습법의 법원성에 대하여 이렇다 할 판례가 없었으나 최근 헌법재판소는 신행정수도 건설 특별조치법에 대한 위헌확인 재판(2004헌마554·566(병합))을 통해서 이른바 관습법의 성립 요건[108]을 제시하였다.

그것은, 첫째, 기본적 헌법사항에 관하여 어떠한 관행 내지 관례가 존재하고, 둘째, 그 관행은 국민이 그 존재를 인식하고 사라지지 않을 관행이라고 인정할 만큼 충분한 기간 동안 반복 내지 계속되어야 하며(반복·계속성), 셋째, 관행은 지속성을 가져야 하는 것으로서 그 중간에 반대되는 관행이 이루어져서는 아니 되고(항상성), 넷째, 관행은 여러 가지 해석이 가능할 정도로 모호한 것이 아닌 명확한 내용을 가진 것이어야 한다(명료성). 그리고 다섯째, 이러한 관행이 헌법관습으로서 국민들의 승인 내지 확신 또는 폭넓은 컨센서스를 얻어 국민이 강제력을 가진다고 믿고 있어야 한다(국민적 합의)는 것이다.

이에 따라 '서울이 수도인 사실'은 앞의 조건을 갖춘 관습헌법으로 성립된 불문헌법에 해당하므로, 헌법 개정을 통해서만 바뀔 수 있다는 것이 재판소의 결론이었다. 그러나 이러한 관습헌법의 논리에 대하여는 이론이 적지 않게 존재하는바, 학계의 통설적 견해라기보다는 고도의 정치적 사안에 대하여 헌법재판소가 정치 계도적 판단을 한 것으로 볼 수 있다.

(2) 판례와 교육법

판례법은 사법부의 판례를 통해서 형성되는 불문법의 법원으로서 선행 판결은 이후의 동일하거나

105) 초·중등교육법 제31조(학생의 징계등) ⑧ 학교의 장은 법 제18조 제1항 본문에 따라 지도를 할 때에는 학칙으로 정하는 바에 따라 훈육·훈계 등의 방법으로 하되, 도구, 신체 등을 이용하여 학생의 신체에 고통을 가하는 방법을 사용해서는 아니 된다. <개정 2011.3.18.> 개정 전의 이 조항은 이른바 교사 판단에 의한 체벌허용조항으로서 "⑦학교의 장은 법 제18조 제1항 본문의 규정에 의한 지도를 하는 때에는 교육상 불가피한 경우를 제외하고는 학생에게 신체적 고통을 가하지 아니하는 훈육·훈계 등의 방법으로 행하여야 한다"고 하여 교사 판단에 의하여 불가피한 경우 신체적 고통을 가하는 방법(체벌)이 가능했었다.

106) 경기도 학생인권조례 제6조(폭력으로부터 자유로울 권리) ② 학교에서 체벌은 금지된다.

107) 제주대학교부설초등학교 학생생활규정(2019.7.22.) 제33조(징계외의 지도·체벌금지 및 훈육·훈계) 학생을 지도하면서 도구, 신체 등을 이용하여 학생의 신체에 고통을 가하는 체벌은 금지한다. 다만, 교육적 효과를 높이기 위한 훈육·훈계의 방법으로 구두주의, 교실 뒤에 서서 수업받기, 상담지도(보호자 상담포함), 반성문 쓰기, 사과의 편지 쓰기, 좋은 글귀 쓰고 외의기 등을 적용할 수 있다.

108) 성문법주의를 채택한 한국이지만 불문헌법 또는 불문법원이 존재할 수 있음을 보여준 판례이긴 하나, 그 해석의 적절성에 대하여는 헌법학자들 간에도 여전히 견해가 나뉘고 있다.

유사한 사건에 대하여 법적 판단에 있어서 구속력과 영향력을 갖는다. 사건의 범주 역시 민사와 형사 사건에 있어서 변호인, 검찰 그리고 재판부 역시 변론과 기소, 판결에 있어서 이전 판결은 판단의 주요 논거가 되기도 한다.

국민의 기본권 침해 및 기관 간의 쟁의를 다투는 헌법재판의 경우에도 앞선 판결이 상당부분 인용되고 있음은 쉽게 살펴볼 수 있으며, 그 판례는 입법, 사법, 행정의 모든 영역에 미침은 쉽게 접할 수 있다.

동시에 판례는 앞선 판결만을 따르는 것이 아니라 지금까지의 통념적 판례와는 다른 새로운 입장 전환의 판결이 내려질 경우도 적지 않으며, 이는 곧 새로운 사회적 합의 내지 정의로 수용되어 가기도 한다. 이런 경우는 대체적으로는 재판부의 독사적이거나 전향적인 인식의 전환보다는 사회 일반에서 나타나고 있는 법인식의 변화를 수용했다고 보는 것이 논리적이다. 새로운 관점의 인식은 몇 차례의 논란 끝에 단계적으로 수용 내지 전환되는 것이 일반적이다. 재판관의 법 인식은 같은 시대 사회 구성원들의 정의감정에 바탕하여 판단하기 때문에 유사한 사안이라도 시대에 따라 다른 판례가 나올 수 있다.

미국 대법원이 1886년 Plessy 사건에서 흑인을 분리시킨 공립학교의 교육의 위헌성에 대하여 "분리시키되 동일한 교육을 제공한다면 평등의 원칙에 위배되지 않는다(separate but equal)"는 판결을 내렸다. 그러나 1954년의 Brown 판결에서는 반대로 공립학교 입학 정책에 있어서 흑인 학생에 대한 차별은 위헌이라고 판시하여 시대의 정의감정에 따라 판결 또한 달라질 수 있음을 보여주었다.

한국의 경우 과외를 금지시켰던 1980년의 학원법 개정(7 · 30 교육개혁) 조치 역시 몇 차례의 헌법 소원 과정에서 국민의 과잉 교육열과 고액 과외에 대한 재제라는 입법목적의 정당성을 인정하여 기각되었다가 20년 뒤에는 과잉금지의 원칙 위반(원칙적 학습권 제안, 예외적 허용)으로 위헌으로 판결(98헌가16)난 경우도 있다. 이 판결은 대통령 후보들의 공약사항이었던 '선행학습금지법'을 입법화하는 과정에도 영향을 미쳐 '공교육 정상화를 위한 선행교육 규제에 관한 법률'로 조정되는 데 중요한 역할을 하기도 했다.[109)]

결국, 성문법주의를 택하는 한국의 경우 판례법은 존재하지는 않으며 그 법원성이 약한 것은 사실이지만, 선행 판결이 후행 판결을 계도하는 과정에서 판례가 법률의 해석과 적용에 있어서 실질적인 영향력을 행사하는 것은 분명한 사실이다.

또한, 교육에 관한 사회구성원들의 권리의식 수준이 점차 높아지고, 교육재판이 증가해감에 따라 사회구성원의 교육에 대한 정의감정의 변화를 수용한 변화된 판례가 나타나는 등 판례는 법의 과정에서 중요한 정적 부적 영향력으로 자리하고 있다. 이러한 판례의 영향력과 새로운 판례들은 결국 법규범과 법현실 간의 간극을 좁혀 '살아 있는 교육법'을 만드는데 긍정적으로 작용하게 된다.

---

109) 선행학습을 금지한다는 것은 과외를 금지한다는 것과 동일한 것으로 선행 위헌 판결이 고려되어 법률명이 바뀐 경우이다. 우선 '공교육 정상화'를 표명한 것은 국민의 학습권을 제한함에 있어서 목적의 정당성 및 공익성을 표명하기 위한 것이고, 국민의 학습이 아닌 국가교육과정의 준수 의무를 지닌 교육기관(학교 및 학원)의 교육활동에 제재를 가하는 방식으로 바뀌었다. 동시에 기본권의 본질적 부분에 대한 침해를 의미하는 '학습금지'라는 표현보다는 특정 목적(공교육 정상화) 달성을 위해 교육기관이 실시하는 선행교육에 한정하여 '규제'를 하겠다는 것으로 수정되었다. 그러나 주지된 바와 같이 그 규제의 수단이 미약하여 학원 과열 과외를 해소하는 데에는 한계를 가질 수밖에 없는 것은 잘 알려진 바와 같다.

(3) 조리(條理)와 교육조리

사물의 본질적 법칙 혹은 도리(道理)라는 사전적 의미를 갖는 조리는 법원으로서 논의될 때 “다수인이 승인하는 공동생활에 있어서의 원리” 혹은 “일반 사회의 정의감정에 비추어 반드시 그러하여야 할 것이라고 인정되는 것” 등으로 풀이되기도 한다. 간단히 사회통념 · 사회적 타당 · 신의성실 · 사회질서 · 공서양속(公序良俗) · 형평정의 · 이성법에 있어서의 체계적 조화 · 법의 일반원리 등의 표현으로 지칭되기도 한다.

법학에서의 조리는 그 법원성(法源性)에 관하여 찬반양론이 대립하고 있으나 일반적으로 성문법의 결함을 보충하는 불문(不文)의 ‘조리법(條理法)’으로서의 의미와, 성문법의 해석기준을 제공하는 이른바 ‘조리해석(條理解釋)’으로서 의미를 갖는다. 즉 법의 미비나 결함을 보충하는데 해석 및 재판상의 기준이 되며 나아가 실정법의 성립의 근거가 되고, 그에 대한 평가척도의 의미도 내포하고 있다.

교육법은 교육자와 학습자 간의 특수한 사회관계를 규율하는 만큼 거기에는 일반 법학에서의 일반조리와는 내용상으로 다른 특수조리가 있을 수 있는데, 교육법학(教育法學)에서는 이것을 교육조리(教育條理)라고 한다. 그것은 국민들의 교육에 대한 가치판단이나 정의감정에 근거하면서도 교육학이 밝혀놓은 교육에 있어서의 기본원리와 이론에 근거하기도 한다. 한국의 경우 헌법에 규정된 교육의 자주성 · 전문성 · 정치적 중립성 · 대학의 자율성은 헌법에 성문화된 대표적인 교육조리이자 교육법의 기본원리라고 할 수 있다.

(4) 학설과 교육법

학설은 법의 해석에 관한 학자집단의 견해로서 분류되어 고시되거나 고정되어 있지 않다. 그러나 입법과정이나 재판과정에서 법해석으로 인용됨으로서 법의 정립 · 해석 · 적용에 실질적으로 작용한다. 판례에 대한 학자들의 판례평석은 판례와 학설의 가교점에 존재하는 법 논의 과정이다. 동시에 법의 적용 대상자인 일반 대중에 대하여 해석을 통해 법의 이해를 돕고 경우에 따라서는 법의 흠결을 인식하게 하는 의미있는 작업이다.

헌법재판소의 판례에서도 학자들의 통설적 견해를 소개하는 경우도 적지 않다. 정의는 국민 다수의 정의감정에 의존한다는 점에서 법 연구 전문가들의 통설, 다수설, 소수설의 구분은 중요한 준거로 작용한다. 이런 관점에서 교육법 관련 학설 역시 법의 연원으로서 기능을 분명히 갖는다.[110)]

이러한 관점에서 학설을 발표하고 논의하는 교육법 연구자와 교육법학회의 활동은 단순히 연구와 학술활동을 넘어서 법을 해석하고 적용하는데 지금 동시대인의 법인식과 미래를 위해 바뀌어야 할 법의 모습을 제시한다는 점에서 법에 생명력을 부여하는 작업이기도 하다. 법이 사법(死法)이나 악법(惡法)이 아닌 살아있는 법이 되기 위해서 학설은 끊임없이 제기되고 검증받아야 한다.

---

110) 고전(2022), 앞의 책, 28면.

3. 교육법의 체계와 구조: 교육 3법 체제

교육법의 체계는 공공재로서 교육 활동이 기능하도록 인적·물적 자원의 배분과 조직을 통해 기본 틀을 형성하는 기본교육법규가 있고, 이 기초위에 영역별로 학교교육과 사회교육 나뉘어 입법화되어 있는 것이 일반적인데, 이를 '교육 3법 체제'라고 지칭한다. 기본교육법규에서는 교육제도의 운영 원리에 대한 기본 사항과 중앙 및 지방교육행정기관의 조직과 운영, 지방분권, 정원관리, 재정의 조달과 배분 등에 관한 사항이 주를 이룬다. 학교교육법규는 유치원에서 대학원에 이르는 각종 교육기관의 학생·교원의 충원, 교육과정의 운영, 학사행정의 관리에 관한 사항이 주를 이룬다. 특히, 최근에는 안전사고나 학교폭력 등 현안을 해결하기 법안이 증가하고 있다. 가정교육 및 학부모의 참여가 강조되고 있는 시점에서 가정교육 관련 법규의 체계적 정리가 요구되는 상황이다.

한편, 학교 외 교육의 의미로 출발한 평생교육법규는 유치원부터 시작하여 대학원에 이르는 학제상의 학교교육을 보충하거나 사회인을 대상으로 하는 교육법규를 말한다. 1981년 제정된 사회교육법으로 그 기반을 공고히 하였으며, 학원, 도서관, 박물관, 독학 학사, 학점인정 등에 관한 법률이 주를 이룬다. 취학 전 보육을 규율하는 영유아보육법과 청소년 관계법, 아동복지법, 직업교육훈련법 등도 그 평생교육적 의미상 평생교육법규에 포함된다고 하겠다.

다만, 한국의 경우 이러한 전통적인 교육영역 구분과는 달리, 1999년에 기존의 사회교육법 명칭을 평생교육법으로 명칭만 변경하고(교육영역 및 대상은 사회교육과 동일), 2021년 교육기본법 개정을 통해서는 사회교육 용어를 평생교육으로 개칭하여 현재 법률상으로는 '사회교육'이란 용어는 '평생교육'으로 모두 대체되었다. 따라서 지금까지 법학계에서 논의되었던 사회교육법규를 평생교육법규라 칭하는 것은 헌법정신과의 일치보다는 교육현장에서의 혼돈을 피하고 법률용어의 통용성에 부합하기 위해서 수용되어야 할 시대적 흐름이라 할 수 있다.

그러나 헌법 제31조 제5항이 규정하는 "국가는 평생교육을 진흥하여야 한다"는 취지는 가정교육, 학교교육, 사회교육을 통하여 요람에서 무덤까지, 태교에서 죽음교육에 이르기까지 국가로 하여금 국민의 전 생애 학습을 진흥할 의무가 있음을 천명하였음에 여전하다.[111)]

결국, 1999년 교육 3법 체제의 출범과 함께 개칭된 평생교육법의 취지와 2021년 교육기본법상의 평생교육 개칭의 취지에 응하여, 법률명의 사회적 통용성을 위하여 한국의 교육법 체계를 기본교육법규, 학교교육법규, 평생교육법규 체계로 통칭하는 것이 현행 평생교육법 개정에 부합한 표현으로 판단된다.

---

111) 향후 헌법 개정시 이러한 생애학습 보장 이념을 충실히 담기 위해서는 '평생교육'보다는 '평생학습 보장'의 개념으로 국가 진흥의무를 규정하는 것이 바람직하다(예를 들면, 국가와 지방자치단체는 가정교육, 학교교육, 평생교육 등 국민의 생애에 걸친 학습을 보장하고 진흥하여야 한다). 제6항 역시 지금과 같이 "학교교육 및 평생교육을 포함한 교육제도…"라는 표현으로는 미흡하므로 "가정교육, 학교교육, 평생교육을 포함한 생애에 걸친 학습권을 보장하기 위한 교육제도…"라는 표현으로 바꾸는 것이 바람직 할 것이다. 교육영역과 교육기간 그리고 교육과 학습 주체간의 혼재는 헌법 개정 전까지는 불가피하며, 교육기본법 개정은 향후 헌법 개정의 방향을 제시한 것으로 평가한다. 또한 교육기본권의 제3조 학습권 조항 역시 "모든 국민은 평생에 걸쳐 학습하고" 부분은 "모든 국민은 생애에 걸쳐 학습하고"라고 개정하여 이념으로서 "생애학습권"과 학교교육에 대비되는 영역으로서 '평생교육'을 구분해 규정할 필요가 있다.

3설 교육 3법 체제론: 기본교육법규 + 학교교육법규 + 평생교육법규(구 사회교육법규)

표 1-1 현행 교육 3법 체제와 관련 법규

영 역	관 련 법 규
기본교육 법규	• 교육기본법 • 국가교육위원회 설치 및 운영에 관한 법률 • 교육부와 그 소속기관 직제 • 지방교육자치에 관한 법률 • 지방교육행정기관의 행정기구와 정원기준등에 관한 규정 • 지방교육행정기관 및 공립의 각급학교에 두는 국가공무원의 정원에 관한 규정 • 교육세법 • 지방교육재정교부금법 • 재외국민의 교육지원 등에 관한 법률
학교교육 법규	• 유아교육법 • 초·중등교육법 • 고등교육법 • 사립학교법 • 교과용도서에 관한 규정 • 유치원·초등학교·중학교·고등학교 교육과정(교육부고시) • 학교보건법 • 학교급식법 • 학교시설사업촉진법 • 대안학교의 설립·운영규정 • 교육공무원법 • 교육공무원임용령 • 교육공무원징계령 • 교육공무원 승진규정 • 교원자격검정령 • 교원연수에 관한 규정 • 공무원연금법 • 사립학교교원연금법 • 교육공무원 인사위원회 규정 • 공무원보수규정 • 공무원 수당 등에 관한 규정 • 교원지위향상을 위한 특별법 • 교원의 노동조합 설립 및 운영 등에 관한 법률 • 국립학교설치령• 한국교원대학교설치령 • 국립대학법인 서울대학교 설립·운영에 관한 법률 • 대학설립·운영규정 • 국립대학병원설치법 • 기술대학설립·운영규정 • 고등교육기관의 평가·인증등에 관한 규정 • 대학교원 자격기준등에 관한 규정 • 대학도서관진흥법 • 장애인등에 대한 특수교육법 • 영재교육진흥법 • 과학교육진흥법 • 도서벽지교육진흥법 • 교육관련기관의 정보공개에 관한 특례법 • 교육국제화특구의 지정·운영 및 육성에 관한 특별법 • 경제자유구역 및 제주국제자유도시의 외국교육기관 설립·운영에 관한 특별법 • 학교안전사고 예방 및 보상에 관한 법률 • 학교폭력 예방 및 대책에 관한 법률 • 공교육 정상화 촉진 및 선행교육 규제에 관한 특별법 • 인성교육진흥법 • 학교체육진흥법
평생교육 법규	• 평생교육법 • 학원의 설립·운영 및 과외교습에 관한 법률 • 도서관법 • 작은도서관 진흥법 • 독학에 의한 학사학위 취득에 관한 법률 • 학점인정등에 관한 법률 • 국민평생직업능력개발법 • 직업교육훈련촉진법 • 독서문화진흥법 • 문화예술교육 지원법 • 산학협력법 • 자격기본법 • 영유아보육법 • 아동복지법 • 장애아동복지지원법 • 국민체육진흥법 • 청소년기본법 • 청소년보호법 • 아동·청소년성보호법 • 청소년활동진흥법 • 청소년복지지원법

주 1: 재외국민의 교육지원등에 관한 법률은 학교교육과 평생교육을 포괄한다는 점에서 기본교육법규로, 교육관련 기관의 정보공개에 관한 특례법은 평생교육기관을 포함하지 않아 학교교육법규로, 영유아보육법은 어린이집이 보육·교육활동을 하나 보건복지부 관할 기관이라는 점에서 평생교육법규로 분류되었다.

주 2: 교육기본법·초·중등교육법·고등교육법(1997.12.13.) 분리 제정 이후, 사회교육법(1982.12.31.)은 평생교육법(1999.8.31.)으로 개정되었고, 유아교육법(2004.1.29.)은 초·중등교육법에서 분리 제정되었다.

한편, 교육법의 구체적인 법규 체계를 헌법－교육기본법 및 법률－명령－자치법규 단계로 살펴보면 다음 <표 1－2>와 같다. 우선 헌법의 6개 조항은 교육에 관한 법제화에 있어서 중핵적인 가치를 포함하고 있으며, 이는 다시 교육기본법의 제도 운영 원칙으로 반영되어 있다. 특수교육법, 영재교육법, 도서벽지법, 재외국민법 등이 교육기본법의 수학능력에 따라 상응한 교육기회를 제공하고 신체조건을 이유로 차별받지 않도록 하며, 지역격차를 해소하기 위한 적극적 평등조치 등에 해당한다.

교육기본법은 의무교육을 초등 6년과 중등 3년으로 정하고 있고, 무상원칙을 표방하고 있는데, 유치원과 어린이집 무상교육은 헌법과 교육기본법이 아닌 유아교육법과 영유아보육법 개정을 근거로 도입되었다. 교육기본법상(§15②) 예고된 교원단체 조직 관련 대통령령은 여전히 제정되고 있지 않다.

교육조리를 반영하고 있는 헌법 제31조 제4항에 대해 교육기본법은 교육의 자주성과 중립성에 대하여 규정하고 있는데, 초·중등교육법 등 학교교육법에 분산 수용되어 있고, 입법취지 조항으로 볼 때 가장 근접한 단일 법률은 교육자치법이라 할 수 있다. 교육의 전문성은 교원법규와 연계된다.

평생교육법은 평생교육 영역을 비교적 포괄적으로 다루고 있고, 최근 일반자치단체의 사업추진과 관련하여 지원조례도 증가하고 있다. 다만, 평생교육법이 통상 사회교육으로 분류되는 영유아보육, 학원, 도서관, 청소년 및 직업훈련 교육을 포괄하고 있는 것은 아니어서 체계성은 미흡하다.

교육제도 등의 법률주의는 실제로 가장 많은 교육법제의 근거로서 교육법의 핵심 구조를 이룬다.

표 1-2 헌법에 근거한 제반 교육법규의 체계

헌법	법률	명령	자치법규
§31 ① 교육받을권리	≫교육기본법 §3(학습권) ≫교육기본법 §4(기회균등) ≫특수교육법 ≫영재교육법 ≫도서벽지법 ≫재외국민법	특수교육법시행령 특수교육법시행규칙 영재교육법시행령 도서벽지시행규칙	부산장애인식교육조례 광주영재학교지원조례 전북농어촌교육조례 경기탈북교육지원조례
§31 ② 법정의무교육 ③ 무상의무교육	≫교육기본법 §8(의무교육) ≫초중교육법 §12－15(의무교육)	초중교육법시행령 §14－29(의무교육)	서울교과서무상규정 제주무상급식지원조례
§31 ④ 교육자주성등	≫교육기본법 §5(교육자주성 등) ≫교육기본법 §6(교육 중립성) ≫교육자치법 ≫교육공무원법	교육자치법시행령 국가공무원복무규정 교원자격검정령	광주교육청기구조례 경기학부모회설치조례 광주교권보호조례
§31 ⑤ 평생교육진흥	≫교육기본법 §10(평생교육) ≫평생교육법	평생교육법시행령 평생교육법시행규칙	서울평생교육진흥조례 연천군평생학습조례
§31 ⑥ 교육제도 · 교육재정 · 교원지위 법률주의	≫교육기본법 §7(교육재정) ≫지방교부법, 교육세법 ≫교육기본법 §9(학교교육) ≫유아교육법, 초중교육법, 고등교육법, 사립학교법, ≫교육기본법 §14(교원) ≫교육공무원법, 사립학교법(교원), 교원지위향상법 ≫교육기본법 §15(교원단체) ≫교원노조법	지방교부법시행령 지방교부법시행규칙 유아교육법시행령 초중교육법시행령 초중교육법시행규칙 국립학교설치령 교육공무원임용령 교육공무원승진규정 교육공무원징계령 교원지위교섭규정 교원노조법시행령	강원부담금전출조례 강원교육특별회계규칙 부산유치원회계규칙 대구학교운영위조례 충남자율형사립고규칙 충북도립학교설치조례 경남지방공무원조례 경북공무원포상조례 전북교육공무직원조례 충북교원단체지원조례 교원노조보조금조례

주 1: 법령 약어는 책 앞부분의 '이 책에서 사용한 법률 약어' 참조.

주 2: 부산장애인식교육조례는 부산광역시교육청 장애예방 및 장애인에 대한 인식개선 교육 운영에 관한 조례, 교원노조보조금조례는 교원단체 및 노동조합 보조금 지원 등에 관한 조례(인천)를 약칭한다.

주 3: 취학전 3년의 유아교육과 어린이집 영유아보육은 의무교육과정은 아니지만 유아교육법(§24)과 영유아보육법(§34)에 근거하여 국가와 지방자치단체가 유치원 무상교육비 및 어린이집무상보육비 혹은 양육수당비를 분담하고 있는데, 헌법 및 교육기본법적 근거는 없다.

4. 교육법의 기본원리

가. 기본원리의 의미

교육법의 기본원리(basic principal of education law)란 교육법으로서 법의 전 과정을 통해 지향하여야 할 핵심 가치 및 이념, 구성 방법 및 실천 원리 등을 내포하는 개념이다. 그것은 무엇을 위한 교육법인가라는 물음에 대한 답변이며, 어떻게 만들고 고쳐가야 하는가, 무엇을 담아야 하는가라는 측면에서의 진술이다. 따라서 이념적·방법적·내용적 측면에서의 원리로 구체화할 수 있다. 요약하면 교육법의 기본원리는 교육법이 교육법답기 위해 근본적으로 갖추어야 하는 전제와 조건을 말한다.

교육법은 형식 면에서 법의 일종이라는 점에서 법의 이념에 따라야 하는 일반원리와도 연계된다. 그것은 당연히 현대 법학의 법이념에 대한 통설인 3요소(정의, 합목적성, 법적 안정성)[112]를 교육법에 적용하는 것이다. 그런데 교육법은 내용적으로 교육과 법의 교차점에서 생성된 것이기 때문에 교육법의 원리 역시 교육학이 밝힌 원리와 법학의 원리 간의 조화론적 접근을 필요로 한다.[113] 교육법은 법의 일반적 원리는 물론 교육관계라고 하는 특수한 생활관계를 규율하는 나름의 특수한 원리를 포함하기 때문이다.

그간의 교육법에 대한 학문적 논의와 관심 역시 교육법의 기본원리에 대한 탐구 과정으로서 의미를 갖는다. 현재의 교육법이 살아있는 교육법으로서 충분히 기능하고 있으며, 존재의의를 지닌 것인가에 대한 간단없는 학문적 논의과정은 교육법의 핵심 가치에 대한 확인 과정이기도 하기 때문이다.

또한, 교육법의 기본원리는 궁극적으로는 교육법 개념을 상정하는 방식에 따라 달라질 수 있다. 즉, '교육행정에 관한 법규'로 이해하는 교육행정법설, '교육제도에 관한 특유한 법논리의 체계'로 이해하는 교육특수법설 그리고 '교육기본권을 보장하기 위한 법의 총체'로 보는 교육인권법설에 따라 교육법이 추구하는 가치나 강조점은 차이가 있다.

교육법의 기본원리가 필요한 이유, 즉 존재이유는 교육을 법제화하는 데 있어서 기준이 되고 해석 및 적용의 판단 준거가 되는 동시에 현행법을 평가하는 척도라는 데 있다.[114] 즉, 원리를 준거로 교육입법·교육행정·교육사법 전 과정을 판단할 수 있다.

나. 기존의 논의

지금까지 논의되어 온 교육법의 기본원리에 대한 논의는 헌법의 교육에 관한 조항을 근거로 제시되었다. 헌법이 국법질서의 기초로서 모든 법규범의 정립 근거 내지 한계인 동시에 그 해석 기준이라는 최고

---

112) 최종고는 독일 라드브루흐(G. Radbruch)의 법이념 3요소설을 법의 이념을 가장 총체적이고 다면적으로 서술하는 통설로 소개한 바 있다. 최종고(1994), 앞의 책, 51면.

113) 같은 뜻, 표시열은 교육법의 이념을 구현시키기 위한 교육법체제 전반에 내재되어 있는 기본원리는 헌법규정, 교육기본법 규정, 교육철학 등을 종합적으로 고려하여 도출되어야 한다고 보았다. 표시열(2008), 앞의 책, 80면.

114) 같은 뜻, "법원리를 통해 실정법의 흠결을 발견할 수 있으며, 실정법 각 조항의 내적 의미를 정확하게 종합적으로 파악할 수 있게 된다"고 진술하였다. 조석훈(1998), "교육법", 교육학대백과사전(1), 하우, 607면.

규범성[115]에 따라 교육법을 이해하는 것은 당연하다. 즉 교육법은 헌법이 명시한 기본이념에 더하여 정립된 법이므로 그 기본원리 역시 헌법의 기본원리[116]를 따르게 되며, 헌법의 교육에 관한 조항은 보다 구체적인 방향, 이른바 헌법정신을 그대로 표현하고 있다. 대부분의 교육법 선행연구들이 헌법조항을 교육법의 기본원리로 나열하고 있는 이유도 이점에서 교육법 기본원리 출발의 논리적 귀결이라고 할 수 있다.

교육법해설서를 간행한 바 있는 김낙운은 교육법의 기본원칙으로 ⓐ 교육제도의 법정주의, ⓑ 지방교육자치의 원칙, ⓒ 교육의 권리 및 학문의 자유, ⓓ 교육의 기회균등, ⓔ 교육의 중립성[117]을, 한경주는 교육법의 기본원칙으로 ⓐ 복리주의 원칙, ⓑ 자유주의 원칙, ⓒ 법치주의 원칙[118]을, 안규철은 ⓐ 교육권의 보장, ⓑ 교육의 자주성, 전문성, 중립성, ⓒ 민수적 원직의 채택(피교육자 존중, 민의 존중), ⓓ 국가의 적극적 입장 · 국가의 임무, ⓔ 교육제도의 법률주의[119]를, 고재형은 ⓐ 교육의 기회균등, ⓑ 교육의 의무성과 무상성, ⓒ 교육의 자주성 보장, ⓓ 교육의 전문성 보장, ⓔ 교육의 정치적 중립성 보장, ⓕ 교육제도 법률주의[120]를, 윤정일은 ⓐ 교육의 자유의 원리, ⓑ 참여의 원리, ⓒ 비례성의 원리, ⓓ 실질 의사존중의 원리[121]를, 정태수는 교육법의 10원칙으로 ⓐ 수교육권, ⓑ 균등주의, ⓒ 취학의무, ⓓ 무상제, ⓔ 교육제도등의 법률주의, ⓕ 자주성, ⓖ 중립성, ⓗ 전문성, ⓘ 평생교육진흥, ⓙ 대학자율성[122]을 김윤섭은 교육법의 기초원칙으로서 ⓐ 교육을 받을 권리를 들고 운영원칙으로서 ⓑ 교육의 인격존중성, ⓒ 교육의 평등성, ⓓ 교육의 의무성, ⓔ 교육의 공공성, ⓕ 교육의 자주성, ⓖ 교육의 전문성, ⓗ 교육의 중립성, ⓘ 대학의 자율성, ⓙ 평생교육의 진흥, ⓚ 교육제도의 법정주의, ⓛ 교원의 지위보장 등 12개 원칙을 제시[123]했다.

교육법 연구자가 중심이 되어 간행된 한국교육행정학회편 전문서에서도 ⓐ 교육제도 법정주의, ⓑ 교육의 권리 및 학문의 자유보장, ⓒ 교육의 기회균등, ⓓ 교육의 중립성, ⓔ 지방교육자치의 확립[124] 등 유사한 원리들이 제시되고 있다. 이들 대부분의 원리는 헌법의 교육관련 조항과 교육관계법규를 통해서 제시되고 있는 것이 주를 이루고 있다.

표시열은 교육법의 이념으로 헌법의 이념인 '인간의 존엄과 가치'의 실현 또는 '인간다운 삶의 영위'를 상정하고 이를 구현시키기 위한 교육법의 원리로 ⓐ 교육제도 등의 법정주의, ⓑ 교육의 자주성, ⓒ 교육의 전문성, ⓓ 교육의 기회균등, ⓔ 교육(행정)의 민주성 원리를 제시했다.[125] 조석훈은 법적인 규정의 지

115) 허영(2015), 앞의 책, 24면.

116) 허영(2015)은 한국헌법의 근본이념과 기본원리에서 국민주권(자유민주주의 · 법치주의), 정의사회(사회국가원리), 문화민족(문화국가원리와 혼인 · 가족제도) 이념을 중심으로 설명하고 있고, 정종섭(2015)은 헌법의 기본원리로 국민주권, 기본권의 보장, 공동체의 보장, 국가구조원리(민주국가 · 법치국가) 등을 제시했다.

117) 김낙운(1986), 현행 교육법해설, 하서출판사, 8－28면.

118) 한경주(1983), 교육법강의, 법문사, 45－46면.

119) 안규철(1987), "한국교육법의 효력에 관한 연구", 동국대 박사학위논문, 30－32면.

120) 고재형(1987), "한국교육법에 관한 체계분석적 연구", 단국대 박사학위논문, 104－161면.

121) 윤정일 · 조석훈(1991), 교육법의 기본원리와 구조에 관한 법철학적 분석연구, 교육학연구 29(4), 94－104면.

122) 정태수(1996), 한국교육기본법제 성립사, 예지각, 60－62면.

123) 김윤섭(1994), "한국교육법의 기본원리에 관한 분석적 연구", 성균관대 박사학위논문, 25－184면.

124) 한국교육행정학회(1995), 앞의 책, 125－127면. 강인수 · 박재윤 · 안규철 · 안기성 · 정태수 · 표시열 공저

125) 표시열(1995), 앞의 책, 90면. 표시열은 교육기본법상의 교육이념으로 되어 있는 '홍익인간'의 개념이 너무 추상적이고 포괄적이어서 법적 의미보다는 도덕적 바람의 성격이 강하여 교육법의 이념은 헌법상의 '인간의 존엄과 가치', '인간다운 생활을

도사상으로서 법원리를 교육법원리에 적용하여, ⓐ 교육자유의 원리, ⓑ 참여의 원리, ⓒ 비례성의 원리, ⓓ 실질의사 존중의 원리들이 씨줄(ⓐⓑ)과 날줄(ⓒⓓ)의 원리가 결합하여 교육법의 원리 틀을 형성한다고 보았다.[126]

한편 교육법학을 발전시켜 온 과정에서 교육법의 기본원리를 논의해 온 일본의 경우에 있어서도 헌법의 균등한 교육기회보장의 교육조항과 교육기본법의 조항을 통해서 교육법의 원리를 구명하여 왔는데 가네꼬 마사시(兼子 仁)는 기본원리로서 ⓐ 국민의 교육의 자유와 학습권, ⓑ 국민의 교육을 받을 권리(학습권)을 보장하는 공교육제도, ⓒ 교사의 교육권과 부모의 교육요구권, ⓓ 교직의 전문직성과 특별신분 보장, ⓔ 교육행정·학교경영의 교육조건정비성[127] 등을 든 바 있다.

헌법 제31조에 규정된 교육에 관한 6개 조항은 이른바 '교육에 관한 헌법정신'의 요체로서 당연히 교육법의 기본원리의 중핵을 이룬다. 그러나 헌법의 기본권 보장 조항의 나열보다는 교육법이 교육법답기 위한 전제나 조건들을 좀 더 체계적으로 제시할 필요가 있다.

다. 교육법의 원리

법에 대한 판단의 준거로서 법원리 관점에서 교육법의 이념적 측면에서의 원리, 방법적 측면에서의 원리, 내용적 측면에서의 원리로 나누어 3대 원리를 제시한다.

(1) 교육기본권(教育基本權) 기속(羈束)의 원리: 균등한 교육기회 보장에의 기여

교육법의 이념적 기초인 교육기본권 보장은 교육법의 존재 이유이자 목적이기도 하다는 점에서, 그 첫 번째 원리는 '교육기본권에의 기속성'에 있다. 헌법은 기본권의 이름으로 수렴된 사회공동체의 공감대적 가치를 보장하고 실현시킴으로써 사회의 동화적인 통합을 촉진시키는 기능을 갖는다.[128] 그리고 교육기본권의 보장은 헌법이 지향하는 '인간의 존엄성'이라는 기본권의 핵심적 가치를 실현하는 관건이 되기 때문에, 교육에 관련된 모든 법률은 교육기본권의 보장이라는 목적에 기속되지 않으면 안 된다. 즉, 교육기본권은 교육을 통해서 개성을 신장하고 문화국가·민주국가·복지국가 실현이라는 헌법상 의의와 기능을 수행한다는 점에서, 개인적인 면에서는 기본권 중의 기본권으로서의 의미와, 헌법이 채택한 국가의 구조적 원리와도 뗄 수 없는 관계에 있다.[129] 이러한 교육기본권에는 교육기회의 균등한 보장(취학의 기회균등)과 교육조건에의 균등한 참여기회의 보장(교육청구권)이 주된 내용이 된다. 그리고 모든 기본권 실현의

할 권리'에서 찾는 것이 더 타당하다고 지적한다. 교육법이 헌법정신을 교육 분야에서 실현시키기 위한 하위 법률이라는 점에서 교육법의 이념에 헌법의 이념에 기속되는 것은 당연하다. 그러나 '홍익인간'이라는 '교육법상 규정된 교육이념'을 '교육법의 이념'으로 동일시하면서 교육법이념으로 부적절하므로 교육이념을 '인간의 존엄과 가치'로 바꿀 것을 제안한 것은 무리이다. '홍익인간' 규정은 교육법의 이념이 아닌 교육이념 규정으로서 1949년 교육법 제정 이후 50년간 지속되었고, 1997년 교육기본법 제정 과정에서도 논란은 있었으나 지금까지 유지되어오고 있다.

126) 조석훈(1998), "교육법", 교육학대백과사전(1), 598~610면.

127) 兼子 仁(1978), 앞의 책, 193－358頁.

128) 허영(2015), 앞의 책, 21면.

129) 허영은 '교육을 받을 권리'는 단순한 자유권 혹은 사회권(생존권)만으로 이해할 수 없으며 여러 가지 통합적인 성질을 가지는 주관적 공권인 동시에 객관적 가치질서라고 본다. 허영, 앞의 책 454면.

방법적 기초인 평등권이 교육기본권의 경우에도 교육기회의 균등보장을 통해서 적용되게 된다.

교육법의 이념적 측면에서의 원리를 '능력에 따른 균등한 교육기회의 보장'이 아닌 '교육기본권 기속의 원리'로 표현한 것은 교육법이 보장하고자 하는 '교육기본권'이 제31조 제1항에서 말하는 능력에 따른 균등한 교육기회(학습권)의 보장만을 의미하지 않기 때문이다. 즉, 교육기본권은 헌법의 이념이자 중핵 가치인 '인간으로서 존엄과 가치'(§10)의 실현과 직결되고, 교육받을 전제조건으로서 보장되어야 할 학문의 자유(§22), 학교와 가정교육을 통해 형성되는 양심[130]의 자유(§19), 교육받는 동기이자 결과와 직결되는 직업선택의 자유(§15) 그리고 '행복추구권'(§10)[131]의 일환으로서 교육에 관한 제반 권리 등이 모여 '교육기본권'을 형성하기 때문이다. 이는 후술하는 교육기본권의 총체적 성격에서 비롯된 것이다.

(2) 공공성(公共性) 보장의 원리: 교육제도 등의 법률주의 · 의회유보의 원칙

공공성 보장의 원리는 교육법이 출현하게 된 근본적인 배경에서 요구되는 원리이다. 즉, 교육은 개인의 인격완성과 자아의 실현을 목표로 한 사사성(私事性)에 기반한 활동이지만 전 국민을 상대로 한 공교육제도를 정착하는 과정에서 필연적으로 교육의 법제화가 등장했던 것이다. 즉 공공성은 교육에 있어서 이념적 기초는 아니지만 교육 형식의 결정, 이를테면 교육법제의 정비과정에서 중요한 방법적 기초가 된다. 교육제도를 정함에 있어서 법률에 의거하게 하는 교육제도의 법률주의나, 교사지위의 법률주의, 학교의 공공기관으로서의 성격, 의무교육제도와 교육비용의 공공부담제도 등은 교육의 공공성을 확보하기 위한 것들이다.

그러나 여기서 주의해야 할 것은 교육의 공공성은 어디까지나 개인의 인격완성이라는 교육의 사사성을 균등하게 보장하기 위한 공공성인 까닭에 개인의 교육기본권을 헌법적 한계 이상으로 제한하여서는 안 된다. 기본권의 본질적인 사항을 침해해서는 안 되며 과잉금지, 최소 침해, 법익균형, 법률에 근거한 제한 등이 지켜져야 한다. 또한, 공공성 자체를 이념화한 이른바 자기 목적적 공공성이어서는 안 되며 교육법의 이념 달성을 위한 공공성이어야 한다. 교육제도의 법률주의를 교육 관련 구성원의 기본권을 제한하는 침해적 법률유보 조항으로 보는 시각이나, 교사의 법적 지위 형식이 공무원이란 이유로 기본권의 본질적 사항까지 전면 제한하는 경우 그리고 공교육＝학교교육＝국가교육＝국가교육권의 도식은 교육법의 이념적 원리와 방법적 원리를 혼돈한 결과이다. 교육의 사사성을 그 존립 기반으로 하고 있는 사립학교의 자주성이 공공성이라는 이름으로 경시해서는 안 되는 이유가 여기에 있다.

또한, 공공성의 원리의 주요 내용으로서 교육제도의 법률주의를 실천함에 있어서 법률유보를 권리의 침해를 허용한 법률유보로서만 이해하는 것도 문제이지만 권리를 부여하는 형성적 법률유보 일변으로 이해할 때도 법률만능주의(法律萬能主義)에 빠질 수 있다. 즉 교육법의 형식에 있어서는 엄격한 법의 논리하에 그 틀이 형성되어야 하겠으나 교육법의 내용에 있어서는 법제화할 수 있는 교육의 논리, 이른바 교육법리(敎育法理)에 따라야 한다.

---

130) 양심이란 세계관 · 인생관 · 주의 · 신조 등은 물론 이에 이르지 아니하여도 보다 널리 개인의 인격형성에 관계되는 내심에 있어서의 가치적 · 윤리적 판단도 포함된다(헌재 1998.7.16. 선고 96헌바35 결정).

131) 물론, 헌법학계에서는 1980년에 추가된 이 권리의 기본권성을 인정하는 입장(문홍주, 권영성, 김철수)과 다른 기본권의 보충적 기본권으로 보는 견해(허영)로 나뉜다.

교육과 법의 연결고리로서 공공성의 원리를 보장하기 위한 주된 방법이 교육제도의 법률주의에 있고 보면, 이 과정에서 오히려 중요한 것은 법률의 제정과정에 있어서 공공성 확보라고 할 수 있다. 이것은 행정권 내지 사법권이 법률에 위배되어서는 안 된다는 법률우위(法律優位)의 원칙이나, 행정권의 발동은 법률에 근거하여야 한다는 법률유보(法律留保)의 원칙에서 일보 전진하여, 교육기본권과 관련된 본질적 사항에 대해서는 민주적 정당성을 확보한 의회가 행정부의 명령 등에 위임하지 않고 스스로 심의절차를 거쳐 법률화하는, 이른바 의회유보(議會留保)의 원칙이 지켜지는 것이 더욱 필요하다는 의미이다.

오늘날 행정입법의 증가추세에 따라 입법부가 통법부화(通法府化) 되어가는 측면에서 볼 때 진정한 의미의 공공성 확보를 위하여 교육관계 법률의 민주적 정당성 확보는 중요하다.

한편, 지방교육자치제도는 교육의 자주성 및 전문성과 지역교육의 특수성을 살리기 위한 제도이지만 그 주된 내용이 교육행정권한의 지방분권을 통해서 의사결정에 있어서 주민의 참여의 폭을 넓히는, 이른바 교육제도의 수립과 교육행정의 시행에 있어서 민주적 정당성을 확보하는 과정이라고 볼 때 교육법이 지켜야 할 공공성의 원리의 한 측면에서 파악된다.

(3) 교육조리(敎育條理) 존중의 원리: 교육의 자주성 · 전문성 · 중립성 보장

교육법의 내용적 측면에서의 '교육조리 존중의 원리'를 들 수 있다. 교육조리란 교육관계법의 내용을 결정함에 있어서 그 표준이 되고 교육재판의 준거가 되는 교육상의 도리(道理)를 말한다. 이것은 교육법이 교육을 위한 법인 이상, 교육의 원리에 충실해야 된다는 논리의 귀결로서 교육의 원리 중 권리 · 의무의 형태로서 국가권력에 의해 강제되기에 적합한, 이른바 법제화에 적합한 교육원리를 말한다. 그리고 이것이 교육법에 관한 국민의 법의식 속에 인식되고 인정될 때 교육법에 있어서 하나의 조리로 인정되며 교육법의 실질적인 내용적 원리이다. 교육의 자주성 · 전문성 · 중립성 등은 이미 헌법에 수용된 대표적인 교육조리이다.

'교육의 자주성'은 인간의 인격을 성장시키고 진리를 연마함이 학습자와 교수자의 자유의지를 바탕으로 수행되는 것을 말한다. 권력적으로 강요되거나 종속되어서는 안 된다는 뜻이다. 교육의 자주성을 보장하기 위해서 교육내용과 교육기구가 교육자에 의하여 스스로 결정되고 시행되는 제도를 도입하고 있다. 이는 교육활동이 행정권력에 의해서 부당하게 통제되어서는 안 되는 것을 말한다.

당연히 오늘날의 공교육체제는 표준화 및 법제화를 통해서 교육활동이 규율되고 있으며, 국민의 학습권을 보장하여야 할 공익의 대표자로서 국가 및 지방자치단체는 교육기관과 구성원들을 지도 · 감독하는 권한을 부여받았다. 물론 그 권한은 교육기본권 보장이라는 필요하고 합리적인 범위를 넘어선다면, 권한을 남용하는 것이며 교육의 자주성을 유린하는 것이다.

'교육의 전문성'은 교육활동이 상식에 바탕을 둔 것이 아닌, 교육에 관한 정교한 이론과 실천 원리에 바탕을 두고 이루어지는 것을 말한다. 이를 보장하기 위하여 교육활동 및 교육행정을 교육전문가에 의하여 수행하도록 하거나 관련된 의사결정과정에 교육전문가의 참여를 보장하게 된다.

'정치적 중립성'은 교육이 국가권력이나 정치적 세력으로부터 부당한 간섭을 받지 아니할 뿐만 아니라 그 본연의 기능을 벗어나 정치영역에 부당하게 개입하지 않아야 한다는 것을 말한다. 이를 보장하기 위한 제도보장으로는 교육의 정치적 무당파성, 교육에 대한 정치적 압력의 배제, 교육의 권력으로부터의 독립, 교원의 정치적 중립, 교육의 정치에의 불간섭 등을 들 수 있다.

한편 교육법의 원리에 관한 선행연구에서 등장하고 있는 대학의 자율성의 원리는 현행 헌법의 교육조항에 새롭게 추가됨으로써 논의되고 있는 것이나, 전체 교육법의 기본원리라기보다는 교육의 자주성이라는 교육조리에 포함하여 이해하는 것이 적절하다.

이처럼 교육관계법이 교육조리 존중의 원리에 따른다는 원리 측면에서는 매우 선진적인 헌법으로 평가할 수 있겠다. 반면 어떤 측면에서는 헌법의 교육조항까지도 비추어 봐야 하는 교육조리 측면에서는 헌법적 한계를 드러내는 것이기도 하다. 더구나 제31조 제4항은 이러한 교육조리에 해당하는 것들을 법률이 정하는 바에 따라 보장한다는 '법률유보' 조항의 형태를 띤다는 점에서 장단점을 내포하고 있다.

최대 장점은 자칫 선언적으로만 규정된 교육조리들이 실효성 없는 규정으로 사문화되는 것을 막고, 구체적인 입법을 통해서 보장하여야 한다는 점에서는 조리의 입법화를 촉진하고, 끊임없는 살아있는 교육법을 예고하고 있다는 점을 들 수 있다. 이른바 기본권 형성적 법률유보의 긍정적 기여 측면을 말한다.

그러나 최대의 문제점은 교육조리의 보장 범위를 법령화함으로써 그 이외의 것들을 교육조리에 벗어나거나 헌법 정신에 벗어난 것으로 판단하는 근거로 작용할 수 있다는 것이다. 이른바 기본권 침해적 법률유보로서 부정적 작용 측면을 말하는 것이다.

이상과 같은 교육법의 이념·방법·내용의 측면에서의 세 원리는 교육에 관한 법률을 제정하고 시행하며 적용하는 과정에서 해당 법률이 자기 목적적이 아닌 국민의 교육기본권 보장에 기여하는데 기속되었는가, 그 방법은 교육의 공공성 보장을 위하여 적절한 것이었는가 그리고 그 내용은 교육법의 대표적 교육조리인 교육의 자주성·전문성·중립성 보장을 내용으로 하는 것인가에 따라 판단하게 될 것이다.

4설 교육법 3대 기본원리: 교육기본권에의 기속성 원리 + 공공성보장의 원리 + 교육조리 존중의 원리

5. 교육법의 특징과 한계

가. 법 체계상 특징: 제3의 법으로서 교육특수법(教育特殊法)

법규범의 통일체인 법의 체계(legal system)는 크게는 국내법과 국제법으로 나뉜다. 교육에 관해서도 국제법적 효력을 갖는 「유네스코헌장」 및 「아동의 권리에 관한 협약」 등이 있으나, 여기서는 주로 국내법으로서 교육법의 특징을 논하기로 한다. 국내법의 체계는 공법(公法)·사법(私法)·사회법(社會法)[132]으로 3분 체계화하는 것이 일반적이다.

132) 공법은 실체법(헌법·행정법·형법)과 절차법(민사·형사소송법)으로, 사법은 민법과 상법으로 그리고 사회법은 노동법, 경제법, 사회보장법으로 나눌 수 있다. 최종고(1994), 앞의 책, 110면

전통적인 공법과 사법의 구별은 이익설(利益說)·주체설(主體說)·법률관계설(法律關係說)·생활관계설(生活關係說)에 입각하고 있다. 국가생활관계를 규율하는 공법과 사회생활관계를 규율하는 사법으로 구분하는 생활관계설이 통설이나 공·사법 구분의 실익에 대한 의문을 제기하는 부정설도 나오게 되었다. 그리고 자본주의의 부분적 모순을 수정하여 근로자에게 인간다운 생존을 보장하기 위하여 사법 중 일부를 분리하여 발전시킨 사회법이 등장하게 되었는데, 이른바 제3의 법 영역으로서 현대법이라 일컬어지는 노동법, 경제법, 사회보장법 등이 그것이다.

교육법을 교육행정에 관한 법체계로 이해하는 교육행정법설에 의할 때 교육법은 공법에 속한다고도 볼 수 있다. 그리고 교육에 관한 기본적인 규범이 헌법의 교육조항을 모태로 하고 있고, 현대의 공교육체제하에서 교육제도의 법률주의를 고려할 때 교육법의 공법적 성격은 여전히 유지되고 있다. 그러나 개인의 삶을 실현시키기 위한 교육 본래의 '사사성(私事性)'은 여전히 존중되어야 하고 교육기회의 보장이 계약관계의 성격을 띤 학습자의 선택권에 의해 보장되며, 사립학교의 설립·운영의 자유보장이나 사적인 계약관계에 선 사립학교 교원의 법적 지위 등을 고려할 때 교육관계는 공법이나 사법의 어느 일방에 의해서 충분히 설명될 수 없는 특징을 지니고 있다.

더구나 학교교육 중심의 법체계에서 벗어나 '열린 교육사회·평생학습 사회'의 구축을 지향하는 현대 교육사조와 교육수요자로서의 권리의식(權利意識)이 고양된 현실 그리고 교육에 대한 복지(福祉) 개념으로서의 의미가 확장되어 가고 있는 시대 흐름하에서 교육법은 공·사법적 구분 만으로는 불충분하게 되었다.

따라서 교육법은 법률의 일반적인 3분 체계에 따른다면 제3의 법 영역이라 일컬어지는 사회법의 일종으로 분류될 수 있다. 그러나 교육법은 사법에서 분리되어 나온 일반적인 사회법인 노동법, 경제법, 사회보장법 등과는 또 다른 특성을 가지고 있다. 즉, 공법적 성격으로부터 출발된 것이 그 하나이고 단순히 공·사법 관계로 체계화하기 부적절하여 새로이 분류될 수 있는 성질이 아닌 교육관계라고 하는 특수한 사회생활 관계를 규율하는 특수성을 갖는다.

이 점에서 교육법은 특수사회법(特殊社會法)으로 명명될 수도 있고, 나아가서는 독자적인 교육법 논리의 구축에 의해 체계화되었을 때 교육특수법이라 그 특성을 규명할 수 있다. 공교육체제하에서 취해지는 여러 가지 공법적 관계 설정(공무원 신분의 교원과, 공공용 영조물 이용관계에 서는 학생의 지위 등)이 여전하지만 여기에도 교육조리를 근간으로 하는 독자적 교육법리가 적용되어야 한다는 점에서 교육법의 교육특수법으로서의 특징은 앞으로 교육법이 더욱 명료히 해야 할 당위적인 과제이기도 하다.

나. 법 내용상 특징: 교육인권법(敎育人權法)·교육조성법(敎育造成法)

교육법의 이해 방식은 교육행정법설에서 교육특수법설로, 다시 교육인권법설로 전개되어 왔는데 이것은 교육법에 포함된 내용과 그 강조점의 변화를 보여주고 있다. 즉, 교육법은 헌법을 필두로 국민의 교육기본권을 보다 실효성 있게 보장하기 위해 구체화된 법률이라는 점에서 기본권 실현에 관한 법이며, 인간다운 삶과 행복의 추구를 위해서 전제되어야 하는 교육의 보장이라는 점에서 기본적 인권에 관한 법인 것이다.

이와 같은 교육인권법으로서의 특성은 교육기본권의 총체적 권리성에서도 드러나며, 이를 근거로 교육법의 헌법적 효력이 논의되기도 하고 교육기본법의 '헌법의 부속법적 지위'가 강조되기도 한다. 그러나 교육기본권은 제도보장을 통해서 더욱 구체화될 수 있다는 점에서 볼 때 교육법의 많은 부분은 교육기본권 실현을 위한 여러 가지 조건의 정비에 관한 내용을 포함하지 않으면 안 된다.

이것이 이른바 교육에 필요한 인적·물적 조건의 정비와 전문적 지도·감독을 포함한 교육행정에 관한 법규라 할 수 있는데, 조성행정과 규제행정을 포괄하면서 종국적으로는 교육활동을 조성·지원한다는 점에서 이로부터 '교육조성법'이라는 교육법 내용상의 특징이 나타나게 되는 것이다.

한편, 교육법은 교육당사자들 간의 행위 자체를 규율하는 점에서는 '행위법(行爲法)'으로서의 성격을 갖지만, 교육행정조직·학교교육조직·평생교육조직에 관한 내용도 포함하고 있어서 '조직법(組織法)'으로서의 특징도 동시에 갖는다.

그리고 교육법의 내용이 교육에 관한 사항을 규율하고 있다는 사실은 교육법이 윤리적이며, 당위론적인 성격을 갖는 원인이 되는 동시에 법적 구속력을 약화시킬 수 있는 근본 출발점으로 기능하기도 한다. 또한 교육법의 내용상 윤리적 성격은 교육의 영역에는 권리·의무·책임관계라는 강제적 법률관계와는 친숙하지 않은 자율적 영역이 존재하고 있음을 보여주는 것인데, 때로는 이것이 교육 법제화의 한계로 작용하기도 한다.

다. 법 적용상 특징: 특별법(特別法)과 일반법(一般法)의 이중성(二重性)

교육법은 교육에 관한 사항을 규율하는 규범이라는 점에서 법의 적용이 특정한 사람과 장소 그리고 사항 등에 국한되는 특별법의 일종이라고 볼 수 있다. 따라서 일반법에 우선하여 적용되고 특별법의 규정이 없는 경우에는 그 보충으로서 일반법이 적용되는 원칙을 따르게 된다. 교원에 관한 신분을 규정한 교육공무원법이나 사립학교설립에 관한 사항을 규정한 사립학교법은 그 대표적 예라 하겠다.

그러나 교육법의 모법(母法)이라 할 수 있는 헌법 제31조의 규정과 이를 구체화한 교육기본법, 의무교육에 관한 각종 학교교육법 그리고 국민의 생애 학습의 이념을 실현하기 위한 각종 평생교육법규들은 모든 국민에게 제공되는 교육에 관한 사항이라는 점에서 일반법으로서의 성격도 지닌다고 할 수 있다.

종합하면 교육법은 타 법률과 비교하여 교육에 관하여 적용이 우선된다는 점에서는 특별법적 성격을 유지하는 동시에 적용의 범위가 국민 전체에 미치는 법률이 주를 이룬다는 점에서는 일반법의 성격도 지니는 것이다.

라. 교육법의 한계

앞에서는 교육 법제화의 한계에 대하여 논했다면, 여기서는 주로 '교육법의 정립'에 있어서 나타나는 한계를 살펴본다. 여기에는 입법기능상의 한계, 기본권의 헌법적 한계, 법률에 의한 기본권 제한의 한계 그리고 교육법 원리 내적 한계 등을 들 수 있다.

첫째, 입법기능상의 한계에 의한 교육법의 한계이다.[133)]

이는 교육법의 정립이 입법부의 입법형성권(立法形成權)에 맡겨져 있는 경우에도 입법기능의 한계에 의해 영향을 받는다는 것이다. 입법기능의 한계는 입법기능의 본질에서 나오는 능동적 한계와 다른 통치기관의 입법 관여 기능 내지 입법 통제 기능 때문에 나타나는 수동적 한계로 나눌 수 있다.

능동적 한계는 헌법 원리상의 한계와 헌법 이론상의 한계로 나뉘는데 전자는 헌법상의 근본이념(국민주권 · 정의사회 · 문화민족 · 평화추구 등), 기본원리(자유민주주의 · 법치주의 · 사회국가 · 문화국가 · 사회적 시장경제질서 · 평화통일 · 국제적 우호주의 등)에 의한 한계를 말한다.

대한민국헌법의 경우처럼 명문화된 한계 조항으로서 참정권 제한 또는 재산권 박탈을 위한 소급입법을 금지하거나(§13②), 기본권의 본질적 내용을 침해하기 위한 입법의 금지하는 조항(§37②)을 두기도 한다. 특히 기본권 제한 입법과의 관계에서 과잉 금지원칙(적합성 · 최소 침해성 · 비례성 존중)과 처분적 법률 제정의 금지는 주요 한계가 된다.

헌법 원리상의 한계와는 달리 헌법 이론상의 한계는 체계적 정당성의 원리를 말한다. 즉, 헌법의 통일성을 유지하기 위해 법규범 상호 간에는 규범 구조나 규범 내용 면에서 서로 상치 내지 모순되어서는 안 되는 것으로 교육법 제정 및 개정 역시 이에 위배되어서는 안 된다는 것이다.

한편, 수동적 한계로는 정부의 입법 관여 기능(법률안 제출권 · 공포권 · 거부권 · 긴급명령권 · 자치입법권 등)과 법원과 헌법재판소의 규범 통제권(위헌심사와 위헌결정권 등)에 의한 제약이 입법기능의 한계로 작용한다.

둘째, 기본권의 헌법적 한계에 의한 교육법의 한계이다.[134)]

기본권의 헌법적 한계란 헌법에서 국민의 기본권을 보장하면서 개별적인 기본권의 한계를 함께 기본권 조항에 명시하는 것으로 학자에 따라서는 헌법유보(憲法留保)라 칭하기도 한다. 한국의 경우 국민의 사유재산권을 보장하면서도 공공복리에 적합하게 재산권을 규정한 것(§23②), 국민의 국가배상청구권을 보장하면서도 군인 · 군무원 · 경찰공무원 등의 배상청구권을 제한한 것(§29②), 노동 3권을 보장하면서도 공무원인 근로자는 부분적으로만 노동 3권을 가질 수 있도록 제한하고 있는 것(§33②), 정당 설립의 자유(§8①②)를 보장하면서도 위헌정당 해산제도(§8④)를 두는 것이 그 예이다.

교육법의 경우, 공무원 신분을 갖는 국 · 공립학교 교사는 노동기본권의 헌법적 한계 조항으로 인하여 하위 법률에서 이를 별도로 인정하는 경우에만 가능하게 된다. 물론 학생 교육관계라는 특별신분관계에 대한 기본권 제한의 정당성 논의와 사립학교 교사 신분의 공무원 여부 문제는 논의의 장을 달리하여 다루어질 것이나 교사 지위에 관한 법률의 정립에 영향을 미치는 중요한 기본권의 헌법적 한계라고 할 수 있다.

셋째, 법률에 의한 기본권 제한 입법에 있어서의 한계이다.

이는 법률에 의해 교육당사자의 기본권이 제한되는 경우의 교육입법도 그 목적상 · 형식상 · 내용상 · 방

133) 허영(2015), 앞의 책, 942－944 참조.
134) 허영(2015), 앞의 책, 287－288 참조.

법상의 한계에 영향을 받음을 의미한다. 대한민국헌법 제37조 제2항(국민의 모든 자유와 권리는 국가안전보장·질서유지 또는 공공복리를 위하여 필요한 경우에 한하여 법률로서 제한할 수 있으며, 제한하는 경우에도 자유와 권리의 본질적인 내용을 침해할 수 없다)은 규정형식으로는 일반적인 법률유보조항처럼 보이지만 기본권 제한 입법의 목적상·형식상·내용상·방법상의 한계를 명확히 밝혀 법률유보의 순기능(행정권이나 사법권으로부터 기본권을 보호해주고 기본권을 강화시키는 기능)을 강조하고 있기 때문에 내용상으로는 '기본권 제한입법의 한계조항'이라고 할 수 있다.[135]

끝으로, 교육법 원리 내적 한계를 들 수 있다.

교육입법이 '교육법의 기본원리'에 충실해야 한다는 점에서 기본원리 내적 한계라고 할 수 있다. 여기서 교육법의 기본원리는 앞서 자세히 설명한 바와 같이 '교육기본권에의 기속성 원리', '공공성의 원리', '교육조리 존중의 원리'를 말한다. 따라서 교육기본권의 보장에 반하고 공공성의 원리나 교육조리를 존중하지 않는 교육입법은 교육법의 기본원리에 반하므로 정당성을 확보할 수 없다. 특히 교육조리 가운데 교육의 자주성·전문성·중립성 존중의 원리는 교육적 측면에서 요구되는 교육 법제화의 한계인 동시에 헌법 조항에 수용되었을 경우에는 법적 측면에서 교육법의 입법 한계가 되는데 대한민국헌법의 경우에도 이에 해당한다.

5설 교육법의 특징: 교육특수법 + 교육인권법 + 이중성(특별법 · 일반법) + 교육법 원리 내적 한계

135) 허영(2015), 앞의 책, 299-300 참조.

제 2 장

한국 교육입법사론

한국의 교육입법사는 헌법이 제정(1948.7.17.)되고 정부수립(1948.8.15.) 후 교육법 제정(1949.12.31.)에서부터의 역사를 말한다. 그러나 한국 교육법의 태동의 배경이 된 개화기의 교육법규는 근대 교육법의 맹아였다는 점에서 그 검토 의의를 갖는다.

근대 교육법의 태동 · 이식기(1895-1948)는 통치구조, 신분제도, 공교육체제 측면에서 근대국가 체제하의 근대적 교육법이라 할 수 있다. 1910년부터 시작된 일제 강점기에 있어서 조선교육령은 일본 제국주의 교육칙령이었다는 점에서 통치의 수단이었다.

현대 교육법의 형성기(1948-1980)는 교육체제 형성기(1948-1955), 학교교육 정비기(1956-1972) 그리고 국가교육체제 강화기(1973-1980)로 나눌 수 있다. 헌법 제정(1948.7.17.)으로 근거를 마련하고 교육법 제정(1949.12.31.)으로 체제를 형성했으며, 5 · 16에서 유신통치에 이르는 장기집권 동안 교육법은 국가주도 통제교육의 통로가 되었다.

교육개혁 입법 정비기(1980-1998)의 교육법규는 신군부의 교육개혁으로부터 시작된 개혁 입법기였다. 과외금지와 본고사 폐지라는 초법적 조치로부터 시작되었다. 대통령교육정책 자문기구들에 의하여 개혁입법들이 시도되었고 김영삼 정권하 교육개혁위원회에서 주도한 통합 교육법의 분할 제정은 5 · 31 교육개혁의 법적 마무리였다.

교육 3법 체제 전환기(1998-현재)는 교육기본법, 초 · 중등교육법, 고등교육법이 시행에 들어갔고 평생교육법이 개정된 시기이다. 이른바 기본교육법규, 학교교육법규, 평생교육법규의 3법 체제로 재출발했다. 또한 각 법규들의 개정입법과 현안을 타개하기 위한 개혁 입법이 여전히 진행 중이다.

한국 교육입법사의 특징은, 첫째는 교육법규의 구체화 · 다양화로서 교육에 관한 권리 및 의무의 영역이 구체화된 점, 둘째는 교육부 중심의 행정입법이 강화된 점, 셋째는 지방자치의 본격 실시와 더불어 교육분권과 자치입법의 증가된 점, 넷째는 학습자 중심의 입법과 조성 입법이 강조된 점, 다섯째로 정치변혁과 연계되거나 종속적 경향을 보인 점, 끝으로 법 규범과 교육 현실 간의 갈등으로 법적 분쟁이 증가한 점 등을 들 수 있다. 모두 '악법'이나 '사법'이 아닌 '살아있는 교육법'을 만들어가기 위한 노력의 과정으로 평가할 수 있다.

제 2 장 한국 교육입법사론

1. 근대 교육법의 태동 · 이식기(1895－1948)

가. 교육법의 근대성의 기준과 개화기의 교육입법

(1) 근대성의 기준

대한민국의 교육법학을 논함에 있어서 최초 교육법의 기산점을 정부가 수립된 1945년 8월 15일 이후로 산정하는 것은 당연하다. 시대의 구분에 있어서도 세계사적으로 제2차 세계대전이 종결된 1945년 전후를 근대사회에서 현대사회로의 전환점으로 산정하듯이 이후의 교육법은 현대 교육법이라 할 수 있다.

그러나 한국의 경우 19세기 말 개화 이후 근대화가 시작되면서 외세의 간섭과 일본 제국주의 식민통치하에 20세기 전반을 보냈기 때문에 온전한 의미의 근대화 과정을 거치지 못했다. 그리고 갑자기 맞이한 해방과 미군정하의 미국식 민주주의를 이식시켜가며 현대사회를 정착시켜가는 과정에서 적지 않은 시행착오를 겪어야 했다. 더구나 해방 후의 교육체제는 자생적 민주주의라기보다는 이식된 민주주의였고, 일본 제국주의에 의해 왜곡된 근대화의 역사가 있었다는 점에서 불완전한 근대 교육법과 더불어 현대 교육법 도입 역시 정체 체제 변동에 종속적으로 흘러가게 되었다.

정상적인 국가였다면 겪었을 개화기 근대화는 열강과 일본 제국주의로 인하여 쇄국과 개화를 번복하다 식민주의 교육으로 왜곡되었다. 새로운 점령군으로서 포고령을 발포하며 등장한 미군정하에서 현대라는 이름의 민주주의 교육이라는 옷이 다시 입혀졌다는 점에서 서구식의 역사 척도로 구한말에서 식민시대까지를 온전히 근대사회의 교육이라 설명하기 어렵고, 해방 이후 교육을 현대적 교육의 도래라 칭하기 어려운 측면이 있다. 그 근간이 되는 교육법제 또한 마찬가지이다.

그렇다 하더라도, 구한말 교육을 근대화하기 위한 선조들의 노력이 분명히 있었고 과거 조선사회와는 다른 근대국가를 지향하는 교육법제 역시 나타난 것도 사실이다. 일제 강점기 하에서도 임시정부의 헌법 등에 교육에 대한 근대 기본권 사상은 반영되었고, 그 일단의 헌법 정신이 제헌헌법과 교육법에 반영되어 해방 이후 민주주의 교육제도를 정초하게 된 점 또한 간과해서는 안 되는 부분이다.

역사를 살펴보는 일의 의미는 지금의 모습에 대한 연원을 확인하여 그 정신과 원형을 보전함과 더불어 부끄러운 과오와 왜곡된 사실로부터 미래에 대하여 반면교사의 의미를 발견하는 데 있다. 근대성 및 현대성의 기준을 적용하여 구분하기도 모호한 우리나라 교육법제의 근대 및 현대 역사를 조명하는 이유도 여기에 있다.

한국 역사학계에서는 '근대화'라는 시대 구분 자체가 서구 역사관에 기초하고 이전의 전통적 동양사회를 '전근대사회'로 대비시키는 프레임에 묶는다는 비판적 관점도 있다. 즉, 근대화＝서구화는 아니라는 관점이다. 그러나 교육사학계에서 논의하는 근대 교육의 출발점 역시 조선말을 개화시기로 잡고 있다는 점에서 근대 교육법의 시작 또한 개화시기의 법규로 보는 것은 자연스럽다. 이전의 조선조 교육법제에 대한 근대성 평가는 별론으로 할지라도 일반화된 시대 구분을 수용하여, 교육법제사 논의를 시작하고자 한다.

통상 정치체제 측면에서 근대국가의 기준은 몽테스키외 3권 분립 사회를 지칭한다. 통치권력이 국왕이나 황제에게 귀속된 제국(帝國)이 아니라 입법·사법·행정이 구분되고 입법이라는 통치권력이 국민의 대표기관을 통해서 행사됨을 의미한다. 따라서 근대 교육법규는 통치구조 면에서 3권 분립의 근대국가에서의 교육법규라 할 수 있다.

다음으로 근대화된 사회란 사상 면에서 평등주의가 채택된 사회로서 기본적으로 신분제도가 혁파되었음을 의미한다. 특히 전근대사회에서 직업에의 진출이 신분을 기반으로 한 선별적 교육과 이에 따른 혜택으로 결정지어지던 사회와는 달리 근대사회는 교육기회에의 접근이 기본적으로 동등하게 주어진 평등사회를 의미한다.

끝으로 교육제도 측면에서 국가에 의해 공교육체제가 마련되고 최소한의 기초교육에 대한 의무교육제도가 마련된 경우를 근대국가라 할 수 있다. 이는 기본적으로 국민들로 하여금 국가가 제공하는 교육을 받을 권리라는 교육수권(教育受權)이 법적으로 보장되는 것을 의미한다.

이를 적용하면 근대국가의 교육법규란 통치구조 면에서 3권이 분립된 상태로 평등하게 국가가 제공하는 공교육을 받을 기회를 보장하는 시기의 교육법규라 할 수 있다.

한편, 민간 차원의 학교설립 운동은 근대 교육법 출현 이전부터 일기 시작했다. 교육사에서는 우리나라 최초의 근대식 사립학교의 효시로 1883년의 원산학사(元山學舍)[1]를 든다. 아펜젤러가 세운 배재학당(1885)[2]보다 2년 앞선 민립학교였다.

반면 최초의 근대식 공립(관립)학교로는 1886년에 세워진 육영공원(育英公院)이 있다. 양반고관 자제들을 수용하여 미국인 선교사(Hulbert, Guilmore, Bunker)를 초빙하여 주로 영어교육을 하면서 수학, 지리, 역사, 정치 등을 가르쳤고, 1894년에 재정난으로 폐지되었다.[3]

6설 교육법의 근대성 기준: 3권 분립의 통치구조 + 신분제의 폐지 + 국가주관의 공교육체제

(2) 갑오개혁과 교육

이상과 같은 교육법의 근대성 기준으로 살펴볼 때, 구한말 개화기 우리나라의 상황은 부족한 점이

1) 덕원 부사 정현석은 덕원·원산주민들의 뜻을 수렴하여 문예반과 무예반으로 이루어진 중등교육기관인 원산학사를 설립했고 조정으로부터 8월에 승인을 받았다(元山學舍 朔試規 제정). 이 학사는 갑오경장 이후 초등교육기관인 원산소학교와 중등 외국어학교인 역학당(譯學堂)으로 분리되었고 원산소학교는 원산보통학교로, 이어 원산제일국민학교가 되어 1945년까지 존속하였다. 한국학중앙연구원(1995), 한국민족문화대백과사전, 신용하 집필. 신용하(1974), 우리나라 최초의 근대학교의 설립에 관하여, 한국사연구 10. 원산학사의 최초 근대식 사립교육기관설에 대하여 정재걸은 근대식 교재만으로 근대 교육의 기점을 삼는 한계를 지적하기도 한다. 정재걸(1990), 한국근대교육의 기점에 관한 연구, 교육사학연구 2·3.

2) 신봉조는 배제학당의 학칙(培材學堂規則, 1890)을 조선 최초의 근대학교 학칙으로 소개했다. 신봉조(1935), 조선의 첫 학칙, 배재 17호, 배재학생회.

3) 한국학중앙연구원(1995), 한국민족문화대백과사전, 이원순 집필.

적지 않았다. 여전히 국왕의 명에 의한 통치와 신분에 따라 귀속되는 교육기회 측면에서 본다면 개항을 시발점으로 한 역사적 의미에서의 근대사회의 진입과 교육 분야에 있어서 근대 교육의 출범 간에는 상당한 간극이 있었다고 할 수 있다. 민간주도의 근대식 학교의 출범에 대한 논의도 있지만 몇 개의 학교의 개설로 근대 교육이 시작되었다고 보는 데는 한계가 있음은 분명하다.

더구나 1910년 이후 왜곡되고 단절된 식민지의 교육사는 근대 교육의 속성과는 또 다른 것이었다. 그렇다고 하여 해방 후 시기부터 정부수립까지 3년여 기간을 근대 교육기라고 표현하는 것[4] 또한 엄격한 근대성에 대한 의미부여의 취지는 이해하나 시대구분으로는 무리이다. 근대 교육의 발아라는 시대정신에 따라 조선의 교육근대화를 평가해야 할 것이며, 임시정부의 법통을 이어받은 대한민국의 정통성 관점에서도 일제 강점기 역시 넓게 보아야 한다.

여기서는 정치사적 구분인 근대사회로의 진입을 개항 및 개화 개혁을 출발점으로 잡고, 이 시기의 교육법규들이 근대사회로의 형성과정에 어떤 의미를 갖는 것인지 해석하고자 한다. 그렇다 하더라도 해방 후 헌법을 제정하여 정부를 수립하고 교육법이 제정되기까지의 미군정 및 남조선과도정부 시기는 일제의 식민통치체제를 버리고 현대 교육기를 출범시키는데 결정적 시기[5]이었음에는 틀림없다.

강화도 조약(1876)을 통하여 개화는 되었으나 외세에 의하여 타율적으로 체결된 것이었다. 구한말 1894년 봄에는 호남에서 동학농민운동이 일었고, 이를 계기로 개혁 내각에서는 외세 의존과 열강의 각축 속에서 나름의 통치체제 개혁인 갑오경장(1894.7.27.－1895.7.6.)이 추진되었다. 이는 10년 전 갑신정변 실패로 망명해있던 개화파들이 청일전쟁에 승리한 일본을 뒷배경으로 갑신년에 돌아와 추진한 일본식 개혁이었다.

제1차 개혁은 김홍집 내각에 의해 주도되었다. 개혁은 신설된 입법기능을 담당한 군국기무처(1894.7.24. 음력 1894.6.25.)를 통해서 국왕의 인사·재정·군사권을 제약하면서 본격화되었다. 군국기무처의 의안으로 의정된 갑오년의 각아문관제(1894.8.18. 음력 1894.6.28.)에 따라 6조를 8아문으로 개편하였고, 교육부분은 의정부 조직 중 학무아문(學務衙門)이 관장하게 되었다. 학무아문은 내각제 개편에 따라 다시 학부(學部: 1895.3.25.)로 개칭되었다. 이는 근대적인 교육행정 전담 기관이라고 할 수 있고, 오늘날 교육부의 전신이라 하겠다.

제2차 개혁은 김홍집, 박영호 연립내각에 의해 주도되었는데, 청일전쟁에서 승기를 잡은 일본은 대원군을 추출하고 군국기무처를 폐지하였다. 고종은 우리나라 근대 헌법의 효시라 일컬어지는 「홍범14조」[6]

---

4) 정태수는 통설에서는 1876년 개항을 기점으로 조선사회가 근대사회에 접어든 것으로 보지만, 기존의 군주제도를 지속했고, 신권(神權)을 부정하고 군권(君權)을 확립한 것도 아니며, 자유나 민주사상이 들어온 것도 아니어서 근대는 전혀 오지 않았고, 한국역사상의 근대는 1945.8.15.해방에서 1948년의 건국까지의 기간을 '한국의 근대'라 지칭했는데, 이는 미국의 영향으로 개인·자유·평등·민주를 역사상 처음 이식하였다는데 찾았다. 현대의 시작은 20세기 헌법조항인 교육권을 비롯한 사회권을 조문화하여 보장하고 권리로서 인식하면서라고 보았다. 정태수(1996), 한국교육기본법제 성립사, 예지각, 9－10면.

5) 연구자에 따라서 미군정은 일제의 잔재를 털어내지 못한 미국식 문화식민지로의 종속을 초대한 시기로 비판하기도 하지만, 미국식 교육제도로서 일본 제국주의 교육을 극복한 한국 '현대교육의 르네상스기'라 표현하기도 한다. 정태수(1995), 광복3년 한국교육법제사, 예지각, 서문.

6) 제1 청국에 의존하는 생각을 끊고 자주독립의 기초를 세운다. 제2 왕실전범(王室典範)을 작성하여 대통(大統)의 계승과 종실(宗室)·척신(戚臣)의 구별을 밝힌다. 제3 국왕(大君主)이 정전에 나아가 정사를 친히 각 대신에게 물어 처리하되, 왕후·비빈·종실 및 척신이 관여함을 용납치 아니한다. 제4 왕실 사무와 국정 사무를 분리하여 서로 혼동하지 않는다. 제5 의정부와 각 아문

를 반포(1895.1.7. 음력 1894.12.12.)했다.

주요 내용은 ⓐ 조선의 자주 독립의 확립, ⓑ 왕위 세습제, ⓒ 후빈(后嬪)의 정치 불간여, ⓓ 조세 법률주의와 예산 편성, ⓔ 지방 관제의 개혁과 지방 관리의 권한 제한, ⓕ 선진 외국의 학예와 문화 수입, ⓖ 입법과 국민의 생명 재산 보호, ⓗ 징병과 군대의 양성, ⓘ 광범위한 인재 등용 등이다. 교육과 관련하여 제11조 "널리 자질이 있는 젊은이를 외국에 파견하여 학술과 기예(技藝)를 익히도록 한다"는 교육입국 정신을 천명하였다는 것으로 의미부여 할 수 있다.[7)]

홍범14조는 근대 헌법의 효시로 평가받으나, 이른바 입법부의 구성이 국민의 지지를 통한 민주적 정당성을 확보하지 못한 것이었고, 홍범14조 역시 국가권력구조와 국민의 자유와 권리를 규율하는 헌법으로는 미흡한 것이었다. 이후 1896년 2월 아관파천으로 갑오경장 내각은 붕괴되고 근대화 개혁은 굴절되었다.

(3) 고종의 교육입국조서의 의미

2차 갑오개혁 직후인 1895년 2월 2일(음력) 고종은 교육에 관한 조칙으로 「교육입국조서」(教育立國詔書)를 발표하였다.[8)] 이는 국왕에 의한 공교육체제를 선언하였다는 점에서 교육법제사적으로 의미있는 조서이다.

이 조서는 ⓐ 교육은 국가보존의 근본이며, ⓑ 신교육은 과학적 지식과 신학문과 실용을 추구하는 데 있고, ⓒ 교육의 3대 강령으로서 덕육·체육·지육이 있음을 들고, ⓓ 교육입국의 정신을 들어 학교를 많이 설립하고 인재를 길러내는 것이 곧 국가중흥과 국가보전에 직결되는 사실임을 밝히고 있다. 특히, 이 조서는 학제의 정신적 기반을 실학사상에 두고 있는데, 이는 당시의 사회를 정약용(丁若鏞)의 실학사상에 입각한 교육을 통해서 개혁하려고 했던 고종의 뜻이 깊게 반영된 것이다. 조서의 발표 뒤 개혁 내각에서는 교육을 통한 국가중흥의 이상을 실현하기 위해서 1895년 4월에 교사양성을 목적으로 한 「한성사

(衙門)의 직무 권한의 한계를 명백히 규정한다. 제6 부세(賦稅, 세금의 부과)는 모두 법령으로 정하고 명목을 더하여 거두지 못한다. 제7 조세 부과와 징수 및 경비 지출은 모두 탁지아문(度支衙門)에서 관장한다. 제8 왕실은 솔선하여 경비를 절약해서 각 아문과 지방관의 모범이 되게 한다. 제9 왕실과 각 관부(官府)에서 사용하는 경비는 1년간의 예산을 세워 재정의 기초를 확립한다. 제10 지방관 제도를 속히 개정하여 지방관의 직권을 한정한다. 제11 널리 자질이 있는 젊은이를 외국에 파견하여 학술과 기예(技藝)를 익히도록 한다. 제12 장교(將校)를 교육하고 징병제도를 정하여 군제(軍制)의 기초를 확립한다. 제13 민법 및 형법을 엄정히 정하여 함부로 가두거나 벌하지 말며, 백성의 생명과 재산을 보호한다. 제14 사람을 쓰는 데 문벌(門閥)을 가리지 않고 널리 인재를 등용한다.

7) 제12조는 군인을 교육하고 징병제도를 활용하여 군사제도의 기초를 확립할 것을 규정하고 있다. 제11조 國中聰俊子弟 廣行派遣 以傳習外國學術技藝 제12조 教育將官 用徵兵法 確定軍制基礎, 한국학문헌연구회 편(1976), 구한국관보, 아세아문화사에 실린 관보 제6호(1894.12.12.(음)) 참고.

8) 이보다 5년 앞서 1890년 일본천황 역시 「교육에 관한 칙어(教育ニ關スル勅語)」를 공표하였는데, 충과 효로서 국체를 정화하는 것이 교육의 근본임을 선언하면서, 효도, 우애, 화목, 신의, 공손, 겸손, 박애, 학문, 기술, 덕과 재능, 공익 확산을 통해 충량한 신민이 될 것을 교시하고 있다. 이 칙어는 식민지 조선 소학교에서 암송토록 했다. 2차 세계대전 종전 후 연합국최고사령부(GHQ)는 교육칙어 금지 통첩(1946.10.8.)을 발령하였고 문부성령(1946.10.9.)을 통해 소학교에서 교육칙어 낭송을 금지시켰다. 이로써 천황이 제정한 교육칙어를 통해서 일본교육의 연원을 천황에 충성할 충량한 신민을 길러내는 의무적 활동으로 간주하였던 것이 일본교육기본법 공포·시행(1947.3.31.)을 통해서 일대 전환을 가져오게 되었다. 즉, 개인을 존중하고, 진리와 평화, 개성 풍부한 문화 창조를 목표로 한 교육으로 자리 잡게 되었다. 칙어는 이후 중의원 및 참의원에서 폐지 결의(1948. 6.19.)되었다. 고종의 교육입국조서와 내용에 있어서는 차이가 있으나 국왕에 의해 국가교육체제를 교시하였다는 점에서 공통점이 있다. 일본의 교육칙어 및 교육기본법 역사에 대해서는 고전(2019), 일본 교육법학, 박영story, 49면 참조.

범학교관제」를 공포하였으며, 계속해서 「외국어학교관제」, 「소학교령」 등의 학교법제와 법칙을 제정하였다.[9] 한국의 근대 교육법제를 연구한 안기성에 따르면 개화기의 교육법규는 학교관제기(1895-1905)와 학교령기(1905-1910)로 구분하기도 한다.[10]

이와 같은 근대 교육법제 수용과정에 있어서 일본천황의 교육칙어와 고종황제의 교육입국조서의 유사성, 갑오경장의 대일 의존성 및 양국의 교육법제상 용어와 문맥의 유사성 및 공통점을 들어 이를 '단순모방'으로 평가 절하하는 것은 지나친 정치사적 이해라고 할 수 있다.[11]

한편, 조선은 전제군주제에 의한 국체인 대한제국(大韓帝國: 1897.10.12.-1910.8.29.)을 선포하였다. 이후 독립협회를 중심으로 한 개화파의 노력으로 의회설립에 관한 법률인 '중추원신관제'가 공포(1898.11.2.)되었고, 3일 뒤인 11월 5일에 민선의원 선거가 예정되어 있었으나 친러수구파의 계략에 의해 입헌대의 군주제로의 개혁이 성공 일보직전에 좌절되었다. 오히려 이를 계기로 등장한 수구파 내각은 대한제국의 정치체제를 군주제로 확고하기 위하여 1899년 8월 17일에 교정소(校正所)로 하여금 '대한국국제(大韓國國制)'를 제정하게 하여 황제의 재가를 얻어 공포함으로써 오히려 전제군주제에 의한 국체를 분명히 하였다.[12]

결국 근대 교육법이라 칭할 수 있는 교육법의 근대성은 통치구조의 근대성에서는 찾기 어렵다고 하겠다. 대한제국의 선포와 황제즉위식은 중국의 속국으로부터의 자주독립이라는 의미로 해석할 수 있겠으나, 교육법의 근대성은 이른바 근대 교육사상 및 제도의 출현에서 찾아야 할 것이다. 이와 관련하여 1894년의 갑오경장이 갖는 가장 큰 의미는 신분제도의 타파로서 근대 교육의 출발 신호탄이라 하겠다. 즉, 누구나 평등하므로 누구나 배울 수 있는 권리를 선언적으로는 공표되었기 때문이다.[13]

이렇듯 갑오개혁에 의하여 신분제도는 철폐되었다고는 하나 귀천이 없이 인재가 등용되지는 못하였다. 실질적 신분철폐보다 선언적 의미가 있었다고 할 수 있고, 그만큼 신분의 철폐가 교육기회의 균등에까지는 미치지 못하여 근대적 교육제도 보장엔 한계를 드러냈다.

7설 교육입국조서의 역사적 의의: 국왕에 의한 공교육체제 도입 선언+학교관제 시대로의 진입

9) 한국학중앙연구원(1995), 앞의 사전, 손인수 집필.

10) 안기성(1984), 한국근대교육법제연구, 고려대민족문화연구소, 71면. 그가 두 시기로 구분한 것은 전자의 법형식이 대부분(소학교령 제외) 관제로 호칭되고, 후자는 학교단계별로 학교령이라 한 데 두고 있다.

11) 같은 뜻, 안기성(1984), 앞의 책, 62-65면. 안기성 교수는 학교체제상 전문교육과 직업교육의 일원성, 종래의 요원양성제도(禮典하의 生徒제도)의 계승, 교육제도상의 차이(학교유형, 수학연한, 감독기관 등) 그리고 근대 교육법제의 점진적 수용태도 등을 들어 한국의 근대 교육법제가 일본의 '학제'의 모방했다는 가정에 반론을 제기한 바 있다. 오히려 근대 갑오경장에서 을사늑약 전에 이르는 시기(1894-1905)에 대하여는 외세의 외압 중에서도 자주적인 교육법제를 모색한 시기로 평가한다.

12) 고전(1997), 교사의 법적지위에 관한 연구, 연세대 박사학위논문, 178면.

13) 고전(1997), 앞의 논문, 178면.

나. 근대적 교육입법의 전개

(1) 학교관제 형태의 교육법규(1895-1905)

개화기에 있어서 교육입법은 고종의 「교육입국조서」로부터 기본 방향을 제시받았다. 학부가 관장하는 각급 학교 및 교원에 관한 교육법규는 학교관제의 형태로 시작되었다. 왕의 명령인 칙령이었지만 모든 법규들은 군구기무처나 중추원 의결을 거치는 등 나름의 심의과정을 두었다. 그렇더라도 그것은 민주적 정당성에 바탕을 둔 대표기관에 의한 통제라기보다는 여전히 소수의 권력 집단의 의사에 좌우되는 것들이었다. 왕의 명령이라는 칙령의 형태는 근대적 교육법규의 특징인 법령주의까지는 미치지 못한 것이었다.

열강의 각축 속에 개혁세력의 집권기에는 일본의 영향이, 수구세력의 경우에는 중국과 러시아의 제도 영향을 받으면서 개화기 교육법제는 일관성이 부족한 시행착오를 거쳤다. 그러나 이들 법제들도 기존제도와의 절충과 타협을 하면서 종속 일변이 아닌 외세에 능동적으로 대처한 노력은 평가받아야 마땅하다.[14]

학교관제의 첫 번째 교육법규는 「한성사범학교관제」(1895.4.16. 칙령 79호)였는데 근대적 학교법규의 효시로 평가한다. 이 관제부터 제정하였다는 것은 조정이 교원양성 교육을 교육입국의 근원으로 보았다는 의지를 표현한 것이다. 이 관제에는 한성사범학교의 직원으로 학교장·교관·교원 등을 두고(§6), 교관은 생도의 교육을 담당하고(§8), 부교관은 이를 보좌하며(§9), 교원은 부속 소학교 아동의 교육을 담당한다(§10)고 규정[15]하였는데, 교원이라는 용어를 근대 교육법규에 처음 사용한 점은 주목할 만하다.[16]

한성사범학교가 실제 설치된 것은 5월 1일이며, 학부는 학부령 제1호로 '한성사범학교규칙'(1985.7.23.)을 만들어 교원양성 법제를 구체화했다. 초기에는 한학(漢學) 위주로 가르치다, 이듬해 한국역사, 만국사, 초보수학, 지리, 한문 및 한국어작문과 한문고전등이 추가되었다.[17] 한성사범학교는 사범학교령(1906)에 따라 관립한성사범학교로 개편되었다.

1895년 1월 7일 홍범14조를 필두로 하여 한성사범학교 관제 및 관등봉급령 외에 법관양성소규정(3.25. 이하 음력), 외국어학교관제(5.10), 외국어학교직원 관등봉급에 관한 건(5.10), 성균관관제(7.2), 소학교령(7.19), 관립소학교 교원의 관등봉급에 관한 건(7.19) 등이 제정되었다. 4년 뒤에는 의학교관제(1899.3.24.), 중학교관제(1899.4.4.), 상공학교관제(1899.6.24.) 등이 칙령의 형태로 공포되었다.

비록 민주적 정당성이 확보되지 않은 전제군주제하에서 제한적 의미의 대의자문기관이라고 할 수 있는 중추원의 법률심의와 통치기구에 해당하는 의정부(후에 내각으로도 개칭) 내의 정부회의(내각회의)의 법률·칙령안 의결이라는 과정을 거쳤다는 점과 종국적으로 군주의 재결을 거쳐 공포된 칙령[18]의 형식이

---

14) 같은 뜻, 안기성(1984), 앞의 책, 131-132면.

15) 송병기 외 편(1970), 한말근대법령자료집(Ⅰ), 대한민국국회도서관, 348면.

16) 고전(1997), 앞의 논문, 40면.

17) 오천석(1964), 한국신교육사, 현대교육총서출판사, 102면을 인용한 김영우(1997), 한국 개화기의 교육, 교육과학사, 306면.

18) 구한말 근대 교육법제를 연구한 안기성 교수는 "이 당시 일반행정 시책과 관련된 법률을 지칭하여 칙령이라 부른 것으로 보여지나 일반적으로 법무아문(법부)의 소관사항에 관한 것을 법률로 지칭한 것과 왕의 명으로 제정된 조칙(詔勅) 이외에는 대부분 칙령의 형식으로 반포된 것으로 보아 법률과 칙령은 동의어로 인식되고 있었으며 때로는 칙령이 단순히 명령으로 표기될 때도 있었다"면서 당시 관료들의 법용어 사용의 개념상 혼란을 지적하고 있다. 안기성(1984), 앞의 책, 75면 참조. 고종은 의정부의 내각 개칭에 관한 칙령(1894.12.16.)을 통해서 "지금부터 국정사무를 짐이 각 대신에게 친히 물어 재결한다"고 밝히면서 의정부에 의한 위임통치방식을 친정체제로 전환한 바 있다.

라는 점 등은 근대적 의미의 법제로서의 미비점이라 하겠으나 국가에 의한 근대 공교육체제의 정비라는 점에서 근대적 교육법제로 명명해도 무리는 없다고 본다.[19]

한편, 주목할 부분은 개화 초기에 학교 교원의 신분 및 품계를 일반 공직자의 관등봉급 수준을 적용하였다는 점이다. 「한성사범학교관제」(1895.4.16.) 제6조에는 관등봉급령의 관등을 적용하여 학교장은 주임, 교관은 주임 혹은 판임, 부교관과 부설초등학교 교원은 판임으로 관등을 부여한 바 있다. 같은 날 공포된 「한성사범학교 직원 관등봉급령」[20]은 직원의 인사사무는 관등봉급령을 따르되 봉급의 경우 담당하는 일의 성질에 따라 더 지급할 수 있다고 하고 있다. 직원에 대한 임면에 대해서 주임관(교장 및 교관)은 학부대신 추천으로 내각총리대신이, 판임(교관 · 부교관 · 교원)은 학부대신이 임명한다고 되어 있다. 이어 제정된 '외국어학교 직원의 관등봉급에 관한 건' 역시 위의 법제를 따르도록 했다.

일반 교사에 대한 독립된 관등봉급은 「관립공립소학교 교원의 관등봉급에 관한 건」(1895.7.19.)에 의해서였고 이 칙령은 한성사범학교 교원에게도 적용되었다. 이 교원 관등봉급령은 1년 6개월 뒤 폐기되어 일반 관등봉급령을 적용하게 하였다(1897.1.14.). 다시 2년 뒤 「관립 각종학교 교관교원 봉급령」(1899.1.5.)은 종래 개별적으로 규정된 각급 관립학교 교원 관등봉급을 일원화하여 학교직원의 관등을 주임교관, 판임교관, 교원으로 나누고 주임교관은 1 · 2 · 3급봉으로 판임교관은 1 · 2급봉으로 교원은 3급봉으로 정하였다.[21]

조선시대의 국학인 성균관, 사학, 향교의 교원은 일종의 관직으로, 모두가 일반 관직의 등급인 품계(品階)를 가지고 있었다. 정 · 종 각 9품으로 나누어진 관직 품계 중에서 조선시대의 교원은 정2품에서 종9품까지 분포되어 있었으므로 교원의 법적 지위라고도 볼 수 있는 품계상의 지위로 볼 때는 지위가 그렇게 낮다고만 볼 수는 없다. 그러나 학생들을 직접 지도하는 교수직을 담당한 박사(博士)가 정7품 이하의 관직에 지나지 않았다는 것은 결코 교원에 대한 우대로는 볼 수 없다. 모두 18단계인 관직 중에서 열 네 번째 단계인 하위단계에 위치하고 있었으므로 오히려 교원에 대한 박대라고 보아야 마땅할 것이다.[22] 결국 개화기 근대 교육법제화 과정에서 드러나고 있는 교사의 법적 지위는 국가 말단관리로서 성격 규정할 수 있으며, 이것은 조선시대 관리의 교관(교원) 겸직과 연동된 것이라 할 수 있다.[23]

그 뒤 1905년 6월 23일에 공포된 개정 「관등봉급령」(칙령 34호)은 교관과 교원을 관등표와 관등봉급표에 삽입시킴으로써 모든 공무원에 적용되는 관등봉급체계를 갖추게 되었다. 여기에서 교관은 주임 2등(3 · 4급) 이하 4등(7 · 8급)에서 임명되며 각급 학교 평교사에 해당하는 교관 · 교원 · 교수 · 박사 · 직원(直員)은 판임 2급 이하 10급 안에서 임명하게 하였다. 이는 관등을 상 · 중 · 하로 비유한다면 일반 교사의 위치

19) 고전(1997), 앞의 논문, 179면.

20) 한성사범학교 관등봉급령 第一條 漢城師範學校職員의 官等俸給은 一般官吏의 官等俸給令에 依함. 但執務의 繁閑과 敎務의 難易에 依하여 定額以下를 給함을 得함. 第三條 漢城師範學校職員의 任免은 基奉任官은 內閣總理大臣을 經하야 學部大臣이 奏請하고 判任官은 學部大臣이 專行함. 관보 제119호 개국 504년(1895) 7월 22일(음).

21) 일제 강점기에 초 · 중등학교 교사(소학교 훈도, 중등학교 교유)는 하급관리인 판임관의 관등(제3급)으로, 전문학교 교수는 고등관인 주임관(제2급), 경성제국대학 교수는 고등관인 칙임관(제1급) 또는 주임관으로 봉임되었다. 반면 일본인으로 파견된 중등학교 교유는 주임문관으로 봉임되어 조선인과 차별화되었다. 고전(1997), 앞의 논문, 185면.

22) 김영우(1980), 전통사회에서의 교원의 신분과 역할, 한국사회와 교육, 교육과학사, 102－103면.

23) 고전(1997), 앞의 논문, 182면.

는 하급관리에 해당하였음을 보여주는 예이다.

(2) 학교령 형태의 교육법규(1906-1910)

학교령기의 특징은 1905년 을사늑약으로 외교권이 침탈된 상황하에서 발령된 것으로서, 교육법규는 그러한 침탈이 지속 가능토록 한 교육 측면의 법제 정비였다고 할 수 있다.

이후 한성사범학교관제, 중학교관제, 외국어학교관제를 폐지하고 등장한 「학부직할학교 및 공립학교관제」(1906.8.27. 칙령 제40호)와 「학부직할학교 직원정원령」(1906.9.3. 칙령 제45호)은 성균관과 보통학교(같은 날 공포된 보통학교령(칙령 제44호)에 의한 과거 소학교)를 제외한 학부직할의 중요 관립학교 교육행정을 위한 칙령으로서 학교교육의 국가관리체제가 더욱 공고히 되었음을 보여준다.[24]

통감부가 설치되어 본격적으로 일본인 관료가 임명되기 시작한 한일신협약(1907) 이전의 학교령들은 자주적인 교육법제를 만들려는 노력의 결과로 평가[25]되기도 한다. 개화 격변기의 교육입법에 대한 평가는 보다 광범위한 역사사회학적 사료를 바탕으로 논구되어야 할 부분이다. 요약하면 근대 교육을 확산하기 위한 학교교육 제도를 정착하기 위한 기초로서 각종 학교령들이 공포되었지만, 그 법제사적 평가는 시기와 기관의 기여도에 따라 달랐다.

이 시기의 대표적 학교령으로는 사범학교령(1906.8.27. 칙령 제41호), 고등학교령 · 외국어학교령 · 보통학교령(1906.8.27.), 고등여학교령(1908.4.2.), 사립학교령(1908.8.26.), 실업학교령(1909.4.26.) 등을 들 수 있다. 또 다른 이 시기의 상대적인 특징은, 사립학교제도와 실업학교제도가 강조되어 확립되어 간 반면, 고등교육은 상대적으로 미비한 점을 들 수 있다. 실제로 이 시기의 고등교육기관은 성균관(수업연한 3년), 법관양성소, 의학교 정도였다.[26]

한편 사립학교에 대한 독립된 학교법제는 「사립학교령」(1908.8.26. 칙령 제62호)인 바 사립학교에 대한 국가의 감독권을 더욱 강화하였다. 즉 이 칙령 이전의 사립학교 관리는 해당 학교법별로 관련 조항[27]을 삽입하여 오던 것을 통일적으로 규정한 것으로서 이에 따라 기존의 모든 사립학교까지 새로 인가를 받아야 했다. 이러한 통제의 강화는 일제가 1905년 을사보호조약 이후 민족교육의 본산이 된 사학을 탄압하고 식민지 교육체제를 전개하기 위한 하나의 전초작업으로 평가[28]된다.

1910년 한일합방 이전 초 · 중등 교육인프라조차 절대 부족했던 시대 사회적 배경을 고려한다면, 위

---

24) 고전(1997), 앞의 논문, 182면.

25) 예를 들어 「고등여학교령」(1908.4.2.)은 여성교육을 「실업학교령」(1909.4.26.)은 실업교육을 확산하고 조장하는데 일조하였다는 점, 통상 사립학교를 탄압하기 위해서 만들어졌다는 「사립학교령」(1908.8.26.) 또한 사학 보조책과 시설보완을 강구하고 서당 교육과정을 포함시킨 점 등은 나름의 기여가 있었다는 평가이다. 안기성(1984), 앞의 책, 135－139면 참조.

26) 개화기(1890－1910)에 설치된 관립 고등교육기관으로 성균관(1895.7.2. 성균관관제) 외에 법관양성소(1895.3.25. 법관양성소규정, 수업연한 6개월, 1905년 3년제), 의학교(1899.3.24. 의학교관제, 수업연한 3년)를 들기도 한다. 김영우(1997), 앞의 책, 252면.

27) 예를 들어 소학교령(1895.7.19.) 제4조의 사립 소학교는 해당 관찰사의 인가를 얻게 하고 이후 보통학교령(1906.8.27.) 제3조의 공립 및 사립학교의 설치와 폐지는 학부대신의 인가를 얻게 하는 조항 등이 있다.

28) 같은 뜻, 이원호(1983), 개화기교육정책사, 문음사, 178면을 인용한 고전(1997), 앞의 논문, 183면. 물론, 사립학교령에 포함된 사립학교 보조책 강구나 시설보완 독려 등 사학진흥에 긍정적으로 기여한 부분이 있다는 견해도 있다. 안기성(1984), 앞의 책, 137면.

의 학교령들은 일본인들이 학부에 현직 관료로 임명되기 이전에 제정된 것들로서, 나름의 구한말 교육입국을 위한 자주적 선택이었던 측면도 있다 할 것이다.

그럼에도 1905년 을사보호조약 이후 일본의 교육에 대한 통제가 한층 강화된 것은 분명한 사실이다. 이는 교원양성단계에서도 행해졌는데, 1906년 칙령 1호로 사범학교령이 공포되어 보통교육을 담당하는 교사양성기관에 대한 법규가 일본식으로 개정되었다. 즉, 보통교육 담당교사의 양성을 관립 사범학교에 전담시킴으로써 민족주의자들이 세운 사립 사범학교를 일체 인정하지 않고 친일적인 교사를 양성하여 보통학교 교육현장에 일본정신을 보급하려는[29] 이른바 식민지화의 수순을 밟았던 것이다.

다. 근대 교육법의 이식기

(1) 조선교육령 형태의 교육법규(1911-1945)

1910년 한일합방 이후 나라의 주인이 바뀐 상태에서 조선인들이 충성해야 될 대상 역시 국왕이 아닌 일본천황이 되었고, 교육 역시 충량한 신민을 양성하는 것이 되었다. 일본은 1868년 메이지유신을 통하여 근대화의 길로 접어들었고, 1872년에 근대식 교육의 상징으로 학제(學制)를 공포하였다. 일본 역시 전제군주제로서 천황제를 채택하여 1889년의 대일본국헌법에서는 교육에 대하여 언급하지 않았다. 교육에 대하여는 천황이 발표한 '교육칙령'(1890.10.30.)이 기본 방침이었는데, 국민의 권리라는 관점보다는 군국주의 국가에 충성할 신민(臣民)을 양성하는 데 지켜야 할 '의무'적 성격이었고, 이것이 한일합방 이후엔 조선인에게도 그대로 적용되었으며, 이는 기본적으로 1945년 해방 때까지 지속되었다.

대일본제국헌법(1889)에는 교육조항이 없는 대신, 천황은 법률을 집행하기 위해 또는 공공의 안녕질서를 유지하고 신민의 행복을 증진하기 위하여 필요한 명령을 발하거나 발하게 할 수 있다(§8)[30]고 규정하였다. 이 규정은 천황이 의회의 구속을 받지 않고 자의에 의해 정령(政令) 및 명령(命令)을 발하는 것이 가능한 이른바 칙령주의의 선언이며 천황의 헌법상 대권사항을 의미한다. 즉 재정상 예산조치나 다른 법률을 요하지 않는 교육사항은 여기에 포함되어 있었던 것이다.

교육에 있어서 칙령주의에 대하여 원로 일본 교육법학자인 나가이 켄이치(永井憲一) 교수는 그것은 교육의 주체를 천황 및 문부성 등의 공권력 기관으로 하여 국민은 단지 교육되어지는 객체로서 위치하는 것을 의미한다고 보았다. 즉, '국가의 교육권'을 전제로 천황의 교육칙어(1890)에 의한 교육목적(대일본제국의 발전에 필요한 제국신민의 의무를 다하는 선량한 신민의 양성)을 유일 절대시하여, 이를 무비판적으로 받아들이는 것을 국민의 '의무'로서 강요한 것이라고 해석[31]하고 있다.

1910년 8월 초대 총독 데라우치(寺內正毅)의 교육방침은 우리 민족에게 이성이 발달할 수 있는 교육기회를 주지 않는 데 있었다. 일본신민화(日本臣民化)의 토대가 되는 일본어의 보급, 이른바 충량(忠良)한

---

29) 전국교직원노동조합교과위원회(1990), 교과서백서, 푸른나무, 53면.

30) 新井隆一 外(編)(1996), 解說教育六法, 三省堂, 718頁의 원문 번역.

31) 永井憲一(1993), 教育法學, エイデル研究所, 45－46頁. 그에 따르면 일본에서는 천황제하의 국가주의 교육으로 인해 학교가 천황대권에 근거한 권력행사의 장이 되었고 교장도 교원도 천황의 관리가 되었으며 교육은 국민일반에 대한 국가에로의 교화(敎化)를 목적으로 한 행정작용에 불과하였다고 본다.

제국 신민과 그들의 부림을 잘 받는 실용적인 근로인·하급관리·사무원 양성을 목적으로 하였다.[32]

이러한 교육의 국가주의를 표방한 일본의 교육방침이 일본천황의 명령인 칙령이란 형식을 통해서 조선에 적용된 것이 바로 전문 30조로 이루어진 제1차 조선교육령(1911.8.24. 일본천황 칙령 제229호)이었다. 그 주요 내용은 다음과 같다.

> 제1조 조선에 있어 조선인의 교육은 본령에 의한다.
> 제2조 교육은 『교육에 관한 칙어』의 취지에 기초하여 충량한 국민을 기르는 본의로 한다.
> 제3조 교육은 시세와 민도에 맞도록 이를 베푼다.
> 제4조 교육은 이를 크게 나누어 보통교육, 실업교육 및 전문교육으로 한다.
> 제5조 교육은 보통의 지식, 기능을 가르쳐 주고, 특히 국민된 성격의 함양함을 목적으로 한다. (이하 생략)

예상된 대로 당시 조선교육령 제2조는 교육목적을 "교육은 교육에 관한 칙어(勅語)의 취지에 의거해 충량(忠良)한 국민을 육성하는 것을 본의(本意)로 한다"[33]라고 규정하였다. 여기서 교육에 관한 칙어란 앞서 설명한 대일본제국의 천황의 교육칙어를 말하며, 그 취지는 위에서 밝힌 제국신민의 의무를 다하는 선량한 신민의 양성임을 말한다.[34]

조선에서의 교육 또한 같은 의미였으며, 교사는 대일본제국 천황의 신민을 양성하는 하급관리로서 역할을 부여받았다. 민족말살을 최종목표로 하여 미화된 이른바 동화정책은 교육을 통해서 극명히 드러났는데, 그 총체적 표본이 조선총독부에 의해 시행된 제1차 조선교육령이었다. 이어서 조선총독부고등보통학교관제(1911.5.16. 일본천황 칙령 제130호)를 비롯하여 고등보통학교, 여자고등보통학교, 실업학교, 사립학교에 관한 학교관제 및 규칙이 발표되었다. 전문학교 규칙(1915)과 사범학교관제(1921)가 뒤를 이었다.

제1차 조선교육령에 따른 국권 상실 초기의 식민지 교육방침은 ⓐ 일본어 보급을 목적으로 하였으며, ⓑ 우리 민족을 이른바 일본에 '충량한 국민'으로 만들고자 노력하였으며, ⓒ 노동력을 착취하기 위하여 한국인에게 저급한 실업교육을 장려하였으며, ⓓ 한국인을 우민화(愚民化)시키려고 하였다. 이러한 기본 방침은 각급 학교의 교육 연한과 학교 명칭에서 일본인 학교와 차별을 둔 교육정책에서도 잘 살펴볼 수 있다.[35]

제1차 조선교육령 때의 '충량한 일본 제국의 신민'은 제2차 조선교육령(1922.2.6. 일본천황 칙령 제19호) 때는 '내지연장주의(內地延長主義)'로 전환되었다. 1919년 3·1독립운동의 영향으로 조선총독부 사이토(齋藤實) 총독은 군사적 지배 방식인 '무단정치'에서 '문화정치'를 표방했다. 내지연장이란 식민지 조선을 본국 일본의 연장으로 보아 같은 법령과 정책을 시행하는 것을 말한다. 이에 따라 형식상으로는 일본 학제와 동일하게 융화정책을 폈다. 내용상으로는 동일한 교육제도와 교육기간을 확충함으로써 일본식 교

---

32) 한국학중앙연구원(1995), "조선교육령", 앞의 사전, 손인수 집필.
33) 渡部 學, 阿部 洋(編)(1990 영인본), 第1集 教育要覽類 植民地朝鮮教育政策史料集成(第1卷), 龍溪書舍, 10頁.
34) 고전(1997), 앞의 논문, 186면. 이러한 취지는 당시 총독부 정무총감이었던 야마가타(山縣伊三郎)가 그해 9월에 보통학교 교감강습회에서 행한 연설문에서 확인되는바, "조선인은 전하(천황)가 베푸는 제국신민이다. 따라서 그 교육은 일본인 교육과 같이 충실한 황국신민을 기르는 데 있다" 高橋濱吉(1927), 朝鮮教育史考, 帝國地方行政學會朝鮮本部, 227頁. 일본천황의 교육칙어 원문 해석 및 의미는 고전(2019), 앞의 책, 41－42면을 참조.
35) 한국학중앙연구원(1995), "조선교육령", 앞의 사전, 손인수 집필.

육을 강화하여 우리 민족의 사상을 일본화 또는 말살하려는 데 있었다. 특히, 일본어와 일본 역사를 주입, 강요하여 민족의 사상을 일본화 또는 말살하려는 데 주안점을 두었다.[36] 이러한 문화통치 전략은 식민통치에 기초하여 본질은 변하지 않은 식민지 저항에 대응한 기만적인 통치 방식이었다.

사립학교령은 사립학교 규칙(1911.10.20. 부령 제114호)으로 개정되어 사학에 대한 통제를 강화하였으며, 1915년에는 사립학교 교원시험규칙을 제정하여 교원자격을 엄격히 규제하기도 하였다.[37] 관립 한성사범학교는 1921년 조선총독부 사범학교 신설로 폐지되었고, 공립사범학교 역시 1929년 폐지되어 총독부가 감독·운영하는 16개 관립 사범학교로 정비되기도 했다.

1938년 제7대 조선총독 미나미(南次郎)는 '황국신민화'를 보다 철저하게 추진하려는 의도에서 법령을 다시 개정하여 '내선일체(內鮮一體)'를 교육지표로 한 제3차 조선교육령(1938.3.3. 일본천황 칙령 제103호)을 공포하였다. 일본과 조선이 뿌리가 같다는 것을 강조한 신교육령에 따라 ⓐ 교명을 일본인 학교와 동일하게 개칭하여 교육제도상으로 보아서 한국인과 일본인 간에 차별대우가 철폐되었다고 하였으나, 그 실상은 일본인이 사립학교의 교장이나 교무주임의 자리를 차지하도록 하는 방침이었다. ⓑ 교육목적을 뒷받침하는 교육내용으로 일본어·일본사·수신·체육 등의 교과를 강화하였다.[38]

제3차 조선교육령 때는 많은 교육법제가 칙령 또는 총독부령 및 총독부 훈령으로 제정되고 개정되었는데 식민지 교육정책 기조에 맞춘 것들이었다.

1941년부터는 전시에 응하여 전문학교의 수업연한을 단축했다가, 1943년 제4차 조선교육령(1938.4.1. 일본천황 칙령 제113호)을 시행하였다. 모든 교육기관에 대한 수업연한을 단축하는 동시에 '황국의 도에 따른 국민연성'을 교육목적의 주안점으로 하였다. 또한, 이른바 결전학년(決戰學年)의 새 교과서를 중등학교에 사용하게 하였다. 이에 따라 민간인 사립학교와 기독교 학교의 교육목적도 강제적으로 바뀌었고, 또한 결전학년의 교과서를 쓰지 않을 수 없었다. 이처럼 「조선교육령」은 일제 강점기의 일제 식민지교육정책을 그대로 반영하고 있는 법령으로, 당시의 교육 현실을 파악할 수 있는 자료이다.[39]

일제 강점기 학제의 특징으로는, 전형적 복선형 학제에 교육연한은 15년(초등6, 중등4, 고등5)이었고, 실업교육에 치중한 반면 중등교사 양성기관 없이 여성들은 고등교육 기회를 보장받지 못했다.[40] 단선형이 아닌 복선형이라는 것은 일본인과 조선인, 인문교육과 실업교육 간의 교육기회를 분리하여 차별화한 결과로 이어졌고, 대부분의 조선인은 고등교육 수혜를 받지 못했으며, 특히 대부분의 여성들은 초등교육 수혜 수준에 머물렀다. 일제 강점기의 교육은 교육법제 면에서는 근대식 학교교육제도를 형식적으로는 갖추었으나, 교육기회의 보장 면에서는 상당한 한계와 민족 간 차별이 용인된 식민지 교육을 뒷받침하는 것들이었다.

---

36) 한국학중앙연구원(1995), "조선교육령", 앞의 사전, 손인수 집필.
37) 이원필, 일제하의 교원교육의 실태, 새교육(1992.5), 180-187면 참조.
38) 한국학중앙연구원(1995), "조선교육령", 앞의 사전, 손인수 집필.
39) 한국학중앙연구원(1995), "조선교육령", 앞의 사전, 손인수 집필.
40) 김영식·최희선(1988), 교육제도 발전론, 성원사, 135면.

(2) 임시정부의 헌장 및 강령의 교육조항과 그 영향

조선 본토에서의 교육법규가 조선교육령으로 식민지 통치 수단으로 자리 잡고 있을 무렵, 3·1운동을 계기로 임시정부가 발표한 대한민국 임시헌장이 공포되어 상징적으로나마 국가최고 규범을 유지하였다. 비록 망명정부의 헌법으로서 실효는 보지 못하였지만 교육조항은 해방 후 제헌헌법 제정과정에서 영향을 주어 역사적 의의는 큰 것이어서 살펴볼 필요가 있다.

교육에 관한 헌법규범의 조항은 대한민국 임시정부가 1919년 4월 11일에 선포한 「대한민국 임시헌장」[41] 제6조에 포함되어 있다. 즉, "대한민국의 인민은 교육, 납세 및 병역의 의무가 있다"고 하여 의무로서 교육을 규정하였다.

교육관련 조항은 임시헌법의 개정 과정에서 수정·삭제[42]되었다가 1941년 11월 25일 중경 임시정부의 제19차 국무회의 의결로 공포된 「대한민국 건국 강령」에서 총강 제6항 등에 걸쳐 다시 규정되었다. 이 강령에 등장하는 교육관련 조항들은 공비교육(公費敎育)으로써 학권(學權), 즉 전국의 모든 학령 아동에게 공공비용으로 배울 권리를 균등히 보장할 것을 규정(총강 제6항)하면서 고급교육에 대한 수학비를 면제받을 권리(免費受學權; 제3장 제3, 4항)와 의무무상교육(6-12세) 및 각 도별 1개 대학 설립 원칙과 공사립학교에 대한 국가감독권을 규정(제7항)했다. 이들은 비록 실효성이 없는 선언적인 강령의 수준이었지만, 의무가 아닌 권리로서 교육권 사상을 반영한 최초의 것으로 평가[43]받기도 한다.

이러한 강령의 취지는 이후 임시정부의 최종 개헌에 의한 1944년 4월 22일의 「대한민국 임시헌장」[44]에 반영되어 국민의 자유와 권리(§5) 중에 포함시켜 "법률에 의하여 취학 취직 및 부양을 요구하는 권리"를 선언하게 되었다.

현재의 헌법마저도 교육을 받을 권리, 즉 교육수권(敎育受權)으로 규정되고 있는 점을 볼 때 당시의 교육조항은 오히려 교육인권 보장 측면에서 앞서 있는 헌법 규정이었다고도 볼 수 있다.

8설 전개: 교육 의무(1919 임시헌장) ⇒ 권리로서 교육(1941 건국강령) ⇒ 취학요구권(1944 임시헌장)

(3) 미군정기(1945.9.9.-1947.5.16.)의 교육입법과 그 영향

미군은 1945년 9월 7일 남한에 진주했다. 미점령군 사령관이던 맥아더는 9월 9일에는 조선총독부 제1회의실에서 조선총독 아베(阿部信行)로부터 항복 문서에 조인을 받고, 포고령 제1호[45]를 발령했다. 미

41) 이현희(1982), 대한민국임시정부사, 집문당, 373-374면.
42) 개정 「대한민국임시헌장」(1919.9) 제10조 제3항에서 보통교육을 받을 의무로 구체화되었고, 임시헌장(1925) 및 임시약헌(1927, 1940)에서는 교육조항이 없다. 신현직(1990), 교육기본권에 관한 연구, 서울대 박사학위논문, 57면.
43) 신현직(1990), 앞의 논문, 57면.
44) 이현희(1982), 앞의 책, 385-389면.
45) 맥아더 사령부 포고령 제1호(1945.9.9.), "본관 지휘 하에 있는 승리에 빛나는 군대는 금일 북한 38선 이남의 조선 영토를 점령했다. … 주민은 본관이 권한 하에서 발표한 명령에 즉각 복종해야 한다. 점령군에 대한 반란행위 또는 공공안녕을 교란하는 행위를 감행하는 자에 대해서는 용서 없이 엄벌에 처할 것이다" 시사연구소편(1975), 광복 30년사, 세문사, 10면.

군정청이 통치권의 소재를 분명히 한 포고령을 발령하였다는 점에서 미군정의 시작은 통치권을 인수한 9월 9일로 기산할 수 있다. 이어 9월 11일에는 일장기 하강식과 총독해임이 이루어졌다. 미군정은 남조선 과도 입법의원이 입법기관으로서 1946년 12월 12일에 개원한 후 1947년 5월 17일 정부의 정식 명칭을 남조선 과도정부로 하면서 종식되었다는 점에서 미군정은 1945.9.9.－1947.5.16.의 기간을 말한다.

8·15 해방 이후 한국의 새로운 교육체제의 모색을 1946년 3월 29일에 미군정 법령에 의하여 학무국이 문교부로 바뀌고 중앙과 지방의 행정조직을 정비하기 위한 관련 법령이 속속 공포되면서 구체화되어 갔다. 맥아더 사령부는 포고령 제1호(1945.9.9.)를 통하여 통치권의 인수를 선언하고 미군정청을 구성하였는데, 9월 11일에는 교육담당관 E. L. Lockard 대위가 업무를 개시하고 9월 14일에는 오천석과 함께 일제의 학무국을 접수하였고 이틀 뒤에는 학무국의 자문기구로 한국교육위원회가 발족되었다.

이 당시 교육체제 형성은 미군정청 학무국의 자문기구로 현안을 다룬 한국교육위원회(1945.9.16.－1946.5)[46]와 중장기 교육계획을 담당할 조선교육심의회(1945.11.23.－1946.3.7.)를 구성했다. 한국교육위원회는 해방 후 교육재건을 목표로 오천석(뒤에 초대 문교부장관) 등 7인으로 구성되었다가 9월에는 10인으로 구성[47]되었다.

한편, 조선교육심의회는 100여 명으로 구성하고 4개월 동안 활동(분과위 105회, 전체회의 20회)했으며, 홍익인간(弘益人間)의 교육이념과 6·6·4기간 학제 및 교육위원회 등 교육자치제도를 제안하여 이들이 교육법에 반영되는 데 중요한 역할을 했다.

여기서 지적되어야 할 문제점은 심의회의 법적 근거에 관한 것인바, 교육제도 법정주의에 벗어난 부분이 없지 않았다. 이는 입법권이 확보되지 않은 상황에서의 궁여지책이었다고는 하나, 국민전체의 교육기본권 실현을 위한 제도적 장치가 전쟁 후 점령기하에서 행정통첩의 형식에 근거하여 좌우되고 이들의 결정이 심의가 아닌 실질적인 교육입법 기능을 하였다.[48]

이후 교육분야에 관한 법령은 9월 17일 일반명령 제4호[49](9.29 다시 군정법령령 제6호 법령으로 격상하여 공포)인데 공립학교의 개학, 사립학교, 종족의 종교, 교훈의 용어, 과정, 교사, 학교건물에 관한 7개 조항으로 구성되어 있다.

이듬해 1946년 3월 군정청 행정기구 개편에 따라 학무국은 문교부로 개칭되었고, 이어 1946년 11월에는 국민학교 규정을 1947년 5월에는 중학교 규정이 공포되어 학교관리 체제를 정비하여 갔다.

다음으로 학무통첩 제352호(10.21)[50]는 학교행정에 관한 상세한 내용을 담고 있다. 조선군정장관이

---

46) 해방직후 학무국 관리자로 임명된 유억겸 및 오천석과 7인의 한국교육위원회는 각급학교 개교, 일본인 및 친일파 교원등의 교체, 교과서 및 교육과정 구성, 학무국의 한국인 직원 추천 등 현안을 다루었다.

47) 김성달(초등대표), 현상윤(중등대표), 유억겸(전문교육, 뒤에 학무국장), 백낙준(교육전반), 김활란(여자교육), 김성수(고등교육, 후에 백남훈 교체), 최규동(일반교육), 윤일선(의학교육), 조백현(농업교육), 정인보(학계대표)

48) 이러한 월권은 이전의 한국교육위원회에도 있었던 바, 행정부처의 자문기구가 아닌 실질적 심의·의결권을 갖는 동시에 해방직후 주요 인사문제까지도 처리했다는 기록에서도 발견된다. 오천석(1964), 한국신교육사, 현대교육총서출판사, 383면.

49) 정태수 편(1992), 미군정기 한국교육사자료집(上), 홍지원, 818－820면 참고.

50) '조선의 분류문관제도통첩(10.5)의 취지를 상기시키고 고등관(칙임·주임)과 판임으로 나뉘는데 고등관은 군정장관이(교육에 관하여는 학무국장의 추천에 의하여) 임명하고 판임은 학무국이나 도(道)학무과에서 임명하도록 했다. 이 통첩은 사립학교에 대하여는 일제시대에 사립학교도 공립학교와 거의 동일한 감독을 받았다고 전제하고 다소 자유를 반환할 것이나 지나친 완화는 공립학교의 감독을 포기하는 것과 같으므로 현명치 못하다고 밝히고 있다. 그리고 신설 또는 기존 사립학교의 개학을 인가

각 지방 주둔 군단 및 사단에 보낸 이 통첩은 우선 학교에 대한 군정청의 일반정책으로서 조직 변경이 현명하나 군정장관이 변경을 명할 때까지 우선 현행대로 운행한다는 취지(제1항)를 밝히고 있다. 이 통첩은 공립학교의 교육과정을 주당 시수를 중심으로 과목별로 상세히 규정하고 있으며 교과서가 편찬 중임을 알리고 있다.

국립서울대학교 설립에 관한 법령(1948.8.12. 법령 제4호)은 남한 사회에서 '국대안' 찬반 논쟁을 일으키며 우익과 좌익 간의 대립 외에도 미국식 자유주의 교육제도와 일본식 교육제도 간의 갈등, 미군정의 관권 개입과 교수자치 간의 대립 양상으로 전개되었다.

해방 당시 조선에는 경성제국대학[51]과 전문학교를 포함한 42개의 고등교육기관이 있었는데, 국대안 반대에도 불구하고 서울대학교가 종합대학교(경성제국대학과 기존 관립 전문학교등을 통합하여 8개 단과대학, 1개 대학원 체제)로 출범하였고, 사립에서는 연세대(연희전문 후신), 고려대(보성전문 후신), 이화여대(이화여전 후신)가 종합대학으로 인가되어 재출범하였는데 미국식 대학 편제를 적용한 결과였다.[52]

국대안과 같은 날 미군정법령으로 발표된 '교육구의 설치'(제216호)와 '교육구회의 설치'(제217호)[53]는 곧바로 8월 15일 정부수립으로 시행되지는 못하였다.[54] 모두 남조선과도정부 시기(1947.5.17.−1948.8.14.)에 있었던 일로 법체계가 잡히지 않았던 시기의 혼란이었다.

할 경우 학무당국이 참작할 사항과 청원 소관 부서를 도·시·면 학무당국에 따라 규정하고 있다(제4항). 정태수 편(1992), 앞의 책, 824−836면.

51) 일제가 1924년 설립한 경성제국대학은 1919년 3·1운동 후 조선인에 대한 유화적인 문화통치시기의 상징적 일이지만 당시 일제의 고등교육정책의 성격은 일본 지식인들을 조선으로 이주시키기 위한 목적에서 경성제국대학을 설립했다는 지적과 1920년대 민간에서 일기 시작한 '조선민립대학설립운동'을 저지하기 위한 것이고 조선에는 전문학교(보성, 연희, 숭실, 이화 등) 수준의 학교만이 인가하였다는 맥락에서 평가되어야 할 것이다. 김정인(2018), 대학과 권력, 휴머니스트.

52) 이외 미군정하에서 개편·승격·인가한 대학으로는 1946년에 한국해양대, 부산대, 춘천농과대, 동국대, 부산수산대, 대구사범대, 1947년에 성균관대, 대구대, 세브란스의과대학, 단국대, 동아대, 대구의과대, 가톨릭의과대, 광주의과대, 해인대(경남대 전신), 한국대학(국제대 및 서경대 전신), 1948년에 서울문리사범대(명지대 전신), 조선대, 숙명여대, 중앙대, 한양공대, 충남도립사범대(공주대 전신), 한국신학대학 등 정부수립 당시 42개교(종합대 4, 단과대 23, 초급대 4, 각종학교 11)였다. 문교부 '문교월보' 제41호(1958.9)를 인용한 김종철(1979), 한국고등교육연구, 배영사, 52−53면의 요지.

53) 교육구회의설치 제1조(목적) 본 법령은 남조선 각 교육구내에 교육구회를 설치하여 제반 공립학교의 관리, 재정경리 급 그에 관련된 제반 사항에 관한 지방정책의 수립에 관하여 규정함을 목적으로 함. 제2조(구회의원) 교육구회는 9명의 결의권을 가진 구회의원과 직무상 참석권을 가진 구교육감으로 조직되며 다음과 같이 각 교육구 전부에 설치함(① 서울시장, 부윤, 군수 및 울릉도사는 직무상 결의권을 가진 구회의원이 됨. ② 8의원의 선거 구회의원 8명의 선거는 문교부장이 제정한 규칙에 따라 구내에 등록된 선거인에 의하여 선거됨. ③ 구회의원의 임기는 4년−4명은 2년, 4년으로 2년마다 4명씩 보선함. ④ 결원 사망 및 사임시 임시구회의원을 임명함. ⑤ 교육구회 참석비용 지급함). 제3조(교육구회의 권한과 임무) ① 정책수립과 관리 ② 교육감 임명(교육감은 구의 수석행정관으로서 교육구회 참석) ③ 교육구회는 관할 학교운영·재정·통계·기록보고 관련 규칙 제정 ④ 구내에 교육세를 과할 권한(9명중 6명이상 의결로 시행하되 호별세 부과지수 1개당 30원 이내, 초과시 문교부장과 재무부장 승인 요함, 양 부간 불일치시 대통령이 정함).

54) 그러나 교육위원회 및 교육구 설치 기본안은 제정 교육법(1949.12.31)에 반영되었고, 교육위원회제도는 1952년부터 군단위로 시행되었다는 점에서 미군정에서 구상한 미국식 교육자치제도는 그 원형이 되었다.

2. 현대 교육법의 형성기(1948－1980)

교육입법의 전개를 논하는 경우 그 시대 구분은 교육법규가 헌법에 보장된 교육에 관한 기본권을 구체화시킨 법규범이라는 점에서 교육구성원들의 교육에 관한 권리·의무·책임관계의 변화에 맞추어 구분하는 것이 원칙이라 할 수 있다. 이 경우 교육 법학의 입장에서는 교육수권기(敎育受權期)－교육권기(敎育權期)－교육기본권기(敎育基本權期)로 나누기도 한다.

여기서는 해방 이후 한국 교육입법사를 검토하는 만큼 교육체제와 정책의 변화를 반영하여 현대 교육법의 형성기를 편의상 3단계로 나눈다. 즉, 1948년 대한민국헌법 제정 이후 1949년 교육법 제정을 계기로 본격적으로 기본적인 학교교육 법규가 마련된 1955년까지를 '교육체제 형성기'로, 이후 5·16 군사정변과 교육에 관한 임시특례법(1961.9.1.)으로 대표되는 시기를 '학교교육 정비기'로, 1972년 12월 27일 유신헌법 공포로부터 시작된 제4공화국의 시기를 '국가 교육체제 강화기'로 구분하여 살펴본다.

가. 교육체제 형성기의 교육입법(1948－1955)

(1) 헌법의 제정(1948.7.17.)과 '교육을 받을 권리' 규정

교육에 관한 법규범의 법원(法源)은 최고 규범인 헌법에서 비롯된다고 볼 때, 한국의 교육법은 1948년 7월 17일의 대한민국헌법 제16조에 근거하여 시작되었다. 헌법은 9차례의 헌법 개정을 거치면서 이에 따라 교육법규도 맞추어 변화되어 왔다.

먼저 대한민국 정부가 들어서기 전 미군정기의 각종 미군정청 법령은 이후에 전개될 교육체제의 근간이 될 교육목적 및 방침, 학제 그리고 지방교육행정체제에 지대한 영향을 주었고, 주된 내용은 제정 교육법(1949.12.31. 법률 제86호)에 반영되었다.

제정 헌법(1948.7.17.)은 제16조에서 "모든 국민은 균등하게 교육을 받을 권리가 있다. 적어도 초등교육은 의무적이며 무상으로 한다. 모든 교육기관은 국가의 감독을 받으며 교육제도는 법률로써 정한다"고 규정하였다. 이를 통해 교육에 관한 헌법 정신은 ⓐ 국민의 교육수권, ⓑ 최소한 초등 의무교육의 무상원칙, ⓒ 국가의 교육기관 감독권, ⓓ 교육제도의 법률주의라는 4대 원칙으로 시작되었다.

제헌 국회에서 교육관계 조항이 논의되는 동안 문제시된 것은 의무교육 연한이었고 교육의 권리로서의 성격에 대한 논의는 전혀 제기되지 않았다. 당시 유진오 전문위원이 제안한 법안의 교육권 관계 조항은 주기용 의원이 제안한 '적어도'라는 표현을 넣자는 수정안이 채택되어 "적어도 초등교육은 의무적이며 무상으로 한다"로 최종 결정되었다. 초안자 유진오 전문위원은 당시 제안 설명을 통해 다음과 같이 설명했다.

> "제16조에는 교육에 대한 국민의 권리를 규정하였습니다. 이전에는 교육을 오로지 자유라고 해서 국가권력으로써 간섭하지 못하게 하는 것만이 민주주의라고 생각하였습니다만은 우리 헌법에는 그런 태도는 취하지 않고 교육에 대해서 국가가 지대한 관심을 가졌으며 교육을 받는 것은 국민의 권리임을 밝히는 동시에 특별히 초등교육은 의무적으로 해가지고서 모든 사람에게 반드시 초등교육을 받도록 규정하고 모든 교육기관은 국가의 감독 하에 두고 교육제도를 법률로써 정하는 이런 체제를 취해 본 것이올시다."[55)]

---

55) 국회도서관(1967), 헌법제정회의록(제헌의회), 103면(유진오 전문위원 취지 설명), 439면(주기용 의원 제안 설명) 참고. 유진

그의 진술은 교육이 국민의 권리성을 강조하면서도 방임이 아닌 국가가 나서서 이를 보장할 책임을 강조하면서 초등교육의 의무교육화와 교육제도 법률주의가 긴요하다는 것을 강조한 것이다.

지금의 시각으로 보면, 국민교육권을 선언하면서도 모든 교육의 보장 주체가 국가임을 강조하여 국가교육권이 내재된 것으로도 보이나 제도의 정당성이나 민주성보다는 제도의 긴급한 정비가 시대의 사명이었던 당시로써는 이를 보장할 공익의 대표자로서 국가를 설정한 것은 헌법제정과 정부수립 초기에 당연한 귀결이었다 할 것이므로 역사사회학적 맥락에서 보면 이해가 되는 부분이다.

다만, 한국의 교육에 관한 권리 조항을 규정함에 있어서 '교육에 관한 권리'라 하지 않고 누군가로부터 제공되는 '교육을 받을 권리'라고 표현되고 있는 부분은 제헌 국회에서 임시정부의 관련 규정을 좀 더 천착하여 검토하였더라면 하는 아쉬움은 남는다. 즉, 제정 헌법 당시 임시정부의 헌장과 건국강령 등에 나타난 취학의무－학권－취학요구권[56]으로 진화된 역사를 담아내지 못하고, 1947년 제정된 일본국의 헌법조항[57]과 유사한 표현이 된 것이다.[58]

해방 직후 일제 잔재를 청산하는 것이 민족의 공통된 관심사였으므로 일본의 법제를 모방한다는 것은 정서상 쉽지 않은 일이었다고 본다. 그러나 당시 패전한 일본 역시 맥아더 점령군의 미군정 통치하에 있었고, 과거의 대일본제국헌법을 폐지하고 이른바 '맥아더 평화 헌법'을 초안하여 만들었던 것이다. 당시 대한민국 제헌국회 역시 일본의 이른바 평화헌법을 과거 일본 제국주의 헌법과는 다른 미군정의 지도를 받아 제정한 민주주의 헌법으로 받아들였을 것으로 보는 것이 적절하다. 당시 교육입국의 충정만이 강했을 뿐, 그러한 '교육을 받을 권리'라는 표현이 국가교육권에 의한 국가주도의 교육이라는 비판을 받을 수 있다는 점은 인식하지는 못했으리라고 본다.[59]

더구나 한국 헌법학계나 교육학계에서는 교육을 받을 권리의 기본권성에 대해 반성적 논의를 할 기회를 갖지 못했고, 이런 국가교육권 비판론이 국내에 소개된 것은 1980년대 교육노동운동 과정에서 일본

오 박사 발언의 핵심은 교육에 대한 국가의 책임을 강조한 것에 있으며, "교육을 오로지 자유라고 해서…" 한 부분을 교사의 교육의 자유나 대학의 자치를 부인하는 것("모든 교육기관은 국가의 감독하에")으로 확대 해석할 것은 아니라고 본다. 국가주도로 기본교육시설을 갖춰야 할 국가 초석의 시기이며 법안이 제출된 1949년은 경성제국대학이 서울대학으로 첫출발하였고, 몇몇 공사립전문학교들만이 대학으로 재출범하는 시기였다. 다만, '교육을 받을 권리'라는 것에 문제를 느끼지 못한 것으로 보아 건국강령(1941)의 권리로서 교육과 임시헌장(1944)의 취학 요구권에 대한 인식은 깊게 하지 않은 것으로 보인다.

56) 상해 임시정부의 헌법 「대한민국임시헌장」(1919.4.11.) 제6조에서 교육을 납세와 국방과 더불어 국민의 3대 의무로 규정된 후 9월 개정시 제10조 제3항에서는 '보통교육을 받을 의무'로 표현하였고, 「대한민국건국강령」(1941.11.25.) 총강 제6항에서 공비교육으로써 학권을 균등히 보장한다는 '권리로서의 교육'으로, 「대한민국임시헌장」(1944.4.22.) 제3조 제3항에서 '취학을 요구할 권리'로 진전되어 옴을 말한다.

57) 일본국헌법(1946.5.16. 제국의회의결, 1946.11.3. 공포, 1947.5.3. 시행) 제26조 제1항 "모든 국민은 법률이 정한 바에 의해 그 능력에 따라 균등한 교육을 받을 권리(教育を受ける権利)를 갖는다."

58) 교육법 제정사에 천착한 바 있는 정태수(1996: 77) 역시, "건국 헌법의 '교육을 받을 권리'라는 규정은 당시의 일반적 이해 수준을 초월한 규정(교육은 당연히 국가가 주관하는 사업이라는 인식이었는데 받는 권리로서 기술한 점－저자주)이었다고 보아야 할 것이다. 그리고 교육을 받을 권리가 헌법에 도입되는 과정에서 직접 참여한 몇몇 엘리트를 제외하면 그 권리성에 대한 인식이 미약했으며, 게다가 자유권에서 사회권으로의 전환 논리에 대해서도 자각하지 못한 것으로 보여진다"고 술회하고 있다. 고전(2019), 일본 교육법학, 박영story, 161면.

59) 패전 후 일본국헌법은 포츠담 선언에 기초하여 서구식 헌법을 만드는 것을 소명으로 하였고, 당연히 기본적 인권으로서 교육의 권리인 'the right to education'이 반영되었다고 볼 수 있다. 다만 이것을 적당히 번역할 용어가 없어서 '*教育を受ける権利*'로 일역(日譯)하였다고 보는 일본 내 학자의 입장이 있는가 하면, 국가교육권을 유지하기 위한 의도적인 오역(誤譯)이었다고 주장하는 학자들의 입장도 있다. 고전(2019), 앞의 책, 160면.

의 교육권 주체논쟁이 소개되면서였다. 국가주의를 넘어 제국주의 교육통치를 강제한 것이 일본인데, 현대 민주주의 헌법의 교육조항의 국가주의적 성격에 대한 비판을 다시 일본 학계로부터 전수받는 과정은 하나의 아이러니가 아닐 수 없다.

서구 헌법의 기본적 인권으로서 교육의 권리인 'the right to education' 정신이 '教育を受ける権利(교육을 받을 권리)'로 일본의 전후 평화헌법에 반영되고, 같은 미군정하에 헌법 제정과정에 참고가 되었으리라는 것은 충분히 시기적으로 이해가 되는 부분이다. 다만, 일부 헌법학자들이 이 규정을 문리해석 중심으로 해석하여 수교육권론(受教育權論)이라 칭하고, 이러한 교육을 받을 권리에 대응한 '교육을 시킬 권리'라는 개념까지 이끌어 낸 것은 지나치게 형식논리적이며 학습의 자유에 기초한 교육활동의 본질에 대한 이해가 부족한 소치이다.

교육권을 교육에 관한 헌법상의 인권보장이라는 측면에서 이해하지 않고 '받을 권리'에 대응하는 '시킬 권리'로 좁게 해석하게 되면, 교육권은 공동화(空洞化)될 수박에 없다. 이러한 교육권에 대한 이해방식은 교육권의 권리성과 인권성을 배제한 것으로 한계가 있다. 현재 일본교육법학계에서는 이러한 오해를 불식시키기 위해 '교육을 받을 권리'를 '교육에의 권리(教育への權利)'로 포괄적 해석하는 경향이 있다.[60)]

9설 제헌헌법의 4대 정신: 교육수권(教育受權) · 초등무상의무교육 · 국가감독권 · 교육제도 법률주의

(2) 통합 교육법의 제정(1949.12.31.)과 그 의미

1947년 7월 17일 대한민국헌법이 제정 · 공포되고 나서, 교육법이 제정 · 공포(1949.12.31. 법률 제86호) 되기까지는 2년 넘는 시간이 소요되었다. 최초 정부법안은 단일 교육법안이 아닌 교육기본법안, 학교기본법안, 사회교육법안이라는 이른바 '교육 3법안'[61)]을 작성하여 국무회의의결(1949. 3.19.)을 거쳐 국회에 제출(교육기본법안 및 학교교육법은 3.20, 사회교육법안은 5.31 국회이송)한 바 있다. 그러나 제헌국회 논의과정에서 이러한 교육 3법안이 일본이 만든 교육법체계를 따르고 내용 역시 유사하다는 지적이 일어 폐기되었고, 국회의원 안등을 통합하여 단일화하였다. 그 과정에 문교사회위원회 내에 10인 기초위원회 및 20인 위원회, 42인 심의회 등의 검토를 거쳐 통합된 '교육법'안[62)]을 제출하기에 이르렀다.

교육법은 총칙, 교육구와 교육위원회, 교육세와 보조금, 교원, 교육기관, 수업, 학과와 교과, 교과용도서, 장학과 장학금, 벌칙, 부칙 등의 11개장 177조에 달하는 실로 방대한 교육체제의 원전으로서 면모

---

60) 고전(2019), 앞의 책, 162면.

61) 당시 3개 법안은 6·25동란으로 관계 서류가 소실되어 확인이 어렵다. 다만, 교육기본법안은 1949년 3월 20일자 동아일보에, 사회교육법안은 같은 신문 5월 4일자에 5개 조항이 기록으로 확인되고 있다. 당시 일본의 교육기본법과 한국의 교육기본법안의 유사점과 차이점에 대해서는 정태수(1996), 앞의 책, 100－109면 참조.

62) 국회에 제출된 법안은 문교부안, 이재학의원안, 박희병안(국회전문의원)을 참고로 10인 기초위원회(오천석, 장이욱, 백낙준, 현상윤, 유진오와 박희병 외 전문위원 5인) 국회 3차안(7월 말)이 작성되었고, 다시 20인 위원회 및 42인 심의회를 거쳐 문교사회위원회에서 '대한민국교육법안'을 성안했고 본회의에 상정(1949.10.26.) 후 통과(11.30)되었다. 교육3법안 단일화 과정에 대하여는 정태수(1996), 앞의 책, 110－115면 참고. (전문위원 박희병의 면담에도 당시 문교부안이 일본법 체제를 모방한 흔적이 다분히 있었다고 진술). 단일화 법안인 '대한민국교육법안'은 국회 검토과정에서 유진오 박사가 법률에 국호를 붙이는 것은 헌법 외엔 부적절하다는 의견이 제기되어 '교육법'으로 수정 · 명명되었다.

를 갖추고 있었다. 총칙을 중심으로 제정 교육법의 특징을 살펴보면 다음과 같다.

제1조에 제시된 교육이념은 한국교육위원회 및 조선교육심의회에서 논의된 홍익인간[63]을 그대로 반영한 것이다.

> 제1조 교육은 홍익인간의 이념아래 모든 국민으로 하여금 인격을 완성하고 자주적 생활능력과 공민으로서의 자질을 구유하게 하여 민주국가발전에 봉사하며 인류공영의 이념실현에 기여하게 함을 목적으로 한다.

지난 1997년 교육법 분할 제정 시에도 이 교육이념에 대하여 추상적이라는 지적에 따라 개인의 개성신장 및 인격완성의 구체적 목적을 포함하여 개정하자는 의견도 제안되었으나, 개인의 영달을 넘어서 인류공영이라는 이상을 포함하여 당시 세계화 정책 추세에도 부합하고 홍익인간을 대체할 안에 전체동의가 쉽지 않아 그대로 유지된 바 있다. 홍익인간의 교육이념은 2015년 유네스코 등의 세계교육포럼에서 교육목표로 세계시민교육이 채택된 것에 비추어 보아도 1949년에 기술된 것이지만 그 인류 보편성은 입증되었다고 할 수 있다.

다만, 기본적으로 교육의 근본 목적을 개인의 인격 완성 및 자질 함양에 일차적으로 두면서도 국가발전에 보다 방점을 둔 것이 해방 후의 시대상이라면, 오늘날 자아실현과 개인의 학습에 보다 초점을 맞추는 교육기본권 실현이라는 시대정신하에서는 충분하다고 보기는 어렵다. 헌법 개정의 기회가 된다면 '교육을 받을 권리'라는 표현과 함께 '홍익인간'의 이념 역시 좀 더 구체적이고 균형있게 진술할 필요가 있겠다.

이어 교육방침은 건전발육, 견인불발의 기백, 애국애족 정신, 민족문화, 세계문화 창조, 창의·합리생활, 조화로운 사회생활, 화해명랑 생활 등 7가지로 제시되었다. 특징은 교육목적이 전 사회영역에서 실현되도록 하고, 공민·과학·실업·사범교육을 중시한 부분이다.

> 제2조 전조의 목적을 달성하기 위하여 다음과 같은 교육방침을 세운다.
> 1. 신체의 건전한 발육과 유지에 필요한 지식과 습성을 기르며 아울러 견인불발의 기백을 가지게 한다.
> 2. 애국애족의 정신을 길러 국가의 자주독립을 유지발전하게 하고 나아가 인류평화건설에 기여하게 한다.
> 3. 민족의 고유문화를 계승앙양하며 세계문화의 창조발전에 공헌하게 한다.
> 4. 진리탐구의 정신과 과학적 사고력을 배양하여 창의적 활동과 합리적 생활을 하게 한다.
> 5. 자유를 사랑하고 책임을 존중하며 신의와 협동과 애경의 정신으로 조화있는 사회생활을 하게 한다.
> 6. 심미적 정서를 함양하여 숭고한 예술을 감상창작하고 자연의 미를 즐기며 여유의 시간을 유효히 사용하여 화해명랑한 생활을 하게 한다.
> 7. 근검노작하고 무실역행하며 유능한 생산자요 현명한 소비자가 되어 건실한 경제생활을 하게 한다.
>
> 제3조 교육의 목적은 학교 기타 교육을 위한 시설에서만 아니라 정치, 경제, 사회, 문화의 모든 영역에서도 항상 강력히 실현되어야 하며 공민, 과학, 실업과 사범의 교육은 특히 중시하여야 한다.

---

63) 홍익인간은 당초 정부안에 제안되었고, 10인 기초위원회에서 좀 더 현실적이고 구체적으로 표현하자는 이유로 삭제되었다(추가로 민족교육 논의가 있었으나 동의되지 않았고, 오천석은 박애주의 기독교적 시각에서 인류공영을 주장). 이후 20인 위원회에서 홍익인간이 재론되었으나 신화적 고전이며 인류공영과 같은 개념이고 제2조에서 충분히 한국적 특색을 제시했다는 이유로 부결되었다가 문교사회위원회 확정안 심의과정(당시 안호상 문교부장관의 홍익인간 필요성 역설)에서 부활하여 의결했다. 교육이념 홍익인간에 대한 논의과정은 정태수(1996), 앞의 책, 139-141면 참조.

그리고 교육기본법에 들어감 직한 교육제도 및 그 운영에 있어서 몇 가지 원칙을 천명하고 있다. 학습자의 최대 능력발휘와 교육의 정치적·파당적·개인적·종교적 중립의 원칙 등이다.

> 第4조 교육의 제도, 시설, 교재와 방법은 항상 인격을 존중하고 개성을 중시하여 교육을 받는 자로 하여금 능력을 최대한으로 발휘할 수 있도록 하여야 한다.
> 第5조 교육은 교육본래의 목적에 기하여 운영 실시되어야 하며 어떠한 정치적, 파당적 기타 개인적 편견의 선전을 위한 방편으로 이용되어서는 아니된다.
> 국립 또는 공립의 학교는 어느 종교를 위한 종교교육을 하여서는 아니된다.

국가 및 지방의 기본역할을 교육기관 지도감독으로 설정하고, 학교의 성격을 공기(公器)로 상정하며, 헌법에서 명기한 6년의 초등교육 의무를 국가, 지방 그리고 보호자에게 지웠다.

> 第6조 국가 및 지방 공공단체는 본법 또는 다른 법률의 정한 바에 의하여 학교 기타의 교육시설을 설치 경영하며 모든 교육기관을 지도감독 한다.
> 第7조 모든 학교는 국가의 공기로서 법령의 정하는 기준에 의하여 설립되어야 하며 동등한 학교의 수료자 또는 졸업자는 국립, 공립 또는 사립의 구별 없이 동등한 자격을 가진다.
> 第8조 모든 국민은 6년의 초등교육을 받을 권리가 있다.
> 국가와 지방공공단체는 전항의 초등교육을 위하여 필요한 학교를 설치 경영하여야 하며 학령아동의 친권자 또는 후견인은 그 보호하는 아동에게 초등교육을 받게 할 의무가 있다.

이어서 국가와 지방공공단체의 의무로서, 균등한 수학기회의 보장, 초등교육 학령초과자의 교육기회 보장, 민족문화재 보존 및 학술진흥 의무, 교육의 자주성 확보 및 민주교육행정 시책 수립의무 등을 부과하였다. 특히 '교육의 자주성 확보'의 주체를 국가와 지방공공단체로 하면서, 민주교육행정의 기구와 시책으로서 지방교육자치, 즉 교육위원회 및 교육감 제도를 예고하는 규정을 두었다. 이는 총칙에 이은 제2장 교육구와 교육위원회(§15－67), 제3장 교육세와 보조금(§68－72)에 자세히 다루고 있다.

> 第9조 모든 국민에게 그 능력에 따라 수학할 기회를 균등하게 보장하기 위하여 국가와 지방공공단체는 좌의 방책을 실행하여야 한다.
> 1. 학교를 지역적 또는 종별적으로 공평하게 배치한다.
> 2. 재능이 우수한 학생으로 학자 곤란한 자를 위하여 장학금제도, 학비보조제도를 실시한다.
> 3. 직업을 가진 자의 수학을 위하여 야간제, 계절제, 시간제 기타 특수한 교육방법을 강구한다.
> 第10조 국가와 지방공공단체는 초등교육을 받지 못하고 학령을 초과한 자 또는 일반국민에게 민주국가의 공민으로서 필요한 교양을 주기 위하여 적절한 교육시책을 강구 실시하여야 한다.
> 第12조 국가와 지방공공단체는 민족적 문화재를 보존 또는 활용하여야 하며 학술문화의 연구진흥에 관하여 적절한 시설을 설치 경영하여야 한다.
> 第14조 국가와 지방공공단체는 교육의 자주성을 확보하며 공정한 민의에 따라 각기실정에 맞는 교육행정을 하기 위하여 필요 적절한 기구와 시책을 수립 실시하여야 한다.

한편, 사회일반에 대하여는 교육에 이용 가능한 모든 시설을 교육에 이용토록 협조할 의무와 교원에

대하여는 사회적 우대와 신분보장을 천명하고 있다.[64]

> 第11조 공장, 사업장 기타 교육에 이용할 수 있는 모든 시설은 그 본래의 용도에 지장을 주지 아니하는 한 교육을 위하여 이용할 수 있다.
> 第13조 교원의 사회적 지위는 적정하게 우대되어야 하며 그 신분은 반드시 보장되어야 한다.

교육법은 제4장 교원에서 품성과 자질향상, 학문연찬 및 교육탐구연마의 의무를 부과하면서, 동시에 정치적 중립을 강조하였고, 신분보장을 위하여 교육공무원법의 제정을 예고하였다.[65] 즉, 교원의 신분을 공무원의 일종인 교육공무원으로 책정할 것을 예고한 것이나. 또한, 교육회를 조직할 수 있다고 하였지만 오히려 결사의 자유를 제한하는 측면이 있고 노동기본권을 인정하지 않은 대체입법으로 출발한 의미가 있다.[66]

이 교육법의 제정으로 일제 강점기 교사 명칭(훈도, 교유)이 정비되고 교원의 정치적 중립성이 강조되었다. 무엇보다 교사의 법적 지위에 관해서 보면 '교원'이라는 독립된 장을 통해서 규율하면서도 정작 이의 신분규정에 대한 명칭을 '교육공무원'이라고 한 점에서는 개화기 이후 줄곧 강조되어 온 관리로서의 법적 지위 인식이 그대로 표출되었다는 '교원지위의 숙명적 조항'이다.[67] 공무원이 아닌 교원이라는 신분 설정에 대한 논의는 없었다. 그 당시에 국회나 현장에서 교육공무원은 국가공무원의 일종으로서 예우받는다고 받아드렸기 때문이다.

당시 교육법 제정 논의 과정[68]에서는 교육법안 제79조(교원의 신분보장)와 제81조(국가 · 지방공공단체 교원 보건후생에 대한 원조) 조항이 포함되어 있었으나 폐기되었다. 특히 현행범, 내란죄, 외환, 기타 국가변란죄를 제외하고 학교장의 동의없이 교내에서 체포하지 못하게 한 제79조안은 국회의원의 신분보장보다 더한 대통령과 같은 신분보장을 할 필요가 있겠느냐는 의견(장병만 의원) 등이 제기되어 폐기되었다. 사실 법조문 자체를 보더라도 국가변란죄에 상당하는 사건을 일으킨 인물이 교내에 그대로 있다는 가정도 설득력이 없지만, 교사의 법적 지위 설정에 대한 기본 개념이 없는데 연유한 논의 수준이었다.

독립된 교원 신분으로 하는 경우와 공무원 신분으로 하는 경우에 있어서 교원 신분보장에 어떤 차이를 유발시키고, 그것이 종국적으로 국민의 교육기본권 보호에 어떤 영향을 미칠지에 대한 진지한 논의는 찾아볼 수 없음이다. 이는 곧 정부안을 작성한 문교부 관료와 국회안을 작성한 국회의원 그리고 이를 최

---

64) 정부는 1989년 전교조가 법외노조로 출범하고 노동기본권 보장을 요구하자, 대체입법으로 '교원지위향상을 위한 특별법'(1991. 5.31.)을 제정하였는데, 이 교원단체에 교섭 · 협의권을 부여하는 법률이었다. 더불어 이 법은 국가 · 지자체에게 교원이 사회적으로 존경받고 높은 긍지와 사명감을 가지고 교육활동을 할 수 있는 여건이 조성되도록 할 노력의무를 부과(제2조)했고, 보수에 대하여는 특별히 우대(제3조)되도록 규정했다. 상징성은 있었으나 사회적 예우와 보수 우대는 실효성을 확보하지는 못했다.

65) 제74조 교원은 항상 사표가 될 품성과 자질의 향상에 힘쓰며 학문의 연찬과 교육의 원리와 방법을 탐구 연마하여 국민교육에 전심전력을 하여야 한다. 제78조 교원은 어느 정당을 지지하거나 배격하기 위하여 학생을 지도 혹은 선동할 수 없다. 제79조 교원의 자격, 복무, 보수, 연금, 임면 기타에 관한 사항은 교육공무원법으로써 정한다. 제80조 교원은 상호 협동하여 교육의 진흥과 문화의 창건에 진력하며 경제적 또는 사회적 지위를 향상시키기 위하여 군, 시, 도, 중앙별로 교육회를 조직할 수 있다.

66) '교원의 노동조합 설립 및 운영 등에 관한 법률'이 제정된 것은 교육법이 제정된 후로 50년이 지난 1999.1.29. 김대중 정부에서이고, 단체행동권은 유보하고 제한적 단결권 · 단체교섭권을 인정했다.

67) 고전(1997), 앞의 논문, 195면.

68) 교육법 제정과정에 대해서는 강인수(1980), 한국 제헌국회의 교육법 제정과정연구, 고려대 석사학위논문. 정태수(1985), 韓國教育法の成立過程に關する硏究, 筑波大學博士學位論文 참조.

종적으로 조합시킨 국회전문위원의 교사관의 다름 아닌 반영이라고도 할 수 있다.[69)]

교육행정에 관하여는 미군정 법령으로 공포되었던 교육구회 제도를 승계하여 교육위원회 제도를 설계했다. 1949년 교육법상 교육위원회의 법적 성격은 설치 단위마다 다르게 설계되었다. 도교육위원회는 심의기관으로 도지사의 자문기구에 불과했다. 그러나 시교육위원회(의장은 시장)는 합의제 집행기관(의결기관은 시의회)이었으며, 교육구 교육위원회(의장은 호선)는 일반 행정으로부터 독립된 군단위 교육구의 의결기관이었다.[70)]

(3) 교육법 시행령의 제정 및 교육행정 체제의 정비

정부조직법(1948.7.17. 법률 제1호)에 근거하여 출범한 문교부가 교육법을 제안하고 1년여의 논의 끝에 1949년 12월 31일 교육법이 제정·공포되어 한국의 교육체제의 원전으로서 면모를 갖추게 되었다. 그러나 한국전쟁의 반발은 국가교육체제를 형성하는 가장 큰 걸림돌로 작용했다. 대강의 교육법을 제정한 후 6개월 만에 한국전쟁이 발발되었기 때문이다. 전시에 교육체제 구축 작업은 본격화되지 못했고 특별조치령 등으로 유지되다가 1952년 4월 23일에서야 피난지에서 교육법 시행령(대통령령 제633호)이 통과되었다.

그리고 교육법에 규정되었던 교육구와 교육위원회제도 역시 한국전쟁으로 인하여 정상적으로 실시되지 못하다가, 교육법 시행령 제정 후 5월 24일 시·구 교육위원회 위원선거를 통해 부산시교육위원회 출범(6.4.)을 시작으로 남한의 17개 시교육위원회와 123개 교육구교육위원회가 구성되면서 그 역사적 출발을 보게 되었다.

당시 시·군 단위에서는 초등교육만을 관장하고 중등교육은 도청의 문교사회국에서 담당하도록 했고, 시·군 단위의 교육위원회 성격이 시(집행기관으로서 교육위원회)와 군(의결기관으로서 교육위원회)에 따라 달리 이원화된 체제였는데, 도교육위원회는 지방자치단체 장의 자문기관으로서 기능할 뿐이었다.[71)]

한편, 제정 교육법에는 국가교육의 중요 정책을 심의하기 위하여 중앙교육위원회[72)]를 두었다. 30인

---

69) 고전(1997), 앞의 논문, 195면.

70) 교육부(1998), 교육50년사, 705면.

71) 고전·김이경(2003), 지방교육자치제도 진단 연구, 한국교육개발원, 39면.

72) 제58조 중앙교육위원회는 교육에 이해가 깊고 학식 덕망이 높은 30인의 위원으로써 조직한다. 전항의 위원은 특별시와 도의 교육위원회에서 각 1인식 추천한 자와 문교부장관이 제청한 자를 국무회의의 의결을 경하여 대통령이 위촉한다.
제59조 위원의 임기는 4년이며 보궐위원의 임기는 전임자의 잔기로 한다. 제1차위원의 반삭의 임기는 2년으로 한다.
제60조 중앙교육위원회는 위원 중에서 의장 1인, 부의장 2인을 각각 선출하며 그 임기는 2년으로 한다.
제61조 중앙교육위원회위원은 명예직으로 한다. 단 일비와 여비는 받을 수 있다.
제62조 중앙교육위원회는 문교부장관 또는 위원 4인의 요구에 의하여 의장이 소집한다.
제63조 중앙교육위원회의 심의를 요하는 사항은 다음과 같다 1. 문교행정에 관한 제법령의 제정 또는 개폐에 관한 사항 2. 중요문교정책에 관한 사항 3. 교육재정에 관한 사항 4. 예산심의에 관한 사항 5. 교육공무원에 대한 중요시책 6. 국제문화교류에 관한 사항 7. 하급위원회의 신청 또는 교육에 관한 청원에 관한 사항 8. 법령에 의하여 그 직무권한에 속하는 사항 9. 기타 필요하다고 인정되는 사항
제64조 중앙교육위원회는 교육에 관한 중요시책에 관하여 문교부장관 또는 대통령에게 건의할 수 있다.
제65조 의장은 회의록의 사본을 첨부하여 회의의 결과를 문교부장관에게 통고하여야 한다.
제66조 중앙교육위원회에서 심의된 안건을 문교부장관이 수정 또는 변경하고저 할 때에는 중앙교육위원회의 의견을 들어야 한다.
제67조 제24조 제2항, 제53조, 지방자치법 제39조 제1,2항, 제40조 내지 제42조는 중앙교육위원회에 준용한다. 단 구교육위원회, 도교육위원회, 지방의회 또는 의회라 함은 중앙교육위원회, 의원이라 함은 위원, 지방자치단체의 장이라 함은 문교부장관을 말한다.

의 위원은 시·도위원회에서 1인씩 추천한 자와 장관이 제청한 자를 국무회의 의결로 대통령이 위촉하도록 했다. 위원회는 법령 개폐나 중요 정책, 재정사항, 예산심의, 교육공무원 시책, 국제문화교류 등에 관한 사항을 심의하였고, 장관과 대통령에게 건의할 수 있었다. 다만, 중앙교육위원회는 특별시와 도의 교육위원회가 조직될 때까지는 문교부장관이 제청한 위원만으로 조직토록 했다(부칙 §167).

최근 정권과 상관없이 추진하여야 할 국가수준의 일관된 교육정책과 국민의견 수렴을 위해 「국가교육위원회 설치 및 운영에 관한 법률」(2021.7.20. 제정, 2021.7.21. 시행)이 제정·공포된 바 있다. 명칭과 구성에는 차이가 있지만, 국가수준의 교육정책 심의기구라는 공통점이 있고, 1949년 교육법 제정 당시의 중앙교육위원회의 존재는 법제사적 교훈을 주는 부분이 있다.

이어 교육체제를 갖추기 위한 법령들이 속속 공포되었는데 1953년에는 교육공무원법, 국립학교설치령, 교육공무원징계령, 교육공무원자격검정령, 교육공무원임용령, 교수자격인정령 등 인사 관련 법규가 제정되었다.

그중에서도 교육공무원법은 교원들의 자격, 임면, 보수, 복무, 신분보장과 징계에 관한 사항을 정한 이른바 교원의 법적지위에 관한 기본적인 사항을 정한 기본법으로서 제정(1953.4.18.)되었다. 무엇보다도 특정직 국가공무원으로서 신분을 책정하였는데, 국회 법안 제안 설명과정에서도 언급되었듯이 공무원 신분을 부여한 것에 대하여 지나친 기본권 제한의 우려나 이견이 없었고, 교원들의 신분이 안정화된다고 보는 분위기 속에서 환영 일색으로 통과되었다.

교육공무원의 범주엔 국·공립교육기관의 교원, 교육감, 장학관, 장학사, 학교 및 교육위원회 사무직원, 대학의 교수, 부교수, 조교수, 강사를 포함했다. 교육공무원에게 일반공무원에 비하여 보수를 우대[73] 하도록 하는 규정과 정치운동의 금지, 불체포특권, 65세 정년, 국가공무원 복무규정의 준용[74] 등을 규정하였다. 그러나 1960년 4·19를 계기로 5월에는 경북, 경남, 서울, 인천, 대전, 전주, 목포, 마산 등 도시지역에 교원노조가 법외노조로서 결성되고, 9월에는 합법화 요구 집회가 열리기도 했다.

1961년 1월에는 경북 및 경남지역 교원노조들이 농성에 들어가기도 했다. 그러나 1961년 개정된 교육공무원법에 추가되었던 노동운동(단결권·단체교섭권·단체행동권)의 금지는 1980년대 교육민주화 과정에서 교원노조 합법화를 둘러싸고 최대 쟁점 사안이 되었고, 1999년 교원노조법으로 예외적으로 인정하는 것으로 결론이 났었다. 그러나 이러한 변화 이외에는 1953년에 교원의 신분으로 설정된 국가공무원 신분과 그 공무원 복무규정의 기본 틀을 적용하는 방식은 70여 년간 지속되었다.

1954년에는 교육법 시행령에 따른 시행규칙 및 사무처리 규칙이 제정되는 한편, 국민학교·중학교·고등학교·사범학교 교육과정시간배당기준령과 교육공무원 보수규정이 공포되었다.

교육법시행령 제35조 특별시·도교육위원회에서 중앙교육위원회위원을 추천하고저 할 때에는 선거에 의하여 결정한다(선거에 관하여는 제4조의 규정준용. 단, 구위원은 중앙위원을, 읍면의회는 특별시·도교육위를 뜻함).

제36조 문교부장관이 중앙위원의 위촉을 제청하고저 할 때에는 초등, 중등 및 대학관계의 교육자와 각계명사 중에서 선정한다.

73) 교육공무원법 제15조(보수의 우대) ① 교육공무원중 사무직원을 제외한 자의 보수는 일반공무원에 비하여 우대되어야 하며 특1호, 특2호 및 1호 및 1호 내지 20호로 나누어 대통령령으로써 정한다.

74) 국가공무원법 제4장 복무(§28－38)는 직간접 사례·증여금지, 외국영예·증여시 허가, 직무관련 향응수수금지, 영리업무 종사 및 겸직금지, 정치운동 및 집단행동 금지, 근무조건 기타 복무사항은 대통령령으로 정한다(노동운동 금지는 1961.9.18. 개정에서 추가됨).

교육과정시간배당기준령(문교부령 제35호, 1954.4.20. 제정)은 제정 교육법 제155조 제1항(대학, 사범대학, 각종학교를 제외한 각 학교의 학과, 교과는 대통령령[75]으로, 각 교과의 교수요지, 요목 및 수업 시간 수는 문교부령으로써 정한다)에 따라 제정된 것이다.

이에 따르면 총 수업시간 수와 교과목 및 기타 교육활동 시간 수는 년 단위로 매주 평균시간수를 표시했다(§3). 학교실정에 부합한 연간·학기·계절·주간계획 및 일과표의 작성의무는 교장에게 부여되었다(§4). 특별활동은 집회 기타 민주적 조직 하에 운영되는 학생활동, 학생 개인의 능력에 의한 개별성장, 직업준비 및 이용후생 그리고 학생의 취미에 관한 것 등 다섯 가지로 하였다(§6). 이 교육과정시간배당기준령(문교부령)에 따라 수업시간은 초등학교 40분, 중·고교(사범학교)는 50분으로 정했다(§8, 13, 20, 25).[76]

이 통합된 교육과정시간배당기준령은 1964년에 초등학교교육과정, 교육과정령(중·고교, 특수학교)으로 나누어 제정되었고, 1965년에는 고등학교 교육과정(문교부령)을 별도 제정하였다. 이후 1977년에는 각 교과목의 교수요지, 요목 및 수업 시간 수는 문교부 장관이 정한다고 개정하여 문교부령이 아닌 지금의 고시(告示) 형태가 되었다. 행정부 내의 규칙인 고시로서 국민의 교육에 관한 기본권을 직접적으로 제약하는 것은 교육제도 법정주의에 어긋난다는 일본교육법학회의 논쟁도 있었지만 국내 학계에서는 큰 논란은 되지 않았다.[77]

다만, 최근 국가교육위원회법 제정(2021.7.20.)을 계기로 교육과정의 기준과 내용에 관한 기본적인 사항은 국가교육위원회에서 정하고, 교육감은 그 범위에서 지역 실정에 맞는 기준과 내용을 정하는 것으로 개정되어 국민의 교육기본권 보장과 직결된 교육과정의 책정에 있어서 민주적 정당성 및 정치적 중립성 확보에 보다 진전된 의사결정 구조와 과정이 마련된 것으로 평가된다.

한편, 1955년을 기점으로 하여 중학교 교과 과정 제정의 건, 고등학교 및 사범학교 교과과정 제정의 건 그리고 대학설치기준령(1955.8.4.)[78]이 제정되어 교육법 제정으로 출발된 교육체제화 작업은 교육내용

---

75) 교육법시행령(대통령령, 1952.4.23.) 제92조 국민학교의 학급수는 학년당 6학급 이하, 학생수는 학급당 60명 이하를 기준으로 한다. 제93조 국민학교에서 부득이한 사정이 있을 때에는 2부 수업을 할 수 있다. 전항의 경우에는 시구립 또는 사립의 국민학교의 설립자는 그 사유와 기간을 특별시교육위원회 또는 도지사에게 보고하여야 한다. 제94조 국민학교의 교과는 국어, 사회생활, 산수, 자연, 보건, 음악, 미술, 실과로 한다.

76) 통합된 기준령이 교육과정령(문교부령) 및 초등학교 교육과정(문교부령) 등으로 분리 제정되어 시행된 것은 1968.3.1.부터였다.

77) 박창언(2019)은 교육과정의 법적 구속력에 대하여 일본의 학습지도요령을 둘러싼 논의를 통해, 법적구속력 긍정설, 부정설(지도·조언설) 그리고 통설로서 대강적 기준설을 소개하면서 국내에도 대강적 기준이 타당하게 적용된다고 보았다. 박창언(2019), 교육과정과 교육법, 학지사, 152면. 국가교육과정의 법적 효력 범위는 교사의 교육활동의 자유나 교장의 학교 운영의 자율성과 밀접히 관련되어 있고, 제정 범위와 주체 역시 시대·사회상을 반영하여 변해가고 있는 추세이다. 과거에는 의사결정 주체가 누구인가의 문제에 좀 더 기준점을 두고 효력을 논했다면, 오늘날에는 어떤 의사결정 구조와 과정을 거치는가에 보다 의미를 두게 되었다. 법적 효력의 긍정 및 부정설이나 대강의 기준 자체의 문제보다도 어떻게 누가 결정하는가가 관건이라는 것이다. 2022년의 국가교육위원회는 그러한 거버넌스의 관점에서 대강의 기준을 정하는 국민적 의사결집 기구로서 등장하고 있다. 교육과정의 법적 효력 및 국가교육위원회와의 관련성에 대해서는 장을 달리하여 살펴보기로 한다.

78) 교원배치기준(산출교원 정수 1/3 한도 내 시간강사 3인으로 1인 대치), 시설기준(교지는 건물 총평수의 5배 이상, 체육장, 부속시설 등의 평수, 학생 1인별 30권 이상의 도서(1학과당 5천권 이상), 교사에는 교실, 사무실, 교원실, 연구실, 도서관(室) 이외에 강당, 회의실, 영화설비 등과 의무실, 식당 등 학생의 보건후생을 위한 설비, 사립대학은 교지, 교사, 체육장 기타 시설 등의 고정자산 이외 1년간 경비액의 10배 이상에 해당하는 수입재산을 보유 조건 등이다. 당시 사회에서는 일부 대학들이 허가사항과 다르게 학생을 초과하여 모집하고 이사장과 학장을 분리 운영하지 않고 법적 근거가 없는 통신교육을 실시하거나 전임교수를 충원하지 못하는 등의 문제가 발생했기 때문이다. 이런 문제로 문교부로부터 1955년 2월 14일 폐교 조치된 대학은

과 교육형식 측면에서 최소한의 조건 정비를 마무리 짓게 되었다.

군국주의의 일본 식민지배에서 벗어난 것이 1945년 8월 15일이었지만, 1948년 7월 17일 헌법 제정까지 3년여가 지났고, 다시 1년 반이 흐른 1949년 12월 31일에야 교육법이 제정되었는데 한국전쟁으로 인하여 시행령은 1952년에야 제정되었으며, 학교 교육과정 및 대학에 대한 행정관리 체제를 갖춘 것이 1955년이니, 대한민국은 기본적인 법령과 교육체제를 갖추는데 해방 후 약 10년의 시간이 소요된 것이다.

나. 학교교육 정비기의 교육입법(1956-1972)

한국 전쟁 후 복구과정에서 교육정책 역시 교육시설·설비의 확충이 급선무였기 때문에 사학에 크게 의존하였고 그만큼 학교설립 등에 대하여 자유방임적인 정책기조를 유지하게 되었다. 그 결과 많은 전문학교들이 사립대학으로 설립 인가되었고 '대학의 붐'을 맞았는데, 1959년 2월에는 10개 대학이 중앙교육위원회로부터 대학으로 승격 승인을 받기도 했다.[79)]

1955년에 8월에 제정된 대학설치기준령은 일부 사립대학의 정상 운영을 위한 규제 목적이 있기는 하였지만, 기준령은 기본적으로 대학교육의 수월성을 담보하기 위한 것보다는 곤궁한 국가재정 상태에서 사학의 설립을 체계적으로 관리하기 위한 최소한의 기준이었다. 오늘날 한국의 고등교육이 약 85% 사학에 의존하는 구조는 이러한 시대적 배경과 흐름 하에서 시작된 것이고,[80)] 1963에 사립학교법이 등장 역시 이러한 사학에 대한 규제중심의 사학정책이 전개되는 시발점이 되었다.

1959년에는 중학교·고등학교·사범학교 시설기준령이 공포되고 1960년에는 국민학교 시설기준에 관한 규정이 제정되어 있었으나 마찬가지로 최소한의 학교 기준이었다.

한편, 1958년 8월 28일에는 교육세법과 의무교육 재정 교부금법이 제정 공포되었는데 이는 교육시설의 복구와 의무교육완성 6개년 계획의 추진으로 증가된 교육재정 수요를 충당하기 위한 것으로서 1981년의 교육세법과는 성격이 다른 공교육비 확보 차원의 것이었다.

한편, 우후죽순으로 설립되어가던 대학 상황에는 대지주들의 재산 증식 및 감세 일환으로 활용되는 측면이 없지 않았고, 대학발전을 위해 투자하기보다는 임의적으로 학생(청강생 등) 정원을 운영하고 고액의 등록금을 책정하여 국민들로부터 우골탑(소를 팔아야 등록금을 충당할 수 있는 부담스러운 대학)이라는 원

조선 최초의 4년제 정규 야간대학으로 1947년 개교인가 받았던 한국대학(국제대 및 서경대 전신)이었다. 1955년 8월 4일 제정·시행된 대학설치기준령은 이러한 사회적 배경 아래서 만들어졌다.

79) 개중에는 대통령이었던 이승만까지 대학설립에 관여하였는데 인하공과대학이 그것이다. 하와이 교포의 2세 교육을 위해 그가 운영했던 한인기독학원을 정리한 대금과 하와이 교포들 성금으로 1954년 재단법인 인하학원(인천-하와이)을 설립하였다. 통치권자가 대학설립에 관여한 두 번째 사례는 박정희 대통령이 기존의 대구대와 청구대를 통합해 영남대학을 설립(1967)한 예가 있다. 고등교육 정초기에 통치권자의 고등교육에 대한 높은 관심으로 긍정적으로 평가할 수도 있지만, 대학의 자치를 생명으로 하는 대학의 전통 측면에서 통치권자 및 그 가족이 운영하는 대학은 특혜에 따른 공정성 논란과 대학구성원의 자유로운 학문활동에 큰 부담이 될 수도 있는 부정적인 측면도 있다.

80) 1960년대 당시 고등교육기관에 있어서 국·공립(34개교)과 사립(47개교)의 비중은 58.0%였다가 사립이 꾸준히 증가하여 1990년에는 77.2%로, 1997년 김영삼정부시 대학설립준칙주의 도입으로 상당부분 증가하여 2000년에는 82.2%까지 증가했다. 현재(2021년 KESS교육통계서비스, 학부 기준)는 국공립(55개교)에 비하여 사립 고등교육기관(학부기준 대학, 교육대학, 전문대, 산업대, 방송통신대, 사이버대 포함)의 분포(381개교)는 85.6%에까지 이르고 있다.

성을 듣기도 했다.

이에 따라 1950년대 말에는 '대학망국론'이 제기되기도 했다. 비록 대학교수와 학생들은 1960년 4·19 당시 사회개혁의 주역이었고, 민주화의 열기 속에 대학의 자치도 선양되는 듯했다. 그러나 연이은 1961년의 5·16 군사정변을 등장한 박정희 혁명정부는 교육에 관한 개혁부터 단행하였다. 기존의 교육법의 효력을 정지시키고 등장한 「교육에 관한 임시특례법」(1961.9.1. 법률 제708호)은 정상적인 입법 절차를 거치지 않은 초법적인 교육개혁 조치를 담고 있었다.

그 주된 내용은 ⓐ 문교재건 자문위원회를 설치하고, ⓑ 학교정비를 위해 학교·학과를 통폐합하고 학급·학생 수를 재조정하며, ⓒ 2년제 교육대학 신설하고 대학교원 임용시 실적심사제를 실시하며, ⓓ 교원의 노동운동 및 집단 행위를 금지하며 교원의 정년을 5년 단축하고, ⓔ 대학 학사학위 수여를 위한 국가고시제를 도입하는 것 등이었다.

그러나 이러한 국가 주도의 개혁 조치는 양적 통제에 머무르거나 1962년 말에 원상 복구되어 큰 실효를 보지는 못하였다. 학교교육 정비를 위해 후속된 법령으로는 중학교·고등학교 및 대학의 입학에 관한 임시조치법, 학사자격고시령, 학교정비기준령, 유치원 시설기준령, 사립학교 교원 징계령 등이 제정되었다.

한편, 제5차 헌법개정(1962.12.26. 개정, 1963.12.17. 시행)으로 제3공화국 헌법 제27조 제3항에는 교육의 자주성과 정치적 중립성의 보장 의무를 천명하는 대신 제5항에서는 교육제도 법률주의만 선언할 뿐, 앞선 헌법에서 언급되었던 교육기관에 대한 국가감독권 부분은 삭제된 채 규정되었다. 이것은 한 측면에서 보면, 교육을 정치로부터 보호한다는 선언과 더불어 국가권력의 책무가 기관의 감독보다는 이러한 자주와 정치적 중립이라는 헌법 가치를 보장할 책무가 있는 것을 선언하였다고 할 수 있다.[81)]

한편, 사학의 자주성 확보와 공공성 양양을 목적으로 한 사립학교법이 1963년 6월 26일에 제정되었는데 이 역시 교육에 관한 국가관리 체제를 더욱 공고히 한 법률로서 의미를 갖는다. 이 법의 목적 조항은 "사립학교 특수성에 비추어 그 자주성을 확보하고 공공성을 앙양함으로써 사립학교의 건전한 발달을 도모함을 목적으로 한다"고 하였다. 그러나 사학의 재산관리 외에도 학교 감독에 관한 사항, 교원의 자격·임면·복무 사항을 규율하였는데, 특히 사립학교 교원의 복무에 관하여 국·공립학교 교원에 관한 규정을 준용한다(§55)는 규정을 두어, 사학의 자주성보다는 공공성에 방점을 두고 교육에 대한 국가관리 체제를 더욱 공고히 한 법률로 평가할 수 있다.

그 외 국가시책에 발맞추어 각종 진흥법이 제정되었다. 국민체육진흥법(1962.9.17.), 산업교육진흥법(1963.9.19.), 도서·벽지교육진흥법(1967.1.16.) 그리고 과학교육진흥법(1969.3.30.) 등을 들 수 있다.

학교교육과정 및 교원 관리를 위한 법령도 계속되었는데 1964년의 교원자격검정령, 교육공무원승진규정, 1966년의 인문계 및 실업계고등학교 교육과정령, 1967년의 학교보건법, 교육과정령, 교과용 도서 저작 검인정령, 1968년의 교원교육원령, 학교교구·설비기준령, 대학입학예비고사령, 1969년의 학생군사교육실시령, 학교시설·설비기준령, 1970년의 대학시설 연도별 확충기준령, 1972년의 교육공무원수당규

---

81) 이후 신군부에 의하여 제정된 1980.10.27. 제5공화국 헌법은 여기에 '교육의 전문성'을 추가하면서 그 보장이 국가의 책무라기보다는 "법률이 정하는 바에 의하여 보장된다"고 하여 보장 주체를 국회 입법기관으로 한 동시에 그 내용은 제한적 법률유보와 보장적 법률유보 모두 가능한 방식으로 개정되었다. 주지된 바와 같이 교원의 정치활동의 자유 제한의 논거로 이 규정 및 교원지위 법정주의가 활용되기도 했다.

정, 교육공무원 인사관리규정 등을 들 수 있다.

한편, 교육위원회 제도에 대하여는 내무관료를 중심으로 교육자치제도가 재정낭비가 심하므로 이를 막고 종합행정을 위해서 일반 행정에 통합하여야 한다는 교육위원회 폐지론이 1953년, 1955년, 1957년 세 차례나 제기되기도 했다. 그러나 교육의 자주성과 전문성 보장을 위하여 필요하다는 교육계의 주장도 만만치 않았으므로 유지되었다.

1960년 12월에는 교육자치제도심의회가 군의 소단위에서 확대된 중교육구제 자치기관 설치에 합의하기도 했었다. 그러나 1961년 5·16 직후에 발족된 군사혁명위원회는 의회를 해산시켰고 교육위원회의 모든 기능은 정지되어 교육자치는 일단 중단되었다. 이어 대학정비안이 발표(7.7)되는 가운데 대한교육연합회(한국교총 전신)는 교육자치제 수호 운동을 전개하기도 했다. 교육에 관한 임시특례법 발표(9.1) 직후 4개 대학은 폐지되고 4개 대학은 병합되는 등 국립대학 정비 절차가 발표되기도 했다. 이어서 교육구제를 폐지하고, 각 시·군에 교육위원회를 설치한다는 발표(10.28)가 있은 후 일반 행정청의 업무로 흡수·통합되는 수순을 밟았다.

결국 1962년 1월 6일에 교육법 개정을 통해서 사실상 교육자치제는 명목상으로만 남게 되었다.[82] 법률적으로는 교육·학예에 대한 위임형 의결기관으로 교육위원회를 두어 부활한 듯했으나 당해 지방의회를 최종 의결기관으로 하였고 당시 지방의회가 구성되지 않았기 때문에 결국 내무행정에 귀속되었다. 즉, 교육·학예사항의 최종 의결권은 도와 특별시의 경우에는 내무부 장관에게, 시·군의 경우에는 도지사에게 귀속시켜 일반 행정에 예속된 구조였다. 교육구 교육감 및 시 교육위원회가 행사하던 교육·학예사무 집행권도 군수, 도지사, 시장에게 양도되었다. 이른바 보조집행기관으로 교육국 및 교육과를 일반 지방행정청에 두도록 했다. 법률상으로는 교육위원회 위원 5명 중 3명은 지방의회에서 선출하는 규정이었지만 지방의회가 구성되어 있지 않아 교육위원회 위원은 모두 특별시·도는 시장 또는 도지사의 추천으로 장관이 임명하고, 시·군 역시 시장과 군수의 추천으로 도지사가 임명했다.

1963년 11월 1일 교육법 개정을 통해서는 기초단위가 아닌 시·도 광역단위에 교육위원회(7명, 도교육위의장은 도지사, 시교육위의장은 시장)를 두어 합의제 집행기관(지방의회는 의결기관)으로 설정했다. 여전히 일반 지방자치가 실시되지 않은 상태였으므로 시·도 지방자치단체의 장과 교육감을 당연직 위원으로 하고 지방의회에서 선출하여야 할 위원은 문교부장관이 임명했다. 이 시기를 '명목상의 교육자치 시기'라고 지칭하는 이유도 여기에 있다.

장관의 자문에 응하여 교육계획 및 교육정책에 관한 중요 사항을 연구·심의하기 위해 문교부에 교육정책심의회를 두었다(교육정책심의회규정, 1971.7.22.). 위원회는 50인 이내로 구성하며 분과위원회(의무·중등·고등분과위원회 등)를 두었다.[83]

1971년에는 지방교육재정 교부금법(1971.12.28.)을 제정하여 지방자치 단체가 교육기관 및 교육행정기관을 설치, 경영하는 데 필요한 재원의 전부 또는 일부를 국가가 교부하여 교육의 균형 발전을 도모하

82) 이하 전개는 교육부(1998), 앞의 책, 698-699, 946-947면의 진술을 기반으로 정리하였다.

83) 이 교육정책심의회는 1970년대 문교부 교육정책을 성안하는 데 중요한 역할을 하였다. 이 규정은 1981.9.18. 정부의 위원회 정비방침에 따라 폐지되었다. 현재에는 교육부 정책자문위원회 규정(2013.5.3. 교육부훈령)이 있다.

고자 하였다.

1968년 교육법 개정에서 서울대학교 부설 방송통신대학의 설치근거가 마련된 후 3년간의 준비 끝에 1972년 3월 9일 한국방송통신대학 설치령이 공포되어 정규 대학을 진학하지 못하거나 초급대학 졸업자들에게 학사학위를 할 수 있는 기회를 제공하여 단선형 학제를 보완하는 고등교육 기관으로서 자리매김하는 계기가 되었다.

다. 국가 교육체제 강화기의 교육입법(1973-1980)

1970년대의 교육정책의 기조는 이미 1968년 12월 5일 국민교육헌장의 선포로서 그 기본 방향이 설정된 바 있고, 유신헌법(1972.12.27. 제7차 헌법개정)의 공포로서 본격화되었다. 이른바 제4공화국 헌법에 교육조항은 제27조에서 규정하였는데 1962년의 헌법과의 차이점은 의무교육의 적용범위를 초등교육 이외에도 '법률이 정한 교육'으로 확대한 것이어서 국민의 교육기회를 보다 확대시킨 것이라고 할 수 있다.

교육에 대한 국가관리 체제는 실업고등전문학교 및 전문학교 졸업자 대학편입자격 검정고시령(1973), 고등학교 신입생 선발고사제 실시지역과 그 시행에 관한 규정(1974), 학도호국단 설치령(1975), 학교설립인가 사무처리 규칙(1976), 각종학교에 관한 규칙(1977) 등의 제정으로 더욱 강화되었다.

고등교육에 관하여는 양적 통제를 극복하기 위한 질적 관리 정책이 시도되었다. 즉, 장관의 자문기구였던 교육정책심의회 규정(1971.7.22.)에 근거하여 내려진 고등교육 개혁조치의 일환으로 1973년부터 실험대학 운영제도가 도입되었고 교수 재임용 심사위원회 규정(1975)과 전문대학 설치 기준령(1978) 및 전문대학 교수 재임용 심사위원회 규정(1979) 등이 마련되었다. 실험대학 정책은 70년대 대학교육 개혁을 대표하는 것으로 정부가 제시하는 정책을 시행하는 대학에 대하여 선별적으로 재정지원을 하는 방식이었다. 정부 사업을 통한 대학의 통제방식의 시초를 이룬 것으로 평가할 수 있다.

한편, 이 시기에 발족된 한국교육개발원과 한국정신문화연구원(한국학중앙연구원 전신) 또한 국가교육 강화 체제기를 뒷받침하는 국책연구 기능을 담당하였다. 한국교육개발원은 본래 재단법인으로 설립(1972. 8.30.)되었다가 이듬해 한국교육개발원육성법(1973.3.14.)에 근거하여 교육분야 국책연구기관으로 자리 잡고 있다. 이후 50여 년 동안 한국의 교육목적·내용·방법에 관한 종합적이며 과학적 연구를 수행하고 당면과제를 해결하는 등 교육정책 개발에 지대한 영향을 미쳤다. 한국교육개발원육성법 시행령(1973.10. 11.)을 통해서는 교육방송(EBS)이 본격화되어 사회교육의 기능을 담당하게 되었다.[84]

1978년에 제정된 한국정신문화연구원 육성법(1978.12.5.)에 근거를 둔 한국정신문화연구원(재단법인 설립인가 1978.6.22.)은 박정희 대통령이 주도한 국민정신 교육 강화 취지에 부응하기 위해 국책연구기관으로서 설립되었고, 민족문화 및 한국학 연구에 족적을 남겼다.[85]

---

84) 한국교육개발원(KEDI)을 모태로 하여 분리·설립된 국책연구기관으로는 한국직업능력연구원(KRIVET, 1997.3), 한국교육과정평가원(KICE, 1998.1), 한국교육학술정보원(KERIS, 1999.4), 국가평생교육원(NILE, 2012.5) 등이 있다. 각각 개별 입법을 통해 설립되었으나 현재는 국무총리실 산하 경제·인문사회연구회(정부출연연구기관등의 설립운영 및 육성에 관한 법률 1999.1.29.)에 근거하고 있다.

85) 박정희 정권 말기에 설립되어 통치권자의 국민정신교육을 위해 설립되어 한때 어용기관이라는 혹평을 듣기도 했으나, 한국의

이 시기에는 교육관련 구성원들의 여건 개선과 기간학교 이외의 학교교육 및 특수영역에 대한 조치들도 있었는데 사립학교 교원연금법(1973), 고등학교 방송통신교육과정설치기준령(1974), 기능대학법(1977), 특수교육진흥법(1977), 공무원 및 사립학교 교직원 의료보험법, 생활보호대상자 중학교 과정 수업료 지급규정(1979) 등을 들 수 있다.

이 시기의 교육자치 역시 지방자치가 유보된 상태였으므로 교육위원회는 존재하였지만, 일반행정의 지방자치단체장이 교육위원회 구성을 주도하는 '교육자치 유보기'를 이어갔다.

3. 교육개혁 입법 정비기(1980-1998)

가. 7·30 교육개혁 조치와 제9차 헌법 개정(1980-1987)

교육개혁 입법 정비기의 시작점을 1980년으로 설정한 것은 정치적 격변기에 국가보위비상대책위원회가 발표한 '7·30 교육개혁 조치'를 시발로 교육법제사에 있어서 의미있는 일들이 시작되었기 때문이다. 물론, 교육법의 개혁적 변화는 항상 정치적 변혁기와 연동되어 진행되었다. 갑오개혁(1894) 직후 고종의 교육입국조서(1985)로부터 근대 교육이 본격화되었고, 한일합병조약(1910) 이후 시작된 식민지에 대한 조선교육령(1911)이 그러했다. 대한민국 정부수립(1948) 후 미국식 민주주의 교육을 표방한 교육법(1949)의 제정, 5·16 군사정변(1961) 후 국가재건최고회의에서 제정한 교육에 관한 임시특례법(1961) 등이 정치개혁과 궤를 같이하는 개혁 입법의 증거들이다.

박정희 정권의 몰락 이후 등장한 신군부 역시 초법적인 국가보위비상대책위원회(1980)를 설치하고 '학교교육 정상화 및 과열 과외 해소방안'을 발표하였는데 통상 '7·30 교육개혁조치'로 불린다. 그 주된 내용은 과외 금지, 대학 본고사 폐지와 고교 내신성적 반영, 대학입학 인원의 확대, 대학 졸업 정원제의 도입, 전일 수업제 대학 운영, 방송통신대학의 확충, 교육방송의 실시, 교육대학의 수업연한 연장 그리고 교육과정의 축소조정 등이었다.

이 시기의 특징적인 조치는 과외를 금지[86]하는 초법적 조치와 대통령자문기구인 교육개혁심의회를

전통문화 및 역사사료에 대한 연구로 학계에 적지 않은 영향을 미쳤다. 한국민족문화대백과사전(1991)과 조선왕조실록 번안사업과 대학원을 통해 한국학 학문후속 세대 양성에도 기여하였다. 2005년에는 한국학중앙연구원육성법으로 개칭되었다. 한국민족문화대백과사전은 1980년 4월에 편찬사업을 시작하여 1991년 12월에 초판본(총 27권, 본책 25권/부록 2권)을 발간했고, 2001년에는 디지털 백과사전을 발간한 데 이어 엠파스(2007), 네이트(2009), 네이버지식백과(2011), 다음백과(2013) 서비스를 거쳐 현재 백과사전 웹사이트(http://encykorea.aks.ac.kr/)를 운영하고 있다. 구한말에서 일제 강점기에 이르는 교육법제사에 관하여는 한국교육사의 권위자 손인수 교수 등이 정리하였다.

86) 7.30 직후인 8.11에는 과외 단속반 운영 지침이 시달되고 과외 단속이 시작되었다. 11.26 보고에 따르면 과외 중고교 학생 47명은 무기정학, 과외교사 7명은 구속, 학부모 24명은 직장 해고 조치를 받았다. 과외 금지 조항은 헌법재판소에 몇 번 제소되었는데 결국 20년 뒤인 2000년 위헌판결이 났다.
"자녀의 양육과 교육은 일차적으로 부모의 천부적인 권리인 동시에 부모에게 부과된 의무이기도 하다. … 부모의 교육권은 다른 교육의 주체와의 관계에서 원칙적인 우위를 가진다. … 학교 밖의 교육영역에서는 원칙적으로 부모의 교육권이 우위를 차

설치하여 교육개혁을 국가 아젠다로 삼기 시작한 점이다. 이것은 미국 레이건행정부의 교육수월성 국가위원회가 보고한 '위기에 선 국가(A Nation at Risk(1983))' 보고서로부터 시작된 미국의 교육개혁과, 일본의 나까소네 수상이 설치한 교육개혁자문기구인 '임시교육심의회'(1984)에 자극받은 것이었다. 이들 대통령 자문기구 중심의 교육개혁 방식은 이후 20여 년 지속되었는데, 전두환 정부의 교육개혁심의회규정(대통령령, 1985.3.7.), 노태우 정부의 교육정책자문회의규정(1988.12.27.), 김영삼 정부의 교육개혁위원회규정(1993.8.10.)으로 이어졌다.

위의 7·30 교육개혁조치가 비상시기의 조치로서 교육개혁입법의 시작을 알렸다면, 보다 근원적인 변화는 1980년 12월 27일에 국민투표로 개정 공포된 제8차 개정 헌법을 통해서였다. 실제로 역대 헌법 개정 가운데 교육조항에 가장 많은 변화가 있었다.

개정된 5공화국 헌법은 먼저 기존의 '교육의 자주성과 정치적 중립성은 보장되어야 한다'는 조항에 전문성을 추가시키는 한편 이들의 보장 방법을 법률유보(…은 법률이 정하는 바에 의하여 보장된다, 제29조 제4항) 형식으로 규정했다. 헌법적 보장 근거를 공고히 하였으나 기본권 침해적 혹은 보장적 유보라는 양 측면을 내포한 것이었다. 법률유보 조항을 통해 교육활동의 전문성 고양을 위한 입법 조치가 있었던 것도 사실이지만 헌법재판에서 기본권 제한의 논거로 활용되기도 하였다.

무엇보다 5공화국 헌법은 국가의 평생교육 진흥 의무를 규정(§29⑤)하였다는 점이다. 학교교육 중심이던 국가교육 정책의 방향을 가정, 사회, 나아가 요람에서 무덤까지라는 생애교육의 관점에서 진흥하여야 한다는 헌법 정신을 반영한 것이기도 했다.

이와 연동하여 기존의 교육법 내에 규정된 사회교육 사항을 중심으로 별도로 사회교육법(1982.12.31.)을 제정하였는데, 학교교육 못지않게 사회교육을 진흥하여야 한다는 국가시책의 방향을 보여준 입법이었다.[87] 실제로 사회교육은 이를 기점으로 국가시책으로 본격적으로 다루어지게 되었다.

그리고 헌법 제29조 제6항에는 법률의 위임 사항에 '교육재정과 교원의 지위에 관한 기본적인 사항'이 추가되었는데 이는 교육재정과 교원의 신분 관점에서 큰 변화를 예고하는 것이었다. 이를 계기로 「교육세법」(1981.12.5. 제정, 1982.1.1. 시행)이 제정되고 지방교육자치 재원을 위한 교육재정 관련 법규가 정비되었다.

그러나 교원 지위에 관한 것은 전국교직원노동조합의 결성 이후 대응책으로서 제정된 「교원지위 향상을 위한 특별법」 이외 기존 법률상 변화는 없었고, 오히려 이 교원지위 법률 보장주의 헌법 조항은 헌법재판에서 교원의 기본권 제한에 대한 합헌 논거가 되었다.

제5공화국 헌법하에서 제정된 교육법규는 더욱 분화되어 갔다. 주된 법령을 연도별로 살펴보면,

지한다. … 입법목적달성의 측면에서 보더라도 금지범위에 포함시킬 불가피성이 없는 행위의 유형을 광범위하게 포함시키고 있다는 점에서, 입법자가 선택한 규제수단은 입법목적의 달성을 위한 최소한의 불가피한 수단이라고 볼 수 없다. … 제한을 통하여 얻는 공익적 성과와 제한이 초래하는 효과가 합리적인 비례관계를 현저하게 일탈하여 법익의 균형성을 갖추지 못하고 있다"(헌재 2000.4.27. 선고 98헌가16, 98헌마429(병합) 결정).

87) 이 점에서 사회교육법의 명칭을 2000년에 그 규율의 대상 변동없이 평생교육법(1999.8.31. 개정, 2000.7.1. 시행)으로 개칭하고 다시 관련된 연구기관을 헌법에 근거한 기관이란 이유로 국가평생교육원(2012.5)으로 선정하면서도 학교교육을 제외한 사실상의 사회교육만을 다루고 있는 상황은 제정 당시의 헌법정신에 비추어 볼 때 재검토의 여지가 남는다. 이에 대하여는 '평생교육법' 부분에서 다시 다룬다.

1981년에는 학교급식법이 제정되었고 대학입학학력고사령에 따라 예비고사는 학력고사로 명칭이 변경되었다. 교육공무원법 전부 개정(1981.11.23.)으로 교장의 임용권자가 장관에서 대통령으로 격상되었고, 교육공무원 보수 우대의 원칙과 교직수당 지급 근거가 마련되었다.

1982년에는 개방대학설치운영규정, 학교시설사업촉진법, 유아교육진흥법이 제정되었는데 학교시설사업촉진법(1982.12.31.)은 초·중등학교 시설의 설치·이전·확장의 사업 절차를 간소화하여 학교환경의 개선을 도모하고자 한 것이었다.

이어 1983년에는 국민체육 진흥 목적으로 '학교운동장 개방 및 이용에 관한 규칙'(체육부령)이 제정되어 개방되었고, 중학생과 고등학생들의 교복이 3월부터 자유복으로 전환되었다.

1984년에는 한국교원대학교설치령을 통해 초·중·고교 교원양성 종합기관으로서 출범하였다. 이어 총장들의 협의체를 모태로 한국대학교육협의회의 근거로 「한국대학교육협의회법」(1984.4.10.)법이 제정되었는데 그 목적은 "대학운영의 자주성을 높이고 공공성을 앙양하며 대학의 상호협조를 통하여 대학교육의 건전한 발전을 도모함"에 있었다. 대학의 이익을 대변하고 교육의 질적 향상에 기여한 반면, 이 기관이 수행한 대학평가 및 교육부 위탁사업은 대학으로 하여금 교육부의 통제를 수용하게 하는 역할을 하였다는 비판도 받았다.

정부의 교육계획 및 교육정책에 관한 중요 사항을 연구·심의하기 위해 문교부에 두었던 장관의 자문기구였던 교육정책심의회는 중앙교육협의회(중앙교육협의회규정, 1984.9.17.)[88]로 개칭되었다. 노태우 정부는 이 협의회를 다시 중앙교육심의회로 개편했다(중앙교육심의회규정, 1988.5.9.)[89]

1985년에는 앞서 설명한 최초의 대통령 자문기구로서 교육개혁의 구심점이 되었던 교육개혁심의회규정(대통령령, 1985.3.7.)이[90] 제정되었다. 교육개혁심의회(1985.3－1987.12)는 대통령의 의지를 담아 강력한 교육개혁을 실시할 수 있는 동력을 얻기도 했지만, 대통령의 자문없이 일부 학자나 관료에 의하여 개혁 의제가 선정되고 개혁이 주도되는 부작용도 있었다. 장관의 교육정책심의회를 동시에 존속시키면서 대통령의 자문기구로 교육개혁심의회를 구성하였으나 후자가 정책을 주도하였다고 할 수 있다.

중학교 의무교육 실시에 관한 규정이 제정(대통령령, 1985.2.21.)되었는데 이는 1년 전 교육법 개정(1984.8.2.)을 통해 1985학년도부터 순차적으로 중학교까지 의무교육을 실시하는 법적근거가 마련되었기 때문이다. 도서·벽지지역 소재 중학교 학생과 특수학교 중학교과정 대상자로 하였고, 1985년 1월 추계 63,148명을 대상으로 시작되었다. 교육대상 지역에 따른 의무교육의 순차적 실시방안에 대하여는 헌법소

---

88) 위원은 80－100인으로 전국 시·도교육위원회가 추천하는 26인을 포함했다. 분과위원회는 9개(생활지도, 국사교육, 국민정신교육, 교육정책개발, 보통교육, 대학교육, 교직, 사회직업교육, 교육시설)였다.

89) 이 심의회는 45－60인내 위원으로 축소 구성하였고, 분과는 7개(교육이념·총괄, 보통교육, 고등교육, 과학·기술교육, 교직, 평생교육, 사학정책)로 구성하였다.

90) 제1조(설치) 선진조국을 이끌어 나갈 위대한 국민역량의 바탕이 되는 국가교육의 발전을 위하여 주체적인 교육이념에 기초한 교육정책 및 교육제도의 종합적인 개선책의 수립 등에 관하여 대통령의 자문에 응하기 위하여 대통령 소속하에 교육개혁심의회를 둔다.
30인 이내의 위원으로 구성했으며 4개 분과위원회(교육제도, 초·중등교육, 고등교육, 교육발전), 전문위원제 등을 두었다. 주요 기능은 ⓐ 교육문제에 관한 국민여론의 수렴, ⓑ 교육제도 전반에 관한 조사·연구, ⓒ 교육개혁을 위한 개선책의 연구·제안 및 심의, ⓓ 국가교육의 기본정책 및 장·단기 교육발전계획의 수립이었다. 이런 조직과 기능들은 이후 대통령 자문기구의 가이드라인이 되기도 했다.

원이 제기되었으나 기각 결정된 바 있다.

한편, 현행 헌법이기도 한 제9차 헌법개정(1987.10.29.)에서는 제31조 제4항에 교육의 자주성·전문성·정치적 중립성 외에 대학의 자율성이 추가되었다. 이 규정은 학자에 따라서는 대학이 누리는 기본권으로 보는 입장과 학문의 자유에 대한 보충적 규정으로 해석하기도 한다. 헌법재판소 대학입시요강에 대한 헌법재판[91]에 있어서 이 조항에 근거하여 대학기관이 누리는 헌법상의 기본권으로 인정하기도 했다.

나. 지방자치의 실시와 5·31 교육개혁(1988−1997)

이 시기는 노태우 정부에서 김영삼 정부까지의 시기로서, 1991년 지방자치의 본격 실시로 지방교육자치법이 제정되고 이것이 계기가 되어 5·31 교육개혁을 법적으로 뒷받침할 교육법 분할 제정이 이루어지기까지의 시기이다.

우선, 대통령 소속하에 5공화국의 교육개혁심의회의 기능을 이어갈 자문기구로 노태우 정부는 '교육정책자문회의'(교육정책자문회의규정, 1988.12.27.)를 두었다. 이 자문회의는 12−15인 위원으로 구성하며, 교육에 관한 기본정책의 발전방향이나 주요 교육개혁의 기본방향 그리고 대통령이 부의하는 사항을 심의했다. 노태우 정부하에서는 장관의 자문기구를 중앙교육심의회로 확대 개편한 반면, 대통령의 자문기구는 교육정책자문회의(1989.2−1993.2)로 하여 앞선 전두환 정부의 교육개혁심의회(1985.3−1987.12)보다 축소된 조직으로 교육개혁 역시 구체적 방안보다 기본계획 중심으로 자문토록 역할 설정이 이루어진 점이 대비된다.

대신 노태우 정부 말기에 국무총리 소속하에 '교육개혁추진위원회'(1992.2.7.−1993.12.31.)를 설치했는데, 교육개혁과 관련한 주요 정책의 추진에 필요한 제반 사항의 심의·조정을 목적으로 하였다(교육개혁추진위원회규정).[92] 1993년 신정부의 출범 1년 전에 구성되고 신정부 1년 차 연말까지 존속하는 교육개혁추진위원회의 설계는 정권과 상관없이 교육개혁을 완수하겠다는 정부의 의지의 표현이라고 할 수 있다.

1989년에는 교육환경개선 특별회계법, 사학진흥재단법, 한국장학회법 등 환경과 사학 및 장학에 관한 조성적 교육법이 다수 제정되었다. 동시에 사회의 민주화 흐름 속에 전국교직원노동조합의 법외단체로서 창립대회(1989.5.28.)를 개최하였고, 여소야대의 정국 속에 노동 2권을 제한적으로 보장하는 교원노조 인정방안이 국회에서 논의되기도 했다. 그러나 1990년 1월 3당 합당으로 교원노조법은 교원지위향상법과 같은 대체입법으로 전환되기도 했다.

이 시기 교육자치 관련 법 개정은 몇 번 있었다. 그중에서도 1988년 4월 6일의 개정은 광역단위에 이어 시·군·구까지 적용하고 교육위원회의 성격을 심의·의결기관으로 하며 위원회 의장 역시 위원 간 호선하는 방식으로 개정하였고, 교육감의 명칭을 교육장으로 바꾸기까지 했다. 그러나, 이 개정안은 1991

---

91) 【헌재판결】 헌재는 교육의 자주성이나 대학의 자율성은 학문의 자유의 확실한 보장수단으로 꼭 필요하며, 이는 대학에게 부여된 헌법상의 기본권이며, 서울대는 공권력의 행사자이며 기본권의 주체라고 보았다(92헌마68·76(병합)).

92) 15인 이내 위원(위원장은 국무총리, 부위원장은 경제기획장관과 교육부장관)으로 구성되었고, 주요기능은 교육정책자문회의가 건의한 교육정책의 실천방향, 교육개혁추진을 위한 부처 간 지원·협력방안이었다. 1995.8.9. 새로 교육개혁추진위원회규정을 만들었는데, 소요재원 확보조달, 정책추진홍보, 범국민운동추진 등이 추가되었다.

년 지방자치가 실시되면서 「지방교육자치에 관한 법률」이 제정(1991.3.8.)되고, 과거 교육법 중 교육위원회 및 교육감 해당 부분은 삭제되어 자동 폐기되었다. 1990년대의 교육자치는 교육법이 아닌 위의 지방교육자치법에 의거하게 되었다.

지방자치 본격화에 앞서 1990년에는 지방교육양여금법이 제정되었고, 1991년부터는 한시세였던 교육세에 대해 시한을 폐지하여 영구세로 전환(교육세법 및 시행령 개정, 1990.12.31.)하고 과세 대상을 확대했다. 「독학에 의한 학위취득에 관한 법률」(1990.4.7.)이 제정되어 평생교육에 대해 학력을 인정하는 방식에서 새로운 변화를 주게 되었다.

1991년은 교육행정체제에 있어서 큰 전환이 있었던 해이다. 1948년 정부수립과 더불어 설치되었던 문교부는 43년 만에 교육부로 명칭을 변경하였다. 또한 일반 지방자치가 1960년 이후 31년 만에 부활되어 기초의원 선거(1991.3.26.)와 광역의원선거(1991.6.20.)가 실시되었다. 동시에 교육자치제 역시 교육의원 추천 임명 방식에 의해 형식적으로 운영되던 방식에서 새로 제정된 「지방교육자치에 관한 법률」(1991.3.8. 제정, 1991.6.20. 시행)에 근거하여 기초의회 및 광역의회 추천을 거쳐 교육위원회를 구성하고 본격 가동되었다. 교육법에서 분리하여 별도 법률로서 제정된 지방교육자치법은 교육자치 측면에서는 법적 근거를 보다 공고히 하는 입법이었다. 그러나 통합 교육법의 교육자치 관련 주요 장(제2장 §15－67, 제3장 §68－72)이 삭제됨으로서 기존의 교육법은 종합 교육법으로서 잃게 되어 법 체제 변동을 가져오는 결정적인 원인을 제공하기도 했다.

교원의 노동기본권 제한과 관련하여 논란이 되었던 교원노조는 합법화되지 못하였고, 교육회에 교육부와 교섭·협의할 수 있는 권한을 부여한 대체 입법인 「교원지위 향상을 위한 특별법」(1991.5.31.)이 제정되었다.

「청소년기본법」(1991.12.31. 제정, 1993.1.1. 시행)을 통해서 그동안 국무총리 소속하에 청소년보호대책위원회(1964.9.11.) 및 청소년대책위원회(1977.8.27.) 수준에서 대응해 왔던 것이 정부부처로서 체육청소년부를 신설(체육청소년부직제, 1991.2.1.)하여 국가수준의 아젠다로 격상되었음을 의미한다.

교원지위법에 포함된 교원징계 재심을 위해 '교원징계처분 등의 재심에 관한 규정'(대통령령, 1991.6.19.)이 제정되었다. 1992년에는 '교원지위향상을 위한 교섭·협의에 관한 규정'[93](대통령령, 1992.6.2.)과 '특수학교·시설·설비 기준령'(1992.10.1.)이 제정되었다.

김영삼 정부에서의 교육개혁은 교육개혁위원회[94](1994.2－1998.2)가 주도하여 추진하였다. 교육개혁위원회가 1995년 5월 31일 발표한 '신교육체제 수립을 위한 교육개혁방안'(5·31교육개혁안)[95]은 이후 교

93) 교섭·협의사항의 범위는 1. 봉급 및 수당체계의 개선에 관한 사항, 2. 근무시간·휴게·휴무 및 휴가등에 관한 사항, 3. 여교원의 보호에 관한 사항, 4. 안전·보건에 관한 사항, 5. 교권 신장에 관한 사항, 6. 복지·후생에 관한 사항, 7. 연구활동 육성 및 지원에 관한 사항, 8. 전문성 신장과 연수등에 관한 사항, 9. 기타 근무조건에 관한 사항으로 정해졌다.

94) 교육개혁위원회규정(대통령령, 1993.8.10.)에 따르면 설치 목적은 21세기에 대비한 교육의 기본방향을 정립하고, 교육의 장기발전을 위한 국민적 합의의 도출과 범정부적·범사회적 교육개혁의 추진등에 관한 대통령의 자문에 응하는 것이다. 그 기능은 ⓐ 교육의 기본정책 및 교육개혁에 관한 사항, ⓑ 장·단기 교육발전계획, ⓒ 교육개혁추진상황의 점검 및 평가에 관한 사항, ⓓ 기타 교육정책에 관하여 대통령이 토의에 부치는 사항이었다.

95) 1. 열린교육사회·평생학습사회 기반 구축: 학점은행제 도입, 학교의평생교육 기능 확대, 학교의 전·편입학 기회 확대, 최소전공인정학점제 도입, 원격교육 지원체제 구축. 2. 대학의 다양화와 특성화: 대학 모형의 다양화와 특성화, 전문대학원 설치, 대학설립·정원·학사 자율화, 대학평가 및 재정지원 연계 강화, 대학교육의 국제화. 3. 초·중등교육의 자율적 운영을 위한 '학교

육개혁의 방향을 재설정하고 교육법의 체제 변동을 예고했다. 국무총리를 위원장으로 하는 '교육개혁추진위원회'(1995.8.1.－1996.12.31.)가 김영삼 정부에서도 구성되었고, 교육개혁위원회가 발표한 개혁과제의 세부 추진계획을 심의·확정하는 역할을 했다.

김영삼 정부기간 동안 교육법 분야에서 최대의 변화는 기존의 통합 교육법을 「교육기본법」, 「초·중등교육법」, 「고등교육법」(1997.12.13. 제정, 1998.3.1. 시행)으로 재편하여 제정한 것이었다.

이 기간 동안에는 많은 교육관계 규제가 완화되었고,[96] 교육부와 그 소속기관 직제 및 지방교육행정기관 직제가 교육자치의 확대와 교육개혁 추진에 맞추어 개정되었으며, 교육자치의 출발점이 될 학교자치를 위하여 학교운영위원회를 출범시키기도 하였다.[97]

특히 1997년은 교육관련 기구의 신설 및 독립을 위한 법 제정이 많았는데 학교교육과 관련하여서는 「교육과정평가원법」(1997.8.22. 제정, 1998.1.1. 시행)을 제정하여 교육과정 개발과 학력평가 업무를 전담토록 하였고, 교육정보화 기반 구축을 위하여 「한국교육방송원법」(1997.1.13. 제정·시행)을 제정하여 독립시켰다. 한편, 평생 및 직업교육분야에서는 열린교육사회와 평생학습사회 구축을 위해 「학점인정 등에 관한 법률」(1997.1.13. 제정, 1997.3.1. 시행)을 제정하였고, 교육법시행령을 개정하여 시간제 등록생 제도를 도입하였다.

또한 신직업 교육체제 구축을 위하여 직업교육훈련 3법을 제정하였는데 직업교육훈련촉진법, 자격기본법, 한국직업능력개발원법이 1997년 3월 27일에 제정·공포된 바 있다.

4. 교육 3법 체제 전환기(1998－현재)

가. 학교교육법규 및 평생교육법규의 재편(1998－2004)

교육법학계에서 말하는 교육 3법 체제란 교육활동에 관한 법규범을 제정하는 데 있어서 교육에 관한 기본원칙을 정한 기본법규를 제정하고, 이어 교육의 영역에 따라 학교교육법규와 평생교육법규를 두고

공동체' 구축: 학교운영위원회 설치, 학교장·교사 초빙제 시범 실시. 4. 인성 및 창의성을 함양하는 교육과정: 교육과정 개선 및 운영의 다양화, 자기주도적 학습능력 향상, 교과서 정책 개선, 방과후 교육활동 활성화, 영재교육 강화, 세계화 교육 실시. 5. 국민의 고통을 덜어주는 대학입학제도: 국·공립 및 사립대학의 입학제도 개선, 학교생활기록부제 도입. 6. 학습자의 다양한 개성을 존중하는 초·중등교육 운영: 고등학교 유형의 다양화 및 특성화, 평가와 행·재정 지원 연계, 초등학교 입학 연령 탄력 적용, 중·고등학교 선택권 부여. 7. 교육공급자에 대한 평가 및 지원체제 구축: 교육규제완화위원회 설치, 교육과정평가원 설치. 9. 품위 있고 유능한 교원 양성: 교원양성기관 교육과정 개편 및 임용제도 개선, 능력 중심 승진 및 차등보수 체계 개선, 교원 자율 출·퇴근제 시범 실시, 교장 명예퇴직제 실시. 10. 교육재정 GNP 5% 확보.

96) 교육부의 규제완화의 기본방향 및 추진성과에 대해서는 「교육규제완화백서」(1996, 1997) 참고. 대표적으로 전문폐지된 것으로는 교육부제안제도운영규정, 교육행정관리규정, 국립대학 외국인 교수채용규정, 대학입학 특기자 심사규정, 전문대학 졸업자격고사 시행규정, 유치원·국민학교·중학교·고등학교 생활기록부 취급요령, 사무관리규정시행규칙, 지방교육행정요원 국외특별연수규정 등이 있고 96년에는 총 2,639건의 규제를 폐지 또는 완화했고 97년에는 477건의 교육규제를 대상으로 추진한 바 있다.

97) 학운위 규정은 지방교육자치에 관한 법률 제44조에 신설(1995.7.26.)된 후 초·중등교육법 제31조－제34조에 수용되었다.

있어, 이들 세 유형의 법으로 구조화된 법률 체제를 말한다.

교육 3법 체제에 의할 경우 교육기본법에 의하여 헌법에 보장된 교육에 관한 기본권은 더욱 구체적 내용으로 제시될 수 있으며 학교급별, 설립별, 교육영역별 차이를 불문한 전 국민에게 적용되는 교육법의 원칙과 기본 제도를 정립함으로써 헌법 정신을 구체화할 수 있다. 동시에 학교교육법과 평생교육법을 통해서는 시대·사회의 요구에 따른 정책을 추진할 수 있는 내용을 융통성 있게 규정할 수 있으며 개별 법규에 의해 학교급별, 설립별, 교육영역별 특성을 반영하는 방식이다. 사실 이러한 3법 체제는 1949년 3월 국회에 상정된 정부법률안에도 반영되어 있으나 일부 의원들로부터 3법 체제가 일본의 교육법 체제를 모방한 것이라는 의원들의 지적에 따라 단일 교육법 법안을 만들어 제정되었다. 이후 헌법 개정을 거치는 동안 1개 조항은 6개로 증가하여 헌법 정신은 좀 더 구체화되기도 했다.

그러나 1949년 제정 때부터 1997년 분할 제정되기 전까지 38회에 걸친 교육법 개정사[98]에서 드러나듯이 교육법은 교육정책의 변화에 맞추어 수시로 개정과 삭제를 반복한 결과 체계와 내용의 일관성이 부족하고 때로는 중복된 규정이 속출하게 되었다. 더욱이 1991년 「지방교육자치법」제정으로 기존 교육법에 있던 제2장과 3장(§15－72)의 내용이 삭제되자 이때부터 교육법의 재구조화 문제는 지속적으로 제기되었다. 당시 교육법 내용 중 교육행정체제 핵심내용이자 58개나 되는 조항이 서두 부분에서 빠진 상황은 매우 부자연스러웠기 때문이다.

이에 김영삼 정부는 교육개혁위원회를 통해 5·31 신교육체제 개혁안을 구상하면서 교육법의 재구조화를 채택하게 되었는데, 그것이 교육교육기본법, 초·중등교육법, 고등교육법으로 분할 제정하는 방안이었다. 이들 법률들은 1997년 12월 13일에 제정되어 1998년 3월 1일 신학기부터 시행에 들어갔다. 그러나 당시 임기 말에 확정되었고, 시행은 진보정부였던 김대중 정부시기에 시행되어 후속 입법에는 다소간의 혼선도 예고되었다.

전 정부와 마찬가지로 김대중 정부 역시 교육개혁을 위한 대통령자문기구를 두었는데, 먼저 새교육공동체위원회(1998.7－2000.9)[99]가 조직되었고(새교육공동체위원회규정, 1998.6.24.), 이어서 교육부가 교육인적자원부로 개편되면서 교육인적자원정책위원회(2000.10－2003.6)[100]로 개편되었다(교육인적자원정책위

98) 1차개정(1950): 고교수업연한(2－4년)→3년, 사범학교수업연한 2년→3년, 2차개정(1951.3.20.): 중학교수업연한 4년→3년, 3차개정(1951.12.1.): 의무교육비 부족분 국고 전액보조, 4차개정(1961): 학년개시 4.1→3.1, 5차개정(1962.1.6.): 교육자치제폐지, 6차개정(1962.8.7.): 교육대학(2년), 종합대내 사범대(4년), 7차개정(1963.11.1.): 교육자치부활(시도교육위원회, 시군교육장), 14차개정(1968): 중학교 무시험제, 대학입학예비고사제, 15차개정(1970): 전문학교신설, 16차개정(1972): 부교육감제, 중앙교육위원회 폐지, 23차개정(1981): 대학입학학력고사제, 4년제교육대학, 대학청강생제 폐지

99) 제1조(목적) 새로운 교육공동체의 형성을 통한 교육개혁의 지속적 추진과 교육에 대한 국민의식의 개혁 등에 관한 대통령의 자문에 응하기 위하여 대통령소속하에 새교육공동체위원회를 둔다. 제2조(기능) 새교육공동체위원회는 1. 새로운 교육공동체의 형성을 위한 국민의식 개혁운동에 관한 사항 2. 교육개혁 추진상황의 점검 및 평가에 관한 사항 3. 교육개혁 추진과 관련된 홍보 및 연수에 관한 사항 4. 교육개혁 추진을 위한 시민운동의 활성화에 관한 사항 5. 기타 교육개혁 추진에 관하여 대통령이 부의하는 사항 등을 심의한다. 위원은 40명 이내이고, 당연직 위원으로 행자부장관, 교육부장관, 국무조정실장, 기획예산위원회위원장을 포함했다.

100) 제1조(목적) 21세기의 지식정보화사회에 부응하는 인재육성을 위한 교육·인적자원개발의 추진전략 및 관련정책의 개발 등에 관한 대통령의 자문에 응하기 위하여 대통령 소속하에 교육인적자원정책위원회를 둔다. 제2조(기능) 교육인적자원정책위원회는 1. 교육·인적자원개발의 추진전략 및 관련정책의 개발에 관한 사항 2. 교육·인적자원개발정책의 추진상황 점검 및 평가에 관한 사항 3. 기타 교육·인적자원개발에 관하여 대통령이 부의하는 사항 등을 심의한다. 위원은 30명 이내로 구성하고, 당연직 위원으로 교육부·과기부·문광부·산자부·정통부·노동부장관과 여성특별위원회위원장, 대통령비서실 교육문화수석

원회규정, 2000.9.30.).

김대중 정부의 최대 교육법 현안은 교원노조 합법화였는데 노사정위원회를 통해 합의를 이끌어내고, 「교원의 노동조합 설립·운영에 관한 법률」(1999.1.29. 제정, 1999.7.1. 시행)을 제정하여 유·초·중등 교원에게 노동2권을 보장하였다. 같은 날 통과된 교원 62세 정년단축을 위한 교육공무원법 개정(1999.1.29.)은 IMF 국가금융위기 상황을 맞이하여 10% 정원감축을 목표로 개정되었다. 교원의 근무조건을 개선하는 당근책과 아울러 교원의 전문성 향상을 요구하는 채찍 정책이 이 두 법률을 통해서 진행된 것으로 볼 수 있다.

다만, 교원노조는 교육기본법에 포함시키지 못하고 노동법의 일환으로 제정되었고, 교원단체 조항만을 두어 교직단체 이원화가 시작되었다. 교육기본법상 교원단체 조항을 통해서는 전문직 단체를 표방하는 교원단체의 조직에 관하여 필요한 사항은 대통령령으로 정하도록 입법예고(교육기본법 §15②)되어 있으나 2022년 현재에도 입법불비 상태이다.

초·중등교육과 관련하여 교육개혁의 일관된 주제는 학교자율화 정책이었다. 교육기본법에 학교운영의 자율성 존중 원칙(§5②)[101]을 천명하고, 1995년 시범실시에 이어서 1998년 신학기부터는 초·중등교육법의 학교운영위원회(§31–34) 규정에 근거하여 초·중등 전 학교에 학교운영위원회가 구성되어 본격적인 단위학교 자율운영이 새 국면을 맞았다. 학교장 중심의 운영체제에서 교원, 학부모, 지역인사가 참여하는 민주적 구조가 되었다.

학교자치 기구로 일컬어지는 학교운영위원회 제도는 교육법 분할 제정과 동시에 지방교육자치제도와 연계시킨 개정이 있었다. 즉, 교육위원과 교육감은 학교운영위원회에서 선출한 선거인(97%)과 교육단체에서 추천한 교원인 선거인(3%) 구성된 선거인단에서 선출하도록 했다(지방교육자치법 개정, 1997.12.17.). 이후 2000년에는 학교운영위원회 구성원 전원으로 선거인단을 구성하여 지방교육자치와 학교자치를 연계 짓는 독특한 구조를 시도하였다.

또 다른 측면에서의 자율화 정책은 교육과정에서 특례를 인정하는 지정 자율학교 제도에서 이루어졌다. 교육과정 운영의 특례는 초·중등교육법 제정 당시 보칙(§61)[102]을 통해 법적 근거를 마련하였고, 정식 자율학교 명칭은 「초·중등교육법 시행령」(1998.2.24. 제정, 1998.3.1. 시행) 보칙(§105)[103]에서 규정하게 되었다.

교육기본법상 영재교육 진흥에 근거하여 「영재교육진흥법」(2000.1.28. 제정, 2002.3.1. 시행)이 마련되었다. 영재를 조기에 발굴하여 능력과 소질에 맞는 교육을 실시함으로써 개인의 자아실현을 도모하고 국가·사회의 발전에 기여한다는 취지였다. 국가는 영재교육에 관한 종합계획을 수립하고, 영재학교를 설치·운영하는 등 영재교육의 진흥을 위하여 노력하며, 영재교육에 관한 주요사항을 심의하기 위하여 교육부 및

비서관을 포함했다.

101) 제5조(교육의 자주성 등) ② 학교운영의 자율성은 존중되며, 교직원·학생·학부모 및 지역주민 등은 법령이 정하는 바에 의하여 학교운영에 참여할 수 있다.

102) 학교교육제도를 포함한 교육제도의 개선과 발전을 위하여 특히 필요하다고 인정하는 경우 대통령령이 정하는 바에 의하여 법이 정한 교육과정등을 한시적으로 적용하지 않는 학교나 교육과정을 운영할 수 있다.

103) 제105조(학교운영의 특례) ① 법 제61조의 규정에 의한 학교(이하 "자율학교"라 한다)는 국·공·사립의 초등학교·중학교 및 고등학교를 대상으로 교육부장관이 지정한다.

시 · 도 교육청에 각각 영재교육진흥위원회를 설치하도록 했다. 능력에 따른 균등한 교육기회의 보장이라는 헌법정신을 실현한 진일보한 입법으로 평가할 수 있다.

초 · 중등교육법으로부터 「유아교육법」이 분리 제정(2004.1.29. 제정, 2005.1.30. 시행)된 것도 교육법 체제에서 새로운 변화였다. 유치원과 보육시설(어린이집) 간의 통합은 논의되고 있으나 취학 전 교육이 교육부의 교육행정과 보건복지부의 보육행정[104] 일환으로 나누어져 관리되고 있는 상황은 여전한 입법과제로 남아있다. 2020년에는 유치원 운영의 공공성 신장 차원에서 회계관리 업무에 정보시스템 이용의무를 부과하고(유아교육법 개정, 2020.1.29.) 「유아교육정보시스템 및 교육정보시스템의 운영 등에 관한 규칙」(교육부령, 2020.3.16.)을 제정하기도 했다.

평생교육과 관련하여서도 「사회교육법」(1982.12.31. 제정)으로 지칭되던 것을 1999년에 「평생교육법」(1999.8.31. 개정, 2000.3.1. 시행)으로 전부개정하였다. 그러나 학교교육을 제외한 모든 형태의 조직적인 교육활동의 개념 규정에는 큰 변화가 없었다. 2021년 9월 24일 교육기본법 개정(2022.3.25. 시행)을 통해서는 사회교육을 평생교육으로, 사회교육시설을 평생교육시설로 개편하여 한국에서 사회교육은 법률상 평생교육으로 대체되었다. 결국, 현행 교육법에서 사회교육법 명칭이 소거된 이상 교육 3법 체제의 명칭 또한 기본교육법규, 학교교육법규, 평생교육법규로 전환해야 할 시점에 이른 것이다.

노무현 정부에서의 교육개혁은 대통령 자문기구는 교육혁신위원회(2003.7－2008.2)[105]가 담당하였다(2003.6.23. 제정). 학업중단 학생들을 위한 대안학교가 「초 · 중등교육법」(2005.3.24. 개정, 2005.9.25. 시행)에 규정되어 학력인정을 둘러싼 갈등을 남기긴 했지만 제도화에 있어서 진일보한 조치가 되었다.[106]

2000년대 초반 학교폭력이 사회문제화되자 「학교폭력 예방 및 대책에 관한 법률」(2004.1. 29. 제정, 2004.7.30. 시행)[107]이 제정되었다. 피해 학생을 보호하고 가해 학생을 선도 · 교육하며, 이들 간 분쟁조정을 통하여 학생 인권을 보호한다는 취지였다.

10절 1998 교육법 분할 제정과 3법 체제: 기본교육법규 + 학교교육법규 + 평생교육법규(2022 개칭)

---

104) 보건복지부가 관할하는 영유아보육법(1991.1.14.)은 그런 의미에서 학교교육법이 아닌 평생교육법으로 분류될 수 있으나, 취원 대상 아동(유치원 3－5세, 어린이집 6세 미만)이 겹치고 취학 전 무상교육에 해당하는 누리과정(3－5세 누리과정고시, 보건복지부고시)을 모두 운영하고 있다는 점에서 두 기관의 통합은 향후 국가수준의 입법과제가 되고 있다. 누리과정의 경우 3년 동안 월 국공립유치원은 월10만원, 사립유치원과 어린이집은 월28만원의 유아학비 · 보육료를 지급하고 있다(2022년도 누리과정 부담비용 고시, 교육부고시).

105) 제1조(목적) 21세기 지식기반사회의 요구에 부응하는 지식문화강국으로 도약하기 위하여 학부모 · 교원 등 교육당사자를 포함한 국민의 참여와 합의를 바탕으로 교육 · 인적자원개발에 관한 상호신뢰 및 국민적 공감대를 형성함과 동시에 일관성 있는 교육혁신의 방향 정립에 관한 대통령의 자문에 응하기 위하여 대통령 소속하에 교육혁신위원회를 둔다.
제2조(기능) 위원회의 심의사항은 1. 중장기 교육 · 인적자원정책의 방향 정립에 관한 사항 2. 주요 교육정책의 개발에 관한 사항 3. 교육체제의 혁신에 관한 사항 4. 교육재정 및 교육복지에 관한 사항 5. 제1호 내지 제4호와 관련된 사항의 추진상황의 평가에 관한 사항 6. 그 밖에 교육혁신과 관련하여 대통령 또는 위원장이 부의하는 사항 등이다. 위원은 25인 이내로 구성하되 교육인적자원부장관 및 대통령비서실 정책실장이 당연직으로 들어갔다.

106) 이후 대안교육기관에 관한 법률(2021.1.12. 제정, 2022.1.13. 시행)을 제정되어 초 · 중등교육법상 인가를 받지 않는 교육시설 · 법인 또는 단체 역시 체제를 갖추고 지원시스템을 갖추게 되었다.

107) 제2조(정의) 1. "학교폭력"이라 함은 학교내외에서 학생간에 발생한 폭행 · 협박 · 따돌림 등에 의하여 신체 · 정신 또는 재산상의 피해를 수반하는 행위로서 대통령령이 정하는 행위를 말한다.

나. 교육현안 해소 입법 및 주민직선 교육자치(2005-2010)

「사립학교법」(2005.12.29. 개정, 2006.7.1. 시행) 개정으로 학교법인 이사 구성 시 정수의 4분의 1 이상은 학교운영위원회 또는 대학평의원회가 2배수 추천하는 인사 중에서 선임토록 하여 사학의 공공성을 높이는 조치를 취하기도 했다.

지방교육자치와 관련하여서는 2006년 12월 20일 개정을 통해서 교육의원 및 교육감 선거를 주민직선으로 변경하는 변화가 있었다. 이에 따라 부산광역시 교육감 주민 직선이 2007년 2월 14일에 최초로 실시되었다. 교육의원 제도는 2006년 제주특별자치도법(2006.2.26. 제정)에 근거하여 5월 31일에 실시되었는데 지방의회에 통합된 교육위원회 내 과반수의 교육의원을 주민직선으로 선출한 바 있다.[108] 이것을 전국에 확산하기 위해서 위의 지방교육자치법 개정(2006.12.20.)을 통해서 교육위원제도를 폐지하고 주민직선으로 변경하였다. 전국 교육의원 주민직선은 지방선거와 동시선거로 2010년에 전국적으로 실시되었다.

「학교안전사고 예방 및 보상에 관한 법률」(2007.1.26. 제정, 2007.9.1. 시행)[109]은 이미 1991년의 교원지위법에 예고[110]된 것이었지만, 노무현 정부에 이르러 그 실현을 보았다. 또한 특수교육진흥법 역시 「장애인등에 대한 특수교육법」(2007.5.25. 제정, 2008.5.26. 시행)으로 새롭게 제정되었다. 일반교육에 앞서 시각장애, 청각장애, 정신지체, 정서·행동장애 등이 있는 특수교육대상자에 대하여 유치원·초등학교·중학교 및 고등학교과정의 교육을 의무교육으로 하고, 고등학교과정을 졸업한 자에게 진로 및 직업교육을 제공하는 전공과와 만 3세 미만의 장애영아교육은 무상으로 하며, 의무교육 및 무상교육에 드는 비용은 국가 또는 지방자치단체가 부담하도록 했다. 또한 장애의 조기발견, 통합교육 촉진, 장애인 평생교육시설의 설치운영을 포함했다.

「교육관련 기관의 정보공개에 관한 특례법」(2007.5.25. 제정, 2008.5.26. 시행)이 제정되었다. 학교, 교육행정기관 및 교육연구기관이 보유·관리하는 정보의 공개의무와 공개에 필요한 기본적인 사항을 정하여 국민의 알 권리를 보장하고, 학술 및 정책개발연구를 진흥하자는 취지이며 학교교육에 대한 참여와 교육행정의 효율성 및 투명성을 높이는 것이 입법의도였다. 교육기관에 공시 또는 제공되는 정보에는 학생 및 교원의 개인정보를 포함하지 않도록 하는 것이 원칙이었다. 공시대상 정보에는 초·중등학교의 학칙, 운영규정, 교육과정, 학생변동 상황 등을 매년 1회 이상 공시해야 하고, 대학 등은 학칙, 교육과정, 학생선발, 학생 및 교원현황을 공시하도록 했다. 교육부와 교육청은 공시정보 중 개별학교 명칭 제공을 금지하도록 했다.

실용정부를 표방했던 이명박 정부에서는 기존의 국가과학기술자문회의를 국가교육과학기술자문회의(2008.6-2010.2)로 확대하여 운영하였다. 이후에는 대통령 및 국무총리가 주재한 교육개혁 대책회의(2010.3

108) 제주특별자치도 교육자치에 대하여는 고전(2007), 제주특별자치도 설치에 따른 교육자치제 변화 연구, 교육행정학연구 25(3) 참고.

109) 제2조(정의) 6. "학교안전사고"라 함은 교육활동 중에 발생한 사고로서 학생·교직원 또는 교육활동참여자의 생명 또는 신체에 피해를 주는 모든 사고 및 학교급식 등 학교장의 관리·감독에 속하는 업무가 직접 원인이 되어 학생·교직원 또는 교육활동참여자에게 발생하는 질병으로서 대통령령으로 정하는 것을 말한다.

110) 교원지위향상을 위한 특별법(1991.5.31.) 제5조(학교 안전사고로부터의 보호) ② 학교안전관리공제회에 관하여는 따로 법률로 정한다.

–2013.2)로 운영되었다.

이명박 정부에서는 초·중등교육법 시행령을 개정(2010.6.29.)하여 고등학교 형태를 일반고, 특목고, 특성화고 및 자율학교 4가지 형태로 구분하였다. 다시 자율학교는 자율형 사립고등학교(시행령 §91의3, 2010.6.29.), 자율형 공립고등학교(시행령 §91의4), 학습부진아 및 특성화 학교 및 특성화중학교 특성화고등학교, 농어촌학교 중에서 교육감이 지정한 자율학교(시행령 §105)로 나뉘었다.

다. 자치법규의 활성화와 국가교육위원회의 설치(2010–2022)

이 시기에 주목할 변화는 민선 진보교육감 지역을 중심으로 학생 인권에 관한 문제가 제기되어 조례가 나타나기 시작했다. 「경기도 학생인권조례」(2010.10.5. 제정·시행)[111]가 그 시작을 알렸는데 학교에서의 일체의 체벌을 금지하는 규정 등이 초·중등교육법 시행령과 다소 충돌하는 상황도 벌어졌다. 결국, 「초·중등교육법 시행령」(2011.3.18. 개정·시행)[112]을 개정하여 신체에 고통을 가하는 지도를 금지시키도록 했다. 2022년 현재 경기도 등 6개 시·도[113]에 학생인권 조례가 제정되어 있다.

교육자치와는 관련하여 제주특별자치도를 제외한 지역의 교육의원 선거를 2010년에 도입하되 1회에 한정하도록 교육위원회 설치 및 교육의원 선거 등에 관한 규정을 2014년 6월 30일까지 효력을 제한하는 개정(지방교육자치법 부칙 §2, 2010.2.26.)이 있었다. 2010년 10월 1일 제정된 「지방행정체제 개편에 관한 특별법」을 통하여 국가로 하여금 교육자치와 지방자치의 통합을 위해 노력할 의무를 규정[114]하여 일반자치로의 통합행정 방향을 제시하기도 했다.

박근혜 정부시기에는 대통령 산하 교육개혁기구를 두지 않았다. 대통령 공약사항이던 '선행학습금지법'은 과거 과외금지 위헌 판결을 고려하여 「공교육정상화 촉진 및 선행교육 규제에 관한 특별법」(2014.3.11. 제정, 2014.9.12. 시행)으로 제정되었다.

특징적인 법으로 「인성교육진흥법」(2015.1.20. 제정, 2015.7.21. 시행)이 제정되었는데 인성교육을 '자신의 내면을 바르고 건전하게 가꾸고 타인·공동체·자연과 더불어 살아가는 데 필요한 인간다운 성품과 역량을 기르는 것을 목적으로 하는 교육을 말한다. 한국 교육이 입시위주의 교육에 경도되어 인성교육을 회복하여야 한다는 사회적 요구를 수용한 입법이라 하겠다.

---

111) 제1조(목적) 이 조례는 「대한민국헌법」 제31조, 「유엔 아동의 권리에 관한 협약」, 「교육기본법」 제12조 및 제13조, 「초·중등교육법」 제18조의4에 근거하여 학생의 인권이 학교교육과정에서 실현될 수 있도록 함으로써 인간으로서의 존엄과 가치 및 자유와 권리를 보장하는 것을 목적으로 한다.
제6조(폭력으로부터 자유로울 권리) ① 학생은 따돌림, 집단 괴롭힘, 성폭력 등 모든 물리적 및 언어적 폭력으로부터 자유로울 권리를 가진다. ② 학교에서 체벌은 금지된다.

112) 제31조(학생의 징계 등) ⑧ 학교의 장은 법 제18조 제1항 본문에 따라 지도를 할 때에는 학칙으로 정하는 바에 따라 훈육·훈계 등의 방법으로 하되, 도구, 신체 등을 이용하여 학생의 신체에 고통을 가하는 방법을 사용해서는 아니 된다. 구 초등교육법 시행령(§31⑦)이 "학교장은 학생지도를 하는 때에는 교육상 불가피한 경우를 제외하고는 학생에게 신체적 고통을 가하지 아니하는 훈육, 훈계 등의 방법으로 행하여야 한다"고 하여 불가피한 경우에 고통을 가하는 방식(이른바 체벌)도 가능했던 것을 개정된 시행령에서는 신체에 고통을 가하는 방법을 원천적으로 금지시킨 것이다.

113) 광주(2011.10.28.), 서울(2012.1.26.), 전북(2013.7.12.), 충남(2020.7.10.), 제주(21.1.8)

114) 제40조(교육자치와 자치경찰) ① 국가는 교육자치와 지방자치의 통합을 위하여 노력하여야 한다. ② 생략 ③ 교육자치와 자치경찰의 실시에 관하여는 따로 법률로 정한다.

이어 「지방분권 및 지방행정체제에 관한 특별법」을 제정(2013.5.28.)하였는데, 이명박 정부의 지방행정체제 개편특별법을 승계하여 교육자치와 지방차치 통합 노력의무를 규정했다. 이를 근거로 지방자치발전위원회에서 연계·통합방안을 제시했으나 입법화되지는 못했다.

반면, 자치법규 수준에서는 학교단위에 있어서 학교자치에 관한 조례가 이른바 민선 진보교육감 시·도를 중심으로 논의되었다. 광주광역시는 「광주광역시 학교자치에 관한 조례」(2013.3.18. 제정, 2013.9.1. 시행)를 제정했으나 교육부는 위임없는 자치기구를 조례화했고 학교장 권한 등이 상위법과 충돌한다는 이유로 당해 조례를 대법원에 제소했다. 대법원은 이를 수용하여 집행정지를 결정(2013.8.28.)했다. 이어 「전라북도 학교자치조례」(2016.1.4. 제정·시행)도 제정되었지만 같은 이유로 대법원에 제소되었고 집행정지 결정(2016.2.26.)을 받았다. 주로 학내 교직원회, 학교자치회의, 교무회의 및 교원인사위원회 등의 권한과 관련된 문제였다. 이후 해당 부분을 조정하여 「광주광역시 학교자치에 관한 조례」[115](2019.1.1.)와 「전라북도 학교자치 조례」[116](2019.2.1.)가 다시 제정되었다.[117]

이와 더불어 학교운영위원회의 기초조직으로서 단위학교 학부모회 조직에 대한 조례 제정도 점차 나타났다. 「경기도교육청 학교 학부모회 설치·운영에 관한 조례」(2013.2.27. 제정·시행)를 필두로 14개 지역[118]에 제정되었다.

문재인 정부의 경우 교육개혁자문기구를 두었던 이전 정부와는 달리 교육정책 심의·조정기구로서 국가교육회의를 두었다. 이는 국가교육위원회를 출범하기 위한 전 단계로서 설치되었는데 「국가교육회의 설치 및 운영에 관한 규정」(2017.9.12.)에 근거했다. 이 회의는 교육혁신, 학술진흥, 인적자원개발 및 인재양성과 관련된 주요 정책 등에 관한 사항을 효율적으로 심의·조정하기 위한 대통령 소속기구였다. 의장 1명을 포함하여 21명 이내의 위원으로 구성되었다. 국가교육회의 운영을 바탕으로 「국가교육위원회 설치 및 운영에 관한 법률」(2021.7.20. 제정, 2022.7.21. 시행)이 제정되었다. 법안의 제정 이유가 밝히고 있듯이 일관된 교육정책의 수립과 국민적 합의를 도출하기 위한 독립 행정위원회로서 구안되었다. 첫 번째 기능은 교육비전, 중장기 정책 방향, 학제·교원정책·대학입학정책·학급당 적정 학생 수 등 중장기 교육 제도 및 여건 개선 등에 관한 국가교육발전계획 수립에 관한 사항, 두 번째 기능은 국가교육과정의 기준과 내용의 고시 그리고 교육정책에 대한 국민의견 수렴·조정 등에 관한 사항이다.[119]

국가교육위원회는 국가수준의 교육정책 및 교육과정에 대하여 그 의의가 큰 기구로서 중앙수준의 교육자치를 실현한다는 차원에서도 평가받을 만하다. 다만, 중앙(교육부 및 장관)과 지방(시도교육청 및 교

115) 제1조(목적) 이 조례는 학생, 학부모, 교직원이 학교운영에 참여할 권리를 보장하여 민주적인 학교공동체를 실현하고, 소통, 배움과 성장이 있는 학교문화를 조성하는 것을 목적으로 한다.

116) 제1조(목적) 이 조례는 전라북도 학교교육의 주체들에게 학교운영에 참여할 수 있는 권리와 권한을 보장함으로써 민주적인 학교공동체 실현과 건강한 배움과 성장의 학교문화를 조성하는 것을 목적으로 한다.

117) 학교자치조례에 대하여는 백규호·고전(2016), 학교자치 조례의 입법정신과 입법분쟁 분석, 교육법학연구 28(1) 참조. 2022년 현재 전남(2020.11.5.), 인천(2020.11.9.), 강원(2021.6.4.), 부산(2022.2.16.) 등에 제정되어 있다.

118) 전북(2015.4.3.), 서울(2015.10.8.), 광주(2016.12.15.), 인천(2017.1.2.), 부산(2017.9.27.), 제주(2019.1.2.), 전남(2019.3.14.), 세종(2019.7.10.), 경북(2019.12.26.), 강원(2019.12.27.), 울산(2020.12.17.), 대전(21.12.29), 경남(2022.4.7.)

119) 위원회는 대통령이 임명 또는 위촉하는 5명(상임위원 1명 포함), 국회추천 위원 9명, 교육부차관, 교육감협의체 대표자, 교원단체 추천 2명, 한국대학교육협의회 추천 1명, 전문대학교육협의회 추천 1명, 시도지사협의체 추천 1명 등 총 21명으로 구성된다. 조직은 전체회의, 국민참여위원회, 전문위원회, 특별위원회, 전문위원, 사무처 등으로 구성된다.

육감) 간의 고도의 교육분권에 대한 로드맵이 미완인 상태로서 특히 교육부와의 역할분담이라는 과제를 남기고 있다. 또한 과거 정부에서 자문기구에 머물렀던 각종 교육정책자문기구와는 차별화된 일정 교육 권한을 부여받은 행정위원회로써 기능을 하는 데에는 관련 기관 간의 권한 재조정이 선결되어야 한다는 과제를 안고 있다.

5. 한국 교육입법사의 특징

가. 정치 연동의 교육 입법과 정부 주도의 개혁 입법

한국의 교육 입법은 주요 정치적인 변혁과 더불어 진행되어왔다. 근대적 교육법규의 출현 역시 개화기의 근대 정치사와 더불어 시작되었다. 통치구조 측면에서 조선의 근대화 시점으로 삼는 갑오개혁(1894)으로부터 근대 교육법규는 태동되었다. 개혁은 군국기무처가 주도하였고, 예조에서 개편된 학무아문은 관학을 정비하였다.

이른바 근대 헌법의 효시로 불리는 홍범 14조(1895.1)가 공포되고 외국유학과 신학문이 강조된 데 이어서, 국왕이 국가 공교육체제를 선언한 교육입국조서(敎育立國詔書, 1895.2.2. 음력)를 발표함으로써 교육 근대화의 시작을 알렸다. 한성사범학교관제(1895.4)는 근대 교육법규의 효시로 평가받는다.

그러나 몇 개의 근대 학교관제가 공포된 것으로 근대적 교육이 제도화되었다고 보기는 어렵다. 신분제도는 혁파되었으나 교육기회는 제한적인 사회였고, 입법 · 사법 · 행정이 분리되지 않은 전제군주제의 대한제국(1897.10.12.－1910.8.29.)의 통치체제였다.

한일합방이라는 통치구조의 변화와 더불어 이번에는 일본천황의 교육칙어에 근거한 식민지 교육법제가 유입되었고, 그것이 조선교육령이 있었다. 임시정부의 헌장 및 건국강령 등에 기술되었던 교육에 관한 조항 역시 해방 후 헌법(1948.7.17.) 교육조항의 규정에 영향을 주었다. 제헌헌법은 조항은 1개(§16)였지만 교육수권, 초등 무상의무교육, 국가의 교육기관 감독권 그리고 칙령주의가 아닌 교육제도 법률주의라는 핵심 원칙을 포함하였다.

이어서 교육법을 제정하는데 가장 큰 영향은 해방 후 통치주체로 등장한 미군정이었고, 교육위원회제와 6 · 3 · 3 · 4학제는 그 결과이다. 한국인들로 구성된 한국교육위원회 및 조선교육심의회에서 논의된 홍익인간의 교육이념은 몇 차례의 개정 논란에도 불구하고 현행 교육기본법에까지 이어지고 있다.

정부수립 후 교육법규의 변천은 정치변혁 과정 그 자체였다. 한국전쟁으로 교육행정 입법이 3년여 늦어졌고, 국가재건 과정에서 사학에 과도하게 의존한 결과 5 · 16 군사정부의 통제를 불러오기도 했다. 국가비상 상황하에서 교육법의 효력을 정지시킨 국가재건최고회의가 제정한 교육에 관한 임시특례법(1961)이란 초법적인 조치는 교육제도 법정주의 원칙에 반하는 것이었다. 이는 1980년 계엄 하 신군부의 국가보위비상대책위원회가 발표한 '7 · 30 교육개혁 조치' 역시 마찬가지였다. 모두 정치와 연동한 초법적인 조치들이라 할 수 있다.

신군부의 5공화국 정부가 시도한 대통령자문기구 교육개혁심의회에 의한 교육개혁 방식은 이후 2000년대 노무현 정부의 교육혁신위원회까지 이어졌다. 각 정권하에서의 대통령자문기구인 교육개혁 관련 자문기구의 총체적 영향력으로 교육개혁의 성과에는 실효성 있는 성과가 없었던 것은 아니지만, 교육부의 역할분담이나 입법기관의 행정 통제를 충분히 거치지는 못했다. 교육부와 자문기구의 개혁집단이 주도하는 개혁 입법의 시기였다고 할 수 있다.

김영삼 정권하의 5·31 교육개혁을 뒷받침하는 교육 3법 체제 출범은 교육 개혁입법의 정치적 성과로 평가할 수 있으나 교육현장의 현안을 포괄하는 것은 아니어서 이후 교육입법 쟁점이 표면화된 계기도 되었다. 김대중 정부하의 교원노조법 갈등, 노무현 정부의 교사회·학부모회 법제화 추진과 난항, 이명박 정부 시기의 일반자치와 교육자치 통합추진 그리고 박근혜 정부의 선행교육규제법과 국정 역사교과서 쟁점 등이 정치 쟁점화되기도 했다.

위에서 보듯이 정권의 지향이 진보인지 보수인지에 따라 교육행정의 입법의 방향도 달라지곤 했다. 진보 정권에서 교원의 기본권 확장과 참여에 적극적었던 반면, 보수정권에서는 효율지향의 통합행정과 교육정상화를 위한 규제 및 통일을 강조하기도 했다.

나. 교육법규의 체계화·구체화·다양화

한국의 교육법은 제정 헌법의 1개 조항에서 출발하였고, 그것은 이후 9차례에 걸친 개정을 거치면서 1개 조항이 6개 조항으로 확대되었다. 특히 제6항에서 교육제도 법률주의를 선언하고 이를 교육재정 및 교원지위 영역에까지 확대시켜 헌법보장하고 있는 것은 교육제도의 공공성 원리에 충실한 것이라 평가할 수 있는 동시에, 과거 일제시대에 남용되었던 칙령주의에 대한 교훈이다.

정부 수립과 더불어 통합법 형태의 「교육법」으로 제정된 것이 지방교육자치법 분리 제정(1991)으로 교육법 분할 제정의 계기가 되었다. 결국 교육법은 5·31 교육개혁을 반영한 「교육기본법」, 「초·중등교육법」, 「고등교육법」으로 분할 제정(1997)됨으로서 기본교육법규, 학교교육법규, 평생교육법규라는 3법 체제로 전환되는 계기가 되었다.

사회교육법을 평생교육법으로 개정(1999)하고 유아교육법을 초·중등교육법에서 분리 제정(2004)한 것은 교육 3법 체제를 더욱 공고히 했다. 특히, 교육기본법을 통해서는 헌법상의 교육을 받을 권리를 학습권으로 보다 적극적으로 규정하고, 교육당사자의 개념을 도입하여 교육을 둘러싼 학습자, 보호자, 교원·교원단체, 학교설립·운영자, 국가·지방자치단체들 간의 권리·의무·책임관계를 구체화했다.

오늘날 교육에 대한 국민들의 요구나 교육 현안이 다양하게 나타났고, 이에 대응한 입법 역시 다양하고 점차 분화되어가고 있다. 「학교폭력예방 및 대책에 관한 법률」(2004), 「공교육정상화를 위한 선행교육 규제에 관한 법률」(2014)이나 「인성교육진흥법」(2015), 「교원의 지위 향상 및 교육활동 보호를 위한 특별법」(2016 개정) 그리고 각 시·도의회에서 정한 2000년대의 '학생인권조례', '학교자치조례', '학부모회조례' 등은 다양성을 보여주는 예이다.

국가법령정보센터에서 '교육부'가 소관하는 법률과 대통령, 교육부령은 107건에 이를 정도로 교육법의 종류는 매우 다양한 영역에 걸쳐 증가하고 있다. 교육법의 종류와 영역이 확대되고 다양화된다 할지라도 그 궁극의 목적은 국민들의 교육에 관한 기본권을 보장하는 것이며, 그 방법적 기초는 '능력에 따라 균등한 교육기회를 보장'하는 것에 있다. 나아가 그 내용들은 교육의 자주성, 전문성, 정치적 중립성, 전문성 그리고 대학의 자율성을 보장하는 것들로 특징지을 수 있다.

결국, 한국의 헌법에는 교육법의 기본원리라 할 수 있는 위와 같은 교육조리를 포함하고 있으며, 교육법의 내용을 구성하는 동시에 교육법의 생성과 판단 및 해석의 준거가 되는 특징을 보이고 있다. 그러나 교육법의 원리로서 포함된 이러한 교육조리에 대하여는 교육법학계의 논의를 넘어서 교육입법·행정·사법의 전 영역에서 보다 구체화시키고 공감대적 교육가치로서 자리 잡을 수 있도록 논의를 심화하고 지속시켜야 할 과제 또한 안고 있다.

다. 중앙 교육행정기관 주도의 교육행정 입법 체제

개화기에 공교육체제를 정비하는 과정에서 고종의 교육입국조서는 근대적 교육법제를 정비하는 기본 방향을 제시했다. 보다 구체적인 학교법규 정비는 갑오경장 개혁시기에 설치된 학무아문(1894.7.20. 설치, 1895.3.25. 학부개칭)이 관학을 정비하면서부터 시작되었다. 최초의 학교법규인 한성사범학교관제(칙령, 1895.4.16.)는 학부대신[120]이 주관하였다. 칙령이라 할지라도 당해 아문에서 초안을 작성하고 대신을 통해 의정부의 정부의회 및 중추원 의결을 거처 국왕에 상소되는 절차를 거쳤다.

중앙교육행정기관이 교육입법을 주도하는 방식은 이렇듯 구한말부터 시작되었다고 할 수 있다. 일제강점기를 거치는 과정에서 「조선교육령」을 비롯한 교육법규는 조선총독부의 상소를 거쳐 일본제국 천황의 칙령으로 발표되었다. 총독은 제령(制令)과 부령(府令)을 제정할 입법권한을 가졌는데, 식민통치에 필요한 입법으로 법률과 칙령에 위배되지 않는 범위 안에서 천황의 재가를 받아 시행하는 일종의 행정명령권이었다. 총독 통치체제에서 유일한 입법기관은 조선총독 자신이었고, 천황의 감독을 받는 것 이외에 다른 행정기관의 감독을 받지 않았다. 교육에 관한 사항은 대한제국 시기의 학부였던 것을 내무부 내의 학무국으로 축소시켰다. 이후 학부는 1919년에 내무부에서 총독 직속 학무국으로 변경되기도 했다.

해방 이후 미군정의 지배를 받던 한국은 대통령 중심의 통치체제를 채택했고, 제정 교육법 성안 과정에서 최초 정부안(교육기본법안, 학교교육법안, 사회교육법안)은 문교부에서 작성하여 정부안으로 확정되고 국회에 제출되기도 했다. 국회 내 심의위원회 논의과정에서 문교부 인사 역시 참여하였고, 삭제되었던 '홍익인간'의 이념은 최종단계에서 문교부장관의 건의로 재규정되기도 했다.

이후 전후 교육 재건과정에서 문교부가 주요 교육법규를 마련하고 주도하였다. 행정부의 입법기능이 강화된 대통령제하에서 법률을 통해 대통령령 또는 부령에 위임하는 형태로 행정입법이 확산되었다. 이는 국왕이 다스린 조선, 전제군주국이었던 대한제국, 천황 및 총독에 의한 강점기 조선을 거치면서 자연

120) 학부대신은 학정교육(學政敎育; 학무행정과 교육)의 관리를 위하여 법률·칙령의 제정·폐지·개정에 대한 입안권, 직무집행을 위한 부령·지령령 또는 훈령 등의 명령권, 소속 관리와 지방관의 감독권 또는 통독권(統督權; 통할감독권), 소속 칙주임관 임면의 상주권(上奏權; 상소권), 판임관의 전행권(專行權; 전결권) 등의 권한을 가졌다. 안기성(1984), 앞의 책, 113면.

스럽게 관례화된 중앙집권적인 행정구조하에서 예조, 학무아문, 학부, 학무국, 문교부가 행정입법을 주도해온 역사와 궤를 같이한다.

대한민국 시대에 있어서도 문교부가 초안한 정부안이 국회에 제출되는 경우가 많았고 대강의 원칙을 정한 법률로부터 대통령령 및 부령으로 위임받은 문교부는 행정입법을 주도하는 흐름이었다. 제헌 교육법기를 제외하면 이후 교육법 입법의 정비 과정 역시 문교부가 주도한 입법기였다.

대통령령은 행정각부에서 성안하여 국무회의는 사실상 형식적인 통과과정이므로 교육행정관련 입법주체는 문교부라 할 수 있고, 정치적으로 임명되는 장관보다는 문교부 관료들에 의하여 행정입법의 추진과 내용이 좌우된다고 보는 것이 타당하다. 또한 국회에 제출된 정부 법률안 역시 정권과 다수당이 일치한 시기에는 무리없이 통과되었다.

최근 국회의 의정활동이 전자화되어 공개되고 국회의원의 입법성과가 국회의원의 당락에 중요한 변수로 대두되면서 국회의원 법안 제출 수가 폭증하여 이제는 정부법안 수를 능가한다. 법제처의 국가법령정보센터 자료에 따르면 2022년 현재 교육부 소관 법령(법률, 대통령령, 교육부령)은 107건(전체법령 1.9%)이며, 행정규칙(고시, 예규, 훈령, 규정)은 114건(전체행정규칙의 0.6%)이다.

행정입법 주체로서 정부의 역할 강화는 교육정책 추진을 위해 교육기본법을 개정해 온 것에서도 드러난다. 특히 1998년 교육 3법 체제 전환 이후 교육부가 교육정책을 수립하고 추진하는 과정에서 교육기본법에 관련 규정을 추가하거나 각급 학교 관련 법령에 시행 근거를 추가하는 방식을 취했다. 그 결과 교육과 교육제도의 기본 원칙을 정해야 할 교육기본법은 2022년 현재 20차 개정[121]에 이르러 일각에서는 일본과 대만 등에서는 준헌법적 기능을 하는 교육기본법이 한국에서는 교육부의 정책홍보법이 되어가는 것 아닌가라는 우려를 낳고 있다. 교육현안에 정부가 적극적으로 대처한다는 현시성은 있으나 교육법기본법으로서 위상과 체계성과 안정성 측면에서는 부정적으로 작용하고 있는 측면이 있다.

또한 국회에서는 대강의 원칙만을 정하고 실질적이고 구체적인 정책 가이드라인은 대통령령 및 부령에 위임하는 행정입법 경향은 지금도 지속되고 있다. 이와 같은 행정입법의 증가는 실효성 있는 정책의 추진에는 다소 유리한 장점이 있으나 포괄적 위임입법으로 인하여 행정명령에 대한 의회유보의 원칙이 훼손될 수 있다는 점도 간과하지 말아야 한다.

국민의 교육을 받을 권리를 직접적이고 실질적으로 보장하거나 제한 할 수 있는 교육제도를 개설하는 경우, 교육부의 '훈령'이나 '고시'라는 행정명령의 형태로 규정하는 것은 교육기본권 보장이 정권의 진보·보수 성향에 따라 좌지우지되어 교육제도 안정성을 해칠 수 있다.

각급 학교의 국가교육과정을 교육부의 '고시'라는 행정명령 형태로 제정하고 있는 경우 한계점이 지적되곤 했다. 이러한 관점에서 2021년 제정된 국가교육위원회법에서 교육과정의 방향과 주요 내용을 초정권적인 집단합의 기구인 위원회가 주관하여 국민 여론을 수렴하여 정하도록 한 변화는 현장에 착근된 살아있는 교육법규를 지향하면서도 교육제도 법률주의 원칙에 좀 더 충실한 입법절차를 설계하였다는 점

121) 17조의 1에서 6으로 추가된 양성평등, 학습윤리, 안전사고 예방, 평화적 통일 지향, 기후변화 환경교육과 학교체육(22조의2와 3), 학교 및 교육행정기관 업무의 전자화, 학생정보의 보호, 교육관련 정보의 공개, 교육관련 통계조사 등 주로 교육의 진흥(제3장)과 관련된다.

에서 진일보한 입법 조치로 평가한다.

라. 교육분권의 확대와 자치입법의 증가

구한말과 일제 강점기는 지방분권 이전의 칙령의 시대였다. 대한민국 정부 수립 이후 대통령제라는 중앙집권적 통치체제를 선택하였지만 교육 분야에 있어서는 미국식 민주주의 교육제도를 도입한 특징을 보였다.

1949년 교육법 제정에 등장하고 있는 교육구의 설치와 교육위원회 및 교육감 제도는 미국식 교육행정 체제를 적용한 대표적인 것이었다. 이는 미군정을 동시에 실시한 일본에서 설계된 교육위원회와 같은 맥락이었다. 정부수립 3일 전에 미군정법령으로 발표된 '교육구의 설치'(미군정법령 제216호)와 '교육구회의 설치'(제217호)는 정부수립으로 실효를 보지 못하고 폐기되었지만 미군정청이 의도한 탈 중앙집권적인 민주주의 교육행정체제 도입에 대한 의욕을 보여주었다. 이때 제안된 미국식 교육위원회 제도는 제정 교육법에 상당 부분 반영되었다.

그러나 6·25 한국전쟁으로 교육법시행령 제정이 늦어지고, 1952년 6월 지방선거가 실시된 부산에서 교육위원회가 구성되고서야 교육자치제는 출발을 보게 되었다. 그러나 일반 행정으로부터 종합행정에 어려움이 있고 비효율적이라는 이유로 폐지론이 자주 제기되었다.

1961년 군사혁명 정부는 이를 의식하여 교육자치제를 일시 폐지하기도 했다. 이후 지방교육자치는 부활되었으나 지방자치단체장이 교육위원회 의장으로서 겸직하고 위원은 단체장 및 장관 추천을 거쳐 대통령이 임명하는 형식적이며 유보적인 시기로 진입했다.

1991년 지방의회가 구성되고 본격적인 지방자치시대를 맞고서야 교육영역에서도 교육자치가 실시되었는데, 이때부터 '교육자치'보다는 법률명인 지방교육자치법의 영향으로 '지방교육자치'라는 명칭이 더 일반화되었다. 이 법 제정으로 교육자치 역사의 전환점이 되었고, 동시에 통합 교육법 체제에 변화를 주게 된 직접적인 계기가 되었다.

이후에도 주요 교육정책에 대한 결정권은 중앙 행정부인 교육부에 집중되었지만 지방분권 개혁과 함께 지방으로의 위임 입법도 점진적으로 증가하였다. 그러나 이시기의 법적 분쟁은 교육행정 기관 당사자 간의 분쟁보다는 교육위원 및 교육감 선출 방법을 둘러싼 기본권 침해 관련 헌법재판이 주를 이루었다.

1995년 신교육체제 개혁과 더불어 시작된 학교자율화 정책으로 학교운영위원회는 등장하였고, 2000년대 들어 학교운영위원회 위원 전원을 교육위원 및 교육감 선거인단으로 구성시켜 이른바 학교자치와 지방교육자치를 연계하는 독특한 제도가 탄생했다. 그러나 선거 부작용을 놓고 여러 법적 분쟁이 있었고, 일각에서 제기하는 교육자치와 일반자치 통합론은 국가로 하여금 통합하도록 노력의무를 지우는 지방분권특별법까지 등장토록 했다.

그런 가운데에서도 기본적으로 학교 자율화는 역대 정부의 일관된 학교개혁 정책 방향이었다. 그에 따라 국회나 정부에서 정하던 사항이 지역의 실정에 맞도록 지방의회로 이양되나, 교육부장관의 업무에서 교육감의 업무로 이관되어 갔다. 각 시·도 조례의 증가는 전자의 예를 대변하고 있고, 초·중등교육법상 포괄적 장학권의 이관은 후자의 대표적인 예이다.

교육행정에 관한 업무를 국가사무와 지방사무로 재구조화하려는 노력은 문재인 정부에 구체화되었다. 장관과 시·도교육감 간에 '교육자치정책협의회'를 만들어 교육자치를 강화하고 학교자율화와 관련된 안건들의 심의·의결하는 교육분야의 협치를 추진했고 교육부 내에는 지방교육자치강화추진단을 운영하기도 했다. 그러나 지방으로의 일괄적인 교육분권보다는 점진적인 분권 방식을 취했다.

이른바 진보성향의 교육감이 다수(2018년 14곳) 당선된 영향으로 경기도에서 시작된 자율학교인 혁신학교가 전국적으로 확산되었고, 단위학교 교육과정 운영등 학교 자율화가 진전되었다. 교육감이 입학전형을 실시하는 후기학교를 자율학교로 지정할 때 거쳐야 하는 교육부장관과의 협의 절차를 폐지하고, 자율학교의 지정 및 운영에 필요한 사항도 교육부장관(자율학교의 지정 및 운영에 관한 훈령 폐지)이 아닌 교육감이 정하여 고시하도록 한 것(초·중등교육법시행령 개정, 2021.3.23.) 등은 대표적인 교육분권을 확대한 사례이다. 학교 및 시·도교육청 자율성 확대를 위해 교육부의 지침을 폐지하고, 제도 개선[122)]을 하였다. 학교운영의 자율성을 확대하기 위한 교육부 지침 및 계획 등도 상당수 폐지[123)]하였다.

단위학교 교육자치로서 학교자치에 관한 논의가 활발히 전개된 것도 이 시기의 일로, 학교자치 관련 조례 및 학생 인권 및 학부모회 운영에 관한 조례도 속속 제정되었다.

한편, 국가교육회의를 통해 「국가교육위원회법」이 성안되고 국회에서 제정(2021.7.20.)되었는데 국가수준에서 일관된 교육발전 중장기 계획을 수립하고 국가교육과정의 기준 및 내용을 고시하며, 교육정책에 대한 국민여론을 수렴·조정하는 것을 3대 과업으로 했다. 이 위원회는 대통령 직속의 일종의 심의·의결권을 지닌 행정위원회이면서 사회적 합의기구로서 성격을 갖도록 설정했다. 임기 5년의 대통령제하에서 10년 단위 국가교육발전계획을 수립한다는 것은 교육의 자주성 및 정치적 중립성을 보장하는 취지이자 넓게는 중앙단위에 있어서 교육자치 및 교육이해 당사자 간의 협치기구로 평가할 수 있다. 특히, 교육부 내 심의회 논의를 거쳐 고시로 공포되던 각급 학교 교육과정을 위원회에서 폭넓게 논의하도록 한 점은 같은 고시의 형태이지만 행정입법 과정의 절차적 정당성을 향상시킨 것으로 평가한다.

마. 학습자 중심 및 조성 중심 교육법으로의 전개

지금까지 교육관계 법규의 변천은 교육행정 제공자인 교육부와 교육청이 발의하고 추진하는 교육행정 제공자 중심의 법규 제정에서 교육행정의 수혜자인 단위학교의 학습자 및 보호자, 교원 및 교직단체의

---

122) 폐지시킨 것은 ⓐ 교육감 소속 지방공무원 교육훈련 운영 방향, ⓑ 지역교육행정협의회 설치·운영 방안, ⓒ 동절기학원 안전 등에 관한 합동점검 계획, ⓓ 교육청 교육연수원 운영 평가 및 컨설팅 등이고, 제도개선은 ⓐ 교육장 및 국장급 이상 장학관 징계권 시도 이양, ⓑ 교과교실 제도의 이양, ⓒ 시도교육청 기구·정원 자율화(실국 설치기준 범주화, 정원 승인 직급 조정(4→3급) 등, ⓓ 국가시책사업 제도 개선(학교 직접선정 방식 폐지) 등이다. 교육부(2021), 권한배분 우선정비과제 이행 현황, iii면.

123) 폐지된 지침으로 ⓐ 학교 내 대안교실 운영 매뉴얼, ⓑ 방과후학교 운영 가이드라인, ⓒ 초등돌봄교실 운영 길라잡이, ⓓ 학교회계 운영 방안, ⓔ 학교운영위원회 길잡이 등이 있고, 폐지된 계획은 ⓐ 행복한 학교 관리자 연수과정 운영 기본계획, ⓑ 과학고등학교 입학전형위원 연수계획, ⓒ 교과교실제 실태 점검 계획, ⓓ 교과교실제 운영 우수학교 선정 계획, ⓔ 올바른 자녀양육을 위한 학부모·학운위원 교육계획 등이다. 교육부(2021), 앞의 보고서, ii면.

요구를 수용·반영하는 법규 개정으로 강조점이 이동하고 있다. 이는 국가 중심에서 국민 중심으로, 교수자 중심에서 학습자 중심으로 표현되기도 한다.

기본적으로 제정 교육기본법에서 학습자의 권리가 보다 강조되고 있음에서 위의 경향성은 확인된다. 한편, 최근 학생인권조례와 더불어 교권보호조례가 제정되어 가는 것은 교육당사자 간의 법적 권리·의무·책임 관계의 균형을 맞추어가는 새로운 입법흐름도 나타나고 있다. 동시에 교육정보화에 대응한 정보공개 및 청구권 보장에 관한 알권리의 보장과 더불어 정보의 보호를 통한 사생활 보장은 권리의 보장과 남용으로부터의 보호라는 균형 과정이라고 할 수 있다.

한편 그리고 규제 중심에서 조성과 지원 중심으로 그 강조점이 옮아온 특성을 보이고 있다. 역대 대통령 자문기구를 통해서 추진된 교육개혁 추진 과제로서 교육규제 완화는 기본 방향이었다. 규제법이 아닌 조성법으로서 교육법규의 제정 방향은 향후 교육법이 지향하여야 할 기본 방향이기도 하다.

교육부 규제심의 및 적극행정 운영 규정(교육부훈령, 2019.9.4.)은 구 교육부규제완화위원회 규정(2013.4.4.)을 개정한 것으로 교육부 소관 규제 자체심의 및 적극행정 지원을 위한 위원회의 구성 및 운영에 관한 사항을 정하고 있는데, 교육 현장의 자율성과 창의성을 제고하고, 적극행정을 장려하며 소극행정을 예방근절 하는 것을 목적으로 하고 있다.

교육세법과 지방교육재정교부금법 등 재정지원 분야의 법률 역시 대표적인 지원법이라 할 수 있다. 한국장학재단 설립 등에 관한 법률, 취업 후 학자금 상환 특별법, 지방대학 및 지역균형 인재육성에 관한 법률, 장학금규정(대통령령), 사도장학금에 관한 규정(대통령령), 교육기본법 장학제도 보장 규정(§28)에 따른 국가장학사업 운영규정(훈령) 역시 재정적 지원이 주를 이룬다.

각급 학교에 대한 지원법으로는 유아교육지원특별회계법, 사립학교 보조와 원조에 관한 건(교육부령), 등 재정 및 시설 측면에서의 지원법도 적지 않다. 교과교육 측면에서의 지원법으로는 경제교육지원법, 문화예술교육지원법, 발명교육의 활성화 및 지원에 관한 법률, 법교육지원법, 식생활교육지원법, 통일교육지원법 등이 있다.

특별 대상에 대한 지원법규로는 장애인 등에 대한 특수교육법 및 영재교육진흥법을 비롯하여 재외국민의 교육지원 등에 관한 법률, 퇴직교원 평생교육활동지원법, 군인자녀 학생모집 특례규정(대통령령, 2015.9.25.), 사립학교 교직원 학자금대여사업 위탁관리 규칙(교육부령), 교육복지 우선지원사업 관리·운영에 관한 규정(훈령) 등이 있다. 학교 밖 청소년 지원에 관한 법률이나 다문화가족지원법 역시 교육적 지원활동을 포함하고 있다. 교육부 외 타 부처 행정규칙으로는 북한이탈주민 교육지원 예규(통일부), 서해5도 교육비 지원 지침(행안부고시), 경제자유구역 내 외국교육·연구기관 유치지원 국고보조사업 운영요령(산업통상자원부고시) 등이 있다.

교육기본법의 교육의 진흥 장(제3장) 개정을 통해서 추가되고 있는 국가 및 지방자치단체에 부과하고 있는 각종 시책을 수립·실시할 의무 역시 교육법규를 조성법으로써 성격을 강화토록 하고 있다. 즉, 양성평등의식의 증진, 학습윤리의 확립, 안전사고 예방, 평화적 통일 지향, 기후변화 환경교육, 학교체육, 학교 및 교육행정기관 업무의 전자화, 학생정보의 보호, 교육정보의 공개, 교육 관련 통계조사 등이 추가되었는데 이에 근거하여 관련된 법령이 제정 및 개정되어 가는 방식이다.

이와 관련하여 제정된 법규로는 양성평등교육심의회규정(대통령령), 학교안전사고 예방 및 보상에 관한 법률, 통일교육지원법, 환경교육의 활성화 및 지원에 관한 법률, 학교체육진흥법, 교육부 정보화업무처리규정,[124] 교육관련 기관의 정보공개에 관한 특례법, 교육부 개인정보 보호지침(훈령), 교육정보통계관리규정(훈령) 등이 있다.

다만, 학습윤리와 관련하여서는 교육기본법 본문 규정에 학생으로 하여금 학습자로서 윤리의식 확립의무를(§12③), 교원으로 하여금 학생에게 학습윤리를 지도할 의무를(§14③), 국가 및 지방자치단체로 하여금 국민의 윤리의식을 확립할 시책을 수립·실시할 의무를 부과(§17의3)하여 상징적 입법이 되었으나 관련된 법령과 행정규칙은 없는 상태이다. 법적 구속력보다는 학교규칙 등 학교 자치규범을 통해 규율되어야 할 사안인 측면도 없지 않으나 학교생활 종합기록부 및 대학입시 부정과 관련된 문제가 사회문제화되었던 전례에 비추어 볼 때 보다 적극적인 입법이 요구되기도 한다.

바. 법 규범과 교육 현실 간의 갈등 증가

교육법은 교육기본법에 규정되어 있는 교육당사자, 즉, 학습자, 보호자, 교원·교원단체, 학교설립·운영자, 국가, 지방자치단체들 간의 권리·의무·책임관계를 다루는 법률이다. 따라서 이들 간의 이해충돌 및 권리갈등을 둘러싼 법적 분쟁은 다양한 소송으로 나타난다.

우선 법제처 국가법령정보센터에 공개된 자료에 따르면, 교육법과 관련된 각급 법원의 판결례는 총 1,482건(정부 전체의 1.2%)으로 보고되고 있다. 교원의 신분과 관련되는 교육공무원법 및 사립학교법을 비롯하여, 학원의 설립운영에 관한 법률, 대학의 갈등과 관련된 고등교육법 및 이들 법률의 시행령들을 둘러싼 재판들이 상대적으로 많았다.

교육기관의 행정행위에 대하여 제기된 행정심판례의 경우 교육부와 관련된 사례는 446건(정부 전체의 2.2%)로 나타났다. 교원의 임용승인 취소나 임용시험 불합격, 학교의 설립 및 임원 승인의 취소, 정보공개 거부, 학교폭력관련 학생 징계처분, 학교환경 위생 정화구역 내 행위 금지 처분 등 교육기관의 행정처분에 대한 소송이 주를 이루었다.

다음으로 법적 갈등은 교육에 관한 법규범 자체에 대한 규범적 타당성에 대한 의문을 제기하는 경우라 할 수 있다. 그것은 법원에 의한 위헌법률 심판이나 헌법재판소에 의한 헌법소원 판결로 드러난다. 법원은 법률이 헌법에 위반되는지의 여부가 재판의 전제가 된 때[125]에는 직권 또는 소송당사자의 신청에 따라 법률의 위헌여부를 심사할 수 있다.

1988년 9월 헌법재판소가 설치된 이래로 교육부와 관련된 헌법재판소 515건(전체 2.8%)으로 보고되

124) 교육행정정보시스템(NEIS) 근거 법이었던 교육행정정보시스템운영규정(훈령, 2008.7.28. 제정)은 2009.11.20. 폐지되었다. 최근 유아교육 공공성 신장 일환으로 유아교육정보시스템 및 교육정보시스템의 운영 등에 관한 규칙(교육부령, 2020.3.16.)이 제정되었다.

125) 법원에 현재 계속 중인 구체적인 사건에 당해 법률이 적용되는 것을 말하고, 그 법률의 위헌 여부가 재판주문과 이유에 어떤 영향을 주는 것을 의미한다. 각급 법원은 법률의 위헌심사에서 위헌의 요소를 찾지 못한 경우에는 합헌결정을 해서 그 법률을 재판의 근거로 삼을 수 있다. 위헌심사를 신청한 소송당사자는 제청신청 기각결정에 항고할 수 없지만 헌법재판소에 헌법소원심판을 청구할 수 있다. 허영(2022), 한국헌법론, 박영사, 930－931면.

고 있다. 교육관련 헌법재판은 국가 공권력으로부터 권리 침해를 당한 국민이 제기한 헌법소원(헌마00사건)이 대부분이고 재판 중인 사건에 있어서 청구인의 위헌제청신청에 따라 법원이 제기한 위헌제청 헌법재판(헌가00사건)이 뒤를 잇는다. 권한쟁의 헌법재판(헌라00사건)으로는 장관과 교육감 간(학생인권조례, 자립형 사립고교 지정 권한 분쟁)이나 국가와 지자체 간(의무교육경비 부담 주체) 그리고 지자체와 교육감 간(무상급식비 감사권)의 권한을 다투는 사건 등도 점차 증가하는 추세이다.

교육과 관련하여 관련 법률이 위헌 내지 헌법불합치 결정이 내려질 경우, 그 판례의 효력은 입법, 사법, 행정이라는 전 국가작용에 미친다는 점에서 교육제도의 변경은 물론, 국민의 교육기본권 보장과 제한 현실에 직접적인 영향을 미치게 된다.

교육 분야에서 최초로 위헌으로 확인된 결정례는 교육공무원법 제11조 제1항(국 · 공립사범대학 출신자의 우선 임용)에 대한 헌법소원에서 위헌결정(89헌마89)이 난 경우이다. 그 결과 우선임용제도는 폐지되고, 이른바 임용고사제도가 도입되게 되었다. 그러나 당시 후보자 명부에 있던 사람들에 대한 후속 조치를 취하지 않아 결국 이른바 미발추 사건으로 오랫동안 법적 분쟁이 지속되었고, 교육대학 편입학 제공이라는 미봉책 입법도 제정되었다.

이후 2002학년도 대전광역시 공립중등학교교사 임용후보자선정경쟁시험 시행요강(사범대 및 복수 · 부전공 가산점) 취소 헌법소원에서 위헌확인(인용) 결정(2001헌마882)됨에 따라 교직과정 양성과 차이가 없어져 사범대학의 존립기반이 흔들리고 있는 상황이다.

그런가 하면, 1980년 7 · 30교육 개혁조치 일환이었던 과외금지 조항(학원의 설립 · 운영에 관한 법률 §3, §22①1)은 몇 차례의 헌법소원에서 기각되었다가 2000년 헌법재판(98헌가16, 98헌마429(병합))에서 위헌결정되어 과외가 다시 허용되기도 했다.

이 외에도 많은 교육관련 법령 중에서 위헌 결정을 받은 판결로 적지 않은 법과 새로운 제도가 도입되기도 했다. 사회적 이슈가 되었던 교육정책[126]에 대하여는 헌법재판이 다수 제기되었고, 위헌판결이 나지 않았다 하더라도 사실상 입법촉구 효과를 나타내 후속 제도 개선 조치가 따르기도 했다. 만 6세 취학 의무 기각결정 이후 만 5세 조기입학제가 도입된 것은 대표적 예이다.

이처럼 정부의 다수의 교육정책과 관련된 법률 규정이 헌법소원의 대상이 되었다는 것은 해당 법 규정이 교육현장의 구성원들에게 공감대를 이루지 못한 결과이고 갈등이 있었던 만큼 법적 제도적 안정 또한 기하기 어려웠다.

그러나 사법 분쟁은 또 다른 측면에서 보면, 구성원들의 높은 권리의식과 참여의욕으로 인하여 교육법의 규범적 타당성을 높여가는 계기도 되었다. 법제를 개선한 결과 그만큼 법률이 사실적 실효성을 높여감으로써 결국 법 규범과 교육 현실 간의 간극을 좁혀가는 '살아있는 교육법'으로서 완성도가 더해가는 과정으로 평가할 수 있다.

---

126) 교원의 노동기본권 금지, 정치활동의 자유금지, 교원 정년단축, 교과서 국정제, 만 6세 취학연령, 학교운영위원회 설치의무, 중학교의무교육의 순차적 도입, 교육의원 및 교육감 입후보 자격제한 및 선거제한, 교육위원 일몰제, 교육감 직선제, 대학교수 교원노조 제외 등.

제 3 장

교육법학론

1. 교육법학의 의미
2. 교육법 연구의 학제성(學際性)
3. 독일 · 미국 · 일본의 교육법학
4. 한국 교육법 연구의 전개
5. 한국 교육법학의 특징

'교육법학'은 "교육법 현상을 독자적 연구대상으로 하여 교육학과 법학의 학제적 연구방법 및 결과를 토대로 교육과 법의 관계구조를 설명 · 진단 · 예측하는 학문"이라 정의할 수 있다. 교육법 현상이란 교육법에 관련되어 있는 법적 현실 모두를 지칭하는 것으로서 교육입법 · 교육사법 · 교육행정의 전 영역을 포괄하는 개념이다.

교육법 연구는 연구방법상 법해석적 접근과 법사회적 접근이라는 법학의 방법론과 교육학의 제반 방법론을 통합하는 학제성(學際性)을 특징으로 하며, 교육법해석학, 교육법사회학 그리고 교육법철학으로 진화하고 있다.

독일에서는 교육법을 국가교육권에 근거한 중앙집권적 · 권력적 교육과정 행정을 행하기 위한 법으로 인식하는 전통에 따라 행정법학의 범주 내에서의 학교법학(學校法學) 연구가 주를 이루었다.

미국은 판례학교법학(判例學校法學)이 특징을 이루는데, 흑인의 분리교육, 학생의 징계처분, 종교교육 문제, 사립학교 법제, 교원의 교육의 자유 등이 주로 다루어졌다.

일본은 동양권에서 선도적으로 교육법학(教育法學)을 연구해왔고 국민교육권론과 교육인권법을 강조하는데, 그 중심에 1970년에 창립된 일본교육법학회가 있다.

한국의 교육법 연구는 1980년대 중반 대한교육법학회 창립을 계기로 본격화되었다. 대한교육법학회의 학술지 『교육법학연구』는 주된 논설의 장을 제공하고 있고, 교육법 관련 박사학위와 저서들이 속간되고 있다.

끝으로 한국 교육법학의 특징은, 연구자의 학문적 배경에 따르는 접근방법상의 특징을 보이면서, 제한적이기는 하나 외국과의 학술교류의 폭도 넓혀가고 있다. 학회창립 40여 년을 맞고 있는 오늘날 학설의 정리와 교육법학의 학문적 정체성에 대한 논의가 기대되고 있다.

제 3 장 교육법학론

1. 교육법학의 의미

교육법 연구에 앞서 교육법학(教育法學)을 먼저 다루는 이유는 연구 성과를 논하는 데 있어서 그 범주의 설정과 학문적 성과에 대한 평가 준거를 무엇으로 할지와 연관되기 때문이다. 전자가 교육법 연구 영역으로서 인정 여부와 관련된 문제라면 후자는 교육법 연구의 학문적 정체성 확립과 관련된다.

일반적으로 학문의 위상 및 정체성에 관한 준거로는 독자적인 연구대상, 이에 대한 접근방법으로서 독자적인 연구 방법 그리고 가시적 연구의 성과인 연구업적이라는 세 측면에서 논의된다. 물론 독자적인 연구대상의 의미가 연구의 독점을 의미하지는 않으며 독자적인 연구 방법론이 다른 접근 방법에 대한 배타성을 의미하는 것은 아니다. 모든 연구 주제는 여러 학문의 연구대상이 될 수 있으며, 이를 분석하는 방법 역시 다학문적(multi－disciplinary) 혹은 간학문적(inter－disciplinary) 접근방법[1])이 가능하기 때문이다.

특히, 후발 학문의 정체성은 학문의 순수성이나 응용성 그리고 연구방법의 독자성 혹은 학제성보다는 연구 성과의 가시성 및 효과성에 의하여 판단되는 경향이 있다. 주로 사회과학의 한 범주에 속한 교육법 연구 역시, 양적인 연구 성과 외에도 입법 정책과정은 물론 법의 해석 및 적용과정에서의 기여도 측면이 학문적 성과의 논의 과정에서 주목해야 할 부분이다.

학문의 성과는 개인의 연구업적과 국내외 학회 간 학술교류를 통하여 드러난다. 나아가 개인과 학회의 학술활동은 학파(學派)를 형성하거나 학풍(學風) 등의 모습으로 드러나기도 한다. 특히, 오늘날 학회의 산출물인 학술지(學術誌)를 통하여 확인되는 것이 일반적이다. 학술지의 수준은 학회의 학술활동의 질을 드러내며, 나아가 당해 학문의 학문적 성과인 동시에 학문으로서 정체성 판단의 자료원이다.

교육법학의 연구 성과는 개인 연구자나 학회 학술지의 논문 편수나 저서 및 간행물이라는 양적 성과 외에도 이론의 심화와 현실의 시정이라는 정성적 기능적 측면에서의 평가도 가능하다. 또한 교육법학의 성과는 교육법의 입법정책 과정이나 법을 구체화하는 행정과정 그리고 법을 해석하고 적용하는 사법과정에서 교육법학자가 직접 관여하거나 선행 연구의 결과에 인용됨으로서 기여하게 된다. 다수의 학설이 정부와 국회의 입법정책 수립 과정은 물론 법원과 헌법재판소의 판례에 적지 않은 영향을 미치기도 한다. 법이 사회구성원의 공감대에 기반한 정의라고 한다면 학설은 당대 지식인들의 공감대의 집약이라는 의미를 갖는다.[2])

여기서는 교육법 연구의 범위 및 연구 동향에 대한 판단을 위하여 국내 및 일본 교육법학계에서 논

---

1) 연구방법론 측면에서 다학문적 접근은 두 가지 이상의 연구방법론이 각각의 관점에서 시도되는 것이고, 간학문적 접근은 제3의 연구방법론으로까지 진척된 경우를 말하는 것으로 구분은 하지만, 실제에 있어서는 정도의 차이일 뿐이고 연구자에 따라서 다를 수 있다.

2) 고전(2022), "제1장 교육법 개관과 교육법학", 대한교육법학회편, 교육법의 이해와 실제, 교육과학사, 34면.

의되는 교육법학의 일반적 연구대상과 방법에 대한 논의를 중심으로 소개한다.

한국에서 교육법학에 관한 논의가 공식적으로 나타난 것은 안기성(전 고려대 교수)에 의해서이다. 한국의 대표적 교육법학계 원로학자인 그는 1976년 「새교육」지에 게재한 "敎育法學의 可能性; 그 方法論的 序說"에서 일본교육법학회 가네꼬 마사시(兼子 仁)의 견해를 수용하여 "교육법학은 교육에 관한 법규범을 주로 연구의 대상으로 하는 학문이며 구체적으로 교육입법, 교육행정, 교육재판을 둘러싼 교육법제 전반을 다루는 것"[3]으로 소개하였다. 이는 한국에 교육법학이 처음으로 지면을 통해 국내에 소개된 것으로 알려져 있다.

이어 박재윤(한국교육개발원)은 1986년 대한교육법학회 제1차 연구발표회에서 교육법학을 "특수법으로서의 교육법체계를 구성하는 '교육조리(敎育條理)'를 탐구하며, 또한 넓은 의미의 법학의 다양한 방법들을 원용하는 것을 시도하는 연구"라[4] 지칭하기도 했다.

표시열은 교육법학을 "헌법에서 보장하고 있는 교육에 관한 기본 원리, 교육당사자의 교육권을 구현하기 위한 교육관련 제 법령 그리고 교육제도 및 운영에 관한 교육관계법령을 독자적 또는 특수한 교육법 원리에 의하여 체계적으로 연구하는 학문"으로 정의했다.[5]

일찍이 독일의 학교법학을 계수하여 논의를 발전시켜온 일본교육법학회에서는 교육법학(敎育法學; Schulrechtskunde; Education Law)을 "교육법을 전문으로 연구하는 학문으로서 교육학과 법학과의 학제적(學際的) 공동 연구를 통해서 새로운 종합 사회과학으로서의 독자성을 지향하고 있는 연구 분야"로서 기술한 바 있다.[6]

이들 논의를 종합하면 교육법학은 "교육법 현상(敎育法現象)을 독자적 연구대상으로 하여 교육학과 법학의 학제적 연구방법 및 결과를 토대로 교육과 법의 관계구조를 설명·진단·예측하는 학문"이라 할 수 있다. 여기서의 교육법 현상은 교육법에 관련되어 있는 법적 현실 모두를 지칭하는 것으로서 교육입법·교육사법·교육행정의 전 영역을 포괄하는 개념이다.[7]

11설 교육법학: 교육법 현상을 연구대상 + 학제적 연구방법 + 교육과 법의 관계구조 탐구

2. 교육법 연구의 학제성(學際性)

교육법이라는 연구영역의 출현은 법학의 분화과정이나 교육과 관련한 법적 분쟁의 증가라고 하는 시대적 흐름에도 영향을 받았지만, 오늘날 교육이 국민 모두의 기본적 삶을 규율하는 공공적 영역으로 된

3) 안기성, 敎育法學의 可能性; 그 方法論的 序說, 새교육(1976.6), 19면.
4) 박재윤, 교육법 연구의 주요 연구동향, 대한교육법학회 제1차 연구발표회 자료집(1986.12.13).
5) 표시열(2008), 교육법, 박영사, 92면.
6) 日本敎育法學會編(1993), 敎育法學辭典, 學陽書房, 209頁에 게재된 가네꼬 마사시(兼子 仁)의 견해.
7) 고전(1997), 한국의 교육법 연구동향 연구, 교육법학연구 9, 55면.

이상 교육법에 대한 논의는 필연적일 수밖에 없게 되었다. 더욱이 법규범의 가치와 교육가치 그리고 법현실과 교육 현실을 연결시켜야 할 '살아있는 교육법'의 실현에 있어서 교육법 연구는 필수적인 과정이 되고 있다.

한국의 경우 교육법학이 1970년대 중반에야 소개는 되었지만 1980년대 중반 학회가 결성되기까지는 교육입법 과정과 교육행정 그리고 교육재판에 대한 연구는 개인적 관심사에 불과했던 영역이었다. 따라서 특수조리로서 교육조리(教育條理)를 통해서 교육법을 정립 · 체계화 · 해석하기보다는 당시 교육법 연구는 개인 연구자의 연구 관심과 연구 배경에 의존하였다.

교육법학적 접근에 대한 관심이 높아지게 된 것은 1980년대 중반 관련 학회가 창립되면서부터였다. 오늘날 교육기본권에 대한 개념이 도입되고 나아가 인권적 관점으로 확산되어 감과 동시에 교육당사자간의 갈등과 분쟁이 날로 증가함에 따라 이에 관한 논의는 자연히 교육법률 관계의 이해에 있어서 간학문적 접근의 필요성을 더욱 증가시키고 있다.

교육법학의 성격에 대한 논의는 국내 학자들 간에 활발하게 전개되지는 못했으나 학회 창립 이후 40여 년간의 연구 동향과 성과물들은 국내 교육법 연구의 성격을 보여주기도 한다. 교육법학의 학문의 정체성 논의의 틀, 즉 연구대상, 연구방법, 연구성과를 중심으로 국내외 논의를 조명하며 성격을 기술하면 다음과 같다.

첫째, 교육법학의 연구대상은 교육기본권에 관한 연구과 교육법제에 관한 연구로 대별할 수 있다. 교육법이 헌법상의 교육기본권 실현을 위한 법률이라는 점에서 그리고 이를 뒷받침하는 학교교육과 평생교육에 걸친 다양한 개별 입법과정을 거쳤다는 점에서 이러한 연구대상의 대분류를 설정할 수 있다.

그동안 교육법의 연구영역에 대한 논의는 교육법 교재나 연구사 정리시 등장하곤 한다. 표시열은 연구대상을 교육법 배경(이념, 체계, 법률문화, 헌법원리), 교육법의 기본원리, 교육당사자의 권리 의무관계, 교육정책 및 행정과정의 법적 측면 주제로 나눈 바 있다.[8] 강인수는 교육법의 배경과 기본원리, 교육행정 · 정책 관련 법령, 교육활동에 관한 법령 등을 주요 연구대상으로 예시했다.[9]

고전은 학회 창립 후 10년에 걸친 한국의 교육법 연구동향 연구에서, 교육법 연구영역을 헌법의 '교육기본권'에 관한 연구와 '교육법제'에 관한 연구로 대별한 바 있다.[10] 전자의 세부적인 연구 주제로는 교육권의 성격과 범위, 보장 등을 다룬 교육권 기초연구, 학생 · 부모 · 교원의 권리와 의무 및 책임에 관한 연구, 국가 · 지방자치단체의 지도 · 감독권 및 교육기관의 자율권 등으로 구체화하였고, 이 경우 법규해석과 판례분석을 통해 접근하는 경우가 일반적임을 지적했다.

다음의 연구영역인 '교육법제'에 관한 연구영역의 예로는 교육법의 원리, 효력, 체제 등에 관한 교육법 기초연구, 개별 교육법 및 외국사례 연구 그리고 교육법제 과정(교육관계 법규의 입법과정, 교육법규의 운영실태, 교육법규 개정 · 정비를 포함한 교육법제사 등)에 관한 연구 주제로 나누어 제시한 바 있다.

양은택 · 엄문영은 고전의 분류체계를 기본으로 하면서 국내연구, 국외 교육법 및 비교연구, 법학교

---

8) 표시열(2008), 앞의 책, 93면.
9) 강인수(2007), 교육법의 연구 대상과 과제, 교육행정학연구 25(3), 117 – 120면.
10) 고전(1997), 앞의 논문, 고전(2006), 한국의 교육법 연구동향 연구(Ⅱ), 교육법학연구 18(2).

육 및 연구윤리 연구 주제로 세분화하여 연구 동향을 분석하기도 했다.[11)]

둘째, 교육법학의 연구방법들은 학제적(學際的) 접근을 특징으로 한다. 교육법학은 교육학이 밝혀 놓은 인간 이해를 바탕으로 교육의 이념과 원리는 물론 법학이 추구하는 교육에 있어서 정의와 그 보장 방법을 탐구한다는 점에서 양쪽 학문의 성과에 의존함은 물론 두 학문 영역의 교류를 바탕으로 하는 것이 이상적이다. 즉, 교육법학은 인간 이해에 대한 교육철학적 관점과 법철학적 관점을 동시에 견지하며, 사회관계로서 교육법 문제에 대한 교육사회학적 관점과 법사회학적 관점을 포섭하는 것이 바람직하다.[12)] 그리고 교육법은 교육제도 및 교육행정의 기초를 제공한다는 점에서 공법학(헌법 및 행정법학)과 행정학 및 교육행정학적 접근과 연구 성과를 활용하게 된다.

지금까지의 교육법 연구가 성문 교육법에 대한 문리해석(文理解釋) 위주의 연구방법이 중심이었다면, 교육법학의 연구방법은 교육학과 법학의 연구 결과를 토대로 교육법 현상을 조명하는 방식을 취한다. 그리고 교육법 이론의 구축에 있어서도 교육법해석학과 교육법사회학의 조화를 지향한다. 연구의 대상이 복합성을 띠고 있기에 연구의 방법 역시 간학문적 접근방법을 사용하게 된다.

교육법에 관한 법해석학적 접근이 교육법학의 주된 방법론으로 수용되기 위해서는 교육학의 도움이 필요하며, 법 현상을 실증적으로 분석하여 법의 과학화 및 법칙화를 지향하는 법사회학적 접근방법 또한 제반 교육학 이론을 수용할 필요가 있다. 법사회학이 일종의 법규범의 실현과 불능이라는 관점에서 현실을 파악하는 입장이라면, 교육법사회학은 입법정신이 충분히 실현되지 못한 교육 상황과 원인 그리고 향후 변화를 위한 조건이나 과정 등을 중시하는 관점이다.

그리고 교육에 관계된 법 현상 중에는 교육법 논리뿐만 아니라 기존의 공법적 논리(예를 들어 공무원의 파업금지 규정이나 특별권력관계론 등)도 포함되어 있는 만큼 교육법사회학적 접근방법이 교육법해석학적 접근방법보다는 다양한 관점에서의 분석을 가능하게 한다.

일본 교육법학의 대부 가네꼬 마사시(兼子 仁)에 따르면[13)] 교육법학의 학제성은 교육법해석학, 교육법사회학, 교육법철학적 접근을 통해서 드러난다고 한다. 즉, 교육법해석학은 법해석학과 교육원리학 간의 교류를 통해서, 교육법사회학은 법사회학과 교육행정학 및 사회교육학 간의 교류를 통해서, 교육법철학은 법철학과 교육철학 간의 교류를 통해서 교육법학의 영역을 형성해 간다는 것이다. 물론 이러한 견해는 오늘날 더욱 분화된 교육학 및 공법학의 제 학문영역과의 교류로 보완되어야겠지만, 그가 역설한 교육법학의 학제적 속성에는 변함이 없다.

11) 양은택 · 엄문영(2016), 학술지 「교육법학연구」의 연구동향 분석, 교육법학연구 28(3), 97면.
12) 고전 외(2022), 앞의 책, 35면.
13) 고전 외(2022), 앞의 책, 36면.

표 3-1 교육법학이 갖는 법학적 교육학적 측면의 학제성

법학적 측면	교육법학	교육학적 측면
① 법해석학(조리법학 · 인권법학) • 교육법의 특수논리 체계의 해명 • 교육재판 · 판례법의 발전을 목표로 교육법원리 및 교육조리 해석 구축	① 교육법해석학 • 교육조리론 • 교육인권론	① 원리적 교육학(교육원리 · 교육사상사 등) • 교육조리를 뒷받침하는 교육인권 원리론 • 교육의 자유를 근거로 교육의 인간주체성, 어린이의 발달의 법칙성 제시
② 법사회학 • 정책 · 권리운동사적 동태적 연구 • 교육법학의 특수 법학화에 공헌	② 교육법사회학	② 교육행정학, 사회교육학, 비교교육학 등 • 교육법제사, 교육재판, 학교관습, 교육운동연구 • 교육법의 실명화에 공헌
③ 법철학 • 인간존재의 문제를 추구	③ 인간학으로서 교육법철학	③ 교육철학 • 교육의 본질을 추구

출처: 일본교육법학회 편(1993), 教育法學辭典, 209－210頁과 일본교육법학회 편(1980), 教育法學の課題と方法, エイデル研究所, 3－15頁 가네꼬 마사시(兼子 仁) 교수의 견해를 중심으로 재구성.

셋째, 교육법학의 연구성과들은 학회의 결성과 학술지의 발간으로 드러나고 있고, 이들의 궁극적인 목적은 국민의 교육에 관한 기본적인 권리, 즉 교육기본권을 실현하는 데 있으며, 이는 곧 문헌상의 교육법이 아닌 '살아있는 교육법'을 지향한다는 의미를 갖는다.

현대사회에서 공교육제도가 국민 모두의 기본적 삶이나 직업과 연관되고 의무교육이 확대되는 등 공적 영역으로 된 이상 교육법에 대한 관심이 높아지는 것은 필연적이다. 더욱이 이 교육분야는 이론에 머무르지 않고 현장이 존재한다는 점에서, 법규범의 가치와 교육가치 그리고 법 현실과 교육 현실을 연결시켜 법전 속에만 존재하는 교육법이 아닌 '살아있는 교육법'으로서 기능하는 데 기여하여야 할 시대적 미션 또한 짊어지고 있다. 이를 위해서는 규범적 정당성과 사실적 실효성을 동시에 갖추어야 함은 물론이다.[14]

법은 정의 자체는 아니지만 정의를 담고 있고, 정의는 당해 사회와 동시대인의 정의감정(正義感情)에 의하여 결정되는 것이기 때문에 제정되고 개정되며 변하여가는 과정을 거치게 된다. 법이 규범으로서 정당한지의 여부를 흔히 '규범적 정당성'이라 하고, 이는 헌법정신과 교육에 관한 조리 정신에 비추어 판단하게 된다. 또한, 규범으로서 하자가 없는 법이라 하더라도 그것이 정의의 실현 자체를 의미하는 것은 아니며, 실제 사회구성원들에게 어떻게 인식되고 실제로 적용되는가라는 '사실적 실효성' 문제 또한 중요한 것 요소가 된다.

이렇듯 법에 대한 판단은 '규범적 타당성'과 '사실적 실효성'이라고 하는 가치척도에 따라 평가될 수 있다. 규범적 타당성은 인정되나 사실적 실효성이 없는 법을 흔히 죽은 법, 즉 사법(死法)이라 하고, 반대로 규범적 타당성이 인정되지 않으면서도 사실적으로 강요되고 있는 법을 악법(惡法)이라고 한다. 법이 악법이나 사법이 되지 않도록 하기 위해서는 동시대인의 정의감정을 끊임없이 확인하여 반영해 가는 것이 필수적인데, 이러한 법을 일컬어 '살아있는 법', 즉 생법(生法)이라고 대비하여 표현할 수 있다.

14) 고전 외(2022), 앞의 책, 36면.

교육당사자들의 교육에 대한 요구를 확인하고, 법적 분쟁에서 헌법정신과 교육의 조리를 해석하고 반영하는 작업은 결국 교육법이 살아있는 법으로서 기능하는데 필수적인 과정이라 할 수 있다. 법에 관한 연구가 법률 해석 외에도 교육적·사회적 의미와 함께 고려되어야 할 이유도 살아있는 법을 만들기 위한 노력이라고 할 수 있다. 이는 곧, 법해석학과 법사회학을 넘어서 교육법학적 접근이 등장하게 되는 이유이기도 하다.

이처럼 '살아있는 교육법'을 지향하여 연구하는 교육법학은 자연스럽게 법사회학적인 실천적 사회과학으로서 성격을 갖는다. 교육법이 만들어지는 입법과 시행되는 행정 그리고 해석되는 사법의 전 영역에 걸쳐 교육현실에 있어서 교육당사자 간의 권리·의무·책임의 문제를 주로 다루기 때문이다. 교육법학이 등장하게 된 배경은 교육학이나 법학에서 학문적 관심이 세분화되어 온 흐름에서 찾을 수 있지만 교육과 관련 당사자들 간의 법적 분쟁이 증가하여 역할분담의 원칙을 재조명해봐야 할 시대적 요청도 작용하였다. 미국의 학교교육에 있어서 인종 간의 갈등이나 일본의 국가와 교원노조 간의 분쟁 사례가 이를 잘 보여주고 있다.[15)]

교육법학은 오늘날 학교와 교육행정 현장에서 발생하고 있는 학생, 교원, 학부모, 학교설립 경영자, 국가 및 지자체, 즉 교육당사자 간의 분쟁에 대하여 답하여야 할 소명을 부여받고 있다.

12설 교육법학 연구의 학제성 ⇒ 교육법해석학 + 교육법사회학 + 교육학의 제 연구 성과의 반영

3. 독일 · 미국 · 일본의 교육법학

교육법에 대한 연구는 국가관리 공교육체제를 구축하기 위한 교육법의 출현 이후 진행되어 왔다. 그러나 서구 제국과 일본의 경우 이 시기의 교육법 연구는 전통적인 행정법학(行政法學)의 테두리 내에서 이루어졌다. 즉 교육법을 독자의 법 분야로 파악하지 않았고 교육법 자체를 국가교육권(國家敎育權, 독일에서는 국가의 학교감독권; Schulaufsicht des Staates로 통칭)에 근거한 중앙집권적·권력적 교육과정 행정을 행하기 위한 법으로 인식하였다.[16)] 따라서 전통적인 특별권력관계론(特別權力關係論)이 지배적이어서 부모·교원 등의 권리는 인정되지 않았고 이러한 전통적 행정법학의 범주 내에서의 교육법 연구는 1950년대 후반까지 계속되었다.

가. 독일의 학교법학(學校法學)

독일의 경우, 행정법학적 교육법 연구경향에 비판적이었던 프랑크푸르트 국제교육대학의 Hans Heckel

15) 고전 외(2022), 앞의 책, 36면.
16) 有倉遼吉 編(1976), 敎育法學, 學陽書房, 130頁에 게재된 찌바 타가시(千葉 卓)의 견해.

(법률계) 교수가 1957년 「학교법학」(*Schulrechtskunde*)이라는 저서를 발간한 이래 점차 전통적인 행정법학의 범주에서 탈피하여 교육법 논리의 전개에 기초한 교육법학이 시작되었다. 교육법 논리의 체계를 추구한 세계 최초의 체계적인 교육법학서로서 평가받기도 한다.17) 이 저서에서 교육의 본질론으로서 '교사의 교육상의 자유'를 주창하였는데 각 주에서는 60년대 전반에 이를 입법화하였다.18)

이후 1964년의 전국법학자대회에서는 "행정과 학교(Verwaltung und Schule)"라는 주제로 토의가 이루어져 많은 공법학자들이 교육법제에 관심을 기울이게 된 계기가 되었다. 여기서 Hans－Ulrich Evers 교수는 중앙·지방교육행정, 사립학교와 더불어 교원의 교육상의 자유, 학교공동체에의 부모참가를 논하여 교육이론에 입각한 입장을 공론화했다.19)

이후 1960년대에 진행된 각 주(州)의 학교법제 개혁을 둘러싸고 교육정책과 법과의 역동성이 부각되어 교육법사회학적 연구가 출현하게 되었는데, Heckel 교수의 「학교법과 학교정책」(*Schulrecht und Schulpolitik*, 1967)은 그 대표적인 저술이다. 한편 Heckel 교수가 1954년 창간했던 계간지 『소년법』(*Recht der Jugend*)은 1967에 『소년법·교육법』(*Recht der Jugend und des Bildungswessens*－RdJB)으로 개칭되어 교육법 논의의 장이 되었다.20)

더욱이 1969년에 헌법학자 F. Klein 등이 "교육을 받을 권리와 그의 완전 실현(Das Recht auf Bildung und Seine Verwirklichung im Ballungsraum)"을 발표함으로써 독일 헌법학계가 교육을 받을 권리에 관한 연구에 본격적으로 나서게 된 계기가 되었다.

독일에서는 현재 교육법학회라는 명칭의 정식 학회는 없으나 Heckel이 재직한 바 있던 국제교육대학(die Hochschule für Internationale Pädagogische Forschung)이 독일국제교육연구소(Deutsches Instituts für Internationale Pädagogisch Forschung; DIPF)21)로 이름을 바꾸어 교육법 연구의 중심적 역할을 맡았다.

독일에서는 교육법이란 개념보다는 학교법(Schulrecht)이란 용어를 사용하여 왔으나 주된 연구주제는 국가의 학교감독권, 교원의 교육권, 부모의 교육권, 어린이의 교육을 받을 권리 등 교육권에 관한 것들이 주를 이루고 있다. 이외에도 취학의무, 교원의 신분보장, 아동·학생의 법적지위, 체벌, 종교교육법제, 입시제도, 지방공공단체의 교육행정, 교육재정, 학교사고, 사립학교법제, 특수학교법제, 교육사건에 관한 소송법상의 문제 등이 논의되어 왔다.

독일 교육법 연구동향을 분석한 이시우에 따르면, 독일 교육법제의 특징은 학교법(Schulrecht)과 대학법(Hochschulrecht)으로 분리되어 있고, 주된 연구주제는 국가의 학교감독권인데, 독일기본법 제7조 제1항(모든 학교제도는 국가의 감독을 받는다)에서 연유한다. 여기서 국가는 16개 각 주(州)를 의미하며 학교감독권은 학교에 대한 통제적 권능인 전통적 학교고권(學校高權; Schulhoheit) 외에 학교의 조직, 운영에 관한 각 주의 교육에 대한 형성적·지도적 기능까지도 의미한다.22)

---

17) 이 책은 Paul Seipp 교수와의 공저다. 이치가와(전일본교육법학회장), 서독 교육법학의 형성: 한스 헤켈 법학을 중심으로, 市川順美子(1976), 西ドイツ敎育法學の形成ハンス·ヘツケル法學をめぐって, 法律時報(6·7·8月号) 참고.

18) 兼子 仁(1978), 敎育法(新版), 有斐閣, 60頁.

19) 兼子 仁(1978), 앞의 책, 60頁.

20) 千葉 卓(1973), 西ドイツの敎育法關係文獻, 敎育權理論の發展(日本敎育法學會年報二号), 有斐閣, 234頁 이하 참조.

21) 연구소의 주요 연구영역은 ① 일반비교교육학연구, ② 교육심리학연구, ③ 학교교육연구, ④ 교육경제학연구, ⑤ 교육법과 행정연구, ⑥ 교육심리통계로 나뉘어져 있다.

독일에서의 학교자치(學校自治)는 법적 자치라기보다 참여를 보장하는 기능적인 자치로서 의미로 쓰인다. 즉, 헌법상 국가의 학교감독권이나 민주주의 원리에 어긋나지 않는 범위와 교사의 교육의 자유와 조화를 이루는 범위 내에서 구체화된 단위학교의 자율적 기능 확장(학교운영위원회 혹은 학교회의; Schulkonferenz) 제도를 통해 이행되고 있다.[23)]

최근 교육법 논의 동향은 연방보다 각 주의 교육입법 형성권을 확대하는 주제, 학교법 영역에서 학교자치를 확대하는 주제 그리고 대학법에서 집단관리 대학에서 대학참사회나 대학이사회 중심으로 거버넌스를 이전하는 문제에 관심이 집중되고 있다고 보고되었다.[24)]

나. 미국의 판례학교법학(判例學校法學)

미국의 경우 교육법 관계에 대한 논의는 제2차 세계대전 종전 이전부터 판례를 중심으로 이루어져 온 특징을 갖고 있다. 즉, 흑인의 분리교육, 학생의 징계처분, 종교교육 문제, 사립학교 법제, 교원의 교육의 자유 등의 판례에 대한 평석의 형태로 이루어졌고 이러한 경향은 1950년대까지 이어졌다.

1950년대 중반에 이르러서는 교원양성과정이 설치된 전국대학의 80%가 학교법(School Law) 강좌를 개설하였고 1954년에는 브라운 판결을 계기로 '교육법문제연구전국협회(National Organization on Legal Problems of Education; NOLPE)'가 결성되어 교육법 연구를 주도하였다. 특히 이 협회는 60년대 초반에는 교육행정학자, 교육행정관료, 변호사 등 300여 명이 넘는 회원을 확보하여 매년 총회를 열어 교육법 문제를 토의하여 왔던 점으로 미루어 세계 최초의 교육법학회로서 평가[25)]받기도 한다.

협회의 정관에 기록된 바와 같이 "교육법에 있어서 쟁점화된 문제가 공정히 해결될 수 있도록 정보를 교환하는 비영리 조직"으로서 성격을 갖고 있어 일반적인 학회의 조직 및 활동과는 차이가 있으나 회원의 구성과 그간의 활동으로 볼 때 미국의 대표적 교육법 연구단체라 할 수 있다.[26)] NOLPE는 1994년 기관의 명칭을 교육법학회(Education Law Association; ELA)로 바꾸었다. 2022년에 제68회 연차대회를 갖고 매년 연보(*Yearbook of Education Law*)를 발간하고 있다.[27)]

---

22) 이시우(2006), 독일 교육법 연구의 동향과 과제, 교육법학연구 18(2), 134－135면.

23) 이시우(2006), 앞의 논문, 128면.

24) 이시우(2016), 독일 교육법 연구의 동향과 특징, 교육법학연구 28(4), 103면.

25) 兼子 仁(1978), 앞의 책, 62頁.

26) 최근 발간된 일본교육법학회의 *教育法學辭典*에는 이 NOLPE를 *教育法學會*로 소개하고 있다. 日本*教育法學會*編(1993), 앞의 사전, 209頁.

27) ELA의 공식 홈페이지(https://educationlaw.org)에 게재된 학회의 역사에 따르면, NOLPE는 1954년 듀크 대학교에서 열린 교육컨퍼런스에서 15개 주와 컬럼비아 특별구의 57명의 회원들로 설립되었는데 브라운 대 교육위원회 간의 미국 대법원 판결이 임박한 무렵이었다. 이 기구는 설립 6주 만에 40개 주, 콜롬비아 특별구, 괌에 걸친 205명의 회원으로 성장했다(회장은 Madaline Kinter Remmlein). 첫 연차대회는 1955년 시카고 대학에서 열렸고, 첫 발간서는 1958년의 「*Law and the School Superintendent*」(법과 교육장)였고, 1963년까지 NOLPE의 회원 중 약 3분의 1이 변호사였다. 국내외 연구자들이 참가한 연차대회는 밴쿠버, 브리티시 컬럼비아, 바하마 나소 등에서 열렸다. NOLPE는 공식적으로 1994년에 교육법학회(캔자스주 토페카)로 되었고, 사무국은 1997년에 데이튼 대학 캠퍼스로, 2013년엔 클리블랜드 마셜 법대로 옮겨졌다, 2022년 현재 회장은 Julie F. Mead 박사(위스콘신 매디슨 대학)이다. 학회는 5개의 학술상 McGhehey Award(1985－), Beckham Award(1987－), Goldberg Award(2007－), Joseph Award(2008－), Steinhilber Award(2015－)를 제정하여 매년 수상한다.

학회는 홈페이지를 통하여 기획 출간물 및 저작들을 전자책으로 보급하는 서점(Bookstore) 역할을 하기도 한다.[28] 2021년 연보에는 거버넌스, 직원, 학생, 단체협상, 장애학생, 체육, 고등교육(교수와 행정), 연방 및 주 입법, 코비드-19의 영향 등의 주제를 다루고 있다.

미국 교육법학회의 특징이라면, 대학이나 연구자 중심의 학회라기보다는 변호사들이 주축이 되어 교육법 실무와 관련된 현안에 대한 논의와 네트워킹 기회를 제공한다는 점이다. 연차대회에 참가하는 구성원은 변호사, 교수, 교육 지도자, 대학원생, 교사, 공무원, 인사 전문가, 감사책임자, 청문담당자, 운동가, 컨설턴트 및 기타 공사립의 유치원에서 대학에 이르는 교육계 인사, 교육 대학 및 법학전문대학원, 소송의 고소인과 피고소인, 노동자와 관리자 등 다양한 사람들이 참가하는 것으로 보고되고 있다. 미국교육학회는 변호사를 위한 계속 연수교육(continuing legal education; CLE)을 주관하며, 학교직원을 위한 자기개발 전문학점제를 운영하는 등 학술단체로서 역할 외에도 교육법 실무 연수 기능도 담당하고 있다.

1960년 이후에는 지금까지의 판례 해설적 경향에서 탈피하여 체계적인 교육법학서가 등장하였는데 1963년에 출간된 M.C.Nolte와 J.P.Linn[29] 공저의 『교사를 위한 학교법』(*School Law for Teachers*)은 그 예이다. 그 후 G.M.Johnson의 『교육법』(*Education Law*, 1969)이란 저서는 지금까지의 '학교법'이란 주제의 연구가 학교사고나 교원고용계약 등을 주로 다루고 있었던 것과는 달리 고등교육 조성이나 학생처분 등 보다 넓은 교육문제를 다뤘다는 점에서 학교법(School Law)이 아닌 교육법(Education Law)이란 용어를 사용하기도 하였다.

한편, 1960년대 이후 각 대학의 연구논문집 가운데에는 역시 판례를 소재로 했으나 교육의 장에 있어서 자유의 존중, 어린이·부모·교원의 교육에 관한 권리의 보장이라는 교육법 논리에 관점을 둔 논문이 등장했다.

그리고 1972년 1월에는 『계간 교육과 법』(*Journal of Law & Education*)[30]이 발간되었고, 2022년 현재 51권까지 발간하고 있다. 이 저널을 통해 교육법에 관한 현안과 판례에 관한 논문들을 보급하는 데 기여하고 있으며, 국내에는 한국교육개발원 및 국회에 소개되기도 했다. 이 계간지는 사우스캐롤라이나 로스쿨의 홈페이지에 2년에 1회 온라인으로 게재되고 있는데 미국 교육과 관련된 헌법 및 민법의 관련 학술논문을 다수 소개하고 있다.[31]

---

28) 대표적으로 Charles J. Russo and Steve Permuth 편저 『종교계 및 비공립학교의 법적 쟁점』(*Legal Issues of Faith-based and Other Nonpublic Schools*; 2012, 7판)과 Janet R. Decker 공저 『법의 원리』(*The Principal's Legal Handbook*; 2017, 6판)는 미국법률체계, 학생과와 법, 특수교육과 법, 교사와 법, 학교와 법 등을 다룬 스테디셀러다. 그 외 Lawrence F. Rossow & Jacqueline A. Stefkovichd 『공립학교에서의 수색과 압수』(Search & Seizure in the Public Schools; 2014, 4판), R. Craig Wood, David C. Thompson, John Dayton, and Christine Kiracofe 『교육재정법』(*Education Finance Law*; 2015, 4판), Richard Fossey and Suzanne Eckes 『고등교육법의 쟁점현안』(*Contemporary Issues in Higher Education Law*; 2015, 3판), Lawrence F. Rossow and Laurel Logan-Fain 『교사평가법』(*Law of Teacher Evaluation*; 2013, 3판) 등이 발간되고 있고, Brian D. Schwartz 『홈스쿨링법』(*Law of Homeschooling*; 2008) 등도 있다.

29) 두 사람은 각각 콜로라도주 덴버 대학의 교육학 및 법학 교수로서 판례를 소재로 하면서도 전 미국에 적용되는 학교법 논리를 끌어내고자 미국 교육제도의 법적 기초, 교원의 면허 및 고용계약, 교원의 제권리, 교원의 책무와 책임에 대하여 체계적인 정리를 시도하였다.

30) 한국교육개발원의 전자도서관(http://askkedi.kedi.re.kr)을 통해서 검색 가능하다.

31) 이 계간지는 1972년 재퍼슨 법서출판사(Jefferson Law Book Company)에서 처음 출간되었고, 2015년까지 출판된 저널은 인터넷 아카이브 판으로도 출시되었다. 사우스캐롤라이나 로스쿨(https://sc.edu/study/colleges_schools/law/student_life/journals/

미국의 교육법 연구가 판례를 중심으로 행해진 까닭은 그간의 주된 연구 테마 역시 흑인 분리교육과 관련한 각종 교육평등 문제, 공교육과 신앙·사상의 자유 문제, 교원의 학문의 자유 문제, 학생의 징계처분과 표현의 자유 문제, 학교 선택권과 관련한 부모의 교육권 문제 그리고 학교세 징수와 관련한 연방교육 보조문제 등과 관련한 소송이 제기되어 왔기 때문이다. 특히 미국 교육법 연구의 특징은 판례를 중심으로 한 실질적 문제에 초점을 맞춘 만큼, 연구의 참여자들도 대학의 교육법학자 이외에도 변호사 및 판사·검사 등을 포함해 이해관계 당사자가 적극 참여하고 있는 점이 특징적이다.

미국 교육법 연구 동향을 대학교재 및 저널과 단체의 발표 주제를 중심으로 분석한 염철현의 보고 역시, 차별(discrimination) 주제가 가장 많은 것으로 분석했다. 성·인종·연령별 차별을 주로 다루면서, 장애아 권리, 불법행위 책임, 학생 프라이버시, 학교안전에 관한 이슈도 증가하고 있다는 보고이다. 다음으로 특징은 교육법 판례집(WDLR)에 게재된 논문 수와 미국교육법학회에서 발표된 주제 중엔 교육법 교육(로스쿨－저자주)에 대한 관심이 높다. 그리고 연방정부가 재정지원을 명분으로 각주의 교육에 적극 개입(부시 정부의 낙오아동방지법(No Child Left Behind; NCLB))하기보다는 각 주에 환원하는 변화(오바마 정부의 모든 학생성공법(Every Student Succeeds Act; ESSA)) 변화도 감지되고 있다. 또한, 미국의 경우 연방의회에서 3~5년 주기로 연방교육법제를 시대적 요구와 교육환경의 변화를 재정의하고 재해석하는 과정을 통해 적합한 재인가 과정을 거치는 입법문화가 있다는 보고이다. 기본적으로 교육에 관한 권한은 각 주의 고유권한이나 재정 지원을 통해 연방의 개입은 진보와 보수정부에 따라 차이는 있으나 축소되는 경향으로 전망되고 있다.[32)]

최근의 미국 교육법의 핵심 쟁점은 「낙오 학생 방지법(NCLB)」에서 「모든 학생 성공법(ESSA)」으로의 전환에 있다. 즉, 미국 연방정부는 1965년 제정한 초·중등교육법(Elementary and Secondary Education Act; ESEA)을 3~5년 주기로 의회에서 재인가를 받도록 되어 있는데, NCLB법은 2002년 부시정부에서 ESEA를 개정한 법안의 별칭이다. NCLB법은 낙오 학생을 방지하기 위하여 기초학력을 강화하는 등의 국가기준을 제시하고 이를 주정부에 대한 재정지원과 연동시켰으나 오히려 획일적 표준화의 부작용을 낳았다. 이에 오바마 정부는 2009년 목표를 미달성한 주에 대하여 이른바 NCLB 면책조치를 취한데 이어, 2015년 12월 ESSA을 제정했다. ESSA를 통해 연방정부는 각 주의 교육에 관한 개입을 줄이고 대폭 이양하면서 재정 지원은 유지하는 특징을 보인다. 염철현은 이들 두 법의 핵심 내용을 다음과 같이 비교했다.

---

jled/index.php)에서 확인할 수 있다. 최근 2022년 봄호(51권 1호)에는 브라운 판결에 대한 재조명과 관련한 '교육에서 연방의 역할과 합리성의 재생'(*Reviving Rationality and the Federal Role in Education*)과 같은 교육판결 쟁점 논문도 있지만, '법교육에 있어서 과학수사'(Forensic Science in Legal Education)나 '미국 로스쿨에서 인종차별폐지의 허울'(*The Unsung Heroes of the Desegregation of American Law Schools*) 등 법교육에 관한 문제를 다루기도 한다.

32) 염철현(2016), 미국 교육법의 최근 연구 동향 및 시사점, 교육법학연구 28(4), 97－99면. 주요 분석 대상은『*West's Education Law Reporter*』(WELR),『*Journal of Law and Education*』(JLE), 전국학교이사회협회(National School Boards Association; NSBA) 홈페이지 교육법정보(https://www.nsba.org/Legal Clips) 등에도 역시 가장 많은 것은 공평 및 차별(Equity and Discrimination) 주제로서 흑백통합, 연령, 장애, 인종, 민족, 성, 노숙자의 교육법 이슈들을 다루고 있는 것으로 소개하고 있다.

표 3-2 낙오 학생 방지법(NCLB)과 모든 학생 성공법(ESSA)의 핵심 내용 비교

구분	낙오 학생 방지법(NCLB)	모든 학생 성공법(ESSA)
시험 (testing)	– 3~8학년 중 95% 이상의 학생이 매년 수학과 영어 과목에서 테스트(고등학교는 1회) – 과학 과목의 경우, 최소 1과목을 초·중고등학교에서 테스트 함	– 시험 대상, 과목, 횟수는 NCLB와 동일함 – 시험방식, 시기는 주에서 융통성 있게 시행 (단, 시험참가율은 대상 학년 전체 학생 중 95% 이상이 되어야 함)[33]
공통중핵성취기준 (common core standards)	– 원래 규정하지 않음 (단, 각 주에서 무슨 과목을 어떻게 가르쳐야 하는지에 대한 논의가 활발했음) – NCLB Waiver 조건으로 각 주에 채택을 권장하고, 채택할 경우 예산을 지원하는 방식	– 각 주가 공통중핵 성취기준을 채택할 수 있지만, 의무사항은 아님 – 오히려, 연방교육부의 중립 요구 (연방교육부장관이 공통기준을 채택하도록 영향력을 행사하거나 보조금을 준다거나 강요하지 않아야 함)
책무성 (accountability)	– 매년, 진척사항을 보여주어야 함 (특히, 인종 간 학업성적도 격차 및 소수인종의 성적 향상에 관심이 높았음) – 매우 엄격함	– 각 주에 일임 – 각 주는 책무성 계획을 연방교육부에 제출하고, 연방교육부는 제한적인 감독을 함 (일종의 가이드레일 역할)
구제방안 (remedies)	– 목표미달 학교에 대해 강도 높은 개선 요구 (학교장과 다수의 관계자 해고, 차터스쿨 전환, 수업일수 연장, 학교 폐쇄 등)	– 문제 학교에 대한 개입에 대한 구체적인 명시가 부족함 – 성적 하위 5%인 학교, 고등학교 중 졸업율이 67% 미만 학교, 소수인종 성적이 지속적으로 목표미달인 학교를 집중 관리함

출처: 염철현(2016), 미국의 모든 학생의 성공법(ESSA) 제정 및 시사점, 교육법학연구 28(1), 93-94면의 <표 1>을 수정 인용한 염철현, 앞의 논문 28(4), 93-94면의 <표 Ⅲ-1>을 재인용.

다. 일본의 교육법학(教育法學)

현재 일본에서 교육법을 연구하는 대표 학회는 일본교육법학회(日本教育法學會, 1970.8.27. 창립)가 유일하다. 학회 회칙 제3조에 따르면 "본 학회는 교육법에 관한 연구를 추진하여 그에 의해 「국민의 교육을 받을 권리」의 보장에 공헌함과 아울러 교육학계와 법학계와의 상호협동을 촉진하는 것을 목적으로 한다"고 규정하고 있다. 일본교육법학은 교육법 현상이라고 하는 독자적인 연구대상과 교육학과 법학 간의 학제적 접근방법을 특징으로 형성되었으며, 1970년의 학회설립은 그 출발점이 되었고 일본교육법학의 학문적 역량의 정체성을 드러내 보여주었다.[34]

제2차 세계대전 전 일본에서는 천황제 국가교육의 법제가 '행정법'의 일환으로서 존재하여 '교육행정

33) ESSA도 전체 학년 및 소수인종의 시험 참여율과 연동하여 연방재원을 지원한다. 2015년의 뉴욕 주의 경우, 전체 학생중 20%가 주가 자체적으로 시행하는 시험에 불참했다. 이른바 시험불참운동(opt-out movement)은 전국적으로 확산되고 있는 가운데, 학부모는 시험 자체가 학생과 교사를 평가하는 데 부적절한 방식이라는 이유로 자녀에게 시험응시를 막는다. 일부 교육자들은 시험이 잘못 설계되었다는 이유로 관리를 거부한다(*Washington Post*, U.S. Education Department threats to sanction states over test opt-outs, January 28, 2016).

34) 고전(2019), 일본 교육법학, 박영story, 74, 79면.

법학'만이 있었다. 1906년에 간행된 이노리 시게히로(禱苗代) 「교장시대의 일본교육행정법해설」(校長時代の日本教育行政法述義) 등은 그런 흐름을 대표하는 저술이다. 전후 교육법제에 관해서도 전후 개혁에 충분히 입각하지 않은 의회민주제적 국가교육권설을 채택한 문교행정 해석을 필두로 하여 전과 다름없는 교육행정법론이 주창되었다.[35)]

1949년 교육직원면허법 시행규칙에 근거하여 '教育法規' 과목 이수가 규정된 이래로 교육행정학자나 교육행정 관료에 의해 몇 권의 강의교재가 발간되었는데, 이 무렵의 '교육법규' 역시 교육행정법에 다름 아닌 공법에 속한 것으로 인식되었다. 이후 1954년의 '교육의 정치적 중립에 관한 두 법'의 제정으로 법학계에서는 교육법제 연구에 관한 관심이 고조되었는바, 일본 교육법학계의 대부인 아리꾸라 료기치(有倉遼吉) 교수가 문교관료와 함께 『콘멘탈 교육관계법』(コンメンタール 教育關係法, 1958)을 분담 집필한 것이 특징적이다.[36)]

한편, 본격적인 교육법 연구의 계기가 된 것은 1956년 교육의원 공선제(教育委員公選制)를 폐지하는 '지방교육행정법(地方教育行政法)'이 강행 제정되면서였다. 즉, 교직원 근무평정규칙이 마련되자 이에 대응하여 교육행정학자들이 근무평정제도의 민주적·합리적 실시조건을 위해 교육조건정비의 법제와 실태에 관한 분석에 착수하였다. 이어 1958년 연말에는 현재의 일본교육법학회의 모태라고 할 수 있는 '교육법연구회(教育法研究會)'가 동경대 교육학부를 중심으로 결성되어 교육연구자와 공법 및 노동법학자는 물론 교육재판 담당변호사 등이 참여하는 논의의 장을 제공하였다.

1960년대는 교육행정분쟁의 시기로서 교사의 교육권을 둘러싼 1961년의 '학력테스트 재판'과 1967년의 '교과서 재판' 등, 이른바 교육현장의 교육재판운동 과정에서 교육법학은 진전되어 갔다. 즉, 교육재판과 그 판례를 통해 교육연구의 성과를 반영한 교육조리적 법해석이 출현하였으며 1963년에 출판된 가네꼬 교수의 『教育法』[37)]은 이 단계의 책이라 할 수 있다. 또한 그가 1964년에 편집한 『教育裁判例集 I』은 교육법학적 자각을 동반한 최초의 교육판례집으로 인정받고 있으며 이 무렵 교육권에 대한 저서가 다수 출판되었는데 동경대학 교수였던 호리오 테루히사(堀尾輝久) 교수가 1966년에 저술한 「現代において教育法」은 국민교육권을 교육법원리로서 명확히 논한 최초의 것으로 평가받고 있다.

한편 1966년에 UNESCO·ILO가 주최한 정부 간 회의에서 "교원의 지위에 관한 권고"가 채택됨과 아울러 '교육행정과 노사관계'에 관한 주제가 노동법학계에서 논의되었고, 1969년 '大學運營臨時措置法'을 둘러싸고 '학문의 자유' 및 '대학법제'에 관한 연구가 진행되었다.

이어 1970년 8월 27일에는 일본교육법학회[38)]가 정식으로 발족되어 교육학계와 법학계가 공동으로

---

35) 이는 兼子 仁 교수의 견해로서 1960년대 전반까지의 "特別權力關係論"으로 상징된다. 日本教育法學會編(1993), 앞의 사전, 210頁 참조.

36) 고전(2019), 앞의 책, 80-81면. 자세한 전개는 이 책의 3장 참고.

37) 이 책의 초판에서 저자는 현행의 교육관계 법제를 조리해석의 견지에서 검토한 결과 '교육행정법'으로서가 아닌 확실히 교육제도상 특유의 '교육법'으로서 해석할 수 있는 것을 제기하여 '교육권의 독립'과 '지도조언권'을 필두로 하는 교육법 논리를 전문적으로 추구해가는 법해석학을 가리켜 '교육법학'이라고 기술했다. 兼子 仁(1963), 앞의 책(초판), 1-2頁 참조.

38) '국민의 교육을 받을 권리의 보장에 공헌'이라는 설립목적으로 결성된 본 학회는 有倉遼吉 교수를 초대 회장으로 하여 법학 및 교육학 관계 대학교원 및 연구원, 중등 학교교원, 교육위원회 및 교원단체 관계자, 법조인 등을 망라하여 당시 천여 명을 넘었다. 兼子 仁(1978), 앞의 책, 54頁.

교육법학 확립에 집단적 연구의욕을 보인 계기가 마련되었고 '教育法學'이란 용어를 사용한 다수의 서적이 출판되기 시작했다.[39] 그리고 1971년 가을부터 교육법에 관한 전문지로서 계간 교육법(『季刊 教育法』)이 창간되어 오늘에 이르고 있다.

일본에서의 교육법 연구 주제는 교육권과 학습권 연구에 집중되어 있으며 교육재판의 전개와 교육판례의 축적으로 이 분야에 대한 연구도 성과를 보이고 있다. 특히 교육학자를 중심으로 한 교육법사회학적 연구도 출현하게 되었는데, 다까노 케이치(高野桂一)의 「學校經營現代化の方法」(1970)과 「學校內部規程の硏究」(1976)는 그 대표적 예이다.

1980년대 이후 일본 教育法學의 연구영역은 더욱 확대되어 교직법제, 학교시설의 조건정비법제, 장애자 교육법제, 사회교육법제 그리고 학교 내 징계 및 체벌에 관한 문제까지 망라하고 있다. 특히 1990년 이후 어린이의 인권보장 문제에도 관심을 넓혀 가고 있다.

일본의 교육법학 교육법이론의 기초적 논의 시기(1960년 중반－1970년), 교육재판의 전개와 교육법학 발전기(1970년대), 국민교육권론에 대한 비판기(1980년대), 어린이 인권론 · 참가론 · 자치론의 전개기(1990년대) 그리고 교육개혁과 교육기본법 개정기(2000년대)로 이어졌다.[40]

1980년대에 국민교육권론에 대한 비판이 일어난 것은 1980년대 이후 학교에서 어린이 권리 침해 사례(교칙, 체벌 · 이지메, 내신서 관련)가 빈발하는 상황에서 교사교육권에 초점을 맞춘 학회의 국민교육권론에 대하여 회의감을 갖게 되면서 비판을 받게 되었다. 따라서, 자연스럽게 1990년대의 연구는 어린이가 처한 위기 상황에 대응해야 할 어린이의 인권에 관한 연구가 활발해졌고, 유엔이 정한 '아동의 권리조약'의 준수를 요구하는 운동이 사회에서 일어나기도 했다.

2000년대의 교육개혁과 교육기본법 개정을 필두로 오늘에 이르는 일본에서의 교육법 연구흐름을 정리하면 다음과 같다.[41]

1990년대 후반 이후 정치로부터 일반행정의 '구조개혁' 움직임이 본격화되고, 다양한 내용을 포함한 교육행정 분야의 개혁이 행해졌다. 교육법학은 무엇보다 교육인권보장의 견지에서 개혁 동향을 점검하고 이론적인 비판을 전개했다.

2006년 12월의 교육기본법의 전면 개정에 이른 일련의 교육개혁론에는 신국가주의적인 측면과 신자유주의적인 측면이 포함되어 있지만, 교육에의 강력한 국가통제를 내재시키는 것으로 진화한 신자유주의가 문제였다.

일본교육법학회는 1999년에 제정된 국기(國旗) · 국가(國歌)법에 의거하여 '일장기(日の丸)와 애국가(君が代)'가 강제되는 것에 대하여 비판적 검토를 해왔다. 그러나 이 문제에 대하여 헌법학설은 교육학설과는 다른 입장을 보였다. 즉, 교육행정에 의한 직무명령을 이용한 교사에 대한 지도강제의 위헌 · 위법성이라는 결론은 공유하면서도 권력적 강제에의 저항이론으로서 교사의 교육의 자유를 논거로 삼는 데에는 부정적 입장이었다. 헌법학설에 있어서 이 시기부터 일본의 공민교육법이론(公民教育法理論)이 본격적으

39) 有倉遼吉 編, 教育法學(1976) 및 教育法學の課題(1974), 永井憲一 · 堀尾輝久編(1984), 教育法學を學ぶ, 永井憲一(1974), 教育法學の目的と任務 및 教育法學の展開と課題(1978) 등 외에도 教育法 관계서적이 다수 출판되었다.

40) 고전(2012), 일본의 교육법학 연구 동향 분석(Ⅰ), 교육법학연구 24(1), 1면.

41) 이하 일본교육법 연구 전개는 고전(2019), 앞의 책, 84－92면 참고.

로 전개되었다.

신 교육기본법하에서 가속화된 이른바 신 자유주의적인 정책으로 인하여 교육인권이 위축될 것이라는 우려가 있는 가운데, 여전히 일본교육법학계의 통설적 견해는 헌법 제26조(교육을 받을 권리)를 국민의 학습권으로 해석하며, 구체적으로 어린이의 학습권을 기초로 이를 실현하기 위한 다양한 주체의 권리의무·책임권한 관계를 구조화시키는 일을 이른바 교육인권론의 과제로서 제시한다.

2006년 12월 15일 개정(2006.12.22. 공포·시행)된 신 교육기본법은 교육목표를 수정하고 국가가 주관하는 교육진흥기본계획의 근거법이 되었고 이후 정부 교육개혁을 대변하고 있다. 일본교육법학계에서 신 교육기본법에 대한 평가는 부정적이다. 교육의 자주성과 자율성을 확보하여 권리로서 교육을 보장하기 위한 법제적 틀을 정한 기본법인 구 교육기본법을 국가에 의해 공적으로 정해진 도덕규범을 권력적으로 주도함은 물론 교육에 있어서 경쟁과 격차를 심화시킬 법률이라는 우려한다.

특히 정부에 부여한 교육진흥기본계획의 책정권은 정부가 기본계획이라는 형식으로 교육내용을 포함한 교육의 국가기준이나 수치 목표를 설정하여, 그 달성도를 평가하고 이에 따라 재정을 배분함으로써 내용을 통제하고 이를 정당화하는 구조를 도입했다고 비판한다.[42)]

전후 결론을 내리지 못하던 교육기본법 개정 문제가 재론된 것은 개혁노선의 고이즈미(小泉) 내각과(2001.4－2006.9) 연이어 극우파로 분류되는 아베(安倍) 내각(2006.9－개정 당시 수상)하에서 추진된 일본의 평화 헌법 개정과 연동되어 있다. 즉, 국가관에 입각하고 전통을 존중하는 신일본인의 창조한다는 교육기본법 개정을 헌법 개정의 교두보로서 삼겠다는 전략적 추진에 따른 것이었다.

개정 반대 측이 애국심 등의 표현에 과민하게 반응하였던 것도 이와 관련이 있다. 일본의 교육기본법 개정을 둘러싼 논의의 유형은 크게 '복고적 개정론'과 '미래지향적 개정론'으로 나뉘는 것으로 보고[43)] 되기도 한다.

지난 2009년 당시 이치가와 쓰미코(市川 須美子) 회장은 한국교육법학회 연차학술대회 참석하여 "신 교육기본법 이후 교육법제의 전개"에 대하여 발표를 했다.[44)] 그에 따르면 2007년 6월 20일에 개정된 교육관련 3개 법령 일부 개정법(학교교육법, 지방교육행정법, 교육직원면허법 및 교육공무원특례법)은, 신 교육기본법상 교육내용에의 본격 개입(제2조의 상세한 교육목표, 제6조 제2항에 의한 전 학교체계에의 관여), 국가의 종합적 교육 시책 책정·실시 권한(§16①②·§17①) 및 사명과 직책의 중요성을 강조한 교원(§9) 조항의 전면적인 법률 주의가 구체화된 것이라고 평가한 바 있다.[45)]

다음으로 일본교육법학회의 정기총회 학술대회의 주제는 교육법 연구의 관심 영역을 일별해 볼 수

---

42) 2016년 일본교육법학회 회장이었던 成嶋 隆(2008), 新教育法の憲法學的檢討, 日本教育法學會年報(37号), 有斐閣, 31－42頁 참고.

43) 이에 대해서는 고전, 일본의 교육법학 연구동향 분석, 비교교육법포럼(2012.2.3.), 104－105면 참고.

44) 市川須美子, 新教育基本法以後の教育法制の展開, 대한교육법학회 연차대회 자료집(2009.12).

45) 학교교육법 제42조는 "초등학교는, 문부과학대신이 정하는 바에 따라 당해 초등학교의 교육활동이나 그 외 학교운영의 상황을 평가하여 그 결과에 근거해 학교 운영의 개선을 도모하기 위해서 필요한 조치를 강구하는 등 그 교육 수준의 향상에 노력하지 않으면 안 된다"고 규정했다. 그리고 지방교육행정법 제27조는 "교육위원회는 매년 그 권한에 속하는 사무의 관리 및 집행의 상황에 대해 점검 및 평가를 실시하여, 그 결과에 관한 보고서를 작성해 이를 의회에 제출함과 동시에 공표해야 한다"고 하여 학교평가 및 교육위원회 평가를 법제화하였다.

있는 척도이다. 2010년 창립 40주년에 쯔치야 모토노리(土屋基規)는 일본의 교육법 연구의 10개 주요 영역을 ⓐ 교육권론, ⓑ 헌법·교육기본권론, ⓒ 어린이권리론, ⓓ 교육재판과 교육법학, ⓔ 교육의 자유와 교사의 교육권, ⓕ 교육조건정비론, ⓖ 학교자치·주민자치론과 교육법학, ⓗ 생애학습론과 사회교육법제론, ⓘ 교육정책·교육개혁의 동향과 교육법 연구, ⓙ 교육법의 비교연구와 국제교류 등으로 제시한 바 있다.[46] 그는 일본 교육법 연구의 특징을 다음 다섯 가지로 제시하기도 했다.

첫째, 교육법학의 고유성의 추구와 학제적인 교육법 연구

(교육학과 법학의 연구자 간 협동, 교사·행정직원·부모·시민의 참가)

둘째, 교육재판과 교육법연구의 긴밀한 관계에 있어서 교육법 연구

셋째, 교육정책·교육개혁의 동향과 긴장관계에 있어 실천적·이론적 과제의 추구

넷째, 학교교육, 사회교육, 복지, 소년사법 등의 넓은 영역에 걸친 관계 교육법 연구

다섯째, 국제교육법의 연구와 실천적 과제의 제시 등[47]

최근 2010년 이후의 정기총회 주제 역시, 교육기본법 개혁 이후 정부 개혁 입법과 교육현안에 대한 법적 대응에 초점이 맞추어져 있다.[48] 이렇듯, 일본교육법학회의 주된 연구 화두는 학회 창립 40년 이상 지속되어온 '현실 시정적이고 실천 지향적인 교육법 논의'라는 일본교육법학 연구의 전통을 이어오고 있다. 특히, 2006년 교육기본법 개정 이후 '교육진흥기본계획'의 수립은 곧 중앙과 지방에게 교육개혁안 작성을 의무지은 것이고, 중앙과 지방의 정치권이 주도하는 교육개혁이 일반화되어가고 있다는 뜻이다. 동시에 정치권에 의하여 교육의 자주성 및 부당한 지배의 위험이 높아지고 있는 상황이다. 교육법학회의 기본적인 입장은 이를 주시하면서 교육현장의 교육조리를 확인하고 현실적인 대응책을 내놓는 방식이다.

일본교육법학회의 주목할 만한 학술성과는 10년 단위로 발간하고 있는 기획 저서이다. 1980년 3월에서 1981년 6월에 걸쳐 전 7권으로 전문서(강좌·교육법 시리즈, エイデル研究所)가 간행되었는데, 『교육법학의 과제와 방법』, 『교육권과 학습권』, 『교육내용과 교육법』, 『교육조건과 정비의 교육법』, 『학교자치, 교육의 지방자치, 세계와 일본의 교육법』이 그것이다.[49]

학회 창립 20주년 기획 출판으로 간행된 『教育法學辭典』(學陽書房, 1993)은 당시까지의 교육법 연구성과를 핵심 키워드별로 저자를 배분하여 총정리한 백과사전류이다. 일본 교육법학계에서 논의되고 있는 교육법학의 기본 용어(교육법학, 교육조리, 교육의 자유 등)에 대한 개념을 잘 정리하고 있다. 내용은 교육법제의 구조와 동태, 교육법의 원리와 이념, 학교교육의 제도 및 운영, 교직원의 지위 및 인사, 교육행·재정의 법제, 사회교육·생애학습 등 5개 장으로 구성되어 있다.[50]

---

46) 土屋基規(2010), 日本教育法学会の40年－教育法学研究の總括に向けて(정기총회 요지집), 16－17頁.

47) 永井憲一(1997), 戰後50年と教育法學の展開, 日本教育法學會年報(26号)의 글을 참고한 土屋基規(2011), 日本教育法学会の40年－教育法学研究の總括に向けて, 教育法學40年と政權交代, 日本教育法学会年報(40号), 有斐閣, 6頁.

48) 教育法学40年と政権交代(2010), 教育の国家責任とナショナル・ミニマム(2011), 不当な支配と教育の自由(2012), 教育の政治化と子ども教師の危機(2013), 新教育基本法と教育再生実行戦略(2014), 戦後70年と教育法(2015), 立憲主義の危機と教育法(2016), 憲法施行70年と教育法学の課題(2017), 教育における平等と「市民社会」(2018), 教育の「貧困化」と教育法(2019), 教育人権保障の到達点と課題(2020), 公教育の危機と再構築－COVID19と教育法(2021), 教育政策と教育裁判法の軌跡と新動向(2022)

49) 고전(2019), 앞의 책, 96면.

50) 고전(2019), 앞의 책, 97면.

30주년 기념 출판물로는 2001년 6월에 3권의 전문서(현대 교육법 시리즈, 三省堂)를 발간하였는데 『교육법학의 전개와 21세기 전망』, 『아동·학교와 교육법』, 『자치·분권과 교육법』 3권이 그것이다. 창립 40주년 기념 출판으로 기획되어 2014년 8월에 간행(法律文化社)된 『교육법의 현대적 쟁점』(教育法の現代的 爭點)은 가장 최근의 논의를 집대성한 학술서이다. 제1장 교육법 원리, 제2장 교육법제, 제3장 교육재판으로 구성되었다. 주제는 총 80개이다.

일본 교육법학계의 원로인 가네꼬 마사시(兼子 仁)의 대표저술은 『教育法』(1963, 1978 신판, 有斐閣)이다. 일본 내에서도 그의 교육권론 및 교육조리론은 교육법학계의 정설로 자리하고 있으며, 한국 내 교육법 관련 논문들 역시 이 책을 가장 많이 인용하고 있고, 처음으로 교육법학을 국내에 소개한 안기성 교수 역시 그의 교육법론을 수용하여 소개한 적이 있다.

일본 교육법학 연구에는 일본의 교육갈등사, 교육권 논쟁의 성과, 일본문화가 반영되었다. 또한, 연구대상의 확대, 연구방법의 다양화, 연구성과의 축적을 통해 독자적 학문분야로서 정체성을 공고히 해가고 있다고 할 수 있다. 그 가운데에서도 학회 및 학술 활동과 관련된 몇 가지 특징을 종합적으로 정리하면 다음과 같다.[51)]

첫째, 일본의 교육법 연구는 현실 참여적인 학회 활동이 특징이다. 이는 시의성 있는 정기총회의 주제 선정에서도 잘 드러난다. 1960－70년대 일본 학교현장의 교원들이 국가주도의 교육행정에 대하여 의문을 제기한 교원근평 사건, 학력테스트 재판 그리고 교과서 재판 등은 대표적인 예이고, 학회의 연구성과가 판결문에 인용되기도 했다. 참여적인 학술활동은 1980－90년대 이지메 문제나 UN 아동의 권리선언과의 격차 논의를 이끌어 냈고 인권으로서 교육권 관점으로 진화하였다. 2000년대 교육개혁 더불어 추진된 교육기본법 개정시 정치적 중립을 강조하고, 정부의 일방적인 추진에 대하여는 교육기본법 반대운동의 선봉에 일본교육법학회(堀尾輝久 회장; 2001.5－2005.5)가 서기도 했다.[52)]

둘째, 학술활동이 연1회의 정기총회와 이를 정리한 연보의 발행 그리고 특별연구회를 통한 현안을 연구 체제를 특징으로 한다. 정기총회는 연 1회 1박2일 일정으로 개최되고, 그 산출물을 다음 해에 연보로 발행한다. 60대가 주로 담당하는 회장의 임기는 3년이며 주제별 특별연구회도 지속적으로 구성된다. 학회 창립기념을 10년 단위로 저서를 발간하고 있는 점 또한 평가할 만하고, 20주년 기념 『教育法學辭典』(1993)은 대표적 업적이다.

셋째, 일본교육법학회는 교육을 받을 권리를 꾸준히 재해석해오고 있는바, 국가교육권론에서 국민학습권론으로 그리고 이제 교육인권론을 지향하고 있다. 교육학자(특히 동경대학 교육학부 교수)들은 학교 현장에서의 교육권 갈등을 매개로 하여 교육권에 대하여 이론적으로 천착(穿鑿)하였고, 일본교육법학회 결성을 주도했다. 반면, 헌법학자들은 '교육을 받을 권리'에 대한 헌법 해석을 통해 국민의 학습권 및 인권을 중심으로 교육권 논의를 확산시켰다.[53)] 어린의의 권리조약에 대한 논의 역시 교육인권론 차원에서 이

---

51) 고전(2019), 앞의 책, 103－107면.

52) 이는 전통적으로 동경대학 교육학연구과 및 법학과 교수들이 정부 정책에 대하여 갖는 비판적인 논조의 학풍 전통과 무관하지 않다. 그러나 일본교육법학회를 좌파학회로 단정하는 것은 지나친 혹평이다.

53) 한국의 헌법학계나 교육학계에서 '교육을 받을 권리'라는 표현에 의문을 제기하거나 국가교육권론과 국민교육권론에 관한 논의 없이 해방후 40년을 지내다 1980년 중반에 이르러서야 학문적 논의가 시작된 점, 교육공무원으로서 신분 차입에 대한 근본적

루어지고 있다.

넷째, 일본의 교육법 연구는 한 주제에 대한 천착(穿鑿)하고 관심 영역별 연구 그룹이 활동하는 학문적 집중력을 특징으로 한다. 이론서 이외에도 일반인이나 교직과정에서 소양으로 알아두어야 할 교육법에 대한 해설서나 연수교재, 만화 등의 출판도 활발하게 이루어지고 있다.[54] 1971년 창간된 계간잡지 『季刊 教育法』[55]은 학교 현장의 교사나 실무자들에게까지 독자층을 넓혀가고 있다.

다섯째, 일본의 교육법 연구에는 현장의 교육법에 대한 수요와 연구의 동력이 있다는 점이다. 대표적으로 교원임용 1차시험이나 교장 승진시험에 교육법과 제도가 포함되어 있다. 이러한 수요는 교육법 연구를 추진하는 동력이다. 교육법 강좌는 교원양성대학 교직과정의 필수과목으로 개설되는 경우가 많고, 법과대학의 교육법 강좌가 드물지 않다. 교육법전(教育法典)은 전통적으로 학양서방(學陽書房)의 『教育小六法』과 삼성당(三省堂)의 『解説教育六法』 두 가지가 대표적이다. 위의 이수 교과의 부교재로 활용된다.

끝으로, 일본의 교육법 연구는 한국의 교육법 연구에의 크고 작은 영향을 미쳐왔는데, 주로 선행연구의 인용이나 개인 간 연구교류 및 학회 간 학술교류를 통해서다. 앞서 소개한 가네꼬의 『教育法』에 소개된 그의 자유주의 교육법론은 한국 내 교육법 저술과 논문에서 가장 많이 인용되고 교육법 조리 내지 교육법학 논의에 적지 않은 영향을 미쳤다. 특히, 연구과정 및 학위논문을 작성하기 일본 대학에서 수학한 국내 연구자들이 일본의 교육법학을 국내에 소개하는 교두보 역할을 하였고, 이는 자연스럽게 학회 간 교류로 이어졌다. 이러한 흐름들은 한국에서의 교육법 연구와 관련 학회의 태동에도 영향을 주었다.[56]

13설 독일의 학교법학(Heckel), 미국의 판례학교법학(ELA), 일본의 교육법학(일본교육법학회)

인 논의 없이 1953년 이래로 2022년에까지 70년째 법체계를 유지해 오고 있는 현실들은 일본과 대비하여 한국의 교육법 논쟁사를 성찰해 봄직한 부분이다.

54) 이 점에서 염철현 교수가 교사와 법(원미사, 2001), 교육행정가와 학교법(원미사, 2002), 차별철폐정책의 기원과 발자취(한울, 2008), 차별철폐정책(한울, 2009) 등을 통해 미국의 교육법을 집중 소개하고, 만화로 된 교육논쟁 20(2009, 한울) 책자까지 발간한 것은 매우 고무적이다.

55) 최근 계간지의 특집기사 주제는 아동인권 수호(성교육편), 교원의 근무형태(장기휴가), 교육판례에서 본 아동권리, 아동이지메의 지금을 알자, 지금 교직은 매력적인가? 세계 교원이 근무형태(근무시간관리와 업무비교), 코로나공존시대의 교육의 방향을 묻는다 등이다.

56) 큐슈대학에서 수학한 안기성 교수가 1976년 6월 새교육지에 "교육법학의 가능성; 그 방법론적 서설"을 발표하면서 교육법학은 국내에 소개되었고, 백명희 교수가 "한국 교원의 권리·의무에 관한 연구"로 최초의 교육법 박사논문을 수여받았는데, 1970년대 초반의 일본의 교육법 논쟁에서 논문의 단초를 시사받았던 것으로 작고 전 언급하셨고, 정태수 박사는 1985년 일본쯔꾸바대학에서 "한국교육법의 성립과정에 관한 연구"로 박사학위를 취득하고 귀국하여 1986년 9월 22일 대한교육법학회를 창립하고 회장으로 활동을 시작한 것 등에서 그 영향 관계를 엿볼 수 있다. 자세한 내용은 본인이 대한교육법학회의 학술지인 '교육법학연구'지의 지면을 통하여 두 차례(1997, 2006) 소개한 졸고(拙稿) '한국의 교육법 연구 동향 연구' 및 '한국의 교육법 연구 동향 연구(Ⅱ)' 참고.

4. 한국 교육법 연구의 전개

교육법 연구의 시기 구분은 학문적 접근 여부를 기점으로 하며, 이는 관련 학회의 출범과 학술지 발간을 기준으로 삼는 것은 일반적이다. 독자적인 연구대상과 연구방법론을 표방하고 연구성과를 산출할 체제를 갖추었기 때문이다. 그런데 학문의 전개 역사 구분의 경우 보다 객관적 사실에 근거할 필요가 있다. 통상 학회 창립을 기념하는 학술대회에서는 현재의 시기를 성숙기 내지 완성기로 상정하고 이전의 시기를 앞선 시기로 평가하지만, 한 세대 뒤 연구가들의 관점으로 볼 때는 완성기가 재해석될 수 있기 때문이다.

여기서는 현재의 교육법 체제의 출발점 이후, 즉 제정 교육법 이후의 연구사를 정리하고자 한다. 물론, 1949년 교육법이 제정되고 연구되어진 밑거름에는 조선과 근대 교육법이 있었고, 이에 대한 연구 관심 또한 지금의 교육법 현상을 이해하는 초석이 되었다.

해방 후에 교육법제 역사에 대한 학문적 관심 또한 한국교육학회(1953)나 교육행정학연구회(1967, 한국교육행정학회의 전신) 출범 이후의 일이다. 조선시대 교육법규에 대한 연구는 교육행정학계에서 이루어진 교육행정사 연구 영역에서 주로 이루어졌다. 강길수는 왕조실록과 권학절목 등 교육관련 법령들을 분석하여 조선시대 행정사를 선구적으로 정리했다.[57] 개화기 및 일제 강점기 교육법제에 대한 연구자로는 안기성 교수를 들 수 있다. 이 책 제2장에서 밝힌 바와 같이 그는 조선의 근대 교육법제를 단순히 일제를 모방한 것으로 비판하기보다는 시대 상황에서 적극적으로 대응한 입법적 노력 측면을 재평가했다.[58]

교육사학자 가운데 교육법규를 정리하는데 기여한 학자로는 손인수를 들 수 있고 특히 사학의 역사에 많은 사료를 발굴하였다. 김영우는 개화기 교원양성 교육사를 비롯하여 교원과 관련된 다양한 교육법규를 분석하기도 했다.[59] 정태수는 광복 후에서 교육법이 제정되기까지의 사료와 당시 법 제정 참여자 면담을 수집하여 정리하는 등 교육법제 연구에 중대한 법제 사료를 제공하고 있다.[60]

이 책에서는 1949년 제정 교육법 이후를 다루며, 학술활동의 결정적 전환점(turning point)이 된 역사적 사실을 기점으로 구분하여 기술한다. 한국 교육법학 연구기는 당연히 교육법학회 및 학술지 발간 전

57) 강길수는 1957년「교육행정」(풍국학원) 중 제2부 우리의 교육행정자료에서 중국·일본·미국의 영향을 통해 여러 교육법규 사료를 인용했다. 그 외에 강길수(1975), 조선왕조의 교육행정형 – 그 기본형의 형성, 서울대 박사학위논문. 강길수(1976), 한국교육행정사 연구, 교육출판사. 강길수(1986), 한국교육행정사연구초, 재동문화사 등을 발간했다. 박수정은 강길수를 한국 최초의 교육행정 연구자로 평가한다. 박수정(2016), 한국 교육행정사 연구의 성과와 과제, 교육학연구 54(1), 294면. 그 외 교육법규 분석에 바탕을 둔 교육행정사를 다룬 박사논문으로는 조동섭(1995), 최한기의 인정(人政)의 구조와 인사행정 논리, 서울대 박사학위논문. 박수정(2008), 조선시대 지방교육행정 연구, 서울대 박사학위논문 등이 있다. 개별논문으로는 이원호(1976), 법제사적 측면에서 본 조선시대 교육의 변천, 교육학연구 14(2). 김경용(2004), 조선시대 과거제도 시행의 법규와 실제, 교육법학연구 16(2). 박종배(2006), 조선시대의 학령 및 학교, 한국교육사학 28(2) 등이 있다.

58) 안기성(1984), 한국근대교육법제연구, 고려대민족문화연구소.

59) 손인수(1971), 한국 근대교육사, 연세대출판사. 손인수(1992), 미군정과 교육정책, 한국사회학연구소. 김영우(1984), 한국 개화기의 교원양성연구, 창학사. 김영우(1997), 한국 개화기의 교육, 교육과학사.

60) 정태수(1995), 광복3년 한국교육법제사, 예지각. 정태수(1996), 한국 교육기본법제 정립사, 예지각. 일본 쯔쿠바대학에서 한국의 교육법 제정과정연구로 논문박사학위를 취득(1985)하였고, 이 책은 이를 바탕으로 방대한 입법사료와 면담을 기초로 발간된 것이다. 면담자에는 안호상 당시 초대문교부장관 오천석 문교차장, 박희병 당시 국회전문위원, 조재호 및 심태진 문교부 장학관 등이 포함되어 있다.

과 후로 대별할 수 있기 때문이다. 학회의 출연은 특정 학문분야의 정체성 논의의 전환점과 동일하다.

학회 설립 전 교육법 연구기는 다시, 근대 교육법 제정 이후 이를 해설하는 시기였던 교육법규 해설 연구기(교육법 제정－1970년대 중반)와 국내에 교육법학이 소개되고 교육법에 대한 학문적 접근을 위한 발아기(發芽期)로써 학회가 결성되기 전까지의 연구기인 교육법학 도입 연구기(1970년대 중반－1980년대 중반)로 나눌 수 있다.

그리고 교육법학회 결성 후의 시기는 학회가 본격 활동을 시작한 1980년대 중반으로부터 교육법 체제에 변화를 가져온 1997년 교육법의 분할(교육기본법, 초·중등교육법, 고등교육법) 제정 전후인 '교육법학회 창립 연구기'(1980년대 중반－1997년)로 나눌 수 있다. 그리고 교육기본법이 시행된 1998년 이후부터를 '교육 3법 체제하의 연구기'(교육기본법 시행－현재)로 구분하고자 한다.

이들 세 법률이 시행된 1998년 3월 1일을 기점으로 기본교육법규, 학교교육법규, 평생교육법규[61]의 '교육 3법 체제기'라 지칭한다. 이어, 교육법 전문가의 배출 척도인 관련 박사학위 논문 동향과 학회의 학술활동 및 학술출판 순으로 연구 동향을 살펴보도록 한다.

가. 교육법규 해설 연구기(교육법 제정－1970년대 중반)

'교육법규 해설 연구기'(敎育法規解說硏究期)는 교원 및 공무원에 대한 각종 연수교과로서 교육법규에 대한 해설서를 중심으로 논의가 이루어지던 시기를 말한다. 교육법학에 대한 본격적 논의보다는 축조해석(逐條解析)[62]이 주를 이루었던 시기로서 1949년 12월 31일의 교육법 제정 이후부터 교육법학이 소개되기 전 1970년대 중반까지의 시기로 구분할 수 있다.

국민 모두에게 개방된 교육에 대한 권리와 의무를 선언한 대한민국헌법 제정으로부터 본격적인 교육권 보장을 위한 공교육제도는 출범되었다. 이의 정초를 다진 것이 「교육법」 제정이었고, 불행하게도 이에 근거하여 교육체제를 정비하여야 할 시기에 6·25 한국전쟁 발발로 관련 시행령은 1952년 4월 23일에야 피난지에서 제정되었다.

당시로서는 새로 도입하는 법과 제도의 정당성 논의보다는 제도의 정비가 급선무였던 만큼 교육법에 대한 논의는 정부의 입법과 국회의 토론과정에서 '논란' 수준의 것이었다. 1953년 교원의 신분을 책정할 때에도 별도의 신분(예를 들어 교원신분법)에 대한 논의 없이 국가공무원의 특례를 정한 교육공무원 체제를 따른 것이나, 1963년 사립학교법에서 이를 준용토록 한 비약적 입법 논의과정은 반세기가 지난 오

61) 기존의 사회교육법은 1999.8.31. 전부개정을 통해서 평생교육법으로 명칭이 변경(2000.3.1. 시행)된 바 있고, 이 법상 평생교육은 학교교육을 제외한 모든 형태의 조직적인 교육활동으로 기존의 사회교육과 동일한 의미였다(제2조 제1호). 국회는 2021.9.24. 교육기본법 개정을 통해서 사회교육 용어를 평생교육으로 개정함으로써 사회교육은 평생교육 용어로 개정되었다. 고시된 개정 이유에 따르면 "사회교육은 「평생교육법」이 개정되기 전인 「사회교육법」에서 사용하던 용어로서 「평생교육법」과의 용어 통일성을 확보하기 위하여 '평생교육'으로 개정할 필요가 있다"는 것이다. 이로써 기존에는 헌법 제31조 제5항에서 말하는 국가의 평생교육 진흥의무와 교육기본법 제3조의 평생에 걸쳐 학습할 권리 등 국민의 평생교육 및 학습을 위한 조직적인 교육인 학교교육과 사회교육으로 나뉘어져 있던 개념에서 학교교육과 평생교육으로 치환하는 결과를 가져왔다. 이에 대한 적절성 논의는 '제11장 평생교육법규론'에서 다룬다.

62) 축조해석이란 '한 조목 한 조목별로 해석'한다는 뜻이다. 행정 용어 순화 편람(1993.2.12.)에 따르면 '축조' 대신 '조목별'로 쓸 것을 권고하고 있으나, 지금도 법률해설서에서 책제목의 부재로 종종 쓰인다.

늘날의 시점에서 보면 아쉬움이 남는다.

교육법에 대한 구체적 논의의 성과는 정부가 발간한 교육관계 법규집과 몇 권의 교육법규 해설 단행본이 그 예이다.[63] 이 서적들은 교육행정가 및 교원들의 교육법 실무 교육을 위하여 집필된 것이었으므로 교육법규의 내용을 편집하여 축조 해설하는 주해서의 성격을 지닌 것들이 대부분이었고, 집필자 역시 문교부 관료를 포함한 법무 연수담당 공무원이 주를 이루었는데, 당시 법학계의 무관심 속에 나름대로의 역할을 담당하였다.

당시 교육학의 대표 학회인 한국교육학회(1953.4.4. 창립)에서의 교육법 연구에 대한 관심은 미미했다. 학회지인 『敎育學硏究』지에 김창곤(1974)과 이원호(1976)의 두 편의 논문만이 확인되고 있다.[64] 교육학회 분과연구회로 출발한 교육행정학연구회(1967.4.8. 창립, 뒤에 한국교육행정학회)와 국책 연구기관인 한국교육개발원(1972.8.30. 개원)의 연구물 가운데 교육법규와 관련된 연구는 초기에는 발견되지 않았다.

김낙운 전교육감은 이 해설 연구기의 대표적 저자로서 『교육법축조해설』(1969), 『교육공무원론』(1969), 『교육공무원인사법요론』(1974), 『현행 교육법해설』(1974)을 발간했다.

법제의 정당성 논의에 앞서 제도의 도입이 시급한 과제였던 교육체제 정비기를 거치는 동안 자연스럽게 교육법에 대한 학문적 접근은 그만큼 뒤처지게 되었고, 교육법 영역이 학자들의 연구대상이 아닌 문교부 관료나 입법 전문가의 기술적 영역으로 각인되게 되었다.

이러한 교육행정을 시행하기 위한 실무 중심의 교육법 인식과 관례로 인하여 교육학자나 공법학자 역시 연구대상으로 삼지 못하였고, 후학들이 교육법 연구에 대한 관심을 갖는 데 자극을 주지 못하였다.

나. 교육법학 도입 연구기(1970년대 중반-1980년대 중반)

다음의 교육법학 도입 연구기는 교육법학이라는 개념이 학계에 소개되고 관련 박사학위 논문이 출현한 1970년대 중반으로부터 1980년대 중반까지의 시기를 말한다. 학문적 접근의 필요성과 가능성이 모색된 시기를 1970년대 중반으로 설정한 이유는 다음의 공론화(公論化) 과정과 박사학위 논문의 출현이라는 두 가지 측면에서다.

먼저 원로 교육법학자 안기성은 1976년 당시 교육학 공론지로서 역할도 병행했던 『새교육』(6월호)지에 "교육법학의 가능성"을 게재하여 국내에 처음으로 교육법학을 소개했다. 이어 1977년에는 박인희가 경북대 『논문집』에서 교육법학을 논했다.[65] 두 글 모두 일본의 교육법학을 소개하면서 이 분야가 독자적 연구 분야로 정립될 수 있다는 점을 강조했다.

다른 한편, 교육법 분야의 박사학위 논문이 1977년 백명희(전 이대교수)에 의해서 발표[66]되었는데,

---

63) 박희병(1950), 교육법해의, 교육주보사. 김재규 · 정태수(1965), 교육공무원법정의, 교학도서주식회사. 김낙운(1969), 교육법축조해설, 교단사. 오천석 편(1969), 교육법규, 현대교육총서출판사.

64) 이 시기의 교육법 관련 논문으로는 김창곤(1974), 교육자치의 입법화 과정, 교육학연구 12(2)와 이원호(1976), 앞의 논문 등 두 편의 논문만이 게재되었다.

65) 박인희(1977), 교육법학고, 교육법연구서설, 논문집 24, 경북대학교.

66) 백명희(1977), 한국 교원의 권리 · 의무에 관한 연구, 교육학박사학위논문, 이화여자대학교 대학원.

이 논문 역시 일본의 교육법학의 기본 개념과 접근 방법을 수용한 것이었다.

한편, 새로운 연구 분야에 대한 선도적 소개가 있었음에도 한국교육학회와 교육행정학연구회 학술지에 교육법 관련된 논문이 게재되지 않았다. 박사학위 논문 역시 법학 계열의 2편(박인희, 조규인)과 교육학 계열 1편(허재욱)이 발표되는 정도였다.[67)]

기타 대한교육연합회에서 교권 사건판례 및 교육법규 정비방안에 관한 보고서가 간행되었고, 개인 단행본으로 교육법 해설서 및 외국의 교육법제 해설서 등이 몇 권 발간되었다. 안기성은 미국교육법제와 한국근대 교육법제에 대한 저술을 출간하였고, 한경주(1983)는 『교육법강의』에서 교육법학의 철학적 의미와 학문적 성격을 논하였으며, 김창수는 『교육판례해설』(1981)을 발간하였는데 학회 창립 전에 있어서 대표적인 저술로 평가할 수 있다.[68)]

다. 교육법학회 창립 연구기(1980년대 중반-1990년대 후반)

교육법학의 개념 도입에 이어서 본격적인 교육법학적 접근을 시도한 시기로서 관련 학회의 출현을 기점으로 한다. 학회가 창립되어 학술활동이 본격화되고 학술지가 발간되는 등 주기적이고 지속적인 교육법 연구 활동이 시작되었고, 이른바 '교육법학적 접근'을 한 박사학위 논문들이 출현한 시기이기도 하다.

교육법 관련 학회가 출범한 곳은 헌법과 교육행정 두 연구집단에 의해서였다. 우선, 헌법학자인 서울대 김철수 교수가 제자들을 중심으로 '한국교육법학회(1984.11)'[69)]를 결성하였는데, 초기의 관심은 법학교육에 관한 주제였다. 다음으로 교육행정학자들이 1984년부터 학회창립에 관한 준비모임을 갖고 '대한교육법학회(1986.9.22. 창립총회)'[70)]를 발족시켰다.

1980년대 중반 이후 10여 년 동안 교육법 관련 학위자의 수가 급증하여 20여 명이 배출되었다. 외국 박사학위[71)] 취득자들도 나타났는데, 정태수의 한국교육법 성립과정 연구(일본 쯔꾸바대, 1985), 표시열의 학생의 기본권 연구(미국 아이오와대, 1986), 최윤진의 교사 관련 판례 연구(미국 피츠버그대, 1988), 이시

67) 박인희(1982), 현대교육법원리로서의 교육의 자유－미·일 법리를 중심으로－, 법학박사학위논문, 경북대학교 대학원. 조규인(1984), 대학자치에 관한 연구, 법학박사학위논문, 성균관대학교 대학원. 허재욱(1985), 한국사립학교법에 관한연구－자주성과 공공성을 중심으로－, 교육학박사학위논문, 중앙대학교 대학원.

68) 안기성 역(1977), 미국교육법제개설, 광명출판사. 대한교육연합회(1980), 교권사건판례집, 대한교육연합회. 김창수(1981), 교육판례해설, 교학사. 이종국(1982), 사립학교법 축조해설, 재동문화사. 한경주(1983), 교육법강의, 법문사. 김낙운(1984), 현행 교육법해설, 하서출판사. 안기성(1984), 한국근대교육법제연구, 고려대학교민족문화연구소.

69) 한국교육법학회는 교육법 현안을 중심으로 세미나를 개최하고, 이를 단행본(『교육의 자유와 대학의 자치』, 1986) 및 『한국교육법연구』(1995, 1997, 1999, 2002, 2005)지로 발간한 바 있다.

70) 대한교육법학회(초대회장: 정태수)는 12월 13일에 제1차 연구발표회를 가졌고, 1988년 『교육법학연구』 창간호(1988년)부터 제18권(2006)까지 발간해 오고 있으며 2002부터 연 2회 발간하고 있다.

71) 정태수(1985), 韓國教育法の成立過程に關する硏究, 博士學位論文, 日本筑波大學大學院. 표시열(1986), Students' selected Contitutional rights and responsibilities: a comparative study of America and Koresn legal culture withimplications for Korean political development, Dissertation of Doctor of Philosophy, University of Iowa. 최윤진(1988), A Teacher's Role in Case Law: A Comparision of Judicial opinions in The Republic of Korea and the United States, Dissertation of Doctor of Philosophy, University of Pittsburgh. 이시우(1993). Verfassungsrechtliche Grandprobleme des Privathochschalwesens－Privathochschulfreiheit in der Bundesrepublik Deutschland und in der Republik Korea, Eberhard－Karls－Univ. Tuebingen. 김상규(2017), 義務教育における機会均等を確保するための国の責任に関する研究, 와세다대 박사학위논문.

우의 사립대학의 자유 연구(독일 튜빙겐대, 1993) 등을 들 수 있다.

1980년대 후반 전국교직원노동조합 활동 개시와 함께 교원의 노동기본권 및 교육현장과 관련된 단행본 및 역서[72]도 몇 권 발간되었고, 한국교육개발원(교원의 법적 지위에 대한 연구)과 한국대학교육협의회(대학관계법 연구)에서도 드물게 몇 편의 연구보고서가 나왔다.

1990년대 전후의 특징은 박사학위 논문의 주제가 보다 다양한 영역에서 배출되었고, 단행본 역시 점차 증가하였다는 점이다. 이 시기에 발간된 단행본으로서 안기성의 『교육법학연구』(1989)는 교육법학에 대하여 보다 진전된 논의를 전개하였다. 강인수의 『교육법연구』(1989)는 한국·미국·일본의 교육판례를 중심으로 교육권론을 전개하였다.

정태수의 『광복3년 한국교육법제사』(예지각, 1995)와 『한국 교육기본법제 성립사』(예지각, 1996)는 교육법 제정을 둘러싼 중요한 교육사료를 제공하였다. 1995년에 발간된 박재윤의 『학교 교육법 편람』과 『사립학교법 편람』은 실무자를 위한 해설서로써 성격을 갖는다. 허재욱의 『교육법규론』(1996)은 대학 강의 교재로서 선도적인 역할을 하였다. 표시열은 『민주주의 정착과 대학의 개혁』(고려대출판부, 1996)을 통해 대학행정을 법적으로 접근했다.

표 3-3 교육기본법 시행 이전의 교육법 연구사(1945-1997)

구 분	주요내용	논 문	연구보고서	단행본
교육법규 해설연구기 (-70년대 중반까지)	• 정부간행 교육관계 법전 • 교육법규 해설 단행본 • 『교육학연구』지에 2편	김창곤(교육학연구; 74) 이원호(교육학연구; 76)	대한교련(71)	박희병(50) 김재규·정태수(65) 오천석편(69) 김낙운(69,74)
교육법학 도입연구기 (-80년대 중반까지)	• 교육법학의 가능성 모색 (안기성: 『새교육』(76.6)) • 교육권관련 박사학위논문 출현 • 교육법규 정비 개선에 관한 연구 • 대학시설에 관한 연구 • 대한교련의 법규관련 연구 (교권문제, 법령연혁) • 교육법규해설 단행본 다수	• 백명희(문학박사; 77) (교원의 권리, 의무) • 박인희(법학박사; 82) (교육의 자유) • 조규인(법학박사; 84) (대학자치) • 허재욱(교육박사; 85) (사립학교법) • 정태수(일본 쯔꾸바; 85) • 표시열(미국 Iowa; 86)	대한교련(80) 대한교련(81) 이종재 외(81) 김영철 외(81) 서정화 외(81) 대한교련(85) 대한교련(86)	안기성 역(77) 대한교련(80) 김창수(81) 이종국(82) 한경주(83) 안기성(84) 김낙운(86)
교육법학회 창립연구기 (전기: 80년대 중반-90년대 후반)	• 한국교육법학회 창립(84) 『교육의 자유와 대학의 자치』 『한국교육법연구』(95,97) • 대한교육법학회 창립(86.9) 『교육법학연구』 창간호(88) 2호(89), 3·4호(92), 5호(93)	• 교육학박사 법학박사 강인수(87) 고재형(88) 안규철(87) 이경운(90) 박덕원(89) 신현직(90) 이종만(91) 임헌소(92) 박재윤(92) 허종렬(93) 이혜숙(93) 김형근(94)	KEDI보고서 박덕규 외(89) 장석민 외(89) 김영철 외(89) 안기성 외(90) 김신일 외(90) 윤정일 외(91)	전교조(88) 심임섭(88) 진영옥(88) 이완정(88) 안기성(89) 강인수(89)

72) 심임섭(1988), 교사와 교육법, 거름. 이완정(1988), 교육법의 이론과 실상, 문음사. 전국교사협의회(1988), 교육악법·교육자치제, 미래사. 전국교사협의회(1988), 교육판례, 미래사. 진영옥(1988), 교사와 교권, 거름.

	6호(94), 7호(95), 8호(96) 9호(97) • 교육현장관련 단행본 출간 (전교조, 심인섭, 진영옥; 88) • 「교육법학연구」 단행본 출간 (안기성; 1989) • 대학법규관련 연구보고서 출간(한국대학교육협의회) • 다양한 분야의 박사학위논문 출현 • 한국교육행정학회 전문서 강인수 외 5인, 교육법론(1995)	김윤섭(93) 이천수(94) 오태진(94) 김관수(96) 김혜선(94) 원영상(95) 유영웅(95) 조석훈(96) 고 전(97) 김홍주(97) • 최윤진(미피츠버그; 88) • 이시우(독일튀빙겐; 93) • 『교육학연구』 논문 백명희(27,2) 윤정일 외 (29,4) 이종국(30,2) 김홍주(35,1) • 『교육행정학연구』 조석훈(11,3) 허종렬(12,3) 김관수(14,1) 이군현(15,1) 김홍주(15,2) 고전(15,3)	김영철 외(95) 박재윤 외(97) 대교협보고서 강인수(90) 김동건 외(90) 신현직(91) 이종승 외(91) 김형근 외(94) 대한교육법학회 (안기성 외; 94)	한국교총(90) 박재윤(95) 교육행정학회(95) 정태수(95,96) 허재욱(96) 표시열(96)

출처: 고전(1997), 한국의 교육법 연구동향 연구, 교육법학연구 9, 69－70면을 수정 보완함.

신교육체제 정비의 일환으로 교육법 체제 정비와 관련하여 대한교육법학회 차원에서 정책과제를 수행하여 1994년에 「교육법 정비를 위한 기초연구」를 보고하였는데, 1995년 발표된 교육개혁위원회의 5·30 교육개혁안의 법적 논거를 제공하였다. 이어 1997년 12월에 제출된 교육법 개정안의 성안 과정에는 대한교육법학회 인사들이 중요한 역할을 하였다.

1995년에 한국교육행정학회의 전문서 간행사업의 일환으로 발간된 『교육법론』은 교육법을 전공하는 한국교육행정학회 회원을 중심으로 펴낸 최초의 전문학술서라는 점에서 주목할 만하다. 비록 교육법학회 주관이 아닌 교육행정학회 주관이었지만 당시 교육법 연구자들이 대부분 집필자(강인수, 박재윤, 안규철, 안기성, 정태수, 표시열)로 참여한 첫 학술서라는 점에 의의가 있다. 저서의 체제 및 내용 진술에 있어서 통일성에 다소의 아쉬움은 있었으나, 이른바 1세대 교육법 연구자들이 참여한 연구사적 의의가 있는 저작이다.

이후 아동 및 학생의 인권 문제와 교육정보화에 대한 법적 접근에 관한 연구가 정부출연 연구기관인 한국교육개발원 등에서 수행되기는 했지만 교육법은 간헐적인 연구 주제였다.

라. 교육 3법 체제하의 연구기(교육기본법 시행－현재)

1949.12.31.에 제정된 교육법은 1997년에 큰 변화를 맞았다. 교육법은 교육기본법, 초·중등교육법, 고등교육법으로 분할 제정되어 1998.3.1. 신학기에 시행에 들어갔다. 이른바 기본교육법규, 학교교육법규, 평생교육법규라는 3법 체제 관점에서 볼 때, 통합된 형태의 교육법 체제에서 좀 더 체계적인 교육법 구조를 갖춘 것으로 평가할 수 있다.73)

73) 제헌국회에 제출된 최초의 정부 교육법안은 교육기본법(안), 학교교육법안(안), 사회교육법(안)이었으나, 의원들이 일본의 교육법 체제를 모방할 필요가 있겠느냐고 지적함에 따라, 통합된 형태의 '대한민국 교육법(안)'이 상정되었고, 국호를 제외한 '교

특히, 헌법의 6개 조항을 보다 구체화시킨 동시에 교육 제도에 관한 기본 원칙을 정한 교육기본법을 과거 교육법의 조항에서 엄선하여 완성시켰다는 점에서 교육법을 보다 체계화시킨 계기를 만들었다.

1999년 8월에는 기존의 사회교육법 전부개정을 통해서 법의 명칭을 평생교육법으로 개정(2000.3.1. 시행)하였다. 그러나 그동안 교육기본법에 표현되어 있던 사회교육 용어는 2021.9.24. 개정(2022.3.25. 시행)을 통해서 평생교육법과의 용어 통일성을 확보한다는 개정 이유로 평생교육으로 변경[74]되었다. 하지만 일반적으로는 사회교육이 학교교육과 대비되는 개념으로서 설정되었다고 한다면, 평생교육은 넓은 의미로서 학교교육, 사회교육, 가정교육 등 인간의 생애에 걸친 모든 형태의 교육을 통칭한 것이었다. 특정 교육체제가 아닌 하나의 교육이념으로서 평생교육 개념이었음에도 이를 두 번의 개정을 통해서 사회교육을 평생교육으로 대체한 과정은 입법 체계적으로 충분한 논의를 거치지 못한 아쉬운 개정이었다.[75]

이 점에서 한국의 교육법은 전통적으로 학교교육과 사회교육의 영역으로 나뉘어 제정되고 있는데, 이제 역사적 유물로 전락한 사회교육의 명칭에 대한 법적 논의가 진지하게 이루어지길 바라며, 교육기본법의 위상 및 성격에 대한 재해석 또한 필요한 시점에 와있다.

학회활동이 활성화되기 시작한 시기로 이 시기의 주요 변화를 보면, 대한교육법학회를 중심으로 교육법 연구자들의 결집이 두드러지게 나타나고, 연구자들 간의 공동 연구 역시 활발히 진행되었다.

대한교육법학회는 1988년에 『교육법학연구』 학회지를 창간하였고[76] 비교교육법포럼과 정기 및 연차학술대회를 통해 국내외 교육법 연구를 주도하였다. 학회의 연구역량을 집결하여 교육법학사전 편찬사업을 진행하기도 했다.[77] 교육부와 교육관련 연구기관이 발주한 교육개혁 정책과 관련한 다수의 정책연구 과제[78]도 활발히 수행되었으며, 북한의 교육법에 관한 논문[79] 등 특수 분야에 관한 연구도 관련 연구기관에서 수행되기도 했다.

이 시기에 들어서서도 교육법 분야의 박사학위 논문이 새로 20여 편 이상 발표되었는데, 주제 또한 점차 다양화되고 구체화 되어가는 경향을 보였으며, 접근 방법 역시 전통적 판례분석과 교육법사회학적 방법 및 교육학과 법학 간의 학제적 연구도 나타났다. 교육학 박사 학위 수와 법학 박사학위자 수가 초기

육법'으로 제정되었다. 법체계보다는 일제 강점기의 잔재를 청산하는 것이 소명이었던 시기였다.

74) 구 교육기본법 제10조(사회교육) 제1항은 "국민의 평생교육을 위한 모든 형태의 사회교육은 장려되어야 한다"고 되어 있어서 헌법의 평생교육 진흥 의무에 충실한 규정이었다. 이를 신 교육기본법 제10조(평생교육) 제1항은 "전 국민을 대상으로 하는 모든 형태의 평생교육은 장려되어야 한다"고 하여 구 사회교육=평생교육이라는 구조로 설정한 결과가 되었다. 평생교육 진흥이라는 헌법정신과 평생교육법의 혼란은 이미 1999.8.31.에 사회교육법을 평생교육법으로 개정하는 과정에서 이미 예견되었던 문제이기도 했다.

75) 그럼에도 2021년 교육기본법 개정 이유로 '평생교육법'상 평생교육과 일치를 위해서 기본법을 고칠 필요가 있다는 것을 들었는데, 1999년의 평생교육법 개정 때와 마찬가지로 충분한 법적 검토를 거쳤는지에 대한 의문이 든다.

76) 2002년부터 연 1회 발행에서 2회 발행으로 발행 횟수를 증가시켰고, 10년 뒤인 2012년부터는 연 3회 발간하였다(2016–2017간에는 연 4회 발간).

77) 한국학술진흥재단의 지원 아래 2004년부터 2년간 진행되어 보고되었고, 단행본으로 출간되지는 않았다.

78) 김혜숙·김정례·고전(1999), 학생인권에 관한 연구, 한국교육개발원. 박재윤·허종렬·고전·한승희(1999), 교육학술정보화 관련 주요국 법제 동향에 관한 연구, 한국교육학술정보원. 허종렬 외(2001), 주요국의 학교교육분쟁 해결 제도 비교 연구, 한국교육정책연구소. 이기우·허종렬(2002), 학교의 자율화·다양화를 위한 교육관련 법령의 개편 방안, 한국교육개발원. 강인수·함수곤·홍후조·권순달(2003), 교육과정 질 개선을 위한 법체계 정비방안 연구, 교육인적자원부. 박재윤·고전·이명균·황준성·정순원(2004), 교육권 기초 현황 조사, 한국교육개발원. 대한교육법학회 편(2006), 교육법학 사전, 대한교육법학회.

79) 박정원(2002), 북한의 교육법제에 관한 연구, 한국법제연구원. 임순희(2005), 북한청소년의 교육권 실태 지속과 변화, 통일연구원.

에는 유사하게 배출되는 추세였다가 이후 교육학 박사의 비중이 커졌으며, 2021학년도까지 배출된 논문 전체를 보면 교육학박사(사회과학계 포함)와 법학박사의 비율(64:56)은 유사하게 분포되는 경향을 보이고 있다.

외국대학에서 취득한 박사학위의 경우, 한국연구재단에 미신고된 경우도 적지 않고 국내 교육법학회에 활동하는 경우가 흔치 않아 이들의 경향을 파악하기는 쉽지 않으나 몇 편이 검색되기도 한다.[80)]

단행본 역시 그 어느 시기보다도 많은 저작들이 출판되었다. 교육법을 분할 제정 하는데 주요 역할을 담당했던 강인수 교수는 『교육법연구』(문음사, 1998)를 발간하였는데 교육법 연구자들에게 입문서로서 널리 읽히기도 했다.

이 시기에 교육법 연구는 보다 영역을 넓혀서 평생교육법, 아동인권, 교사와 학생의 권리 간의 비교 논의,[81)] 교원양성기관의 교육법 교재 및 현직 교원 연수를 위한 교재[82)]나 학교생활 및 교원소송에 관한 법률 실무서,[83)] 그리고 미국의 교육법 관련 출판물[84)]에도 나타났다.

2000년대에 들어서서는 교육법 전체를 아우르는 교육법 논저들이 등장하였는데 주로 사범대학이나 교육대학의 교재로 활용되었다. 김범주, 표시열, 조석훈의 경우[85)]가 그 예이다. 한국교육개발원에서 교육법제 연구를 담당했던 박재윤은 학교교육법편람과 사립학교법편람을 지속적으로 보완 간행했다[86)].

2007년 대한교육법학회에서 간행된 『교육법학 연구 동향』(한국학술정보)은 전년도 9월 9일 학회창립 20주년 기념행사로 '전국교육법학자대회'의 자료집을 재편집한 것이다. 32인의 집필자들은 교육헌법, 초·중등교육법, 고등교육법, 사립학교법, 유아교육법, 특수교육법, 청소년관계법, 평생교육법, 교육정보화법, 교육재정법, 미국교육법, 독일교육법, 일본교육법, 프랑스교육법, 한국교육법을 논하였는데, 학회의 역량을 집대성한 저작이라 할 수 있다.

한국교육개발원 등 정부출연 연구기관들 역시 관련된 교육법 연구물들을 간헐적으로 산출해 내었다. 교육부가 발주한 정책연구 과제를 통해서도 교육법들이 연구되었는데 주로 교육정책 현안을 해소하기 위한 법적 대응방안이 주를 이루었다. 특히 멀티미디어 교육환경과 교육정보화에 대한 법제 정비에 관심이 모아지기도 했다.[87)]

---

80) 예를 들어, 강경래(2000)의 '한국에 있어서 소년법제의 전개－특히 식민지 소년법제를 중심으로'는 일본 중앙대 법학박사논문이고, Eran Kong Ko(2016)의 '한국과 미국 장애인의 교육권 획득을 위한 정치적 노력의 비교 문화 역사적 분석'은 하와이대학(Ph.D in Education) 박사논문이며, 김상규(2017)의 '의무교육의 기회균등을 확보하기 위한 국가의 책임에 관한 연구'는 일본 와세다대학(교육학연구과) 박사논문이다.

81) 권두승(1998), 사회교육법규론, 교육과학사. 김정래(1998), 권리이론과 교육권, 교육과학사. 최윤진(1998), 청소년의 권리, 양서원. 하승수·김진(1999), 교사의 권리 학생의 인권, 사계절. 박재윤 외(2004), 교원노조법해설, 한국문화사.

82) 허재욱(1998), 교육법신강, 형설출판사. 하갑수·하윤수(1999), 교육과 법률, 세종출판사. 강인수·하윤수·황홍규(2000), 교원과 법률, 한국교총. 김윤섭(2000), 교육법원리, 영진서관.

83) 하윤수(1999), 학교생활과 법, 세종출판사. 조광제(2002), 교원징계소송의 실제. 원미사.

84) 안규철(1999), 교육법제연구－한국·미국·일본의 교육법제, 대한문화. George Johnson 안기성 외 역(1999), 미국교육법제, 청암미디어. 박재윤(2000), 국제교육법의 이론과 실제, 원미사. 염철현 역(2001), 교사와 법, 원미사. 염철현 역(2002), 교육행정가와 교육법, 원미사. 이병헌(2006), 중화인민공화국교육법, 시간의물레.

85) 김범주(2001), 신교육법, 지정. 표시열(2002), 교육정책과 법, 박영사. 조석훈(2020), 학교와 교육법, 교육과학사.

86) 김윤섭(2003), 한국교육법 원리와 실현, 한올출판사. 박재윤 외(2003a), 학교교육법편람(2판), 교육과학사. 박재윤 외(2003b), 사립학교법편람, 교육과학사.

87) 손상영 외(1998), 멀티미디어 교육환경 조성을 위한 법제도 정비, 정보통신정책연구원. 손병길·정순원(2003), 교육정보화 관

1998년 교육법 시행 이후 10여 년간의 교육법 연구사를 정리하면 다음과 같다.

표 3-4 교육기본법 시행 이후 10년간의 교육법 관련 주요 연구사(1998-2007)

구 분	주요내용	논 문		연구보고서	단행본
교육3법체제 하의 연구기 (중기: 90년대 중반 이후)	• 학회 학술활동 내실화 – 『교육법학연구』연 2회 발간 2002년 14권 1,2호부터 2006년 18권 1호 발간 – 학술대회 연 4회 개최 (2003–현재) – 학술대회 분야별 확대 및 비교교육법 포럼 연 4회 개최 (2005–현재) • 교육행정학연구, 교육학연구, 한국교육 등에 논문게재 • 교육법 관련 박사학위자 다수 배출(30여 편 증가) • 교육법 관련 단행본 20여 권 (교원, 사회교육법, 외국법 등) • 공동연구 추진 활성화 –정책과제, 교육법학사전 등	• 교육학박사 박창언(98) 허태진(98) 장상필(99) 한승희(99) 염철현(99) 이수광(00) 조주호(00) 김학추(01) 김석범(02) 홍영혜(03) 류호두(04) 정현승(04) 황준성(05) 오태열(05) 김용갑(05) 위미숙(05) 차윤선(05) 김환식(07)	• 법학박사 김태진(98) 노기호(98) 박길상(99) 이준성(99) 김용선(02) 안주열(02) 정부영(02) 이수훈(03) 송요원(03) 최취주(04) 강일원(05) 정순원(06)	• KEDI보고서 김혜숙 외(99) 이기우 외(02) 박재윤 외(02, 04, 05) 이혜영 외(06) • 대교협보고서 윤형원 외(98) 송석구 외(98) • 한국교육학술정보원 박재윤 외(99) 손병길 외(2003) • 한국정보통신정책연 손상영 외(98) • 한국교총연구소 허종렬 외(01) 강인수 외(02) • 교육부(학진) 박재윤(99) 조석훈(99) 강인수 외(03) • 대한교육법학회(06)	강인수(1998) 권두승(1998) 김정래(1998) 최윤진(1998) 허재욱(1998) 안기성 외(1999) 안규철(1999) 하윤수(1999) 하승수 외(1999) 하갑수 외(1999) 강인수 외(2000) 박재윤 외(2000) 박재윤(2000) 김윤섭(2000) 김범주(2001) 염철현 역(2001) 염철현 역(2002) 표시열(2002) 조석훈(2002) 조광제(2002) 박재윤 외(2003a) 박재윤 외(2003b) 김윤섭(2003) 이병헌(2006)

※ 박사학위논문명은 뒤의 국내 박사학위논문 동향을 참조할 것. 단행본 박재윤 외(2000), 교육과 법(신우사)은 안기성 교수 정년퇴임 기념논문집이고, 신현직(2003), 교육법과 교육기본권(청년사)은 유고집임.

이어 교육기본법이 시행된 2008년 이후에는 더욱 다양한 연구물 출간되었다. 대별하여보면, 교육법 혹은 교육권 전체를 다루는 교재 성격의 저서와, 특정 이슈(학생인권, 교권, 학교분쟁)이나 개별 교육법제(사립학교법 혹은 사회교육법, 특수교육법 등)를 저서로 분류된다.

학생인권이나 교권문제, 학교안전사고 등과 관련하여 현직 변호사들이 학교 현장의 분쟁 현안과 판례를 예시하는 실무적인 서적이 다수 출간되고 있다. 이는 법학전문대학원을 통해서 교육법 분야를 전문으로 하는 변호사들이 증가한 상황이 반영된 결과로 판단된다.

또한 학교현장에서 필요한 교육법 해설서나 만화 유형의 서적도 출판되었다. 교육부를 비롯한 교육기관들도 관련된 법률 해설서(길라잡이)를 출간하여 교육법 이해도를 높이는 데 일조하고 있다.

련 법제 정비 방안 연구, 한국교육학술정보원.

대표적인 국책연구기관인 한국교육개발원, 한국교육과정평가원, 국립특수교육원, 한국여성정책연구원 등에서도 관련된 법률 개정안 보고서를 발간하고 있다. 한국법제연구원에서는 2013년에 북유럽(핀란드, 스웨덴, 덴마크, 노르웨이)의 교육법제에 관한 비교법적 연구보고서를 발간했다.

특징적인 부분은 특수교육법에 대한 관심에 비하여 유아교육법에 대한 관심은 낮았고, 초·중등교육에 비하여 대학의 자치나 고등교육법에 대한 관심 또한 상대적으로 낮았다.

2022년에 간행된 대한교육법학회가 편저한 『교육법의 이해와 실제』[88]는 학회가 기획하여 교원양성기관 및 대학원에서 사용될 수 있는 교재로 개발된 것으로, 교육행정학회 전문서로 발간되었던 1995년의 『교육법론』(강인수, 박재윤, 안규철, 안기성, 정태수, 표시열)에 이어서 대한교육법학회가 처음으로 학회 명의로 발간한 교재라 할 수 있다.

2020년대에 들어서 간행된 조석훈의 『학교와 교육법』(3판),[89] 정필운의 『전환기의 교육헌법』,[90] 그리고 본서는 교육법에 대한 전문서의 출현을 예고하고 있다.

교육기본법 제정 후 다양해진 단행본들의 출판물을 교육법 교재 및 교육법학, 이슈 주제, 개별 교육법으로 나누어 분류하여 제시하면 다음과 같다.

표 3-5 교육법 3법 체제하의 교육법 관련 단행본 출판 동향(2008-2022)

구분	저자(연도), 제목, 발행처
교육법 교재 및 교육법학	표시열(2008), 교육법: 이론·정책·판례(개정판), 박영사 조석훈(2020), 학교와 교육법, 교육과학사 고전(2019), 일본 교육법학, 박영story 대한교육법학회 편(2022), 교육법의 이해와 실제(15인 공저), 교육과학사 고전(2022), 한국 교육법학, 박영사

88) 고전, 허종렬, 정필운, 강기홍, 이형석, 이수경, 김용, 하봉운, 이덕난, 전제철, 김학추, 김갑석, 주영달, 전윤경, 정순원 15인 공저이며, 구성은 교육법개관과 교육법학(고전), 헌법과 교육기본권의 보장(허종렬), 교육당사자의 법적지위(정필운), 교육에 대한 국가와 지방자치단체의 권한과 책임(강기홍), 교육제도법정주의(이형석), 평생교육과 직업교육(이수경), 교육과정 및 학생평가와 교육법(김용), 교육재정과 교육법(하봉운), 교육시설 및 환경과 법(이덕난), 학생인권의 증진(전제철), 교원과 교권(김학추), 학교폭력예방 및 대책(김갑석), 학교안전사고와 법률(주영달), 교육복지와 대안학교(전윤경), 교육정보화와 법(정순원) 등 15개 장으로 구성되었다.

89) 교육법의 기초, 국가와 교육형성권, 교육받을 권리와 평등권, 학교의 교육책임, 학생안전사고, 학생의 의사표현, 학생의 사생활, 학생 징계조치, 체벌과 아동학대, 교원의 의사표현, 교원의 교육의 자유, 교원 불이익처분, 학교고용관계에서 차별 등 13개 장으로 구성되었다.

90) 제1장 교육영역에서 당사자는 누구이고 어떤 권리·의무·권한을 갖고 있는가? 제2장 교육제도 법정주의, 어떻게 해석하여야 하고 어떻게 개정하여야 하는가? 제3장 복지국가원리는 교육영역에 적용될 수 있는가? 제4장 교육자치란 무엇인가? 제5장 독일은 민주주의 교육을 잘 하기 위하여 어떠한 법제를 가지고 있는가? 제6장 학교규칙은 법인가? 제7장 학교는 인터넷에서 학생표현을 징계할 수 있는가? 제8장 공립학교에서 교복착용은 헌법에 합치하는가? 제9장 학교안전법은 입법 목적을 달성하고 있는가? 제10장 외국인은 교육기본권을 제대로 보장받고 있는가? 제11장 초·중등교원은 헌법에서 어떤 지위인가? 제12장 교원단체는 어떻게 규율되어야 하는가? 제13장 해직교사는 교원노조의 조합원이 될 수 없는가? 제14장 교육헌법은 어떻게 개정되어야 하는가?

이슈 주제	노기호(2008), 교육권론, 집문당 박재윤 외(2009), 교육입법정책 개선 연구, KEDI 염철현(2010), 만화와 함께 생각하는 교육논쟁 20, 한울 임해규(2011), 교육에서 학습으로: 학습권과 그 보장 원리, 교육과학사 김종철 외(2011), 학교소송, 위즈덤 한국법제연구원(2013), 북유럽의 교육복지 법제에 관한 비교법적 연구(전5권) 황준성 외(2014), 학원법령 체계정비를 위한 정책 연구, KEDI 정해숙 외(2014), 학생 미혼모 학습권 보장 방안, 한국여성정책연구원 교육부(2015), 외국의 학생인권 법령집, 휴먼컬처아리랑 김혜자 외(2016), 2015년 지방교육재정 관련 법령 개선방안연구, KEDI 이명웅(2016), 사립학교와 헌법: 자유와 평등의 조화, 신조사 김성기 외(2017), 교권 바르게 찾아가기, 가람문화사 박창언(2019), 교육과정과 교육법, 학지사 박종훈 · 정혜민(2019), 교권, 법에서 답을 찾다, 푸른 칠판 인권정책연구소 역(2019), 인권의 이해: 인권교육을 위한 핸드북(볼프강 베네덱 편저) 김현정 외(2020), 공교육 정상화 촉진 및 선행교육 규제에 관한 특별법 매뉴얼 개정연구, KERIS 구슬 · 김동현(2020), 교사가 묻고 변호사가 답하다, 테크빌교육 변성숙 · 변국희(2020), 학생 사안처리의 정석, 좁쌀한알 김민석(2020), 민석 쌤의 교권상담실, 우리교육 정성식(2021), 같이 읽자, 교육법, 법률정보센터 임이랑(2021), 교사를 위한 법률 가이드, 법률정보센터 원영철(2021), 교권 교직이야기, 삼영사 한국청소년정책연구원(2021), 2021 아동 · 청소년 권리에 관한 국제협약 이행 연구 임종수(2022), 선생님의 권리보호와 책임예방, 한국학교법률연구소
개별 교육법	손희권(2008), 교육과 헌법: 헌법 제31조의 구조와 해석, 학지사 김원경 외(2010), 특수교육법해설, 교육과학사 하윤수(2011), 학교와 헌법, 한울문화사 임해규(2012), 평생교육법 개정 방안 연구, 국회교육과학기술위원회 박용호(2014), 영유아보육법, 진원사 법률연구회(2019), 영유아보육법 절차실무(2020), 법률정보센터 국립특수교육원(2020), 장애인 등에 대한 특수교육법 개정방안 연구 주영달(2020), 사립학교법, 세창출판사 정필운(2022), 전환기의 교육헌법, 박영사

마. 국내 박사학위 논문의 동향

(1) 개관

교육법 관련 박사학위 논문의 간행은 교육법 연구의 성과이며, 그 인적 리스트는 교육법을 전문적으로 연구하는 학문 후속 세대로서 등록이라는 의미를 지닌다.

국회전자도서관 검색시스템을 통하여 검색한 이들 논문을 분류하기 위하여 교육기본권 연구영역과 교육법제 연구영역으로 대별하였다. 전자는 다시 교육권 기초연구, 학생 · 부모 · 교원의 권리 · 의무 · 책임 연구, 국가 · 지방자치단체의 지도 · 감독권 연구, 교육기관의 자율권 연구 등의 세부 주제로, 후자는 교육법

기초연구, 개별 교육법제 연구 및 외국사례, 교육법 과정 연구 등으로 나누어 경향을 파악하였다. 교육법 연구분야 및 세부 구분은 연구자가 논의의 편의를 위하여 설정한 것으로서 관점에 따라서는 달리 분류될 수 있다. 총 120편의 교육법 관련 박사학위 논문 목록91)은 이 책의 참고문헌 목록을 참고하길 바란다.

표 3-6 박사학위논문 120편의 주제별 분류(1945-2022)

영역	주 제	논 문	계 (64:56)
교육 기본권 연구	'교육권' 기초 (성격, 범위, 보장)	신현직(1990) 이천수(1994) 오태진(1994) 유영웅(1995) 김태진(1998) 이준성(1999) 김용선(2002) 정부영(2002) 이수훈(2003) 김환식(2007) 임해규(2011) 홍석노(2014)	12 (4:8)
	학생 · 부모 · 교원의 권리 · 의무 · 책임	백명희(1977) 강인수(1987) 박덕원(1989) 이경운(1990) 이혜숙(1993) 김혜선(1994) 김관수(1996) 조석훈(1996) 고 전(1997) 노기호(1998) 한승희(1999) 박길상(1999) 이수광(2000) 이광우(2001) 김석범(2002) 안주열(2002) 송요원(2003) 홍영혜(2003) 정현승(2004) 강일원(2005) 황준성(2005) 오태열(2005) 정순원(2006) 김용갑(2006) 위미숙(2006) 차윤선(2006) 강대중(2009) 임종수(2011) 조태원(2012) 김연정(2012) 이지혜(2015) 이성옥(2015) 조기성(2019) 신강숙(2020) 이상희(2020)	35 (23:12)
	국가 · 지방자치단체의 지도 · 감독권 교육기관의 자율권	조규인(1984) 임헌소(1992) 허종렬(1993) 김홍주(1997) 김대식(2009) 이형찬(2010) 김 용(2010) 강기찬(2010) 백규호(2017) 양항룡(2020)	10 (3:7)
교육 법제연구	'교육법' 기초 (원리, 효력, 체제)	박인희(1982) 안규철(1987) 고재형(1988) 김윤섭(1993) 최취주(2004) 이형석(2011) 조미애(2014) 김재윤(2018) 배소연(2020)	9 (3:6)
	개별 교육법제 (학교교육법, 사회교육법, 외국법제 등)	허재욱(1985) 이종만(1991) 김형근(1994) 원영상(1995) 박창언(1998) 장상필(1999) 염철현(1999) 류호두(2004) 김종문(2008) 함의숙(2009) 이승미(2009) 이분화(2009) 김도형(2009) 김규홍(2009) 황홍규(2010) 오석규(2010) 민진홍(2011) 김진욱(2012) 서우석(2012) 양희준(2013) 김형섭(2013) 조두환(2014) 정명진(2015) 김용덕(2015) 장완수(2015) 김갑석(2015) 권혜정(2016) 전지수(2016) 박정희(2016) 박세철(2016) 장진희(2017) 표관식(2017) 윤태현(2017) 주영달(2018) 정향기(2018) 정명임(2019) 송도인(2019) 위국환(2019) 문봉애(2020) 박서현(2020) 김종규(2021) 최현미(2021)	42 (20:22)
	교육법과정 (입법, 법운영, 법제사)	박재윤(1992) 허태진(1998) 조주호(2000) 김학추(2001) 이덕난(2008) 류충현(2008) 박경수(2008) 김은아(2008) 황동연(2011) 전광수(2013) 강현구(2014) 김승연(2021)	12 (11:1)

주 1: 박사논문은 국회전자도서관 상세검색(논문제목: 교육을 받을 권리, 교육권, 교육법, 헌재판결, 학습권, 교육기본법, 유아교육법, 초 · 중등교육법, 사립학교법, 학교안전사고, 교원지위, 교육공무원법 등으로 검색)한 120편이다.

주 2: 계(:)는 (교육학박사 등: 법학박사) 비율을 표시하며, 일부 학위는 대학 내규에 따라 문학박사(구 인하대), 생활과학박사(서울대) 경우도 있는데 비교를 위하여 이들 학과는 교육학박사 등으로 분류 처리했다.

주 3: 외국 박사학위논문 중 정태수(1985)는 교육법 과정 연구로, 표시열(1986)과 최윤진(1988)은 학생 · 부모 · 교원의 권리 등 연구로, 이시우(1993)는 교육기관의 자율권 주제로, 김상규(2017)는 국가의 의무교육책임으로 분류했다.

91) 교육법 연구 관련 박사학위 논문(1945−2006)은 총 51편(외국 학위 4편 별도)으로, 다시 2021.8 기준으로는 누적 120편으로 증가했다. 이 중 교육법규에 대한 직접적인 분석보다는 교육권에 대한 역사적 · 철학적 접근을 한 논문(오태진, 유영웅)이나 행정적 · 제도적 접근을 한 논문(김홍주, 원영상, 이수광, 김석범)도 있으나 교육법 관련 기초 및 응용연구로서 분석에 포함시켰다. 이것은 학위논문의 동향을 파악하기 위해 필자의 판단 준거에 따른 것이므로 연구자의 관점에 따라 달리 분류될 수도 있다.

학회창립 10주년 무렵 1997년 보고에서는 교육법 연구 논문은 23편이었고 교육학이 좀 더 많았다(교육학 13: 법학 10). 학회 창립 20주년인 2006년 무렵에는 학위는 56편으로 늘었고(교육학 32: 법학 24), 2022년 조사결과 120편으로 증가했다(교육학 64: 법학 56). 학위논문 경향을 논문 주제별, 연구방법별로 논한다.

(2) 학위논문의 주제 영역별 특징

논문 주제를 영역별로 분류해 볼 경우 '교육기본권 연구영역'은 57개 논문, '교육법제 연구영역'은 63개 논문으로 1997년(15:8)과 2006(33:18)에 교육기본권 주제가 두 배 정도 많았던 것에 비하면 교육법제 연구가 상대적으로 많이 증가한 것을 볼 수 있다. 2006년까지는 가장 많은 분포를 보인 주제가 학생 · 부모 · 교원의 권리와 의무 및 책임에 관한 연구(56편 중 26편)였으나, 현재는 개별 교육법제 연구가 앞 주제보다 많다(120편 중 42편). 특히 이 주제는 과거에는 교육학박사가 주를 이루었으나(7:1), 현재는 오히려 법학박사학위가 더 많다(20:22).

다음으로 많은 주제는 교육권 기초에 관한 논문들로서 총 9편의 논문 가운데 7편이 법학박사학위 논문이었다. 개별 교육법제에 관한 논문도 1997년 4편에서 9편으로 두 배 이상 증가하였고, 교육법 과정에 관한 논문 역시 1편에서 4편으로 증가되었다. 그러나 국가 · 지방자치단체의 지도 · 감독권 및 교육기관의 자율권에 관한 논문은 1997년 4편 이후 증가가 없었고, 교육법 기초에 관한 연구 역시 1편의 증가에 머물렀다.

전체 영역별로 보면 교육법제 연구보다 교육기본권 연구주제에 편중된 경향을 보이고 있으나 법학 전공자의 편중도가 교육학 전공자보다 높았다. 교육학 전공자는 학생 · 학부모 · 교원의 권리 관련 주제에서 더 많이 분포되었다. 법학 전공자 역시 학생 · 학부모 · 교원의 권리 관련 주제에 많은 관심을 보였으나, 교육권 기초 주제나 국가 · 지자체 감독권 등 주제에서는 교육학 전공자보다도 더 높은 관심을 보였다, 반면, 법학 전공자들은 개별 교육법제에서는 법학박사 논문이 1편, 교육법 과정에 관한 주제는 모두 교육학 전공자들의 논문이었다.

2006년과 비교하여 개별 교육법제에 관한 연구가 비약적으로 증가(8편→42편)하고 있는 것에 비하여, 교육권 기초연구(9편→12편)나 교육법 기초원리 연구(5편→9편)는 소폭 증가했다.

교육학박사 등(법학 외 문학 · 생활과학박사 포함)과 법학박사 학위별 분포를 살펴보면, 교육학박사 등이 가장 많이 다룬 주제는 학생 · 부모 등의 권리(23편), 개별교육법제(20편) 순이었다. 법학박사학위 논문이 다룬 주제는 개별교육법제(22편), 학생 · 부모 등의 권리 등(12편) 순이었다.

교육법 과정(입법, 법운영, 법제사) 주제의 경우엔 여전히 교육학 등 전공자의 관심이 더 높았다(11:1). 법학 전공자가 관심이 두 배 정도 높았던 주제는 교육권 기초, 국가 · 지자체의 지도감독권, 교육법 기초원리 주제 등이었다.

다음으로 접근 방법에 있어서는 교육권의 성격, 범위, 보장 등을 다룬 '교육권 기초' 주제 영역의 경우 법학 전공자들은 법학적 접근을, 교육학 전공자들은 역사적 · 철학적 접근 방법을 선택한 경향을 보였다. 특징적으로 신현직이 박사논문에서 '교육기본권'이란 용어를 사용한 이후 이를 사용한 논문(김용선, 정부영, 이수훈)도 점차 늘어가고 있다.

'교육법 기초 원리에 대한 주제를 다룬 논문들은 교육법의 원리를 헌법조항을 중심으로 논의하는 특징을 보였다.

개별 교육법 연구에서는 유아교육법, 사립학교법, 평생교육법, 고등교육법, 특수교육법 등 각종 교육법과 학생징계제도, 교원소청심사제도, 교육과정 및 교과서제도, 학교폭력, 지방교육자치제도 등 다양한 교육제도에 관한 법적 접근을 포함하였다.

교육법의 입법 과정 및 법제사에 관한 연구는 지방교육자치제 입법과정(허태진, 조주호), 고등교육법 변천의 정치과정(김학추), 유아교육법 입법 영향(이덕난) 및 영유아보육법 형성과정(강현구), 입법심사 기준(류충현), 사학의 공공성의 변화, 개정, 평가(박경수, 김은아, 황동연, 전광수,), 학부모 참여 변화(김승연) 등 법제사와 인식의 변화라는 동태적 접근을 보였다.

(3) 학위논문의 연구방법적 특징

교육법 관련 연구의 특징은 문헌분석이 주를 이루고 있고, 관련 판례에 대한 검토를 통해 관련 법의 정당성을 논하기도 한다. 법인식 조사 등을 행한 실증연구를 병행한 논문도 포함되어 있는데 교육학박사 학위가 대부분이다. 허재욱(사립학교법 개정에 관한 설문), 김윤섭(한국교육법의 법의식에 관한 설문), 김혜선(학생의 체벌에 관한 설문조사), 조석훈(고교 학생주임교사를 대상으로 한 학생징계에 관한 설문), 원영상(교원 및 각급 징계위원을 대상으로 한 교원징계재심제도에 관한 설문)의 경우이다.

문헌연구는 주로 법해석학적 연구방법을 사용하고 있는데 그 내용은, 첫째로 법리중심, 교육권·학습권에 대한 개념해석 중심의 연구, 둘째로 판례와 법제의 국가 간의 비교연구, 셋째로 입법과정에 대한 연구, 넷째로 법의 효력에 대한 연구 등으로 구성되어 있다.

판례연구의 예로는 강인수, 이혜숙, 허종렬, 한승희, 염철현, 이준성, 송요원, 정현승, 강일원, 황준성, 김용갑, 차윤선, 강대중, 오석규, 조태원, 김용덕, 장완수, 김종규의 논문 등이다.

한편, 법인식 조사연구를 병행한 논문은 백명희(교원의 권리·의무에 관한 의식조사), 법해석학적 방법을 기초로 교육법의 기본원리를 도출한 다음, 법사회학적 방법을 사용하여 기본원리의 이상과 교육현실 간의 갈등과 실현성 여부에 대한 국민적 인식수준과 차이 등을 검증하려한 김윤섭(1993)의 논문과 교사의 기본권 제한에 관한 헌법재판관의 법인식과 교사 및 일반인의 법인식을 비교 분석한 고전(1997)의 논문은 연구방법상 교육법학적 접근방법을 시도한 예라 하겠다. 백규호(2017)의 논문 역시 학교자치 입법정신에 대한 규명과 더불어 교사들의 법인식을 동시에 분석했다는 점에서 같은 맥락의 접근 방법을 사용하였다.

최근의 교육법 관련 법학박사 학위논문의 경우 교육학적 연구 성과에 대한 검토 내지 교육법학적 접근 방법의 필요성을 언급한 논문들도 점차 증가하고 있는 추세이고, 입법정책과 관련된 영역을 다루는 경우 비교법적 검토를 통하여 시사점을 도출하기도 한다. 다만, 기본권 제한과 관련한 규정의 정당성에 관한 판례를 다룸에 있어서, 헌법재판소의 정당성 판단 준거 이외에 사실적 피해와 공익증진의 효과에 대한 실증적 논의를 위하여 교육학의 연구성과를 적극 활용하지 못하는 아쉬움이 있었고, 이는 교육법 연구의 학제적 접근이 아직은 활성화되지 않았다는 것을 간접적으로 보여주고 있다.

(4) 학위논문의 연도별 특징

연도별 연구추이 면에서 보면, 1970년대에는 백명희(1977)의 논문을 시작으로, 1980년대에는 7편으로 증가하였고, 1990년대에는 27편으로 급격한 증가세를 보였다. 특히 1998~1999년 2년 사이에 9편이 발표되어 교육법 연구의 차세대로서 역할을 하고 있다.

이어 2000년대 10년 동안 34편이 발표되어 증가세를 이어갔고, 2010년대에는 42편 그리고 2020년 들어서 2년간 이미 9편이 발표되어 교육법 연구에 대한 학계의 관심을 보여주고 있다.

박사학위 논문의 연도별 전체적 추이를 볼 때, 2010년대를 정점으로 다수의 논문들이 출현하여 이 그룹들이 향후 2020년대 교육법 연구에서 주도적 역할을 할 것으로 기대되며, 이들의 활동에 따라 향후 교육법학회의 학술 및 저술 활동도 영향을 받을 것으로 보인다.

앞서 분석한 바와 같이 학회 설립 초장기에는 교육학박사 학위논문이 법학박사 학위보다 많은 경향을 보였으나 2000년대에 들어서서는 공법 학계에서의 논문이 꾸준히 증가하여 비슷한 분포(64:56)[92]를 보여 학문 간 교류에도 긍정적으로 작용할 것으로 기대된다.

학위를 배출한 대학 역시 서울 및 수도권 외에도 지방 소재대학(호남대, 전북대, 창원대, 울산대, 공주대, 제주대, 교원대, 충북대, 대전대, 원광대, 대구대, 영남대, 군산대, 강원대, 동아대 등)에서의 박사학위 배출이 고르게 배출되고 있는 것도 특기할 만한 사항이다.

연구사적으로 볼 때, 초반의 특히 교육법 해석 및 개정 논의의 범주를 넘어서 교육법규의 신설 문제(김형근의 '대학법' 제안과 고전의 '교원신분법' 제시)를 다룬 논문들도 있었으나, 점차 교육제도의 개선을 법적 측면에서 고찰하는 논문이 주를 이루고 있는 것도 특징이다.

최근에 배출된 박사학위들은 학생인권, 유보통합, 교육의 정치적 중립, 교육분권, 학교폭력 및 학교안전사고, 학부모참여, 교육자치 판례분석 등 다양한 영역으로 확산되고 있다.

바. 학회활동 및 학술출판

교육법 연구와 관련된 학회로는 대한교육법학회와 한국교육법학회[93]가 있고, 그간의 활동 및 학술출판을 살펴볼 때 대한교육법학회가 국내 교육법 연구의 주도적 역할을 하고 있다. 학회 차원의 공동세미나 개최 및 공동 연구추진 활동은 없었으나 회원들 간 양 학회의 학술세미나 참석을 통하여 나름대로의 교류가 지속되고 있다.

---

92) 64편의 교육학박사학위로 분류된 것 중에는 문학박사 및 생활과학 박사 등도 수편 포함시켰다.

93) 지금까지의 주요 활동은 1회 학술세미나를 묶어 단행본으로 『교육의 자유와 대학의 자치』(1986)를 발간한 데 이어, 학회세미나 후 자료집으로 『한국교육법연구』(1995, 1997, 1999, 2001)를 네 차례 발간했고, 2005년도 들어 제8집 제1,2호로 연 2회 발간했다.

(1) 대한교육법학회의 활동

1986년 9월 21일 고려대학교에서 학회 창립 총회를 개최하여 회칙을 정하고, 초대회장으로 정태수(당시 서울교육대학교 학장)가 선출되었다, 같은 해 12월 13일에 서울교육대학에서 제1회 연구발표회를 개최하였고, 1987년에 첫 뉴스레터를 낸 이후, 1988년 12월에 학회지인『교육법학연구』창간호를 발간하였다.[94] 2002년부터 연 2회 학회지(제14권 제1호, 제2호)를 출판하였고, 10년 뒤인 2012년부터 연 3회[95]를 발간하여 2022년 6월 현재 제34권 제1호에 이르고 있다.

연 3회 학회지 산출은 그만큼 교육법 연구 층이 확대되었음을 의미하며, 현재까지 학회지에 게재된 논문은 현재까지 500여 편이 넘는다.

학회지의 성격은 박사논문과는 달리 개별 법률 및 구체적 주제에 관한 논의가 많아 연구주제를 분류하는 것이 쉽지 않으나, 비교 논의를 위하여 박사학위 논문 주제의 분류 기준과 동일하게 교육기본법 시행 전인 2007년 제19권 제2호까지 224편의 논문과 그 이후의 논문으로 나누어 특징을 살펴보았다.

분석 결과, 학술지 초기(1988－2007) 교육기본권 관련 연구와 교육법제 관련 연구의 비율이 4:6(88편:136편)으로 나타났고, 세부 주제 가운데에서는 개별 교육법제에 관한 연구가 전체 논문의 약 절반(49.1%)을 점할 정도였다. 교육기본권 연구 중 학생·부모·교원의 권리와 의무 및 책임에 대한 연구는 67%를 차지할 만큼 주된 주제로 다루어졌다. 이 밖에 초기에는 교육권 및 교육법 기초 연구가 수 편 등장했으나 비중있게 다루어지지는 못했다. 교육법 연구 대상, 방법, 성과에 대한 논의들은 학문적 정체성에 대한 논의라는 의미를 지닌다.[96]

학회창립 10주년인 2007년까지의 조사결과(괄호)와 비교하면, 개별 교육법제에 관한 연구가 가장 크게 증가함을 볼 수 있고, 다음으로 국가·지방자치단체에의 지도·감독권과 교육기관의 자율권(대학자치, 사학의 자주성 등)에 관한 논문 또한 상당한 증가세를 보였다.

창간호 이후 20년간 전반기 학회지에 게재된 논문을 분류하여 제시하면 다음과 같다.

94) 창간호에는 정태수, 안기성, 안규철, 강인수, 표시열, 박재윤의 논문이 게재되었다. 초기 학술대회에서는 교육과 헌법의 문제 및 교육법의 연구방법 등에 관한 논의가 비중 있게 다루어졌다. 이어 1989년 4월 13일 안기성 교수가 2대 회장에 선출되고 12월에 제2호 학회지를 냈다. 1992년 8월에 제3,4호 통합호를, 1993년 12월에 제5호를 발간했다.

95) 2016, 2017년에 연간 4회 발간하다가 2018년부터 3회로 발간하고 있다.

96) 교육법학 및 연구동향 논의는 안기성(1986, 1987), 학회 제1,2차 연구발표회 논문과, 정태수(1988), "독자적 교육법리로서의 교육권론"(창간호), 박재윤(1992), "한국교육행정학의 내용구성에 관한 제안 －교육법학적 관점에서－"(3·4호), 고전(1997), "한국의 교육법 연구 동향 연구"(9호) 등이 있고, 허종렬, "해외법학계의 교육법 연구동향", 법과사회(1995.11)와 "교육법학의 독자성론", 서강법학연구(4권, 2002) 정도였다.

표 3-7 창간호 이후 20년간 『교육법학연구』 224편 주제 분류(1988-2007) 계: 2007(1997)

영역	주 제	논 문	계
교육 기본권 연구	'교육권' 기초연구 (성격, 범위, 보장)	정태수(1) 안기성(1,2) 박창언(7) 하윤수(12) 황홍규(12) 조석훈(16-1) 손희권(16-2)	8 (4)
	학생·부모·교원의 권리·의무·책임 (법적지위, 학생인권, 아동권리, 교권 학부모 참여권 교육활동의 자유)	강인수(1,2,3·4,6,10,11,16-1) 표시열(1,2,6,7,8,12) 조석훈(5) 김혜선(5,6) 신현직(5) 김성기(6) 신현석(7,8,10) 최인화(7,8,12) 김석호(8) 이차영(8) 고전(9,10) 김명숙(10) 손희권(10,17-2,19-2) 허종렬(7,10) 윤광희(11) 이차영(11) 이상윤(12) 한승희(12) 황홍규(13) 김향기(14-1) 송요원(14-1) 하윤수(14-2) 노기호(15-1) 송병춘(15-2) 안주열(15-2) 정현승(15-2,16-2) 김덕근(16-1) 배병일(16-1,16-2) 신지수(16-1) 김병주(16-2) 이명균(16-2) 권현정(17-2) 최윤진(17-2) 강인수 외(18-1) 김용(18-1) 이경운(19-1) 이순철(19-1)	59 (29)
	국가·지방자치단체의 지도·감독권 교육기관의 자율권 (사학자주, 대학자치)	조석훈(10) 김홍주(10) 김형근(11) 허종렬(14-1,16-2) 이명균(14-2) 정수현외(14-2) 박창언(15-2,16-2) 이경운(16-2) 조석훈(16-2) 김병주(17-1) 김성기(17-1) 박호근(17-1) 이시우(17-1) 정수현(17-1) 정현승(17-1) 하봉운(17-1) 정순원(19-2) 황준성(19-2) 황준성 외(19-2)	21 (2)
교육 법제연구	'교육법' 기초연구 (원리, 효력, 체계)	안규철(1) 조석훈(3·4) 안기성 외(5) 안기성(6,7) 박재윤(10) 신현직(11) 황준성(11) 김윤섭(12)	9 (8)
	개별 교육법제 연구 (학교교육법규, 평생교육법규, 외국교육법규)	박재윤(1,2,5,7,8,9,11,14-1,14-2,15-2,16-1) 정태수(2) 이종만(7,15-1) 강인수(7,8,9) 안기성(8) 김용일(3·4,11) 이혜숙(3·4) 허종렬(5,6,12,14-2,19-2) 박남기(6,9) 신현석(5,6) 김송득(8) 김용갑(9) 하윤수(9,13) 조석훈(9) 박창언(9) 고전(11,12,13,15-1,18-1,19-2) 권두승(11) 한승희(11) 박은희(12) 염철현(12,13,16-2) 이차영(12,14-2,16-2) 조석훈(12) 박인현(13,15-2) 송요원(13) 황준성(13,18-1,18-2) 이시우(13,14-2,15-2) 김홍주 외(14-1) 박호근(14-1) 정현승(14-1) 표시열(14-1,18-1) 배병일(14-2,15-1,15-2,17-1,17-2,18-1) 최창섭(14-2) 임연욱(14-2) 강영혜(15-1) 김명재 외(15-1) 김현진(15-1) 박재윤 외(15-1,17-2,18-1) 정순원(15-1,16-1,18-2) 조광제(15-1,17-2) 정일환 외(15-2) 김성기(16-1,18-2) 김홍주(16-1) 이종섭(16-1) 노기호(16-2) 하봉운(16-2) 백종인(17-1) 손희권(17-1) 이순철(17-2) 이종근(17-2) 최준규(17-2) 김성열(18-1) 이희정(18-1) 김윤나(18-2) 박민(18-2) 이덕난(18-2) 권순형(19-1) 김용(19-1) 백종민(19-1) 송기창(19-1) 하봉운(19-1) 한상돈(19-1) 김진곤(19-2) 이기우(19-2)	110 (34)
	교육법 과정연구 (입법, 운영, 법제사)	안기성(3·4,5,9,11) 정태수(3·4, 7) 김용일(3·4) 최창섭(7) 오태진(8) 고전(9,17-1,18-2) 박호근(14-2) 김경용(16-2) 이시우(18-2) 표시열(18-2) 이종근(19-1)	17 (10)

이어서 교육기본법이 시행된 2008년 제20권으로부터 2022년 6월 현재 제34권 제1호까지 약 14여 년간 304건의 학술지 활동을 분석하였다. 분석 결과, 교육기본권 관련 연구와 교육법제 관련 연구의 비율에서 교육법제의 비중이 좀 더 증가하는 경향을 보였다(3.6:6.4, 2007년까지는 4:6). 역시 개별 교육법제에 관한 연구가 전체 논문의 약 절반(50.3%, 2007년까지는 49.1%)을 차지했다. 이전에 비하여 가장 많은 증가를 보인 주제는 교육권 기초 및 교육법 기초에 관한 연구로서 10편 남짓으로 여전히 논문 편수는 많지 않았다. 교육기본법 제정 후 학술지에 게재된 304편의 주제 분류는 다음과 같다.

표 3-8 교육기본법 제정 후 『교육법학연구』 304편 주제 분류(2008-2022) 계: 2022(2007)

영역	주 제	논 문	계
교육 기본권 연구	'교육권' 기초연구 (성격, 범위, 보장)	은승표(20－2) 하윤수(23－2) 홍후조(25－2) 김영진 외(27－1) 고전(29－2) 이상만(29－4) 정기오(30－1) 전지수(30－2) 조석훈(30－2) 정순원(31－3) 김종규(32－3)	11 (8)
	학생 · 부모 · 교원의 권리 · 의무 · 책임 (법적지위, 학생인권, 아동권리, 교권 학부모 참여권 교육활동의 자유)	서정화 외(20－2) 표시열(20－2) 김덕환(21－1) 김대유(22－2) 박정원 외(22－2) 이순철(22－2) 정상우 외(22－2) 강기홍(23－1) 엄상현(23－2,26－1,28－2) 이상철(23－2,26－1) 임종수(23－2,24－1) 박창언(24－1) 염철현(24－1,24－3) 이대성(24－1) 조석훈(24－1,32－2) 조석훈 외(24－2) 고전(24－3,27－1,32－2) 황준성(25－2) 김형근(25－2) 김성기(25－3,28－4,33－3) 김은실(25－3) 최종길 외(26－1) 김달영 외(26－2) 박혜경 외(27－1) 이차영(27－1) 최종찬(27－2) 김갑석(28－2,32－3) 김민규 외(28－3) 김정현(29－4) 이인수(29－4) 임혜현(30－1) 김진곤(30－2) 이순철(30－2) 전윤경(30－2) 하윤수(30－2, 33－3) 강귀덕(31－1) 강민영(31－2) 정순원(32－1) 전지수(32－2)	51 (59)
	국가 · 지방자치단체의 지도 · 감독권 교육기관의 자율권 (사학자주, 대학자치)	이일용 외(20－1) 배병일(20－1) 이세정(21－1,27－3) 조상희(21－1) 김성기(21－2,27－3) 김형근(21－2,22－2,23－2,24－3) 나달숙(21－2) 김용(22－1,26－2,28－4) 표시열(22－1) 황홍규(22－1) 고전 외(23－1) 주영달(24－3,28－2) 노기호(25－1) 박혜경 외(25－2) 변광화(25－3) 김용 외(26－1) 이형석(26－3,29－2) 허종렬(26－3,32－1, 33－3) 황준성(27－1) 이현수(27－3) 장귀덕 외(27－3) 전제철(27－3,28－4, 30－2, 30－3) 신현석 외(28－3) 성봉근(29－2) 김성기 외(29－4) 김범주(30－2) 하봉운(30－3) 박신욱(31－3) 조석훈(31－3) 조한상(31－3) 황동연(31－3) 정지욱 외(32－1) 길성용 외(34－1)	47 (21)
교육 법제연구	'교육법' 기초연구 (원리, 효력, 체계)	백규호(26－2) 조석훈(27－3) 정필운(28－4,33－1) 고전(29－1) 김갑석(31－2) 송재우 외(31－3) 정순원(32－3) 허종렬(33－1) 김성용(34－1)	10 (9)
	개별 교육법제 연구 (학교교육법규, 평생교육법규, 외국교육법규)	김용(20－1,33－3) 박재윤(20－1,24－1) 정순원(20－1,22－1,23－2, 29－3,29－4,30－3,33－3) 조석훈(20－1,22－1,29－3) 하봉운(20－1) 고전(20－2,21－1,21－2,22－2,25－2,26－2,26－3,30－1,31－1, 33－2) 안성경(20－2) 이순철(20－2) 노기호(21－1,26－3) 박정원(21－1) 박창언(21－1,22－1) 이종근(21－1,26－2,27－3,28－1) 표시열(21－1) 류충현(21－2) 박찬주(21－2) 박호근(21－2) 염철현(21－2,22－1,24－2,25－2) 이성흠 외(21－2) 박정원 외(22－1,23－2) 황준성 외(22－1,32－1) 오동석(22－2) 이덕난(22－2) 조상희(22－2) 나달숙(23－1) 이덕난 외(23－1,26－2) 전제상(23－1) 표시열 외(23－1) 송기춘(23－2) 음선필(23－2) 정용상(23－2) 김봉철(24－1) 정제영(24－1) 김윤나(24－2) 황준성(24－2) 김덕근(24－3,25－1) 김용일(24－3) 이준 외(24－3) 김경회 외(25－1) 김도협(25－1,27－1,－2) 김창수 외(25－1) 박주형 외(25－1) 손희권(25－1) 염철현(25－1,26－1, 28－1,－3,29－3,31－3,32－3) 전종익 외(25－1) 신희정(25－2) 박혜경(25－3,26－3,27－3,31－1) 손민호(25－3) 최선향 외(26－2) 최형찬(26－2) 권봉주 외(26－3) 김성기 외(26－3) 이일용 외(26－3) 송기춘(27－1,31－2,33－1) 장덕호(27－1) 정일화(27－1) 한갑수(27－1) 정일화 외(27－2) 최형찬(27－2) 김덕근 외(27－3) 김성열(27－3) 신용인(27－3) 강기홍(28－1,32－1) 백규호 외(28－1) 손희권 외(28－1) 김수홍(28－2) 김혜연 외(28－3) 신현식 외(28－3) 백규호(26－4) 민	153 (110)

		경준외(29－1) 박남기(29－1) 김갑석(29－2,30－2,33－2) 김성천 외(29－2) 주영달(29－2,30－1,31－1,32－1,34－1) 김성기(29－3) 권혜정 외(29－4, 33－2) 김창화(30－3) 박신욱(30－3) 전윤경(30－3) 최민석(30－3) 조대연 외(31－1) 조한상(31－1) 이가영(31－2) 홍석노(31－2) 성병창 외(31－3) 정상우 외(31－3) 하윤수(31－3) 김경회(32－1) 장귀덕(32－1, 33－1) 박호근(33－2) 황홍규(32－2) 신강숙(32－3) 차유경(32－3) 허종렬(32－3) 박지인(33－2) 임연기외(33－3) 박주형(33－3) 이형석(33－3) 김병주 외(34－1) 전지수(34－1) 최수정 외(34－1)	
	교육법 과정연구 (입법,운영,법제사)	김보엽(20－1) 이세정(20－1) 염철현(21－1,23－1,25－3,26－2,26－3,28－4,29－4) 이넉난(21－2,26－2,33－3) 배상훈(22－2) 우옥영(23－1) 고전(24－1) 양희준(25－3) 정필운 외(26－3) 정상우 외(27－2) 양은택 외(28－3) 이시우(28－4) 양홍권(29－1) 이명균외(29－1) 전학선(29－1) 조계연(29－1) 김용(29－4,32－1) 이은정(30－1) 허종렬(30－2) 박남기(30－3) 황준성 외(31－1) 황홍규(33－1) 송기창(33－3)	32 (17)

결국, 대한교육법학회에서 발간하는 학술지『교육법학연구』는 총 논문 528편을 분석한 결과, 교육기본권 연구와 교육법제 연구의 비중은 3.7:6.3으로서 나타나 교육법제에 관한 관심이 더 높았다. 특히 개별 교육법제 연구는 전체 연구의 약 절반인 49.8%로 가장 많았다. 상대적으로 낮은 관심을 보인 주제는 교육권 기초연구와 교육법 기초연구라 할 수 있다. 교육법 조리에 기초한 교육법학의 학문적 진전을 위하여 교육권 기초 및 교육법 원리에 관한 연구가 좀 더 진척될 필요가 있다.

주목할 만한 변화는 국가·지방자치단체의 지도·감독권 및 교육기관의 자율권 주제가 꾸준히 증가하고 있는데, 교육분권을 포함한 교육자치에 관한 논의나 사학법인의 자주성 및 대학의 자치에 관한 관심이 높아진 영향이다. 교육법 과정에 대한 논문도 증가하고 있는데, 한국 및 외국의 교육법 연구 동향을 통사적으로 조명하거나 특정 주제의 입법정책 동향 그리고 특정 법률의 제정과정을 포함한 법제사에 관한 연구도 늘어나고 있다.

표 3-9 『교육법학연구』(창간호-34권 1호) 528편의 주제 분류(1988-2022)

영역	주 제	1988-1997 : (87편)	1998-2007 : (137편)	2008-2022.6 : (304편)	계: 528(100%)
교육 기본권 연구	'교육권' 기초연구(성격, 범위, 보장)	4	4	11	19 (3.6%)
	학생·부모·교원의 권리·의무·책임	29	30	51	110 (20.8%)
	국가·지방자치단체의 지도·감독권 교육기관의 자율권	2	19	47	68 (12.9%)
교육 법제연구	'교육법' 기초연구(원리, 효력, 체계)	8	1	10	19 (3.6%)
	개별 교육법제 연구(학교, 사회, 국제)	34	76	153	**263 (49.8%)**
	교육법 과정연구(입법, 운영, 법제사)	10	7	32	49 (9.3%)

양은택·엄문영(2016) 역시 위의 분류기준을 참고하여『교육법학연구』창간호부터 2016년 제28권 제

2호까지에 게재된 논문 414편을 대상으로 하여 연구주제 및 연구방법 측면에서 분석했다. 분석 결과 연구주제 측면에서는 국내 및 국내·외 교육법 연구 모두 교육권 연구 중에서는 '학생·부모·교원의 권리·의무·책임' 영역에 대한 연구(30.9%)가 가장 많았으며 '교육권 기초' 영역에 대한 연구(3.6%)가 가장 적게 나타났다. 교육법제 연구 중에서는 '개별교육법 및 교육정책' 영역에 대한 연구(32.3%)가 가장 많았으며 '교육법 기초' 영역의 연구(7.0%)가 가장 적게 나타났다. 연구방법 측면에서는 법규나 법제 해석 연구방법(55.0%)이 전체 연구 중 가장 많은 비중을 차지하는 것으로 나타났으며 판례분석 또는 법규해석 연구가 혼합된 형태의 판례분석의 빈도(39.2%)가 법규해석 연구방법에 비해 차츰 증가하는 것으로 보고했다.[97)]

허종렬(2016)은 2006−2016 사이 발표된 230편의 학회지 논문을 분석한 결과, 지방교육자치법(30), 학생·보호자 인권(20), 대학자율성·대학자치(16) 순으로 분석하였다. 상대적으로 교육재정(2), 영유아(2), 청소년(1), 특수교육(1)에 대한 연구가 소홀함을 지적했다. 주제 역시 입법 정책적 연구에 치중한 결과 법리 규명을 통해 학설을 충분히 정리하지 못했고 대법원 및 헌법재판의 판례 형성에도 도움을 주지 못한 점을 지적했다. 반면 학생의 학습권과 일반 인권에 대한 연구 성과는 교육현실을 타개하기 위한 교육법학적 처방과 노력의 산물로 평가했으며, 향후 학령인구 감소와 사학정책의 재검토나 다문화 사회에서의 교육 불평등에 대처가 필요함을 강조했다.[98)]

2022년 현시점에서 보면, 교육법의 문제는 이미 개인 연구자의 관심 차원이 아닌 국가 교육개혁 정책 수립에 있어서 핵심 정책의제로서 다뤄지고 있고, 모든 개혁의 추진과 완결에 교육법의 개정이 필수적으로 논의되는 시점에 와 있다. 정부가 추진하고 있는 지방교육분권 추진 정책에 있어서 교육자치 및 교육분권을 위한 법 개정은 그 예이다.[99)]

한편, 학회의 학술대회 주제의 경우, 초기에 교육법 연구의 성격 규정 및 교육권의 헌법적 논의에 관한 주제가 중심을 이루다가 점차 개별 교육법으로 옮겨져 갔다. 특히, 교육현안으로 대두되는 교육법 문제에 대하여 학회가 지속적으로 관심을 가지고 학술대회 및 포럼을 개최하여 학회의 사회적 책무 이행에 나름 노력하였던 것으로 평가할 수 있다.[100)]

(2) 한국교육법학회의 활동

한국교육법학회는 1984년 11월 서울대학교 법과대학 교수였던 김철수를 초대회장으로 하여 법학과 학연을 중심으로 결성된 학회이다. 학회 홈페이지에는 설립목적에 대하여 "교육법연구를 통하여 이 분야의 학문적 발전을 도모함은 물론 학생과 학부모, 교사 및 설립자 상호 간의 정당한 교육법 관계를 조명하여 이를 입법과 집행과정에 반영시킴으로써 학교교육의 법적 틀을 형성해나가는 데 그 목적이 있다"고 밝힌 바 있다.

---

97) 양은택·엄문영(2016), 앞의 논문, 89면.

98) 허종렬, 최근 10년간의 교육법학 연구 동향에 대한 소고, 창립30주년 기념 학술대회 자료집(2016.11.26.), 165−172면.

99) 고전(2022), "제1장 교육법 개관과 교육법학", 대한교육법학회편, 교육법의 이해와 실제, 교육과학사, 39면.

100) 2004년도 제2차 학술대회에서는 교육권 논쟁을, 제4차에서는 학교의 법적지위 주제를 내걸고, 대학과 입법·행정부처 관계자들이 참가하여 교육권 및 학교의 성격을 논의하였는데 교육법 연구사에 의미있는 자리였다. 또한 비교교육법 연구포럼에서는 교육법 현안과 관련된 외국의 입법사례를 검토하기도 한다.

그러나 2011년 사단법인으로 전환하면서 정관상의 목적(§2)에 따르면, "학회는 헌법 중 교육법에 관련된 학술 연구·조사·발표 및 교육헌법의 정착과 발전에 이바지함을 목적으로 한다"로 수정한 바 있다. 즉, 한국교육법학회는 활동의 중심을 헌법의 교육조항에 두는 헌법학적 접근에 둔다는 점을 명확히 하고 있고, 헌법학 전공자들이 주요 회원이다. 최근에는 소장학자를 중심으로 대한교육법학회와 한국교육법학회 간 임원 및 학술교류도 나타나고 있다.

첫 논문집은 1986년 3월에는 전년도 학술대회 발표문을 중심으로 「교육의 자유와 대학의 자치」라는 편저를 발간하였다.[101] 그러나 『한국교육법연구』 제2집이 10여 년 뒤인 1995년에 발간되었을 정도로 학술활동은 활발하지 못하였다.[102]

한국교육법학회의 학술활동은 학술대회 행사 중심으로 개최되었다. 지금까지 있었던 주요 학술대회의 주제는 학회 창립시기의 교육의 자유와 대학자치 문제, 1995년에 일본 교육법학자(永井憲一)를 초청하여 다룬 법학교육 문제 등이다. 학술대회에 발표되었던 논문들은 학회지인 『한국교육법연구』지에 게재되었는데 제8집까지 52편(기조 강연문, 서평 및 논문요약 제외)에 이른다.[103]

사. 기타 학술 출판 동향

1997년의 학회활동 보고에 의하면, 교육학 관련 학회의 경우를 한국교육학회의 학회지인 『교육학연구』에는 백명희(1989), 윤정일·조석훈(1991), 이종국(1992), 김홍주(1997), 손희권(1998)의 논문 몇 편[104]이 발표되었고, 한국교육행정학연구회의 학회지 『교육행정학연구』에는 조석훈(1993), 허종렬(1994), 김관수(1996), 이군현(1997), 김홍주(1997), 고전(1997, 1999), 정재황(1998), 손희권(1998,1999), 한승희(1999)의 10여 편의 논문[105]이 게재된 바 있는데 이들 논문은 박사학위논문의 주제와 관련된 경우가 많았고 대한

---

101) 학회 홈페이지에는 1987년 12월에 한국교육법연구 창간호로 발간한 것으로 소개되고 있는데, 그 내용은 1986년도 단행본과 동일하다.

102) 이어 1997년에 제3집, 1999년에 제4·5집 통합호, 2002년에 제6·7집 통합호를 발간하였고, 2005년에는 제8집 1호와 2호를 발간하였다. 제9집 1호는 2012년에 발간한 바 있다. 1997년에는 국회 교육법의 개정에 즈음하여 학회 차원에서 각 교육법제 개혁의 현황과 과제를 학술대회 주제로 내걸고 폭넓게 다루기도 했다. 당시 발표와 토론과정에 기존의 공법학자 외에도 교육행정학자 및 교원단체 관계자들이 참여하여 교류하는 계기가 되기도 했다. 이후 다루어진 주제는 ① 교육현실과 교육법적 대응(1998.9), ② 교육제도 법정주의의 원칙과 현실(1999.12), ③ 과외문제 대안 모색 심포지움(2000.6), ④ 교육관련 헌법판례의 최근동향과 과제(2000.11), ⑤ 21세기 한국교육개혁의 과제와 방안(2001.12), ⑥ 교과서제도의 재검토(2002.9), ⑦ 교육권의 갈등과 그 조정(2003.9) 등이었다.

103) 이들 논문 52편을 앞선 주제 분류에 따라 나눠보면 교육기본권 분야 22편, 교육법제 분야 30편이다. 전자는 교육권 기초연구 1편, 학생·부모·교원의 교육권 14편, 국가·지자체·대학의 교육권 7편, 후자는 교육법 기초연구 1편, 국내교육법 20편, 외국교육법 7편, 교육법제사 2편이다. 교육법 현안에 대한 세미나 발표 논문 중심의 학회지인 만큼, 국내 개별 교육법제에 대한 개선 방안 논의가 전체 논문의 40%에 달했고, 헌법적 관점의 논의나 헌법재판소 판례를 분석한 논문이 많은 것이 특징적이다.

104) 백명희(1989), 교육구성집단의 권리·의무·책임의 재조명－교육행정·법측면에서, 교육학연구 7(2). 윤정일·조석훈(1991), 교육법의 기본원리와 구조에 관한 법철학적 분석연구, 교육학연구 29(4). 이종국(1992), 현행 사학법규에 있어서의 사학의 자주성과 공공성, 교육학연구 30(2). 김홍주(1997), 교육행정권한 위임과 지방분권의 관계, 교육학연구 35(1). 손희권(1998), 교육에서의 법 앞의 평등권, 교육학연구 36(3).

105) 조석훈(1993), 교원의 표현의 자유와 제한, 교육행정학연구 11(3). 허종렬(1994), 교육에 관한 국가의 권한과 그 한계, 교육행정학연구 12(3). 김관수(1996), 학부모의 교육권에 관한 연구, 교육행정학연구 14(1). 이군현(1997), 영재교육체제 구축을 위한 교육관계법령의 정비방향, 교육행정학연구 15(1). 김홍주(1997), 교육행정권한의 위임과 위탁에 관한 연구, 교육행정학연구 15(2). 고전(1997), 교사의 법적지위에 관한 교육법학적 접근방법 연구, 교육행정학연구 15(3). 고전(1999), 교원노조

교육법학회 회원을 중심으로 발표되는 경향을 보였다. 그러나 현재 대부분의 교육법 관련 논문들은 대한교육법회 학회지를 통하여 게재되고 있으며, 공법 관련 학회지의 경우에도 교육법 관련 논문들 역시 교육법 관련 학회 회원인 경우가 대부분이다.

정부출연 연구기관 중 교육법 관련 연구를 꾸준히 수행해 온 곳은 한국교육개발원이다. 박덕규 · 박영숙(1989)의 "교원의 법적 지위에 관한 연구"와 김영철 외(1995), "초고속정보통신기반의 교육적 활용을 위한 교육법 · 제도 정비방안", 박재윤(1996), "학교폭력 유발 및 증가요인과 대책", 김혜숙 · 김정래 · 고전(1999)의 "학생의 인권에 관한 연구" 등에서 교육법규들을 다루고 법률 정비방안을 제시하였다.

2000년대에 들어서는 보다 직접적으로 교육법 현안을 다루었는데, 이기우 · 허종렬(2002), "학교의 자율화 · 다양화를 위한 교육관련 법령의 개편 방안"(2002), 박재윤 외(2002), "교육부문 행정권한 위임 및 이양 실태조사 연구"(2002) 등이 있다. 박재윤은 이외에도 "교육권 기초 현황 조사"(2004), "학력인정 평생교육시설 법제 정비방안 연구"(2005) 등을 주관했다.

수탁연구로 양건 외(2003), "교육주체상호간의 법적 관계: 교육권의 갈등과 그 조정", 최운실 외(2005) 평생교육법 개정 방안 연구, 조석훈(2006) "방송통신중학교 설립 입법을 위한 설치 · 운영방안 연구" 등이 있다.

이외에도 이혜영 외(2006), "교육복지에 관한 법제 연구", 김홍주 외(2008), "지방교육분권 성과 분석 연구", 박재윤 외(2009), "교육입법정책 개선 연구". 황준성 외(2014), "학원법령 체계정비를 위한 정책 연구", 황준성 외(2014), "지방교육자치법규 입법현황 및 개선방안 연구", 양희인 외(2015), "중등교육에서의 학습권 제고를 위한 온라인수업 내실화 방안 연구", 김혜자 외(2016), "2015년 지방교육재정 관련 법령 개선방안연구", 황준성 외(2020), "교육제도법률주의 관점에서 본 현행 현행 교육법제", 반상진 외(2020), "광복 75년 · 교육법70년, 한국교육이 걸어온 길과 남겨진 과제" 등 지속적으로 이어져 오고 있다.

그 외 한국법제연구원, 한국여성정책연구원, 한국청소년정책연구원, 국립특수교육원 등에서도 현안과 관련된 교육법 연구보고서를 발간하기도 한다. 특히 2013년 한국법제연구원에서는 4개 국가(핀란드, 스웨덴, 덴마크, 노르웨이)를 대상으로 "북유럽의 교육복지 법제에 관한 비교법적 연구"를 수행한 점은 특기할 만하다.

학술연구조성비에 의한 개별 연구는 1980－1990년대에는 교육시설 및 교육법규 정비관련 연구가 많았다. 특징적인 예로 윤정일 · 조석훈(1991)의 "교육법의 기본원리와 구제에 관한 법철학적 분석 연구", 박재윤(1999)의 "아동의 권리에 관한 국제협약과 국내 교육관계법령의 충돌과 해결방안에 관한 연구", 조석훈(1999)의 "학생 자치활동에 대한 대학규제 범위와 한계" 등이 있고, 이후 법제 연구는 교육부 정책연구의 일환으로 지속적으로 추진되고 있다.

기타 한국대학교육협의회(1982년 설립)는 대학평가업무를 위한 기초연구 차원에서 대학시설기준 및 대학관계법에 대한 연구[106]를 수차례 수행한 바 있다.

법제화의 의의와 쟁점, 교육행정학연구 17(3). 정재황(1998), 교육권과 교육자치의 공법(헌법 · 행정법)적 보장에 관한 연구, 교육행정학연구 16(2). 손희권(1998), 학문의 자유에 관한 교육판례 분석, 교육행정학연구 16(3). 손희권(1999), '능력에 따라 균등하게 교육을 받을 권리'에 관한 헌법재판소 판례분석, 교육행정학연구 17(2). 한승희(1999), 학교안전사고에 관한 교사의 책임범위, 교육행정학연구 17(2).

한국교원단체총연합회에서는 현직 교사들을 위한 법령 해설집을 발간해왔고, 학교안전사고에 관한 법률적 대처방안과 우수교원확보법의 추진을 위한 기초연구 및 교육법제 정비방안에 관한 정책연구보고서를 지속적으로 발간하고 있다.[107] "교원 및 교원단체 정치활동 관계법률 개정 방안"(강인수 외, 2002)에 관한 보고서도 발간한 바 있다.

한편, 교육정보화의 추진에 맞추어 한국학술정보원 등에서 법적 쟁점에 관련된 연구보고서[108]가 발표되고 있는데, 이 분야에 대한 학회의 관심도 높아지고 있다.

14설 한국의 교육법학: 대한교육법학회(1986) 창립과 안기성, 정태수, 강인수, 박재윤, 표시열

5. 한국 교육법학의 특징

지금까지 30년이 넘는 한국의 교육법학 연구사를 정리하기 위하여 해방 이후 교육법 연구에 관한 시기 구분하여 검토하였다. 교육법 연구사는 역사적 변곡점이 되는 학회의 창립과 교육기본법의 시행을 기준으로 나누어 살펴보았다.

교육법규 해설 연구기(교육법 제정－1970년대 중반), 교육법학 도입 연구기(1970년대 중반－1980년대 중반), 교육법학회 창립 연구기(1980년대 중반－1997년) 그리고 교육 3법 체제하의 연구기(1998년 교육기본법 시행－현재)가 그것이다. 이어, 교육법 전문가의 배출 척도인 관련 박사학위 논문 동향과 학회의 학술활동 및 학술출판 순으로 연구 동향을 살펴보았다.

학회 창립 후 30년 이상 지나 연구세대가 교체되었고 교육법 연구에도 양적, 질적 면에서 괄목할 만한 성장을 이루어 왔다.

교육법 연구의 내용적 측면의 특징을 분석하기 위하여 교육법관련 박사학위 논문과 교육법학회의 학술성과 등을 중심으로 논하였다. 본문에서 기술하였듯이 1986년 학회 창설 당시 교육법 분야 박사학위 소지자가 6명에 불과한 상황에서 출발하여 학회창립 20주년인 2006년엔 50여 명으로 그리고 2021년 현재에는 120여 편에 이르고 있다. 또한 1988년 6편으로 창간호를 낸 『교육법학연구』지가 2006년엔 198편으로 2022년 6월 현재 528편에 이르렀다는 것은 그 양적 성장의 증거로서 충분하다. 이러한 양적 성장은 학회에 대한 외부의 부족한 지원과 정부출연 각종 연구기관의 낮은 관심 그리고 교육행정학과 공법학계에서 변두리 영역으로 인식되어 학문적 발전 기반(대학교수직 및 대학원 과정)마저 공고하지 못한 상황에서

106) 초기 연구로 이종승 외(1991), 한국고등교육법령의 구조와 문제분석 연구－대학의 자치와 관리운영을 중심으로－. 김형근 외(1994), 대학관계법 국제비교연구. 송석구 외(1998), 사립대학진흥법 제정 및 조세감면을 통한 사립대학 재정확충방안 연구 윤형원 외(1998), 국립대학 특별회계법 제정에 관한 연구 등이 있다.

107) 초기 연구로 교육법규정비방안(김종철 외, 1980), 헌법의 교육조항 구현방안(김종철·김신복, 1981), 교육관계법령해설집(1990), 교권사건판례집(1991), 교육법제정비방안 연구(허종렬, 1994), 교권확립을 위한 법률(강인수 외, 1995) 등을 들 수 있다.

108) 초기 연구로 손병길 외(1998), 교육정보화 진흥을 위한 법·제도 정비방안. 박재윤·허종렬·고전·한승희(1999), 교육학술정보화 관련 주요국 법제 동향에 관한 연구 등을 들 수 있다.

이루어낸 양적 성과라는 점에서 더 의의가 크다.

특히, 대한교육법학회는 연구재단 등재학술지 『교육법학연구』지를 34권째 발간하여 명실상부한 교육법연구 논의의 장을 제공하고 있다. 학회는 학술대회 및 비교법포럼을 상설화함으로써 교육법 논의의 지평을 넓혀왔고, 교육정책 수립과정에 회원들이 직간접적으로 관여함으로써 교육입법과 입법 정책방안 도출을 통하여 사회적 기여도를 높여 왔다.

그러나 교육법에 대한 논의 기회가 확대되고 교육과 관련된 모든 법의 영역들이 회자되고 있으나, 정작 교육법의 학문적 정체성에 대하여는 양적 성장에 미치지 못한 것도 사실이다. 여기에는 인적·물적 성장지원 시스템의 결여라는 원인도 작용하였으나, 무엇보다도 교육법 연구를 본업(本業)으로 삼지 못하고 부업(副業) 혹은 잔업(殘業) 수준에서 논의할 수밖에 없는 대학 및 학계의 현실 탓도 있겠다. 이로 인해 교육법 연구에 대한 초심(初心)을 유지할 수 없고 학문 후속세대의 양성도 원활하지 못한 것이 현실이다.

이런 상황이 이제 200여 명에 이르는 교육법 연구가들에게 모두 적용된 현실이고 보면, 교육법 연구진흥의 전환기적 계기 마련하기 위해서는, 연구자들의 연구 초심을 회복토록 학회가 그 구심적 역할을 하고 학술활동의 초대의 장을 넓혀야 할 것이다.

다음으로 학술지 논문의 주제별 분포에서 드러났듯이 교육권 기초 및 교육법 기초에 관한 연구가 다소 소홀히 다루어지고 있다는 점이다. 이는 곧 교육법학의 학문적 정체성 확보 과제라 할 수 있다.

교육법학의 개념이 국내에 소개된 지 한 세대가 지났고, 학회도 30주년을 넘어 40주년을 향하고 있다. 인구학적 한 세대 보다 학문적 세대의 교체가 빈번함을 견주어 볼 때, 교육법 관련 이론 역시 몇 번의 논쟁사를 축척해옴 직하나 우리의 현실은 아직도 학문적 태동기를 벗어나지 못한 듯싶다. 언제까지 교육법 연구를 개인적·학문적 배경을 인정할 수밖에 없다는 이유로 그 논의를 미루어서는 곤란하며, 교육학과 법학의 간학문적 접근방법이라는 우산아래 학문적 자성과 분발을 게을리할 수는 없으리라고 본다.

표 3-10 한국에서의 교육법학 소개와 교육법 연구의 전개 개관

구분	교육법학 소개 및 주요 학술활동 개관
저술 개관	• 교육법학의 소개: 안기성(1976.6), "교육법학의 가능성: 그 방법론적 서설", 새교육, 대한교육연합회 • 첫 교육법 박사논문: 백명희(1977), "한국 교원의 권리·권리의무에 관한 연구", 이화여대박사논문 • 저서: 교육법학연구(안기성), 한국교육법제사(정태수), 교육법연구(강인수), 교육법(표시열), 사립학교법(박재윤), 학교와법(조석훈), 일본 교육법학/한국 교육법학(고전), 교육법의 이해와 실제(학회)
학회 개관	• 대한교육법학회: 정태수, 안기성, 강인수 등 교육행정학자들이 중심이 되어 창립(1986.9.22.), 10년 단위 기념학술대회 개최(전국교육법학자대회 2006.9), 헌법·공법학계와 교육행정학계 간 활발한 연구교류 교육법학연구(34권 1호, 총 528편), 일봉학술상 제정(2017), 2022년 제108차 학술대회 개최
주요 활동	• 학회의 성과: 대한교육법학회(1997 교육법개정 주도) 교육법론(1995), 교육법학사전(2004 연구) • 박사학위논문: 국내 교육학·법학박사 120여 편, 국외박사(일본, 미국, 독일, 프랑스 학위자 등) • 단행본: 교육법개론서, 사립학교법, 사회교육법, 특수교육법, 교권과 학생인권 • 국제 교류: 일본교육법학회교류, 동아시아비교법연구회 개최, 미국교육법학회 등 국외학회 참석 교류

주: 김철수 교수 등 헌법학자 중심으로 창립된 한국교육법학회(1984.11)가 있으나 그간 교육법 현안 세미나 활동을 해왔고, 『한국교육법연구』(1995, 1997, 1999, 2002, 2005 등)를 발간한 바 있으나 현재 교육법 분야의 한국연구재단의 등재학술지는 대한교육법학회의 『교육법학연구』학술지(2022년 제34권)가 유일하다.

15설 성과는 교육 3법 체제 완성, 과제는 교육법학적 접근방법, 학설의 정립, 본업으로서 교육법연구

제 4 장

교육기본권의 보장과 제한

1. 교육기본권의 의미
2. 교육기본권의 성격과 주체
3. 교육기본권의 내용
4. 교육기본권의 헌법보장
5. 교육기본권의 제한과 헌법재판 총론

교육기본권은 "인간이 인간으로서 살아가는데 기초로써 필요한 생래적 권리(인권)의 실현을 위해 헌법상 보장된 '교육에 관한 기본적 인권'"으로 정의 할 수 있다. 이런 관점에서 교육기본권은 교육인권(教育人權)에 대한 헌법적 개념을 의미한다.

교육기본권의 성격은 총체적 기본권으로 특정할 수 있다. 즉, 헌법 제31조 이외에도 인격권 및 행복추구권, 학문의 자유, 평등권, 사생활 · 양심 · 종교 · 표현 · 직업선택의 자유, 인간다운 생활을 누릴 권리, 근로의 권리, 환경권, 평화적 생존권 등과 연관된 총체적인 기본권이다. 교육기본권의 주체는 기본적으로 모든 국민이다. 즉, 취학전 아동, 학생, 근로청소년, 주부, 일반사회인, 노인 등에 관계없이 그리고 취학전 교육, 학교교육, 평생교육 영역과 평생에 걸쳐 평생학습의 주체가 된다. 학교 및 평생교육기관을 통해서 이루어지는 교육활동의 특성상 교직단체, 학교법인, 대학도 교육기본권의 주체가 될 수 있다.

교육기본권의 내용은 학습의 자유와 권리, 교육의 자유, 교육의 평등, 교육청구권 등을 들 수 있다. 현재 대한민국헌법에는 제31조에서 6개 조항에 규정되어 있다. ① 모든 국민은 능력에 따라 균등하게 교육을 받을 권리를 가진다 ② 모든 국민은 그 보호하는 자녀에게 적어도 초등교육과 법률이 정하는 교육을 받게 할 의무를 진다. ③ 의무교육은 무상으로 한다. ④ 교육의 자주성 · 전문성 · 정치적 중립성 및 대학의 자율성은 법률이 정하는 바에 의하여 보장된다. ⑤ 국가는 평생교육을 진흥하여야 한다. ⑥ 학교교육 및 평생교육을 포함한 교육제도와 그 운영, 교육재정 및 교원의 지위에 관한 기본적인 사항은 법률로 정한다.

끝으로 교육기본권에 대한 제한은 공익을 위하여 요구되는 것이지만 헌법재판으로 연계되기도 한다. 헌법상의 헌법적합성 판단 기준은 기본권 제한이 헌법적 가치의 조화와 통일적 실현을 위한 필요성이라는 목적상의 한계, 처분적 법률형식에 의한 기본권 제한이어서는 안 된다는 형식상의 한계, 기본권의 본질적 내용을 침해해서는 안되는 내용상의 한계 그리고 방법상의 한계로서 적합성 · 최소 침해 · 비례내지 균형이 유지되어 이른바 과잉금지의 원칙이 잘 지켜졌는가 등이다.

최근 교육법과 관련하여 헌법재판소에 제기되는 소송이 점차 증가하고 있다. 이는 교육법의 규범적 정당성에 대한 의문이자 법 규범과 법 현실 간의 부조화를 드러낸 것이기도 하지만, '살아있는 교육법'을 만들어가는 필연적인 과정이기도 하다.

제 4 장 교육기본권의 보장과 제한

1. 교육기본권의 의미

'인간의 존엄과 가치'는 헌법의 최고 이념이며 객관적 가치이다.[1] 헌법에 보장된 교육에 관한 기본적 인권, 즉 교육기본권은 이를 실현하는 직접적인 기본권이며 모든 기본권 보장의 전제로서 의의를 갖는다.[2] 즉, 교육목적이 인간의 존엄을 실현에 있다는 점에서 교육기본권은 기본권 중의 기본권이다.[3] 그러나 대한민국헌법 제31조 제1항이 '교육을 받을 권리'라는 표현으로 규정된 연유로 다수의 헌법학자들이 그동안 이를 '교육을 받을 권리'로 명명하였고, 이를 '학습권'으로 설정하고 그 상대 개념으로 교육권의 개념을 설정해 왔다.

국민의 교육에 관한 권리에 대한 논의는 국가가 제공하는 국민교육이 주를 이루던 시기에는 교육내용의 결정·실시권으로서 교육권(국가교육권) 개념 중심으로 논의되었다. 평생 학습시대를 맞은 오늘날에는 국민의 학습권(국민교육권) 중심으로 이해되고 있으며, 이른바 교육활동 주체(보호자, 교원 및 교원단체, 학교설립·운영자, 국가·지자체)들의 교육권은 국민의 생애에 걸친 학습할 자유와 권리를 보장하기 위한 의무와 책임의 분담자로 인식되고 있다. 자유로운 학습을 보장하기 위한 전제조건으로 요구되는 교육의 자유 역시 '국가로부터 자유'에서 '국민의 교육의 자유'로 넓게 해석되고 있다. 교육기본권의 내용은 '학습과 교육의 자유' 이외에도 '교육의 평등'과 '교육청구권'을 포함하며, 자유권적 성격과 사회권적 성격을 동시에 갖는다.

일본의 교육인권론을 받아들여 교육기본권 개념을 정리한 신현직에 의하면, 헌법에 보장된 교육에 관한 기본적 인권인 교육기본권은 학습권과 교육권을 포괄하는 상위 개념이며, 인격형성권(§10)에서 도출되는 학습권, 학문의 자유(§22), 교육을 받을 권리(§31) 등이 총체적으로 결합하여 성립하는 종합적 기본권(Gesamtgrundrecht)이라고 규정하기도 한다.[4]

이 절에서는 헌법상 규정된 '교육을 받을 권리'의 문리해석적 한계를 극복하고자 '기본적 인권'의 의미를 먼저 살펴본 후, 교육기본권을 논의하고자 한다. 이를 통해 헌법학에서 일반적으로 지칭하는 '교육

---

1) 허영(1991), 헌법이론과 헌법(中), 박영사, 51-53면.

2) 신현직(1990), 교육기본권에 관한 연구, 서울대 박사학위논문, 90면.

3) 가네꼬 마사시(兼子 仁)는 학습권을 충분히 보장받는 것은 다른 모든 문화적·정치적·경제적 인권을 유효토록 하는 것이기 때문에, 학습권을 인권 중의 인권이라 표현한다. 兼子 仁(1978), 教育法(新版), 有斐閣, 199頁.

4) 신현직(1990), 앞의 박사논문, 82, 91면. 신현직에 따르면 Gesamtgrundrecht를 종합적 기본권(綜合的基本權)으로 지칭하는 이유는 권영성 교수가 부르는 총합적 기본권(總合的基本權)이 일본식 용어이기 때문에 우리식으로 부르는 것이다. 91면의 각주 25 진술. 생각건대, 교육기본권이 여러 기본권의 단순한 병렬적인 합(종합)의 개념이라기보다는 여러 기본권을 기반으로 하되 학습권(평생 학습의 자유와 권리)을 중핵으로 그 실현을 위한 교육당사자들에게 분화된 권리와 의무 책임으로 완성되는 기본권이라는 점에서 총체적 기본권 쪽이 좀 더 적확한 표현이라고 본다.

을 받을 권리'와 교육학에서 널리 사용되고 있는 '교육권' 및 '학습권'의 개념을 교육법학적 관점에서 통합하여 '교육기본권'의 개념을 설명하고자 한다.

가. '기본권'과 '기본적 인권'의 의미

교육기본권의 의미를 다루기 전에 기본권의 의미를 다루는 이유는 헌법에 '교육기본권'이라는 용어가 규정되어 있지 않기 때문이다. 헌법에는 '기본권'이라는 용어 또한 나타나지 않고 있고, 대신 '기본적 인권'[5]이라는 표현으로 규정(§10)되어 있다. 결국, 교육기본권에 대한 논의 이전에 기본적 인권과 기본권과의 관계를 명확히 할 필요가 있다.

한국의 헌법학자 중에서 기본권에 천착(穿鑿)한 바 있는 정종섭은 헌법상 기본권의 의의에 대하여 "어떤 법적 권리가 헌법상의 권리(기본권)인가 법률상의 권리인가 하는 점은 입헌주의와 민주주의 문제에서 핵심적 영역을 차지하고 있고, 어떤 가치가 개인에게 귀속되어 개인이 주장할 수 있는 권리인지 공동체에 유보하여 국가가 실현하도록 하게 하는 단순 이익인지는 인간의 삶의 방식과 공동체의 작동방식의 핵심적인 내용이다"[6]라고 지적한다.

교육과 관련된 권리들 역시 그동안 교육권 논쟁에서 나타나듯이 헌법적 기본권인지 법률상의 권리인지에 대한 논란이 지속되어 왔고, 이는 교육과 관련된 권리의 주체를 규명하는 일이기도 하여 교육당사자 간에 크고 작은 법적 분규와 갈등을 일으키기도 해왔다.

헌법학계에서는 기본권을 통상 '국민의 자유·평등·권리'로 지칭하는데, 한국의 경우 9차례에 걸친 헌법 개정 과정에서 '기본권(基本權)'이란 용어를 한 번도 사용하지 않았다. 이는 다소 의아스러운 일이지만, 1962년 헌법 제8조에서 '기본적 인권'이란 표현을 쓴 것이 유래가 되어 지금도 현행 헌법 제10조[7]에서 국가에게 '개인의 불가침의 기본적 인권을 확인하고 보장할 의무'를 부과하고 있는 부분에서 '기본적 인권'이라는 표현을 쓰고 있을 뿐이다.

그런데 헌법 제정 후 40여 년이 지난 뒤, 헌법상 기본권 침해 재판을 다루는 헌법재판소법이 제정(1988.8.5.)되면서 여기에 '헌법상 보장된 기본권'이라는 표현을 쓰게 되었다. 즉, 헌법소원 심판의 청구 주체(§68①)로서 '헌법상 보장된 기본권을 침해받은 자'로 규정[8]하고 있다. 이를 근거로 헌법상 '기본적 인

---

5) 대한민국헌법 제10조 모든 국민은 인간으로서의 존엄과 가치를 가지며, 행복을 추구할 권리를 가진다. 국가는 개인이 가지는 불가침의 기본적 인권을 확인하고 이를 보장할 의무를 진다. 일본국헌법(1946.11.3) 11조에도 '基本的人權'이란 표현이 등장한다(国民は、すべての基本的人権の享有を妨げられない。この憲法が国民に保障する基本的人権は、侵すことのできない永久の権利として、現在及び将来の国民に与へられる; 국민은 모든 기본적 인권의 향유를 방해받지 않는다. 이 헌법이 국민에게 보장하는 기본적 인권은 침범할 수 없는 영구한 권리로서 현재 및 장래의 국민에게 주어진다). 일본의 대표적인 헌법학자인 아시베 노부요시(芦部信喜)는 基本的人權(fundamental human right)이라는 말은 포츠담선언 제10항에서 말하는 "언론, 종교 및 사상의 자유와 더불어 기본적 인권존중을 확립해야 함"에 유래하고, 이것이 일본국헌법에 반영된 것인데, 기본적이란 뜻은 인권 가운데 기본적인 것이라는 의미가 아니라 인권이 기본적인 권리인 것을 명확히 한 것으로서 양자를 구별해 생각해야 할 것은 아니라고 한다. 芦部信喜(1994), 憲法學 Ⅱ－人權總論, 有斐閣, 46頁.

6) 정종섭(2007), 기본권의 개념, 금붕어, ⅷ면.

7) 헌법 제10조 모든 국민은 인간으로서의 존엄과 가치를 가지며, 행복을 추구할 권리를 가진다. 국가는 개인이 가지는 불가침의 기본적 인권을 확인하고 이를 보장할 의무를 진다.

8) 헌법재판소법 제68조(청구 사유) ① 공권력의 행사 또는 불행사(不行使)로 인하여 헌법상 보장된 기본권을 침해받은 자는 법

권'은 '기본권'과 동일 의미로 해석되고 있다.[9]

이런 관계로 국내 헌법학계는 대체로 [기본적 인권=기본권]이라는 도식에는 어느 정도 견해가 일치하고 있다.[10] 정종섭은 일부 학자들이 모든 헌법상의 기본권을 인권(human rights) 혹은 자연권(natural rights)이라고 하거나, [기본적 인권=기본권=인권=자연권]이라고 보는 것은 한계가 있다고 지적한다. 즉, 인권은 인간의 권리로서 인권운동과 전후 국제법규에서 실제적이고 정치적인 용어로 폭넓게 쓰여 온 반면, 기본권은 실정 헌법에서 구체적이고 실존적인 개체를 고려하여 보장하는 헌법상의 권리로서 보다 명확한 개념이기 때문이라는 것이다. 따라서 현행 헌법에서 단지 기본권이란 표현 없이 '기본적 인권'이라는 표현만 규정한 것을 근거로 모든 기본권을 인권 혹은 자연권과 동일한 것으로 해석하는 것은 잘못이라고 지적한다.[11]

허영은 기본권의 자연법적 성격보다는 국가형성적 기능과 동화적 통합(同和的統合) 기능을 더 강조한다. 우리 사회의 저변에 흐르고 있는 가치적인 Konsens가 바로 기본권의 형식으로 집약된 것이라고 보아야 하기 때문에, 기본권이 존중되고 보호된다고 하는 것은 단순한 자연법적 차원을 넘어서 우리 사회가 동화되고 통합되어 가기 위한 불가결한 전제조건이라는 것이다. 특히 헌법에 이러한 가치세계의 핵심적인 내용이자 가치지표는 '인간으로서의 존엄과 가치'(§10)로서 각각의 기본권을 보장하는 궁극의 목적이라는 것이다. 이 규정은 우리 헌법상 기본권보장의 원칙적인 '가치지표'가 역시 '인간으로서의 존엄과 가치'를 그 가치적인 핵으로 하는 '자주적 인간'들의 동화적 통합질서를 마련하는 데 있다는 것을 명백히 하고 있다는 것이다. 자연법적 기본권 사상의 구체적인 표현 형태는 아니라는 것이다. 헌법이 전제로 한 인간상은 역사성이나 사회성에서 유리된 '개인주의적 인간'도 아니고 또 현대적 인간집단의 개성없는 단순

원의 재판을 제외하고는 헌법재판소에 헌법소원심판을 청구할 수 있다. 다만, 다른 법률에 구제절차가 있는 경우에는 그 절차를 모두 거친 후에 청구할 수 있다.

9) 한국의 다수의 헌법학자들이 헌법상의 자유, 평등, 권리를 헌법에 등장하지 않는 '기본권'이라는 용어를 사용하고 있는 것은 독일어의 Grundrechte를 '기본권'으로 한글 번역(韓譯)한 것과 연관된 것으로 보인다는 정종섭(2007: 13)의 지적과 이러한 독일 헌법상의 용어를 일본을 통해 한국의 학자들이 받아들인 역사적 배경이 있다는 신현직(1990: 74)의 지적에 공감한다.

10) 일본의 1세대 헌법학자인 동경대학의 고바야시 나오끼(小林直樹)는 '基本的人權'을 그대로 헌법책에서 편명(第2編)사용하면서도 구체적 기술에 있어서는 '基本權'('일본국 헌법에 있어서 기본권의 체계' 혹은 '기본권의 확대와 새로운 전개' 등)으로 표기한다. 그는 기본권을 총칙적 원리(인간존중의 원칙, 행복추구권, 평등의 원칙), 자유권적기본권, 사회경제적기본권(교육권 포함), 참정권 및 청구권적기본권으로 체계화했다. 小林直樹(1980), 憲法講義(上), 東京大學出版會, 271-273頁.
같은 시기에 동경대학에서 활동한 아시베 노부요시(芦部信喜) 역시 '基本的人權'을 헌법책에서 사용하고 있지만 基本的人權(fundamental human right)이란 人權(human rights) 내지 基本權 등으로 불리는 신앙종교의 자유, 언론의 자유, 직업선택의 자유 등의 개별적 인권을 총칭한다고 정의한다고 하면서 각국의 인권사상의 역사적 변화가 다르므로 간단하게 답할 수 없다고 본다. 그는 헌법상 인권을 포괄적기본권(13), 법앞의 평등, 자유권, 수익권(청구권), 참정권, 사회권(교육권 포함)으로 분류하면서도, 절대적인 것이 아니라 분류는 상대적인 것(사회권인 교육권의 경우 공권력에 의해 부당하게 제한되어서는 안되는 자유권적 측면)이며, 자유국가와 사회국가에 따라 자유권과 사회권의 관계에 대한 이해방식이 다를 수 있음을 지적한다. 芦部信喜(高橋和之 補訂)(2015), 憲法(第六版), 岩波書店, 75, 84-85頁.
한편, 아시베는 '인권' 내지 '기본적 인권'이란 말을 넓게 참정권 및 사회권을 포함한 human rights나 독일의 Grundrechte와 거의 같은 뜻으로 쓰고 있는 것이 일본의 통례라고 한다. 그러나 프랑스나 독일에서 일반설은 natural rights에 해당하는 협의의 인권과 그것이 헌법에 실정화된 경우인 광의의 인권(프랑스의 '공적자유', 독일의 '기본권'에 해당하는 것)을 구별하지 않기 때문에 양자의 관계는 명확하지 않다고 지적한다. 芦部信喜(1994), 앞의 책, 50頁.

11) 또한, 유사한 개념 논의 중에는 [기본권=자연권]론이 주장(김철수)되기도 하나, 기본권의 다양한 속성과 법인이나 단체의 기본권을 설명하기 어렵고, 헌법이 규정하고 있는 개별적 기본권 이외의 기본권을 설명하기 어렵다고 지적한다. 정종섭(2007), 앞의 책, 55-56면.

한 구성분자에 불과한 '집단주의적 인간'도 아닌 '자주적 인간'이라는 것이다. 헌법 전문 및 제10조에서 동화적 통합의 전제조건으로 내세우고 있는 '자주적 인간'은 우리 헌법상 기본권 보장의 이념적·정신적 출발점인 동시에 그 기초를 의미하기 때문에 우리 헌법질서 내에서는 절대적이고 양보할 수 없는 최고의 가치적인 Konsens이며 헌법질서의 바탕을 뜻한다[12]고 본다.

허영의 동화적 통합에 기여하는 기본권관에 비추어 볼 때, 교육에 관한 기본권은 인간으로서의 존엄과 가치를 인식하는 통로인 동시에 이를 완성하는 기본권 중의 기본권이다. 또한 사회의 동화적 통합에 필수적인 자주적 인간관에서 볼 때, 인격을 형성하는 활동인 교육활동이 종속성이 아닌 자주성에 기반 두어야 함은 당연한 논리적 전제라고 할 수 있다. 교육의 자주성이 헌법 규정에 등장하고 있는 정신은 이러한 맥락에서도 이해할 수 있다.

허영은 헌법에 규정된 '인간의 존엄과 가치'를 실현시키기 위한 다양한 기본권들은(교육의 기회균등 포함) 국민 개개인의 주관적 권리인 동시에 또한 동화적 통합(同和的統合)의 생활형식인 헌법질서의 기본이 되는 객관적 질서(客觀的秩序)라는 기능적 보완관계에 있음을 강조한다.[13] 따라서 기본권을 자유권(주관적 권리)과 제도보장(객관적 질서)으로 엄격히 나누는 것은 문제라고 지적한다.[14]

헌법에 명문으로 자유와 권리를 보장하는 것만을 기본권 보장으로 구별하는 준별론에 따른다면 기본권 보장은 형해화(形骸化)되고 제도형식을 통해 국가에 의한 국민의 기본권 침해를 정당화 시킬 우려가 있다는 것이다. 제도보장과 관련된 통제를 기본권 제한의 문제와 별개의 것으로 다룬다면 공권력에 의한 기본권의 제한을 통제하기는 어렵게 될 것이다.

결국, 기본권은 현행 헌법상의 '기본적 인권'이라는 표현으로 인해 같은 의미로 이해될 필요가 있으나, 그렇다고 기본권이 도덕적 가치나 정치적 슬로건으로서의 모든 인권까지도 포괄하는 것은 아니다. 또한 기본권보장에 제도보장이 뒤따르는 경우에 기본권의 진정한 보장이 있다고 하는 것이 현대 기본권 보장에서 둘 간의 실천적 이해 방식이라 할 수 있다.

기본권이 관련된 유사 개념들과 구분되는 핵심은 기본권의 원천이 자연권(自然權)이든 인권(人權)이든 도덕적 가치(道德的價値)이든 실정적 제도(實定的制度)이든 간에 실정 헌법에서 권리로서 보장된 것[15]이라는 점이다.

이러한 관점에서 볼 때, 헌법에는 없는 기본권 개념에 대한 실정법 근거를 둔 조화론적 해석은 헌법

---

12) 우리 헌법상 기본권보장의 의의와 성격은 허영(1991), 앞의 책, 54－56면 참조. 인간존엄성 규정의 헌법상 의의(기본권보장의 가치지표, 기본권실현의 목적, 헌법질서의 최고가치, 국가작용의 가치적 실천기준)에 대하여는 허영(2015), 한국헌법론, 박영사, 337－338면 참고.

13) 기본권의 양면성(내용과 성격)은 허영(1991), 앞의 책, 51－53면 참조. 또한, 사회적기본권의 내용인 '자유'와 '평등'은 어디까지나 정의(正義)에 바탕을 둔 자유와 평등이어야 하므로 '자유 속의 평등'이어야지 '자유 대신에 평등'을 추구하는 것이어서 안된다고 보았는데, 사회국가 실현을 목표로 하는 한국헌법에서 평등교육을 실현하기 위해 교육의 자유를 제한하는 논리보다는 '교육의 자유 속의 교육평등'을 조화롭게 추구하는 것이 기본권 보장의 취지에 맞는 국가 교육정책의 방향임을 시사받을 수 있다.

14) '대학의 자율성'에 대한 제도보장(법률유보) 조항은 '대학의 자치'의 헌법적 근거규정이라기보다는 '학문의 자유'를 보장하기 위한 보완 규정이라고 설명한다. 대학의 자율성 보장의 법률유보 조항에 근거하여 대학의 자치가 규정된다고 한다면, 대학의 자치는 그 범위만큼만 허용되는 것이며, 학문의 자유를 구속하는 국가의 통제에 대하여 법률유보를 받았으므로 헌법적 정당성을 부여하는 결과를 초래할 것이다.

15) 정종섭(2007), 앞의 책, 68면.

재판소법 규정(§68①)에 언급된 '헌법상 보장된 기본권'이란 표현에 단초를 찾는 것이 현실적인 연결고리이다. 즉, 헌법상 보장된 기본권이 곧 헌법이 표현하고 있는 기본적 인권이라면, '헌법상 보장된 교육에 관한 기본적 인권'이라는 개념을 상정할 수 있고, 이를 '교육기본권'이라는 개념으로 표현할 수 있을 것이다. 다만, 그것이 제31조 제1항의 교육을 받을 권리로 대변될 수 있는 것인지, 제2항과 제6항까지를 포괄하는 것인지, 나아가 인간의 존엄과 가치를 실현하기 위한 학문의 자유, 인간다운 생활권, 열거되지 않은 교육에 관한 기본적 인권 등을 아우르는 종합적 기본권성을 갖는지에 대하여 논의를 이어갈 필요가 있다.

16설 기본권·인권·교육 관계 설정: 헌법상 보장된 교육에 관한 기본적 인권 = 교육기본권

나. 헌법 제31조 제1항의 연원과 기본권 명명

(1) '교육을 받을 권리'라는 표현의 연원

1948년 7월 17일에 제정된 헌법 제16조는 교육조항으로 다음과 같이 규정되어 있었다.16)

> 대한민국헌법 제16조
> 모든 국민은 균등하게 교육을 받을 권리가 있다. 적어도 초등교육은 의무적이며 무상으로 한다. 모든 교육기관은 국가의 감독을 받으며 교육제도는 법률로써 정한다

이때 기술되고 있는 '교육을 받을 권리'라는 표현은 현행 9차 개정 헌법(1987.10.29.)까지 그대로 이어졌고, 국내의 헌법학 저서에서 '교육을 받을 권리'라는 기본권 이름으로 명명되고 있다. 그런데 교육에 관한 기본적 인권의 표시가 '교육권'이나 '교육에 관한 권리'가 아닌 '교육을 받을 권리'로 표현된 것에 대한 연유는 임시정부17)로부터 살펴볼 필요가 있다.

대한민국헌법 전문(前文)에 기술된 바와 같이 '3·1운동으로 건립된 대한민국임시정부의 법통'에 따라 헌법정신의 연원은 상해 임시정부의 '大韓民國 臨時憲章(1919.4.11.)'까지 거슬러 올라간다. 10개 조항 중 제6조에서는 "大韓民國의 人民은 教育 納稅及 兵役의 義務가 有함"이라 하여 의무로서 교육을 규정했다. 이는 당시 영향을 받았을 것으로 추정되는 '중화민국헌법초안'(天壇憲草)(1913.10.31.)의 제19조(중화민국인민은 법률에 의하여 초등교육을 받을 의무가 있다)의 영향으로 해석되고, 임시헌장 기초자였던 조소앙의 삼균주의(三均主義)에 기초한 균등한 교육 사상이 반영된 것이었다. 권리가 아닌 의무로서 규정된 것은 국민교육권에 대한 인식 부족이라기보다는 강점기를 벗어나 국권을 회복하려는 방편으로써 근대적인 교육을 의무적으로 받아야 한다는 관점으로 해석된다.18)

---

16) "받을 권리가 있다"라는 표현은 5차 개정 헌법(1962.12.26)부터 "받을 권리를 가진다"로 바뀌어 1987년 헌법에까지 그대로 이어져 오고 있다.

17) 다음의 임시정부의 헌장, 헌법 강령에 관하여는 고전(2017), 교육기본권 관점에서의 헌법 개정 논의, 교육법학연구 29(2), 3면 인용.

18) 조소앙의 3균주의(三均主義; 人均·族均·國均과 均權·均富·均學)의 영향으로 교육의 균등(均學)을 각별히 강조한 결과라

이후 통합(상해 · 한성 · 러시아) 임시정부의 '大韓民國臨時憲法(1919.9.11.)'은 58조 중 제10조에 "大韓民國의 人民은 法律에 의하여 左列 各項의 義務를 有함 一. 納稅의 義務, 二. 兵役에 服하는 義務, 三. 普通敎育을 受하는 義務"로 규정했다. 중국헌법 초안처럼 '받을 의무'라 표현했으나 보다 확대된 보통교육으로 규정한 것이 특징이다. 이후 개정 '大韓民國臨時憲章(1925.4.7.)'과 '大韓民國臨時約憲'(1927.4.11.)에서는 교육을 받을 의무조항이 삭제되었다.[19]

임시정부(중경)의 '大韓民國建國綱領(1941.11.25.)'에서는 "공비교육(公費敎育)으로서 학권(學權)을 均하며, 교육의 權을 均하는 것(공공부담교육으로 배울 권리와 교육의 권리를 균등히 하는 것－저자주)"이 건국의 원칙임을 밝혔다. 이어 인민의 기본 권리로서 '被免費 受學權'(학비를 면제 받아 학문을 배우거나 수업을 받을 권리－필자주)을 규정했다.[20] 이후 '大韓民國臨時憲章(1944.4.22.)' 제5조 제3호를 통해 과거 면비수학권을 취학요구권(法律에 衣해 就學을 要求하는 權利)로 개정했다.

이처럼 임시정부의 국헌에서는 '교육을 받을 의무(義務)'에서 시작한 교육조항은 '면비수학권(被免受學權)'을 거쳐 '취학요구권(就學要求權)'으로 전개되었다. 당시의 시대 상황이 교육의 기본권 보다는 우선 국가의 건설과 근대식 교육제도의 정착이 시급했던 상황이었다는 점을 감안하면 '받거나 요구하는 권리'로서 측면이 강조된 개념 이해였다고 할 수 있다.

교육을 국가 건설의 원동력으로 중요하게 여겼던 시대정신은 대한민국헌법 초안(행정연구회 헌법분과위원회, 1946.3.1.)에서 교육을 몇 개 조항으로 하여 제안[21]했던 것에서도 엿볼 수 있다.

남조선 과도정부 수립(1947.6.30.) 후 헌법기초위원회에 제출된 유진오 헌법초안 제16조는 "모든 인민은 평등하게 교육을 받을 권리가 있다. 초등교육은 의무교육적이며 무상으로 한다. 모든 교육은 국가의 감독을 받으며 교육제도는 법률로써 정한다(이하 종교교육 강제 금지 부분 생략)"[22]고 기술되었는데, 몇 차례의 수정을 거쳐 위의 제16조 제정 헌법의 교육조항이 되었다. 1948년 6월 23일 제1회 국회 제17차 본회의에 제출된 헌법안 제출 당시 제16조 교육조항에 대하여 유진오는 '교육에 대한 국민의 권리'라는 표현을 사용하기는 했지만, '국가 권력의 개입에 의해 실현되는 소위 수익권(受益權)의 일종으로 인식하는 한계를 보였다.[23] 오늘날의 기본권론에 비추어 본다면 국가로부터 방해받지 않을 '자유권성'은 초월했으

고 해석된다. 황승흠(2011), 제헌헌법 제16조 교육조항의 성립과정에 관한 연구, 법학논총 23(2), 552면. 국권회복의 관점의 같은 뜻에 대해서는, 황승흠, 앞의 논문, 553면.

19) 황승흠은 국민을 통치하지 못하는 망명독립단체 현실을 고려한 것이라 해석한다. 황승흠(2011), 앞의 논문, 555면.

20) 이는 조소앙의 三均主義를 바탕으로 임시정부와 中華民國憲法草案(1936.5.5)의 교육조항(6－12세 초등의무교육)을 수렴한 것이다(公費敎育과 12세 이상 기본 고등교육부분은 다름). 강령은 1읍1면 5개 소학교, 2개 중학교, 1군 2개 전문학교, 1도 1 대학원칙, 국정교과서 국영발행제도 천명했다. 제7조에서 "公私學校는 一律로 國家의 監督을 받고 國家가 規定한 敎育政策을 遵守케 하며"라는 국가감독제는 中華民國憲法草案 제136조를 그대로 가져온 것이다. 황승흠(2011), 앞의 논문, 557－559면.

21) 제70조 국민의 교육을 받을 기회는 一律이며 또한 均等하다. 제72조 국민은 법률이 정하는 바에 의하여 一律 均等 敎育을 받으며, 또한 직업에 관한 補習敎育을 받을 의무가 있다. 초등교육 및 보습교육에 소요되는 학용품 기타 교육비는 無償으로한다. 미군정시행으로 이 초안은 균등한 교육기회와 무상 초등 의무교육 외에는 반영되지 않았다. 자세한 내용은 정태수(1996), 한국교육기본법제 성립사, 예지각, 32면 참조.

22) 종교교육을 목적으로 하는 학교 이외의 학교에서는 종교에 관한 학과를 강제적으로 과할 수 없다

23) 유진오는 제안 설명시 "제16조에서는 '교육에 대한 국민의 권리'를 규정하였습니다. 이전에는 교육을 오로지 自由라 해서 국가 권력으로서 간섭하지 못하게 하는 것만이 民主主義이라고 생각하였습니다만은, 우리 헌법에는 그런 태도를 취하지 아니하고 교육에 대해서 국가가 지대한 관심을 가졌으며, 교육을 받는 것은 국민의 權利임을 밝히는 동시에 특별히 초등교육을 의무적으로 해 가지고서…(중략)"라고 진술했다. 정태수(1996), 앞의 책, 39면. 유진오의 수익권 해석에 대해서는 새교육(1950.1 · 2

나 자아실현을 위한 학습의 자유보장이나 국가에 의한 이의 실현 환경의 조성 의무와 국민의 청구권 등을 전제로 한 이른바 '사회권성' 인식까지는 이르지 못하여 중간 정도의 입장이었던 것으로 보인다.

유진오의 이러한 진술은 대한민국헌법보다 2년여 앞서 제정된 일본국헌법[24](1946.11.3. 제정, 1947.5.3. 시행) 제26조에서 거의 유사한 진술이 발견된다는 점에서 당시의 입법 경향을 읽을 수 있다.

일본국헌법 제26조[25]

모든 국민은 법률이 정하는 바에 의해 그 능력에 따라 동등하게 교육을 받을 권리를 가진다. 2 모든 국민은 법률이 정하는 바에 의해 그 보호하는 자녀에게 보통교육을 받게 할 의무를 진다. 의무교육은 이를 무상으로 한다.

그런데 일본에서는 '교육을 받을 권리'라는 표현이 국가교육권(國家教育權)과 국민교육권(國民教育權) 사이의 논쟁을 불러오기도 했다. 물론, 오늘날 상식적으로 국민은 교육권의 주체로, 국가는 이 교육에 관한 조건을 정비하여야 할 의무의 주체로 설정되어 있다. 그러나 '교육을 받을 권리'라는 표현은 국가가 교육의 주체로서 교육을 제공하고 국민은 수동적으로 받는 위치에 선다는 것을 전제로 한 것이고, 이 표현은 국가교육권을 전후(戰後)에도 지속하기 위한 일본 보수우익의 의지가 반영된 표현이기 때문에 수정될 필요가 있다는 지적도 있었다. 문리해석 관점에서 충분히 가능한 해석으로 용어의 등장 배경을 살펴볼 필요가 있다.

패전 후 일본국헌법은 포즈담 선언에 기초하여 서구식 헌법을 만드는 것을 소명으로 하였고, 당연히 기본적 인권으로서 교육의 권리인 'the right to education'이 반영되었다고 볼 수 있다. 다만 이것을 적당히 번역할 용어가 없어서 '教育を受ける權利'로 일역(日譯)하였다고 보는 입장(마끼 마사나; 牧柾名)이 있는가 하면, 국가교육권을 유지하기 위한 의도적인 오역(誤譯)이었다고 주장하는 입장(나가이 켄이치; 永井憲一)도 있다. 일본의 교육법학계에서는 이러한 오해 해소를 위해 '교육에의 권리(教育への權利)'로 표현하기도 한다.

사실, 대일본제국헌법(1889.2.11.)에서는 교육에 관한 규정을 두지 않고, 천황의 대권사항으로 분류되어 천황의 명령인 칙령으로 '교육에 관한 칙어(教育ニ関スル勅語, 1890.10.31.)'를 공포하였다. 이에 따라 국가주도의 교육은 황국의 생존을 위한 신민을 국가적으로 양성하기 위한(국가에의 교화) 사업이었으며 국민은 이러한 국가에 대한 의무로서 군국주의 교육의 대상일 뿐이었다.[26] 따라서 역사적 배경하에서 패전 후 일본국헌법에 등장하는 '교육을 받을 권리'가 근본적으로 개인의 인격 완성에 초점을 둔 권리로써 표현되었다 하더라도, 국가교육권을 유지하기 위한 의도적 오역이었다는 의구심을 받기에 충분하다고 할

월)를 인용한 정태수(1996), 앞의 책, 75면 참조. 그 결과 교육을 받을 권리를 기본적 인권으로는 인식하지 않고 국가의 부담능력 범위 내에서만 수익 가능한 권리로 인식했고, 이러한 인식은 이후 교육법에서 모든 국민에게 기본 인권으로서 교육을 받을 권리를 무제한 인정하지 않고 이를 임의로 축소하여 '초등교육을 받을 권리'만을 인정하기에 이르렀다고 해석한다.

24) 일본의 공식 국가명칭은 日本國이고, 헌법 명칭 역시 日本國憲法임에 유의할 필요가 있다.

25) 第二十六条 すべて国民は、法律の定めるところにより、その能力に応じて、ひとしく教育を受ける権利を有する。 2 すべて国民は、法律の定めるところにより、その保護する子女に普通教育を受けさせる義務を負ふ。義務教育は、これを無償とする。

26) 永井憲一(1993), 教育法學, エイデル研究所, 43－46頁.

수 있다.

한편, 한국의 경우 대한제국하의 헌법이라 일컬어지는 홍범14조(1895.1.7.)에는 특별히 제국의 백성을 위한 교육에 관한 조항은 없으나 인재의 외국 유학교육에 관한 사항(§11)[27]을 두어 교육에 대한 관심을 보이기도 했다. 이어 교육입국조서(教育立國詔書, 1895.2.2.)를 공포하였는데, 여기에서도 교육이 국가를 보존하는 근본이라는 중요성을 강조하면서 전통적인 도덕교육에 지식교육과 체육교육을 새롭게 하는 교육의 근대화를 강조하였을 뿐, 교육을 받을 권리에 대하여는 언급이 없었다. 그리고 1910년부터는 앞서 살펴본 일본의 교육에 대한 칙어에 근거한 조선교육령(朝鮮教育令, 1911.8.23.)이 공포되었다. 여기에 규정되어 있는 교육 또한 국가에 의해 충량한 국민이 되도록 식민지 백성에게 베풀어지는 것이었다.[28]

이후 앞서 살펴본 바와 같이 임시정부의 건국강령 등에서 취학의 의무－면비수학권(被免受學權)－취학요구권 등의 개념이 사용되기도 했으나 제정헌법은 일본의 헌법규정과 유사하게 '교육을 받을 권리'로 규정하는 아쉬움을 남겼다.[29]

전후 일본에서는 교사의 인사 및 교육활동에 대한 국가의 통제와 관련하여 교원조합(日教組)과 갈등을 빚었고, 몇 건의 재판(근무평정 재판 및 교과서재판)을 거치면서 교육의 주체에 관한 논쟁(국가교육권 대 국민교육권)이 일면서 '교육권(教育權)'이란 용어가 부각되었다.

그러나 한국 학계에서는 같은 '교육을 받을 권리'라는 용어를 사용하면서도 권리 주체 논쟁이나 교육을 받을 권리의 기본권성에 대한 반성적 논의는 없었다. 다만, 1989년 전교조의 교육노동운동 과정에서 그다지 생산적이지 못한 일본에서의 교육권 주체 논쟁의 틀이 다시 한국에 수입되어 재연되었 것은 하나의 아이러니라 하겠다.[30]

(2) 문리해석 중심의 '교육을 받을 권리'에 대한 헌법학에서의 명명

헌법 제31조 제1항에 '교육을 받을 권리'라는 표현에 대하여, 다수의 헌법학자들은 저서에서 기본권의 일종으로서 '교육을 받을 권리'로 명명하고 장(章) 혹은 절(節)의 제목으로 사용하고 있다. 각 저서의 본문에서는 이 권리를 수학권(修學權) 혹은 학습권(學習權)으로 명명하기도 하고, 교육기본권(教育基本權)이라는 개념으로 확산될 필요성에 대하여 언급하기도 한다.[31] 이렇듯 교육에 관한 기본권에 대한 분분한

---

27) 홍범14조 중 제11조 널리 자질이 있는 젊은이를 외국에 파견하여 학술과 기예(技藝)를 익히도록 한다.

28) 조선교육령 제1조 조선에 있어 조선인의 교육은 본령에 의한다. 제2조 교육은 『교육에 관한 칙어』의 취지에 기초하여 충량한 국민을 기르는 본의로 한다. 제3조 교육은 시세와 민도에 맞도록 이를 베푼다. 제4조 교육은 이를 크게 나누어 보통교육, 실업교육 및 전문교육으로 한다. 제5조 교육은 보통의 지식, 기능을 가르쳐 주고, 특히 국민된 성격의 함양함을 목적으로 한다. (이하 생략)

29) 교육법 제정사에 천착한 바 있는 정태수 역시, "건국 헌법의 '교육을 받을 권리'라는 규정은 당시의 일반적 이해 수준을 초월한 규정(교육은 당연히 국가가 주관하는 사업이라는 인식이었는데 받는 권리로서 기술한 점－저자주)이었다고 보아야 할 것이다. 그리고 교육을 받을 권리가 헌법에 도입되는 과정에서 직접 참여한 몇몇 엘리트를 제외하면 그 권리성에 대한 인식이 미약했으며, 게다가 자유권에서 사회권으로의 전환 논리에 대해서도 자각하지 못한 것으로 보여진다"고 술회하고 있다. 정태수(1996), 앞의 책, 77면.

30) 신현직은 일본에서 있었던 교육권 주체 논쟁은 이데올로기적 선택의 문제로 잘못 비화되어 국민의 교육인권실현에는 기여하지 못했다는 일본교육법학계의 비판을 소개했고, 한국의 전교조와 정부의 대립 역시 그런 전철을 밟을 우려가 있다고 지적했다. 신현직(1990), 앞의 논문, 79면.

31) 신현직의 박사학위논문(74－82)을 인용한 성낙인(2016), 헌법학, 법문사, 1361면.

명명(命名)의 원인은 헌법에서 교육에 관한 국민의 권리를 '○○권'이나 '○○자유' 아닌 '교육을 받을 권리'로 표현하고 1개 조항이 아닌 6개 조항을 통해 언급하고 있는 현행 헌법 제31조에 원인이 있다.

헌법학계에서는 1948년 제정 헌법 이래로 교육 관련 규정이 일관되게 '교육을 받을 권리'로 표현되고 있어서인지 다른 기본권의 표기 방식과는 다른 '교육을 받을 권리'라는 명명에 대하여는 묵시적으로 용인되어 온 듯하다.[32] 이는 문리해석(文理解釋)에 충실하려는 헌법학계의 경향으로 볼 수 있다. 그리고 헌법학자들은 헌법 제31조 제1항이 '교육을 받을 권리'를 향유하는 '국민의 수학권(修學權)'[33]을 지칭한다는 데 동의하면서, 상대 개념으로 교육을 할(시킬) 권리를 교육권(敎育權)으로 지칭하여 여기에서 교원의 교육권 혹은 수업권(授業權) 개념을 도출하기도 한다. 물론, 이들의 헌법적 근거에 대하여는 수학권 보호를 위한 법령상의 직무권한으로 보거나 학문의 자유 조항을 통해 인정하는 입장 등 학설은 나뉘고 있다. 물론, 이 수학권으로는 제1항에 이어 제2－6항을 모두 포괄하는 권리명으로서는 한계도 있다.

한국 헌법학계에서 수학권(修學權)의 명명에는 권영성의 영향이, 학습권의 명명에는 김철수의 영향이 있었다. 수학권은 헌법재판소 판례 등에 인용되어 온 반면, 학습권은 김철수의 영향으로 교육기본법(1998.3.1. 시행)상의 학습권 조항으로 이어지게 되었다.

김철수는 '교육을 받을 권리'를 학습권(學習權)이라 칭하고 이에 대응하는 개념으로 교육을 시킬 권리로서 교육권(敎育權)[34]을 설정하였다. 특히 일본에서의 국가교육권과 국민교육권 논의를 소개하면서 교육권에 관한 논의에서 교육내용 결정권이 교육의 주체와 직결되는 문제임을 설명하기도 했다.[35] 뒤에 김철수는 제자인 신현직의 '교육기본권' 개념을 수용하여 교육기본권을 "교육할 권리, 교육을 받을 권리(受敎育權), 인격형성권으로서의 학습의 자유권, 교육제도에 대한 제도보장을 통칭하는 것"으로 소개[36]하고 있다.

---

32) 일본의 헌법학자들은 현행 헌법규정인 '教育を受ける権利(교육을 받을 권리)'를 학습권으로 규정하는 것이 일반적이고, 1970년대 교육재판과정에서 교육권 주체 논쟁을 거치면서 '학습권'을 보장하는 상대 용어로서 '교육권'이란 용어도 사용했다. 대표적으로 고바야시는 교육을 받을 권리의 보장은 국가에 대해서 필요한 조치를 강구해야 할 책무를 부담시키는 것으로 생존권의 문화적 측면을 강조했다. 교육에 관한 헌법 규정은 제26조 이외에 학문의 자유 규정(§23)을 비롯하여 헌법정신에 입각하여 제정된 준헌법적 법률인 교육기본법을 바탕으로 교육조리(教育條理)적 해석이 필요하다고 보았다. 이러한 고바야시의 견해는 김철수 교수에 적극 수용되었다. 小林直樹(1980), 앞의 책, 567－568頁. 아시베 역시 교육을 받을 권리를 '자녀에 대해서 보장되는 학습권'으로 해석하면서, 부모와 친권자는 교육을 받을 권리에 대응해서 자녀에게 교육을 받게 할 '책무'를 지는 것으로 해석한다. 芦部信喜(2015), 앞의 책, 273頁.

33) 건국강령의 면비수학권(被免受學權)과는 다른 한자를 써서 수학권(修學權)으로 명명한 것인데, 사전적 의미로 수학(修學)은 학문을 닦는다는 뜻으로서 긍정적으로 보면 학습권(學習權)과 연계되는 측면이 있다.

34) 교육을 시킬 권리, 즉 교육권(敎育權)은 학습권(學習權)에 대응하는 것으로서 자녀의 인간성을 개발하고 그들에게 문화를 전달하고, 민주적인 국가사회의 담당자를 육성한다고 하는 국민적인 의무와 책임 및 그를 다하기 위한 권한(權限)을 총괄한 개념이다. 김철수(1998), 헌법학신론, 박영사, 352면. 그러나 아동·청소년의 학교교육 뿐만 아니라 국민의 평생에 걸친 사회교육을 포괄하는 개념 측면을 다소 간과하였다고 할 수 있다.

35) 김철수는 국가·국민공동 교육주체설을 주창했으나 이에 대하여 신현직은 법적 개념이어야 할 '교육권의 주체'를 추상적 내지 사실상 개념인 '교육을 받을 권리에 있어서 교육의 주체'로 해소시켜 버림으로써 교육권의 개념이 더욱 불명확해 지고 있으며, 교육권 개념을 교육내용 결정 권능으로 파악하고 있는데 이것이 '교육을 시킬 권리'와 동일한 것인지 불분명하다고 지적했다. 신현직(1990), 앞의 논문, 80면. 이에 대해 김철수는 교육의 주체는 교육을 받을 권리 그 자체의 주체 문제와는 구별되는 것으로 교육실시 등의 주체가 누구인가, 즉 교육내용의 결정권이 누구에게 있느냐 하는 것이라고 보완 진술하고 있다. 김철수(2008), 학설·판례 헌법학(상), 박영사, 1140면.

36) 김철수(2008), 앞의 책, 1140－1146면.

그는 기본적으로 헌법 제31조 제1항은 교육을 받을 권리에 한정하고, 교육할 권리로서 교육권은 헌법적 권리가 아닌 법률에 의한 교육내용 결정 권능으로 설정하고 있으며, '교육을 받을 권리'를 학습권이라 칭하면서도 다시 인격형성권으로서의 학습의 자유권으로 상정하여 학습권의 헌법적 기반을 헌법 제10조(인격형성권)[37]에 둔다. '교육을 받을 권리'의 내용으로 학습권(修學權=受敎育權), 학교선택권, 교육권(수업권)으로 기술[38]하고 있다. 즉, 문리해석에 충실하듯 주어진 교육을 받거나 청구할 권리(학습권)는 제31조 제1항에 두면서도, 학습을 방해받지 않을 자유권의 근거는 10조에서 구하고 있는 방식이다.

권영성은 '교육을 받을 권리'를 수학권(修學權)으로 명명하였는데,[39] 1990년대 헌법재판소의 교육판례에서 주로 인용되었다. 그는 제31조 제1항을 광의와 협의로 나누어 설명한다. 즉, 넓은 의미로는 '개인이 능력에 따라 균등하게 교육을 받을 수 있는 수학권(修學權)뿐만 아니라, 학부모가 그 자녀에게 적절한 교육의 기회를 제공하여 주도록 요구할 수 있는 교육기회 제공 청구권까지 포괄하는 개념이고, 좁은 의미로는 교육을 받는 것을 국가로부터 방해받지 않을 아니함은 물론 교육을 받을 수 있도록 국가가 적극적으로 배려해 주도록 요구할 수 있는 권리, 즉 수학권(修學權)을 말한다'고 기술하면서 후자가 다수설임을 지적하고 있다.

권영성의 교육권론은 사회적 참여권 이론[40]에 입각한 교육참여 청구권을 강조한 특징이 있으나 협의와 광의의 개념이 중복적이고, 헌법 제31조 제1항이 내포하는 교육에 관한 기본권을 지나치게 '받을 권리(수학권)'에 한정 한 결과 교육을 하는 권리로서 교육권(이른바 교사의 수업권)은 본질적으로 별개의 것으로 다루는 한계를 보였다. 권영성의 이러한 국민의 기본권으로서 '수학권(修學權)'과 교사의 직무권한으로서 '수업권(授業權)'론은 헌법재판소가 헌법 제31조 제1항을 수학권으로 명명하거나 교사의 교육권 내지 직무권한으로서 수업권을 해석하는 데 영향을 주었다.[41]

정종섭은 헌법 제31조 제1항을 '교육을 받을 권리'라 명명하고 국가에 대하여 교육조건의 개선·정비와 교육기회의 균등한 보장을 적극적으로 요구할 수 있는 수학권(修學權=學習權)을 보장하는 것으로 보았다. 다만 그가 명명한 교육을 받을 권리가 right to education임을 표기하여 현행 헌법규정이 '받을 권리'에만 한정하는 듯한 용어의 한계를 극복하고, 현재 헌법학계에서 통용되고 있는 수학권(修學權)과 교육기본권론 학자들이 자주 사용하는 학습권(學習權) 용어 해석을 융합하려는 시도를 했다. 반면, 교사가 교육을 하는 권리와 국민이 교육을 받을 권리는 그 주체가 다른 권리로서 교사의 교육권(敎育權=授業權)은

37) 헌법 제10조 모든 국민은 인간으로서의 존엄과 가치를 가지며, 행복을 추구할 권리를 가진다.

38) 김철수(2008), 앞의 책, 1145-1146면.

39) 권영성(2007), 헌법학원론, 법문사, 651면.

40) 기본권은 국가에 대한 방어권적인 성격 이외에 참여권적인 성격을 동시에 갖는다는 독일연방헌법법원 판결에 기초한 이론을 말한다. 권영성(1994), 헌법학원론, 법문사, 664면 각주 1) 참고.

41) 1980년 제5공화국 헌법에 관여한 권영성은 김철수와 헌법학 이론에서 상당부분 대척점에 있었는데, 1990년대 본격화된 교육재판에서 헌법재판소가 사용한 수학권에 대한 명명은 권영성의 명명에 영향받은 것이다. 실제로 1994년 헌법학원론 저서(660면)에서 헌재판결에서 용어사용을 언급하기도 했다("헌법재판소는 국민의 교육을 받을 권리를 修業權(1992.10.1 [92헌마68·76(병합)]) 또는 修學權(1992.11.12 [89헌마88])으로 약칭하기도 한다)". 권영성(1994: 660)은 교육을 받을 권리에는 수학권 외에 교사의 교육권(授業權)까지 포함하는 신현직의 주장(1990년의 박사학위논문상의 교육기본권론)을 양자의 본질적 차이를 오해한 것이라 기술하고 있고, 1992년의 교과서재판(89헌마88)에서 헌법재판소 역시 학생의 기본권으로서 수학권과 교사의 직무권한(직권)으로서 수업권을 구분하고 있음을 예시하여 인용하고 있다.

교육을 받을 권리에 포함되지 않는 것으로 보았다.[42)]

이처럼 교육을 받을 권리의 기본권성 내지 기본권 명칭에 대하여 논의가 분분했던 것은 관련 조항이 '받을 권리'로 표현된 것도 있지만, 단순한 교육을 받을 권리가 아닌 '능력에 따라 균등한'이라고 하는 실현 방법상의 기준을 제시하고 있는 것과도 연동되어 있다. 즉, 국가 기준이나 간섭이 아닌 스스로의 능력에 따라 자유롭게 교육을 받는다는 자유권성 측면과 국가를 향해 균등하게 제공해 줄 것을 요구한다는 사회권성 측면이 동시에 내재되어 있기 때문이다.

나아가 제1항 이외에도 교육조항은 그 구체적 실현 방법 및 보장 수단으로서 제2항에서 제6항에 이르는 규정을 두고 있는데, 이들 원칙들은 학습자로서 '교육을 받을 권리' 혹은 '수학권' 측면 이외에도 교육자나 학교설립 운영자, 나아가 국가 및 지방자치단체 입장에서도 준수되어야 할 원칙을 포함하고 있다는 점에서 '받을 권리'만으로는 포괄하기 어려운 문제가 내재되어 있다.

여전히 헌법학 저서들은 교육에 대한 국민의 기본적 인권을 종합적으로 설명할 수 있는 기본권 명명에 합의하지 못하고 있고, 때로는 국민의 의무 조항에 걸쳐 그 헌법정신을 논하고 있다. 대부분의 헌법학자들은 헌법 제31조 제1항을 '교육을 받을 권리'로 표기하고 있으나 이는 적극적 명명이라기보다는 소극적인 문리해석으로 기본권의 일종으로 분류하고 있고, 나머지 제2항에서 제6항에 대하여는 제1항의 교육을 받을 권리 보장을 위한 기본원칙 방향을 정한 규정으로 해석한다. 더불어 학문의 자유를 논할 경우에는 제31조 제4항의 대학의 자율성 보장 조항을 연계하여 논의하고, 국민의 의무 항목에서 제31조 제2항 및 제3항의 보호자의 교육의무와 의무교육의 무상제도에 대하여 언급하기도 한다.

지금까지의 헌법학자들이 저서에서 진술한 '교육을 받을 권리'에 대한 해석을 비교하기 위하여 이를 표로써 나타내면 다음과 같다.

표 4-1 헌법 제31조 제1항에 대한 헌법학계의 명명과 여타 조항과의 관계 해석

학자	① 권리 명명 ② 법적 성격 ③ 내용 ④ 조항 간 관계	특징
허 영 (71.2 독일 뮌헨대)	① 교육을 받을 권리(Recht auf Bildung), 헌법상 다원적 의의와 기능 ② 주관적 공권이면서 객관적 가치질서로서 성격 ③ 취학의 기회균등과 교육시설에의 참여청구로 구성 ④ 보장책②-⑥: 가정·국가의 책임, 자주성등 보장, 교육제도 법정주의	• 자유권&사회권 논쟁은 형식논리임 • 4가지 의의와 기능
김철수 (71.8 서울대)	① 교육을 받을 권리(학습권) (교육기본권의 구성 개념으로 상정) ② 적극적·구체적 청구권을 수반하는 문화적 생존권(김철수, 2008: 1142) ③ 학습권(수학권-헌법 §10 근거), 학교선택권, 교육권(수업권) ④ 제1항의 실효보장을 위한 의무교육, 교육자주성은 기본권&제도보장	• 교육기본권: 교육할 권리·교육받을 권리, 학습의 자유, 교육제도보장을 통칭

42) 정종섭은 교원의 수업권을 학문의 자유에서 파생되는 공무담임권으로 인식한 헌재 판례(99헌마112)를 소개하고 있다. 정종섭(2015), 헌법학원론, 박영사, 792면.

권영성 (74.9 독일궤팅겐대)	① 광의: 능력에 따른 균등한 수학권(修學權)+부모의 교육기회청구권 협의: 국가로부터 방해받지 않거나 국가배려의 요구 권리(修學權) ② 외적 조건정비를 국가에 적극적으로 요구하는 사회적 기본권 성격 ③ 능력에 따른 균등한 교육(교육평등, 교육외적 조건의 정비요구) ④ 제1항(수학권)을 효율적으로 보장하기 위한 수단적 제2-6항	• 교육권(수업권)은 교육을 하는 권리로 상정
홍성방 (86.2 퀠른대)	① 교육을 받을 권리(수업권, 수학권) ② 개별 평등권+적극적 청구권 성격, 객관적 가치질서 성격 ③ 초등학교 이외 학교에서 교육을 받을 권리, 취학기회균등, 청구권 ④ 제1항 제4항(교육의 기회균등, 자주성, 중립성)은 교육에 관한 원칙규범	• 자유권&사회권 논쟁은 기본권 제한과 형성에 연계된 중요한 사안임 강조
성낙인 (87.9 파리 II 대)	① 교육을 받을 권리(수학권)와 교육의 자유 ② 협의 수학권은 사회권, 국가로부터의 교육의 자유는 자유권 ③ 능력에 따른 교육, 균등한 교육, 모든 교육, 수학권(학습권) ④ 제2-6항은 제1항을 위한 수단적 규정, 제4항은 교육제도의 기본원칙	• 교육기본권으로 개념 확대 필요성
정재황 (89.6 파리 II 대)	① 교육을 받을 권리 ② 교육적 생존권성, 적극성·향상발전 추구성 ③ 교육기회 접근권(응능성, 균등교육), 교육내용권리(선택, 교육방법) ④ 헌법제도로서 의무교육	• 교육에 관한 권리=교육을 받을 권리+교육을 할 권리 (§31①+§10 근거)
정종섭 (89.8 연세대)	① 교육을 받을 권리(right to education), 수학권(修學權=學習權) ② 내용에 따라 구분: 방해받지 않을 자유권, 국가에 요구할 사회권 ③ 수학권(§31①), 부모의 자녀교육권(자녀교육자유+교육기회청구권) ④ 제1항(수학권)을 효율적으로 보장하기 위한 ②-⑥항(권리실현수단)	• 친권내 교육할자유(규정없는 자연권), 교사교육권(수업권)은 §31①과 무관
장영수 (90.12 프랑크푸르트대)	① 교육의 권리 ② 자유권: 교육의 자유와 기회균등, 사회권: 교육여건조성 국가활동 ③ 교육의자유, 교육기회균등, 교육여건조성 국가의무, 교육자주성 등 ④ ③-⑥항은 교육여건 조성을 위한 국가활동	• 교육의 자주성등은 자유권적 내용이 아닌 사회권적 내용을 법률유보한 것

출처: 고전(2017), 교육기본권 관점에서의 헌법 개정 논의, 교육법학연구 29(2), 9면 <표 2> 인용. 일부 보완

(3) '수학권(修學權)' 명명을 일반화시킨 헌법재판소의 판례

제31조 제1항의 '교육을 받을 권리'를 수학권(修學權)으로 명명한 것은 권영성이었지만, 이를 헌법학계에 널리 확산시킨 계기는 1988년에 설립된 헌법재판소의 교육판례를 통해서였다.

헌법재판소(1988.9.1.-현재) 역시 초기에 교원의 노동기본권 제한 위헌심판(89헌가106) 판결을 통해 제31조 제1항에 규정된 '국민의 교육을 받을 권리'를 수학권이 아닌 수업권(修業權)으로 표기[43]했었다.

43) 【헌재판결】 헌법 제31조 제1항의 국민의 교육을 받을 권리는 원칙적으로 위의 세 가지 의미(공민권성, 생존권성, 학습권성-저자주)를 다 포함하는 것이라고 할 수 있으며(이를 편의상 수업권(修業權)이라고 표기하기로 한다), 가르치고 배우는 관계에서 보면 학교교육을 전담하는 교원의 학생을 가르치는 권리(교육권)와는 상호 표리일체를 이루지만, 헌법 제31조 제1항에서 보장하고 있는 교육은 학교에서만 받는 것이 아니기 때문에 완전히 일치되는 것은 아니고 학생의 수업권이 교원의 교육권보다 범위가 더 넓다고 할 수 있는 것이다. 원래 수업권을 갖는 국민(여기서는 학생)에 대한 시원적인 교육책임자는 그들의 부모라고 할 수 있다. 그러나 부모가 각 자녀에 대한 친권자로서 사적 시설에서 양육 및 보호·감독작용의 일환으로 행하는 교육은 근대사회에 있어서의 정치·경제·사회·계획적으로 행하는 공교육제도의 필요성이 생겨나게 된 것이다. 따라서 국민에 대한 부모의 본원적인 교육권은 교육전문기관에 위탁된 것이며(이때에도 부모의 자녀에 대한 교육권은 의연 존재한다) 국가의 교육권은 친권자의 본원적 교육권의 연장이라고 보는 것이 온당하다고 할 것이다. 교원의 교육권은 자연법상으로는 국민의 신탁에

이러한 명명은 당시 쟁점이었던 사립학교 교원의 노동기본권에 대한 제한을 다른 재판에서 교원의 교육권과 대비시키기 위해 학생 및 국민의 수업권 개념을 설정했었다. '교육의 주관자로서 교원'이라는 일반 관념을 반영한 결과 교육권은 교원에게, 수업권은 학생(국민)에게 귀속된 권리 개념 설정한 것으로 보인다. 그러나 수업권(修業權)은 교사의 수업(授業權)과 혼란을 초래할 여지가 충분했다. 헌법재판소는 교원의 교수·수업권과 동전에 양면관계에 있는 피교육자의 권리를 학습권이란 용어로 기술했다. 이는 교육을 받을 권리가 갖는 학습권성의 의미에 유래하는 것으로 설명[44]하고 있다.

바로 다음 해의 1992년의 헌법재판소 판결에서는 반대의견(재판관 김양균) 중에 수학권(修學權)이라는 표현으로 바꾸어 진술하게 되었고 이것이 이후 헌법재판소의 주된 표현 방식이 되었다. 즉, 1994학년도에 있을 서울대 신입생 입시 선발안에 대한 헌법소원(92헌마68·76(병합))에서 "헌법 제31조 제1항에 의하여 모든 국민은 능력에 따라 균등하게 교육을 받을 권리(이를 수업권(修業權) 또는 수학권이라 약칭할 수 있겠으나 여기서는 편의상 수학권이라 한다)가 보장되어 있는데……"로 진술되고 있다.

이어 한 달여 뒤에 헌법재판소의 판례를 통해서 제31조의 성격이 보다 명료하게 해석되고, 조항 간의 성격 및 국가 및 지방자치단체의 역할 그리고 교사의 교육의 자유에 대한 판결이 이루어졌다. 1992년 11월 12일에 있었던 국정교과서(교육법 §157)에 관한 헌법소원 재판(89헌마88)에서 전원재판부는 판결문을 통해서 제31조 제1항을 국민의 수학권(修學權)으로 명명했다. 나머지 조항이 이를 효율적으로 보장하기 위한 규정으로 규정한 동시에, 국가와 지방자치단체를 교육기본권의 주체가 아닌 국민의 수학권을 보장하여야할 책임(責任)과 의무(義務)의 주체로 설정하면서, 교사의 수업의 자유(授業權) 역시 이를 위한 부여된 직무권한으로 학생의 수학권에 우선할 수 없다고 판결하였다.

> (3. 판단) ① 헌법 제31조 제1항은 "모든 국민은 능력에 따라 균등하게 교육을 받을 권리를 가진다."고 규정하여 국민의 교육을 받을 권리(이하 "수학권"(修學權)이라 약칭한다)를 보장하고 있는데, 그 권리는 통상 국가에 의한 교육조건의 개선·정비와 교육기회의 균등한 보장을 적극적으로 요구할 수 있는 권리로 이해되고 있다. 수학권의 보장은 국민이 인간으로서 존엄과 가치를 가지며 행복을 추구하고(헌법 §10 전문) 인간다운 생활을 영위하는데(헌법 §34①) 필수적인 조건이자 대전제이며, 헌법 제31조 제2항 내지 제6항에서 규정하고 있는 교육을 받게 할 의무, 의무교육의 무상, 교육의 자주성·전문성·중립성보장, 평생교육진흥, 교육제도 및 교육재정, 교원지위 법률주의 등은 국민의 수학권의 효율적인 보장을 위한 규정이라고 해도 과언이 아니다. 원래 부모들이 각 자녀에 대한 친권자로서 사적 시설에서 양육 및 보호·감독의 일환으로 행하는 사(私)교육은 근대사회의 정치·경제·사회·문화의 급진적인 발달과 다원화에 따른 교육수요에 부응할 수 없게 되어 공공의 교육전문시설에서 교육전문가에 의하여 조직적, 계획적으로 시행되어야 할 필요성이 생겨나게 되었는데, 학교라는 것은 그러한 배경 하에서 생겨난 공교육기관이라 할 것이다.
> ② 국가나 공공단체가 헌법상 보장된 국민의 수학권을 실질적으로 보장하기 위한 한도 내에서 적극적·능동적으로

의한 것이고 실정법상으로는 국가의 자격증제도를 바탕으로 한 임용에 의하여 인정되고 있는 것으로서 결국 국민의 수업권을 실현시키기 위하여 인정된 권리라고 할 것이며, 따라서 교육권은 수업권을 침해하지 않는 범위 내에서 성립될 수 있는 권리라고 할 수 있으며 국민의 수업권에 대한 관계에 있어서 일정한 제한을 받을 수밖에 없는 것이다(89헌가106).

44) 【헌재판결】 교원의 교수 내지 수업에 관련된 권리는 피교육자의 교육을 받을 권리 이른바 학습권과 앞뒷면을 이루는 것이다.…(중략)…사람은 학습본능을 가지고 있으며 유아기에는 가정에서 부모형제로부터 배우고 성장하면서 학교와 지역사회에서 다른 사람과의 접촉을 통하여 배우면서 성취의욕을 달성하고 개체로서 인격적으로 성숙해진다는 의미에서의 학습권성(學習權性)이 그것이다(89헌가106).

주도하고 관여하는 교육체계를 공교육제도라고 할 때, 국가나 공공단체는 교원 · 학제 · 교재 · 교육시설환경 등 제반 사항에 대하여 적극적으로 계획을 수립하고 이를 시행하는 의무와 책임을 지는 것이며 그 특성은 초 · 중 · 고교 등 보통교육의 분야에서 두드러지게 나타나는 것이다.
(4. 결론) 국민의 수학권과 교사의 수업의 자유는 다 같이 보호되어야 하겠지만 그 중에서도 국민의 수학권이 더 우선적으로 보호되어야 한다. 그것은 국민의 수학권의 보장은 우리 헌법이 지향하고 있는 문화국가, 민주복지국가의 이념 구현을 위한 기본적 토대이고, 국민이 인간으로서 존엄과 가치를 가지며 행복을 추구하고(헌법 §10 전문) 인간다운 생활을 영위하는데(§34) 필수적인 조건이고 대전제이며, 국민의 수학권이 교육제도를 통하여 충분히 실현될 때 비로소 모든 국민은 모든 영역에 있어서 각인의 기회를 균등히 하고 능력을 최고도로 발휘할 수 있게 될 것이기 때문이다.

이러한 헌법 규정상의 연원과 기술상의 특성으로 인하여 국민의 교육에 대한 권리에 대한 개념은 '교육을 받을 권리'로서 이해되고 있으며, 헌법학의 저술과 판례의 영향으로 '국민의 수학권'이란 개념이 통용되고 있는 상황이다. 여기에 새로운 이해방식으로 신현직의 교육기본권론이 등장하였고 이에 대한 논의가 확산되고 있다.

(4) 교육법학계에서의 헌법 교육조항의 논의

교육법을 전공하는 교육법학자들이 활동하는 교육법학계[45]에서도 저서와 논문을 통하여 헌법 제31조에 대한 해석을 내놓고 있다.[46] 대한교육법학회의 원로 안기성은 제31조 제1항을 '교육을 받을 권리'를 '교육권' 의미로 사용했다. 교육권의 내용은 교사 · 국가 · 설치자 · 아동 또는 학생 · 부모 또는 친권자의 교육권으로 구성된 것으로 보았다. 국가의 교육권으로 교육법제의 조직 · 체계화 · 운영감독권, 교육분쟁조정 · 판결권 등의 예를 들었다.[47]

표시열은 제31조 제1항을 교육권이라고 명명하면서도 교육권의 내용을 학생학습권 내지 수학권(최협의 교육권), 교육을 시킬 또는 할 학부모 · 교사의 교육권(협의), 설치자의 교육관리권 · 국가의 교육권한(광의) 그리고 헌법상의 교육에 관한 국민의 기본적 인권(교육기본권; 최광의 교육권) 등으로 확산적으로 설정하여 기존 학계의 명명을 모두 수용하고자 했다. 학생학습권은 인격형성권으로서 헌법상의 자유권적 성격(국가와 모든 교육당사자로부터 인간적인 성장발달을 침해받지 않을 자유)을 가지며 학교선택권, 교육내용 선택 결정 및 참여권, 징계절차에서의 권리보호 등을 예시했다. 또한 생존권적 기본권으로서 성격을 갖으며 무상의 의무교육제도와 교육기회의 균등 그리고 교육조건 정비 청구권을 예시했다.[48]

강인수는 제32조 제1항을 학생(국민)의 교육권이라고 명명하면서, 교육권의 내용을 학생 · 부모 및 친권자 · 교사 · 설치자 · 국가의 교육권으로 분류하였고, 아동 · 학생은 교육을 받을 권리 주체로, 부모 · 교사 · 설치자 · 국가는 교육을 할 권리의 주체로 설정하였다.[49]

---

45) 교육법학계란 대한교육법학회 및 한국교육법학회를 지칭하며, 교육법학계의 학설로 소개된 교육법연구자는 교육권 · 교육법과 관련한 법학 · 교육학 박사학위자 중에서 필자가 임의로 선정한 중견학자들로서 이들은 공법학(헌법, 행정법 등) 또는 교육행정학 전공자로서 활동하기도 한다.
46) 교육법학계의 학설에 대하여는 고전(2017), 앞의 논문, 10－11면 인용.
47) 안기성(1989), 교육법학연구, 고려대출판부, 104, 128, 130면.
48) 표시열(2008), 교육법, 박영사, 203－205면.
49) 강인수(1998), 교육법연구, 문음사, 23－42면. 강인수, 공교육에서의 교육권의 개념과 분류체계: 이론적 계보, 교원권논쟁, 대한교육법학회 학술대회자료집, 2004.7.10), 3－8면.

신현직은 교육에 관한 헌법상의 포괄적 기본적 인권을 교육기본권이라 전제하고, 제1항을 교육기본권 중 학습권(근거는 §10)으로 규정했다. 교육기본권은 학습권(§10), 학문의 자유(§22), 교육을 받을 권리(§31)를 종합한 관점이며, 내용은 학습의 자유와 권리, 국민의 교육의 자유, 교육의 평등으로 보았다. 교육에 관한 헌법상의 기본권은 국가로부터 주어지는 교육을 받을 권리에 불과한 것이 아니며, 제31조의 '교육을 받을 권리'만으로 파악되어서는 안 된다고 주장한다. 인권으로서의 교육을 위한 교육은 자기교육과 학습까지 포함하는 것이어야 하며, 법적 개념으로서 궁극적인 교육이념 또한 인간으로서의 존엄과 가치의 실현으로 파악되어야 한다고 본다.[50] 그의 논설은 이후 교육법학계의 지지를 받고 있다.

허종렬은 제31조 제1항을 학습자의 교육기본권으로 명명하면서, 교육기본권의 내용으로는 학습자·학부모의 교육기본권, 교원의 교육권, 비열거 교육기본권(학습권, 자기결정권, 인격권, 사립학교 설립의 자유와 권리)로 구분했다. 최근 논의에서는 교육기본권을 최협의, 협의, 광의로 구분하고, 학문의 자유(§22), 교육을 받을 권리(§31), 인간존엄가치와 행복추구권(§10) 및 열거되지 않은 자유·권리(§37①) 등을 통해 도출되는 교육당사자의 제 권리를 협의의 교육기본권으로 기술한 바 있다.[51]

노기호는 제31조 제1항을 학습권(수학권; 학습의 자유, 교육시설요구권, 균등교육에 관한 권리, 사회교육의 보장)으로 해석하고, 학습권 실현을 위한 교육권으로써 부모의 교육권과 교원의 교육권(교육의 자유, 교육의 자치) 등을 예시했다.[52]

정필운은 제31조 제1항의 '받을 권리'라는 표현상의 한계는 있으나 교육기본권 조항으로 명명하고, 그 내용을 학생에게 부여되는 교육의 자유(자신이 원하는 내용의 교육을 자신이 선택한 조건 아래에서 받을 자유)를 포함하는 학습권, 교육을 받을 권리로서 수학권(§31①) 그리고 균등하게 학습하고 수학할 권리로 상정했다. 부모의 교육권은 제1항의 학생의 교육권보장을 주관적 공권을 넘어선 객관적 가치로서 헌법상 인정되는 것으로 보는 반면, 교사의 교육권은 법률로서 보장되는 권리로 보았다. 다만, 제4항의 교육의 기본원리를 구체화하고 학생의 교육기본권을 실현하기 위한 목적 내에서 기본권성을 제한적으로 인정하기도 한다.

표 4-2 헌법 제31조 제1항에 대한 교육법학계의 명명과 여타 조항과의 관계 해석

학자(학위)	① 권리 명명 ② 법적 성격 ③ 내용 ④ 조항간 관계	비고
안기성 (75. 일본 九州大)	① 교육을 받을 권리=교육권, 교육에 관한 의사로서 사회 일반이 인정하는 실정법상의 근거를 갖는 것 ② 생존권적 기본권, 사회적 기본권, 의무교육범위 내 청구권 ③ 교사·국가·설치자·부모 또는 친권자·아동 또는 학생의 교육권 ④ 제31조는 교육에 관한 직접조항, 여타 22개 간접조항	안기성(1989: 104−33) 교육권 ≠교사의교육권(교권)

---

50) 교육기본권은 인격형성권, 양심형성권, 알권리 등과 같은 정신적 자유와 밀접한 연관을 갖는 것이며, 인간다운 생활을 할 권리, 노동기본권, 직업선택의 자유, 환경권과도 상호관련성을 갖는 것으로 이해되어야 한다고 본다. 신현직(1990), 앞의 논문, 207면.

51) 허종렬, 교육기본권론−헌법제31조의 해석론을 중심으로−, 교원권논쟁, 대한교육법학회 학술대회자료집, 2004.7.10), 9−34면. 최근의 최협의, 협의, 광의의 교육기본권에 대해서는 허종렬(2022), "제2장 헌법과 교육기본권의 보장", 대한교육법학회편, 교육법의 이해와 실제, 교육과학사, 50−51면 참조.

52) 노기호(2008), 교육권론, 집문당, 34−35면.

표시열 (86.6 Iowa대)	① 제1항은 교육권(최협의 학생의 학습권; 학교선택, 교육내용선택등) ② 정신적 자유권(학습권), 생존권적 기본권(교육조건정비청구권) ③ 학생학습권(최협의 교육권), 부모·교사교육권(협의), 설치자관리권·국가권한(광의), 국민의 기본적인권(교육기본권; 최광의 교육권) ④ 교육의 권리에 관한 조항, 제1·3·4·6항은 교육법의 기본원리 포함	표시열(2008: 203–5) 교육의 권리 개정필요 교사교육권: 직무권한(기본)+교육의 자유(학문의 자유 근거)
강인수 (87.2 고려대)	① 제1항은 학생(국민)의 교육받을 권리, 교육권(권리법력설적 정의) ② 생존권적 기본권(兼子仁), 개인의 권리(주관적 공권), 청구권 ③ 학생·부모 및 친권자·교사·설치자·국가의 교육권으로 분류 아동·학생은 교육을 받을 권리 주체, 부모·교사·설치자·국가는 교육을 할 권리의 주체 ④ 제4항의 자주성과 중립성은 제1항의 내용적 실질을 이루는 원리	강인수(2004: 3–8) 강인수(1989: 23–42) 교사의 교육권: 직권
신현직 (90.6 서울대)	① 교육기본권(교육에 관한 헌법상의 포괄적 기본적 인권)중 학습권 협의 교육권은 교육기본권 실현을 위한 당사자의 권리 또는 권한 ② 종합적 기본권성, 제도보장으로서 무상의무교육제와 교육자치제 ③ 학습의 자유와 권리, 국민의 교육의 자유, 교육의 평등 ④ §31②③은 제도보장, §31④는 교육에 관한 제도보장의 지도원리	신현직(1990) 교육기본권=교육권+학습권
허종렬 (93.2 성균관대)	① 제1항은 학습자의 교육기본권(교육에 관한 기본적 인권) ② 생활권+평등권(학습권 아님), 생존권적 기본권 ③ 학습자·학부모의 교육기본권, 교원의 교육권, 비열거교육기본권 (학습권, 자기결정권, 인격권, 사립학교 설립 자유와 권리) ④ 제2항은 학부모의 교육기본권, 제4항은 교원의 교육권, 제3–6항은 국가 및 지자체의 보장의무 조항	허종렬(2004: 9–34) 교육기본권: §31+§10+37① 교사의 교육권: 인권(반사적보호)+직권(다수설) 양면
고전 (97.2 연세대)	① 교육기본권 중 학습권과 교육당사자의 교육권(자유, 참여, 책무권한) ② 총체적 기본권성(자유권+사회권, 주관적공권+객관적 가치질서) ③ 학습권(평생 학습자유와 권리), 교육의 자유, 교육평등권, 교육청구권 ④ 교육기본권 보장책 및 교육법의 기본원리(교육조리, 법률주의등)	고전(2017: 21–22) 교육기본권 개정론 평생학습 자유·권리 보호자 교육참여권 모든 사람의 기본권
노기호 (98.6 한양대)	① 제1항은 학습권 의미(헌법개정의 필요성: 교육에 관한 권리) (헌법상 교육권은 학습권 보장을 위한 부모·교원의 교육권) ② 종합적 기본권성(§10+§22+§31+§34)–신현직의 견해 수용 ③ 학습의 자유, 교육시설요구권, 균등교육에 관한 권리, 사회교육의 보장 (교육권의 내용은 교육의 자유, 교육의 자치) ④ 제1, 2, 3항은 교육을 받을 권리, 제4항은 교육기본원칙, 제5, 6항은 제도법정주의	노기호(2008: 34–35) 교육에관한권리 개정 국가의 교육권(×) 국가의 교육권한(○) 교원의 교육권: 직권+기본권 양측면
정필운 (09.2 연세대)	① 제1항은 '교육을 받을 권리'로 표현되어 있으나 교육기본권 의미 (헌법상 교육기본권은 학생의 수학권과 학습권, 부모의 교육권) ② 교육기본권에는 자유권, 평등권, 사회권의 요소 내포 ③ 학습권(학습자의 교육의 자유 포함), 수학권, 균등한 수학·학습권 ④ 제4항은 교육 기본원리, 제6항은 기본적 사항 법률주의(형성적 유보)	정필운(2022: 2–27) 교육기본권 명명론 부모의 교육권 국가 교육권한(의무) 교사의 법률상 교육권

주 1: 박재윤(91.2 고려대), 조석훈(96.2 서울대) 역시 박사논문 및 저서 등에서 헌법 및 교육권에 관한 언급을 하였으나 헌법 제31조의 명명, 성격, 내용, 조항관계에 관한 종합적 비교 논의가 어려워 제외되었다.

출처: 고전(2017), 교육기본권 관점에서의 헌법 개정 논의, 교육법학연구 29(2), 11, 14면 <표 3>에 추가(고전, 정필운).

헌법 제31조 제1항인 '교육을 받을 권리' 논의시 명명은 한국 헌법학계의 논의와 헌법재판에서 사용한 전례에 따라 아직도 수학권(修學權)이란 용어가 헌법 저서에 적지 않게 보여지고 있는 것이 사실이다. 그러나 1988년에 제정된 교육기본법에서 이미 헌법 규정의 교육을 받을 권리를 '학습권'으로 구체화하여 규정[53]하였고, 오늘날 교육권과 학습권을 아우르는 교육기본권의 개념이 공감대를 넓혀 가고 있는 추세 속에서 젊은 층에게도 친숙하지 않아 가독성이 떨어지는 수학권(修學權)이란 용어를 고집할 필요는 없다고 본다. 더구나 한자로 명기하지 않을 경우 한자(漢字)에 익숙하지 않은 젊은 세대에게 헌법재판소가 인용한 수학권(修學權)은 수업권(修業權) 개념과 구분이 어렵고 수학(受學; 학문을 배우거나 수업을 받음)과 혼돈되기도 한다.[54]

하나의 방법으로 교육기본권을 교육당사자별 기본권으로 나누어 제1항을 학습자의 교육기본권으로 명명하는 방법도 있을 수 있다. 이 경우 헌법학계에서 전통적으로 인격권 및 학문의 자유 조항에 근거한 모든 국민의 학습의 자유와 권리의 헌법적 근거와의 차별성은 있다고 본다. 그리고 기본권 간 충돌시 우선을 논하는 데도 유용하리라고 본다. 그런데 헌법론에서 국민의 학습에 대한 자유와 권리에 헌법적 근거를 양분하는 것이 바람직한 것인지는 생각해볼 일이다. 그렇게 되면, 전자는 학교 및 평생교육기관에 소속된 학습자 자격으로서 누리는 학습권에 한정되고 후자는 일반 국민으로서 누리는 학습의 자유와 권리를 함의하고 있는 것으로 나뉘거나 양쪽에서 헌법적 근거를 찾아야 하는 애매한 상황이 될 수도 있다.

생각건대, 헌법 제31조의 입법 취지는 국민을 대상으로 한 교육에 관한 권리를 규정하는 중핵 조항이며 그 국민은 학습자 신분의 취득이나 학교 및 평생교육기관에 한정하지 않고 전 생애에 걸쳐 모든 국민이 향유하는 균등한 교육을 받을 권리라고 보아야 할 것이다.

따라서 제31조를 헌법상 교육기본권의 핵심 조항으로 설정함과 아울러, 제1항의 '교육을 받을 권리'는 국민의 '학습권' 조항으로 명명하고, 나머지 제2-6항은 학습자인 국민의 헌법상 교육에 관한 권리, 즉 교육기본권을 충족시켜주기 위해 교육당사자들에게 역할 분담을 규정한 것으로 보아야 할 것이다. 거기에는 각 교육당사자의 권리, 의무, 책임뿐만 아니라 제반 교육법규의 헌법적 근거 및 교육조리에 입각한 교육입법을 위한 원리(제4항 등)도 포함된 것으로 교육조항 구조를 이해하는 것이 바람직하다고 본다.

교육당사자들의 헌법상 기본권성과 법률에 의한 권리 및 권한을 구획 짓는 것은 이들 간의 충돌 시 우선의 원칙을 가늠할 수 있다는 점에서 헌법 규정 및 해석이 필요하다고 본다. 이처럼 교육을 둘러싼 권리 구조를 헌법이 명확히 하는 것은 국가가 주도한 공교육을 제공받는 1940년대의 관점에서는 별문제가 안되었으나 교육당사자 간 권리분쟁이 속출하는 현대사회에 있어서는 실효성 있는 교육에 관한 국민의 기본권을 보장하는데 중요한 가늠자가 될 것이다. 다만, 현재의 교육에 관한 기본권 조항이 1948년도에 제정된 '교육을 받을 권리'라는 국가 공교육 중심의 규정에 여전히 머물러 있다는 점에서, 이를 국민들의

53) 교육기본법 제3조(학습권) 모든 국민은 평생에 걸쳐 학습하고, 능력과 적성에 따라 교육 받을 권리를 가진다.

54) 수학(受學)으로 쓸 경우 학문을 배우거나 수업을 받는다는 뜻으로, 조선왕조실록에서는 "왕이 원자를 중(僧)에게 수학토록 했다거나, 유신(儒臣)중에서 명민하여 수학할만한 자를 택하여 교관을 삼았다거나, 성균관에서 수학하는 자가 정원에 차지 않았다" 등에 나타난다. 정신문화대백과사전에는 서원(書院)의 학칙인 수학규칙(受學規則)이 소개되어 있다. 이에 비해 수학(修學)의 한자는 학문을 닦는다는 뜻으로 성균관이나 교육기관에 다니거나 전문분야를 전공한다는 뜻으로 사용된다. 현재 수학능력시험(大學修學能力試驗), 수학여행(修學旅行)에서 쓰이고 있다. 수학원(修學院)은 대한제국기에 왕족 및 귀족을 위한 학교(1906-1910)였던 반면, 일본은 학습원(學習院: 1847-현 학습원대학)이 막부시대 황족의 교육기관이었다.

법 감정과 권리분쟁 상황에 대입될 수 있도록 헌법 조화론적으로 해석해 가는 것이 차선이라고 본다.

만일 여전히 교육권을 학습자의 학습권과 대비되는 교육자의 교육권으로 설정한다면, 결국 일본에서와 같이 대립적인 교육주체 논쟁을 피할 수 없게 된다. 즉, 교육에 관한 국민의 기본권으로 자리매김 되어야 할 '교육권'의 개념이 교육자나 공교육 주관자의 교육시킬 권리가 중심에 선다면, 결국 국민은 이른바 피동적으로 교육을 받을 권리(수교육권)의 주체나 의무교육의 의무 이행자에 불과하게 될 것이다.

헌법정신을 해석함에 있어서 기본적으로 최상위 규범으로서 국민들의 공감대적 가치의 총화, 즉 정의 그 자체는 아닐지라도 최선의 정의로 전제되어야 하고, 권리 간의 관계는 최대한 헌법 조화론적으로 해석되어야 할 것이다. 그리고 시대정신과 국민들의 공감대가 변화되었을 때, 헌법은 개정의 수순을 밟아야 할 것이다.

따라서 제31조 제1항을 국민의 학습권 조항으로 해석하면서 이하 조항에 대하여는 이를 실현하기 위한 교육당사자의 헌법상의 역할분담, 즉 학부모의 교육 선택 및 참여권, 교원 및 사학의 교육활동의 자유와 권리, 국가 및 지방자치단체의 교육에 대한 권리와 권한 및 책무 부여의 헌법적 근거 조항으로 해석함이 가능하다고 본다.

황홍규는 교육권의 개념보다는 학습권 중심으로 국민의 교육에 관한 권리를 정립하는 것이 적절한 이유에 대하여, 교육헌법이라 의미부여 할 수 있는 교육기본법(1998.3.1. 시행)에서 오랫동안 광의와 협의로 혼돈스럽게 사용되어온 교육권의 개념보다 '학습권'의 개념을 취하여 '평생 학습할 권리와 능력과 적성에 따라 교육받을 권리라는 통합 개념'으로 설정하고 있다는 점 그리고 '교육'이라는 개념이 학습자 위주보다는 교육자 위주의 의미를 개념적으로 함의하고 있다는 점, 유네스코의 학습권 선언(1985)과 오늘날 세계은행의 '균등한 교육 제공(Education for all)' 전략으로부터 '만인을 위한 학습(Learning for all)'으로 교육전략의 전환 등을 들었다.[55)]

한마디로 교육을 받을 권리(학습권)에 대한 상대 개념으로서 시킬(할) 권리로서 교육권을 상정하는 것은 당사자인 학습자의 권리의식이 신장된 오늘날의 관점에서는 보면 공감하기 어려운 권리 명명이라 할 수 있다. 교육권에서 학습권으로 중핵이 옮겨졌다 할 수 있다.[56)]

현재의 교육에 관한 헌법 제31조가 국민들의 교육에 관한 기본권을 포괄적으로 규정하기 어려운 상황이고, 국민의 인격권, 행복추구권, 학문의 자유, 직업선택의 자유 등과 직접적으로 관련되어 있다는 점에서, 헌법에 적합한 기본권 개념을 설정하기 전까지는 지금이야말로 교육에 관한 국민들의 기본적 인권을 통합하여 지칭할 개념이 요구된다고 보며, 그 가능한 예가 '교육기본권' 개념의 설정이라고 본다.

여기에 신현직의 '학습권' 개념을 전제로 한 '교육기본권론'은 그 대안적 설명방식으로서 충분한 의의

55) 황홍규는 교육기본법에서 '학습권'의 개념을 도입한 것은 제도화된 교육자체가 목적이 되는 오류를 바로 잡고, 교육에서 학습자인 인간이 인간다운 삶을 살고 자아를 실현하는 주체로서 자리하기 위한 것으로 의미부여하고 있다. 유네스코 국제성인교육회의의 학습권 선언문으로 "학습권이란 읽고 쓸 권리이며, 질문하고 분석할 권리이며, 상상하고 창조할 권리이며, 자기 자신의 세계를 살피고 역사를 이어갈 권리이며, 교육의 수단을 얻을 권리이며, 개인과 집단이 역량을 발달시킬 권리"라고 규정한다. 황홍규(2000), 교육기본법에서의 학습권 개념의 도입 배경과 그 의의, 교육법학연구 12, 330-333면에서 재인용.

56) 임해규(교육학박사, 전국회의원)의 저서(2011), 교육에서 학습으로: 학습권과 그 보장 원리, 교육과학사나 테라와키 겐(寺脇研; 교육개혁을 주도한 전문부성관료, 교토예술대학교수)의 저서(2013), 「學ぶ力」を取り戻す 教育權から學習權へ(배우는 힘을 되살리자: 교육권으로부터 학습권으로), 慶應義塾大學出版會 등은 학습권으로의 흐름을 보여준다.

가 있다고 판단되며 이를 좀 더 깊이 살펴보도록 한다.[57]

다. 교육기본권으로의 재구조화

(1) 신현직의 '교육기본권론'(1990.6)

국내에서 교육기본권(敎育基本權)에 관한 논의는 신현직의 박사학위 청구논문(1990.6 "교육기본권에 관한 연구")을 통하여 본격적으로 제기되었다. 즉, 헌법상 교육에 관한 포괄적인 인권으로서의 교육기본권은, 제10조에 근거한 학습권과 이를 보장하기 위한 개별기본권으로서 제22조의 학문의 자유와 제31조의 교육을 받을 권리를 종합하는 것이라는 관점이다.

그에 따르면 교육에 관한 헌법상의 기본권을 단지 국가로부터 주어지는 교육을 받을 권리에 불과하다고 형식적인 해석을 하거나, 제31조에의 '교육을 받을 권리'만으로 파악되어서는 안 된다고 주장한다. 즉, 진정한 인권으로서의 교육이 이루어지기 위해서는 교육개념은 자기교육 내지 학습까지 포함하는 넓은 의미의 것이어야 하며, 법적 개념으로서의 궁극적인 교육이념 또한 인간으로서의 존엄과 가치의 실현으로 파악되어야 한다는 것이다.[58]

지금까지 헌법학자들이 헌법규정에 충실하게 문리해석(文理解釋)상의 '교육을 받을 권리'로 명명하는 방식이나, 교육학자들이 교육당사자(학생, 학부모, 교사, 설립자, 국가 등) 개념을 염두에 둔 협의의 '교육권'으로 명명하는 방식을 헌법적 관점에서 통합한 것으로 보인다. 즉, 국민의 교육기본권을 실현하기 위한 각 주체(교육당사자)가 가질 수 있는 개별·구체적 권리 또는 권한(이른바 협의의 교육권)[59]은 교육기본권의 보장 수단으로서 각 당사자에게 분화된 것이라는 관점이다. 이는 헌법 제32조의 국민의 근로의 권리와 제33조의 근로자의 단결권·단체교섭권 및 단체행동권을 노동기본권으로 명명하는 것과 같은 맥락이라고 할 수 있다.

그의 교육기본권론 이후 일부 헌법학 저서는 교육에 관한 국민의 기본적 인권을 교육기본권적 관점에서 소개하기도 한다(김철수, 성낙인).[60] 장영수는 헌법 제31조 전체를 사회적 기본권의 하나로서 '교육

57) 신현직은 헌법상 교육을 받을 권리의 전제 내지 중핵이 되는 것으로서 '학습권'은 교육을 시킬 권리로서 '교육권'을 전제로 하여 나오는 것으로 보아서는 의미가 없다고 본다. 도리어 '인간적인 성장 발달권'으로서의 '학습권'을 전제로 하여 그 보장을 위해 누가 어떠한 권리와 권한을 가져야 하는가의 '교육권'의 문제가 나와야 한다는 것이다. 따라서 '학습권'의 개념은 '타자교육'만을 전제로 하는 '배울 권리' 내지 '교육을 받을 권리'보다 훨씬 더 넓은 범위의 교육개념을 전제로 하는 것으로서, '자기교육'까지도 전제로 하는 '공부할 권리' 내지 '학습할 권리(Right to Learn)'로 파악되어야 하며, 그 내용적 개념은 그때야 비로소 '인간적 성장발달권'으로 성립될 수 있다고 보았다. 신현직(1990), 앞의 논문, 102면.

58) 교육기본권은 인격형성권, 양심형성권, 알권리 등과 같은 정신적 자유와 밀접한 연관을 갖는 것이며, 인간다운 생활을 할 권리, 노동기본권, 직업선택의 자유, 환경권과도 상호관련성을 갖는 것으로 이해되어야 한다고 주장했다. 신현직(1990), 앞의 논문, 207면.

59) 이에 비해 광의의 교육권이란 국민을 위해 법률적 차원에서 제도적으로 보장하여온 역사적 과정에서 '교육에 관한 권리의 총칭'으로 명명되어 왔다고 보고, 법률적 차원에서의 관련 당사자의 권리 또는 권한에 대하여 헌법적 차원에서의 인권을 구별할 필요성은 분명히 존재한다고 본다. 신현직(1990), 앞의 논문, 82면.

60) 김철수는 "교육기본권은 교육할 권리, 교육을 받을 권리(受敎育權), 인격형성권으로서 학습의 자유권, 교육제도에 대한 제도보장을 통칭한 것이다"라고 하여 교육기본권을 교육을 받을 권리를 포괄하는 상위개념으로 진술한 바 있다. 김철수(2008), 앞의 책, 1140면.

성낙인은 '교육을 받을 권리와 교육의 자유'로 기본권을 명명하면서, "헌법상 '교육을 받을 권리'는 다른 기본권의 예와 같이 '교

의 권리'로, 정재황은 생존권의 하나로서 '교육의 권리'로 표현하기도 한다.[61] 그러나 여전히 헌법저서들은 기본권론에서 '교육을 받을 권리'로 명명하고 헌법 제31조 조항 전체를 다루는 방식이 일반적이다.

(2) 교육기본법의 제정(1997)과 평생 학습권론

우리 헌법상 학습권이란 용어가 없는 관계로, 학습권에 대한 명명 및 그 연원에 대한 논의가 주로 교육기본법을 성안하는 과정에서 시작된 것으로 소개되기도 한다. 1997년에 제정된 교육기본법 제5조를 학습권으로 명명하면서 헌법의 제31조 제4항을 기반으로 구체적으로 기술하였기 때문이다. 법률의 수준에 처음 등장하는 것이 교육기본법상의 학습권이었으므로 학습권 출연 연원으로도 일리 있는 진술이라 하겠으나 학습권에 대한 논의 자체는 이미 헌법학계에서 수학권과 동의 혹은 유사 개념으로 논의되어왔고 헌법재판소 역시 교원의 수업권과 동전의 양면관계에 있는 피교육자의 '학습권'이란 표현을 쓰기도 했다.[62]

김영삼 정부하의 교육개혁위원회가 성안한 5·31교육개혁안(1995)의 슬로건인 '열린교육사회, 평생학습사회'를 입법적으로 뒷받침하기 위해 교육기본법 성안 당시 1996년 6월의 교육부 실무시안은 '평생학습권'이라는 용어를 제안하였다. 당시에는 이를 통해 사회교육이 학교교육과 동등하게 인정될 수 있는 제도의 근거를 마련한다는 취지였다고 한다. 이후 '학습권'으로 명명한 1997년 9월의 교육부 '교육기본법' 시안 설명 자료에 따르면, '교육권'이라는 용어 대신에 '학습권'이란 말을 사용한 이유는 교육권이란 개념 속에 교육의 공급자로서 국가, 지방자치단체 또는 교육의 주도의 의미가 담겨있기 때문이고, 학습자 중심의 교육 및 이를 위한 제도와 운영의 철학을 나타내기 위해서는 '교육권'보다는 '학습권'이란 용어가 더 합당하다고 보았다는 것이다.[63]

어찌 되었건, 1997년 제정된 교육기본법 제5조(학습권)에서 '평생에 걸쳐 학습'한다는 학습권을 명명하고(사실상 평생 학습권), 이어 교육을 받을 권리의 방법적 기초를 '능력에 따른' 외에 '적성'을 추가하여 이름하여 헌법 제31조 제1항을 전 생애에 걸친 '학습권'으로 보다 구체적으로 규정한 것으로 평가하는 것이 교육법학계의 일반적 평가라 할 수 있다. 물론, 교육을 받을 권리의 방법적 실현 원칙인 '능력에 따라 균등하게'라는 원칙이 배제된 것은 별론으로 하더라도, 평생학습사회를 제안하고 국민을 교육의 대상에서 학습의 주체로 전환하여 기술한 제5조(학습권) 조항의 교육법제사적 의의는 결코 작은 것이 아니라고 할 수 있다.

평생에 걸친 학습 반영한 이른바 교육기본법상의 '학습권' 조항의 출현으로 제31조 제1항은 국민교육권의 기본 입장에서 수학권(修學權), 나아가 동일 의미로서 학습자의 학습권(學習權) 조항으로 이해되고 있는 것이 통설적 이해로 자리 잡게 되었다. 나아가 인간 삶의 실현이라는 본질적 활동으로서 교육이 국

육의 권리', '교육권'이라 하지 아니하고 '교육을 받을 권리'로 규정하고 있지만, 이러한 표현에 구속되지 아니하고 노동기본권 등의 표현과 같은 맥락에서 '교육기본권' 내지 '교육권'으로 이해하려는 태도는 충분히 수긍이 간다. 이렇게 이해할 경우 교육을 받을 권리에서 설명하고 있는 교육을 할(시킬) 자유, 즉 교육의 자유도 자연스럽게 개별적 기본권으로서 교육의 권리와 자유에서 종합적으로 설명할 수 있게 된다. 그리하여 좁은 의미의 수학권(修學權－권영성의 해석을 지칭－인용자주)"에서 넓은 의미의 교육기회 제공 청구권까지 포괄하는 교육의 자유와 권리의 정립이 가능하다"고 기술한다. 성낙인(2008), 앞의 책, 678면.

61) 장영수(2003), 헌법학Ⅱ 기본권론, 홍문사, 550면. 정재황(2015), 신헌법입문, 박영사, 464면.

62) 헌법재판소는 교원의 노동기본권 제한 위헌심판(1991.7.22, 89헌가106) 판결에서, 제31조 제1항에 규정된 '국민의 교육을 받을 권리'를 수업권(修業權)으로 표기하면서, 교원의 교수·수업권과 동전에 양면관계에 있는 피교육자의 권리를 '학습권'이란 용어로 기술한 바 있다.

63) 교육부(1997.9), 교육기본법 시안 설명자료, 11면을 참조한 조석훈(2020), 학교와 교육법, 교육과학사, 24면 인용.

민의 기본적 인권을 실현한다는 관점에서 인권 중의 인권으로서 '교육인권(敎育人權)'에 대한 이해도 공감대를 넓혀가고 있다고 본다.

더불어 교육에 관한 기본적 인권의 실현을 위해서는 헌법 제31조를 넘어서서 인간의 존엄 및 행복추구, 양심의 자유, 직업선택의 자유 등과 종합적으로 이해하려는 경향도 뚜렷이 나타나고 있다. 국민의 기본적 인권으로서 교육기본권론이 확산되어 가고 있다.[64)]

(3) 헌법재판소의 판례상의 용어 사용

교육에 관한 기본적 인권의 내용을 '교육을 받을 권리'나 '수학권'으로만 설명하기 어려운 것은 교육 자체가 갖는 인간 삶과의 불가분성과 교육이 갖는 헌법적 의의와 기능이 지대하기 때문이다. 헌법재판소는 결정문을 통해 교육의 헌법적 의의 및 기능에 대하여 허영의 논의를 그대로 수용하였는데, 능력계발을 통한 개성신장의 수단, 문화국가실현의 수단, 민주국가실현의 수단, 사회국가 실현의 수단이 그것이다.[65)] 중학교 의무교육의 단계적 실시(구교육법 §8의2)에 관한 위헌심판(90헌가27)에서는 "교육을 받을 권리는 우리헌법이 지향하는 문화국가·민주복지국가의 이념을 실현하는 방법의 기초이며, 다른 기본권의 기초가 되는 기본권이다."이라고 진술한 것이 교육을 받을 권리에 대한 헌재의 최초 진술이다.

이어 헌법재판소는 1994학년도 서울대 신입생 입시선발안에 대한 헌법소원(92헌마68·76(병합))에서 "수학권의 보장은 우리헌법이 지향하고 있는 문화국가, 민주복지국가의 이념구현을 위한 기본적 토대이고 국민이 인간으로서 존엄과 가치를 가지며 행복을 추구하고(헌법 §10 전문) 인간다운 생활을 영위하는데(헌법 §34) 필수적인 조건이고 대전제이며, 국민의 수학권이 교육제도를 통하여 충분히 실현될 때 비로소 모든 국민은 모든 영역에 있어서 각인의 기회를 균등히 하고 능력을 최고도로 발휘할 수 있게 되는 것이다"고 하여 같은 취지의 헌법적 의의와 기능을 설명한 바 있다.

결국, 교육에 대한 헌법적 기능과 의의에 대한 이해는 단지 '받을 권리'나 '방해받지 않을 권리'나 '청구할 권리'로서 교육에 대한 권리가 아니라, 국민의 삶과 행복을 추구하는데 가장 기초가 되는 기본권으로서 인식을 확산하는 데 기여한 것으로 판단된다. 그러나 앞서 살펴본 바와 같이, 헌법학자들 또한 교육의 헌법적 기능과 의의의 중요성이나 포괄성을 이해하고 인정하고는 있지만 이를 기본권 분류 체계에 적용하여 총체적 기본권으로서 교육기본권 논의까지 확산시키는 경우는 소수에 불과한 것이 현실이다.

---

64) 물론, 여전히 헌법학계의 헌법 교재들은 문리해석에 충실하여 기본권론편에서 생존권적 기본권(혹은 사회적기본권)의 하나로 '교육을 받을 권리'로 표현하고, 국민의 의무편에서 보호자의 의무교육을 받게 할 의무를 진술하는 것이 일반적이다. 그러나 최근의 논의를 반영한 김철수는 교육기본권을 교육할 권리, 교육을 받을 권리(受敎育權), 인격형성권으로서 학습의 자유권, 교육제도에 대한 제도보장을 통칭한 것으로 진술한 바 있다. 김철수(2008), 앞의 책, 1140면.

65) 허영(2015), 앞의 책, 453면. 허영의 진술을 인용한 93헌마192 판결문. 교육을 받을 권리의 헌법상 의의와 기능을 보다 구체적으로 진술한 것은 획일적 취학연령에 대한 위헌확인 소송(1994.2.24, 93헌마192)에서다. 즉, "교육을 받을 권리는, 첫째 교육을 통해 개인의 잠재적인 능력을 계발(啓發)시켜 줌으로써 인간다운 문화생활과 직업생활을 할 수 있는 기초를 마련해 주고, 둘째 문화적이고 지적인 사회풍토를 조성하고 문화창조의 바탕을 마련함으로써 헌법이 추구하는 문화국가를 촉진시키고, 셋째 합리적이고 계속적인 교육을 통해서 민주주의가 필요로 하는 민주시민의 윤리적 생활철학을 어렸을 때부터 습성화시킴으로써 헌법이 추구하는 민주주의의 토착화에 이바지하고, 넷째 능력에 따른 균등한 교육을 통해서 직업생활과 경제생활의 영역에서 실질적인 평등을 실현시킴으로써 헌법이 추구하는 사회국가, 복지국가의 이념을 실현한다는 의의와 기능을 가지고 있다." 이는 허영의 한국헌법론 저서상의 진술을 그대로 인용한 것이다.

한편, 헌법 제31조와 관련된 헌법재판소 판례는 총 152건(제1항은 39건)으로 검색되지만, 구문 검색 결과 '교육기본권'이란 용어는 10건[66]으로 검색된다.

헌법재판소 판례에 '교육기본권'의 용어가 처음 등장한 것은 1991년의 판결에서였다. 즉, 중학교 의무교육의 단계적 실시(구 교육법 §8의2)에 관한 위헌심판(90헌가27)에서 의무교육제도의 법적 성격을 논하면서 "의무교육제도는 교육의 자주성·전문성·정치적 중립성 등을 지도원리로 하여 국민의 교육을 받을 권리를 뒷받침하기 위한, 헌법상의 '교육기본권'에 부수되는 제도보장이라 할 것이다"고 진술한 부분이다. 반대 의견을 낸 재판관 변정수는 보다 구체적으로 헌법 제31조 제1항인 교육의 기회균등과 제2항은 초등교육 이상 법률이 정한 교육을 받을 권리는 헌법이 보장한 국민의 교육기본권으로 진술했다.[67]

이어서 1992년 국정교과서 재판(89헌마88)에서 재판관 변정수는 다시 반대의견에서 "교사 등의 교육의 자유권은 헌법 제31조 제1항 및 동조 제4항에서 필연적으로 도출되는 그리고 동 규정에 의하여 보장되는 '국민의 교육기본권'의 전제가 되는 헌법상의 기본권이라 아니할 수 없다"고 진술했다. 모든 교육내용이나 교육방법 등을 획일적으로 정함으로써 피교육자의 능력과 적성에 알맞은 교육을 불가능하게 하는 교육정책은(국정교과서제 등–저자주) 교육의 자유의 침해인 동시에 교육의 자주성·전문성·정치적 중립성 및 국민의 교육기본권을 침해하는 것이라고 주장했다.

표 4-3 헌법 제31조 제1항에 대한 헌법재판소의 견해와 관련된 판례

헌법재판소의 견해	관련 판례 요지
① 권리 명명: 수학권(修學權) ② 법적 성격: 생존권적 기본권 (90헌가27) ③ 내용: 수학권+부모의자녀교육권 ④ 조항간 관계 방법·수단관계 ※ 교육의 헌법상 의의·기능수용 변정수재판관 교육기본권 용어	• 교육을 받을 권리는 修學權 §10, §34의 전제기본권, 授業權(연구결과를 가르칠 자유)은 학문의 자유에서 파생, 국민의 수학권 보장을 위하여 교사의 수업권은 일정 제약(교과서제등) 가능(89헌마88, 99헌마112·137) • 부모의 교육을 받을 권리(자녀의 학교선택권 포함) 인정(91헌마204) • 자녀양육·교육은 부모의 천부적 권리·의무(98헌가16 §36①, §10, §37①) • 헌법 §31②–⑥은 수학권의 효율적 보장을 위한 규정(97헌마130) • 교육의 헌법기능(개성신장, 문화·민주·사회국가 실현수단, 93헌마192)

출처: 고전(2017), 교육기본권 관점에서의 헌법 개정 논의, 교육법학연구 29(2), 13면 <표 4> 인용.

66) 헌법재판소 지능형통합검색 서비스에 의하면 '교육기본권'으로 검색되는 판례는 총 10건(청구인이 '교육기본권' 용어를 사용한 경우 2건 포함). 90헌가27(교육법 제8조의2에 관한 위헌심판), 89헌마88(교육법 제157조에 관한 헌법소원), 93헌마80(대통령선거법 제95조 제8항등 위헌확인), 93헌마192(교육법 제96조 제1항 위헌확인), 2002헌마337·2003헌마7·2003헌마8(학칙시정요구등 위헌확인–청구인 용어사용), 2001헌마710(정당법 제6조 제1호등 위헌확인(공직선거및선거부정방지법 제9조, 제60조 제1항 제4호), 2005헌마98(2005년도 경기도 안양학군 중학교 배정계획 위헌확인), 2011헌바42(정당법 제22조 제1항 제1호등 위헌소원). 2018헌마1153(사립학교법 제62조 제1항 위헌확인등–학생과 학부모의 교육기본권 침해라 청구인이 사용), 2018헌마551(정당법 제22조 제1항 단서 제1호등 위헌확인) 등이다. 수학권으로 검색된 판례는 11건이었다.

67) 변정수는 "헌법 제31조는 제1항에 "모든 국민은 능력에 따라 균등하게 교육을 받을 권리를 가진다."라고 하여 교육의 기회균등을 교육기본권으로 규정하고…"로 진술하면서, "헌법 제31조 제2항은 동조 제1항에 의하여 보장된 교육기본권 중 의무교육을 초등교육과 법률이 정하는 초등교육 이상의 공교육의 두 가지로 분류하면서, 초등교육뿐만 아니라 법률이 정하는 그 이상의 교육을 받을 권리 또한 이 헌법규정에 의하여 직접 보장된다고 하는 것을 명시하고 있는 규정이다"고 진술했다. 그리고 "헌법 제31조 제2항이 규정한 초등교육 이상의 법률이 정하는 교육을 받을 권리는 헌법에 의하여 보장된 국민의 교육기본권이므로 국가는 위와 같은 헌법의 시행과 동시에 초등교육 이상의 공교육과정 중 어느 과정까지를 의무교육으로 할 것인가를 법률로 정하여 조속히 실시하여야 한다"고 주장했다.

라. 교육기본권 개념 정의 및 구성

(1) 정의 및 재구조화의 필요성

교육기본권은 그동안의 국가교육권과 국민교육권 간의 갈등을 극복하기 위하여 일본 교육법학계의 교육인권법설 학자 나가이 켄이치(永井憲一)가 1970년 저서[68]에서 사용한 개념이다, 국내에서는 교육기본권 대표연구자인 신현직에 의하여 소개되고 구체화되었다.

나가이에 따르면 교육기본권은 교육에 관한 기본적 인권을 의미하며, '교육인권'으로도 말할 수 있다고 한다. 기본적 인권이라는 것은 인간이 인간으로서 살아가는데 기초로써 필요한 생래적 권리의 실현을 국가헌법상의 권리로서 보장하는 것을 말하며, 오늘날 인권은 각국의 헌법을 넘어 국제법 수준에서도 그 보장을 선언하고 있다.[69]

신현직 역시 교육기본권을 "모든 인간의 인간적인 성장발달을 위해 필요한 교육에 관한 헌법상의 포괄적인 기본적 인권"이라고 정의하였다. 그 핵심은 교육에 관한 권리를 단순히 '교육을 받을 권리'가 아니라 교육에 관한 기본적 인권으로 파악하는 것이다. 교육에 관한 권리가 기본적 인권으로 파악되어야 할 이유는 헌법상의 최고 이념이자 인권의 궁극 목적인 '인간으로서의 존엄과 가치의 실현'이 교육을 통해서 가능하며 교육의 궁극 목적과도 통하기 때문이다.[70]

일반적으로 아동·학생의 교육권으로 일컬어지는 학습권(學習權)과 교육구성원인 교원 및 교육기관 설립주체의 교육권과의 관계 면에서 볼 때, 교육기본권은 학습권과 교육권을 포괄하는 상위 개념으로서 구체적인 관련 당사자들의 권리·의무·책임관계를 제시하는 기준으로서의 의미를 갖는다. 즉, 교육기본권의 보장 수단으로서 각 당사자에게 분화된 학습권과 교육권이라는 관계로 설명될 수 있다.

대한교육법학회가 2006년 수행하여 보고한 교육법학사전에 따르면, 교육기본권(敎育基本權, Basic right of education)이란 교육에 관한 기본적 인권을 말한다. 교육기본권을 광의의 의미로는 헌법상의 대부분의 기본권이 여기에 포함될 수 있다고까지 보았다. 협의의 의미로 상정할 때 구체적 기본권의 예로는 인간의 존엄과 가치와 행복추구권(§10), 교육을 받을 권리(§31), 열거되지 않은 자유와 권리(§37①) 등을 예시한다. 최협의의 교육기본권은 교육을 받을 권리를 의미한다고 기술한 바 있다.

생각건대, 교육이 개인의 인격과 삶의 실현 그리고 사회 및 국가 유지 발전에 갖는 헌법상의 다원적인 의의와 기능을 고려할 때, 인권 중의 인권, 기본권 중의 기본권이라는 점에서 '교육기본권'으로 명명하고 교육당사자의 기본권 및 권리·의무·책임 관계를 재구조화함이 적절하다고 본다. 헌법학계에서 명명한 '교육을 받을 권리' 혹은 수학권은 학습권과 동일한 의미로 통용되고 있으나, 교육을 시킬 또는 할 권리를 설정함으로서 주체 논쟁으로 귀결될 우려가 있다는 점에서 포괄적 명명을 통해 헌법 조화론적 해석을 할 필요가 있다.

이 책에서는 교육기본권을 '인간이 인간으로서 살아가는데 기초로서 필요한 생래적 권리(인권)의 실

---

68) 永井憲一(1970), 憲法과 敎育基本權, 勁草書房.
69) 日本敎育法學會編(1993), 敎育法學辭典, 學陽書房, 124頁. 永井憲一의 진술.
70) 신현직(1990), 앞의 논문, 76면.

현을 위해 헌법상 보장된 교육에 관한 기본적 인권'이라고 개념 정의한다. 교육기본권이란 용어는 제31조 제1항의 다의성으로 인한 다소 소모적인 논쟁(받을 권리 vs 시킬 권리)을 포섭할 수 있는 대안이라 판단되며, 국내 교육법학계에서도 일본의 논의를 수용하여 나름의 교육기본권론을 전개한 신현직 교수의 논지에 대하여 상당수의 학자들이 공감대를 넓혀가고 있으며, 헌법재판소 판례에도 점차 인용되어가는 추세이다.

비록 교육기본권 개념이 1970년대 진보적이었던 일본교육법학계의 국가교육권과 국민교육권 논쟁의 소산으로 강조된 이후에 1990년대에야 국내에 소개된 연원은 있지만 교육인권(敎育人權)을 지향[71]한다는 점에서는 향후 현대 교육법이 추구해야 할 인권으로서의 교육, 복지로서 교육 방향 그리고 헌법에 열거되지 아니한 이유로 경시되어서는 안 될 학습자 중심의 자유와 권리까지도 포함할 수 있다는 점에서 채택할 포괄적 이유가 있다고 본다.

이를 바탕으로 교육권과 학습권의 용어 혼돈과 교육당사자 간의 헌법상 미분화된 기본권 관계를 재정립하는 작업은 향후 있을 헌법 개정시 국민의 교육에 관한 기본권을 재정립할 방향을 제시한다는 점에서도 교육기본권 중심의 기본권 재구조화는 필요하다고 본다.

현행 헌법상 교육기본권의 헌법적 근거 조항은 헌법 제31조 제1항인 '국민의 능력에 따라 균등한 교육을 받을 권리'를 중핵으로 한다. 그것은 곧 모든 국민이 생애에 걸쳐 학습할 국민의 권리로서 '학습권'의 근거로 보아야 할 것이다. 더불어 생애에 걸친 학습권은 이른바 종래의 인간 본성에 기반 한 자기학습의 권리와 학습활동의 본질에 근거한 학습의 자유의 헌법적 근거인 인간존엄과 가치에서 나오는 인격성장권 및 행복추구권(§10) 그리고 학문의 자유(§22)의 지원으로 완성되는 기본권이라는 점에서 '평생 학습권'[72]으로 명명할 수 있다.

물론, 미성년자인 학습자의 경우 제31조 제1항의 학습권 행사의 대위자로서 학부모 등 보호자는 헌법상의 권리인 부모의 자녀교육권(부모의 교육권)을 집적 행사하거나(홈스쿨제도) 교육기관인 학교나 사설학원에 신탁할 수도 있다. 헌법재판소 역시 부모의 자녀교육권을 헌법상 권리(§36①, §10, §37①)로 인정한다.[73] 다만, 행사의 방식은 직접교육, 공교육기관 및 사설학원에 따라 다를 수 있고, 특히 국가가 교육체제를 정비하여야 할 책임을 지는 영역에 있어서 자녀교육권(형성권, 결정권, 이행권)은 공교육체제를 유지하는 범위 내에서 선택하거나 참여하고 요구하는 방식(선택권, 참여권, 요구권)[74]으로 보장될 수 있다.

---

71) 일본교육법학회의 교육법학사전에 게재된 나가이 켄이치(永井憲一)는 교육기본권과 교육인권을 같은 의미로 해석한다. 日本教育法學會編(1993), 앞의 사전, 124頁. 永井憲一(1993), 앞의 책, 28頁. 가네꼬 마사시(兼子 仁)의 저서(1990), 교육법(新版－초판 1963), 24頁에도 같은 표현이 등장한다("교육에 관한 국민의 권리는 인간생활과 국가 활동에 있어 기본인 한 기본적 인권으로서 보장되어야 하는 것이기 때문에 헌법의 인권보장 중에 '교육기본권', '교육인권'의 보장이 포함되도록 되어 있고, 이 헌법상의 교육인권 보장이 중요한 교육법 원리인 것은 말할 것도 없다").

72) 이는 1990년대 말, 교육기본법 제정 과정에서 5·30교육개혁의 비전(열린교육체제·평생학습사회)을 뒷받침할 개념으로 '평생 학습권'의 개념이 제안된 적이 있었는데, 1997년 제정된 교육기본법 제5조의 실제 제목은 '학습권'으로 정해졌다. 그러나 내용은 여전히 '평생에 걸쳐 학습하고, 능력과 적성에 따라 교육을 받을 권리'로 구체적으로 명명하고 있다. 학습할 자유와 이른바 수학권(교육을 받을 권리)을 적절히 융합한 형태이다. 실질적으로 헌법 제31조 제1항의 중점과 그 성격을 시대에 맞도록 구체화한 입법으로 볼 수 있다.

73) 부모의 자녀교육권에 대하여는 과외금지 위헌제청(위헌판결)을 다룬 98헌가16·98헌마429(병합), 91헌마204, 89헌마88 참고.

74) 조석훈은 공교육체제에서 부모의 자녀교육권의 발현 양식은 형성권이 아닌 선택권으로, 결정권이 아닌 참여권으로, 이행권이 아닌 요구권으로 변모하였다고 보고, 교육기본법은 이를 직접적 또는 간접적으로 규정하고 있다고 한다. 조석훈(2020), 앞의

학교교육은 물론 평생교육과 가정교육의 일부까지도 공적 관리체제로 법제화가 진행되어감에 따라, 부모의 자녀교육권은 더 분화되고 다양해져 가고 있다고 할 수 있다. 물론 어디까지나 보호자의 자녀교육권의 행사는 독자적 자기결정이 아닌 자녀의 학습의 자유와 권리 실현을 보호하기 위하여[75] 행사되는 교육권이며, 이어지는 헌법 규정(§31②)에 따라 의무교육 단계에 대하여는 의무로서 책정되어 있기도 하다. 권리의 대행자이면서 의무의 이행자라는 이중적 권리·의무 주체인데 이 역시 궁극적으로는 자녀의 학습권 보호에 있다고 할 것이다.

(2) 교육권 및 학습권과의 관계 설정

교육권과 학습권의 관계는 헌법 제31조 제1항에 대한 해석과 관련된 문제이다. 실제로 교육에 관한 권리 개념으로 가장 널리 사용되어오고 있다는 점에서 수용하여 재개념화하는 것이 바람직하다고 본다. 일찍이 헌법개정을 정초한 학자가 개념 상정하야 헌법재판소가 상당기간 사용해온 '수학권'의 개념 역시 '학습권'으로 대체되어가고 교육기본법에 규정화에 이르고 있듯이 권리의 명명이나 해석 역시 언어의 사회성을 거스를 수는 없다고 본다.

한국에서 '교육권'은 법학계보다는 교육학계에서 일반적 용어로 더 사용되어온 경향이 있다. 교육학계에서는 교육을 기본적으로 가르치고 배우는 과정, 즉 교수·학습과정으로 이해하며 관련된 이론을 교수·학습이론이라 칭하기도 한다. 따라서 교육권이라 칭하는 속에는 교수자와 학습자의 권리를 내포한 개념으로 사용한 것으로 판단하는 것은 자연스러운 전개라고 본다. 학습자 입장에서 보면 학습권이고 교육자 입장에서 보면 교육권인 관점은 이미 교육이란 말에 가르치고 배우는 과정으로 생각하는 일반적 이해가 바탕에 있다.

교육권이란 개념이 성립된 배경은 근대 공교육 정비 과정에서 의무교육제도에 대응한 '의무로서 교육'에서 제2차 세계대전 이후 현대사회의 헌법에 근거한 모든 국민의 균등한 교육을 받을 권리로서 '교육권'(right to education)[76]이 상정된 데 있다. 그러나 앞서 살펴본 대로 그 명칭은 시대와 국가에 따라 조금씩 달라 학권(學權), 수교육권(受敎育權), 교육을 받을 권리 등으로 불리며 그 주체가 변화가 있기도 했다.

적어도 제2차 세계대전 후 국가가 공교육체제를 정비할 책무를 지고 주도하였던 정부 수립 후 재건

책, 95면. 아직 입법불비 상태인 가정교육에 있어서 이행자로서 권리나 학교자치 진척에 따라서는 학생 학부모의 결정권이 확대되어가고 있는 것도 사실이지만, 국가가 주관하는 공교육체제를 유지하는 한 미성년자의 부모로서 권리 성격 변화를 잘 표현한 명명으로 판단된다.

75) 헌법재판소는 자녀의 행복이란 관점으로 진술하기도 한다. "부모의 자녀교육권은 다른 기본권과는 달리, 기본권의 주체인 부모의 자기결정권이라는 의미에서 보장되는 자유가 아니라, 자녀의 보호와 인격발현을 위하여 부여되는 기본권이다. 다시 말하면, 부모의 자녀교육권은 자녀의 행복이란 관점에서 보장되는 것이며, 자녀의 행복이 부모의 교육에 있어서 그 방향을 결정하는 지침이 된다"(98헌가16·98헌마429(병합)).

76) 전후 포츠담선언(1945.7.26. §10 일본에게 국민들의 기본적 인권(the fundamental human rights)의 존중 확립할 것을 요구)을 받아들인 일본은 미군정하에서 성립된 평화헌법인 일본국헌법(1946.11.3.) 제26조에서 '*教育を受ける権利*'를 규정하였고, 이어서 제정된 대한민국헌법(1948.7.17.)에서는 '교육을 받을 권리'로 명명되었다. 같은 해 국제연합 총회의 세계인권선언(1948.12.10.) 제26조 제1항은 Everyone has the right to education라고 하여 '교육에 관한 권리'를 선언했다(세계인권선언 §26① 모든 사람은 교육을 받을 권리를 가진다. 교육은 최소한 초등 및 기초단계에서는 무상이어야 한다. 초등교육은 의무적이어야 한다. 기술 및 직업교육은 일반적으로 접근이 가능하여야 하며, 고등교육은 모든 사람에게 실력에 근거하여 동등하게 접근 가능하여야 한다).

들을 통해서 일본의 교육재판과 국민교육권론이 소개[81])되었다.

그런 가운데 헌법재판소 다수 의견들은 수학권과 동일 의미의 학습권을 사용하면서 교사의 수업권이나 교육의 자유에 대하여는 직무권한(직권) 중심의 이해를 해왔다. '받을 권리'에 대응하는 '시킬 권리'인 교사의 교육권(수업권)을 법률에 따른 직권으로 좁게 해석할 경우, 학습자인 국민의 자유롭고 주체적인 수업활동 내지 학습활동은 보장되기 어려우며 헌법상 기본권으로서 교육권은 향유 주체가 불분명하고 공동화(空洞化)될 우려도 있다.

주목할 부분은 변정수 재판관이 중학교 의무교육의 순차적 실시 위헌심판(1991.2.11.)과 국정교과서 헌법소원(89헌마88)에서 제31조 제1항을 '교육기본권'으로 처음으로 진술하였고,[82]) 2022년 현재 10건의 헌법재판에서 '국민의 교육기본권' 혹은 '학생과 학부모의 교육기본권'이란 표현이 등장하고 있다는 점이다.

이렇듯 교육을 받을 권리로서 학습권을 설정하거나 헌법이 예고하지 않은 교육을 시킬 권리로서 교육권의 명명을 놓고 벌어진 혼선은 헌법 규정이 '교육을 받을 권리'로 진술된 데 있으며 이는 헌법 개정 전까지는 교육권과 학습권에 관한 해석을 대립적이기보다는 헌법 조화론적으로 해석할 필요성이 있음을 의미한다.

그 조화론적 해석은 일본과 한국의 교육법학계에서 논의를 진척시켜온 헌법에 보장된 교육에 관한 기본적 인권을 뜻하는 '교육기본권' 개념을 설정하는 것이 유용하다고 본다. 즉, 국민의 교육에 관한 기본적 인권으로서 '교육기본권'을 최상위 개념으로 하고, 그 핵심 개념을 학습의 자유와 권리를 내용으로 하는 '학습권'과 이의 보장 수단으로서 각 교육당사자에게 부여된 개별·구체적 교육권 및 권한으로 상정하는 것이다.

교육기본권의 내용 및 주체에서 보다 자세히 다루겠으나, 학습권은 인격의 완성과 지식의 습득을 위한 학습자의 학습의 자유에 기초한 학습권이라는 점에서 인간이 존엄과 가치에 따르는 인격권(§10), 학문의 자유(§22), 교육을 받을 권리(§31①)에 근거한 헌법상의 기본권이며, 이를 실현시키기 위한 학부모, 교원, 국가 및 지자체에게 부여된 교육권은 교육당사자의 권리 및 권한 및 제도보장의 헌법적 근거(§31②－⑥)로 이해할 수 있다.

다만, 미성년자인 학습자의 학습권 대위자로서 부모 등의 보호자가 헌법상 기본권인 학습권을 행사할 수 있겠고, 교원의 경우 직무권한의 주체로서뿐만 아니라 학습자의 학습의 자유를 보장하기 위한 전제조건으로서 교원의 교육의 자유(예를 들어, 교육이론 및 교육전문가로서 양식에 따라 수업을 구성하고 수업방법을 선택하며 수업결과를 평가하여 환류하는 자유) 범위 내에서는 헌법상의 기본권(교육권)의 향유 주체가 된다고 할 것이다.

---

81) 한국과 일본의 교육노동운동사는 유상덕 등 교육출판기획실 편(1986), 교육노동운동, 석탑을 통해 소개되었는데, 일본교과서재판을 소개하기도 했다. 전교조 결성후에는 심임섭(1988), 교사와 교육법, 거름. 전국교사협의회(1988), 교육악법·교육자치제, 미래사. 전국교사협의회(1988), 교육판례, 미래사. 진영옥(1988), 교사와 교권, 거름. 이철국 역(1989), 勝野尙行, 교사론(교육전문직의 이론－교육노동법학서설), 거름 등이 출판되었다. 유상덕, 심임섭, 이철국은 민중교육지 필화사건으로 파면된 당사자이기도 하다.

82) 교육의 자유가 보장되는 경우에만 교육의 자주성·전문성·정치적 중립성이 보장되고 국민의 교육기본권이 보장될 수 있다. 따라서 교사 등의 교육의 자유권은 헌법 제31조 제1항 및 동조 제4항에서 필연적으로 도출되는 그리고 동 규정에 의해 보장되는 국민의 교육기본권의 전제가 되는 헌법상의 기본권이라 아니 할 수 없다. 모든 교육내용이나 교육방법 등을 획일적으로 정함으로써 피교육자의 능력과 적성에 알맞는 교육을 불가능하게 하는 교육정책은 '교육의 자유'의 침해인 동시에 교육의 자주성·전문성·정치적 중립성 및 국민의 교육기본권을 침해하는 것이다(89헌마88).

덧붙여 학습활동의 본질적인 내용인 '학습의 자유'라는 원칙에 따라 '교육을 시킬(할) 권리'라는 표현으로 교육권을 설명방식은 자제되어야 한다. 충실한 문리해석 및 반대해석도 좋지만 지금까지 '받을 권리'만으로서 '수학권(학습권)'을 상정하고 이에 대응하는 '시킬 권리'로서의 '교육권' 개념을 상정할 경우엔 오늘날 학습중심의 교육기본권 보장 취지에 부합하기 어렵고, 자칫 해묵은 교육권 주체 논쟁을 불러오기 때문이다. 설령 '○○의 교육권'이라는 표현을 사용하더라도 그것은 교수·학습과정이라는 의미의 '교육'에 있어서 역할분담된 권리·권한으로 해석됨이 바람직하고, '○○가 ○○을 교육시킬 권리'로서의 교육권이라는 의미는 아니다. 진정한 학습은 속성상 의무일 수 없고 학습의 자유를 전제로 하기 때문이다.

이러한 관점에서 1988년에 제정된 교육기본법에서 헌법정신을 학습권[83]으로 구체화한 것은 진일보한 입법이었다고 판단되고, 향후 교육기본권으로의 헌법 개정 과제를 남겼다. 즉, '교육권'의 개념보다는 '학습권' 중심으로 국민의 교육에 관한 권리를 정립하는 것이 적절한 것으로 판단된다.[84] 여기에 신현직의 '학습권' 개념을 전제로 한 '교육기본권론'은 그 대안적 설명 방식으로서 충분한 의의가 있다고 본다.[85]

종합하면 헌법상의 최고 이념이자 인권의 궁극 목적인 '인간으로서의 존엄과 가치'를 실현하는 학습과 교육이라는 점에서 그에 관련된 헌법상의 권리들은 교육기본권으로 파악할 필요가 있다. 학습자의 학습권(평생 학습의 자유와 권리)과 이를 실현하고자 교육당사자에게 부여된 교육권리 및 권한으로써 교육권이라는 삼자 관계를 설정할 필요가 있다. 그리고 학습자 이외 교육당사자의 헌법상 권리라 하더라도 그것은 학습자의 학습권 보장을 위한 수단으로서 목적 범위 내의 교육권이며 교육권한이다. 당사자 입장에서는 권리라기보다는 학습권 보장을 위한 의무와 책임의 분담자라 할 수 있다. 즉, 국민의 교육기본권의 보장 목적으로서 학습자의 학습권과 그 보장 수단으로서 각 당사자에게 분화된 교육권 및 책무에 따르는 권한 관계로 설정하는 것이 바람직하다고 본다.[86]

17설 교육기본권의 개념구조: 학습자의 학습권 + 교육당사자의 교육권(자유, 참여, 책무권한)

83) 교육기본법 제3조(학습권) 모든 국민은 평생에 걸쳐 학습하고, 능력과 적성에 따라 교육 받을 권리를 가진다.

84) 황홍규는 교육기본법에서 '학습권'의 개념을 도입한 것은 제도화된 교육자체가 목적이 되는 오류를 바로 잡고, 교육에서 학습자인 인간이 인간다운 삶을 살고 자아를 실현하는 주체로서 자리하기 위한 것으로 의미부여하고 있다. 황홍규(2000), 앞의 논문, 330－333면.

85) 신현직은 헌법상 교육을 받을 권리의 전제 내지 중핵이 되는 것으로서 '학습권'은 교육을 시킬 권리로서 '교육권'을 전제로 하여 나오는 것으로 보아서는 의미가 없다고 본다. 도리어 '인간적인 성장 발달권'으로서의 '학습권'을 전제로 하여 그 보장을 위해 누가 어떠한 권리와 권한을 가져야 하는가의 '교육권'의 문제가 나와야 한다는 것이다. 따라서 '학습권'의 개념은 '타자교육'만을 전제로 하는 '배울 권리' 내지 '교육을 받을 권리'보다 훨씬 더 넓은 범위의 교육개념을 전제로 하는 것으로서, '자기교육'까지도 전제로 하는 '공부할 권리' 내지 '학습할 권리(Right to Learn)'로 파악되어야 하며, 그 내용적 개념은 그때야 비로소 '인간적 성장발달권'으로 성립될 수 있다고 보았다. 신현직(1990), 앞의 논문, 102면.

86) 고전(2017), 앞의 논문, 15면.

2. 교육기본권의 성격과 주체

가. 교육기본권의 법적 성격

교육기본권의 법적 성격은 교육기본권의 개념을 어떻게 정하느냐에 따라 달라질 수 있다. 즉, 국내 헌법학자들이 논의하고 있는 법적 성격은 헌법 제31조 제1항에 기반하여 명명한 이른바 '교육을 받을 권리'라는 기본권의 성격이라고 할 수 있다. 따라서 헌법학계의 통설적 명명인 '교육을 받을 권리'의 법적 성격을 개관한 후, '교육기본권'의 성격을 논하기로 한다.

첫째, 기본권의 분류상 어느 기본권에 속하는가의 문제이다.

통상 기본권의 분류는 학자마다 차이가 있다. 분류의 기준도 기본권의 성격이나 내용, 효력에 따라 다를 수 있다. 허영은 기본권을 고전적이고 전통적인 방식에 의하여 분류(자유권, 생활권(사회권), 청구권, 참정권)하기보다는 '자유권의 생활권화 현상'에 부응할 수 있도록 생활영역에 따라 분류하였는바, 기본권의 이념적 기초로서의 인간의 존엄성, 기본권 실현의 방법적 기초로서의 평등권, 인신권, 사생활영역의 보호, 정신·문화·건강생활영역의 보호, 경제생활영역의 보호, 정치·사회생활영역의 보호, 권리구제를 위한 청구권으로 나누었고, 교육을 받을 권리는 문화생활에 관한 기본권이라고 보았다.[87]

김철수는 기본권을 협의의 인간의 존엄과 가치·행복추구권, 평등권, 자유권적 기본권, 생존권적 기본권, 청구권적 기본권, 참정권으로 분류하며, 교육을 받을 권리는 생존권적 기본권에 포함시켜 분류했고, 동시에 제31조를 넘어서 교육기본권으로의 파악 가능성도 논했다.[88]

이처럼 우리 헌법 제31조 제1항의 '교육을 받을 권리'에 대한 국내 헌법학자들의 견해는 다소간의 차이가 있으나 대체로 인간다운 생활을 할 권리의 구체적 보장 방법으로서 의미를 부여하여 문화적 생존권으로 표현하는 경우(김철수, 허영)가 다 수 있다.

한편에서는 공교육의 국가배려 면이나 직업 진출에 있어서의 필수 조건으로서 교육의 의미, 국가의 조건정비 의무 등을 고려하여 자유권적 측면보다는 공민권성, 생활권성, 학습권성을 강조하여 사회적 기본권으로 보기도 한다(권영성). 그러나 대체적으로 국가로부터의 교육활동을 방해받지 않을 교육의 자유 측면(교육내용 및 활동 측면)에서는 자유권적 측면을, 국가를 향해 적극적으로 교육여건을 요구할 권리 측면(외적 조건정비 측면)에서는 사회권적 측면을 공유하는 것으로 종합할 수 있다.

둘째, 기본권의 효력상 주관적인 공권인지, 객관적 가치질서인가의 문제이다.

위의 기본권 성격 분류에 따라 나누어 볼 때 교육을 받을 권리는 자유권이면서도 사회권이라는 복합적 성격을 갖는데 대체로 학자들의 견해는 일치하고 있다. 결국 기본권에 대한 법적 성질에 따른 분류로는 교육을 받을 권리의 성격을 설명하는 것은 한계가 있다는 뜻이다. 허영은 이러한 척도로 교육을 받을

87) 허영(2022), 한국헌법론, 박영사, 346면.

88) 교육을 받을 권리는 문화적 생존권이나 예를 들어 교육의 자유는 학문의 자유, 수학권은 인격형성권·행복추구권, 교육시설요구권은 청구권적 기본권, 균등교육은 평등권, 정치교육에 대한 권리는 참정권, 교육의 자치는 자치제도보장, 사학교육의 보장 등은 제도보장으로 분리해서 보아야 한다. 이 모든 것을 통합하여 교육기본권이라고 할 수는 있겠으나, 헌법 제31조가 이 이 모든 것을 다 포용하고 있다고는 할 수 없다. 김철수(2008), 앞의 책, 382–383, 1137, 1142면.

권리의 법적 성질을 자유권이냐 사회권이냐로 논쟁(문홍주, 김철수, 권영성)을 벌이는 것은 다분히 형식논리적인 태도라고 지적한다.

'교육을 받을 권리'는 여러 가지 통합적인 성질을 가지는 주관적인 공권인 동시에 객관적인 가치질서라고 본다. 직업선택의 자유와의 연계성과 평등권의 실현 및 문화국가와 민주복지국가 이념 실현의 방법적 기초로서 교육을 받을 권리를 파악하는 입장에서는 통합적인 성질을 갖는 주관적 공권인 동시에 객관적 가치질서라고 보는 것이다.[89)]

결국, 교육을 받을 권리에서 출발하는 학습권과 이를 충족시키기 위한 교육당사자의 교육에 관한 권리와 제도보장으로 이루어진 교육권의 총합으로 상정한 '교육기본권'의 법적 성격은 어떻게 규정될 것인가? 앞서 지금까지 '교육을 받을 권리'에 대하여 설명한 바와 같이 교육기본권은 국가나 제3자로부터 방해받지 않을 자유권적 측면과 적극적으로 청구할 수 있는 사회권적 측면[90)]을 동시에 가지며, 단순히 교육을 받을 권리라는 협의의 학습권만을 의미하지 않으며, 이를 충족하기 위한 역할분화된 교육권의 총화라는 교육기본권은 당연히 기존의 기본권의 법적 성격분류와는 성격이 다르다고 할 수 있다.

결국, '교육을 받을 권리'로서만이 아니라 학습권과 교육권의 총화로서 '교육기본권'은 헌법상 보장된 교육에 관한 기본적 인권이라는 정의에 따라 그 법적성격은 '총체적 기본권'으로서 성격으로 귀결된다고 할 수 있다. 즉, 교육기본권은 헌법 제31조 이외에도 인격권[91)] 및 행복추구권, 학문의 자유, 평등권, 사생활·양심·종교·표현·직업선택의 자유, 인간다운 생활을 누릴 권리, 근로의 권리, 환경권, 평화적 생존권 등과 연관된 총체적 기본권성을 갖는다.

나. 교육기본권의 주체

교육기본권의 핵심이 전 국민이 생애에 걸쳐서 학습할 권리를 보장하는 평생 학습권에 있다는 점에서 그 기본권의 향유주체는 모든 국민이며 학생 신분과 관계없이 요람에서 무덤까지이다. 구체적으로는 취학 전 아동, 학생, 근로청소년, 주부, 일반사회인, 노인 등에 관계없이, 가정교육을 포함한 취학전 교육, 학교교육, 학교 외 평생교육 영역과 전 생애에 걸쳐 주체가 된다. 오늘날의 교육이 언제 어디서나 학습이 가능한 평생학습사회를 지향한다는 점에서 모든 국민은 그의 전 삶의 과정에서 다양하게 학습권의 주체가 될 수 있음을 의미한다.

한편, 국민의 평생 학습권을 보장하기 위하여 전제로서 헌법이 보장하고 있는 교육당사자의 권리인 교육권의 주체 역시 교육기본권의 주체라 할 수 있다. 학습의 자유를 보장하는 전제로서 인정되는 교육의 자유 주체로서 교사, 미성년인 학습자의 대위자로서 자녀교육권에 있어서 부모, 대학 자치의 주체로서 대

89) 허영(2020), 앞의 책, 484-485면.
90) 정종섭은 교육을 받을 권리를 일률적으로 사회권적 기본권으로 분류하는 것은 보장을 약화시킬 수 있다고 본다. 헌재 역시 사회권 측면에서 보장되는 내용은 헌법을 근거로 교육제도나 학교시설을 요구할 수 있는 권리가 아니라(2000.4.27. 98헌가16 등), 법률에 의하여 내용이 확정되어야 권리가 발생한다는 것이다. 정종섭(2015), 앞의 책, 794-795면.
91) 인격권은 인간으로서의 존엄과 가치의 존중 조항, 사생활의 비밀과 자유 조항, 헌법에 열거되지 않은 자유와 권리의 존중 조항, 자유로운 생활과 인격발전에 관한 권리를 말한다. 한편, 인격권 및 행복추구권(§10)을 학습권의 근거로 보는 견해(신현직)도 있다.

학, 사립학교 설립의 자유 주체로서 학교법인 등도 교육기본권의 주체라 할 수 있다. 다만, 그 기본권 향유의 주체로서 지위는 기본권 주체로서 자기결정권을 완전하게 행사한다기보다 학습자의 학습권을 보장하는 데 기속되어 일정 제한을 받게 된다 할 것이다.

그리고 헌법에서 교육에 관한 권리 규정의 주어가 '사람' 혹은 '인간'이 아닌 '모든 국민'으로 되어 있다는 점에서 문리해석에 따르면 외국인과 무국적자의 경우에는 향유 주체가 되기 어렵다 할 것이다. 그러나 교육기본권이 교육에 관한 기본적 인권 보장이며 인권 중의 인권, 기본권 중의 기본권이라는 관점에서 그 주체는 국적을 취득한 내국인에게 한정하는 것은 교육기본권의 성격과 조화를 이루기 어렵다고 할 수 있나.

그렇다고 국가 재정 중 막대한 공적자금을 투자하고 교원이라는 공직 인력을 투입하는 공교육체제에 국민으로서 기본적인 의무를 이행하지 않는 모든 사람에게 국민공통교육 과정을 무상으로 무한정으로 제공하기보다는 법령을 통하여 대상과 범위를 정하여 구체화하는 것은 필요하다고 본다.

오늘날 국제 인권조약의 정신에 따라 외국인의 경우에도 자국민에게 부여하는 최소한의 교육기본권(예를 들어 무상의무교육 등)은 인도적 차원에서 특별입법을 통하여 허용하는 것이 세계 상식률에 부합한다 할 것이다.

종합하면 교육기본권의 인격권성, 자유권성, 평등권성은 모든 사람에게 인정될 수 있으나, 국가를 상대로 한 청구권성 및 생존권성은 필요한 범위로 한정할 수 있다고 본다. 이런 관점에서 제31조 제1항의 '모든 국민'은 모든 인간을 의미하는 것으로 보아 외국인에게도 보장되지만, 의무교육을 규정한 제31조 제2항의 '모든 국민'은 원칙적으로 국적자(國籍者)에 부과하는 의무라 할 수 있고, 의무의 부과는 개별 입법을 통해서 해소되어야 할 것이다.

그리고 난민·무국적자의 경우에는 UN의 난민의 지위에 관한 조약(1954)과 무국적자의 지위에 관한 조약(1960) 등에 의하여 내국인과 동일하지는 않더라도 교육기본권이 인정된다고 보아야 한다. 이 조약들은 무국적자 및 난민에 대하여 초등교육에 있어서 자국민과 동일하게 대우할 것, 외국인보다 불리한 대우를 하는 것을 금지하고 있다.

향후 헌법 개정시 제31조 제1항 및 제2항의 '모든 국민은' '모든 사람으로' 개정하여 교육기본권의 인격권성, 자유권성, 평등권성의 적용 범위를 좀 더 넓힐 필요가 있다.

3. 교육기본권의 내용

그동안 헌법학자들은 교육을 받을 권리의 내용 중심으로 논의를 해왔다. 앞서 살펴본 바와 같이 취학의 기회균등과 교육시설에의 참여 청구권(허영), 학습권(수학권), 학교선택권, 교육권(수업권)으로 규정(김철수)하거나, 교육평등, 교육외적 조건의 정비요구권(권영성)으로, 교육기회 접근권, 교육내용 권리(정재황)로, 수학권, 부모의 자녀교육권(정종섭)으로 제시하기도 한다. 교육의 권리로 상정한 경우에는 교육의 자유, 교육기회균등, 교육여건 조성의 국가의무, 교육의 자주성 등으로 예시(장영수)하기도 한다.

여기서는 총체적 기본권으로서 교육기본권을 학습권(평생 학습의 자유와 권리), 교육의 자유, 교육의 평등 그리고 교육청구권으로 나누어 살펴본다.

가. 학습권(평생 학습의 자유와 권리)

학습권이란 용어는 앞서 살펴본 바와 같이 제31조 제1항이 규정한 '교육을 받을 권리'를 '수학권'으로 명명하면서 동의어로서 예시하면서 시작되었고, 현재에는 오히려 학습권 개념이 일반화되어 가고 있는 추세이다. 그러면서도 학습권이라 할 경우 헌법상의 전통적 근거는 주로 인격권(§10)에서 도출하는 것이 헌법학자들의 통설이었다.

그런 맥락에서 본다면, 제31조 제1항에서의 '교육을 받을 권리'의 헌법적 위상은 인격권의 일종인 학습을 위해 교육을 제공받는 관계로 이해할 수 있고, 교육과 불가분의 관계에 있는 학문의 자유 및 생활권을 향유하기 위해 국가로부터 교육의 기회를 향유할 권리의 관계로 설정되었던 것으로 판단된다.

인간은 양심의 자유와 사유의 능력을 가지고 자신의 삶을 완성하는 주체적 존재라는 점에서 자기학습의 자유와 권리를 보장하는 것은 기본적인 인권임에 분명하며 그것이 제10조 및 제22조에서 출발함은 따로 설명을 요하지 않는다. 그럼에도 제31조 제1항을 국민의 학습권 조항으로 이해하고 나아가 교육기본권 보장의 핵심적 근거로 삼았던 논지는 교육이 갖는 헌법적 의의 및 기능을 능력계발을 통한 개성신장의 수단, 문화국가실현의 수단, 민주국가실현의 수단, 사회국가 실현의 수단으로 보았기 때문이다. 한마디로 교육을 통해서 이루어지는 학습활동은 개인뿐만 아니라 국가실현의 요체라는 뜻이다. 그리고 현대사회에서의 학습활동은 개인의 전 생애에 걸치고 가정교육, 학교교육, 평생교육(사회 교육) 등 전 교육영역에서 이루어진다는 뜻에서 평생학습사회 속의 학습이고 교육이라는 의미를 갖는다.

1997년 교육기본법을 제정할 당시에도 헌법의 교육조항을 구체화하는 과정에서 이와 관련된 논의가 있었고, 제5조의 제목을 학습권으로 명명하고 "모든 국민은 평생에 걸쳐 학습하고, 능력과 적성에 따라 교육을 받을 권리를 가진다"라고 규정함으로써 이를 명명하여 사실상 '평생 학습권'을 규정한 것이었다.

이러한 점을 감안하여, 제31조 제1항을 교육기본권의 중핵 조항으로 '학습권'으로 통칭하되, 자기학습의 자유와 권리에 기초하면서도 평생학습사회에 있어서 학습권을 의미하는 뜻으로 '평생 학습의 자유와 권리'로 부연하는 것이 인격권으로서의 학습권과의 차별성을 드러내고 교육기본법상의 학습권과의 연계성을 확보하며, 평생교육법상의 교육영역으로서 평생교육과의 의미 혼돈을 줄이는 방법이다. 역설적으로 헌법 제31조 제1항은 기본적으로 학습권 조항으로 하되 그 내용은 교육기본법이 예시하고 있는 '평생 학습의 자유와 권리'로 부연하는 것이 평생학습사회에 걸맞는 헌법 해석이다.

그런데 한국에서는 '평생학습' 개념보다 '평생교육'의 개념이 먼저 소개되었고, 주로 학교 외 교육의 개념으로 사용되었다. 최근 평생학습 사회라고 할 때의 평생은 생애에 걸친 가정, 학교, 사회에서 교육 전체를 의미하며 일종의 '평생학습'은 현대 교육의 이념이자 방향으로 이해되어 왔다. 따라서 학습권 역시 '평생 학습권'[92] 또는 '생애학습권'이라 칭하는 것이 더 교육계의 현상과 변화를 잘 반영하는 명명이라고 생각한다.

더구나 1980년 개정 헌법에서 추가된 제31조 제5항(국가의 평생교육진흥의무)에서의 '평생교육'의 본래적 의미는 학교국가가 전 생애에 걸친 가정교육, 학교교육, 사회교육의 전 영역에 걸쳐 평생교육체제를 마련하고 진흥하려는 교육의 방향이자 이념을 설정한 것이고 그런 관점에서는 제31조를 국민의 '평생 학습권'을 보장한 규정으로 보는 것이 자연스럽다고 본다.

그러나 그럴 경우 '평생 학습권'은 '평생교육(학교 외 교육)을 통한 학습'으로 의미가 축소되어 이해되는 입법상황이다. 즉, 평생교육론자들에 의하여 사회교육법은 평생교육법으로 개정되었고(1999), 최근 교육기본법상 사회교육을 모두 평생교육으로 개정(2021)하기에 이르러 기존의 법률상 '사회교육'은 '평생교육'으로 치환되었다. 그러면서도 평생교육은 여전히 '학교외 교육'에 한정되어 있다.

따라서 제31조를 평생학습 사회에 있어서 학습권, 즉 평생 학습의 자유와 권리로 의미부여 한다는 뜻이다. 오늘날 사회에서 학습이란 인격 형성을 위한 스스로 방해받지 않을 학습의 자유 정도를 의미하기 보다는 '교육'이라고 하는 학습 체제를 통하여 국민들에게 능력에 따라 균등하게 학습의 기회를 보장함으로써 개인의 인격과 삶을 실현함과 아울러 국가를 실현한다는 의미이다. 다시 말해 평생학습 사회에 있어서 교육기본권의 출발점은 평생에 걸친 학습의 자유와 권리를 보장 받는 것을 의미하며, 제31조 제1항은 다양한 교육체제의 포괄성은 제5항은 평생학습을 위한 가정교육, 학교교육, 학교 외 교육(평생교육)이라는 체제의 마련할 의무를 국가에 지움으로서 평생 학습의 자유와 권리 보장 축을 완성하고 있다 할 것이다.

헌법학 원로들의 학습권론에 따르면, 그 목적은 인격을 완성하고 지식을 습득하는 과정이라는 점에서 인격권을 구성하는 인격형성권(알권리, 정보공개청구권, 학습권)에 근거[93]하는 것으로 해석되어 왔다. 헌

---

92) 오늘날 국민의 학습권은 가정, 학교, 학교 외 교육기관 어디서도 언제나 이루어지는 이른바 요람에서 무덤까지 '생애에 걸친 학습권', 즉 '평생 학습권'이라 해석함이 적정하다. 한국에서 평생교육 용어는 1972년 유네스코 성인교육위원회에서 선언된 lifelong learning, lifelong education을 한·일 양국이 생애학습 생애교육으로 유사하게 쓰다가 1980년 헌법 개정에서 국가의 평생교육 진흥의무로 추가되면서 평생교육이 더 많이 쓰이게 되었다. 이 개정 헌법 취지는 가정교육, 학교교육, 사회교육을 아우르는 전 생애에 걸친 평생교육시스템을 국가가 정비할 것을 천명한 것이라 할 수 있고, 곧이어 사회교육법(1982.12.31.)이 제정되기도 했다, 이 법의 목적조항(§1)에서 '국민에게 평생을 통한 사회교육의 기회'라는 표현으로 규정했고, 정의 조항(§2)에서 사회교육은 곧 국민의 평생교육을 위한 학교 외 교육을 지칭한 것으로 규정했다. 평생교육은 일종의 이념적 용어였고, 가정, 학교, 사회교육을 통칭하였다 할 수 있다.
일본은 사회교육법(1949)을 이미 제정했고, 40여년 뒤 생애학습진흥법(1990.7.2.)을 추가 제정했다. 일본은 2007년 교육기본법 개정시 제3조에 '생애학습의 이념'을 추가하였다(국민 개개인이 자기의 인격을 연마하고, 풍요로운 삶을 보낼 수 있도록 그 생애에 걸쳐 모든 기회와 모든 장소에서 학습할 수 있고, 그 성과를 적절하게 살릴 수 있는 사회의 실현을 도모하지 않으면 안 된다).
그런데 한국의 문제는 1999.8.31. 사회교육법을 평생교육법으로 개정하면서부터였다. 이 법은 2000.3.1.부터 시행되었는데 과거의 사회교육과 동일 의미로 평생교육을 사용하면서 교육영역으로서 평생교육(평생교육법)과 이념으로서 평생교육(헌법 제31조 제5항)을 혼란스럽게 했다. 인격권 보장(§10)을 위한 일반적 '학습권'과 구별하여 제31조 제1항에 근거한 '평생 학습권'으로 칭하는 것이 바람직하나 사회교육을 평생교육으로 치환한 결과 이 또한 주저되는 부분이다. 이른바 평생교육론자들은 정부출연 연구기관을 설립에도 관여하여 헌법상 제31조 제5항(국가의 평생교육진흥의무)을 들어 과거 사단법인 평생교육원(2008.1.2.)을 평생교육법 개정(20013.12.30.)을 통해 '국가평생교육원'(2014.7.1.)이란 이름으로 바꾸었는데 정부출연 교육연구기관 중 유일하게 '국가'를 내건 연구기관이되었다(실제로 헌법 제31조 제5항을 근거로 내세움). 사회교육을 평생교육으로 치환하려는 이들의 노력은 최근의 교육기본법 개정(2021.9.24. 개정, 2022.3.25. 시행)으로 마무리되었는데, 그 결과 가정, 학교, 사회교육을 아우르는 평생교육 이념(일본의 생애학습이념)은 다른 용어로 대체되어야 하는 입법상황이다. 헌법 제31조 제5항의 '평생교육' 용어의 개정 필요성이 여기에 있다. 즉, 국가의 의무인 '평생교육 진흥'은 '평생학습진흥'으로 개정할 필요가 있다고 본다. 이렇듯 평생교육은 출발은 가정, 학교, 사회교육을 포괄하였으나 사회교육론자들의 주장에 의해 사회교육이 평생교육으로 치환되었으므로 이념과 영역을 잘 구분하여 헌법 및 교육기본법 개정이 뒤따라야 할 것으로 본다.

법재판소 판례 역시 학습권의 헌법적 근거 조항으로서 제31조 제1항 외에 헌법 제10조(인간의 존엄과 가치, 행복추구권)를 예시한다.

인격을 위한 학습은 철저히 학습자의 자유로운 선택 의지에 의할 때 진정한 의미의 학습, 교육의 성과를 논할 수 있다는 관점에서 의무로서의 학습은 본질적으로 성립하기 어렵다. 이 세상에 배워야만 되는 의무같은 것이 생래적으로 있었던 것은 아니라는 뜻이다. 동시에 인간은 미숙한 존재로부터 학습이라는 교육의 과정을 거쳐야 한다는 공동 인식하에 최소한의 교육과정을 만들게 되었고, 그것이 국가공교육체제 도입과 더불어 의무무상교육체제로 등장한 것이다. 즉, 무지로부터 해방되고 기본적인 사고의 자유를 누릴 수 있도록 하기 위하여 사회적 합의를 거쳐 누구나 받음 직한 학습프로그램을 상정하게 되었는데 그것이 오늘날의 표준화되고 법제화된 교육과정과 교과서를 사용하는 국민공통교육과정(국가교육과정)의 출현 배경이 되었다. 공동의 선으로서 학교를 만들고 불가피한 표준화 교육과정을 운영함으로서 출발점이었던 학습의 자유와 선택은 약화된 측면이 있지만, 학습행위의 본질적 특성, 즉 개인의 인격을 완성하고 지식을 습득하는 인격성, 주체성 그리고 사사성이라는 본질에는 과거나 현재에 변함이 없다.

자유로운 학습과 학습 내용에 대한 선택의 자유는 자주적인 인격의 완성의 요체가 되며, 이러한 학습의 자유를 보장하기 위해서 가르치는 자와 기관이 외부의 부당한 간섭으로부터 자유로워야 하는 것은 전제가 된다. 여기에 교사의 교육의 자유 및 교육기관의 자유가 도출되는 출발점이 된다.

종합하면, 인간적 성장발달권으로서의 학습권은 생애에 걸쳐 학습의 자유와 선택을 본질적 속성으로 하며 교육기본권을 형성하는 중핵이며 궁극적 목적이라고 할 수 있다. 공교육체제의 도입과 교육경쟁 속에서 학습의 본래적 의미는 퇴색되고 의무화된 학습과 과열된 비정상적인 공교육의 시대를 맞이하고 있으나 자유를 기반으로 한 학습활동의 본질과 인격의 완성이라는 근본 목적에는 변함이 없다는 뜻이다.

이렇듯 학습권은 학습에 있어서 타인과 국가권력의 간섭을 받지 않을 자유권적 측면과, 미성년자의 경우 보호자의 자녀교육의 자유와 권리를 통해서 행사되며, 공교육체제에 대하여는 학교설립운영 주체인 국가나 지방자치단체 그리고 학교설립·경영자에 대하여 합당한 학습의 조건을 정비토록 요구할 학습조건 청구권을 갖게 되는 것이며, 공교육체제 유지에 있어서 이들 설립운영 주체들의 책임도 여기에서 출발되는 것이다.

결론적으로 학습권(평생 학습의 자유와 권리)의 헌법적 근거는 현대 교육이 지향하는 평생학습 이념에 따른 교육을 받을 권리(§31①)에 둔다 하겠고, 근원적인 학습의 자유와 권리는 인격권의 근거인 인간존엄과 가치 행복추구권(§10)에서 비롯하는 전통적인 학습권, 학문의 자유(§22)에 연유하는 진리 학습의 자유[94]와 연계된다.

이 평생 학습의 자유와 권리는 인간다운 생활을 할 권리(§34①)나 직업선택의 자유(§15) 등과 연합하여 국민의 기본적 인권으로서 교육기본권의 중핵이라고 본다. 통상의 학습권이 아닌 현대 평생학습사회

---

93) 김철수(2008), 앞의 책, 523면.

94) 진리 학습의 자유는 학문의 자유에 포함되는데, 이때 학문의 자유는 연구의 자유, 교수(강학)의 자유, 연구결과 발표의 자유, 대학의 자치를 말한다. 원래 학문의 자유는 관습법적으로 대학의 자치에서 유래한 것이나 오늘날 학문 연구의 자유는 모든 국민의 지적 탐구의 자유이기 때문에 대학만의 특권은 아니다. 따라서 초·중등 학교에서도 학습권에 대응하여 교사의 교육의 자유가 인정될 수 있는 것이다.

에서 요구되는 학습의 자유와 권리가 헌법적 기능과 의의를 갖고 있음에도 명확한 언급이 없다는 측면에서는, 헌법 제37조 제1항에서 예견하고 있는 '헌법에 열거되지 아니한 국민의 자유와 권리'로서도 그 최소한의 헌법적 근거는 있다고 할 수 있다.

나. 교육의 자유

(1) 개념

교육의 자유란 국민의 교육기본권을 보장하기 위해 교육구성 집단에게 부여되는 교육활동에 있어서 자유이다. 교육법학계에서 통용되고 있는 교육의 자유(Pädagogische Freiheit)는 독일의 학교법학의 이론 수용한 일본의 교육법학으로부터 유입된 개념이다. 즉, 독일의 학교법학을 체계화시킨 H. Heckel의 영향으로 Hessen주 학교법 제59조 제2항에 '교육의 자유'[95]라는 표현이 등장하고 있는 바 이는 처음에는 국가의 학교감독권에 대한 교사의 자유라는 의미를 갖고 있다.

그러나 오늘날 교육법의 이해는 국가교육권 중심의 이해라기보다는 국민의 교육권, 나아가 인권으로서 교육기본권에 기초하고 있다는 점에서 교사의 교육의 자유뿐만 아니라 교육활동에 있어서 관련 당사자의 자유를 포함하는 개념이다. 교사의 교육의 자유라 할지라도 학습을 전제로 한 교육활동에서의 자유라면 이는 온전히 자기결정적 자유라기보다는 학습자의 학습의 자유를 보장하는데 전제되는 자유라는 측면에서 부여되는 교육당사자의 교육의 자유라 할 것이다.

일본의 교육법학사전에 '교육의 자유'는 '교육내용에 관한 국가의 개입을 원칙적으로 배제하고 스스로 결정하는 권리'로서 정의하고 있고, 부모의 교육선택의 자유 및 가정교육의 자유, 교사의 교육의 자유, 자녀의 학습의 자유, 국민의 교과서 집필·출판의 자유, 국민의 사립학교 개설의 자유, 사립학교의 교육의 자유 등을 예시하고 있다. 이들이 국가의 구체적 교육내용에 대한 개입을 배제하는 공통점을 갖는 동시에 이들 자유 간에는 상호 대립적인 요소도 함께 포함되어 있다.[96]

한국의 교육법학계에서도 '교육의 자유'는 '교사의 교육권'을 중심으로 논의되거나 혹은 같은 의미로 간주되기도 하나 교사 이외 부모, 원아·학생의 교육에 대한 자유와의 연관 속에서 교사의 교육의 자유를 파악하거나 교사에게 부여된 수업권으로서 직무권한으로 보는 입장이 있는데 전자가 상대적으로 다수설[97]이다.

생각건대 교육의 자유의 개념은 그것이 국가의 학교감독권에 대한 상대적 자유의 것인지 교사만의

95) 각 주마다 다른 학교법을 갖고 있는 독일에서는 '고유한 책임(eigene Verantwortung)', '고유한 교육적 책임(eigene pädagogische Verantwortung)', '직접적인 교육적 책임(unmittelbare pädagogische Verantwortung)', 또는 '교육적 자기책임(pädagogische Selbst Verantwortung)' 등의 용어(이시우, 교사의 교육의 자유와 교과서 선택권, 고시계(1995.9), 57-58면)를 다양하게 쓰고 있으나, 주로 국가의 학교감독권에 대한 교사의 자유를 의미한다.

96) 日本教育法學會編(1993), 앞의 사전, 184頁.

97) 신현직은 교육목적의 달성을 위해 교사에게 인정되는 교육권을 일반적으로 교사의 교권(敎權)이라고도 하며, 그 중요한 내용으로서는 교육의 자유와 신분적 권리를 들 수 있다고 보고 있다. 신현직(1990), 앞의 논문, 180면. 강인수는 학교교육의 상황하에서 국가의 교육내용 통제와 학교관리 정책으로부터의 자유가 교사의 교육의 자유 또는 교육권이라고 하는 주장은 법논리상 완전하게 타당한 것이라고는 할 수 없다고 본다. 이는 교사의 수업권을 직무권한으로 보는 관점과 결부되어 있다. 강인수(1989), 앞의 책, 35면.

교육의 자유의 것인지의 여부와 관련된다 하겠으나 가장 근본적으로는 교육권에 대한 인식이 어디에서 출발하느냐에 따라 그 내용에 차이를 보인다고 하겠다. 즉, 피상적으로 헌법 및 교육관계법의 근거에 따라 교육의 자유의 인정 여부와 기본권으로서의 성격 여부를 논하기보다는 교육법을 교육인권법적 관점에서 이해한다면, 교육의 자유는 교육내용의 결정에 대한 문제가 그 핵심을 이룬다. 결국, 국가의 학교감독권이나 학생 및 부모의 교육선택권과의 관계 속에서 그 자유의 폭이 결정되는 교수학습활동의 구조적 인식하에서 논의하여야 한다. 따라서 처음부터 교사의 교육의 자유를 국가의 교육권 범주에서 허락되는 자유재량권의 성격으로 파악하는 견해나(단순 직무권한설), 절대적으로 제한되어서는 안 되는 교사의 본질적 기본권으로 취급하는 시각(절대 기본권설)으로는 교육당사자간의 권리·의무·책임관계를 헌법조화론적으로 해석하기 어렵게 된다.

교육의 자유는 본래 교육에 관한 사적자치(私的自治)로서 학교설치 및 교육내용 결정의 자유를 의미하는데, 점차 국가권력으로부터의 자유에서 국가권력을 향한 자유로 그 의미가 변화되었다. 또한 교육의 자유는 문화활동으로서 교육에의 자유로운 참여활동과 관련되는데, 이 경우 정치적 다수결 원칙에 의한 간접참여 방식에는 한계가 있다. 즉, 교육에 관한 의사결정이 의회의 다수결 원칙에 의한 법률에 근거한다고 하여 그것이 교육적 정당성까지를 담보하는 것은 아니기 때문이다.

교육의 자유의 교육원리적(敎育原理的) 근거는 교육의 전문성, 과학성, 자주성 등에 있으며, 그 헌법적 근거는 학습의 자유를 보장하기 위한 전제 조건이라는 점에서 헌법 제31조 제1항인 교육을 받을 권리에 근거한다고 볼 수 있다. 즉, 학습자의 학습의 자유를 담보하기 위한 전제가 교육자의 교육의 자유인 것이다. 동시에 현행 헌법은 교육의 자주성, 전문성, 정치적 중립성을 보장하고 있다는 점에서 교육내용과 방법이 교육전문가에 의하여 결정되어야 한다는 의미에서 교육의 자유는 교육조리를 입법화한 헌법 제31조 제4항에서도 보장의 근거를 찾을 수 있다.

교육의 자유의 내용으로는 사립학교 설치의 자유, 교육내용의 선정·교수의 자유, 교육의 지역적 자치 등으로 구성된다. 그러나 사립학교 설치의 자유는 학교교육제도의 공공성을 유지하기 위하여 법률이 정한 기준의 범위 안에서 보장되며, 국가 및 지방자치단체는 지도·감독·육성하는 권한과 책임을 지게 된다. 그리고 사학의 교육활동의 자유는 학교경영자가 아닌 학교법인을 통하여 구체적으로 보장된다.

다음으로 교육내용의 선정·교수의 자유는 이른바 교사의 교육의 자유의 핵심을 이루는 것으로서 교육과정 편성 및 전 교육과정에 있어서 자주적인 선택권 및 결정권을 보장하는 것이다. 이 역시 공교육체제하의 초·중등의 학교 하에서는 학교교육의 공공성을 유지시키기 위하여는 표준화 내지 법제화가 필수불가결의 요소이다. 교육부 고시로 발표되는 초·중등학교 교육과정과 법령에 의한 교과서의 국정제·검정제·인정제는 그 예에 해당한다.

끝으로, 오늘날 다원화된 교육에 관한 통치구조 측면에서 볼 때, 교육의 자유는 대의제도를 통한 교육기관의 자유를 통해서 간접 보장되기도 하는데 이는 교육의 자주성·전문성·정치적 중립성 보장과도 직결되어 있다. 지방교육자치 및 학교자치를 통해서 각 교육기관이 확보한 교육분권은 지역주민 및 학부모의 교육의 자유를 간접적으로 실현하는 대의제도라 할 수 있다. 각 교육기관의 확보한 민주적 정당성에 비례하여 그 때의 권한은 확대될 것이기 때문에 주민직선에 의한 교육감제나 학부모 선출제에 의한 학교

운영위원회가 보다 확대된 교육자치와 학교자치 속의 교육의 자유를 실현할 수 있을 것이다. 중앙교육행정 및 지방행정으로부터 자주적인 교육행정을 할 수 있도록 교육감 직선제를 위시한 지방교육자치제나, 단위학교 교육당사자의 자율적인 운영과 참여를 할 수 있도록 하는 학교운영위원회제를 위시한 학교자치제는 대표적인 교육기관의 자유 보장으로 해석할 수 있다. 지역주민과 학부모 대의제도를 통한 교육기관의 자유[98] 역시 종국적으로는 학습자의 학습의 자유를 보장하는 수단 및 전제로서 허용되거나 부여되는 교육의 자유 일종으로 이해함이 바람직하다.

(2) 교사의 교육의 자유의 근거

교육의 자유를 교사에게 부여하는 근거를 교육원리적 측면과 법리적 측면으로 나누어 살펴본다. 먼저 교육원리적 근거는 교육 및 교직의 교육조리적(教育條理的) 속성으로부터 연유한다. 일본교육법학계에서는 교사의 교육권(교육의 자유－저자주)의 근거를 교육조리인 교육의 인간적 주체성·진리교육의 자주성·교육의 전문적 자율성·교육의 자주적 책임 등에 둔다.

무엇보다도 교사가 교육활동에 있어서 자주적인 자기결정권의 의미를 갖는 교육의 자유를 향유하여야 함은 교육이 원아·학생과의 자유로운 인격적 접촉을 통해서 인격 및 개성을 신장시키는 것을 목표로 한다는 데 있으며, 이 교육의 자주성과 그런 활동이 자율을 기반으로 한 전문성을 갖춘 교육전문가에 의해서 이루어져야 한다는 데 근거하고 있다.

역으로 교육원리적 측면에서 본 교사는 이미 교육전문성을 갖춘 교사임을 전제로 하는바, 교사의 자유를 향유하는데 전제가 되는 전문성의 담보는 일차적으로 국가에 의한 교원자격 검증제도에 의하며, 의무화되거나 자율화된 연수제도에 의한다. 한국사회에 있어서 교직에 대한 높은 직업윤리와 전문직에 대한 기대 역시 교사의 교육의 자유를 지지한다.

왜냐하면 교사의 교육의 자유는 그가 일반인이 아닌 교육전문가라는 특별한 능력을 갖춘 사람이기에 그에게 부여되는 특별한 자유로서 의미를 갖기 때문이다. 결국 교사의 교육의 자유의 교육원리적 근거는 교육활동의 전문성, 과학성, 자주성 등에 있다.

다음으로 교사의 교육의 자유에 대한 법적 근거를 살펴본다. 교사의 교육의 자유를 학교교육활동에 있어서 의사결정권(교육내용과 방법의 선택결정의 자유)이라는 법 개념으로 이해할 때, 그 헌법적 근거에 대한 학설은 몇 가지로 나뉘며 판례 또한 일관되지 않다.

첫째, 교사의 교육의 자유를 학문의 자유에 근거한 것으로 보는 입장이다. 특히 학문의 자유의 내용 중 대학에 있어서 교수(教授)의 자유(Lehrfreiheit)를 중시한 독일의 전통과 관련된 학설로서 대학에서의 교수의 자유를 초·중등학교에서의 교육의 자유로까지 확대 적용하는 입장이다. 그러나 독일의 통설적 견해는 대학에서의 교수(Lehre an Hochschulen)의 의미를 고유한 연구활동을 통해서 얻은 인식의 전달에 한정함으로써 학교에서의 수업(Unterricht an Schulen)에는 교수의 자유가 인정되지 않는 것으로 파악한다.[99]

---

98) 허영은 교육기관의 자유는 국가 및 설립자에 대하여 교육 운영에 관한 자주적인 결정권을 내용으로 하며 헌법 제31조 제4항에 근거한다고 본다. 이를 위해 교육감독기구나 교육관리기구를 임명제가 아닌 선거제로 구성할 것을 주문한다. 허영(2022), 앞의 책, 489－490면.

99) 이시우(1995), 앞의 논문, 58면. 이 밖에도 대학 직전의 고학년에서의 학문적 수업내용과 대학에서의 수업 사이에 질적 차이를

둘째, 교사의 교육의 자유를 학습자의 교육을 받을 권리(수학권), 즉 학습권에서 유래하는 것으로 보는 입장이 있다. 즉 교사의 교육의 자유는 원아·학생의 학습권을 보장하기 위한 학습자의 자유와 권리의 전제로서 보장된다고 본다.[100] 배우는 자의 자유로운 학습은 가르치는 자의 자유로운 교육활동을 전제로 한다는 교수 학습과정에 초점을 둔 입장이다.

셋째, 교육의 자유의 헌법적 근거를 어느 하나에 비중을 두고 다른 것을 수용하는 이른바 이중기준설이 있다. 일본의 교육법학계의 통설로서 이중기준설은 학문의 자유는 모든 국민에게 보장되는 인권이므로 원아와 학생에게는 학습의 자유로서 보장되지 않으면 안 되며 이를 위해서는 그 전제로서 일반사회에 있어서 학문연구의 자유와 그 성과가 자유롭게 발표될 수 있어야 되는 바, 교사의 교육의 자유는 그 성과를 연구하여 이를 원아·학생의 '학습의 자유'에 전달하는 것이라 본다. 즉, 교육에 본질적으로 내재하는 교사의 불가결한 자유이며 교사의 연구와 교육이 불가분의 관계에 있다는 점에서 학문의 자유와 교육을 받을 권리라는 두 헌법 조항에서 그 법적 근거를 찾고 있다.[101]

한편 교사의 교육권의 복합적 성격을 논의하는 입장에서는 진리를 교육하는 진리교육의 자유라는 면에서는 학문의 자유와 결부되는 동시에 학교교사의 교육의 자유는 보다 넓게 문화(문화의 전달과 창조)를 책임진 국민으로서 문화적 교육의 자유나, 원아 학생의 성장 발달에 맞춰 행하는 전문적 교육의 자유를 의미하는 것으로 생각한다.[102]

넷째, 교사의 교육의 자유의 헌법적 근거를 여타의 기본권에서 유래하는 것으로 보는 관점이 있다. 인간의 존엄과 가치 및 행복의 추구가 교육의 자유를 통해서 보장된다는 행복추구권설, 국민의 교육의 자유가 신앙과 종교의 자유, 사상·양심의 자유 등 이른바 정신적 자유·내심의 자유에 속한다고 보고 교사의 교육의 자유 역시 이로부터 파생된다고 보는 정신적 자유설 등이 있다. 그리고 국민의 자유와 권리는 헌법에 열거되지 않는 이유로 경시되지 않는다(§37①)는 조항에서 교육의 자유의 헌법적 근거를 도출하기도 한다.

(3) 교육의 자유에 대한 학설의 문제

학문의 자유설은 그 중심 내용이 교수의 자유를 포함하고 있어 일견 교사의 자유가 이로부터 출발된다고도 볼 수 있으나 학문의 자유를 독일적 전통에 따라 이해하여 초·중등교육기관의 교사에게는 인정되지 않는다는 식의 불필요한 논쟁을 야기시켰다. 그리고 오늘날 학문의 자유는 국민 모두에게 주어진 기

두기가 실제로 어렵다는 이유로 교수의 자유를 대학교수에게만 한정하는 것으로 완전히 확정 짓지 말자는 중간적 견해도 있다. 일본의 헌법학설의 주종을 이룬 학문의 자유설은 아리꾸라 료기치(有倉遼吉)가 대표적이다.

100) 학습권설은 교육수권에 관한 헌법규정이 있는 일본과 한국에서 제기된 이론이다. 김철수는 나가이 켄이치(永井憲一)의 글을 인용하여 이를 교육권설이라 소개하고 있으나 엄밀히 말하면 교육수권설 및 학습권설이며 교육인권론자로 인용되고 있는 永井憲一는 오히려 후술하는 이중설의 입장에 서있다.

101) 永井憲一(1993), 앞의 책, 224-225頁.

102) 가네꼬 마사시(兼子 仁)는 교사의 교육권이 인권으로서의 성격과 자치적 권한으로서의 성격을 갖는다는 점에서 복합적 성격을 논하고 있으며, 특히 개인 및 집단으로서 학교 교사의 전문적 교육의 자유는 아동의 교육을 받을 권리의 보장의 일환이라는 의미에서 현대적인 교육인권성을 갖는 것으로 본다. 이러한 논리는 교육기본권성을 전제로 한 의미이므로 후술할 교사의 '교육의 자유'의 '교육기본권설'적인 시각이라 하겠으나 학문의 자유와 연계시켰다는 점에서 이중기준설에 포함시켰다. 교사의 교육권의 복합적 성격에 관해서는 兼子 仁(1978), 앞의 책, 273-274頁 참조.

본권이라는 점에서 교육전문가로서 보장되어야 할 핵심적인 자유의 근거로서는 부적절하다. 특히 독일의 경우 헌법에 한국과 일본과 같은 교육에 관한 기본권을 정하지 않은 특색하에서 탄생된 학설이라는 점과 독일의 통설과 판례를 통해서 부정되고 있다는 점에서도 충분치 못하다.

한편 교육의 자유의 근거로서 학문의 자유설을 부정하는 견해 가운데에는 학문과 지식을 구분하여 학문의 자유의 내용인 '교수의 자유'는 단순한 연구결과(지식)의 전달에 그치지 않고 수강자들에게 진리추구에 대한 독자적(자주적)이고 비판적인 사고능력을 길러줌으로써 함께 진리탐구를 모색하는 학문활동의 한 형태인 데 반해서, '교육의 자유'는 단순한 지식의 전달을 그 내용으로 하는 교육활동에 관한 것이기 때문에 학문의 자유의 내용이 될 수 없고 교육에 관한 기본권의 보호영역에 속한다[103]고 하는 견해가 있다.

학문의 자유가 대학을 중심으로 한 연구와 교수의 자유로부터 유래하였다는 점에서는 이해할 수 있으나 진리의 탐구라는 연구의 자유는 진지하고 계획적인 진리탐구 활동일지언정 대학의 교수나 학자들만의 전유물은 아니며 모든 국민에게 보장된 기본권의 본질적 내용이라고 할 수 있으며 학생에게는 학습의 자유로서 보장되는 것이다. 또한 교육의 자유를 지식을 전달하는 데 있어서의 자유라고만 이해할 때 지식의 창조와 유리된 교사에게서 교육전문가로서 지위 보장의 핵심인 교육의 자유는 아무런 의미가 없다.

학문의 자유설은 근본적으로 교육의 자유를 교육본질이나 교육기본권에서 도출하지 않고 학문의 자유에서 도출하고자 하므로 교육과 연구를 연계시키지 않는 한 성립할 수 없는 부담을 출발부터 안고 있다. 결국 교육의 자유를 학문의 자유에서 연역하는 해석은 교육의 문제를 학문의 문제에 포함시킴으로서 역으로 교육 그 자체의 본질 파악을 애매하게 하는 결함이 있다. 즉, 연구가 교육의 자유를 요청하는 것이 아니라 역으로 학습권을 충족시키기 위한 교육이라는 목적에 의해 연구의 자유가 요청되는 것으로 보아야 한다.[104] 교육의 자유라는 것은 기본권의 법리적 근거로서만 파악될 수 없다는 점에서 이러한 한계는 당연한 귀결이다.

다음으로 교육의 자유를 교육을 받을 권리, 즉 협의의 학습권에서 연유하는 것으로 보는 교육수권설은 교육에 관한 헌법 조항에 근거하고 아동의 학습권에서 출발하고 있다는 점에서 교육의 자유의 기본권성을 어느 정도 뒷받침한다. 그러나 교육수권의 논지는 교육의 주체를 국가로 상정하는 국가교육권으로 연결되며 국가가 허용하는 범위 내에서의 교사의 교육의 자유라는 소극성을 면할 수 없다는 데 한계가 있다.

세 번째의 이중적 근거설은 교육에 관한 권리가 교육수권, 학습권으로 표현되는 등 기본적 인권으로 명백히 규명되지 않은 상황에서 취할 수밖에 없는 입장이다. 역시 헌법적 근거에 연연한 나머지 교육의 자유의 본질을 애매하게 할 우려가 있으며 이중적 근거 자체가 기본권으로서의 성격과 보장의 근거를 취

---

103) 허영(2022), 앞의 책, 392－393면. 정범모는 교육자(교사)와 교육학자를 구분하여 교사의 최대 임무는 가르치는 일(교육)이지 교육학을 연구하는 일이 아니며 교사는 교육에 너무 가까워 선입견이 강해 교육의 객관적·과학적 연구에 관한 한, 교사는 적격자일 수 없다고 보고 인간행동 육성의 응용과학자로서 면모와 실력만 있다면 그것으로 교육자·교사로서는 충분하고, 거리에 가는 사람보다 인격자일 필요는 없다고 본다. 정범모는 이러한 교육학자·교육자·인격자의 혼동을 원시적 혼동이라 하고 있으나 교사의 연구를 전제하지 않고 교육의 전문성이나 교육의 과학성을 논하는 것은 문제가 있다고 본다. 정범모의 위의 논조에 대해서는 정범모(1983), 교육과 교육학, 배영사, 329－335면 참조.

104) 호리오 테루히사(堀尾輝久)는 학문의 자유설을 비판하면서 교사의 연구와 교육의 자유는, 학문의 자유가 국민의 권리이기에 교사에게도 필연적으로 인정되어야 하는 자유라는 뜻도 아니고, 대학에 있어서 자유가 이른바 학문의 민주화와 함께 하급교육에까지 내려와 교사에게 인정되는 자유도 아니며 그것은 교육의 본질적 요청인 동시에 교직이라는 전문성이 요청하고 있는 연구의 필요와 그 교육에 수반하는 자유라고 본다. 堀尾輝久(1971), 現代教育の思想と構造, 岩波書店, 319, 331－332頁.

약하게 하는 원인이 된다는 점에서 한계가 있다.

네 번째의 여타 헌법 규정에서 그 근거를 찾는 경우 교육에 관한 권리의 종합적 성격에서 보면 전연 근거가 없다고 할 수는 없으나 자유권의 시각에서 접근하고 있어서 교육의 전문성 및 과학성과 아동의 학습권이 도외시 된다. 특히 헌법에 열거되지 않은 기본권으로서 교육의 자유의 근거를 논하는 것은 독일의 기본법에서는 가능하나 한국과 일본의 경우에는 해당되지 않는다.

결국 교사의 교육의 자유의 헌법적 근거는 교사의 교육권의 핵심을 이룬다는 점에서 교육에 관한 권리를 국민의 기본적 인권으로 보장한 교육기본권 조항에 의해서 가장 이상적으로 드러난다. 이른바 '교육기본권설'이라고 할 수 있는 헌법적 근거는 오늘날 인권으로서 교육기본권이 인정되고 있는 상황하에서 헌법조문의 서술 형식(이른바 교육을 받을 권리)의 문제가 있지만 학생·부모와 함께 교육기본권의 주체로서 교사의 교육권은 인정되며 그 주된 내용인 교육의 자유는 당연히 보장된다고 본다. 이러한 관점에서 볼 때 교육기본권에 대한 기본권으로서의 성격 규명이 부족한 경우 헌법 조문의 서술형식에 구애받지 않고 이를 교육기본권의 중핵 조항으로 보는 전제하에서 두 번째의 학습권(수학권)설이 한국과 일본의 현행 헌법상 타당한 견해라고 본다.

한편 교사의 교육의 자유의 법적 근거에 있어서 헌법에 보장되고 있는 기본권으로서보다는 학교 관련 법률을 통해서 보장되는 교사의 교육임무(Erziehungsaufgabe), 이른바 직무상의 권한으로 보는 견해가 있다. 이는 독일의 기본법에 직접적인 교육기본권에 관한 조항이 없는 관계로 국가의 학교감독권 규정(§7①)과 자유로운 개성 신장권 규정(§2①)에 근거하여 교육의 자유를 교사 개인의 인권적 차원보다는 직무수행을 위한 권능으로 파악하는 데서 연유하고 있다. 그리고 독일기본법과 독일 각 주의 교육관련 법률 중 Hessen주 학교법 규정을 제외하고는 '교육의 자유'라는 표현을 찾아볼 수 없음을 근거로 제시하기도 한다.[105] 즉, 각 주의 학교법은 교사의 '고유한 책임', '고유한 교육적 책임', '직접적인 교육적 책임' 또는 '교육적 자기책임'과 같은 표현만을 쓰고 있다[106]는 것이다.

이러한 직권설(내부자유설)은 일본의 일부 헌법학자들에게도 수용되어 교사의 교육권은 학교조직 내에서 원아·학생·부모·학교 등과 복합적 관계라는 제 약속에서만이 성립하는 것이므로 권리라기보다는 권한이며 특히 국민 모두가 갖는 의미의 '국민의 교육권'이 아니며 또한 그 자체가 결코 헌법상의 권리는 아니라고 본다. 즉 헌법 이하의 법규범이 창설하는 실정법상의 권한이라는 것이다.[107]

한국 헌법재판소는 국정교과서의 위헌성을 다룬 구 교육법 제157조 헌법소원(89헌마88)을 통해 교사의 가르칠 권리를 수업권이라 지칭하고 직권설적 입장을 피력한 바 있다. 즉, "학교교육에 있어서 교사의 가르치는 권리를 수업권이라고 한다면 그것은 자연법적으로는 학부모에게 속하는 자녀에 대한 교육권을 신탁받은 것이고, 실정법상으로는 공교육의 책임이 있는 국가의 위임에 의한 것이다. 그것은 교사의 지위

105) 독일 학교법학을 개척한 Heckel의 주장에 의해 Hessen주에서는 '교육의 자유'라는 표현을 쓰고 있으나 Heckel 자신 역시 인권으로서의 교육의 자유보다는 자연법적 근거로서 교육활동자체의 본질을 그 핵으로 했고 기본법상 근거에 대해서는 이론 전개상 다소 변동은 있었으나 기본법 제5조 제3항의 교수의 자유에서보다는 학교감독권 및 자유로운 개성신장권 규정에서 찾고 있다. Heckel의 교사의 자유에 관한 이론의 변화과정에 대해서는 허종렬(1993), 교육에 관한 국가의 권한과 그 한계, 성균관대 박사학위논문, 147-148면 참고.

106) 이시우(1995), 앞의 논문, 59-60면.

107) 奧平康弘(1981), 教育を受ける権利, 芦部信喜編, 憲法Ⅲ 人権(2), 有斐閣, 417頁.

에서 생기는 학생에 대한 일차적인 교육상의 직무권한(직권)이지만, …"으로 판시하고 있다. 반면 이 판결에서 재판관 변정수는 반대의견을 통해서 "초·중·고등학교의 교과서의 제작을 교육부에 독점시킨 것이 교사의 교육권 내지 교육의 자유를 침해한 것인지의 여부가 이 사건의 핵심이라고 할 수 있다"고 하면서 "이러한 교육의 자주성·전문성·정치적 중립성은 '교육의 자유'의 보장을 통해서 비로소 실현될 수 있다. 즉, 교육의 자주성·전문성·정치적 중립성이 확립되기 위해서는 교육내용이나 교육방법 등에 관한 교사의 자주적인 결정권을 그 전제로 하는 교육 자유가 보장되어야 한다"고 주장하였다.

생각건대, 직권설은 교육기본권에 관한 헌법적 규정이 없는 독일의 상황에서 출발된 학설이라는 점을 유의할 필요가 있으며 교육수권의 형태로 보장되어 있는 한국과 일본에서는 교육을 받을 권리를 넓게 해석하여 국민의 교육기본권을 구성하는 교사의 교육권이 포함된 것으로 해석하는 것이 적절하다.

물론 교사의 교육권의 내용에는 교사의 교육의 자유 이외에도 전문직으로서의 특별신분보장과 자주연수권 등이 포함되어 있다는 점에서는 헌법상의 권리라기보다는 하위법에 의한 직무상의 권한 측면이 없는 것은 아니지만, 그러나 교육내용과 방법 등에 관한 자주적 결정권을 핵심으로 하는 교육의 자유를 애당초부터 국가가 교사에게 허용하는 범위 내에서의 권한으로 축소하여 해석한다면 결국 교사는 국가의 교육 사업을 수행하는 기능인에 불과하고 결국 이것은 원아·학생의 학습권을 제한하는 결과가 되는 것이다.

국민의 교육기본권을 보장하기 위한 전제로서 교사의 교육의 자유를 인정하고 나서 학교교육의 공공성과, 원아·학생의 학습권, 부모의 교육권과의 조화를 위해서 필요한 최소 범위 내의 제한을 가하는 방식과, 출발부터 교사의 자유를 기본적 권리로 인정하지 않고 허용해주는 방식 간에는 결과론적으로는 큰 차이가 없을지라도 그 내면에는 '국민교육권과 국가교육권' 및 '의무로서의 교육과 권리로서의 교육' 관점의 대조가 내포되어 있는 것이다.

결국, 교사의 교육의 자유에 대한 직권설은 교육기본권에 관한 헌법조항이 있는 한국과 일본에서는 국민의 교육기본권을 두텁게 보호하여야 한다는 취지에서 볼 때 불충분한 것이며, 국민의 학습권(평생학습의 자유와 권리) 보장의 전제로서 헌법상 인정되는 교사의 교육의 자유라 하겠다. 특히 교육의 자유의 교육원리적 근거가 교육의 전문성, 과학성, 자주성에 있다고 볼 때 이를 교육조리로 수용하여 헌법에 명문으로 보장하고 있는 대한민국헌법(§31④)의 취지를 볼 때에도 교육의 자유는 헌법이 보장한 권리라고 봄이 타당하다.

따라서 교사의 교육의 자유는 원아·학생의 성장발달에 맞춰 행하는 전문적 교육의 자유를 의미하는 것이며 개인 및 집단으로서 학교 교사의 전문적 교육의 자유는 원아·학생의 교육을 받을 권리, 즉 학습권을 보장하는 일환이라는 점에서 현대적인 교육인권성을 갖는다고 해석된다.[108]

그러나 국민의 교육기본권 실현을 위해 존재하는 교사의 교육의 자유는 교육 관련 내부집단, 즉 원아·학생, 부모, 국가 및 지방자치단체와의 관계 속에서 법령으로 필요한 범위 내에서 제한받을 수 있다. 국가교육과정 및 교과용도서 제도를 유지하는 과정에서 반사적으로 제한 받는 교사의 교육의 자유를 뜻

---

108) 兼子 仁(1978), 앞의 책, 273頁.

한다. 오늘날 교육이 학교조직을 통해서 집단적으로 이루어진다는 점에서 교사집단으로서의 교육의 자유 보장이 더욱 중시되고 있으며 이러한 학교교육의 집단성은 교사의 교육의 자유를 보장함에 있어서 간접적인 의사결정 구조와 과정(예를 들어 교육전문가 집단에 의한 교과서 집필 등)과 통일적인 직무의 법제화 방식을 택하게 하는 원인인 동시에 교육의 자유를 규정하고 있는 법칙[109]이 된다.

(4) 교사의 교육의 자유의 내용 및 한계

교사의 교육의 자유의 내용 및 한계는 앞서 살핀 교육의 자유의 근거에 따라 양상을 달리한다. 그러나 교사의 기본적 인권으로 보든, 또는 직무권한으로 보던 간에 기본적인 교육의 자유의 내용은 교육내용과 방법에 있어서 자주적 결정 권한을 포함하게 되며 단지 그 제한 및 허용의 폭이 다르다고 할 수 있다. 비록 학교교육체제하라고 하더라도 교사의 교육의 자유의 핵심을 이루는 교육형성권이라고 할 수 있는 교육내용와 방법의 결정에는 교사의 참여가 어떤 형식으로든 보장되지 않으면 안 된다.

교육의 자유의 내용은 국가의 교육기본권 보장 상황에 따라서도 달라질 수 있으며 교사의 법적 지위 형식과도 관련된다는 점에서는 교원신분과 공무원신분에 따라 보장과 제한의 차이가 있을 수 있고 학교의 설립 형태에 따라서도 다르다.

일반적으로 교사의 교육의 자유는 교육과정 결정의 자유, 교과활동의 자유 그리고 교과 외 활동의 자유로 구성되어 있는 것으로 논의된다.[110]

교육과정 결정의 자유는 학습계획을 통해 학교 내부의 방침을 구체화하는 권리를 말하며 교과활동에서의 자유는 교재선택의 자유, 교수내용 결정의 자유, 교수방법 결정의 자유 등을 포함한다. 교과 외 활동의 자유는 교과교육 이외 학생의 학교생활에 대한 지도의 자유인 바 특별히 교육의 자유의 한계로서 교육적 재량행위인 학생징계가 논의되기도 한다.

한편, 교사의 교육의 자유는 교사 자신을 위한 자유라기보다는 학습자의 평생학습의 자유와 권리 보장하기 위해 전제되는 자유라는 점에서 그 목적을 이탈해서는 안 되는 한계를 갖고 있다. 이른바 교육기본권에의 기속성은 교사의 교육의 자유의 근거인 동시에 근본적인 한계가 된다.

그리고 학교교육제도의 법률주의하에서 학교의 구성기관으로서 교사는 관련 법령의 적용을 받는다는 점에서 교육의 자유의 한계가 있다고 하겠으나 이미 교육권의 중층성에서 비롯되는 상호보완을 위한 조정이 정상적인 과정을 거쳐 교육입법형성권을 갖은 국회의 법률에 기초하고 있다면 이는 한계의 의미보다는 제한의 의미에 가깝다.

더구나 교사의 교육의 자유를 헌법적 권리가 아닌 하위 법률에 의한 직무권한으로 해석할 때 해당 법령과 국가 및 지방자치단체의 지도·감독권은 교육의 자유를 한계 짓는 면이 없지는 않지만, 엄밀히 말하면 직무권한설 아래에서의 해당 법령은 교사의 교육의 자유의 법적 근거이며 국가 및 지방자치단체의 지도·감독권은 교사의 교육의 자유의 범위와 관계된다고 보아야 한다.

---

109) 마끼 마사나(牧 柾名)는 교육의 자유를 규정하고 있는 법칙으로서 교육의 과학성과 자녀(학습주체)의 학습권 그리고 교육 운영방식의 집단성을 들고 있다. 牧 柾名(1990), 教育権と教育の自由, 新日本出版社, 132頁.

110) 교육의 자유에 대하여는 한은미(1987), 교사의 교육권보장에 관한 연구, 이화여대 석사학위논문, 70－87면. 허종렬(1987), 학교교원의 교육의 자유, 서울대 석사학위논문, 57－100면 등 참조.

교사의 교육의 자유를 교육기본권설의 입장에서 볼 때 그 자유는 국가로부터 허용되고 인준된 자유라기보다는 적극적으로 볼 때 교육기본권을 보장하기 위해 교사에게 부여되는 권리이며 소극적으로는 교육에 관한 부당한 지배를 배제하는 국가를 향한 자유이기 때문에 상충관계 및 상호보완관계는 있을지언정 국가의 지도·감독권이 교사의 교육의 자유의 한계 자체로서의 의미는 아니라 할 것이다.

다. 교육의 평등

앞의 학습권과 교육의 자유가 기본권의 향유 주체 측면에서 본 교육기본권의 주요 내용이라면, 교육의 평등은 교육기본권을 실현시키는 방법적 기초인 동시에 그 내용을 구성하게 된다. 교육에 있어서 정의실현의 방법은 평등한 교육에 있는데, 이것은 구체적으로는 능력에 따른 교육기회의 균등을 의미한다.

오늘날 교육기회의 균등은 단순한 취학기회의 균등뿐만 아니라 교육과정, 나아가 교육결과의 해석에 있어서 평등으로 의미가 확장되어가고 있다. 약자 보호를 위한 보상 교육기회의 제공은 그 예에 해당한다. 그러나 이 경우 역차별의 문제 또한 간과해서는 안 된다.

그리고 교육기회의 보장은 절대적 평등이 아닌 능력에 따른 교육기회의 보장이라는 상대적 평등의 의미를 지닌다. 이것은 각인의 능력에 적합한 교육을 제공한다는 의미이므로 영재에게는 영재교육을, 장애인에겐 특수교육을, 기초학력 미달자에겐 보충교육의 기회를 부여할 수 있는 것이다. 즉, 교육에 있어서 본질적으로 같은 것은 같게 다른 것은 다르게 취급하는 원칙을 적용하는 것이다. 그러나 무엇이 교육상 본질적인 것에 해당하느냐의 기준은 사회 및 문화의 가치기준을 비롯한 공간적 시간적 제약요인으로부터 완전히 분리하여 생각할 수는 없는 문제이다.

교육에서의 차별금지와 교육기회의 평등 보장은 법 앞의 평등(§11)과 교육기회의 균등한 보장(§31①) 규정에서 정하고 있다. 즉 법 앞의 평등권에는 교육의 영역에서 차별을 받지 않을 권리가 포함되어 있으며, 능력에 따른 교육기회의 보장은 각인의 능력에 따라 상대적으로 다른 교육기회를 제공함을 의미한다. 그러나 능력에 따른다고 하여 무능력자의 교육기회를 박탈하는 의미는 아니다.

교육에 있어서 차별금지의 구체적인 예는 많은 교육당사자 간의 분쟁에서 드러난다. 남녀차별금지 논란(국·공립학교의 성별 구분문제 및 고교입학시험 합격선의 차등 적용), 결혼과 임신으로 인한 퇴학처분 논란, 장애인에 대한 입학거부 및 일반학교에서의 특수교육 환경 조성 문제, 공신력이 낮은 학업능력 평가도구로 인한 교육기회의 차별(눈치 입학, 배짱 지원, 학종부 대필), 학교격차가 존재하는 가운데에서의 학군 강제에 의한 차별 논란 등이다.

라. 교육청구권

모든 국민의 학습권과 교육의 자유를 균등하게 보장받기 위하여 국가 및 지방자치단체 그리고 권한을 위임받은 기관에 대하여 교육조건을 정비해 줄 것을 요구할 수 있는 권리가 있다. 이를 교육조건정비청구권이라고도 하는데 교육기본권이 인간답고 문화적인 삶을 보장받는 생존권적 기본권의 성격을 갖는 이유이기도 하다.

이 청구권은 국민이 공교육제도의 공공성 확보를 위해 자신의 교육기본권의 일부를 제한하면서 국가 및 지방자치단체에게 균등한 교육기회의 조건을 정비할 권한을 부여했던 데에 근거하고 있다. 따라서 국가 및 지방자치단체 그리고 위임기구의 교육에 관한 관할권은 국민의 교육기본권을 보장하기 위해 학습자인 국민으로부터 위임받은 권한에 속한다. 따라서 교육에 있어서 국가와 지방자치단체의 지위는 헌법상 교육시킬 기본권을 부여받았다기보다는 학습자의 학습권 보장을 위한 조건 정비에 필요한 권한을 부여받은 것이며, 그 성격은 학습자의 권리행사를 완성하는데 필요한 의무와 책임이라고 할 수 있다.

과거 국가교육권론(國家敎育權論)에서는 이러한 국가의 의무를 국가의 권리 내지 헌법상의 기본권으로까지 확대 해석하는 경우가 있었으나 국가의 교육관할권(敎育管轄權)은 국민의 교육기본권 보장 이념에 기속되는 것이어야 한다. 학습권 보장이라는 책무를 완성하기 위해 맡겨진 권한일 뿐이다.

이러한 교육청구권의 범위는 학교교육 및 평생교육에 걸쳐 교육의 외적 조건(인적·물적 조건) 외에도 국가 및 지방자치단체가 관할하도록 법제화된 교육의 내적 조건(교육과정의 편성, 교과서제도, 국가주관 학력평가 등)의 정비를 포괄하며 시기적으로는 생애의 전 학습 과정에 걸친다.

18설 교육기본권의 내용: 학습권(평생 학습의 자유와 권리), 교육의 자유, 교육의 평등, 교육청구권

4. 교육기본권의 헌법보장

가. 헌법의 교육관계 조항의 변천

헌법은 그동안 9차례에 개정되었는데, 전체적인 흐름은 국민의 기본권 내용을 구체화하고 보장에 있어서 국가의 의무를 강화하는 방향으로 전개되었다. 우선 기본권 보장의 원칙에 해당하는 현행 헌법 제10조[111]는 당초 제헌헌법에는 없었다. 제5차 개정인 1962년의 제3공화국 헌법 제8조를 통해 신설되었다. 당시 "모든 국민은 인간으로서의 존엄과 가치를 가지며, 이를 위하여 국가는 국민의 기본적 인권을 최대한으로 보장할 의무를 진다"고 했는데, 이는 독일기본법(§1), 그리스헌법(§2①), 스페인헌법(§10)과 같은 취지이다.

이어 1980년 제5공화국 헌법에서는 행복추구권과 국가의 기본적 인권보장 책무를 추가하여 "모든 국민은 인간으로서의 존엄과 가치를 가지며, 행복을 추구할 권리를 가진다. 국가는 개인이 가지는 불가침의 기본적 인권을 확인하고 이를 보장할 의무를 진다"고 규정하였는데 이 규정이 현행 헌법(§10)까지 이어져 왔다. 이러한 국가의 기본권 보장 의무 강화의 법 정신은 '헌법상 열거되지 아니한 자유와 권리'의

111) 제10조 모든 국민은 인간으로서의 존엄과 가치를 가지며, 행복을 추구할 권리를 가진다. 국가는 개인이 가지는 불가침의 기본적 인권을 확인하고 이를 보장할 의무를 진다.

경시 금지(§37①)에도 포함되어 있다. 이런 맥락에서 총체적으로 이해하여야 할 '교육기본권'은 구체적으로 규정한 제31조의 6개 교육조항 및 교육관련 조항과 열거되지 않은 교육과 관련된 자유와 권리의 보장 또한 포함한다.

제정 헌법으로부터 5번 개정된 교육에 관한 조항의 변천을 살펴보면 다음과 같다.

1948년 7월 17일 국민의 기본권 보장과 통치체제의 근간이 되는 대한민국헌법이 제정·공포되었는데, 제16조에 "모든 국민은 균등하게 교육을 받을 권리가 있다. 적어도 초등교육은 의무적이며 무상으로 한다. 모든 교육기관은 국가의 감독을 받으며 교육제도는 법률로써 정한다"고 규정했다. 국민 누구나 균등하게 교육을 받을 권리를 선언하고, 최소한의 초등 의무교육의 무상원칙 및 국가의 교육기관 감독권과 교육제도 법률주의의 대원칙을 천명했다.

제1절에서 살펴본 바와 같이 제정 헌법의 교육조항은 임시정부의 헌법정신을 계승한 것이었다. 즉, 초기 교육을 받을 의무(보통교육을 받을(受하는) 의무)에서 시작한 교육조항은 면비수학권(被免受學權)을 거쳐 취학요구권(就學要求權)으로 전개되었다. 특히, 제정 헌법의 '균등하게 교육'의 표현은 임시헌장 기초자였던 조소항의 삼균주의(三均主義)에 기초한 균등한 교육 사상이 반영된 것으로 평가할 수 있다.[112]

이어, 제5차 헌법 개정에 의한 1961년의 제3공화국 헌법 제27조에서는 1961년 헌법 제27조에 교육조항을 5개 조항으로 구체화하여 "① 모든 국민은 능력에 따라 균등하게 교육을 받을 권리를 가진다. ② 모든 국민은 그 보호하는 자녀에게 초등교육을 받게 할 의무를 가진다. ③ 의무교육은 무상으로 한다. ④ 교육의 자주성과 정치적 중립성은 보장되어야 한다. ⑤ 교육제도와 그 운영에 관한 기본적인 사항은 법률로 정한다"로 규정했다.

균등하게 교육을 받을 권리의 수식어에 '능력에 따라'를 추가하는 변화가 있었다. 이에 대하여는 헌법 개정 당시 "재능 여하에 불구하고 균등하게 교육을 받을 권리가 있는 것 같이 오해될 염려" 때문이라는 해석[113]과 함께 일본국헌법의 교육조항을 뒤늦게 모방했다는 논란도 있었다.[114] 연구자들 중에는 '능력에 따라'를 삭제해야 한다는 의견도 있는데, 군사정부에 의해 주도된 헌법 개정을 통해 교육기회 배분을 엘리트주의적 차등 원리에 따르도록 의도했다는 이유이다.[115]

---

112) 대한민국건국강령(1941.11.25.)에서 "공비교육(公費教育)으로서 학권(學權)을 均하며, 교육의 權을 均하는 것(교육의 권리를 균등히 하는 것—필자주)"이 건국의 원칙이며, '被免費 受學權'(학비를 면제받아 학문을 배우거나 수업을 받을 권리—필자주)이 인민의 기본권리로서 선언된 것은 조소앙의 3균주의(三均主義)를 바탕으로 임시정부와 중화민국헌법초안(1936.5.5)의 교육조항(6—12세 초등의무교육)이 수렴된 것으로 본다. 이 장의 '제1절' 부분 참조.

113) 제5차 헌법개정 당시 헌법심의위원회 전문위원이었던 박일경 박사의 설명 참고.

114) 사실 일본국헌법(1946.11.3. 현행헌법) 제16조에는 '능력에 따라'라는 표현이 있는데, 그렇다고 입법의도를 일본식의 모방으로까지 볼 일은 아니라고 본다. 사실 미군정 하에서 대한민국헌법보다 일본국헌법이 먼저 제정되었으므로, 미국식 평화헌법으로 인식하여 계수하려고 했다면 제정 헌법에서부터 일본국헌법 제16조(すべて国民は、法律の定めるところにより、その能力に応じて、ひとしく教育を受ける権利を有する; 모든 국민은 법률이 정하는 바에 의해 그 능력에 따라 균등하게 교육을 받을 권리를 가진다)와 같은 표현을 하였을 것이다. 헌법개정 초안에는 均シク教育(균등하게 교육)로 표기하였다.

115) 김범주에 따르면, 조소앙의 삼균주의 사상에서 '균등'에는 '능력에 따른 실질적 평등' 의미를 포함하므로 반복되는 부분은 삭제하는 것이 바람직하다는 의견이다. 그는 교육기본권에 대한 '균등'의 개념이란 "모든 권리 주체가 교육을 받을 평등한 기회를 부여받고, 자치(自治)와 경제활동을 할 수 있는 능력에 필요한 것들을 향유하며, 또 학습을 방해받지 않고 행할 수 있는 안정적인 상태에 이르도록 하는 것"으로 본다. 김범주(2022), 교육기회 배분원리로서 헌법상 '균등'에 대한 재고: 헌법 제31조 제1항 '능력에 따라'와 관계를 중심으로, 교육정치학연구 29(3), 요약문 참고.

헌법의 사회사적 관점에서 개정 배경에 대한 이해를 돕는 일리 있는 지적이나, 실현불가능하고 균등과 중복되는 '능력에 따라'라는 가이드라인 자체가 오늘날의 성적 지상주의나 학력사회(學歷社會)의 원인이 되었다고는 볼 수 없다. 교육기회의 배분 원칙과 방법은 학교급과 시험에 따라 매우 다양하게 분화되어가고 있다. 개별 학습자의 입장에서 각인이 갖춘 능력(입시의 경우라면 선수학습능력)에 교육기회를 제공받는다는 것이고, 입학정원 등 학생 수용인원에 한계가 있는 경우 선발의 과정은 불가피하며, 최선의 신뢰도와 타당도를 갖춘 평가척도를 마련하여 기회배분의 척도로 삼는 것은 일반적인 선발과정이다. 이른바 '수학능력' 이외의 성별, 부모의 직업, 종교, 1997년 교육기본법에서도 헌법의 교육조항을 학습권으로 명명하면서 '능력과 적성에 따라' 교육을 받을 권리로 규정하여 능력이 내포한 한계를 보완하여 다양한 교육기회를 담보하는 교육제도를 예고하고 있다. 향후 헌법 개정에서는 이를 적극 고려할 필요는 있다고 본다.

한편, 제5차 개정에서는 '교육의 자주성과 정치적 중립성'을 처음으로 규정하였는데, 교육현실 측면에서는 교육자치제나 분권은 진척되지 못했고, 정치적 중립을 이유로 교사의 정치활동의 자유를 제한하는 등, 교육당사자의 권리보장보다는 권리 제한의 법률유보를 가져온 근거를 제공하기도 하였다.

박정희 정권이 유신헌법으로 지칭했던 1972년의 제4공화국 헌법은 교육조항인 제27조 제2항을 수정하여 "모든 국민은 그 보호하는 자녀에게 적어도 초등교육과 법률이 정하는 교육을 받게 할 의무를 진다"고 하였다. 정치적으로 일본의 메이지유신을 넘어선 슬로건을 내건 헌법 개정이었지만 교육영역에서는 의무교육의 적용 범위를 초등교육 이외에도 법률이 정한 교육으로 확대하는 정도의 변화가 있을 뿐이었다.

박정희 정권의 몰락 이후 신군부의 집권 과정에서 1980년 12월 27일에 국민투표로 제8차 제5공화국 개정헌법이 통과되었다. 그 결과 역대 헌법 개정 가운데 교육조항에 가장 많은 변화가 있었다. 먼저 기존의 '교육의 자주성과 정치적 중립성은 보장되어야 한다'는 조항에 전문성을 추가시키는 한편 이들의 보장방법을 법률유보방법(…은 법률이 정하는 바에 의하여 보장된다)으로써 명확히 규정(§29④)하였다. 이를 근거로 교육활동의 전문성을 높이기 위한 입법 조치가 있었던 것도 사실이지만 법률유보조항은 재판에서 여전히 교원의 기본권 제한의 논거가 되기도 하였다.

제5공화국 헌법은 국가의 평생교육 진흥 의무 규정(§29⑤)을 신설하여 사회교육법 제정을 필두로 사회교육(오늘날의 평생교육)의 진흥에 헌법적 기초를 다졌다. 제29조 제6항에는 법률의 위임 사항에 교육재정과 교원의 지위에 관한 사항이 추가되었는데 이를 계기로 교육재원 확보를 위한 교육세법을 비롯하여 교육환경개선특별회계법과 지방교육양여금법이 제정되었다. 여전히 교원지위에 관한 규정은 교원의 노동기본권 제한의 헌법적 논거로 활용되었고, '교원지위 향상을 위한 특별법' 제정과도 관계되어 논의되었다.

한편, 제6공화국을 출범시킨 제9차 개정에 의한 현행 헌법에서는 대통령 직선단임제가 주요 관심 사항이었던 개정으로 헌법재판소가 신설되어 교육법의 규범적 정당성 논의가 본격화되기도 했다. 제31조 제4항에 교육의 자주성·전문성·정치적 중립성 외에도 대학의 자율성을 추가하였다. 이 규정은 학문의 자유에 대한 보충적 규정으로 해석되기도 하나 헌법재판소는 대학입시요강에 대한 헌법재판에 있어서 이 조항에 근거하여 대학기관이 누리는 헌법상의 기본권으로 인정하기도 했다. 그러나 이 역시 법률유보 조항으로서 한계는 여전했다.

헌법상 교육 조항의 지금까지의 변화, 즉, 모든 교육기관에 관한 국가 감독 규정의 삭제, 교육의 자주성과 정치적 중립성 및 대학의 자율성과 교육의 전문성의 보장 추가, 무상의무교육 범위의 확대, 국가의 평생교육진흥의무 규정의 신설, 교원의 지위에 관한 법률유보 규정의 신설 등은 국민의 기본권 보장을 강화하는 헌법 개정의 흐름 속에서 교육에 관한 권리와 자유도 강화되었다고 평가할 수 있다.

헌법 개정 과정에서 새로 추가되어온 이들 규정의 내용을 관련 당사자의 권리 측면에서 보면, 모든 교육기관에 관한 국가 감독규정을 삭제하고 교육의 자주성, 전문성 및 정치적 중립성, 대학의 자율성을 보장한다는 것은 교육에 관한 국가권한의 상대화 내지 책임화로 의미부여 할 수 있다.

동시에, 교육법 관계에서의 상대 교육당사자인 학생의 학습권(평생 학습의 자유와 권리), 학부모의 교육참여권 및 교사의 교육의 자유, 지역 주민의 교육에 관한 자유와 권리를 학교뿐만 아니라 학교 외 평생교육에 걸친 전 영역에서 중앙집권에서 교육분권 및 교육자치의 입법정신에서 입각하여 새로이 보장하거나 강화하는 의미를 지니고 있다.

또한 의무교육의 확대는 교육에 관한 국민의 권리의 사회권으로서의 성격을 강화한 것이라 할 수 있고, 평생교육에 대한 국가의 진흥의무 역시 교육에 대한 관점이 생활복지 및 인권으로서 자리 잡아가는 과정이었다고 볼 수 있다.

지금까지 설명된 헌법의 교육관계 조항의 변천을 표로써 나타내면 <표 4-4>와 같다.

표 4-4 헌법의 교육관계 조항의 변천

헌법	교 육 관 계 조 항
제정 헌법 1948.7.17.	제16조 모든 국민은 균등하게 교육을 받을 권리가 있다. 적어도 초등교육은 의무적이며 무상으로 한다. 모든 교육기관은 국가의 감독을 받으며 교육제도는 법률로써 정한다
제5차개정 헌법 1962.12.26. (제3공화국)	• '능력에 따라' 추가, 교육의 자주성과 정치적 중립성 보장을 추가 제27조 ① 모든 국민은 능력에 따라 균등하게 교육을 받을 권리를 가진다. ② 모든 국민은 그 보호하는 자녀에게 초등교육을 받게 할 의무를 가진다. ③ 의무교육은 무상으로 한다. ④ 교육의 자주성과 정치적 중립성은 보장되어야 한다. ⑤ 교육제도와 그 운영에 관한 기본적인 사항은 법률로 정한다.
제7차개정 헌법 1972.12.27. (제4공화국)	• 의무교육의 범주를 법률이 정하는 교육으로 확대 제27조 ① 모든 국민은 능력에 따라 균등하게 교육을 받을 권리를 가진다. ② 모든 국민은 그 보호하는 자녀에게 적어도 초등교육과 법률이 정하는 교육을 받게 할 의무를 진다. ③ 의무교육은 무상으로 한다. ④ 교육의 자주성과 정치적 중립성은 보장되어야 한다. ⑤ 교육제도와 그 운영에 관한 기본적인 사항은 법률로 정한다.
제8차개정 헌법 1980.10.27. (제5공화국)	• 교육의 전문성, 국가의 평생교육진흥 의무, 교육재정·교원지위 법률주의 추가 제29조 ① 모든 국민은 능력에 따라 균등하게 교육을 받을 권리를 가진다. ② 모든 국민은 그 보호하는 자녀에게 적어도 초등교육과 법률이 정하는 교육을 받게 할 의무를 진다. ③ 의무교육은 무상으로 한다. ④ 교육의 자주성, 전문성 및 정치적 중립성은 법률이 정하는 바에 의하여 보장된다. ⑤ 국가는 평생교육을 진흥하여야 한다. ⑥ 학교교육 및 평생교육을 포함한 교육제도와 그 운영, 교육재정 및 교원의 지위에 관한 기본적인 사항은 법률로 정한다.

제9차개정 헌법 1987.10.29. (제6공화국)	• 대학의 자율성 보장을 추가 제31조 ① 모든 국민은 능력에 따라 균등하게 교육을 받을 권리를 가진다.② 모든 국민은 그 보호하는 자녀에게 적어도 초등교육과 법률이 정하는 교육을 받게 할 의무를 진다. ③ 의무교육은 무상으로 한다. ④ 교육의 자주성·전문성·정치적 중립성 및 대학의 자율성은 법률이 정하는 바에 의하여 보장된다. ⑤ 국가는 평생교육을 진흥하여야 한다. ⑥ 학교교육 및 평생교육을 포함한 교육제도와 그 운영, 교육재정 및 교원의 지위에 관한 기본적인 사항은 법률로 정한다.

나. 제31조 제1항: 학습권(평생 학습의 자유와 권리)

학계의 논의에서 살펴보았듯이 "모든 국민은 능력에 따라 균등하게 교육을 받을 권리를 가진다"고 한 헌법 제31조 제1항은 수학권(학습권)이라는 헌법학계의 통설과 교육권 및 학습자의 교육기본권이라는 교육법학계의 통설이 있고, 판례 역시 학습권 및 교육기본권 명명이 일반화되어가는 추세이다.

헌법조항에 대한 명명 및 해석시 현행 규정에 한계가 있거나 시대감정과 거리가 있더라도 지나치게 포괄적인 명명은 이 또한 과도한 해석이 될 수 있다. 현행 헌법을 최대한 수용하고 기본적으로는 문리해석을 배척하지 않는 범위 내에서의 명명이 바람직하다 할 것이다.

이러한 맥락에서 제1항은 '받을 권리'라는 의미의 한계와 '능력에 따라'라는 다소 포괄적 의미를 내포하고 있지만, 국민의 학습권 조항으로 명명하고 그 의미를 '평생 학습의 자유와 권리'를 보장하는 조항으로서 '교육기본권'의 중핵 내용으로 본다.

통설과 마찬가지로 교육활동에 있어서 학습자의 자유의 전제로서 교육자의 교육의 자유가 보장되어야 하고, '받을 권리'라는 표현에 따르는 제공할 책무를 지닌 국가 및 지방자치단체의 교육에 관한 권한을 내포하며, 이에 대응하여 국민의 교육조건 정비에 대한 청구권 또한 발생한다. 더불어 '능력에 따라 균등하게'라는 규정에는 학습의 자유와 권리의 보장 방법적 원리인 '교육평등권'이 내포되어 있다 할 것이다.

다시 해석하면, 이 조항은 생애에 걸쳐서 학습을 하는데 있어서 방해를 받지 않고 자주적으로 결정하고 참여할 권리와 이를 보장하기 위한 전제조건으로서 교원 및 교육기관의 교육의 자유를 보장하며, 교육의 내·외적 조건에 균등하게 참여할 것을 요구할 수 있는 국가 및 지방자치단체에 대한 교육청구권을 내포하고 있다. 그리고 취학의 기회균등을 포함한 교육의 전 과정에 있어서 능력에 따른 상대적 평등의 실현을 교육기본권 실현의 방법적 기초 또한 읽을 수 있다.

여기서의 '능력'이란 개인이 타고난 재능과 현재까지 계발된 일신 전속적인 수학능력을 비롯한 정신적·육체적 능력을 말한다. 따라서 성별·종교·사회적 신분·경제적 능력 등의 요인에 의한 제약을 배제하게 된다. 이 측면에서 볼 때, 입학전형이나 반편성에 있어서 위의 요인들이 배제되도록 하여야 함은 당연하며, 대학입시에서 눈치나 배짱지원이 통용된다면 헌정신에 부합되지 않는 것이라 할 수 있다.

그리고 '균등하게'라는 표현이 갖는 의미는 교육시설이 특정지역 또는 특정종별에 편중됨이 없이 지역적·종별적으로 적정하게 분포되도록 배려하는 것이다. 그리고 능력이라는 변수를 고려한 상대적 균등인 만큼 영재교육, 기초학력 미진아 교육, 장학금제도, 중등 의무무상교육의 읍·면·도서·벽지로부터의 순차적 실시, 농어촌 지역학교 졸업자의 입학사정시 가산점 부여 등은 적극적 평등(積極的 平等)을 실현하기 위한 제도로서 정당하다 할 것이다.

교육기본법은 제4조(교육의 기회균등 등)를 통해서 "① 모든 국민은 성별, 종교, 신념, 인종, 사회적 신분, 경제적 지위 또는 신체적 조건 등을 이유로 교육에서 차별을 받지 아니한다"고 하여 차별금지의 영역을 예시하였고, 구체적인 교육평등 입법조치로 "② 국가와 지방자치단체는 학습자가 평등하게 교육을 받을 수 있도록 지역 간의 교원 수급 등 교육 여건 격차를 최소화하는 시책을 마련하여 시행하여야 한다"데 이어서, 최근에는 "③ 국가는 교육여건 개선을 위한 학급당 적정 학생 수를 정하고 지방자치단체와 이를 실현하기 위한 시책을 수립·실시하여야 한다"고 신설(2021.9.24.)했다.

끝으로 이 조항에서의 '교육'은 학교교육은 물론이거니와 국민의 전생에 걸친 가정교육과 사회에서의 교육(개정된 교육기본법에 따르면 평생교육) 등 전 영역을 포괄하며, 평생학습의 이념에 따라 그 보장 기간 역시 전 생애에 걸친 권리와 자유라고 할 수 있다. 이어지는 제2항에서 제6항까지의 조문은 국민의 학습권, 즉 교육기본권 보장의 실효성을 높이기 위한 보장책이라고 볼 수 있다. 제2항 및 제3항은 의무교육제도의 마련과 부모의 책임을, 제4항은 모든 교육활동 및 교육행정에 있어서 지켜지고 교육입법과 해석이 기준이 되는 교육조리를, 제5항은 특별히 언제 어디서나 배울 수 있는 평생학습사회의 실현을 위한 국가의 진흥 책임을, 제6항은 기본적인 교육제도, 교육재정, 교원지위에 관한 법률주의 원칙으로서 국민의 교육기본권 실현 원칙과 방법[116]들을 열거하고 있다.

다. 제31조 제2항 및 제3항: 보호자의 의무와 의무교육 무상 원칙

헌법 제31조 제2항은 "모든 국민은 그 보호하는 자녀에게 적어도 초등교육과 법률이 정하는 교육을 받게 할 의무를 진다"고 하면서, 이어 제3항에서는 "의무교육은 무상으로 한다"고 규정하고 있다. 이것은 교육을 통해서 인간의 능력을 계발하고 개성을 신장시키며, 민주시민으로서 자립화의 길을 갈 수 있도록 하는 것은 가정과 국가의 공동책임임을 헌법이 명백히 밝힌 것이다.[117] 즉, 학령 아동의 보호자는 취학시킬 의무를 지고, 국가는 무상 의무교육제도를 마련할 책임을 지는 것이다.

무상의 범위에 대해서는 법률이 정하는 바에 따르는 무상범위 법정설(無償範圍法定說), 취학에 필요한 일체의 경비를 무상으로 하는 수학비무상설(修學費無償說) 그리고 교육제공에 대한 대가인 수업료만을 무상으로 하는 수업료무상설(授業料無償說) 등이 있다. 그러나 의무교육비 무상의 범위는 법 논리적으로만 정해질 수 있는 문제는 아니며 국가 및 지방자치단체의 재정여건이 관건이라고 할 수 있다.

한국은 수업료와 국정교과서를 공공부담(이른바 무상)으로 지원하고 있으나 의무교육 단계에 있어서 학부모의 무상이라는 체감도는 극히 낮다. 당연히 학원을 포함한 사교육비 부담이 이들 공공부담이라는 무상교육비를 훨씬 능가하고 있기 때문이다.

---

116) 제1항과 제2－6항의 관계는 교육을 받을 권리를 실현하기 위한 보장책(허영, 2022: 487) 또는 방법과 수단(정종섭, 2015: 802)으로 표현하기도 한다.

117) 허영(2022), 앞의 책, 410면.

현재 의무교육의 범위는 6년의 초등교육과 3년의 중등교육으로 되어 있는데, 3년의 중등교육에 대한 의무교육은 국가의 재정 여건을 고려하여 읍·면·도서·벽지지역부터 순차적으로 실시[118]하여 2004년부터는 전국적으로 실시되고 있다(교육기본법 §8, 초·중등교육법 §12).

> 교육기본법 제8조(의무교육) ① 의무교육은 6년의 초등교육과 3년의 중등교육으로 한다.
> ② 모든 국민은 제1항에 따른 의무교육을 받을 권리를 가진다.
>
> 초·중등교육법 제12조(의무교육) ① 국가는 「교육기본법」 제8조 제1항에 따른 의무교육을 실시하여야 하며, 이를 위한 시설을 확보하는 등 필요한 조치를 강구하여야 한다.
> ② 지방자치단체는 그 관할 구역의 의무교육대상자를 모두 취학시키는 데에 필요한 초등학교, 중학교 및 초등학교·중학교의 과정을 교육하는 특수학교를 설립·경영하여야 한다.
> ③ 지방자치단체는 지방자치단체가 설립한 초등학교·중학교 및 특수학교에 그 관할 구역의 의무교육대상자를 모두 취학시키기 곤란하면 인접한 지방자치단체와 협의하여 합동으로 초등학교·중학교 또는 특수학교를 설립·경영하거나, 인접한 지방자치단체가 설립한 초등학교·중학교 또는 특수학교나 국립 또는 사립의 초등학교·중학교 또는 특수학교에 일부 의무교육대상자에 대한 교육을 위탁할 수 있다.
> ④ 국립·공립학교의 설립자·경영자와 제3항에 따라 의무교육대상자의 교육을 위탁받은 사립학교의 설립자·경영자는 의무교육을 받는 사람으로부터 제10조의2 제1항[119] 각 호의 비용(입학금, 수업료, 학교운영지원비, 교과용 도서 구입비)을 받을 수 없다.

헌법은 무상의무교육의 주체를 명확하게 하고 있지 않고, 초·중등교육법은 국가의 시설확보 등 필요조치 강구 의무, 지자체에 대해서는 초중고특수학교 설립·경영의무를 부담지우고 있다. 지방교육자치법은 국가와 지방자치단체의 의무교육경비(무상교육비 포함)에 대하여 공동부담 원칙을 기술하고 있다. 헌법재판소 역시 중학교 의무교육 확대에 따른 서울시와 중앙정부 간의 권한쟁의심판(2004헌라3)[120]에서 공동부담 원칙을 지지하고 있다.

> 지방교육자치법 제37조(의무교육경비 등) ① 의무교육에 종사하는 교원의 보수와 그 밖의 의무교육에 관련되는 경비는 지방교육재정교부금법에서 정하는 바에 따라 국가 및 지방자치단체가 부담한다.

---

118) 헌법재판소는 중학교 의무교육의 순차적 실시에 관한 구 교육법 제8조의2(3년의 중등교육에 대한 의무교육은 대통령령이 정하는 바에 의하여 순차적으로 실시한다)에 대한 위헌심판(1991.2.11. 90헌가27)에서 "중학교 의무교육을 일시에 전면실시하는 대신 단계적으로 확대실시하도록 한 것은 주로 전면실시에 따르는 국가의 재정적 부담을 고려한 것으로 실질적 평등의 원칙에 부합"되며, "확대실시의 시기 및 방법만을 대통령령에 위임하여 합리적으로 정할 수 있도록 한 것이므로 포괄위임금지를 규정한 헌법 제75조에 위반되지 아니한다"고 판시했다. 당시 순차적 실시는 1. 읍·면지역, 2. 도서·벽지지역(별표1), 3. 중학교 특수교육대상자(2013.2.15. 삭제된 초·중등교육법시행령 제23조).

119) 초·중등교육법 제10조의2(고등학교 등의 무상교육) ① 제2조 제3호에 따른 고등학교·고등기술학교 및 이에 준하는 각종학교의 교육에 필요한 다음 각 호의 비용은 무상으로 한다. 1. 입학금 2. 수업료 3. 학교운영지원비 4. 교과용 도서 구입비 ② 제1항 각 호의 비용은 국가 및 지방자치단체가 부담하고, 학교의 설립자·경영자는 학생과 보호자로부터 이를 받을 수 없다. ③ 제1항 및 제2항에도 불구하고 대통령령으로 정하는 사립학교(조례로 수업료와 납부금을 교장이 정하도록 한 사립학교)의 설립자·경영자는 학생과 보호자로부터 제1항 각 호의 비용을 받을 수 있다.

120) 【헌재판결】 의무교육 경비를 교부금과 지방자치단체의 일반회계로부터의 전입금으로 충당토록 규정한 지방교육재정교부금법 제11조 제1항 등이 교육재정제도에 관한 헌법의 위임취지에 명백히 반하여 위헌인지 여부에 대하여, 헌법 제31조 제2항·제3항으로부터 직접 의무교육 경비를 중앙정부로서의 국가가 부담하여야 한다는 결론은 도출되지 않으며, 그렇다고 하여 의무교육의 성질상 중앙정부로서의 국가가 모든 비용을 부담하여야 하는 것도 아니므로, 지방교육자치에관한법률 제39조 제1항이 의무교육 경비에 대한 지방자치단체의 부담 가능성을 예정하고 있다는 점만으로는 헌법에 위반되지 않는다(2004헌라3).

지방교육재정교부금법 제11조(지방자치단체의 부담) ① 시·도의 교육·학예에 필요한 경비는 해당 지방자치단체의 교육비특별회계에서 부담하되, 의무교육과 관련된 경비는 교육비특별회계의 재원 중 교부금과 제2항에 따른 일반회계로부터의 전입금으로 충당하고, 의무교육 외 교육과 관련된 경비는 교육비특별회계 재원 중 교부금, 제2항에 따른 일반회계로부터의 전입금, 수업료 및 입학금 등으로 충당한다.
② 공립학교의 설치·운영 및 교육환경 개선을 위하여 시·도는 다음 각 호의 금액을 각각 매 회계연도 일반회계예산에 계상하여 교육비특별회계로 전출하여야 한다. 추가경정예산에 따라 증감되는 경우에도 또한 같다. 1. 지방교육세 2. 담배소비세의 100분의 45(도 제외) 3. 서울시 세 총액의 10%(광역시와 경기도는 5%, 그 외는 3.6%)

학교를 설립운영하는 시·도교육청 입장에서 보면, 지방의 의무교육 관련 경비는 국가로부터 교부받는 보통교부금(재원은 내국세 20.79%, 국세교육세)과 지자체의 지방교육세 및 일반회계로부터 전입금(10－3.6%)으로 충당하는 다소 복잡한 구조이다. 종합적으로 보면 의무교육비 부담을 둘러싸고 정부와 지방간 권한쟁의 심판까지 벌렸지만 재정연건에 따른 입법형성권의 영역이고, 국민 입자에서는 세입의 구조만 다를 뿐, 국세나 지방세를 통해 일반세금 및 교육세금으로 낸 재원으로 의무교육비를 충당하고 있는 것이기 때문에 결국 국가와 지방 부담은 큰 의미가 없는 것이며, 무상교육은 곧 세금부담 혹은 공공부담에 다름 아님을 알 수 있다.

그외 의무교육은 아니지만 취학전 교육과 고등학교 교육에 대하여 무상교육이 실시되고 있다. 우선 유아교육법 제24조(무상교육)에 따르면 ① 초등학교 취학직전 3년의 유아교육은 무상(無償)으로 실시하되, 무상의 내용 및 범위는 대통령령[121]으로 정한다. ② 위 비용은 국가 및 지방자치단체가 부담하되, 유아의 보호자에게 지원하는 것을 원칙으로 한다. ③ 국가 및 지방자치단체가 부담하는 비용은 제4항의 표준유아교육비를 기준으로 교육부장관이 예산의 범위에서 관계 행정기관의 장과 협의하여 고시한다. ④ 교육부장관은 중앙유아교육위원회의 심의를 거쳐 표준유아교육비를 정한다. ⑤ 지원방법, 비용 고시 및 표준유아교육비 산정 등에 관하여 필요한 사항은 교육부령으로 정한다.

장애인등에 대한 특수교육법 역시, 의무교육 및 무상범위를 확대하고 있다. 제3조(의무교육)에 따르면 ① 특수교육대상자에 대하여는 교육기본법 제8조에도 불구하고 유치원·초등학교·중학교 및 고등학교 과정의 교육은 의무교육으로 하고, 제24조에 따른 전공과와 만 3세미만의 장애영아교육은 무상으로 한다. ② 만 3세부터 만 17세까지의 특수교육대상자는 제1항에 따른 의무교육을 받을 권리를 가진다. 다만, 출석일수의 부족 등으로 인하여 진급 또는 졸업을 하지 못하거나, 제19조 제3항에 따라 취학의무를 유예하거나 면제받은 사람이 다시 취학할 때의 그 학년이 취학의무를 면제 또는 유예받지 아니하고 계속 취학하였을 때의 학년과 차이가 있는 경우에는 그 해당 연수를 더한 연령까지 의무교육을 받을 권리를

121) 유아교육법 시행령 제29조(무상교육의 내용 및 범위) ① 법 제24조 제1항에 따라 초등학교 취학 직전 3년의 유아에 대하여 실시하는 무상교육은 매년 1월 1일 현재 만 3세 이상인 유아로서 다음 각 호의 어느 하나에 해당하는 기관에서 교육부장관과 보건복지부장관이 협의하여 정하는 공통의 교육·보육과정(이하 "공통과정"이라 한다)을 제공받는 유아를 대상으로 한다. 이 경우 유아가 받을 수 있는 무상교육 기간은 3년을 초과할 수 없다. 1. 유치원 2. 영유아보육법에 따른 어린이집 3. 그 밖에 교육부령으로 정하는 바에 따라 유아교육을 실시하도록 지정받은 기관 ② 1월 2일부터 3월 1일까지의 기간 중에 만 3세가 된 유아가 공통과정을 제공받는 경우에는 제1항 전단에도 불구하고 무상교육의 대상으로 본다. 이 경우 유아가 받을 수 있는 무상교육 기간은 3년을 초과할 수 없다.

가진다. ③ 제1항에 따른 의무교육 및 무상교육에 드는 비용은 대통령령[122]으로 정하는 바에 따라 국가 또는 지방자치단체가 부담한다.

고등학교 역시 의무교육은 아니지만 초·중등교육법 제10조의2에[123] 따라 2020학년도에 고교 2-3학년, 2021학년도에 1학년까지 전 학년을 대상으로 무상교육이 실시되고 있다. 고교 무상교육의 경비부담은 특례를 두어 국가와 자자체가 공동부담토록 하고 있다.[124]

라. 제31조 제4항: 교육조리의 헌법보장, 교육법의 기본원리

(1) 제4항의 의의

헌법 제31조 제4항에는 "교육의 자주성·전문성·정치적 중립성 및 대학의 자율성은 법률이 정하는 바에 의하여 보장된다"라고 규정되어 있다. 이는 제1장의 교육법의 원리에서 살펴보았듯이 교육조리[125]에 해당한다. 사실상, 조리는 실정법을 판단하는 척도라는 점에서 실정법 밖에 존재하는 것으로 볼 수 있으나, 대한민국헌법은 대표적인 교육조리를 교육조항에 포함시킨 특성을 갖고 있다.

교육법의 기본원리인 교육조리의 측면에서 본다면 교육활동이 목적으로 하는 인격완성은 교육자와 피교육자간의 자주적인 인격적 접촉을 통해서 이루어질 수 있다는 점에서 요구되는 자주성이다.[126] 교육의 자주성은 행정법학에서는 교육행정 영역에 있어서 일반 행정 권력으로부터의 분리·독립, 이른바 교육자치제도의 범주에서 논의되어 왔는데 교육활동과 이를 지원하는 교육행정 영역 모두에서 요구되는 교육조리이다.

헌법재판소는 교육의 자주성·전문성·정치적 중립성을 헌법이 보장하고 있는 이유를 교육이 국가의 백년대계의 기초인 만큼 국가의 안정적인 성장 발전을 도모하기 위해서는 교육이 외부세력의 부당한 간섭에 영향받지 않도록 교육자 내지 교육전문가에 의하여 주도되고 관할되어야 할 필요가 있다고 본다(89

122) 특수교육법 시행령 제3조(의무교육의 비용 등) ① 법 제3조 제3항에 따라 국가 또는 지방자치단체가 부담하여야 하는 비용은 입학금, 수업료, 교과용 도서대금 및 학교급식비로 한다. ② 국가 및 지방자치단체는 제1항의 비용 외에 학교운영 지원비, 통학비, 현장·체험학습비 등을 예산의 범위에서 부담하거나 보조할 수 있다.

123) 초·중등교육법 제10조의2(고등학교 등의 무상교육) ① 제2조 제3호에 따른 고등학교·고등기술학교 및 이에 준하는 각종학교의 교육에 필요한 다음 각 호의 비용은 무상으로 한다. 1. 입학금 2. 수업료 3. 학교운영지원비 4. 교과용 도서 구입비 ② 제1항 각 호의 비용은 국가 및 지방자치단체가 부담하고, 학교의 설립자·경영자는 학생과 보호자로부터 이를 받을 수 없다. ③ 제1항 및 제2항에도 불구하고 대통령령으로 정하는 사립학교(조례로 수업료와 납부금을 교장이 정하도록한 사립학교)의 설립자·경영자는 학생과 보호자로부터 제1항 각 호의 비용을 받을 수 있다.

124) 이를 위하여 지방교육재정교부금법에는 제14조(고등학교 등의 무상교육 경비 부담에 관한 특례)를 규정하고 있다. ① 국가는 초·중등교육법 제10조의2에 따른 고등학교 등의 무상교육에 필요한 비용 중 1,000분의 475에 해당하는 금액을 제3조 제4항에 따라 따로 증액교부하여야 한다. ② 시·도 및 시·군·구는 초·중등교육법 제10조의2에 따른 고등학교 등의 무상교육에 필요한 비용 중 1,000분의 50에 해당하는 금액을 대통령령으로 정하는 바에 따라 교육비특별회계로 전출하여야 한다(부칙 제2조 2020.1.1.-2024.12.31.까지 4년간 유효함).

125) 교육조리란 교육관계법의 내용을 결정함에 있어서 그 표준이 되고 교육재판의 준거가 되는 교육상의 도리(道理)를 말한다. 특히, 권리·의무·책임으로서 법제화에 적합한 교육원리를 말하며, 국민의 법의식으로 인정된 것을 말한다.

126) 이 점에서 '교육의 자주성'과 헌법상 '교육의 자주성 보장'은 조금 구분해서 쓸 필요가 있으며 후자의 예로서 '교육내용과 교육기구가 교육자에 의하여 자주적으로 결정되고, 행정권력에 의한 교육통제가 배제되어야 함'은 교육의 자주성 보장 방법에 대한 진술이라 하겠다. 이 점은 '교육의 전문성'과 '교육의 전문성보장'의 경우에도 마찬가지이다.

헌마88, 94헌마119).

(2) 교육의 자주성 보장

일반적으로 교육의 자주성은 교육내용과 교육기구가 교육자에 의하여 자주적으로 결정되고 행정권력에 의한 통제가 배제되어야 함을 의미한다. 이는 교사의 교육시설 설치자·교육감독권자로부터의 자유, 교육내용에 대한 교육행정기관의 권력적 개입의 배제 그리고 교육관리기구의 공선제 등을 포함한다.[127)]

이를 위해서는 교육자의 자유로운 교육활동, 즉 교육의 자유가 보장되어야 하고, 그 전제로서 교사에게 전문적인 양성과정과 엄격한 자격검증 및 유지의 의무를 부과하는 동시에 전문가로서 지위를 두텁게 보호하여야 한다. 비록 표준화된 국가교육과정과 법제화된 국·검·인정 교과서 제도에 의하여 교육내용 및 형식에 있어서 제한을 받을 지라도 그의 실질적인 교수학습 지도활동 및 교수법의 선택 그리고 평가활동 등 학교에서의 교육내용과 방법에 대한 자주적인 결정권이 온전히 교육전문가인 교사에게 맡김으로써 학교 교실에 있어서 교육의 자주성은 확보될 수 있다.

그런데 교육의 자주성 보장과 교사의 교육활동의 자유는 국가관리 공교육체제로 운영되는 현대사회에 있어서 다소간의 긴장관계를 유발하기도 하여 많은 법적 분쟁과정을 거치기도 했다. 그러나 교사의 교육의 자유의 존립기반이 학습자의 학습의 자유 보장을 전제로 한 만큼 교사의 교육의 자유와 공교육의 법제화는 상보적 관계로 보아야 한다. 이는 일선 학교의 자주적 운영을 보장하거나 교사들의 교육내용 및 방법의 자주적 결정에 있어서 국가적 간섭(법제화의 수준)의 범위와 한계가 학습자의 학습권 보장 목적 범위 내로 제한되어야 함을 의미한다.

또 다른 교육행정 거버넌스의 측면에서 보면, 예를 들어 교육감독기구·교육관리기구 등이 임명제가 아닌 선거제로 운영되고 그 민주적 정당성에 비례하는 교육분권을 부여받는 것이 보다 자주적인 교육행정을 담보할 수 있다. 즉, 교육기관의 자유 또한 교육의 자주성 확보에 중요한 역할을 한다는 뜻이다.[128)]

종합하면, 교육의 자주성 보장수준은 교육활동 내에서의 교육담당자의 교육의 자유를 필두로 한 자주성 확보와 교육활동을 지원하는 교육행정 면에 있어서 자주입법·자주재정·자주집행을 요소로 한 교육분권 및 자치성(自治性)을 얼마나 확보하는가에 달려있다.

(3) 교육의 전문성 보장

다음으로 교육의 전문성이란 교육활동이 교육자와 피교육자 사이의 이른바 교육학적 관계(教育學的關係; Pädagogischer Bezug)를 전제로 한다는 점에서 요구된다. 즉, 교직의 전문직으로서의 성격과 관련된 것이다. 기본적으로 교육의 전문성을 좌우하는 것은 교사이며, 그의 전문성은 엄격한 양성과정 및 자격규범을 통해서 확보될 수 있다.

---

127) 교육의 자주성에 대한 헌재판결로 자주 인용되는 이 판결(2002헌마573) 내용은 이전 2000헌마278(사립학교 학운위 설치의무) 판결에서 교육부장관의 의견을 인용하여 진술한 것으로 2010헌마285에서도 인용되었다.

128) 허영은 교육을 받을 권리의 보장책의 하나로서 교육의 자주성·전문성·정치적 중립성 및 대학의 자율성의 보장을 들고 이러한 것은 교육기관의 자유, 교육의 자유 그리고 교육환경의 자유(교육의 정치적 이용금지) 및 대학의 자치를 보장함으로써 비로소 달성될 수 있다고 기술한 바 있다. 허영(2022), 앞의 책, 489-492면.

이어서 살펴볼 헌법 제31조 제6항에서 교원의 지위에 관한 기본적인 사항을 법률로 정하도록 하는 헌법정신은 교원의 기본권 형성적 내지 제한적 유보 성격을 내포한 것이지만, 기본적으로는 교육전문가로서의 교원의 법적 지위를 공고히 보장하여 교육의 전문성을 확보함으로서 국민의 교육기본권을 보장하자는 취지이다. 이에 따라 교육기본법은 제14조(교원)에서 "① 학교교육에서 교원(敎員)의 전문성은 존중되며, 교원의 경제적·사회적 지위는 우대되고 그 신분은 보장된다"고 대신 교원에게는 "② 교원은 교육자로서 갖추어야 할 품성과 자질을 향상시키기 위하여 노력하여야 한다"고 요구하고 있다.

교원의 신분법이라 할 수 있는 교육공무원법 제43조(교권의 존중과 신분보장)에 따르면 "① 교권(敎權)은 존중되어야 하며, 교원은 그 전문적 지위나 신분에 영향을 미치는 부당한 간섭을 받지 아니한다"고 하고 있다. 교원의 전문성을 담보하기 위한 이외의 법령으로는 교원자격검정령(대통령령), 교원등의 연수에 관한 규정(대통령령), 대학교원 자격기준 등에 관한 규정(대통령령) 등이 있다. 교원의 양성체제를 법으로 엄격히 규제하여 교육대학, 사범대학, 교직과정 등을 통하여만 양성될 수 있도록 하고 있고, 주기적인 교원양성기관평가를 통하여 질 관리를 하고 이를 정원관리에 연동시키고 있는 것도 교육의 전문성을 담보하기 위한 제도 보장책이라 할 수 있다.

교육 외적 측면, 즉, 교육정책의 입안이나 교육행정의 지원체제의 구성에 있어서도 전문성의 원리는 존중되어야 한다. 교육담당자에 대한 자격규정과 지방교육자치의 구성에서 교육의 전문성이 강조되는 이유도 여기에 있다.

교육의 전문성이란 교육정책이나 그 집행은 가급적 교육전문가가 담당하거나, 적어도 그들의 참여하에 이루어져야 하는 것으로 받아들여지고 있다(2002헌마573).[129] 지방교육자치법과 관련 선거소송에서 가장 많은 부분을 차지한 것이었으나 교육감 및 교육의원 입후보자의 교육·교육행정경력 요구에 따른 자격제한 입법목적에 대하여는 기본적으로 헌법상의 교육의 전문성을 담보하기 위한 것으로 인정되었고 제한의 방법과 범위는 입법형성권의 문제로 판단하고 있다.

중요한 판결로는 헌법재판소가 교육감 및 교육의원 입후보 요건으로 교육·교육행정 경력을 요구하는 지방교육자치법 위헌확인 소송(2007헌마117, 2008헌마483, 2008헌마563)에서, 교육의 전문성은 교육활동 외에도 교육행정 부문에서도 공통되게 요구되는 것으로 보아 기각한 부분과 교육전문성의 요청이 교육의 자주성에 의하여 뒷받침되는 것으로 둘의 관계를 설정한 부분이다.[130]

---

129) 이 역시 이전 2000헌마278(사립학교 학운위 설치의무) 판결에서 교육부장관의 의견을 인용하여 진술한 것으로 이후 2010헌마285 판결 등에서도 인용되고 있다.

130) 【헌재판결】 교육활동은 가르침이 이루어지는 해당분야에 대한 전문적 지식 외에 인간의 성장과 발달, 행동심리, 정신건강과 위생, 학생의 욕구 등에 관한 교육영역 고유의 전문적 지식을 필요로 하고, 고도의 자율성과 사회적 책임성이 아울러 요구된다(89헌가106). 이는 직접 현장에서 수업활동과 학생지도를 하는 교원에 국한된 요청이 아니며, 교원의 업무를 직·간접적으로 지원하고, 교육정책의 기본방향을 정하여 집행하는 교육행정부문에 대해서도 공통적으로 요구된다고 할 것이다. 결국 교육정책의 결정이나 그 집행은 가급적 교육전문가가 담당하거나, 적어도 그들의 참여하에 이루어는 것이 바람직하며(2000헌마278), 이러한 의미의 교육의 전문성의 요청은 국가의 안정적인 성장 발전을 도모하기 위하여서는 교육이 외부세력의 부당한 간섭에 영향받지 않아야 한다는 교육의 자주성의 요구에 의해서도 뒷받침될 수 있다(94헌마119). (2009.9.24. 2007헌마117·2008헌마483·2008헌마563)

(4) 교육의 정치적 중립성 보장

다음으로 교육의 정치적 중립성 보장을 을 들 수 있다. 그런데 교육활동이 삶의 가치를 전수하는 과정을 내포하고 있는 만큼, 해당 사회의 가치질서와 이데올로기로부터 완전 가치중립적일 수 없는 본질적 한계를 갖고 있다. 그러나 교육의 본질적 목표가 개인의 개성에 따른 삶의 실현에 있다는 교육원리에서 본다면, 교육활동이 개인·단체·국가 등이 설립한 다양한 교육기관에 의해 이루어지는 경우에도 지켜져야 하는 원리이다.

그 이유는 교육기본권의 실현을 통해서 국민의 공감대석 가치질서를 형성해 가는 것은 종교적 종파성이나 정치적 당파성, 더 나아가 국가권력의 이데올로기적 편중성에 의해 이용되는 교육을 통해서는 불가능하기 때문이다.

교육기본법은 제6조(교육의 중립성)를 통하여 "① 교육은 교육 본래의 목적에 따라 그 기능을 다하도록 운영되어야 하며, 정치적·파당적 또는 개인적 편견을 전파하기 위한 방편으로 이용되어서는 아니 된다"고 선언하고, "② 국가와 지방자치단체가 설립한 학교에서는 특정한 종교를 위한 종교교육을 하여서는 아니 된다"고 규정하고 있다. 즉, 헌법에서는 언급하지 않았던 교육에 있어서 국·공립학교의 종교적 중립성에 대하여 언급하고 있고, 반대로 종교교육을 설립 목적의 하나로 하는 사립학교에 대하여는 허용될 수 있다는 취지이다. 이 경우, 당연히 학습자에게는 학교선택의 자유 보장이 전제되어야 할 것이다. 그러나 고교평준화 정책을 실시하고 있는 대부분의 시·도에 있어서 종단설립 또는 종교계 학교에의 진학이 학생·학부모의 완전한 선택을 보장하지 못하고 있는 가운데, 학생들의 종교선택의 자유와 종립학교 측의 종파교육의 자유 간에 갈등이 국가인권위원회 제소로 표출되기도 한다.

한국의 정치적 중립성에 대한 보장 방법은 교원과 관련된 규정에서 교원으로 하여금 정치적 중립 내지는 정치활동을 금지하는 방식으로 규정하는 특징을 보인다. 우선 교육기본법 제14조(교원)를 통하여는 "④ 교원은 특정한 정당이나 정파를 지지하거나 반대하기 위하여 학생을 지도하거나 선동하여서는 아니 된다"고 하여 학교에서 학생 지도시 정치적 중립 교육의 원칙을 천명하고 있다. 정치적인 자기의사 결정을 갖기 어려운 아동 및 청소년기의 학습자를 보호하기 위한 목적으로 그 정당성이 인정된다 할 것이다.

그러나 해당되는 규정을 위반하는 경우에 대한 구체적인 가이드라인이 없어서 학생 지도활동의 범위를 어디까지 볼 것인지, 정당 및 정파를 지지하거나 반대하는 의사의 정도를 무엇을 판단할지가 명확지 않고 포괄적이다. 결국, 이 규정이 학교에서 교원은 학생을 대상으로 현실 정치에 대한 발언을 금지하는 것으로 작용한다면, 정작 학교에서 이루어져야할 정치적 소양교육인 민주시민교육(현재 고교의 선택과목 '정치와 법' 등)을 교원의 전문적인 정치교육 역량에 의하여 기대하는 것은 어렵다는 뜻이다.

게다가, 최근 공직선거법 개정으로 2020년부터 공직자 선거권이 18세[131]로 낮아짐으로써 고등학교 3학년을 대상으로 한 선거관리위원회의 선거교육 및 프로그램이 진행되고는 있으나 정작 학교에 있어서

131) 1948년 정부수립당시 21세, 1960년 20세(민법상 성인년령), 2005년 19세 그리고 2019년 18세로 개정(공직선거법 2019. 12.27.)되었다. 만 18세인 국가는 한국, 미국, 독일, 영국, 프랑스, 폴란드, 호주, 뉴질랜드, 캐나다, 일본 등이다. 더불어 교육감 주민직선의 이해당사자인 고교생을 포함하는 16세 이상 선거권 개정안도 국회에 제출된 바 있다.

선거 및 정치 소양교육은 대응하지 못한 것으로 초보단계이다.132) 이어 교원에게는 선거등 정치운동과 관련하여서는 엄격하게 금지하고 있다. 즉, 국·공립학교 교원의 경우 교육공무원법의 복무규정을 통해 국가공무원법을 적용받고, 사립학교교원 역시 준용하고 있는 상황으로서 엄격하게 금지하고 있다. 국가공무원법 제65조(정치운동의 금지)에서는 "① 공무원은 정당이나 그 밖의 정치단체의 결성에 관여하거나 이에 가입할 수 없다"고 하여 정치활동의 자유를 엄격히 제한하고 있다.133) 교원노조법 제3조(정치활동의 금지) 역시 "교원의 노동조합은 어떠한 정치활동도 하여서는 아니 된다"고 하여 금지하고 있는데, 이 또한 교육의 정치적 중립을 확보하기 위한 수단으로 받아들여지고 있다.

이에 국가공무원법 제66조 제1항(공무원의 집단행위 금지) 및 교원노조법 제3조(일체의 정치활동 금지)에 대한 위헌소원(2011헌바32 등)에 대하여 헌법재판소는 명확성의 원칙, 과잉금지원칙, 평등원칙 등에 위반되지 않는다고 합헌 결정한 바 있다.134)

교육의 정치적 중립성 확보를 위하여 교원의 정치적 중립성, 즉 정치활동의 자유를 제한이 아닌 금지의 수준으로 유지하고 있는 것에 대하여는 교원의 시민권의 본질적 내용을 침해하는 것으로 위헌의 소지가 있다는 의견도 적지 않다. 그 대표적인 것이 근무시간과 무관하게 어떠한 정당에도 가입하지 못하거

---

132) 고등학교의 경우 '정치와 법' 교과가 선택과목으로 개설되어 있을 뿐, 정치교육 및 민주시민교육 차원에서 대응이 요청되고 있다(2022년 만 18세 유권자는 21만명).

133) ② 공무원은 선거에서 특정 정당 또는 특정인을 지지 또는 반대하기 위한 다음의 행위를 하여서는 아니 된다. 1. 투표를 하거나 하지 아니하도록 권유 운동을 하는 것 2. 서명 운동을 기도(企圖)·주재(主宰)하거나 권유하는 것 3. 문서나 도서를 공공시설 등에 게시하거나 게시하게 하는 것 4. 기부금을 모집 또는 모집하게 하거나, 공공자금을 이용 또는 이용하게 하는 것 5. 타인에게 정당이나 그 밖의 정치단체에 가입하게 하거나 가입하지 아니하도록 권유 운동을 하는 것 ③ 공무원은 다른 공무원에게 제1항과 제2항에 위배되는 행위를 하도록 요구하거나, 정치적 행위에 대한 보상 또는 보복으로서 이익 또는 불이익을 약속하여서는 아니 된다. ④ 제3항 외에 정치적 행위의 금지에 관한 한계는 대통령령등으로 정한다.

134) 【헌재판결】 공무원의 정치적 의사표현이 집단적으로 이루어지는 것을 금지하는 것은, 다수의 집단행동은 그 행위의 속성상 개인행동보다 공공의 안녕질서나 법적 평화와 마찰을 빚을 가능성이 크고, 공무원이 집단적으로 정치적 의사표현을 하는 경우에는 이것이 공무원이라는 집단의 이익을 대변하기 위한 것으로 비춰질 수 있으며, 정치적 중립성의 훼손으로 공무의 공정성과 객관성에 대한 신뢰를 저하시킬 수 있기 때문이다. 특히 우리나라의 정치 현실에서는 집단적으로 이루어지는 정부 정책에 대한 비판이나 반대가 특정 정당이나 정파 등을 지지하는 형태의 의사표시로 나타나지 않더라도 그러한 주장 자체로 현실정치에 개입하려 한다거나, 정파적 또는 당파적인 것으로 오해 받을 소지가 크다. 따라서 공무원의 집단적인 의사표현을 제한하는 것은 불가피하고 이것이 과잉금지원칙에 위반된다고 볼 수 없다. 교원노조법 규정이 비록 '일체의' 정치활동을 금지하는 형태로 규정되어 있지만, 교육의 정치적 중립성을 선언한 헌법과 교육기본법의 규정 및 교원노조법의 입법목적, 교원노조의 인정취지 그리고 관련 규범들과의 관계 등을 종합적으로 고려할 때, 이 규정에 의하더라도 교원의 경제적·사회적 지위 향상을 위한 활동은 노조활동의 일환으로서 당연히 허용되고, 교원노조는 교육 전문가 집단이라는 점에서 초·중등교육 교육정책과 관련된 정치적 의견표명 역시 그것이 정치적 중립성을 훼손하지 않고 학생들의 학습권을 침해하지 않을 정도의 범위 내라면 허용된다고 보아야 한다. 이와 같이 이 사건 교원노조법 규정의 의미 내용을 한정하여 해석하는 것이 가능한 이상, 명확성원칙에 위반된다고 볼 수는 없다. 교원의 행위는 교육을 통해 건전한 인격체로 성장해 가는 과정에 있는 미성숙한 학생들의 인격형성에 지대한 영향을 미칠 수 있는 점, 교원의 정치적 표현행위가 교원노조와 같은 단체의 이름으로 교원의 지위를 전면에 드러낸 채 대규모로 행해지는 경우 다양한 가치관을 조화롭게 소화하여 건전한 세계관·인생관을 형성할 능력이 미숙한 학생들에게 편향된 가치관을 갖게 할 우려가 있는 점, 교원노조에게 일반적인 정치활동을 허용할 경우 교육을 통해 책임감 있고 건전한 인격체로 성장해가야 할 학생들의 교육을 받을 권리는 중대한 침해를 받을 수 있는 점 등에 비추어 보면, 교원노조라는 집단성을 이용하여 행하는 정치활동을 금지하는 것이 과잉금지원칙에 위반된다고 볼 수 없다. 교원노조는 교육의 정치적 중립성 요청으로 인해 그 업무와 활동에 있어서 강하게 정치적 중립을 요구받을 수밖에 없다는 점, 교원노조법은 공무원노조법과 달리 '일체의' 정치활동을 금지하는 것으로 되어 있지만, 교원노조에게도 교원의 근로조건 향상을 위한 활동 등은 허용된다는 점, 정치활동이 자유로운 대학교원단체의 경우 그 교육대상이 교원의 정치적 경향성에 별다른 영향을 받지 아니하는 대학생이라는 점에서 교원노조를 일반노조나 공무원노조, 대학교원단체와 달리 취급하는 것이 평등원칙 위반이라고 볼 수 없다(2011헌바32 등).

나 국가교육정책 및 정치적 이슈화한 사안에 대하여 교원이 집단적인 의사표출(성명발표 등) 한 것에 대하여 교육행정 당국으로부터 징계등 행정조치를 받는 등 법적 논란이 자주 제기되기도 한다.

한국의 경우에는 정치적 중립성을 확보하는 방법인 교원의 중립성, 교육내용의 중립성, 교육행정의 중립성 가운데, 지나치게 교원의 중립성에 집중되어 있고, 그 방법 역시 정치활동 금지라는 원천 배제 방식을 취하고 있어서 과잉금지의 원칙 위반이 논란이 되기도 한다.

생각건대, 교육의 정치적 중립을 확보하는 방법으로서 교원의 정치적 중립이 가장 중요한 관건이 되는 것은 분명하나, 교육기본법에서 명시한 바와 같이 교원이 교육활동 중에 "특정한 정당이나 정파를 지지하거나 반대하기 위하여 학생을 지도하거나 선동"하는 경우에 한정할 필요가 있다고 본다. 즉, 정당가입 자체를 문제 삼는 것은 세계인권기구로부터 관련 조항의 폐지를 지속적으로 권고 받고 있는 만큼, 공무원의 본질적인 정치활동의 자유를 회복하는 차원에서 전향적으로 검토할 부분이다.

다만, 교원[135]의 경우 미성년자인 학생의 학습권 보장을 전제로 한다는 점에서, 정치활동의 자유 허용 범위를 일정 범위 내(일과시관 내, 학생의 학습활동에 지장을 초래하지 않는 범위 등)로 한정하는 것도 한 방법일 것이다. 그렇다 하더라도 공직 선거권이 18세로 인하된 상황하에서 고등학교 3학년에 대한 정치적 자기 의사 결정능력을 인정한 이상, 이전 학년 단계에서의 선거 및 정치에 대한 기초 소양교육이 단계적으로 이루어져야 할 것이다.

(5) 대학의 자율성 보장

제31조 제4항의 '대학의 자율성 보장' 부분은 1987년 현행 헌법 개정시 추가되었다. 그 입법 취지에 대한 해석은 당시의 사회민주화에 대한 국민적 여망을 담아 대통령직선제를 채택하면서 대학에 대한 자율권을 보장한다는 차원이라는 기본권 형성적 견해가 있는가 하면, 사회 민주화 속에 대학이 누리는 대학자치의 범위를 대학 자율성이라는 이름으로 어느 정도 제한하려는 기본권 제한적 법률유보를 둔 것으로도 볼 수 있다.

이 규정이 있기 전까지 '대학의 자율성' 자체가 헌법상 논란이 되지는 않았고, 대학의 고유권한으로서 '대학자치'의 헌법적 근거에 대하여 학설이 나뉘기도 했다. 학문의 자유(§22①)에서 찾는 견해(허영), 교육제도의 자주성(§31④)에서 찾는 견해, 양자를 통일적으로 파악하여 대학의 자치가 보장된다고 보는 견해(권영성) 등이 있었다. 그런데 헌법 개정으로 '대학의 자율성'이 추가됨으로서 이런 학설상 대립이 해소되었다는 견해(김철수)도 있다.[136] 또한, 이러한 논의는 실익이 없고, 대학의 자치는 학문의 자유를 유지하기 위한 수단이고 학문이 가진 본질상 자율성을 바탕으로 하므로 학문의 자유의 한 속성이자 수단으로서 기본권으로 보기도 한다(정재황).[137]

---

135) 대학교원의 경우 정당법에 의하여 정치적 활동이 허용되고 있다(정당법 제22조 발기인 및 당원자격에 대학교수 이외 유초중고등학교 교사는 제외). 그러나 과거에는 대학교수의 경우에도 성명서 발표를 발표한 행위를 정치운동으로 보기도 했다(교원이 한일협정 비준을 집단적으로 반대하는 성명을 발표하였는데, 주도적 역할을 하였다면 이는 교원이 정치운동을 한 경우에 해당된다. 대법원 1967.1.24. 선고 66다2282 판결).

136) 김철수(2008), 앞의 책, 945－946면.

137) 정재황(2015), 앞의 책, 398면.

비록 오늘날 학문의 자유가 대학만이 아니라 모든 국민의 기본권으로 규정되어 있지만, 서구 대학에 있어서 대학자치의 유구한 역사는 학문과 인류 문명의 발전에 지대한 공헌을 하였다는 점에서 학문의 자유로부터 시작되었음에는 의심의 여지가 없다. 다만, 한국 헌법이 1987년에 추가한 '대학의 자율성'의 법률유보 조항을 놓고서 '대학의 자치'와의 차이점을 논하지 않고 이를 동일 개념으로 취급하는 기존의 헌법학자들의 견해는 재고를 요한다.

헌법이 굳이 '대학의 자치'라 하지 않고, '대학의 자율성'이라고 한 입법의도를 생각할 필요가 있다. 학교 및 사회생활 용어로서 '자치'와 '자율'은 유사용어로 쓰이는 경우가 많지만, 법률용어로서는 차이점이 있다. 통치용어로서 자치라고 할 경우엔 보다 통치기구의 권한 배분을 전제로 한 개념으로서 지방자치 및 특별자치에 쓰이며, 지방분권 및 특별분권을 수반하게 된다. 반면, 교육의 자주성 · 전문성 · 정치적 중립성 보장을 위하여 제도보장으로서 실시하고 있는 교육자치의 경우에는 교육분권 차원에서 중앙 · 지방 · 학교단위에 있어서 자치를 실시하기도 한다. 정권을 초월한 교육발전계획과 국가교육과정 개발을 담당하는 중립적 합의의사결정기구로서 국가교육위원회를 두거나, 학교분포를 기반으로 교육구 교육위원회제도나 대학을 단위로한 대학구제, 혹은 지방행정 단위와 일치시킨 교육위원회제를 실시하기도 한다. 학교단위의 교육자치의 경우는 학교운영위원회 및 학교이사회를 통하여 의사결정구조와 과정을 거치는 방식을 취하기도 한다. 학교단위의 경우 현장에서는 학교자치라는 용어를 자주 사용하지만, 교육기본법 제4조(교육의 자주성등)는 지자체의 '교육에 관한 자율성' 혹은 '학교운영의 자율성'이라는 용어를 사용한다. 초 · 중등교육의 경우 의무교육 내지 의무교육화되어 있고 대부분 법제화 및 표준화되어 있어서 단위학교나 교사의 자기결정에 의해 이루어지는 범위가 매우 협소하고, 이른바 위임된 권한의 범위 내에서의 '학교운영의 자율권'이란 의미로 해석된다. 학습자의 학습권 보호를 위하여 교사의 교육의 자유가 어느 정도 제한되는 기본권 간의 법리와 유사하다.

그렇다면, 헌법에서 기존의 학문의 자유의 내용을 구성하는 '대학의 자치'라는 용어를 두고, 굳이 '대학의 자율성'을 택한 입법의도를 어떻게 해석할 것인가가 문제이다. 학문과 지성의 전당으로서 경찰권까지 행사하던 대학자치 정신과는 달리 자율성의 법률유보 방식은 대학으로 하여금 자치권의 행사에 있어서 가이드라인 범위 내로서의 의미가 더 강하다고 할 수 있다. 즉, 위임된 권한의의 범위 내에서의 '자율권', 즉 '재량행위' 수준으로 구분하였을 것으로 볼 수도 있을 것이다.

교육자치라는 대학의 고유권한에서 출발하여 공익보호의 필요에 의해 제한하는 방식과 대학이 허용된 위임권한 범위 내에서 대학 자율권만을 행사하는 것 간에는 보장된 대학의 권한 범위 면에서는 차이가 없을 수도 있다. 그러나 전자는 본래 대학이 누려야 할 본질적인 자치라는 데서 출발하여 자제하는 '자치'라고 한다면, 후자는 국가의 관리 감독 범위안에 있는 대학이 누리는 허용된 범위 내의 '자율'로서 자칫 대학의 자치를 공동화할 위험 또한 있다고 할 수 있다.

허영은 이 규정의 법적 성격에 대하여 '대학의 자율성'은 학문의 자유에 내포된 객관적 규범질서로서의 성격으로부터 당연히 나오는 당위적 내용이기 때문에, 본 헌법규정은 '대학의 자치'에 관한 창설적 규정이라기보다는 그에 대한 하나의 보완 규정이라고 본다. 나아가 이는 전문화된 고도의 산업사회에서 고급인력이 양성과 학문발전을 위해서 대학교육이 차지하는 비중이 특히 크기 때문에, 대학의 기능과 사명을 다할 수 있도록, 대학에게 독자적인 계획과 책임하에 학문연구와 학술활동 및 직업교육을 실효성 있게 수행케 하려는 취지라고 설명한다. 대학의 자치는 학문의 자유에 속하는 대학의 자유의 실현 수단인 동시에 그 본질에 속하는 것인데, 이를 교육을 받을 권리에서 다시 강조한 것은 교육기본권의 실효성 있는 보장을 위하여 국가의 전체 교육정책과 조화를 위해서 대학의 자치를 법률유보에 의해서 제한하는 이른바 대학의 자율성 조항을 두었다는 것이다.[138)]

그 역시 앞선 후자의 입법의도로 해석하고 있는 것으로 판단된다. 대학 입장에서 본다면 대학자치라 명명하지 않고, 일정 범위 내에서 자치를 허용하는 대학의 자율성 보장으로 범위를 제한 한 것은 다분히 기본권 제한적 법률유보라 하겠다.

김철수 역시 학문의 자유의 중요 내용으로서 '대학의 자치'(Hochschulautonomie)를 설정하며, 그 내용으로 교원의 인사에 있어서의 자치, 시설의 관리에 있어서의 자치, 학생의 선발과 관리에 있어서의 자치, 연구교육의 내용 및 방법의 자주결정권 그리고 예산관리에 있어서의 자치권을 들고 있다.[139)]

권영성은 대학의 자율성 보장은 대학의 자치 전통에서 유래한 것으로, 이는 연구와 교육이라는 대학 본연의 임무를 달성하는데 필요한 사항은 가능한 한 대학의 자율에 맡겨야 한다는 것이다. 대학자치의 내용은 인사, 관리 및 운영, 학사관리(학생선발, 교육과정운영, 학위수여 등)에 관한 자주결정권으로 구성되어 있다고 본다.[140)]

헌법재판소 역시 대학의 자율성 조항은 제22조 제1항의 학문의 자유의 확실한 보장수단으로서 대학에게 부여된 '헌법상의 기본권'이라는 다소 복합적 표현을 쓰고 있으나 결국 보완규정의 의미로 해석된다. 대학의 자율은 대학시설의 관리 · 운영만이 아니라 학사관리 등 전반적인 것이라야 하므로 연구와 교육의 내용, 그 방법과 그 대상, 교과과정의 편성, 학생의 선발, 학생의 전형도 자율의 범위에 속해야 하고 따라서 입학시험제도도 자주적으로 마련될 수 있어야 한다고 본다(92헌마68 · 76(병합), 2021헌마1230).[141)]

이렇듯 헌법 제31조 제4항의 '대학의 자율성'의 법률 보장을 예고하고 있는 이상 관련 법률을 통해서 자율성의 보장 수준 및 대학자치와의 관련성을 살펴보는 것은 법리적 귀결이다. 그러나 아쉽게도 대학의 자율성 혹은 대학자치라는 용어들은 교육의 원칙을 정한 교육기본법에도, 심지어는 고등교육법 및 그 시행령에도 전혀 언급되지 않고 있다. 오히려 장관의 학생정원 관리권, 대학 교원의 인사, 교육과정에 관한 각종 규정, 등록금책정의 원칙, 학위규정, 대학평가를 통한 지원에 이르기까지 대학에 대한 관리 및 통제행정이 주를 이룬다. 이런 대학의 자율성에 대한 입법불비 상태에서 대학의 자치 논의는 공허한 것이며, 가장 긍정적으로 평가하여 대학의 자율성보다는 공공성에 무게를 둔 현행법이라 할 수 있다.

최근에는 기존의 대학교수회 중심의 대학자치 전통과는 달리, 사립대학에 설치되어 있던 대학평의원

---

138) 허영(2022), 앞의 책, 491－492면.

139) 김철수(2008), 앞의 책, 945－946면.

140) 권영성(1994), 앞의 책, 289－296면.

141) 【헌재판결】 교육의 자주성 · 대학의 자율성을 보장하고 있는데 이는 대학에 대한 공권력 등 외부세력의 간섭을 배제하고 대학 구성원 자신이 대학을 자주적으로 운영할 수 있도록 함으로써 대학인으로 하여금 연구와 교육을 자유롭게 하여 진리탐구와 지도적 인격의 도야(陶冶)라는 대학의 기능을 충분히 발휘할 수 있도록 하기 위한 것이며, 교육의 자주성이나 대학의 자율성은 헌법 제22조 제12항이 보장하고 있는 학문의 자유의 확실한 보장수단으로 꼭 필요한 것으로서 이는 대학에게 부여된 헌법상의 기본권이다(92헌마68 · 76(병합), 2021헌마1230).

회를 최고 의결기구로 설치토록 하면서 교원, 직원, 조교, 학생, 동문을 포함토록 하며 한 집단이 과반을 초과할 수 없도록 규정했다(2017.11.28. 개정). 교육공무원법 개정(2021.9.24.)을 통해서는 추천위원회 선정 방식 외에 대학교원의 합의된 방식과 절차를 대학교원, 직원 및 학생의 합의된 방식과 절차로 개정하여 학내 분규를 예고하고 있다.

종합하면, 이상 위의 헌법 제31조 제4항에 기술된 교육의 자주성, 전문성, 정치적 중립성 그리고 대학의 자율성 보장은 서로 유기적인 연관을 갖고 있으며, 교육법의 기본원리인 동시에 교육기본권을 실효성 있게 보장하는 제도보장의 기준 및 운영원칙을 제시하는 헌법적 의미를 지닌다. 또한 교육법의 제정과 해석 및 적용의 준거가 되는 교육조리가 헌법에 반영되어 있는 것으로 볼 수 있다. 이와 같은 교육제도 보장의 정신을 반영한 대표적인 교육기관의 운영원칙에 해당하는 것이 지방교육자치 및 학교자치 제도이며, 특히 교육주관자인 교원의 교육전문가로서의 신분보장과 교육의 자유보장은 이들 보장의 관건을 이룬다. 다만, 대학의 헌법적 기본권으로 일컬어지는 대학의 자율성 보장은 관련 교육법 어디에서도 직접 규정되지 않은 입법불비의 상태라고 할 수 있다.

마. 제31조 제5항: 국가의 평생교육 진흥 의무

헌법 제31조 제5항은 “국가는 평생교육을 진흥하여야 한다”고 규정하고 있다. 이는 제8차 헌법 개정에 의한 제5공화국 헌법(1980.10.27.)에서 추가된 내용이다. 이 법 제정 당시에는 교육법 내의 사회교육이 존재하였고, 이어 사회교육법은 2년 뒤인 1982.12.31. 제정되었다. 따라서 당시의 평생교육의 진흥은 단순히 학교교육 외 교육 즉, 사회교육만을 진흥하라는 의미라기보다는 가정교육, 학교교육, 사회교육 등 전 교육의 분야와 언제 어디서나 학습할 수 있는 교육기회를 요람에서 무덤까지 전 생애에 걸쳐 보장받을 수 있도록 조건을 정비할 책임이 국가에 있음을 선언한 것이라 보아야 할 것이다. 헌법 개정 당시의 평생교육은 학교교육에 대비되는 사회교육만을 지칭하지 않음에 명확하며 오히려 교육의 이념으로서 ‘평생교육의 이념’을 천명한 것이라 할 수 있다. 이는 제6항에서 제도로서 학교교육과 평생교육을 대비시킨 것과는 다소 대조를 이루는 부분이라 할 수 있다.

그런데 문제는 1997년 교육기본법 제정 이후 1999년 8월 31일 사회교육법을 평생교육법으로 개정하면서부터였다. 그 정의에 따르면 이전 사회교육법의 정의와 대동소이하다. 이어 20여 년 뒤인 2021년 9월 24일 교육기본법상 사회교육은 평생교육으로 완전히 대체되었다.

교육기본법은 사회교육을 평생교육으로 치환하여 제10조(평생교육)는 “제10조(평생교육) ① 전 국민을 대상으로 하는 모든 형태의 평생교육은 장려되어야 한다. ② 평생교육의 이수(履修)는 법령으로 정하는 바에 따라 그에 상응하는 학교교육의 이수로 인정될 수 있다. ③ 평생교육시설의 종류와 설립·경영 등 평생교육에 관한 기본적인 사항은 따로 법률로 정한다”고 하였다. 즉, 평생교육법의 직접적인 제정 근거는 교육기본법에 두고 있다.

현재, 평생교육법 제2조(정의)는 “평생교육이란 학교의 정규교육과정을 제외한 학력보완교육, 성인 문자해득교육, 직업능력 향상교육, 인문교양교육, 문화예술교육, 시민참여교육 등을 포함하는 모든 형태의 조직적인 교육활동을 말한다."고 하여 여전히 학교교교육과 대비개념으로 설정되어 있다.

위와 같은 이념으로서 평생교육과 교육영역으로서 평생교육의 혼돈 상태를 정리하기 위해서, 제31조 제5항의 평생교육은 평생 학습의 진흥으로 대체될 필요가 있고, 그 의무의 주체 역시 국가 이외에도 지방자치단체와 공동의 책임 주체로 설정할 필요가 있다.

평생교육법 제4조(평생교육의 이념)는 "① 모든 국민은 평생교육의 기회를 균등하게 보장받는다. ② 평생교육은 학습자의 자유로운 참여와 자발적인 학습을 기초로 이루어져야 한다. ③ 평생교육은 정치적·개인적 편견의 선전을 위한 방편으로 이용되어서는 아니 된다. ④ 일정한 평생교육과정을 이수한 자에게는 그에 상응하는 자격 및 학력인정 등 사회적 대우를 부여하여야 한다"고 하여 학교교육의 기본 원칙을 적용하고 있다

국가에 부여한 평생교육 진흥 의무에 따라 국민은 평생교육에 참여하고 요구할 권리를 보장받게 된다. 특별히 기간학제인 학교교육 과정을 보완하는 평생교육 과정도 두고 있는데, 이는 6−3−3−4의 단선형 학제에 복선형적 요소를 추가한 학제형태라 할 수 있다. 대표적으로 방송통신교육을 통한 중등 및 대학교육, 초·중등 진학기회를 놓친 국민을 위해 개설된 공민학교, 산업체에 개설된 대학 제도 그리고 독학에 의한 학사학위 취득제도 및 학점인정제도 등은 학력을 인정받는 대표적인 평생교육 기관으로 자리매김 되고 있다.

평생교육과 관련된 법률로는 평생교육법을 필두로 학원의 설립·운영 및 과외교습에 관한 법률, 도서관법, 작은도서관 진흥법, 독학에 의한 학사학위 취득에 관한 법률, 학점인정등에 관한 법률, 국민평생직업능력개발법, 직업교육훈련촉진법, 독서문화진흥법, 문화예술교육 지원법, 산업교육진흥 및 산학연협력촉진에 관한 법률, 자격기본법, 영유아보육법, 아동복지법, 장애아동복지지원법, 국민체육진흥법 등이 있다. 청소년 보호에 관한 각종 법률(청소년기본법, 청소년보호법, 청소년복지지원법, 청소년활동 진흥법, 아동·청소년의 성보호에 관한 법률, 학교 밖 청소년 지원에 관한 법률 등) 역시 넓은 의미의 평생교육에 포함된다고 할 수 있다.

바. 第31조 제6항: 교육제도·교육재정·교원지위의 기본적인 사항의 법률주의

헌법 제31조 제6항에는 "학교교육 및 평생교육을 포함한 교육제도와 그 운영, 교육재정 및 교원의 지위에 관한 기본적인 사항은 법률로 정한다"고 규정되어 있다. 이것은 교육법의 기본원리인 공공성 보장의 원리를 담보하는 한 방법으로 공교육체제를 정립함에 있어서 교육제도 등의 법률주의(통상 법정주의)[142]라 칭하기도 한다.

---

142) 학계에서는 칙령주의(勅令主義)에 상대 개념으로서 법령주의(法令主義) 내지 법정주의(法定主義)로 표현되곤 한다. 이에 비하여 제31조 제6항에 대하여는 법률주의(法律主義)로 표현하는 것이 국회에서만이 정할 수 있는 '법률'형태의 입법형성권에 초점을 맞추고, 동시에 행정명령 등 행정입법으로의 과도한 해석으로의 확대 해석을 의도한다는 점에서 '법률주의'로 구분하여 쓰기로 한다. 같은 뜻, 정필운(2022), 전환기의 교육헌법, 박영사, 65면. '교육제도 등에 관한 기본적인 사항 법률주의'로 예시하고 있다. 다만, 법정주의로 명명하였다고 하여 그것이 반드시 법률이 아닌 법률의 위임에 의한 행정명령으로 제한없는 허용을 의미한다고는 보여지지 않는다. 이미 '기본적인 사항'이라는 제한이 따르고 있고, 기본적인 사항의 여부는 교육기본권을 구성하는 제31조 등 헌법조항과의 관련성과 미치는 영향을 놓고 판단할 사안이라고 본다.

이는 교육제도 · 교육재정 · 교원지위에 관한 기본적인 사항을 국회 법률로서 정한다는 것으로 교육이 국가수준에서 공적 영역으로 관리되는 현대 공교육체제하에는 당연한 규정으로 보이지만 한국에 있어서는 교육법제사적 의의를 지닌 명명이다. 역사적으로 볼 때, 교육에 관한 조선 국왕이나 일본천황의 명령인 칙령에 의했던 '교육 칙령주의' 시대가 있었기 때문에, 이에 대한 교훈으로 국민이 선출하여 구성한 입법기관에서 정한 법률에 의한다는 '교육 법률주의'를 선언했던 것이다.

법률주의(法律主義)는 교육에 필요한 기본적인 사항을 국민의 대의기관인 국회에서 법률로 정하도록 하게 함으로써 교육을 받을 권리가 행정기관의 부당한 간섭에 의해 침해되는 일이 없도록 하는 데 목적이 있으며 헌법재판소 또한 같은 취지로 판시[143]한 바 있다. 그러나 기본적인 사항에 있어서 법률주의를 적용함에 있어서는 다수의견은 다소 허용적이다.

중학교 의무교육의 단계적 실시를 대통령에 위임한 것(구 교육법 §8의2)에 관한 위헌심판(90헌가27)에서 헌재 다수의견은 "제31조 제6항의 취지는 교육에 관한 기본정책 또는 기본방침을 최소한 국회가 입법절차를 거쳐 제정한 법률(이른바 형성적 의미의 법률)로 규정함으로써 국민의 교육을 받을 권리가 행정관계에 의하여 자의적으로 무시되거나 침해당하지 않도록 하고, 교육의 자주성과 중립성도 유지하려는 것이나, 반면 교육제도에 관한 기본방침을 제외한 나머지 세부적인 사항까지 반드시 형성적 의미의 법률만으로 정하여야 하는 것은 아니다"고 하여 대통령령으로의 위임의 합헌성을 인정했다.

반면, 반대의견은 "중등의무교육의 실시에 관한 기본적이고 본질적인 사항을 대통령령에 위임하는 것은 법치주의의 원리 및 민주주의 원리에 정면으로 위배된다"거나 "위 조항은 의무교육에 관한 교육법률주의를 어긴 채 헌법에 의하여 수권된 의회입법을 행정부에 재위임하는 내용의 것으로 위임입법의 한계를 넘어섰고, 나아가 사회적 기본권의 하나인 교육을 받을 권리의 제한에 관한 사항을 위임함에 있어서 지나치게 광범위한 입법재량권을 부여하였다는 점에서 헌법 제75조,[144] 제31조 제2항에 합치하지 않는 법률이다"[145]라고 하였다.

이 교육제도 등의 법률주의와 '본질성 이론'[146]과의 관계에 대하여는 본질성 이론을 구체화 한 것으

143) 【헌재판결】 헌법 제31조에서 보장되고 있는 국민의 교육을 받을 권리를 실질적 · 구체적으로 실현하기 위하여 국가는 교육환경을 조성하고 교육조건을 개선할 책임이 있는데 그 첫 번째 임무가 바로 교육에 관한 법제의 정비라 하겠고 이는 우선을 입법자가 담당하는 책무이다. 그러나 입법자는 교육에 관한 법제의 전부가 아니라 그 기본 골격을 수입할 책무가 있으므로 본질적인 사항에 대하여는 반드시 스스로 기본적인 결정을 내려야 하고, 그러한 기본적 사항의 결정을 행정부에 위임하여서는 아니되는 것이며 이 원칙을 선언하고 있는 것이 헌법 제31조 제6항이다. 교육제도의 법정주의라고도 부리는(불리우는–필자주) 이 헌법조항의 취지는 교육에 관한 기본정책 또는 기본방침을 최소한 국회가 입법절차를 거쳐 제정한 법률(이른바 형식적 의미의 법률)로 규정함으로써 국민의 교육을 받을 권리가 행정기관에 의하여 자의적으로 무시되거나 침해당하지 않도록 하고, 교육의 자주성과 중립성도 유지하려는 것이다(90헌가27).

144) 제75조 대통령은 법률에서 구체적으로 범위를 정하여 위임받은 사항과 법률을 집행하기 위하여 필요한 사항에 관하여 대통령령을 발할 수 있다.

145) 이 건은 이미 제31조 제2항에서 의무교육의 범위인 '초등교육과 법률이 정한 교육'에서 밝혀지고 있는 의무교육 법률주의를 위반한 것으로 보는 것이 타당하다. 헌법재판소의 다수의견은 또 다른 중학교의무교육의 순차적 실시 방법에 대하여 대통령령에 위함한 규정의 위헌성을 다툰 위헌제청(교육기본법 제8조 제1항 단서) 사건(2000헌가4)에서 당해사건에 적용된 구법(교육법) 조항이 아니라 동일한 내용의 신법(교육기본법)에 대하여 위헌여부심판을 제청한 것이 부적법하다고 본 반면, 반대의견을 낸 3인의 재판관은 "헌법 제31조 제6항에 의할 때, 의무교육제도의 기본적인 사항은 국회가 반드시 형식적 의미의 법률로 스스로 정하여야 할 것이고 이를 행정부 등에 위임하여서는 아니되므로, 입법자는 중등의무교육 실시의 정도, 방법에 관한 기본적 · 본질적 사항은 적어도 법률로 직접 규정하여야 한다"고 보고 있다.

로 보는 입장이 다수이고,[147] 교육기본권을 보장하는 본질적 사항 중 교육목적과 교과 등이 누락되어 있다는 점에서 엄밀한 의미에서 적용하기 어려우며, 현 규정에 본질성이론을 해석론적으로 보충하면 교육에 대한 국가(입법부－저자주)의 입법형성권이 더욱 넓어진다는 지적[148]도 있다. 입법부가 과도한 행정입법을 위임할 수도 있다는 이야기이다.

본질성 이론과의 연계를 인정하거나 인정하지 않는 두 입장 모두 국민의 교육기본권 보장을 위한(국가의 자기 목적적) 법률주의를 경계한다는 점에서는 공통적이다. 견해의 차이는 현행 규정에서 제시되는 법률주의를 적용하는 본질적 영역의 대표성과 각 영역의 기본적 사항의 의미 해석의 차이라고 본다. 제31조 제6항은 교육의 법률주의를 선언한 것임에는 분명하며 나열된 교육제도, 교육재정, 교원지위는 시스템과 인적 물적 인프라를 포괄하여 공교육체제를 갖추는 데 본질적인 사항이며 관련된 직접적인 법률이 필수적임에는 분명하다. 그런데, 헌법규정은 이들 영역만이 기본적인 영역(사항)이 아니라, 이들 각각의 영역의 기본적인 사항을 법률로 정하는 것을 의미하는 것으로 보여진다. 이 경우 각각의 영역에서 기본적인 사항은 예시된 바가 없으므로 이를 정하는 것 자체가 입법부의 역할이 되고 본질성의 범위를 입법부가 좌우하거나 때로는 본질적인 내용을 행정입법으로 위임할 수도 있다는 설명이 가능하다. 후자는 본질성 이론으로 이해할 경우 입법재량을 지나치게 허용하고 나아가 그것이 과도한 행정입법으로 이어질 수 있음을 경계하여야 한다는 지적으로 판단된다.

국회의 입장에서 볼 때, '입법권은 국회에 속한다'(§40)는 국회입법권은 법률 형식으로 제정된 법규범의 정립은 국회가 맡는다는 의미와 국민의 권리·의무의 형성에 관한 사항(예컨대 기본권 제한)을 비롯해서 국가의 통치조직과 작용에 관한 기본적이고 본질적인 사항은 반드시 법률 형식이어야 한다는 뜻으로 해석된다. 그런데 국회는 국민의 권리·의무의 형성에 관한 사항(법규사항)과 통치조직과 작용에 관한 기본적이고 본질적인 사항(헌법상의 법률사항)은 반드시 법률 형식으로 규율하여야 하지만, 법우선의 원칙은 결코 국가작용의 모든 분야를 빠짐없이 법률로만 규율할 것을 요구하는 것이 아니고 행정입법, 자치입법 등으로 허용될 수 있다고 해석된다. 특별히 헌법(§75)은 대표적 행정입법권자인 대통령에 대하여 구체적인 범위를 정하여 위임받은 사항과 법률을 집행하기 위하여 필요한 사항에 한정하도록 하여 일반적·포괄적인 위임입법을 금지하고 있다.[149]

생각건대, 판례나 다수설들이 취하고 있듯이 교육 법률주의상의 본질성 이론을 적용할 본질적인 사항은 교육목적 및 교육과정이 빠져있기는 하지만, 예시된 교육제도, 교육재정, 교원지위에 관한 사항이 될 것이며, 나아가 그 법률로 확정하여야 할 각 사항의 내용으로서 '기본적인 사항'은 입법부가 정하는 모

---

146) 기본권 및 국가의 본질적인 사항은 국민의 대의기관인 입법부에 의하여 정해져야한다는 것으로 과도한 행정위임에 관한 위헌법률 심사의 주요 이론적 근거로 활용된다.

147) 허영(2022), 앞의 책, 492면. 그러나 입법기관이 그 형성권에 의해 교육에 관한 기본 방침을 정하는 경우에 명심해야 할 사항은, 교육제도의 법률주의는 어디까지나 교육을 받을 권리를 실효성 있는 것으로 보장하기 위한 것이기 때문에 결코 자기 목적적이거나 주객이 전도되어서는 안 된다는 점을 위헌판례 예시를 통해 강조한다. 그 외 교육제도 법정주의를 교육받을 권리의 실현과 형성을 위한 본질적인 사항을 법률로 정하도록 한 것으로 본 판례(93헌마192, 95헌바29)와 이를 인용한 이형석(2022), "제5장 교육제도 법정주의", 대한교육법학회편, 교육법의 이해와 실제, 교육과학사, 137－138면.

148) 정필운(2022), 앞의 책, 64－70면. 동시에 마땅히 법률주의로 규정하여 입법형성권으로 통제되어야 할 '교육기관의 국가 감독에 대한 사항' 중 기본적인 사항을 법률에 정하도록 한 부분은 누락되어 있는 점을 우려한다.

149) 허영(2022), 앞의 책, 989, 990, 1068면.

든 것이 제한 불가의 형성적 법률유보를 의미하는 것은 아니며, 교육기본권을 보장하는 데 필수적으로 요구되는 기본적인 사항이 되어야 할 것이며, 이는 교육에 대한 동시대인의 공감대적 가치의 확인 과정을 통해서 형성되어 갈 것이라고 본다. 또한, 앞서 기술한 바와 같이 입법형성권은 기본권 제한의 일반 원칙(§37①)에 따라 기본권을 제한하거나 행정위임 입법의 한계(§40) 내에서 행정위임이 이루어졌다면, 본질성 이론만을 내세워 제31조의 법률주의를 위반한 것이라 할 수는 없을 것이다. 즉, 입법형성권에 맡겨진 교육법률이나 그에 근거하여 제정된 행정입법의 경우 그 위헌성은 개별 입법에 대한 검토를 통하여 판단될 수밖에 없다. 헌법에 '기본적인 사항'에 대한 명시가 이루어지지 않는 한 양측의 해석은 모두 가능하다고 할 것이다.

다만, 현행 헌법에서 '교원의 지위에 관한 기본적인 사항'이라는 진술 방식은 앞의 교육제도나 교육재정에는 연계되지 않고 교원의 지위에만 해당하는 것처럼 읽히는 오해의 소지도 있으므로 헌법 개정시 이를 공통된 수식 방식으로 개정하는 것은 필요해 보인다.

그런데 그동안 헌법재판소는 교원의 노동기본권 제한에 관한 재판 등에서 이들 법정주의 및 법률유보 조항을 노동기본권에 우선 적용하는 헌법적 제헌 근거로 해석[150]하기도 했다. 교원의 법적 지위가 학습자의 학습권을 보호하는 것을 우선으로 하는 지위인 까닭에 이를 이유로 노동기본권을 제한하거나 정치활동이 자유를 금지하는 입법이 된 것도 사실이다. 그러나 교사의 법적 지위에 관한 기본적인 사항을 정하는 것은 기본적으로 학습자의 교육활동을 전제로 한 교사의 전문가로서 지위를 보장하고자 하는 것이며, 아울러 공직자로서 지위, 인격자로서 지위 그리고 근로자로서 지위를 종합적으로 고려하여 시대사회적 공감대 위에서 책정되는 것이다.

따라서 법률유보 조항 자체의 성격이 형성적 유보인지 침해적 유보 인지 성격규명하는 것은 실익이 없다. 어느 법률유보든 양 측면이 있으며, 교육기본권과 같이 교육당사자간 권리 충돌이 예상되는 경우엔 보장 및 제한의 타당성을 검증하는 일이 남게 된다. 즉, 법률유보의 성격은 입법 결과론적인 양상에 따라 달라질 수 있다. 특히 침해적 유보로 되었을 경우 그 침해의 정도가 기본권에 관련될 경우 침해적 유보로 해석했기 때문에 합헌적 근거로 완결되는 것이 아니고, 권리 충돌 및 우선관계와 헌법이 정한 법률에 의한 기본권 제한의 일반적 한계 원칙(§37①)을 준수하였는지는 사안별로 검증을 거쳐야 한다. 이 점에서 과거 교사의 노동기본권 박탈의 합헌적 근거를 노동기본권 조항에 우선적으로 적용하여야 할 교원지위 법률주의 조항을 들어서 기본권 침해적 법률유보를 허용한 헌법적 근거 조항으로 해석한 헌법재판소의 판결에는 문제가 있다 할 것이다. 우선 적용할 수 있으되 정도와 범위를 살펴야 한다는 것이다.

결국, 교육제도 등의 기본적인 사항에 대한의 법률주의는 국민의 교육기본권을 보장하기 위한 국회법률이라는 형식 요건을 규정한 것이고, 기본적인 사항이 미포함되었는지의 여부는 입법정책적인 판단을 요한다. 즉, 기본적인 사항의 입법불비 내지 과도한 위임입법에 대한 판단은 입법불비 및 포괄성으로 인한 공익(교육기본권 보장) 및 기본권 침해의 정도를 확인하여 위헌 여부 판단하여야 할 것이다.

---

150) 【헌재판결】 헌법 제31조 제6항은 국민의 교육을 받을 기본적 권리를 보다 효과적으로 보장하기 위하여 교원의 보수 및 근무조건 등을 포함하는 개념인 '교원의 지위'에 관한 기본적인 사항을 법률로써 정하도록 한 것이므로 교원의 지위에 관련된 사항에 관한 한 위 헌법조항이 근로기본권에 관한 헌법 제33조 제1항에 우선하여 적용된다(89헌가106).

교육의 법률주의에 의하여 교육제도를 포함한 교육의 기본적인 사항이 국회에 입법형성권에 맡겼다 하더라도, 그 형성의 자유는 무한정 인정되지 않으며, 기본적으로는 교육법의 원리인 교육기본권 보장에의 기속되고 내용적으로 교육의 자주성, 전문성, 정치적 중립성 보장과 부합되어야 한다. 다시 말하면 입법형성권은 국민의 평생 학습할 자유와 권리를 보장하기 위하여 헌법이 직접 규정하고 있는 교육조항들(제1항–제5항)은 물론 이와 직·간접적으로 관련된 헌법 조항들과 상충되지 않은 범위 내에서 인정된다 할 수 있다.

그리고 앞선 교사의 노동권 제한 법률의 헌법재판 판례의 예처럼 헌법상 입법형성권을 부여받은 국회가 제한하여 제정하였다고 하여(기본권 제한적 법률유보 관점) 그 내용 및 제한 수준과 상관없이 합헌인 것은 아니며(기존 헌재 판례), 반대로 교원지위에 기본적인 사항에는 근로자로서 지위도 포함되어야 함에도(기본권 형성적 법률유보 관점) 인정하지 않았다고 하여 제한 수준과 상관없이 위헌인 것도 아니라는 것이다. 이처럼 법률 유보조항은 법률로서 예고된 관련 법률의 미비(입법불비)나 기본적 사항의 과도한 위임입법(행정입법)에 대하여는 이를 근거로 위헌성을 판단할 수 있겠고, 법률의 제정 결과 구체적 기본권 제한 사안이 발생한 경우의 위헌성의 판단은 그 목적, 수준, 방법의 적절성(§37①)에 대한 검증이 뒤따라야 한다.

국회에서 정하기로 한 입법형성의 결과, 법률 내용에 문제가 있어서 헌법재판을 하고 있는 상황에 그 타당성을 논하기에 앞서, 국회에 맡겨진 입법형성권에 의해 정해진 것이므로 합헌이라는 주장은 모든 헌법에 근거한 법률은 모두 합헌이라는 것과 같은 논리이다. 오히려 헌법에까지 법률주의를 선언하여 국회의 입법형성에 전담한 사안이라면, 입법부작위나 법률 형식이 아닌 과도한 위임입법에 의한 위헌적인 입법사안은 없었는지를 보다 엄격하게 판단하여야 할 것이고, 구체적인 기본권 침해에 대하여는 제37조 제1항을 적용하여 심사하여야 할 것이다. 이점에서 교원지위의 기본적인 사항의 핵심인 별도의 신분법이 아닌 공무원법을 차용한 교육교육법에 머물고 직무의 특수성에도 불구하고 공무원의 복무를 그대로 적용 및 준용하는 현행 교원관계법은 헌법상의 교원지위 법률주의에 미흡함을 드러내고 있다.

제31조 제6항의 기본적인 사항은 교원지위 외에도 앞서 예시한 교육제도, 교육재정의 기본적인 사항도 예시하고 있는 것으로 보아야 하는데, 그렇게 해석하거나 향후 헌법 규정을 개정한다 하더라도, 교육의 각각의 영역에서 기본적인 사항이 무엇인지를 구체적으로 예시하지 않는다면 입법형성권의 통제는 선언적 의미에 머무를 것이다. 이 지점에서 교육에 있어서 기본적인 사항을 규율하는 '교육기본법'의 필요성이 나온다.

결국, 이러한 한계는 헌법상의 교육에 관한 법률주의의 기본 원칙을 구체화한 교육기본법의 제정 근거 조항으로 헌법을 개정하는 것이 해소책의 하나가 될 수 있다. 물론 이 경우 교육의 기본 사항에 대한 법률주의를 위하여 교육기본법의 제정 근거를 명시하고, 동시에 교육기본법에 담아야 할 본질적인 사항 내지 기본적인 사항에 어떻게 합의할 것인지가 관건이 될 것이다. 헌법 조항에는 현재의 교육제도, 교육재정, 교원지위 외에도 교육의 이념 및 목적, 국가 및 지방자치단체의 권한과 책임을 예시한 '교육에 관한 기본적인 사항을 정한 교육기본법' 제정 근거를 명시하는 방향이 바람직할 것이다.

현재 제31조 제6항에 근거하여 제정된 법률로는 교육기본법을 필두로, 초·중등교육법, 고등교육법,

사립학교법, 평생교육법, 지방교육자치에 관한 법률, 교육세법 등을 들 수 있다. 다만 외국의 헌법 예에서 찾아보기 어려운 '교원의 지위에 관한 기본적인 사항을 정한 법률'을 헌법 예고되어 있으나 별도의 지위법 내지 신분법은 존재하지 않는다. 다만, 공무원 신분을 차용한 국·공립학교 교원에게 적용되고 상당 규정은 사립학교 교원에게 준용시키는 교육공무원법이 있을 뿐이다. 교원지위 향상을 위한 특별법(현행 교원의 교육활동 보호 및 지위향상을 위한 특별법)은 명칭의 유사성에도 불구하고 교원노조 운동과정에서 노동기본권 부인에 대한 대체 입법으로서 제정되었을 분이다. 헌법 예고된 것으로 기대되는 교원지위법은 학교급별 및 학교설립별 교원의 지위를 포괄할 수 있는 독립된 신분법이나 제정되어 있지 않고 국가공무원 신분을 차용한 교육공무원법에 머물러 있다 할 수 있다.

사. 헌법의 교육 조항의 비교헌법적 논의151)

일본국헌법 제26조 제1항은 "모든 국민은 법률이 정하는 바에 의해 그 능력에 따라 동등하게 교육을 받을 권리를 가진다"고 하여 능력에 따른 균등한 교육수권(教育受權)을 선언하고, 이어 제2항에서는 "모든 국민은 법률이 정하는 바에 의해 그 보호하는 자녀에게 보통교육을 받게 할 의무를 진다. 의무교육은 이를 무상으로 한다"고 하여 보호자의 보통교육 취학의 의무와 의무교육의 무상 원칙을 선언하고 있다.

일본의 헌법학자들은 현행 헌법규정인 '教育を受ける権利(교육을 받을 권리)'를 학습권으로 규정하는 것이 일반적이고, 1970년대 교육재판과정에서 교육권 주체 논쟁을 거치면서 '학습권'을 보장하는 상대 용어로서 '교육권'이란 용어가 부각되었다.152)

한편, 미국 연방헌법에는 직접적인 교육조항이 없다. 그렇다고 교육에 관한 헌법적 권리의 근거가 부정되는 것은 아니다. 이종근은 교육에 관한 적극적 권리는 아직 인정되지 않았지만, "자녀들이 장차 언론의 자유를 비롯하여 정치과정에서의 온전한 참여권을 향유하는데 필수불가결한 기초적인 최소한의 지식을 습득하기 위한 '어떤 구획가능한 일정량(some identifiable quantum)'의 교육에 대한 헌법상의 적극적인 권리를 가지는가에 대하여 아직 결론을 내리지 못했다"고 기술한다. 이 '최소한의 수준의 교육'을 받을 권리의 연방헌법 근거가 수정 제14조의 적법절차(due process)와 평등권(equal protection) 조항이다.153)

현행 독일기본법(헌법)에는 '교육을 받을 권리'를 직접 규정하고 있지는 않으나, 교육에 관한 규정은 제7조에서 나타난다(① 모든 학교제도는 국가의 감독을 받는다. ② 교육권자는 종교수업에 그 자녀를 참여시킬지를 결정할 권리를 가진다. ③ 종교수업은 공립학교에서 비종파학교를 제외하고는 정규과목이다. 국가의 감독권과는

---

151) 고전(2017), 앞의 논문, 15−18면 인용.

152) 대표적으로 고바야시 나오끼(小林直樹)는 교육을 받을 권리의 보장은 국가에 대해서 필요한 조치를 강구해야 할 책무를 부담시키는 것으로 생존권의 문화적 측면을 강조했다. 교육에 관한 헌법 규정은 제26조 이외에 학문의 자유 규정(§23)을 비롯하여 헌법정신에 입각하여 제정된 준헌법적 법률인 교육기본법을 바탕으로 교육조리(教育條理)적 해석이 필요하다고 보았다. 小林直樹(1980), 앞의 책, 567−568頁. 이러한 그의 견해는 김철수 교수에 적극 수용되었다. 아시베 노부요시(芦部信喜) 역시 교육을 받을 권리를 '자녀에 대해서 보장되는 학습권'으로 해석하면서, 부모와 친권자는 교육을 받을 권리에 대응해서 자녀에게 교육을 받게 할 '책무'를 지는 것으로 해석한다. 芦部信喜(高橋和之 補訂)(2015), 앞의 책, 273頁.

153) 연방대법원은 Rodriguez, Plyler 사건에 이어 Vernonia와 Earls 사건에서도 교육의 기본적 권리성을 부정하였지만 어떤 '최소한의 수준의 교육(minimal level of education)'이 헌법적으로 보장될 가능성을 열어 놓았다는 점에 주목할 필요가 있다고 한다. 이종근(2005), 미국연방헌법 및 주헌법상의 교육을 받을 권리, 헌법학연구 11(4), 126−127면.

관계없이 종교수업은 종교단체의 교리에 따라 진행된다. 교사는 자신의 의사에 반하여 종교수업을 할 의무를 지지 아니한다).[154)]

기본적으로 국가 감독주의를 채택하는 독일은 권리능력 없는 공법상의 영조물인 학교의 법적 책임 주체를 국가와 지자체로 보는 것이 통설적 견해이다. 학계에서는 학교자치(Schulautonomie)에 관한 논의가 활발히 전개되기도 했으나, 교육당사자 참여권의 헌법적 근거는 부정하는 것이 통설이다. 한편으로는 학교의 법적지위와 학교 참여제도를 별개의 문제로 보고 학교운영위원회를 통해 참여문제를 해결해가고 있는 추세이고, 단위학교의 자율성은 점차 확대되어가고 있다.[155)]

독일기본법상 교육제도의 원리는 교육급부의 사회국가적 원리, 교육내용 및 방법의 중립성과 관용의 원리, 교원의 교육의 자유 원리, 사립학교의 자유와 공공성의 원리, 교육제도의 법치국가 원리, 교육행정의 민주성과 전문성 및 분권과 협력의 원리, 학교운영의 자율과 참여의 원리 등으로 유형화할 수 있다. 또한 과거 바이마르 헌법 사회적 법치국가의 원칙(§155)과 국가의 교육여건 조성의무(§146)를 통해 교육을 받을 권리를 자유권을 넘어 사회적 기본권으로 인식하게 되는 계기를 마련하기도 했다. 독일에서 교육의 자주성에 해당되는 개념을 협의로 해석하면 교원의 교육의 자유로 귀착된다. 특징적인 것은 주(州)마다 표현은 다르지만 교육의 자유는 모든 주의 학교법에서 인정되고 있다.[156)]

프랑스 5공화국 헌법(1958)은 4공화국 헌법(1946)의 전문의 정신을 존중한다고 하여 교육 평등과 자유의 정신을 대원칙으로 한다. 즉, 1946년 헌법 전문 제13조가 "국가는 아동과 성인의 교육, 직업교육, 문화에의 평등한 접근을 보장한다"고 규정하여 교육에 대한 평등한 권리를 규정하고 있다. 또한, 1946년 헌법 전문에는 "모든 등급에 있어서 무상이고 세속적인 공교육의 구성은 국가의 의무이다"로 규정했는데, 이는 공교육이 국가의 의무이므로 국가가 하여야 할 사업인 공공서비스(service public)로 설정한 것이다.[157)]

현행 프랑스헌법 제34조도 교육에 관한 기본원칙(principes fondamentaux)은 법률로 정하도록 규정하고 있다. 기본원칙인지 여부는 그 중요도에 달려있다고 본다.[158)] 헌법적 효력을 갖는 원칙으로서 기회균등의 원칙, 교육을 받을 권리, 무상교육과 보통교육의 원칙에 따른 공교육을 제도화하여야 할 국가의 의무 등으로 요약된다.

---

154) ④ 사립학교 설립권, 공립학교 대체 사립학교 국가인가제, 부모의 재산상태를 기준으로 한 학생선발 아닌 한 설립인가, 교사의 경제·법적지위 불충분 보장시 학교인가의 거부, ⑤ 사립초등학교의 예외적 허용(사립초등학교는 교육청이 특별한 교육적 이익을 인정하는 때 또는 그 학교를 종파 혼합학교, 종파학교, 세계관학교로서 설립하고자 하고 그 지방자치단체에 이러한 유형의 공립초등학교가 없는 경우로서 교육권자가 신청하는 때에만 허용될 수 있다), ⑥ 예비학교의 폐지 등. 김철수 외(2014), 세계비교헌법, 박영사, 107면에 번역되어 소개된 ①－⑥조항 참조.

155) 이시우(2007), EU 교육법제에 관한 연구(Ⅱ)－독일, 한국법제연구원, 16, 17, 19, 49면. 70－80년대 초까지는 실질적 학교자치론이, 90년대 이후에는 단위학교의 기능적 학교자치론이 논란이 되었다.

156) 이광윤 외(2003), 교육제도의 헌법적 문제에 관한 연구, 헌법재판소, 37, 63, 73면에 게재된 허종렬의 견해를 인용하였다. "경제능력이 결핍한 자로 하여금 중등 및 고등의 학교에 입학시키기 위하여 독일법, 각주 및 공동단체는 공동의 수단을 시설하고, 특히 중등 및 고등의 학교교육을 받기에 적당하다고 인정하는 아동의 양친에 대하여 그 교육을 마칠 때까지 학비를 보조하여야 한다"(바이마르 헌법 제146조 제2항)

157) 이광윤 외(2003), 앞의 책, 5－7면. 교육법전 법률편 제111－1조는 "교육은 국가의 제일 우선 사업이다. 교육공공서비스는 아동과 학생들에 맞추어 구상되고 조직된다"고 하여 교육의 국가 공공서비스 성격을 명확히 규정하고 있다.

158) 정재황(2014), 교육을 받을 권리에 대한 헌법적 고찰－헌법재판소 판례분석을 중심으로, 세계헌법연구 20(2), 25－26, 48면. 프랑스는 현재 1958년 제5공화국 헌법하에 있고, 전문은 직전 제4공화국 헌법(1946)의 전문을 존중하도록 규정하고 있어서 구 헌법의 전문(前文)은 현재에도 효력을 갖는다.

한편, 유럽연합(EU) 기본권 헌장(2010) 제14조(Right to education)는 ① 모든 사람은 교육에 관한 권리와 직업·계속연수에 접근할 권리를 갖는다. ② 전항의 권리는 무상의 의무교육을 받을 기회를 포함한다. ③ 민주적 원칙을 정당하게 존중하는 교육기관을 설립할 자유와 종교적·철학적·교육적 신념에 따라 자녀의 교육·교수를 보장할 부모의 권리(the right of parents to ensure the education and teaching of their children)는 이 자유와 권리의 행사를 규율하는 각국의 법률에 따라 존중되어야 한다고 규정하고 있다.

표 4-5 주요국의 헌법상 교육조항의 비교

	주요 조항	특징
일본	– 능력에 따른 균등한 교육을 받을 권리의 보장(§26①) – 보호자의 보통교육 취학의 의무와 의무교육 무상의 원칙(②)	– 한국과 거의 유사한 용어 – 교육기본법의 준헌법성 인정
독일	– 학교제도의 국가감독 원칙, 교육권자의 자녀 종교교육 결정권(§7) – 종교수업의 정규교과 원칙, 교사의 의사에 반한 종교수업의무 금지 – 사립학교 설립권 보장, 교사의 경제적법적지위 미보장시 인가거부 – 사립초등학교의 설립은 특별하고 예외적인 허용, 예비학교의 폐지	– 국가감독 원칙과 보호자결정권 – 종교수업강조와 교원의사 존중 – 사학설립보장과 교사지위 보장 – 사립초등학교 설립의 제한등
미국	– 연방헌법 수준에서 교육에 관한 국민의 구체적 권리는 언급 않음 – 적법절차 및 평등권 조항을 통해 교육에 관한 권리 보장 실현	– 연방헌법 수준의 교육권 무언급 – 교육에 있어서 평등, 적법절차
프랑스	– 1789 인권선언(자유와 평등), 1946년 헌법전문(무상교육의 원칙) – 국가는 아동과 성인의 교육, 직업교육, 문화에의 평등한 접근을 보장한다(§13), 교육에 관한 기본원칙은 법률로 정한다(§34)	– 기회균등원칙, 무상교육원칙 – 국가의 공교육 제도화의무 등 – 교육에 관한 기본원칙법정주의
러시아	– 모든 국민은 교육을 받을 권리를 갖는다(§43) – 국가나 지방자치단체가 실시하는 고등교육까지 무상의 원칙 – 기초 보통교육의 의무교육화, 러시아연방의 국가교육수준 책정권	– 사회주의체제하 국가책임제 – 고등교육까지 무상의 원칙
포르투갈	– 학습과 교수의 자유는 보장된다(§43) –국가의 정치적 이념적 방침에 따른 교육과정의 규정 금지, –공교육의 특정 종파 예속 금지와 사립학교 및 협력학교 설립권 보장 –국민의 교육과 문화에 대한 권리 보장과 국가의 의무(§73–75) –국가의 교육민주화와 기회균등 조건마련, 불평등 극복, 무상교육의무	– '학습'과 '교수'의 자유 규정 – 교육에 대한 권리 보장 – 국가의 교육교과과정 규정금지 – 국가의 점진적 무상교육 의무 – 국가의 사교육 승인감독의무
EU	– 모든 사람의 교육에 관한 권리, 직업·계속연수에 접근할 권리 – 교육에 관한 권리에 무상의무교육 기회 포함 – 교육기관 설립의 자유, 부모의 자녀 교육·교수 보장권	– 기본권 헌장(2010), 제14조 교육에 관한 권한(Right to education) – '모든 사람'의 권리로 표현

주: 러시아 및 포르투갈에 대하여는 김철수 외(2014), 세계비교헌법, 박영사, 105, 110–111면 참고
EU(유럽연합)은 기본권 헌장(2010), 제14조 교육에 관한 권리 조항에 근거하여 비교 분석함
출처: 고전(2017), 교육기본권 관점에서의 헌법 개정 논의, 교육법학연구 29(2), 18면 <표 5> 인용.

19설 헌법 제31조: 교육기본권의 중핵조항, 국내 교육법의 법원, 교육기본법으로 구체화

5. 교육기본권의 제한과 헌법재판 총론

가. 교육기본권의 제한의 근거와 유형

(1) 교육기본권 제한의 근거

오늘날 기본권의 의미는 법실증주의적 입장에서 말했던 국가권력에 의해 허용된 범위 내의 자유와 권리, 즉 '국가가 베푸는 은혜로서의 자유' 내지는 '힘의 자제에 의한 반사적 이익으로서 기본권'은 아니다. 또한 결단주의적 입장에서 말하는 '전부적·선국가적인 자유와 권리로서의 방어권', 즉 '국가로부터의 자유'라는 의미와도 거리가 있다.

통합과정론적 헌법관에 따를 때 기본권은 '국가를 향한 자유'로서 사회 내의 다양한 가치를 동화적으로 통합시킨 실질적 내용이자 '가치질서'이며 '문화질서'이다. 물론 이러한 기본권 이해는 기본권의 객관적 규범질서의 면과 제도적인 면을 강조한 반면에 기본권이 가지는 '주관적 권리'의 측면을 소홀히 취급한다는 단점이나, 국가를 창설하고 정당화시키는 기본권의 기능적이고 민주적인 투입의 측면을 강조한 나머지 기본권을 지나치게 정치적인 것으로 축소 이해하는 등 단점이 지적[159]되기도 한다.

오늘날 기본권은 국민 개개인의 '주관적 권리'로서의 성격은 물론 모든 법질서가 지향하는 동화적 통합의 기본이 되는 '객관적인 질서'로서의 의미도 갖는 것으로 이해되고 있다. 더구나 앞서 살펴본 바와 같이 교육기본권은 자유권과 사회권을 아우르는 총체적 기본권으로서 그 보장과 제한에 있어서도 상황에 따라서 다양한 논의가 전개될 수 있다.

헌법상 보장된 교육에 관한 국민의 기본적 인권이라는 교육기본권에 대한 제한은 그 주체가 국민이라는 점에서 국민의 기본권 제한 논거와 맥을 같이하는 것은 다양하다. 다만, 교육을 둘러싼 이른바 교육당사자인 학습자, 보호자, 교원, 학교설립·운영자, 국가, 지방자치단체 등이 교육활동의 다양한 영역에서 헌법상 기본권의 주체로서 인정되는 영역이 각각 있을 수 있고, 경우에 따라서는 기본권 간의 충돌도 예상될 수 있다.

교육에 관한 학습자의 기본권과 미성년인 학습자의 기본권 대위자로서 보호자의 기본권 그리고 교육활동의 자유를 행사하는 주체로서 교원, 사학, 대학 등 기본권 역시 일정 영역에서 보호되는 동시에 제한될 수 있다. 즉, 학습자가 교원 모두 자유분방한 교수학습이 아닌 공교육기관인 학교에서 표준화하기로 한 법률에 따라 제정된 국가교육과정(고시)에 따르고 정해진 교육자료(교과용 국·검·인정 도서)를 이용해야하는 관계에 선다. 즉, 공교육 과정의 사회적 약속으로 인하여 학습자의 학습의 자유 및 교육자의 교육의 자유는 반사적으로 제약을 받게 되는 것이다. 또한 학습자의 학습권 보호를 위하여 교육자의 근로와 정치활동에 있어서 시민적 자유를 제약 받기도 한다. 교육기본권에 대한 제한의 의미는 이렇듯 다의적 의미를 가지며 해석에도 유의할 필요가 있다.

159) 허영(2015), 앞의 책, 236면.

(2) 기본권 제한의 유형

기본권 제한의 유형은 일반적으로 기본권을 제한하는 방법 및 근거에 따라 헌법에 의한 제한과 법률에 의한 제한으로 나눌 수 있다.160)

첫째, 헌법에 의한 제한은 헌법 제정권자(국민)가 헌법의 명문조항을 통해서 개별적인 기본권의 한계를 명시함으로써 제한하는 것이다. 독일 기본법에서 '타인의 권리'를 침해하지 않고 '헌법질서'와 '도덕률'에 반하지 않는 범위 내에서(이른바 기본권의 내재적 한계의 논증형식에 있어서 3한계론 또는 사회공동체 유보이론) 개성신장의 자유를 보장하는 것(§2①)은 대표적인 예이다. 대한민국헌법이 언론·출판의 자유를 보장할 때 타인의 명예·권리 또는 공중도덕·사회윤리를 침해하지 못하는 한계를 정한 것(§21④)이나 공무원의 노동3권을 부분적으로만 제한하고 있는 것(§33②)이 그 예이다.

둘째로 법률에 의한 기본권 제한은 입법권자(국회)가 법률에 의해서 기본권을 제한할 수 있는 근거를 헌법에 명시함으로써 제한하는 것이다. 이는 기본권의 사항이 법률에 유보되어 있다는 점에서 법률유보에 의한 제한이라고도 칭한다. 기본권의 법률유보는 모든 기본권에 일반적으로 적용하는 '일반적인 법률유보'와 개별적인 기본권 조항에 적용하는 '개별적 법률유보'로 나누어지는데 한국이 전자의 방법(§37②)을 채택한 반면 독일은 후자의 방법을 채택하고 있다.161)

나. 교육기본권의 제한의 한계

(1) 법률에 의한 기본권 제한의 한계

입헌권자에 대한 신뢰를 바탕으로 한 기본권 제한의 방법으로서 법률의 형식을 요구하는 법률유보라 할지라도 기본권 보장을 강화하는 순기능으로 작용할 수 있는가 하면 기본권 보장을 약화시키는 역기능으로 작용할 수 있다. 이러한 법률유보의 의미와 기능으로 인하여 법률유보는 이미 개념 본성적 한계를 갖고 있는데 이는 다시 목적·형식·내용·방법상의 한계로 대별된다.162)

① 목적상의 한계

법률에 의한 기본권 제한의 궁극적 목적은 역설적일 수 있으나 기본권을 최대로 존중하면서도 헌법

---

160) 헌법에 의한 제한에 대하여는 이를 '헌법유보'라 칭하거나(권영성(1994), 앞의 책, 364면), '헌법직접적 제한'(김철수(1994), 헌법학개론, 박영사, 271면)로 칭하기도 한다. 허영 교수는 헌법유보라는 표현의 부적절성을 지적하며 '기본권의 헌법적 한계'라 칭한다. 김철수 교수와 권영성 교수는 '기본권의 내재적 한계'를 기본권 제한의 일유형으로 취급하고 있으나, 허영 교수는 전술한 바와 같이 기본권의 내재적 한계는 기본권 제한의 출발점 내지는 본질적 이유는 될지언정, 처음부터 제한 가능성을 전제로 해서 논의되는 기본권 제한과는 다르다고 본다. 오히려 기본권 제한의 내재적 한계는 기본권 제한의 불가피성에 대한 정당성을 뒷받침하는 논리 형식이라고 본다(허영(2015), 앞의 책, 287-288면).

161) 위와 같은 법률유보가 기본권의 제한 형식에 중점을 둔 점에서 '기본권 제한적 법률유보'라고 한다면 기본권의 실현 형식으로서의 법률에 중점을 두면 '기본권 형성적 법률유보'라고 할 수 있다. 한국 헌법에서 교원지위 법률주의(헌법 제31조 제6항)는 기본적으로는 교육전문가로 교육의 자유등 기본권 형성적 의미를 갖지만, 관련 법률에서 일부만을 인정함으로서 결과론적으로 제한하는 근거로 활용(교원의 노동기본권 제한의 근거로 삼은 헌법재판 등)되기도 한다.

162) 법률에 의한 기본권 한계에 대하여는 허영(2015), 앞의 책, 293-299면을 중심으로 소개한다.

적 가치의 조화와 이의 통일적 실현에 있다. 따라서 이러한 목적을 달성하기 위한 한 기본권의 제한은 허용된다 하겠다. '국가의 안전보장' 및 '헌법의 보호'를 위한 불가피한 기본권 제한 등이 이에 해당된다. 그러나 그 목적이 포괄적 개념을 사용하는 경우 이른바 '질서유지'나 '공공복리' 등의 목적을 위한 경우 등에는 적용의 엄격성을 기하기 어렵다. 이 경우에도 문구자체의 의미보다도 기본권 제한의 목적상 한계 측면에서 판단되지 않으면 안 된다.

② 형식상의 한계

기본권을 제한하는 경우 그 법률의 형식은 '처분적 법률'의 형식이 아닌 불특성 다수를 상대로 한 '일반적 법률'의 형식이어야 한다는 한계를 갖는다. 이는 민주주의와 법치주의 그리고 사회국가의 핵심적 내용인 '평등의 실현' 및 '특권배제의 사상'과 밀접하게 관련된 한계이다.

③ 내용상 한계

기본권의 본질적 내용의 침해를 넘어설 수 없는 것은 기본권 제한의 내용상 한계라 할 수 있다. 이른바 기본권의 이념적 기초라고 할 수 있는 '인간의 존엄과 가치'를 비롯하여 양심의 자유 및 종교의 자유 등의 기본권은 그 본질적 내용의 예이다. 그러나 개개의 기본권의 내용에 대한 제한의 경우가 본질적인 사항에 속하는지의 여부의 판단은 사법기관의 판례에 따라서 결정된다는 점에서 그 내용상의 한계는 그 자체가 절대적이기보다는 상대적 의미를 지닌다.

④ 방법상의 한계

과잉금지의 원칙으로도 알려진 방법상의 한계란 기본권 제한의 목적에 대해 가장 적합한 방법을 사용해야 한다는 '적합성의 원칙', 제한하더라도 최소한에 그쳐야 한다는 '최소 침해의 원칙', 제한의 정도와 제한을 통해 얻을 수 있는 공익을 엄격하게 비교형량해서 행하는 '비례 혹은 균형의 원칙' 등이 그것이다.

대한민국헌법은 일반적인 법률유보조항(§37②)을 통해서 국민의 기본권을 제한하는 입법에 있어서 목적상 한계(국가안전보장 · 질서유지 · 공공복리를 위하여), 형식상의 한계(법률로써 제한할 수 있으며), 내용상의 한계(본질적 내용은 침해할 수 없다) 그리고 방법상의 한계(필요한 경우에 한하여) 등을 밝히고 있다.

(2) 특수신분관계에 의한 교원의 기본권 제한[163)]

교육기본권 제한과 관련하여 교원의 기본권 제한에 관련 헌법 재판이 다수를 차지한다. 교원의 기본권 제한에 대한 논리로서 자주 활용되어 왔던 것이 바로 공무원에게 적용되었던 '특별권력관계에 의한 기본권 제한 법리'였다.

19세기적인 공법이론에 의한 고전적인 특별권력관계 이론은 특별권력관계와 기본권이 양립할 수 없

163) 학자에 따라서는 특수신분관계에 의한 기본권 제한을 법률에 의하지 않는 '예외적 기본권 제한'으로서 대통령의 긴급명령, 긴급재정, 경제명령, 계엄사령관의 포고령에 의한 제한, 조약에 의한 제한 등과 같이 분류하는 경우(김철수(1994), 앞의 책, 288면)도 있으나, 특수신분관계에 의한 제한은 법률에 의한 기본권 제한의 원칙이 적용되는 하나의 유형에 지나지 않는다. 여기서는 특별권력관계론의 새로운 접근방법으로서 특수신분관계론을 중심으로 살펴본다.

다는 시각에서 출발된 것이었으나 오늘날에는 특별권력관계에 대한 새로운 이론적 접근이 시도되고 있다. 특별권력관계의 의의, 이론의 변천, 기본권 제한 및 사법적 통제에 대하여 개관한다.

① 특별권력관계의 의의

특별권력관계(Besonderes Gewaltverhältnis)는 공법상의 특정한 목적 달성에 필요한 한도 내에서 권력의 주체가 그 객체를 포괄적으로 지배하고, 그 객체는 권력의 주체에게 절대적으로 복종하는 공법상의 특수한 법률관계이다. 이 이론에 의하면 특별권력관계는 일반권력관계와 구별되어야 하며,[164] 따라서 특수 목적을 위하여는 일반 권력관계에 적용되는 '법률에 의한 기본권 제한의 원칙'을 무시할 수밖에 없다고 보는 것이 전통적인 논조였다. 이러한 논조의 이론적 근거로는 특별권력관계 성립에 대한 당사자의 동의, 예를 들어 공무원 임명에의 동의와 이 동의 속에 내포되고 있다고 믿은 기본권의 포기가 자주 거론되었다.[165]

이러한 특별권력관계 이론은 기본권을 국가권력에 대한 국민의 '방어적 권리'로 이해한 19세기 후반 독일의 기본권관이 반영된 결과였다. 국가의 구성 부분인 특별권력관계 당사자에게 국민에게 인정되는 기본권을 인정하기 어려웠고 동시에 기본권 침해에 대한 권리구제도 있을 수 없었다. 특별권력관계론은 이른바 입헌주의와 군주주의의 타협에 의한 역사적 산물[166]로서 평가되고 있다. 특별권력관계의 유형으로는 전통적으로 국가와 공무원의 관계(복무관계), 국·공립학교 재학생관계(재학관계), 교도소 수형자의 관계(수감관계), 국·공립병원과 전염병환자와의 관계(입원관계), 국·공립공원과 이용자의 관계(이용관계) 등[167]이 거론된다.

② 이론의 변천

고전적인 특별권력관계론은 2차 대전 후 그 기본권관과 국가관이 여러 측면에서 비판을 받아 법률에 의한 기본권 제한의 원칙을 특별권력관계에도 적용하려는 이론이 제기되면서 시작되었다. 1956년 독일공법학회에서 C. H. Ule가 "기본관계(Grundverhältnis) 및 내부관계(Betriebsverhältnis)"의 이론을 발표하면서 본격화되었다. 즉, 특별권력관계를 기본관계와 내부관계로 나누어서 적어도 특별권력관계의 설정, 변경, 존속에 직접적인 영향을 미치는 기본관계(예를 들어 공무원의 임명·전직·파면, 군인의 입대·제대, 국·공립

164) 특별권력관계 긍정설은 절대적 구별설과 상대적 구별설(제한적 긍정설, 특별권력관계 수정설)로 구분되고, 양자의 구분을 부정하는 특별권력관계 부정설은 일반적·형식적 부정설과 개별적·실질적 부정설 그리고 기능적·재구조적 부정설로 나누어 논의되기도 한다. 석종현(1995), 일반행정법(上), 삼영사, 160－164면 참조.

165) 허영(1991), 앞의 책, 139면.

166) 19세기 후반 독일은 외견상 입헌주의를 채택하고 있었으나 수구적인 군권(君權)세력은 그 지지기반으로서 군대와 관료집단에게 법률(의회)과 기본권(시민)과 재판(법원)의 통제가 미치지 못하는 자유행정영역을 설정함으로써 행정권의 특권적 지위를 확보하고자 하였는 바 그 이론적 기초가 바로 특별권력관계 이론이었다. 특별권력관계의 역사적 배경에 대하여는 김도창(1993), 일반행정법론(上), 청운사, 259－260면 참조.

167) 권영성(1994), 앞의 책, 373면. 특별권력관계의 종류는 다른 한편으로 공법상의 근무관계(공무원, 군인)·영조물 이용관계(재학관계)·특별감독관계(국가·공공단체의 특허기업자·공공조합 등에 대한 관계)·사단관계(공공조합과 조합원과의 관계) 등으로 구분되기도 하며 그 내용은 명령권(명령처분과 행정규칙) 및 징계권을 포함하게 된다. 김도창(1993), 앞의 책, 258－259면 참조.

학교 학생의 입학허가 · 제적 · 정학 · 전과 · 형의 집행 등)에서는 기본권의 효력을 완전히 인정하고 그 침해에 대한 사법적 구제도 허용한다는 것이다.[168] 이러한 특별권력관계에 있어서 기본권 제한의 한계는 독일연방 헌법재판소가 1972년 수형자의 기본권 제한에 대한 법률유보주의를 밝힌 판례를 통해서 처음으로 적용되었다.

특별권력관계에서도 기본권이 존중되어야 한다는 인식이 확산되면서 특별권력관계에 대한 새로운 이론적 접근, 이른바 특수한 신분관계론이 K. Hesse에 의해 제기되었다. Hesse에 의하면, 특수한 신분관계에 있는 국민의 기본권 제한은 헌법에 규정이 있거나, 적어도 헌법이 그것을 전제로 하고 있는 경우에 한한다고 본 것이다. 즉, 종래의 특별권력관계란 특별한 권리를 부여받거나 의무를 부담하는 일종의 특수한 신분관계(Sonderstatusverhältnis)[169]에 불과하다는 점에서 이런 특수한 신분관계는 사회공동체가 정치적인 일원체로서 기능하는데 필수적인 생활관계로 보았다. 그러나 필요한 기본권의 제한의 경우에도 기본권 제한의 일반원칙이 적용되어야 하며, 그 정당성은 헌법의 규범조화적 해석 방법에 따라 평가되어야 한다고 강조한다.[170] 오늘날 '특별권력관계'라 하더라도 기본권이 완전 무시될 수 없음은 자명하게 받아들여지고 있다. 앞서 살핀 용어의 다양성에서도 보여지듯이 고전적인 개념인 '특별권력관계'의 적절성과 기본권 제한의 근거와 한계에 대해서는 정설이 확립되지 않고 있다.

③ 기본권 제한 및 사법적 구제

특수신분관계에서의 기본권 제한은 규범조화적인 헌법질서를 유지하기 위한 불가피한 조치라 하더라도 기본권 제한의 일반원칙이 적용됨은 물론이며 기본권 제한의 구체적 방법과 한계는 특별신분관계의 설정 목적과 성질, 기능 등에 따라서 구체적으로 검토되어야 할 것이다.[171]

특수신분관계에서의 기본권 제한의 형식은 헌법의 규정에 의한 경우와 법률의 규정에 의한 경우가 있을 수 있는바, 법률의 규정에 의한 경우에도 인간의 존엄성의 훼손이나 절대적 기본권은 제한할 수 없으며 이른바 상대적 기본권도 그 본질적인 내용을 침해할 수 없음은 물론이다. 독일연방 헌법재판소는 전술한 바 있는 수형자의 기본권 제한에 대한 법률유보원칙과 교육법의 학교관계 규율에 있어서 적어도 본질적 결정(Wesentliche Entscheidung)만은 반드시 법률에서 직접 규정하여야 한다는 본질유보 원칙을 밝힌 바 있다.

---

168) 허영(1991), 앞의 책, 139－140면. 한편 김도창 교수는 Betriebsverhältnis를 '경영수행관계'로 번역하고(학자에 따라서는 '복무관계'로도 표현) 이 경영수행관계에서도 사법심사에 의한 권리보호가 인정되어야 할 부분은 '방위근무관계 및 모든 폐쇄적 영조물관계(권력복종자가 그 의사에 반하여 종래의 환경에서 격리되는 경우로서 격리병동 입원관계 및 교도소 재소관계 등)'이고 개방적 영조물관계(권력복종자가 자기의 환경과 결합되어 있는 경우로서 국공립학교 재학관계 · 국공립병원 입원관계 등)는 공무원관계와 같이 종래처럼 내부관계로 남는다는 C. H. Ule의 당시 보고를 인용하고 있다. 김도창(1993), 앞의 책, 263－264면 참조.

169) H. J. Wolff, O. Bachof 등은 '행정법적인 특별관계(verwaltungsrechtliche Sonderverhältnisse)'라는 표현을 쓰고 Maunz, Zippelius 등은 '특별한 법률관계(Sonderrechtsverhältnisse)'라는 표현을 쓴다. 허영(1991), 앞의 책, 141면에서 재인용. 한국에서는 김도창은 권력관계가 아닌 법관계라는 의미에서 특별행정법관계라는 표현을 쓴다. 김도창(1993), 앞의 책, 257면 이하 참고.

170) Hesse의 이론에 대해서는 허영(1991), 앞의 책, 140－143면 참조.

171) 권영성(1994), 앞의 책, 374면. 김철수(1994), 앞의 책, 291면 등.

한국의 경우 헌법에 직접 설정되거나 그 설정이 예정된 특수신분관계로는 공무원 근무관계(§7, §29, §33②, §78), 병역 복무관계(§39, §27②, §110), 학생 교육관계(§31), 수형자 복역관계(§12, §13, §27, §28) 등은 각각 독자적인 생활질서를 갖는 것이므로 각각의 독특한 범위 내에서 법률로써 기본권을 최소한으로 제한하는 것은 그와 같은 '특수한 생활관계'를 설정한 헌법의 뜻에 어긋나지 않으며 이 경우 법률에 의한 기본권 제한의 원칙이 적용됨은 물론이다.[172)]

이에 대하여 한국의 경우는 독일 「본」기본법의 경우와는 달리 이른바 특별권력관계에 있어서 기본권 침해에 관하여 헌법에 직접적이건 간접적이건 근거가 없다는 견해[173)]가 있으나 헌법에 관련된 조항이 특수신분관계의 설정조항만으로 볼 것인지 특별권력관계에 따른 기본권 제한의 직접적 근거조항으로 볼 것인지라는 법기술적인 측면보다는 입법취지 및 기능측면이 강조되어야 할 것이다.

즉, 헌법이 설정하고 있는 특수신분관계는 한 사회공동체가 기능하는 데 없어서는 안 되는 특수한 생활관계이기 때문에 그 각각의 독특한 생활관계가 요구하는 불가피한 최소한의 범위 내에서 기본권을 제한하는 것[174)]은 그것이 기본권 제한 입법의 한계를 이탈하지 않는 한 헌법규범의 조화적 실현을 위해 불가피하다 하겠다. 이런 점에서 볼 때 이른바 '특별신분관계에 의한 기본권 제한'은 결코 '법률에 의한 기본권 제한의 원칙'에 대한 예외일 수 없고, '법률에 의한 기본권 제한의 원칙'이 적용되는 하나의 유형에 지나지 않는다는 설명[175)]이나 일반권력관계에서의 공익목적을 위한 기본권 제한과 특별행정법관계에 있어서의 기본권 제한은 본질적으로 다른 점이 없다는 이해[176)]가 가능하다고 할 수 있다.

생각건대 한국 헌법이 설정하고 있는 '특수신분관계'의 조항은 특별한 권리의 부여와 의무의 부담의 근거가 된다는 양 측면을 모두 내포하고 있으면서 기본권 제한의 형식적 근거 조항이 된다고 할 수 있다. 그러나 실질적인 기본권 제한의 범주는 일반적인 법률유보조항이자 기본법 제한 입법의 한계조항인 제37조 제2항에 의거한다고 보아야 할 것이다.

법률에 의한 기본권 제한의 예로서는 정당법 · 국가공무원법 · 지방공무원법 · 교육공무원법등이 공무원의 정당가입이나 정치적 활동의 자유를 제한하는 경우(정당법 §6, §17), 공무원이 대통령이나 국회의원에 입후보하기 위해 일정기간 이전에 사임해야 하는 경우(대통령선거법 §30, 국회의원선거법 §32), 국 · 공립학교의 학생 · 수형자 · 입원중인 전염병환자 등에 대해 각각 교육법 · 행형법 · 전염병예방법등에서 기본권 제한의 특례를 규정한 경우 그리고 법률에 의한 군인 · 군무원 등의 거주 · 이전의 자유의 제한, 표현의 자유의 제한, 제복의 착용 등은 그 예이다.

---

172) 허영(2015), 앞의 책, 306－307면.

173) 김도창(1993), 앞의 책, 265면 각주 18. 김철용, 공법상의 특별권력관계론, 법정(1976.4) 참조.

174) 특별권력관계에 따른 기본권 제한의 한계를 논할 경우 그 한계를 '당해 특별권력관계를 설정한 목적에 비추어 보아 필요한 한계'로 보는 것은 전통적 특별권력관계론의 입장이라고 보는 견해(이강혁(1982), 특별권력관계와 기본권의 제한, 현대공법이론(목촌 김도창박사 회갑기념))도 있으나, 헌법규범의 조화적 실현에 필수적인 생활관계로서 특수신분관계로 이해한다면 문제는 없다고 본다.

175) 허영(2015), 앞의 책, 307면.

176) 석종현(1995), 앞의 책, 168면.

④ 사법적 통제

특별신분관계에서의 처분(명령 · 강제 · 징계 등)을 사법적 통제의 대상으로 할 수 있는지에 대해서는 학설이 나뉜다. 전통적인 특별권력관계론의 논지(불침투설)하에서는 전면 부정되었으나 제한적 긍정설은 특별권력관계 가운데 기본관계에 관한 처분, 즉 그 관계에서 외부로 배제하는 행위(공무원의 파면, 학생제적) 및 일반 시민법질서에 관계되는 행위(정직, 정학, 군복무, 교도소 복역, 격리병동 입원관계)에 대해서는 사법적 통제를 인정한다. 이에 비해 전면 긍정설은 소송상 일반권력관계와 특별권력관계를 구분하지 않고 특별신분관게에서의 처분도 자유재량에 속하지 않는 행위나 재량권의 한계를 이탈 · 남용한 경우에는 사법적 통제의 대상이 된다고 본다. 한국에서는 위의 전면 긍정설이 통설로 되어 있고 판례[177]도 이에 따르고 있다.

다. 교육기본권의 보호 및 구제

교육이라는 국가수준의 공공사업에 속하는 업무와 관련되는 국민의 교육기본권은 단순한 국민 개개인의 주관적 공권이라기보다는, 국민 전체의 자아실현과 행복, 나아가 국가의 발전과 번영에 직결된다는 점에서 문화적 권리이자 객관적 가치질서로 보는 것이다. 당연한 논리적 귀결로서 국가 및 지방자치단체라는 공권력의 간섭을 배제한 교육 및 학습활동에 있어서의 자유를 기초로 하지만, 제반 교육기회 및 여건을 능력에 따라 균등하게 제공받는다는 점에서 그 시행자로서 공교육의 주관자, 즉 국가와 지방자치단체의 역할 또한 지대하다.

기본권을 구체화하는 주체에 있어서 국가나 지방자치단체의 역할이 크다고도 할 수 있고, 공권력으로부터 교육기본권이 침해당할 우려도 있으며, 그 구제를 마련하여야 할 주체 또한 국가이다 보니 교육기본권의 구체화와 기본권의 보호는 복잡한 관계에 놓이는 것이다.

허영은 기본권의 효력으로서 '국가권력이 기본권에 기속된다'는 문제와 '기본권의 보호'문제는 엄격히 구별할 필요가 있다고 하면서, "전자는 국가권력은 기본권의 기속력을 존중해서 기본권을 침해하여서는 안 된다는 것이지만, '기본권의 보호'는 기본권의 기속력이 지켜졌는지의 여부를 누가 감시하며, 기본권의 기속력에도 불구하고 기본권이 현실적으로 침해된 경우에 어떤 기관이 어떠한 전제하에서 기본권의 침해를 어떠한 형태로 문제삼아야 하느냐 하는 문제이기 때문이다"고 한다.[178] 국내 학자들도 기본권의 보호를 사전 예방적 혹은 사후 구체적 보호수단을 통해 마련하는 것을 국가의 의무로 다루고 있다.

현행 헌법에서 마련된 기본권 보장에 관한 국가의 의무는 제10조 제2문(국가는 개인이 가지는 불가침의 기본적 인권을 확인하고 이를 보장할 의무를 진다)을 필두로 하여, 기본권의 본질적 내용의 침해 금지(§37② 후단) 및 헌법소원제도(§111①5), 위헌법령심사제도(§107), 행정심판제도(§107③) 등 입법적 구제수단을 마

177) 특별권력관계에 있어서도 위법 · 부당한 특별권력의 발동(구청장의 동장 직권파직)으로 말미암아 권리를 침해당한 자는 행정소송법 제1조의 규정에 따라 그 위법 또는 부당한 처분의 취소를 구할 수 있다(대법원 1982.7.27. 선고 80누86 판결).
178) 허영(2015), 앞의 책, 312면 각주 1).

련하고 있다. 물론 재판청구권(§27), 형사보상청구권(§28), 국가배상청구권(§23③)을 비롯하여 청원권(§26) 또한 실질적인 기본권 침해 구제 방법이기도 하다. 국가인권위원회의 활동 또한 기본권 보호를 위한 상설 기구로서 그 역할의 중요성이 강조되고 있고, 국민 자신이 행사하는 최후의 기본권 보호수단이라 할 수 있는 저항권의 행사는 헌법의 서적에만 있는 것이 아니라 2017년 광화문 촛불시위에서도 보여주듯이 평화적인 시위를 통해서도 실현되어가고 있다.

(1) 입법기능과 기본권 보호

국가권력의 입법기능은 주로 입법부에 의하여 행사되며, 헌법정신을 구체적 법률로 제정하여 기본권을 보호하게 된다. 이는 과거의 '기본권의 법률 내의 시대(바이마르공화국)'에서 '법률의 기본권 내의 시대'를 의미한다.

입법기능은 국가질서 형성의 방향을 결정하는 정책결정적 성격을 지니며, 입법부는 행정국가화 경향에 따른 국정 통제기관으로서 의미를 함께 지닌다. 입법작용 담당자인 입법부는 절차법의 제정이나 입법예고제, 청원 등을 통해 기본권의 사전 예방적 보호에 기여하는 한편, 위임입법에 대한 통제를 비롯한 각종 대 정부통제권의 행사, 또는 청원 등을 통해 사후 구제적 기본권 보호에도 기여하고 있다.[179)]

적극적 입법에 의한 기본권 침해에 의한 사전 예방적 기본권 보호제도는[180)] 청원과 대통령의 법률안거부권 및 국가인권위원회의 권고(§19 이하) 등이 있으나 실효성은 밝혀지고 있지 않다. 사후 구제적 기본권 보호제도로는 위헌법률심판과 헌법소원 그리고 실효성은 담보하기 어려운 청원권의 행사를 들 수 있다.

한편, 입법 부작위에 의한 기본권 침해를 들 수 있다. 이 경우에도 입법개선 의무 위반에 의한 기본권 침해,[181)] 단순 부작위에 의한 기본권 침해,[182)] 그리고 진정 입법 부작위에 의한 기본권 침해[183)]로 설명된다.

(2) 집행기능과 기본권 보호

집행은 기본권의 실질적인 실현과정이기도 하지만, 법의 적용과정에서 집행기관에 의하여 기본권이

---

179) 장영수(2003), 앞의 책, 167－168면.

180) 프랑스에서는 예방적 규범통제를 독일에서는 추상적 규범통제를 도입하고 있으나 한국은 해당되지 않는다. 전자는 위헌의 소지가 있는 입법에 대해 입법과정의 일부로서 헌법평의회에 의한 심사를 받도록 하는 제도이며, 후자는 위헌성이 있는 법률이 제정되어 기본권이 침해될 우려가 있으나 아직 구체적으로 적용되지 아니한 상태에서 이 법의 위헌성을 심사하는 제도를 말한다. 한국은 위헌 여부가 재판의 전제인 경우에 한하는 구체적 규범통제를 취하고 있다. 이에 대하여는 장영수(2003), 앞의 책, 170면 참고.

181) 입법권자가 입법 당시에 내린 예상이 현저하게 빗나갔거나, 입법 후의 여러 가지 사정이 입법 당시와는 많이 달라져서 처음에는 생각할 수 없었던 기본권 침해가 현실적으로 나타나는데도 불구하고 입법권자가 그 법률을 고치지 않고 그대로 방치함으로써 법률에 의한 기본권 침해를 방관하는 경우이다. 헌재는 입법부 작위 위헌확인소원은 인정하지 않으나 불완전 입법에 대하여는 부진정 입법 부작위라하여 인정한다.

182) 입법권자가 처음부터 이 법에 관한 헌법상의 추상적인 수권위임을 무시함으로써 기본권을 침해하는 경우로서 청원권 행사나 정치적인 의사표현을 통해 간접적으로 해소될 뿐이다.

183) 입법권자가 입법에 관한 구체적이고 명시적인 헌법상의 수권 위임을 무시함으로써 기본권을 침해하는 경우로서 헌재에 입법 부작위 위헌확인 헌법소원을 제기할 수 있다.

가장 많이 침해되는 모순이 있다. 이것 역시 집행권에 의한 기본권의 보호와 집행권(의 침해)에 대한 기본권 보호(구제)로 나누어 볼 수 있다.

집행권 주체 면에서 볼 때, 우선 대통령에 의한 기본권 보호(법률안 공포권, 공무원 임면권, 사면권, 국가긴급권, 국정의 최고책임자로서 기본권 보호 등)가 가장 포괄적이고, 이어 국무총리와 국무위원에 의한 기본권 보호(국무회의 심의권, 국정행위 부서(서명)권 등), 행정공무원에 의한 기본권 보호(기본권 침해 법령집행에 대한 이의 진술권 등) 등이 있다.

집행권의 침해에 대한 기본권 구제로는 탄핵심판제도, 사법절차에 의한 보호제도(국가배상청구, 사법절차적 기본권에 의한 인신권의 보호, 행정소송 등) 등이 있고, 법원에 의한 명령·규칙에 대한 위헌심사를 통한 기본권 보호제도 등이 있다.

(3) 사법기능과 기본권 보호

사법기능은 구체적인 쟁송을 전제로 법을 선언하여 법질서를 유지하는데 기여하는 법인식 기능을 말한다. 사법권에 의한 기본권의 보호제도로는 법률의 위헌결정 제청권에 의한 보호(§107①), 명령·규칙의 위헌심사에 의한 보호(§107②), 재판에 의한 기본권의 보호(§27①) 등이 있다. 사법권에 의한 기본권 침해는 사실 판단과 법률 적용의 오류로 인한 경우를 말한다. 이 경우 보호제도로는 심급제도(3심제), 형사보상청구제도, 대통령의 사면권, 법관에 대한 탄핵심판, 헌법소원[184]에 의한 기본권 보호제도 등이다.

(4) 헌법재판 기능과 기본권 보호

헌법재판은 국가작용의 합헌성을 심사하는 실정법상의 최종적 심급이며 기본권 침해에 대한 최후의 구제수단이다. 다만, 법원의 재판에 대한 헌법소원은 배제되어 헌법재판을 통한 기본권의 구제에는 흠결로 남아있다.[185]

헌법 입법권·집행권·사법권 등의 과잉행사에 의하여 기본권이 침해되는 것을 예방하거나 보완할 수 있는 가장 강력한 기본권의 보호의 수단이면서, 기본권 보호가 저항권으로 넘어가기 전의 최후의 제도적인 보루라고 평가하기도 한다.[186]

헌법재판에 의한 기본권 보호는 헌법재판(탄핵심판, 권한쟁의, 위헌정당해산, 기본권의 실효)에 의해 간접적으로 기본권을 보호하거나 직접적인 기본권 보호제(구체적·추상적 규범통제, 헌법소원, 민중소송 등)가 있다. 헌법재판의 기본권 보호에 대하여는 절을 달리하여 살펴보기로 한다.

(5) 기본권 보호의 최후 수단으로서 저항권

기본권 침해에 대한 모든 보호 수단과 방법을 동원하였으나 불가한 경우 최후 수단으로서 저항권을 인정하는 데에는 헌법학자들 간의 견해[187]가 다르다. 허영은 기본권과 헌법질서를 보호하기 위한 예비적

---

184) 법원이 기본권을 침해하는 법률의 위헌심판제청신청에 대하여 기각하거나, 헌법재판소가 위헌결정한 법령을 재판에 적용하여 기본권을 침해하는 경우 예외적으로 법률과 재판에 대한 헌법소원이 가능함을 의미한다.

185) 장영수(2003), 앞의 책, 185－186면.

186) 허영(2015), 앞의 책, 328면.

이고 최후 수단적인 것이므로 예방적이거나 편의적으로 행사되거나 정치적 선전·선동의 도구로 악용되어서는 안 된다고 주장한다. 그리고 저항권을 전통적인 '힘의 행사'로만 이해하는 고정관념에서 벗어나 국가권력에 대한 국민의 '비판적인 복종의 자세'로 이해하고 '계속적인 저항'을 일시적이고 폭발적인 힘의 행사에 의한 저항 못지않게 중요시해야 한다고 본다. 폭발의 가능성을 줄여나가는 정치인의 슬기가 기본권 보호뿐 아니라 저항권의 순화를 위해서도 매우 중요하다는 지적이다.[188)]

라. 헌법재판 제도 개요 및 판례

(1) 헌법상 의미 및 유형

헌법재판은 헌법을 운용하는 과정에서 헌법의 규범내용이나 기타 헌법문제에 대한 다툼이 생긴 경우에 이를 유권적으로 해결함으로써 헌법의 규범적 효력을 지키고 헌정생활의 안정을 유지하려는 헌법의 실현 작용이다. 헌법의 규범내용이나 헌법문제에 대한 다툼은 헌법의 규범 구조적 특성인 이른바 추상성, 개방성, 미완성성 등 때문에 나타나는 불가피한 현상이기 때문에 헌법재판은 헌법구조의 내재적인 제도라고도 볼 수 있다.[189)]

과거 헌법재판은 통치기능의 한 유형으로 취급되었으나 오늘날에 와서는 정치생활을 헌법질서 속에 끌어들임으로서 권력통제장치로서 기능하여 통치기관의 구성 원리로서도 의미를 갖는다. 헌법의 최고규범성과 통치권의 기본권 기속성을 이념적 기초로 하는 헌법재판은 헌법분쟁을 유권적으로 최종 판결하여 해결함으로써 헌법을 실현시켜 헌법규범과 헌법현실 사이의 간극이 벌어지는 것을 막는 가장 효과적인 보호 수단으로서의 의미도 갖는다.

헌법재판의 유형은 미국처럼 일반법원 체계 내의 최고법원(Supreme court)이 담당하는 사법심사형, 프랑스처럼 정치기관이라고 할 수 있는 헌법평의회(Conseil constitutionnel)가 담당하는 이른바 정치심사형 그리고 오스트리아·독일처럼 헌법재판소(Verfassungsgericht)가 담당하는 헌법재판소형이 있는바 한국은 헌법재판소형을 채택하였다.[190)]

(2) 헌법재판의 법적 성격 및 지위

헌법재판의 법적 성격에 대하여는 학자마다 견해가 다르다. 헌법재판도 결국 헌법규범에 대한 법해석 작용을 본질로 하는 이상 사법적 법인식 작용에 지나지 않는다고 하는 법실증주의 입장에서의 '사법작용설'이 있고, 헌법분쟁을 법률분쟁이 아닌 정치 분쟁으로 여겨 헌법재판을 사법적 형태의 정치적 결단으로 이해하는 결단주의 입장에서의 '정치 작용설', 헌법규범의 내용을 구체화하는 법정립 작용으로 이해하

187) 인정하는 학자로는 권영성, 김철수, 허영이 있고, 부정하는 학자로는 문홍주, 박일경이 있으며, 대법원은 부정하였다(74도3323, 80도306). 헌재는 명시적 입장을 표명하지 않으면서 입법과정의 하자는 저항권 행사의 대상이 아니라고 판시한 바 있다(97헌가4).

188) 허영(2015), 앞의 책, 331－332면.

189) 허영(2015), 앞의 책, 860면.

190) 계희열(1989), 헌법재판의 제도적 고찰, 헌법재판의 제도와 운영, 대한변호사협회, 외국의 헌법재판제도에 대해서는 정종섭(1991), 주요 국가 헌법재판제도에 대한 비교연구, 헌법재판 및 제도의 활성화에 관한 연구, 헌법재판소, 11－113면 참고.

는 '입법작용설' 그리고 입법·사법·행정 등의 국가작용 통제를 위한 독특한 성격으로 이해하는 '제4의 국가작용설'[191] 등이 그것이다.

헌법재판의 법적 성격이나 본질에 대하여 사법작용으로 이해하는 것이 다수설의 입장이나 헌법 해석이 지니는 정치형성적 효과나 해석시 고려되는 정치적 관점을 고려할 때 순수한 사법작용으로 보기는 어렵다. 그것은 규범적인 합법성을 위한 법인식 기능과 정치적인 합목적성을 위한 판단기능이 동시에 작용한다는 점에서 제4의 국가작용으로 볼 수 있다. 한국의 헌법재판소가 갖는 헌법상 지위는 헌법재판을 전담하는 헌법재판기관으로서의 지위와 그 기능에서 유래하는 헌법보호기관으로서의 지위, 자유와 권리 보호기관으로서, 권력통제기관으로서 그리고 정치적 평화보장기관으로서 지위를 갖는다.

한국의 헌법재판은 구체적 법규범에 대한 것과 탄핵 및 위헌정당해산에 대한 것이 있으나 법규범의 위헌성 심판이 주종을 이룬다. 위헌심판을 신청할 수 있는 것은 법원의 직권 또는 소송당사자의 신청에 의한다. 즉, 법원은 법률이 헌법에 위반되는지의 여부가 재판의 전제가 된 때에 직권 또는 소송당사자의 신청에 의해서 그 법률의 위헌여부를 심사할 수 있다. 이때 법률의 위헌 심사를 법원에 신청한 소송당사자는 그 법원이 헌법재판소에 제청할 것을 기각한 데 대해서는 항고할 수 없지만 헌법재판소에 헌법소원 심판을 청구할 수 있다(헌법재판소법 §41, §68②).

(3) 헌법재판의 결정 유형

헌법재판소의 결정 유형은 현행법상 '합헌결정'과 '위헌결정'의 두 가지로 되어 있으나, 이 같은 방식으로는 규범통제에서 나타나는 여러 문제를 포용할 수 없기 때문에 실제에 있어서는 제3의 결정형식을 함께 채택하고 있다. 이른바 위헌불선언결정, 한정합헌결정, 한정위헌결정, 일부위헌결정, 조건부위헌결정, 헌법불합치결정, 부분위헌결정[192] 등이 그것이다.

위헌불선언 결정은 위헌주장의 재판관이 다수지만 6인 미만의 경우의 것으로 실질적으로는 합헌결정과 같다. '…는 헌법에 위반된다고 선언할 수 없다'라는 주문형식을 취하는 경우이다. 한정합헌결정은 헌법과 조화되게 축소 해석하는 전형적 합헌적 법률해석으로서 '…해석 하에 헌법에 위반되지 않는다'라는 주문형식을 취한다. 일부위헌결정은 심판의 대상이 된 법조문은 그대로 놓아둔 채 그 법조문의 특정적용 사례에 대해서만 위헌이라 선언하는 것이다. 조건부위헌결정은 역시 합헌적 법률해석의 일환으로서 조건을 붙여 그 조건에 해당하면 위헌이 된다고 하는 방식이다. 헌법불합치결정은 입법개선을 촉구하는 사법적 자제의 표현으로서 '…헌법에 합치되지 아니한다'로 위헌결정을 대신하는 것이다. 부분위헌결정은 법조문의 일부 문구 내지 표현만 위헌선언을 하는 형식이다.

교육법상 교과용도서의 국정제(§157)에 대한 헌법소원심판은 이유없다고 기각결정을 하였고(89헌마88), 교육위원과 초·중·고교 교원의 겸직을 금지한 지방교육자치법(§9①)에 대한 헌법소원심판 역시 기각결정을 하였고(91헌마69), 사립학교법상 교원의 노동3권의 제한 또는 금지조항(§55, §58①4)에 대한 위헌법률심판에서 합헌결정을 했다(89헌가106). 특히 사립학교법에 관한 위헌법률심판은 법률의 위헌심사를

191) 헌법재판의 법적 성격에 관한 학설에 대하여는 허영(2015), 앞의 책, 863-866면 참고.
192) 헌법재판 결정유형에 대해서는 허영(2015), 앞의 책, 884-888면 참고.

한 서울지방법원이 일차적으로 헌법에 위반되는 것으로 판단[193]하여 헌법재판소에 제청한 경우이다.

(4) 헌법재판소 판례의 의의

구체적 법률 규정이 헌법규정의 정신에 위배되는지의 여부는 최고 규범으로서 헌법에 비추어본 최상의 유권해석 기관에 의한 법인식이라는 점에서 구체적 법률의 헌법적합성 자체는 물론 법규범으로서의 규범적 타당성을 법해석상 인정받게 되는 것이다. 이는 또한 상위법과 하위법 간의 체계적 정당성을 확보하는 수단으로서 의미도 갖는 동시에 통치권의 남용으로 빚어질 수 있는 헌법의 규범력을 보호하는 것이다.

교육에 관한 법률은 기본권과 밀접히 관계되는바, 이에 대한 헌법심판은 국민의 교육기본권 보호에도 이바지한다. 그리고 지난 교육재판과정에서 볼 수 있는 바와 같이 국가교육행정기관과 교원단체, 사립학교재단과 교원 간의 분쟁에 대한 최종적인 법적 판단을 내림으로서 교육관련 집단 간의 법률관계(권리의무관계) 질서를 유지시키는 기능을 하게 된다.

그러나 헌법재판소의 판례는 헌법재판제도가 지닌 특성과 한계로 인하여 교육법 현실에 영향을 준다. 즉, 법률의 규범적 타당성만을 심판하는 순수한 사법작용적인 법인식일 뿐만 아니라 정치작용적인 합목적성의 판단기능이 함께 공존한다는 점에서 법리적으로는 타당하나 현실과 유리되는 판단을 할 수 있으며, 반대로 현실적인 목적성에는 합당하나 법리적으로는 모순되는 결과를 초래할 수도 있다. 법규범에 대한 최고 상위의 유권해석이라는 권위에도 불구하고 상반된 법인식이 존재하는 것은 이 때문이다.

결국 헌법을 기준으로 한 위헌성 판단은 헌법의 미완성의 본질에서도 볼 수 있듯이 현행 헌법정신 내의 해석이므로 규범적 타당성 검증 수단으로서 최상성은 있으나 완전성은 있을 수 없다. 이런 면에서 헌법재판은 동시대인의 정의감정(正義感情)에 귀 기울여 가며 헌법정신을 재구축하는 역할까지도 맡아야 하며 합헌적 법률해석이 갖는 한계를 극복해가야 한다. 그리고 헌법재판은 법률의 기능적 적용이 아닌 법인식 작용이란 점에서 헌법재판소의 인적구성을 어떻게 하느냐 하는 것 또한 재판의 결과에 지대한 영향을 준다. 이 점에서 기관의 구성에 민주적 정당성의 원리가 지켜져야 함은 두말할 나위가 없다.

종합하면 헌법재판소의 교육관련 법률에 관한 위헌성 여부의 결정은 현행법의 체제 하에서 규범적 타당성을 검증받는 의의를 지닌 동시에, 교육당사자 간의 분쟁에 관한 각급 사법기관 법인식의 기준을 제시하며 그 규범력은 교육법에 관한 입법기능과 행정기능을 통제하게 된다. 그리고 법률의 실효성 검증에 있어서 헌법재판소의 법인식은 일반인의 법인식과의 비교준거로서 활용될 수 있다.

(5) 헌법적합성 판단의 기준

헌법재판에 있어서 법률의 위헌여부를 판단하는 기준은 가장 기본적으로는 헌법이 해당 법률을 설치하고 있는 목적에 비추어 판단하여야 할 것이다. 그리고 헌법이 표시하고 있는 조항 및 조항의 상호관계에 의해서 구체적으로 판단하여야 한다. 헌법재판의 대상이 국민의 권리와 의무에 관한 사항인지, 통치기구의 권한과 구성에 관한 사항인지에 따라 판단의 기준은 달라질 수 있으나 여기서는 기본권 제한에

---

193) 각급 법원이 헌법재판소에 제청하는 경우는 위헌의 확신뿐만 아니라 위헌의 의심만으로도 가능하다고 판시한 바 있다(93헌가2).

관한 헌법소원 및 위헌심판에 있어서의 기준을 중심으로 개관하기로 한다.

교육관련 법률 중 교육당사자의 기본권을 제한하는 법조항에 대한 위헌성 여부의 판단은 일차적으로 헌법조항의 해석에 의하며, 다른 한편으로는 법률에 의한 기본권 제한이라는 측면에서 기본권 제한의 일반원칙이 지켜졌는지의 여부가 그 기준이 된다. 즉 헌법조문과 법률에 의한 기본권 제한의 한계[194]가 헌법적합성 판단의 기준이 된다.

교육에 관한 헌법규정은 크게 두 가지로 분류되기도 한다. 하나는 교육과 관련된 개인의 권리에 관한 규정으로서 교육을 받을 권리와 학문의 자유 및 참정권과 노동기본권을 포함한 시민권에 관한 규정들이다. 다른 하나는 교육에 관한 객관적 제도의 보장에 관한 규정으로서 교육제도 및 교원지위 법률주의와 교육의 자주성, 전문성, 정치적 중립성 및 대학의 자율성에 관한 규정이다.[195]

이는 결국 교육에 관한 법률을 정립하는 데 있어서의 기본원리가 판단의 준거가 될 수 있음을 의미한다. 즉, 국민의 교육기본권 실현이라는 이념적 기초에 종속되고 있는지 교육제도 등의 법률주의 원리에 기초한 것인지 그리고 교육조리에서 연유하는 교육의 자주성과 전문성 및 중립성의 제도보장 원리에 충실한 것인지의 여부 등이 그 기준이 된다. 물론 해당 사항에 대한 동시대인의 정의감정(교원지위의 경우 국민의 교사관과 법적 지위에 대한 동의도 등)은 살아있는 법의 실현을 위해 반드시 필요한 사항이나 헌법적 기준에 의한 판단을 하는 헌법재판에서는 재판관 개인의 인식에 의존할 수밖에 없는 영역이다.

기본권 제한의 한계에 의한 헌법적합성 판단 기준의 내용은 앞서 헌법적 가치의 조화와 통일적 실현을 위해 필요한 것이었는지의 목적상의 한계와 처분적 법률형식에 의한 기본권 제한이어서는 안 되는 형식상의 한계, 기본권의 본질적 내용을 침해해서는 안 되는 내용상의 한계, 끝으로 방법상의 한계로서 적합성·최소 침해·비례내지 균형이 유지되어 이른바 과잉금지의 원칙이 잘 지켜졌는가를 판단하는 것으로 구성되어 있다. 이에 대하여 현행 헌법은 제37조 제2항은 국민의 기본권을 제한하는 입법을 할 경우 국가안전보장·질서유지·공공복리를 위하여(목적상 한계) 법률로써 제한할 수 있으며(형식상 한계), 본질적 내용은 침해할 수 없으며(내용상 한계), 필요한 경우에 한한다(방법상의 한계)고 함으로써 기본권 제한의 한계를 밝히고 있다.

(6) 주요 헌법재판 교육판례 동향

최근 교육법과 관련하여 헌법재판에 상정되는 재판이 점차 증가하고 있다. 이는 교육법의 규범적 정당성에 대한 의문이 확대되어 감은 물론, 법규범과 법 현실 간의 부조화가 그만큼 잦아지고 있다는 반증이기도 하다. 교육에 관한 법규범의 규범적 타당성 및 사실적 실효성 문제는 교육관련 재판과 관련되며, 그 대표적인 영향력 있는 판단은 헌법 재판에 의한다.

헌법재판 가운데 위헌으로 확인될 경우 그 영향은 입법·사법·행정의 전 영역에 미치는 실로 막대한 것이다. 교육공무원법 제11조의 국·공립사범대학 출신자의 우선 임용에 관한 조항이나 교·사대 출신

194) 현행 헌법 제37조 제2항, 이른바 일반적인 법률유보조항이 그 내용면에서는 기본권 제한 입법의 한계조항도 된다는 점에서 헌법적합성 판단기준은 종국적으로 헌법조문과의 합치성 여부가 된다고 볼 수도 있다.

195) 양건, 교육관계법령의 헌법적합성의 검토, 고시계(1989.3), 178－179면.

의 가산점 위헌판결, 과외금지 위헌 결정 등은 그 예이다.

20설 헌법재판의 의의: 교육법의 규범적 정당성 검증과정 + '살아있는 교육법'을 위한 필수과정

교육제도 및 교육행정 전반에 적지 않은 영향을 미친 헌법재판소의 대표적인 교육관련 판결과 주요 요지를 정리하여 제시하면 <표 4-6>과 같다.

교육관련 법에 대한 헌법재판소 판결은 1990년 이후 지속적으로 증가하여 왔다. 위헌 또는 헌법불합치 판결을 받은 경우도 있었다. 국·공립 사범대학 출신자들에 대하여 우선 임용하던 오랜 관행은 위헌 판결로 인하여 교원임용고사로 대체되었다. 그러나 이미 임용예정 명부에 후보자로 기명되어 있던 졸업생들에 대한 후속 조치를 취하지 않아 이후 10여 년 이상 미발추 소송과 관련 교원임용 입법정책상의 혼란이 지속되었다. 우선임용 이후 지속되었던 사범대학 가산점 제도 역시 위헌판결(2001헌마882)을 받아 큰 영향을 미치고 있다.

1980년 등장한 신군부의 7·30교육개혁 조치의 상징이었던 '과외금지' 조치는 수 차례의 헌법소원 끝에 20년이 지나고 난 뒤인 2000년에야 비로소 위헌 판결을 받았다. 국가교육권에 우선하여야 할 부모의 교육권을 보호해야 함에도 금지 원칙과 허용 예외가 전도된 정책임을 인정하였다. 한국사회의 교육병폐인 과열교육열과 과외병폐를 드러낸 판결이었다.

초·중등학교 교원의 기본권과 관련하여서는 노동기본권 인정여부가 주요 이슈였다. 금지규정은 합헌판결로 일관되었지만 1999년 1월 29일 노동2권을 인정한 교원노조법 제정으로 이어졌다. 교원노조법 시행후 20여 년 뒤인 2018년에는 대학교수를 교원노조 결성 대상에서 제외한 것이 헌법불합치 판결을 받아 이제는 교수들도 노조를 만들게 되었다.

2003년에는 대학교수의 기간제 임용제가 헌법불합치 판결을 받아 정치적이거나 학교재단과의 갈등으로 '재임용탈락'된 교수들이 부당한 해고를 받았던 교수들이 소청을 제기할 수 있게 되었다. 우대받던 대학교수의 사회·경제적 지위에 변화가 일고 있음을 잘 보여주는 일련의 판례였다.

한편, 현행 규정의 규범적 정당성을 의심받아 헌법재판에까지 이른 사건의 결과가 기각 또는 합헌결정이 났더라도 후속 제도개선이 따르는 경우도 적지 않다. 만 6세 아동의 획일적인 초등학교 입학 연령제한 소송(90헌가27) 후, 만 5세 아동의 조기입학제도가 도입된 것은 대표적인 예이다. 국정교과서 재판(89헌마88) 역시 기각되었지만 검·인정교과서로 확대 개편하는 데 영향을 미치기도 했다. 헌법재판 자체가 법현실 개선에 긍정적으로 작용한 것이다.

표 4-6 헌법재판소의 교육관련 주요 판결 요지 및 결과

사 건 명	조문 및 사건번호	쟁점 및 판시 요지	결과
국공립대 우선임용	교육공무원법 §11① 헌법소원 1990.10.8. 89헌마89	<국공립사범대학 출신자의 우선 임용 규정의 위헌여부> 교육공무원이 되려는 자를 출신학교 및 설립·학과에 따라 차별하는 것은 입법목적 달성의 수단으로서 심히 균형을 잃고 있어 비례의 원칙에 어긋나며 차별의 필요성과 정당성이 없고 사회통념상 용인될 수 없는 정도의 차별이다.	위헌
의무교육의 단계실시	교육법 §8의2 위헌심판 1991.2.11. 90헌가27	<중학교 의무교육 단계적 실시의 평등원칙 위반여부> 도서·벽지·접적지역과 특수학교에 한한 중등의무교육의 순차적 실시는 교육기회의 상대적 불리성을 고려할 때 오히려 실질적 평등에 부합된다.	합헌
사립학교교원 근로3권 제한	사립학교법 §55,58④4 위헌심판 1991.7.22. 89헌가106	<사립학교 교원에 대한 근로3권 제한 또는 금지의 위헌 여부> 근로기본권(§33①)에 앞서 교원지위 법정주의(§31⑥)가 먼저 적용되며, 근로3권제한은 교육제도 본질을 지키기위한 것으로 일반근로자와 달리 취급할 합리적 이유가 있고 국공립교원보다 불리하지 않아 평등원칙 위반 아니다.	합헌
대학자율성	1994년 서울대 입시안 헌법소원 1992.10.1. 92헌마68·76	<대학입시에서 제2외국어(일본어) 제외의 위헌 여부> 대학입시요강은 헌법에 보장된 대학의 자율권행사에 기초한 것으로 교육의 기회균등을 침해한 것은 아니다.	기각
공립학교교원 근로3권제한	국가공무원법 §66 헌법소원 1992.4.28. 90헌바27	<국공립학교 교원에 대한 노동운동을 금지의 위헌 여부> 노동운동은 근로3권 기초한 행위로서 사실상 노무에 종사는 공무원과는 달리 근로3권을 인정하지 않는 헌법적근거(§33②)가있고 합리적 차별이다	합헌
국정교과서	교육법 §157 헌법소원 1992.11.12. 89헌마88	<국정교과서제의 교육자주성·전문성등 침해 여부> 바람직한 제도는 아니나 적어도 중학교 국어교과에 관한한 교육이념과 원리에 모순되거나 배치된 것은 아니다.	기각
교육의원 겸직금지	지방교육자치법 §9① 헌법소원 1993.7.29. 91헌마69	<초중고등학교 교원의 교육위원 겸직금지의 위헌 여부> 대학교원과 초중고교 교원 간에는 직무의 본질 및 근무태양이 다르므로 합리적인 차별이며 평등권 침해가 아니다.	기각
만 6세 초등 취학연령	교육법 §96① 헌법소원 1994.2.24. 93헌마192	<획일적 취학연령 규정의 위헌 여부> §31①에서의 '능력'이란 법률이 정한 능력을 말하는 것이므로, 반드시 지능이나 수학능력이 있다고 하여 취학할 권리가 있는 것은 아니다.	기각
과외금지	학원법 §22①위헌제청 §3위헌확인 2000.4.27. 98헌가16, 98헌마429	<교외교습의 원칙금지, 예외(입시학원,대학생과외)허용의 위헌 여부> 학교밖 교육영역에서는 부모의 교육권이 우위이며, 과외금지는 정당한 공익목적이나, 원칙과 예외가 전도되어 최소성과 법익균형성을 갖추지 못했다	위헌
정년단축	교육공무원법 §47① 헌법소원 2000.12.14. 99헌마112, 137	<초·중등학교 교원의 정년 연령 단축(65→62세)의 위헌 여부> 63세 단축은 불합리할 정도로 지나친 것 아니며, 경과조치를 두어 기존 교원의 신뢰이익을 보호하였기에 헌법상의 신뢰보호원칙에 위배되지 않는다.	기각

교육위원 우선당선제	지방교육자치법 §60 헌법소원 2003.2.27. 2002헌마573	<교육위원 선거시 교육경력자 우선당선제의 위헌 여부> 교육의 자주·전문성을 구현하려는 입법목적이 정당하고, 비경력자도 2분의 1 비율 외에는 민주주의 원칙에 따라 당선될 수 있어 법익균형을 이루고 있다.	기각
교수기간제 임용	교원지위법 §9①(구 사립학교법 §53의2③) 위헌소원 2003.12.18. 2002헌바14·32	<교수를 기간제로 임용하는 것이 교원지위법정주의에 위반되는지 여부> 대학교수를 기간을 정해 임면할 수 있도록 한 것과, 교원지위법상 재임용거부를 재심청구대상으로 명시하지 않은 것은 교원지위법정주의(§31⑥)위반이다.	헌법 불합치
임용가산점	임용고사시행요강 헌법소원 2004.3.25. 2001헌마882	<사범계·복수전공·부전공 가산점의 위헌 여부> 공무담임권을 침해이므로 법률에 명확한 근거조항을 두어야 하나 관련 시행요강은 아무런 법적근거가 없어 법률유보원칙을 위반하여 위헌이다.	위헌
초·중등교원 정당가입	정당법 §6① 헌법소원 2004.3.25. 2001헌마710	<초·중등 교원의 정당가입 등 금지 및 대학교수와의 차별 위헌 여부> 국민의 교육기본권을 보장함으로써 얻을 수 있는 공익우선을 종합적으로 감안할 때, 정당가입 및 선거운동의 자유를 제한하는 것은 합헌. 교사와 교수는 직무본질(기초지식전달&학문연구)과 내용, 근무태양이 달라 합리적 차별	기각
사립학교 학운위설치	초·중등교육법 §31 헌법소원 2001.11.29. 2000헌마278	<사립학교 학교운영위원회 설치 의무의 위헌 여부> 사립학교 교육의 자주성 전문성이 어느 정도 제한된다 하더라도 그 입법취지 및 학교운영위원회의 구성과 성격등을 볼 때, 자의적이거나 비합리적으로 학교의 공공성만을 강조하고 사립학교의 자율성을 제한한 것은 아니다.	기각
교수노조 금지	노동조합법 §5단서 위헌제청 2018.8.30. 2015헌가38	<대학교수의 노동조합 결성을 인정하지 않은 교원노조법의 위헌 여부> 단결권은 근로3권의 본질적 권리조차 부정하여 입법목적의 정당성을 인정하기 어렵고, 수단의 적합성이나 최소한의 제한이 아니므로 과잉금지원칙에 위배된다.	헌법 불합치

한편, 여전히 교육당자들의 문제 제기와 위헌성 시비가 지속되는 문제도 있다. 교원의 기본권 제한 문제 중 가장 변화가 없었던 분야는 정치활동의 자유 제한 분야이다. 교원에 대하여 공무원 신분으로서 기본권을 제한하였던 것을 점차 완화해가는 추세이나 정당가입과 선거운동 등 정치활동 분야의 기본권은 금지되고 있고, 초·중등학교 교원과 대학교수와의 차별성으로 인한 평등권 침해 주장은 다수의견으로 받아들여지고 있지 않다(2001헌마710 등).

대체적으로 교원의 정치활동의 자유(정당가입 및 관여활동)에 대하여 다수의견들은 공무원으로서의 정치적 중립성과 교원으로서의 교육의 정치적 중립성이라는 목적의 정당성을 인정하며, 근무시간 내외를 불문하고 미성년인 학생의 학습권을 보호한다는 필요성 그리고 정당에 대한 지지를 선거와 무관하게 사석에서 밝히거나 선거에서 투표를 하는 등 최소성의 원칙에 반하지 않으며, 대학교수와의 차별은 직무본질과 내용, 근무태양을 고려한 합리적 차별로 본다. 소수의 의견이지만 위헌 의견은 정당정치에 의해 운영되는 현대사회에서 일체의 정당가입 금지는 침해의 최소성 원칙에 위배되고, 금지로 인한 공익은 매우 포괄적이고 불확실한 반면, 제약은 매우 크므로 법익균형성을 갖추지 못하였으며, 정치적 편향교육을 우려하여 대학교수와 차별화하는 것은 불합리한 차별로서 평등원칙에 위배된다는 입장이다.

그런데 최근 유사한 내용을 다룬 판결(2018헌마551)에서는 '정당' 가입 금지부분은 선례 합헌판결을 수용하였으나 '그 밖의 정치단체'에까지 확대하여 관여 및 가입을 금지한 부분은 명확성의 원칙 및 과잉금지 원칙을 위반하여 위헌이라는 판결이 나오기도 했다.

최근 유권자의 선거가능 연령이 18세로 인하되어, 고등학교 3학년까지 공직선거에 유권자로서 참여하고 있는데, 이들의 정치적 소양 교육을 담당하고 있는 교원의 경우 여전히 정치활동으로부터는 격리 수준인 점이 문제시되기도 한다. 세계인권 기구로부터는 정당가입 조차도 허용하고 있지 않는 것은 기본권의 본질적 사항의 침해로서 수 차례의 개선 권고를 받고 있기도 하다.

향후 국민적 공감대의 형성 방향에 따라서는 상당한 변화가 예상되는 부분이 교원의 정치활동의 자유 및 의사표현 그리고 결사의 자유 제한 문제이다. 정당 및 그 밖의 정치단체 가입 금지와 관련된 일련의 헌법재판의 주요 쟁점의 변화 추이를 정리하면 다음과 같다.

표 4-7 교원의 정치활동의 자유 제한 쟁점에 대한 헌법재판소 판결의 변화

조문 및 사건번호	쟁점 및 판시 요지	결과
정당법 6① 헌법소원 2004.3.25. 2001헌마710 ☞ 전원합헌판결	<중등 교원의 정당가입 및 선거운동 금지 및 대학교원과 불평등 위헌 여부> 감수성과 모방성 그리고 수용성이 왕성한 학교학생들에게 교원이 미치는 영향은 매우 크고, 교원의 활동은 근무시간 내외를 불문하고 학생들의 인격 및 기본생활습관 형성 등에 중요한 영향을 끼치는 잠재적 교육과정의 일부분인 점을 고려하고, 교원의 정치활동은 교육수혜자인 학생의 입장에서는 수업권의 침해로 받아들여질 수 있다는 점에서 현시점에서 국민의 교육기본권을 더욱 보장함으로써 얻을 수 있는 공익을 우선시해야 함을 감안할 때, 공무원인 초·중등학교 교원의 정치적 자유권(정당가입 및 선거운동의 자유)을 제한하는 것은 헌법적으로 정당화될 수 있다. 대학교원에게만 허용한 것은 양자간 직무의 본질(기초지식전달&학문연구)이나 내용 그리고 근무태양이 다른 점을 고려할 때 합리적인 차별이라고 할 것이므로 평등권을 침해한 것은 아니다.	기각
정당법 ㉒1-1 헌법소원 2014.3.27. 2011헌바42 ☞ 4인 위헌의견	<공무원인 중등학교 교원의 정당가입 금지의 위헌 여부> **합헌(다수의견)**:정치적 중립성을 보장하고 학교 교육의 중립성 확보위한 입법목적정당성 인정된다. 목적 달성을 위한 적합한 수단이다. 정당에 대한 지지를 선거와 무관하게 개인적인 자리에서 밝히거나 투표권을 행사하는 등의 활동은 허용되므로 침해의 최소성 원칙에 반하지 않는다. 정치적 중립성, 학생의 교육기본권 보장이라는 공익은 공무원이 제한받는 불이익에 비하여 크므로 법익균형성도 인정된다. 정당가입을 대학교원에게만 허용한 것은, 기초적인 지식전달, 연구기능 등 직무의 본질이 서로 다른 점을 고려한 합리적 차별이므로 평등원칙에 반하지 않는다. **위헌(4인)**: 정당가입 일체 금지는 침해의 최소성 원칙에 위배되고, 금지로인한 공익은 매우 불확실한 반면, 제약은 매우크므로 법익균형성도 인정 안 된다. 편향교육 우려를 이유로 초·중등학교 교원만 금지하는 것은 논리적 비약으로, 현저히 불합리한 차별에 해당하여 평등원칙에도 위배된다.	기각

<table>
<tr><td rowspan="2">국가공무원법 66①
구 교원노조법 3

헌법소원 2014.8.28.
2011헌바32,
2011헌가18,
2012헌바185 병합

☞ 2인 위헌의견</td><td><'공무원의 공무 이외의 집단행위'와 '교원노조의 일체의 정치활동' 금지 의 위헌 여부>
합헌(다수의견): '공익에 반하는 목적을 위하여 직무전념의무를 해태하는 등의 영향을 가져오거나, 공무에 대한 국민의 신뢰에 손상을 가져올 수 있는 공무원 다수의 결집된 행위'로서 한정 해석되어 명확성원칙에 위반 안 된다. 교원노조는 교육전문가 집단이라는 점에서 초·중등교육 교육정책과 관련된 정치적 의견표명이 정치적 중립성을 훼손하지 않고 학생들의 학습권을 침해하지 않을 정도의 범위 내라면 허용된다. 이런 한정 해석이 가능한 이상, 명확성원칙에 위반 안 된다.
교원의 행위는 미성숙한 학생들의 인격형성에 지대한 영향, 교원의 정치적 표현행위(교원노조 대규모행사) 학생들에게 편향된 가치관을 갖게 할 우려가 있고, 정치활동 허용시 학생들의 교육을 받을 권리 중대 침해 가능성에 비추어, 교원노조의 일체의 정치활동 금지는 과잉금지원칙 위반이 아니다.</td><td rowspan="2">기각</td></tr>
<tr><td>위헌(2인): 다수의견 처럼 축소해석 하더라도 여전히 의미 불명확으로 명확성원칙에 위반된다.
공무원의 직무나 직급 또는 근무시간 내외를 구분 않고 획일적으로 금지하여 과잉금지원칙에 위반된다.
교육의 정치적 중립성으로 인하여 교원의 정치활동이 일부 제한될 수는 있지만, 정치활동이 제한되는 장소·대상·내용은 학교 내에서의 학생에 대한 당파적 선전교육과 정치선전, 선거운동에 국한하여야 하고, 그 밖의 정치활동은 교원에게도 보장되어야하므로 과잉금지원칙에 위배된다.
대학교원에게는 정치활동을 일반적으로 허용하면서 초·중등학교 교원에게는 전면적으로 이를 금지하는 것은 현저히 불합리한 차별에 해당하여 평등원칙에 위배된다.</td></tr>
<tr><td rowspan="3">정당법 ㉒1-1

위헌확인 2020.4.23.
2018헌마551

☞ 일부 위헌판결</td><td><교원의 정당가입의 전면금지의 정치적 기본권 침해 및 대학교수와의 불평등 여부>
기각(다수의견): 국가공무원법 중 '정당 부분'(교원은 정당의 결성에 관여하거나 가입 할 수 없다)은 선례(2011헌바42)에 따라 과잉금지 위배가 아니다(교육정치적 중립 목적정당, 최소성,법익균형).
위헌(3인의견): 정당에 관한 부분은 교원이 직무와 무관하거나 지위를 이용한 것으로 볼 수 없는 결성 관여·가입행위를 금지하는 것은 과잉금지원칙에 위배되어 정치자유를 침해(평등권침해)한다.</td><td rowspan="3">기각
위헌
각하</td></tr>
<tr><td>위헌(다수의견): 국가공무원법 중 '그밖의 정치단체의 결성 부분'은 정치적중립성 확보의 입법목적의 정당성은 인정되나 명확성의 원칙에 부합되지않아(모든 사회적 활동은 정치와 관련, 정당에 준하는 정치단체만으로 해석 곤란) 청구인의 정치적표현의 자유 및 결사의 자유를 침해나 지위이용이 아닌 그밖의 정치단체에 관여·가입금지는 수단의 적합성 및 침해의 최소성을 갖추지 못했다.
기각(3인의견): 여기 정치단체는 '특정 정당·정치인 지지반대 단체로서 결성관여·가입 경우 공무원·교원의 정치적 중립성 훼손 가능성이 높은 단체'로 한정 가능하므로 명확성원칙에 위배되지 않는다.</td></tr>
<tr><td>각하: 청구인 중 청구기간(사유발생 1년 이내)이 지난 3인(9인 중)의 청구는 각하한다.</td></tr>
</table>

제 2 부

교육법 각론

제 5 장

교육기본법

1. 교육기본법의 제정 배경과 의의
2. 제1장 총칙의 의미와 내용
3. 제2장 교육당사자의 의미와 내용
4. 제3장 교육의 진흥의 의미와 내용
5. 교육기본법의 쟁점 판례: 기본법 위상 및 무상의무교육

교육기본법은 그 제정 목적에서 진술되고 있듯이 "교육에 관한 국민의 권리 · 의무 및 국가 · 지방자치단체의 책임을 정하고 교육제도와 그 운영에 관한 기본적 사항을 규정"한 법이라고 할 수 있다. 이는 구 교육법에는 없었던 조항으로서, 헌법 제31조 제6항(교육제도 등의 법률주의)을 보다 구체화한 대표적인 법률이라고 할 수 있다. 즉, 교육기본법의 일차적 의의는 헌법에 명시된 교육에 관한 기본 정신을 구체적으로 실현시키기 위해 교육에 관한 기본적인 사항을 정한 '교육헌법 정신의 구체화 기본법'이다.

교육기본법은 법체계상으로 학교교육과 평생교육을 망라하여 모든 교육에 관한 기본적인 사항을 규정하고 있어서 교육법의 부법(父法)이라고 할 수 있다. 이를 근거로 학교교육에 관하여는 유아교육법, 초 · 중등교육법과 고등교육법이, 평생교육과 관련하여서는 사회교육법에서 개칭된 평생교육법 그리고 교육진흥과 관련하여서는 특수교육, 직업교육, 과학교육, 학술문화의 진흥 등과 관련된 대부분의 주요 개별법이 제정되었다.

동시에 교육기본법은 법률의 형태를 갖지만 교육에 관한 법령의 적용 · 해석뿐만 아니라 실제 교육 활동에 있어서의 교육 원리에 관한 지침으로서의 의미를 갖는다.

교육기본법은 총칙과 교육당사자, 교육의 진흥 등 세 영역으로 제정되어 있다.

총칙 11개 조항을 통해서는 목적, 교육이념, 학습권, 교육의 기회균등, 교육의 자주성 등, 교육의 중립성, 교육재정, 의무교육, 학교교육, 평생교육, 학교 등의 설립 원칙을 규정한다. 헌법상의 이른바 교육을 받을 권리를 '학습권' 중심으로 구체화하였다는 평가이다.

교육당사자 부분은 학습자, 보호자, 교원, 교원단체, 학교 등의 설립 · 경영자, 국가 및 지방자치단체로 분별하여 교육기본권 실현에 있어서 구성원의 역할분담을 명확하게 했다.

교육의 진흥 부분은 본래 특수교육, 영재교육, 유아교육, 직업교육, 과학 · 기술교육 등으로 규정되었으나 국가정책이 강조하는 양성평등의식, 학습윤리, 안전사고 예방, 평화적 통일, 기후변화 환경교육, 학교체육, 학교 및 교육행정기관 업무의 전자화, 학생정보보호, 교육정보공개, 교육통계조사 등이 추가되기도 했다, 2022년 9월 현재 19차례의 개정이 있었는데, 교육관련 개혁 정책을 지원하기 위한 정책 입법이 많았다는 점은 문제점으로 지적된다. 2021년 9월에는 교육의 자주성 규정을 보완하였고 사회교육을 평생교육으로 수정하였으며, 기후변화 환경교육을 추가하는 등의 변화가 있었다.

제 5 장 교육기본법

1. 교육기본법의 제정 배경과 의의

가. 제정 「교육법」의 연혁

1949년 12월 31일 법률 제86호로 제정된 「교육법」은 제정 당시 총칙, 교육구와 교육위원회, 교육세와 보조금, 교원, 교육기관, 수업, 학과와 교과, 교과용도서, 장학과 장학금, 벌칙, 부칙 등의 11개장 177조에 달하는 전체 교육체제의 원전으로서 제정되었다. 그 후 지방교육자치법의 제정(1991.3.8.)으로 제2-3장(§15-72)이 대거 삭제되어 재제정 수준의 법 개정 필요성이 제기되었고, 당시까지 38차에 걸친 개정(1997.3.8.)이 있었듯이 잦은 개정으로 누더기 법률이라는 지적을 받았다.

한편, 1995년 「5·31교육개혁안」을 만든 김영삼 정부는 교육법 개편을 통해 신교육체제를 완성하고자 하였다. 정권 말기에 부적절하다는 야당의 지적에도 있었지만 1997년 12월 교육기본법, 초·중등교육법, 고등교육법이라는 개별 법률로 분할 제정하기에 이르렀다. 지금까지의 제정 「교육법」의 연혁을 교육법규사 시대 구분에 맞추어 개관하면 다음과 같다.

교육체제 형성기(1948-1955)의 교육법 개정은 수업 연한 및 국고보조에 관한 것이 주를 이루었다. 고등학교 수학 연한 2-3년은 3년으로 되었고, 사범학교 수업 연한 2년은 3년으로 연장되고 초급대학이 신설되었다(1950.3.10.). 중학교 수학 연한 4년은 3년으로 하고(1950.3.20.), 국고에서 의무교육비를 보조토록 했다(1951.12.1.).

다음 학교교육 정비기(1956-1972)의 교육법은 각급 학교의 학년 시작인 4월 1일을 3월 1일로 하고 학년 말을 익년 2월 말일로 하였고(1961.8.12.), 군사정부의 비상조치로 교육구가 폐지되기도 했다(1962.1.6.). 이어 기존의 사범학교체제로 양성하던 교원양성체제를 초등학교 교원은 2년제 교육대학으로, 중등학교 교원은 4년제 종합대학 내 사범대학으로 재편하여 양성하는 양성체제 변화가 있었다(1963.8.7.). 교육자치 부활을 위해 집행기관으로서의 교육위원회 규정을 다시 교육법에 두기도 했다(1963.11.1.).

이후에도 몇 가지 제도 도입을 위한 교육법 개정이 있었는데 1960년대 말에 중학교 무시험입학제도와 대학입학예비고사제도, 대학학생정원제도, 방송통신대학제도(1968.11.15.) 등이 도입되었다. 1970년대의 시작과 함께 전문대학을 신설하는 개정(1970.1.1.)이 있었고, 통합교육장·부교육감제도 등도 신설(1972.12.26.)되었다.

이어 이른바 유신헌법 하의 국가교육체제 강화기(1973-1980)에는 체육중고교가 신설(1973.2.22.)되고, 학생선발제도가 개정(1973.3.10.)되었으며, 방송통신 중·고등학교 및 대학조기 이수제가 신설되었다(1974.12.24.). 이어 무인가 학생모집 및 교명 사용 처벌 조항이 신설(1975.7.23.)되었고, 산업체부설 중·고

교도 신설(1976.12.31.)되었다. 초급대학이 전문대학으로 개편된 것도 교육법 개정(1977.12.13.)을 통해서였다.

끝으로 교육개혁 추진 입법기(1980－1998)의 교육법 개정을 통해서는 교육대학이 4년제로 개정(1981.2.13.)되었고, 개방대학(1981.12.31.) 근거 규정도 신설되었다. 곧이어 중학교 의무교육의 단계적 실시가 명문화(1984.8.2.)되었는데 시기와 대상에 관한 사항을 대통령령에 위임하여 교육제도 법률주의 위반 논란을 제공하기도 했다.

대학입학학력고사가 폐지되고 대학별 고사제도가 신설되기도(1987.8.29.) 하였지만, 여전히 교육법의 대학에 관한 사항은 대학의 공공성 담보를 이유로 입학시험 및 정원관리로부터 학위의 수여에 이르기까지 교육법 및 교육법시행령을 통하여 교육부가 대학을 직접 지도·감독하는 국가관리시스템이 갖추어지게 되었다.

1987년 개헌 이후 사회 전반의 교육민주화 분위기 속에서 의미있는 교육법 개정이 있었지만 시행되지는 못했다. 즉, 교육자치와 관련해서는 교육위원회를 의결기관으로 규정하고, 논란이 되었던 교육감의 명칭을 교육장으로 개칭하는 개정(1988.4.6.)이 있었으나 지방자치 실시 때까지 시행을 미루다, 1991년 별도의 지방교육자치법 제정으로 다시 교육감으로 선회하는 우여곡절이 있었다.

1990년대에 들어서 방송통신대학 학사과정 수업 연한은 5년에서 4년으로 단축시키는 개정이 있었고, 유치원의 취원 연령이 4세에서 3세로 인하되었으며 대학과 대학교의 구별도 폐지되어 많은 전문대학들이 전문을 삭제하고 대학교로 개명하는 계기가 되었다(1991.12.31.).

이후 특수학교 교사자격기준을 강화하고 전공과 설치를 허용하는 개정(1992.12.8.)이 이루어졌다. 초·중·고등학교 조기 진급 및 조기 졸업제도와 더불어 교육대학에도 교육대학원 신설을 허용한 개정(1995.1.5.)이 있었다. 김영삼 정부는 1995년 5·31 신교육체제 교육개혁안을 발표한 데 이어 일제 강점기 명칭이라는 지적을 받아온 국민학교의 명칭을 초등학교[1])로 바꾸었다.

동시에 입학 연령을 만 5세 아동에게도 허용하는 개정(1995.12.29.)이 있었는데, 이는 획일적인 입학 연령이 능력에 따른 교육을 받을 국민의 기본권을 침해한 것이 아니냐는 헌법소원(93헌마192)이 제기된 것을 계기로 개정된 결과였다. 즉, 비록 이 헌법소원은 기각결정(1994.2.24.)은 되었지만 조기입학을 허용하는 계기가 되었다.

1997년 개정(1.13)에서는 지역 실정에 맞는 초·중·고등학교의 통합운영을 허용하고 대학의 시간제 등록제를 신설하였으며 전문학사학위 및 기술대학의 신설 근거를 마련한 바 있다.

---

1) 일제 강점기 때 사용되던 명칭인데, 일본은 해방 후 소학교(小學校)로 개칭했다. 한국에서는 어린이학교, 아동학교, 기초학교, 초등학교 등이 후보 명칭이었는데, 정작 중학교를 고려할 때 소학교 명칭이 무난했으나 일제 잔재 청산이라는 명분 때문에 처음부터 제외되었다. 초등교육(初等教育)은 이전까지는 영유아교육을 포함한 초등학교까지의 교육을 통칭하면서, 중·고교의 중등교육과 대비되는 개념이었는데, 이후부터는 단일 '초등학교' 개념이 되었다. 이와 유사하게 고등교육(高等教育)은 중등교육의 이후 교육의 의미이나, 한국에서 고등학교는 고등교육기관이 아닌 중등교육을 지칭한다. 이른바 지역 명문이라는 '○○일고'라고 하는 학교명도 일본의 제1고등학교, 제2고등학교에서 비롯된 것이고, 현재 일본에서는 거의 사용되고 있지 않고 주로 지역 명칭의 학교로 전환된 지 오래이다.

나. 「교육기본법」의 제정 배경 및 심사과정

정부는 1997년 6월 24일 기존의 교육법을 교육기본법, 초·중등교육법, 고등교육법으로 나누어 제정하는 이른바 교육 관련 3개 법안을 국회에 제출했다. 국회 제3차 교육위원회 회의(1997.7.14.) 당시 교육부장관이 밝혔던 교육기본법의 제안 이유는, "현행 교육법은 1949년 12월 31일 제정·공포된 이래 38회의 부분 개정으로 인하여 그 체계와 내용의 일관성이 부족하고 현재의 교육 여건에 부합하지 못하며 각급 학교의 특수성을 충분히 반영하지 못하고 있는 등의 문제점이 있어 교육법의 전면적인 개정의 필요성이 제기되었으며, 교육개혁의 기본방향인 모든 국민이 원하는 교육을 편리하고 충실하게 받아 소양과 능력을 발전시키고 삶의 질을 향상시킬 수 있는 '평생학습사회, 열린 교육사회'의 구현을 위하여 당시 교육법을 교육기본법 등 3개의 법률로 구분하여 새롭게 제정하는 것으로서, 이 중 교육기본법은 모든 교육의 기본법으로서 교육에 관한 국민의 권리·의무 및 국가와 지방자치단체의 책임을 정하고 교육제도와 그 운영에 관한 기본적인 사항을 규정하여 국민의 교육을 받을 권리를 적극적으로 실현하기 위한 법적 기반을 마련하고자 본 법안을 제안한다"는 것이었다.[2)]

교육법 정비의 직접적인 원인은 지난 1991년 3월 8일 지방교육자치법이 제정·공포됨에 따라 교육법의 주요 부분(제2−3장 §15−72)이 삭제된 데 있었다. 국가 수준의 교육체제에 관한 기본적인 법률로서 균형을 잃게 된 것이다. 교육부는 이에 따라 교육법 정비작업에 착수하였고 1993년 안기성 등에게 정책과제를 의뢰하였는데 주로 교육법 연구자들로 구성된 연구진은 2년 뒤 교육개혁위원회에서 연구결과를 보고(1995.5.31.)[3)]했다.

이후 교육개혁위원회의 개혁 시안(1996.2.9.)이 발표됨에 따라 교육부는 1996년 3월부터 실무안 작성작업에 착수하였고 교육부 3법 전문가 협의회(서울대 김동희 교수 외 8인)의 자문과 공청회(1996.7.19.)를 거쳐 동년 8월에 입법예고했다. 이어 관계 부처와의 의견조정과 교육규제완화심사위원회 및 중앙교육심의회의 심의를 거쳐 1997년 6월 10일 국무회의 의결로 6월 24일 국회에 제출했다.

이에, 국회 교육위원회는 7월 14일 이 법안에 대한 대체토론[4)]을 거친 후 교육위원회 내의 법안심사소위원회에 심사토록 하였고, 이 소위원회는 7월 16일에 교육기본법 및 초·중등교육법에 대한 수정 의결안을 내놓았다. 이 수정안은 국회 전문위원의 검토보고를 수용하고 나머지는 정부 원안대로 하는 것이었고 대체토론 과정에서 제기된 사항은 수용되지 못하고 정부 원안대로 의결되었다. 이 수정 의결안은 7월 18일에 속개된 교육위원회 회의에서 별다른 논의 없이 가결되어 9월 국회 법제사법심사위원회의 심사를 거쳐 12월 13일 국회 본회의에 상정되어 제정되었다.

---

2) 국회(1997), 제184회 국회 교육위원회 회의록 제3호, 국회사무처, 3−4면.

3) 안기성 외(1995), 교육법 정비를 위한 기초연구, 대한교육법학회. 연구진은 교육법에 전문을 신설하고 장·절을 정비하는 제1안과 교육법을 교육기본법과 학교교육법으로 분리하고 장·절의 체제를 정비하는 제2안을 제시하였는데 주로 제1안은 구체적인 개정안을 제시했고, 제2안은 틀과 기본방향을 중심으로 제안했다.

4) 정권말기에 교육3법 처리는 부적절하니 다음 정권의 국가경영철학에 따라야 한다(정희경 의원). 교원단체 조직 관련 대통령령 위임조항은 법률위임으로 바꾸고, 교무회의, 학부모회, 교사회 법적 근거조항 신설, 학교안전사고로부터 교원보호 조항이 필요하다(설훈 의원).

다. 교육기본법의 의의: 교육법의 부법(父法) · 헌법정신의 구체화 기본법

교육기본법(敎育基本法, 1997.12.13. 법률 제5437호)이 제정되기 이전의 교육법 체제는 「교육법」과 이와 관련된 부속 법률로 이루어져 있었다. 구 「교육법」에도 총칙에 모든 학교교육기관에 적용되는 일반원칙으로 14개 조항이 있었지만 나열적이었고 사회교육을 제외한 것이었다. 오히려 나머지 조항들은 교원과 각급 학교의 수업 및 교과용도서에 이르기까지 학교교육의 구체적인 사항을 규정한 법률이었다.

분할 제정되기 전 마지막 교육법(1997.1.13.) 역시 총 166개 조항[5]으로 이루어졌으며, 교육이념으로부터 교원과 교육기관(초 · 중등학교), 대학을 포괄하는 이른바 종합적인 학교교육법이었고, 그 상대 법률은 1982년 제정된 사회교육법(1982.12.31.)이었다.

구 교육법에 근거한 법률은 국가 · 지방공공단체의 학교에 대한 지도감독권(§6)과 교원의 임용 · 복무 · 보수 · 연금 기타에 관한 사항(§79⑥) 두 경우 정도이고, 대부분 대통령령에 위임[6]한 경우가 많았다는 점에서 다른 교육관계법과의 관계에서 특별한 위치에 있다고는 할 수 없었다. 구 교육법은 헌법의 교육조항과 각 분야의 개별 교육법과의 가교역할을 하는데 부족했고, 오히려 다소 과도한 대통령령 위임이라는 행정입법에 치우쳐 헌법이 예고한 교육제도 등의 법률주의에 역행하는 측면이 없지 않았다. 대표적으로 헌법이 대학의 자율성의 법률보장을 천명하고 있음에도 교육법에 언급이나 관련 개별 입법이 이루어지지 않았고, 대학운영의 기본적인 사항이 대부분 대통령령에 위임되었다는 점은 대표적인 부분이다.

이에 교육부장관이 교육기본법 제정 이유로 밝힌 바와 같이, 이 법의 일차적 의의는 헌법에 명시된 교육에 관한 기본 정신을 구체화시킨 것이라 할 수 있다. 또한 교육에 관한 기본적인 사항을 정했다는 점에서 '교육법의 아버지 법; 부법(父法)'[7] 혹은 헌법의 교육기본권 보장 관련 조항들을 구체적으로 규정한

5) 구 교육법(제1－166조)의 주요 내용: 총칙(교육이념 및 목적, 방침, 목적 실현의 원칙, 제도 · 시설 · 교재등의 원칙, 정치 · 종교적 중립, 국가 · 지방공공단체의 지도감독, 학교교육 수혜동등의 원칙, 의무교육, 기회균등, 학령초과자 시책, 사업장의 교육이용가능, 교원지위우대 신분보장, 자주 · 민의행정 · 재정확보시책, 교원(제4장 임무, 결격사유, 종별과 자격, 교육회), 교육기관(제5장 학교의 설립 지휘감독, 설립폐지, 수업료, 초등학교, 중학교, 고등학교, 대학, 교육대학과 사범대학, 전문 · 방송통신 · 개방 · 기술대학, 기술학교, 공민학교, 특수학교, 유치원, 각종학교), 수업(제6장 수업, 교육과정, 학년제, 조기진급 · 졸업), 학과와 교과, 교과용도서, 장학과 장학금, 재외국민의 교육, 국제교육 및 국제협력, 보칙, 벌칙

6) 순차적 중등의무교육의 실시(§8의2), 원감을 두지 않는 유치원 규모(§75①3), 교원과 사무직원의 정원사항(§75①6), 교원의 자격기준, 자격검정 및 인정사항(§79), 교육회조직 기본사항(§80), 학교설립기준,학교수용계획,폐지인가사항(§85), 감독청의시정변경조치(§90), 의무교육독려사항(§96, §102의2, §140), 취학의무 면제(§98), 중 · 고교입학절차(§103의2, §107의2), 방송통신중 · 고 · 대학운영(§103의3, §107의3, §128의8), 산업체부설중 · 고교(§103의4,5,6, §107의4), 대학의 명칭(§109①), 대학생정원(§109의4), 대학입학방법(§111의2), 대학원수업연한단축(§112②), 시간제등록(§114의2), 학위수여 및 외국박사학위 신구(§115, §116, §128의10), 대학평의원회 구성운영(§117), 종합교원양성대학(§118의2), 임시교원양성연수기관설치인가(§124), 교원양성목적의 교육과설치(§125), 교 · 사대졸업한자의 자격 · 복무사항(§127), 기술대학운영, 입학자격(§128의13,15), 학기 · 수업일수 · 휴업일, 야간계절시간방송통신수업(§151)

7) 부법(父法)이란 모든 국내 법률의 어머니법(모법; 母法)이 헌법이라면, 교육기본법은 교육제도의 기본 원칙을 엄중히 선언하고 있다는 점에서 대비시켜서 저자가 칭한 명칭이다. 교육기본법의 법적 위상에 대하여는 '제5절'에서 자세히 다루기로 한다. 일본 교육법학계의 원로 아리꾸라 료기치(有倉遼吉) 교수는 '교육기본법은 전체로서 헌법을 구체화한 규범, 즉 헌법의 부속법의 성격을 가지며, 내용적으로는 준헌법적 성격을 갖는다'고 보았다. 아리꾸라 교수의 진술을 인용한 永井憲一(1993), 敎育法學, エイデル硏究所, 52頁. 그러나 법률에서 '…준한다' 내지 '준교육공무원', '준헌법' 등의 표현은 지나치게 포괄적이어서 당사자의 법적지위 및 법률관계(권리 · 의무 · 책임)를 자의적으로 해석하거나 공동화시키거나 확대 해석(준헌법＝헌법의 일종)될 수도 있어서 의미는 의미대로 풀어서 표현하는 것이 바람직하다. 그리고 이러한 의미부여를 두고 법적 효력을 가늠하는 척도의 타당성 유무로 논란을 전개하는 것 또한 실익이 없는 탁상공론이다. 헌법이나 교육기본법이 두 법의 관계를 규정한 적이 없기

'교육헌법 정신을 구체화시킨 기본법'[8]으로서 의미 갖는다.

교육기본법은 다른 교육관계 법률과 비교할 때, 동일한 법률 형태이기는 하지만 그 의미는 좀 더 다르다고 할 수 있다. 법률의 해석 및 구속관계는 별론으로 하더라도(제5절에서 다룸) 학교교육과 평생교육(구 사회교육)을 망라하여 모든 교육에 관한 기본적인 사항을 규정하고 이와 관련된 여타 법률이 제정되어 있는 구조로 파악된다. 실제로 교육기본법 제9조에 의하여 제정된 법률만 들더라도 유아교육법, 초·중등교육법, 고등교육법 그리고 사립학교법이 있고, 제10조 평생교육 조항을 통해서는 평생교육법을 비롯한 각종 평생교육법규가 제정되었다고 할 수 있다.

사실 교육기본법안은 1949년 정부입법안(교육기본법, 학교교육법, 사회교육법)으로 제안되었다가 통합된 교육법으로 제정되었다. 1997년의 교육기본법은 새로운 법률의 제정이라기보다는 분리 보완된 제정이라 할 수 있다. 교육기본법상 학교 교육 규정과 관련하여 유아교육법, 초·중등교육법과 고등교육법이 제정되어 있는 구조이고, 평생교육(구 사회교육)과 관련하여서는 평생교육법 등이 있는 것으로 파악할 수 있다. 그리고 국가 및 지방자치단체에서 특별히 진흥하고 장려하는 특수교육, 유아교육, 직업교육, 과학교육, 학술문화의 진흥, 사학의 육성, 학교보건, 장학제도 등과 관련하여서도 개별 법률들이 제정되어 교육법의 전체 체계를 구성하고 있다.

교육기본법은 법률 형태이기는 하지만 판례를 통해서도 점차 다른 교육에 관한 법률의 적용과 해석에 있어서 헌법정신을 보다 구체적으로 구현한 법이라는 점에서 기능하고 있으며, 제시되고 있는 교육활동 및 교육행정과 교육제도상의 원리로서 기능하고 있다.

실제로, 교육기본법에 명시적으로 '…은 법률로 정한다' 또는 '법률로 정하는…'으로 법률위임 성격의 규정은 학교교육에 관한 기본적인 사항(§9④)과 평생교육에 관한 기본적인 사항(§10③)이 가장 포괄적이다. 헌법 제31조 제6항에서 언급한 '기본적인 사항'과 동일한 방식으로 기술되어 있어서 교육제도 등의 법률주의의 연장선상에서 이해할 수 있다. 다만, 기본적인 사항의 범주가 전혀 예시지 되지 않은 점은 교육기본법으로서 다소 아쉬운 부분이다.

이어서 법률 제정을 예고한 교육기본법상 규정으로는 지방교육재정교부금 사항(§7②), 법인·사인의 학교·평생교육시설의 설립·경영 사항(§11②), 교원의 임용·복무·보수 및 연금사항(§14⑥), 교육정보공개 기본적인 사항(§26의2②) 등 총 6개 영역 정도이다.

교육기본법을 통해 대통령령으로 위임된 사항은 교원단체 조직사항(§15②),[9] 양성평등의식 증진 학교교육과정의 기준과 내용(§17의2④), 양성평등교육심의회 구성운영 사항(§17의2⑤), 국가장학금 지급방법

때문이다. 이점에서도 추후 헌법 개정에서는 교육기본법의 의미 이외에 그 법적 근거를 명확히 하는 규정을 포함할 필요가 있다고 본다. 이 책에서 일본법학계에서 논의된 '준헌법적 성격' 역시 교육법 체계에 있어서 교육기본법의 의미부여 및 기능 차원으로 받아들이길 바란다.

8) 한국 교육법학계에서 쓰고 있는 '교육헌법'이란 용어는 헌법상의 관련 규정을 놓고 지칭하는 것으로 보인다. 교육기본권을 보장하기 위한 제31조를 비롯한 관련 규정을 통칭한다고 본다면, 교육기본법은 교육헌법을 구체화한 법이라고 의미부여해도 무리는 없을 것이다. 정필운 교수는 형식적 교육헌법(헌법 §31, 22, 36, 전문, 10)과 실질적 교육헌법(형식교육헌법+교육기본법, 지방교육자치법 등 헌법사항을 규정한 법률, 명령 포함)으로 논의한 바 있다(정필운(2022), 전환기의 교육헌법, 박영사, ⅵ면). 헌법 내지 교육기본권 중심의 이해에서는 가능한 명칭 부여라고 본다. 여기서의 명명 역시, 교육 관련 형식적, 실질적 헌법규정(교육헌법)에 담긴 '교육에 관한 헌법정신을 구체화한 기본법'으로 의미부여하여 명칭한 것이다.

9) 그러나 1997년 이후 현재까지 입법불비 상태에 있는 대표적인 조항이다.

사항(§28③) 등 4곳이다.

반면, 교육의 진흥부분은 교육시책, 이른바 교육정책의 기본 방향을 제시하기도 한다. 국가 및 지방자치단체에 부여한 '필요한 시책의 수립·실시하여야 한다'는 의무는 기본적으로 국민의 교육기본권을 충족시키기 위한 수단으로서 의미를 갖는다. 즉, 그와 관련된 교육시책 자체는 교육기본법을 통해 법적 기반과 정당성을 갖게 되는 것이며 예산 배정의 근거로 중요하게 작용한다. 그러나 그것이 곧 국민의 교육기본권 실현을 담보하지는 않으며 정책에 대한 평가와 순환과정이 뒷받침되어야 할 것이다.

또한, 그러한 원론적인 의무 선언과는 달리 시책이 마련되지 않은 경우도 있다. 대입시험 부정행위로 촉발되어 사회 문제화되었다가 교육기본법 개정시 추가된 학습윤리의 확립할 시책을 수립·실시하여야 한다(§17의3)는 조항은 여전히 구체적인 입법 조치나 이렇다 할 정책이 없는 것도 사실이다. 교육기본법상 가장 심각한 입법적 불비는 교원단체 조직 사항을 대통령령으로 위임한 조항(§15②)이다.

교육기본법에 근거한 법규체계는 법제처 국가법령정보센터(www.law.go.kr)상의 관계도를 참고하여 법률, 명령, 자치법규 등으로 예시하면 다음 표와 같다.

표 5-1 교육기본법에 근거한 법규 체계

교육기본법	법률	명령	자치법규
§4 기회균등	특수교육법 영재교육법 도서벽지법 재외국민법	특수교육법시행령 특수교육법시행규칙 영재교육법시행령 도서벽지시행규칙	부산장애인식교육조례 광주영재학교지원조례 전북농어촌교육조례 경기탈북교육지원조례
§5 교육 자주성등 §6 교육 중립성	지방교육자치법 교육공무원법	지방교육자치법시행령 국가공무원복무규정, 교원자격검정령	광주교육청기구조례 경기학부모회설치조례
§7 교육재정 §8 의무교육	지방교부법, 교육세법 초·중등교육법 §12-15 (의무교육)	지방교부법시행령, 시행규칙 초·중등교육법시행령 §14-29(의무교육)	강원부담금전출조례 서울교과서무상규정 제주무상급식지원조례
§9 학교교육	유아교육법 초·중등교육법 고등교육법	유아교육법시행령 초·중등교육법시행령, 시행규칙 국립학교설치령 고등교육기관평가·인증규정	부산유치원회계규칙 대구학교운영위조례 충북도립학교설치조례 제주대학설립운영조례
§10 평생교육	평생교육법 학원과외법	평생교육법시행령, 시행규칙 학원과외법시행령, 시행규칙	서울평생교육진흥조례 세종시학원과외조례
§14 교원 §15 교원단체	교육공무원법 교원지위법 교원노조법 교직원공제회법	교육공무원임용령, 승진규정 교육공무원징계령 교원지위교섭규정 교원노조법시행령	경남지방공무원조례 경북공무원포상조례 전북교육공무직원조례 충북교원단체지원조례

§21 직업교육	직업교육법	직업교육법시행령	서울직업교육훈련조례
§22 과학기술교육	과학교육법	과학교육법시행령	광주과학기술장학조례
§22-3 학교체육	학교체육법	학교체육법시행령, 시행규칙	대전학교체육진흥조례
§23 교육의정보화	교육정보법	교육정보법시행령	경남교육정보추진조례
§24 학술문화진흥	학술진흥법	학술진흥법시행령, 시행규칙	부산학술용역관리조례
§25 사학의육성	사립학교법	사립학교법시행령	경기사립학교보조조례
§27 보건복지증진	학교보건법	학교보건법시행령, 시행규칙	대구학교보건실규칙
§28 장학제도	장학재단법	장학재단법시행령, 장학금규정	경주통장자녀장학조례
§29 국제교육	교육특구법	교육특구법시행령	인천교육국제특구조례
	경제자유법	경제자유법시행령	인천외국교육기관규칙

주 1: 법령 약어는 책 앞부분의 '이 책에서 사용한 법률 약어' 참조

주 2: 자치법규 중에서 부산장애인식교육조례는 부산광역시교육청 장애예방 및 장애인에 대한 인식개선 교육 운영에 관한 조례, 광주영재학교지원조례는 광주광역시영재학교지원조례 등으로 약칭한 것임

라. 교육기본법의 연혁 및 구성

교육기본법은 총칙, 교육당사자, 교육의 진흥의 3개장 29개 조항과 부칙으로 구성되어 있는데 2022년 9월 현재까지 19차례의 개정이 있었다. 이는 일본의 교육기본법 개정(2006년 1회)이나 대만(2018년 기준 개정 5회)에 비하여 매우 자주 개정된 경우인데, 주로 교육의 진흥 부분에서 교육정책 근거를 마련하는 경우가 13차례 있었다. 주요 개정 내용은 다음과 같다.

첫 번째 개정은 김대중 정부가 역점 교육정책으로 시행하려는 남녀평등 교육(2021년에 양성평등의식으로 개정)의 진흥을 위하여 제17조의2를 신설하면서 시작되었다. 이것이 관례가 되어서 각 정부는 관련 교육정책의 근거를 이법 개정을 통해 하려 했다. 이렇게 교육기본법에 정책 근거 조항을 넣게 된 데에는 교육기본법에 근거를 마련할 경우 각급 학교의 법률인 유아교육법, 초·중등교육법, 고등교육법, 사립학교법, 특수교육법 등을 별도로 개정하지 않아도 되는 '입법적 편의성'도 작용한 것으로 판단된다.

나머지 여섯 차례의 개정은 교육부장관 등의 명칭이 3건, 타법(지방교육양여금법) 폐지가 1건, '알기 쉬운 법령 만들기 사업' 적용 및 용어순화가 2건으로 나타났다. 중앙 교육행정기관의 명칭을 포함하고 있는 것이 적절한 것인지에 대한 입법적 고려가 필요해 보인다.

한편, 초기에 제9조(의무교육)의 단서 조항이었던 중등 의무교육의 순차적 실시 부분은 두 번의 헌법소원(90헌가27, 2000헌가4)이 제기되기도 했으니 기각 및 각하되었다. 이 규정은 2004년 무상의무교육이 중학교까지 확대되면서 6차 개정(2005.3.24.)에서 삭제되기도 했다.

교육기본법에 대한 개정안은 국회 회기를 거듭할수록 급격히 증가하고 있다. 15대(1996－2000) 2건, 16대(2000－2004) 5건, 17대(2004－2008) 16건, 18대(2008－2012) 24건, 19대(2012－2016) 25건, 20대(2016－2020) 26건이던 것이, 21대 국회에서는 2022년 9월 현재 국회 개원 2년 여 만에 이미 30건의 개정안이 제출되어 급격히 증가했다. 그러나 그동안 128건이 제출되었으나 현재 19건만이 가결되고 대부분 수정가결 또는 임기만료 폐기되었다. 여러 국회의원들이 비슷비슷한 개정안을 제출하고 있고 원안 가결되는 경우는 드문 상황이다.

표 5-2 교육기본법 주요 개정 현황(2022.9.1. 현재, 제19차 개정)

개정차수	주요내용	비고
1차(00.1.28)	• 남녀평등교육의 진흥(김대중 정부 역점 정책)	• 교육진흥(§17의2 신설)
2차(01.1.29)	• 교육부→교육인적자원부장관으로 개칭(김대중정부 조직개편)	• 정부조직개편(§17의2 개정)
3차(02.12.5)	• 교육행정업무의 전자화(NEIS의 법적근거 논란 대응)	• 교육진흥(§23의2 신설)
4차(04.1.20)	• 교육상 성 차별 금지(노무현 정부의 정책반영)	• 교육진흥(§17의2② 신설)
5차(04.12.30)	• 지방교육양여금 폐지(타법 개정 반영)	• 총칙(§7② 개정)
6차(05.3.24)	• 의무교육단서 삭제, 학생정보보호 신설(NEIS후속조치)	• 총칙(§8), 교육진흥(§23의2)
7차(05.11.8)	• 학습자와 교육자의 윤리의식, 학습윤리시책(§17의3 신설)	• 교육당사자(§12③, 14③)등
8차(07.5.11)	• 학교체육장려시책 수립실시의무	• 교육진흥(§22의2 신설)
9차(07.7.27)	• 교육여건격차최소화, 건전성의식, 교육정보공개	• 총칙(§4②)교육진흥(신설)
10차(07.12.21)	• 국가 및→국가와, 강구→마련, 에 의하여→에 따라	• 용어개정 및 문장정비
11차(08.2.29)	• 교육과학기술부장관으로 개칭(이명박정부 조직개편)	• 정부조직개편(§17의2 개정)
12차(08.3.21)	• 학생복지주택시책 수립실시의무(§27② 신설)	• 교육진흥(§27② 신설)
13차(13.3.23)	• 교육부장관으로 개칭(박근혜정부 조직개편)	• 정부조직개편(§17의2 개정)
14차(15.1.20)	• 학생 교직원 안전보장 사고예방 시책 수립실시의무	• 교육진흥(§17의5 신설)
15차(16.5.29)	• 평화적 통일 지향 교육 • 연수시책 수립실시의무	• 교육진흥(§17의6 신설)
16차(17.3.21)	• 교육관련 통계조사에 필요한 시책 수립실시 의무	• 교육진흥(§26의3 신설)
17차(18.12.18)	• 정보화교육에 명예 · 생명 · 신체등 위해방지 법 · 윤리교육	• 교육진흥(§23② 신설)
18차(21.3.23)	• 교육자로서의→교육자로서 지녀야 할, 자→사람을	• 용어개정 및 문장정비
19차(22.9.24)	• 학급당적정학생수, 국가의 지자체 자율성 존중의무 국가 · 지자체의 학교운영 자율성 존중 및 참여보장의무 사회교육→평생교육, 남녀평등교육→양성평등의식, 기후변화 환경교육 신설(생태전환교육 시책수립실시)	• 총칙(§4－5, §10－11) • 교육당사자(§12, §16－17) • 교육진흥(§22의2 신설)

주: 정부조직개편 3건(교육부→교육인적자원부→교육과학기술부→교육부), 타법개정 1건, 용어 개정 2건, 정부의 교육진흥 시책에 관한 건수가 13건(제7차 교육당사자는 1건 포함).

그러나 대부분 개정의 목적이나 필요성이 국민적 공감대를 바탕으로 한 교육이념이나 교육방침의 수정이 아닌 정부가 추진하는 교육정책의 법적 근거를 마련하는 것이 초기 개정시기의 특징이었다면,[10] 최근에는 국회의원들이 각종 입법청원을 교육기본법에 담아 제안하는 경우가 많으나 대규모의 국가예산 조치가 필요한 경우나 정치적 견해가 대립된 사안의 경우에는 입법화되기는 쉽지 않아 보인다. 성안되었다 하더라도 선언적 규정이 될 가능성도 높은 것이 사실이다.

이들 중 정부가 발의한 경우는 15대 국회에서 1건(수정가결), 16대 1건(원안가결), 17대 1건(원안가결), 18대 1건(폐기), 19대 1건(임기만료 폐기)[11]을 끝으로 최근에는 모두 의원들이 교육기본법 개정안이

10) 2008년도까지의 교육기본법 개정에 대한 평가에 대해서는 고전(2018), 헌법정신 관점에서의 교육기본법 개정 논의, 교육법학연구 30(1), 12－13면 참조.

11) 제14조 제1항 중 "존중되며"를 "존중되고 교육활동은 보호되며"로 한다. 제16조의2를 신설한다.
제16조의2(교육당사자의 상호 존중 · 협력) 학습자, 보호자, 교원 및 학교 · 사회교육시설의 설립자 · 경영자는 학교교육과 사회교육이 원활하게 이루어질 수 있도록 서로 존중하고 협력하여야 한다.
제17조 제목 외의 부분을 제1항으로 하고, 같은 조에 제2항을 다음과 같이 신설한다. ② 국가와 지방자치단체는 제16조의2에

제출하는 특징을 보였다.

개정안 중에는 교육의 자주성의 확대 등 교육행정 체제 개편을 염두에 둔 국가적이며 전국적인 사안과 관련된 개정안[12]이 있는가 하면, 주입식 학교교육 및 수업의 한계나 교재개발의 개선을 요구하는 개정안[13]도 있었고, 국가수준의 의무교육 확대 및 국가교육위원회의 신설을 다룬 개정안[14]도 있었다. 최근에는 장애인 등 관련 차별 교육금지[15]을 확대하는 법안도 제안되었다. 그러나 여전히 가장 많은 비중을 차지하는 개정안은 새로운 교육시책을 강구할 것을 요구하거나 정책 수립 근거가 필요한 개정안[16]이다. 그리고 정부정책의 오류를 방지하기 위한 차원에서 제안[17]된 것들까지 매우 다양한 영역에서 제안되기도 한다.

현행 교육기본법은 총칙, 교육당사자, 교육의 진흥 등 세 개의 장(章), 제1조－29조, 부칙으로 구성되어 있다. 제1장 총칙(목적, 교육이념, 학습권, 교육의 기회균등, 교육의 자주성, 교육의 중립성, 교육재정, 의무교육, 학교교육, 평생교육, 학교등의 설립)은 제1조부터 제11조까지다.

제2장 교육당사자(학습자, 보호자, 교원, 교원단체, 학교등의 설립자·경영자, 국가 및 지방자치단체)는 6개 조항(§12－17)으로 구성되어 있다.

제3장 교육의 진흥(양성평등의식의 증진, 학습윤리의 확립, 안전사고 예방, 평화적 통일 지향, 특수교육, 영재교육, 유아교육, 직업교육, 과학·기술교육, 기후변화 환경교육, 학교체육, 교육의 정보화, 학교 및 교육행정기관 업무의 전자화, 학생정보의 보호원칙, 학술문화의 진흥, 사립학교의 육성, 평가 및 인증제도, 교육관련 정보의 공개, 교육관련 통계조사, 보건 및 복지의 증진, 장학제도등, 국제교육)은 제17조의2부터 제29조까지인데, 10개 조항이 신설되었고 삭제(§17의4(건전한 성의식 함양)) 되어 현재는 22개 항목으로 구성되어 있다.

21설 교육기본법의 의의: 교육관계법의 부법(父法), 교육관련 헌법정신을 구체화한 기본법

따라 교육당사자가 서로 존중하고 협력하는 데 필요한 여건을 마련하여야 한다.

12) 교육의 자주성보장 영역을 교육활동 및 교육행정 전 영역으로 확대하고 지방교육자치제도 시행 시책을 명문화(유은혜 등, 2018.1.26.)

13) 소통하고 협력하는 양방향 교육방법, 토론·질문식 교육 및 학생의 능동참여기반교육(강길부 등, 2018.3.8.), 맞춤형교육 및 학생중심 능동적 교육, 신기술활용 교재·교구개발(박광온 등, 2018.1.17.)

14) 고교의무교육, 교원의 정당한 교육활동보장 추가 그리고 국가교육위원회 신설을 다룬 개정안(박홍근 등, 2016.6.21.). 고교는 무상교육이 본격화되었고, 교원지위법 또한 교육활동보호가 추가되었으며 국가교육위원회법(국가교육위원회 설치 및 운영에 관한 법률, 2021.7.20.)도 성안되어 연내 출범할 계획이다.

15) 정신적 장애 추가 개정안(조경태 등, 2021.6.22.), 장애학생과 비장애 학생의 평등교육 시책(최혜영, 2021.10.25.) 장애인 평등교육 증진시책(이해식 등, 2020.9.4.)

16) 동물보호교육 시책(윤미향 등, 2022.7.22.), 생애주기별 진로교육 시책(서동용 등, 2022.7.1.), 지식재산교육 시책(양금희, 2022.2.4.), 금융교육 시책(박완주 등, 2021.11.22.), 인간존엄과 생명가치교육(조경태, 2021.11.3.), 노동인권교육 시책(이탄희 등, 2021.10.29./안민석 등, 전용기 등, 2021.6.18./전용기 등, 2021.6.18.), 마을교육공동체 활성화 시책(이용호 등, 2021.8.20.), 부모 및 보호자교육 시책(권인숙 등, 2021.6.28.), 교직원의 처우개선 시책(송재호 등, 2021.1.6.),

17) 2022년 만5세 입학연령 인하 논란과 관련하여 학제개편 및 교육과정 변경시 사전 학습자와 보호자 의견수렴 공표 의무(김승원 등, 2022.8.5.), 정치교육 시책(이은주 등, 2020.8.25.), 교육접근성 격차 최소화 시책(박상혁 등, 2020.7.17.), 소규모학교 확충·유지 시책(임종성 등, 2020.7.9.), 헌법교육 시책(정춘숙 등, 2020.7.6.), 성평등교육 및 임신 및 영유아양육 학생의 학업지원 시책(권인숙 등, 2020.7.1.)

2. 제1장 총칙의 의미와 내용

총칙에서는 교육의 목적, 교육이념, 학습권, 교육의 기회균등, 교육의 자주성, 교육의 중립성, 교육재정, 의무교육, 학교교육, 평생교육, 학교등의 설립 등에 관하여 규정하고 있다.

가. 목적(제1조)

제1조(목적) 이 법은 교육에 관한 국민의 권리·의무 및 국가·지방자치단체의 책임을 정하고 교육제도와 그 운영에 관한 기본적 사항을 규정함을 목적으로 한다.

이 조항은 구 교육법에는 없었던 조항으로서, 교육기본법이 헌법 제31조 제6항[18](교육제도등의 법률주의)에 근거하여 제정된 법임을 보여주는 조항이다. 이 규정의 의의는 교육에 관하여 국민이 권리도 부여받지만 의무의 주체가 된다는 점을 명기하고 있고, 이와는 달리 국가와 지방자치단체는 그 권리와 의무의 이행에 조력하는 책임의 주체로서 선다는 점이다. 과거 한 때 '교육을 받을 권리'라는 표현에 경도되어 교육시킬 권리의 주체는 국가라는 시각에서 국가교육권론이 주창되었지만, 교육기본법은 기본적으로 교육에 관한 권리 주체는 국민이라는 국민교육권론을 선언하고 있는 것이다.

동시에, 국민의 교육기본권 완수를 위해서 교육에 있어서 학습자의 의무교육 학교에서 수학할 권리와, 학부모의 의무 및 참여권 그리고 공교육체제를 마련하고 운영함에 있어서 국가와 지방자치단체의 책임이라는 역할 분담의 원칙도 분명히 선언하고 있다.

'기본적인 사항' 역시 헌법 제31조에서 말하는 교육제도 등의 법률주의에 속하는 기본적인 사항을 이하의 법률 내용에서 구체적으로 입법화한다는 의미도 내포하고 있다. 그런데 제일 광범위한 학교교육과 평생교육에 관하여는 제9조 제1항부터 제3항까지를, 제10조 제1항과 제2항을 언급하고, 이어서 보다 구체적 기본적인 사항은 따로 법률로 정한다는 규정(§9④, §10③)을 두고 있어서 헌법이 예견한 법률주의는 다시 유아교육법, 초·중등교육법, 고등교육법 그리고 평생교육법에서 다시 정하는 것으로 예고되고 있다. 이 점에서도 교육기본법은 헌법과 개별 교육법률을 가교짓는 법으로서의 역할을 하고 있으며 일반 교육법과는 다른 부분이라 하겠다.

그리고 교육기본법상에 표현되어 있는 이른바 '기본적인 사항'들은 국민들의 교육에 대한 공감하는 가치질서를 반영하고 법의식에 수용될 수 있어야 규범으로서의 정당성과 사실적 실효성을 담보하게 될 것이다. 그 만큼 기본적인 사항은 연성적 법률로 하여 정권의 필요에 따라 자주 바뀌게 하기보다는 지속적으로 유지하고 보완해야 할 경성적 법률로 유지시키는 것이 국민 전체의 생애에 걸친 교육기회의 배분과 여건의 조성에 관한 법률로서 법적 안정성을 기할 수 있을 것이다. 이점에서 1997년 제정된지 25년여 동안 있었던 19차례의 개정은 교육기본법의 법적 기능과 위상에 적절한 것이었는지 평가를 요한다.

---

18) 헌법 제31조 제6항 학교교육 및 평생교육을 포함한 교육제도와 그 운영, 교육재정 및 교원의 지위에 관한 기본적인 사항을 법률로 정한다.

나. 교육이념(제2조)

제2조(교육이념) 교육은 홍익인간(弘益人間)의 이념 아래 모든 국민으로 하여금 인격을 도야(陶冶)하고 자주적 생활능력과 민주시민으로서 필요한 자질을 갖추게 함으로써 인간다운 삶을 영위하게 하고 민주국가의 발전과 인류공영의 이상을 실현하는 데에 이바지하게 함을 목적으로 한다.

한국 교육법상의 교육이념은 이 책의 제2장 한국교육법규사론에서 자세히 다룬바와 같이, 해방이후 한국교육위원회 및 조선교육심의회 논의과정에서 책정되어 1949년 제정 교육법에 반영된 바 있었다. 1997년의 교육기본법 제정과정 시 일부에서 홍익인간이라는 교육이념이 후술되는 개인의 인격완성과 자아실현보다는 다소 사회적 목적에 치우치고 후술되는 인류공영과 중첩되는 의미를 갖는 다는 이유로 수정하는 제안들이 있었으나 그대로 유지되었다. 50년 이상 지속해온 이념의 일관성 및 역사성을 고려하고, 자민족 중심주의보다는 만인을 위한 교육과 당시 대통령이 강조한 세계화 정책과도 같은 맥락으로 받아들여졌을 것으로 판단된다.

홍익인간의 이념은 오늘날의 국제적 규범이나 가치질서에 부합한다. 2000년 유네스코 주관 세계교육포럼에서 향후 교육목표로 채택된 「모두를 위한 교육 운동(Education For All; EFA)」[19]이나 이후 인천 송도국제도시에서 열린 유네스코 주관 2015 세계교육포럼에서 채택된 「세계시민교육(Global Citizenship Education; GCE)」의제[20] 역시 같은 맥락으로 볼 수있기 때문이다. 홍익인간은 다소 추상적이긴 하지만 인류보편성을 담고 있음에 분명하다.

이 교육이념 조항은 구 교육법 제1조[21]와 거의 동일한데, 교육목적에 '인간다운 삶을 영위하게 하고'가 추가된 것이 가장 특징적이다. 이는 교육활동이 헌법이 보장한 인간다운 생활을 할 권리(§34①)의 실현 수단임을 보여주는 부분이기도하다. 동시에 교육기본법의 이 조항은 교육기본권의 성격을 이해하는데 있어서 총체성을 가짐을 보여주기도 한다.

또한 이 부분은 홍익인간이 인류공영과 거의 같은 뜻이면서도 국민 개개인의 삶의 행복 추구에 대해서는 언급이 없었던 기존의 규정을 보완한 것이다. 그 외 표현에 있어서 '인격을 완성하고'를 '인격을 도야하고'로 바꾸었고, 공민은 민주시민으로, '구유하게 하여'는 '갖추게 함으로써'로 수정하였고, '이바지'를 '기여'로 바꾸는 등 한자를 한글로 바꾼 특징이 있다.

홍익인간이라는 교육이념과 인간다운 삶과 국가발전과 인류공영이라는 교육목적 측면에서 본다면, 오늘날 입시위주의 교육과 학교문화로는 인성교육이 소홀히 되기 쉽고 자주적 생활능력이나 민주시민 자질보다는 상급학교 진학을 위한 수학능력 신장만이 학교교육의 주된 목적이 되어 개인의 인간다운 삶은 물론 국가발전이나 인류공영에 오히려 장애로서 작용하는 것은 아닌지 교육이념에의 기속성을 점검해볼

---

19) 2000년 세네갈 다카르에서 열린 세계교육포럼에서 향후 15년간의 국제교육 목표로서 채택된 것이다.

20) 2015년 인천송도에서 개최된 세계 195개국이 참가한 세계교육포럼(World Education Forum)에서는 지난 15년간의 모두를 위한 교육(EFA)을 평가하였고, 향후 15년간의 새로운 교육목표로서 '세계시민교육'을 선정했다. 이는 인류보편적 가치인 세계평화, 인권, 문화다양성 등에 대해 폭넓게 이해하고 실천하는 책임있는 시민을 양성하는 교육을 말한다.

21) 구 교육법 제1조 교육은 홍익인간의 이념 아래 모든 국민으로 하여금 인격을 완성하고 자주적 생활능력과 공민으로서의 자질을 구유하게 하여 민주국가발전에 봉사하며 인류공영의 이상실현에 기여하게 함을 목적으로 한다.

일이다.

이와 관련하여 새로운 입법의 구속성 및 사실적 실효성은 별론으로 하더라도, 2014년에 제정된 「공교육정상화 촉진 및 선행교육 규제에 관한 특별법」이나 2015년에 제정된 「인성교육진흥법」 등은 이러한 탈교육 이념과 탈교육 목적의 한국교육의 문제 상황을 벗어나려는 입법적 노력의 일환으로 평가할 수 있다.

헌법 제31조 제4항은 이러한 교육기본법 제2조의 이념과 목적으로 인하여 요구되는 교육 및 교육행정의 원칙이라고 할 수 있다. 헌법재판소 역시 교육기본법 제2조에 명시된 이러한 교육의 이념과 목적을 달성하기 위해서는 교육영역 고유의 전문적 지식을 필요로 하고, 고도의 자율성과 사회적 책임성이 요구되며 이의 실현을 위해 헌법 제31조 제4항의 교육의 전문성과 자주성 보장이 필요하며, 이는 학생을 지도하는 교원뿐만 아니라 교육행정 부문에서도 공통적으로 요구된다고 판시한 바 있다(2007헌마117).

다. 학습권(제3조)

제3조(학습권) 모든 국민은 평생에 걸쳐 학습하고, 능력과 적성에 따라 교육 받을 권리를 가진다.

국회에 제출된 법안에서는 '학습의 자유'라는 표현이 들어 있었으나 수정되었다. 현재까지는 주로 교육의 공급자, 즉 국가나 지방자치단체 또는 교육자를 중심으로 '교육하는 권리'에 초점을 맞추어 '교육권'이 논의되어 왔으나, 헌법상의 '교육받을 권리'에 따라 '학습권'을 새로이 규정하여 교육 수요자, 즉 학생·학부모 또는 지역 사회의 요구뿐만 아니라 학생들이 능력과 적성에 따라 배울 수 있는 권리를 보장하도록 한 의의를 갖는다.

이는 교육기본법에 신설된 조항으로서 국민의 교육기본권을 학습권의 개념으로 구체화한 것으로, 모든 국민에게 평생에 걸쳐 학습하고, 능력과 적성에 따라 교육을 받을 권리가 있음을 선언한 것이다. 제4장에서 살펴본 바와 같이, 헌법 제31조 제1항의 '교육을 받을 권리'라는 표현으로 인하여 헌법학자들이 명명한 '교육을 받을 권리' 내지 수학권(修學權)을 평생에 걸친 학습의 자유를 결합하여 이른바 학습권(學習權) 조항으로 구체화한 것으로 평가한다. 내용적으로는 평생 학습권(학습의 자유와 권리)을 보장한 것이고, 교육을 받을 권리의 방법적 기초를 '능력에 따른' 외에 '적성'을 추가하여 규정한 것이다.

교육기본법상 학습권 조항이 등장하고 일반화되어감에 따라, 학계와 헌법재판소 판례에서도 헌법 제31조 제1항에 대한 명명과 해석이 학습자 관점에서의 수학권(교육을 받을 권리)보다는 '학습권'으로 나아가 '교육기본권'으로 기술하는 계기를 만든 것으로 판단된다.

한편, 교육을 받을 권리의 방법적 실현 원칙으로서 헌법에 명시된 '능력에 따라 균등하게'라는 원칙이 배제된 것처럼 보이나 이는 원칙을 변경하였다기보다는 차등을 둘 수 있는 근거를 능력 이외에 적성까지 예시한 것으로 이해할 수 있다. 이때의 평등은 상대적 평등으로서 학습기회의 제공에 있어서 본질적으로 다른 것으로 취급하여야 할 합법적 요소로서 능력 이외에 적성이라는 요소를 추가하여 헌법 조항에서 의미하는 균등의 보편적 적용 범위를 넓힌 것으로 판단된다. 교육에 있어서 균등은, 모든 기본권 실현의 방법적 기초인 평등권 조항에 의하여 실현되는 것이며, 교육기본법 제4조(교육의 기회균등)에서도 차별해서는 안 될 사항을 구체적으로 규정함으로서 이를 보완하고 있다.

라. 교육의 기회균등(제4조)

제4조(교육의 기회균등 등) ① 모든 국민은 성별, 종교, 신념, 인종, 사회적 신분, 경제적 지위 또는 신체적 조건 등을 이유로 교육에서 차별을 받지 아니한다. ② 국가와 지방자치단체는 학습자가 평등하게 교육을 받을 수 있도록 지역 간의 교원 수급 등 교육 여건 격차를 최소화하는 시책을 마련하여 시행하여야 한다. ③ 국가는 교육여건 개선을 위한 학급당 적정 학생 수를 정하고 지방자치단체와 이를 실현하기 위한 시책을 수립·실시하여야 한다.

구 교육법 제9조(교육기회균등을 보장하기 위한 국가와 지방자치단체의 의무)와 제81조(학교의 종류) 등[22]에 언급되었던 내용과 유사한 조항이나 '신체적 조건'이 추가되었다.

교육기본법이 제정된 1997년 당시에는 차별금지의 영역으로 '성별, 종교, 신념, 사회적 신분, 경제적 지위 또는 신체적 조건 등'으로 기술되었던 것에 '인종'을 추가하였고, 구체적인 기회균등의 기본적인 여건으로서 '지역간 교원수급 등 교육여건 격차의 최소화 시책' 원칙을 추가하였다(2007.7.27.). 한국사회가 이미 다문화 사회로 진입한 것을 반영한 결과이며, 당시 노무현 정부의 지역균형 발전의 정책이 반영된 결과라고도 할 수 있다.

이어 문재인 정부에서는 교육여건 개선을 위해 가장 시급한 현안을 학급당 적정 학생 수임을 규정하고, 그 시책 수립의 의무를 국가와 지방자치단체로 규정한 변화가 있었다(2021.9.24.). 물론, 학급당 학생수는 OECD 평균에 근접[23]하고 있는 한국이지만, 이는 국가 전체 평균일 뿐이며 학령인구 감소와 학교 규모의 지역적 편포로 인해 날로 심각한 소규모학교의 현안 해소에 국가와 지방자치단체가 적극 임해야 할 책무를 강조한 변화로 평가한다.

마. 교육의 자주성 등(제5조)

제5조(교육의 자주성 등) ① 국가와 지방자치단체는 교육의 자주성과 전문성을 보장하여야 하며, 국가는 지방자치단체의 교육에 관한 자율성을 존중하여야 한다(2021.9.24. 신설). ② 국가와 지방자치단체는 관할하는 학교와 소관 사무에 대하여 지역 실정에 맞는 교육을 실시하기 위한 시책을 수립·실시하여야 한다(2021.9.24. 개정). ③ 국가와 지방자치단체는 학교운영의 자율성을 존중하여야 하며, 교직원·학생·학부모 및 지역주민 등이 법령으로 정하는 바에 따라 학교운영에 참여할 수 있도록 보장하여야 한다

---

22) 구 교육법 제9조 모든 국민에게 그 능력에 따라 수학할 기회를 균등하게 보장하기 위하여 국가와 지방자치단체는 좌의 방책을 실행하여야 한다. 1. 학교를 지역적 또는 종별적으로 공평하게 배치 한다. 2. 재능이 우수한 학생으로 학자(學資)곤난한 자를 위하여 장학금제도, 학비보조 제도를 실시한다. 3. 직업을 가진 자의 수학을 위하여 야간제, 계절제, 시간제 기타 특수한 교육방법을 강구한다.
구 교육법 제81조 모든 국민으로 하여금 신앙, 성별, 사회적 신분, 경제적 지위 등에 의한 차별이 없이 그 능력에 따라 균등하게 교육을 받게 하기 위하여 다음과 같은 학교를 설치한다. 1. 초등학교·중학교·고등학교·대학 2. 교육대학·사범대학 3. 전문대학·방송통신대학·개방대학·기술대학 4. 기술학교·고등기술학교 5. 공민학교·고등공민학교 6. 특수학교 7. 유치원 8. 각종학교

23) 교육부의 OECD 교육지표 2021 결과 발표(2021.9.16.)에 따르면 초등학교 학급당 학생수에 관한 OECD국가간 평균은 21.1명(한국은 23명), 중학교는 23.3명(한국은 26.1명)으로 보고되었다. 이후 2022년에 한국 초등학교 21.1명(중학교 25명)이다.

(2021.9.24. 개정).

'교육의 자주성 등'으로 명명된 이 조항은 헌법 제31조 제4항의 교육의 자주성과 전문성의 법률보장을 구체적으로 규정한 의의를 갖는다. 제1항은 2021년 9월 24일 개정에서 신설된 조항으로 교육의 자주성과 전문성을 보장하여야 할 주체가 국가와 지방자치단체인 것은 개정전과 동일하나, 국가가 지방자치단체의 교육에 관한 자율성을 존중하여야 할 책무의 주체라는 부분을 강조한 것이다. 전자에 있어서의 교육은 교육활동과 교육행정 전반에 걸친 것이라고 한다면, 후자의 교육에 관한 자율성은 교육·학예에 관한 사항을 고유사무로 하는 지방자치단체의 교육에 관한 자율성을 국가로 하여금 존중토록 하는 원칙을 천명한 것이다.

제2항은 지역실정에 맞는 교육을 위한 시책수립 의무를 국가와 지방자치단체에 공동 책임으로 규정하였는데, 이는 곧 지방교육자치제도의 교육기본법적 근거를 밝힌 조항이다. 국가와 지방자치단체의 공동책임으로 한 것은 교육·학예에 관한 사항이 지방자치단체의 고유사무이지만 국가수준으로 표준화 및 법제화된 공교육체제로 운영되고 있기 때문에 교육당사자간의 지속적인 역할분담 논의를 통해서 적절한 교육분권을 이루어야 한다는 뜻도 포함되어 있다. 지방교육자치제를 하더라도 교육재정 면에서 여전히 국가 재정의 비중이 높은 부분도 이와 같은 맥락에서 이해할 필요가 있다. 통합 교육법 시기에도 유사한 규정을 두었는데, '공정한 민의에 따른 교육행정'이란 표현이 강조(구 교육법 §14)[24]된 특징을 보였다. 구 교육법 제14조와 비교하면 '전문성' 부분과 학교운영의 자율성 및 교육당사자의 학교운영 참여보장 부분이 추가 되었다.

제3항은 2021년 9월 개정에서 학교운영의 자율성 존중 주체를 국가와 지방자치단체로 명확히 규정하고, 학교운영에 참여권을 네 주체에게 부여하고 있다. 이 조항은 초·중등교육법에 보장된 학교운영위원회[25]의 직접적인 근거 조항이며, 조례로 제정되기 시작한 학교자치 및 학부모회 조례의 근거가 되기도 한다. 학교운영의 자율성 부분은 초·중등학교에 주로 적용되는 것도 사실이지만, 규정 자체는 대학 운영의 자율성까지 포함하는 것으로 봐야 할 것이다. 대학에 두는 평의원회, 교수회, 학생회 등의 설치·운영 역시 이와 연관된 것이라 하겠다. 더구나 헌법 제31조 제4항에서 언급한 '대학의 자율성'에 대한 법률보장이 '고등교육법'에 예견되어 있음에도 정작 고등교육법과 그 시행령 어디에도 '대학의 자율성' 혹은 '대학자치' 용어는 언급되어 있지 않았다. 교육기본법 제5조 제3항의 후단이 학교운영위원회를 염두에 둔 규정이긴 하지만 대학 운영의 자율성을 포함시켜 해석하는 것이 현재로서는 대안으로 판단된다.

한편, 교육기본법이 교원이 아닌 교직원으로 열거하고 있음에도 학교운영위원회에 직원위원이 누락되어 있다는 이유로 헌법소원(2005헌마1144)이 제기되었으나 기각[26]된바 있다.

---

24) 구 교육법 제14조 ① 국가와 지방자치단체는 교육의 자주성을 확보하며 공정한 민의에 따라 각기실정에 맞는 교육행정을 하기 위하여 필요 적절한 기구와 시책을 수립 실시하여야 한다.

25) 초·중등교육법 제31조(학교운영위원회의 설치) ① 학교운영의 자율성을 높이고 지역의 실정과 특성에 맞는 다양하고도 창의적인 교육을 할 수 있도록 초등학교·중학교·고등학교 및 특수학교에 학교운영위원회를 구성·운영하여야 한다. ② 국립·공립 학교에 두는 학교운영위원회는 그 학교의 교원 대표, 학부모 대표 및 지역사회 인사로 구성한다.

26) 【헌재판결】 학교의 운영에 관하여 학교장 중심의 폐쇄적인 의사결정을 지양하고 학부모, 교원, 지역인사 등을 참여시켜 다양한 의견을 종합하고 보다 투명한 의사결정을 추구한다는 학교운영위원회의 목적과 심의기관이라는 성질에 비추어 입후보자를 학부모대표, 교원대표, 지역인사로 구성하고 실무담당자인 일반직원대표를 두지 않은 것이 현저하게 불합리하고 불공정하게 보

2007년 12월 개정에서 '국가 및 지방자치단체'를 '국가와 지방자치단체'로 표현 방식을 바뀌었는데, 공동 책임의 의미를 명료하게 한 것으로 해석된다.

바. 교육의 중립성(제6조)

제6조(교육의 중립성) ① 교육은 교육 본래의 목적에 따라 그 기능을 다하도록 운영되어야 하며, 정치적·파당적 또는 개인적 편견을 전파하기 위한 방편으로 이용되어서는 아니 된다. ② 국가와 지방자치단체가 설립한 학교에서는 특정한 종교를 위한 종교교육을 하여서는 아니 된다.

구 교육법(§5)[27]와 거의 유사한 규정이나 그 조항의 명칭을 '교육의 중립성'으로 명명한 점이 다르다. 헌법 제31조 제4항의 교육의 정치적 중립성을 구체화한 규정으로 볼 수 있다. 중립성의 영역에서 정치적 중립성 이외에 종교적 중립성을 교육의 중립성에 포함시켜 구체화한 점이 특징이다. 다만, 종교적 중립성의 적용범위를 국립 및 공립학교에 한정하고 있고, 반대로 사립학교의 경우에는 설립 이념에 따라 특정 종교에 대한 교육이 허용된다 할 수 있다. 다만, 이 경우에도 재학생의 선택권이 보장되어야하며, 교육과정 역시 여타 종교의 교과목을 병행하여 개설할 것을 의무화하고 있다. 대법원 역시 종교행사와 수업의 참가 거부가 사실상 불가능한 분위기를 조성하고 대체과목을 개설하지 않는 것은 위법행위로 판단했다.[28]

통상 교육의 정치적 중립성 보장 규정은 교원 및 교직단체에 대한 정치활동 제한의 근거가 되기도 한다. 교육기본법 제14조 제3항과 같이 특정한 정당이나 정파를 지지하거나 반대하기 위하여 학생을 지도하거나 선동하는 것을 금지하고 있고, 교원노조법 제3조 역시 어떠한 정치활동도 하여서는 안된다고 규정하고 있다.

그런데 교육의 정치적 중립이 학교 교원의 정당·정파지지 학생지도·선동 금지나 교직단체의 정치활동을 금지로만 보장되는 것은 아니다. 교육내용인 법제화된 교육과정 및 교과용도서가 정치적으로 중립을 지켜야하고, 공교육 시스템이라는 교육형식을 운영하는 교육행정 역시 정치적 중립을 요한다. 그리고 평생교육[29]에서도 요구되는 정치적 중립인 것이다.

교원의 정치적 중립이 요구된다 하더라도 시민으로서 정치활동의 자유의 본질적인 내용을 금지하지 않는 범위 내의 것이어야 한다. 지금은 '어떠한 정치활동'으로 순화시켜 표현되고 있고, 과거의 '일체의' 정치활동 금지에 대하여는 명확성의 원칙에 위반되지 않는다는 헌법재판소의 결정(2011헌바32)[30]이 있었

이지는 않는다 할 것이므로 입법재량을 벗어나 청구인들의 일반적 행동자유권을 침해하고 있다고 보기 어렵고, 위와 같은 이유에서 합리적 이유 없이 학교 행정직원을 차별한다고 보기 어려우므로 청구인들의 평등권을 침해하는 것은 아니다(2005헌마1144).

27) 구 교육법 제5조 교육은 교육본래의 목적에 기하여 운영·실시되어야 하며 어떠한 정치적, 파당적 기타 개인적 편견의 선전을 위한 방편으로 이용되어서는 아니된다. 국립 또는 공립의 학교는 어느 종교를 위한 종교교육을 하여서는 아니된다.

28) 【대법원판결】 종립학교가 고등학교 평준화정책에 따라 강제 배정된 학생들을 상대로 특정 종교의 교리를 전파하는 종파적인 종교행사와 종교과목 수업을 실시하면서 참가 거부가 사실상 불가능한 분위기를 조성하고 대체과목을 개설하지 않는 등 신앙을 갖지 않거나 학교와 다른 신앙을 가진 학생의 기본권을 고려하지 않은 것은, 우리 사회의 건전한 상식과 법감정에 비추어 용인될 수 있는 한계를 벗어나 학생의 종교에 관한 인격적 법익을 침해하는 위법한 행위이고, 그로 인하여 인격적 법익을 침해받는 학생이 있을 것임이 충분히 예견가능하고 그 침해가 회피가능하므로 과실 역시 인정된다(2008다38288).

29) 평생교육법 제4조(평생교육의 이념) ③ 평생교육은 정치적·개인적 편견의 선전을 위한 방편으로 이용되어서는 아니 된다.

지만 다소 과도한 제한이라는 지적이 많다.

건전한 민주시민을 양성하는 정치교육의 주관자인 교원의 역할 측면에서 정치에 관한 풍부한 지식과 객관적 태도를 갖추도록 교원양성과정이 마련되지 않는다면 정치적 무관심 내지 무소신을 교원의 자질로 인식할 수도 있음을 경계하여야 할 것이다. 더구나 공직자 선거연령이 18세로 하향되어 선거교육을 담당하여야 할 교원의 입장에서 정치적 중립 자세와 정치교육에 대한 소양이 절실히 요구되는 시점이다.

이점에서 국제 인권기구로부터 지속적으로 지적받고 있는 교원의 정당가입 자체의 금지나 성명서등 정치적 의사표현에 대한 제한 등은 시대 조류에 맞도록 재검토할 필요가 있다.

사. 교육재정(제7조)

제7조(교육재정) ① 국가와 지방자치단체는 교육재정을 안정적으로 확보하기 위하여 필요한 시책을 수립·실시하여야 한다. ② 교육재정을 안정적으로 확보하기 위하여 지방교육재정교부금 등에 관하여 필요한 사항은 따로 법률로 정한다.

이 조항 역시 헌법 제31조 제6항에서 예고되고 있는 '교육재정에 관한 기본적인 사항의 법률주의'를 구체적으로 규정한 것이다. 구 교육법 역시 유사한 규정[31]을 두고 있었다. 다만, 교육기본법은 그 기본적인 사항에 대하여 '안정적인 확보에 대한 국가·지방자치단체의 공동 책임 원칙'과 '지방교육재정교부금'만[32]을 명시했고, 여타 법률(예를 들면 교육세법 등) 등은 다시 법률 위임하고 있는 형태이다. 사실 지방교육재정교부금법은 1972년 12월 28일에 제정된 법으로 당시 이법 신규 제정의 취지는 "중학교 무시험제를 실시함으로써 희망자 전원이 중학교에 진학하게 됨에 따라 중등교육기관의 급격한 팽창이 불가피하게 되었고, 또한 앞으로 의무교육 연한을 중학교까지 연장하는 문제가 대두되게 되었으므로 중등교육 재정수요와 의무교육정상화를 위한 연차적인 재정수요를 효율적으로 배분·사용할 수 있게 하기 위하여 당시의 의무교육재정교부금과 지방교육교부세를 지방재정교부금으로 통합하여 합리적인 집행을 기하려는 것"으로 소개되었다.[33] 현행 지방교육재정교부금법의 목적 조항(§1)은 "지방자치단체가 교육기관 및 교육행정기관(그 소속기관을 포함)을 설치·경영하는 데 필요한 재원(財源)의 전부 또는 일부를 국가가 교부하여 교육의 균형 있는 발전을 도모함을 목적으로 한다"고 규정하고 있다.

법률에는 '필요한 재원의 전부 또는 일부'로 표현되어 있지만, 각 시·도의 교육재원 중 중앙정부로

30) 【헌재판결】 (구)교원노조법 규정이 비록 '일체의' 정치활동을 금지하는 형태로 규정되어 있지만, 교육의 정치적 중립성을 선언한 헌법과 교육기본법의 규정 및 교원노조법의 입법목적, 교원노조의 인정취지 그리고 관련 규범들과의 관계 등을 종합적으로 고려할 때, 이 규정에 의하더라도 교원의 경제적·사회적 지위 향상을 위한 활동은 노조활동의 일환으로서 당연히 허용되고, 교원노조는 교육 전문가 집단이라는 점에서 초·중등교육 교육정책과 관련된 정치적 의견표명 역시 그것이 정치적 중립성을 훼손하지 않고 학생들의 학습권을 침해하지 않을 정도의 범위 내라면 허용된다고 보아야 한다. 이와 같이 이 사건 교원노조법 규정의 의미 내용을 한정하여 해석하는 것이 가능한 이상, 명확성원칙에 위반된다고 볼 수는 없다(2011헌바32).

31) 구 교육법 제14조 ② 국가 및 지방자치단체는 교육재정을 안정적으로 확보하기 위하여 필요한 시책을 수립·실시하여야 한다.

32) 교육기본법 제정 당시 예시되었던 '지방교육양여금제'는 폐지되어 2004년 12월 개정에서 삭제되었다.

33) 주요 내용은 ① 지방교육재정교부금의 종류 및 규모와 그 교부범위를 정함. ② 교부금은 보통교부금과 특별교부금으로 구분하되 보통교부금은 의무교육경비와 기타 경비로 나누어 교부하고 특별교부금은 특별한 재정적 수요가 있을 때에 교부하도록 함. ③ 기준재정수요액과 기준재정수입액의 산정방법을 정함. ④ 의무교육재정교부금법과 지방교육교부금법을 폐지함.

부터의 이전수입은 여전히 80%에 가깝고, 지방자치단체로부터 이전 수입 역시 일부 특별시와 광역시를 제외하고 20% 이하가 대부분이다. 실질적인 지방교육자치제를 위해서 필수적인 재정자립도 측면에서는 여전히 미진한 상황이다.

한편, 국민의 교육기본권 보장을 위하여 국가와 지방자치단체는 각각의 역할분담을 하고 협력관계에 있어야 하지만, 때로는 기관 분쟁에 놓이기도 한다. 중학교 의무교육 확대에 따라 의무교육비 부담을 놓고 서울특별시가 정부와 벌린 권한쟁의 헌법재판(2004헌라3)은 그 대표적인 사례이다. 재판부는 의무교육 경비의 중앙정부 부담원칙이 헌법상 도출되지는 않는다고 보았고, 부담방법은 입법 형성권에 속하며 자의적이지 않는 한 위헌이 아니라는 입장을 보였다. 즉, 부담의 비율은 입법적, 정치적으로 조정될 수 있다는 입장이다.[34)]

아. 의무교육(제8조)

제8조(의무교육) ① 의무교육은 6년의 초등교육과 3년의 중등교육으로 한다. ② 모든 국민은 제1항에 따른 의무교육을 받을 권리를 가진다.

헌법 제31조 제2항에 명기된 '적어도 초등교육과 법률이 정하는 교육'에 대하여 위의 교육기본법 조항에 '6년의 초등교육과 3년의 중등교육'으로 규정하고 있다. 이른바 초등학교 6년과 중학교 3년을 말하는 것으로 이해되지만 문구 자체로는 현행 학제 명칭과 다소 개념이 확대해석 될 여지가 없지 않다. 오래전부터 초등교육은 유치원과 초등학교교육을, 중등교육은 중고등학교 교육을 지칭하여 왔기 때문이다.

헌법은 제헌헌법부터 의무교육 부분의 규정은 초등학교가 아닌 적어도 '초등교육'이라 규정하여 왔다. 그런데, 국민학교의 명칭 개칭은 김영삼 정부에서 추진되어 1997년 3월부터 초등학교로 바뀌었다. 헌법상 의무교육의 대상 교육이었던 초등교육은 엄밀하게 보면 유치원교육을 포함한 초등교육이었다고 할 수 있다. 그러나 교육법에서는 이 의무교육의 시작을 제정 교육법에서부터 만 6−12세 학령아동의 의무교육(§96)으로 하여 초등학교 아동을 대상으로 하였고, 제정 교육법시행령(§42)에서도 국민학교를 지칭했다. 당시 교육법에는 유치원이 학교의 종류로 명시되어 있었지만(§81), 그 대상은 초등학교 6년에 한정한 것이다. 현행 교육기본법 제9조 역시 학교교육을 유아교육·초등교육·중등교육 및 고등교육으로 분류하고 있고(그럼에도 1998.3.1. 시행된 초·중등교육법에는 유치원이 포함되어 있었으나), 초·중등교육법에서 유아교육법이 분리 시행(2005.1.30.)된지 오래여서 이제 법률상 초등교육이라 함은 유아교육을 제외한 초등학교교육과 동일어로 보는 것이 타당하다 할 것이다.

---

34) 【헌재판결】 헌법 제31조 제2항·제3항으로부터 직접 의무교육 경비를 중앙정부로서의 국가가 부담하여야 한다는 결론은 도출되지 않으며, 그렇다고 하여 의무교육의 성질상 중앙정부로서의 국가가 모든 비용을 부담하여야 하는 것도 아니므로, 지방교육자치에관한법률 제39조 제1항이 의무교육 경비에 대한 지방자치단체의 부담 가능성을 예정하고 있다는 점만으로는 헌법에 위반되지 않는다.(중략) 입법자는 중앙정부와 지방정부의 재정상황, 의무교육의 수준 등의 여러 가지 요소와 사정을 감안하여 교육 및 교육재정의 충실을 위한 여러 정책적 방안들을 구상하고 그 중의 하나를 선택할 수 있으며, 이에 관한 입법자의 정책적 판단·선택권은 넓게 인정된다. 지방교육재정교부금법 제11조 제1항에서 의무교육 경비를 교부금과 지방자치단체의 일반회계로부터의 전입금으로 충당토록 규정한 것 및 (중략) 은 교육재정제도를 형성함에 있어 의무교육을 받을 권리를 골고루 실질적으로 보장하라는 헌법의 위임취지에 명백히 반하는 자의적인 것이라 할 수 없어 위헌이 아니다(2004헌라3).

한국전쟁으로 의무교육의 실행은 지연되다가 1957년 7월에야 '의무교육완성 6개년계획'을 수립하고 취학률을 96%까지 높였다. 이 계획을 추진하기 위해 정부는 문교예산의 75－81%를 의무교육에 충당하였고, 임시토지소득세환부금제도, 교육세, 의무교육재정교부금법 등을 제정하기도 했다.

헌법에 초등교육 외에 '법률이 정한 교육'으로 확대된 것은 1972년의 유신헌법 개정을 통해서였다. 그러나 정작 중학교 의무교육이 순차적으로 시작된 것은 20여 년 뒤의 일이었다. 교육법 개정을 통하여 1985년부터 중학교 의무교육을 도서·벽지 중학교 및 특수학교부터 실시하였다. 이때에도 교육법 제8조의2(중등교육에 대한 의무교육)를 신설(1984.8.2.)하였는데, "제8조의 규정에 의한 3년의 중등교육에 대한 의무교육은 대통령령이 정하는 바에 의하여 순차적으로 실시한다"고 하는 규정이 처음 등장하였다. 도서지역 및 특수학교 중학교과정에 관한 의무교육은 '중학교의무교육실시에 관한 규정'(대통령령, 1985.3.1. 시행)을 통해 실시되었다. 이어 1992년에는 군(郡) 지역 신입생에 대해 무상교육을 실시하고 1994년에 전학년까지 확대했다.

이어 1998년 3월 1일 교육기본법 시행과 더불어 "제8조(의무교육) ① 의무교육은 6년의 초등교육 및 3년의 중등교육으로 한다. 다만, 3년의 중등교육에 대한 의무교육은 국가의 재정여건을 고려하여 대통령령이 정하는 바에 의하여 순차적으로 실시한다"는 규정으로 반영되었고, 이어 초·중등교육법시행령 제23조에 우선 실시원칙을 1. 읍·면지역 2. 도서·벽지지역 3. 특수교육 중학교과정으로 제시했다. 특별시·광역시·시 지역까지 전국적으로는 2002년 입학하는 중학교 1학년부터 실시한데 이어 2004년에 전 학년으로 확대되어 중학교 의무무상교육이 완성되었다.

이렇듯 국민의 교육기본권의 내용 중 중대한 의무교육의 순차적 실시를 대통령령에 위임하고 있는 것에 대하여 다수의견은 "교육제도에 관한 기본방침을 제외한 나머지 세부적인 사항까지 반드시 형성적 의미의 법률만으로 정하여야 하는 것은 아니라고 보며, 확대실시의 시기 및 방법만을 대통령령에 위임하여 합리적으로 정할 수 있도록 한 것이므로 포괄위임금지를 규정한 헌법 제75조에 위반되지 않는다"라고 결정했다(90헌가27).[35)]

교육기본법 제정이후 제기된 판례에서는 다수의견은 각하 결정(당해 사건이 적용된 구법이 아닌 신법에 대한 위헌심판 제청은 부적법)을 했으나, 3인의 재판관은 반대의견을 통해 단계적 확대실시를 보장하는 실체적·절차적 제도를 전혀 마련하고 있지 않아 행정당국의 임의에 맡기는 것은 헌법 제31조 제2항 및 제6항에 위반된다는 의견을 냈다(2000헌가4).

이외에도 무상의무교육관 관련하여 경비의 부담은 의무교육제도의 기본적인 사항임에도 헌법은 그 주체를 명확하게 하지 않고 있고, 초·중등교육법은 국가와 지자체간 역할분담을 한데 이어 지방교육자치법은 공동부담의 원칙[36)]을 기술하고 있으며, 헌법재판소(2004헌라3) 역시 이와 동일한 입장이다.

---

35) 반면 이시윤 재판관은 반대의견을 통해, "위 조항은 의무교육에 관한 교육법률주의를 어긴 채 헌법에 의하여 수권된 의회입법을 행정부에 재위임하는 내용의 것으로 위임입법의 한계를 넘어섰고, 나아가 사회적 기본권의 하나인 교육을 받을 권리의 제한에 관한 사항을 위임함에 있어서 지나치게 광범위한 입법재량권을 부여하였다는 점에서 헌법 제75조, 제31조 제2항에 합치하지 않는 법률이다"고 주장했다.

36) 초·중등교육법 제12조(의무교육) 국가는 의무교육을 위한 시설확보등 필요조치 강구 의무, 지자체는 초중고특수학교 설립·경영의무 부과. 지방교육자치법 제37조(의무교육경비 등) 의무교육에 종사하는 교원의 보수와 그 밖의 의무교육에 관련되는 경비는 지방교육재정교부금법에서 정하는 바에 따라 국가 및 지방자치단체가 부담한다. 지방교육재정교부급법 제11조(지방자치단체

의무교육은 아니지만 취학전 교육과 고등학교 교육에 대하여 무상교육이 실시되고 있는 점은 제4장에서 다룬바와 같다.

의무교육 및 무상교육의 범위가 확대되어가고 있는 가운데, 교육기본법에 국가와 지방자치단체의 의무교육비 부담에 대한 기본원칙을 좀 더 보완하는 것이 의무교육비 부담을 놓고 벌어지는 기관쟁의에 교육기본법상의 준거를 세울 필요는 있다고 본다.37)

자. 학교교육(제9조)

제9조(학교교육) ① 유아교육 · 초등교육 · 중등교육 및 고등교육을 하기 위하여 학교를 둔다. ② 학교는 공공성을 가지며, 학생의 교육 외에 학술 및 문화적 전통의 유지 · 발전과 주민의 평생교육을 위하여 노력하여야 한다. ③ 학교교육은 학생의 창의력 계발 및 인성(人性) 함양을 포함한 전인적(全人的) 교육을 중시하여 이루어져야 한다. ④ 학교의 종류와 학교의 설립 · 경영 등 학교교육에 관한 기본적인 사항은 따로 법률로 정한다.

이 조항은 학교교육을 유아교육, 초등교육, 중등교육, 고등교육 등 4단계의 교육으로 구분하고, 학교교육의 기본 방향을 지식 교육뿐만 아니라 학생의 창의력 계발과 인성의 함양을 포함한 전인적 교육을 중시하도록 하였으며, 또한 학교는 학생 교육 외에 학술과 문화적 전통의 유지 · 발전과 주민의 평생 교육을 위하여 노력하도록 하여 학교가 지역 사회 문화의 중심으로서의 역할을 하도록 하였다. 구 교육법 제81조 및 제7조38)에도 유사하게 규정되었다.

교육기본법 제1조인 홍익인간의 이념과 당해 조항이 규정한 학교교육의 인성함양 측면에서 인성교육진흥법(2015.1.20.)39)이 제정되었다고 할 수 있으나, 인격의 완성을 목표로 하는 교육과정에서 당연히 강조되어야 할 인성교육이 진흥법의 형태로 뒤 늦게 제정된 배경은 당시 학생 따돌림과 학교폭력이 사회문제화된데 따른 것이었다.

교육기본법 제9조에 의하여 제정된 법률로는 유아교육법, 초 · 중등교육법, 고등교육법 그리고 사립학교법을 들 수 있다.

부담) 교육비특별회계중 교부금과 일반회계 전입금으로 충당

37) 일본은 2006년 교육기본법 개정시 국가와 지방공공단체의 공동책임 조항을 신설했다(제5조 제3항 "국가 및 지방공공단체는 의무교육의 기회를 보장하고, 그 수준을 확보하기 위해 절절한 역할분담 및 상호협력 하에 그 실시에 책임을 진다")

38) 구 교육법 제81조 모든 국민으로 하여금 신앙, 성별, 사회적 신분, 경제적 지위 등에 의한 차별 없이 그 능력에 따라 균등하게 교육을 받기 하기 위하여 다음과 같은 학교를 설치한다. 1. 초등학교 · 중학교 · 고등학교 · 대학 2. 교육대학 · 사범대학 3. 전문대학 · 방송통신대학 · 개방대학 · 기술대학 4. 기술학교 · 고등기술학교 5. 공민학교 · 고등공민학교 6. 특수학교 7. 유치원 8. 각종학교
교육법 제7조 모든 학교는 국가의 공기로서 법령의 정하는 기준에 의하여 설립되어야 하며, 동등한 학교의 수료자 또는 졸업자는 국립, 공립 또는 사립의 구별 없이 동등한 자격을 가진다.

39) 인성교육진흥법 제1조(목적) 이 법은 「대한민국헌법」에 따른 인간으로서의 존엄과 가치를 보장하고 「교육기본법」에 따른 교육이념을 바탕으로 건전하고 올바른 인성(人性)을 갖춘 국민을 육성하여 국가사회의 발전에 이바지함을 목적으로 한다.

차. 평생교육(제10조)

제10조(평생교육) ① 전 국민을 대상으로 하는 모든 형태의 평생교육은 장려되어야 한다. ② 평생교육의 이수(履修)는 법령으로 정하는 바에 따라 그에 상응하는 학교교육의 이수로 인정될 수 있다. ③ 평생교육시설의 종류와 설립·경영 등 평생교육에 관한 기본적인 사항은 따로 법률로 정한다.

국회는 2021년 9월 24일 교육기본법 개정을 통해서 기존의 '사회교육'을 '평생교육'으로 개칭했다. 개정 이유에 따르면 "사회교육은 평생교육법이 개정되기 전인 사회교육법에서 사용하던 용어로서 평생교육법과의 용어 통일성을 확보"한다는 취지였다. 사실 그러한 취지라면 교육기본법이 제정(1997.12.13.)된 직후에 사회교육법을 평생교육법으로 개정(1999.8.31.)하면서 진행했어야 했을 것이다.

이번의 조치는 앞서 헌법 조항에 대한 설명에서 언급한 바와 같이, 사회교육을 평생교육으로 치환하고자 하는 일단의 사회교육 전문가들의 뜻에 의한 것으로서 교육법 체계적으로는 상당한 혼란을 초래한 일이었다. 즉, 헌법 제31조 제5항에서 말하는 국가의 평생교육 진흥 의무는 사회교육에 대한 진흥만을 의미하지 않던 시기(제5공화국 헌법개정, 1980.10.27.)에 가정교육·학교교육·사회교육을 아우르는 평생에 걸친 교육 진흥이라는 이념으로서 규정되었던 것이다. 사회교육법은 그 뒤 1982년 12월 31일에 제정(1983.7.1. 시행)되었던 것에서도 헌법상 평생교육이 사회교육법의 사회교육과 동일하지 않다는 것을 알 수 있다.

그럼에도 사회교육전문가들은 교육기본법 제정 직후 1999년에 기존의 사회교육법을 평생교육법으로 명칭을 바꾸었고, 이때에도 평생교육의 개념은 이전의 이른바 학교외 교육 개념[40]을 그대로 두는 형태였다. 그리고 이번의 교육기본법 개정에 이르게 된 것이다. 요람에서 무덤까지의 교육이라는 평생교육의 이념을 특정 영역의 교육으로 치환한 것이다. 결국 교육기본법에서 조차 이러한 개정이 추진되어, 교육법학계에서 말하는 교육 3법 체제, 즉 기본교육법규, 학교교육법규, 사회교육법규의 명칭도 평생교육법규로 대체할 수밖에 없게 되었다. 결국 향후 남은 과제는 헌법 제31조 제5항의 국가로 하여금 의무화한 평생교육 진흥을 사회교육뿐만 아니라 가정교육과 학교교육을 포괄하는 '생애에 걸친 국민의 학습권 보장' 이념으로 재규정하는 것이라 하겠다.

카. 학교 등의 설립(제11조)

제11조(학교 등의 설립) ① 국가와 지방자치단체는 학교와 평생교육시설을 설립·경영한다. ② 법인이나 사인(私人)은 법률로 정하는 바에 따라 학교와 평생교육시설을 설립·경영할 수 있다.

이는 구 교육법[41]에도 유사한 국립, 공립, 사립학교의 설립주체에 대하여 언급한 바 있다. 다만, 국

---

40) 구 사회교육법 제2조(정의) 1. '사회교육'이라 함은 다른 법률에 의한 학교교육을 제외하고 국민의 평생교육을 위한 모든 형태의 조직적인 교육활동을 말한다(평생교육법 제정으로 폐지)
현행 평생교육법 제2조(정의) 1. "평생교육"이란 학교의 정규교육과정을 제외한 학력보완교육, 성인 문자해득교육, 직업능력 향상교육, 인문교양교육, 문화예술교육, 시민참여교육 등을 포함하는 모든 형태의 조직적인 교육활동을 말한다.

41) 구 교육법 제6조 국가 및 지방자치단체는 이 법 또는 다른 법률의 정한 바에 의하여 학교 기타의 교육시설을 설치·경영하며, 모든 교육기관을 지도감독한다. 제82조(설립자) ① 국가 또는 지방자치단체는 학교를 설립·경영한다. ② 법인 또는 사인은 법령이 정하는 바에 따라 학교를 설립·경영할 수 있다.

가와 지방자치단체의 지도·감독권에 대하여는 교육당사자의 영역으로 옮겨서 규정(교육기본법 §17)하고 있다.

학교 설립의 주체가 국가, 지방자치단체, 법인, 사인임을 밝히고 있는데, 사립유치원의 경우 법인 혹은 사인이 설립할 수 있으나 여타의 사립학교는 학교법인으로 설립하여야 한다. 초·중등학교의 경우 초·중등교육법에 대학의 경우는 고등교육법에, 사립학교의 경우는 사립학교법에 보다 더 자세한 규정을 두고 있다. 이들 법률에는 특별한 필요에 의하여 별도의 학교설치에 관한 대통령령을 규정하기도 하는데, 국립학교설치령, 한국교원대학교설치령, 한국예술종합학교설치령, 국립해사고등학교설치령, 대안학교의 설립·운영에 관한 규정, 방송통신중학교 및 방송통신고등학교 설치기준령, 국립대학법인 서울대학교 설립·운영에 관한 법률, 국립대학법인 인천대학교 설립·운영에 관한 법률 등이 이 규정과 직접적으로 관련이 있다.

22설 총칙: 교육제도 법률주의 기본법, 평생 학습권, 교육의 기회균등과 자주성의 보완

3. 제2장 교육당사자의 의미와 내용

가. 교육당사자 장의 신설 의의[42)]

제정 교육기본법의 가장 큰 의의는 교육당사자를 학습자, 보호자, 교원, 교원단체, 학교등의 설립·경영자 그리고 국가 및 지방자치단체 등 여섯 집단(국가와 지방자치단체를 각각으로 본다면 일곱 집단)으로 구분하였고, 이것이 법률 용어로서 정착되었다는 점이다.

교육법규에서 교육기본법 제정의 의미는 헌법의 교육조항을 구체화하여 교육법 체계를 기본교육법규, 학교교육법규, 평생교육법규라는 3법 체제로 공고히 한 점이다. 앞서 지적한 바와 같이 헌법의 교육조항을 교육법의 근원인 모법(母法)이라면, 교육법과 교육제도 운영의 기본 원칙을 정한 교육기본법은 교육법의 부법(父法)이다. 교육에 있어서 국민에게는 권리와 의무를, 국가 및 지자체에는 교육에 관한 책임이라는 역할분담을 분명히 했다. 교육이념, 학습권, 교육의 자주성과 중립성, 교육재정, 의무교육, 학교교육, 평생교육, 학교의 설립, 등의 총칙은 이른바 교육헌법 정신을 구체화시킨 기본법이라는 점에서, 법적 효력은 별론으로 하더라도 의미에 있어서는 헌법의 교육조항에 준하여 해석될 필요가 있다고 본다.

교육당사자라는 개념은 일본이나 대만의 교육기본법에는 없는 한국의 독특한 부분이다. 이 개념의 상정으로 소모적일 수 있는 국가와 국민 간의 불필요한 교육권 주체 논쟁을 넘어서 국민의 교육기본권 보장을 근본 목적으로 교육당사자들 간에 분화된 권리·의무·책임 관계로 재설정되었다. 이는 학습자와

---

42) 고전(2018), 헌법정신 관점에서의 교육기본법 개정 논의, 교육법학연구 30(1), 10－11면을 수정 보완하였다.

교육자 간의 교수·학습활동을 보장하기 위하여 다른 교육당사자 간에 각각 역할분담을 하고 있다는 것으로서, 그 역할분담이 결코 자기 목적적으로 부모 자신이나 교사 자신을 위한 교육권일 수는 없는 것이다. 또한 학습자 이외 항상적 교육 주체는 있을 수 없다는 것이다. 특히 국가와 지자체는 기본권 주체가 아닌 국민의 교육기본권 보장을 위해 부여받은 책임(교육기관에 대한 주로 지도·감독권이라는 권한과 책임)의 주체로 재설정 되었다.[43]

나. 제2장 교육당사자의 내용

(1) 학습자(제12조)

제12조(학습자) ① 학생을 포함한 학습자의 기본적 인권은 학교교육 또는 평생교육의 과정에서 존중되고 보호된다. ② 교육내용·교육방법·교재 및 교육시설은 학습자의 인격을 존중하고 개성을 중시하여 학습자의 능력이 최대한으로 발휘될 수 있도록 마련되어야 한다. ③ 학생은 학습자로서의 윤리의식을 확립하고, 학교의 규칙을 준수하여야 하며, 교원의 교육·연구활동을 방해하거나 학내의 질서를 문란하게 하여서는 아니 된다.

구 교육법과 비교할 때, 교육내용과 방법 및 교재 그리고 시설 마련의 원칙으로서 학습자 인격 및 개성 중시와 능력발휘 부분은 구 교육법[44]에도 있던 규정을 가져온 것이다. 기본적 인권 존중과 학습자 윤리 의식 확립은 교육기본법에 새롭게 제정한 부분이다.

이 조항은 교육의 과정에서 특별 권력 관계에 의한 피교육자라는 이유만으로 법률의 근거도 없이 부당하게 침해될 수 있는 학습자의 기본적 인권이 존중되고 보호되도록 하고 있다. 과거의 학교에서는 교육자는 교육상 불가피한 경우 신체에 고통을 가하는 훈육(체벌)이 가능했지만 오늘날에는 금지되어 있다. 교우간의 폭력 역시 대수롭지 않게 여겨졌으나 지금은 학교폭력이나 따돌림은 보호되고 가해자에 대한 처벌도 강화되고 있다.

그런데 학습자의 제1조항이 '기본적 인권'을 강조한 것은 한국의 과도한 교육열이라는 교육현실을 반영한 측면이 있음을 간과해서는 안된다. 즉, 능력과 개성의 신장을 강조하기보다도 교육과정에서의 인권존중과 보호 원칙을 먼저 선언한 것은 입시 경쟁 중에 비 인권적 상황에 놓여 있음을 고백하는 것과 마찬가지이다. 이는 인권을 실현하고 신장시키기 위한 교육이 오히려 학생 자신의 평범한 인권(수면권, 휴식권, 건강한 삶을 누릴 권리)을 보장 받지 못하는 아이러니한 현실이 이러한 규정을 제일 먼저 두게 한 것이라 해석된다.

한편 학생은 교원의 교육·연구 활동을 방해하거나 학내의 질서를 문란하게 하지 않도록 하는 의무를 부과하여 집단 학습중에 타인의 학습권을 존중토록 하고 있다. 학습권의 내용이 무조건 간섭받지 않을 학습의 자유가 아닌 의무의 이행이 따르는 이유도 여기에 있다.

---

43) 일본교육법학계에서는 헌법상 '교육을 받을 권리'라는 표현에는 국가가 제공하는 교육을 받는 수동적 객체로서 국민을 상정하여 '국가교육권'이 투영된 것으로 'right to education'의 오역이라는 비판도 있다.

44) 구 교육법 제4조 교육의 제도, 시설, 교재와 방법은 항상 인격을 존중하고 개성을 중시하여, 교육을 받는 자로 하여금 능력을 최대한 발휘할 수 있도록 하여야 한다.

제3항의 학습자의 윤리의식 확립은 2005년 11월 개정에서 교육자로서의 윤리의식 확립과 함께 추가되었다. 대학입시 부정사건을 계기로 이 조항은 개정에서 추가된 것인데, 각급학교의 학칙으로 반영되었을 뿐, 별도의 법률이 제정되어 있지않아 상징적인 조항이라 하겠다.

(2) 보호자(제13조)

제13조(보호자) ① 부모 등 보호자는 보호하는 자녀 또는 아동이 바른 인성을 가지고 건강하게 성장하도록 교육할 권리와 책임을 가진다. ② 부모 등 보호자는 보호하는 자녀 또는 아동의 교육에 관하여 학교에 의견을 제시할 수 있으며, 학교는 그 의견을 존중하여야 한다.

헌법이나 과거 1997년 교육기본법 제정이전 구 교육법에는 '부모'나 '보호자'의 권리에 대하여 언급된 바가 없다. 단지, 헌법 제31조 제2항과 구 교육법 제8조 제2항에서 '보호하는 자녀에게 교육을 받게 할 의무를 진다'라는 표현만 등장할 뿐이다. 즉, 부모는 교육에 있어서 의무교육의 의무자일 뿐이었다. 이에 교육기본법은 교육할 권리와 학교에 의견 제시권 그리고 학교의 보호자 의견 존중 의무를 통하여 이를 보장하고 있다. 물론 민법은 "친권자는 자(子)를 보호하고 교양할 권리·의무가 있다(§913)"고 하여 가르치고 기르는 교양(敎養)의 권리와 의무를 동시에 규정하고 있다. 가르치는 것에는 가정교육도 해당하지만 더 긴 기간 동안 학교라는 공교육 기관에 위탁하여 가르친다는 점에서 그 외 관련된 권리와 의무도 있다 할 것이다. 그러나 헌법과 구 교육법은 의무교육의 수행자로서 보호자를 상정할 뿐이었다.

이제 교육기본법의 위 조항으로 인하여 부모 등의 보호자는 교육당사자의 일원으로서 미성년자인 자녀의 학습권의 대위자로서 역할 뿐만 아니라 학교에 대하여 의견을 제시할 권한, 이른바 참여권을 보장받게 되었다. 특히 학교에의 의견 제시권과 학교의 의견 존중 의무는 교육기본법 제5조 제3항에 의하여 학부모 등이 학교운영에의 참여할 수 있도록 보장한 것과 더불어 학부모의 교육참여권을 보장하는 중요한 계기를 마련하였다. 이에 따라 설치된 학교운영위원회의 학부모위원을 통해 학교운영에 참여하거나 그 기초조직인 학부모회를 통해 의견을 개진할 수 있다.

다만, 이와 같은 학부모의 참여권은 주로 학교교육에 규정할 뿐, 이른바 가정교육에 있어서의 언급은 되어 있지 못하다. 물론 가정은 사적자치의 영역으로서 입법적 자체를 요하는 부분이기는 하지만, 학교에 진학하기 전 성격과 발달 그리고 기초 소양교육이 이루어진다는 점에서 가정교육에 대한 보호자의 권리와 의무는 물론, 국가 및 지방자치단체의 지원 책임 또한 적지 않다 할 것이다. 따라서 학교교육과 평생교육에 비하여 상대적으로 언급이 되고 있지 않은 가정교육[45] 부분은 한국 교육기본법의 보완되어야 할 부분이다.

---

45) 일본의 경우 2006년 교육기본법 개정을 통해 가정교육(§10)을 신설하였는데 "부모 그 외 보호자는 자녀교육에 대해 일차적 책임을 가지는 것이며, 생활을 위해 필요한 습관을 몸에 익히도록 함과 동시에 자립심을 육성하고 심신의 조화로운 발달을 도모하도록 노력한다. 2. 국가 및 지방공공단체는 가정교육의 자주성을 존중하면서 보호자에게 대한 학습의 기회 및 정보의 제공 기타 가정교육을 지원하기 위해 필요한 시책을 강구하도록 힘쓰지 않으면 안된다"고 규정하고 있다. 동시에 제13조에서는 "학교, 가정 및 지역주민, 기타 관계자는 교육에서의 각각의 역할과 책임을 자각함과 함께 상호의 제휴 및 협력에 힘써야 한다"고 규정한다.

(3) 교원(제14조)

제14조(교원) ① 학교교육에서 교원(敎員)의 전문성은 존중되며, 교원의 경제적·사회적 지위는 우대되고 그 신분은 보장된다. ② 교원은 교육자로서 갖추어야 할 품성과 자질을 향상시키기 위하여 노력하여야 한다. ③ 교원은 교육자로서 지녀야 할 윤리의식을 확립하고, 이를 바탕으로 학생에게 학습윤리를 지도하고 지식을 습득하게 하며, 학생 개개인의 적성을 계발할 수 있도록 노력하여야 한다. ④ 교원은 특정한 정당이나 정파를 지지하거나 반대하기 위하여 학생을 지도하거나 선동하여서는 아니 된다. ⑤ 교원은 법률로 정하는 바에 따라 다른 공직에 취임할 수 있다. ⑥ 교원의 임용·복무·보수 및 연금 등에 관하여 필요한 사항은 따로 법률로 정한다.

제1항에서 교원의 전문성 존중과 사회적 경제적 지위 우대 및 신분보장을 규정한 것은 헌법의 교원지위 법률주의에 반영할 기본적인 사항을 열거한 것이라 할 수 있고, 그 중에서도 전문가로서 지위 보장에 강조점을 둔 것은 과거 교육법[46]과는 차이나는 규정이다.

교원의 법적 지위는 사회의 교원 및 교직에 대한 역할기대와 교직관에 의하여 법제화된다 할 것인바, 성직관에 기초한 인격자로서의 지위, 전문직관에 의한 교육전문가로서 지위, 공직관에 기초한 학교에 근무하는 공직자로서의 지위 그리고 노동직관에 의한 근로자로서의 지위를 말한다. 그 강조점은 사회에 따라 다르며 한 국가 내에서도 시대에 따라 지위의 법제화가 달라지기도 한다. 그중에서도 교육전문가로서 지위는 학습자의 교육기본권을 충족시키는 교육활동에 있어서 담보되어야 할 가장 본질적인 지위라 할 수 있다.

인격자로서의 지위는 법제화보다는 교육계의 자율과 자정 능력 그리고 사도문화로 유지되고 규율이 바람직하겠으나 시류는 관례와 문화를 넘어서 법제화되어가는 경향도 있다. 학습자로부터의 교사의 교권 및 교육활동 보호를 법으로 정하여 보호하는 경향이 그러하다. 또한 성폭력범죄 행위와 아동·청소년대상 성범죄 행위는 교원으로서 결격사유로 정하여(교육공무원법 §10의4)[47] 아예 교직에 입문하는 것을 차단하고 있으며, 교원양성기관의 교육실습생이 일선학교에 실습을 나가는 단계에서 관련 신원조회를 거치는 등 매우 강화되고 있다.

채용의 결격 사유로서 금품수수행위, 시험문제 유출 및 성적조작 등 학생 성적 관련 비위행위, 학생에 대한 신체적 폭력행위 등을 들고 있고, 직위해제 사유로 성폭력범죄, 성매매, 아동·청소년대상 성범죄, 아동에 대한 신체적 정서적 학대 행위 등을 강조하고 있으며, 직위해제 사유에도 해당된다.[48] 성범죄

---

46) 교육법 제13조 교원의 경제적·사회적 지위는 적정하게 우대되어야 하며, 그 신분은 반드시 보장되어야 한다. 물론, 교육공무원법 제43조(교권의 존중과 신분보장)에 "① 교권(敎權)은 존중되어야 하며, 교원은 그 전문적 지위나 신분에 영향을 미치는 부당한 간섭을 받지 아니한다"는 규정은 오랫동안 있어왔다.

47) 교육공무원법 제10조의4(결격사유) 국가공무원법 제33조에 해당자, 성폭력범죄, 아동·청소년대상 성범죄, 성인대상 성폭력범죄로 파면·해임되거나 100만원 이상 벌금형이나 치료감호 선고자등

48) 교육공무원법 제44조의2(직위해제사유) 1. 직무수행 능력이 부족하거나 근무성적이 극히 나쁜 자 2. 파면·해임·강등 또는 정직에 해당하는 징계의결이 요구 중인 자 3. 형사사건으로 기소된 자(약식명령이 청구된 자 제외) 4. 금품비위, 성범죄 등 다음 각 목의 비위행위(국가공무원법 §78의2① 행위, 성폭력범죄, 성매매, 아동·청소년대상 성범죄, 아동복지법 §17 금지행위, 품위손상으로 직위유지 부적절 행위)로 인하여 감사원 및 검찰·경찰 등 수사기관에서 조사나 수사 중인 자로서 비위의 정도가 중대하고 이로 인하여 정상적인 업무수행을 기대하기 현저히 어려운 자

등은 승진 임용제한 기간에도 적용하여 책임을 무겁게 하고 있는 추세이다. 이러한 것들은 모두 인격자로서의 기대에 대한 반영이라 할 수 있다.

교육자로서의 윤리의식의 확립은 2005년 11월에 학습자의 윤리의식 확립과 함께 추가된 규정이긴 하지만, 관련된 법률이 제정된 바는 없다. 이러한 윤리관련 규정은 교원의 지위영역 중 권리·의무·책임이라는 법률관계로 규율되기는 쉽지 않아 상징적 의미가 더 있다.[49)]

과거 교원은 겸직 금지 등 다른 공직에의 취임이 엄격히 제한하여 왔으나 법률이 정하는 바에 따라서 경우에 따라서는 겸직 혹은 휴직 할 수 있는 여지를 남겨두었다. 제6항에 근거하여 제정된 대표적인 법률이 교육공무원법이다.

제4항은 교육의 정치적 중립성을 확보하기 위한 방편의 일환으로 교원의 정치적 중립을 요구하고 있다. 과거 교육법[50)]은 정당지지만을 언급했는데 기본법은 정파를 추가했다.

제5항은 법률이 허용할 경우 공직 취임이 가능하다는 것으로 모든 교원에게 적용되는 국가공무원법의 복무규정의 겸직금지 조항[51)]과 교육공무원 상의 겸직 금지 규정[52)]이 있지만 법률이 따로 허용할 경우 가능하다는 것으로 교원의 공무담임권을 확장한 의의를 갖는다. 때로는 대학교원과 초·중등학교교원 간 휴직과 사직 차이에 대하여 평등권 위헌 논란이 일기도 하는데 헌법재판소는 미성년자의 학습권보호 및 두 집단 간의 근무태양의 차이를 두어 합리적 차별이라는 논지를 일관하고 있다(초·중등교원의 입후보시 사직의무를 다룬 2018헌마222 및 교원의 정치활동 제한 2018헌마551).[53)] 그러나 이로 인하여 현직 초·중등학교 교원들은 사실상 출마를 포기하는 경우가 많고, 젊은 교원들의 교육분야 선출 공직(교육감, 제주 교육의원)으로의 진출을 막는 원인 조항이기도 하다.

끝으로 교원의 임용·복무·보수 및 연금 등에 관하여 필요한 사항은 따로 법률로 정한다고 하였는데,[54)] 이에 근거하여 이를 위한 교원 신분법이 별도로 있는 것이 아니라, 국공립학교의 경우에는 국가공무원의 신분을 차용한 교육공무원법이 제정되어 있고, 사립학교의 경우는 사립학교법에 교원사항을 두고 있다. 더구나 국·공·사립학교 모든 교원이 지켜야 할 복무에 관하여는 두 법도 아닌 국가공무원법 상의

---

49) 구 교육법 제74조 교원은 항상 사표가 될 품성과 자질의 향상에 힘쓰며 학문의 연찬과 교육의 원리와 방법을 탐구 연마하여 국민교육에 전심전력하여야 한다.

50) 구 교육법 제78조 교원은 어느 정당을 지지하거나 배격하기 위하여 학생을 지도 혹은 선동할 수 없다.

51) 국가공무원법 제64조(영리 업무 및 겸직 금지) ① 공무원은 공무 외에 영리를 목적으로 하는 업무에 종사하지 못하며 소속 기관장의 허가 없이 다른 직무를 겸할 수 없다.

52) 교육공무원법 제19조(겸직 금지) 제2조 제3항 제1호에 따른 학교의 감독청(교육청－저자주)에 재직하는 사람은 대학의 장 또는 부총장, 대학원장, 단과대학장, 교무처장, 학생처장(또는 교학처장), 교무과장, 학생과장, 교장, 교감, 원장 또는 원감 등의 직위를 겸할 수 없다

53) 【헌재판결】 공직선거 및 교육감선거 입후보자 사직조항은 교원이 그 신분을 지니는 한 계속적으로 직무에 전념할 수 있도록 하기 위해 선거에 입후보하고자 하는 경우 선거일 전 90일까지 그 직을 그만두도록 하는 것이므로, 입법목적의 정당성과 수단의 적합성이 인정된다. 학교가 정치의 장으로 변질되는 것을 막고 학생들의 수학권을 충실히 보장하기 위해 공직선거나 교육감선거 입후보 시 교직을 그만두도록 하는 것은 교원의 직무전념성을 담보하기 위한 것이므로 불가피한 측면이 있다. 입후보를 전제한 무급휴가나 일시휴직을 허용할 경우, 교육의 연속성이 저해되고, 학생들이 불안정한 교육환경에 방치되어 수학권을 효율적으로 보장받지 못할 우려가 있는 점, 공직선거법상 직무상 행위를 이용한 선거운동 등 금지규정만으로는 직무전념성 확보라는 목적을 충분히 달성할 수 없는 점, 선거운동기간과 예비후보자등록일 등을 종합적으로 고려할 때 선거일 전 90일을 사직 시점으로 둔 것이 불합리하다고 볼 수 없는 점, 학생들의 수학권이 침해될 우려가 있다는 점에서 교육감선거 역시 공직선거와 달리 볼 수 없는 점 등에 비추어 보면, 침해의 최소성에 반하지 않는다(2018헌마222).

54) 구 교육법 제79조에도 동일한 규정이 있었다. ⑥ 교원의 임용·복무·보수·연금 등에 관한 사항은 따로 법률로 정한다.

복무규정을 적용 또는 준용[55]토록 하고 있는 점은 임용 형태에 따라 신분보장 관계가 차이가 남에도 다소 획일적인 입법으로 교원들의 기본권 보장에 문제를 일으키기도 한다.

헌법상의 '교원지위 법률주의'(교원의 지위에 관한 기본적인 사항은 법률로 정한다)에 근거한 독립된 '교원신분법'은 없어서, 교육전문가로서 지위 보장에 다소 흠결을 보인다. 교육공무원법은 헌법상의 기본 신분법이라기보다는 공무원법의 차용법이라고 할 수 있다.

임용과 관련하여 국공립학교 교원의 경우에는 교육공무원법에 근거하여 교육공무원임용령, 승진규정 등이 있다. 보수 및 연금과 관련해서는 공무원 보수규정 및 공무원연금법의 적용을 받으며, 사립학교교직원연금법은 따로 제정되어 있다.

(4) 교원단체(제15조)

제15조(교원단체) ① 교원은 상호 협동하여 교육의 진흥과 문화의 창달에 노력하며, 교원의 경제적·사회적 지위를 향상시키기 위하여 각 지방자치단체와 중앙에 교원단체를 조직할 수 있다. ② 제1항에 따른 교원단체의 조직에 필요한 사항은 대통령령으로 정한다.

이 규정에 근거하여 설립되어 있는 교원단체로는 한국교원단체총연합회 및 17개 시·도교원단체총연합회를 들 수 있다. 그러나 이들은 사단법인으로서 조직되어 있을 뿐 제2항에 언급된 대통령령은 아직 제정되어 있지 않아 20년 이상 입법적 불비 상태라고 할 수 있다.

이 규정의 제정으로 과거 교육법시행령에 근거하여 하나의 '교육회' 만을 허용하던 방식[56]에서 복수의 교원단체 설립 허용 방식으로 전환되었다는 점에서 결사의 자유를 확대한 면이 없지 않으나 다른 한편으로는 여전히 결사의 자유에 대한 제한으로도 작용한다. 입법적 불비로 인하여 한국교총만이 누리고 있는 교육부와의 교섭·협의[57] 관례에 대하여는 여타 교원단체들로부터 비판의 목소리가 커지고 있다.

한편, 교육기본법이 시행된 다음해인 1999년 1월 29일에 김대중 정부하에서 노사정협의회의 결과에 따라 '교원의 노동조합 설립 및 운영등에 관한 법률'이 제정[58]되어 이에 근거한 교원노조가 설립되었는데

---

55) 사립학교법 제55조(복무) ① 사립학교 교원의 복무에 관하여는 국립학교·공립학교 교원에 관한 규정을 준용한다.

56) 구 교육법 제80조(교육회) ① 교원은 상호협동하여 교육의 진흥과 문화의 창달에 진력하며 경제적 또는 사회적 지위를 향상시키기 위하여 각 지방자치단체 및 중앙에 교육회를 조직할 수 있다. ② 제1항의 규정에 의한 교육회의 조직에 관한 기본사항은 대통령령으로 정한다. 교육법 시행령(1981.11.25.) 36조의2(교육회의 조직) ① 교육회를 조직하는 경우에는 중앙과 서울특별시·직할시·도 및 시·군별로 각각 하나의 교육회를 조직하여야 한다. ② 중앙과 서울특별시·직할시 및 도의 교육회를 조직하는 경우에는 법인으로 하되, 민법 제32조의 규정에 의한 사단법인으로 하여야 한다[본조신설 1981.11.25.]. 이 시행령은 1998년 3월 1일 교육기본법 시행으로 교육법이 폐지되면서 자동 폐지되었다.

57) 교원지위특별법 제11조(교원의 지위 향상을 위한 교섭·협의) ① 교육기본법에 따른 교원단체는 교원의 전문성 신장과 지위 향상을 위하여 특별시·광역시·특별자치시·도 및 특별자치도 교육감이나 교육부장관과 교섭·협의한다. ② 시·도 교육감이나 교육부장관은 제1항에 따른 교섭·협의에 성실히 응하여야 하며, 합의된 사항을 시행하기 위하여 노력하여야 한다. 제12조(교섭·협의 사항) 교섭·협의는 교원의 처우 개선, 근무조건 및 복지후생과 전문성 신장에 관한 사항을 그 대상으로 한다. 다만, 교육과정과 교육기관 및 교육행정기관의 관리·운영에 관한 사항은 교섭·협의의 대상이 될 수 없다.

58) 교원노조법 제1조(목적) 이 법은 국가공무원법 제66조 제1항 및 사립학교법 제55조에도 불구하고 노동조합 및 노동관계조정법 제5조 제1항 단서에 따라 교원의 노동조합 설립에 관한 사항을 정하고 교원에 적용할 노동조합 및 노동관계조정법에 대한 특례를 규정함을 목적으로 한다. 제6조(교섭 및 체결 권한 등) ① 노동조합의 대표자는 그 노동조합 또는 조합원의 임금, 근무조건, 후생복지 등 경제적·사회적 지위 향상에 관하여 다음 각 호의 구분에 따른 자와 교섭하고 단체협약을 체결할 권한을 가진다. 제7조(단체협약의 효력) ① 단체협약의 내용 중 법령·조례 및 예산에 의하여 규정되는 내용과 법령 또는 조례에 의하

전국교직원노동조합, 한국교원노동조합, 자유교원조합, 대한교원조합 등이 그것이다. 그러나 이들 교원노조는 그 설립근거를 교육기본법에 두지 않고 '노동조합 및 노동관계조정법'에 두고 있다.

이를 통상 교직단체 이원화 정책이라고 일컫는데, 교직단체의 설립근거가 전문직단체로서 교원단체는 교육기본법에 근거하고 노동조합으로서 교원노조는 노동법에 근거하여 같은 학교라는 근무지를 놓고서 '교섭 · 협의'와 '단체교섭'이 이중으로 진행되고 있는 상황이다. 이는 정부가 선택한 정책이라기보다는 해방 후 1947년 결성된 대한교육연합회로 출발한 전문직 교원단체와 1989년 법외노조로서 출범한 전교조라는 뿌리 깊은 양대 교직단체[59]의 역사가 반영된 결과이다.

다만, 교육기본법이 갖는 법적 의미를 고려할 때, 전문직 단체와 노동조합 형태의 교직단체를 아우르는 기본적인 사항으로서 규율하는 것이 장기적으로는 바람직하다 할 것이다.

(5) 학교 등의 설립 · 경영자(제16조)

제16조(학교 등의 설립자 · 경영자) ① 학교와 평생교육시설의 설립자 · 경영자는 법령으로 정하는 바에 따라 교육을 위한 시설 · 설비 · 재정 및 교원 등을 확보하고 운용 · 관리한다. ② 학교의 장 및 평생교육시설의 설립자 · 경영자는 법령으로 정하는 바에 따라 학습자를 선정하여 교육하고 학습자의 학습성과 등 교육의 과정을 기록하여 관리한다. ③ 학교와 평생교육시설의 교육내용은 학습자에게 미리 공개되어야 한다.

학교 등의 설립 · 경영자로 표현된 교육당사자를 교육당사자의 일원으로 포함하여 기술한 것은 기본적으로 교육의 자유가 학교설립의 자유와 직결되어 있고, 이는 공교육체제 정비 이전부터 인정되어온 부분이다. 누구나 육영사업에 뜻이 있다면 학교를 설립하여 교육활동을 할 수 있다는 취지이다. 그런데 의무교육을 기반으로 하는 초 · 중등의 공교육에서 학교의 설립은 법령에 따라 엄격하게 관리되어야 국민에게 균등한 교육 여건을 보장할 수 있다는 점에서 설립기준과 경영에 관한 법제화가 매우 구체적으로 이루어지게 된 것이다.

국가가 설립하는 국립학교, 지방자치단체가 설립하는 공립학교 그리고 학교법인이나 법인이 설립하는 사립학교로 나뉘어져 있다.

국립학교의 설립주체는 국가이고, 공립학교의 설립주체는 지방자치단체인데, 동시에 이들 학교에 대한 지도 · 감독기관 역시 각각 국가와 지방자치단체라는 점이다. 물론, 실무행정에 있어서는 교육부장관과 교육감이 그 역할을 하고 있는데, 설립주체이면서 지도 · 감독을 스스로 하는 구조라는 점에서 책임행정을 담보할 수도 있는 반면에 책임방기를 견제하기 어려운 측면도 동시에 갖고 있어서 엄정한 법치행정이 요구되는 영역이다.

국 · 공립학교 운영의 주체인 각급 학교의 장은 초 · 중등의 경우에는 당해 교육감의 추천을 거쳐 대통령이 임명하고, 대학의 경우에는 총장추천위원회 선정방식 혹은 해당 대학 교원, 직원 및 학생이 합의된 방식과 절차에 따른 선정으로 추천하면 국립은 대통령이, 공립은 지방자치단체장이 임명한다(교육공무

여 위임을 받아 규정되는 내용은 단체협약으로서의 효력을 가지지 아니한다. ② 교육부장관, 시 · 도지사, 시 · 도 교육감, 국 · 공립학교의 장 및 사립학교 설립 · 경영자는 제1항에 따라 단체협약으로서의 효력을 가지지 아니하는 내용에 대하여는 그 내용이 이행될 수 있도록 성실하게 노력하여야 한다.

59) 교직단체는 법률용어는 아니나 정책용어로서 교원단체와 교원노조를 통칭하여 사용되어 오고 있다.

원법 §24③). 결국, 최초의 학교설립은 자기 설립과 허가의 과정이 되겠지만, 이후 설립주체(장관, 교육감)는 운영주체(교장, 총장)의 학교운영 전반에 대하여 지도·감독하는 관계에 서있다고 할 수 있다. 이러한 가운데 허용되는 초·중등 학교 운영의 자율성과 대학의 자치는 구조적인 한계를 가질 수밖에 없을 것이다.

한편, 사립학교를 설치·경영하는 주체는 초·중등학교와 대학의 경우에는 반드시 학교법인이어야 한다. 다만, 유치원은 사인과 법인이 모두 가능하다. 학교법인은 필요한 시설·설비와 경영에 필요한 재산을 갖추어야 하며, 교육부장관의 허가를 받아야 한다. 법인의 의사결정기구로 이사회를 두어야하며, 이사장은 해당 학교법인이 설치·경영하는 사립학교의 장을 겸할 수 없으며, 이사는 감사 또는 사립학교 교원 및 직원을 겸할 수 없다(교장은 예외). 감사는 이사장, 이사 또는 법인 직원(그 학교 교직원 포함)을 겸할 수 없다(사립학교법 §5 §10 §15 §23). 대학의 경우에는 중요 사항을 심의하기 위한 대학평의원회를 두도록 했는데 이는 최근 고등교육법 개정을 통해서 국·공립대학에도 두도록 했다.

학교법인의 대표인 이사장이 각급 학교의 대표인 학교장을 겸직하지 못하도록 한 것은 이른바 기업에 있어서 소유와 경영을 분리하듯이 학교장의 자주적이고 전문적인 학교운영의 자율성을 보장하기 위한 조치라고 할 수 있다. 그러나 이사로서 교장 또는 총장을 하는 것은 가능한 것으로 허용하고 있기 때문에 학교운영이 설립자 및 그 가족의 영향을 받을 개연성은 충분히 있다. 한국의 사립학교법 개정 역사가 보여주듯이 이사장과 학교의 장의 겸직여부를 놓고 수시로 변동이 되어 사학의 공공성 확보가 쉽지 않음을 보여준 바 있다.

(6) 국가 및 지방자치단체(제17조)

제17조(국가 및 지방자치단체) 국가와 지방자치단체는 학교와 평생교육시설을 지도·감독한다.

이 조항은 이른바 그동안 교육의 주체자로서 국가를 상정하는 국가교육권으로부터 법제화가 시작되었다. 이는 제정 헌법(1948.7.17.)에서 "모든 교육기관은 국가의 감독을 받으며 교육제도는 법률로써 정한다"고 하여 국가에 의한 공교육체제의 확립을 선언한 것에서도 읽을 수 있다.[60] 다만, 1991년 지방자치를 본격 도입하면서, 시·도의 교육·학예에 관한 사항이 지방자치단체의 고유사무로 하였으므로 지방자치단체가 추가된 것이다. 제17조의 제목에서는 국가 및 지방자치단체라하고 주어는 국가와 지방자치단체로 기술하고 있는데, 각각의 사무와 공동사무를 모두 포괄한 것으로 해석할 수 있다.

지방자치법은 교육·학예에 관한 사무를 지자체의 고유사무로 하면서도, 교육기본법을 비롯하여 국회에서 제정된 많은 교육관련 법률들은 교육부가 관할하여야 할 국가사무로 규정한 경우가 대부분이다. 이에 대하여 문재인 정부 하에서는 '교육의 지방분권 추진에 관한 일괄법안 제정 방안'이 추진되었으나 합일점에 이르지 못하고 현재에 이르고 있다. 국가사무와 지방사무로 구분과 경계가 쉽지 않다는 뜻이며, 지방교육자치 제도를 통하여 지금도 교육분권이 추진되고 있는 가운데, 일반행정을 중심으로 통합행정을 명분으로 교육분권보다 지방자치와 교육자치를 통합[61]하려는 흐름도 지속되고 있는 까닭이다.

---

60) 구 교육법 제6조 국가와 지방자치단체는 이 법 또는 다른 법률이 정하는 바에 따라 학교 기타 교육시설을 설치·경영하며, 모든 교육기관을 지도·감독한다.

61) 이명박 정부하의 지방행정체제 개편에 관한 특별법에서는 국가에게 교육자치와 지방자치를 통합하도록 노력의무를 규정하여 이후 교육분권 추진과 계속 엇박자를 내고 있다.

한편, 이 조항은 학교이외에 평생교육시설에 대한 지도·감독 권한 또한 규정하고 있다. 교육부의 직무에 학교교육과 더불어 평생교육이 관장사무로 명기되어 있고, 평생직업교육국(평생교육 진흥 종합정책 수립·시행)이 개설되어 있고 국가평생교육진흥원의 관리·감독을 맡고 있는 곳도 교육부이다.

최근 교육기본법 개정을 통해서 교육의 자주성 조항 등에 있어서 국가와 지방자치단체의 역할을 좀 더 구체화하는 진전이 있었다. 그러나 국가 및 지방자치단체가 주요 교육당사자로서 위상 지우면서도 그 권리와 의무, 책임에 대한 원칙이 '지도·감독'만을 언급하고 있는 것은 충분하다고 할 수 없다. 교육행정에 있어서 기본원칙[62] 외에도 국가와 지방자치단체 간의 역할 설정, 즉 국가사무와 지방사무의 구분 등은 교육기본법에 제시하여야 할 중요한 준거중의 하나이므로 이에 대하여 향후 교육기본법에서 논의가 되어야 할 것이다.

23설 교육기본법상 교육당사자: 학습자, 보호자, 교원, 교원단체, 학교설립·경영자, 국가·지방자치단체

4. 제3장 교육의 진흥의 의미와 내용

가. 교육의 진흥의 성격: 국가·지방자치단체 시책의 방향[63]

교육기본법의 제1장 총칙과 제2장 교육당사자 부분이 교육제도와 법의 기본 원칙과 역할분담을 정한 부분이라면, 제3장 교육의 진흥은 한국의 교육현실에서 특별히 조성해야 할 분야의 국가 시책을 정한 부분이다. 교육기본법의 일반론에 비하면 특별한 영역이긴 하지만 교육기본법의 특성상 입법 정책적으로 지속되어야 할 분야를 엄선한 것이다. 즉, 이 영역은 정부가 추진하려는 교육정책을 직접적으로 반영하는 부분이면서, 동시에 정책변화에 따라 개정이 필요한 부분이기도 하다. 따라서 이 영역은 교육제도와 법률의 구체성을 담보하기도 하면서도 동시에 교육기본법의 기본법성을 약화시킬 우려도 있다.

제정 교육기본법은 교육의 진흥을 특수교육, 영재교육, 유아교육, 직업교육, 과학·기술교육, 교육정보화, 학술문화의 진흥, 사학의 육성, 평가 및 인증제도, 보건복지의 증진, 장학제도, 국제교육 등 12개 진흥분야를 선정했었다. 이른바 균등한 교육여건의 조성에 더하여 특별히 보호하고 육성해야 할 영역을 엄선한 것이고, 구 교육법과 비교하면 영재교육, 교육정보화, 평가 및 인증제도 등이 추가되는 정도였다.

---

62) 이에 비하여 일본의 교육기본법 16조(교육행정)는 교육행정의 원칙과 국가와 지방자치단체 간의 역할분담을 규정하고 있다. "교육은 부당한 지배에 따르지 않고, 이 법률 및 기타 법률이 정한 바에 따라 행해져야 하며, 교육행정은 국가와 지방공공단체와의 적절한 역할분담 및 상호협력 하에 공정하고 적정하게 행해지지 않으면 안 된다. 2 국가는 전국적인 교육의 기회균등과 교육수준의 유지향상을 도모하기 위해 교육에 관한 시책을 종합적으로 책정하고 실시하지 않으면 안 된다. 3 지방공공단체는 그 지역에서의 교육의 진흥을 도모하기 위해 그 실정에 맞는 교육에 관한 시책을 책정하고 실시하지 않으면 안 된다. 4 국가 및 지방공공단체는 교육이 원활하고 지속적으로 실시되도록 필요한 재정상의 조치를 강구하지 않으면 안 된다.

63) 고전(2018), 앞의 논문, 12면.

그런데, 교육기본법이 시행된 김대중 정부 때, 이 법 시행 2년 뒤인 2000년 1월에 남녀평등교육의 진흥조항이 추가(§17의2)된 것을 시작으로(양성평등의식의 증진으로 개정, 21.9) NEIS 사업을 위한 교육행정 업무의 전자화(§23의2)가 추가되었다. 이러한 관례에 따라 교육상 성 차별금지, 학생의 정보보호, 학습자 및 교육자의 윤리의식 확립, 학교체육 장려시책, 교육격차, 건전한 성의식(21.9 삭제), 교육정보의 공개, 학생복지 주택 시책, 안전보장 시책, 평화 통일 교육 및 연수 시책, 교육 통계조사 시책, 명예 등 위해방지법·윤리교육, 생태전환교육 시책 등이 추가되었다.

그러나 기대와는 달리 교육의 진흥 장에서 법률로서 입법 예고된 규정은 '교육 관련기관의 정보공개에 관한 특별법이 유일하다.[64] 대통령령으로는 제17조의2 제3항과 제4항[65]에 해당하는 양성평등교육심의회규정과 제28조의 장학제도에 관한 대통령령인[66] 장학금 규정 등 두 가지가 있다.

그러나 법률 규정상 그러하나 교육기본법 제정 이전부터 제정되어온 교육 진흥관련 법률 또한 적지 않고(특수교육법, 영재교육진흥법, 유아교육법 등) 각급 학교 법률의 해당 부분에 조문으로 반영되어 있기도 하다. 한편으론 간접적으로 반영되거나 관련 법령이 구비되지 않은 경우도 없지 않다. 학습윤리의 확립 시책은 대표적인 예이다.

전체적으로 교육기본법상의 교육진흥 정책은 주로 교육에 대한 시대·사회의 변화와 요구를 반영하거나 현안이 된 사회문제를 해결하기 위한 방책의 성격이 강한 것이 특징이다.

표 5-3 교육기본법상 교육의 진흥 장과 관련된 법령

조항	관련 입법 및 정책	직접근거
양성평등의식	양성평등교육심의회규정(대통령령, 2022.3.25)	직접근거령
학습윤리확립	연구윤리확보를위한지침(교육부훈령, 2014), 학습윤리확보 법령불비	간접 훈령
안전사고예방	학교안전사고 예방 및 보상에 관한 법률(2007)	기본법제정
평화통일지향	통일교육지원법(2022.7.21.)	관련 법률
특수교육	장애인등에 대한 특수교육법(2007.5.25. 제정, 2008.5.26. 시행)	기본법제정
영재교육	영재교육진흥법(2000, 중앙영재교육진흥위원회 설치)	기본법제정
유아교육	유아교육법(2004), 유아교육지원특별회계법(2016)	기본법제정
직업교육	직업교육훈련촉진법(1997), 산업교육진흥및산학협력촉진법(2003)	촉진법제정
과학기술교육	과학기술기본법(2001), 과학기술인공제회법(2001)	기본법제정
학교체육	학교체육진흥법(2012.1.26. 제정, 2013.1.27. 시행), 시행령, 시행규칙	진흥법제정
교육정보화	초·중등교육법 개정(§30의4: 교육정보시스템의구축·운영등; NEIS)	관련 조문

64) 제26조의2(교육 관련 정보의 공개) ① 국가와 지방자치단체는 국민의 알 권리와 학습권을 보장하기 위하여 그 보유·관리하는 교육 관련 정보를 공개하여야 한다. ② 제1항에 따른 교육 관련 정보의 공개에 관한 기본적인 사항은 따로 법률로 정한다.

65) 제17조의2(양성평등의식의 증진) ④ 학교교육에서 양성평등을 증진하기 위한 학교교육과정의 기준과 내용 등 대통령령으로 정하는 사항에 관한 교육부장관의 자문에 응하기 위하여 양성평등교육심의회를 둔다. ⑤ 제4항에 따른 양성평등교육심의회 위원의 자격·구성·운영 등에 필요한 사항은 대통령령으로 정한다.

66) 제28조(장학제도 등) ③ 제1항 및 제2항에 따른 장학금 및 학비보조금 등의 지급 방법 및 절차, 지급받을 자의 자격 및 의무 등에 관하여 필요한 사항은 대통령령으로 정한다.

학교등전자화	유아교육정보시스템 및 교육정보시스템 운영규칙(교육부령, 2012)	간접 부령
학생정보보호	초·중등교육법 개정(§30의6: 학생관련 자료제공 제한, 2005)	관련 조문
학술문화진흥	학술진흥법(2012.7.21.)	기본법제정
사립학교육성	사립학교법(1963), 사립학교교직원연금법(1973)	기본법제정
평가인증제도	초·중등교육법(§9 평가) 고등교육법(§12의2 평가추가 개정) 고등교육기관의 자체평가규칙(2009) 및 평가인증규정(2008)	관련 조문 관련 규정
교육정보공개	교육관련기관의 정보공개에 관한 특별법(2007)	직접근거법률
교육통계조사	초·중등교육법 개정(§11의2 신설, 2017.3.21.)	관련 조문
보건복지증진	학교보건법(1967), 학교급식법(1981), 학생복지주택시책 법령불비	기본법제정
장학제도	장학금규정(대통령령 1957 제정), 학술진흥법(학술진흥및학자금대출신용보증법률 승계, 2012.7.21.) 국외유학에 관한규정(1983),	직접근거령 간접법률등
국제교육	경제자유구역 및 제주 외국교육기관설립운영특별법(2005) 교육국제화특구의 지정운영 및 육성에 관한 특별법(2012)	간접법률

주: 교육진흥에 관한 장에서 직접 법률근거를 둔 경우는 교육관련 정보의 공개에 관한 법률(§26의2) 뿐이다(총칙에서는 지방교육재정교부금법(§7)과 유·초·중등·고등교육법(§9), 평생교육법(§10), 사립학교법(§11), 교육당사자에는 교원임용·복무·보수 및 연금 등에 관한 법률(§14). 대통령령은 양성평등의식 증진을 위한 학교교육과정의 기준과 내용(§17의2), 양성평등교육심의회 규정(§17의2), 장학제도(§28)가 있다(교육당사자 장에서는 교원단체 조직 사항(§15)이 유일하나 아직 제정되지 않았다).

나. 제3장 교육의 진흥의 내용

(1) 양성평등의식의 증진(제17조의2)

제17조의2(양성평등의식의 증진) ① 국가와 지방자치단체는 양성평등의식을 보다 적극적으로 증진하고 학생의 존엄한 성(性)을 보호하며 학생에게 성에 대한 선량한 정서를 함양시키기 위하여 다음 각 호의 사항을 포함한 시책을 수립·실시하여야 한다.

1. 양성평등의식과 실천 역량을 고취하는 교육적 방안
2. 학생 개인의 존엄과 인격이 존중될 수 있는 교육적 방안
3. 체육·과학기술 등 여성의 활동이 취약한 분야를 중점 육성할 수 있는 교육적 방안
4. 성별 고정관념을 탈피한 진로선택과 이를 중점 지원하는 교육적 방안
5. 성별 특성을 고려한 교육·편의 시설 및 교육환경 조성 방안

② 국가 및 지방자치단체와 제16조에 따른 학교 및 평생교육시설의 설립자·경영자는 교육을 할 때 합리적인 이유 없이 성별에 따라 참여나 혜택을 제한하거나 배제하는 등의 차별을 하여서는 아니 된다. ③ 학교의 장은 양성평등의식의 증진을 위하여 교육부장관이 정하는 지침에 따라 성교육, 성인지교육, 성폭력예방교육 등을 포함한 양성평등교육을 체계적으로 실시하여야 한다. ④ 학교교육에서 양성평등을 증진하기 위한 학교교육과정의 기준과 내용 등 대통령령으로 정하는 사항에 관한 교육부장관의 자문에 응하기 위하여 양성평등교육심의회를 둔다. ⑤ 제4항에 따른 양성평등교육심의회 위원의 자격·구성·운영 등에 필요한 사항은 대통령령으로 정한다.

2000년 1월에 제1차 개정 시 '남녀평등교육의 증진'으로 신설된 조항으로서 7월 30일(공포 후 6개월

후)부터 시행되었다. 2004년 1월에는 제2항을 신설하여 모든 학교 설립주체가 합리적인 이유 없이 성별에 따른 참여나 혜택을 제한하거나 배제하는 등의 차별을 할 수 없도록 교육에 있어서 성차별 금지를 강화하였다. 2021년 9월 개정에서는 조항의 제목을 '양성평등의식의 증진'으로 수정하였고, 남녀평등교육심의회는 양성평등교육심의회로 바뀌었다.

(2) 학습윤리의 확립(제17조의3)

제17조의3(학습윤리의 확립) 국가와 지방자치단체는 모든 국민이 학업·연구·시험 등 교육의 모든 과정에 요구되는 윤리의식을 확립할 수 있도록 필요한 시책을 수립·실시하여야 한다.

이 조항은 2004년 학력고사 당시 휴대폰을 통한 부정행위 문제가 사회문제화된 이후, 학습자 및 교육자의 윤리의식 확립(§12③, §14③ 신설)과 더불어 모든 국민의 학습윤리 확립을 위한 기본 방향을 정하기 위하여 2005년 11월 개정시 신설되었다.

그러나 학습윤리를 직접적으로 다룬 법률이나 대통령령은 제정된 바 없다. 다만, 연구윤리의 경우 학술진흥법 제15조(연구윤리의 확보) 조항을 두고 있고, 연구부정행위의 예로서 '연구활동의 건전성을 저해하는 행위로서 대통령령으로 정하는 행위'라 되어 있으나 관련 령은 없다. 학술진흥법 시행령 제15조(연구윤리지침의 작성)를 통해 지침을 예고하고 있고, 교육부훈령 형태로 연구윤리 확보를 위한 지침(2014.3.24. 교육부훈령)이 제정되어 있다. 이 훈령에 의하여 연구부정행위로서 위조, 변조, 표절, 부당한 저자표시, 부당한 중복게재, 연구부정행위에 대한 조사 방해 행위, 그 밖에 학문분야에서 통상적으로 용인되는 범위를 심각하게 벗어나는 행위 등 7가지[67]를 제시하고 있는데 이것이 널리 사용되고 있다.

(3) 건전한 성의식 함양(제17조의4, 2021.9.24. 삭제)

이 조항은 2007년 7월 교육격차 최소화 및 교육정보 공개 규정과 함께 신설[68]되었었다. 그러나 앞의 제17조의2(남녀평등교육의 증진) 조항을 양성평등의식의 증진으로 수정하면서 삭제된 조항이다. 개정 취지에 따르면, "양성평등교육은 성교육, 성인지교육, 성폭력예방교육을 포괄하여 학생들의 성인지감수성

---

67) 연구윤리 확보를 위한 지침 제12조(연구부정행위의 범위) ① 연구부정행위는 연구개발 과제의 제안, 수행, 결과 보고 및 발표 등에서 이루어진 다음 각 호를 말한다. 1. "위조"는 존재하지 않는 연구 원자료 또는 연구자료, 연구결과 등을 허위로 만들거나 기록 또는 보고하는 행위 2. "변조"는 연구 재료·장비·과정 등을 인위적으로 조작하거나 연구 원자료 또는 연구자료를 임의로 변형·삭제함으로써 연구 내용 또는 결과를 왜곡하는 행위 3. "표절"은 다음 각 목(가.나.다.라. 생략)과 같이 일반적 지식이 아닌 타인의 독창적인 아이디어 또는 창작물을 적절한 출처표시 없이 활용함으로써, 제3자에게 자신의 창작물인 것처럼 인식하게 하는 행위 4. "부당한 저자 표시"는 다음 각 목(가.나.다. 생략)과 같이 연구내용 또는 결과에 대하여 공헌 또는 기여를 한 사람에게 정당한 이유 없이 저자 자격을 부여하지 않거나, 공헌 또는 기여를 하지 않은 사람에게 감사의 표시 또는 예우 등을 이유로 저자 자격을 부여하는 행위 5. "부당한 중복게재"는 연구자가 자신의 이전 연구결과와 동일 또는 실질적으로 유사한 저작물을 출처표시 없이 게재한 후, 연구비를 수령하거나 별도의 연구업적으로 인정받는 경우 등 부당한 이익을 얻는 행위 6. "연구부정행위에 대한 조사 방해 행위"는 본인 또는 타인의 부정행위에 대한 조사를 고의로 방해하거나 제보자에게 위해를 가하는 행위 7. 그 밖에 각 학문분야에서 통상적으로 용인되는 범위를 심각하게 벗어나는 행위 ② 대학등의 장은 제1항에 따른 연구부정행위 외에도 자체 조사 또는 예방이 필요하다고 판단되는 행위를 자체 지침에 포함시킬 수 있다.

68) 삭제된 제17조의4(건전한 성의식 함양) ① 국가와 지방자치단체는 학생의 존엄한 성을 보호하고 학생에게 성에 대한 선량한 정서를 함양시킬 수 있도록 필요한 시책을 수립·실시하여야 한다. ② 제1항에 따른 시책에는 학생 개인의 존엄과 인격이 존중될 수 있는 교육적 방안과 남녀의 성 특성을 고려한 교육·편의시설 마련 방안이 포함되어야 한다.

을 통합적으로 길러낼 수 있어야 하므로, 국가와 지방자치단체가 보다 효과적으로 양성평등의식 증진을 위한 정책을 수립하고, 교육과정에서 성교육, 성인지교육, 성폭력예방교육 등을 포함한 양성평등교육을 체계적으로 실시할 수 있도록 법체계를 정비하려는 것"이라 하였다.

(4) 안전사고 예방(제17조의5)

제17조의5(안전사고 예방) 국가와 지방자치단체는 학생 및 교직원의 안전을 보장하고 사고를 예방할 수 있도록 필요한 시책을 수립·실시하여야 한다.

이 조항은 2015년 1월 20일 개정을 통해 신설되었다. 하지만 「학교안전사고 예방 및 보상에 관한 법률」(이하 '학교안전법')은 2007년 1월 26일에 이미 제정된 바 있다. 이 법의 제정 목적(§1)은 "학교안전사고를 예방하고, 학생·교직원 및 교육활동참여자가 학교안전사고로 인하여 입은 피해를 신속·적정하게 보상하기 위한 학교안전사고보상공제 사업의 실시에 관하여 필요한 사항을 규정함"을 목적으로 한다고 밝히고 있다.

학교안전법상 "학교안전사고"라 함은 교육활동[69] 중에 발생한 사고로서 학생·교직원 또는 교육활동참여자의 생명 또는 신체에 피해를 주는 모든 사고 및 학교급식 등 학교장의 관리·감독에 속하는 업무가 직접 원인이 되어 학생·교직원 또는 교육활동참여자에게 발생하는 질병으로서 대통령령으로 정하는 것[70]을 말한다.

(5) 평화적 통일 지향(제17조의6)

제17조의6(평화적 통일 지향) 국가 및 지방자치단체는 학생 또는 교원이 자유민주적 기본질서를 확립하고 평화적 통일을 지향하는 교육 또는 연수를 받을 수 있도록 필요한 시책을 수립·실시하여야 한다.

이 조항은 2016년 5월 29일 개정을 통해 신설되었다. 그러나 「통일교육 지원법」은 1999년 2월 5일 제정된바 있다. 이 법에서 말하는 "통일교육"이란 자유민주주의에 대한 신념과 민족공동체의식 및 건전한 안보관을 바탕으로 통일을 이룩하는 데 필요한 가치관과 태도를 기르도록 하기 위한 교육을 말한다(§2).[71] 사실, 통일교육의 주무부서는 통일부로 되어 있고, 통일교육기본계획을 수립할 의무 역시 통일부장관에게 있다. 각급 학교 교원에 대한 통일교육 관련 전문성 강화에 관한 사항은 기본계획에 포함되도록 되어 있다(§6).

특별히 통일교육 지원법은 학교의 통일교육 진흥(§8)을 위하여 정부, 통일부장관, 대학 그리고 교육

---

69) 학교안전법 제2조(정의) 4. "교육활동"이라 함은 다음 각 목의 어느 하나에 해당하는 활동을 말한다. 가. 학교의 교육과정 또는 학교의 장(학교장)이 정하는 교육계획 및 교육방침에 따라 학교의 안팎에서 학교장의 관리·감독 하에 행하여지는 수업·특별활동·재량활동·과외활동·수련활동·수학여행 등 현장체험활동 또는 체육대회 등의 활동 나. 등·하교 및 학교장이 인정하는 각종 행사 또는 대회 등에 참가하여 행하는 활동 다. 그 밖에 대통령령으로 정하는 시간 중의 활동으로서 가목 및 나목과 관련된 활동

70) 학교안전법시행령 제3조(학교장의 관리·감독하의 질병) 법 제2조 제6호에서 "대통령령이 정하는 것"이란 다음 각 호의 어느 하나에 해당하는 질병을 말한다. 1. 학교급식이나 가스 등에 의한 중독 2. 일사병(日射病) 3. 이물질의 섭취 등에 의한 질병 4. 이물질과의 접촉에 의한 피부염 5. 외부 충격 및 부상이 직접적인 원인이 되어 발생한 질병

71) 통일교육 지원법 제3조(통일교육의 기본원칙) ① 통일교육은 자유민주적 기본질서를 수호하고 평화적 통일을 지향하여야 한다. ② 통일교육은 개인적·당파적 목적으로 이용되어서는 아니 된다.

부장관의 역할 등을 규정[72]하고 있다.

(6) 특수교육(제18조)

제18조(특수교육) 국가와 지방자치단체는 신체적·정신적·지적 장애 등으로 특별한 교육적 배려가 필요한 사람을 위한 학교를 설립·경영하여야 하며, 이들의 교육을 지원하기 위하여 필요한 시책을 수립·실시하여야 한다.

이 규정에 근거하여 '장애인등에 대한 특수교육법'(이하 '특수교육법')이 2007년 5월에 제정(2008.5.26. 시행)되었다. 이 법의 제1조(목적)에 따르면 "이 법은 「교육기본법」 제18조에 따라 국가 및 지방자치단체가 장애인 및 특별한 교육적 요구가 있는 사람에게 통합된 교육환경을 제공하고 생애주기에 따라 장애유형·장애정도의 특성을 고려한 교육을 실시하여 이들이 자아실현과 사회통합을 하는데 기여함"을 목적으로 밝히고 있다.

교육기본법으로 재편되기 직전 구 교육법(§143)[73]에서는 제9절 특수학교(목적, 전공과의 설치, 시·도별특수학교 1교 이상 설립원칙, 일반학교 특수학급설치 근거) 등 네 개 조항에 걸쳐 기술하였다. 현행 특수교육법이 시행(2008.5.26.) 시행되기 이전까지는 「특수교육진흥법」(1979.12.31. 제정)[74]이 그 역할을 했다.

현행 특수교육법은 교육기본법에 설치 근거를 두었다는 점이 특징이고, 보통학교의 의무무상교육에 앞서 특수학교의 경우 시각·청각·정신·정서·행동장애 특수교육 대상자에 대하여 유·초·중·고교를 의무교육으로 하고, 이에 더하여 의무교육은 아니지만 무상교육을 확대 시행 했는데 전공과(고교이후 진로·직업교육과정)와 3세 미만 장애영아교육이 그것이다(§3). 대학의 장으로 하여금 장애학생을 위한 교육보조인력 배치 등의 수단을 적극 강구토록 했다(§3§5①). 특수교육지원센터의 법적 근거를 마련했고(§11), 교육장 및 교육감에게는 영유아 대상 조기 장애선별검사 협조체제를 구축토록 했다(§14). 일반학교 교장에게는 특수교육지원대상자에 대한 통합교육계획 수립의무 및 특수학급 설치운영 규정을 두었다(§21). 장애인평생교육시설의 설치 운영에 관한 법적 근거 또한 마련하고 국가 및 지자체로 하여금 예산범위내 지원을 하도록 했다(§34). 특수교육을 제공받기 위해서는 교육장 또는 교육감으로부터 특수교육대상자로 선정되

---

72) 통일교육지원법 제8조(학교의 통일교육 진흥) ① 정부는 초·중등교육법 제2조에 따른 학교의 통일교육을 진흥하기 위하여 노력하여야 한다. ② 통일부장관은 대통령령으로 정하는 바에 따라 통일교육이 초·중등학교의 교육과정에 반영될 수 있도록 국가교육위원회 또는 시·도교육감에게 요청할 수 있으며, 요청을 받은 국가교육위원회 또는 교육감은 교육과정에 통일교육을 반영하여야 한다. ③ 정부는 대학 등 학교를 설립·경영하는 자에게 통일문제와 관련된 학과의 설치, 강좌의 개설, 연구소의 설치·운영 등을 권장하여야 하며, 대통령령으로 정하는 바에 따라 통일에 관한 체험교육 및 강좌에 필요한 경비의 전부 또는 일부를 지원할 수 있다. ④ 통일부장관은 교육부장관과 협의하여 대통령령으로 정하는 바에 따라 매년 초·중등학교의 통일교육에 대한 실태조사를 실시할 수 있다. ⑤ 통일부장관은 대통령령으로 정하는 바에 따라 초·중등학교의 통일에 관한 체험교육 및 강좌에 필요한 경비의 전부 또는 일부를 지원할 수 있다.

73) 구 교육법 제143조(특수학교목적) 특수학교는 장애인에게 유치원·초등학교·중학교·고등학교에 준한 교육과 그 실생활에 필요한 지식 및 기능을 가르침을 목적으로 한다. 제143조의2(전공과의 설치) 고등학교과정을 설치한 특수학교에는 당해 과정 졸업자에게 전문기술교육을 하기 위하여 수업연한 1년 이상의 전공과를 둘 수 있다. 제144조 시·도는 특수학교를 각 1교이상 설립하여야 한다. 제145조(특수학급의 설치) 고등학교이하의 각급학교에는 필요한 경우 장애인인 학생을 위하여 특수학급을 둘 수 있다.

74) 구 특수교육진흥법 제1조(목적) 이 법은 특수교육을 필요로 하는 사람에게 국가 및 지방자치단체가 적절하고 고른 교육기회를 제공하고, 교육방법 및 여건을 개선하여 자주적인 생활능력을 기르게 함으로써 그들의 생활안정과 사회참여에 기여함을 목적으로 한다.

어야 한다. 특수교육이 필요로 하는 장애의 종류는 11가지로 예시되어 있다(§15).[75]

한국의 장애인 교육여건에 대하여는 OECD국가 중에서도 모범적인 우수한 경우라 할 수 있는데, 특수교육법이 새롭게 제정(2007.5.25.)된 것이 계기였으며, 당시 김대중 정부는 장애인 및 남녀평등 정책에 대하여 지금까지의 정부와는 차별화된 정책을 펴기도 했다. 다른 한편으로는 여전히 장애인들의 사범대학 및 교육대학 입학에 있어서 별도전형 문제등 교육기회에 있어서 적극적 평등조치에 대한 요구가 있는 것도 사실이다.

(7) 영재교육(제19조)

제19조(영재교육) 국가와 지방자치단체는 학문·예술 또는 체육 등의 분야에서 재능이 특히 뛰어난 사람의 교육에 필요한 시책을 수립·실시하여야 한다.

영재교육에 관한 사항은 구 교육법에는 없었던 사항이다. 이는 특정인에 대한 혜택이 아니라 인력의 적극적 활용이라는 국가적 요구와 개인의 필요를 모두 고려한 것으로 국가 및 지방자치단체는 재능이 뛰어난 영재의 교육에 관한 시책을 수립·실시하도록 한 것이다. 이에 근거하여 정부는 재능이 뛰어난 사람을 조기에 발굴하여 능력과 소질에 맞는 교육을 실시함으로써 개인의 자아실현을 도모하고 국가·사회의 발전에 기여한다는 취지(§1)로 2000년 1월 28일 영재교육진흥법을 제정하였다.

영재교육기관의 장이 해당 교육기관의 교육 영역 및 목적 등에 적합하다고 인정하는 사람을 영재교육대상자로 선발하게 되는데, 대상자의 선정 영역 일반 지능, 특수 학문 적성, 창의적 사고 능력, 예술적 재능, 신체적 재능, 그 밖의 특별한 재능으로 예시되어 있다(§5).

국가는 영재교육을 실시하기 위하여 고등학교과정 이하의 각급 학교 중 일부학교를 지정하여 영재학교로 운영하거나 영재학교를 설립·운영할 수 있다(§6). 영재학교의 지정·설립 기준 및 운영방법 등 필요한 사항은 대통령령[76]으로 정한다. 시행령(§12)은 사회·경제적 이유로 잠재력이 발현되지 못한 자[77]로서 영재교육기관의 교육영역 및 목적에 적합하고, 교육내용을 이수할 능력이 있다고 인정되는 자도 영재교육대상자로 선발될 수 있도록 하고 있다.

국가나 지방자치단체는 영재교육을 실시하기 위하여 고등학교과정 이하의 각급 학교에 교과영역의

---

75) 특수교육법 제15조(특수교육대상자의 선정) ① 교육장 또는 교육감은 다음 각 호의 어느 하나에 해당하는 사람 중 특수교육이 필요한 사람으로 진단·평가된 사람을 특수교육대상자로 선정한다. 1. 시각장애 2. 청각장애 3. 지적장애 4. 지체장애 5. 정서·행동장애 6. 자폐성장애(이와 관련된 장애를 포함한다) 7. 의사소통장애 8. 학습장애 9. 건강장애 10. 발달지체 11. 그 밖에 두 가지 이상의 장애가 있는 경우 등 대통령령으로 정하는 장애

② 교육장 또는 교육감이 제1항에 따라 특수교육대상자를 선정할 때에는 제16조 제1항에 따른 진단·평가결과를 기초로 하여 고등학교 과정은 교육감이 시·도특수교육운영위원회의 심사를 거쳐, 중학교 과정 이하의 각급학교는 교육장이 시·군·구특수교육운영위원회의 심사를 거쳐 이를 결정한다.

76) 영재교육법 시행령 제12조(선정기준) 1. 표준화된 지능검사, 사고력검사, 창의적 문제해결력 검사 그 밖의 소정의 검사·면접 또는 관찰의 방법에 따라 특정교과 또는 특정분야에서 일정수준 이상의 뛰어난 재능 또는 잠재력이 있다고 인정되는 자 2. 실기검사 그 밖의 소정의 검사·면접 또는 관찰의 방법에 따라 예술적·신체적 분야에서 일정수준 이상의 재능 또는 잠재력이 있다고 인정되는 자

77) 1. 국민기초생활 보장법 제7조 제1항 제4호에 따른 교육급여 수급권자 2. 도서·벽지 교육진흥법 제2조에 따른 도서·벽지에 거주하는 자 3. 장애인 등에 대한 특수교육법 제15조에 따른 특수교육대상자 4. 행정구역상 읍·면 지역에 거주하는 자 5.그 밖에 사회·경제적 이유로 교육기회의 격차가 발생하였다고 인정되는 자

전부 또는 일부에 대하여 영재학급을 설치·운영할 수 있다(§7). 시·도 교육청, 대학, 국공립연구소, 정부출연기관 및 과학·기술·예술·체육 등과 관련 있는 공익법인은 영재교육원을 설치·운영할 수 있다. 영재학급 및 영재교육원의 설치기준 및 운영방법 등 필요한 사항은 대통령령인 영재교육법 시행령으로 정하고 있다.

최초의 영재학교는 구 부산과학고등학교를 한국과학영재학교(2003)로 전환한 경우이다. 주로 과학고를 영재학교로 전환하는 방식으로 설치되었고, 세종과학예술영재학교와 인천과학예술영재학교 형태도 설치되어 있다. 대체로 무학년제를 기본으로 학점제로 5학기 및 4학기만의 조기 졸업을 허용한다.[78)]

영재교육은 '능력에 따른 교육기회 균등'의 차원에서 능력에 차이가 있는 경우 다른 교육기회를 부여할 수 있다는 것으로서 특수학교와 더불어 능력에 따른 교육기회 보장을 위한 제도적으로 보장하는 경우라 할 수 있다. 능력의 차이가 있음에도 같다고 전제하고 모든 학생을 같은 수준의 학교에 보내는 것은 교육정의에도 맞지 않다 할 수 있다. 반면, 능력의 준별 척도가 객관도와 신뢰도를 갖추지 못한다면 그것은 기회배분의 불공정으로 이어질 것이다. 또한 영재학교의 입학인원 규모를 비롯한 수용인원은 과도한 입시 경쟁 유발과 직결되며, 능력이 다르다면 다른 교육기회를 제공한다는 헌법의 원칙에 부합하지 않는 결과를 초래할 수도 있을 것이다. 또한, 영재학교 졸업 후 대학 진학시의 특례와 일반 고교 졸업학생 간의 수학능력과 교육기회 배분상의 형평성의 문제 또한 고려되어야 한다.

반면, 학업부적응 학생에 대한 대응으로서 대안학교[79)]가 법제화되기도 했는데, 학업을 중단하거나 개인적 특성에 맞는 교육을 받으려는 학생을 대상으로 현장 실습 등 체험 위주의 교육, 인성 위주의 교육 또는 개인의 소질·적성 개발 위주의 교육 등 다양한 교육을 하는 학교를 말한다(초·중등교육법 §60의3). 별도의 대안학교의 설립·운영에 관한 규정을 두어 교사의 기준면적과 옥외체육장의 기준면적의 예외를 인정하기도 한다. 그러나 여전히 제도권 내로 이를 관리하려는 정부의 의도와 자율적인 운영을 추구하는 교육운동가들 간에 대안학교에 대한 평가와 입장은 다르다. 대안학교 학습자들의 상급학교 진학등 학교의 공공성 유지 차원에서 필요한 조건과 규제가 자율적인 교육과정 유연화를 통해 학습자의 다양한 선택기회를 보장하는 명분사이의 균형이 필요한 부분이다.

또 다른 능력에 따른 교육기회 보장차원에서 마련된 법률은 기초학력보장법이라 할 수 있다. 이 법은 최근에 제정(2021.9.24.)되었는 바, 학습지원 대상학생에게 필요한 지원을 함으로써 모든 학생의 기초학력[80)]을 보장하여 능력에 따라 교육을 받을 수 있도록 그 기반을 조성하는 것을 목적으로 한다(§1). 학습결손은 연속적인 교육기회의 상실을 가져온다는 점에서 다양한 학습능력을 가진 국민의 입장에서 이

---

78) 2021년 교육통계연보에 따르면 8개(모두 남녀공학, 국립1(부산), 공립7(서울, 대구, 인천, 광주, 대전, 세종, 경기)에 입학자 수는 82명(여성 123명)이고, 교원은 538명이다.

79) 초·중등교육법 제60조의3(대안학교) ① 학업을 중단하거나 개인적 특성에 맞는 교육을 받으려는 학생을 대상으로 현장 실습 등 체험 위주의 교육, 인성 위주의 교육 또는 개인의 소질·적성 개발 위주의 교육 등 다양한 교육을 하는 학교로서 각종학교에 해당하는 학교(이하 "대안학교"라 한다)에 대하여는 제21조 제1항, 제23조 제2항·제3항, 제24조부터 제26조까지, 제29조 및 제30조의4부터 제30조의7까지를 적용하지 아니한다. ② 대안학교는 초등학교·중학교·고등학교의 과정을 통합하여 운영할 수 있다. ③ 대안학교의 설립기준, 교육과정, 수업연한, 학력인정, 그 밖에 설립·운영에 필요한 사항은 대통령령(대안학교 설립·운영에 관한 규정)으로 정한다.

80) 기초학력보장법 제2조(정의) 1. "기초학력"이란 학교의 학생이 대통령령으로 정하는 바에 따라 학교 교육과정을 통하여 갖추어야 하는 최소한의 성취기준을 충족하는 학력을 말한다.

법은 영재교육이나 특수교육 못지않게 중요한 능력에 따른 교육기회 보장을 위한 법률이라는 점에서 같은 맥락의 법이다.

(8) 유아교육(제20조)

제20조(유아교육) 국가와 지방자치단체는 유아교육을 진흥하기 위하여 필요한 시책을 수립·실시하여야 한다.

이와 관련하여서는 「유아교육법」(2004.1.29. 제정, 2005.1.30. 시행)이 제정되었는데, 제1조에서 밝힌 바와 같이, 교육기본법 제9조[81]에 따라 유아교육에 관한 사항을 정함을 목적으로 제정된 법이다. 사실 교육기본법상 위의 조항은 유아교육의 진흥을 위한 법률의 제정을 예고하고 있는데, 교육기본법 제정 이전 일찍이 「유아교육진흥법」이 1982년 12월 31일에 제정된 바 있다. 초·중등교육법 제정이후 유아교육 사항을 분리하여 「유아교육법」(2004.1.29. 제정, 2005.1.30. 시행)을 제정하면서 유아교육 진흥에 관한 사항을 포함하여 기존의 유아교육진흥법은 폐지되었다. 어떻든 현재의 유아교육법은 교육기본법 제9조 및 제20조에 두 조항에 근거한 법률이라고 할 수 있다.

유아교육법상 유아는 3세부터 초등학교 취학 전까지의 어린이를 지칭한다(§2). 앞서 헌법상의 무상교육 부분에서 언급한 바와 같이 유치원 교육은 의무교육은 아니지만 무상교육으로 제도화되었다. 유아교육법 제24조(무상교육)에 따르면 초등학교 취학직전 3년의 유아교육은 무상(無償)으로 실시하되, 무상의 내용 및 범위는 대통령령으로 정한다. 비용은 국가 및 지방자치단체가 부담하되, 유아의 보호자에게 지원하는 것을 원칙으로 하며, 국가 및 지방자치단체가 부담하는 비용은 표준유아교육비(교육부장관은 중앙유아교육위원회의 심의를 거쳐 정함)를 기준으로 교육부장관이 예산의 범위에서 관계 행정기관의 장과 협의하여 고시한다.

유아교육법시행령 제29조(무상교육의 내용 및 범위)에 따르면, 무상교육은 매년 1월 1일 현재 만 3세 이상인 유아로서 유치원이나 어린이집, 기타 지정 유아교육기관에서 교육부장관과 보건복지부장관이 협의하여 정하는 공통의 교육·보육과정(공통과정; 누리교육과정)을 제공받는 유아를 대상으로 한다. 이 경우 유아가 받을 수 있는 무상교육 기간은 3년을 초과할 수 없다. 이렇게 영유아보육법상의 어린이집과 공동으로 무상교육 대상자를 선정하는 것은 유치원의 원아수가 취원 대상 원아를 충족하지 못하기 때문이다. 역대 정부에서도 사실상 취원율 및 어린이집의 등록률을 볼 때 사실상 의무 교육화되어 있는 취학전 교육을 무상의무교육체제로 전환하고자 지속적으로 시도는 하고 있으며, 유치원과 보육시설(어린이집 등) 간의 통합, 이른바 유·보통합 개혁안 역시 이를 의미한다.

학교 중 유일하게 학교법인이 아닌 사인(私人)도 설립이 가능한 유치원의 경우, 관리에 있어서 공공성 문제가 대두되어 최근 법 개정(2020.1.29.)[82]을 통해 유치원 설립요건 강화, 사립유치원의 유아교육정

---

81) 교육기본법 제9조(학교교육) ① 유아교육·초등교육·중등교육 및 고등교육을 하기 위하여 학교를 둔다.

82) ① 교육감은 유치원 운영정지 명령을 받고 3년이 경과되지 아니한 유치원 설립·경영자가 사립유치원 설립 인가 신청을 한 경우에는 인가를 하지 못하도록 하고, 유치원 설립·운영자의 결격사유를 명시했다(§8③3, §8의2 신설). ② 교육부장관은 아동학대 관련 범죄로 형 또는 치료감호를 선고받아 확정된 사람이 결격사유에 해당하지 아니하게 되어 유치원을 설립·운영하려는 경우에는 사전에 아동학대 방지를 위한 교육을 받도록 명하도록 한다(§8의3 신설). ③ 교육감이 실시한 유치원 운영

보시스템 적용, 유치원운영위원회 의무화 등의 조치를 취하였다.

(9) 직업교육(제21조)

제21조(직업교육) 국가와 지방자치단체는 모든 국민이 학교교육과 평생교육을 통하여 직업에 대한 소양과 능력을 계발하기 위한 교육을 받을 수 있도록 필요한 시책을 수립·실시하여야 한다.

1997년 교육기본법 제정 당시에 관련 법률로는 산업교육진흥법과 직업훈련기본법이 있었다. 이어 1997년 「직업교육훈련촉진법」(1997.3.27. 제정, 1997.4.1. 시행)이 제정되었고 같은 해 직업훈련기본법은 폐지(1997.12.24.)되었다. 산업교육진흥법은 2003년 5월 27일 '산업교육진흥 및 산학협력촉진에 관한 법률'로 개정되었다.

직업교육훈련 촉진법 제1조(목적)에 따르면 "이 법은 직업교육훈련을 촉진하는 데에 필요한 사항을 정하여 모든 국민에게 소질과 적성에 맞는 다양한 직업교육훈련의 기회를 제공하고 직업교육훈련의 효율성과 질을 높임으로써 국민생활 수준의 향상과 국가경제의 발전에 이바지함을 목적으로 한다" 제2조(정의)에 따르면 "직업교육훈련이란 「산업교육진흥 및 산학협력촉진에 관한 법률」 및 「국민 평생 직업능력개발법」과 그 밖의 다른 법령에 따라 학생과 근로자 등에게 취업 또는 직무수행에 필요한 지식·기술 및 태도를 습득·향상시키기 위하여 실시하는 직업교육 및 직업훈련을 말한다" 이 업무는 교육부와 고용노동부에서 공동으로 추진하고 있다. 교육부에는 평생직업교육국(구 평생교육국, 2021.12.30.)을 두어 직업교육 기본계획 및 직업교육을 수립·시행하고 있으며 주무 부서로 직업교육정책과[83]를 두고 있다. 최근 대

실태 등에 대한 평가와 교육부장관이 실시한 각 시도 교육청의 유아교육 전반에 대한 평가 결과를 공개하도록 한다(§19③ 신설). ④ 교육부장관 및 교육감은 회계관리 업무를 전자적으로 처리할 수 있는 유아교육정보시스템을 구축·운영하도록 하고, 유치원은 회계관리 업무를 위하여 유아교육정보시스템을 사용하도록 의무화한다(§19의2①⑤). ⑤ 일정규모 이상의 유치원은 유치원운영위원회를 두도록 의무화하고, 유치원운영위원회는 회의록을 작성하고 공개하도록 한다(§19의3①⑤ 신설). ⑥ 국공립 유치원에 두는 유치원운영위원회의 심의사항에 아동학대 예방에 관한 사항을 추가한다(§19의4①3호의2 신설). ⑦ 교직원이 고성, 폭언 등으로 유아에게 정신적 고통을 가하는 행위를 금지한다(§21의2②). ⑧ 국가 및 지방자치단체는 유치원이 유치원 목적 외에 지원금을 사용하거나 부정한 방법으로 지원금을 지급받은 경우 이미 지급한 지원금의 전부 또는 일부의 반환을 명할 수 있도록 한다(§28①). ⑨ 관할청이 시정 또는 변경 명령을 받은 자가 정당한 사유 없이 지정된 기간 내에 이를 이행하지 않는 경우 취할 수 있는 조치에 재정지원 배제 조치를 추가한다(§30②). ⑩ 관할청은 보조금·지원금 반환, 시정 또는 변경 명령, 유치원의 폐쇄 등의 조치를 한 경우 그 위반행위, 처분 내용, 해당 유치원의 명칭 등을 인터넷 홈페이지를 통해 공개하도록 한다(§30의2 신설). ⑪ 유치원의 운영정지나 폐쇄를 명할 수 있는 사유로 교육 관계 법령을 위반한 경우를 추가한다.

83) 1. 직업교육정책의 총괄·관리 및 연계·조정 2. 고등학교 직업교육 기본정책의 수립·시행 및 관련 법령·제도 개선 3. 고등학교 단계 직업교육의 촉진, 일반 고등학교 직업과정 제도의 수립·시행 및 운영 지원 4. 고등기술학교의 우수기관 인증제 운영 5. 특성화고등학교 지원 정책의 수립·시행 및 관련 법령 제·개정 6. 특성화고등학교 장학금 지원 및 해외취업·인턴십 지원 7. 특성화고등학교의 운영체제 개편 지원 및 제도 개선 8. 거점 특성화고등학교의 육성 및 소규모 특성화고등학교 등의 통폐합 9. 산업수요 맞춤형 고등학교의 지정 및 육성에 관한 정책의 수립·시행 10. 산업수요 맞춤형 고등학교의 지원센터 운영 지원 11. 특성화고등학교와 산업수요 맞춤형 고등학교의 교육과정 정책 및 교과용도서의 개발·운영 12. 국가직무능력표준 기반 학습 교재의 개발 및 개선 13. 특성화고등학교와 산업수요 맞춤형 고등학교의 산업체 현장실습 운영 지원 및 제도개선 14. 특성화고등학교와 산업수요 맞춤형 고등학교의 취업기능강화사업 추진계획의 수립·시행 15. 특성화고등학교와 산업수요 맞춤형 고등학교의 전국 단위 취업지원 네트워크 구축·운영 16. 정부부처·산업체·지방자치단체와 연계한 특성화고등학교와 산업수요 맞춤형 고등학교의 육성 17. 특성화고등학교와 전문대학 간 연계 프로그램 계획의 수립·시행 18. 국가 수준 직업기초능력 평가제도의 수립·시행 19. 특성화고등학교 직업기초능력의 함양 및 연구학교 운영 20. 산업체 인사의 교원 임용 21. 전국단위 기능 경진대회 및 고등학교 직업교육 연구대회의 운영 지원 22. 특성화고등학교와 산업수요 맞춤형 고등학교의 병역제도 관련 지원 23. 산학일체형 도제학교 운영 기본계획의 수립·시행 및 제도개선에 관한 사항

학생의 진로교육 활성화 지원 및 기본계획 수립 업무가 신설(2021.12.30.)되었다.

직업에 대한 소양과 능력을 계발하기 위한 시책으로 직업교육훈련 외에 진로교육을 들 수 있다. 이와 관련하여서 「진로교육법」(2015.6.22. 제정, 2015.12.23. 시행)이 제정되었다. 이 법의 제1조(목적)에 따르면, "학생에게 다양한 진로교육 기회를 제공함으로써 변화하는 직업세계에 능동적으로 대처하고 학생의 소질과 적성을 최대한 실현하여 국민의 행복한 삶과 경제 사회 발전에 기여함을 목적으로 한다" 제2조(정의)에 따르면, "진로교육이란 국가 및 지방자치단체 등이 학생에게 자신의 소질과 적성을 바탕으로 직업세계를 이해하고 자신의 진로를 탐색·설계할 수 있도록 학교와 지역사회의 협력을 통하여 진로수업, 진로심리검사, 진로상담, 진로정보 제공, 진로체험, 취업지원 등을 제공하는 활동을 말한다" 진로교육의 기본방향은 제4조(진로교육의 기본방향) ① 진로교육은 변화하는 직업세계와 평생학습사회에 적극적으로 대응할 수 있도록 스스로 진로를 개척하고 지속적으로 개발해 나갈 수 있는 진로개발역량의 함양을 목표로 한다. ② 모든 학생은 발달 단계 및 개인의 소질과 적성에 맞는 진로교육을 받을 권리를 가진다. ③ 진로교육은 학생의 참여와 직업에 대한 체험을 바탕으로 이루어져야 한다. ④ 진로교육은 국가 및 지역사회의 협력과 참여 속에 다양한 사회적 기반을 활용하여 이루어져야 한다(§4). 이에 따라 장관과 교육감은 초·중등학교에 진로교육 전담교사를 두어야 한다(§9).[84] 주무부서인 교육부에는 진로교육정책과[85])를 두고 있다

구 교육법에서 직업 및 진로교육에 대한 언급이 전혀 없는 것이 아니었으나 보다 학교교육 및 평생교육의 일환으로 강조된 것은 최근의 일이라 할 수 있다. 개별 국민이 교육에 관한 권리를 향유한 결실이 결국 직업과 진로의 선택에 있다는 점에서 이에 대한 조건을 정비하는 것은 교육기본권 실현 완성도를 높이는 차원에서 중요한 부분이라고 할 수 있다.

(10) 과학 · 기술교육(제22조)

제22조(과학·기술교육) 국가와 지방자치단체는 과학·기술교육을 진흥하기 위하여 필요한 시책을 수립·실시하여야 한다.

교육기본법 제정 당시 이와 관련된 법률로 과학기술진흥법(1967.1.16. 제정)이 있었고, 1997년 4월 10일(교육기본법 시행 1997.3.1. 직후)에는 '과학기술혁신을 위한 특별법'이 제정되었는데 한시법으로 제정되었다가 과학기술기본법 제정과 함께 2001년 1월 16일에 폐지되었다. 현재에는 과학기술기본법이 이와

---

84) 진로교육법 시행령 제4조 ③ 진로전담교사는 학교당 1명 이상을 배치하여야 한다. 다만, 교육감이 정하는 일정 규모 이하의 학교에 두는 진로전담교사는 순회(巡廻) 근무 형태로 배치할 수 있다.

85) 1. 진로교육 정책에 관한 기본계획의 수립·시행 및 관련 법령·제도의 운영·개선 1의2. 대학생 진로교육 활성화 지원 및 기본계획의 수립·시행 2. 초·중등학생의 진로교육 촉진 및 지원 3. 초·중등학교 진로교육 집중학년제·학기제 및 중학교 자유학기 진로탐색 활동 운영 지원 4. 진로교육 우수사례 발굴 및 확산 5. 학교급·유형별 진로교육 운영 매뉴얼 및 프로그램 개발 지원 6. 교원의 진로교육 역량 강화 및 진로지도 관련 인력 활용 지원 7. 진로교육 목표와 성취기준 8. 진로전담교사 제도의 운영 지원 9. 진로체험 정보제공 시스템 등 진로교육 정보망 운영 지원 10. 진로 심리검사 및 진로상담 프로그램 개발·보급 11. 국가진로교육센터의 지정 및 운영 지원 12. 초·중등학생 진로체험 프로그램 개발·운영 지원 13. 진로체험기관 발굴·지원 및 인증에 관한 사항 14. 초·중등학생 창업체험교육 활성화 지원 15. 진로교육 관련 전문기관과의 협력체제 구축 16. 진로교육에 관한 국제 교류·협력에 관한 사항 17. 진로교육 현황 조사 등 진로교육 관련 통계에 관한 사항 18. 성인 진로교육 지원에 관한 사항 19. 학부모 대상 진로교육 프로그램 제공

과학·기술의 진흥과 직접 관련된 법률이다.

정부는 과학기술발전 관련 5년단위 기본계획을 수립하는데 여기에 '과학기술교육의 다양화 및 질적 고도화' 항목이 포함되어 있다(§7③8). 또한 정부의 과학기술인력의 양성·활용을 위하여 '과학기술교육의 질적 강화방안 수립'을 의무화하고 있다(§23①4). 주무부처는 과학기술정보통신부이나, 인공지능(AI) 기반 교육이 강조되고 있는 상황에 따라 과학기술교육에 대한 관심 또한 높아질 것으로 전망되며, 교육부와의 연계 및 교육과정 개편을 비롯한 국가교육위원회의에서의 의제 논의가 전망된다.

(11) 기후변화 환경교육(제22조의2)

제22조의2(기후변화 환경교육) 국가와 지방자치단체는 모든 국민이 기후변화 등에 대응하기 위하여 생태전환교육을 받을 수 있도록 필요한 시책을 수립·실시하여야 한다.

이 규정은 제19차 개정(2021.9.24. 개정, 2022.3.25. 시행)에서 추가된 내용으로 "전 세계적으로 발생하고 있는 기후변화의 심각성을 고려하여 이에 대응할 수 있는 생태전환교육에 관한 사항을 현행법에 명시적으로 규정할 필요가 있고, 이에 국가와 지방자치단체로 하여금 모든 국민이 기후변화에 대응하기 위하여 생태전환교육을 받을 수 있도록 필요한 시책을 수립·실시하도록 한다"는 것이 개정의 취지이다.

교육기본법에 이 규정이 신설되기 이전에 「환경교육진흥법」(2008.3.21. 제정, 2008.9.22. 시행)이 제정되었는데, 이 법이 「환경교육의 활성화 및 지원에 관한 법률」(이후 '환경교육법')(2021.1.5. 개정, 2022.1.6. 시행)로 전면 개정된 후 교육기본법에 위의 조항이 반영된 경우이다. 환경교육법 제1조(목적)에 따르면, "환경교육의 활성화 및 지원에 필요한 사항을 정하여 모든 국민의 환경학습권을 보장하고 기후변화 등 다양한 환경문제를 효과적으로 예방하고 해결할 수 있는 소양과 역량을 갖추게 함으로써 국가와 지역사회의 환경보전 및 지속가능한 발전에 이바지하게 함"에 목적을 두고 있다. 제2조(정의)에서는 환경교육을 "국민이 환경의 중요성을 이해하고, 환경을 보전하고 개선하는 데 필요한 지식·기능·태도·가치관 등을 갖추어 환경의 보전 및 개선을 실천하도록 하는 교육"으로 정의하고 있다. 크게는 학교(대학포함) 환경교육과 사회환경교육으로 구분하여 언급하고 있다. 주무부서는 환경부로 되어 있다. 교육부 내에서는 관련된 훈령 등은 아직 제정되지 않았고, 민주시민교육과에서 초·중등학생 환경교육정책을 수립·시행토록 규정하고 있다(교육부직제시행규칙 §7⑭).

관련된 법률로는 「기후위기 대응을 위한 탄소중립·녹색성장 기본법」(2021.9.24. 제정, 2022. 3.25. 시행)이 제정되었고, 녹색생활 운동 지원 및 교육·홍보차원에서 정부로 하여금 녹색생활 실천이 모든 세대에 걸쳐 확대될 수 있도록 교과용 도서를 포함한 교재 개발 및 교원 연수 등 학교교육을 강화하도록 규정하고 있다(§67⑤).

교육부는 이를 토대로, 시도교육청과 함께 조례 등 자치법규 정비를 통해 기후위기 대응과 탄소중립을 위한 환경교육 지원체계를 확대하고, 학교환경교육을 지원할 전담기관과 운영체제(플랫폼)를 마련하고, 중앙－지방 정책협의회 상시 개최 등 지원 조직체계를 강화한다는 방침이다.[86] 생태전환 교육을 비롯한

86) 교육부 보도자료(2021.12.7.), 기후위기 극복 및 탄소중립 실천을 위한 학교 기후·환경교육 지원방안 발표, 교육부 민주시민교육과 외.

환경교육은 각 시·도 조례를 통해서도 추진 중이다.

(12) 학교체육(제22조의3)

제22조의3(학교체육) 국가와 지방자치단체는 학생의 체력 증진과 체육활동 장려에 필요한 시책을 수립·실시하여야 한다.

이와 관련된 법률로는 「학교체육진흥법」(2012.1.26. 제정, 2013.1.27. 시행)이 제정되어 있다.[87] 이 법 제1조(목적)에 따르면, "학생의 체육활동 강화 및 학교운동부 육성 등 학교체육 활성화에 필요한 사항을 정함으로써 학생들이 건강하고 균형 잡힌 신체와 정신을 가질 수 있도록 하는 데 기여함"을 목적으로 한다. 학교체육이란 학교에서 학생을 대상으로 이루어지는 체육활동을 말한다. 국가 및 지방자치단체에게는 학교체육진흥에 필요한 시책을 마련하고 학생의 자발적인 체육활동을 권장·보호 및 육성할 의무를 부과하고 있고(§3), 학교체육 진흥에 관한 5년 단위 기본 시책을 수립·시행할 주체는 교육부장관이며 문화체육관광부장관과 협의토록 하고 있다(§4). 이 법이 밝히고 있는 학생 체력증진과 체육활동 활성화를 위한 10가지 조치는 ① 체육교육과정 운영 충실 및 체육수업의 질 제고, ② 학생건강체력평가 및 비만 판정을 받은 학생에 대한 대책, ③ 학교스포츠클럽 및 학교운동부 운영, ④ 학생선수의 학습권 보장 및 인권보호, ⑤ 여학생 체육활동 활성화, ⑥ 유아 및 장애학생의 체육활동 활성화, ⑦ 학교체육행사의 정기적 개최 ⑧ 학교 간 경기대회 등 체육 교류활동 활성화, ⑨ 교원의 체육 관련 직무연수 강화 및 장려, ⑩ 그 밖에 학교체육 활성화를 위하여 필요한 사항 등이다.

이 외에도 학교체육진흥법은 학교체육시설 설치(§7), 학생건강 체력평가 실시계획의 수립·실시(§8), 건강체력교실 등 운영(§9), 학교스포츠클럽 운영(§10), 학교운동부 운영(§11), 학교운동부지도자(§12), 도핑방지교육(§12의2), 스포츠분야 인권교육등(§12의3), 여학생 체육활동 활성화 지원(§13의2), 유아 및 장애학생 체육활동 지원(§14), 학교체육진흥위원회(§16), 학교체육진흥원(§17) 등을 규정하고 있다.

(13) 교육의 정보화(제23조)

제23조(교육의 정보화) ① 국가와 지방자치단체는 정보화교육 및 정보통신매체를 이용한 교육을 지원하고 교육정보산업을 육성하는 등 교육의 정보화에 필요한 시책을 수립·실시하여야 한다. ② 제1항에 따른 정보화교육에는 정보통신매체를 이용하는 데 필요한 타인의 명예·생명·신체 및 재산상의 위해를 방지하기 위한 법적·윤리적 기준에 관한 교육이 포함되어야 한다.

이 조항은 2018년 12월 18일(2019.6.19. 시행)에 정보화교육에 있어서 법적·윤리적 기준에 관한 교육을 강조한 제2항을 신설하여 개정했다. 개정 이유에 따르면 "인터넷 등 정보통신매체의 활성화에 따라 이를 통한 타인의 권리에 대한 법적·윤리적 침해 사례가 급증하는 추세이고, 그 폐해가 극히 심각하며, 주체도 아동, 청소년 등에까지 크게 확산되고 있는바. 이에 교육기본법이 규정하는 정보화교육에 정보통신매체 이용뿐만 아니라 매체 이용에 필요한 기본적인 법적·윤리적 기준에 대한 교육을 명시함으로써

87) 이보다 앞서 국민체육진흥법(1962.9.17.)이 제정되었다. 이 법 제9조 역시 "학교는 학생의 체력 증진과 체육 활동 육성에 필요한 조치를 마련하여야 한다"고 하여 학교체육의 진흥 필요성을 규정하고 있다.

올바른 정보통신 문화 확립에 기여하려는 것"이라고 한다.

교육정보화 규정은 구 교육법에는 규정되지 않았던 조항으로 세계화·정보화 시대에 있어서 국제경쟁력을 제고하기 위한 입법이라 할 수 있다. 이와 관련된 입법으로는 교육기본법 제정 이전에는 「정보화 촉진기본법」(1995.8.4. 제정) 및 그 시행령이 있었다. 이후 「국가정보화 기본법」(2009.5.22. 개정, 2009.8.23. 시행)으로 개정되었다. 교육기본법 제정 후에는 정보격차해소에 관한 법률(2001.1.16.)이 있었으나 국가정보화 기본법의 시행과 함께 폐지되었다. 이어서 국가정보화법은 2020년 6월 9일에 「지능정보화기본법」(2020.12.10. 시행)으로 전부 개정되었다.

지능정보화기본법(§6)에 따르면, 정부는 지능정보사회 종합계획을 3년마다 수립하고, 이에 따른 실행계획을 매년 수립하여 시행하도록 규정하고 있고, 이에 따라 교육부장관은 교육정보화에 관한 종합계획을 수립하고 시행하고 있다.[88] 또한 정보화기본법은 국가교육위원회와 협의하여 유초중등 교육과정 기준과 내용에 정보문화에 관한 교육내용이 포함될 수 있도록 노력할 의무를 과학기술정보통신부장관에게 부여하고 있다(§44③). 특별히 정보격차의 해소를 위해 필요한 교육의무 역시 국가와 지방자치단체에 부여하고 있다(§50). 동시에 국가와 지방자치단체는 지능정보서비스 과의존의 예방 및 해소를 위하여 필요한 교육을 실시할 수 있는데, 어린이집 및 유치원원장과 대학의 장은 연 1회 이상, 초·중등학교 교장은 반기별 1회 이상 과의존의 예방 및 해소를 위한 교육을 실시하고, 그 결과를 과학기술정보통신부장관에게 제출하여야 한다(§54). 교육정보의 공개 및 교육정보시스템의 구축·운영에 대하여서는 이어서 살펴보기로 한다.

(14) 학교 및 교육행정기관 업무의 전자화(제23조의2)

제23조의2(학교 및 교육행정기관 업무의 전자화) 국가와 지방자치단체는 학교 및 교육행정기관의 업무를 전자적으로 처리할 수 있도록 필요한 시책을 마련하여야 한다.

이 규정은 일선학교교육행정 정보시스템(NEIS)을 구축하는 과정에서 논란이 되었던 법적 근거를 마련하기 위하여 2002년 12월 5일 교육기본법 개정을 통하여 신설된 조항이다.

이와 관련하여서는 초·중등교육법에서 교육정보시스템의 구축·운영 등 규정(§30의4)을 신설(2005.3.24.)하였다. 제30조의4(교육정보시스템의 구축·운영 등)에 따르면 ① 교육부장관과 교육감은 학교와 교육행정기관의 업무를 전자적으로 처리할 수 있도록 교육정보시스템을 구축·운영할 수 있고, ② 정보시스템의 운영과 지원을 위하여 정보시스템운영센터를 설치·운영하거나 정보시스템의 효율적 운영을 위하여 필요하다고 인정하면 정보시스템의 운영 및 지원업무를 교육의 정보화를 지원하는 법인이나 기관에 위탁할 수 있으며, ③ 정보시스템의 구축·운영·접속방법과 제2항에 따른 정보시스템운영센터의 설치·운영 등에 필요한 사항은 교육부령[89]으로 정한다.

이어 제30조의5(정보시스템을 이용한 업무처리)에 따르면, ① 교육부장관과 교육감은 소관 업무의 전

---

88) 정순원(2022), "제15장 교육정보화와 법", 대한교육법학회편, 교육법의 이해와 실제, 교육과학사, 458면.

89) 초·중등학교의 경우 교육정보시스템의 운영 등에 관한 규칙(2005.9.23. 제정, 2005.9.25. 시행)이, 유치원을 포함한 유아교육정보시스템 및 교육정보시스템의 운영 등에 관한 규칙으로 개정(2012.11.28. 일부개정, 2013.3.1. 시행)되었다.

부 또는 일부를 정보시스템을 이용하여 처리하여야 하며, ② 학교의 장은 학교생활기록과 건강검사기록을 정보시스템을 이용하여 처리하여야 하며, 그 밖에 소관 업무의 전부 또는 일부를 정보시스템을 이용하여 처리하여야 한다. 이러한 업무처리 등에 대한 지도감독 권은 교육부장관과 교육감에게 있다(§30의7).

(15) 학생정보의 보호원칙(제23조의3)

제23조의3(학생정보의 보호원칙) ① 학교생활기록 등의 학생정보는 교육적 목적으로 수집·처리·이용 및 관리되어야 한다. ② 부모 등 보호자는 자녀 등 피보호자에 대한 제1항의 학생정보를 제공받을 권리를 가진다. ③ 제1항에 따른 학생정보는 법률로 정하는 경우 외에는 해당 학생(학생이 미성년자인 경우에는 학생 및 학생의 부모 등 보호자)의 동의 없이 제3자에게 제공되어서는 아니 된다.

이와 관련하여서는 기본적으로 「개인정보보호법」이 제정되어 있지만,[90] 교육법과 관련하여서는 별도의 법률은 없다. 초·중등교육법에서 학생 관련 자료 제공의 제한 규정(§30의6)을 신설(2005.3.24.)하였다. 그 구체적인 사항을 규정한 교육부령으로 '교육정보시스템의 운영 등에 관한 규칙'(2005.9.23. 제정)이 있다.

초·중등교육법 제30조의6(학생 관련 자료 제공의 제한)에 따르면, 학교의 장은 학교생활기록과 건강검사기록을 해당 학생(학생이 미성년자인 경우에는 학생과 학생의 부모 등 보호자)의 동의 없이 제3자에게 제공하여서는 안되는 것으로 규정하면서 제공 가능한 예외적인 여섯 가지 경우[91]를 예시하고 있다. 자료를 제3자에게 제공하는 경우에는 그 자료를 받은 자에게 사용목적, 사용방법, 그 밖에 필요한 사항에 대하여 제한을 하거나 그 자료의 안전성 확보를 위하여 필요한 조치를 하도록 요청할 수 있고, 자료를 받은 자는 자료를 받은 본래 목적 외의 용도로 자료를 이용하여서는 못하도록 규정하고 있다.

교육정보시스템운영규칙 제3조(정보시스템의 사용 권한 관리)에 따르면, 정보시스템을 활용하는 학교(유치원 및 초·중등학교) 또는 교육행정기관의 장은 정보시스템을 사용하려는 교원 또는 직원에게 정보시스템에 접속하여 전산화된 업무 자료 열람 또는 처리할 수 있는 권한을 부여하거나 변경·폐지하는 업무를 수행하는 사람을 지정해야 한다. 권한관리자는 사용자의 업무분장에 따라 사용자가 열람 또는 처리할 수 있는 전산자료의 범위를 정하여 정보시스템 사용 권한을 부여하여야 한다. 사용자의 업무 변경, 인사이동, 퇴직 등으로 업무분장에 변동이 있을 경우 즉시 정보시스템 사용 권한을 변경하거나 폐지하여야 하며, 사용자가 사고·출장 등으로 인하여 정보시스템 사용 권한에 따른 업무를 처리하기 곤란한 경우에는 사용자의 소속 학교 또는 교육행정기관의 장의 승인을 받아 그 업무를 다른 사용자가 처리할 수 있도록 정보시스템 사용 권한을 변경할 수 있으며 정보시스템 사용 권한 부여·변경 및 폐지에 대한 기록을 5년간 유지해야 하는 등 책임이 막중하다.

---

90) 개인정보보호법에 대하여는 정순원(2022), 앞의 책, 478–493면 참조.

91) 1. 학교에 대한 감독·감사의 권한을 가진 행정기관이 그 업무를 처리하기 위하여 필요한 경우 2. 제25조에 따른 학교생활기록을 상급학교의 학생 선발에 이용하기 위하여 제공하는 경우 3. 통계작성 및 학술연구 등의 목적을 위한 것으로서 자료의 당사자가 누구인지 알아볼 수 없는 형태로 제공하는 경우 4. 범죄의 수사와 공소의 제기 및 유지에 필요한 경우 5. 법원의 재판업무 수행을 위하여 필요한 경우 6. 그 밖에 관계 법률에 따라 제공하는 경우

(16) 학술문화의 진흥(제24조)

제24조(학술문화의 진흥) 국가와 지방자치단체는 학술문화를 연구 · 진흥하기 위하여 학술문화시설 설치 및 연구비 지원 등의 시책을 수립 · 실시하여야 한다.

물론, 구 교육법에도 학술문화 연구의 진흥과 연구조성비 지급에 대해서는 언급[92]한 바 있다. 이와 관련하여서는 「학술진흥법」(1979.12.28. 제정)이 있었는데, 기존의 한국장학회법을 통합하여 「학술진흥 및 학자금대출 신용보증 등에 관한 법률」(2005.7.18. 제정, 2005.10.19. 시행)로 되었다가 다시 학술진흥법으로 전부개정(2011.7.11.)되었다.

한편, 현재 학술활동의 지원 · 육성과 학자금 지원을 효율적으로 수행하기 위하여 학술진흥법(§10－25)에 근거하여 한국학술진흥재단이 설립(1981.4.6.)된 바 있고, 현재는 별도의 설치근거법인 한국연구재단법(2009.3.25. 제정)이 근거한다. 이 한국연구재단은 과거 한국학술진흥재단 및 국제과학기술협력재단과 한국과학재단 등을 통합한 것이다 즉, 정부조직이 개편됨에 따라 기존의 교육인적자원부와 과학기술부산하로 각각 나누어져 운영되던 이들 세 기관을 교육부 소관 연구관리 전문기관으로 통합하여 한국연구재단을 설립하고, 이에 따른 조직과 학술 및 연구개발 지원사업 운영 등에 관하여 필요한 사항을 규정함으로써, 학술 및 연구개발 활동과 관련 인력의 양성 및 활용 등에 대한 지원을 보다 효율적이고 공정하게 하려는 취지였다.

한국연구재단이 행하는 사업 일곱 가지로 제시되고 있는 바, 학술 및 연구개발 활동의 지원, 학술 및 연구개발 인력의 양성과 활용의 지원, 학술 및 연구개발 활동의 국제협력 촉진 지원, 위의 사업 수행에 필요한 자료 및 정보의 조사 · 수집 · 분석 · 평가 · 관리 · 활용과 정책개발 지원, 학술 및 연구개발 관련 기관 · 단체의 연구 · 운영 지원, 국내외 학술 및 연구개발 관련 기관 · 단체 간의 교류협력 지원, 그 밖에 학술 및 연구개발에 필요한 사항으로 되어 있다.[93]

학술진흥과 더불어 최근 강조되고 있는 것이 연구윤리인데, 학술진흥법에는 연구자 및 대학 등으로 하여금 연구 부정행위 금지를 규정하고 있으며, 유형으로는 연구자료 또는 연구결과를 위조 · 변조 · 표절하거나 저자를 부당하게 표시하는 행위, 그 밖에 연구활동의 건전성을 저해하는 행위로서 대통령령으로 정하는 행위를 예시하고 있다(§15①). 또한, 교육부장관으로 하여금 연구윤리 확보를 위한 지침[94]을 마련

---

92) 구 교육법 제12조 국가와 지방자치단체는 민족적 문화재를 보존 또는 활용하여야 하며 학술문화의 연구진흥에 관하여 적절한 시설을 설치경영하여야 한다. 제160조(연구조성비의 지급 등) ① 국가는 학술의 진흥과 교육의 연구를 조성하기 위하여 실험실습비 또는 연구조성비의 지급 기타 필요한 방책을 강구하여야 한다.

93) 물론, 재단은 교육부장관과 과학기술정보통신부장관의 승인을 받아 제1항에 따른 사업 외에 제1조의 목적을 달성하기 위하여 필요한 수익사업을 할 수 있다(한국연구재단법 §5②)

94) 연구윤리 확보를 위한 지침(교육부훈령, 2014.3.24. 제정) 제12조(연구부정행위의 범위)에 따르면, ① 연구부정행위는 연구개발 과제의 제안, 수행, 결과 보고 및 발표 등에서 이루어진 다음 각 호를 말한다.

1. "위조"는 존재하지 않는 연구 원자료 또는 연구자료, 연구결과 등을 허위로 만들거나 기록 또는 보고하는 행위
2. "변조"는 연구 재료 · 장비 · 과정 등을 인위적으로 조작하거나 연구 원자료 또는 연구자료를 임의로 변형 · 삭제함으로써 연구 내용 또는 결과를 왜곡하는 행위
3. "표절"은 다음 각 목(ⓐ 타인의 연구내용 전부 또는 일부를 출처를 표시하지 않고 그대로 활용하는 경우, ⓑ 타인의 저작물의 단어 · 문장구조를 일부 변형하여 사용하면서 출처표시를 하지 않는 경우, ⓒ 타인의 독창적인 생각 등을 활용하면서 출처를 표시하지 않은 경우, ⓓ 타인의 저작물을 번역하여 활용하면서 출처를 표시하지 않은 경우)과 같이 일반적 지식이 아

하고 필요한 경비의 일부 또는 전부를 지원 가능토록하고 있다(§15③). 대학으로 하여금 자체 연구윤리규정 마련할 의무를 부과하고 있다(§15④).

(17) 사립학교의 육성(제25조)

제25조(사립학교의 육성) 국가와 지방자치단체는 사립학교를 지원·육성하여야 하며, 사립학교의 다양하고 특성있는 설립목적이 존중되도록 하여야 한다.

대표적인 법률로는 1963년 6월 26일에 제정된 사립학교법과 이 법 시행령이 있다. 사립학교법 제1조(목적)에 따르면, "사립학교의 특수성에 비추어 그 자주성을 확보하고 공공성을 높임으로써 사립학교의 건전한 발달을 도모함"을 목적으로 제정되었다. 여기서 사립학교 운영의 두 축은 자주성의 확보와 공공성의 신장이라고 할 수 있다. 자주성이 강조되는 시기에는 사립학교에 대한 규제 완화와 관련한 법개정이 이루어지는 반면, 공공성이 강조될 경우 규제가 강화되는 특징을 보였다.

(18) 평가 및 인증제도(제26조)

제26조(평가 및 인증제도) ① 국가는 국민의 학습 성과 등이 공정하게 평가되어 사회적으로 통용될 수 있도록 학력평가와 능력인증에 관한 제도를 수립·실시할 수 있다. ② 제1항에 따른 평가 및 인증제도는 학교의 교육과정 등 교육제도와 상호 연계되어야 한다.

이와 관련하여서는 각급학교 법률에 규정하고 있다. 우선 초·중등교육법 제9조(학생·기관·학교평가)에 따르면, ① 교육부장관은 학교에 재학 중인 학생을 대상으로 학업성취도를 측정하기 위한 평가를 할 수 있고,[95] ② 교육행정을 효율적으로 수행하기 위하여 시·도교육청과 그 관할하는 학교를 평가할 수 있다. ③ 교육감은 교육행정의 효율적 수행 및 학교 교육능력 향상을 위하여 그 관할하는 교육행정기관과 학교를 평가할 수 있다. ④ 교육청 및 학교평가의 대상·기준·절차 및 평가 결과의 공개 등에 필요한 사항은 대통령령으로 정한다. ⑤ 평가대상 기관의 장은 특별한 사유가 있는 경우가 아니면 위의 평가를 받아야 하며, ⑥ 장관은 교육감이 그 관할 구역에서 학교평가를 실시하려는 경우 필요한 지원을 할 수

닌 타인의 독창적인 아이디어 또는 창작물을 적절한 출처표시 없이 활용함으로써, 제3자에게 자신의 창작물인 것처럼 인식하게 하는 행위

4. "부당한 저자 표시"는 다음 각 목(ⓐ 연구내용 또는 결과에 대한 공헌 또는 기여가 없음에도 저자 자격을 부여하는 경우, ⓑ 연구내용 또는 결과에 대한 공헌 또는 기여가 있음에도 저자 자격을 부여하지 않는 경우, ⓒ 지도학생의 학위논문을 학술지 등에 지도교수의 단독 명의로 게재·발표하는 경우)과 같이 연구내용 또는 결과에 대하여 공헌 또는 기여를 한 사람에게 정당한 이유 없이 저자 자격을 부여하지 않거나, 공헌 또는 기여를 하지 않은 사람에게 감사의 표시 또는 예우 등을 이유로 저자 자격을 부여하는 행위
5. "부당한 중복게재"는 연구자가 자신의 이전 연구결과와 동일 또는 실질적으로 유사한 저작물을 출처표시 없이 게재한 후, 연구비를 수령하거나 별도의 연구업적으로 인정받는 경우 등 부당한 이익을 얻는 행위
6. "연구부정행위에 대한 조사 방해 행위"는 본인 또는 타인의 부정행위에 대한 조사를 고의로 방해하거나 제보자에게 위해를 가하는 행위
7. 그 밖에 각 학문분야에서 통상적으로 용인되는 범위를 심각하게 벗어나는 행위

② 대학등의 장은 제1항에 따른 연구부정행위 외에도 자체 조사 또는 예방이 필요하다고 판단되는 행위를 자체 지침에 포함시킬 수 있다.

95) 학업성취도 평가에 대하여는 시행령(§10)에 따라 교육부장관이 정하도록 되어 있다.

있다.

초·중등교육법 시행령 제12조(평가의 기준)에 따르면 ① 시·도교육청평가 및 지방교육행정기관평가의 기준은 1.예산의 편성 및 운용 2.관할 학교 및 교육기관 등의 운영·감독 3.학교교육 지원 및 교육성과 4.학생 및 교원의 교육복지 5.그 밖에 지방자치단체의 교육행정에 관한 사항으로서 교육부장관 또는 교육감이 필요하다고 인정하는 사항 등이다. ② 학교평가의 기준은 1.교육과정 운영 및 교수·학습 방법, 2.교육활동 및 교육성과 3.그 밖에 학교운영에 관한 사항으로서 교육부장관 또는 교육감이 필요하다고 인정하는 사항 등이다.

이어서 시행령 제13조(평가의 절차·공개 등)에 따르면, ① 장관은 매 학년도 시작 전까지 시·도교육청 평가 기본계획을 수립하고 이를 공표하여야 하며, ② 교육감은 평가가 실시되는 해의 학년도가 시작되기 전까지 지방교육행정기관평가 및 학교평가에 관한 기본계획을 수립하고 이를 공표하여야 한다. ③ 시·도교육청평가, 지방교육행정기관평가 및 학교평가는 교육정보시스템에 저장된 자료, 공시정보 등을 이용한 정량평가의 방법으로 하되, 정량평가만으로 정확한 평가가 어렵다고 인정되는 경우에는 서면평가, 설문조사, 관계자 면담 등의 방법을 이용한 정성(定性)평가의 방법을 병행할 수 있다. ④ 장관 또는 교육감은 특히 필요하다고 인정하는 경우를 제외하고는 평가결과를 공개하여야 한다. ⑤ 이 영에서 규정한 사항 외에 시·도교육청평가에 필요한 사항은 교육부장관이 정하고, 지방교육행정기관평가에 필요한 사항은 교육감이 정한다.

국가주도의 학업성취도 평가에 대하여는 정책의 성과를 분석하고 교육결손 등에 대응하기 위해서 필수적이라는 입장과, 획일적인 국가주도의 평가결과는 학교별로 자율적으로 활용하도록 하는 효과를 기대하기 어렵고, 학업성취도와 학교평가를 결부할수록 학교의 자율운영을 저해할 우려와 비용과 노력에 비하여 성과를 담보하기 어렵다는 입장 차이가 존재한다.

2022년부터 컴퓨터기반 학업성취도 평가제(CBT)를 도입하여 희망하는 모든 학교에서 활용할 수 있도록 지원하고 있고, 2022년에 초6, 중3, 고2를 대상으로 실시한데 이어 2024년부터 초등학교 3학년부터 고등학교 2학년까지 확대 실시한다는 일정이다.

장관이 주도하는 시·도교육청 평가에 대하여도 입장이 갈린다. 자기진단과 자기발전의 계기를 제공한다는 긍정적 평가가 있는가 하면, 평가결과를 재정지원과 연동함으로서 교육부의 시책을 강요하고 나아가 교육공약을 내세우고 지역주민의 직접선거로 당선된 교육감의 자주적인 교육행정 집행에 부정적인 영향을 우려한다.

학교평가의 경우 역시 긍정적으로는 개개 학교교육의 보완점을 발견하여 교육력을 보완하고 향상할 근거와 계기를 제공한다는 긍정적 측면이 있는 반면, 평가척도에 맞춘 학교성과 관리를 하는 동안 단위학교의 자율적 운영이나 특수성을 반영하기는 어렵다는 지적이다.

한편, 대학 등 고등교육기관의 경우 고등교육법 제11조의2(평가등)에 규정하고 있다. 이에 따르면, ① 대학은 교육부령으로 정하는 바에 따라 교육과 연구, 조직과 운영, 시설과 설비 등에 관한 사항을 스스로 점검하고 평가하여 그 결과를 공시하여야 하며, ② 장관으로부터 인정받은 기관은 대학의 신청에 따라 대학운영의 전반과 교육과정(학부·학과·전공 포함)의 운영을 평가하거나 인증할 수 있다. 다만, 의학 · 치의학 · 한의학 또는 간호학에 해당하는 교육과정을 운영하는 학교는 대통령령으로 정하는 절차에 따라 인정기관의 평가 · 인증을 받아야 한다. ③ 교육부장관은 관련 평가전문기관, 대학간협의체, 학술진흥을 위한 기관이나 단체 등을 인정기관으로 지정할 수 있고, ④ 정부가 대학에 행정적 또는 재정적 지원을 하려는 경우에는 평가 또는 인증 결과를 활용할 수 있다. ⑤ 평가 또는 인증, 인정기관의 지정과 평가 또는 인증 결과의 활용에 필요한 사항은 대통령령으로 정한다.

이에 따라 제정된 것이 「고등교육기관의 평가 · 인증 등에 관한 규정」인데 평가인증 기관으로부터 통보받은 결과는 인터넷 홈페이지 등을 통하여 공개토록 하고 있다(규정 §3②).

한국의 대학평가 사업은 1970년대의 정부의 실험대학 정책으로부터 시작되어 1980년대에는 대학총장의 협의체인 대학교육협의회가 주도하여 회원대학을 대상으로 평가 및 평가인정 체제를 구축하여 왔다. 대학에 자체평가 및 공개를 의무화하고 인증을 법제화한 것은 2007년 10월 17일 고등교육법 개정을 통하여 제11조의2(평가)를 추가하면서 부터이다.

국민의 교육열과 최종적인 진학 학교가 대학이라는 점에서 대학의 질적 수월성을 확보하고 입학 기회를 배분하는 데 있어서 대학의 교육역량을 학생 및 학부모에게 공개하는 것은 학교선택권을 실효성 있게 보장하는 중요한 척도임에 분명하다. 그러나 획일적인 평가척도가 정부 재정지원과 연동되어 활용될 경우 헌법이 보장한 대학의 자율성이나 왜곡된 교육지표로 인하여 학습자의 교육기본권 신장에는 크게 기여하기 어려운 측면도 있다.

특히, 대학평가 또는 인증, 인정기관의 지정과 평가 또는 인증결과의 활용에 대하여 필요한 사항을 대통령령에 위임함으로서, 대학의 자율운영은 대학의 지도 · 감독기관이 교육부장관에 의하여 실질적으로 좌우되도록 하는 구조여서 헌법정신에 비추어 볼 필요가 있다.

대학평가인정제(Accreditation System)는 미국 사립대학 간에 시작된 것으로 우후죽순처럼 생겨나는 군소 사립대학들로부터 주요 대학들이 권익을 보호하기 위하여 일종의 멤버십을 유지하기 위한 인증시스템이었다. 오늘날에는 학습자들이 대학의 학과를 선택할 때 판단의 근거로서 공신력 있는 자료가 되고 있다.

대학평가인증이 대학교육의 수요자들에게 정당한 선택권을 담보하는 기제로서 작동하기 위해서는 최소한 평가인증기구가 비정부적이며 중립적이어야 하며, 평가관련 전문성을 갖추어야 한다. 이 점에서 한국의 대학평가인정제도는 교육부의 지도 · 감독을 받는 사업의 일환으로 대학교육협의회(총장협의체)내 한국대학평가원 주도로 진행되고 있으며, 평가척도 역시 정부와의 긴밀한 논의를 거쳐서 통제되고 있는 것이 현실이다.

대학평가가 가져올 수 있는 긍정적인 효과가 없지 않음에도 불구하고, 10여 년 이상 등록금 동결상태의 대학들은 정부의 대학재정지원 사업을 확보하기 위하여, 대학평가 및 사업에서 요구하는 개혁의 조건들에 맞추어 대학을 변화시켜가고 있다는 점에서 대학의 자율성과 공공성 간의 균형을 유지해야하는 상황에 처해 있다.

기타 관련된 법규로는 교육관련기관의 정보공개에 관한 특례법 및 시행령과 고등교육기관의 평가인증 등에 관한 규정(대통령령, 2008.12.17.) 및 고등교육기관의 자체평가에 관한 규칙(교육부령, 2008.12.18.) 등이 제정되어 있다.

(19) 교육 관련 정보의 공개(제26조의2)

제26조의2(교육 관련 정보의 공개) ① 국가와 지방자치단체는 국민의 알 권리와 학습권을 보장하기 위하여 그 보유·관리하는 교육 관련 정보를 공개하여야 한다. ② 제1항에 따른 교육 관련 정보의 공개에 관한 기본적인 사항은 따로 법률로 정한다.

교육기본법에 직접적인 법률유보를 규정하고 있는 것이 특징이다. 이에 따라 제정된 법률로는 「교육 관련 기관의 정보공개에 관한 특례법」(2007.5.25. 제정, 2008.5.26. 시행)이 있다. 이 법 제1조(목적)에 따르면, "교육관련 기관이 보유·관리하는 정보의 공개의무와 공개에 필요한 기본적인 사항을 정하여 국민의 알권리를 보장하고 학술 및 정책연구를 진흥함과 아울러 학교교육에 대한 참여와 교육행정의 효율성 및 투명성을 높이기 위하여 「공공기관의 정보공개에 관한 법률」에 대한 특례를 규정함"을 목적으로 한다. 제2조(정의)에서는 "정보란 교육관련 기관이 학교교육과 관련하여 직무상 작성 또는 취득하여 관리하고 있는 문서(전자문서 포함)·도면·사진·필름·테이프·슬라이드, 그 밖에 이에 준하는 매체 등에 기록된 사항을", "공개란 교육관련 기관이 이 법에 따라 정보를 열람하게 하거나 그 사본·복제물을 교부하는 것 또는 정보통신망을 통하여 정보를 공시하거나 제공하는 것 등을", "공시란 교육관련 기관이 그 보유·관리하는 정보를 국민의 정보공개에 대한 열람·교부 및 청구와 관계없이 미리 정보통신망 등 다른 법령으로 정하는 방법으로 적극적으로 알리거나 제공하는 공개의 한 방법을" 말한다. 이 법에서의 교육관련 기관은 학교·교육행정기관 및 교육연구기관을 말한다.

(20) 교육 관련 통계조사(제26조의3)

제26조의3(교육 관련 통계조사) 국가와 지방자치단체는 교육제도의 효율적인 수립·시행과 평가를 위하여 교육 관련 통계조사에 필요한 시책을 마련하여야 한다.

이 조항은 교육기본법 제16차 개정(2017.3.21.)을 통하여 추가된 조항이다. 개정 취지문에 따르면 "국가와 지방자치단체로 하여금 교육제도의 효율적인 수립·시행과 평가를 위하여 교육 관련 통계조사에 필요한 시책을 마련하도록 함으로써 교육 관련 통계조사를 효율적이고 체계적으로 활용하는데 기여하려는 것"이다.

이에 근거하여 규정된 것이 「교육통계조사에 관한 훈령」(2008.7.28.)이다. 장관은 매년 유·초·중·고등교육 및 국제통계조사 계획을 수립해야 하고, 계획에는 조사근거 및 목적, 기준일, 일정, 추진체계 및 절차, 조사내용, 결과공포 예정일 및 발간물, 결과제공 및 서비스 등을 포함한다(§4). 교육부장관은 교육통계조사 결과를 교육통계서비스 홈페이지 및 신문·방송·정보통신망 또는 교육통계연보 등의 간행물을 이용하여 공표할 수 있다(§21).

국가수준의 교육관련 통계는 교육부 및 교육청에서 교육정책을 수립하는 중요한 근거로 활용되고, 국가 간 교육통계 비교에 제공함으로서 국제수준을 평가할 수 있게 한다. 한국교육개발원 내에 전문부서에서 추진하고 있으며, 국내 가장 공신력 있는 교육통계로서 정부문건과 교육연구에 널리 인용되고 있다.

(21) 보건 및 복지의 증진(제27조)

제27조(보건 및 복지의 증진) ① 국가와 지방자치단체는 학생과 교직원의 건강 및 복지를 증진하기 위하여 필요한 시책을 수립·실시하여야 한다. ② 국가 및 지방자치단체는 학생의 안전한 주거환경을 위하여 학생복지주택의 건설에 필요한 시책을 수립·실시하여야 한다.

구 교육법(§89) 역시 "학교는 학생, 원아와 직원의 건강증진을 위하여 신체검사를 하고 적당한 위생과 양호의 시설을 하여야 한다"고 하여 보건에 관한 유사한 규정을 둔 바 있으나 복지라는 용어는 없었다. 교육기본법의 규정에서는 '교원'을 포함시키고 '복지증진'을 강조한 특징이 있다.

관련 법률로는 가장 역사가 오래된 것은 「학교보건법」(1967.3.30. 제정)이 있다. 이 법에서 말하는 학교의 환경위생은 "학교시설(교사대지, 체육장, 교사, 체육관, 기숙사, 급식시설, 강당)에서의 환기·채광·조명·온도·습도의 조절과 유해중금속 등 유해물질의 예방 및 관리, 상하수도·화장실의 설치 및 관리, 오염공기·석면·폐기물·소음·휘발성유기화합물·세균·먼지 등의 예방 및 처리"를 의미한다. 식품위생은 식기·식품·먹는 물의 관리를 말한다(§4①). 최근에는 공기 질의 유지·관리를 강조하여 각 교실에 공기를 정화하는 설비 및 미세먼지를 측정하는 기기를 설치할 것을 의무화했다(§4의3).

학생에 대한 보건교육을 실시할 책무는 학교장에게 있으며, 그 내용은 학생의 신체발달 및 체력증진, 질병의 치료와 예방, 음주·흡연과 마약류를 포함한 약물 오용·남용의 예방, 성교육, 이동통신단말장치 등 전자기기의 과의존 예방, 도박 중독의 예방 및 정신건강 증진 등을 포함한다(§9). 초등학교와 중학교의 경우 예방접종에 대한 조사를 실시하고 보건소장에게 협조를 요청할 수 있다(§10). 감염병 예방대책과 대응 매뉴얼 작성 책임은 교육부장관에게 있다(§14의3,4). 36학급 이상의 학교에는 2명 이상의 보건교사를 두어야 한다(시행령 §23③).

「학교급식법」(1981.1.29. 제정) 역시 학교보건법과 함께 주된 학교복지와 직결되는 법률이다. 학교급식에 대하여 국가와 지방자치단체는 양질의 학교급식이 안전하게 제공될 수 있도록 행정적·재정적으로 지원하여야 하며, 영양교육을 통한 학생의 올바른 식생활 관리능력 배양과 전통 식문화의 계승·발전을 위하여 필요한 시책을 강구할 책임이 있다. 시도 교육감에게는 매년 학교급식에 관한 계획 수립·시행의 의무가 부과되어 있다(§3). 학교급식의 대상은 유치원(원아수 50명 이하 유치원 제외), 초·중등학교, 산업체 부설 중고교, 대안학교 등이다(§4). 그동안 쟁점이 되었던 경비부담에 관하여는 ① 학교급식의 실시에 필요한 급식시설·설비비는 해당 학교의 설립·경영자가 부담하되, 국가 또는 지방자치단체가 지원할 수 있고, ② 급식운영비는 해당 학교의 설립·경영자가 부담하는 것을 원칙으로 하되, 대통령령으로 정하는 바에 따라 보호자(친권자, 후견인 그 밖에 법률에 따라 학생을 부양할 의무가 있는 자)가 그 경비의 일부를 부담할 수 있다. ③ 학교급식을 위한 식품비는 보호자가 부담하는 것을 원칙으로 한다. ④ 시·도지사 및 시장·군수·자치구의 구청장은 학교급식에 품질이 우수한 농수산물 사용 등 급식의 질 향상과 급식시설·설비의 확충을 위하여 식품비 및 시설·설비비 등 급식에 관한 경비를 지원할 수 있다. 이 법 제9조(급식에 관한 경비의 지원)에 따르면, ① 국가 또는 지방자치단체는 위의 보호자가 부담할 경비의 전부 또는 일부를 지원할 수 있다. ② 제1항의 규정에 따라 보호자가 부담할 경비를 지원하는 경우에는 다음 각 호의 어느 하나에 해당하는 학생을 우선적으로 지원한다.

1. 학생 또는 그 보호자가 「국민기초생활 보장법」 제2조에 따른 수급권자이거나 차상위계층에 속하는 학생, 「한부모가족지원법」 제5조의 규정에 따른 보호대상자인 학생
2. 「도서·벽지 교육진흥법」 제2조의 규정에 따른 도서벽지에 있는 학교와 그에 준하는 지역으로서 대통령령으로 정하는 지역의 학교에 재학하는 학생
3. 「농어업인 삶의 질 향상 및 농어촌지역 개발촉진에 관한 특별법」 제3조 제4호에 따른 농어촌학교와 그에 준하는 지역으로서 대통령령으로 정하는 지역의 학교에 재학하는 학생
4. 그 밖에 교육감이 필요하다고 인정하는 학생

한편, 넓은 의미에서는 「아동복지법」(1961.12.30. 제정)도 포함될 것이다. 이 법상의 아동은 18세 미만을 말하고, 아동복지는 "아동이 행복한 삶을 누릴 수 있는 기본적인 여건을 조성하고 조화롭게 성장·발달할 수 있도록 하기 위한 경제적·사회적·정서적 지원을" 말한다. 국가와 지방자치단체로 하여금 아동의 안전·건강 및 복지 증진을 위하여 아동과 그 보호자 및 가정을 지원하기 위한 정책을 수립·시행하도록 하고 있고, 필요한 교육 지원도 의무화하고 있다(§4①－⑦). 보호자 역시 아동을 가정에서 그의 성장기에 맞추어 건강하고 안전하게 양육하여야 하고, 아동에게 신체적 고통이나 폭언 등의 정신적 고통을 가하여서는 안되며, 모든 국민은 아동의 권익과 안전을 존중하여야 하며, 아동을 건강하게 양육하여야 하는 책무를 규정하고 있다(§5①－③).

2008년 3월 21일 제정된 「어린이 식생활 안전관리 특별법」(2009.3.22. 시행)도 학교의 보건 및 복지의 증진과 관련된 법률이다. 이 법에서 말하는 '어린이 식생활 안전지수'란 어린이를 위하여 식품안전 및 영양관리에 관한 정책을 수행하고 어린이 기호식품 및 단체급식 등을 제조·판매 또는 공급하는 환경을 개선하는 정도를 평가하여 도출한 수치를 말한다. 시·도지사, 시장·군수·구청장은 안전하고 위생적인 식품판매 환경의 조성으로 어린이를 보호하기 위하여 학교와 해당 학교의 경계선으로부터 직선거리 200미터의 범위 안의 구역을 어린이 식품안전보호구역으로 지정·관리할 수 있다(§5).

한편, 교육기본법 제23조 제2항(학생복지주택의 건설에 필요한 시책수립)의 경우 2008년 3월 21일에 신설된 것인데, 앞서 설명한 학습윤리의 학립, 평화적 통일 교육·연수와 함께 별도의 법률이 제정되어 있지 않았다. 한국장학재단 민간기부형 연합기숙사 및 학생종합복지센터 사업, 행복공공기숙사에 대한 저소득층학생, 장애학생 등 소외계층 대학생 우선 입사기회 제공 사업 등이 있었다.

(22) 장학제도등(제28조)

제28조(장학제도등) ① 국가와 지방자치단체는 경제적 이유로 교육받기 곤란한 사람을 위한 장학제도와 학비보조 제도 등을 수립·실시하여야 한다. ② 국가는 다음 각 호의 사람에게 학비나 그 밖에 필요한 경비의 전부 또는 일부를 보조할 수 있다. 1. 교원양성교육을 받는 사람 2. 국가가 특히 필요로 하는 분야를 국내외에서 전공하거나 연구하는 사람 ③ 제1항 및 제2항에 따른 장학금 및 학비보조금 등의 지급 방법 및 절차, 지급받을 자의 자격 및 의무 등에 관하여 필요한 사항은 대통령령으로 정한다.

구 교육법 역시 모든 국민에게 그 능력에 따라 수학할 기회를 균등하게 보장하기 위하여 국가와 지

방자치단체는 재능이 우수한 학생으로서 학자곤란한 자를 위하여 장학금제도, 학비보조금제도를 실시하도록 규정했다(§9). 또한 친권자에 대한 보조에 대하여는 경제적 이유로 학령아동을 취학시키기에 곤란할 때에는 소속 시·군 및 자치구는 교육비를 보조할 수 있도록 했다(§99). 의무교육 이상의 교육과 관련하여서는 국가와 지방자치단체는 재능이 있는 자로서 경제적 이유로 의무교육 이상의 교육을 받기 곤란한 자에 대하여 장학금 또는 기타 적당한 방법으로 그를 원조토록 하고, 장학금 신청을 할 수 있도록 했다(§158). 특히 국가가 긴요하게 요구하는 학과 또는 기술을 국내 또는 국외에서 전공하는 다음의 학생은 학비의 전부 또는 일부의 보조를 받을 수 있도록 했는데, 보통의 사범교육을 받는 사람, 특수교육, 기술교육을 하기 위한 사범교육을 받는 사람, 특수한 학과 또는 기술을 전공하는 사람 등을 예시했다(§159).

한국의 장학금 법률은 대여장학금법(1961.4.17.－1989.3.31.)으로 시작되어서 한국장학회법(1989.3.31. 제정, 1991.1.21. 폐지)으로 이관 규정되었으며, 1991년 1월 21일의 학술진흥법 전문개정을 통해서 한국장학회에 관한 사항을 규정하게 되었고, 이 학술진흥법이 2005년 7월 18일에 법명을 「학술진흥 및 학자금 대출 신용보증 등에 관한 법률」(2005.10.19. 시행)로 개정되어 장학 및 학자금대출에 관한 사항을 규정하게 되었다. 현재는 「한국장학재단설립등에 관한 법률」(2009.2.6. 제정)에 따라 각종 장학 사업[96]을 시행하고 있고 기숙사 등 학생 복지시설 등의 설치·운영 등도 담당하고 있다. 2010년 1월 22일에는 「취업 후 학자금 상환 특별법」이 제정되었는데. 경제적 여건과 관계없이 의지와 능력에 따라 원하는 고등교육 기회를 가질수 있도록 한다는 취지였다(§1). '취업 후 상환 학자금대출'이란 대학생에게 학자금을 대출하고 그 원리금은 소득이 발생한 후에 소득수준에 따라 상환하도록 하는 대출을 말한다. 전환대출이란 한국장학재단법 제6조에 따른 재단이 일반 상환 학자금대출 또는 신용보증(기대출)을 받은 사람에게 이미 대출받은 학자금을 상환하도록 하는 학자금대출을 말하는데(§2), 전환대출 대상은 기대출을 받은 사람(졸업생 포함)으로 하되, 그 범위는 2009년 12월 31일까지 받은 기대출로 한정했다(§8의2).

대학평가인정 척도에서도 학생들의 장학금 수혜 수준은 중요한 교육여건 판단의 척도로서 제시되어 있어서, 각 대학들은 교내외 장학금을 확보하고 운영하는데 중점을 두고 있다.

(23) 국제교육(제29조)

제29조(국제교육) ① 국가는 국민이 국제사회의 일원으로서 갖추어야 할 소양과 능력을 기를 수 있도록 국제화교육에 노력하여야 한다. ② 국가는 외국에 거주하는 동포에게 필요한 학교교육 또는 평생교육을 실시하기 위하여 필요한 시책을 마련하여야 한다. ③ 국가는 학문연구를 진흥하기 위하여 국외유학에 관한 시책을 마련하여야 하며, 국외에서 이루어지는 우리나라에 대한 이해와 우리 문화의 정체성 확립을 위한 교육·연구활동을 지원하여야 한다. ④ 국가는 외국정부 및 국제기구 등과의 교육협력에 필요한 시책을 마련하여야 한다.

---

96) 1. 학자금 지원사업과 그 효과성 분석 2. 학자금 지원 프로그램 개발 3. 학자금 지원 관련 상담 및 정보 제공 4. 고등교육기관의 등록금 및 학자금 지원 통계 현황 조사·분석 4의2. 고등교육기관의 등록금 및 학자금 지원에 필요한 관련 자료의 제공 5. 중앙행정기관, 지방자치단체, 공공기관, 법인 또는 개인 등으로부터 위탁받은 학자금 지원사업 관리 6. 인재 육성을 위한 지원 프로그램 개발 및 운영 7. 기숙사 등 학생 복지시설 등의 설치·운영 8. 대학생 근로장학사업 관리 및 관련 협력 프로그램 운영 지원 9. 그 밖에 재단의 설립 목적 달성에 필요한 학자금 지원 등에 관련된 사업

장관의 국제교육 관련 사무를 지원하기 위하여 장관 소속하의 책임운영기관으로 지정(2000.8.28.)한 국립국제교육원을 설치하고 있다. 국립국제교육원은 과거 서울대학교 재외국민교육원(1977.3.18.)에 이어 국제교육진흥원(1992.3.28. 대통령령 13623호)으로 개편된 것을 다시 개편한 것이다. 국제교육원이 관장하는 사무는 제외동포의 교육, 국제교류 협력, 교원 및 대학생 등의 국외연수, 국비유학생 지도·관리 업무이다(국립국제교육진흥원 기본운영규정). 교육부내에서는 기획조정실에 국제교육협력관, 교육국제화담당관, 재외동포교육담당관을 두고 있다.

재외국민의 교육지원 등에 관한 법률(2007.1.3. 제정)은 재외국민에 대한 학교교육 및 평생교육을 지원하기 위하여 외국에 실립되는 한국학교 등 재외교육기관과 재외교육단체의 설립·운영 및 지원 등에 관하여 필요한 사항을 규정하고 있다. 구 교육법 역시 국제교육과 재외국민의 교육에 관한 규정[97]을 두고 있었다.

24설 교육의 진흥: 국가와 지방자치단체의 시책 수립·실시의 의무, 정권의 정책법화의 우려

5. 교육기본법의 쟁점 판례: 기본법 위상 및 무상의무교육

가. 헌법 제31조와의 관계 및 교육기본법의 법적 위상

(1) 교육기본법 관련 연구의 동향[98]

「교육기본법」에 관한 논의는 단일 '교육법' 체제에 대한 재검토를 시작한 1990.5.31. 교육개혁에서 구체화되었으나, 그 논의의 계기는 1991년 지방교육자법 제정으로 교육법의 상당부분이 삭제되면서 부터이다. 신교육체제를 표방한 5·31교육개혁안의 법적 기반을 마련하는 일환으로 학습자 중심의 교육기본법 제정이 추진되었다. 종래의 다소 수동적인 받을 권리로서 해석에서 보다 적극적인 학습권으로서 교육기본권 또한 논의되었다.

'학습권'이라는 용어는 1996년 6월 교육부 실무 시안의 '평생 학습권'[99]에서 등장한 것으로, 이는 헌법상의 '교육을 받을 권리'로는 포함하기 어려운 '평생학습사회'에 부합한 '학습자 및 수요자 중심'의 교육체제로 전환을 기하려는 취지였다.[100] 즉, 적극적이고 능동적이며 실체적 의미를 지닌 평생에 걸쳐 학습

---

97) 구 교육법 제162조의3(국제교육) 국가는 국민으로 하여금 국제사회의 일원으로서의 국제적 소양과 역량을 기를 수 있도록 국제화 교육에 노력하고, 한국에 대한 올바른 이해를 증진시키기 위하여 국외에서의 한국에 관한 교육·연구활동의 지원에 관한 시책을 강구하여야 한다.
구 교육법 제162조의2(재외국민의 교육) ① 국가는 외국에 거주하는 국민에게 필요한 학교교육 또는 사회교육을 실시하기 위하여 적절한 교육시책을 강구하여야 한다. ② 제1항의 재외국민교육시책에 관하여 필요한 사항은 대통령령으로 정한다.

98) 고전(2018), 앞의 논문, 3-5면.

99) 교육부 실무시안은 "모든 국민은 평생에 걸쳐 능력과 적성에 따라 균등한 교육을 받을 권리와 학습할 자유(평생 학습권)를 가진다"고 하여 조항 명칭은 평생 학습권으로 그리고 학습할 자유도 포함하고 있었다.

할 자유와 권리로서의 학습권을 헌법상 국민의 중핵적 기본권으로 정립하고자하는 논의의 결과가 바로 교육기본법상의 학습권 개념으로 이어진 것이라는 평가[101]이다.

이 무렵 성낙인은 교육기본법에 규정되어야 할 것들을 다른 법률에 맡김으로써 기본법으로서 실효성이 감퇴되고 강령적인 규정 중심의 국민 교육선언 이상의 의미를 갖지 못할 우려가 있다고 지적했다. 대통령령이 아닌 법률로서 보장하여야 할 사안으로 의무교육의 무상지원 원칙과 부모의 학교운영참가권, 교원단체 조직권을 지적하기도 했다.[102] 김용은 교육기본법 10년사에 대해, 교육정책을 향도하는 기능이나 재판규범으로서 활용되기는 어려웠다고 평가하고 '교육의 진흥' 부분이 개정된 것이 잦은 개정의 원인이 되었다고 보고했다.[103]

고전은 헌법과 교육기본법의 연계 측면에서 교육기본법의 준헌법적 성격을 보강하기 위하여 학습권을 교육기본권 개념으로 확산 인식하여 다시 규정할 필요성을 제기했고, 교육의 준거법으로서 보완되어야 할 내용(학교운영에의 참여 보강, 교육행정의 운영원칙 보강, 교육이념의 구체화, 대학의 자율성 보장 등)을 제시했으며, 잦은 개정에 대해서는 개정의 형식요건을 강화(기본운영 원칙 및 학교·대학·사회교육 포괄시 한정, 교육개혁의 방향 및 원칙)하고 후속 조치(시책의 실효성 검증)를 취해야 할 과제를 제안했다.[104]

안주열은 학습권 개념이 아직 정립되지 않은 상황에서 교육기본법에 학습권을 규정한 것은 이를 헌법상의 기본적 인권이 아니라 법률상의 권리로 인식할 수도 있게 한다고 지적하면서, 인간적 성장발달권은 헌법조항에서 존재하므로 교육기본법에서는 일본의 사례처럼 평생학습의 개념으로 정리하는 것이 헌법 적합성과 체계 정당성을 개선하는 것이라 했다.[105]

제18대 국회의 개정안을 분석한 류충현은 능력과 적성 외에 소질을 추가하는 학습권 보완과 장애 등 차별금지 사유 보완, 고교 의무교육의 확대, 인권교육 추가 등을 논평했다.[106]

김광성 등은 헌법과 교육기본법에 나타난 교육권을 분석하였는데 공교육 정상화를 위한 헌법의 지지나 인간의 존엄이라는 교육가치의 보호, 차별 없는 교육기회 그리고 공공성의 수호라는 입법정신을 도출했다. 능력에 따른 교육경쟁력 강화만큼 교육 공공성의 중요성을 부각[107] 시키기는 했으나 헌법 정신을 교육기본법에 개정의 준거로 보지는 않았다.

이들 논의들 특징은 헌법이 갖고 있는 규정상의 한계와 '교육을 받을 권리'의 복합적 의미에 대한 규정을 충분히 논의하지 못한 상태에서 교육기본권의 문제점을 지적하는 한계를 보였다. 여기에는 헌법상

---

100) 국내 헌법 및 교육법학자들의 '교육기본권' 및 '학습권' 논의에 관하여는 고전(2008), 교육기본법 제·개정과 교육입법의 과제, 대한교육법학회 학술대회자료집, 66－67면. 교육법체제 개편논의에 대한 자세한 전개 과정은 조석훈(2000), 교육기본법 입안과 제정 과정, 교육행정학연구 18(1), 제2장 참고.

101) 학습권 개념의 채택 과정 및 평가에 대하여는 황홍규(2000), 교육기본법에서의 학습권 개념의 도입 배경과 그 의의, 교육법학연구 12, 340면 참고.

102) 당시 학습할 자유를 학습할 권리로 수정하자는 의견은 수용되었고, 의무교육의 순차적 실시를 대통령령에 위임한 규정은 2007년에야 삭제하는 것으로 정리되었다. 성낙인(1997), 교육개혁과 교육기본법의 제정, 한국교육법연구, 한국교육법학회 학술대회자료집, 13－15면.

103) 김용(2007), 교육기본법의 성과와 과제: 기본법론 관점에서, 교육법학연구 19(1), 43－46면.

104) 고전(2008), 앞의 논문, 20－23면.

105) 안주열(2007), 교육기본법 제3조에 관한 헌법적 검토, 공법연구 35(4), 452－453면.

106) 류충현(2009), 제18대 국회 교육기본법(안)의 주요 입법쟁점 분석, 교육법학연구 21(2), 111－112면.

107) 김광성·주동범(2016), 헌법과 교육기본법에 나타난 교육권 분석, 한국자치행정학보 30(4), 154－158면.

의 '교육을 받을 권리'를 교육기본법에서 '학습권'(헌법상 학문의 자유 및 행복추구권과 연계되는 인간발달권)으로 한정 해석해서는 안 된다고 하는 헌법학자들의 기본권관과 현재의 교육을 받을 권리를 국민의 총체적 교육기본권 보장 조항으로 보아 이를 학습자 중심의 '학습권'으로 규정한 것은 헌법의 한계를 극복한 적극적 입법이라고 보는 교육법학자들의 기본권관 간에는 교육에 관한 기본권을 보는 차이가 내포되어 있었다.

(2) 헌법 제31조와 교육기본법 제3조와의 관계론: 체계적 정당성[108]

제4장에서 살펴본 바와 같이, 헌법학자 김철수는 헌법 제31조 제1항인 교육을 받을 권리의 내용으로서 학습권(헌법 제10조에 근거한 수학권), 학교선택권, 교육권(수업권)을 상정한다. 권영성은 제1항을 능력에 따른 균등한 수학권(修學權)과 부모의 교육기회 청구권으로 광의로 해석한다. 정종섭은 제1항을 교육을 받을 권리라 칭하면서도 학습권과 동일한 의미의 수학권이라 명명하기도 한다.

교육법연구자인 안기성은 교육을 받을 권리를 교육권으로, 표시열도 교육권으로 해석하면서도 최협의로는 학생의 학습권(학교선택, 교육내용선택 등)으로 본다. 신현직은 교육권과 학습권을 합하여 교육기본권이라 칭하며 제1항은 교육기본권 중 학습권을 지칭하는 것으로 보았다. 허종렬은 학습자의 교육기본권이라 칭하고, 노기호는 제1항은 학습권만을 의미하므로 교육에 관한 권리(학습권 보장을 위한 부모·교원의 권리)로 개정할 것을 제안 한다.

반면, 안주열은 헌법 제31조 제1항의 '교육을 받을 권리'를 사회적 기본권(국가에 의하여 창설될 권리)으로 볼 경우, 자연권에 근거하는 '학습권'을 사회권에 근거하여 구체화하는 등 체계적 정당성에 문제가 있다고 지적한다.[109] 또한 학습권 개념이 아직 헌법상 정립이 안된 상황에서 교육기본법에 학습권이 규정되게 된 것은 이를 헌법상의 기본적 인권이 아니라 법률상의 권리로 인식할 수도 있게 하는 등 이들 교육관련 인권 간의 개념 정립 문제를 더욱 어렵게 한다고 보고, 학습권 개념을 교육기본법에 규정한 것을 문제로 지적했다.[110]

생각건대, 헌법 제31조 제1항을 '교육을 받을 권리(수학권)'로 보면서 이른바 자연권으로서 '학습권'과 구분하려는 시도는 기존의 기본권 유형론을 유지하려는 헌법학적 관점이다. 이미 교육을 통한 삶의 실현이 보편화되고, 대부분이 공교육체제에 의하여 운영되고 있는 만큼 헌법 조항의 기술방식(받을 권리)이라는 표현에 연연할 필요는 없다. 교수·학습과정으로서 교육을 이해하고, 제1항 이외 제2−6항은 물론, 여타의 인격실현 및 교육을 위해 필요한 제반 권리들로 이루어진 헌법상의 교육에 관한 기본적 인권, 즉 교육기본권 관점에서 해석한다면 교육기본법상의 학습권 조항과 조화로운 해석이 가능하다. 즉, 교육기본법상의 학습권 조항을 합헌적으로 보기 위해서라도 헌법 조항은 넓게 해석될 필요가 있고, 보다 근본적으로

108) 고전(2018), 앞의 논문, 7면.

109) 제31조 제1항을 자유권적 기본권 성격도 같은 복합적 기본권으로 볼 경우, 교육기본법상의 학습권 규정으로는 '균등성'이 빠지는 등 일관되지 못하다는 점을 지적하면서, 차라리 학습권이 아닌 평생학습 개념으로 규정하는 것이 적절했다고 주장한다. 안주열(2007), 앞의 논문, 433, 451−452면.

110) 학습권을 법률상 권리로 오해할 소지에 대하여는 같은 뜻, 허종렬(2004), 교육기본권론−헌법 제31조의 해석론을 중심으로−, 교육권논쟁(대한교육법학회 학술대회 자료집, 04.7.10.), 19−20면.

는 헌법조항이 '교육을 받을 권리'보다는 '교육기본권'으로 다시 규정하는 것이 필요하다.

(3) 교육기본법의 준헌법적 성격론: 근거 법규 및 판례 인용[111)]

교육기본법이 법률의 형태를 띠고 있으나 다른 교육법과 비교하여 우선 적용되는 등 법률적 우위가 있는가에 대하여 한국에서 깊이 있게 논의된 바는 없다. 다만, 선행연구들은 교육기본법이 여타의 교육관계 법령에 관한 기본 원칙을 정한 가이드 법으로서 기능을 한다는 점은 인정한다. 이는 교육기본법이 표방하는 제정의 목적 조항에서도 드러난다.

정필운은 기본법은 '당대의 구체화된 헌법'으로서 당해 영역의 입법과 집행을 모순없고 일관되도록 체계화하는 기능을 수행한다고 전제한 후, 균등하게 교육을 받을 권리와 정치적 중립성은 구체화하여 제시했으나 자주성, 전문성, 대학의 자율성은 그렇지 못한 한계를 지적했고, 당면 문제에 대응하는 거버넌스 전략으로서 국가교육위원회를 포함할 필요성과 교육의 정치적 중립성을 실효적으로 작동할 수 있도록 보강할 필요성을 지적했다.[112)]

허종렬은 일본의 헌법→기본법→법률→명령의 입법형식은 패전 이후 발생한 법률의 공백상태에서 헌법과 개별법 사이를 연결할 필요성에서 고안된 일본 특유의 산물인 것에 비하여, 한국의 기본법은 국가적으로 통용되는 하나의 독자적인 입법형식이 아니라 각 영역마다 천차만별의 기본법이 양산되어 왔기 때문에 기본법이라는 형식에도 불구하고 일본의 기본법제와는 달리 기본법 전체적으로 통용될 수 있는, 개별 교육법에 우월한 준헌법적 효력을 확보한 기본법제를 형성해내지 못했다고 지적하면서, 일본의 기본법제는 참고할 모델이지만 수용에 한계가 있으며, 한국의 기본법은 그 이하도 이상도 아니므로 한국에 타당한 기본법으로 체계를 갖추어 가야한다고 주장하면서, 헌법과 법률 사이이의 매개 기능에 충실 할 수 있도록 내용 체계를 개정할 것(대통령령 위임을 법률로, 빈번한 교육시책 추진 개정 탈피)을 제안하였다.[113)]

사실, 교육기본법의 준헌법적(準憲法的) 성격에 관한 논의는 일본에서 활발했다. 일본 최고재판소는 학력테스트 재판(学テ旭川事件; 1976.5.21.)[114)]에서 교육기본법이 갖는 위상을 형식상으로는 법률 이상이라 할 수 없으나 해석과 적용에 있어서는 기준이 될 수 있다하여 내용적 측면에서의 준헌법적 성격을 인정했다.[115)] 기본법의 준헌법적 성격은 법률의 형식적 효력을 말하는 것이 아니라 헌법정신을 구체화한 기능적 혹은 해석론적 성격이라 할 것이다. 특히, 일본국헌법과 대한민국헌법이 단 한 개의 교육조항으로

111) 고전(2018), 앞의 논문, 8－9면을 인용하되, 최근 교육기본법 선행연구 논문을 추가하여 논의하였다.

112) 정필운(2021), 헌법이론의 관점에서 본 기본법의 정당성과 기능, 교육법학연구 33(1), 80－81면.

113) 허종렬(2021), 교육기본법의 법체계상 위상 및 효력과 체계적합성 검토, 교육법학연구 33(1), 107－108면.

114) "교육기본법은 … 일본의 교육 및 교육제도 전반의 기본이념 및 원칙을 천명한 것으로…전후 근본적 개혁을 위한 중심법률이며, … 이 법이 정한 것은 형식적으로는 통상의 법률 규정으로서 이와 모순되는 다른 법률 규정을 무효로 하는 효력을 갖는 것은 아니지만, 일반적으로 교육관계 법령의 해석 및 적용시 별도의 규정이 없는 한, 가능한 한 교육기본법의 규정과 취지에 부합하지 않으면 안 된다" 그러나 이 보다 앞선 교과서 재판(杉本裁判, 1970.7.17. 동경지방재판소)에서는 "교육기본법의 법적 효력이 다른 법률에 우월한 것은 아니다"라고 달리 판결하기도 했었다.

115) 일본은 1947년 교육기본법을 제정 당시 전문에서 "헌법의 정신에 따라 교육의 목적을 명시하여 새로운 일본 교육의 기본을 확립하기 위해" 제정된 것이라 선언하여 헌법과의 일체성을 선언한다. 교육법학계 원로 아리꾸라(有倉遼吉)는 "교육기본법은 전체로서 헌법의 구체화 규범, 즉 헌법의 부속법의 성격을 가지며, 내용적으로 준헌법적 성격을 갖는다"고 보며, 이것이 일본 교육법학계의 통설이 되었다.

이루어진 뒤, 정부안으로 국회에 제안된 법률의 형식이 교육기본법, 학교교육법, 사회교육법이었다는 점 그리고 제헌 국회 의원들이 내용적 타당성보다는 일본 법안과는 달라야 한다는 것을 성토하여 주문한 결과 이들 세 법률을 묶은 종합적인 「교육법」이 되었지만 그 주요 내용은 이미 교육기본법에 포함되어 있음은 앞의 교육기본법과 구 교육법과의 비교에서 여실히 증명되고도 남음이 있다.

이렇다 할 교육기본법의 성격 재정립에 대한 논의가 일천한 가운데 최근 논의가 시작되고 있는 시점에서 선행 연구(고전, 김용, 정필운, 허종렬 등)들의 논의는 기본적으로 헌법의 교육조항 및 관련 조항의 정신을 구체적으로 담을 필요가 있다는 점에 공통된 인식을 하고 있고, 결론 역시 현재의 교육기본법의 내용은 헌법정신을 구체화할 수 있노록 보완되어야 하고, 정부의 정책기본법이 되어서는 곤란하다는데 대부분 방점을 두고 있다. 교육법 제정 이후 교육법의 헌법정신에 대한 논의나 반성없이 40여 차례 개정을 거듭해온 한국의 교육법제사와, 다시 1998년 3월 1일 교육기본법 시행 이후 문제제기에 아랑곳 하지 않고 19차례 거듭되고 있는 교육기본법 개정사에 대하여 이제는 교육법학계가 일본과 대만 등의 교육기본법에 대한 논의를 거울삼아 좀 더 생산적인 논의와 대안을 제시할 때가 되었다고 본다.

한국의 헌법재판소나 법원은 교육관련 법률의 적용에 있어서 교육기본법이 우위에 있는지에 대하여 언급한 부분은 발견하지 못하였다. 다만, 교육판례에 있어서 교육기본법 조항에 대한 인용이 증가하고 있는 것은 교육기본법의 사법적 판단 준거로서 위상 변화를 간접적으로나마 짐작하게 한다.[116)]

대법원법률정보를 검색한 결과, 법원은 교육기본법 제정이후 73건의 판결에서 교육기본법을 인용했다(대법원 40, 고등법원 12, 하급심 21).[117)] 학습권 및 교육의 기회균등 조항을 필두로 교육의 자주성·전문성·지역실정부합 시책의무, 학교의 자율성 존중, 교육의 중립성 원칙, 안정적 교육재정의 확보 의무, 의무교육 및 학교의 공공성 원칙 등 총칙 관련 규정의 인용이 두드러진다. 교육당사자 장(章) 역시, 학생의 기본적 인권보호와 교원의 지위보장 및 정치적 중립, 국가 및 지방자치단체의 학교에 대한 지도·감독권이 대중을 이루었다. 잦은 개정이 이루어졌던 교육의 진흥 장은 상대적으로 인용되지 않은 특성도 보였다.

헌법재판소 판례 검색에 따르면, 교육기본법이 인용된 경우는 198건으로 조사되었다. 참조조문에는 16건, 결정요지문에는 6건으로 나타났다. 교육기본법의 위헌성에 대하여 직접 헌법재판의 대상 조문이 된 것은 중등의무교육의 순차적 실시에 관한 대통령령 위임 관련 2건이 있는데 기각 또는 각하되었으며 해당 단서 규정은 이후 개정을 통하여 삭제되었다.

교육기본법의 교원 조항은 교원 관계법의 기준이 된다. 제5조(교육의 자주성등) 제1항을 통해서 지방교육자치법이, 제2항을 통해서는 학교자율화 정책과 학교운영위원회가 설치되었다. 제7조(교육재정)는 교육세법을 비롯한 재정 관련 법규의 근간을 이룬다. 특히, 제9조(학교교육)는 유·초·중등·고등교육 관계

116) 교육기본법 제정이후부터 10여 년간의 법원 인용 경향을 분석한 김용은 헌법재판소 인용 10건 중 교육기본법 총칙 부분 7건, 교육당사자 2건, 교육진흥 1건이었고, 대법원 등은 교육당사자 조항을 인용한 경우가 많은 것으로 보고했다. 김용(2007), 앞의 논문, 34-37면.

117) 법제처 국가법률정보센터 검색시, 판례인용 41건, 헌재결정례 7건, 법령해석례 2건, 행정심판례 1건이어서 다소 차이가 있다. 제1장 총칙 관련 37건, 제2장 교육당사자 관련 26건으로 나타나있다. 가장 많은 판례인용은 제14조(교원) 10건, 제12조(학습자) 9건, 제9조(학교교육) 8건, 제6조(교육의 중립성) 및 제7조(교육재정) 각각 6건, 제17조(국가 및 지방자치단체) 5건, 제5조(교육의 자주성등) 4건, 제3조(학습권) 및 제8조(의무교육) 각각 3건 순 등으로 나타났다. 헌재결정례에 해당하는 경우는 의무교육 2건을 비롯하여, 교육이념, 교육의 중립성, 학교교육, 학교설립, 교원 등이었다.

법의 근거 규정이 되고 있다. 제10조(평생교육) 역시 평생교육법을 비롯하여 각종 평생교육법규의 근거가 된다. 제14조(교원)는 각급 학교 및 사립학교의 교원에 관한 조항과 교육공무원법의 제정 근거를 제공하고 있다.[118]

나. 교육기본법 비교 논의 및 개정론

(1) 일본 및 대만의 교육기본법과 비교 논의[119]

교육기본법 명칭을 동일하게 사용하고 있는 일본, 한국, 대만을 비교하는 것은 한국의 교육기본법이 갖는 상대적 특징을 파악하고 개선의 시사점을 도출하는데 의미가 있다. 3개국 모두 헌법의 교육조항을 구체화한 교육법의 기본 원칙을 정한 법으로서 교육기본법을 두고 있으며, 여타 교육법의 제정 근거이자 가이드라인으로서 기능한다. 일본과 대만은 교육관련 헌법조항이 1개뿐이어서 교육기본법이 갖는 준헌법적 기능 및 성격은 더 강하다.

이들 기본법은 공히 교육에 관한 권리와 의무 양 측면에서 접근하고 있으며 일본은 평생학습이념을, 한국은 학습권을, 대만은 교육권이라는 용어를 사용하는 특징이 있다. 균등한 기회의 보장 원리는 기본권 보장의 방법적 기초인 만큼 3개국 모두 중요 원리로 채택했다.

일본은 2006년의 신교육기본법에서 부당한 지배에 따르지 않는 자주성 존중의 원칙을 교육행정의 원칙에서 교육의 원칙으로 확대하면서 국가와 지방공공단체간의 역할분담과 상호협력 원칙을 천명했다. 최근 효율행정이 강조되는 시대흐름을 반영한 것이다.[120]

한국은 이들 지도·감독권과 국민의 교육에 관한 권리와 의무를 다하도록 조성할 책임주체로서 위상을 부여하고 있다. 특히 한국이 교육당사자라는 독특한 개념을 설정하여 교육에 있어서 권리·의무·책임 관계를 보다 명료하게 하려는 부분은 대비되는 부분이다.

대만의 경우 교사, 학생, 학부모 그리고 학교의 교육권과 책임을 규정하는 한편, 국가를 대표하는 중앙정부의 대표적 권한 8가지[121]를 제시하고, 지방분권된 광역단위의 교육심의위원회를 규정한 특징을 보였다. 중앙정부의 권한을 축소하는 메시지를 담고있는 것이다.

일본과 대만은 최근의 개정을 통하여 애국과 향토의 정신을 강조하고 있으며 국가수준의 교육진흥계획의 수립을 법정화하고 있기도 하다. 실제로 일본에서는 교육개혁 정책이 5년 단위로 수립되어 국회에 보고되고 있으며, 대만 역시 5년 단위 학생·교원규모 변화에 대응한 전략을 수립토록 하고 있다.

---

118) 국가법령정보센터의 상하위법 관계 그림에 의하면, 관련 시행령이 7건, 시행규칙이 4건, 행정규칙(고시, 공고, 예규, 훈령 등)이 4건, 자치법규(조례등) 17건으로 보고되고 있으나 실제 관련법규는 이보다 훨씬 더 많다고 할 수 있다.

119) 고전(2018), 앞의 논문, 16-17면을 인용하되 최근의 교육기본법 개정 상황 등을 반영하였다.

120) 새 교육기본법에 대한 구체적 평가에 대하여는 고전(2014), 일본교육개혁론, 박영story, 496면.

121) 대만교육기본법 제9조(중앙정부의 교육권한) 중앙정부의 교육 권한은 다음과 같다. 1. 교육제도의 기획설계 2. 지방교육사무의 적법성 감독 3. 전국적인 교육사무의 집행이나 지방교육 발전을 위한 협조(協調·協助) 4. 중앙교육 경비의 배분과 보조금 5. 국립학교등의 설립·감독 6. 교육통계·평가정책연구 7. 교육사무의 국제교류 8. 교육사업, 교육사업자, 소수민족 및 소외계층 교육에 대한 장려와 인센티브 제공(이상 외 권한은 별도로 규정되어 있지 않는 한 지방에 속함)

다음은 3개 국가의 교육기본법을 주요 항목별 특징을 표로 정리하여 비교한 것이다.

표 5-4 한국 · 일본 · 대만의 교육기본법 비교

비교	일본	한국	대만
제정	1947.3.31.	1997.12.13.(1998.3.1. 시행)	1999.6.4.
개정	1차(2006.12)	19차 개정	5차 개정
구성	전문 및 4개장 총 18개 조항	3개장 총 29개 조항	총 17개 조항
내용	1장 교육의 목적 및 이념(1－4) 교육목적, 목표, 생애학습이념, 교육기회균등 2장 교육실시 관한 기본(5－15) 의무교육, 학교교육, 대학, 사립학교, 교원, 가정교육, 유아교육, 사회교육, 학교 · 가정 · 지역주민 상호연대협력, 정치교육, 종교교육 제3장 교육행정(16－17) 교육행정, 교육진흥기본계획 제4장 법령의 제정(§18)	1장 총칙(1－11) 법목적, 교육이념, 학습권, 교육기회균등, 자주성, 중립성, 재정, 의무교육, 학교교육, 사회교육, 학교설립 2장 교육당사자(12－17) 학습자, 보호자, 교원, 교원단체, 학교설립운영자, 국가, 지자체 3장 교육의 진흥(17의2－29) 남녀평등교육 시책의 수립시행등	법목적, 교육목적 · 방침, 기회균등, 교육비, 중립 · 종교존중, 학습자유, 교사 · 학생 · 학부모 · 학교의교육권과 책임, 중앙정부교육권한, 교육심의위원회, 국민기초교육과 학교편제, 교육제도, 교육실험등, 학력검정, 교사전문성과 학생학습권보장, 법령개정
헌법	능력에 따라 동등하게 교육을 받을 권리, 보통무상의무교육(26)	모든 국민은 능력에 따라 균등한 교육을 받을 권리를 갖는다.	인민은 국민교육을 받을 권리와 의무가 있다(21)
개정	공공의 정신과 전통강조 국가지차체의 교육진흥기본계획 생애학습이념 추가 가정 · 유아 · 장애교육 추가 자주행정에서 법치행정으로 개정	16회 개정 중, 11회가 정부의 남녀평등교육시책수립등 특별정책과 관련된 시책임 3회는 장관명칭 개칭, 2회는 타법개정 및 법순화	애국교육, 향토사랑, 정보인지능력, 특별예산전용, 체벌금지, 신체자주권과 인격발전권, 교육심의위원회(교사조합), 가혹행위방지체제, 공사립학교종교중립, 사립학교종교교육보장, 5개년계획안
특징	－ 대학교육, 정치교육, 가정교육 － 국가 · 지자체역할분담 · 상호협력 － 가정 · 학교 · 지역사회간연계협력 － 교육진흥기본계획(교육개혁안) 수립 의무와 재정 지원 － 단 1회 개정(공공성 강화)	－ 국민의 권리의무, 국가책임 － 학습권, 교육당사자 개념 － 교육행정의 원칙 언급없음 － 교육진흥 조항에 정책반영 － 학습자인권, 학습윤리강조 － 16회 개정(정책입법 강화)	－ 5개년 교원학생편제정책 － 수교육권표현, 교사의 전문적자주성 － 체벌 및 가혹행위방지체제 강화 － 벽지지역 특별예산 전용의 보장 － 국가의 교육영역 8개 역할부담 규정 － 5회 개정(학습권보호 강화)
공통점	교육기본법 명칭과 기능, 기회의 균등, 학습중시, 국가 · 지자체의 역할 언급, 시대변화 반영한 개정		

注: 일본 교육기본법의 전문은 민주적 문화적 국가 발전, 세계평화와 인류복지 향상 공헌, 개인존엄, 진리 · 정의 희구하는 인간, 공공정신, 풍부한 인간성 · 창조성, 전통계승, 새로운 문화 창조, 교육기본 확립, 그 진흥을 꾀한다는 내용임, 한국 교육기본법의 교육의 진흥에는 남녀평등교육 외에 학습윤리, 성의식, 안전사고, 평화통일, 특수 · 영재 · 유아 · 직업 · 과학기술교육, 학교체육, 교육정보화, 업무전자화, 학생정보보호, 학술문화, 사립육성, 평가인증, 정보공개, 통계조사, 보건복지, 장학, 국제교육 등이 포함됨.

(2) 쟁점 해소를 위한 교육기본법 개정 방향[122)]

① 헌법 제31조 제1항과의 조화: 학습권 조항에서 교육기본권으로

교육기본법은 헌법의 교육조항인 제31조 제1항 및 제6항의 정신을 보다 구체화한 법으로서 교육법 제정의 가이드라인이 되어야 한다. 그러나 현실적으로는 헌법학계와 교육법학계의 학설이 나뉘고 있다. 헌법학계는 제31조 제1항의 '교육을 받을 권리'를 '교육을 시킬 권리' 내지 '교육권'과 대비되는 개념으로 설명하면서 학습권은 제10조에 근거를 두며, 교육기본법에 학습권을 규정하는 데 부정적이다. 반면, 교육법학계에서는 국민의 교육기본권론 관점에서 교육기본법 제3조(학습권)가 학습자의 측면에서 헌법정신을 보다 구체화한 것이라 평가한다.

오늘날 국민교육권 시대에 걸맞도록 교육에 대한 국민의 기본권을 인간다운 삶을 실현하는 데 필요한 교육영역에서 헌법이 보장한 기본적 인권으로서 '교육기본권' 개념으로 설정하기 위해서는 현행 교육기본법의 규정으로는 다소 한계가 있다. 인권으로서 교육기본권 보장을 위해서는 헌법에 교육기본권의 개념을 반영한 개정이 보다 근본적인 해결책이다.[123)] 학습권으로 되어 있는 교육기본법 역시 학습의 자유와 권리로 하는 것이 보다 본질적이다.

② 헌법 제31조 제2항 및 제6항의 반영

교육기본법이 헌법 정신을 반영한다는 것은 나머지 헌법 제31조 제2항 및 제6항을 교육기본법에 일관되게 구체화시키는 것을 말한다. 우선 헌법에서 의무교육의 범위를 '초등교육과 법률이 정한 교육'이라고 전제하고 있는 만큼, 교육기본법은 이를 명시할 필요가 있다. 다만, 현재의 6년의 초등교육과 3년의 중등교육으로 한다고 되어 있고 그 시기와 범위를 법률로 보장한다는 부분이 생략되어 있다. 2021년부터는 의무교육은 아니지만 이미 고등학교 무상 교육은 전면 실시되었다.

무상교육의 범위는 연한으로 정하기보다 초등교육과 중등교육을 포함한 국민공통 공교육과정으로 확대할 필요가 있고 '무상' 이란 표현 대신 '공공부담'으로 개정하여 교육비의 공공성과 실제 담세자인 국민으로 하여금 교육에 대한 권리의식을 상기시키도록 한다. 따라서 제8조(의무교육)은 "국민공통 공교육은 초·중등교육으로 하며, 모든 사람에게 보장된다. 국민공통 공교육에 소요되는 비용은 공공부담으로 하며 그 비용의 범위에 대하여는 법률로 정한다"로 보다 구체화할 필요가 있다. 아울러 보호자 조항(§13) 역시 교육할 권리와 책임에서 보호자가 가정교육의 일차적 권리와 책임이 있음을 밝히고, 나아가 국민공통 공교육을 받게 하고, 현재 임의적 의견제시권을 학교 운영과정에 참여할 권리로 보장토록 한다. 예를 들어 제13조(보호자)는 "부모등 보호자는 보호하는 자녀 또는 아동이 바른 인성을 가지고 건강하게 성장하도록 가정에서 교육할 권리와 국민공통 공교육을 받게 할 책임을 가진다. 부모등 보호자는 학교의 국민

122) 고전(2018), 앞의 논문, 17－23면을 인용하되, 교교 무상교육등 최근의 변화 사항을 반영하였다.

123) 고전은 현재의 헌법 제31조 제1항 규정에 현행 교육기본법 제3조(학습권) 조항("모든 국민은 평생에 걸쳐 학습하고, 능력과 적성에 따라 교육 받을 권리를 가진다")을 조화롭게 반영하여 헌법 조항을 "① 모든 사람은 능력과 적성에 따라 균등하게 평생에 걸쳐 학습할 자유와 권리를 가진다"로 개정할 것을 제안한 바 있다. 국민의 권리에서 사람의 권리로 확대하며, 받을 권리에서 학습권으로 그리고 능력 외에 적성의 원칙을 추가한 것이 특징이다. 고전(2017), 앞의 논문, 21－22면 참조.

공통 공교육의 운영과정에 참여할 권리를 가진다"로 개정한다.

다음으로 헌법 제31조 제4항인 교육의 자주성·전문성·정치적 중립성 및 대학의 자율성에 대한 법률 보장 부분이다. 교육기본법 제5조(교육의 자주성등)는 2021년 9월 24일 개정을 통해서 기존의 교육의 자주성과 전문성 보장에 대한 국가와 지방자치단체의 공동책임에 이어서, 새롭게 국가의 의무로서 지방자치단체의 교육에 관한 자율성 존중을 규정하였다. 교육부 장관과 교육감 간의 관계에 대한 가이드라인이라고도 할 수 있다. 이어서, 그동안 지방교육자치제의 근거 조항이라고 일컬어지던 지역실정에 맞는 교육 부분을 보다 구체적으로 '관할하는 학교와 소관 사무에 대하여'라고 하여 지방교육자치에 대하여 국가와 지방이 공동 노력하여야하는 가이드라인을 제시했다. 이어서 학교운영의 자율성 부분에 대하여는 그 존중의 주체를 국가와 지방자치단체 양자로 명시한 특징을 보였다.

그러나 교육의 자주성 등의 존중 영역을 '교육활동 및 교육행정' 전 영역으로 좀 더 구체화할 필요가 있고,[124] 예를 들면 "국가와 지방자치단체는 교육활동 및 교육행정의 전 영역에서 교육의 자주성과 전문성, 지역적 특수성을 보장하여야 하며, 국가교육위원회 및 지방교육자치제도의 구성과 운영에 관하여는 법률로 정한다"(§5①)고 규정할 수 있다.

이른바 교육의 자주성과 전문성 그리고 중립성의 헌법정신에 연유하는 '교육자치' 이념을 실현하기 위하여 중앙, 지방, 학교단위에서 제도화가 필요하다고 본다. 지방수준에서는 지방자치와 연동한 지방교육자치제의 실시 보장을 명문화하고, 중앙수준에서는 최근 논의되고 있는 국가교육위원회를 신설하여 교육자치 정신에 입각한 국가수준의 교육행정을 도모할 필요가 있다. 이 위원회는 기존의 교육부와의 역할분담이 관건인데 옥상옥이 되지 않도록 국가수준의 교육정책 계획·심의기구로서 역할분담 하는 것이 적절하다.[125]

이어 제5조 제3항의 학교운영의 자율성은 학교와 교육행정기관 간의 관계 정립을 위한 것이므로 그 보장 주체를 교육행정기관(교육부와 교육청)으로 명확히 했으나, 학교 자율 운영을 위한 필수적 조직을 두기 위해 "학교에는 학교운영위원회, 교사회, 학생회, 학부모회를 두고 그 구성 및 운영에 관해서는 법률로 정한다"는 식의 조항도 필요하다. 제4항에서는 대학 운영(학생의 선발, 교육과정의 운영, 학위의 수여)상 자율성은 최대한 보장되도록 신설한다.

아울러 헌법상 교육의 정치적 중립성은 교육기본법 제6조에 교육의 중립성으로 규정되어 있는데 일본의 경우처럼 정치교육과 종교교육으로 나누어 중립성을 보장하면서도 민주시민으로서 소양과 종교적 심성 교육의 중요성도 함께 규정할 필요가 있다고 본다.[126]

---

124) 유은혜 외 개정안 역시 "교육활동 및 교육행정 전 영역에서 교육의 자주성과 전문성을 보장하여야 한다"고 하면서, 국가와 지자체가 지방교육자치제 시행 시책을 수립·실시할 의무를 규정했다.

125) 박홍근 의원 등의 개정안(2016.6.21.)에도 포함된 것으로 계획수립·심의, 정책의 조정·평가, 제도의 조사·연구 기능을 부여하고 교육부는 정책집행 및 행정지원으로 이원화하는 방안이다. 이러한 합의제 정책수립기구와 집행기구 간의 업무중복이 우려되기도 한다(같은 뜻, 국회 검토보고(정재룡)).

126) 일본교육기본법 제14조(정치교육) 양식있는 공민으로서 필요한 정치적 교양은 교육상 존중되지 않으면 안된다. 2. 법률에 정한 학교는 특정 정당을 지지하거나 이에 반대하기 위한 정치교육 기타 정치적 활동을 해서는 안 된다. 제15조(종교교육) 종교에 관한 관용의 태도, 종교에 관한 일반적인 교양 및 종교의 사회생활에서의 지위는 교육상 존중되어야 한다. 2. 국가 및 지방공공단체가 설치하는 학교는 특정 종교를 위한 종교교육 기타 종교적 활동을 해서는 안 된다.

다음 헌법 제31조 제5항이 규정한 평생교육의 진흥의무는 교육기본법 제3조(학습권) "평생에 걸쳐 학습하고" 부분과 제10조(평생교육) "국민의 평생교육을 위한 모든 형태의 평생교육"에 반영되고 있다. 문제는 평생교육이 사회교육이 아닌 전 생애에 걸친 모든 형태의 교육이라는 이념인 바, 가정교육[127]을 신설할 필요가 있다. 특히 헌법에 국가만을 진흥 의무의 주체로 규정하고 있으나 지방자치단체를 포함한 개정이 되어야 할 것이다.

교육재정, 제도, 교원지위에 관한 법정주의를 선언한 헌법 제31조 제6항의 경우, 교육기본법 제7조(교육재정)와 제14조(교원) 및 제15조(교원단체) 조항을 통해 구체화되고 있다. 교육재정에 있어서는 무상교육(의무교육 및 유아교육등)의 부담 주체에 대하여 법적 분쟁이 발생하고 있는 상황을 고려하여 국가와 지방자치단체 간의 분담의 원칙을 명시할 필요가 있다. 교원과 관련하여서는 법령이 정한 바에 따라 교육전문가로서 자주성 및 교육활동의 자유를 보장하도록 하고 침해를 예방하고 적정한 절차에 따라 침해를 구제할 시책을 마련토록 해야 할 것이다. 제14조(교원) 조항에서 단순한 신분이 아닌 '교육전문가로서 신분'(제1항)이나 교원지위 법정주의를 예시(제6항)에서도 무엇보다 신분·임용 등으로 하여 향후 교육공무원법을 대신할 '교원신분법(교원법)'의 제정 근거를 강화할 필요가 있다.

교원단체의 경우에는 현재 전문직 단체에 관한 사항만을 포함하고 있는 불완전성이 있는 바, 노동조합으로서 교원노조를 포함할 수 있도록 조항의 명칭을 교직단체로 바꾸고, 교원단체와 교원노조의 설립 근거를 교육기본법으로 일원화할 필요가 있다.

끝으로, 국가와 지방자치단체(§17) 간의 역할분담 및 상호협력 원칙을 밝히고, 각자의 고유 사무 범위, 평생교육(가정·학교·사회교육)의 진흥의무를 제17조에 포괄할 필요가 있다.

이상 살펴본 헌법 정신을 교육기본법에 반영하여 구체화하는 것은 교육기본법 개정의 중요한 방향이라고 할 수 있다. 동시에 헌법 개정에 대한 논의가 활발히 전개되고 있는 현시점에서 보면, 개정될 헌법에 교육조항이 어떤 모습을 띠는가에 따라 교육기본법의 모습도 달라져야 할 것이다. 헌법 개정안이 교육기본법 개정과 직결되어 있음을 의미한다.[128]

---

127) 일본교육기본법(2006 개정) 제10조(가정교육) 부모 그 외 보호자는 자녀교육에 대해 일차적인 책임을 지며, 생활에 필요한 습관을 익히며 자립심을 육성하고 심신의 조화로운 발달을 도모하도록 노력한다. 2. 국가 및 지방공공단체는 가정교육의 자주성을 존중하고 보호자에 대한 학습기회와 정보를 제공하며 기타 가정교육을 지원하기 위해 필요한 시책을 강구하도록 노력하여야 한다.

128) 고전(2017), 교육기본권 관점에서의 헌법 개정 논의, 교육법학연구 29(2), 27면 참조. 개정안은 ① 모든 사람은 능력과 적성에 따라 균등하게 평생에 걸쳐 학습할 자유와 권리를 가진다. ② 모든 사람은 보호자로서 자녀의 가정교육에 관한 권리와 책임을 지며, 자녀에게 최소한 초·중등교육등 법률이 정한 국민공통 공교육을 받게 하고 그 운영과정에 참여할 권리를 갖는다. ③ 국민공통 공교육에 소요되는 비용은 공공부담으로 하며 그 비용의 범위에 대하여는 법률로 정한다. ④ 교육의 자주성·전문성·특수성·중립성·자율성·책무성은 교육활동 및 교육행정의 전 영역에서 존중되며, 교육전문가로서 교원의 신분과 지위는 최대한 보장된다. 구체적인 내용은 법률로 정한다. ⑤ 국가와 지방자치단체는 국민의 학습의 자유와 권리 보호를 위하여 적절하게 역할을 분담하고 상호간 협력하여야 하며, 학교와 교육행정기관 및 대학에서는 부당한 간섭을 배제하고 교육자치를 보장하여야 한다. 국가와 지방자치단체는 가정교육, 학교교육, 사회교육 등 평생교육을 진흥하기 위한 시책을 수립·시행하여야 하며, 필요한 재원을 확보하여야 한다. ⑥ 교육당사자의 권리·의무·책임에 관한 사항과 교육제도와 그 운영에 관한 기본적 사항은 교육기본법으로 정한다.

③ 정책 홍보법으로서 한계 극복을 위한 과제

교육기본법에 대한 비평 중 '정책 홍보법'이라는 혹평은 각 정권마다 주요 교육정책을 실시하는 과정에서 교육기본법을 자주 개정한 것에서 비롯되었다. 교육의 진흥 등 관련된 개정이 전체 19회 개정에서 13회에 해당되는 것이 단적으로 이를 보여준다. 이러한 오명을 극복하기 위해서는 다음 몇 가지 측면에서의 입법 정책적 노력이 필요하다.

첫째, 교육기본법의 개정 원칙이 수립되어야 한다. 즉, 교육기본법이 교육당사자의 권리 · 의무 · 책임을 담고 있고, 교육법과 교육제도의 기본 운영 원칙을 포함하고 있다는 점에서 이에 대한 변화와 개정에 대한 국민적 공감대가 형성될 때야 비로소 추진되어야 할 것이다.

둘째, 정부가 추진하는 현안 해소를 위한 정책 근거에 관한 사항은 교육의 진흥에서 관련 정책을 수립하는 근거로서 규정되기보다는 관련 개별 입법에서 다뤄야 한다. 현재의 교육의 진흥 조항 역시 지나치게 상세하므로 포괄적으로 재분류 할 필요가 있다.

셋째, 교육기본법을 통한 개정은 전 학교급별 학교교육과 모든 형태의 평생교육에 해당하는 사항일 경우에 추진되어야 한다. 그렇지 않은 경우에는 개별 학교교육 법규나 평생교육법규를 통해 개정되거나 특별 입법 방식이 되어야 한다. 단지 유아교육법과 초 · 중등교육법을 각각 개정할 필요가 없다는 입법적 편의성 때문에 택하는 기본법 개정은 곤란하다.

넷째, 잦은 개정을 유발하는 교육기본법 내적 문제를 해소하여야 한다. 변경될 수 있는 교육부장관 명칭은 '중앙교육행정기관의 장'으로 일반화해서 개정한다면 가능하다.

끝으로, 교육기본법이 '홍보법'이나 '선언법'이 아닌 실효성을 담보하기 위해서는 정책의 계획에 대한 예측 가능성과 추진을 위한 법적 조치, 재정 지원 등이 담보되어야 한다. 정책의 예측 가능성을 확보하기 위해서는 국가 및 지방수준에서 수립하여야 할 교육개혁(진흥) 관련 정책을 주기적으로 수립토록 의무화하거나 이를 국회 및 지방의회에 보고토록 한다. 이어 관련된 법률을 개정할 의무나 제정할 의무를 부과해야 실효성을 확보할 수 있다.

오늘날 정부의 교육개혁 정책이 일상화된 시대를 맞이하여 교육기본법은 이러한 개혁 정책의 기본 방향이 교육기본법의 정신에 부합될 수 있도록 개혁정책의 범위와 추진 절차 역시 필요하다. 개혁정책의 방향(참여주의, 신자유주의, 신보수주의), 추진의 절차적 정당성 확보 원칙(의견수렴과 전문성 검증 등), 교육개혁의 실효성을 담보하기 위한 재정 및 인력 지원에 대한 입법적 담보 원칙 등 이른바 '교육개혁에 관한 절차 규정'이 필요하다.[129)]

④ 비교 교육기본법론 상의 논의와 개정 방향: 일본 및 대만의 시사

3개국 모두 교육기본법은 헌법의 교육 조항과의 연계선상에서 이를 보다 구체화하여 교육입법 정책

129) 일본의 신 교육기본법(2006.12.15. 개정)은 국가와 지방공공단체로 하여금 교육진흥기본계획을 수립할 의무를 지우고 있고, 국가의 경우 국회보고하고 공표할 의무를 지웠다. 또한 교육기본법의 제 조항을 실시하기 위해 필요한 법령을 제정할 의무를 새로 추가하고 있음은 재음미할 필요가 있다. 교육기본법 개정의 형식요건 강화 및 후속 조치에 대하여는 고전(2008), 앞의 논문, 23면 참조.

과 행정의 방향을 제시한 '교육헌법 정신의 구체화 기본법'이 되도록 하면서도 최근의 교육사회의 변화를 수용해 개정되어 가는 흐름을 보였다. '교육을 받을 권리'라는 문리해석에 경도되어 '교육권'과의 대척점에서 국민의 학습권을 논하고 있지 않은 공통점도 보였다. 국민의 학습권을 중심에 두면서 국가의 역할은 이를 보장하기 위한 책임 완수에 포커스를 맞추고 있는 일본과 대만의 예처럼, 학습권의 개념을 권리와 자유라는 양 측면에서 보다 구체화하고 논란의 원인이 된 헌법의 조항도 수정할 필요가 있을 것이다.

일본 교육기본법이 규정한 교육의 목표나 대만의 교육방침에 비하여 한국은 교육이념 및 포괄적 목적 진술에 그치고 있는 부분은 재검토를 요하는 부분이다. 정치교육과 종교교육을 교육의 중립성에 보완하지 않을 경우, 민주시민으로서 정치적 소양과 종교적 심성 함양을 포함시키는 방법도 생각해 볼 수 있다. 일본과 대만 모두 국가와 지방의 역할분담과 교육구성원간의 상호협력을 강조하고 있는 만큼, 한국의 경우에도 교육에 관한 주요 국가사무의 원칙과 지방분권, 즉 지방교육자치에 대하여 구체적으로 명시할 필요가 있다. 국가교육과정, 교원자격, 학력인정, 국민공통 공교육(의무교육), 국가수준의 통계 · 조사 · 정보의 수집 관리, 학제 및 학기의 개편, 국제 교육법규 관련 정부보고서의 작성, 기타 국가수준의 정책의 시행 및 평가에 관한 사항을 들 수 있다. 또한 중앙 정부에 있어서도 중앙의 교육자치 차원에서 국가교육위원회의 기능 역시 교육기본법에 포함시킬 필요가 있고 교육부와 역할 분담차원에서 국가수준의 교육정책을 기획하고 심의 의결하도록 설정할 것을 제안한다.

일본과 대만은 교육기회의 균등한 보장 원칙에 있어서 보다 상세하고도 구체적인 핵심 교육여건 및 재정의 확보를 주문하고 있으며, 동시에 장애인과 소외된 계층 및 지역에 대한 적극적 평등 정책의 수립 의무도 규정하고 있다. 일본은 교육진흥기본계획을 국가와 지자체 수준에서 5년 단위로 수립하게 하고, 대만 역시 학생과 교사에 관한 교육여건 계획을 수립하고 있다. 이런 점에 비추어 국가교육정책에 대한 입법적 통제와 재원확보 부분을 보완할 필요가 있다. 양국의 애국 · 향토 · 전통의 강조는 상대적으로 지나친 교육열(敎育熱)과 교육격차로 상대적 박탈과 공동체(共同體)의 공동화(空同化) 상황의 한국에 시사점이 있다.

그 밖에도 일본의 특징인 공공성의 강조와 교육행정 원칙의 재천명, 한국에는 없는 '대학교육'에서 대학의 자주성, 자율성, 교육 · 연구의 특성 존중 원칙, '정치교육'에서 정치적 중립 외에 양식 있는 공민으로서 필요한 정치적 교육으로서 정치교육의 중요성을 규정한 부분, 국공립학교의 특정 종교교육을 금하면서도 종교교육의 의미를 규정한 부분은 시사적이다. 특히 2006년 개정에서 추가된 가정교육 조항에 주목한다. 대만의 교사의 전문적 자주성과 교사조합의 참여보장은 물론 학습자의 신체의 자주권을 강조하면서 최근 개정에서 체벌의 금지와 가혹행위방지 시스템을 도입한 부분을 유념해야 한다. 법의 실효성을 담보하는 측면에서 일본이 필요한 법령 제정 의무(제18조)를, 대만이 현행 교육기본법을 개정하면서 이에 따른 법령의 폐지 및 수정의 입법조치 의무(제16조)를 규정한 부분 또한 시사적이다.

한편, 한국의 교육기본법이 일본과 대만에 모범사례(模範事例)로서 제시될 수 있는 부분은 교육에 있어서 권리의무의 주체로서 국민과 책임의 주체로서 국가라는 설정과, 교육당사자라는 개념을 교육과 관련된 이해 집단에 설정하여 이들 간 합의 의사결정과정의 중요성을 보여준 점이다. 비록 국가와 지방간의 역할분담이나 교육행정의 원칙에 관하여는 상대적으로 언급이 미흡했지만, 학교의 자율성을 존중하고 학교 구성원의 학교운영의 참여와 의견존중의 의무를 천명하는 등 교육자치를 넘어 학교자치로의 완성 가능성을 보여주었다.

반면, 한국의 교육기본법 사례가 일본이나 대만에 줄 수 있는 반면교사(反面敎師)의 측면은 정권이 강조하거나 사회문제시 되는 교육진흥 정책의 수립에 관한 사항을 십 수차례나 보완함으로서 기본법으로서 성격상 흠결을 보이고 있으며, 동시에 국가 교육시책이나 교육개혁의 기본 원칙에 관한 사항은 누락함으로서 정치적 교육기본법이라는 우려를 낳고 있다.

(3) 교육기본권 관점에서의 교육기본법 개정안[130)]

교육기본법 제정으로 인하여 교육3법 체계를 갖추게 되었다. 국민교육권에 입각하여 권리·의무 주체로서 국민과 조건을 마련할 책임 주체로서 국가를 상정하고 교육당사자 개념을 도입하여 교육구성원 간의 권리·의무·책임에 있어서 역할분담의 원칙을 세우게 되었다. 교육기본법 개정의 핵심은 헌법이 보장하는 교육에 관한 기본권을 구체화하는 것이다.

교육기본법의 '총칙'과 관련하여서는 교육의 목표를 구체화하여 민주시민으로서 정치적 소양과 종교적 심성 교육을 언급하며, 학습권을 학습의 자유와 권리로 구체화하되 능력에 더하여 적성을 추가하고, 국민의 권리에서 모든 사람의 권리로 확대할 필요가 있다.

헌법상 교육의 원칙으로 천명된 교육의 자주성, 전문성, 정치적 중립성, 대학의 자율성은 교육활동과 교육행정이라는 전 교육영역에서 적용되는 것으로 수정될 필요가 있다. 교육의 자주성과 관련하여서는 보장 영역을 교육활동과 교육행정 전반으로 확대하고, 국가교육위원회 및 지방교육자치제도, 학교운영위원회 및 학교의 기초조직에 대한 법적 근거를 마련한다. '의무교육'을 '국민공통 공교육'으로 개칭하여 학습의 자유와 조화로운 입법의 취지를 살리도록 하고 그 보장 범위를 교육기본법에 명시하며, '무상'의 표현 역시 '공공부담'의 원칙으로 수정하여 교육의 공공성과 국민의 교육에 관한 권리의식을 환기시킬 필요가 있다.

'교육당사자' 부분에서는 학습자의 기본적 인권 보장 취지를 살려 국가교육과정과 입시 위주의 교육 중에 학습권의 중핵인 학습의 자유가 실종되지 않도록 학습자의 선택권과 인격완성도 강조되어야 한다. 교원에 대하여는 교원지위에 관한 기본적인 사항을 정한 법률의 근거와 교육전문가로서 최대한의 지위 보장에 보다 주안점을 두어야하고, 전문직 단체만을 의미하는 교원단체는 교원노조를 포함하는 교직단체로 재규정토록 한다. 특히 국가 및 지방자치단체를 단순한 지도·감독을 넘어서, 각각의 교육에 관한 기본 직무를 규정하고 이들이 수립하는 교육정책(교육진흥중장기계획등)의 절차적 정당성도 강화해야 한다.

'교육의 진흥' 부분은 현재 여러 조항에 산재되어 있는 각종 현안 해결을 위한 교육 시책의 수립과 시행의 의무는 체계적으로 재배치하거나 묶을 필요가 있다. 교육기본법의 실효성을 담보하기 위한 후속 입법 및 재정에 관한 조치 조항도 필요하다. 동시에 교육기본법이 '정책 홍보법'으로서 오명을 벗기 위해서는 19차에 걸친 개정의 원인이 되어왔던 각종 시책의 근거법은 초·중등교육법등으로 이관하거나 통합

---

130) 고전(2018), 앞의 논문, 24-25면.

하고, 3차례 개정의 원인이 된 교육부장관의 명칭은 중앙 교육행정기관의 장으로 바꾸어 표현하는 것도 한 방법이다.

헌법 제31조에 규정된 헌법정신을 구체화한 교육기본법 개정안을 정리하면 다음과 같다.

표 5-5 헌법정신을 반영한 교육기본법 개정안 및 주요 의미

현행 교육기본법	교육기본법 개정안	주요 의미
제2조(교육이념) 교육은 홍익인간의 이념 아래 … 자주적 생활능력과 민주시민으로서 필요한 자질을 갖추게 함으로써 …	제2조(교육이념) 교육은 홍익인간의 이념 아래 … 자주적 생활능력과 민주시민으로서 필요한 정치적 소양과 종교적 심성을 갖추게 함으로써 …	–정치적 소양 교육 –종교적 심성 교육 –제6조(교육중립성) 정치·종교교육 추가고려
제3조(학습권) 모든 국민은 평생에 걸쳐 학습하고, 능력과 적성에 따라 교육받을 권리를 가진다.	제3조(학습의 자유와 권리) 모든 사람은 능력과 적성에 따라 균등하게 평생에 걸쳐 학습할 자유와 권리를 가진다.	–모든 사람으로 확대 –학습의 자유와 권리 –적성에 따라 추가
제5조(교육의 자주성 등) ① 국가와 지방자치단체는 교육의 자주성과 전문성을 보장하여야 하며, 국가는 지방자치단체의 교육에 관한 자율성을 존중하여야 한다. ② 국가와 지방자치단체는 관할하는 학교와 소관 사무에 대하여 지역 실정에 맞는 교육을 실시하기 위한 시책을 수립·실시하여야 한다. ③ 국가와 지방자치단체는 학교운영의 자율성을 존중하여야 하며, 교직원·학생·학부모 및 지역주민 등이 법령으로 정하는 바에 따라 학교운영에 참여할 수 있도록 보장하여야 한다.	① 국가와 지방자치단체는 교육활동 및 교육행정의 전 영역에서 교육의 자주성과 전문성, 지역적 특수성을 보장하여야 하며, 국가교육위원회 및 지방교육자치제도의 구성과 운영에 관하여는 법률로 정한다. ② 교육행정기관은 학교운영의 자율성을 존중하여야 하며, 교직원·학생·학부모 및 지역주민등이 법령이 정하는 바에 따라 학교운영에 참여할 수 있도록 보장하여야 한다. ③ 학교에는 학교운영위원회, 교사회, 학생회, 학부모회를 두고 그 구성 및 운영에 관해서는 법률로 정한다. ④ 대학 운영의 자율성은 최대한 보장된다.	–교육활동과 교육행정 –국가교육위원회 설치 –지방교육자치제도보장 –학교운영참여보장의무 –학교책무성 보완필요 –학교운영위원회 법제화 –교사회 법제화 –학부모회 법제화
제8조(의무교육) ① 의무교육은 6년의 초등교육과 3년의 중등교육으로 한다. ② 모든 국민은 제1항에 따른 의무교육을 받을 권리를 가진다.	제8조(국민공통 공교육) ① 국민공통 공교육은 초·중등교육으로 하며, 모든 사람에게 보장된다. ② 국민공통 공교육에 소요되는 비용은 공공부담으로 하며 그 비용의 범위에 대하여는 법률로 정한다.	–국민공통 공교육 개칭 –고등학교교육으로 확대 –무상을 공공부담으로 –비용범위의 법정주의
제13조(보호자) ①부모등 보호자는 … 건강하게 성장하도록 교육할 권리와 책임을 가진다. ② 부모등 보호자는 … 교육에 관하여 학교에 의견을 제시할 수 있으며, 학교는 그 의견을 존중하여야 한다.	제13조(보호자) ① 부모등 보호자는 … 건강하게 성장하도록 가정에서 교육할 권리와 국민공통 공교육을 받게 할 책임을 가진다. ② 부모등 보호자는 학교의 국민공통 공교육의 운영과정에 참여할 권리를 가진다.	–가정교육의 권리 –국민공통공교육책임 (구 의무교육 책임) –국민공통공교육참여 (학교운영참여권보장)

제15조(교원단체) ① 교원은 … 경제적·사회적 지위를 향상시키기 위하여 … 교원단체를 조직할 수 있다. ② … 교원단체의 조직에 필요한 사항은 대통령령으로 정한다.	제15조(교직단체) ① 교원은 … 경제적·사회적 지위를 향상시키기 위하여 … 교원단체 및 교원노동조합을 조직할 수 있다. ② 제1항에 따른 교직단체의 조직에 필요한 사항은 법률로 정한다.	−교원노동조합 반영 −근거 법률 명시 −조직의 법률 보장 (통합 단체교섭법 등)
제17조(국가 및 지방자치단체) 국가와 지방자치단체는 학교와 평생교육시설을 지도·감독한다.	제17조(국가…) ① 좌동 ② 국가와 … 모든 사람의 학습의 자유와 권리 보호를 위하여 역할을 분담하고 상호간 협력하여야 한다. ③ 국가는 … ④ 지방자치단체는 …	−역할분담과 상호협력 −국가의 고유사무 명시 −지방자치단체사무명시 −평생교육진흥의무 고려

주: 고전(2018) 앞의 논문의 내용에 2021.9.24. 개정된 교육의 자주성 등 조항의 내용을 보완함.

다. 쟁점 판례: 의무교육의 순차적 실시 관련 헌법재판소 판례

(1) 구 교육법 제8조의2에 관한 위헌 심판(90헌가27)

① 사건 개요

제청신청인이 보호하고 있는 자녀들은 서울에서 중학교에 다니고 있는 바, 3년의 중등교육에 대한 의무교육을 대통령령이 정하는 바에 의하여 순차적으로 실시하도록 한 교육법 제8조의2에 근거하여 제정된 '중학교 의무교육 실시에 관한 규정(1985.2.21. 대통령령) 규정(§2①1)에 따라 서울특별시가 의무교육 실시지역으로 지정되지 않아, 헌법의 의무교육 무상원칙(§31③)과 평등원칙(§11) 및 법률이 정한 교육을 받게 할 의무 규정(§31②)에 위반된다고 주장하면서, 제청법원인 서울민사지방법원에 국가 및 서울특별시를 상대로 하여 이미 납부한 위 중학교 수업료의 반환을 구하는 부당이득 반환청구의 소를 제기하였다(법원 90가소8680). 제청법원은 제청신청인의 신청을 받아들여 1990.2.1. 헌법재판소에 위 교육법 제8조의2의 위헌여부의 심판을 제청하기에 이른 사건이다.

② 심판의 대상 조항

이 사건 위헌법률심판의 대상은 3년의 중등교육에 대한 의무교육의 순차실시를 규정한 교육법(구) 제8조의2로서 그 법률조항의 내용은 "제8조의 규정에 의한 3년의 중등교육에 대한 의무교육은 대통령령이 정하는 바에 의하여 순차적으로 실시한다"하는 것이다.

한편, 교육법 제8조는 제1항에서 "모든 국민은 6년의 초등교육과 3년의 중등교육을 받을 권리가 있다", 제2항에서 "모든 국민은 그 보호하는 자녀에게 제1항의 규정에 의한 교육을 받게 할 의무를 진다", 제3항에서 "국가는 제2항의 규정에 의한 의무교육을 실시하여야 하며 이를 위한 시설을 확보함에 필요한 모든 조치를 강구하여야 한다"라고 규정하고 있다.

③ 판시사항 및 결정 요지

판시사항은 다음 다섯 가지 사안에 대해서이다.

1. 중등교육에 대한 헌법상의 권리성: 헌법상 초등교육에 대한 의무교육과는 달리 중등교육의 단계에 있어서는 어느 범위에서 어떠한 절차를 거쳐 어느 시점에서 의무교육으로 실시할 것인가는 입법자의 형성의 자유에 속하는 사항으로서 국회가 입법정책적으로 판단하여 법률로 구체적으로 규정할 때에 비로소 헌법상의 권리로서 구체화되는 것으로 보아야 한다.

2. 중학교 의무교육의 단계적 실시와 실질적 평등의 원칙: 중학교 의무교육을 일시에 전면 실시하는 대신 단계적으로 확대 실시하도록 한 것은 주로 전면실시에 따르는 국가의 재정적 부담을 고려한 것으로 실질적 평등의 원칙에 부합된다.

3. 헌법 제31조 제6항의 헌법상 의의: 헌법 제31조 제6항의 취지는 교육에 관한 기본정책 또는 기본방침을 최소한 국회가 입법절차를 거쳐 제정한 법률(이른바 형성적 의미의 법률)로 규정함으로써 국민의 교육을 받을 권리가 행정관계에 의하여 자의적으로 무시되거나 침해당하지 않도록 하고, 교육의 자주성과 중립성도 유지하려는 것이나, 반면 교육제도에 관한 기본방침을 제외한 나머지 세부적인 사항까지 반드시 형성적 의미의 법률만으로 정하여야 하는 것은 아니다.

4. 헌법 제31조 제2항 소정의 '법률'의 의미: 형성적 법률뿐만 아니라 그러한 법률의 위임에 근거하여 제정된 대통령령도 포함하는 실질적 의미의 법률로 해석하여야 한다.

5. 포괄적 위임입법의 금지(§75) 위반 여부: 교육법 제8조에 정한 의무교육으로서 3년의 중등교육의 순차적인 실시에 관하여만 대통령령이 정하도록 하였으므로 우선 제한된 범위에서라도 의무교육을 실시하되 순차로 그 대상을 확대하도록 되어 있음은 교육법의 각 규정상 명백하고, 다만 그 확대실시의 시기 및 방법만을 대통령령에 위임하여 합리적으로 정할 수 있도록 한 것이므로 포괄위임금지를 규정한 헌법 제75조에 위반되지 아니한다.

한편, 재판관 변정수는 다수의견과는 다른 다음과 같은 반대의견을 개진하였다.

1. 재정사정등을 이유로 초등교육 이상의 교육과정에 대한 의무교육을 전혀 실시하지 아니한 채 아주 유보하거나 연기하는 것은 헌법 제31조 제2항에서 보장된 초등교육 이상의 교육을 받을 국민의 기본권을 침해하는 것이다.

2. 재정적 부담을 이유로 중등교육에 대한 의무교육의 순차적 실시를 규정한 교육법 제8조의2는 합리적 이유없이 헌법 제11조 제1항의 평등의 원칙을 제한하는 법률이다.

3. 중등의무교육의 실시에 관한 기본적이고 본질적인 사항을 대통령령에 위임하는 것은 법치주의의 원리 및 민주주의 원리에 정면으로 위배된다.

또한, 재판관 이시윤 역시 다음과 같은 논지로 반대의견을 피력했다.

1. 교육법 제8조의2는 "모든 국민은 6년의 초등교육과 3년의 중등교육을 받을 권리가 있다"는 교육법 제8조의 규정을 사실상 참정(參政), 정지시키는 것이다.

2. 위 조항은 의무교육에 관한 교육법률주의를 어긴 채 헌법에 의하여 수권된 의회입법을 행정부에

재위임하는 내용의 것으로 위임입법 한계를 넘어섰고, 나아가 사회적 기본권의 하나인 교육을 받을 권리의 제한에 관한 사항을 위임함에 있어서 지나치게 광범위한 입법재량권을 부여하였다는 점에서 헌법 제75조, 제31조 제2항에 합치하지 않는 법률이다.

④ 판례 평석

헌법재판소의 다수 의견에 따르면, 헌법에 명기되지는 않았으나 중등의무교육은 입법형성에 의하여 보장되는 권리로 보았고, 단계적 확대 실시는 실질적 평등원칙에 부합되며, 교육제도 법률주의란 기본방침 외 세부사항까지 법률을 요구하는 것은 아니며, '법률이 정한 교육'이라고 할 때 법률은 실질적 의미의 법률(대통령령 포함)로 해석하며, 의무교육 확대 실시 시기 및 방법만을 위임한 것이므로 포괄위임 금지에 위반되지 않는다는 입장이다.

우선 규범적 타당성 측면에서 볼 때, 교육제도의 기본적인 사항의 법률주의를 채택한 헌법 제31조 제6항을 적용하여 볼 때, 3년의 중등교육의 순차적 실시를 대통령령으로 위임한 것이 기본적인 사항 범위 내의 것인지, 혹은 지나치게 포괄적인 것인지가 관건으로 판단된다. 다수의견은 구 교육법 제8조는 헌법이 예견한 법률이 정한 의무교육을 구체화하여 '6년의 초등교육과 3년의 중등교육까지'로 규정하였고, 보호자의 의무와 국가의 시설확보 조치의 강구의무 등 이른바 의무교육에 따르는 기본적인 사항을 법률 형태로 규정하고 있고, 단지 확대실시의 시기 및 방법만을 대통령령에 위임한 것이므로 합리적이라는 논지이다.

헌법에서 의무교육의 범위를 확실하게 정하지 못한 이유는 국가 재정상황을 고려하여 법률로서 유보하는 것이 합리적이라고 보았기 때문일 것이다. 그런데 다수의견처럼 어느 학교까지 확대할 것인지는 법률로, 어느 학년 혹은 어느 지역부터 순차적으로 할지를 대통령령으로 위임한 것이 기본적인 사항이 아닌가라는 점이다.

생각건대, 순차적 실시를 예고하면서도 그것이 학년단위인지, 지역단위인지 명확하게 구분하지 않고 대통령령에 위임한 것은 당해 학년 학생과 당해 지역 주민의 입장에서 의무무상교육의 혜택 자체를 좌우하는 것으로 의무교육제도를 통한 교육기본권 보장의 본질적인 사안이라고 아니할 수 없을 것이며, 순차적 실시라는 범주만으로는 행정입법에 충분한 범위를 제시하였다고도 볼 수 없을 것이다. 즉, 의무교육제도의 기본적인 사항이라 할 수 있는 실시 학년과 지역을 명시하지 않았다는 점에서 교육제도 법률주의 원칙에 반하며, 학년과 지역에 대한 결정을 행정부에 위임하는 것은 몇 학년부터 할지, 어느 학교부터 할지를 모두 행정부에게 정하도록 위임하는 것이므로 지나치게 포괄적인 위임이라 아니할 수 없다.

두 번째로 다수설과 소수설이 공히 놓치고 있는 부분 중의 하나는 국가 재정형편을 고려하여 순차적 실시를 합리적이며 합헌적이라고 전제하는 부분이다. 이는 곧 사실적 실효성에 관련된 것으로 과연 행정부에서 실시 학년과 지역을 순차적으로 계획한 것이 국가재정 여건에 견주어 불가피하고 합리적인 범위 내의 결정이었느냐는 것이다. 교육재정이 파탄을 감수해가면서까지 무상교육을 실시하라는 것은 아니기 때문이다. 따라서 대통령령에 단계적 실시를 명할 당시의 의무교육 무상화에 따르는 교육예산 규모는 특정 지역으로 제한할 정도로 합당한 것이었지에 대하여 국가예산 규모차원에서 검토가 필요해 보인다. 이는 곧 예산 배정 및 투자의 우선순위의 문제이자 정책 추진의 의지의 문제 영역이라 할 수 있다. 그리고 의무무상교육은 헌법제정 당시부터 '적어도 초등교육'이라는 표현을 통해 국가 재정 형편에 맞추되 확대를 전제로 하는 것이 헌법정신이었고, 의무 무상교육은 재정 직결 사항이기도 하지만 국민의 복지와 직결되는 관심 사항이기 때문에 입법부가 그 소요예산 규모를 판단(예산 추계)하여 실시 단계와 방법을 정할 수 있는 문제라 판단된다.

종합하면, 무상교육의 순차적 실시, 즉 실시 학년이나 지역의 문제는 헌법이 보장하는 의무 무상교육의 기본적이며 본질적인 요소라 할 수 있어서 법률로서 규정함이 마땅하며, 그 경우 소요 재원에 대한 입법 추계를 통하여 국가재정 범위 내의 사안 여부를 입법부가 판단하는 것이 헌법정신에 부합한다 할 것이다. 더구나 의무교육 무상 범위에 있어서 법정설을 취하고 있고, 무상교육의 소요 재원(수업료 및 교과서대금)을 추계하는 일이 어렵지 않은 것이기 때문에 입법부에서의 법률형성과정에서 충분히 논의될 수 있기 때문에 의회유보가 바람직하다 할 것이다.

(2) 교육기본법 제8조의 제1항 단서 위헌제청(2000헌가4)

① 사건 개요

서울 소재 중학교 재학생 자녀를 둔 제청신청인은 2백만원의 수업료를 납부하였는데, 헌법에 의할 때 6년의 초등교육 및 3년의 중등교육은 무상으로 실시하여야 함에도 서울특별시가 법률상의 원인없이 수업료를 징수하였다고 보고 부당이득금의 반환 소송 제기(서울지방법원 99가소851580)후, 그 재판 중에 교육기본법(1997.12.13.) 제8조 제1항 단서가 위헌이라고 주장하면서 위헌여부심판제청신청을 하였고(2000카기517), 이에 같은 법원이 신청을 받아들여 2000.3.2. 헌법재판소에 위 조항에 대한 위헌여부심판을 제청하였다.

② 심판의 대상 조항

이 사건 심판의 대상은 법 제8조 제1항 단서의 위헌여부이고, 이 사건 심판대상 조문과 관련 법령의 내용은 교육기본법(1997.12.13.) 제8조(의무교육) "① 의무교육은 6년의 초등교육 및 3년의 중등교육으로 한다. 다만, 3년의 중등교육에 대한 의무교육은 국가의 재정여건을 고려하여 대통령령이 정하는 바에 의하여 순차적으로 실시한다"이다.[131)]

③ 판시사항 및 결정 요지

교육기본법 제8조 제1항 단서 위헌제청(2001.4.26. 2000헌가4 전원재판부) 사건에 대한 전원 재판부는

131) 참조 조문은 초·중등교육법 시행령 제23조(중학교 의무교육대상자) ① 교육기본법 제8조의 규정에 의한 3년의 중등교육에 대한 의무교육은 1,2,3,4호 해당자에 대하여 우선적으로 실시한다. (생략) 1. 행정구역상 읍·면지역에 거주하는 중학교 학령대상자 2. 별표 1의 도서·벽지지역에 거주하는 중학교 학령대상자 3. 제1호 및 제2호에 해당하는 지역에 소재하는 초등학교를 학구로 하는 지역에 거주하는 중학교 학령대상자 4. 특수교육진흥법 제10조의 규정에 의한 특수교육대상자중 중학교과정 교육대상자 ② 제1항 제1호 내지 제3호의 규정에 의한 지역을 제외한 의무교육실시 지역은 예산의 범위 안에서 교육인적자원부장관이 정하여 고시한다.

"당해 사건에 적용된 구법 조항이 아니라 동일한 내용의 신법 조항에 대하여 위헌여부 심판을 제청한 것이 부적법하다" 고 각하 결정했다.[132)]

한편, 재판관 9인중 3인은 다음과 같은 반대 의견을 개진하기도 했다. 즉, 구 교육법과 이 사건 법률조항은 형식상 별개의 조항이지만 실질적으로 동일하므로 위헌여부를 판단하여 중학교 의무교육과 관련된 헌법적 문제를 적극적으로 해명하는 것이 타당하다고 보았다. 초등교육과 법률이 정하는 교육을 무상으로 받을 권리는 헌법보장(§31①–③) 사항이며, 의무교육제도의 기본적·본질적 사항(실시 범위와 방법, 연한)은 법률 제정사항 임에도 행정부의 임의에 따라 유명무실하게 한 것은 헌법 제31조 제2항 및 제6항에 위반한다고 진술했다.[133)]

④ 판례 평석

재판부 다수의견이 수업료 징수의 근거가 되었던 조항이 교육기본법이 아닌 구 교육법이라는 이유로 각하결정을 한 것은 지나치게 소극적 판결로 보인다. 즉, 의무무상교육의 혜택의 문제는 제청신청인 1인의 문제가 아니라 우선 실시되지 않은 지역의 국민들 모두에 해당되는 국가적인 제도라는 점에서 그리고 소를 신청한 시점이 구 교육법이 교육기본법으로 개정 제정(1997.12.13.)되어 이미 폐기된 구법을 상대로 위헌성을 따지는 것이라기보다는 동일 내용이 신법에 적용됨으로 인해서 수많은 중학의무교육 비수혜자의 이해가 관련된 공익적 측면이 명백히 있다는 점에서 신법에 대한 판단을 함이 보다 적극적 평등조치에도 도움이 되는 판단이었다고 본다.[134)]

헌법질서 수호 차원에서 정당성 여부를 판단할 때, 중학교 의무교육의 실시에 있어서 '국가 재정 여건'이라는 단서를 달기는 하였으나, 그것만으로 의무무상교육제도의 기본적·본질적 사항(실시지역, 실시단계, 실시대상 등) 법률주의를 벗어나지 않았다고는 할 수 없어 헌법 제31조 제6항을 위반함은 물론, 구체적 범위를 정하지 않은 대통령령 위임으로서 헌법 제75조에도 반한다 할 것이다.

---

132) 【헌재판결】 (다수의견) 제청신청인이 당해사건에서 반환을 구하는 부당이득금의 원인이 된 것은 중학교수업료 징수행위인데, 그 수업료 징수의 근거가 된 것은 교육기본법 제8조 제1항 단서가 아니라 제청신청인의 자녀가 중학교에 재학 중일 당시 시행되던 구 교육법이다. 따라서 위 교육기본법 조항은 당해사건 재판에 적용될 법률이 아니며, 그 위헌여부는 당해사건의 재판과 아무런 관련이 없으므로 재판의 전제성 요건을 흠결한 것임이 분명하다(2000헌가4).

133) 【헌재판결】 (반대의견) 3년의 중등교육에 대한 의무교육은 국가의 재정여건을 고려하여 대통령령이 정하는 바에 의하여 순차적으로 실시한다고만 규정하고 있어, 소득이든, 지역이든, 학년이든 순차적 실시의 기준을 전혀 정하지 않고 있으며, 단계적인 확대 실시를 보장하는 실체적·절차적 제도를 전혀 마련하고 있지 않다. 그리하여 중등의무교육을 일단 일부나마 시작한 이상 나머지 지역이나 사람에게로 언제, 얼마나 확대할 것인지에 관하여 전적으로 행정당국의 임의에 맡겨지게 되어 있으므로 재정여건의 고려라는 명분 아래 확대실시를 마냥 미루거나 지체할 수 있게 되었고, 헌법이 구체적으로 구현하도록 법률에 위임한 '중등교육 이상의 의무교육'은 행정부의 임의에 따라 극히 유명무실하고 초라한 제도에 머물러 있을 수 있게 되었다(2000헌가4).

134) 중등임용고사시 사대 가산점제도에 대한 판결에서 신청자가 인용결정되어 가산점을 받더라도 전공영역에서 과락을 받아 권리구제가 안 된다 하더라도, 유사한 경우가 반복될 가능성이 있고 헌법적 정당성 여부의 해명은 헌법질서 수호를 위해 긴요하여 심판청구의 이익을 인정하여 인용(위헌확인) 결정했다.
【헌재판결】 헌법소원은 주관적 권리구제뿐만 아니라 객관적인 헌법질서의 보장 기능도 겸하고 있으므로, 가사 청구인의 주관적 권리구제에는 도움이 되지 아니한다 하더라도 같은 유형의 침해행위가 앞으로도 반복될 위험이 있고 헌법질서의 수호·유지를 위하여 그에 대한 헌법적 해명이 긴요한 사항에 대하여는 예외적으로 심판청구의 이익을 인정할 수 있다(94헌마60를 인용한 2001헌마882).

또한, 국가 재정여건상 그러한 순차적 실시의 정당성에 대한 법률 적용 사실에 대한 검증은 어려웠다 하더라도, 재판소의 소수의견이 제시한 '대통령령에 위임한 결과 중학교 의무무상교육의 실시의 실효성이 낮은 현실에 대한 논거' 제시[135]는 법률의 규범적 타당성 이외 사실적 실효성을 검증한 경우라 평가되며 의의가 있는 반대의견이었다고 본다.

25설 교육기본법의 쟁점: 헌법정신을 구체화한 기본법, 교육제도 법률주의 반영을 위한 과제

135) 【헌재판결】 실제로 헌법 제31조 제2항이 헌법에 신설된 지 30년 가까이, 구 교육법에서 최초로 중등의무교육규정을 둔 지 17년 가까이 되었지만, 중등의무교육은 도서·벽지지역과 읍·면지역에 국한하여 실시되고 있어, 전체 중학교 교육대상자의 채 20%에도 못 미치는 대상자만이 의무교육의 혜택을 받고 있는 현실을 보면, 그러한 우려가 그대로 현실화한 것이라고 볼 수 있다(의무교육비율의 변화(추정치)를 보면, 1994년 19.99%, 1995년 19.94%, 1996년 20.03%, 1997년 20.12%, 1998년 19.56%, 1999년 19.69%, 2000년 19.53%, 2001년 19.53%로 확대 추세 없이 고착되어 있음을 볼 수 있다). 오늘날 고도로 산업화되고 지식정보화된 사회에서 6년의 의무교육은 국가를 구성하는 기본단위로서의 민주시민·생활경제인 양성을 위한 교육적 기초를 제공하기에 부족하고, 9년 이상의 의무교육이 세계적 추세이기도 하다. 우리나라의 중학교 취학률이 100%에 가깝다는 것은 중학교교육이 최소한의 기초교육으로서 모든 국민에게 불가결함을, 또한 그러한 기초교육에 대한 국민적 열망이 어떠한가를 보여주는 것인데도, 우리나라가 의무교육의 실현정도에 있어서, 이와 같이 낙후되어 있는 것은 구 교육법조항과 그를 계승한 이 사건 법률조항에서 중등의무교육의 실시를 행정부에 만연히 내맡긴 것에 그 책임의 일단이 있다고 할 것이다(2000헌가4의 3인의 반대의견 중에서 인용).

제 6 장

교육행정 · 재정법규론

1. 중앙교육행정조직 법규
2. 지방교육행정조직 법규
3. 지방교육사치에 관한 법률
4. 교육세법 및 교육재정 관련 법규
5. 지방교육자치제 쟁점 판례: 통합형 교육위원회 및 교육감 직선

교육행정은 크게 국가수준의 중앙교육행정조직과 17개 지방자치단체 단위의 지방교육행정 조직으로 나뉜다. 교육부는 국가교육정책을 총괄하는 집행기구이자 국회에서 제정한 각종 교육관계 법률을 시행하거나 적용하는 기능을 한다. '교육부와 그 소속기관 직제'(대통령령) 및 그 시행규칙(교육부령)은 중앙교육행정 조직과 소속기관의 조직에 관하여 규정하고 있다. 2022년 7월 22일 시행된 국가교육위원회법에 따라 구성되는 국가교육위원회는 교육부와의 역할분담에 주목을 받고 있다.

지방교육행정조직에 관하여는 '지방교육행정기관의 기구와 정원기준등에 관한 규정'(대통령령) 및 그 시행규칙에 의하여 조직되어 있고, 제주특별자치도는 관련된 도조례를 두기도 한다.

지방교육행정의 근간을 이루는 교육자치에 관하여는 '지방교육자치에 관한 법률'이 제정되어 있다. 교육의 자주성, 전문성, 지역교육의 특수성을 반영하기 위한 교육분권이라고 할 수 있다. 다만, 교육위원회가 지방의회에 통합되고 제주도 교육의원제가 2026년 일몰 예고된 가운데, 직선제 교육감제만이 남아있는 상황이다.

교육세법 및 교육재정 관련 법규는 국가와 지방자치단체의 교육정책의 시행 및 학교의 운영을 위하여 뒷받침되어야 할 법 실현의 기반이라고 할 수 있다. 교육재정 정의 실현을 위해 교육세법과 지방교육재정교부금법이 제정되어 있고, 의무무상교육의 확대 및 교육분권 진행과 더불어 지방자치단체의 교육재정에 대한 기여 또한 기대되고 있다.

끝으로 이 분야의 쟁점으로는 교육의원 및 교육감제 관련 헌법재판소 판례를 살펴본다. 교육의원제를 1회만 실시하고 폐지하는 일몰제 부칙 조항에 대한 위헌확인 소송(2014헌마103), 기존의 교육위원회를 지방의회에 통합시키는 개정에 대한 헌법소원(2007헌마359), 과거 교육위원회에서 의결한 사항을 지방의회에서 이중심의 하는 것에 대한 헌법소원(92헌마23 · 86(병합)) 그리고 교육감 직선제가 정치적 편향성에 기반하여 교육의 자주성과 정치적 중립성을 위반하는 제도라는 헌법소원(2014헌마662) 등에 관하여 검토한다.

제 6 장 교육행정 · 재정법규론

1. 중앙교육행정조직 법규

1948년 11월 4일 문교부 직제 제정으로 출범한 교육부의 원래 명칭은 문교부였고, 당시 1실 5국 22과로 구성되었다. 이후 문교부 명칭은 40년 이상 사용되어 오다가 1990년 12월 27일 교육부로 명칭을 변경하게 되었다. 10여 년 뒤인 2001년 1월 29일에 교육부는 다시 교육인적자원부로 개칭되었고, 2008년 2월 29일 교육과학기술부로 개칭되었다. 현재의 교육부는 2013년 3월 23일 전부개정된 「정부조직법」에 따라 다시 교육부가 되었다. 교육부 조직은 「교육부와 그 소속기관 직제」(대통령령)에 의한다.

가. 기본 법령

교육행정조직에 관한 법규를 중앙과 지방교육행정기관으로 나누어 살펴본다. 교육부의 설치 근거는 「정부조직법」에 두고 있다. 이 법 제26조는 대통령의 통할 하에 '교육부' 포함 18개 행정 각부(기획재정부, 교육부, 과학기술정보통신부 순)[1]를 두도록 규정하고 있는데, 과거 과학기술부는 미래창조과학부로 이관되었다. 이 법 제28조에는 교육부장관은 인적자원개발정책, 학교교육 · 평생교육, 학술에 관한 사무를 관장한다고 규정되어 있고, 차관보 1명을 둘 수 있다.

중앙교육행정기관에 관하여는 「교육부와 그 소속기관 직제」(대통령령)와 「교육부와 그 소속기관 직제 시행규칙」(교육부령) 등에 자세히 규정되어 있고, 지방교육행정기관에 관하여는 「지방교육자치에 관한 법률」을 비롯하여 「지방교육행정기관의 기구와 정원기준 등에 관한 규정」(대통령령)과 그 시행규칙이 있다.

나. 교육부장관

장관은 교육정책의 수립과 제반 시책에 관한 종국적인 의사결정의 권한과 책임을 가지고 있을 뿐만 아니라 교육행정 전반에 관하여 최고의 조정과 통제를 행한다. 장관은 정치적으로 임명되는 별정직 공무원으로서 국무회의에 참석하며, 다른 국가정책에 대해서도 책임을 분담함은 물론이지만 교육시책에 관해서는 최종적인 책임자로서, 특히 한국과 같이 중앙집권적인 행정체계를 이루고 있는 경우 막중한 영향력을 행사한다.

---

1) 1. 기획재정부 2. 교육부 3. 과학기술정보통신부 4. 외교부 5. 통일부 6. 법무부 7. 국방부 8. 행정안전부 9. 문화체육관광부 10. 농림축산식품부 11. 산업통상자원부 12. 보건복지부 13. 환경부 14. 고용노동부 15. 여성가족부 16. 국토교통부 17. 해양수산부 18. 중소벤처기업부

국무총리가 위임하는 사무를 수행하는 부총리 2명은 기획재정부장관과 교육부장관이 겸임하는데, 부총리로서 교육부장관은 교육 · 사회 및 문화 정책에 관하여 국무총리의 명을 받아 관계 중앙행정기관을 총괄 · 조정한다(§19). 교육부장관은 정부 부처 중 기획재정부에 이어 서열 2위로 국무총리의 직무를 대행하고(§22), 중앙행정관청으로서 교육부령을 발포하고 교육관계 법률 및 대통령령을 입안하며, 소속 공무원과 산하기관에 대한 감독권을 행사한다.

다. 교육부 및 소속기관

(1) 교육부 연혁

교육부의 직무는 인적자원개발정책, 학교교육 · 평생교육 및 학술에 관한 사무를 관장하는 것이다. 문교부로부터 교육부에 이르기까지 중앙정부에서 교육행정 업무를 담당했던 부처의 명칭 변경 과정을 살펴보면 다음과 같다.

- 1948년 11월 4일 문교부 직제 제정으로 출범(1실 5국 22과)
- 1990년 12월 27일 교육부로 명칭을 변경
- 2001년 1월 29일 교육인적자원부로 개칭
- 2008년 2월 29일 교육과학기술부(약칭 교과부)로 개칭(기존의 과학기술부 통합)
- 2013년 3월 23일 교육부로 개칭(기존의 과학기술부는 미래창조과학부로 이관)

교육인적자원부였던 노무현 정부(2003.2－2008.2) 때는 장관, 차관, 본부장, 차관보, 2실, 14국(관), 56과(팀), 총 584명의 정원 편제였다(2007). 교육과학기술부로 변경된 이명박 정부(2008.2－2013.2)때에는 제1,2차관을 두었고, 4실 5국 13관 1단 60과(담당관) 9팀 1단에 총정원 798명(2009)으로 증가하였고, 2012년 3월엔 3실(1본부), 4국 · 13관 · 2단(국장급), 65과(담당관) · 3팀 · 1단(과장급)에 총정원 738명으로 소폭 감소하였다.

교육부로 다시 복귀한 박근혜 정부(2013.2－2017.3) 출범 초기에는 과학기술 분야가 분리되어 차관 · 국 · 과의 수가 축소되었다. 교육정책실 내에 창의인재정책관이 이전 정부에서 이관되었으나 학생복지안전관이 신설되었다가, 2015년 개편에서는 다시 학생복지안전관은 학생복지정책관으로 개칭되었다. 교육정책실이 학교정책실로 대학지원실이 대학정책실로 바뀌었다. 2014년 11월 개정을 통해서는 사회정책협력관실을 두어서 부총리로서 교육부장관의 업무(교육 · 사회 · 문화 분야 정책총괄 및 관계 장관회의 운영등)를 총괄하여 차관을 보좌토록 하였다. 2015년 2월 장관, 차관, 3실, 3국 · 11관(국장급), 49과(담당관)의 직제로 구성되었고, 총정원은 655명이었다.

문재인 정부(2017.5－2022.5)하에서 장관, 차관, 3실, 4국 10관 49과(담당관, 팀, 단) 등 총 정원 599명으로 편제되었다(2018). 윤석열 정부(2022.5－2027.5) 시기 교육부는 장관, 차관, 3실, 4국 10관 52과(담당관, 팀, 단) 등 총 정원 650명으로 다소 증가 편제되었다. 부총리를 단장으로 한 미래교육체제전환추진단(미래교육전략팀, 그린스마트미래학교팀, 디지털인프라구축팀)과 기획조정실 내에 국가교육위원회설립준비단을 둔 것이 특징이다.

(2) 교육부와 그 소속기관 직제(대통령령)

「교육부와 그 소속기관 직제」(대통령령, 2022.5.9.)상 교육부 소속기관 및 직무 그리고 하부조직을 살펴보면 다음과 같다.

제2조(소속기관) ① 교육부장관의 관장사무를 지원하기 위하여 교육부장관 소속으로 국사편찬위원회·국립특수교육원 및 중앙교육연수원을 둔다. ② 각급 학교 교원의 소청심사청구사건의 심사·결정과 교육공무원의 고충심사에 관한 사무를 처리하기 위하여 「교원의 지위 향상 및 교육활동 보호를 위한 특별법」 제7조 제1항에 따라 교육부에 교원소청심사위원회를 둔다. ③ 교육부장관의 관장사무를 지원하기 위하여 「책임운영기관의 설치·운영에 관한 법률」 제4조 제1항, 같은 법 시행령 제2조 제1항 및 별표 1에 따라 교육부장관 소속의 책임운영기관으로 국립국제교육원을 둔다.

제3조(직무) 교육부는 교육·사회·문화 분야 정책의 총괄·조정, 인적자원개발정책, 학교교육·평생교육 및 학술에 관한 사무를 관장한다.

제4조(하부조직) ① 교육부에 차관보 1명을 둔다 ② 교육부에 운영지원과·고등교육정책실·학교혁신지원실·교육복지정책국·학생지원국·평생직업교육국 및 교육안전정보국을 둔다. ③ 장관 밑에 대변인 1명 및 장관정책보좌관 2명을 두고, 차관 밑에 기획조정실장, 사회정책협력관 및 감사관 각 1명을 둔다.

(3) 교육부와 그 소속기관 직제 시행규칙(교육부령)

교육부령으로 제정된 「교육부와 그 소속기관 직제 시행규칙」(2022.2.22.)은 실장·국장 밑에 두는 보조기관과 이에 상당하는 보좌기관의 설치 및 사무분장(과(課)), 담당관(擔當官), 직급별 정원 등에 관한 위임 및 시행 사항을 규정하고 있다. 과 수준의 증설은 부령을 통해서 가능하다. 실국의 주요 구성을 소개하면 다음과 같다.

제3조(기획조정실장) 기획조정실장 밑에 기획담당관·예산담당관·혁신행정담당관·교육공무근로지원팀장·규제개혁법무담당관·양성평등정책담당관·비상안전담당관·국제교육협력담당관·교육국제화담당관 및 재외동포교육담당관 각 1명을 둔다.

제3조의2(사회정책협력관) 사회정책협력관은 고위공무원단에 속하는 일반직공무원으로 보하되, 그 직위의 직무등급은 나등급으로 한다.

제6조(고등교육정책실) 고등교육정책실에는 고등교육정책과·지역혁신대학지원과·국립대학정책과·사립대학정책과·학술진흥과·대학재정장학과·대학학사제도과·대입정책과·산학협력일자리정책과·인재양성정책과·전문대학정책과 및 전문대학지원과를 둔다.

제7조(학교혁신지원실) 학교혁신지원실에 학교정책과·교원정책과·교원양성연수과·교육과정정책과·고교교육혁신과·교과서정책과·교수학습평가과 및 민주시민교육과를 둔다.

제8조(교육복지정책국) 교육복지정책국에 교육복지정책과·지방교육재정과·유아교육정책과 및 방과후돌봄정책과를 둔다.

제8조의2(학생지원국) 학생지원국에는 교육기회보장과, 학교생활문화과, 학생건강정책 및 특수교육정책과를 둔다.

제9조(평생직업교육국) 평생직업교육국에는 평생학습정책과, 직업교육정책과, 진로교육정책과 및 이러닝과를 둔다.

제10조(교육안정보국) 교육안정정보국에는 한교안전총괄과, 교육시설과, 교육정보화과 및 교육통계과를 둔다.

(4) 교육부 소속기관

당해 규칙은 교육부의 소속기관으로 국사편찬위원회, 국립특수교육원, 중앙교육연수원, 교원소청심사위원회, 국립국제교육원의 조직에 대하여 규정하고 있다(시행규칙 §11－17).

(5) 공무원의 정원

교육부 및 소속기관에 두는 공무원 정원에 관한 규정을 소개하면 다음과 같다.

제18조(교육부에 두는 공무원의 정원) ① 교육부에 두는 공무원의 직급별 정원은 별표 1과 같다. 다만, 「행정기관의 조직과 정원에 관한 통칙」 제29조 제2항 및 「교육부와 그 소속기관 직제」 제37조 제1항 단서에 따라 총정원의 7퍼센트를 넘지 않는 범위에서 따로 정하는 공무원의 정원은 별표 1의2와 같으며, 별표 1의2의 정원 중 6명(6급 3명, 7급 3명)은 임기제공무원으로 임용한다. ② 교육부에 두는 공무원의 정원 중 홍보를 담당하는 5명(4급 1명, 4급 또는 5급 1명, 5급 3명), 양성평등정책 관련 업무를 담당하는 1명(4급 1명)과 그 밖의 정원 중 28명(3급 또는 4급 1명, 4급 1명, 장학관 또는 교육연구관 1명, 4급 또는 5급 5명, 5급 15명, 6급 5명)은 임기제공무원으로 임용할 수 있다 ③ 교육부에 두는 공무원 정원 중 공공데이터 관련 업무를 담당하는 2명(5급 1명, 6급 1명), 정보보호 · 보안을 담당하는 1명(7급 1명), 교육 분야 공무근로 지원 관련 업무를 담당하는 1명(5급 1명)은 임기제공무원으로 임용한다.

제19조(소속기관에 두는 공무원의 정원) ① 국사편찬위원회에 두는 공무원의 직급별 정원은 별표 2와 같다. ② 국립특수교육원에 두는 공무원의 직급별 정원은 별표 3과 같다. ③ 중앙교육연수원에 두는 공무원의 직급별 정원은 별표 4와 같다. ④ 교원소청심사위원회에 두는 공무원의 직급별 정원은 별표 5와 같다. ⑤ 국립국제교육원에 두는 공무원의 종류별 정원은 별표 6과 같다. 이 경우 4급 공무원의 정원(3급 또는 4급 공무원 정원을 포함한다)은 3명을, 3급 또는 4급 공무원 정원은 4급 공무원의 정원(3급 또는 4급 공무원 정원을 포함한다)의 3분의 1을 각각 그 상한으로 하고, 4급 또는 5급 공무원 정원은 5급 공무원의 정원(4급 또는 5급 공무원 정원을 포함한다)의 3분의 1을 그 상한으로 한다. ⑥ 교육부의 소속기관에 두는 공무원의 정원 중 5급 2명은 임기제공무원으로 임용할 수 있다.

제21조(개방형직위에 대한 특례) ① 「교육부와 그 소속기관 직제」 제39조에서 실 · 국장급 3개 직위 범위에서 교육부령으로 정하는 개방형직위란 사회정책협력관, 감사관 및 국사편찬위원회 편사부장을 말한다. ② 「행정기관의 조직과 정원에 관한 통칙」 제24조 제5항에 따라 양성평등정책담당관, 민주시민교육과장, 학생건강정책과장, 진로교육정책과장 및 교육정보화과장은 임기제공무원으로 보할 수 있다.

26설 문교부 → 교육부 → 교육인적자원부 → 교육과학기술부 → 교육부, 국가교육위원회 역할분담

2. 지방교육행정조직 법규

한국은 지방 교육행정에 있어서 지방교육자치 제도를 근간으로 하고 있는바, 이는 17개 광역 시 · 도 단위에서 실시되고 있다. 지방자치법에 근거하여 교육 · 학예에 관한 사항은 지방자치단체의 고유사무로 규정하고 있고 이를 위한 집행기구로서 시 · 도교육감 및 교육청을 두고 있다. 교육감은 2007년 선거부터 주민의 직접선거에 의하여 선출되고 있다. 지방자치단체의 의결기구는 지방의회로서 교육·학예에 관한 교육감 소관 사무에 대하여는 상임위원회로서 교육위원회를 두고 있다. 이러한 기관통합형 교육위원회 2006년 제주특별자치도부터 시작되었고 과반수 교육의원제를 도입했었다. 이 교육의원제는 2010년 전국으로 확대되었다가 폐지되었고, 제주특별자치도 역시 2026년 6월까지만 효력을 인정하는 것으로 개정되었다. 따라서 16개 시·도 교육자치는 교육감이라는 집행기구만이 존재하는 불완전한 제도를 유지하고 있다. 시·도교육청의 하급교육행정기관으로 시·군·구에는 176개 교육지원청을 두고 있다.

가. 기본 법령

지방교육행정조직은 특별시·광역시·도에 설치된 교육위원회, 교육감 및 시·도 교육청 조직과 하급교육행정기관인 지역 교육청 및 교육장으로 나누어 볼 수 있는데, 전자의 경우는 「지방교육자치에 관한 법률」에 후자의 경우는 「지방교육행정기관의 기구와 정원기준등에 관한 규정」(대통령령, 이하 '지방교육행정규정')에 주로 규정되어 있다. 다만, 제주도의 경우 '주민직선형 교육의원제와 지방의회통합형 교육위원회제'를 제주특별자치도를 출범시(2006.7.1.) 도입했는데 관련법은 「제주특별자치도 설치 및 국제자유도시 조성을 위한 특별법」(2006.2.21. 제정)' 제10장에서 교육자치를 규정하고 있다. 또한 제주특별자치도의 교육행정조직에 대하여는 16개 시도와는 달리 대통령령이 아닌 도조례인 「제주특별자치도교육청 행정기구 설치 조례」에 의한다.

나. 개념 정의

지방교육행정기관은 지방교육자치법 제30조(보조기관) 제5항[2]에 따라 교육감 소속하에 보조기관을 두되, 그 설치·운영 등에 관하여 필요한 사항은 대통령령으로 정한 범위 안에서 조례로 정하도록 하고 있다. 이에 따라 제정된 지방교육행정규정은 각 기관의 명칭을 다음과 같이 정의하고 있다(§2).

1. "지방교육행정기관"이란 특별시·광역시·특별자치시·도 및 특별자치도의 교육·학예에 관한 사무를 담당하기 위하여 설치된 행정기관으로서 그 관할권이 미치는 범위가 일정 지역에 한정되는 기관을 말한다.
2. "시·도 교육청"이란 교육감을 보조하는 기관 및 교육감 소속으로 설치된 기관을 말한다.
3. "본청"이란 시·도 교육청의 기관 중 직속기관 등을 제외하고 교육감을 직접 보조하는 기관을 말한다.
4. "교육지원청"이란 시·도의 교육·학예에 관한 사무를 분장하기 위하여 1개 또는 2개 이상의 시·군·자치구를 관할구역으로 하여 설치된 지방교육자치법 제34조에 따른 하급교육행정기관을 말한다.
5. "직속기관"이란 각급 학교를 제외한 본청 소속의 법 제32조에 따른 교육기관을 말한다.
6. "교육지원청 소속 기관"이란 각급 학교를 제외한 교육지원청 소속의 법 제32조에 따른 교육기관을 말한다.
7. "각급 학교"란 초·중등교육법 제2조에 따른 학교 및 유아교육법 제2조 제2호에 따른 유치원을 말한다.
8. "보조기관"이란 지방교육행정기관의 의사 또는 판단의 결정이나 표시를 보조함으로써 행정기관의 목적 달성에 공헌하는 기관을 말한다.

---

2) 교육감 소속하에 보조기관을 두되, 그 설치·운영 등에 관하여 필요한 사항은 대통령령으로 정한 범위 안에서 조례로 정한다.

9. "보좌기관"이란 지방교육행정기관이 그 기능을 원활하게 수행할 수 있도록 그 기관장이나 보조기관을 보좌함으로써 행정기관의 목적 달성에 공헌하는 기관을 말한다.

다. 지방교육행정기관의 행정기구와 정원기준 등에 관한 규정 주요 내용

(1) 기구와 정원 관리 목표

지방교육행정규정 제3조(기구와 정원의 관리목표)에 따르면, 교육감은 지방교육행정기관의 행정기구와 지방공무원의 정원을 관리할 때 다음 각 호의 기준에 따라야 한다. 또한, 교육감은 「기간제 및 단시간근로자 보호 등에 관한 법률」 제4조 제2항에 따른 기간의 정함이 없는 근로계약을 체결한 근로자에 대해서는 정원으로 책정하여 인력을 배치하여야 한다.

1. 소관 사무를 효율적으로 수행할 수 있도록 지역 여건, 업무의 성질과 양 등에 따라 정원을 적정하게 관리하여야 한다.
2. 지방교육행정기관의 조직은 서로 기능이 중복되지 않도록 하며, 종합적이고 체계적으로 편성하여야 한다.
3. 지방교육행정기관의 기능과 업무량이 변경되는 경우에는 그에 따라 지방교육행정기관의 조직과 정원도 조정하여야 한다.
4. 학교와 교육 수요자 등에 대한 현장지원을 하기에 쉽고 적합하도록 조직체계를 구성하여야 한다.

(2) 총액인건비제 운영

지방교육행정규정 제4조(총액인건비제 운영)에 따르면, 지방교육행정기관은 기구와 정원을 총액인건비를 기준으로 자율성과 책임성이 조화되도록 운영하여야 한다. 교육부장관은 지방교육행정기관의 행정수요, 인건비 등을 고려하여 해마다 총액인건비를 산정하고 전년도 12월 31일까지 해당 교육감에게 통보하여야 한다. 총액인건비의 구성요소, 산정방법 등 총액인건비 산정에 관한 구체적인 사항은 교육부장관이 정하는 바에 따른다. 교육부장관은 지방교육행정기관의 총액인건비 운영에 대하여 분석하고 그 결과를 다음 해 총액인건비에 반영하는 등 필요한 조치를 할 수 있다

(3) 기구 설치시 고려사항

지방교육행정규정 제5조에 따르면, 교육감은 기구를 설치하거나 개편하려고 하는 경우 다음 각 호의 사항을 고려하여야 하며, 위탁이 가능한 사무나 행정협의회 등을 통하여 보다 효율적으로 추진할 수 있는 사무에 대해서는 기구를 설치하지 않도록 하고 있다.

1. 기구의 목적과 기능의 명확성 · 독자성 · 계속성
2. 기구가 수행하여야 할 사무 또는 사업의 성질과 양에 따른 규모의 적정성
3. 규모와 기능이 유사한 다른 기구와의 균형성
4. 학교와 교육 수요자 등에 대한 현장지원을 중심으로 고려한 효율성
5. 통솔 범위, 기능의 중복 여부 등 기구의 능률성
6. 사무의 위탁 가능성

(4) 기구 설치의 일반 요건

지방교육행정규정 제6조(기구설치의 일반요건)에 따르면, 국(局)은 특별한 경우를 제외하고는 소관 업무의 성질이나 양이 3개 과 이상의 하부조직이 필요한 경우에 설치하며, 실(室)은 업무의 성질상 국 또는 과로서는 그 목적 달성이 곤란하다고 인정되는 경우에 설치한다.

담당관은 전문적 지식을 활용하여 정책의 기획이나 계획의 입안·조사·분석·평가와 행정개선 등에 관하여 기관장이나 보조기관(국장 제외)을 보좌하기 위하여 필요한 경우에 설치하되, 특별한 경우를 제외하고는 기획업무를 담당하는 실장 밑에 설치하며, 담당관 밑에는 과를 둘 수 없다. 과(본청 및 교육지원청의 과에 한정)는 다음 각 호의 요건을 모두 갖춘 경우로서 특별한 경우 외에는 12명(본청의 경우에는 5급 또는 이에 상당하는 직급의 정원을 3명 이상 포함) 이상의 정원이 필요한 업무량이 있는 경우에만 설치한다.

1. 국의 소관업무(국이 설치되지 아니한 기관의 경우에는 그 소관사무를 말한다)를 업무의 양이나 성질에 따라 수개로 분담하여 수행할 필요가 있을 것
2. 업무의 한계가 분명하고 업무의 독자성과 계속성이 있을 것

그리고 본청에 설치하는 실·국과 과·담당관은 그 행정사무를 총괄하는 부교육감의 지휘·감독 하에 둔다. 다만, 교육감을 직접 보좌하는 공보(公報)기능 등 특수성이 인정되는 경우에는 예외로 한다.

(5) 한시기구의 설치·운영

지방교육행정규정 제7조(한시기구의 설치·운영)에 따르면, 교육감은 긴급히 발생하는 한시적 행정수요에 대처하거나 일정 기간 후에 종료되는 사업을 수행하기 위하여 부득이한 경우에는 한시기구를 설치·운영할 수 있다. 이 경우 기존의 인력을 최대한 활용하여야 한다.

본청에 한시기구를 설치하는 경우에는 기존의 보조기관 및 보좌기관으로는 그 목적을 달성할 수 없을 정도의 업무량과 업무의 중요성이 있어야 한다. 한시기구를 설치하는 경우에는 최소한 1년 이상의 업무량이 있어야 한다. 한시기구의 존속기간은 3년의 범위에서 해당 시·도의 조례로 정한다. 한시기구의 존속기한 연장은 사업추진의 지연 등 불가피한 사유가 있는 경우를 제외하고는 한 차례만 할 수 있다.

(6) 본청의 기구

지방교육행정규정 제8조(실·국 등 기구의 설치)에 따르면, 본청에 두는 실·국의 설치 및 그 사무 분장은 해당 시·도의 조례로 정하며, 실·국의 설치 기준은 별표 1과 같다. 본청에는 「공공감사에 관한 법률」 제5조에 따라 부교육감 직속으로 자체감사업무를 전담하여 수행하는 기구를 두어야 한다. 제1항에 따른 실·국의 명칭과 사무 분장은 중앙교육행정조직과 지방교육행정조직 간의 연계성 등을 고려하여 합리적으로 정하여야 한다.

표 6-1 본청 실 · 국의 설치 기준(제8조 제1항 관련 [별표 1]) 〈개정 2018.2.27.〉

구분	실 · 국의 수
1. 서울특별시 교육청	3실 · 국 이상 5실 · 국 이하
2. 경기도 교육청	4실 · 국 이상 6실 · 국 이하
3. 그 밖의 교육청	2실 · 국 이상 3실 · 국 이하

비고: 실 · 국 수를 산정할 때 해당 보조기관의 직급에 상응하는 정원을 실 · 국의 명칭이 아닌 기구의 정원으로 유지하고 있는 경우에는 해당 기구의 수를 실 · 국의 수에 포함하여 산정한다.

지방교육행정규정 제9조(보조 · 보좌기관의 직급기준 등)에 따르면, 본청에 두는 부교육감 · 실장 · 국장 · 과장 및 담당관 등 보조 · 보좌기관의 직급기준 등은 지방교육행정규정 [별표 2]와 같다. 본청에 두는 보조 · 보좌기관의 직급 등은 해당 시 · 도의 교육규칙으로 정한다. 제10조(과 · 담당관 등의 설치)에 따르면, 본청에 두는 과 · 담당관의 설치와 사무 분장 등에 관한 사항은 해당 시 · 도의 교육규칙으로 정한다.

(7) 교육지원청 기구의 설치 기준

지방교육행정규정 제11조(교육지원청 기구의 설치기준 등)에 따르면, 교육지원청 국 · 과(담당관) · 센터의 설치 및 국장 · 과장(담당관) · 센터장의 사무 분장은 해당 시 · 도의 교육규칙으로 정하되, 국 · 과(담당관) · 센터의 설치기준 및 국장 · 과장(담당관) · 센터장의 직급기준은 지방교육행정규정 별표 3에 따른다. 제1항에도 불구하고 교육지원청에 설치하는 국 · 과의 명칭은 국은 지원관으로, 과는 팀으로 달리 정할 수 있으며, 이 때 이 영을 적용할 때 국 · 과로 본다.

표 6-2 교육지원청의 기구 설치기준 및 기관직급기준(§11① 관련 [별표3]) 〈개정 2020.4.7.〉

구분	국	과(담당관) · 센터
가. 인구가 100만명 이상이고, 학생이 10만명 이상인 경우	3국	
나. 인구가 50만명 이상이고, 학생이 5만명 이상인 경우	2국	
다. 인구가 30만명 이상이고, 학생이 3만명 이상인 경우		4과(담당관), 2센터
라. 인구가 15만명 이상이고, 학생이 2만명 이상인 경우		3과(담당관), 2센터
마. 인구가 10만명 이상이고, 학생이 1만명 이상인 경우		2과(담당관), 2센터
바. 인구가 10만명 미만이거나 학생이 1만명 미만인 경우		2과(담당관), 1센터

표 6-3 기관직급기준(§11① 관련 [별표3]) 〈개정 2020.4.7.〉

구분	직급
가. 국장	장학관 또는 4급 일반직 지방공무원
나. 과장(담당관)	장학관 또는 5급 일반직 지방공무원
다. 센터장	장학사 또는 6급 이하의 일반직 지방공무원

(8) 직속기관 등의 하부조직 설치

지방교육행정규정 제12조(직속기관 등의 하부조직 설치)에 따르면, 법 제32조에 따라 설치되는 직속기관과 교육지원청 소속 기관의 조직과 공무원의 직급은 시·도 교육청 간의 균형이 유지되도록 하여야 한다. 직속기관과 교육지원청 소속 기관의 장의 직급, 하부조직 및 그 사무 분장에 관한 사항은 해당 시·도의 조례 또는 조례의 위임에 따른 교육규칙으로 정한다.

(9) 정원책정의 일반기준 및 정원관리 등

지방교육행정규정 제13조(정원 책정의 일반기준)에 따르면, 정원은 정원관리의 단위기관별로 직급을 정하여 책정하되, 다음 각 호의 기준에 따라야 한다. 이에 따른 단위기관은 1. 법 제29조의3 제1항에 따른 시·도의회 사무처 2. 본청(직속기관을 포함한다) 3. 교육지원청(교육지원청 소속 기관을 포함한다) 4. 공립의 각급 학교이다.

1. 관할지역의 교육행정수요 및 다른 시·도 교육청과의 균형 등을 고려하여 합리적인 직급체계를 이루어야 한다.
2. 업무의 성질·난이도 및 책임 정도 등을 고려하여 직급별 정원을 책정해야 한다.
3. 1개의 직위에는 1개의 직급을 부여하여야 한다. 다만, 업무의 성격이 특수하거나 1개의 직위에 2개 이상의 이질적인 업무가 복합되어 있는 경우에는 4개의 직렬을 초과하지 아니하는 범위에서 복수직렬로 할 수 있다.

3의2. 1개의 직위에 대해서는 일반직과 별정직의 복수직을 부여할 수 없다. 다만, 이 영 또는 다른 법령에서 일반직공무원을 갈음하여 별정직공무원으로 임명할 수 있도록 한 직위에 대해서는 그렇지 않다.

4. 1개의 직위에 임기제공무원을 임용하는 경우에는 그 임기제공무원의 근무기간 동안 그 직위에 상응하는 직급의 정원을 결원으로 유지하여야 한다.
5. 공립의 각급 학교에는 4급 이상의 정원을 책정하지 아니하여야 한다.

지방교육행정규정 제15조(정원의 관리)에 따르면, 교육감은 조직 간 균형 있고 합리적인 정원관리를 위하여 지방공무원의 종류별·직급별 정원책정기준을 해당 시·도의 조례로 정한다. 교육감은 매년 6월 30일과 12월 31일을 기준으로 정원의 적정 여부와 정원의 증원 및 감축 현황을 조사·확인하여야 하고, 그 조사·확인 결과를 기관별·기구별·종류별·직렬별·직급별로 종합하여 작성한 후 다음 달 말일까지 교육부장관에게 보고하여야 한다. 교육감은 새로운 증원 수요가 발생한 경우에는 지방교육재정의 건전한 운영과 효율적인 인력관리를 위하여 우선적으로 해당 시·도 교육청의 정원의 범위에서 정원을 자체 조정하여야 한다.

지방교육행정규정 제15조의2(정원 책정의 승인)에 따르면, 교육감은 일반직 3급 이상의 정원을 책정하려는 경우(정원 증가가 없는 경우 및 직렬 변경의 경우는 제외)에는 미리 교육부장관의 승인을 받아야 한다. 이 경우 교육감은 정원 책정의 적정성 및 해당 직위의 직무 분석에 관한 자료와 그 밖에 교육부장관이 요구하는 자료를 첨부하여 교육부장관에게 제출하여야 한다. 지방교육행정규정 제20조(정원의 규정)에 따르면, 제20조(정원의 규정) 시·도 교육청에 두는 지방공무원 정원의 총수는 다음 각 호의 구분에 따라 해당 시·도의 조례로 정한다.

1. 법 제29조의3 제1항에 따른 시 · 도의회 사무처 정원
2. 본청, 교육지원청, 직속기관, 교육지원청 소속 기관 및 공립의 각급 학교 정원(제3호에 따른 정원 제외)
3. 교육전문직원의 정원

제13조에 따른 단위기관별 정원은 제1항에 따른 정원의 총수 범위에서 종류별 · 직급별로 구분하여 해당 시 · 도의 조례로 정한다. 다만, 다음 각 호의 어느 하나에 해당하는 정원은 조례로 그 총수만 정하고 그 범위에서 제13조 제2항에 따른 단위기관별로 해당 시 · 도의 교육규칙으로 정한다.

1. 5급 이하 직급별 정원
2. 「지방전문경력관 규정」 제2조에 따른 지방전문경력관의 정원
3. 일반직 5급 이하 및 이에 상당하는 공무원으로 보직되는 직위에 보하는 교육전문직원의 정원

교육감은 제2항에 따른 정원의 범위에서 공무원을 임용하거나 임용제청하여야 한다. 다만, 상위직급에 결원이 생긴 경우에는 그 결원의 범위에서 같은 직렬의 직근 하위직급을 임용하거나 임용제청할 수 있다. 직렬별 정원은 제1항에 따른 정원의 총수 범위에서 제13조 제2항에 따른 단위기관별로 해당 시 · 도의 교육규칙으로 정한다.

27설 지방교육행정기관의 구성: 17개 시 · 도교육청(본청)과 176개 교육지원청(하급교육행정기관)

3. 지방교육자치에 관한 법률

가. 지방교육자치제도의 의미

지방자치란 지역중심의 지방자치단체가 독자적인 자치기구를 설치해서 그 자치단체의 고유사무를 국가기관의 간섭 없이 스스로의 책임아래 처리하는 일종의 통치형태를 말한다. 중앙정부를 세우고 지방에 공공단체로서 지방정부에 역할을 분담시킨 대륙형의 단체자치로서 지방사치가 있는가 하면, 지역의 영주를 중심으로 주민에 의한 대의 민주주의에 기반한 영 · 미형의 주민자치가 있었다. 한국의 경우에도 오랜 국왕중심의 전제국가 체제를 대한제국까지 유지해 오다가, 일본천황제라는 강력한 전체주의를 체험하였고, 이후 미국식 민주주의를 이식하는 과정에서 대통령제라는 중앙집권적인 대한민국 정부를 수립하였다. 옷은 미국식 민주주의 옷을 걸쳤으나 의식은 중앙집권식 국가체제에 익숙한 나라였다. 한국에서 본격적인 지방자치가 해방 후 실험적 이식기 이후에 명목상의 지방자치를 실시하다가 1991년에야 비로소 시 · 도지사와 군수를 주민 손으로 뽑는 주민자치를 맞았던 것이다.

이에 비하여 교육자치란 정치권력과 통치의 한 형태라기보다는 교육조직, 이를 테면 학교나 대학에

있어서 교육구성원들의 자주적인 의사결정과 자주적인 참여에 의한 교육활동이 이루어지는 것을 말하며, 이는 헌법에 '교육의 자주성' 및 '교육의 전문성' 그리고 '교육의 중립성'이라는 교육조리의 보장으로 나타나기도 한다. 이 때의 교육은 교수자와 학습자의 교육활동에도 그리고 공교육체제하에서 이를 지원하는 교육행정활동에도 적용되는 일종의 교육원리이자 교육조리라고 할 수 있다. 교육자치가 조직 단위에 따라서는 국가수준의 중앙의 교육자치, 지방단위의 교육자치 그리고 학교단위의 자치 등으로도 실현될 수도 있다.

지방교육자치제란 교육자치의 이념(정신)을 지방자치라는 통치구조와 결합시켜 실현하고자 하는 것으로 이른바 영역적 자치와 지역적 자치가 내포된 개념이다. 즉, 교육의 특수성에 기초로 한 '전문자치'를 지방분권(단체자치) 및 민중통제(주민자치)를 기반으로 한 '행정자치'와 결합시킨 제도의 하나라고 평가할 수도 있겠다.

교육의 특수성에 입각한 교육자치는 이 제도가 지향하는 가장 포괄적인 이념적 기초라 할 수 있고, 지방자치는 교육행정 분야의 자치를 행하기 위해 통치구조를 접목 시킨 방법적 기초라 할 수 있다. 언듯 보아 지방교육자치제는 교육행정 분야의 지방자치의 일종이기 때문에 한국의 경우처럼 시·도단위의 지방교육행정상의 지방자치에 한정되는 개념같지만, 일반자치와 구분하여 별도의 지방교육자치를 실시하는 궁국의 이념이 교육자치, 즉 교육의 자주·전문·중립성 보장에 있다는 점에서 교육행정 외에 교육행정이 지원하고자 하는 교육활동까지도 포함하게 되는 것이다. 즉, 교육 및 교육행정활동에 있어서의 전문적이고 지역적인 교육자치를 포괄하는 개념이다. 시·도 단위의 지방교육자치제 이외에 국가수준의 교육자치나 단위 학교에서의 교육자치를 동시에 고려해야하는 이유가 여기에 있다 할 것이다. 지방교육자치제는 교육이 자주성이나 지방분권을 위한 자기목적적 제도라기보다는 국민 및 주민의 교육기본권 보장에 궁극의 목적이 있다는 점에서 헌법조화론적으로 이해되어야 할 것이다.

나. 지방교육자치제도의 유형 및 학설

(1) 교육자치제의 유형으로서 지방교육자치제

교육자치의 유형은 일반 행정권에 대한 직권의 독립을 강조하는 주민 참가적 교육자치(미국형 교육위원회제)와 문화적 지역자치 정신에 입각한 전문적 교육자치(프랑스형 대학구제)로 나누어 볼 수 있다.

교육자치 입법 정신을 실현하는 방법은 국가수준의 교육자치, 지방수준의 교육자치 그리고 학교단위의 교육자치 세 영역에서 모두 가능하며, 자치의 중점을 어디에 두는가의 차이이며 상호 배타적인 것은 아니다. 한국의 지방교육자치는 광역이라는 지방수준에서의 교육자치에 보다 중점을 두고 실시되고 있는 것이다.

동시에 국가수준의 중장기 발전계획 및 국가교육과정을 정치 중립적이며 전문적이며 국민대표성을 갖는 국가교육위원회를 구성하는 합의의사 결정구조와 과정을 보장하는 것은 국가수준의 교육의 자주성 보장 제도라는 점에서 국가수준의 교육자치라 할 수 있다.

지방수준의 교육자치는 통상 국가통치체제에 따른 지방분권과 연동하여 광역 또는 기초단위 교육자치를 실시하는 지방자치 연계형 교육자치와 교육규모에 따라 교육구(또는 학교구)를 설치하는 교육구형 교육자치를 실시하는 경우가 있다. 한국은 해방 후 일시적으로 교육구제를 도입한 적이 있지만 현재 광역 단위의 지방자치와 연계한 시 · 도단위 교육자치제를 실시하고 있다.

끝으로 교육자치는 학교단위에서도 가능한데, 모든 교육자치제도의 풀뿌리가 학교교육의 자주성, 전문성, 중립성을 확보하는데 종국의 목표가 있다는 점에서 학교자치와 연동되지 않는 지방교육자치는 사상누각이라고 할 수 있다. 교사회, 학부모회, 학생회라는 기초조직을 기반으로 운영되는 학교운영위원회가 풀뿌리 민주주의 기구라 불리우는 이유도 여기에 있다. 통상 지도 · 감독을 포함한 통치행위로서 '학교자치'와 구분짓기 위하여 '학교자율성' 혹은 '학교운영의 자율성 보장'이란 용어를 사용하기도 한다.

한국은 미군정의 영향으로 일반 자치단체와는 다른 교육구제를 두는 미국형 교육위원회제를 1949년 제정 교육법에서 두었지만, 한국전쟁으로 지연되었고 실시 초기부터 많은 시행착오를 거쳐야 했다. 일반 행정계에서는 통합행정의 원리와 교육분권의 비효율성을 들어 교육자치 폐지론을 자주 제기하였다. 특히, 국가재정이 빈약하고 사학에 의존도가 높은 가운데, 지방교육자치의 동력이라 할 수 있는 재정자립도는 낮아 중앙 의존적인 행정이 지속되었다. 이러한 한계를 배경으로 지방교육자치는 군사정변 직후 폐지되었다가 다시 부활되었지만 이름만 유지하는 형식적인 지방교육자치제에 머물렀다. 즉, 교육위원회 및 교육감 제도는 있었지만 시 · 도 자치단체의 장과 교육부가 주도하는 명목상의 지방교육자치제를 30여 년 실시했었다.

1991년 본격적으로 지방자치가 실시되면서 지방교육자치제는 지방자치 연계형 교육자치로 재출발하게 되었다. 그 입법적 결실은 「지방교육자치에 관한 법률」로서 나타났고, '지방교육자치'라는 표현에 그 헌법조화론적 입법의지가 반영되었다고도 할 수 있다. 1991년 지방교육자치제를 본격적으로 시작한 이래로 광역단위의 일반자치와의 연계 속에서 교육감 및 교육위원회의 구성과 성격에도 적지 않은 변화를 수반하게 되었다.

(2) 지방교육자치제 입법정신에 관한 학설[3]

(가) 헌법학계의 학설

통설은 헌법 제31조 제4항에 근거한 제도보장으로 본다. 제1세대 헌법학자들은 지방교육자치법 제정이전에 교육의 자주성과 교육위원회 및 교육감과의 관계를 중심으로 논의했다. 김철수와 권영성은 교육의 자주성 확보를 위해서 최소한, 교사가 교육설치자와 교육감독권자로부터 자유로워야하고, 교육내용에 대한 교육행정기관의 권력적 개입이 배제되어야 하며, 교육관리기구(교육위원회 · 교육감 · 교육장 등)가 공선제(公選制)일 것을 주장했다.[4] 허영은 제31조 제4항을 위해 교육기관의 자유, 교육의 자유, 교육환경의 자유, 대학의 자치 보장이 필요한데, 교육기관의 자유에는 교육영역 전체의 자주성 확립이 요구되고, 이를 위해서는 교육감독기구 · 교육관리기구 등이 임명제가 아닌 선거제가 바람직하다고 지적했다.[5]

---

3) 고전(2017), 한국의 지방교육자치 입법정신에 관한 교육법학적 논의, 교육법학연구 29(1), 4－12면.
4) 같은 뜻, 권영성(2009), 헌법학원론, 법문사, 266－267면. 김철수(2013), 헌법학신론, 박영사, 990면.

정종섭은 교육의 자주성이란 교육의 내용, 방법, 교육기관의 운영을 국가가 결정할 수 없다는 뜻이며, 보장방법으로 교육시설의 설치자 또는 교육감독권자로부터 교사의 자율을 확보하는 방법(징계절차의 합리화), 선거로 교육관리기구(교육위원회, 교육감, 교육장 등)를 구성하는 방법 등이 있다고 지적했다. 그러나 교육자치의 헌법 제도보장성은 부정했다.6)

정재황은 교육의 자주성이란 "교육의 내용이나 교육행정 등이 교육당사자들에 의한 자발성과 주도에 의한 민주적 의사결정으로 이루어져야 함을 의미한다"7)고 했고, 성낙인 또한 교육의 자주성 확보를 하기 위해서는 교육내용·교육기구가 교육자에 의하여 자주적으로 결정되고, 공권력에 의한 감독과 개입은 필요하고 합리적인 범위 내에서 가능하다고 본다.8)

이종근은 헌법학계와 헌법재판소의 교육자치 본질 및 이중가치론에 대한 입장을 지지하면서, 이른바 교육의 구성원 이외 교육감도 자주성의 주체가 되므로 교육의 자주성을 교육행정청의 부당한 간섭의 배제로만 볼 것이 아니라는 입장을 보였다. 또한 논의 중인 주민직선제의 대안들도 민주주의·교육자주·지방자치라는 헌법상 가치를 모두 충분히 만족시키지 못하는 반면에, 그 수용이 불가능할 만큼 헌법 원리에 어긋나는 것도 아니라는 입장이다.9)

헌법학계의 통설은 지방교육자치의 헌법상 제도보장을 인정하지만, 구제적 보장 범위(기관설치 및 선출방법)에 대하여는 헌재판례를 인용하는 방식으로 입법형성론을 따르고 있다.

(나) 지방자치학계의 학설

지방자치학계10)에서 지방교육자치에 관한 관심이 학계를 중심으로 고조된 것은 2007년 교육감 직선

---

5) 허영(2015), 한국헌법론, 박영사, 458면. 교육기관의 자유란 교육을 담당하는 교육기관의 교육운영에 관한 자주적인 결정권을 그 내용한다(교육기관의 국가에 대한 자유, 설립자에 대한 자유 등).

6) 정종섭(2015), 헌법학원론, 박영사, 803면. 교육자치 인정 유무와 상관없이 교육에서 자주성은 인정되어야 하므로 헌법 제31조 제4항의 교육의 자주성이 교육자치의 근거가 되는 것은 아니며, 지방자치에 포함되어 있거나 이에 도출되는 제도가 아니고 법률에 의하여 인정되는 법률정책적인 제도이므로 교육자치의 형태는 입법부가 광범한 입법형성권을 가진다고 역설했다(같은 책, 1005면).

7) 정재황(2015), 신헌법입문, 박영사, 470면. 정재황(1998), 교육권과 교육자치의 공법(헌법·행정법)적 보장에 관한 연구, 교육행정학연구 16(2). 위 논문에서는 "교육자치는 하나의 제도보장으로 파악될 수 있다"(289면)고 하면서 "주민대표기관인 지방의회가 있으므로 별도의 교육위원회가 의결기관으로서 직선될 필요가 없다고 볼지 모르나 교육문제는 전문성을 띠고 있으므로 전문적 자질을 갖출 것을 전제하여 별도의 교육위원회를 설치한 다음에는 이 교육위원회가 의결기관이 되어야 하고 그 의결의 정당성을 위하여 직선제로 선출되는 것이 보다 논리적이다"(312면)고 했고, "교육자치는 교육당사자들의 자주적인 의사결정, 자주적인 참여에 의한 교육이 이루어지는 것을 의미한다"(308면)고 했다. 교육공동체, 교육당사자들의 의견이 제대로 수렴될 수 있는 교육위원회, 교육조례가 되기 위해서는 주민의 정당성, 즉 간선보다는 직선이 바람직하다는 입장이다(313면).

8) 성낙인(2016), 헌법학, 법문사, 1370면. 헌재의 결정을 인용한 성낙인의 진술. 한편, 신우철은 헌재의 '민주주의－지방자치－교육자주'라는 상호제한적이면서 상호보완적인 3원적 가치구조 속에서 헌법적 한계점이 도출되며, 외국의 지방교육자치제도도 각국의 사회문화적·역사적 배경에서 비롯되는 강약의 차이는 있을지언정, '민주성－지방성－전문성'의 세 요소가 모두 고려되고 있다고 보았다. 신우철(2002), 비교법적 방법론을 동원한 헌법변론, 사회과학연구, 영남대학교, 22(1), 12－13면.

9) 이종근(2015), 헌법원리에 비추어 본 교육감 직선제의 문제점과 제대안의 적실성 검토, 교육법학연구, 27(3), 154, 180면. 단기적 대안으로 공동등록형 주민직선제를 장기적으로 러닝메이트제를 지지한다. 이기우는 교육의 자주성을 '교육행정청의 부당한 간섭의 배제'로만 보는 입장에서는 교육의 자주성의 주체를 교사·학부모·학생·단위학교로 보고 교육행정청은 결코 주체가 될 수 없고 오히려 보호의 주체일 뿐이라고 했으나, 송기춘은 교육행정기관의 교육에 대한 부당한 개입을 배제하는 것일 뿐 아니라, 국가 또는 정치적 세력의 영향을 배제하는 것이기도 하고, 나아가 사립학교 재단의 교육에 대한 부당한 개입도 배제하는 의미로 이해되어야 한다고 보았다.

10) 한국지방자치법학회, 한국지방자치학회, 한국행정학회 등을 중심으로 하는 연구자 집단을 말한다.

제 이후 시 · 도지사에 의한 임명제에 관한 논의가 본격화되면서부터다.[11)]

홍정선은 지방자치는 중앙정부와의 수직적 권력분립의 문제이고, 교육자치는 수직적으로 구분된 지방자치의 영역 내에서 사항의 특수성[12)]에 따른 기능적 분립으로 본다. 교육위원회가 지방의회 통합형 의결기구로 된 것과 같이 집행기관도 시 · 도지사로 단일화하면서, 대신 교육자치를 광역지방자치단체와 기초지방자치단체로 이원화할 것을 제안했다.

통폐합에 가장 적극적인 이기우는 교육자치와 지방자치 무관론을 주장한다. 즉, 교육자치 내지 학교자치를 '교육공동체'인 학교가 교육 및 학교생활에 관련된 사항을 교육의 주체인 교사, 학부모, 학생이 참여하여 자기책임하에 분권적으로 수행하도록 하는 조직원리라고 본다. 지방자치와 결합된 지방교육행정은 지방자치의 일부로서 수행되고 교육자치는 그 외의 영역(단위학교)에서 수행되는 것이라고 한다.[13)] 지방분권 특별법에서 '국가의 교육자치 · 일반자치 통합 노력' 의무 규정을 해방이후 지금까지 지속되어온 60년간의 지방교육행정기관 구성논쟁을 입법적으로 정리하여 종지부를 찍은 것이라고 평가하기도 한다.[14)]

이승종은 지방교육자치의 본질적 요소를 교육사무의 지방분권, 주민참여 및 정부의 중립성에 두었는데, 대표적으로 교육자치도 지방자치의 일환이라는 관점에서 본다. 따라서 일반지방행정과 지방교육행정간의 분리 · 독립이 본질에 포함되지 않으며, 오히려 특별한 사유가 없는 한 일반지방사무와 지방교육사무는 통합지방행정기관에 의해 수행되어야 한다는 입장을 주창하였고, 이후 주요 통합형 지방교육자치론자로 활동하고 있다.[15)]

조성규는 지방자치는 국가와 독립된 법인격체인 별도의 행정주체에 의한 자치의 보장인 점에서 자치 내지 분권의 대상인 영역에 대하여 국가 및 다른 고권주체와의 분리, 독립의 필요성은 본질적인 요청이라 할 것인데 반해, 지방교육자치는 '교육'자치라는 헌법적 근거를 두고 있을 뿐, '지방'교육자치에 대해

---

11) 1990년대 행정법학자들의 행정법론에서는 교육자치나 지방교육자치라는 표현보다는 지방자치단체의 특별기관으로서 교육위원회(당시 의결기관)와 교육감(집행기관)을 지방자치법과 지방교육자치법을 중심으로 소개하는 정도였다. 김동희(1998), 행정법Ⅱ, 박영사, 76면.

12) 교육의 자주성(헌법 제31조 제4항), 교육의 내용상의 특수성으로서의 인간형성, 교육의 지역적 다양성 ,교육의 민주성, 교육의 전문성으로서 전문가에 의한 교육 등을 말한다. 홍정선(2015), 신지방자치법, 박영사, 423－424면.

13) 이기우(1998), 교육자치와 학교자치 및 지방교육자치제도, 한국지방자치학회보 24(3), 170면. 그러면서 학교자치를 위해서 교사회 · 학부모회 법정화, 학교운영위원회 학생대표 참여보장(초4년 이상), 교장 2년보직제 등을 주장했다. 이후 2005년 논문에서는 교육자치란 학교자치를 의미한다고 전제하면서, "학교자치란 교육 공동체인 학교가 교육의 주체인 교사, 학부모, 학생의 참여하에 학교수업과 학교생활에 관하여 외부의 부당한 간섭을 받지 않고 자기책임 하에 결정하고 수행하도록 하는 학교조직원리이다"고 수정 정의했다. 학교자치의 내용으로 학교의 자율적인 결정권, 학교의 자치조직, 교육행정청의 부당한 간섭의 방어를 들었고, 결론으로 교육자치의 본질은 학교구성원들이 교육청의 획일적이고 부당한 간섭으로부터 벗어나서 자율적인 학교생활과 수업이 이루어지도록 하는데 있고, 과제는 교육자치를 칸막이 속에 갇힌 '교육청자치' 내지 '교육관료자치'로부터 벗어나 '학교자치', '교사의 자치', '학부모의 자치', '학생의 자치'가 되는 것이라 했다. 이기우(2005), 교육자치제의 본질과 과제, 민주법학 27, 104, 111－112, 122면.

14) 이기우(2014), "제18장 교육자치제 통합: 찬성vs반대", 지방자치의 쟁점, 박영사, 154면. 대부분의 국가들이 채택하고 있는 것처럼 지방자치단체의 교육행정기관을 지방자치단체의 외청으로 설치하거나 지방자치단체의 보조기관으로 하도록 제도를 개선하는 것이 바람직하다는 의견을 제시했다.

15) 교육계의 견해를 교육행정기관의 자치로 보는 관점(기관의 분리 · 독립강조)으로, 일부학자의 교육현장의 교육주체의 자치로 보는 관점(이기우, 김재웅) 그리고 지방자치의 일환으로 보는 세 관점으로 분류했다. 특히 이기우의 관점에 대하여 기능적(영역적) 자치로서 교육자치는 학교에서의 교육활동만을 포함하는 것은 아니며 학교 밖, 중앙 및 지방차원의 교육활동에 공히 적용되는 것으로 학교자치와 동일시하는 것은 한계가 있다고 지적한다. 이승종(1999), 지방교육자치제의 발전방안, 지방행정연구 13(1), 4－7면. 같은 뜻, 이승종(2005), 지방자치론, 박영사.

서는 직접 헌법이 보장하고 있지 않다고 보았다. 따라서 교육자치는 '누구'로부터의 자치인지를 본질로 하는 지방자치와 달리 '무엇'에 대한 자치인지를 본질로 하는 영역의 문제라는 것이다. 그러므로 '교육'에 대한 자율성을 본질로 하는 것이지 기관의 분리·독립 여부가 규범상의 문제는 아니라고 해석한다.[16] 통설은 지방자치의 헌법정신에 따른 지방자치의 일환으로서 지방교육자치제를 상정한다.

(다) 교육행정학계의 학설

국내 교육행정학계에서 교육자치 개념에 대한 논의를 본격적으로 시작한 이는 백현기이다. 그는 1958년 저서에서 교육자치를 '교육기관이 행하는 자치적 행정'이라고 개념 정의하면서 ⓐ 교육의 자주성, ⓑ 지방분권의 원칙, ⓒ 교육행정의 분리독립 문제, ⓓ 민주주의라는 네 가지 원칙에 입각한 교육행정 이라는 의미로 해석했다.[17] 해방후 미군정의 영향으로 미국식 교육위원회는 논란 끝에 1952년 5월 24일(도의원선거는 4.25)에 발족되었으나 폐지론[18]도 수 차례 제기되었다. 그는 교육행정의 원리를 교육법규상의 원리(기회균등, 민주주의, 지방분권주의, 자주성존중[19])와 교육실시면의 원리(타당성, 능률성, 적응성, 안전성)로 분설했는데 이것이 김종철의 보완을 거쳐 교육행정학계의 지방교육자치제 운영 원리의 원전이 되었다.

백현기는 교육실시면의 원리를 Mort(콜롬비아 대학 은사)의 교육행정의 원리에서 추출하였다고 밝혔으나,[20] 교육법규상의 원리에 대하여는 인용을 밝히고 있지 않아 출처를 알 수 없다. 그러나 참고문헌을 고려할 때 1950년대 초반에 간행된 일본 내 논의[21]에 근거하고 있는 것으로 판단된다. 일본의 교육위원

16) 조성규(2011), 지방자치와 지방교육자치의 규범적 관계, 지방자치법연구 11(2), 63면. 조성규(2011), 지방교육자치의 본질과 지방교육행정기관의 구성, 지방자치법연구 11(4), 310면.

17) 자치제도의 핵심 개념을 인민참여(Popular participation)와 인민통제(Popular Control)로 설정하고, 교육의 자주성을 규정한 구 교육법 제5조(교육은 교육본래의 목적에 기하여 운영실시되어야 하며, 어떠한 정치적, 파당적, 기타 개인적 편견의 선전을 위한 방편으로 이용되어서는 아니된다), 지방분권주의에 따른 교육구(教育區)와 교육위원회제도, 목적과 대상의 특수성 및 효과의 지속·항구성에 따른 분리독립, 교육행정의 민주화 등으로 설명했다. 백현기(1958), 교육행정학, 을유문화사, 138－140, 176면.

18) 당시 6년간 네 차례 제기된 폐지운동의 네 가지 이유로는 ① 행정체계의 불명료 및 행정의 비능률, ② 고비용, ③ 국내실정과의 부조화, ④ 낮은 민도(民度) 등을 지적했고, 미국 폐지론에서도 ① 행정의 하나로서 교육행정, ② 비용낭비, ③ 비능률, ④ 일반행정과의 알력(軋轢)이 논거였다고 소개했다.

19) 지방분권주의는 문교부와 교육위원회가 지배·복종이 아닌 상호대등한 지위임을 의미하고(문교부는 행정상, 운영상, 지도감독을 하지 않고 교육규준을 정하고 전문적 기술적 조언·지도 및 재정적 보조에 그침), 자주성의 원리는 교육본래의 목적에 기반한 탈당파적 탈종교적 교육과 내무행정의 일부분으로부터의 분리 및 교육재정의 일반 재정으로부터의 분리 독립의 필요성을 지적했다(백현기(1958), 앞의 책, 49－50면). 일반행정으로부터 분리독립을 원리로까지 주창한 것은 김종철에 의해서였다.

20) Paul R. Mort(1946), *Principles of School Administration*, McGraw－Hill에 16개 교육행정 원리(상식적 판단 14원리, 균형판단 2원리)를 소개했다. 김종철(1970), 교육행정의 이론과 실제, 45－46면. 역시 백현기의 교육실천·운영면의 원리를 타당·민주성·능률성·적응성·안정성·균형성의 원리로 수정 보완했다.

21) 사가라 이이치(1949)(相良惟一; 당시 문부성 조사보급국 지방연락과장, 1955년 京都大교수)는 『教育行政法』(誠文堂新光社: 4, 12－13)에서 교육행정법의 기본원칙으로 법률주의, 민주화주의, 일반행정에서의 분리독립주의, 교육의 자주성 존중주의, 지방분권주의를 들었다. 일반행정에서 분리·독립주의는 미국교육사절단보고서상 "문부성의 기능을 내무성에서 절연(絶緣)해야 한다"는 것을 유래로 한 것인데, 당시 교육행정은 중앙의 내무성의 지도조언을 강하게 받았고, 지방은 도도부현의 관할하에 있었다. 일반행정에서 분리·독립주의는 중앙에서 일반행정에서 통할기관이었던 내무성이 해체됨과 더불어, 문부성도 일반관청과 모양을 달리하여 '상담역과 유능한 전문적 조언자'적 기능을 갖는 관청의 성격으로 전환하였듯이, 지방에서도 도도부현 시정촌의 일반행정 사무로부터 분리된 교육위원회에 의해 민의에 기반한 교육행정이 행해지는 것을 의미한다는 것이다. 후속 『教育行政學』(1970)에서는 교육행정법의 기본 원칙이 아닌 일본교육행정의 기본원리로서, 법률주의, 민주행정주의, 지방분권주의, 분리·독립주의, 자주성존중주의에 중립성 확보를 추가하였다.
안도 다까오(1950)(安藤堯雄; 동경교육대)는 『教育行政學』(光文社: 43－46)에서 교육위원회의 목적을 교육행정의 민주화,

회법 해설을 중심으로 한 원리론들은 당시 법률 해설서를 낸 문부관료들의 시각이 교육행정학 저서에 반영된 것으로 보인다. 즉, 이는 일본문부성이 교육위원회 설치 취지문(1952)에서 교육위원회제도의 취지를 교육행정의 민주화, 교육행정의 지방분권, 교육의 자주성 확보(지자체 일반행정기관 소속이 아닌 독립 합의제 집행기관) 등의 원리로 밝힌 것과 같은 맥락이다.[22] 출간된 교육행정학 저서도 유사하다.[23]

김종철은 백현기의 교육행정의 교육법규상의 원리에 전문적 관리의 원리를 추가하여 ⓐ 지방분권의 원리, ⓑ 민중통제의 원리, ⓒ 일반행정으로부터의 분리독립의 원리,[24] ⓓ 전문적 관리의 원리를 주창하였고(이종재와의 공저판에서도 동일), 이후 분리독립을 자주성 존중으로 달리 표현하여 ⓐ 지방분권, ⓑ 자주성 존중, ⓒ 주민자치 혹은 민중통제, ⓓ 전문적 관리의 원리로 기술[25]했는데 이것이 이후 교육행정학계에 일반화되었다. 윤정일도 유사하게 지방분권, 자주성 존중, 주민통제, 전문적 관리를 제시했다.[26]

김신복 역시 교육자치의 본질적 요소로 ⓐ 교육행정기능의 지방분권화, ⓑ 교육행정에 대한 주민통제, ⓒ 일반행정으로부터 교육행정의 독립,[27] ⓓ 교육행정영역에 대한 전문적 관리를 들었다. 교육행정

지방분권화, 독립화에 두었고, 교육위원회의 성격을 지방공공단체의 (독립된) 일기관, 공선의원 기관, 합의제 기관, 공립학교 행정기관으로 규정했다. 교육행정의 독립화는 중앙교육행정관청인 문부성뿐만 아니라 일반 지방행정조직으로부터 독립한 교육행정조직을 의미한다.

동경교육대학교육학연구실 편(1951), 『教育行財政』(金子書房: 62－67)의 공동저자 아마기 이사오(天城 勳; 당시 문부성사무관, 1969년 문부성 차관)은 종전후 중앙 및 지방 교육행정개혁의 기본 이념이 교육행정의 민주화, 지방분권화, 자주성 확보였음을 지적한다. 같은 책에서 안도 다까오(安藤堯雄) 역시 전후 교육행정개혁의 요점을 문부성중심의 중앙교육행정에서 교육위원회 중심의 지방분권으로, 천황임명 관리로부터 공선된 교육위원으로, 일반행정조직의 일부 국에서 지방교육행정조직으로의 독립된 변화(교육위원회설치)를 지적하면서, 별도 기구설치에 대해서는 논란이 없으나 지방분권의 수준(기초교육위원회의 설치단계 및 지도감독 관계)나 공선제에 대하여는 당시에도 논란이 많았던 것으로 보고하면서, 기초단위(町村) 교육위원제의 곤란성을 지적하기도 했다(인사곤란, 교육수준유지 · 향상의 곤란, 교육위원 적임자의 곤란, 교육재정상의 곤란).

무나가타 세이야(1954)(宗像誠也; 동경대 교수)는 『教育行政學序說』(有斐閣: 11, 58)에서 교육행정의 원리가 의미를 갖기 위해서는 모트(Mort)가 말한 제반 규범적 원리들이 실증적으로 검증(사회학적 · 심리학적 접근)되지 않는다면, 행정 상황을 선험적 추리로 기술하여 진단한 표징들에 불과하다는 입장을 보이기도 했다. 그는 또 교육행정의 특수성에서 원리 도출을 강조하는데, 교육행정의 내용은 내적 · 외적사항으로 나눌 때, 이분법적으로 내적사항＝자유방임, 외적사항＝국가 · 지자체통제 방식으로 정할 수 없다고 보았다. 국가는 균등한 교육조건을 정비하기 위하여 교육행정을 사용하여 권력적 · 강제적 조치(학습지도요령, 교과서, 교사의 자세)가 불가피하다는 입장이다.

22) 일본은 공선제 교육위원회(합의제 집행기관)제도를 1948.11.1에 도입했고, 1956년엔 임명제로 전환했다. 최근 지방의회동의를 거친 임명제 개정이후에도, 2015년 문부과학성 홈페이지는 과거와 동일하게 교육위원회제 의의를 정치적 중립성 확보, 계속성 · 안정성 확보, 지역주민의 의향 반영으로 소개하고 있고, 그 특징을 단체장으로부터 독립성, 합의제, 주민에 의한 의사결정으로 소개한다.

23) 히라하라 하루요시(1993)(平原春好)는 教育行政學(東京大學出版會: 25－26)저서에서 당시 14권의 관련 교육행정 저서를 분석한 결과, 지방자치 및 지방분권(7), 중립성(6), 자주성(5), 법률주의(4), 독립성(3), 전문성(3)이 공통되게 기술되었고, 구교육기본법 제10에 명시된 '부당한 지배의 금지'라는 교육행정의 원칙도 일본 교육행정의 역사적 성찰에 기반한 것이라는 점을 강조했다.

24) 김종철(1982), 앞의 책, 174－175면. 김종철은 지방교육행정으로서 교육자치제를 상정하였으므로 시 · 도의 일반행정으로부터 분리 · 독립이 주된 제도원리로 설정한 것이다. 강길수(1980)의 한국교육행정사 연구초(246면)에서도 기술되는바, 해방직후 미군정중 성공적인 분야가 교육분야로 도의 내무국에 설치된 교육과(1946.10 도교육국 독립)나 중앙집권적인 행정의 불리한 영향을 받지 않고, 미군정이 선임한 교육관(한국인으로 대학장 및 사범학교장)에 의하여 교육이 성공적으로 운영되었다고 보고하고 있다. 일반행정으로부터 분리 · 독립은 미군정당시 각 도의 내무행정으로부터 독립시키려는 지방교육행정의 역사와 연관된 것으로 판단된다.

25) 김종철(1989), 한국교육정책연구, 교육과학사, 86－87면. 분리독립은 자주성 존중원리에 포함 설명한다.

26) 윤정일 외(1996), 한국교육정책의 탐구, 교육과학사, 678면. 이후 윤정일 외(2015), 교육행정학원론, 학지사, 26－30면에서는 교육자치원리가 아닌 '교육행정 운영의 기본원리'로서 민주성, 효율성, 합법성, 기회균등, 지방분권, 자주성, 안정성, 전문성 보장의 원리로 표현한다.

27) 김신복(1991), 교육자치와 지방자치의 연계성, 행정논총 29(2), 82면. 지방교육자치의 요건으로 지방자치단체 설치, 분리독립

의 독립은 일반행정에 예속되어온 경험에서 비롯된 것이라고 지적했다.[28)]

한편, 이종재는 2010년 교육자치제도 개념의 재음미를 주창하며, 거버넌스 개념의 대두에 따라 일반행정으로부터의 분리 독립의 원칙은 '일반행정에 대한 개방과 연계와 협력의 원리'로 수정할 것과, 전문적 관리의 원리는 '출신 배경에 기초한 분리 배제의 논리가 아닌 과업수행의 질과 수준을 향상시키는 논리로 활용'되어야 한다고 했다.[29)]

김태완은 지금까지의 교육자치 논의가 단위학교 자치를 포함하지 않거나 횡적·수평적 분권 측면(학내 의사결정)을 소홀히 했으며, 중앙정부 수준의 교육자치에 대한 논의도 없었다는 점을 강조했다. 교육자치의 논의를 교육행정론적 관점을 넘어 교육통치론(educational governance)으로 재정립 할 것을 주장했다(즉, 단체자치나 주민자치라는 2분법적 사고나 분리·독립주의 일변에서 벗어나자는 시도).[30)] 나아가 지방자치단체가 수행하는 교육자치는 지방자치와 대등한 개념이라기보다 지방·지역의 특수성을 고려해 지방자치의 전체적인 틀 속에서 접근해야하며, 종래 교육행정의 일반행정으로부터 분리·독립이라는 관점에서가 아닌 상호협조·협력의 관점에서 접근할 필요가 있다고 했다.[31)]

이차영은 지방교육자치제도의 구안과정에서 고려되어야 할 원리를 원리간의 조화 관점에서 재정리하여 적도분권(適度分權)의 원리, 일반행정과의 구분 및 협응(協應)의 원리, 민주적 통치와 전문적 관리의 원리를 주창했다. 교육사무에 관한 행정권한의 수직적 분배에서 중앙집권과 지방분권 간의 균형을 지향하고, 수평적 분배에서 일반행정과 교육행정간의 통합·분리·독립간의 균형 추구, 자치사무 처리시 주민통제(layman's control)와 전문가 통제(professional's control)사이의 조화를 강조하는 한편, 운영구조와 관련하여 자치구역의 규모 결정에 영향을 미치는 이념적 가치로 능률성, 민주성, 형평성을 들기도 했다.[32)]

헌법보다 교육행정의 원리 적용방식을 취하는 교육행정학계의 통설은 1990년대 들어 연계·협력론을 어느 정도 수용하고 있으나, 본질적으로는 분리를 전제로 한 연계·협력이다.

된 행정조직, 지방교육행정의 자율성(중앙지시·감독 최소화), 독자적 재원 및 재정운용 자주성을 들었고, 일반행정 기관으로 교육행정기관을 통합시키는 일에 대하여 교각살우(矯角殺牛)에 비유하며 반대하였다. 그는 또 1990년 총무처연보에 따르면 교육 외 특별지방행정기관(조세, 공안, 현업, 노동 분야 등)도 7,374개 있음을 강조했다.

28) 김신복(1998), 교육학대백과사전, 하우동설, 710면. 1945년 해방 당시에는 중앙에는 총독부산하 학무국이 있고, 도에서는 내무국 학무과에서 취급했다. 미군정시는 중앙에 학무국(1943.3 문교부 개칭)을 두었고, 정부수립 후엔 중앙엔 문교부, 지방에는 도단위는 학무국(1948.8. 교육국 개칭)을, 시·군에서는 시장과 군수산하 내무과 학무계를 두었다. 구(區)교육감제는 1952년 6월 구교육위원회가 구성된 후 대표자로서 기능했고, 시(市)에도 교육감을 두었으나 교육위원회의 사무장이었다. 시장과 군수가 관장하던 교육행정이 지방내무행정에서 분리 독립된 것이다. 1963.12 법 개정으로 시·도교육위원회제(집행기구, 위원은 장관이 임명) 및 도교육감제(위원회추천 대통령임명)를 신설했다.

29) 이종재(2010), 한국지방교육의 진단과 발전과제, 한국지방교육연구센터(편), 11－34면을 인용한 이종재·이차영·김용·송경오(2012), 한국교육행정론, 교육과학사, 256－257면 참조.

30) 김태완·박재윤·나민주(1989), 교육자치제 연구, 한국교육개발원, 21－23, 31면.

31) 김태완(1990), 교육자치제는 어떤 전제와 시각에서 출발되어야 하는가?, 교육자치, KEDI, 19면.

32) 이차영(1997), 지방교육 자치제도의 기본원리와 운영구조: 주장의 끝과 이론의 시작, 교육정치학연구 4(1), 126－131면. 그는 제도로서 교육자치제가 자주적인사권, 재정운용권, 자치조직권, 자치입법권 등이 실시단위에 따라 부여되고 상급교육행정기관의 통상적인 지휘감독을 받지 않는 것으로 정의할 때, 학교단위에서 자율적 업무처리까지도 제도로서 자치(학교자치)로 명명하는 것이 불필요하다는 입장이다. 교육자치제를 지방교육행정에 국한하여 개념 설정한 김종철과 같은 입장이다

(라) 교육법학계의 학설

교육법학계[33]에서는 지방교육자치제도에 대하여 헌법적 근거를 둔 제도로서 인정하나 일반자치와의 관계설정에 대하여는 학문적 기반에 따라 다소간의 시각 차이를 보이고 있다.

신현직은 '교육자치'와 '지방교육자치'를 동일시할 수 없는 것을 전제로, 지방교육자치는 교육자치(교육의 자주성과 전문성을 보장하는 헌법상의 제도 보장)가 지방자치라는 지역적 자치와 결합한 형태라 하면서 교육기본권 보장의 관점에서 해석했다.[34] 즉, 교육자치제란 "교육활동의 특수성과 전문성에 대한 인식을 전제로 하고 교육행정의 조직과 운영면에서 자주성 · 전문성 · 민주성 등을 보장하는 교육제도"라고 정의하면서, 교육자치의 개념은 지방교육행정에 한정하여 좁은 의미로 파악할 것이 아니라 교육의 자주성이라는 대전제에서 출발하는 넓은 의미로 파악했다. 이를 위해서는 지자체의 교육위원회 외에 이들의 상위기구로서 '중앙교육위원회'의 설치나, 풀뿌리 민주주의로서 단위학교 내에서 자치(학교자치)가 가능하도록 전체 교원회의를 의결기구화하고 임기제의 학교장 선출이 이루어져야 한다고 보았다. 그에 따르면 지방교육자치는 "지방자치와 교육자치가 결합된 것으로서, 중앙정부로부터의 지방분권을 의미하는 '단체자치'와 지방자치단체 내에서의 민주주의를 의미하는 '주민자치'의 요소를 함께 내포하고 있는 것이며, 일반행정으로부터 분리 · 독립과 더불어 지방분권과 주민자치를 통한 중앙으로부터의 자치라는 두 가지 요청이 있다"고 강조했다.[35] 따라서 종래 한국에서처럼 교육자치를 지방교육자치로서만 이해 할 것이 아니라 학교자치(지자체의 교육위원회에 우선한 단위학교 중심의 자주적 결정권 행사) 나아가 학급의 자치로 한걸음 더 나아가야 하며, 이 둘 모두는 교육의 자주성 보장을 위한 제도보장이라고 했다.[36]

표시열은 행정의 기본가치(이념)를 능률성, 민주성, 합법성으로, 지방자치의 기본가치를 분권성과 주민참여로, 교육자치에서의 기본가치를 교육의 자주성, 전문성, 정치적 중립성으로 규정한 후, 지방교육자치의 기본가치(이념)를 ⓐ 교육의 자주성 · 중립성 · 전문성, ⓑ 중앙정부로부터의 분권화와 주민의 참여, ⓒ 국민의 대표성 내지 책임성을 의미하는 민주성, ⓓ 행정집행의 효율성 등으로 보았다.[37] 또한 "교육

---

33) 여기서 말하는 교육법학계란 대한교육법학회 및 한국교육법학회를 지칭하며, 교육법학계의 학설로 소개한 교육법연구자 선정 기준은 교육권 및 교육법과 관련한 박사학위자 중에서 저자가 임의 선정했다.

34) 신현직(1995), 지방교육자치 합리화를 위한 법제정비방안, 법제연구 9, 61–62면. 이기우가 교육사무를 외부적 사무(학교설치, 교원확충, 지원)와 내부적 사무(교육내용 · 방법 · 교과운영 · 학생평가등)로 나누고, 후자는 전국적인 통일을 요하는 국가업무이고, 외부적 교육사무는 다른 일반행정과 밀접한 관련 하에서 종합적이고 유기적으로 수행되어야 하므로 지자체의 대표기관인 지방의회가 결정하고 단체장이 집행하는 것이 적합하고 효율적일 경우가 많기 때문에 반드시 일반지방행정사무와 분리되어야 하는 것은 아니다(이기우, 교육자치의 이해와 운영에 따른 방향의 모색, 교육자치(1992.10), 교육자치발전연구원, 52면)"는 것에 대하여 신현직은 교육의 내 · 외적 사항의 구분방식은 2차 세계대전 전의 일본과 독일의 국가주의 교육제도 하에서 내적사항을 국가가 독점하고 외적사항을 지방에 맡기는 형태를 취한데서 연유한 것으로 오늘날의 국가 · 자치사무 구별기준으로 타당하지 않으나, 굳이 말한다면 조건정비적 교육행정인 외적사항은 '일반행정으로부터 교육행정의 자주성'이 보장되어야 하고, 교육활동 자체인 내적사항은 '교육행정으로부터의 교육활동의 자주성'이 보장되어야 하는 것이 교육자치라 할 수 있다고 지적했다. 전자의 필요성으로 인해 지자체에서의 일반행정과 교육행정의 구별 필요성이 분명 인정되어야 할 근거가 있는 것이며, 다만 그것이 반드시 전혀 별개의 기관에 분리독립되어야 하고 모든 권한이 교육행정기관의 전권사항으로 해야 한다는 것을 의미하는 것은 아니다라고 지적했다. 신현직(1995) 앞의 논문, 62–63면.

35) 신현직(1988), 교육자치의 법리와 실천방안, 사회과학논총 6, 3, 7–8면.

36) 신현직(1999), 교육의 자주성, 전문성, 정치적 중립성의 법리, 교육법학연구 11, 167면.

37) 표시열(2010), 지방교육자치의 기본가치와 주요 쟁점, 교육법학연구 22(1), 153면.

은 일반행정과는 다른 특수성이 있으므로 헌법에서 특별히 교육의 자주성 · 전문성 · 중립성 원리를 규정하고 있고, 따라서 교육에 관하여서는 지방자치에 맡기지 않고 별도의 (지방)교육자치제도를 확립하고 있다"고 했다. 또한, 교육의 자주성이 좁게는 학교단위에서의 교육의 자치 내지 교사의 교육의 자유라는 내용을 담고 있지만 넓게는 일반행정과는 다른 교육행정 차원의 교육자치도 포함한다고 보아 교육자치는 교육의 자주성 보장에 포함된 헌법상의 제도적 보장이라고 보았다.[38)]

허종렬은 교육자치를 '교육과 관련된 당사자들이 자주적인 조직과 기구, 의사결정의 방법에 의하여 교육을 해가는 것'이며 자치단위에 따라 중앙교육자치, 지방교육자치, 학교자치 등으로 구분할 수 있다는 입장이다. 종국적으로는 학교단위에서 실시되어야 하나, 교육자치가 학교자치인 것은 아니라는 입장이다. 그는 교육의 자주성, 전문성, 정치적 중립성보장을 목적 요소라 했고, 민주주의 · 지방자치 · 교육자주의 구현을 지도원리 요소라 칭했다.[39)]

다. 지방교육자치제도의 원리[40)]

교육자치제의 원리는 교육행정의 원리에 대한 논의와는 달리 지방자치와의 통합 문제와 직결되었기 때문에 교육행정학회 외에도 교육법학회, 헌법학회, 지방자치학회 등에서 그 근원 및 법적 근거에 대하여 다양한 관점에서 논의되기도 했다.

교육행정학계에서는 교육자치제의 근거 논의를 헌법보다는 교육행정의 원리에서 접근한다. 교육행정학계의 통설은 지방분권, 자주성존중, 주민통제, 전문적 관리 등 4대 원리였다. 1990년대 들어 연계 · 협력론을 어느 정도 수용한 바 있으나, 본질적으로는 일반행정과의 분리를 전제로 한 연계 · 협력 입장이다.

헌법학계의 지방교육자치제에 대한 통설은 헌법상 제도보장(§31④)에 근거한 것으로 본다. 구체적 보장 범위(기관 설치 및 선출방법)에 대하여는 헌법재판소 판례를 인용하면서 입법기관에 위임한 것으로 본다.[41)] 지방교육자치제도의 원리에 의하여 제도의 합법성 및 위헌성을 판단하는 것이 아니라, 국회에서 합법적인 과정을 거쳐서 결정된 것이라면 합헌이라는 것이다. 입법기관의 판단이 우선이라는 입장이다.

교육법학계의 통설은 앞서 살펴본바와 같이 헌법상의 교육의 자주성 · 전문성에 기반 한 교육자치와 헌법상의 지방자치가 결합된 제도로 보는 헌법조화론적 입장이다. 교육자치의 범위를 지방교육행정 영역의 지방교육자치제 뿐만 아니라 국가수준의 교육자치나 학교단위의 학교자치 영역으로 폭넓게 보는 것이 교육자치 이념에 부합된다고 본다.[42)]

지방자치학계의 통설은 지방교육자치제를 지방자치를 보장한 헌법에 근거한 것으로 보아 교육자치

38) 표시열(2008), 교육법, 박영사, 300－301면. 교육의 특수성에 대하여 "교육은 정치적 이해관계에 의한 근시안적 판단이 아닌 미래를 내다보는 백년대계의 계획이 필요하며, 일반 행정에서 강조하는 효율성 추구보다 개인의 인격적 발전을 강조하는 민주성이 강조되고, 명령 · 통일의 지시 위주의 타율보다 참여와 경험을 통한 자율이 강조되는 등이다"고 설명하고 있다(같은 책 300면 각주 6 인용).

39) 허종렬(2007), 개정 지방교육자치법의 위헌 요소 검토, 교육법학연구 19(2), 129－130, 132면.

40) 고전(2018), 한국 교육행정 · 교육자치제 원리 논의, 그 연원에 대하여, 교육행정학연구 36(2), 5, 25－27면.

41) 이를 입법형성론이라 칭하며 헌법학자들은 '교육자치'와 '지방교육자치' 용어를 혼용하여 쓴다. 고전(2017), 앞의 논문, 6면.

42) 고전(2017), 앞의 논문, 12면.

를 어디까지나 지방자치의 일환으로 상정한다. 이를 근거로 2007년 교육감 직선제 이후 줄곧 시·도지사에 의한 임명제 개정을 주장하고 있다.[43)]

위와 같이, 각각의 학문적 배경에 따라 교육자치제의 원리는 지방자치와의 관계 속에서 법적 근거와 입법정신에 대해 달리 해석하며, 제도보장 방식도 다르게 제안한다. 당연히 상위 원리인 교육행정의 원리에 근거할 것으로 예상되나 연구자에 따라서 헌법, 지방자치법, 교육기본법, 지방교육자치법 등 그 논거의 중점 역시 다르게 나타난다.

헌법재판소 역시 교육행정학계의 논의를 인용하여 지방교육자치의 기본원리로는 주민참여의 원리, 지방분권의 원리, 일반행정으로부터의 독립, 전눈적 관리의 원칙 등을 드는 것이 보통이다이라고 소개 한 바 있다(2000헌마283 · 778(병합)).[44)]

교육행정의 원리론은 강길수, 백현기, 김종철 1세대 교육행정학자들에 의해 소개되었고, 모트의 교육행정 원리에 뿌리를 두었으며, 구체적인 교육자치제의 원리는 일본의 교육위원회 논의와 같은 맥락이다. 그들은 미국의 교육행정학을 국내에 소개했고, 제국주의식 교육행정에서 미국식 민주주의 행정 전환을 인식했으며, 같은 미군정하 일본과 동시에 도입된 교육위원회제도의 의미를 같은 맥락에서 파악했다.[45)]

미국에 의하여 이식된 지방교육행정제도인 교육위원회 제도가 교육법(1949.12.31.)에 근거하여 실시되었지만 이에 대한 일반행정계의 폐지 · 통합 입장은 오늘날 까지 계속되고 있다. 중앙 내무행정으로부터 분리 · 독립에서 지방 일반행정으로부터 분리 · 독립으로, 지방자치와의 연계 · 협력으로 전환되어가면서 교육의 자주성 존중으로 안착되었다.

1991년 지방교육자치제도가 실시되면서 부터는 지방자치와 교육자치와의 관계 설정에 관한 논의가 본격화되기도 했다. 교육행정학자(특히 교육재정 전공자)[46)]들 사이에서는 재정운영의 효율성을 위해 '일반행정과의 상호협력'이라는 수정론이 제기되었다. 지방교육자치제에서 더 나아간 단위학교에서의 자치, 즉 학교자치를 교육행정과 교육자치제의 원천으로 삼는 교육법학적 관점도 소개되었다.

지방교육자치제 원리에 대한 통설은 지방분권의 원리, 주민통제의 원리, 자주성 존중의 원리, 전문적 관리의 원리로 요약할 수 있다. 지방분권의 원리와 민중통제의 원리는 지방자치의 이념 및 연원(단체자치와 주민자치)과 관련된 원리이고, 자주성 존중의 원리와 전문적 관리의 원리는 교육자치의 이념 및 특수성(교육의 자주성과 전문성)을 바탕으로 한 것이다.

---

43) 고전(2017), 앞의 논문, 6-7면.

44) 백현기(1958, 교육행정학, 을유문화사)가 교육의 자주성, 지방분권주의, 교육행정의 분리독립, 민주주의를, 김종철(1965, 교육행정이론과실제, 교학사)이 지방분권, 민중통제, 일반행정으로부터 분리독립, 전문적관리를, 윤정일(1996, 한국교육정책의 탐구, 교육과학사, 678)이 지방분권, 자주성존중, 주민통제, 전문적 관리 원리로 정착시킨바 있다.

45) 교육행정학연구회 발족보다 10년 앞선 1957년 강길수의 『敎育行政－韓國 敎育行政 民主化의 基礎』(풍국학원), 1958년 백현기의 『敎育行政學』(을유문화사) 그리고 1965년 김종철의 『敎育行政의 理論과 實際』(교학사)는 3대 고전(古典)이다. 강길수는 한국의 교육행정에 중국, 일본, 미국이 미친 영향을 검토하고 교육행정 조직 원리와 운영의 원리 등을 제시하였다는 점에서, 백현기는 모트의 교육행정의 원리를 적절히 한국의 상황에 맞도록 법규상의 원리와 교육실시 면의 원리로 나누어 제시하였다는 점에서, 김종철은 이들 원리를 보완하여 제시하였고 교육자치제도의 네 가지 논의 거점(據點)을 제시하였다는 점 등에서 각각 저술의 의의를 부여할 수 있다.

46) 대표적으로 김태완 외(1990), 앞의 보고서, 35면은 교육자치제의 원리로 '일반 행정과의 상호협력의 원리'를 추가하여 제시하기도 했다. 주요 방법으로는 지금까지 교육에 대해서 소극적인 입장에 있었던 지역주민과 주민이 선택한 지방의회와 지방자치단체장의 적극적인 참여 속에서 교육운영이 이루어져야 한다는 것이었다.

지방분권의 원리와 자주성 존중의 원리는 지방교육자치기관이 국가 및 지방자치단체의 기관에 대하여 갖는 권한의 위임 및 이양의 범위를 설정하는 준거가 된다. 민중통제의 원리와 전문적 관리의 원리는 권한 부여의 정당성 및 특수성의 근거가 되는 것이며, 행정의 능률성의 도모 차원에서 전면적 지방분권보다는 적도(適度; optimal balance)집권의 재조정이 강조된다.

이러한 지방교육자치제의 원리는 제도에 관한 입법을 추진하거나 판단함에 있어서 준거가 되고 지금의 지방교육자치 현실을 진단하는 척도가 된다. 헌법재판소 역시 교육행정학계에서 통용되는 지방교육자치제의 4대 원리를 수용하여 "지방교육자치는 '민주주의 · 지방자치 · 교육자주'라고 하는 세 가지의 헌법적 가치를 골고루 만족시킬 수 있어야 한다"고 판시(99헌바113)한 바 있는데, 각종 지방교육자치 관련 헌법재판에서 자주 인용되는 핵심 진술이다.

라. 지방교육자치제도의 전개과정

한국의 지방교육자치제도는 해방 후 도입되어 유보기를 거쳐서 1991년 지방자치가 본격 시행된 기점으로 본격화되는 전개과정을 거쳤다. 제2장에서 살펴본 법규사를 명목상의 교육자치 시기와 지방자치 시대의 교육자치로 나누어 정리하면 다음과 같다.

명목상의 교육자치 시기란 교육위원회 및 교육감제도는 있었으나, 지방자치가 실시되지 않은 관계로 형식적(추천 임명 방식 등)으로 행해지던 시기로 1991년 지방자치가 실시되기 전 단계를 말한다. 이 시기는 다시 교육자치 도입 · 시도기(해방 후－5.16 군사정변)와 지방교육자치 유보기(1962－1991)로 나누기도 한다.

「교육구 설치에 관한 법령」(1948.8.12.)과 「교육구회 설치에 관한 법령」이 공포되었으나, 3일뒤에 정부수립으로 미군정이 종식되어 폐기된 바 있다. 그러나 이때 논의되었던 미국식 교육위원회제도는 교육법(1949.12.31.) 제2장 '교육구와 교육위원회에 관한 규정'에 반영되어 이른바 미국식 교육행정이 시작되는 계기를 만들었다. 한국전쟁으로 지방의회 구성이 늦어져 1952년 6월에야 부산시교육위원회가 구성되었고, 남한의 17개 시교육위원회와 123개 교육구교육위원회가 구성된 바 있다. 그러나 1962년 5 · 16일 군사정변으로 교육위원회 및 교육감 제도는 폐지되고 일반 행정에 흡수 · 통합되기도 했다. 그간에 일반 행정계로부터 통합행정을 하여야 효율적이라는 이유로 교육자치 폐지론이 수차례 제기된 것과도 무관하지 않다. 폐지되었던 교육자치제는 1963년 이후 광역단위에 교육위원회를 두어 합의제 집행기관(지방의회는 의결기관)으로 부활되기는 하였으나 시 · 도 지방자치단체의 장과 교육감은 당연직 위원으로 하는 한편, 여타 교육위원은 문교부장관이 임명하였고, 교육감은 시 · 도의 추천을 받기는 했으나 사실상 중앙에서 지명하였다. 이른바 기구는 있었으나 자주적 의결과 집행이 보장되지 못한 형식적인 교육자치로서 지방교육자치는 유보기(1962－1991)를 거쳤다.

다음으로 1991년 지방자치 실시와 더불어 교육자치 또한 변화되었다. 1991년 교육법의 교육위원회 및 교육감 조항을 분리하여 별도의 '지방교육자치에 관한 법률'이 제정되었다. 당시 교육위원회는 합의제 집행기구에서 합의제 심의 · 의결기구로 하였고, 교육감은 교육위원회에서 무기명 선출되도록 했다. 1995

년 개정에서는 교육위원의 피선 경력연수를 15년에서 10년으로, 교육감의 경우에는 20년에서 15년으로 조정했다. 이어 1997년 개정에서는 학교운영위원회 선거인(97%)과 교원선거인(3%)에 의해 교육위원 및 교육감을 선출토록 하였고, 교육감의 피선 경력연수를 5년으로 대폭 하향 조정했다. 1998년 개정에서는 교육위원 정수를 7－25인에서 7－15인으로 조정하였고, 선거 기탁금 제도를 도입하기도 했다. 2000년 개정에서는 학교운영위원회위원 전원으로 교육위원, 교육감선거인단 구성하였다.

풀뿌리 학교자치의 상징으로 여겨지던 학교운영위원회 전원으로 교육자치의 위임형 심의 · 의결기구인 교육위원회 위원을 선출하고, 지방자치단체장으로부터 독립된 집행기구인 교육감을 선출하도록 한 것은 지방교육자치제를 학교자치에 기초토록 하였다는 점에서 매우 독특한 시도였다. 그러나 작은 선거인단을 대상으로 한 선거 부작용과 과도한 선거운동에 대한 문제점은 몇 번의 헌법재판을 거치기도 했다. 교육위원 및 교육감 선거를 앞두고 학교운영위원회 위원선거가 과열되기도하고, 일선학교 교장이 학교운영위원회를 통해 부적절한 선거운동을 하거나 지역위원으로 진출한 교육청 직원이 직 · 간접적으로 교육감선거에 영향을 미치는 등 문제점이 노정되었다.

2006년에는 교육위원회에 또 다른 변화가 있었다. 특별자치도를 도입한 제주도에 기존의 교육위원회를 지방의회 내 상임위원회로 통합하는 대신, 위원회는 지방의원 4인과는 별도로 주민직선으로 선출된 교육의원 5인으로 구성토록 하는 것이었다. 여전히 교육의원의 피선자격의 경우 과거와 같이 교육 또는 교육행정경력 10년 이상을 요구하였다가 나중에 5년 이상으로 축소하였다.

2007년부터는 학교운영위원회 간선방식의 교육감 선거제도를 주민직선으로 바꾸었는데 그 첫 시도가 부산교육감 선거였다. 그러나 단독으로 치루어진 선거에는 주민의 15.3%만이 투표에 참여하는 모습을 보였다. 2007년 연말에 대통령선거와 같은 날 치루어진 교육감선거는 투표율은 자연히 확보되었으나 모든 후보가 대통령과 같은 기호 2번이 당선되어 정치적 중립과는 거리가 먼 '묻지마 투표'가 되기도 했다.

그러나 최초로 주민직선에 의한 교육감제가 도입된 것은 교육행정 집행기구에 대한 주민통제 원리가 강화된 것을 의미하며, 교육 및 교육행정 경력자로 입후보를 제안한 결과 십수년 이상의 경력자들이 주로 당선되어 경력 면에서는 교육행정의 전문성을 담보하는 성과도 있었다. 그러나 선거운동이 제한된 상황 하에서 퇴직 교육계 원로나 교육청 간부들이 주로 출마하여 독점하는 경향이 나타났고, 현직 교육감 불패라는 부작용도 나타났다.

2010년에는 지방선거와 동시에 교육의원 및 교육감 선거가 실시되었다. 여전히 시 · 도지사 선거에 가려서 주민들로부터 관심을 끌지 못한 선거가 되었다. 동시에 제주도에서 2006년 시범 실시에 들어간 교육의원제를 기반으로 한 지방의회 통합형 교육의원선거는 선거를 수개월 앞둔 시점에서 2014년 까지만 존속키로 정치적으로 타협을 봄으로서, 제주특별자치도를 제외한 15개 시 · 도(나중에 세종시 추가 16개 시 · 도)에서는 1회만 실시하고 폐기되었다.

그 결과 2014년 이후 지방교육자치제도는 집행기구인 교육감 제도와 일반 지방의원들로만 구성된 도의회 교육위원회를 의결기구로 한 반쪽 지방교육자치제도가 실시되기에 이르렀고, 제주특별법에 근거한 교육자치만이 과반수의 교육의원 선거를 치루는 방식으로 유지되었다.

그러나 2022년 국회에서는 제주특별법 개정을 통하여 제주도 교육의원마저도 그 존속기간을 2026

년 6월로 일몰시키는 법안이 통과되어 지금에 이르게 되었다.

마. 현행 지방교육자치제도

(1) 현행 지방교육자치제 개관

앞서 살펴본 바와 같이 한국의 지방교육자치제도의 이념적 근거는 헌법 제31조 제4항(교육의 자주성, 전문성, 정치적 중립성 보장)에 둘 수 있고, 방법적 근거는 헌법 제117조와 제118조의 지방자치의 보장에 둔다. 최근 개정된 교육기본법 제5조[47]는 국가로 하여금 지방자치단체의 교육에 관한 자율성을 존중할 의무를 추가하였고, 지역 실정에 맞는 교육을 실시하기 위한 시책을 수립·실시할 의무를 국가와 지방자치단체 공동의 책임으로 하면서, '학교와 소관 사무'에 관한 지방교육자치제의 도입을 예정하고 있다

지방자치법 역시 교육·체육·문화·예술의 진흥을 지방자치단체의 고유사무로 규정(§13②5) 하면서, 집행기관으로서 지방자치단체의 장, 보조기관(부지사·부시장·부군수·부구청장), 소속행정기관(직속기관, 사업소, 출장소, 합의제행정기관, 자문기관), 하부행정기관(구청장, 읍장, 면장, 동장) 등과는 달리 별도로 교육·과학 및 체육에 관한 기관(제5절 §135)을 두어 지방자치단체의 교육·과학 및 체육에 관한 사무를 분장하는 별도 기관을 두도록 하고 있으며(§135①), 이 기관의 조직과 운영에 필요한 사항은 따로 법률로 정하도록 하였는데(§135②), 지방자치법학자들은 이것이 지방교육자치법이라는 것이다.

생각건대 지방교육자치법 제1조(목적)는 "이 법은 교육의 자주성 및 전문성과 지방교육의 특수성을 살리기 위하여 지방자치단체의 교육·과학·기술·체육 그 밖의 학예에 관한 사무를 관장하는 기관의 설치와 그 조직 및 운영 등에 관한 사항을 규정함으로써 지방교육의 발전에 이바지함을 목적으로 한다"고 규정하였으므로 이 법은 교육기본법 제5조와 지방자치법 제135조의 내용을 모두 반영하고 있다 할 것이다.

또한, 지방교육자치법은 지방자치단체의 교육·과학·기술·체육 그 밖의 학예(이하 '교육·학예')에 관한 사무는 특별시·광역시 및 도(이하 '시·도')의 사무로 하여 관장영역을 명확히 하였다(§2). 지방자치법과의 관계에 대하여는 지방자치단체의 교육·학예에 관한 사무를 관장하는 기관의 설치와 그 조직 및 운영 등에 관하여 이 법에서 규정한 사항을 제외하고는 그 성질에 반하지 아니하는 범위에서 지방자치법의 관련 규정을 준용하며, 이 경우 지방자치단체의 장 또는 시·도지사는 교육감으로, 지방자치단체의 사무는 지방자치단체의 교육·학예에 관한 사무로, 자치사무는 교육·학예에 관한 자치사무로, 행정안전부장관·주무부장관 및 중앙행정기관의 장은 교육부장관으로 본다(§3).

---

47) 교육기본법 제5조(교육의 자주성 등) ① 국가와 지방자치단체는 교육의 자주성과 전문성을 보장하여야 하며, 국가는 지방자치단체의 교육에 관한 자율성을 존중하여야 한다. ② 국가와 지방자치단체는 관할하는 학교와 소관 사무에 대하여 지역 실정에 맞는 교육을 실시하기 위한 시책을 수립·실시하여야 한다.

표 6-4 한국의 지방교육자치제도 개요

구 분		현 황
교육자치 형태		지방자치 연계형 지방교육자치제 독임제 집행기구 교육감(주민직선) + 지방의회통합형 교육위원회(주민직선 지방의원)
실시 단위		전국 17개 시·도 광역단위(시군구 교육지원청은 하급교육행정기관 – 임명직) (특례: 제주특별자치도(2006.7), 세종특별자치시(2012.7), 강원특별자치도(2023.6))
교육위원회	성격	지방의회 내 상임위원회로서 교육·학예에 관한 심의·의결기구
	구성	시·도 의회 일반 지방의원으로 구성(2014년 교육의원 일몰제 시행, 제주는 2026년 일몰제 실시) (15개 시도 2010 – 2014 교육의원 과반수, 제주도는 2006 – 2026 교육의원 과반수제 실시)
	임기	4년(지방의회의원은 임기제한 없음)
	상임위원장	위원 간에 호선함(제주도의 경우 교육의원이 상임위원장을 맡는 관례)
교육감	선출 방식	지방선거시 주민 직접선거를 통하여 선출(최초 2007년 2월의 부산광역시교육감 선거)
	자격	시·도지사의 피선거권이 있는 자로서 비정당원(1년 이내), 선거기탁금은 5,000만원, 교육경력 또는 교육행정경력이 3년 이상(양경력 합산 가능) 일 것(제주도는 5년)
	임기	4년. 교육감의 계속 재임은 3기에 한함
	성격	독임제 집행기관

주: 제주특별자치도에서 2006년부터 실시되어 온 교육의원제도는 2026년까지만 유효하다.
세종특별시는 출범(2012.7) 당시 교육의원 선거를 실시하지 않고 기존 지방의원으로 교육위원회를 구성하였다. 교육감 당선자 성향(보수:진보) 2014(4:13), 2018(3:14), 2022(8:9)

한국의 지방교육자치의 역사는 중앙으로부터는 교육부로부터 교육분권을 확대해온 역사였다면, 지방에서는 지방자치단체로부터 분리·독립의 원칙에 따라 독임제의 교육행정을 펴온 역사였다. 또한 지방의 의결기구로서 위임형 심의기구이긴 하였으나 별도의 교육위원회를 두어 교육전문가에 의한 의사결정이 존중되던 체제를 유지하여 왔다.

그런데 그 원칙은 2010년 9월 1일부터 기존의 교육위원회가 지방의회 내 상임위원회로 통합되는 변화를 겪었다. 물론, 제주특별자치도는 이러한 시도를 2006년에 먼저 단행했는데 명분은 특별자치도에 걸맞는 고도의 교육분권을 한다는 것이었고, 교육의원 제도도 그러한 취지였다. 그러나 약속과는 달리, 육지의 경우 1회 실시로 마감되었고, 집행기구만이 남는 반쪽 지방교육자치제가 되었다. 그 결과 지방교육자치법의 교육위원회 장(§4 – 17)이 모두 삭제되고, 관련된 사항은 각 시·도의회 운영에 관한 조례에 따라 위임 전결을 포함한 중요사항이 맡겨졌다는 것이다.

이른바 교육의원 일몰제 적용에 따라 지방교육자치법에 교육위원회 조항은 효력을 잃게 되었다. 그 결과 제주도를 제외한 16개 시·도는 각 지역의 지방의회 구성 및 운영에 관한 조례에 따라서 교육위원회를 구성하게 되었다. 2014년 7월 당시 모두 교육위원회라는 명칭의 상임위원회를 개설하였는데, 구성원은 과거처럼 교육의원이 과반수였던 것과는 달리 전원 일반 지방의원으로 채워지게 되었고, 이전보다 교육위원회 위원수도 다소 감소하는 경향을 보였다.

더욱 우려스러운 것은 제주특별자치도에서는 시민단체로부터 교육의원제는 헌법소원을 제소당했으나 그 목적의 정당성이 인정되고 기각되기도 했다. 이어 타 지역구 의원주도의 의안 발의를 통해 2022년 국회에서 발의되어 일반 지방의원 의석수 증가와 병합심리 한 후 2026년부터 제주특별자치도마저 교육의원제를 실효토록 법이 개정되고 말았다.

그러나 헌법에 기초한 지방교육자치제도와 제주특별법에 근거한 고도의 교육분권을 표방하는 특성을 고려할 때, 제주특별자치도에서의 교육의원제도는 헌법적으로 존재의의를 갖는 제도임에 명확하다. 제주특별법상의 고도의 교육분권을 위해서는 독임제 집행기관과 더불어 의결기관의 구성에 있어서 교육의 전문성과 주민대표성 간의 조화를 이루고자 하였던 교육·교육행정 경력자 과반수 선거 방식은 충분한 의의를 갖는다.

여러 헌법재판 결과가 인정하듯, 지방교육자치제도상의 교육의원 선거방법 및 입후보요건 등은 과잉되거나 본질적 기본권을 침해하지 않는다면 입법부에 맡겨진 형성권의 문제이다. 따라서 교육의원 선거 관련 입법 개정은 입법부의 재량으로 가능한 것으로, 드러난 문제점을 이유로 이를 폐지하는 것은 교육자치의 본질적 가치를 훼손하는 것이다.

따라서, 이번의 교육의원 폐지 개정은 교육전문가 집단을 의결기구에서 완전 배제하였다는 점에서 교육의 전문성과 자주성 보장을 입법 예고한 헌법정신에 충실치 못한 개정이며, 지역현안임에도 교육의원 및 교육계 의견을 도외시한 채, 중앙 정치에 의해서 일방적으로 개정되었다는 점에서 절차적 정당성에 심각한 하자를 드러냈다.

지방교육자치제도 원리 측면에서 볼 때, 교육의원제도는 전문적 관리와 주민통제 및 일반인에 의한 통제 간의 균형을 이루는 제도이며, 수정원리인 효율·균형의 원리에도 부합한다. 폐지될 경우 전원 일반 지방의원들로만 교육위원회가 구성되어 주민통제의 원리에만 충실할 뿐, 전문적 관리나 교육감 견제는 어려워질 것이다.

개정 당시 4년 뒤로 한 것은 이미 제주특별자치도 지방선거에서는 다수의 교육의원 후보가 6월에 있을 지방선거에 등록된 상태였기 때문이다. 그 결과 2022년에도 5인의 교육의원을 주민직선으로 선출하였고, 4인의 일반 지방의원을 포함시켜 예전과 동일하게 9인으로 교육위원회를 구성하였다.

사실적 실효성 측면에서 본 2006－2022년 사이 교육의원의 선거 결과는, 60대 남성의 교육관료 출신이라는 편포를 드러냄으로서 여성교사 및 평교사나 학부모 등 교육계의 다양한 의견 수렴을 어렵게 만드는 한계를 드러냈고, 교육의원 선거의 무효표는 도지사의 2－3배에 이르러 교육의원 제도에 대한 도민의 낮은 체감도를 확인하였다.

특히, 2022년 선거에서는 무투표 당선이 예비후보의 당적 관련 탈락으로 1곳에 불과하였지만 2018년에는 5곳 중 4곳이 무투표로 당선된 것은 교육의원제 폐지의 결정적 빌미를 제공했다. 무투표의 당선의 원인에 대한 진단을 통해서 문제를 해결하여야 한다.

표 6-5 제주특별자치도 교육의원 선거(2006-2022) 결과

선거	경쟁률 (후보수)	당선자 평균득표율	당선 성별	평균 연령	당선자 주요 경력	당선자 근무지	재선 및 3선
2006	2.8:1 (14명)	43.97% (5개 선거구)	전원 남자	60.0	교장 및 전문직(4) 교수(제주교총회장)(1)	초등(1) 중등(3) 대학(1)	1명 재선 (교육위원→ 교육의원 당선)
2010	2.4:1 (12명)	50.52% (5개 선거구)	전원 남자	58.8	교장 및 전문직(3) 교육장(1) 교사(전교조지부장)(1)	초등(2) 중등(3)	없음 (5명 초선)
2014	2.0:1 (10명)	51.56% (3개 선거구)	전원 남자	62.6	교장 및 전문직(4) 현교육의원(교육장)(1)	초등(2) 중등(3)	1명 재선 (무투표)
2018	1.2:1 (6명)	54.67% (1개 선거구)	전원 남자	65.2	교장 및 전문직(2) 현교육의원(교장)(2) 현교육의원(교육장)(1)	초등(3) 중등(2)	2명 재선(무투표) 1명 3선, 2명 초선 (총 4명 무투표)
2022	1.8:1 (9명)	56.30% (4개 선거구)	남 4 여 1	62.2	교장 및 전문직(2) 교육장(1) 교감 및 전문직(1) 현교육의원(교장)(1)	초등(3) 중등(2)	1명 재선(무투표) (4명 초선)
전체	평균 2.04:1 (총 51명)	평균 51.40%	남 24 여 1	61.8	교장 및 전문직(19), 교육장(3), 교사(전교조지부장)(1), 교수(1) 교감 및 전문직(1)	초등(11) 중등(13) 대학(1)	총 재선: 5건 총 3선: 1건 총 무투표: 6건

주: 무투표 당선 2014년 1곳, 2018년 4곳, 2022년 1곳임. 2006년 재선은 현직 교육위원 당선
서귀포 동부선거구의 3선 의원(초등교장 및 교육장 출신)은 무투표 당선 2회
2022년 유일 무투표 재선은 다른 예비등록 후보자의 정당경력으로 후보등록 무효처리 이유

그동안 2006년 이후 실시되어온 제주 교육의원제의 성과에 대한 학술적 논의는 충분치 못했고, 한국교육학회가 2021년에 이르러 『제주 교육자치, 15년의 성과와 과제, 발전방안 연구』(나민주 · 고전 · 김용 · 차성현) 보고서를 낸 바 있다.

한편, 2026년까지 유지될 예정인 제주특별자치도법상 규정된 교육위원회의 의결 사항[48]은 다음과 같다.

제주특별법 제68조(교육위원회의 의결사항) ① 교육위원회는 제주자치도의 교육 · 학예에 관한 다음 각 호의 사항을 심의 · 의결한다. 1. 조례안 2. 예산안과 결산 3. 특별부과금 · 사용료 · 수수료 · 분담금 및 가입금의 부과와 징수에 관한 사항 4. 공채(公債) 모집안 5. 기금의 설치 · 운용에 관한 사항 6. 도조례로 정하는 중요재산의 취득 · 처분에 관한 사항 7. 도조례로 정하는 공공시설의 설치 · 관리 및 처분에 관한 사항 8. 법령과 조례에서 정한 사항을 제외한 예산 외 의무부담이나 권리의 포기에 관한 사항 9. 청원의 수리와 처리 10. 외국 지방자치단체와의 교류협력에 관한 사항 11. 그 밖에 법령

48) 지금은 삭제된 지방교육자치법상의 교육위원회의 의결사항도 이와 동일했다(제6호 및 제7호는 도조례가 아닌 대통령령, 기타 도조례는 시 · 도조례로, 도지사는 특별시장 · 광역시장 · 도지사로 적용했었음).

과 도조례에 따라 그 권한에 속하는 사항

② 제1항 제5호부터 제11호까지의 사항에 대한 교육위원회의 의결은 도의회 본회의의 의결로 본다.

③ 교육위원회 위원장은 교육위원회가 제1항 제5호부터 제11호까지의 사항 중 다음 각 호의 어느 하나에 해당하는 의안을 의결하기 전에 미리 도지사의 의견을 들어야 한다.

1. 주민의 재정적 부담이나 의무부과에 관한 조례안 2. 제주자치도의 일반회계와 관련되는 사항

16개 시·도의회 내의 교육위원회의 의결사항에 대하여 본회의 의결로 보는 위임형 의결기능을 두는지의 여부는 16개 시·도의회 내의 의회 운영에 관한 조례에 정하는 바에 따르고 있다. 2026년 제주특별법상의 교육의원제 일몰제 적용시 제주특별자치도 역시 교육위원회의 의결사항은 의회 운영에 관한 조례로 전결 여부를 정하게 될 예정이다.

(2) 교육감의 사무 관장

지방교육자치법상 교육감은 교육·학예에 관한 다음 각 호의 사항에 관한 사무를 관장한다(§20).

1. 조례안의 작성 및 제출에 관한 사항
2. 예산안의 편성 및 제출에 관한 사항
3. 결산서의 작성 및 제출에 관한 사항
4. 교육규칙의 제정에 관한 사항
5. 학교, 그 밖의 교육기관의 설치·이전 및 폐지에 관한 사항
6. 교육과정의 운영에 관한 사항
7. 과학·기술교육의 진흥에 관한 사항
8. 평생교육, 그 밖의 교육·학예진흥에 관한 사항
9. 학교체육·보건 및 학교환경정화에 관한 사항
10. 학생통학구역에 관한 사항
11. 교육·학예의 시설·설비 및 교구(敎具)에 관한 사항
12. 재산의 취득·처분에 관한 사항
13. 특별부과금·사용료·수수료·분담금 및 가입금에 관한 사항
14. 기채(起債)·차입금 또는 예산 외의 의무부담에 관한 사항
15. 기금의 설치·운용에 관한 사항
16. 소속 국가공무원 및 지방공무원의 인사관리에 관한 사항
17. 그 밖에 해당 시·도의 교육·학예에 관한 사항과 위임된 사항

위의 17가지 권한 이외에 교육감이 갖는 가장 막강한 권한은 당해 지역 교장·교감·교사에 대한 인사권을 대통령 및 장관으로부터 위임받아 행사하고 있으며, 직원에 대한 인사권 역시 교육감의 핵심적인 권한에 속한다.

다만, 위와 같은 광범위한 인사권한을 두고 '제황적 교육감'이라는 논평이 있지만, 장관 및 시·도지사와의 관계에서 교육분권 및 동등한 주민대표성 측면에서 개선되어야 할 점도 적지 않다. 즉, 권한 면에서는 위의 17개 권한 사항은 학교운영위원회에 의해 간접 선출되던 교육감 시기의 것과 동일하여 동일한

지방선거 날에 교육행정에 대하여 시 · 도지사와 대등한 주민대표성과 그에 따르는 민주적 정당성을 확보하였지만 권한은 그에 비례하지 못한 상태이다.

특히, 특별자치를 행하는 특별법에서 교육에 관한 법률안 의견 제출권이 부여되어 있지 않아 제주특별자치도의 경우 교육에 관한 특례에 대하여 도청 및 도지사가 이를 좌우하여왔다. 교육감의 주민대표성에 대응한 권한을 부여하는 것이 통치기구 구성의 기본원리에 부합하는 일이다.

(3) 교육감의 보조기관(시 · 도교육청) 및 하급교육행정기관(교육지원청)

지방교육자치법 제30조(보조기관)에 따르면, 교육감 소속하에 국가공무원으로 보하는 부교육감 1인(인구 800만명 이상이고 학생 150만명 이상인 시 · 도는 2인)을 두되, 대통령령으로 정하는 바에 따라 국가공무원법 제2조의2의 규정에 따른 고위공무원단에 속하는 일반직공무원 또는 장학관으로 보한다. 부교육감은 해당 시 · 도의 교육감이 추천한 사람을 교육부장관의 제청으로 국무총리를 거쳐 대통령이 임명하며 교육감을 보좌하여 사무를 처리한다. 부교육감 2인을 두는 경우에 그 사무 분장에 관한 사항은 대통령령으로 정한다. 이 경우 그중 1인으로 하여금 특정 지역의 사무를 담당하게 할 수 있다.

또한 제30조 제5항은 교육감 소속하에 보조기관을 두되, 그 설치 · 운영 등에 관하여 필요한 사항은 대통령령으로 정한 범위 안에서 조례로 정하도록 하고 있는 바, 이것이 이른바 시 · 도교육청의 조직 근거이다. 시도 교육청 조직을 규정한 지방교육행정규정에 대하여는 앞서 살펴본 바와 같다. 교육감은 이러한 보조기관을 설치 · 운영함에 있어서 합리화를 도모하고 다른 시 · 도와의 균형을 유지하여야 한다(§30⑥).

이어 지방교육자치법 제34조(하급교육행정기관의 설치 등)에 따르면, 시 · 도의 교육 · 학예에 관한 사무를 분장하기 위하여 1개 또는 2개 이상의 시 · 군 및 자치구를 관할구역으로 하는 하급교육행정기관으로서 교육지원청을 둔다. 이에 따라 기존의 교육청은 2010년 9월부터 ○○교육지원청으로 개칭되었다.

교육지원청의 관할구역과 명칭은 대통령령으로 정하도록 하고 있는데, 교육지원청에 교육장을 두되 장학관으로 보하고, 그 임용에 관하여 필요한 사항은 대통령령으로 정한다. 교육지원청의 조직과 운영 등에 관하여 필요한 사항은 대통령령[49]으로 정한다. 2022년 현재 전국에 176개의 교육청과 교육장을 두고 있다. 제주특별자치도의 경우는 2개의 행정시에만 교육지원청을 두고 있으며, 주민 및 학생기준이 아닌 제주특별자치도조례로 정하도록 되어 있어서 다소 큰 교육지원청 체제를 유지하고 있고, 교육장을 임명할 때 후보자를 공개모집할 수 있고 이를 조례로 정하도록 하고 있다(제주특별법 §80(교육지원청에 관한 특례)).

지방교육자치법 제35조(교육장의 분장 사무)에 따르면, 교육장은 시 · 도의 교육 · 학예에 관한 사무 중 ① 공 · 사립의 유치원 · 초등학교 · 중학교 · 고등공민학교 및 이에 준하는 각종학교의 운영 · 관리에 관한 지도 · 감독과 ② 그 밖에 조례로 정하는 사무를 관장한다.

---

49) 지방교육행정규정 제11조(교육지원청 기구의 설치기준 등) ① 교육지원청 국 · 과(담당관) · 센터의 설치 및 국장 · 과장(담당관) · 센터장의 사무 분장은 해당 시 · 도의 교육규칙으로 정하되, 국 · 과(담당관) · 센터의 설치기준 및 국장 · 과장(담당관) · 센터장의 직급기준은 별표 3에 따른다. ② 제1항에도 불구하고 교육지원청에 설치하는 국 · 과의 명칭은 국은 지원관으로, 과는 팀으로 각각 달리 정할 수 있으며, 이 경우 이 영을 적용할 때 국 · 과로 본다.
제12조(직속기관 등의 하부조직 설치) ① 법 제32조에 따라 설치되는 직속기관과 교육지원청 소속 기관의 조직과 공무원의 직급은 시 · 도 교육청 간의 균형이 유지되도록 하여야 한다. ② 직속기관과 교육지원청 소속 기관의 장의 직급, 하부조직 및 그 사무분장에 관한 사항은 해당 시 · 도의 조례 또는 조례의 위임에 따른 교육규칙으로 정한다.

다만, 제주특별자치도의 경우 교육장(제주시·서귀포시)은 위의 규정에도 불구하고 위에서 정한 사무 외에 고등학교의 운영·관리에 관한 지도·감독에 관한 사무도 위임받아 수행할 수 있다(제주특별법 §81).

바. 지방교육자치제도의 변화와 대응

(1) 일반자치와 교육자치간의 통합 노력 의무와의 부조화

지금까지 지방교육자치에 대한 개선은 교육위원 및 교육감 선출방법에 관한 것들이 주를 이루었다. 노무현 정부의 지방분권 추진 정책의 일환으로 지방교육자치제도 역시 제도 개혁이 활발하게 논의되었다. 그 기본 방향 및 원칙은 「지방분권특별법」(2004.1.16.)에 선언되었는데 이후 지방교육자치제도 변화의 키워드를 제시하고 있다. 이 법 제 제10조(특별지방행정기관의 정비 등)에서는 "국가는 특별지방행정기관이 수행하고 있는 사무중 지방자치단체가 수행하는 것이 더 효율적인 사무는 지방자치단체가 담당하도록 하여야 하며, 새로운 특별지방행정기관을 설치하고자 하는 때에는 그 기능이 지방자치단체가 수행하고 있는 기능과 유사하거나 중복되지 아니하도록 하여야 한다(제1항)"고 하면서 "국가는 지방교육에 대한 지방자치단체의 권한과 책임을 강화하고, 지방교육에 대한 주민참여를 확대하는 등 교육자치제도를 개선하여야 한다(제2항)"고 규정하였다.

문제는 이후 이명박 정부에 들어서 주민참여형 교육자치 미션을 지방자치와 교육자치를 통합하는 방향으로 선화하는 입법으로 전환 시켰다. 즉 「지방행정체제 개편에 관한 특별법」(2010.10)에서 지방분권의 강화(제3절) 차원에서 제40조를 통해 국가에게 교육자치와 지방자치의 통합을 위하여 노력할 의무를 부과하고 교육자치 실시의 근거 규정까지 새로 두었다. 그러나 그 규정후 10여 년이 지나도록 국가의 통합 노력의 성과는 확인하기 어렵고 기존의 교육자치제의 근거법인 지방교육자치법은 이 규정과 무관하게 그대로 존속되고 있고, 오히려 교육부는 지방교육자치강화추진단을 통해 교육자치를 강화하였다. 그럼에도 이 통합 노력 의무 규정 등은 박근혜정부의 「지방분권 및 지방행정체제에 관한 특별법」(2013.5) 제12조(특별지방행정기관의 정비등)로 옮겨져 규정되었고, 이어서 문재인 정부의 「지방자치분권 및 지방행정체제 개편에 관한 특별법」(2018.3)(통상 지방분권법으로 약칭) 제12조[50]에 그대로 존속하고 있다. 지방교육자치제도는 헌법상의 교육의 자주성 및 전문성 보장과 지방자치 보장이라는 헌법조화적 해석에 따를 때, 국가에게 통합 노력 의무를 지우는 것은 각 정권의 교육정책을 헌법정신보다 우위에 놓는 것이며 70년 교육자치 제도사와의 단절을 의미한다. 앞서 살펴본 바와 같이 헌법조화론적 입장에 교육자치제도의 근거는 헌법의 교육조항에서 규정하는 것이 가장 바람직하다 할 것이나, 헌법 개정이 쉽지 않으므로, 우선 헌법 개정 전까지는 교육제도의 기본 원칙을 정한 교육기본법에 그 근거를 두게 개정하는 것이 차선책이라고 본다. 교육기본법 제5조(교육의 자주성등) 개정을 통하여, 국가교육위원회 및 지방교육자치제도의 법적 근거를 신설하고 그리고 학교운영의 자율성 보장 원칙에 지역주민의 참여 보장을 보완할 필요가 있다.[51]

---

50) 지방분권법 제12조(특별지방행정기관의 정비 등) ② 국가는 교육자치와 지방자치의 통합을 위하여 노력하여야 한다. ④ 교육자치와 자치경찰제도의 실시에 관하여는 따로 법률로 정한다.

51) 고전(2021), 지방분권법상 국가의 교육자치와 지방자치 통합 노력 의무 규정등의 타당성과 입법과제, 교육행정학연구 39(4), 132, 150－152면. 개정안에 대하여는 고전(2018), 헌법정신 관점에서의 교육기본법 개정 논의, 교육법학연구 30(1), 1－27면 참고.

한편, 지방자치단체(시도지사)와 교육행정기관간(교육감)간의 협력 체제를 구축하기 위하여 지방교육행정협의회를 구성토록하고, 교육감간의 협의체를 구성토록 함과 아울러 협의체에 일정한 권한과 역할을 부여하여 자치단체간의 조화와 협력 관계를 개선토록 개정한바 있다. 다만, 그간의 활동으로 보아 이러한 협의체로는 두 단체장 간의 실질적인 법적 역할분담을 이끌어내는 것에는 한계가 있는 것으로 판단된다.

(2) 주민 참여형 지방교육자치의 개선과 선거 현안에의 대응

그동안 교육위원 및 교육감 선출방법과 관련하여서는 학교운영위원회 전원으로 구성된 교육감 · 교육위원선거인단을 통한 간접선출방법으로는 부정 · 비리 발생이 발생하기 쉽고 주민대표성이 미흡하다는 문제점이 많이 지적되었다. 이에 2006년 제주특별자치도 출범과 더불어 주민직선형 교육의원선거가 5 · 31 지방선거와 함께 실시되었고(교육감 선거는 2007년 12월에 대통령선거와 동시실시), 2006년 12월 법 개정을 통하여는 교육감 주민직선제가 15개 시도에 즉시 도입되었고, 2010년에는 교육의원 주민직선제가 처음 실시되었다.

그러나 부산 교육감 선거의 경우 단독으로 선거를 치룬 결과 15.3%라는 낮은 투표율로 인하여 주민통제의 원리를 실현한다는 주민 직접선거의 취지를 살리지 못하였다.

한편, 교육위원 및 교육감의 자격요건에 일정 교육경력을 요구하는 것에 대하여도 공무담임권 및 평등권을 침해 받았다는 이유로 몇 건의 헌법소원이 제기되었으나 기각된 바 있다.

(3) 교육의원 일몰제에 대응한 교육감의 자치입법권의 강화

앞서 살펴본바와 같이 2026년에는 제주특별자치도 교육의원 선거가 실시되지 않음으로서 한국의 지방교육자치제도는 '교육감'이라는 집행기구 이외에는 없는 반쪽 교육자치로 남게 되었다. 주민통제의 원리와 전문적 관리간의 균형이 유지되기 어려운 상황인 것이다.

지방 정가에 의하여 지방의 현안들이 좌우되는 상황에 대응하여 주민직선으로 선출된 교육감에게는 도지사가 갖는 자치입법권에 준하는 교육자치 입법권이 역할분담 되어야 할 것이다. 특히, 교육자치를 특별자치의 중요한 축으로 규정한 제주특별법의 정신을 고려할 때, 제주특별자치도 교육감에게는 제주특별자치도 교육 · 학예와 관련된 법률법안에 대하여는 도지사와 동일한 법률안 의견 제출권이 보장되어야 한다.

현재 제주특별법 정부입법안은 총리실 산하 제주특별자치도지원위원회 심의를 받고, 도지사의 개정안은 도청 특임팀에 의해 성안되며 도의회 동의(2/3)를 거쳐 총리실의 제주특별자치도지원위원회에 제출된 후 국무회의를 거쳐 정부입법안으로 상정된다. 그러나, 교육감에게는 의견 제출권조차도 주어지지 않은 것이 현실이다. 이는 학교운영위원회 간선방식의 교육감 시절에 성안되었던 규정으로서 주민직선제하의 교육감에게 걸맞도록 그 대표성이 부여되어야 한다는 뜻이다.

표 6-6 교육감의 제주특별법 의안 제출권 부여 방안

현 행	개 정 안
제주특별법 제19조(법률안 의견 제출 및 입법반영) ① 도지사는 도의회 재적의원 3분의 2 이상의 동의를 받아 제주자치도와 관련하여 법률에 반영할 필요가 있는 사항에 대한 의견을 지원위원회에 제출할 수 있다. <후단 신설> ⑤ 지원위원회는 제4항에 따라 통보받은 검토결과를 심의하여 그 심의결과를 도지사와 관계 중앙행정기관의 장에게 통보하여야 한다.<후단 신설>	제주특별법 제19조(법률안 의견 제출 및 입법반영) ① 도지사는 도의회 … 제출할 수 있다. 다만, 제주특별자치도교육청과 관련하여 법률에 반영할 필요가 있는 사항은 교육감이 이를 행한다. ⑤ 지원위원회는 … 통보하여야 한다. 다만, 교육감이 제출한 사항에 대하여는 교육감에게 통보하여야 한다.
특별법시행령 제2조(제주특별자치도 지원위원회의 구성) 2. 제주특별자치도 도지사	특별법시행령 제2조(제주특별자치도 지원위원회의 구성) 2. 제주특별자치도 도지사 및 교육감

주: 20대 국회 강창일의원안(교육감이 의견을 제출할 수 있다)은 회기만료로 폐기됨
특별법시행령 제5조 실무위원회 위원회에는 부교육감을 추가개정 병행추진
출처: 한국교육행정학회(2022), 제주 교육자치 15년의 성과와 과제, 발전방안 연구, 207면.

28설 지방교육자체제: 독임제 집행기관(교육감) + 지방의회통합형 교육위원회제(교육의원 일몰제)

4. 교육세법 및 교육재정 관련 법규

가. 교육재정 관련 기본사항 법률주의

교육재정은 헌법 규정사항이기도 하다. 헌법 제31조 제6항에서 교육재정에 관한 기본사항 법률주의를 선언하고 있다. 즉, "학교교육 및 평생교육을 포함한 교육제도와 그 운영, 교육재정 및 교원의 지위에 관한 기본적인 사항은 법률로 정한다"고 하였다. 교육재정이 구체적으로 언급된 것은 제8차 개정에 의한 제5공화국 헌법 개정(1980.10.27.)에 의해서이다.

헌법재판소는 중학교 의무교육비 부담 문제를 놓고 벌어진 서울시와 정부 간의 권한쟁의 심판(2004헌라3)에서 교육재정제도에 관한 헌법의 위임과 입법형성권에 대하여 헌법 제31조 제4항 및 제6항은 교육제도와 교육재정제도의 형성에 관하여 헌법이 직접 규정한 사항 외에는 입법자에게 위임하고 있으므로, 입법자는 중앙정부와 지방정부의 재정상황, 의무교육의 수준 등의 여러 가지 요소와 사정을 감안하여 교육 및 교육재정의 충실을 위한 여러 정책적 방안들을 구상하고 그 중의 하나를 선택할 수 있으며, 이에 관한 입법자의 정책적 판단·선택권은 넓게 인정된다고 보았다. 따라서 교원보수 등 의무교육경비를 지방교육재정교부금법에 의해 국가와 지방자치단체가 공동분담토록 한 규정이나 서울시에 대하여 시세를 보다 많이 전출토록 한 규정의 취지는 헌법의 의무교육조항에서 경비의 국가부담 원칙은 도출되지 않으며 이러한 재정부담의 차등조치는 교육재정제도를 형성함에 있어 의무교육을 받을 권리를 골고루 실질적으로 보

장하라는 헌법의 위임취지에 명백히 반하는 자의적인 것이라 할 수 없어 위헌이 아니라고 보았다.[52)]

헌법 제31조 제6항의 교육재정 법률주의에 대하여 교육기본법은 이를 구체적으로 규정하고 있다. 제7조(교육재정)에 따르면 ① 국가와 지방자치단체는 교육재정을 안정적으로 확보하기 위하여 필요한 시책을 수립 · 실시하여야 한다. ② 교육재정을 안정적으로 확보하기 위하여 지방교육재정교부금 등에 관하여 필요한 사항은 따로 법률로 정한다고 규정하였다. 제정당시에는 지방교육양여금법이 포함되어 있었으나 교육기본법 제5차 개정(2004.12.30.)에 따라 삭제되었다.

여기서 한 가지 유의할 점은 교육재정의 확보나 배분 그리고 운영에 관한 입법의 규범적 타당성을 판단하는 기준에 관한 문제이다. 헌법이 입법부에 교육재정 형성권을 위임하였다는 이유로 모두가 정당할 수는 없다는 뜻이다.

교육재정 입법 또한 교육법의 중요한 영역이라는 점에서 제1장에서 언급한 교육법의 기본원리에 따라 제정되어야 할 것이다. 이른바 교육기본권에의 기속성 원리에 종속되어야 한다. 어떠한 교육재정 입법도 중앙이나 지방의 재원의 충당이나 이득 그리고 부담을 더는 것 자체가 목적이어서는 곤란하며, 새로운 교육재정 입법으로 인하여 국민 및 지역주민의 교육기본권 보장에 기여하였는가가 판단의 기준이 되어야 하는 것이다.[53)]

더구나 헌법은 '능력에 따라 균등한'이라고 하는 교육기본권 보장의 실현 원칙을 규정하고 있고, 그것은 교육여건을 좌우하는 교육재정의 확보, 배분, 운영과 직결되는 문제이다. 사회적 · 경제적 약자의 교육기회 보장차원에서 행하는 각종 교육재정적 측면의 적극적 평등정책과 법률이 교육재정과 직 · 간접적으로 모두 연결되어 있음을 간과해서는 안된다. 즉, 교육재정 입법은 교육평등을 실현하는 중요한 수단이자 관건이 되는 법률이라 할 수 있다.

헌법이 상정한 의무무상교육의 실현, 교육기본법이 기회균등 실현을 위해서 규정한 경제적 지위를 이유로 한 교육차별 금지, 지역 간 교원 수급 등 교육여건 격차 최소화 시책의 마련 그리고 학급당 적정 학생 수 실현 시책들이 모두 교육재원의 마련에 기초한다.[54)]

다만, 교육기본법이 교육재정에 관한 기본이 되는 법률로서 '지방교육교부금법 등'이라고만 표기되어 있는데, 의무교육비에 있어서 국가와 지방의 분담 원칙을 비롯하여, 교육세법, 지방교육세법 등의 제정 근거를 명기할 필요는 있다고 본다.

---

52) 【헌재판결】 헌법 제31조 제2항 · 제3항으로부터 직접 의무교육 경비를 중앙정부로서의 국가가 부담하여야 한다는 결론은 도출되지 않으며, 그렇다고 하여 의무교육의 성질상 중앙정부로서의 국가가 모든 비용을 부담하여야 하는 것도 아니므로, 지방교육자치에관한법률 제39조 제1항이 의무교육 경비에 대한 지방자치단체의 부담 가능성을 예정하고 있다는 점만으로는 헌법에 위반되지 않는다. …(중략)… 제6항은 "교육제도와 그 운영, 교육재정"에 관한 기본적인 사항을 법률로 정하도록 하고 있어, 교육제도와 교육재정제도의 형성에 관하여 헌법이 직접 규정한 사항 외에는 입법자에게 위임하고 있다(89헌마88). 이와 같이 헌법에서 교육관련 제도의 형성을 입법자에게 위임한 이상 입법자는 중앙정부와 지방정부의 재정상황, 의무교육의 수준 등의 여러 가지 요소와 사정을 감안하여 교육 및 교육재정의 충실을 위한 여러 정책적 방안들을 구상하고 그 중의 하나를 선택할 수 있으며, 이에 관한 입법자의 정책적 판단 · 선택권은 넓게 인정된다(2004헌라4).

53) 같은 뜻, 하봉운(2022), "제8장 교육재정과 교육법", 대한교육법학회편, 교육법의 이해와 실제, 교육과학사, 226면.

54) 이외에도 교육기본법에 규정된 교원의 경제적 지위 우대(§14), 경제적 이유로 교육받기 곤란한 사람을 위한 장학제도(§28)나 각종 교육의 진흥을 위한 시책이 실효성이 있기 위해서는 교육재원의 확보가 관건이 된다. 이 점에서 교육기본법상의 재원조치와 국가교육원회의 국가교육발전계획 수립을 비롯하여 요구되는 재원 조치의 의무 규정 등은 국회 보고의무와 함께 담보될 수 있도록 규정 보완이 필요하다.

나. 교육재정 관련 법률의 연혁

교육재정과 관련된 법률은 지방교육재정, 고등교육, 사립학교 관련 재정 법률로 분류할 수 있으며 지방교육재정에 관한 법규가 주를 이루고 있다. 교육재정법제 체계 및 구조를 표로서 나타내면 다음과 같이 매우 방대한 구조를 이룬다.

표 6-7 교육재정 관련 법률 체계 및 구조

법률구분		해당 법률	근거 법률
지방교육재정법률	확보	초·중등교육법	교육기본법
		지방교육재정교부금법	헌법, 교육기본법
		지방교육자치에 관한 법률	헌법
		교육세법, 시행령	
		지방세법, 시행령	
		학교용지확보 등에 관한 특례법, 시행령	
		시군 및 자치구의 교육경비보조에 관한 규정	지방교육재정교부금법
		학교수업료 및 입학금에 관한 규칙	초·중등교육법
		학교발전기금의 조성운용 및 회계관리에 관한 규칙	초·중등교육법
	배분	지방교육재정교부금법, 시행령, 시행규칙	헌법, 교육기본법
	운영	초·중등교육법, 시행령	교육기본법
		지방교육자치에 관한 법률, 시행령	헌법
		시도교육비특별회계 재무회계규칙	지방재정법
		국립 초·중등학교 회계규칙	초·중등교육법
		시도 공립 초중등학교 회계규칙	초·중등교육법
		학교발전기금의 조성운용 및 회계관리에 관한 규칙	초·중등교육법
고등교육재정법률	확보	고등교육법	교육기본법
		학교 수업료 및 입학금에 관한 규칙	고등교육법
사학재정법률	확보	사립학교법	교육기본법
		사립학교 보조와 원조에 관한 건	사립학교법
		고등학교 이하 각급학교 설립운영 규정	사립학교법
		대학설립 운영규정	사립학교법
		학교 수업료 및 입학금에 관한 규칙	사립학교법
		학교발전기금의 조성운용 및 회계관리에 관한 규칙	초·중등교육법
	운영	사학기관 재무회계 규칙	사립학교법
		사학기관 재무회계규칙에 대한 특례 규칙	사립학교법
		학교발전기금의 조성운용 및 회계관리에 관한 규칙	초·중등교육법

자료: 대한교육법학회 편(2007), 교육법학연구동향, 388면(송기창 집필) 인용.

그 가운데에서도 교육재원의 배분과 관련하여서 기본이 되는 법률로는 지방교육재정교부금법(1971. 12.28.)이 가장 역사가 깊고, 이어서 목적 한시세 제정되었다가 영구세가 된 교육세법(1981.12.5.) 그리고 지방교육세는 지방세법 개정(2000.12.29.)을 통해 신설되었고, 2010년에 제정된 지방세기본법(2010.3.31.)에도 정식 지방세 목적세로 규정되었다.[55)]

지방교육자치제도와 관련된 중요한 교육재정 관련 규정으로는 역시 지방교육자치법의 제4장 교육재정(§36－40)을 두고 있으며 제주특별법 제6절에서도 교육재정(§83－86)에서 교육재정에 관한 특례 조항을 두고 있다.

초 · 중등교육에 소요되는 교육재원을 조달하기 위한 법률은 1949년의 교육법에 지방교육 재원과 운영에 관한 정책을 규정하였고 임시토지수득세법(1951.9.25.)의 제정으로 지방교육을 지원하기 위한 국세 환부제도가 도입된 바 있다. 그러나 보다 본격적인 교육재원확보 관련 법률은 1958년 8월 28일에 제정된 교육세법과 동년 12월 29일 제정된 의무교육재정 교부금법이다. 이 교육세법은 종래에 적용되던 호별세 부가금과 특별부가금을 일원화하여 의무교육의 재원확보에 기여하였고, 의무교육재정교부금법은 교육구의 재정부족액과 재정수요액을 정부예산에 재정평형교부금으로 계상하기 위해 제정된 것으로 1966년과 1968년 개정에서 법정교부율을 조정한 바 있다.

한편 1963년에는 중등교육에 대한 국고지원책으로 지방교육교부세법이 제정되었는데 이 법과 앞의 의무교육재정교부금법이 통합되어 1971년 12월 28일에 지방교육재정교부금법이 제정되어 오늘에 이르고 있다.

2000년 1월 28일 에는 지방교육재정을 안정적으로 확보하기 위하여 국가지원금을 확대하고, 지방자치단체의 교육투자에 대한 책임과 역할을 제고하고자 지방교육재정교부금법이 개정되었다. 그 주요 골자는 종전에는 당해 연도 내국세 총액의 1,000분의 118에 해당하는 금액을 지방교육재정교부금의 재원으로 하던 것을 1,000분의 130으로 그 비율을 인상하여 지방교육재정교부금을 확충하도록 하였고(§3②2), 종전에는 지방자치단체가 시 · 도세 총액의 2.6%에 해당하는 금액을 교육비특별회계에 전출하도록 되어 있었으나, 그 비율을 3.6%로 상향시켜 지방자치단체의 교육 투자에 대한 책임을 제고토록 했다(§11②).

한편, 1981년 12월 5일에는 교육세법이 다시 제정되었고 1989년 12월 21일에는 각급학교의 노후교육시설 및 교원편의시설확보를 위하여 3년 시한의 교육환경개선특별회계법이 제정되었다. 교육세법은 제정 당시 1986년까지 시한을 정한 입법이었으나 1986년 개정에서 1991까지 5년 연장한 후 1990년 개정을 통해서는 영구세화한 동시에 과세 대상을 확대하였다.

또한 동시에 교육세 재원의 확보와 배분기준을 정한 지방교육양여금법과 지방교육양여금관리특별회계법(1990.12.31.)이 제정되었는데 교육세 수입 전액을 그 재원으로 하며 인구비율에 따라 양여하도록 하였다. 2000년부터는 교육세를 국세 교육세와 지방세 교육세로 양분하여 개정하면서 지방세로서 교육세는 지방세법에 규정되었다.

지방교육재정교부금법은 지방자치단체가 교육기관 및 교육행정기관을 설치 · 운영하는데 필요한 재

---

55) 교육세기본법 제7조(지방세의 세목) ③ 목적세의 세목은 다음과 같다. 1. 지역자원시설세 2. 지방교육세

원의 전부 또는 일부를 국가가 교부하여 교육의 균형있는 발전을 도모하기 위해서 제정한 법률이며, 교육세법은 교육의 질적 향상을 도모하기 위하여 필요한 교육재정의 확충에 소요되는 재원을 확보하기 위하여 제정된 법이다. 1971년에 제정된 지방교육재정교부금법은 1958년에 제정된 의무교육재정교부금법과 중등교육에 대한 국고지원책으로 1963년에 제정된 지방교육교부세법을 통합한 것이다.

1989년 12월 21일에는 각급학교의 노후교육시설 및 교원편의시설확보를 위하여 3년 시한의 교육환경개선특별회계법이 제정되었고, 다시 1995년 12월 29일에 재제정되어 2000년 12월 31일까지 시행된 바 있다.

한편, 1990년에 제정된 지방교육양여금법(1990.12.31.)은 교육세를 통해 확보된 재원을 국가가 시·도의 인구비율에 따라 시·도의 교육행정기관에 양여하는 기준을 정한 법이다. 이 법은 2004년 지방교육재정교부금법 개정으로 교육세 재원을 교부금 재원으로 편입하면서 폐지(2004.12.30.)되었다.

한편, 2000년 12월 29일 지방세법 개정을 통해서는 국세인 교육세중 지방세에 부가·징수되어 온 교육세를 지방교육세로 전환하되, 담배소비세분 및 경주·마권세분 교육세의 세율은 각각 10퍼센트포인트씩 인상 조정한바 있다(§260의2, §260의7 신설).

다. 주요 교육재정 관련 법률

(1) 교육기본법상의 교육재정

앞서 살펴본 바와 같이 국가와 지방자치단체로 하여금 교육재정의 안정적인 확보를 위한 시책을 수립·시행할 의무를 부과하였으므로 교육부와 교육청의 관련시책은 당연한 의무이며, 이를 법적으로 뒷받침할 국회의 입법 및 정부의 행정입법 그리고 지방의회의 조례 제정 근거가 된다. 다만 국가와 지방자치단체라는 공동 부담 주체만을 표시하였을 뿐, 배분원칙이나 상호협력 원칙에 대하여는 언급한 바가 없다. 예시된 지방교육재정교부금은 하나의 예시이고 '등'을 통해 여러 법률이 제정될 수 있겠으나 기본적인 법률을 예시할 필요가 있다.

(2) 지방교육자치법상의 재원구조 및 수입구조

1991년 3월 8일에 교육법으로부터 분리 제정된 지방교육자치에 관한 법률은 제4장에서 교육재정에 관하여 규정하고 있다. 현재 16개 시도의 경우는 지방교육자치법 제4장 교육재정(§36–40)에 규정되어 있고, 제주특별자치도의 경우에는 제주특별자치도법 제6절 교육재정(§83–86)에 규정되어 있다.

지방교육재정의 재원은 네 영역이다.[56] 지방교육재정 교부금(내국세분 교부금, 교육세분 교부금), 지자체 일반회계 전입금(지방교육세, 담배소비세전입금, 시·도세전입금, 교부금보전금, 기타[57]), 자체수입(입학금,수업료, 사용료, 수수료, 자산·이자수입) 그리고 차입 등(지방교육채 및 금융기관 차입금, 순세계잉여금, 전년도 이월금 등)이다.

---

56) 이하의 지방교육재정의 재원구조는 하봉운(2022), 앞의 책, 232면의 [그림 8–3]을 설명한 것이다.
57) 학교용지 일반회계부담금, 교육급여(보건복지부) 부담금, 고교무상교육비 부담금, 자치단체 비법정전입금, 공공도서관운영비 등

내국세분 교부금은 내국세[58] 총액의 일정 %를 지방교육재정 교부금으로 충당하는 것이다. 내국세 총액에서 지방교육재정 교부금으로 충당되는 교부금(보통교부금)의 교부율은 지방교육재정교부금법에 제정 · 시행되던 1972년에는 11.8%였는데, 2020년엔 20.79%가 되었다(2001년 13%, 2005년 19.4%, 2008년 20%, 2010년 20.27%, 2019년 20.46%).

교육세분 교부금은 국세 교육세 중 일부를 말하는데, 금융 · 보험업자 수입금액의 0.5%, 개별소비세액의 30%(등유, 중유, 부탄 및 부산물유류 15%), 교통세액(휘발유, 경유)의 15%, 주세액의 10%(주세율 70% 초과 주류는 30%) 등이다.

다음으로 지자체 일반회계 전입금인 지방교육세는 취득세의 20%, 등록면허세의 20%, 균등할 주민세액의 10－25%, 재산세의 20%, 담배소비세의 43.99%, 레저(경주 · 마권)세의 40%, 자동차세의 30% 등으로 구성된다. 담배소비세 전입금은 특별시와 광역시 담배소비세의 45%이다. 시 · 도세 전입금은 목적세를 제외한 시 · 도세 총액의 일정 %(서울 10%,, 광역시, 경기, 제주 5%, 도 3.6%). 교부금 보전금은 지방소비세 확대분(부가가치세의 6%) 중 20.27%(지방교육재정교부금 감소분)를 말한다.

지방교육자치법 제4장에 규정된 교육재정(§36－40) 사항을 소개하면 다음과 같다.

첫째, 지방자치단체의 교육 · 학예에 관한 경비는 교육에 관한 특별부과금 · 수수료 및 사용료, 지방교육재정교부금, 해당 지방자치단체의 일반회계로부터의 전입금 그리고 그 외의 수입으로서 교육 · 학예에 속하는 수입을 재원으로 충당한다(§36).

둘째, 의무교육에 종사하는 교원의 보수와 그 밖의 의무교육에 관련되는 경비는 지방교육재정교부금법이 정하는 바에 따라 국가 및 지방자치단체가 부담한다. 의무교육 외의 교육에 관련되는 경비는 지방교육재정교부금법이 정하는 바에 따라 국가 · 지방자치단체 및 학부모 등이 부담한다(§37). 제정 지방교육자치법(1991.3.8.)에서는 교원보수와 기타 의무교육 경비는 국가부담 원칙이었지만, 중학교 의무교육 경비에 대하여 지자체 일부 부담이 3년 한시로 추가되었고(2001.12.19.), 이어 2004.12.30. 개정에서는 의무교육 교원보수와 기타 의무교육 경비의 국가 · 지자체 공공부담 방식으로 개정되었고, 의무교육비 외의 교육경비에서도 학부모가 추가되어 지금에 이르렀다.

셋째, 시 · 도의 교육 · 학예에 관한 경비를 따로 경리하기 위하여 해당 지방자치단체에 교육비특별회계를 둔다(§38).

넷째, 국가는 예산의 범위 안에서 시 · 도의 교육비를 보조하며, 국가의 교육비보조에 관한 사무는 교육부장관이 관장한다(§39).

다섯째, 특별부과금은 특별한 재정수요가 있는 때에 조례가 정하는 바에 따라 부과 · 징수하되, 특별부과를 필요로 하는 경비의 총액을 초과하여 부과할 수 없다(§40).

한편 교육재정에 있어서 제주특별자치도의 경우에는 몇 가지 특례를 인정하고 있다.

첫째, 보통교부금에 관한 특례로서, 지방교육재정교부금법 제5조의 규정에 불구하고 교육부장관이 제주자치도에 교부하는 보통교부금은 동법에 의한 보통교부금 총액의 1만분의 157로 산정한다. 국가는

58) 내국세는 소득세, 법인세, 상속증여세, 부가가치세, 개별소비세, 증권거래세, 인지세, 과년도수입 등이다.

국제자유도시 조성과 관련하여 교육목적 달성을 위하여 필요하다고 인정하면 제주자치도에 보통교부금 외에 지방교육재정교부금법에 따른 지방교육재정교부금을 대통령령으로 정하는 바에 따라 특별 지원할 수 있다(제주특별법 §83).

둘째, 교육비특별회계 전출 비율에 관한 특례로서, 지방교육재정교부금법 제11조 제2항 제3호의 규정에 불구하고 제주자치도세총액에서 제주특별자치도 조례가 정하는 비율의 금액을 매 회계연도 일반회계예산에 계상하여 교육비특별회계로 전출하여야 한다. 추가경정예산에 의하여 증감이 있는 경우에도 또한 같다. 제주자치도는 지방교육재정교부금법 제11조에도 불구하고 고등학교 이하 각급 학교 및 고등교육기관에 대하여 부지의 매입, 시설의 건축 또는 학교의 운영에 필요한 자금을 지원할 수 있다(제주특별법 §84).

셋째, 지방채 등의 발행에 관한 특례로서, 도교육감은 지방교육자치법(§3)에 따라 준용되는 지방자치법(§139①) 및 지방재정법(§11)에도 불구하고 제주자치도의 교육·학예와 관련이 있는 사업의 경우 등 필요한 경우에는 도의회의 의결을 마친 후 지방채를 발행할 수 있다. 이 경우 교육부장관이 정하는 지방채 발행 한도액을 초과하여 지방채 발행할 때에는 도의회 재적의원 과반수가 출석하고 출석의원 3분의 2 이상이 찬성하여야 한다(제주특별법 §85).

넷째, 제86조(지방교육자치법의 준용)에 따르면, 교육재정에 관하여 이 법에서 규정한 사항을 제외하고는 지방교육자치법 제4장(같은 법 제3조에 따라 준용되는 지방자치법 제139조에 관한 사항은 제외)을 준용한다. 이 경우 교육감은 도교육감으로 본다(§85).

표 6-8 지방교육자치의 수입재정 현황

법률구분		해당 법률		규모
중앙정부 지원금	지방교육 재정교부금	내국세	보통교부금	내국세 총액의 20.29%의 97/100
			특별교부금	내국세 총액의 20.29%의 3/100
		교육세		국세교육세 중 일부
	국고보조금	국고사업보조금		용도지정
	유아교육지원 특별회계			국세교육세 중 일부 + 국고보조금
자치단체 일반회계 전입금	시·도세 전입금			시·도세 총액의 10%(서울), 5%(광역시,경기도,제주), 3.6%(여타도)
	담배소비세 전입금			특별·광역시 담배소비세 총액의 45%
	지방교육세			전액
	학교용지 부담금			학교용지 실경비의 50%
	교부금 보전금			지방소비세 확대분(부가가치세의 6%)의 20.27%
	기타 일반 전입금			고교무상교육비 전입금, 공공도서관 운영지원비 등
자체수입	납입금, 이자수입, 재산수입, 사용료, 잡수입 등			

출처: 하봉운(2022), 제8장 교육재정과 교육법, 교육법의 이해와 실제, 교육과학사, 231면 <표 8-2> 인용

(2) 지방교육재정교부금법

지방교육재정교부금법(일부개정 2021.12.28.)은 지방자치단체가 교육기관 및 교육행정기관(그 소속기관 포함)을 설치 · 경영함에 필요한 재원의 전부 또는 일부를 국가가 교부하여 교육의 균형있는 발전을 도모한다는 취지로 제정되었다(§1). 그러나, 국공립 학교 이외 사립학교는 지원 대상에서 제외 되는 바 사립학교를 명시할 필요가 있다는 지적[59]이다.

(가) 교부금의 종류와 재원

국가가 지방자치단체에 교부하는 교부금은 이를 보통교부금과 특별교부금으로 나눈다. 교부금의 재원은 다음의 금액을 합산한 금액으로 한다(§3①②).

1. 해당 연도 내국세(목적세 및 종합부동산세, 담배에 부과하는 개별소비세 총액의 100분의 45 및 다른 법률에 따라 특별회계의 재원으로 사용되는 세목(稅目)의 해당 금액은 제외) 총액의 1만분의 2,079
2. 해당 연도 교육세법에 따른 교육세 세입액 중 유아교육지원특별회계법 제5조 제1항에서 정하는 금액을 제외한 금액

보통교부금 재원은 위의 제2호에 따른 금액에 제1호에 따른 금액의 100분의 97을 합한 금액으로 하고, 특별교부금 재원은 제1호에 따른 금액의 100분의 3으로 한다(2019.12.31.개정). 국가는 지방교육재정상 부득이한 수요가 있는 경우에는 국가예산으로 정하는 바에 따라 위의 교부금 외에 따로 증액 교부할 수 있다(§3③④).

(나) 교부율의 보정

국가는 의무교육기관 교원 수의 증감 등 불가피한 사유로 지방교육재정상 필요한 인건비가 크게 달라질 때에는 내국세 증가에 따른 교부금 증가 등을 고려하여 제3조 제2항 제1호에서 정한 교부율을 보정(補正)하여야 한다. 교부율을 보정하여야 하는 경우 그 교부방법 등에 관한 사항은 대통령령[60]으로 정한다.

---

59) 송기창은 교부금법 제1조 개정(사립학교 지원 대상 명시) 외에, 교부금 재원의 지방세 전환에 따른 교부율 보정을 법제화하며, 내국세 및 교육세 교부금 정산규정을 정비하고, 교부금의 총액배분 취지를 명확히 규정하며, 교부금으로 국가시책사업을 시행할 수 없도록 차단하고, 특별교부금 비율을 2%로 하향조정하며, 지방자치단체 일반 회계로부터 지원받은 재원에 대한 예산편성 협의조항을 조정하고, 내국세 법정교부율 방식의 교부금 재원 확보방법을 재검토하고, 교부금 부담의 지방교육채 발행을 폐지하며, 기준재정수요 측정항목을 축소하고, 시 · 도의 자체사업을 활성화하기 위하여 자치지원사업비를 별도 산정할 것 등 교부금법 개정 방향을 제안하였다. 송기창(2021), '지방교육재정부부금법' 50년의 쟁점과 과제, 교육법학연구 33(3), 130, 132면.

60) 지방교육재정교부금법 시행령 제2조(교부율의 보정) ① 지방교육재정교부금법 제4조 제1항에 따라 의무교육기관 교원인건비의 전년 대비 증가액이 법 제3조 제2항 제1호에 따른 금액을 재원으로 하는 지방교육재정교부금(내국세교부금)의 전년 대비 증가액을 초과하는 경우에는 그 초과액에 해당하는 금액만큼 다음 연도의 내국세교부금이 증액되도록 그 교부율을 보정(補正)하여 그에 따라 지방교육재정교부금(교부금)을 교부한다. ② 제1항에 따른 교원인건비는 시 · 도교육비특별회계의 세출결산액을 기준으로 계산하되, 교원인건비의 세부적인 항목은 교육부령으로 정하고, 내국세교부금은 정부일반회계의 세출결산액을 기준으로 계산한다.

(다) 보통교부금의 교부

제5조(보통교부금의 교부)에 따르면, 교육부장관은 기준재정수입액이 기준재정수요액[61]에 미치지 못하는 지방자치단체에 대해서는 그 부족한 금액을 기준으로 하여 보통교부금을 총액으로 교부한다. 교육부장관은 보통교부금을 교부하려는 경우에는 해당 시·도의 교육감에게 그 교부의 결정을 알려야 한다. 이 경우 교육부장관은 보통교부금의 산정기초, 지방자치단체별 명세 및 관련 자료를 작성하여 각 시·도 교육감에게 송부하여야 한다(§5).

(라) 특별교부금의 교부

제5조의2(특별교부금의 교부)에 따르면, 교육부장관은 다음 각 호의 구분에 따라 특별교부금을 교부한다.

1. 지방재정법 제58조에 따라 전국에 걸쳐 시행하는 교육 관련 국가시책사업으로 따로 재정지원계획을 수립하여 지원하여야 할 특별한 재정수요가 있거나 지방교육행정 및 지방교육재정의 운용실적이 우수한 지방자치단체에 대한 재정지원이 필요할 때: 특별교부금 재원의 100분의 60
2. 기준재정수요액의 산정방법으로 파악할 수 없는 특별한 지역교육현안에 대한 재정수요가 있을 때: 특별교부금 재원의 100분의 30
3. 보통교부금의 산정기일 후에 발생한 재해로 인하여 특별한 재정수요가 생기거나 재정수입이 감소하였을 때 또는 재해를 예방하기 위한 특별한 재정수요가 있는 때: 특별교부금 재원의 100분의 10

교육부장관은 위의 제2호 또는 제3호에 해당하는 사유가 발생하여 시·도의 교육감이 특별교부금을 신청하면 그 내용을 심사한 후 교부한다. 다만, 제1호에 해당하는 사유가 발생한 경우 또는 교육부장관이 필요하다고 인정하는 경우에는 신청이 없어도 일정한 기준을 정하여 특별교부금을 교부할 수 있다(§5의2 ①②).

특별교부금의 사용에 대해서는 조건을 붙이거나 용도를 제한할 수 있다. 시·도의 교육감은 조건이나 용도를 변경하여 특별교부금을 사용하려면 미리 교육부장관의 승인을 받아야 한다. 장관은 시·도의 교육감이 조건이나 용도를 위반하여 특별교부금을 사용하거나 2년 이상 사용하지 아니하는 경우에는 그 반환을 명하거나 다음에 교부할 특별교부금에서 해당 금액을 감액할 수 있다. 제1호에 따른 우수한 지방자치단체의 선정기준 및 선정방법과 특별교부금의 교부시기 등 절차에 관한 사항은 대통령령으로 정한다(§5의2③－⑥).

(마) 기준재정수요액

기준재정수요액은 각 측정항목별로 측정단위의 수치를 그 단위비용에 곱하여 얻은 금액을 합산한 금액으로 한다. 측정항목과 측정단위는 대통령령으로 정하고, 단위비용은 대통령령으로 정하는 기준 이내

61) 제2조(용어)에 따르면, 1. “기준재정수요액”이란 지방교육 및 그 행정 운영에 관한 재정수요를 제6조에 따라 산정한 금액을 말한다. 2. “기준재정수입액”이란 교육·과학·기술·체육, 그 밖의 학예(이하 “교육·학예”라 한다)에 관한 모든 재정수입으로서 제7조에 따른 금액을 말한다.

에서 물가변동 등을 고려하여 교육부령으로 정한다(§6).

(바) 기준재정수입액

기준재정수입액은 제11조에 따른 일반회계 전입금 등 교육 · 학예에 관한 지방자치단체 교육비특별회계의 수입예상액으로 한다. 수입예상액 중 지방세를 재원으로 하는 것은 지방세기본법 제2조 제1항 제6호에 따른 표준세율에 따라 산정한 금액으로 하되, 산정한 금액과 결산액의 차액은 다음다음 회계연도의 기준재정수입액을 산정할 때에 정산하며, 그 밖의 수입예상액 산정방법은 대통령령으로 정한다(§7).

(사) 교부금의 조정 등

제8조(교부금의 조정 등)에 따르면, 교부금이 산정자료의 착오 또는 거짓으로 인하여 부당하게 교부되었을 때에는 교육부장관은 해당 시 · 도가 정당하게 받을 수 있는 교부금액을 초과하는 금액을 다음에 교부할 교부금에서 감액한다. 지방자치단체가 법령을 위반하여 지나치게 많은 경비를 지출하였거나 확보하여야 할 수입의 징수를 게을리 하였을 때에는 교육부장관은 그 지방자치단체에 교부할 교부금을 감액하거나 이미 교부한 교부금의 일부를 반환할 것을 명할 수 있다. 이 경우 감액하거나 반환을 명하는 교부금의 금액은 법령을 위반하여 지출하였거나 징수를 게을리 하여 확보하지 못한 금액을 초과할 수 없다(§8).

(아) 지방자치단체의 부담

제11조(지방자치단체의 부담)에 따르면, 시 · 도의 교육 · 학예에 필요한 경비는 해당 지방자치단체의 교육비특별회계에서 부담하되, 의무교육과 관련된 경비는 교육비특별회계의 재원 중 교부금과 다음 항에 따른 일반회계로부터의 전입금으로 충당하고, 의무교육 외 교육과 관련된 경비는 교육비특별회계 재원 중 교부금, 다음 항에 따른 일반회계로부터의 전입금, 수업료 및 입학금 등으로 충당한다. 공립학교의 설치 · 운영 및 교육환경 개선을 위하여 시 · 도는 다음 각 호의 금액을 각각 매 회계연도 일반회계예산에 계상하여 교육비특별회계로 전출하여야 한다. 추가경정예산에 따라 증감되는 경우에도 또한 같다. 시 · 도지사는 아래 각 호에 따른 세목의 월별 징수내역을 다음 달 말일까지 해당 시 · 도의 교육감에게 통보하여야 한다.

1. 지방세법 제151조에 따른 지방교육세에 해당하는 금액
2. 담배소비세의 100분의 45(도(道)는 제외)
3. 서울특별시의 경우 특별시세 총액(지방세기본법 제8조 제1항 제1호에 따른 보통세 중 주민세 사업소분 및 종업원분, 같은 항 제2호에 따른 목적세 및 같은 법 제9조에 따른 특별세분 재산세, 지방세법 제71조 제3항 제3호 가목에 따라 특별시에 배분되는 지방소비세에 해당하는 금액은 제외한다)의 100분의 10, 광역시 및 경기도의 경우 광역시세 또는 도세 총액(지방세기본법 제8조 제2항 제2호에 따른 목적세, 지방세법 제71조 제3항 제3호 가목에 따라 광역시 및 경기도에 배분되는 지방소비세에 해당하는 금액은 제외한다)의 100분의 5, 그 밖의 도 및 특별자치도의 경우 도세 또는 특별자치도세 총액(지방세기본법 제8조 제2항 제2호에 따른 목적세, 「지방세법」 제71조 제3항 제3호 가목에 따라 그 밖의 도 및 특별자치도에 배분되는 지방소비세에 해당하는 금액은 제외한다)의 1천분의 36

시·도는 각 호에 따른 세목의 월별 징수액 중 같은 항에 따라 교육비특별회계로 전출하여야 하는 금액의 100분의 90 이상을 다음 달 말일까지 교육비특별회계로 전출하되, 전출하여야 하는 금액과 전출한 금액의 차액을 분기별로 정산하여 분기의 다음 달 말일(마지막 분기는 분기의 말일)까지 전출하여야 한다. 예산액과 결산액의 차액으로 인한 전출금(轉出金)의 차액은 늦어도 다음다음 회계연도의 예산에 계상하여 정산하여야 한다. 시·도의 교육감은 일반회계로부터의 전입금으로 충당되는 세출예산을 편성할 때에는 미리 해당 시·도지사와 협의하여야 한다. 시·도교육위원회는 편성된 세출예산을 감액하려면 미리 해당 교육감 및 시·도지사와 협의하여야 한다. 시·도 및 시·군·자치구는 대통령령으로 정하는 바에 따라 관할구역에 있는 고등학교 이하 각급학교의 교육에 드는 경비를 보조할 수 있다. 시·도 및 시·군·자치구는 관할구역의 교육·학예 진흥을 위하여 별도 경비를 교육비특별회계로 전출할 수 있다. 시·도지사는 교육비특별회계로의 회계연도별·월별 전출 결과를 매년 2월 28일까지 교육부장관에게 제출하고, 교육부장관은 매년 3월 31일까지 국회 소관 상임위원회에 보고하여야 한다.

송기창은 이 교부금법 제11조(지방자치단체의 부담)를 분리하여 「국가와 지방자치단체 등의 교육비부담에 관한 법률」(가칭)로 제정 할 것을 제안한 바 있다.[62]

(자) 보통교부금의 보고

교육부장관은 매년 3월 31일까지 보통교부금의 배분기준·배분내용·배분금액, 그 밖에 보통교부금의 운영에 필요한 주요사항을 국회 소관 상임위원회에 보고하여야 한다(§12).

(차) 교부금액 등에 대한 이의신청

제13조(교부금액에 대한 이의신청)에 따르면, 시·도의 교육감은 보통교부금의 결정 통지를 받은 경우에 해당 지방자치단체의 교부금액 산정기초 등에 대하여 이의가 있으면 통지를 받은 날부터 30일 이내에 교육부장관에게 이의를 신청할 수 있다. 장관은 제1항에 따른 이의신청을 받은 날부터 30일 이내에 그 내용을 심사하여 결과를 해당 지방자치단체의 교육감에게 알려야 한다.

(4) 교육세법

교육세법은 교육의 질적 향상을 도모하기 위하여 필요한 교육재정의 확충에 소요되는 재원을 확보함을 목적으로 제정(1982.12.5.)되었다. 교육세를 납부할 의무자는 다음과 같다

1. 국내에서 금융·보험업을 영위하는 자중 별표[63]에 규정하는 자(금융·보험업자)
2. 개별소비세법의 규정에 의한 개별소비세(개별소비세법 제1조 제2항 제4호 가목·나목·마목 및 사목의 물품에

62) 각각의 부담 범위와 부담 방법 및 책임뿐만 아니라 사립 초·중등 및 전문대학·대학법인의 교육비 부담 범위와 부담 책임, 학부모의 부담 범위를 종합적으로 규정하자는 취지이다. 송기창(2021), 앞의 논문, 131면.

63) [별표] 금융·보험업자: 은행법에 따른 은행, 한국산업은행, 중소기업은행, 종합금융회사, 상호저축은행, 보험회사(보험법시행령으로 정하는 외국보험회사 포함), 농협은행, 수협은행, 집합투자업자, 신탁업자, 환전영업자, 투자매매업자 및 투자중개업자, 여신전문금융회사, 한국수출입은행, 대부업자 또는 대부중재업자

대한 것을 제외한다. 이하 같다)의 납세의무자
3. 교통 · 에너지 · 환경세법에 따른 교통 · 에너지 · 환경세의 납세의무자
4. 주세법의 규정에 의한 주세(주정, 탁주, 약주에 대한 것은 제외)의 납세의무자

금융 · 보험업자가 행하는 공익신탁법에 따른 공익신탁의 신탁재산에서 발생하는 수익금액에 대하여는 교육세를 부과하지 않는다(§4).

교육세는 다음 각 호의 과세표준에 해당세율을 곱하여 계산한 금액을 그 세액으로 한다. 다만, 제1호의 경우에 있어서 한국은행과의 환매조건부외화자금매각거래(이하 '스와프거래')와 관련하여 발생하는 수익금액에 대한 교육세액은 대통령령이 정하는 바에 의하여 스와프거래와 관련하여 발생하는 수익금액에서 그와 관련된 제비용을 공제한 금액을 초과 못한다(§5).

표 6-9 교육세 과세표준 및 세율

호별	과세표준	세율
1	금융 · 보험업자의 수익금액	1천분의 5
2	개별소비세법의 규정에 의하여 납부하여야 할 개별소비세액	100분의 30. 다만, 개별소비세법 제1조 제2항 제4호 다,라,바목 및 아목의 물품은 100분의 15
3	교통 · 에너지 · 환경세법에 따라 납부하여야 할 교통 · 에너지 · 환경세액	100분의 15
4	주세법의 규정에 의하여 납부하여야 할 주세액	100분의 10(맥주, 증류주류등은 100분의 30)

각호의 규정에 의한 세율은 교육투자재원의 조달 또는 당해 물품의 수급상 필요한 경우에는 그 세율의 100분의 30의 범위 안에서 대통령령으로 이를 조정할 수 있다.

남수경은 최근 등록금 동결 정책과 입학생 감소로 인해 각 대학들이 재원 확충의 어려움에 직면하고 있는 상황에서 '고등교육지원특별회계' 도입이나 국세 교육세를 고등교육 재원으로 하는 「고등교육재정교부금법」(가칭) 제정을 제안한 바 있다.[64]

29설 지방교육재정: 헌법상의 교육재정 법률주의 원칙, 지방교육재정교부금법, 교육세법

64) '고등교육지원특별회계'를 도입하여 OECD국가 평균인 GDP 1.0%(2020년 GDP 기준으로 19조 3,315억원, 2021년 고등교육 예산 11조 1,456억원보다 약 8.2조원 이상 증액) 수준을 유지할 것을 제안했다. 남수경(2022), 새정부 교육재정 정책 및 법제의 주요 이슈와 과제, 교육법학연구 34(2), 54면.

5. 지방교육자치제 쟁점 판례: 통합형 교육위원회 및 교육감 직선

가. 교육위원회 및 교육의원 관련 헌법재판소 판례[65]

(1) 교육의원 일몰제 부칙 조항에 대한 위헌확인 소송(2014헌마103)

이 소송은 청구기간을 도과하여 신청한 사건으로 본안에 대한 심판에 이르지 못하고 각하되었다. 즉, 청구인들은 당시 교육의원이거나 교육의원 선거의 후보자가 되려는 사람들로서, 교육의원 일몰제 부칙 조항은 헌법 제31조 제4항이 규정한 교육의 자주성·전문성을 보장받을 권리와 공무담임권 등을 침해한다고 주장하면서, 위헌확인을 구하는 헌법소원심판을 청구하였다(2014헌마103).

그런데 지방교육자치에 관한 법률 부칙의 시행일은 그 공포일인 2010년 2월 26일 이었으므로 청구인들이 주장하는 기본권의 제한은 이 사건 부칙 조항이 시행된 공포일에 이미 구체적이고 현실적으로 발생하였다고 봄이 타당하므로 이때를 이 사건 부칙조항에 대한 헌법소원심판 청구기간의 기산점으로 볼 때, 1년 이상 지난 2014년 2월 10일에 제기한 청구인들의 심판청구는 청구기간을 준수하지 못한 것이어서 부적법하다 하여 각하 결정한 것이다.

(2) 지방의회 통합형 교육위원회 개정에 대한 헌법소원(2007헌마359)

2006년 12월 20일 지방교육자치법 개정을 통하여 그동안 독립된 기관으로 운영되던 각 시·도 교육위원회는 당시 각 시·도의회의 하급 전심기관인 상임위원회의 하나로 통합될 예정이었는데 이에 대한 헌법소원(2007헌마359)이 제기되었다. 청구인(교육위원, 중학생, 고교교사, 학부모, 전국시도교육위원협의회)은 법 개정으로 인하여 청구인들에게 헌법상 보장되는 전문적이고 자주적이며 정치적으로 중립적인 교육을 받을 권리를 침해받고, 교육의원과 일반 시·도의회 의원의 선출과정과 권한행사에 있어서 유권자의 투표가치를 합리적 이유 없이 차별하여 평등권과 선거권이 침해받는 동시에 교육위원과 그 예정자의 평등권과 공무담임권이 침해받았다고 헌법소원심판을 청구했다(2007.3.20.).

이에 대하여 헌법재판소는 "심판대상 조항이 교육의원선거의 선거권자가 될 청구인들의 선거에 있어서의 평등권을 침해하는지 여부는 심판대상조항에 따라 교육의원 선거에 관한 구체적인 법률규정이 새로 마련되는 경우 그 선거법 관계규정과 종합하여 살펴보아야 확정할 수 있을 것이므로, 심판대상 조항에 따른 교육의원 선거에 관한 구체적인 법령이 아직 제정되지 아니한 이 사건에서는, 기본권 침해의 현재성이 인정되지 아니한다"고 보았고, "시·도의 교육·학예에 관한 중요사항을 심사·의결하는 기관인 교육위원회는 학생, 학부모에 대한 직접적인 교육행위의 주체가 아니므로, 그 설치·구성 및 운영에 관한 규율인 심판대상조항이 학생의 교육을 받을 권리, 학부모의 교육을 시킬 권리를 직접 침해할 수 없고, 그러한 권리와 간접적, 사실적인 관련성만을 지니고 있을 뿐이므로, 학생과 학부모인 청구인들의 위 기본권에 관하여는 심판대상조항과의 자기관련성 및 직접성을 인정할 수 없다"는 이유를 들어 각하 결정하였다. 심

65) 이에 대하여는 고전(2014), 교육의원 일몰제의 규범적 타당성 진단연구, 교육법학연구 26(2), 9-13면 인용.

판대상조항은 교육위원회의 조직과 구성에 관한 규정들로서, 청구인 전국 시 · 도 교육의원협의회가 그 구성원인 교육의원들을 위하여, 또는 교육의원들을 대신하여 헌법소원을 청구할 수는 없고, 위 청구인이 자신의 고유한 기본권 침해를 다투고 있지도 아니하므로, 위 청구인은 심판대상 조항에 대하여 기본권침해의 자기관련성이 없다"고 판시하였다. 간단히 말하여 시 · 도상임위원회로 기존의 교육위원회를 통합하는 것은 학생, 학부모, 교원과 직접적인 자기 권련성이 없고, 교육의원 출마 예정자인 청구인들도 구체적 선출규정이 제정되지 않아 기본권 침해의 현재성이 인정되자 않아 기각한 사건이다.

(3) 지방의회에 의한 이중심의에 대한 헌법소원(92헌마23 · 86병합)

전심기관에 불과하던 과거 교육위원회에서 의결한 사안에 대하여 다시 지방의회에서 최종 의결토록 한 방식에 대하여도 헌법소원(1995.9.28. 92헌마23 · 86병합)이 있었다. 이를 살펴보는 이유는 본질적으로 교육위원회가 지방교육자치에 있어서 어느 정도의 의결권을 갖는 것인가에 대한 규범적 타당성을 확인할 수 있다는 점이다.

청구인들은 "교육 · 학예에 관한 조례안, 예산안 및 결산, 특별부과금 · 사용료 · 수수료 · 분담금 및 가입금의 부과와 징수에 관한 종국적 의결은 당해 시 · 도 의회가 관장하도록 규정하고 있고 당해 교육위원회는 고도의 정치 지향적인 집단인 시 · 도 의회의 전심기관의 불과하므로 시 · 도 주민의 교육 대의기관으로서의 특별의결기관인 교육위원회를 둔 취지에 어긋나고, 따라서 이 사건 법률조항은 교육의 자주성, 전문성, 정치적 중립성을 보장한 헌법 제31조 제4항에 위반하는 규정이다"고 헌법소원을 제기하였다.

이에 헌법재판소는 "교육의 자주성, 전문성 및 정치적 중립성은 교육의 공공성과 민주적 통제를 전제로 하여 인정되어야 할 것이며, 특히 정치적 중립성은 교육의 권력으로부터의 상대적 독립을 뜻하는 것이어야 하지 절대적 의미의 정치적 중립을 의미하는 것은 아니며, 이러한 견지에서 시 · 도의 교육 · 학예사무를 관장 · 처리하는 기관의 설치에 있어서 교육의 자주성, 전문성 및 정치적 중립성의 보장은 대외적으로 교육에 관한 전문적이고 정치적으로 중립적인 집행기관을 둠으로써 달성되는 것이고, 지방자치단체의 기관 내부에서의 교육에 관한 의사결정과정을 어떻게 할 것인지의 여부는 교육에 관한 지방자치단체의 의사를 합리적으로 결정하도록 하기 위한 문제로서 입법부에 위임된 사항이다. 또한 하나의 자치단체에 종국적 의사결정능력을 갖는 두 개의 의결기관을 두는 것은 그 유례를 찾아보기 어려울 뿐만 아니라 논리적으로 모순이며, 지역주민에게 서로 다른 두 개의 대표기관에 의해 권리의 제한이나 의무가 부과되므로 지방행정기능의 종합성 및 일반행정과의 조화를 저해하여 교육기능과 다른 지방행정기능간의 상충 또는 비합리성을 표출시킬 우려가 있다"고 하였다. 또한 "헌법 제31조 제4항이 규정하는 교육의 자주성, 전문성, 정치적 중립성은 교육에 관한 제도적 보상의 지도원리로서 교육을 받을 권리를 내용적으로 보장하기 위한 것이므로 법률로 유보할 수 있으며 국가의 입법의지에 의하여 그 정도가 구체화되는 점에서 기본권으로서의 교육받을 권리와는 구별된다. 따라서 이러한 제도보장에 관한 규정을 근거로 하여 개인의 기본권 침해를 이유로 하는 헌법소원을 제기하는 것은 부적합하다"면서 청구를 각하하는 판결(92헌마23 · 86(병합))을 하였다.

이 역시 교육위원회의 의결권의 소재나 의결의 절차는 교육당사자의 교육에 관한 기본권 보장은 간접적인 영향은 있을지라도, 이중심의 체제 자체가 직접적인 기본권 침해의 원인은 될 수 없다는 취지로 각하된 것이다.

(4) 판례 평석

각하 판결된 교육의원 일몰제관련 헌법재판(2014헌마103)은 '준비부족 한국사회'의 단면을 보여주는 듯하다. 즉, 지방교육자치제의 의결기관을 지방의회 내 상임위원회롤 통합시키면서 교육 전문가 출신의 교육의원을 과반수 포함토록 하였으나, 1회 실시 후 폐지시키는 정치 타협적 결정에 대하여 교육계가 실망하고 당해 교육의원들이 강하게 반발하였음에도 위헌 확인을 구하는 헌법소원 심판을 청구하는 기간을 지나 신청했기 때문이다. 이렇듯 교육관련 판례 중에는 기간을 도과하여 각하된 사건들이 종종 있는데, 높아진 교육당사자의 권리의식에 비하여 관련 집단이나 학회의 헌법 현안 대응 관심과 능력은 이에 미치지 못한 것이라 할 수 있다. 이 점에서 뒤에 살펴볼 2022년 제주특별법 개정(2022.4.20.)을 통해 발효될 제주 교육의원 일몰제에 대한 헌법심판 청구 기한 역시 2023.4.20.일 이내가 된다는 점을 교훈 삼아야 할 것이다.

다음으로 지방의회 통합형 교육위원회 제도에 대한 헌법소원(2007헌마359) 역시 자기관련성과 침해의 현재성 흠결로 각하되었는데, 문제의 핵심은 지금껏 지방교육자치제를 실시해오면서 폐지된 적이 없었던 교육위원회를 폐지하고 지방의회 내 상임위원회로 통합하는 것이 교육의 자주성, 전문성, 중립성을 보장하는 제도보장의 일환으로서 지방교육자치제의 본질적인 부분을 훼손하였는가에 대한 판단도 필요하였다고 본다. 소를 제기하고 판단하기까지 2년여의 시간이 소요되었는데 결국 헌법재판의 구성요건인 자기관련성 및 기본권 침해의 현재성 부인으로 각하된 것은 재판부가 이 사건의 헌법적 의의에 대하여 충분히 고려하지는 못한 것으로 판단된다.

또한, 이 중요한 변화를 맞이할 새로운 교육의원 선거제도에 관한 규정을 선거가 예정된 2010년 6월 1년 여를 앞두고 제정하고 있지 않았던 입법부의 대응 또한 지방교육자치에 있어서 변화를 심각하게 받아드리지 않은 것이라 할 수 있다. 결국, 입법부는 선거(2010.6.2.)를 불과 3개월여 남겨둔 2010년 2월 26일에야 정치적 타협에 의하여 일몰제 입법을 했던 것이다. 이 점에서 헌법재판소가 좀 더 적극적으로 지방의회 통합형으로 만들지라도 한국의 지방교육자치제에 있어서 교육위원회제도의 역사적 의의와 존재이유를 확인하고, 최소한 교육의원제 과반수 제도가 갖는 의의를 판시하였다면, 이를 종식시키는 입법이 판결 1년 뒤에 뒤따르지는 않았으리라 본다. 헌법재판소의 지적처럼 당시 교육위원으로서 이후 교육의원 선거에 입후보할 계획이었다면, 주민직선의 교육의원이 일반 의원보다 훨씬 넓은 지역을 선거구로하여 선거운동을 벌리고, 의원의 권리와 책임에 있어서 동등한 위상을 담보받는 것이 타당한 것인지에 대한 논의나 표의 등가성 문제도 제기함직 하였다고 본다.

마지막으로 위임형 심의기구였던 교육위원회와 지방의회 내 상임위원회인 교육위원회에서의 이중심의 위헌성을 다룬 헌법소원(92헌마23 · 86(병합))에서 헌법재판소는 단지 의사결정 과정의 문제는 입법부의 입법형성의 문제로서 위헌 주장을 기각했다. 오히려 의사결정 능력에 있어서 차이가 남에도 종국적 의사결정을 두 의결기관이 하는 것으로 잘 못 설명하였고(조례안, 예산안 및 결산, 특별부과금 및 사용료 등 부과와 징수사항) 핵심적인 사안 이외는 교육위원회 결정을 지방의회가 의결한 것으로 보는 등 역할분담을 했었다. 그럼에도 헌재결정은 전체 사안에 대한 두 번의 반복적 의결로 기술한데 이어 일반자치론자들의 주장하는 종합행정을 위해서 사전 교육위원회를 거치는 것이 비합리적인 것으로 평가함(유례없고 논리적 모순, 종합행정 저해, 비합리적)으로서 지방교육자치제의 중핵 기구인 교육위원회의 필요성을 제대로 인식하지 못하는 한계를 드러냈다.

종합하면, 헌법재판소의 기본 입장은 지방교육자치제도의 헌법적 본질을 "민주주의 · 지방자치 · 교육자주의 공동 추구"에 설정하고 있으며, 기관의 설치에 있어서 헌법 제31조 제4항의 정신은 교육에 관한 전문적이고 정치적으로 중립적인 집행기관(독임제 교육감제)의 설치로 달성된 것이며, 자치단체 의사결정과정은 입법재량 사항으로 판시 한 것이다.

그러나 역설적으로 위임형이 입법 정책적으로 가능하다면 독립형 역시 가능하며, 헌법 적합성의 판단은 구체적 보장 수준 및 침해 상황에 달려있다. 당시 통합형 교육위원회제를 먼저 도입한 제주특별자치도의 경우, 개정 직전의 교육위원회 역시 기관만 따로 두었을 뿐, 그 기능에 있어서 지방의회의 전심기관에 지나지 않았고, 통합형 개정으로 그 기능이 현저히 약화되었다고는 할 수 없다(오히려 교육의원 개인의 영향력은 증대 된 것으로 평가되고 있다[66]). 교육위원회의 구성에서 교육전문성을 담보하기 위한 교육경력자 우선 할당제의 취지 역시 통합된 상임위원회로서의 교육위원회 구성에서 교육의원을 과반수 할당하는 방식으로 유지되었다. 결국, 독립기관이 아닌 통합형 자체가 헌법이 예고한 교육자치 및 지방자치의 기본정신을 개정 전보다 훼손하였다고는 보기 어렵다고 판단된다.[67]

지방의회에 통합된 교육위원회의 기능을 지방의회로부터 분리하는 방안은 실익이 별로 없다는 지적도 있다. 통합전이나 분리했을 때의 권한은 달라진 바가 없고 교육 · 학예의 의결기능을 지방의회의 상임위원회와 지방의회에서 권한을 가지는 외국의 사례가 대부분이기 때문이라는 것이다.[68]

지방자치단체의 기관 내부에서의 교육에 관한 의사결정과정을 어떻게 할 것인지의 여부는 교육에 관한 지방자치단체의 의사를 합리적으로 결정하도록 하기 위한 문제로서 입법부에 위임된 사항이라는 헌법재판소의 결정은 지금까지의 판례와 일관된 견해이며 나아가 의회통합형으로 할지 기관 분리형으로 할지 역시 기본적으로 입법 재량에 속한다고 본다.

과거 지방의회로 분리 운영될 당시의 교육위원회의 법적 성격은 특별행정기관설, 하급지방행정기관설, 독립형 의결기관설, 위임형 의결기관설 등이 존재하지만, 이미 지방의회에 통합되었으므로 그 독자성 수준을 논의하는 것은 무의미하다. 다만, 교육위원회의 법적 성격을 어느 것으로 결정할 것인지는 시대 · 사회 상황과 교육자치에 대한 주민의 참여수준과 권리의식 그리고 자치 역사와 문화를 고려하여 결정하여야 할 입법위임 사항이라는 것이다.

---

66) 제주특별자치도의 변화에 대하여는 고전(2007), 제주특별자치도 설치에 따른 교육자치제 변화 연구, 교육행정학연구 25(3), 참고.

67) 저자가 2007년 7월에 제주특별자치도 도의회 의원을 상대로 한 지방교육자치에 관한 의견조사 결과에 따르면, 지방의원 가운데 "한국의 교육자치 상황을 고려한 입법 정책으로 합헌이라고 본다"에 반응한 비중은 78.9%로 나타났다. 교육위원회에 소속 일반의원 4명은 전원 합헌이라고 생각한 반면, 교육의원 5명중 2명은 위헌이라고 보아 대조를 이루었다. 교육의원을 제외한 나머지 일반의원 29명중 6명(20.7%)만이 위헌이라고 보아 통합형의 합헌성을 인정하는 것이 지방의원의 견해의 주류를 이룬 것으로 보인다. 고전(2007), 앞의 논문, 13면.

68) 이주희(2008), 시 · 도 교육위원회의 법적 문제점에 대한 고찰, 한국지방자치학회 학술대회자료집, 569면.

그러나 지방교육자치를 '제도보장론'에 기초하여 이해한다 하더라도 교육에 관한 전문적이고 정치적으로 중립적인 집행기관을 설치하거나 집행과정상의 합의성만으로는 충분치 못하다고 할 수 없다. 정재황은 별도의 교육자치단체를 두지 않는다하여 교육자치가 실현되지 않는 것은 아니나, 교육자치기관에 실질적인 자주결정권 등이 주어지지 않는다면 교육자치라고 볼 수 없다고 지적[69]한다. 또한 자치의 본질적 요소는 집행과정보다는 그 집행이 가능하게 하는 의사결정과정상의 문제, 즉 전 구성원들의 의사의 자치에 있다고 볼 때 교육위원회의 자치 입법권의 행사여부는 중요하다고 지적[70]되기도 한다.

동시에 의결기관은 집행기관을 견제한다는 점에서 집행기관이 갖는 대표성 및 전문성에 상응하는 방식으로 균형을 이루는 것이 바람직하다. 즉, 집행기구인 교육감의 선출방법에 따른 전문성의 확보 및 민주적 정당성 수준과도 연동하여 고려한다는 것인데, 이것은 헌재가 말한 지방자치와 교육자치의 이중자치간 균형의 정신을 살리는 길이기도 하다

헌법 제31조 제1항 및 교육기본법 제5조 제1항 및 제2항을 보장하기 위한 제도로 설계된 지방교육자치제도라면 응당 집행기관의 독임성은 보장되어야 하고 이는 지방자치법이 예견하고 있는 교육 및 학예에 관한 별도 기관성을 충족시키는 것이기도 하다. 따라서, 이 집행기구가 전문적 관리의 원칙에 따라 구성된 것이라면, 응당 이를 견제하는 자치입법기관의 전문성 또한 균형을 맞추는 것이 지방자치의 능률성과 민주성에도 기여하리라고 본다.

따라서 자치입법기관의 전문적 통제와 균형을 기대하기 어려운 교육의원 일몰제하의 일반 지방의원만으로 구성된 교육위원회에 의해 교육감을 통제하는 방식으로는 독임제 교육감제의 설치로 온전히 교육의 자주성, 전문성, 중립성 보장의 헌법정신이 달성되었다고 보기는 어렵다고 판단된다. 자치를 위한 의사결정 과정에 있어서 고려되지 않는 교육전문성이 집행기관에서만 달성된다고 보는 것은 지나친 기대라 할 수 있고, 교육위원회의가 교육에 관한 전문적인 자치 입법활동과 교육감을 견제를 할 수 없는 구조라면 불완전한 자치라 하겠다.

나. 교육감 직선제 헌법소원(2014헌마662)

(1) 사건개요

이 사건 청구인들(고등학생(청구인 1－5), 학부모(청구인 6－74), 교육자 및 교육전문가(청구인 75－82), 교사 및 교원(청구인 83－2451))은 지방교육자치법 제43조에 의거 교육감을 주민의 보통 · 평등 · 직접 · 비밀선거에 따라 선출함으로 인해 학생의 교육받을 권리, 부모의 자녀교육권 및 평등권, 교육자 및 교육전문가의 공무담임권, 교사 및 교원의 교육권 내지 직업수행의 자유를 침해한다고 주장하며 헌법소원심판을 청구하였다(2014.8.14.). 다음은 주장 요지이다.

69) 정재황(1998), 앞의 논문, 310면.

70) 허종렬(1998), 교육자치제 정착을 위한 입법과제, 국회교육개혁발전연구모임, 26－27면.

가. 심판대상조항으로 인하여 교육이 정치에 예속화되고 교육감 개인의 정치적인 성향이나 가치관에 따라 교육정책이 수시로 바뀌게 되었다. 따라서 심판대상조항은 고등학생인 청구인들의 교육을 받을 권리와 학부모인 청구인들의 자녀교육권, 교사 및 교원인 청구인들의 교육할 권리 내지 직업수행의 자유를 침해하고, 헌법 제31조 제4항 소정의 교육의 자주성 · 전문성 · 정치적 중립성에 반한다.
나. 학부모 아닌 주민에게도 학부모인 주민과 마찬가지로 교육감 선거권을 부여함으로써 학부모인 청구인들의 평등권을 침해한다.
다. 심판대상조항에서 교육감을 주민의 직접선거로 선출하도록 함으로써 특정 정치세력의 도움 없이는 교육감으로 선출될 수가 없고, 막대한 선거비용 때문에 출마 자체가 어려워지는 등 교육감으로 선출될 수 있는 기회가 실질적으로 박탈되고 있다. 따라서 심판대상조항은 교육감으로 선출되고자 하는 교육자 및 교육전문가인 청구인들의 공무담임권을 침해한다.

(2) 심판대상 조항

이 사건의 심판대상은 지방교육자치법(2010.2.26. 개정) 제43조가 청구인들의 기본권을 침해하는지 여부이다. 심판대상 조항 제43조(선출)에 따르면, "교육감은 주민의 보통 · 평등 · 직접 · 비밀선거에 따라 선출한다."

(3) 판시사항 및 결정요지

교육감을 주민의 선거에 따라 선출한다고 규정한 지방교육자치법 제43조로 인하여 학생, 학부모, 교육자 및 교육전문가, 교사 및 교원의 기본권이 침해될 가능성이 있다거나 기본권침해의 자기관련성이 있는지 여부판단하였는데 심판청구는 모두 각하되었다.

헌재의 결정 요지에 따르면, "심판대상조항은 지방교육자치제도를 보장하기 위하여 교육감 선출에 대한 주민의 직접 참여를 규정하고 있을 뿐이지, 그 자체로써 청구인들에게 어떠한 의무의 부과, 권리 또는 법적 지위의 박탈이라는 불이익을 초래한다고 보기 어렵다. 따라서 심판대상조항으로 인하여 학생의 교육받을 권리, 학부모의 자녀교육권, 교사 및 교원의 직업수행의 자유가 침해될 가능성이 있다거나 기본권침해의 자기관련성이 있다고 보기 어렵다. 그리고 교육감의 지위와, 지방교육자치의 내용으로서 주민참여의 원리 등을 고려할 때 학부모인 주민과 학부모가 아닌 주민 사이에 교육감 선거에 있어 그 지위에 아무런 차이가 없으므로, 학부모가 아닌 주민이 교육감 선거에 참여한다고 하여 학부모인 청구인들의 평등권을 침해할 가능성도 없다. 또한, 심판대상조항은 교육감으로 선출되고자 하는 자들의 공무담임권을 제한하기보다는 오히려 공직취임의 기회를 넓게 보장하여 공무담임권을 보호하는 측면이 강하고, 심판대상조항으로 인하여 교육감으로 선출되고자 하는 교육자 및 교육전문가인 청구인들이 받는 영향은 간접적 · 사실적인 것에 불과하므로, 이로 인하여 위 청구인들의 공무담임권이 침해될 가능성이 있다거나 기본권침해의 자기관련성이 있다고 보기 어렵다"고 판시하였다.

(4) 한국교총의 주민직선제에 대한 위헌론 제기에 대한 평가[71)]

이 헌법소원은 사실상 한국교총 주도로 제기되 것으로 그 배경을 살펴볼 필요가 있다. 2014년 선거에서 무려 13개 지역에서 진보 성향의 교육감이 당선되자 대체적으로 언론들은 진보교육감 시대를 연 원인으로 '진보 성향 후보의 단합과 보수 성향 후보들의 난립'을 지목했다(동아일보, 2014.6.6.). 세월호 참사 충격이 학교교육의 중요성을 크게 부각시켰고 30－40대 '앵그리맘'을 중심으로 한 학부모들이 경쟁과 효율을 추구하는 보수 성향 후보보다는 협력과 공존을 중시하는 진보 성향의 후보를 선택하게 했다는 주장이다(한겨레, 2014.6.5.). 그러나 2010년에도 보수 난립과 진보 단일화 경향은 유사했다는 점에서 2014년의 선거결과는 진보 교육감 정책의 학습효과와 이들 공약의 승리라고 할 수 있다. 특히 혁신학교와 친환경 무상급식을 추진하여 큰 호응을 얻었던 경기도 김상곤 교육감의 교육정책 성과에 대한 확산과 진보 후보들의 벤치마킹이 작용한 것으로 판단된다.

그런데 진보 성향 후보 뒤에는 전국교직원노동조합(지부장 및 핵심 활동가 출마)과 민주화추진교수협의회(관련 교수 출마)를 배경으로 한 후보가 많았다는 점에서 운동권의 영향 또한 적지 않았다. 이에 비하여 보수단체들은 교육감 선거에 크게 영향을 주지 못하였다. 이른바 한국교원단체총연합회를 주축으로 후보 단일화 움직임이 있었으나 성과는 미미하였다. 더구나 교육감 선거에는 정당의 관여가 금지되므로 보수단체의 결집은 더욱 기대하기 어려웠다. 즉, 2014년의 선거는 진보정당보다 시민 운동권의 승리로 보는 것이 타당하다.

그런데 교육계의 보수단체를 대표하는 한국교총은 2014년 8월 14일에 교육감직선제에 대한 위헌소송을 제기했다. 즉, 교육감직선제는 헌법 제117조 제1항에 규정된 지방자치와 민주성에만 치우친 제도로 헌법 제31조 제4항에서 규정한 '교육의 자주성·전문성·정치적 중립성'이라는 고귀한 헌법가치를 훼손하고 있다는 논지였다. 즉, 선거 자체가 고도의 정치행위일 뿐만 아니라, 정당의 조직과 자금을 지원받는 정치선거와 달리 교육감선거는 교육자가 홀로 광역단위의 선거를 치룰 수밖에 없어 진영논리와 선거운동가나 정치세력의 개입이 불가피하고, 비록 '지방교육자치법'에 '정당의 선거관여행위 금지' 등을 명시하고 있으나, 현실은 그렇지 못하다고 주장했다.[72)] 한국교총은 헌재판결상 "지방교육자치는 '민주주의·지방자치·교육자주'라고 하는 3가지 헌법적 가치를 골고루 만족시킬 수 있어야 하는데, 주민직선제는 민주주의 요구를 절대시하여 비정치기관인 교육감을 정치기관(국회의원, 대통령 등)의 선출과 완전히 동일한 방식으로 구성하는 것이어서 헌법적으로 허용될 수 없다"고 인용했다.

결국 고도의 정치행위일 수밖에 없는 직선제로 인하여 교육의 정치적 중립성은 구현되기 어렵고, 정치선거·이념선거로 정치예속화되며, 포퓰리즘적인 공약과 정책으로 학교는 정치의 실험장화될 것이며, 특정 정치세력, 시민사회세력을 등을 업은 사회운동가, 시민운동가 출신의 명망가들 중심으로 선거가 진

---

71) 고전(2014), 2014 교육감 주민직선 결과 및 쟁점 분석, 교육법학연구 26(3), 15－17면.

72) 실례로 2014.6.4. 교육감선거 서울 진보후보 단일화 경선 과정에서 한 후보가 특정 정당에서 특정 후보를 밀어주기 위해 조직적으로 참여인단을 동원했다는 의혹을 제기하고 후보직을 사퇴하기도 했고, 보수와 진보 성향 후보 선거사무실 개소식에 여·야 인사들이 대거 참여하는 등 정당조직이나 정치인과의 연계가 이어져 왔으며, 이러한 현실은 교육감직선제가 무늬만 정치나 정당과 무관한 교육선거지, 실제로는 정치선거임을 입증하는 것이라 주장했다(2014.8.14., 한국교총 보도자료).

행될 수밖에 없고 그에 따라 능력 있고 청렴한 교육자 · 교육전문가들의 공무담임권이 제약받고 있다는 논지였다.

한국교총이 지적하는 직선제에서 나타나고 있는 보수성향과 진보성향의 대립은 사실이며, 과다한 선거비용과 정당 비관여 방식에 따른 후보자의 주민직선 부담은 금전적으로 물리적으로 큰 부담이다.

그러나 보수정책과 진보정책의 대립을 정치선거 · 이념선거로 보고 정치예속화로까지 보아 교육의 정치적 중립성 및 자주성 훼손으로 보는 것은 비약이다. 정당의 관여를 엄격히 배제하고 있으며, 실제로 진보성향의 교육감이 당선된 13곳을 야당이나 특정 정당의 승리로 보는 사람은 없기 때문이다. 앞서 살펴본 바와 같이 2014년의 결과는 진보 운동권의 난일후보 전략과 정당 무관여에 따른 보수진영의 상대적 분열 그리고 2010년 이후 등장한 진보교육감이 보여준 교육현장의 변화에 대한 시민사회의 긍정적 평가가 작용하였다고 볼 수 있다.

헌법재판소가 비정치기관인 교육감직의 구성을 국회의원이나 대통령 선거와 동일한 방법으로 치루는 것의 위헌성을 경고한 것은 사실이나, 직선제라는 방식 하나만을 가지고 동일한 방법으로 보는 것은 아전인수(我田引水)식 해석이다. 정당의 후보 추천금지와 후보자의 1년 이상 정당원 경력제한 및 지금도 유지되고 있는 3년 이상의 교육 · 교육행정경력 요구등이 일반 정치선거와 크게 다른 부분이다. 투표용지에 정당과 혼돈을 일으키는 기호를 없애고 가로 열거형 순환 배열 방식을 택한 것도 정당정치를 배제하기 위한 조치였다.

헌법재판소는 그동안 주민직선제 및 간접선거제 교육감 선거방식과 관련한 여러 판례를 통하여 기관을 구성하는 방법의 선택은 현저하게 불합리하고 불공정한 것이 아닌 한 궁극적으로는 입법자의 재량(국회 입법형성권)에 속하는 문제라는 점을 기본입장(96헌마89, 2000헌마283,778)으로 하고 있다. 따라서 교총의 주장은 판례에 대한 부적절한 해석이다. 헌재 판결(99헌바113)에서 말하는 헌법적으로 허용될 수 없는 교육감 선거방식은 비정치기관인 교육감 선거를 정치기관 선출과 완전히 동일한 방식으로 구성 한다는 데 방점이 있다.

한국교총은 현재 해방이후 지방교육자치 발전을 지원해온 노선을 전환하여 직선제 위헌론을 제기한 데 이어 최근에는 임명제 수용방안까지 나아가고 있는 것이야 말로 교육감직이 전교조 측의 진보운동권으로 확대되어 가는 데에 대한 위기감을 극복하기 위한 '정치적 목적'이 내포되어 있다 하겠고, 회장단에 의하여 좌우될 노선의 전환 문제는 아니라고 본다.

한국교총이 제기한 교육전문가의 공무담임권 제한 문제 역시, 넓은 선거구역과 정당 관여 금지로 후보자의 부담이 큰 선거인 것은 사실이나 교육행정경력을 폐지하였던 2014년의 선거에서도 전원 교육경력자가 당선되었다. 그러나 선거보전금을 전혀 지원받지 못한 후보 12명과 절반만을 지원받은 11명 등 전체후보의 32.1%에게는 수억 원에 달하는 선거비용은 파산에 가까운 위협이며 이것이 재력없는 교육계 전문가의 출마를 막는 점은 부인할 수 없다. 그러나 당선자 역시 전원 교육전문가였다는 선거결과를 놓고 볼 때, 그 제약은 낙선으로 인한 반사적 제약이며 교육전문가를 이유로 한 공무담임권 제약은 아니라고 본다.[73)]

---

73) 한국교총은 헌법소원소장에서 진영논리에 입각한 정치 · 선거 현실의 결과로 당선된 교육감이 시행하는 정치 편향적이고 실험적인 공약 · 정책으로 인해 학생의 교육을 받을 권리(수학권)가 침해되었다는 주장과 위헌적인 선거제도를 통해 학부모의 자녀

지방교육자치와 관련한 헌법재판은 지금까지도 그래왔지만, 향후에도 가장 빈번히 제기될 법적 분쟁은 '교육감 선거제도' 및 '직선제 교육감과 장관 간의 권한 분쟁' 관련 사안일 것으로 예상된다.[74] 헌법재판소가 확립한 지방교육자치제의 세 가지 헌법적 가치간의 균형(각 요구를 절대시하여 어느 한 집단이 좌우하는 방식 지양)을 원칙으로 하되, 직선제와 관련한 최대 현안인 유권자에게 있어서 선택정보 부족과 후보자에게 있어서 선거운동 부담 문제는 시급히 해소되어야 할 것이다. 완전선거공영제 및 매니페스토 공약검증제는 의미있는 해법이 될 것이다.[75]

즉, 완전선거공영제 도입이 어렵고 직선제의 한계를 극복하기 어렵다면, 학교운영위원회 기초조직(교사회, 학부모회)이 민주적 정당성이 충분히 확보할 것을 전제로 하여 학교운영위원회 전원 선거인단제도도 대안이 될 수 있다고 본다. 이른바 학교자치와 지방교육자치를 연계시켰다는 점에서도 학교자치 기초조직을 확립하여 시도해본다면, 한국 나름의 독창적인 제도 창출도 가능하리라고 판단된다. 물론, 이 또한 직선제에는 못미치는 차선책이다.

다. 제주특별법상 교육의원 피선자격 제한 헌법소원(2018헌마444)[76]

(1) 사건개요

청구인들은 제주특별자치도 주민으로서 2018년 6월 13일 실시되는 교육의원선거에 후보자로서 등록하려 했으나, 제주특별법 제66조 제2항에서 5년 이상의 교육 또는 교육행정 경력을 갖추도록 하여, 이러한 경력을 갖추지 못하게 되어 후보자로서 등록할 수 없게 되었다. 이에 청구인들은 이 조항이 이들의 기본권을 침해한다고 주장[77]하며 헌법소원심판을 청구(2018.4.30.)하였다.

(2) 심판대상 조항

제주특별법 제66조(교육의원의 피선거자격 등) ② 교육의원후보자가 되려는 사람은 후보자등록신청개시일을 기준으로 다음 각 호의 어느 하나에 해당하는 경력이 5년 이상이거나 다음 각 호의 어느 하나에 해당하는 경력을 합한 경력이 5년 이상인 사람이어야 한다.

교육권과 평등권을 침해하고, 교원의 수업권, 직업수행의 자유를 위헌적인 방법으로 제한하는 결과로 이어진다는 주장을 하였으나 한국교총의 추론일 뿐 주민직선제에 따른 직접적인 관련성이 있다고 보기 어려워 논의에서 제외하였다.

74) 1991년 이후 2020년까지 헌법재판소와 법원의 교육자치 관련 판례를 분석한 김종규(2020)에 따르면, 선출제도가 가장 많았고, 통합형 교육위원회 및 주민직선제 이후에는 교육분권 관련 판례가 급격히 증가한 것으로 분석했다. 주민직선제 등 대안 중에서 학교운영위원회 위원 전원 선출제도는 헌법적 본질의 균형을 적절히 반영하였다고 소개했다. 김종규(2021), 우리나라 지방교육자치의 주요 쟁점에 대한 헌법재판소 및 법원 판례 분석, 연세대 박사학위논문, 국문요약.

75) 교육감 선거 공영제 강화에 대하여는 고전(2011), 교육감 선출제도 개선을 위한 입법방안, 국회입법조사처, 94-116면 참조.

76) 고전(2021), 제주특별법상 교육의원 피선거 자격제한 기각결정(2018헌마444)에 대한 판례분석, 교육법학연구 32(2) 참고.

77) 첫째, 교육의 전문성을 확보하기 위해서는 교육의 다양성과 다원성을 반드시 고려하여야 함에도 불구하고 심판대상 조항은 교육경력 내지 교육행정경력(이하 '교육경력 등'이라 한다)을 요구함으로써 학교교육 이외의 경력 보유자의 교육의원 진출을 봉쇄하고 있다. 5년 이상의 교육경력 등이 없어도 교육정책에 참여할 능력과 자질이 있을 수 있음에도 심판대상 조항은 교육경력 등이 없는 자가 도의회를 통한 교육정책 수립과정에 전혀 참여할 수 없게 함으로써 청구인들의 공무담임권을 침해한다. 둘째, 심판대상 조항은 교육경력 등이 있는 자와 그렇지 아니한 자 간에 능력이나 자질 측면에서 본질적인 차이가 없음에도 교육경력 등이 없는 자를 차별 취급함으로써 청구인들의 평등권을 침해한다.

1. 교육경력: 「유아교육법」 제2조 제2호에 따른 유치원, 「초 · 중등교육법」 제2조 또는 「고등교육법」 제2조에 따른 학교(이와 같은 수준의 학력이 인정되는 교육기관 또는 평생교육시설로서 다른 법률에 따라 설치된 교육기관 또는 평생교육시설을 포함한다)에서 교원으로 근무한 경력
2. 교육행정경력: 국가 또는 지방자치단체의 교육기관에서 국가공무원 또는 지방공무원으로 교육 · 학예에 관한 사무에 종사한 경력과 「교육공무원법」 제2조 제1항 제2호 또는 제3호에 따른 교육공무원으로 근무한 경력

(3) 판시사항 및 결정요지

헌법재판소는 판결문[78]에서 전원 일치된 의견으로 이 사건 심판청구를 모두 기각하였다. 즉, 교육의원 피선자격의 제한은 교육전문가에 의하여 교육의 전문성을 확보하고 교육의 자주성을 달성하기 위한 입법 목적이 정당하고, 일반 지방의원을 통해서도 교육위원회 위원으로 참여할 수 있다는 점에서 입법재량 범위 내의 합리적 공무담임권 침해로 판단했다.

(4) 판례 평석

헌법재판소가 내린 교육의원 입후보 자격 제한 위헌심판에 대한 기각 결정의 의미는 주민의 공무담임권 제한의 심각성보다 교육의원 제도의 헌법적 의의에 방점을 둔 것으로 판단되며 이는 선행 판례와 같은 맥락이다. 지방교육자치제에 있어서 교육의원제의 도입이 공익적 가치가 있음을 인정한 것이며 지방교육자치를 제도화하는데 있어서 집행기구(교육감)와 의결기구(교육위원회)의 구성 및 선임방법은 기본적으로 당해 입법기관인 국회에 부여된 입법형성권 내의 것이라는 그동안 판례의 일관된 논지를 유지하는 것으로 평가된다.

다만, 헌법재판소가 수차례의 지방교육자치법 관련 판례를 통하여 형성해온 '지방교육자치제의 헌법적 본질'(99헌바113, 2000헌마283, 2002헌마573 등)을 이 판결에서는 비중있게 다루지 않은 것은 교육의원제 존립 근거에 대하여 보다 근원적인 판단을 하는 데 다소 미흡했고, 존립 근거를 소홀히 다룬 것은 이 소송이 지역사회에서 일고 있는 교육의원 폐지론을 배경으로 시민단체 주도로 제기된 점을 고려하지 못한 것으로 해석할 수 있다.

즉, 헌법 제31조 제4항과 제117조 제1항과의 조화 속에 탄생한 지방교육자치제를 구현함에 있어서 중앙권력에 대한 지방적 자치와 교육 자주 · 전문 · 중립성이라는 문화적 자치라는 속성을 동시에 유지해야 하는 '이중의 자치' 요청 영역이라는 점 그리고 지방교육자치를 제도로서 구현함에 있어서 '민주주의 · 지방자치 · 교육자주' 간의 헌법적 가치를 조화롭게 만족시켜야 한다는 관점에서 교육의원제가 등장한 존립

---

78) 【헌재판결】 심판대상 조항이 교육의원이 되고자 하는 사람에게 5년 이상의 교육경력 등을 요구하는 것은, 교육전문가가 교육 · 학예에 관한 중요 안건을 심의 · 의결할 수 있도록 하여 교육의 전문성을 확보하고, 교육이 외부의 부당한 간섭에 영향받지 않도록 교육의 자주성을 달성하기 위한 것이다. 뿐만 아니라 청구인들로서는 심판대상 조항이 규정한 교육경력 등을 갖추지 못하였다고 하여도 도의회 의원선거에 출마하여 일반 도의회 의원으로 제주특별자치도의 교육위원이 될 수 있는 길이 열려 있다. 결국 심판대상 조항은 전문성이 담보된 교육의원이 교육위원회의 구성원이 되도록 하여 헌법 제31조 제4항이 보장하고 있는 교육의 자주성 · 전문성 · 정치적 중립성을 보장하면서도 지방자치의 이념을 구현하기 위한 것으로서, 지방교육에 있어서 경력요건과 교육전문가의 참여 범위에 관한 입법재량의 범위를 일탈하여 그 합리성이 결여되어 있다거나 필요한 정도를 넘어 청구인들의 공무담임권을 침해하는 것이라 볼 수 없다(2018헌마444).

기반을 살펴볼 필요가 있었다. 헌재가 제도의 헌법적 의의에서 비롯되는 조화로운 가치실현 차원에서 도입된 교육의원제의 당위성을 논증하였다면, 일반의원과는 다른 교육의원이기 위한 조건의 하나로서 입후보 자격요건의 필요성을 전제한 연후에 제한의 적합성을 판단하였다면 더 논리적이었다고 본다.

더불어 헌재는 고도의 교육분권을 보장하여 국제자유도시에 걸 맞는 교육자치를 실현하고자 하는 제주특별법의 입법 취지와 경찰자치와 교육자치를 두 축으로 하는 제주특별법에서의 교육자치 중요성을 간과하였다. 즉, 지방교육자치법상 일몰제로 사라진 교육의원제가 제주특별법에서만이 존속되고 있는 입법 취지에 대한 설명이 없었다. 특히 유일하게 법률에서 '교육자치'로 명명하여 제6장(§63–86)을 통해 언급한 입법취지를 다뤄야 했다.

지방자치단체에 있어서 교육분야의 자치를 실현하는 방법에 있어서도, 시·도지사와는 별도의 독임제 집행기구인 교육감제를 두는 것과 이를 전문적이고 효과적으로 견제할 수 있는 지방의회 내 교육위원회에 마련하는 것은 필수적이며 본질적인 요소이다. 16개 시·도에서와 같이 전원 지방의원에 의한 교육위원회 의결기구 방식을 채택하는 것 역시 입법형성권의 영역이라고 할 수 있으나, 교육감 직선제를 통해 강력한 권한을 부여받은 집행기구에 대한 통제 측면에서 본다면 전원 일반의원 방식은 교육자치의 존재의의를 무색케 한다.

다음으로 헌재가 청구인이 주장하는 경력자와 비경력자 간의 평등권 침해에 대해서, 평등한 기회보장을 전제로 한 공무담임권 침해 여부를 심사하기 때문에 별도로 평등권 침해 여부를 심사하지 않은 것은 흠결이다. 헌법상 제11조 제1항(법 앞의 평등과 모든 영역에서의 차별금지)의 평등의 원칙은 기본권 실현의 기본 원칙임과 아울러, 합리적 근거가 없는 차별을 금지하는 것을 의미한다. 따라서 경력 제한으로 인해 교육의원이 될 공무담임권을 박탈당했다면 그 제한이 합리적 근거가 있는 것인지를 따져보는 '평등권 침해여부'는 논의됨이 바람직하다. 일반 지방의원으로 당선된다면 교육위원회 위원 활동이 보장된다는 점에서 공무담임권에 대한 중대한 제한이 아니라고 하더라도 최소한 완화된 심사척도인 자의금지 원칙에 따른 평등권 침해가 논의되었어야 할 것이다.

헌재는 공무담임권 침해의 적정성에서 입법목적의 정당성 판단시 제한의 합리성 여부가 포함되어서 평등권 문제가 포함된 것으로 보아 청구인의 요청을 받아들이지는 않은 듯싶다. 5년의 교육경력으로 제한된 선거제도의 의도만을 놓고 볼 때는 그럴 수 있으나, 그 선거의 결과(연령, 성, 출신의 편중, 무투표당선 대세, 종신제 우려)를 놓고 본다면 다양성을 상실한 채 기득권화된 결과는 입후보를 기대한 평교사 입장에선 평등권에 심각한 제한을 받을 수도 있다. 자의금지 정도를 따지는 완화된 심사척도가 아니라 비례성 원칙에 다른 엄격한 심사를 해볼 필요도 있었다. 법률규정상 유·초·중등학교 교원이 입후보 할 수 있는 주된 대상이지만 이들은 교육의원 입후보에서 실질적으로 완전히 소외되고 있기 때문이다.

다음으로 청구인이 주장한 '대의제 민주주의 원칙 위배'(빈약한 민주적 정당성을 가진 교육의원이 도민의 정치적 의사를 왜곡하는 것)에 대한 주장 역시 후보자 자격요건 제한 자체로 이루어진 것이 아니라 하여 판단을 보류하였다. 물론 청구인의 위헌 주장에 해당하는 규정에 한정하여 위헌여부를 판단을 하는 것이 헌법재판의 기본이나, 청구인들이 이번 헌법재판을 제기한 주요 원인이 이러한 제한된 경력을 가진 교육의원들의 정치적 행태(자주 캐스팅보트로서 역할을 하고 있다는 언론보도)에 있었다는 점에서 논의할 필요가 있었다. 즉, 정치적 중립성 확보를 위해 교육계 인사에 한정한 자격 제한을 두었는데, 그 결과가 오히려 정당정치를 방해하고 이들 집단에 의하여 교육 현안뿐만 아니라 지방의회 전체 의제가 좌우되는 것이라면 제한의 목적이 전도되는 결과를 가져왔다고도 볼 수 있기 때문이다.

이러한 법규범과 그 의도에 대한 해석 중심의 헌법재판소 판결 경향은 법규범의 규범적 정당성에 한정할 뿐, 사실적 실효성이라는 법규범의 사회적 의미를 과소평가하는 결과를 낳게 된다. 따라서 이 사안은 법규범과 법현실 간의 간극을 조명해 봄으로서 위헌성 판단 자체를 넘어서, 위헌적이며 탈목적적인 부작용을 낳고 있는 제도의 개선에 방향을 제시(입법 및 개정 촉구)했어야 했다. 헌법재판소가 법규범과 더불어 법현실을 고려하지 못한 판단을 한 데에는 헌재가 지방의회에 요구한 의견서를 지방정치권이 합의하여 균형있는 의견서를 제출하지 못한 데에도 원인 제공 측면이 있고, 도입 15년이 지나도록 교육의원 과반수 교육위원회 운영 성과에 대한 진단을 깊이 있게 진행하지 못한 책임도 지방의회에 있다.

앞서 설명한 바와 같이 제주특별자치도에서의 5회에 걸친 교육의원 선거결과 분석에 따르면, 25명의 교육의원은 60대 남성, 전직 교장 및 교육전문직 출신, 현직 교육의원 등에 편중되어 무투표당선과 종신제로의 전락 우려가 있음을 확인하였다. 즉, 자격제한의 범위와 정도가 기본권의 본질적 내용을 침해하는 수단이 아니라 할지라도, 제도의 도입의 입법정신이 훼손되고 특정 집단의 이익을 대변할 우려가 있어서 그 보완책을 모색할 필요가 있다는 것이다.

교육의원 선거결과의 편향성은 후보자의 5년 교육 또는 교육행정 경력자라는 자격제한 자체에서 유래되었다기보다는 다양한 교육경력자들이 도전할 수조차 없는 겸직금지와 정당 및 조직 배경이 없는 후보자들에게 지방의원 선거구보다 6배 가까이 넓은 곳에서 선거를 하게 하여, 결국 현직 교육의원으로서 재출마자가 절대 유리한 구조를 만들고 있다. 유권자의 투표 성향을 고려할 때, 교육의원 후보자에게 더 약화된 3년의 경력을 요구하더라도 유권자는 교육경력 중심으로 후보를 선택할 것이므로 경력의 과다 혹은 유무는 별 실효성이 없다고 본다.

다양한 연령층의 유입을 위하여 현직 교사에게도 대학교수와 마찬가지로 당선 후 휴직을 허용하는 것이 긴요하다. 또한 초임 후보자에게도 동등한 선거가 되기 위해서는 지방의원과 동일한 방식이 아닌 선거관리위원회가 주도하는 완전선거공영제와 교육단체 등에 의한 매니페스토 공약검증 체제가 필요하다. 교육의원 종신제의 우려에 대해서도 교육감과 마찬가지로 최대 3선을 제한하는 것이 현실적이고 교육감 제한과 균형이 맞다.

제주특별자치도 교육의원제 위헌심판 기각은 자격 제한 자체의 위헌성을 인정하지 않았을 뿐, 입법취지에 맞게 운영되고 있다는 의미는 아니다. 이러한 규범적 타당성에 기반하여 교육의원제가 사실적 실효성을 갖출 수 있도록 법 현실을 개선해 나감으로서 '살아있는 교육의원제'가 가능하다고 본다.

헌법재판은 기존의 논쟁점을 종결시키는 것이 아니라 헌법재판에 이를 정도로 제도에 불만이 있는 문제를 해결해야 할 쟁점을 공론화한 것으로 보아야 한다. 이번 판결을 통하여 교육의원제가 왜 필요한지에 대해서는 헌법적 해석이 내려진 것이며, 본래 목적을 달성하고 유지되기 위해서 어떤 조건들이 필요한지가 향후 과제가 될 것이며, 그 해법은 제주도에서의 특별 교육자치의 경험과 도민들의 교육민도(敎育民度)에도 영향을 받을 것이나, 누구보다도 지방의회, 특히 교육위원회 자신이 당사자로서 대처해야 할 미선이기도하다.

그러나 아쉽게도 2022년 4월 국회에는 타지역 국회의원 대표발의로 제주특별법상 교육의원제 일몰제(2026년 6월) 법안이 발의되어 지역구 의원 증원과 타협을 벌리게 되었다. 결국 제주 지역사회에서의 뜨거운 감자였던 이 문제는 중앙 정치권에 의하여 4년 뒤 강제 폐지되는 수순을 밟게 되었다. 이후 당사자들인 교육의원과 지역주민들의 대처가 주목된다.

사실 제주특별자치도 교육의원제도는 당시 15개 시·도에서 일몰제를 적용했던 2010년부터 논의되기 시작했는데 헌법재판까지 거쳐 2022년에 중앙 정치권에 의해 강행되고 말았다. 백혜선(2014)의 교육위원회 구성·운영에 관한 실증연구에 따르면, 지방의회 통합형 교육위원회 하의 교육의원은 과거 교육위원과는 차별화된 지방의회 의사결정력과 위상(원내 교섭단체 미래제주 결성)을 가지게 되었고 주민통제의 원리에 의하던 교육위원회에 전문적 통제를 가능케한 의미를 부여하였다. 특히 교육청과 도청간에 가교역할을 하였는데 교육감에게는 교육적 차원의 해결을, 도지사에게는 지역 차원이 해결책을 이끌어 냈다는 평가이다. 그러나 통합형 교육위원회의 가장 우려스러운 부분으로 정당의 배경을 가진 일반의원들과의 관계나 전체회의 의결과정에서의 캐스팅보트 역할 과정에서 교육의 정치적 중립성 유지에 부정적 영향을 우려하기도 했다.[79] 실제로 학부모, 교원, 행정직원, 지방의원 등 700명을 설문조사한 결과(566건 분석, 학부모 21%, 교원 31.4%, 행정가 29.5%) 교육의원 선거 입후보 자격인 5년 이상의 교육·교육행정 경력에 대하여는 전문적 통제 수준에서 적정하다고 보는 견해가 우세했다고 보고했으며, 교육감 직선제라는 집행기구에 대응한 전문성을 갖춘 견제기구로서 지방의회에 교육의원제가 존속되어야 할 필요성에 대하여 강조하면서, 대신 지역특성에 적합한 선거제도가 운용될 수 있도록 선거방식을 다양화할 것을 제안했다. 특히 정당과 연계되는 지역구 중심의 선거보다 대선거구제 방식에 대하여는 교육의원을 제외한 모든 집단들이 찬성하였다고 보고했다.[80]

한국교육행정학회 역시 제주특별자치도 교육자치제도의 특례에 대하여 관심을 갖고 2021년 연구를 진행하였고, 교육의원 일몰제보다는 고도의 교육분권이라는 제주특별자치도법의 입법정신을 살려 교육의원제를 개선·유지 발전시킬 것을 제안(중선거구제등)한 바 있다.[81]

30설 지방교육자치 쟁점: 교육감 직선제(완전선거관리공영제), 정치적 타협의 교육의원 일몰제 한계

79) 진보적 시민단체가 교육의원제 폐지를 겨냥한 헌법소원을 낸 주된 이유도, 교육의원들이 해군기지나 제2공항 그리고 학생인권조례에 대하여 의결과정에 부정적 영향을 끼치거나 소극적 태도를 보인데 있었다.

80) 백혜선(2014), 제주특별자치도의회 교육위원회 구성·운영에 관한 실증연구, 제주대 박사학위논문, 132, 182−186면.

81) 2022.1 보고된 한국교육행정학회의 보고서는 무투표 당선 및 제주지역의 궨당문화의 폐해를 막도록 제주시(3)와 서귀포시(2)를 중선거구로 하여 다수득표순 당선제를 제안했다. 나민주·고전·김용·차성현(2022), 제주 교육자치 15년의 성과와 과제, 발전방안 연구, 한국교육행정학회, 214면.

제 7 장

학교교육법규론

1. 유아교육법
2. 초 · 중등교육법
3. 사립학교법
4. 특수교육법
5. 학교교육법규의 쟁점 판례: 학교급식비와 학교운영위원회 성격

이 장에서는 학교교육을 형성하는 주요 교육법규를 다룬다. 유아교육법은 유아교육진흥법으로 출발하였다가, 교육법 분할 제정 당시 초 · 중등교육법에 포함되어 있었는데, 2004년 다시 분리 제정되었다. 최근 공공성 강화 차원에서의 법개정에 대하여 알아본다.

초 · 중등교육법은 학교법규의 중심이 되는 법이다. 각급 학교 정책변화를 반영하듯 가장 개정이 빈번하기도하다. 학교자율화 정책을 반영하고 있으며, 시도교육청 및 교육감이 기능이 강화되어 가고 있다. 의무교육 및 자율학교에 있어서 많은 변화가 있었다.

사립학교법은 사학의 자주성과 공공성을 양대 축으로하여 제정된 법률로서 학교법인과 이사회등 사학이 의사결정 구조와 과정을 다룰 뿐만 아니라 사립학교 교원의 신분과 법적 지위에 관한 기본적인 사항을 규정하고 있다. 이사회의 구성 및 기능에 관련된 사항이 지속적으로 논의되는 주제이기도 하다.

특수교육법은 장애인의 교육기본권을 구체적으로 보장하기 위한 법으로서 조기장애의 발견과 통합교육이 강조되고 있으며, 국가차원에서 중장기 발전계획도 강조되고 있다.

학교교육법규의 쟁점과 학교급식비와 관련하여 보편적 복지와 선택적 복지차원의 논의를 헌법재판소 판례를 통하여 검토한다. 사립학교 학교운영위원회 역시 도입 초기에서부터 필수기관화를 둘러싼 헌법소원이 있었고, 최근 국공립학교 학교운영위원회의 기능과 동일하게 심의기구로 전환되는 변화가 있었다.

제 7 장 학교교육법규론

1. 유아교육법

가. 유아교육법의 교육법상 의의

유아교육법은 유아교육을 위한 학교의 기본적인 사항을 정하도록 한 교육기본법 제9조에 따라 2004.1.29. 제정되고, 1년 뒤인 2005.1.30.부터 시행된 유아교육 관련 기본 법률이다. 유아교육 관련 법률은 그 역사가 오래되고 보육기관과 관련된 영유아보육법과 연관이 깊다.

유아교육을 담당하는 학교인 유치원은 1949년 제정 교육법 때부터 규정되었던 교육기관이었다. 다만, 당시에는 국민학교(현 초등학교)에서 대학까지 6－3－3－4의 기간학제를 마련하는 것이 국가적 소임이었으므로, 의무교육기관이 아니었던 유치원은 취원율도 낮아 크게 주목받지 못한 가운데 사립 혹은 종교계열 유치원이 주를 이루었다.

1949년 제정 교육법상 유치원의 교육 목적[1]에서도 기술되었듯이, 국민학교에서부터 제도권 교육이 시작되는 것으로 보았기 때문에 유치원은 '교육'이 아닌 '보육'과 심신의 '발육'을 목적으로 하는 기관이었다. 즉, 교육과정을 운영하는 학교보다는 보육시설로 인식되었다.

한편, 특별법 형태로 유아교육진흥법(총 20개 조항)이 제정된 것은 1982.12.31.이었다. 유아교육과 보육을 모두 진흥한다는 취지였으나 주된 입법 목적은 자치단체가 주관하는 새마을유아원의 설립 근거를 마련하는 것이었다. 이 법 제정 이유에 따르면, 그동안 유치원, 새마을유아원, 어린이집 및 농번기유아원으로 다원화된 유아교육체계를 유치원과 새마을유아원으로 조정·정비하고 부족한 유아교육시설의 확충한다는 취지였다. 이로서 유아교육기관은 교육법에 근거한 유치원과 유아교육진흥법에 의한 유아원 및 새마을유아원으로 나뉘어 졌다.

그러다가 1991년 1월 영유아보육법이 제정되면서 같은 해 12월 교육법은 유치원의 교육목적을 '보육'에서 '교육'으로 바꾸게 되었다. 개정된 교육법 제146조(목적)에 따르면 "유치원은 유아를 교육하고 적당한 환경을 주어 심신의 발육을 조장하는 것을 목적으로 한다"(1991.12.31.)로 변경되었고, 이 규정은 1997년 교육법 분할 재 제정 때까지 지속되었다.

한편, 영유아보육법의 적용 대상은 처음에는 전체 국민이 아니라 제1조(목적) 조항[2]에 기술된 바와 같이 보호자가 근로 또는 질병 기타 사정으로 보호하기 어려운 영아 및 유아를 대상으로 했다. 이것이 전

1) 제정 교육법 제146조 유치원은 유아를 보육하고 적당한 환경을 주어 심신의 발육을 조장하는 것을 목적으로 한다.
2) 제정 영유아교육법 제1조(목적) 이 법은 보호자가 근로 또는 질병 기타 사정으로 인하여 보호하기 어려운 영아 및 유아를 심신의 보호와 건전한 교육을 통하여 건강한 사회성원으로 육성함과 아울러 보호자의 경제적·사회적 활동을 원활하게 하여 가정복지 증진에 기여함을 목적으로 한다.

국민을 위한 영유아 보육으로 된 것은 2004.1.29. 개정(2005.1.30. 시행)[3]에 의해서였다. 이날은 교육법 분할로 재 제정된 초·중등교육법에 규정되어 온 유치원에 관한 사항을 분리하고 유아교육진흥법을 통합하여 '유아교육법'이 제정되고 시행된 날과 동일하다. 보건복지부 입장에서는 일부 특정 근로 또는 질병 사정으로 인한 특별 영유아를 대상으로 한 복지사업에서 전 영유아로 범위를 확대하게 된 것이다. 영유아보육법에서 어린이집으로 명칭이 개칭된 것은 2011.6.7. 개정에 의해서이다.[4]

현재는 교육부에서는 유치원을 중심으로 '유아교육정책'을 담당하고, 보건복지부에서는 영유아를 대상으로 '영유아보육정책'을 맡는 비슷한 취학전 아동에 대하여 두 행정부가 관할해오다가 무상의무교육 적용을 위해서 유치원과 어린이집 모두에 공통된 교육과정(누리교육과정)을 적용하면서 교육과 보육에 의한 구분도 모호해진 상황이 되었다.

이러한 영유아 교육과 보육의 이원화 정책의 결과, 오늘날 취학전 아동들이 대부분 유치원, 어린이집 또는 각종 학원 등 어딘가에서 교육 및 보육을 받고 있으면서 이를 통일된 공교육시스템으로 관리하는 체제는 점차 복잡하게 전개되고 있는 상황이다. 즉, 각 교육 또는 보육시설이 각자의 목적을 가지고 발전되고 전개되어온 결과 어느 한 교육기관으로 전 국민의 취학전 교육을 통괄 할 수 있는 시스템을 만들기 어려운 구조가 되었다는 의미이기도 하다.

교육부가 발표한 '2022년 교육기본통계 조사 결과'에 따르면, 2022.4.1. 기준으로 유치원은 8,562개원이 설치되어있다. 그중 국립은 3곳(0.04%)에 불과하고 공립 59.7%, 사립40.2%를 차지하고 있다. 유치원 교육은 국·공립 대비 사립 기관수의 비중이 대략 6:4를 형성하고 있다. 이는 초등학교에서 공립이 비중이 98.5%로(사립 1.2%) 절대적으로 많은 것과 대조를 이룬다.

게다가 유치원은 지난 1년 동안 98개 원(1.1%↓)이 감소하였고, 원아 수 역시 552,812명으로 전년대비 29,760명(5.1%↓) 감소한 것으로 보고되었다.

물론, 헌법에 유아교육 또는 유치원이 언급된 적은 없었다. 그러나 제정 교육법에서부터 유치원은 학교의 일종으로서 열거된 것(§81)은 물론 초·중등교육법에 포함되었던 시기에도 학교로서 존재했었다. 제정 교육법에서도 지도감독, 인가체제, 사범학교의 부설유치원 체제 등을 갖추었었고 제10절 유치원[5]을 둘 만큼 공교육체제의 일환으로 이미 관리되었다. 이점에서 1997년에 교육개혁위원회가 수립한 '유아교육 공교육체제 확립'이란 표현은 법률적으로는 적합한 것은 아니라고 할 수 있다. 의무교육화 내지 무상

---

3) 개정 영유아보육법 제1조(목적) 이 법은 영유아를 심신의 보호와 건전한 교육을 통하여 건강한 사회성원으로 육성함과 아울러 보호자의 경제적·사회적 활동을 원활하게 함으로써 가정복지 증진에 기여함을 목적으로 한다.

4) 제10조에 의거, 어린이집은 국공립·법인·직장·가정·부모협동·민간어린이집 여섯종류로 제시되었고, 현재는 국공립·사회복지법인·법인단체등·직장·가정·협동·민간어린이집 일곱 종류로 제시되어 있다.

5) 제정교육법에 따르면 교육구교육감의 지도감독을 받으며(§84), 서울특별시 유치원은 특별시교육위원회의 인가를 그리고 각 도의 유치원은 도지사의 설립인가를 받아야 했던 공교육기관이었다(§85). 필요한 경우에는 사범학교, 사범대학에 유치원을 부설할 수도 있었다(§126). 또한 제정 교육법 제146조 유치원은 유아를 보육하고 적당한 환경을 주어 심신의 발육을 조장하는 것을 목적으로 한다. 제147조 유치원 교육은 전조의 목적을 실현하기 위하여 다음 각호의 목표를 달성하도록 노력하여야 한다. 1. 건전하고 안전하고 즐거운 생활을 하기에 필요한 일상의 습관을 기르고 신체의 모든 기능의 조화적 발달을 도모한다. 2. 집단생활을 경험시키어, 즐기어 이에 참가하는 태도를 기르며 협동자주와 자율의 정신을 싹트게 한다. 3. 신변의 사회생활과 환경에 대한 바른 이해와 태도를 싹트게 한다. 4. 말은 바르게 쓰도록 인도하고 동화 그림책등에 대한 흥미를 기른다. 5. 음악·유희·회화·수기 기타방법에 의하여 창작적 표현에 대한 흥미를 기른다. 제148조 유치원에 입원할 수 있는 자는 만 4세부터 국민학교 취학시기에 달하기까지의 유아로 한다.

교육화가 적합한 표현이다.

그후, 유아교육은 의무교육으로 지정되지 않았을 뿐, 이미 취학 전 3년의 유아교육(이른바 누리교육과정)에 대하여 유치원 및 어린이집을 막론하고 무상교육6)을 실시하고 있는 상황이다. 이 점에서, 유아교육 무상화는 요람에서 무덤까지라는 평생교육의 이념에 한 걸음 다가선 것으로 평가할 수 있고, 동시에 국민들 역시 조기 교육이라는 관점보다는 사회복지 차원의 기반시설로서 당연히 마련되고 공공부담에 의하여 유아교육 무상화를 받아드리고 있다 할 것이다.

다만, 취학전 교육은 취학후 학업성취 및 개인의 학습역량 개발에 미치는 영향이 적지 않고, 초등학교 교육과의 연계선상에서 선수학습능력 및 기초학력을 좌우하는 과정이라는 점에서 학교 공교육체제로서 확립하여 기회의 균등과 교육의 질을 담보하여야 하는 교육기관으로 관리되어야 할 요구도 높아지고 있다. 최근 일부 개인이 설립 운영하는 유치원의 회계 관리의 허점이 들어나 공공성을 강화하기 위한 유아교육법 관련 법 개정이 있기도 했다.

최근 10여 년 동안 유아교육 관련 법률에 있어서 가장 쟁점이 된 사안은 유치원과 보육시설(어린이집)의 통합, 이른바 '유·보통합 문제'라 할 수 있고, 대선 공약으로도 자주 등장한다. 앞서 살펴본 바와 같이, 사립의 비중이 적지 않은 상황에서 쉽지 않은 난제라 할 수 있다.

유아교육 무상교육으로부터 촉발된 공통된 공교육과정인 누리교육과정의 적용은 그 첫걸음 이었다고 할 수 있다. 그런데 유치원 교육과정은 개발되어 교육부 고시로 발표되고 관리되고 있는지 오래이고, 유치원내에 누리교육과정을 포함하고 있으며, 어린이집의 경우에도 보건복지부고시로 '어린이집 표준보육과정' 안에 역시 누리교육과정(3-5세)을 같이 포함7)하고 있어서 이를 하나의 교육기관으로 통합하는 작업은 적잖은 입법체제의 변화와 재정담보를 필요로 하는 장기적인 국책사업이 되고 있다. 사인이 설립한 유치원의 비중이 훨씬 많다는 점도 특징이다.

나. 유아교육법 제정 배경 및 연혁

유아교육법의 성안은 1997년 6월 대통령자문 교육개혁위원회가 제안한 '유아교육의 공교육체제 확립 방안'에 기초하고 있다. 기초연구 보고서에 따르면 유아교육 대상 연령(3-5세) 유아의 취원률이 27%로 OECD 국가 중 최저수준이며, 사립의 취원율 분담율이 78%에 이르러 각 가정의 교육비 부담이 높고, 여성 취업을 위한 사회적 요청이 있으며, 초등교육 및 청소년 비행 감소에 미치는 긍정적 영향을 들었다. 제1차 공청회(1996.12.4.)에서는 5세아 1년의 무상교육을 교육기본법과 초·중등교육법에 포함시키는 안을 제안했고, 제2차 공청회(1997.3.24.)에서는 현행 유치원 확대 개편안, 유치원과 어린이집 통합한 유아학교 개편방안, 유치원만을 유아학교로 전환하는 방안 등 세 가지를 제시하기도 했다.8)

6) 유치원 무상교육은 1992년 저소득층 아동 보육로 지원으로 시작되었고, 2006년에는 차상위계층에게 교육비 전액지원제도가 도입되기도 했다. 전 국민을 대상으로 초등학교 직전의 3년의 유아 무상교육이 실시된 것은 2012년 누리교육과정과 더불어 유아교육법 개정(2012.3.21.)과 더불어 2013년 신학기부터 시행되었다.

7) 어린이집 표준보육과정은 0-5세 영유아를 위한 국가 수준의 보육과정이며 0-1세 보육과정, 2세 보육과정, 3-5세 보육과정(누리과정)으로 구성한다.

그러나 1997년 12월 교육법 분할 제정 때 유아교육법은 함께 성안되지 못했고, 국민회의 교육관련 대선 공약으로 채택되어 15대 국회에서 논의되었다. 그 시작은 1997년 11월 김원길 의원안이었는데 유아교육시설과 보육시설을 통합하고 유아학교를 신설하는 방안이었으나 교육위원회에 상정되지는 못했다. 1999년 9월 정희경의원안이 상정되었으나 영유아보육법개정안과 상박되어 폐기되었다. 이후 16대 국회에 들어서서 이재정의원안, 김정숙의원안, 교육위원장의 대안, 황우여의원의 수정안을 거쳐서 2004년에 제정되었다.[9]

유아교육법 제정 이전 유아교육에 관한 사항은 초·중등교육법에 통합되어 있었다. 사실, 당시 초·중등교육법 상에는 유치원을 학교의 종류의 하나로 규정하고 있고(§2), 초등학교 취학직전 1년의 유치원 교육을 순차적으로 무상으로 하도록 규정하고 있어서(§37) 유아교육에 관한 법률이 학교교육법의 일종으로 분류됨에도 독립된 기본법을 가지지 못한 상태였다.

당시 유아교육에 관련된 규정은 교육기본법을 비롯하여 초·중등교육법, 유아교육진흥법, 사립학교법, 교원자격검정령, 교원연수에 관한 규정, 영유아보육법, 아동복지법 등에 분산되어 규정되고 있었다. 즉, 교육기본법 제20조에는 유아교육의 진흥을 위한 시책의 수립 및 실시를 국가 및 지방자치단체의 의무로 천명되어 있으며, 초·중등교육법에는 유치원의 목적(§35), 입학 연령(§36) 그리고 무상교육(§37) 등에 관한 사항이 규정되어 있다. 또한 초·중등교육법시행령에는 유치원의 무상교육의 실시대상 및 범위에 대하여 규정하고 있을 뿐이었다. 따라서 당시 유아교육에 관한 국가와 지방자치단체의 임무를 정하면서 새마을 유아원을 주로 언급하여서 유아교육을 위한 기본법으로서는 유치원을 포괄하지 못하였다.

원래 유아교육진흥법은 유아교육과 보육을 진흥시킬 목적으로 1982년 12월 31일(법률 제3635호)에 제정되었는데 주로 유치원과 유아원 그리고 새마을유아원에 관한 내용을 담고 있었다. 그러나 1991년 1월 14일 영유아보육법의 제정으로 새마을유아원은 어린이집이나 유치원으로 전환되어 관련 규정이 유명무실하게 되었다. 이후 이 법은 2005년 1월 30일 유아교육법 시행으로 그 역할을 유아교육법에 넘기고 폐지된 바 있다.

6세 미만의 영유아 보호 및 육성에 관한 사항을 다룬 영유아보육법은 보육시설(어린이집 등) 및 영유아의 신체적, 지적, 정서적, 사회적 발달에 관한 사항을 규정하고 있는데 교육기관으로서의 의미보다는 복지기관에 가깝다는 점에서 학교교육을 준비하고 가정의 복지증진을 위한 사회교육법의 일종으로 분류되었다. 이 법 제정은 교육행정과 보육행정이 양분되는 결정적 역할을 하기도 했다. 그렇기 때문에 유아교육법의 제정과정에서 두 법의 통합을 놓고 많은 논란이 일기도 하였다.

최근의 유아교육법 개정은 이른바 유치원의 공공성 강화 정책의 일환으로 추진된 것들이었다. 2020년 1월 개정에서는 유치원 운영정지 조치를 받은 경우 일정기간 동안 신규 설립 인가를 제한하고, 유치원 설립의 결격사유를 신설하며, 아동학대 전력이 있는 사람이 유치원 설립을 하려는 경우 사전에 재발 방지를 위한 교육을 이수하도록 하는 등 유치원 설립요건을 강화함으로써 합당한 자격을 갖춘 사람에 의해

8) 대통령자문 교육개혁위원회(1997), 유아교육의 공교육체제 확립 방안에 관한 기초연구, 2－4, 67－71, 80－84면.
9) 유아교육법의 국회제정 과정에 대하여는 이덕난(2007), 미래지향적 영유아 교육정책의 입법영향 평가, 중앙대 박사학위논문, 18－23면.

유치원이 설립되도록 했다.

그리고 사립유치원의 재무회계는 국가지원금, 국가보조금, 학부모부담금으로 수입재원을 마련하고 있는데 회계시스템이 아닌 수기 등으로 관리되고 있어 수입·지출에 있어서 투명성을 확보하기가 어렵다고 보아, 사립유치원 회계 관리에도 국·공립유치원과 동일하게 유아교육정보시스템을 사용하도록 규정하여 회계의 투명성을 제고하였다.

유치원운영위원회 설치를 원칙적으로 의무화하고, 시정·변경 명령 또는 유치원 운영정지·폐쇄 등의 처분을 받은 유치원 정보를 관할청 인터넷 홈페이지를 통해 공개함으로써 학부모의 감시권을 확대하는 등 운영상 나타난 일부 미비점을 보완하기도 했다.

2020년 12월 개정에서는 유치원운영위원회 위원이 될 수 없는 결격사유로 국가공무원법상 국가공무원의 결격사유에 해당하는 사람을 예시하거나, 유치원 교사 자격 취득 제외 대상으로 대마·마약·향정신성의약품 중독자 또는 성폭력범죄 등의 행위로 인해 형 또는 치료감호가 확정된 사람을 규정하였고, 교원자격증의 대여·알선 등의 행위를 금지하고, 이를 위반한 사람에 대한 제재근거를 마련하기도 했다.

다. 유아교육법의 주요 내용

「유아교육법」(2004.1.29. 제정, 2005.1.30. 시행)은 제정 당시 국회에 보고된 제정 이유에 따르면, "국가 인적자원 관리 체제의 기본틀을 유아단계부터 체계화하고, 유아의 교육에 대한 공교육체제를 마련함으로써 유아의 균형적이고 조화로운 발달을 조장함과 아울러, 유아 보호자의 사회·경제적 활동이 원활하게 이루어질 수 있도록 지원하려는 것"이었다.

제정 당시 주요 내용은 유아교육 및 보육에 관한 기본계획, 유치원 및 보육시설간의 연계운영 등에 관한 사항을 심의하기 위하여 국무총리 소속하에 유아교육·보육위원회를 두도록 하고, 유아교육에 관한 정책, 사업의 기획·조사 등에 관한 사항을 심의하기 위하여 교육부에 중앙유아교육위원회를, 특별시·광역시·도 교육청에 시·도유아교육위원회를 두는 등 4개장 총 34개조로 되어 있다. 이를 계기로 6−3−3−4제의 기간학제에 대한 개편 논의가 진행 중에 있다. 지금까지 유아교육법은 2022년 9월 현재 34여 차례 개정되어 오늘에 이르고 있다. 현행 「유아교육법」(2021.7.20. 개정, 2022.7.21. 시행)을 중심으로 주요 내용을 소개하기로 한다.

제1장 총칙	제17조 건강검진 및 급식	제4장 비용
제1조 목적	제17조의2 유아관련 자료제공의 제한	제24조 무상교육
제2조 정의	제17조의3 응급조치	제25조 유치원 원비
제3조 책임	제18조 지도·감독	제26조 비용의 부담 등
제3조의2 유아교육발전기본계획	제19조 평가	제26조의2
제4조 유아교육·보육위원회	제19조의2 유아교육정보시스템의 구축·운영 등	제26조의3
제5조 유아교육위원회	제19조의3 유치원운영위원회의 설치 등	제26조의4
제6조 유아교육진흥원	19조의4 유치원운영위원회의 기능	제26조의5
제6조의2 교육통계조사 등	제19조의5 유치원운영위원회의 구성·운영	제27조 방과후과정운영등에대한지원
	제19조의6 유치원운영위원회 위원의 연수 등	제28조 보조금 등의 반환
제2장 유치원의 설립 등	제19조의7 유치원회계의 설치	
제7조 유치원의 구분	제19조의8 유치원회계의 운영	제5장 보칙 및 벌칙
제8조 유치원의 설립 등		제28조의2 유치원명칭의 사용금지
제8조의2 결격사유	제3장 교직원	제29조 권한 등의 위임 및 위탁
제8조의3 교육명령	제20조 교직원의 구분	제30조 시정 또는 변경 명령
제9조 유치원의 병설	제21조 교직원의 임무	제30조의2 위반사실의 공표
제9조의2 유치원의 설립의무	제21조의2 유아의 인권 보장	제31조 휴업 및 휴원 명령
제10조 유치원규칙	제22조 교원의 자격	제32조 유치원의 폐쇄 등
제11조 입학	제22조의2 교사 자격 취득의 결격사유	제33조 청문
제12조 학년도 등	제22조의3 벌금형의 분리 선고	제34조 벌칙
제13조 교육과정 등	제22조의4 교원자격증 대여·알선 금지	제35조 과태료
제14조 유치원생활기록	제22조의5 자격취소 등	
제15조 특수학교 등	제23조 강사 등	부칙 / 별표
제16조 외국인유치원		

유아교육법[시행 2022. 7. 21.] [법률 제18298호, 2021. 7. 20., 타법개정]

(1) 유아의 정의 및 책임 주체

유아는 만 3세부터 초등학교 취학 전까지의 어린이를 말한다. 영유아보육법상의 영유아[10]와는 3－5세 부분이 겹치기도 한다. 제3조(책임)에 따르면, "국가 및 지방자치단체는 보호자와 더불어 유아를 건전하게 교육할 책임을 진다"고 하여 책임주체는 국가, 지자체 그리고 보호자로 설정하고 있다.

(2) 유아교육 발전을 위한 시책 및 기구

교육부장관은 5년 단위 유아교육발전기본계획을 수립하고 실태조사를 실시하며 결과를 발표할 의무를 진다. 시·도 교육감 역시 기본계획에 따라 연도별 시행계획을 수립하여야 한다(§3). 국무총리 소속으로 유아교육·보육위원회(위원장 국무조정실장)를 두고, 유아교육 및 보육에 관한 기본계획, 유치원과 어린이집간의 연계운영, 관계부처 간 협조 등을 심의한다(§4). 이와는 별도로 교육부에는 중앙유아교육위원회를 두고, 시·도교육청에는 시·도교육위원회를 두어 관련 정책, 사업이 기획·조사 사항을 심의한다(§5).

10) 유아교육법과는 달리 영유아보육법상 영유아는 6세 미만의 취학전 아동을 말한다.

국가 및 지방자치단체는 유아교육에 관한 연구와 정보제공, 프로그램 및 교재 개발, 유치원 교원 연수 및 평가, 유아 체험교육 등을 담당하는 유아교육진흥원을 설치하거나 해당 업무를 교육관련연구기관 등에 위탁할 수 있다(§6).

(3) 유치원의 구분과 설립

유치원은 국립, 공립(시립 또는 도립), 사립으로 나뉘는데 사립은 법인 또는 사인(私人)이 설립·경영하는 유치원을 말한다(§7). 사립유치원의 설립 인가는 교육감이 행한다(§8). 특히 최근의 법률 개정을 통해서는 아동학대 관련 범죄자를 유치원 설립·운영하는 결격 사유로 추가하는 등 요건을 강화했다(§8의2). 유치원은 초·중·고교에 병설할 수 있는데 공립유치원은 이경우가 대부분이다. 유치원의 교육과정 역시 국가교육위원회에서 기준과 내용에 관한 기본적인 사항을 정하고 교육감이 그 범위에서 지역실정에 적합한 기준과 내용을 정할 수 있다(§13).

(4) 유치원의 지도·감독·평가

국립유치원은 교육부장관의 지도·감독을 받으며, 공립·사립유치원은 교육감의 지도·감독을 받는다. 교육감은 유아교육을 충실히 하기 위하여 유치원 교육과정 운영에 대한 장학지도를 할 수 있다(§18). 교육감은 유아교육을 효율적으로 하기 위하여 필요하면 유치원 운영실태 등에 대한 평가를 할 수 있다. 교육부장관은 필요한 경우 각 시·도 교육청의 유아교육 전반에 대한 평가를 실시할 수 있다. 평가를 실시한 경우 교육부장관 및 교육감은 평가의 결과를 공개하여야 한다(§19).

(5) 유치원운영위원회의 설치

유치원 운영의 자율성을 높이고 지역의 실정과 특성에 맞는 다양한 교육을 창의적으로 실시할 수 있도록 하기 위하여 유치원에 유치원운영위원회를 두어야 한다. 다만, 대통령령으로 정하는 규모(현재 20명) 미만의 사립유치원은 유치원운영위원회를 두지 아니할 수 있다. 유치원에 두는 유치원운영위원회는 해당 유치원의 교원 대표 및 학부모 대표로 구성한다. 국가공무원법 제33조 각 호의 어느 하나에 해당하는 사람은 유치원운영위원회의 위원이 될 수 없다. 유치원운영위원회의 위원이 국가공무원법 제33조 각 호의 어느 하나에 해당할 때에는 당연히 퇴직한다. 유치원에 두는 유치원운영위원회의 위원 정수는 5명 이상 11명 이내의 범위에서 유치원의 규모 등을 고려하여 대통령령으로 정한다(§19의3).

국립·공립 유치원에 두는 유치원운영위원회는 다음 각 호의 사항을 심의하는 심의기구이다.

1. 유치원규칙의 개정에 관한 사항
2. 유치원 예산 및 결산에 관한 사항
3. 유치원 교육과정의 운영방법에 관한 사항 3의2. 아동학대 예방에 관한 사항
4. 학부모가 부담하는 경비에 관한 사항
5. 유치원 급식에 관한 사항
6. 방과후 과정 운영에 관한 사항

7. 유치원 운영에 대한 제안 및 건의에 관한 사항
8. 교육공무원법 제29조의3 제8항에 따른 공모 원장의 공모 방법, 임용, 평가 등에 관한 사항
9. 교육공무원법 제31조 제2항에 따른 초빙교사의 추천에 관한 사항
10. 그 밖에 대통령령 및 시·도 조례로 정하는 사항

한편, 사립유치원의 운영위원회는 여전히 자문기구로서, 사립유치원의 장은 제1항 각 호의 사항(제8호 및 제9호는 제외)에 대하여 유치원운영위원회의 자문을 거쳐야 한다(§19의4). 다만, 정원이 20명 미만인 사립유치원은 운영위원회를 두지 않을 수도 있다(시행령 §22의2).

(6) 유치원의 교직원

유치원에는 교원으로 원장·원감·수석교사 및 교사를 두되, 대통령령으로 정하는 일정 규모 이하의 유치원에는 원감을 두지 아니할 수 있다. 유치원에는 교원 외에 계약의사, 영양사, 간호사 또는 간호조무사, 행정직원 등을 둘 수 있다(§20). 수석교사는 교사의 교수·연구활동을 지원하며, 유아를 교육한다(§21③).

교원자격을 취득할 수 없는 사람은 마약·대마·향정신성의약품 중독자, 미성년자에 대한 성폭력범죄, 아동청소년대상 성범죄에 해당하는 행위로 형 또는 치료감호를 선고받아 그 형 또는 치료감호가 확정된 사람, 성인에 대한 성폭력범죄 행위로 100만원 이상의 벌금형이나 그 이상의 형 또는 치료감호를 선고받아 그 형 또는 치료감호가 확정된 사람(집행유예를 선고받은 후 그 집행유예기간이 경과한 사람을 포함) 등이다(§22의2).

(7) 유아의 인권보장

2016.5.29. 개정에서 신설된 조항으로, 유치원의 설립자·경영자와 원장은 헌법과 국제인권조약에 명시된 유아의 인권을 보장하여야 한다. 교직원은 제21조에 따라 유아를 교육하거나 사무를 담당할 때에는 도구, 신체 등을 이용하여 유아의 신체에 고통을 가하거나 고성, 폭언 등으로 유아에게 정신적 고통을 가해서는 아니 된다(§21의2).

(8) 유아교육의 무상교육

초등학교 취학직전 3년의 유아교육은 무상(無償)으로 실시하되, 무상의 내용 및 범위는 대통령령으로 정한다. 무상으로 실시하는 유아교육에 드는 비용은 국가 및 지방자치단체가 부담하되, 유아의 보호자에게 지원하는 것을 원칙으로 한다. 국가 및 지방자치단체가 부담하는 비용은 표준유아교육비를 기준으로 교육부장관이 예산의 범위에서 관계 행정기관의 장과 협의하여 고시한다. 교육부장관은 중앙유아교육위원회의 심의를 거쳐 표준유아교육비를 정한다. 유아교육 무상교육은 과거 우선실시 과정(국민기초생활 보장법 수급권자 자녀, 도서·벽지거주 유아, 읍·면지역 거주 유아 우선실시)을 거쳐 현재는 전국으로 확대되었다.

한편, 국가 및 지방자치단체는 대통령령으로 정하는 바에 따라 사립유치원의 설립 및 유치원교사의 인건비 등 운영에 드는 경비의 전부 또는 일부를 보조한다(§26). 이와 관련된 시행령 제32조(사립유치원에 대한 지원)에 따르면, 교육부장관과 교육감은 사립유치원 설립비, 사립유치원 수석교사·교사의 인건비 및

연수경비, 교재·교구비, 그 밖에 교육부장관과 교육감이 필요하다고 인정하는 경비, 경비의 전부 또는 일부를 예산의 범위에서 사립유치원에 지원하도록 하고 있다. 또한 특별시장·광역시장·특별자치시장·도지사·특별자치도지사 및 시장·군수·구청장(자치구의 구청장)은 조례로 정하는 바에 따라 위의 경비의 전부 또는 일부를 사립유치원에 지원할 수 있다.

라. 유아교육법의 쟁점: 무상의무교육과 유보통합 논의

유아교육의 무상 의무교육과 관련하여서는 1년 무상교육에서 시작하여 현재 3년의 취학전 교육(누리교육과정)에 대하여 무상교육을 실시하고 있다. 다만, 무상교육의 재원에 관하여는 국가와 지방자치단체의 공동부담 원칙하에 관련된 법령에 따르고 있다. 역시 논의를 거쳐서 분담비율에 대한 설정과제를 남기고 있다.

또한 유아교육단계를 국민의 의무교육으로 법제화하는 문제는 간단한 문제가 아니다. 이 논의는 곧, 취원 대상 아동을 100% 수용하는 것을 의미하며, 기존의 유아교육 기관을 공교육 의무교육기관으로 재구조화하는 문제이기 때문이다. 자연스럽게 이 논의는 유치원이라는 교육기관과 어린이집이라는 보육시설의 정비를 뜻하는 '유·보통합' 방식이나, 혹은 취학전 단계의 학교로서 '유아학교'를 신설하거나 초등학교 연한을 조절하는 문제로 연결된다.

영유아교육 법제의 변천과정은 1982년 유아교육진흥법 제정으로 통합 지향적이었다면, 1991년 영유아보육법이 제정되자 유치원과 보육시설이 분리되는 결정적 계기가 되었다. 그리고 2004년 유아교육법이 다시 제정되고 영유아보육법이 전문개정된 것을 계기로 영유아에 대한 교육과 보육 간의 통합을 서둘러야 한다는 주장이 더욱 높아졌다. 더구나 통합논의를 유치원의 교사 및 원장과 보육시설 종사자 및 시설장의 입장에서보다는 학부모나 영유아의 교육기본권 보장 관점에서 미래지향적 영유아교육법안[11]이 제안되기도 했다.

통합방식의 하나로 국·공립유치원을 확대하는 것은 국가 책무성 강화 측면에서는 바람직하다 할 것이나 매입형 및 부모협동조합형보다는 공영형 모델이 선호도가 높은 것으로 알려져 있고, 대부분 사인이 설립한 사립유치원을 공영형 유치원으로 전환할 경우 사유재산 출연, 운영과정, 사업종류 후 재 지정문제에 대해 충분한 이해와 공감이 필요하다는 지적이다.[12]

31 유아교육법: 유아교육의 공공성 강화 개정, 무상교육, 보육시설과의 유보통합 논의

---

11) 이덕난(2007), 앞의 논문, 115-117면. 0-5세 대상 유아학교로서 영유아의 교육·보육을 통합하는 미래지향적 영유아교육법(안)을 제안한 바 있다.

12) 변정심(2022), '유아교육 공공성 강화 정책'에 대한 다차원 정책 분석, 제주대 박사학위논문, 133-134면. 사립유치원을 법인 형태로 전환하기 위해서는 법인 전환요건(수익용 기본재산 출연, 잔여재산 귀속 등) 개선이 필요하고, 자체수입으로 충당불가한 부족한 재원 지원방안, 재인가 기간 단축으로 인한 현장의 불편 해소 방안의 필요성을 지적한다.

2. 초 · 중등교육법

가. 초 · 중등교육법의 교육법상 의의

초 · 중등교육법은(법률 제5438호, 1997.12.13. 제정)은 학교의 종류와 학교의 설립 · 경영 등 학교교육에 필요한 사항을 따로 정하도록 규정하고 있는 교육기본법 제9조 제4항에 근거하여 제정된 법으로서 초 · 중등 교육에 관한 사항을 정하고 있어서 학교교육법규의 대표법이라고 할 수 있다.

이는 또한 헌법 제31조 제6항에 예정된 학교교육제도의 기본적인 사항 법률주의를 구체적인 법률에서 실현하고 있는 것이라 할 수 있다. 그 대표적인 것이 학교의 종류, 지도 · 감독, 학교 규칙, 의무교육, 학생과 교직원, 교육과정과 학사 및 학교회계, 정보시스템, 학교운영위원회 그리고 각급 학교의 목적, 수업, 과정 들을 규정하고 교육비 지원 등을 규정하고 있다.

초등학교와 중학교는 의무교육으로, 고등학교는 이미 진학률이 100% 육박하는 사실상의 의무교육이자 무상교육으로 한국의 공교육체제에 관한 대표 법률이라고 할 수 있다.

교육과정과 내용에 관하여 표준화를 목표로 하고 있는 초 · 중등교육법의 특성상 법제화에 부합하도록 교육법제를 마련하고 유지하며 지도 · 감독 행정을 하는 것이 이 법의 사명이라 할 수 있다. 공교육체제 형성의 근간법이라는 점에서 교육당사자 특히 학습자의 학습의 자유나 교사의 교육활동의 자유 그리고 학부모의 선택권 및 참여권은 절대적이 아닌 상대적으로 보장되며, 때로는 결과론적으로 제한되는 결과를 초래하기도 한다. 그렇다 하더라도 이 법의 제정 목적이 국민으로 하여금 초 · 중등교육의 기회를 능력에 따라 균등하게 보장하는데 기여하는 것에 있다는 점에서, 제반 개정의 방향과 그 평가 준거 역시 기본권 보장과 학산여부에 기속된다 할 것이다.

최근 초 · 중등교육법의 개정 방향은 국가수준의 교육표준화를 유지하면서도 각 지역 및 학교단위의 자율성 및 공공성을 확산하는 방향에서의 개정이 주를 이루고 있다. 국가교육과정의 내용과 기준을 국가교육위원회에서 심의하여 고시토록 하고, 포괄적 장학권을 교육감의 고유 권한으로 이양하였으며, 자율학교 및 대안학교의 법적 근거를 마련하여 획일적일 수 있는 공교육체제를 보완하고, 사립학교 학교운영위원회의 기능을 심의기구로 강화하여 교육의 공공성 담보를 시도하는 것 들이 그 예라 하겠다.

한편, 교원의 경우 교직원의 구분과 임무, 자격, 자격취득의 결격사유, 자격취소 등 교원지위에 관한 기본적인 사항을 다룸과 동시에 교육의 전문성을 보장하는 주요 수단인 교원의 전문가로서 지위 및 자격에 대한 내용을 포함한다는 점에서 교원지위에 관한 기본적인 사항 중 학교 교원에 관한 사항을 규정한 법률로서 헌법 제31조 제6항의 교원지위 법률주의를 뒷받침하는 법률이라고 할 수 있다. 물론, 교원의 법적 지위와 관련해서는 교육공무원법 및 사립학교법의 교원조항을 통하여 기본적인 사항을 규율하고 있다.

나. 초 · 중등교육법의 연혁

초 · 중등교육법은 1997년 제정된 이후 51회 개정(타법개정 포함)되었다. 1999년 8월 개정에서는 사립학교 학교운영위원회를 필수기구화되었다. 2000년 1월 개정을 통하여는 학교회계제도가 도입되었고, 2003년 7월 개정에서는 영양교사 제도가 신설되었다. 2005년 3월 개정에서는 교육정보시스템(NEIS)의 법적 근거(§30의4)를 마련했고, 대안학교의 설립근거(§60의3)를 신설했다. 2007년 8월 개정에서는 초등학교 입학연령인 만6세의 기준을 3.1에서 1.1로 하여 같은 학년의 연령을 동일하게 하였다. 2008년 3월 개정에서는 학교운영위원회 심의사항에 교복·체육복·졸업앨범을 추가했다. 2011년 7월 개정에서 도입된 수석교사제는 상당한 논의 끝에 도입되었고 교사의 교수·연구활동을 지원하면서 학생을 교육하는 업무를 부여받았다. 연이은 2011.9.30. 개정에서는 학교운영위원회 심의사항에 공모교장심의가 추가되었다.

2012년 1월 개정에서는 행정직원들의 행정실 업무 법제화 요구에 응하여 행정직원 등 직원의 사무기준을 교장의 명이 아닌 법령으로 개정(§20⑤)하였고, 강사의 요건을 강화하여 미성년자에 대한 성폭력 범죄행위로 벌금형 이상의 형을 선고받은 사람을 교육공무원 및 사립학교 교원의 임용 결격사유 및 당연퇴직 사유로 하는 규정을 산학겸임교사 등에 대해서도 준용하도록 했다(§22① 후단). 학교시설을 설치·변경하는 경우 학생 안전대책을 의무적으로 수립하도록 의무화했고(§30의8 신설), 중학교 또는 고등학교에 방송통신중학교를 부설할 수 있는 근거를 했다(§43의2 신설).

최근 10여 년 동안의 개정 중에서 가장 의미있는 개정은 2012년 3월 21일에 있었던 학교에 대한 포괄적 장학지도권을 교육감 단독 권한으로 이양한 조치라고 할 수 있다. 이는 초·중등교육 개혁과정에서 일관되게 추진되었던 학교자율화 및 지방교육자치를 강화하는 조치의 일환으로 각 시·도의 장학지도 권한을 교육감의 고유권한으로 되돌렸다는 점에서 의미있는 조치였다.

학칙 역시 인가주의에서 신고주의고 바뀌었고, 교육청 평가 및 학교평가를 법제화했으며, 사업으로 해오던 저소득층 학생에 대한 교육비 지원의 법적 근거를 마련하며, 교육비 지원이 공정하고 효율적으로 이루어질 수 있도록 관련 정보시스템을 연계·활용하는 한편, 법 문장을 원칙적으로 한글로 적고, 어려운 용어를 쉬운 용어로 바꾸며, 길고 복잡한 문장은 체계 등을 정비하여 간결하게 하는 등의 변화가 있었다.

○ 장관과 각 교육감이 학교에 대한 교육과정운영 및 교수·학습방법 등에 대한 장학지도를 실시할 수 있던 것을 각 교육감만이 실시할 수 있도록 함(제7조).
○ 학교 규칙을 제정하는 경우에 지도·감독기관의 인가를 받아야 하는 절차를 폐지하고, 법령의 범위에서 학교의 장이 학교 규칙을 제정하거나 개정할 수 있도록 함(제8조).
○ 장관은 교육청과 그 관할하는 학교를, 교육감은 그 관할하는 교육행정기관과 학교를 평가할 수 있도록 함(제9조).
○ 교원의 정원에 관하여 필요한 사항은 대통령령으로 정하고, 학교급별 구체적인 배치기준은 관할청이 정하도록 함(제19조).
○ 특수학급을 설치한 일반학교에 전공과를 둘 수 있도록 근거를 마련함(제57조).
○ 국가 및 지방자치단체가 저소득층 학생에게 교육비를 지원할 수 있는 근거를 마련하고, 교육비 지원에 필요한 금융정보 등의 제공절차 등을 정하며, 교육비 지원 업무를 전자적으로 처리하기 위한 교육비지원정보시스템 구축·운영에 관한 사항 등을 정함(제60조의4부터 제60조의9까지 신설).
○ 보건복지부장관 또는 지방자치단체의 장에게 교육비 지원 업무를 위임 또는 위탁할 수 있는 근거를 마련함(62조 제3항 신설).

2014년 1월 개정에서는 각종학교는 교육기본법에 따라 초·중등교육을 실시하기 위한 학교이며 현행법에 규정되어 있는 학교의 한 종류이므로 학력인정 각종학교의 이름에 초등학교·중학교 또는 고등학교라는 명칭을 사용할 수 있도록 하여 학력인정 각종학교 학생들이 학교이름에 따라 받게 되는 불평등한 사회적 차별을 해소하고자 하였다.

2019년 12월 개정에서는 국민의 기본권인 교육권을 더욱 강화하고 교육비 부담을 덜어 교육복지국가를 실현하기 위하여 대통령령으로 정하는 사립학교를 제외한 고등학교, 고등기술학교 및 이에 준하는 각종학교의 교육에 필요한 입학금, 수업료, 학교운영지원비, 교과용 도서 구입비를 무상(無償)으로 하도록 하는 한편, 현재 설치·운영 중인 공민학교가 없는 현실을 반영하여 관련 규정을 삭제하는 등 현행 제도의 운영상 나타난 일부 미비점을 보완했다.

2020년 10월 개정에서는 코로나19의 유행으로 원격수업이 일상화되었음에도 법률상 근거가 미비하다는 지적이 있는바, 학교의 장은 교육상 필요한 경우에는 방송·정보통신 매체 등을 활용한 원격수업이나 현장실습 운영 등 학교 밖에서 이루어지는 활동을 할 수 있도록 수업의 종류를 규정함으로써 학생의 안전과 건강을 지키는 동시에 학습권 보장을 위한 다양한 수업 방식의 근거를 마련하였다..

2020년 12월 개정에서는 교사자격 취득을 엄격하게 제한하고 대여·알선 행위를 제한하며, 학교의 통합·운영시 학생 학부모의 의견수렴후 실태조사 결과를 공개토록 하여 정책추진의 투명성을 제고한다는 취지였다.

○ 대마·마약·향정신성의약품 중독자 또는 성폭력범죄 등의 행위로 인해 형 또는 치료감호가 확정된 사람은 교사의 자격을 취득할 수 없도록 함(제21조의2 신설).
○ 형법 제38조에도 불구하고 이 법 제21조의2 제3호에 해당하는 죄와 다른 죄의 경합범(競合犯)에 대하여 벌금형을 선고하는 경우에는 이를 분리하여 선고하도록 함(제21조의3 신설).
○ 교원 자격증의 대여·알선 행위 등을 금지하고, 이를 위반한 사람에 대한 제재근거를 마련함(제21조의4, 제21조의5, 제66조 제1항 및 제67조 제3항 제1호 신설).
○ 학교를 통합·운영하는 경우 학교의 설립자·경영자는 학생 및 학부모의 의견을 수렴하도록 하고, 학생 및 학부모의 요구가 있는 경우 관할청은 학교의 통합·운영 여건에 관한 실태조사를 실시하고 그 결과를 공개할 수 있도록 함(제30조).

초·중등교육법의 최근 개정중 주목할 만한 것은 2021년 9월 24일에 개정된 사립학교 학교운영위원회의 성격을 자문기구에서 심의기구로 격상하고, 고교학점제의 근거를 마련하였다.

○ 사립학교에 두는 학교운영위원회도 심의기구로 격상함(제32조).
○ 고등학교에서 학점제를 시행할 수 있는 근거를 마련함(제48조 제3항부터 제5항까지 신설).
○ 고교학점제 운영과 지원을 위한 고교학점제 지원센터 설치·운영근거를 마련함(제48조의2 신설)
○ 학교의 위반행위가 중대하고 명백한 경우로서 범죄의 혐의가 있다고 인정되는 경우 사립학교의 설립자·경영자 또는 학교의 장에 대해서는 관할청이 의무적으로 고발하도록 하고, 위반행위의 성질상 시정·변경할 수 없는 것이 명백한 경우에는 시정 또는 변경 명령을 하지 아니하고 행정처분을 할 수 있도록 함(제63조 제2항 및 제4항 신설).

다. 초·중등교육법의 주요 내용

이 법은 5개 장 68개 조항으로 구성되어 있는데, 총칙, 의무교육, 학생과 교직원, 학교, 보칙 및 벌칙 등이 그것이다. 각 장별 구성을 표로서 정리하면 다음과 같다.

제1장 총칙
제1조 목적
제2조 학교의 종류
제3조 국립공립사립 학교의 구분
제4조 학교의 설립 등
제5조 학교의 병설
제6조 지도감독
제7조 장학지도
제8조 학교 규칙
제9조 학생·기관·학교평가
제10조 수업료 등
제10조의2 고등학교등의 무상교육
제11조 학교시설 등의 이용
제11조의2 교육통계조사 등

제2장 의무교육
제12조 의무교육
제13조 취학 의무
제14조 취학 의무의 면제 등
제15조 고용자의 의무
제16조 친권자 등에 대한 보조

제3장 학생과 교직원
제1절 학생
제17조 학생자치활동
제18조 학생의 징계
제18조의2 재심청구
제18조의3 시도학생징계조정위원회의 설치
제18조의4 학생의 인권보장
제2절 교직원
제19조 교직원의 구분
제19조의2 전문상담교사의배치 등
제20조 교직원의 임무
제21조 교원의 자격
제21조의2교사자격취득의결격사유
제21조의3 벌금형의 분리 선고
제21조의4 교원자격증 대여알선 금지
제21조의5 자격취소 등
제22조 산학겸임교사 등

제4장 학교
제1절 통칙
제23조 교육과정 등
제24조 수업 등
제25조 학교생활기록
제26조 학년제
제27조 조기진급 및 조기졸업 등
제27조의2 학력인정 시험
제28조 학습부진아 등에 대한 교육
제29조 교과용 도서의 사용
제30조 학교의 통합·운영
제30조의2 학교회계의 설치
제30조의3 학교회계의 운영
제30조의4 교육정보시스템의 구축운영 등
제30조의5 정보시스템을 이용한 업무처리
제30조의6 학생 관련 자료 제공의 제한
제30조의7 정보시스템을 이용한 업무처리 등에 대한 지도·감독
제30조의8 학생의 안전대책 등
제30조의9 시설·설비·교구의 점검 등
제2절 학교운영위원회
제31조 학교운영위원회의 설치
제31조의2 결격사유
제32조 기능
제33조 학교발전기금
제34조 학교운영위원회의 구성·운영
제34조의2 학교운영위원회위원의 연수등
제3절 삭제
제35조 제36조 제37조
제4절 초등학교
제38조 목적
제39조 수업연한 제40조
제5절 중학교·고등공민학교
제41조 목적
제42조 수업연한
제43조 입학자격 등
제43조의2 방송통신중학교
제44조 고등공민학교
제6절 고등학교·고등기술학교
제45조 목적
제46조 수업연한
제47조 입학자격 등
제48조 학과 및 학점제 등
제48조의2 고교학점제 지원 등
제49조 과정
제50조 분교
제51조 방송통신고등학교
제52조 근로청소년을위한 특별학급 등
제53조 취학의무 및 방해 행위의 금지
제54조 고등기술학교
제7절 특수학교 등
제55조 특수학교
제56조 특수학급 제57조
제58조 학력의 인정
제59조 통합교육
제8절 각종학교
제60조 각종학교
제60조의2 외국인학교
제60조의3 대안학교

제4장의2 교육비 지원 등
제60조의4 교육비 지원
제60조의5 교육비 지원의 신청
제60조의6 금융정보등의 제공
제60조의7 조사·질문
제60조의8 교육비 지원 업무의 전자화
제60조의9 교육비지원을 위한 자료등의 수집 등
제60조의10 비용의 징수
제60조의11 통학 지원

제5장 보칙 및 벌칙
제61조 학교 및 교육과정 운영의 특례
제62조 권한의 위임
제63조 시정 또는 변경 명령 등
제64조 휴업명령 및 휴교처분
제65조 학교 등의 폐쇄
제66조 청문
제67조 벌칙
제68조 과태료

부칙 / 별표

초·중등교육법[시행 2022. 7. 21.] [법률 제18298호, 2021. 7. 20., 타법개정]

(1) 학교의 종류와 국 · 공 · 사립의 구분

초 · 중등교육을 담당하는 학교는 다음 다섯 종류로 예시되어 있다. 사립학교의 설립은 모두 학교법인이어야 한다.

제2조(학교의 종류) 초 · 중등교육을 실시하기 위하여 다음 각 호의 학교를 둔다.
  1. 초등학교 2. 중학교 · 고등공민학교 3. 고등학교 · 고등기술학교 4. 특수학교 5. 각종학교
제3조(국립 · 공립 · 사립 학교의 구분) 제2조 각 호의 학교는 설립주체에 따라 다음 각 호와 같이 구분한다.
  1. 국립학교: 국가가 설립 · 경영하는 학교 또는 국립대학법인이 부설하여 경영하는 학교
  2. 공립학교: 지방자치단체가 설립 · 경영하는 학교(설립주체에 따라 시립학교 · 도립학교로 구분할 수 있다)
  3. 사립학교: 법인이나 개인이 설립 · 경영하는 학교(국립대학법인이 부설하여 경영하는 학교는 제외한다)
제4조(학교의 설립 등) ① 학교를 설립하려는 자는 시설 · 설비 등 대통령령으로 정하는 설립 기준을 갖추어야 한다. ② 사립학교를 설립하려는 자는 특별시 · 광역시 · 특별자치시 · 도 · 특별자치도 교육감의 인가를 받아야 한다. ③ 사립학교를 설립 · 경영하는 자가 학교를 폐교하거나 대통령령으로 정하는 중요 사항을 변경하려면 교육감의 인가를 받아야 한다.

(2) 학교의 지도 · 감독 및 장학지도

제정 당시에는 장관과 교육감의 공동 권한이었는데 2012년 개정에서 교육감의 고유권한이 되었다. 학교자율화 정책 및 교육분권 차원에서 매우 중요한 의미를 갖는 변화였다. 이를 통해 교육부가 각급 학교에 보내던 각종 학교 장학관련 지침(0교시 수업지침등)은 교육감의 권한으로 이관되었다.

제6조(지도 · 감독) 국립학교는 교육부장관의 지도 · 감독을 받으며, 공립 · 사립 학교는 교육감의 지도 · 감독을 받는다.
제7조(장학지도) 교육감은 관할 구역의 학교를 대상으로 교육과정 운영과 교수(教授) · 학습방법 등에 대한 장학지도를 할 수 있다.

(3) 학교규칙

학칙은 교육법규 중에서 학교현장의 가장 선단에서 적용되는 규범이다. 이른바 학교교육에 관한 학교 내에서의 헌법이라고도 할 수 있고, 학생들에게는 민주주의 교육과정에 참여하는 의미를 갖는다. 구성원들 간의 합의의사결정과정을 거치는 것이 정당성 확보의 관건이며, 제정 및 개정시 학교운영위원회의 심의를 거치도록 되어 있다. 학생회 대표 등은 학교생활과 관련된 사안에 대하여 학교운영위원회에 참여하여 발언 할 수 있다.

제8조(학교규칙) ① 학교의 장은 법령의 범위에서 학교규칙(학칙)을 제정 또는 개정할 수 있다. ② 학칙의 기재 사항과 제정 · 개정 절차 등에 관하여 필요한 사항은 대통령령으로 정한다.

(4) 각종 평가

학생, 교육청, 학교에 대한 평가는 국민들이 부담하는 세금으로 조성된 교육에 관한 공적자금으로 쓰인다는 점에서 운영의 자율성 만큼 결과에 대한 책무성도 따른다. 지도감독 기관 교육청 및 학교 평가는 관리체제의 합리성 및 능률성 차원에서 점검되고 있다. 다만, 학생 평가의 경우는 기본적으로 교원의 교육활동의 자유 영역이라 할 수 있으나, 교육력을 검증하고 향후 학교 및 국가수준의 교육정책을 수립하는데 근거 자료로서 중요한 의미를 갖는다. 다만, 이 평가결과를 활용하는 것을 국책 사업 및 지역사업과 연동하여 단위 학교 및 교원들의 자율적인 교육활동에 부정적 영향을 끼치지 않는 범위 내야 할 것이다.

제9조(학생·기관·학교 평가) ① 교육부장관은 학교에 재학 중인 학생을 대상으로 학업성취도를 측정하기 위한 평가를 할 수 있다. ② 교육부장관은 교육행정을 효율적으로 수행하기 위하여 특별시·광역시·특별자치시·도·특별자치도 교육청과 그 관할하는 학교를 평가할 수 있다. ③ 교육감은 교육행정의 효율적 수행 및 학교 교육능력 향상을 위하여 그 관할하는 교육행정기관과 학교를 평가할 수 있다. ④ 평가의 대상·기준·절차 및 평가 결과의 공개 등에 필요한 사항은 대통령령으로 정한다. ⑤ 평가 대상 기관의 장은 특별한 사유가 있는 경우가 아니면 평가를 받아야 한다. ⑥ 장관은 교육감이 그 관할 구역에서 제3항에 따른 평가를 실시하려는 경우 필요한 지원을 할 수 있다.

(5) 수업료 및 고등학교 무상교육

학교에 따라 수업료 및 납부금을 받을 수 있으나 의무교육기관과 고등학교[13]는 무상으로 한다. 수업료 관련하여 조례를 정할 경우 미납한 경우라도 학생 출석 금지하는 등 학생의 학습권을 본질적으로 침해하여서는 안된다.

제10조(수업료 등) ① 학교의 설립자·경영자는 수업료와 그 밖의 납부금을 받을 수 있다. ② 수업료와 그 밖의 납부금을 거두는 방법 등에 필요한 사항은 국립학교의 경우에는 교육부령으로 정하고, 공립·사립 학교의 경우에는 시·도의 조례로 정한다. 이 경우 국민의 교육을 받을 권리를 본질적으로 침해하는 내용을 정하여서는 아니 된다.

제10조의2(고등학교 등의 무상교육) ① 고등학교·고등기술학교 및 이에 준하는 각종학교의 교육에 필요한 다음 각 호의 비용은 무상(無償)으로 한다. 1. 입학금 2. 수업료 3. 학교운영지원비 4. 교과용 도서 구입비 ② 비용은 국가 및 지방자치단체가 부담하고, 학교의 설립자·경영자는 학생과 보호자로부터 이를 받을 수 없다. ③ 제1항 및 제2항에도 불구하고 대통령령으로 정하는 사립학교의 설립자·경영자는 학생과 보호자로부터 제1항 각 호의 비용을 받을 수 있다.

(6) 의무교육 및 취학 의무

국가는 의무교육의 시설확보에 필요한 조치 강구 의무가 있고, 지자체는 특수학교 설립·경영 책임이 있다. 당연히 취학시킬 의무는 부모 및 보호자에게 있다. 5세 조기입학 및 7세입학도 가능하며 일정 경우 취학의무는 면제되기도 한다. 취학의무 이행을 하지 않은 경우 100만원 과태료 부과 대상이 될 수

13) 고교무상교육은 문재인정부 시기인 2020년에는 2,3학년에, 2021년에는 전 학년 무상교육화되었다.

있다.14)

제12조(의무교육) ① 국가는 「교육기본법」 제8조 제1항에 따른 의무교육을 실시하여야 하며, 이를 위한 시설을 확보하는 등 필요한 조치를 강구하여야 한다.
② 지방자치단체는 그 관할 구역의 의무교육대상자를 모두 취학시키는 데에 필요한 초등학교, 중학교 및 초등학교·중학교의 과정을 교육하는 특수학교를 설립·경영하여야 한다. ③-④ 생략
제13조(취학 의무) ① 모든 국민은 보호하는 자녀 또는 아동이 6세가 된 날이 속하는 해의 다음 해 3월 1일에 그 자녀 또는 아동을 초등학교에 입학시켜야 하고, 초등학교를 졸업할 때까지 다니게 하여야 한다. ② 모든 국민은 제1항에도 불구하고 그가 보호하는 자녀 또는 아동이 5세가 된 날이 속하는 해의 다음 해 또는 7세가 된 날이 속하는 해의 다음 해에 그 자녀 또는 아동을 초등학교에 입학시킬 수 있다. 이 경우에도 그 자녀 또는 아동이 초등학교에 입학한 해의 3월 1일부터 졸업할 때까지 초등학교에 다니게 하여야 한다. ③ 모든 국민은 보호하는 자녀 또는 아동이 초등학교를 졸업한 학년의 다음 학년 초에 그 자녀 또는 아동을 중학교에 입학시켜야 하고, 중학교를 졸업할 때까지 다니게 하여야 한다. ④ 생략
제14조(취학 의무의 면제 등) ① 질병·발육 상태 등 부득이한 사유로 취학이 불가능한 의무교육대상자에 대하여는 대통령령으로 정하는 바에 따라 제13조에 따른 취학 의무를 면제하거나 유예할 수 있다. ② 제1항에 따라 취학 의무를 면제받거나 유예받은 사람이 다시 취학하려면 대통령령으로 정하는 바에 따라 학습능력을 평가한 후 학년을 정하여 취학하게 할 수 있다.
제15조(고용자의 의무) 의무교육대상자를 고용하는 자는 그 대상자가 의무교육을 받는 것을 방해하여서는 아니 된다.
제16조(친권자 등에 대한 보조) 국가와 지방자치단체는 의무교육대상자의 친권자나 후견인이 경제적 사유로 의무교육대상자를 취학시키기 곤란할 때에는 교육비를 보조할 수 있다.

(7) 학생 자치활동의 보장과 징계 원칙

학생 자치활동은 권장·보호되며 학칙으로 정한다. 징계 역시 법령과 학칙에 따른 적정한 절차(의견진술 기회 포함)에 따라 하며, 퇴학조치의 경우 시·도학생징계조정위원회에 재심을 청구할 수 있다. 2007년 개정을 통해서는 학생 인권 보장이 강조되었고, 시행령상 학생징계의 원칙으로 신체에 고통을 주는 방법은 금지15)되었다. 자치조례로 학생인권조례가 있다.

과거 규정상 학생징계 시에는 '교육상 불가피한 경우'에는 신체에 고통을 가하는 방법, 이른바 사회상규 상 허용되는 체벌도 용인되었지만, 현재는 "학칙으로 정하는 바에 따라 훈육·훈계 등의 방법으로 하되, 도구, 신체 등을 이용하여 학생의 신체에 고통을 가하는 방법을 사용해서는 아니 된다"(시행령 §31⑧)고 하여 사실상 학교현장에서 직접 혹은 간접체벌은 거의 금지되고 있다. 학생인권 조례등16)에서는

14) 초·중등교육법 제68조(과태료) ① 다음 각 호의 어느 하나에 해당하는 자에게는 100만원 이하의 과태료를 부과한다. 1.제13조 제4항에 따른 취학 의무의 이행을 독려받고도 취학 의무를 이행하지 아니한 자 2. 제15조를 위반하여 의무교육대상자의 의무교육을 방해한 자 3. 제53조를 위반하여 학생을 입학시키지 아니하거나 등교와 수업에 지장을 주는 행위를 한 자 ② 제1항에 따른 과태료는 대통령령으로 정하는 바에 따라 해당 교육감이 부과·징수한다.

15) 초·중등교육법 시행령 제31조(학생의 징계) ① 법 제18조 제1항 본문의 규정에 의하여 학교의 장은 교육상 필요하다고 인정할 때에는 학생에 대하여 다음 각 호의 어느 하나에 해당하는 징계를 할 수 있다. 1. 학교내의 봉사 2. 사회봉사 3. 특별교육이수 4. 1회 10일 이내, 연간 30일 이내의 출석정지 5. 퇴학처분 ②-⑦ 생략, ⑧ 학교의 장은 법 제18조 제1항 본문에 따라 지도를 할 때에는 학칙으로 정하는 바에 따라 훈육·훈계 등의 방법으로 하되, 도구, 신체 등을 이용하여 학생의 신체에 고통을 가하는 방법을 사용해서는 아니 된다. <개정 2011. 3. 18.>

16) 서울특별시 학생인권조례 제6조(폭력으로부터 자유로울 권리) ① 학생은 체벌, 따돌림, 집단괴롭힘, 성폭력 등 모든 물리적 및 언어적 폭력으로부터 자유로울 권리를 가진다. ③ 교육감, 학교의 장 및 교직원은 체벌, 따돌림, 집단괴롭힘, 성폭력 등 모든

명확하게 학교에서의 체벌은 금지되는 것으로 규정하기도 한다.

이러한 규정 변화로 인하여, 학교현장에서 '체벌'은 교육법 위반으로 용인되지 않는 것으로 널리 인식되는데 관련성이 높은 것이 사실이다. 다만, 일선학교에서는 훈계 이외 훈육의 방법이 무엇인가에 대하여는 학칙 및 학생생활규정 등[17]에 학교 스스로 정할 수밖에 없는 상황이어서, 교원들이 학생들의 행동수정과 생활지도에 소극적으로 임하게 되는 원인도 되었다.

> 第17조(학생자치활동) 학생의 자치활동은 권장·보호되며, 그 조직과 운영에 관한 기본적인 사항은 학칙으로 정한다.
> 第18조(학생의 징계) ① 학교의 장은 교육을 위하여 필요한 경우에는 법령과 학칙으로 정하는 바에 따라 학생을 징계하거나 그 밖의 방법으로 지도할 수 있다. 다만, 의무교육을 받고 있는 학생은 퇴학시킬 수 없다. ② 학교의 장은 학생을 징계하려면 그 학생이나 보호자에게 의견을 진술할 기회를 주는 등 적정한 절차를 거쳐야 한다.
> 第18조의4(학생의 인권보장) 학교의 설립자·경영자와 학교의 장은 「헌법」과 국제인권조약에 명시된 학생의 인권을 보장하여야 한다.(본조신설 2007.12.14.)

(8) 수석교사제 도입과 행정사무 법령주의

교장은 학교의 교무를 총괄하고 교직원을 지도·감독한다. 수석교사는 교사의 교수·연구 활동을 지원하면서 동시에 학생 교육도 담당한다. 본래 수석교사의 취지는 교장 수준의 예우를 해주어 과도한 교장 승진 경쟁을 완화하고 신진 교사의 전문성 신장을 돕는다는 취지였다. 실제 현장에서 수석교사의 위상은 교감과 부장교사 사이 정도의 위상으로 교내 교육과정 및 장학활동을 맡으며 교사와 관리직인 교감·교장과의 연계 역할을 맡고 있다.

교사 및 행정직원의 직무는 과거에는 교장의 명에 따르던 진술 방식을 취했으나 이제는 법령에 따라 교육활동 및 행정사무를 담당한다. 행정실을 법제화하여 행정직원의 직무를 구획 지어달라는 요구가 있었지만, 학교규모가 매우 다양한 상황에서 이를 업무범위를 구획하기는 쉽지 않은 일이다. 교사자격 취득 결격사유로 약물중독자, 미성년자 대상 성폭력, 아동·청소년대상 성범죄 등이 예시되어 있다.

> 第20조(교직원의 임무) ① 교장은 교무를 총괄하고, 소속 교직원을 지도·감독하며, 학생을 교육한다. ② 교감은 교장을 보좌하여 교무를 관리하고 학생을 교육하며, …(중략)… ③ 수석교사는 교사의 교수·연구 활동을 지원하며, 학생을 교육한다. ④ 교사는 법령에서 정하는 바에 따라 학생을 교육한다.[18] ⑤ 행정직원 등 직원은 법령에

물리적 및 언어적 폭력을 방지하여야 한다.
경기도 학생인권조례 제6조(폭력으로부터 자유로울 권리) ① 학생은 학교 내외 및 사이버 공간 등에서 모든 물리적 및 언어적 폭력으로부터 자유로울 권리를 가진다. ② 학교에서 체벌은 금지된다. ③ 교육감, 교장 등은 따돌림, 집단 괴롭힘, 성폭력 등 학교폭력 및 체벌을 방지하기 위하여 최선의 노력을 다하여야 한다

17) 제주대학교 교육대학 부설초등학교 학생생활규정(2019.7.22.) 제33조(징계외의 지도·체벌 금지 및 훈육·훈계) 학생을 지도하면서 도구, 신체 등을 이용하여 학생의 신체에 고통을 가하는 체벌은 금지한다. 다만, 교육적 효과를 높이기 위한 훈육· 훈계 방법으로 구두주의, 교실 뒤에 서서 수업받기, 상담지도(보호자 상담포함), 반성문 쓰기, 사과의 편지 쓰기, 좋은 글귀 쓰고 외우기 등을 적용할 수 있다.

18) 황홍규(2021)는 학습권 중심의 법개정을 위하여 교사의 임무조항을 "학생이 스스로 학습할 수 있도록 지도 지원하고 학생을 교육한다"로 수정하고 수업(授業)'의 용어를 '교육과정 운영'으로 개정할 것과 초·중등교육법 제4장 제1절(통칙)에 학생들에게 자기 주도적 학습의 습관과 역량이 훈련될 수 있는 기회를 지속적으로 제공하는 규정을 둘 것을 제안했다. 황홍규(2021), 초·중등교육법 제·개정 연혁 고찰 및 시사점, 교육법학연구 33(1), 144면.

서 정하는 바에 따라 학교의 행정사무와 그 밖의 사무를 담당한다.

제21조(교원의 자격) ③ 수석교사는 교원자격증을 소지한 사람으로서 15년 이상의 교육경력(교육전문직 근무경력 포함)을 가지고 교수·연구에 우수한 자질과 능력을 가진 사람 중에서 대통령령으로 정하는 바에 따라 교육부장관이 정하는 연수 이수 결과를 바탕으로 검정·수여하는 자격증을 받은 사람이어야 한다.

제21조의2(교사 자격 취득의 결격사유) 다음 각 호의 어느 하나에 해당하는 사람은 제21조 제2항에 따른 교사의 자격을 취득할 수 없다. 1. 마약·대마·향정신성의약품 중독자 2. 미성년자에 대한 다음 각 목(성폭력범죄, 아동·청소년대상 성범죄) 의 어느 하나에 해당하는 행위로 형 또는 치료감호를 선고받아 그 형 또는 치료감호가 확정된 사람 3. 성인에 대한 제2조에 따른 성폭력범죄 행위로 100만원 이상의 벌금형이나 그 이상의 형 또는 치료감호를 선고받아 그 형 또는 치료감호가 확정된 사람(집행유예를 선고받은 후 그 집행유예기간이 경과한 사람을 포함한다)

(9) 교육과정과 수업

국가교육과정의 기준과 내용의 수립 주체는 교육부에서 국가교육위원회로 바뀌었다(2021.7.20.). 학교별의 교과[19]는 초·중등교육법 시행령에 정하고 있다. 최근 코로나19 방역 상황으로 인하여 원격수업의 법적 근거를 추가하는 개정이 있기도 했다(2020.10.20.).

제23조(교육과정 등) ① 학교는 교육과정을 운영하여야 한다. ② 국가교육위원회는 제1항에 따른 교육과정의 기준과 내용에 관한 기본적인 사항을 정하며, 교육감은 국가교육위원회가 정한 교육과정의 범위에서 지역의 실정에 맞는 기준과 내용을 정할 수 있다. ③-④ 생략

제24조(수업 등) ① 학교의 학년도는 3월 1일부터 시작하여 다음 해 2월 말일까지로 한다. ② 수업은 주간(晝間)·전일제(全日制)를 원칙으로 한다. 다만, 법령이나 학칙으로 정하는 바에 따라 야간수업·계절수업·시간제수업 등을 할 수 있다. ③ 학교의 장은 교육상 필요한 경우에는 다음 각 호에 해당하는 수업을 할 수 있다. 이 경우 수업 운영에 관한 사항은 교육부장관이 정하는 범위에서 교육감이 정한다.
1. 방송·정보통신 매체 등을 활용한 원격수업 2. 현장실습 운영 등 학교 밖에서 이루어지는 활동

교육과정 운영권의 주체를 '교장'이 아닌 '학교'라 칭한 것은 교무의 최종 책임자이자 장학·지도자인 교장을 비롯하여, 학교운영위원회가 교육과정을 심의한다는 점을 감안하여 '학내 의사결정 구조와 과정'을 강조한 규정이라고 할 수 있다.

학교의 '교육과정 운영권'에 편성권이 포함되는지에 대하여는 운영에 편성의 의미가 내포되어 있다고 보는 것이 보편적이다.[20] 비록 각급학교 교육과정에만 편성·운영이란 용어가 나오지만, 학교의 교육과정 편성권을 부정하는 것은 학교를 교육과정 편성과정(개발 및 계획)에서 제외시키는 것이 되며 나아가

19) 초·중등교육법 시행령 제43조(교과) ① 법 제23조 제4항에 따른 학교의 교과는 다음 각 호와 같다.
1. 초등학교 및 공민학교: 국어, 도덕, 사회, 수학, 과학, 실과, 체육, 음악, 미술 및 외국어(영어)와 국가교육위원회가 필요하다고 인정하는 교과
2. 중학교 및 고등공민학교: 국어, 도덕, 사회, 수학, 과학, 기술·가정, 체육, 음악, 미술 및 외국어와 국가교육위원회가 필요하다고 인정하는 교과
3. 고등학교: 국어, 도덕, 사회, 수학, 과학, 기술·가정, 체육, 음악, 미술 및 외국어와 국가교육위원회가 필요하다고 인정하는 교과
4. 특수학교 및 고등기술학교: 국가교육위원회가 정하는 교과

20) 같은 뜻, 박창언(2019), 교육과정과 교육법, 학지사, 156면. 교육과정 편성은 개발이나 계획과 유사 의미로 사용한다.

교사의 교육활동의 자유를 공동화시킬 수 있다.

이어서 국가교육위원회의 '기준'은 국가교육과정에 따르면, 교육과정의 목적, 학교급별 교육과정 편성·운영의 기준으로 구체적으로 인간상, 교육과정 구성 중점, 학교급별 교육목표, 공통 교육과정, 고교 선택중심 교육과정, 학년군의 설정, 교과군의 재분류, 집중이수의 실시, 창의적 체험활동의 중점사항, 범교과 학습주제, 계기교육 등을 지칭하는 것으로 해석[21]된다.

(10) 조기 진급·졸업 및 학습부진아 교육

학생의 진급이나 졸업은 학년제로 하나 교장은 관할청의 승인을 받아 학년제 외의 제도를 채택할 수도 있다. 재능이 우수한 학생은 수업연한을 단축한 조기진급·졸업시킬 수 있다. 학력인정 시험, 이른바 검정고시를 통하여 초·중·고등학교 학력을 인정받을 수도 있다.

제27조(조기진급 및 조기졸업 등) ① 초등학교·중학교·고등학교 및 이에 준하는 각종학교의 장은 재능이 우수한 학생에게 수업연한(授業年限)을 단축하여 조기진급 또는 조기졸업을 할 수 있도록 하거나 상급학교 조기입학 자격을 줄 수 있다.

제27조의2(학력인정 시험) ① 제2조에 따른 학교의 교육과정을 마치지 아니한 사람은 대통령령으로 정하는 시험에 합격하여 초등학교·중학교 또는 고등학교를 졸업한 사람과 동등한 학력을 인정받을 수 있다.

제28조(학습부진아 등에 대한 교육) ① 국가와 지방자치단체는 다음 각 호의 구분에 따른 학생들을 위하여 대통령령으로 정하는 바에 따라 수업일수와 교육과정을 신축적으로 운영하는 등 교육상 필요한 시책을 마련하여야 한다. 1. 성격장애나 지적 기능의 저하 등으로 인하여 학습에 제약을 받는 학생 중 특수교육법상 학습장애를 지닌 특수교육대상자로 선정되지 아니한 학생 2. 학업 중단 학생 ②－④ 생략
⑤ 교원은 대통령령으로 정하는 바에 따라 제1항에 따른 학습부진아 등의 학습능력 향상을 위한 관련 연수를 이수하여야 하고, 교육감은 이를 지도·감독하여야 한다. ⑥ 학교의 장은 학업 중단의 징후가 발견되거나 학업 중단의 의사를 밝힌 학생에게 학업 중단에 대하여 충분히 생각할 기회를 주어야 한다. 이 경우 학교의 장은 그 기간을 출석으로 인정할 수 있다. ⑦ 학생에 대한 판단기준 및 충분히 생각할 기간과 그 기간 동안의 출석일수 인정 범위 등에 필요한 사항은 교육감이 정한다.

(11) 교과용 도서

교과용 도서, 즉 교과서는 국가교육과정과 함께 표준화 내지 법제화된 교육내용의 상징이다. 특히 국가만이 저작권을 갖고 1권의 교재만을 인정하는 국정교과서 제도에 대하여는 국민의 학습권 및 교사의 교육의 자유 침해에 대한 헌법재판[22]이 적지 않았다. 국정제도는 초등학교에만 남아두고 있으며, 점차

---

21) 김용(2022), "제7장 교육과정 및 학생평가와 교육법", 대한교육법학회편, 교육법의 이해와 실제, 교육과학사, 204면.

22) 중학교 국어국정교과서 위헌을 다룬 교육법 제157조에 관한 헌법소원에서 헌법재판소 다수의견은 "국정교과서제도는 교과서라는 형태의 도서에 대하여 국가가 이를 독점하는 것이지만, 국민의 수학권의 보호라는 차원에서 학년과 학과에 따라 어떤 교과용 도서에 대하여 이를 자유발행제로 하는 것이 온당하지 못한 경우가 있을 수 있고 그러한 경우 국가가 관여할 수밖에 없다는 것과 관여할 수 있는 헌법적 근거가 있다는 것을 인정한다면 그 인정의 범위 내에서 국가가 이를 검·인정제로 할 것인가 또는 국정제로 할 것인가에 대하여 재량권을 갖는다고 할 것이므로 중학교의 국어교과서에 관한 한, 교과용 도서의 국정제는 학문의 자유나 언론·출판의 자유를 침해하는 제도가 아님은 물론 교육의 자주성·전문성·정치적 중립성과도 무조건 양립되지 않는 것이라 하기 어렵다"고 기각하였다.
반대의견(변정수)에 따르면 "초·중·고등학교의 교과서에 관하여 교사의 저작 및 선택권을 완전히 배제하고 중앙정부가 이를 독점하도록 한 교육법 제157조의 규정은 정부로 하여금 정권의 지배 이데올로기를 독점적으로 교화하여 청소년을 편협하고 보

검정 및 인정교과서를 확대해 가는 추세이다.

국민의 초·중등학교 교과용 도서 구분 수정고시(2019.8.30.)에 따르면, 국정도서(총 42책)는 초등학교에만 있는데, 바른생활·슬기로운생활·즐거운생활 8책, 국어 20책, 도덕 4책, 수학 8책, 창의적 체험활동 2책 등이다. 검정도서(총 59책)는 사회 9책, 수학 16책, 과학 16책, 실과2책, 체육 4책, 예술(음악4책, 미술 4책), 영어 4책 등이다.

중고등학교 교과용도서 구분 및 검증결과 제출에 관한 고시(2020.10.26.)에 따르면 중학교 검정도서(총 23책)는 국어 6책, 사회(역사/도덕 포함) 8책, 수학 3책, 과학/기술·가정/정보 3책, 영어 3책이다. 고등학교 검정교과서(총 39책)는 국어 5책, 수학 6책, 영어 5책, 사회(역사/도덕 포함) 13책, 과학 10책이다. 인정도서는 중학교 4개교과군 21책, 고등학교는 보통교과의 경우 11개 교과군 64책이고 전문교과Ⅰ은 5교과군 111책, 전문교과Ⅱ는 18개교과군 548책이다.

> 第29條(교과용 도서의 사용) ① 학교에서는 국가가 저작권을 가지고 있거나 교육부장관이 검정하거나 인정한 교과용 도서를 사용하여야 한다. ② 교과용 도서의 범위·저작·검정·인정·발행·공급·선정 및 가격 사정(査定) 등에 필요한 사항은 대통령령[23]으로 정한다. [전문개정 2012. 3. 21.]

정순원은 교과서 발행방법과 청문이나 의견수렴 절차에 대하여 규정하지 않고 장관에게 광범위한 재량권을 부여한 것은 타당하지 않으며, 법률(초·중등교육법 §29①)에서 국정·검정·인정도서의 선택재량권을 부여하면서 대통령령(교과서규정 §3)에서 인정도서의 보충성을 부여하여 결국 교과서 선정의 재량권을 제한하는 것은 타당하지 않다고 지적한다.[24]

(12) 학교의 통합·운영

학생·학부모의 요구에 따라 각급 학교는 통합·운영 할 수 있다. 통합·운영의 방식은 초중, 중고가 일반적이며, 2022년 기준 전국 131개 학교에 이르며, 농어산촌 이외 대도시 등에도 일부 운영되고 있다.

수적으로 의식화시킬 수 있는 기회를 부여하는 것이어서 이는 교육의 자주성·전문성·정치적 중립성을 선언한 헌법 제31조 제4항에 반하고 교육자유권의 본질적 내용을 침해하는 것이어서 헌법 제37조 제2항에 반한다. 교육법 제157조 등에는 교육제도의 본질적 사항에 속하는 교과서의 저작·출판·선택 등에 대한 구체적 기준과 방법 및 절차 등의 사항을 규정하고 있지 않으며, 단지 동조 제2항에서 "교과용 도서의 저작·검정·인정·발행·공급 및 가격결정에 관한 사항은 대통령령으로 정한다."라고 규정함으로써 행정권에 의한 입법에 포괄적으로 백지위임하고 있으므로 교육법 제157조는 교육제도 법정주의 원리에 위배된다"는 반대의견을 진술한 바 있다(89헌마88).

23) 교과용도서에 관한 규정(대통령령, 2022.3.22.) 제2조에 따르면 용어정의는 다음과 같다. 1. "교과용도서"라 함은 교과서 및 지도서를 말한다. 2. "교과서"라 함은 학교에서 학생들의 교육을 위하여 사용되는 학생용의 서책·음반·영상 및 전자저작물 등을 말한다. 3. "지도서"라 함은 학교에서 학생들의 교육을 위하여 사용되는 교사용의 서책·음반·영상 및 전자저작물 등을 말한다. 4. "국정도서"라 함은 교육부가 저작권을 가진 교과용도서를 말한다. 5. "검정도서"라 함은 교육부장관의 검정을 받은 교과용도서를 말한다. 6. "인정도서"라 함은 국정도서·검정도서가 없는 경우 또는 이를 사용하기 곤란하거나 보충할 필요가 있는 경우에 사용하기 위하여 교육부장관의 인정을 받은 교과용도서를 말한다.

24) 교과서 발행형태에 따른 선정의 우선순위를 부여할 법적 근거나 논리적 타당성이 부족하므로 교과용도서에 관한 규정 제3조에서 인정도서의 보충성 규정을 삭제하거나 국·검인정 도서와 동일한 지위를 부여하고, 만약 보충성을 인정한 사유가 있다면 법률로서 이를 규정할 필요가 있다는 지적이다. 정순원(2020), 교육제도 법률주의에 따른 교과서제도 쟁점 고찰, 교육법학연구 32(3), 119-121면.

이 가운데 초중 형태가 61개교, 중고 형태가 60개교, 초중고 통합·운영은 10개교이다.

제30조(학교의 통합·운영) ① 학교의 설립자·경영자는 효율적인 학교 운영을 위하여 필요하면 지역 실정에 따라 초등학교·중학교, 중학교·고등학교 또는 초등학교·중학교·고등학교의 시설·설비 및 교원 등을 통합하여 운영할 수 있다. 이 경우 해당 학교의 학생 및 학부모의 의견을 수렴하여야 한다. ② 관할청은 학생 및 학부모의 요구가 있는 경우 학교의 통합·운영 여건에 관한 실태조사를 실시하고, 그 결과를 인터넷 홈페이지에 공개할 수 있다. ③ 제1항에 따라 통합·운영하는 학교의 시설·설비 기준, 교원배치기준, 의견 수렴 절차 및 제2항에 따른 실태조사 실시 기준, 결과 공개 등에 필요한 사항은 대통령령으로 정한다.

(12) 학교회계 및 교육정보시스템

국·공립학교에는 학교회계를 두고 있으며, 국립학교의 경우에는 교육부령(국립 유치원 및 초·중등학교 회계규칙)을 두고, 공립학교의 경우에는 각 시·도교육규칙으로 '학교회계규칙'을 두고 있다. 학교와 교육행정기관의 업무를 전자적으로 처리할 수 있도록 교육정보시스템(NEIS)을 규정하고 있는데, 이는 교육기본법에 근거하기도 한다.

한편, 교장은 법이 정한 경우 외에는 학교생활기록과 건강검사기록을 제3자에게 제공할 수 없으며, 학생 안전대책을 수립·시행하고 시설·설비·교구를 주기적으로 점검 하여야 한다.

제30조의2(학교회계의 설치) ① 국립·공립의 초등학교·중학교·고등학교 및 특수학교에 각 학교별로 학교회계(學校會計)를 설치한다. ② 학교회계는 다음 각 호의 수입을 세입(歲入)으로 한다.
1. 국가의 일반회계나 지방자치단체의 교육비특별회계로부터 받은 전입금 2. 제32조 제1항에 따라 학교운영위원회 심의를 거쳐 학부모가 부담하는 경비 3. 제33조의 학교발전기금으로부터 받은 전입금 4. 국가나 지방자치단체의 보조금 및 지원금 5. 사용료 및 수수료 6. 이월금 7. 물품매각대금 8. 그 밖의 수입 ③ 학교회계는 학교운영과 학교시설의 설치 등을 위하여 필요한 모든 경비를 세출(歲出)로 한다.
④ 학교회계는 예측할 수 없는 예산 외의 지출이나 예산초과지출에 충당하기 위하여 예비비로서 적절한 금액을 세출예산에 계상(計上)할 수 있다. ⑤ 학교회계의 설치에 필요한 사항은 국립학교의 경우에는 교육부령으로, 공립학교의 경우에는 시·도의 교육규칙으로 정한다.
제30조의4(교육정보시스템의 구축·운영 등) ① 교육부장관과 교육감은 학교와 교육행정기관의 업무를 전자적으로 처리할 수 있도록 교육정보시스템을 구축·운영할 수 있다. ②－③ 생략
제30조의6(학생 관련 자료 제공의 제한) ① 학교의 장은 학교생활기록과 건강검사기록을 해당 학생(학생이 미성년자인 경우에는 학생과 학생의 부모 등 보호자)의 동의 없이 제3자에게 제공하여서는 아니 된다.
제30조의8(학생의 안전대책 등) ① 국립학교의 경우에는 학교의 장이, 공립 및 사립 학교의 경우에는 교육감이 시·도의 교육규칙으로 정하는 바에 따라 학교시설(학교담장을 포함한다)을 설치·변경하는 경우에는 외부인의 무단출입이나 학교폭력 및 범죄의 예방을 위하여 학생 안전대책을 수립하여 시행하여야 한다.
제30조의9(시설·설비·교구의 점검 등) ① 학교의 장은 학교의 시설·설비·교구가 적절하게 관리되고 있는지를 정기적으로 점검하여야 한다.

(13) 학교운영위원회

학교운영위원회의 설치 목적은 학교운영의 자율성을 높이고 지역 실정과 특성에 맞는 교육을 하는 것으로 이른바 풀뿌리 학교자치기구로 불리운다. 1995년 교육개혁안에 제안되어 시범실시되었고 국·공

립학교에는 필수적 심의기구로, 사립학교의 경우에는 임의적 자문기구에서 필수적 자문기구로 그리고 2021년 개정에서는 필수적 심의기구로 개정되었다. 교육기본법에서 예고한 교직원의 학교운영 참여와 관련하여 직원위원이 없는 점에 대하여 헌법소원(2005헌마1144, 초·중등교육법 제31조 제2항 위헌확인소송)이 있었으나 기각되었다.

제31조(학교운영위원회의 설치) ① 학교운영의 자율성을 높이고 지역의 실정과 특성에 맞는 다양하고도 창의적인 교육을 할 수 있도록 초등학교·중학교·고등학교 및 특수학교에 학교운영위원회를 구성·운영하여야 한다. ② 국립·공립 학교에 두는 학교운영위원회는 그 학교의 교원 대표, 학부모 대표 및 지역사회 인사로 구성한다. ③ 학교운영위원회의 위원 수는 5명 이상 15명 이하의 범위에서 학교의 규모 등을 고려하여 대통령령으로 정한다.

제32조(기능) ① 학교에 두는 학교운영위원회는 다음 각 호의 사항을 심의한다. 다만, 사립학교에 두는 학교운영위원회의 경우 제7호 및 제8호의 사항은 제외하고, 제1호의 사항에 대하여는 자문한다.

1. 학교헌장과 학칙의 제정 또는 개정 2. 학교의 예산안과 결산 3. 학교교육과정의 운영방법 4. 교과용 도서와 교육 자료의 선정 5. 교복·체육복·졸업앨범 등 학부모 경비 부담 사항 6. 정규학습시간 종료 후 또는 방학기간 중의 교육활동 및 수련활동 7. 「교육공무원법」 제29조의3 제8항에 따른 공모 교장의 공모 방법, 임용, 평가 등 8. 「교육공무원법」 제31조 제2항에 따른 초빙교사의 추천 9. 학교운영지원비의 조성·운용 및 사용 10. 학교급식 11. 대학입학 특별전형 중 학교장 추천 12. 학교운동부의 구성·운영 13. 학교운영에 대한 제안 및 건의 사항 14. 그 밖에 대통령령이나 시·도의 조례로 정하는 사항 ② 삭제 ③ 학교운영위원회는 제33조에 따른 학교발전기금의 조성·운용 및 사용에 관한 사항을 심의·의결한다.

제33조(학교발전기금) ① 제31조에 따른 학교운영위원회는 학교발전기금을 조성할 수 있다. ② 제1항에 따른 학교발전기금의 조성과 운용방법 등에 필요한 사항은 대통령령으로 정한다.

제34조(학교운영위원회의 구성·운영) ① 제31조에 따른 학교운영위원회 중 국립학교에 두는 학교운영위원회의 구성과 운영에 필요한 사항은 대통령령으로 정하고, 공립학교에 두는 학교운영위원회의 구성과 운영에 필요한 사항은 대통령령으로 정하는 범위에서 시·도의 조례로 정한다. ② 사립학교에 두는 학교운영위원회의 위원 구성에 관한 사항은 대통령령으로 정하고, 그 밖에 운영에 필요한 사항은 해당 학교법인의 정관으로 정한다.

(14) 각급 학교의 목적

초·중등교육법에는 각급 학교의 교육목적을 규정하고 있는데, 초등학교의 경우 국민생활에 필요한 기초적인 초등교육을 하는 것을 목적으로 한다. 고교에서는 고교학점제를 운영할 수 있다. 초·중등교육법은 특수학교, 각종학교, 외국인학교, 대안학교에 대하여도 규정하고 있다.

제38조(목적) 초등학교는 국민생활에 필요한 기초적인 초등교육을 하는 것을 목적으로 한다.

제41조(목적) 중학교는 초등학교에서 받은 교육의 기초 위에 중등교육을 하는 것을 목적으로 한다.

제43조의2(방송통신중학교) ① 중학교 또는 고등학교에 방송통신중학교를 부설할 수 있다.

제44조(고등공민학교) ① 고등공민학교는 중학교 과정의 교육을 받지 못하고 제13조 제3항에 따른 취학연령을 초과한 사람 또는 일반 성인에게 국민생활에 필요한 중등교육과 직업교육을 하는 것을 목적으로 한다. ② 고등공민학교의 수업연한은 1년 이상 3년 이하로 한다.

제45조(목적) 고등학교는 중학교에서 받은 교육의 기초 위에 중등교육 및 기초적인 전문교육을 하는 것을 목적으로 한다.

제48조(학과 및 학점제 등) ① 고등학교에 학과를 둘 수 있다. ② 고등학교의 교과 및 교육과정은 학생이 개인적 필요·적성 및 능력에 따라 진로를 선택할 수 있도록 정하여져야 한다. ③ 고등학교(제55조에 따라 고등학교에

준하는 교육을 실시하는 특수학교를 포함한다)의 교육과정 이수를 위하여 학점제(고교학점제)를 운영할 수 있다. ④ 고교학점제를 운영하는 학교의 학생은 취득 학점 수 등이 일정 기준에 도달하면 고등학교를 졸업한다. ⑤ 고교학점제의 운영 및 졸업 등에 필요한 사항은 대통령령으로 정한다.

제48조의2(고교학점제 지원 등) ① 교육부장관과 교육감은 고교학점제 운영과 지원을 위하여 고교학점제 지원센터를 설치·운영할 수 있다. ② 교육부장관과 교육감은 고교학점제 지원센터의 효율적 운영을 위하여 필요하다고 인정하면 교육정책을 연구·지원하는 법인이나 기관에 그 업무를 위탁할 수 있다. ③ 국가와 지방자치단체는 고교학점제의 운영을 위하여 필요한 행정적·재정적 지원을 하여야 한다. ④ 제1항부터 제3항까지에 따른 고교학점제 지원센터의 설치·운영, 위탁 및 행정적·재정적 지원 등에 필요한 사항은 대통령령[25]으로 정한다.

제55조(특수학교) 특수학교는 신체적·정신적·지적 장애 등으로 인하여 특수교육이 필요한 사람에게 초등학교·중학교 또는 고등학교에 준하는 교육과 실생활에 필요한 지식·기능 및 사회적응 교육을 하는 것을 목적으로 한다.

제56조(특수학급) 고등학교 이하의 각급 학교에 특수교육이 필요한 학생을 위한 특수학급을 둘 수 있다.

제59조(통합교육) 국가와 지방자치단체는 특수교육이 필요한 사람이 초등학교·중학교 및 고등학교와 이에 준하는 각종학교에서 교육을 받으려는 경우에는 따로 입학절차, 교육과정 등을 마련하는 등 통합교육을 하는 데에 필요한 시책을 마련하여야 한다.

제60조(각종학교) ① "각종학교"란 제2조 제1호부터 제4호까지의 학교와 유사한 교육기관을 말한다. ② 각종학교는 그 학교의 이름에 제2조 제1호부터 제4호까지의 학교와 유사한 이름을 사용할 수 없다. 다만, 관계 법령에 따라 학력이 인정되는 각종학교(제60조의2에 따른 외국인학교와 제60조의3에 따른 대안학교를 포함한다)는 그러하지 아니하다. ③ 각종학교의 수업연한, 입학자격, 학력인정, 그 밖에 운영에 필요한 사항은 교육부령으로 정한다.

제60조의2(외국인학교) ① 외국에서 일정기간 거주하고 귀국한 내국인 중 대통령령으로 정하는 사람, 「국적법」 제4조에 따라 국적을 취득한 사람의 자녀 중 해당 학교의 장이 대통령령으로 정하는 기준과 절차에 따라 학업을 지속하기 어렵다고 판단한 사람, 외국인의 자녀를 교육하기 위하여 설립된 학교로서 각종학교에 해당하는 학교(외국인학교)에 대하여는 제7조, 제9조, 제11조, 제11조의2, 제12조부터 제16조까지, 제21조, 제23조부터 제26조까지, 제28조, 제29조, 제30조의2, 제30조의3, 제31조, 제31조의2, 제32조부터 제34조까지 및 제34조의2를 적용하지 아니한다. ② 외국인학교는 유치원·초등학교·중학교·고등학교의 과정을 통합하여 운영할 수 있다.

제60조의3(대안학교) ① 학업을 중단하거나 개인적 특성에 맞는 교육을 받으려는 학생을 대상으로 현장 실습 등 체험 위주의 교육, 인성 위주의 교육 또는 개인의 소질·적성 개발 위주의 교육 등 다양한 교육을 하는 학교로서 각종학교에 해당하는 학교(대안학교)에 대하여는 제21조 제1항, 제23조 제2항·제3항, 제24조부터 제26조까지, 제29조 및 제30조의4부터 제30조의7까지를 적용하지 아니한다. ② 대안학교는 초등학교·중학교·고등학교의 과정을 통합하여 운영할 수 있다.

(15) 학교 및 교육과정 운영의 특례: 자율학교

초·중등교육법 제5장 보칙에는 학교 및 교육과정 운영의 특례를 정하고 있다. 이 학교는 시행령에서 '자율학교'라 칭하고 있으며, 구체적인 자율학교의 7가지 유형[26]을 정하고 있다.

---

25) 초·중등교육법 시행령 제92조의3(학점제의 운영 등) 법 제48조 제3항에 따른 고교학점제(이하 "고교학점제"라 한다)의 운영, 고교학점제를 운영하는 학교의 학생이 졸업에 필요한 교과목 이수의 인정 기준과 학점 수 등에 관한 사항은 법 제23조 제2항에 따른 교육과정의 범위에서 학칙으로 정한다.

26) 초·중등교육법 시행령 제105조(학교 및 교육과정 운영의 특례) ① 교육감은 다음 각 호의 어느 하나에 해당하는 국립·공립·사립의 초등학교·중학교·고등학교 및 특수학교를 대상으로 법 제61조에 따라 학교 또는 교육과정을 자율적으로 운영할 수 있는 학교(이하 "자율학교"라 한다)를 지정·운영할 수 있다. 다만, 국립학교를 자율학교로 지정하려는 경우에는 미리 교육부장관과 협의해야 한다. 1. 학습부진아등에 대한 교육을 실시하는 학교 2. 개별학생의 적성·능력 개발을 위한 다양하고 특성화된 교육과정을 운영하는 학교 3. 학생의 창의력 계발 또는 인성함양 등을 목적으로 특별한 교육과정을 운영하는 학교 4. 특성화중학교 5. 산업수요 맞춤형 고등학교 및 특성화고등학교 6. 「농어업인 삶의 질 향상 및 농어촌지역 개발촉진에 관한 특별법」

제61조(학교 및 교육과정 운영의 특례) ① 학교교육제도를 포함한 교육제도의 개선과 발전을 위하여 특히 필요하다고 인정되는 경우에는 대통령령으로 정하는 바에 따라 제21조 제1항·제24조 제1항·제26조 제1항·제29조 제1항·제31조·제39조·제42조 및 제46조를 한시적으로 적용하지 아니하는 학교 또는 교육과정을 운영할 수 있다.
② 제1항에 따라 운영되는 학교 또는 교육과정에 참여하는 교원과 학생 등은 이로 인하여 불이익을 받지 아니한다.

32설 초·중등교육법 동향: 교육감 권한 강화, 사립학교운영위원회 심의기구화, 교육과정 결정권 변화

3. 사립학교법

가. 사립학교법의 교육법상 의의

사립학교법의 취지는 제정 사립학교법(1963.6.26.)에 명기된 목적조항이 60년이 지난 지금에도 그대로 유지되고 있는 것에서 파악될 수 있다. 사립학교라는 특수성을 감안한 입법이며, 그 목표는 자주성을 확보하고 공공성을 앙양한다는 것이다.

사학의 자주성은 교육의 자유에서 비롯되는 학교설립자의 건학 정신을 존중한다는 것에서 비롯된 것이고, 사학의 공공성은 국민 공교육체제의 일부분으로서 교육제도 법률주의에 근거한다는 뜻이기도 하다. 이 두 가지 목표는 사학의 입장과 관리·감독하는 국가의 입장이 상반되어 보이기도 한다. 공공성을 강조하면 그만큼 사학의 자주성 및 자율성은 반사적으로 축소되는 것은 당연하기 때문이다. 그러나 이 두 가지 목표 역시 수단적 가치로서, 궁극적으로는 사립학교에 재학하는 국민의 학습권을 보장하고 신장시키는 데 가치를 두는 것은 당연하다.

국가 재정형편이 어려웠던 해방이후 교육재건기에는 사학에 학교설립의 문호를 개방하여 조성적 입장이었다면, 전 국민을 대상으로한 공교육의 주요부분을 차지하는 사학에 대하여 공익의 대변자로서 국가 및 자방자치단체가 관리·감독을 강화하는 것은 사학의 입장에서는 규제의 강화로 받아들인다. 실제로 사학정책은 무지원·약규제→ 약지원·강규제→강지원·약규제로 전개되어오는 흐름이나 사학입장에서는 지원은 약하고, 여전히 규제는 강하여 통제받는 입장이라 받아들여지기 쉽고, 그 선두에 서있는 법률이 사립학교법이다. 사립학교법의 개정 역사를 학교법인의 이사회에 대한 정부의 규제가 강화되거나 완화되는 개정사를 반복하였고, 교원 및 사립학교 학교운영에 관한 사안 역시 완화보다는 규제를 유지하는 축에 속했다. 법제사적으로 사립학교법은 사립학교의 공공성 담보를 위하여 출현하였다고 본다.

사실, 사학의 자유는 교육기본권의 한 축을 이루는 것으로 학교법인의 사학 설립·운영의 자유라는 협의의 개념은 물론, 학생·학부모 그리고 모든 국민의 사학교육과 관련된 총합적 기본권이라는 광의의 개념으로 소개되기도 한다.[27]

제3조 제4호에 따른 농어촌학교 7. 그 밖에 교육감이 특히 필요하다고 인정하는 학교

27) 황준성(2005), 사학교육에 관한 국민의 자유, 홍익대 박사학위논문, iii, 263－264면. 사학의 자유를 광의의 개념으로 지속적으

나. 사립학교법의 연혁

제정 사립학교법(1963.6.26. 법률 제1362호) 제1조(목적)은 "이 법은 사립학교의 특수성에 비추어 그 자주성을 확보하고 공공성을 앙양함으로써 사립학교의 건전한 발달을 도모함을 목적으로 한다"로 규정되어 있고, 30년이 지난 2022년 9월 현재에도 '앙양함'을 '높임'으로 표현을 달리한 것 이외에는 동일하다. 즉, 사립학교는 일반 국·공립학교와 다른 특별한 설립자의 설립의지와 목적이 있으므로, 그 자주성을 법률로서 확보해주고, 대신 공교육을 분담하는 학교라는 공기(公器)로서 공공성을 요구하는 법률이라는 것을 표현하고 있다. 그 만큼 자주성과 공공성은 사립학교에 대한 지도·감독과 지원·통제의 키워드라고 할 수 있다.

그러나 1963년은 5·16군사혁명 정부 직후로서 해방이후 사학에 의존하여 양적으로 팽창하던 사학에 대한 규제의 필요성이 제기되던 때였다는 점에서 그리고 국가 재정 형편에 커다란 변화가 없었다는 점에서 지원보다는 통제 관리를 목적으로 제정되었다고 보는 것이 타당할 것이다.

제정 당시 이 법은 총칙, 학교법인, 사립학교 경영자, 사립학교 교원, 보칙 및 벌칙 등 6개 장에 총 74개 조항과 부칙으로 구성되었는데, 현재에도 기본 체제가 유지된 전문 6장 11절 총 74개 조항 및 부칙으로 구성되어 있다. 주요 개정연혁을 개관하면 다음과 같다.

2022년 9월 현재까지 86회의 개정이 있었던 것으로 국가법령정보센터 검색결과 나타나는데, 1963년 12월 1차 개정에서는 민법상 재단법인이 학교법인화할 경우 등록세 및 취득세를 면제토록 했고, 1964년 11월 개정은 지방자치제의 부활에 수반하여 개정되었으며, 학교법인의 재단법인으로의 개편 절차에 관하여 1965년과 1987년 두 차례의 개정이 있었다.

1972년 12월 개정에서는 사립학교 종류에 전문학교가 추가되었고 학교법인의 감독청을 조정하는 한편, 1973년 3월에는 임원 및 학교장의 자격요건을 강화하고 교원임용시 감독청의 승인 요건을 명문화하는 한편 동년 12월에는 연금지급 등 사립학교 교원의 복지조건을 강화토록 했다.

이어 1975년 7월 개정에서는 국·공립학교 교원과 같이 기간제 임용제도가 도입되었고 직위해제 제도를 신설하고 해직 및 징계요구 사유를 추가하였다. 이후 1976년 12월에는 산업체가 중학교 또는 고등학교를 설치·경영할 수 있도록 개정했고, 1977년 12월에는 전문대학 개편에 따라 관계 조문이 정비되었으며, 1978년 12월에는 학교법인의 재산 출연 및 기증자에 대한 생계비·의료비 지원이 규정되었다.

1980년대 교육개혁 추진기에 접어들면서 사립학교법 역시 대폭적인 개정이 있었다. 1981년 2월 개정에서는 사학의 공공성 확보를 위하여 학교법인 관계자의 학교장 취임을 제한하고, 교직원의 임면권 및 예산·결산권은 학교장에게 부여하였고 예산심의기구로 대학재무위원회를 두도록 하였다. 그러나 1986년 5월 개정을 통해서는 대학재무위원회를 폐지하는 대신 이사회의 심의·의결권을 인정하였고, 총학장의 취임 제한 대상을 '대학설립자와 그 배우자, 직계존·비속과 그 배우자'에서 '이사장과 …'로 개정하였고

로 확립시켜 나갈 때, 사학 문제는 교육기본권의 보장과 실현이라는 기본원칙 속에서 해결의 실마리를 찾을 수 있다고 보았다. 이점에서 현행 사립학교법이 학교법인과 교원에 집중하고 있어서 사립학교 교육활동의 특성을 보장하는 근거조항(자립형사립고교 등)이나 사립학교 사무를 국가사무에서 지자체의 자치사무화할 것을 제안했다.

징계의 종류에 해임과 정직을 추가하여 국·공립 교원과 균형을 유지토록 했다.

그러나 사학의 소유와 경영을 분리하고자 하는 이러한 개정 작업은 1990년 4월 개정으로 원점으로 되돌아 갔다. 즉, 학교법인 관계자의 대학기관장 임명제한 규정은 폐지되고 학교법인의 이사장이 다른 학교법인의 이사장을 겸직할 수 있도록 하는 한편, 학교장의 임명시 관할청의 승인제를 보고제로 바꾸고 대학교원의 임명권을 학교법인으로 되돌려 주었다. 그리고 예산·결산 자문위원회와 중등학교의 교육인사위원회 설치를 규정하는 한편 임시교원제·명예퇴직제·징계요구시효제 등을 도입토록 하였다.

이렇듯 사학 재단과 학교운영 겸직에 관한 규정 개정이 반복되었던 것은 사학 소유자들이 지속적으로 국회에 진출한 후 교육위원회에 이른바 '사학족(私學族)의원'으로 활동하였기 때문이다. 학교법인을 소유한 상당수의 의원들은 그러한 이해관계에 암묵적으로 동의했고, 국회의원으로서 정치적 영향력을 통해 전문대학을 단과대학으로, 단과대학을 종합대학으로 확장하는 디딤돌로 여기기도 하였다.

이후 90년대 들어 관련법 개정에 따른 조문 정비가 네 차례 있었고, 1997년 1월 개정에서는 이사 수를 7인 이상으로 하고 이사의 교육경험 1년을 3년으로 상향조정하는 한편, 대학장의 해임시 법인의 의결종족 수를 강화하고 사립학교 교원의 휴직 허용 범위를 넓혔다. 그리고 임용기간을 정한 교원의 임용시 교육공무원법을 준용토록 하여 사립학교 교원의 신분보장을 강화토록 하였고, 외국인의 학교법인 이사취임 가능 규정을 신설하고, 학생수 격감에 의한 학교법인 해산 인가 및 재산의 귀속 및 출연가능 조항을 두었으며 고등학교 이하에서도 직무이탈로 인한 결원교원을 보충할 경우 기간제 교원을 둘 수 있도록 하였다.

1999년 8월 개정에서는 사립대학 교원의 임용에 있어서 공정성을 제고하고, 행정규제기본법에 의한 규제정비계획에 따라 학교법인의 수익사업 신고의무를 폐지하는 등 불합리한 규제를 정비하였다. 이에 따라 대학의 교원은 근무기간·급여·근무조건 등 계약조건을 정하여 임용할 수 있도록 하되, 임용기간이 종료되는 경우에 임면권자는 교원인사위원회의 심의를 거쳐 재임용여부를 결정하도록 되었고(§53의2③④), 대학의 교원을 신규채용함에 있어서 특정대학에서 학사학위를 취득한 자가 편중되지 않도록 객관적이고 공정한 심사를 거치도록 하였다(§53의4 신설－교육공무원법 §11 준용). 이름하여 일방적인 '재임용 탈락'에 제동을 걸었고, 대학교수 채용에 있어서 순혈주의 관행을 막고자 했다.

2000년 1월 28일 개정에서는 육아 등을 사유로 한 휴직에 대해 승진 등에 있어서 불리한 처우를 금지하고, 1년 이내의 휴직기간은 근속기간에 포함하는 한편, 「교원의 노동조합 설립 및 운영 등에 관한 법률」(1999.1.29. 법률 제5727호)의 제정으로 노동조합의 업무에만 종사할 수 있는 노동조합 전임자제도가 도입됨에 따라 관련규정을 정비하였다. 그리고 제59조에 제3항을 신설하여 임면권자는 1세 미만 자녀양육 휴직[28] 및 임신·출산 휴직은 희망시 휴직허용은 의무이고, 이로 인한 인사상 불리한 처우를 하여서는 아니되며, 동 호의 휴직기간은 근속기간에 산입하도록 하였다.

노무현 정부에서 추진한 사학의 공공성 향상의 일환으로 2005년 12월의 사립학교법 개정에서는 이른바 개방형 이사회제도가 도입되었다. 사립학교 운영의 민주성과 투명성 및 공공성을 제고한다는 취지

28) 육아 휴직 가능 연령은 2007.7.19. 개정에서는 초등학교 취학 전 만 6세 미만으로 확대한데 이어서, 2012.1.26. 개정에서는 만 8세 이하 자녀로 확대했다.

였으나 사립학교법 개정을 둘러싸고 국회가 공전될 정도로 강한 반발을 불러일으켰다.

주요내용은 학교법인의 이사 정수의 4분의 1 이상은 학교운영위원회 또는 대학평의원회가 2배수 추천하는 인사 중에서 선임하고, 이사장은 당해 학교법인이 설치·경영하는 학교의 장뿐만 아니라 다른 학교법인의 이사장 또는 그 학교법인이 설치·경영하는 사립학교의 장도 겸직하지 못하도록 하며, 학교회계의 예산은 당해 학교의 장이 편성하되 학교운영위원회 또는 대학평의원회의 자문을 거친 후 이사회의 심의·의결로 확정하도록 하고, 사립학교 교원의 면직사유에서 노동운동을 한 경우를 제외하는 것 등이었다.

결국, 2007년 7월 사립학교법은 재개정 되었는데 주요 골자는, 학교법인 이사장의 겸직금지의무와 각급 학교의 장의 중임 제한을 완화하고, 이사장의 친족이라고 하더라도 교육경험과 사학 경영능력이 있는 경우에는 예외적으로 학교의 장에 임명될 수 있도록 하여 개인의 직업선택권 등 기본권 침해에 대한 논란을 해소하는 한편, 사학현장의 대립과 갈등을 해소하고 사학운영의 투명성과 합리성을 실현하기 위하여 개방이사추천위원회 및 사학분쟁조정위원회를 두는 등 현행 제도의 운영상 나타난 일부 미비점을 개선·보완하였다.

2008년 3월 개정에서는, 교원으로 재직 중 미성년자에 대한 성폭력범죄 행위, 금품수수 행위, 학생 성적 관련 비위 행위 및 학생에 대한 신체적 폭력 행위로 인하여 파면·해임된 자는 원칙적으로 다시 교원으로 임용할 수 없도록 제한을 강화했다(§54의3⑤⑥ 신설).

2012년 1월 개정에서는, 사립학교 교원의 당연퇴직 및 직권면직 사유와 비위사실의 통보제도를 국립·공립학교 교원과 동일하게 적용하여 미성년자에 대한 성폭력범죄행위로 집행유예를 포함한 벌금형 이상의 형을 선고받은 사람은 교원으로 임용되지 못하도록 결격사유를 신설하고, 재직 중인 사립학교 교원은 당연 퇴직되도록 했다(§54의3①).

2015년 3월 개정에서는, 교원의 자격이 국·공·사립학교 교원이 모두 같음에도 휴직의 사유(불임·난임으로 장기간의 치료가 필요한 경우)를 추가했고(§59①), 유치원 회계의 자문에 대하여는 별도의 규정이 없어서, 유치원운영위원회의 자문을 거쳐 학교의 장이 집행하도록 했다(§29④). 관할청이 징계를 요구한 사립학교 교원에 대한 교원징계위원회의 징계의결이 징계사유에 비추어 가볍다고 인정되는 경우에는 관할청이 해당 교원의 임면권자로 하여금 교원징계위원회에 재심의를 요구하게 할 수 있도록 하고(§66의2 신설), 사립학교 교원의 징계시효를 2년에서 3년으로 연장하되, 성범죄를 저지른 경우에는 징계시효를 5년으로 연장(§66의4)함으로써 징계처분의 실효성을 확보하고 사립학교 교원의 성범죄 대처를 강화했다.

2016년 2월 개정에서는, 징계처분을 피하기 위한 사립학교교원이 의원면직을 제한(§54의5)했고, 성폭력범죄 등으로 수사·조사 중인 교원에 대해서는 직위해제(§58의2) 할 수 있도록 했으며, 입양휴직제도를 도입했다(§59).

2016년 5월 개정에서는, 사립학교의 족벌경영을 방지하기 위해 학교의 장이 이사장과 친족관계에 해당하게 된 경우에는 그 친족 관계에 해당하게 된 날부터 3개월 이내에 이사 정수의 3분의 2 이상의 찬성과 관할청의 승인을 받도록 하고(§54의3④), 기성회비 제도의 폐지에 따라 '기성회비'라는 용어를 삭제하여 혼란을 방지하고(§28③), 사립학교에 두는 교원징계위원회의 위원에 해당 학교의 교원 또는 학교법인의 이사 외에 외부위원을 1명 이상 포함하도록 하고, 징계사건 심리를 위한 진상조사를 하는 경우 관계

전문가의 의견을 들을 수 있도록 하며, 징계위원회 참가자의 비밀누설 금지를 규정(§62의2, 65의②, 66의5, 62②)하는 등 사립학교 교원에 대한 징계 심의·의결의 공정성과 전문성을 높이고자 했다. 사학분쟁조정위원회의 민간위원에게 벌칙을 적용하는 경우 공무원으로 의제하도록 규정함(§72의2)으로써 업무수행의 공정성 및 책임성을 확보하고자 했다.

2016년 12월 개정에서는, 재직기간 10년 이상인 교원들에게 무급휴직 기회를 부여하고(§59①12), 육아휴직 가능한 자녀의 요건을 만 8세 이하 또는 초등학교 2학년 이하로 함으로써 사립교원의 휴직제도를 개선하고(§59①7), 사립 특수학교는 학교법인만 설치·운영할 수 있도록 하여(§3①) 특수학교 운영의 건전성을 확보하며, 학교법인의 적립금 적립시 목적을 특정하도록 하여(§32의2) 자금의 무분별한 적립을 방지하고자 했다.

2018년 4월 개정시, 사립학교 교원에 대해 재교육 또는 연수의 기회를 균등하게 보장할 것을 명시했고(§55의2 신설), 교장의 승인을 받아 연수기관 및 근무 장소 외에서의 연수를 받을 수 있도록 했으며(§55의3 신설). 사립학교 교원의 재교육 및 연수실적을 인사관리에 반영할 수 있도록 했다(§55의4 신설). 사립학교 교원의 성폭력범죄 행위, 아동·청소년대상 성범죄 행위, 성매매 행위, 성희롱 행위에 대한 징계시효를 현행 5년에서 10년으로 연장했다(§66의4①). 같은 해 12월 개정에서는, 교원의 임용권자는 관할청의 해임 또는 징계요구가 있는 경우 특별한 사유가 없으면 교원징계위원회에 해당 교원에 대한 해임 및 징계의결을 요구하도록 의무화하고(§54③ 후단 신설), 해임요구, 징계의결요구, 관할청의 재심의 요구를 따르지 않는 경우 1천만원 이하의 과태료를 부과함으로써 관할청의 사립학교에 대한 감독 권한을 강화하며(§74① 신설), 부정임용을 면직사유로 추가(§58①6)하여 사립학교 교원의 도덕성을 담보하고자 했다. '폐질'이라는 용어를 '장해'로 순화하여 표현(§60의2①②)함으로써 장애인에 대한 사회적 편견이나 부정적 인식을 긍정적으로 개선하고자 했다.

2019년 1월의 개정 이유에 따르면, 학교법인 해산 시 잔여재산을 학교법인이나 기타 교육사업을 경영하는 자 중에서 정관으로 지정한 자에게 귀속하도록 하여, 법인해산 후에도 지속적으로 해당재산이 사립학교 교육에 재투자될 수 있도록 하고 있으나, 동 조항은 당초 취지와 다르게 교비횡령 등 회계부정을 저지른 경영자 등이 법인 해산으로 감사처분 이행의무를 회피하고 잔여재산을 활용하여 지속적으로 사학에 관여하는 수단으로 악용될 소지가 있어, 이를 저지하도록 했다. 또한 헌법은 국민의 모든 자유와 권리는 국가안전보장, 질서유지 또는 공공복리를 위하여 필요한 경우에 법률로 제한할 수 있다고 규정하고 있는 바, 교비횡령 등 특정한 경우에 학교법인 잔여재산의 귀속에 대하여 제한을 가하는 것이 공공복리 및 고등교육기관의 책무성 제고에 필요하므로, 학교법인의 임원 또는 사립학교 경영자 등이 이 법 또는 교육관계 법령을 위반하여 해당 학교법인이 관할청으로부터 회수 등 재정적 보전을 필요로 하는 시정요구를 받았으나 이를 이행하지 아니하고 해산되는 경우, 정관으로 지정한 자가 학교법인 해산 일을 기준으로 10년 이내의 기간 중 사립학교의 대표자 또는 임원 등에 해당하는 보직에 있거나 있었던 경우 등에는 그 지정이 없는 것으로 보도록 개정했다(§35).

2019년 8월의 개정에서는 사립학교 교원에 대해서도 교원이 의원면직을 신청한 경우 모든 징계사유에 대해 수사기관 등의 확인을 거치도록 하고, 정직처분 시 보수의 전액을 감하도록 함으로써, 국·공립 및 사립학교 교원 간의 형평성을 제고하려는 개정이었다(§61의2).

2019년 12월 개정에서는, 교육공무원법에 따라 중임이 1회로 제한되어 있는 국립 또는 공립인 특수학교의 교장과의 형평성을 고려하여 사립학교인 특수학교의 장의 경우에도 1회에 한정하여 중임할 수 있도록 개정했다(§53③).

2020년 1월 개정에서는, 사립유치원에 대한 시·도교육청의 감사결과 교비회계에 속하는 수입이나 재산을 교육목적 외로 부정하게 사용하는 경우가 상당 수 적발된바, 교비회계에 속하는 수입이나 재산을 목적 외로 부정하게 사용할 수 없도록 금지하고, 이를 위반한 경우 2년 이하의 징역 또는 2천만원 이하의 벌금에 처하도록 하는 한편, 종전에는 유치원만을 설치·경영하는 학교법인 이사장의 경우에는 해당 유치원장을 겸직할 수 있도록 하던 것을, 앞으로는 겸직할 수 없도록 했다(부칙 §2). 유치원의 공공성 신장 입법의 일환이었다.

2020년 3월 개정에서는, 현행법은 사립학교의 임원을 선임할 경우 이사 중 적어도 3분의 1 이상은 교육경험이 3년 이상인 자를 선임하도록 규정하고 있는바, 교육경험에 대한 해석상 논란 해소와 이사회 구성원의 교육전문성 제고를 위하여 교육경험의 범위를 명확히 규정하고(21③), 학생 수 감소, 고등교육 공공성 강화 등 사회적·정책적 원인으로 대학 구조개혁이 현실화됨에 따라 대학 폐교 등의 증가가 예상되는바, 해산된 학교법인과 폐지·폐쇄된 학교의 기록물 관리에 관한 법적 근거(§48의2 신설)를 마련하는 한편, 사립학교 교원의 육아휴직 등을 안정적으로 보장하기 위하여 그 동안 학교법인의 정관으로 규율하고 있던 사립학교 교원의 육아휴직 기간 및 처우에 관한 사항을 법률에 직접 규정하였다(§59②-④).

2020년 12월 개정에서는, 사립학교 교원의 징계사유가 배임, 절도, 사기 등 국가공무원법 제78조의2 제1항 각 호의 어느 하나에 해당하는 경우에는 국가공무원, 교육공무원과 마찬가지로 징계 시효를 5년으로 강화했고(§66의4①), 고등학교 이하 각급 학교의 장은 교원에 대한 징계처분의 사유가 성폭력범죄·성범죄 행위 등에 해당하는 경우에는 해당 교원을 징계처분 이후 5년 이상 10년 이하의 범위에서 일정 기간 동안 학급을 담당하는 교원으로 배정할 수 없도록 했다(§66의6 신설).

2021년 8월에는 학교법인에 대한 신고철차나 외부회계감사 개선에 관한 내용을 포함했다.

○ 국공립 교원의 징계종류와 동일하게 고등학교 이하 사립학교 교원에 대해서도 강등처분을 규정함(제2조 및 제61조 제3항 신설).
○ 임원 취임 승인을 취소함에 따른 임시이사 선임 요건을 이사회의 의결정족수를 충족하지 못하는 경우로 정비함(제25조 제1항 제2호 단서).
○ 임시이사가 선임된 학교법인 중 재정이 열악한 학교법인에 대한 지원 대상에 학교법인 운영의 정상화를 위하여 소요되는 소송비용을 포함하도록 함(제25조 제6항).
○ 학교법인은 기본재산에 관한 소송절차가 개시된 때와 완결된 때에는 그 사실을 관할청에 신고하도록 하고, 위반 시 과태료를 부과함(제28조 제5항 및 제74조 제2항 제4호의2 신설).
○ 대통령령으로 정하는 기준에 해당하는 대학교육기관을 설치·경영하는 학교법인은 연속하는 4개 회계연도 이후 연속하는 2개 회계연도 결산에는 교육부장관이 지정하는 외부감사인의 외부감사보고서 및 부속서류를 제출하도록 하고, 해당 외부감사인의 선임제한과 외부감사인 지정 업무 위탁에 관한 사항을 규정함(제31조).
○ 학교법인이 해산되어 처분 후 국고에 귀속되던 잔여재산을 사학진흥기금의 청산지원계정에 귀속되도록 함(제35조 제4항부터 제6항까지).

○ 고등학교 이하 사립 교원의 휴직과 복직에 관한 사항을 해당 학교법인의 정관이 정하는 바에 따라 학교의 장에게 위임할 수 있도록 함(제53조의2).
○ 사립 초등학교도 사립 중·고등학교와 같이 교원인사위원회를 반드시 설치하도록 함(제53조의4).
○ 국공립 교원의 징계결과 통보와 동일하게 사립학교 교원의 성비위에 대한 징계처분이 있는 경우 피해자에게 징계결과를 통보할 수 있도록 함(제66조 제5항 신설).
○ 초·중등 사립학교 사무직원을 신규채용하는 경우 공개전형에 의하도록 하고, 「지방공무원법」에 따른 채용시험 부정행위자에 대한 처리를 준용함(제70조의3 신설).
2021년 9월 개정의 사학의 부정·비리에 대응한 다음 14개 항목에 대한 개정이 있었다.
○ 이사장은 이사회를 소집할 때에는 미리 대통령령으로 정하는 바에 따라 학교법인이 운영하는 학교의 인터넷 홈페이지 등에 공지하도록 함(제17조 제5항 신설).
○ 임원취임승인취소 사유에 관할청의 교직원에 대한 징계요구에 따르지 아니한 경우를 추가함(제20조의2 제1항 제4호).
○ 임원의 결격 사유를 강화하고, 임원 결격 사유에 해당하는 경우 당연퇴임하도록 근거 조항을 마련함(제21조 제7항, 제22조 및 제22조의2 신설).
○ 사립학교에 두는 학교운영위원회도 심의기구로 격상하면서 현행법상 학교운영위원회의 자문사항을 심의사항으로 개정함(제29조 제4항 및 제31조 제3항).
○ 기금운용심의회의 위원 수 상한을 7명에서 15명으로 늘리면서 교원, 직원, 학생이 각각 2명 이상이 되도록 함(제32조의3).
○ 사립학교 교원의 신규채용에는 시·도교육청에서 체계적으로 관리·운영되는 필기시험을 거치도록 함(제53조의2 제11항 신설).
○ 교원징계위원회의 구성을 위원장 1명을 포함한 5명 이상 11명 이하로 확대하고, 외부위원을 최소 2명 이상 포함하도록 하며, 외부위원에 학부모위원이 1명 이상 포함되도록 하고, 특정 성(性)이 10분의 6을 초과하지 않도록 함(제62조 제2항, 제3항 및 제4항).
○ 징계의결 재심의를 위하여 시·도 교육청에 징계심의위원회를 설치함(제62조의3 신설).
○ 교원징계위원회가 징계를 의결하였을 때 징계의결서를 임용권자뿐만 아니라 관할청에도 보내어 알리도록 함(제66조 제2항).
○ 사립학교 사무직원 임용 결격사유와 관련하여 「지방공무원법」을 준용함(법률 제18372호 사립학교법 일부개정법률 제70조의3에 제3항 신설).
○ 사무직원의 당연퇴직과 관련하여 「지방공무원법」을 준용함(법률 제18372호 사립학교법 일부개정법률 제70조의4).
○ 학교법인 및 소속 학교의 사무직원이 직무를 수행함에 있어 이 법이나 교육관계 법령 또는 해당 정관이나 규칙을 위반한 경우 관할청이 임용권자에게 해당 사무직원의 징계를 요구할 수 있도록 함(제70조의5 신설).
○ 관할청이 사무직원 징계의결 내용이 징계사유에 비추어 가볍다고 인정되면 해당 사무직원의 임용권자에게 재심의를 요구할 수 있도록 함(제70조의6 신설).
○ 사무직원이 비위의 정도가 중대한 경우 관할청이 임용권자에게 해당 사무직원의 해임을 요구할 수 있도록 함(제70조의7 신설).
○ 학교법인에게 학교법인 임원과 친족관계에 있는 교직원을 교육부장관이 정하는 바에 따라 공개하도록 함(제72조의3 신설).
○ 부패방지를 위한 행동강령을 학교법인의 정관이나 규칙으로 정하도록 하고, 사립학교 법인의 회계 부정에 대한 형량을 3년 이하의 징역 또는 3천만원 이하의 벌금으로 상향하여 규정함(제72조의4 및 제72조의5 신설 등).

다. 사립학교법의 주요 내용

이 법은 6개 장 74개 조항으로 구성되어 있는데, 총칙, 학교법인, 사립학교경영자, 사립학교 교원,

보칙, 벌칙 등이 그것이다. 각 장별 구성을 표로서 정리하면 다음과 같다.

제1장 총칙
제1조 목적
제2조 정의
제3조 학교법인이 아니면 설립할 수 없는 사립학교 등
제4조 관할청

제2장 학교법인
제1절 통칙
제5–8조 자산, 사업, 주소, 설립등기
제8조의2 재산 이전의 보고
제9조 학교법인의 권리능력 등
제2절 설립
제10–13조 설립허가, 정관보충, 시기
제3절 기관
제14조 임원
제15–17조 이사회(기능, 소집)
제18조 의사정족수와 의결정족수
제18조의2 회의록의작성 및 공개등
제19–20조 임원의 직무, 선임, 임기
제20조의2 임원 취임의 승인취소
제20조의3 임원의 직무집행정지
제21–22조 임원선임제한, 결격사유
제22조의2 임원의 당연퇴임 사유
제23조 임원의 겸직금지
제24조 임원의 보충
제24조의2–4 사학분쟁조정위원회의 설치 및 기능, 구성, 자격기준
제25조 임시이사의 선임
제25조의2 임시이사의 해임
제25조의3 임시이사가 선임된 학교법인의 정상화
제26조 임원의 보수 제한
제26조의2 대학평의원회
제27조 「민법」의 준용
제4절 재산과 회계
제28조 재산의 관리 및 보호
제29–30조 회계의 구분, 회계연도
제31조 예산 및 결산의 제출
제31조의2 외부회계감사감리
제32조 재산목록 등의 비치
제32조의2 적립금
제5절 해산과 합병
제34–35조 해산사유, 잔여재산귀속
제36–42조 합병절차(효과, 시기, 민법준용)
제6절 지원과 감독
제43조 지원
제44조 실업교육의 우선적인 지원
제45조 정관 변경 등
제46조 수익사업의 정지명령
제47조 해산명령
제47조의2 청문
제48조 보고징수 등
제48조의2 해산된 학교법인 등에 대한 기록물 관리
제49조

제3장 사립학교경영자
제50조 학교법인으로의 조직 변경
제51조 준용규정

제4장 사립학교 교원
제1절 자격·임용·복무
제52조 자격
제53조 학교의 장의 임용
제53조의2 학교의 장이 아닌 교원의 임용
제53조의3 부정행위자에 대한 조치
제53조의4 교원인사위원회
제53조의5 학교의 장이 아닌 대학교육기관 교원의 신규채용 등
제54조 임용에 관한 보고 및 해임요구
제54조의2 해임 요구
제54조의3 임명의 제한
제54조의4 기간제교원
제54조의5 제55조 복무
제55조의2 연수의 기회균등
제55조의3 연수기관 및 근무장소 외에서의 연수
제55조의4 연수 실적
제2절 신분보장 및 사회보장
제56조 의사에 반한 휴직·면직 등의 금지
제57조 당연퇴직의 사유
제58조 면직의 사유
제58조의2 직위의 해제
제59조 휴직의 사유
제3절 징계
제61조 징계의 사유 및 종류
제61조의2 의원면직을 신청한 교원의 징계 사유 확인 등
제62조 교원징계위원회의 설치 및 구성 등
제62조의2 외부위원의 임기 등
제62조의3 징계심의위원회의 설치 및 구성 등
제63조 제척 사유
제64조 징계의결의 요구
제64조의2 징계의결 요구 사유의 통지
제65조 진상조사 및 의견진술
제66조 징계의결
제66조의2 징계의결의 재심의
제66조의3감사원조사와의 관계 등
제66조의4 징계 사유의 시효
제66조의5 비밀누설의 금지
제66조의6 보직 등 관리의 원칙
제67조 외국인학교에 대한 특례
제67조의2 제67조의3 제68–69조 삭제

제5장 보칙
제70조 보고·조사 등
제70조의2 사무기구 및 직원
제70조의3 사무직원의 임용
제70조의4 사무직원의 당연퇴직
제70조의5 사무직원에 대한 징계의결 요구
제70조의6 사무직원 징계의결의 재심의 요구
제70조의7 사무직원에 대한 해임 요구
제71조 권한의 위임
제72조
제72조의2 벌칙 적용에서 공무원 의제
제72조의3 임원의 친족 교직원 공개
제72조의4 청렴의무
제72조의5 사학기관 행동강령

제6장 벌칙
제73조 벌칙
제73조의2 벌칙
제74조 과태료

사립학교법[시행 2022. 8. 11.] [법률 제18372호, 2021. 8. 10., 일부개정]

(1) 총칙: 목적 · 정의 · 관할성

사립학교법의 2대 목적은 자주성과 공공성 확보이다. 학교법인만이 학교를 설치하는 것이 원칙(산업체 부설 중 · 고교제외)이다. 물론, 앞서 살펴본 바와 같이 유치원은 법인도 사인도 설립가능 한 교육기관이다. 사학의 비중은 유치원 40.24%, 초등학교 1.18%, 중학교 19.43%, 고등학교 39.82%, 전 고등교육기관[29] 85.30%를 차지하고 있다. 따라서 사립대학의 문제는 곧 대학의 문제라고 인식하여도 좋을 것이다. 실제로 사립대학들은 대학 기관으로서 학사 운영 등에 관하여는 고등교육법의 적용을 받지만, 학교법인 및 교원신분과 관련하여서는 사립학교법이 규율하고 있다. 사립학교법에서 임용이란 신규채용 외에도 승진, 전보, 겸임, 파견, 강임, 휴직, 직위해제, 정직, 강등, 복직, 면직, 해임 및 파면 등 인사전반을 지칭한다.

사립학교의 지도 · 감독을 받는 관할청은 초 · 중 · 고교는 교육감이고, 고등교육기관은 교육부장관이 된다. 다만, 제주특별자치도의 사립대학은 도시자가 관할청으로 되어 있다.

제1조(목적) 이 법은 사립학교의 특수성에 비추어 그 자주성을 확보하고 공공성을 높임으로써 사립학교의 건전한 발달을 도모함을 목적으로 한다.

제2조(정의) 1. "사립학교"란 학교법인, 공공단체 외의 법인 또는 그 밖의 사인이 설치하는 유아교육법 제2조 제2호, 초 · 중등교육법 제2조 및 고등교육법 제2조에 따른 학교를 말한다. 2. "학교법인"이란 사립학교만을 설치 · 경영할 목적으로 이 법에 따라 설립되는 법인을 말한다. 3. "사립학교경영자"란 유아교육법, 초 · 중등교육법, 고등교육법 및 이 법에 따라 사립학교를 설치 · 경영하는 공공단체 외의 법인(학교법인은 제외) 또는 사인을 말한다. 4. "임용"이란 신규채용, 승진, 전보, 겸임, 파견, 강임, 휴직, 직위해제, 정직, 강등, 복직, 면직, 해임 및 파면을 말한다.

(2) 학교법인 개관

학교법인은 학교 시설 · 설비와 재산을 갖추어야 하며, 그 기준은 대통령령(고등학교 이하 각급학교 설립 · 운영 규정)으로 정한다. 그리고 법인은 교육에 지장이 없는 범위에서 학교경영에 충당할 수익목적사업을 할 수 있다. 학교법인은 교육부장관의 허가를 받아야 한다.

학교법인의 임원 및 이사회에 관하여는 비교적 상세하게 규율하고 있다. 사학의 공공성 확보차원에서 개방이사(개방이사추천위원회에서 2배수 추천인사중 이사 정수의 4분의 1 선임) 제도를 도입하고 있다. 이사

29) 4년제 일반대학, 교육대학, 산업대학, 전문대학, 각종학교, 원격대학, 대학원 포함한 비중이며, 4년제 일반대학만의 경우는 국립 34, 공립 1, 사립 155로서 사립 일반대학의 비중은 전체 190개교의 81.58%이다.

회는 학교법인의 예산·결산, 정관변경, 법인의 합병과 해산, 임원 임면 사항에 대한 최고 의결기구이고, 이해충돌 이사 및 이사장은 의결권을 제한한다.

임원(이사장·이사·감사)은 관할청의 승인을 받아 취임하며, 이사는 5년 이내로, 중임 가능하며, 감사는 3년 이내 1회 중임가능하며, 일정 사유시[30] 임원 취임 승인은 취소될 수 있다.

이사 반수 이상은 대한민국 국민이어야 하고, 친족은 4분의1을 초과할 수 없고, 3년 이상 교육경험자[31] 3분의 1 이상이어야 한다. 감사 간, 감사와 이사 간은 친족관계가 아니어야 하고 감사중 1인은 추천위원회 추천자로 하고 감사 1인은 공인회계사 자격자여야 한다. 임원의 결격사유 및 당연퇴임,[32] 겸직금지[33]등은 사학의 공공성을 담보하는 조치들이다. 학교법인의 임원 중 정관으로 정한 상근 임원을 제외한 임원에게는 보수를 지급하지 아니한다(실비 변상은 예외, §26).

> 第5조(자산) ① 학교법인은 그가 설치·경영하는 사립학교에 필요한 시설·설비와 그 학교의 경영에 필요한 재산을 갖추어야 한다.
>
> 第6조(사업) ① 학교법인은 그가 설치한 사립학교의 교육에 지장이 없는 범위에서 그 수익을 사립학교의 경영에 충당하기 위하여 수익을 목적으로 하는 사업을 할 수 있다.
>
> 第10조(설립허가) ① 학교법인을 설립하려는 자는 일정한 재산을 출연하고, 목적, 명칭, 자산, 임원, 이사회 등을 적은 정관을 작성하여 대통령령으로 정하는 바에 따라 교육부장관의 허가를 받아야 한다.
>
> 第14조(임원) ① 학교법인에는 임원으로서 7명 이상의 이사와 2명 이상의 감사를 두어야 한다. 다만, 유치원만을 설치·경영하는 학교법인에는 임원으로서 5명 이상의 이사와 1명 이상의 감사를 둘 수 있다. ② 이사 중 1명은 정관으로 정하는 바에 따라 이사장이 된다. ③ 학교법인은 제1항에 따른 이사 정수의 4분의 1(소수점 이하는 올림)에 해당하는 이사(개방이사)를 제4항에 따른 개방이사추천위원회에서 2배수 추천한 인사 중에서 선임하여야 한다. ④ 개방이사추천위원회는 대학평의원회 또는 학교운영위원회에 두고 그 조직과 운영 및 구성은 정관으로 정하되, 위원 정수는 5명 이상 홀수로 하고 대학평의원회 또는 학교운영위원회에서 추천위원회 위원의 2분의 1을 추천하도록 한다. 다만, 대통령령으로 정하는 종교지도자 양성만을 목적으로 하는 대학 및 대학원 설치·경영 학교법인의 경우에는 해당 종교단체에서 2분의 1을 추천한다.
>
> 第16조(이사회의 기능) ① 이사회는 다음 각 호의 사항을 심의·의결한다.
>
> 1. 학교법인의 예산·결산·차입금 및 재산의 취득·처분과 관리에 관한 사항 2. 정관 변경에 관한 사항 3. 학교법인의 합병 또는 해산에 관한 사항 4. 임원의 임면에 관한 사항 5. 학교법인이 설치한 사립학교의 장 및 교원의 임용에 관한 사항 6. 학교법인이 설치한 사립학교의 경영에 관한 중요 사항 7. 수익사업에 관한 사항 8. 그 밖에 법령이나 정관에 따라 그 권한에 속하는 사항 ② 이사장 또는 이사가 학교법인과 이해관계가 상반될 때에는 그 이사장 또는 이사는 해당 사항에 관한 의결에 참여할 수 없다.

---

30) 1. 초·중등교육법 또는 고등교육법을 위반 또는 명령 불이행시 2. 임원 간의 분쟁, 회계 부정 또는 현저히 부당한 행위 등으로 해당 학교 운영에 중대한 장애시 3. 학사행정에 관하여 해당 학교의 장의 권한 침해시 4. 관할청의 학교의 장 및 교직원에 대한 징계요구에 따르지 아니하였을 때

31) 유치원 및 초·중등학교 교원 근무 경험자, 대학의 교원 및 명예교수·겸임교원 및 초빙교원 경험자, 대통령령으로 정하는 위에 준하는 경험자(§21③).

32) 1. 국가공무원법 제33조 각 호의 해당자 2. 임원 취임의 승인이 취소된 후 10년 미경과자 3. 해임된 후 6년 미경과자 4. 파면된 후 10년 미경과자 5. 4급 이상의 교육행정공무원 또는 4급 상당 이상의 교육공무원으로 재직하다 퇴직 후 2년 미경과자(§22) 위의 결격사유시 당연 퇴임(§22의1, 1호 경우 한정적용)

33) 제23조(임원의 겸직금지) ① 이사장은 해당 학교법인이 설치·경영하는 사립학교의 장을 겸할 수 없다. ② 이사는 감사 또는 해당 학교법인이 설치·경영하는 사립학교의 교원이나 그 밖의 직원을 겸할 수 없다. 다만, 학교의 장은 예외로 한다. ③ 감사는 이사장, 이사 또는 학교법인의 직원(그 학교법인이 설치·경영하는 사립학교의 교원이나 그 밖의 직원을 포함한다)을 겸할 수 없다.

第20條(임원의 선임과 임기) ① 임원은 정관으로 정하는 바에 따라 이사회에서 선임한다. ② 임원은 관할청의 승인을 받아 취임한다. 이 경우 교육부장관이 정하는 바에 따라 인적사항을 공개하여야 한다. ③ 이사장·이사 및 감사의 임기는 정관으로 정하되, 이사는 5년을 초과할 수 없고 중임할 수 있으며, 감사는 3년을 초과할 수 없고 한 차례만 중임할 수 있다.

(3) 사학분쟁조정위원회 및 임시이사회

사학 구성원 간의 분쟁이 잦은 만큼 사립학교법은 교육부장관 소속의 사학분쟁조정위원회를 두고 있다. 그 심의 사항은 임시이사의 선임, 해임, 학교법인 정상화 등을 심의한다(§24의2). 위원[34] 구성은 대통령 추천3인, 국회의장 추천3인, 대법원장 추천3인으로 구성하고 위원장은 대법원장 추천인 중에서 호선한다(§24의3).

관할청은 일정 경우에[35] 이해관계인의 청구나 직권으로 사학분쟁조정위원회의 심의를 거쳐 임시이사를 선임하여야 한다. 임시이사의 임기는 3년 이내여야 한다(§25). 관할청은 임시이사 선임사유 해소 시 조정위원회 심의를 거쳐 임시이사를 해임하고 이사를 선임하여야 한다. 임시이사가 선임된 학교법인은 매년 1회 이상 조정위원회에 정상화 추진 실적을 보고하여야 한다. 조정위원회는 제2항의 추진 실적을 평가하여 해당 학교법인의 임시이사 해임 및 정상화 여부에 관한 사항을 관할청에 통보한다(§23의3).

주영달은 사학분쟁조정위원회의 가장 중요한 문제점으로, 이 위원회가 교육부 소속의 심의기관이면서도 실질적인 의결기관의 기능을 담당하고 있다는 점과 정상화는 임시이사 선임사유가 해소된 상태에서 원래의 상태로 복귀시키는 것임에도 관할청이 주도적으로 기능하는 것에 기인하는 것으로 분석하면서 독립된 행정위원회로서 조정-중재가 필요하다고 한다.[36]

(4) 대학평의원회의 기능

대학평의원회는 대학의 발전계획과 학칙 개정을 심의하고, 대학헌장과 교육과정에 대하여 자문하는 등 대학 합의의사결정기구라고 할 수 있다. 한국의 사립대학에서 재단의 영향력이 적지않고 대학의 자치 역사가 일천한 가운데 사립대학 운영의 공공성을 담보하기 위한 조치라고도 할 수 있다. 그러나 대학의 자치 정신에서 본다면 대학 스스로 결정해야 할 자치의 영역에 대하여 통제를 가하는 부분이 있는 것이고 이는 문제의 사학들이 초래한 면이 없지 않다. 대표기구의 조직 및 운영에 대하여도 사립학교시행령이 규정하고 있는 부분 역시 마찬가지 맥락에서 볼 수 있다. 문제는 사립대학에서의 대학평의원회를 고등교육법 개정을 통해서 국·공립대학에까지 확산하여 그간 교수평의회 중심으로 운영되어온 대학의 거버넌

---

34) 위원 자격은 1. 판사·검사·군법무관 또는 변호사로 15년 이상 재직, 2. 대학의 총장·학장 또는 초·중등학교의 교장 경력자로 교육경력이 15년 이상, 3. 대학 부교수 이상으로 교육경력이 15년 이상, 4. 공인회계사로서 회계업무 경력 15년 이상 5. 교육행정기관의 고위공무원 경력자로 근무경력 15년 이상인 사람이다.

35) 1. 학교법인이 이사의 결원을 보충하지 아니하여 학교법인의 정상적 운영이 어려울 경우 2. 임원 취임 승인을 취소한 경우(단, 임원 취임 승인이 취소되어 제18조 제1항에 따른 이사회 의결정족수를 충족하지 못하는 경우에 한정) 3. 임시이사를 해임한 경우

36) 그 해소책으로 독립된 행정위원회로서의 사학분쟁조정위원회 설치를 제안하면서, 사법적 판단보다는 대체적 분쟁해결제도(조정-중재)를 통하여 해결하는 것이 합리적이라고 지적한다. 주영달(2022), 학교법인 정상화를 위한 제도로서의 사립학교법상 사학분쟁조정위원회의 문제점과 개선방안, 교육법학연구 34(1), 93-95면.

스에 적지 않은 파장을 주었다. 이 또한 대학의 자치측면에서 검토를 요하는 부분이라 하겠다.

> 제26조의2(대학평의원회) ① 대학교육기관에 다음 각 호의 사항을 심의하게 하기 위하여 대학평의원회를 둔다. 다만, 제3호 및 제4호는 자문사항으로 한다. 1. 대학의 발전계획에 관한 사항 2. 학칙의 제정 또는 개정에 관한 사항 3. 대학헌장의 제정 또는 개정에 관한 사항 4. 대학교육과정의 운영에 관한 사항 5. 추천위원회 위원의 추천에 관한 사항 6. 그 밖에 교육에 관한 중요 사항으로서 정관으로 정하는 사항 ② 대학평의원회의 조직 및 운영 등에 필요한 사항은 대통령령[37]으로 정하는 바에 따라 정관으로 정한다.

(5) 재산과 회계

제28조(재산의 관리 및 보호)에 따르면, 학교법인이 그 기본재산에 대하여 매도·증여·교환·용도변경하거나 담보로 제공하려는 경우 또는 의무를 부담하거나 권리를 포기하려는 경우에는 관할청의 허가를 받아야 한다. 다만, 대통령령으로 정하는 경미한 사항은 관할청에 신고하여야 한다. 제29조(회계의 구분 등)에 따르면, 학교법인의 회계는 그가 설치·경영하는 학교에 속하는 회계와 법인의 업무에 속하는 회계로 구분한다. 학교회계의 예산은 해당 학교의 장이 편성하고, 대학은 대학평의원회에 자문 및 등록금심의위원회의 심사·의결을 거친 후 이사회의 심사·의결로 확정하고 학교의 장이 집행한다. 초·중등학교는 학교운영위원회회의 심의를 거친 후 이사회의 심사·의결로 확정하고 학교의 장이 집행한다. 유치원은 유치원운영위원회에 자문을 거친 후 학교의 장이 집행한다. 다만, 유치원운영위원회를 두지 아니한 경우에는 학교의 장이 집행한다. 제31조의2(외부회계감사에 대한 감리)에 따르면, 교육부장관은 필요한 경우 외부감사보고서 및 부속서류를 감리할 수 있다.

한편, 코로나19 비대면 상황 하에서 학생들의 등록금 반환 요구에 대응하여, 최근 개정에서는 대학교육기관의 장 및 대학교육기관을 설치·경영하는 학교법인의 이사장은 재난으로 인한 사유로 학생을 지원할 필요가 있는 경우에는 이사회의 의결로 기존 적립금을 학생지원 목적으로 변경하여 사용할 수 있도록 했다(§32의2④).

(6) 해산과 합병

제34조(해산 사유)에 따르면, 학교법인은 1. 정관으로 정한 해산 사유의 발생 2. 목적 달성의 불가능 3. 다른 학교법인과의 합병 4. 파산 5. 제47조에 따른 교육부장관의 해산명령 등 어느 하나에 해당하면 해산한다. 목적달성 불가능으로 인한 해산은 이사 정수의 3분의 2 이상의 동의를 받아 교육부장관의 인가를 받아야 한다. 학교법인이 정관 해산에 따른 잔여재산의 귀속자에 관한 규정을 두려는 경우 그 귀속자는 학교법인이나 그 밖에 교육사업을 경영하는 자 중에서 선정되도록 하여야 한다. 해산한 학교법인의

37) 사립학교법 시행령 제10조의6(대학평의원회의 구성) ① 대학평의원회는 교원·직원·조교 및 학생 중에서 각각의 구성단위를 대표할 수 있는 사람으로 구성하되, 동문 및 학교의 발전에 도움이 될 수 있는 사람을 포함할 수 있다. 다만, 평의원회의 구성단위 중 어느 하나의 구성단위에 속하는 평의원의 수가 전체 평의원 정수의 2분의 1을 초과해서는 안 된다. ② 평의원회는 의장과 부의장 각 1명을 포함하여 11명 이상의 평의원으로 구성한다. ③ 평의원회의 의장과 부의장은 평의원 중에서 각각 호선한다. 이 경우 의장은 학생이 아닌 평의원 중에서 호선한다. ④ 평의원의 임기는 2년으로 한다. 다만, 학생인 평의원의 임기는 1년으로 한다. ⑤ 이 영에서 규정한 것 외에 평의원회의 구성·운영 등에 관하여 필요한 사항은 정관으로 정한다.

잔여재산은 합병 및 파산의 경우를 제외하고는 교육부장관에게 청산종결을 신고한 때에 정관으로 지정한 자에게 귀속된다(§35). 단, 고등학교 이하 각급 학교를 설치·경영하는 학교법인은 학생 수가 크게 감소하여 그 목적을 달성하기 곤란한 경우에는 시·도 교육감의 인가를 받아 해산할 수 있다(§35의2). 학교법인이 다른 학교법인과 합병하려는 경우에는 이사 정수의 3분의 2 이상의 동의가 있어야 하고, 교육부장관의 인가를 받아야 한다(§36).

이와 같은 학교 법인의 해산과 합병은 학령인구 급감에 따라 향후 지속될 예정이며, 가장 큰 해산과 합병이 나타날 군소 사립대학에 대한 우려가 적지 않은 상황이다.

(7) 지원과 감독

국가 또는 지방자치단체는 교육 진흥에 필요하다고 인정할 때에는 사립학교 교육을 지원하기 위하여 대통령령 또는 해당 지방자치단체의 조례로 정하는 바에 따라 보조를 신청한 학교법인 또는 사학지원단체에 보조금을 교부하거나 그 밖의 지원을 할 수 있다. 그 지원성과가 저조하여 계속 지원하는 것이 적당하지 아니하다고 인정하거나 학교법인 또는 사학지원단체가 관할청의 권고에 따르지 아니할 때에는 그 후의 지원을 중단할 수 있다(§43). 지원하려는 경우에는 실업학교를 설치·경영하는 학교법인에 우선권이 주어져 있다(§44).

한편, 관할청은 수익사업을 하는 학교법인이 수익을 사립학교 경영 외의 목적에 사용했을 때나, 사업을 계속하는 것이 사립학교 교육에 지장을 준다고 인정할 때에는 그 사업의 정지를 명할 수 있다(§46).

교육부장관은 학교법인이 설립허가 조건을 위반하였거나 목적달성이 불가능 하다고 인정할 때에는 해당 학교법인에 해산을 명할 수 있다. 학교법인의 해산명령은 다른 방법으로는 감독의 목적을 달성할 수 없을 때 또는 관할청이 시정을 지시한 후 6개월이 지나도 이에 따르지 아니하였을 때에 행한다(§47). 장관은 해산을 명하려는 경우에는 청문을 하여야 한다(§47의2).

(8) 사립학교경영자

사립학교경영자 중 민법에 따른 재단법인은 그 조직을 변경하여 학교법인이 될 수 있다(§50). 사립학교경영자에 관하여는 학교경영 재산을 갖출 의무(§5), 재산 중 매도·담보 제공 금지 사항(§28②), 회계의 구분(§29), 예산 및 결산의 제출(§31), 외부회계감사에 대한 감리(§31의2), 재산목록 등의 비치(§32), 적립금·기금운용심의회의 설치·이월금(§32의2－4), 회계규칙 등(§33), 국가 및 지자체의 지원(§43), 실업교육의 우선적인 지원(§44) 및 보고징수등(§48)을 준용한다. 다만, 예산 및 결산의 제출, 외부회계감사에 대한 감리, 재산목록등의 비치, 적립금·기금운용심의회의 설치·이월금에 관한 사항은 그가 설치·경영하는 사립학교에 관한 부분에 한정하여 준용한다(§51).

(9) 사립학교 교원의 자격·임용

사립학교 교원의 자격은 국립학교·공립학교의 교원의 자격 규정을 적용한다(§52). 각급 학교의 장은 해당 학교를 설치·경영하는 학교법인 또는 사립학교경영자가 임용한다. 학교법인이 대학교육기관의 장을 임기 중에 해임하려는 경우에는 이사 정수의 3분의 2 이상의 찬성에 의한 이사회의 의결을 거치도록 하는 등 임기를 보장하고 있다. 각급 학교의 장의 임기는 학교법인 및 법인인 사립학교경영자의 경우에는 정관으로 정하고, 사인인 사립학교경영자의 경우에는 규칙으로 정하되 4년을 초과할 수 없으며 중임할 수 있다. 다만, 초·중등학교 및 특수학교의 장은 한 차례만 중임할 수 있다(§53). 결국 최장 임기는 8년인 셈이다.

학교법인 및 법인인 사립학교경영자가 설치·경영하는 사립학교의 교원은 교장의 제청으로 이사회의 의결을 거쳐 임용하고, 사인인 사립학교경영자가 설치·경영하는 사립학교의 교원은 교장의 제청으로 임용한다. 대학 교수 임용권과 고교이하 학교 교원 유지 및 복직은 정관에 따라 교장에게 위임가능하다. 대학 교수는 정관으로 정하는 바에 따라 근무기간·급여·근무조건, 업적 및 성과약정 등 계약조건을 정하여 임용할 수 있고, 이 경우 근무기간에 관하여는 국·공립대학 교수에게 적용되는 관련 규정을 준용한다. 과거 재임용 탈락제가 계약거부조건 등이 없는 단순 계약기간 만료였던 것을 개선하여 만료 4개월 전 통보하고 교원인사위원회 재임용 심의는 학칙이 정한 객관적 사유(학생교육, 학문연구, 학생지도, 산학협력 평가)를 근거로 재임용 여부를 결정한다. 재임용 거부처분에 대하여 교수는 30일 이내 교원소청심사위원회에 심사를 청구할 수 있다(§53의2①-⑨).

고등학교 이하 각급 학교 교원의 신규채용은 공개전형으로 하며, 필기시험을 포함하여야 하고, 필기시험은 시·도 교육감에게 위탁하여 실시하여야 한다. 임용 등 인사에 관한 중요 사항을 심의하기 위하여 해당 학교에 교원인사위원회를 두며, 조직·기능과 운영에 필요한 사항은 학교법인 및 법인인 사립학교경영자의 경우에는 정관으로 정하고, 사인인 사립학교경영자의 경우에는 규칙으로 정한다(§53의2⑩⑪).

사립학교 운영의 자율성 가운데는 인사 자율성도 있지만, 최소한의 인사 공정성 담보기구로 교원인사위원회 규정을 두고 있다. 제53조의4(교원인사위원회)에 따르면 각급 학교(고등기술학교·고등공민학교·유치원과 이들에 준하는 각종학교 제외)의 교원(교장 제외)의 인사에 관한 중요 사항을 심의하기 위하여 해당 학교에 교원인사위원회를 둔다.

대학교육기관의 교수의 임용에 관하여는 교육공무원법 제11조의3[38]을 준용(§53의5)하는데, 준용되는 관련 대통령령은 신규채용시 특정대학 학사학위 소지자가 모집단위별 채용인원의 3분의 2를 초과하지 않도록 하고 있다(교육공무원임용령 §4의3①).

각급 학교의 교원 임용권자는 교원을 임용하였을 때에는 임용한 날부터 7일 이내에 관할청에 보고하여야 하며, 관할청은 사립학교의 교원이 이 법에 규정된 면직 사유 및 징계 사유에 해당할 때에는 해당 교원의 임용권자에게 해임 또는 징계를 요구할 수 있다. 이 경우 해임 또는 징계를 요구받은 임용권자는 특별한 사유가 없으면 이에 따라야 한다(§54).

관할청은 각급 학교의 장이 면직사유에 해당하거나, 입학·수업·졸업 관련 법령 위반시, 회계집행 부정이나 현저히 부당한 일을 한 경우 임용권자에게 시정을 요구할 수 있고 15일 이내 따르지 않을 경우

38) 교육공무원법 제11조의3(대학 교원의 신규채용 등) ① 대학의 교원을 신규채용할 때에는 특정 대학에서 학사학위를 취득한 사람이 편중되지 아니하도록 하여야 하며, 그 구체적인 채용 비율 등은 대통령령으로 정한다. ② 대학의 교원을 신규채용할 때에는 심사위원을 임명하거나 위촉하여 객관적이고 공정한 심사를 거쳐야 한다. ③ 제2항에 따른 심사위원의 임명·위촉 방법, 심사단계, 심사방법 및 그 밖에 심사에 필요한 사항은 대통령령으로 정한다.

해당 학교의 장의 해임을 요구할 수 있다. 이 경우 해임을 요구받은 임용권자는 특별한 사유가 없으면 이에 따라야 한다.

교장 임명 제한 경우도 규정하고 있는데, 임원 취임 승인 취소 후 5년 미경과자, 해임된 후 3년 미경과자, 파면 후 5년 미경과자, 교육공무원임용 결격 사유자 등이다. 학교법인의 이사장과 그 배우자, 직계존속 및 직계비속과 그 배우자는 해당 학교법인이 설치·경영하는 학교의 장에 임명될 수 없다. 다만, 이사 정수의 3분의 2 이상의 찬성과 관할청의 승인을 받은 사람은 그렇지 않다. 소유와 경영을 분리는 하되, 개방형 이사의 다수가 동의하고 관할청이 승인한다면 배우자와 가족도 가능하다는 취지이다(§54의3①－④). 무조건 겸직 금지하였단 경우보다는 보다 합리적이라 할 수 있으나 이른바 자격을 갖춘 족벌 경영의 우려도 있다.

일반 교원의 경우 금품수수, 학생성적 비위행위, 학생신체 폭력 등으로 파면·해임되거나 금고 이상의 형을 선고받은 사람(집행유예 기간 경과자 포함)은 고등학교 이하 각급 학교의 교원으로 임명될 수 없다. 다만, 교원징계위원회에서 해당 교원의 반성 정도 등을 고려하여 교원으로서 직무를 수행할 수 있다고 의결한 경우에는 그러하지 않다고 규정하고 있다(§54의3⑥⑦). 이 역시, 교원징계위원회가 제대로 기능하지 못할 경우 우려는 남아 있다.

기간제교원에 대하여는, 각급 학교 교원의 임용권자는 네 가지 경우[39]에 해당할 때 교원자격증자 중에서 기간제교원을 임용할 수 있고, 정관 등으로 정하는 바에 따라 그 권한을 학교의 장에게 위임할 수 있다(§54의4).

(10) 사립학교 교원의 복무

제55조(복무)에 따르면 사립학교 교원의 복무에 관하여는 국립학교·공립학교 교원에 관한 규정을 준용한다. 준용은 신분 및 근무계약 관계에 따라서 달리 적용될 수 있으나 사실상 적용되고 있다. 더구나 국공립학교 교원의 복무사항은 교육공무원법에 따라서 다시 국가공무원의 복무규정[40]을 적용토록 되어 있어서, 교원이라는 특별한 전문가로서 신분에도 불구하고 국가공무원의 복무를 적용 및 준용 받는다는 지적을 받기도 한다.

그 중 집단행위의 금지 가운데 교원노조법(1999.1.29.) 제정으로 단결권 및 단체교섭권이 제한적으로 인정되었다. 그러나 정당 가입등을 원천적으로 금지한 정치운동의 금지 규정은 국제 인권기구의 권고에도 불구하고 여전히 교원에게도 그대로 적용되고 있다.

---

39) 1. 교원이 휴직하여 후임자의 보충이 불가피할 때 2. 교원이 파견·연수·정직·직위해제 또는 휴가 등으로 1개월 이상 직무에 종사할 수 없어 후임자의 보충이 불가피할 때 3. 파면·해임 또는 면직 처분을 받은 교원이 교원지위향상법 제9조 제1항에 따라 교원소청심사위원회에 소청심사를 청구하여 후임자의 보충발령을 하지 못하게 되었을 때 4. 특정 교과를 한시적으로 담당할 교원이 필요할 때

40) 국가공무원법 제55조－제67조(선서, 성실의무, 복종의무, 직장이탈금지, 친절공정의무, 종교중립의무, 비밀엄수의무, 청렴의무, 외국정부영예 수령시 허가의무, 품위유지의무, 영리업무 및 겸직금지의무, 정치운동금지, 집단행위금지, 복무위임규정－국가공무원 복무규정)

(11) 사립학교 교원의 신분보장 및 사회보장

사립학교 교원은 형(刑)의 선고, 징계처분 또는 이 법에서 정하는 사유에 의하지 아니하고는 본인의 의사에 반하여 휴직이나 면직 등 불리한 처분을 받지 않는다. 단, 학급이나 학과의 개편 또는 폐지로 인하여 직책이 없어지거나 정원이 초과된 경우는 예외이다. 그러나 학급·학과의 폐지를 이유로 감원 등 인사정리의 수단으로 악용되는 경우가 없지 않았고, 사립학교 고용불안의 주된 원인이 되기도 한다. 또한 사립학교 교원은 권고에 의하여 사직을 당하지 않는다(§56).

사립학교 교원의 당연퇴직 사유는 국공립학교 교원(국가공무원법 및 형법 적용)의 경우와 같다(§57). 사립학교 교원이 면직되는 사유는 휴직 기간이 끝나거나 휴직 사유가 소멸된 후에도 직무에 복귀하지 아니하거나 직무를 감당할 수 없을 때이고, 교원징계위원회 동의 후 면직시키는 경우는 근무성적 불량시, 정부파괴 목적단체 가입 및 방조시, 정치운동을 하거나 집단적으로 수업을 거부하거나 어느 정당을 지지 또는 반대하기 위하여 학생을 지도·선동하였을시, 인사기록에 있어서 부정한 채점·기재를 하거나 거짓 증명 또는 진술을 하였시 그리고 거짓이나 그 밖의 부정한 방법으로 임용되었을 때 등이다(§58).

사립학교 교원에 대한 직위해제 사유로는 직무수행능력이 부족하거나 근무성적이 매우 불량하거나 교원으로서 근무태도가 매우 불성실한 경우, 징계의결이 요구 중인 경우, 형사사건으로 기소된 경우(약식명령이 청구된 경우 제외), 금품비위, 성범죄 등 대통령령으로 정하는 비위행위로 인하여 감사원 및 검찰·경찰 등 수사기관에서 조사나 수사 중인 경우로서 비위의 정도가 중대하고 이로 인하여 정상적인 업무수행을 기대하기 현저히 어려운 경우 등이다(§58의2). 그 외 13가지의 휴직사유가 있는데, 필수 휴직 사유를 확대 강화하였다. 즉, 만 8세 이하 또는 초등학교 2학년 이하의 자녀를 양육하기 위하여 필요하거나 여성교원이 임신 또는 출산하게 된 경우 및 만 19세 미만의 아동 청소년을 입양하는 경우에 휴직을 신청하면 반드시 명해야 한다(§59).

사립학교 교원은 국·공립학교 교원과 마찬가지로 현행범인 경우를 제외하고는 소속 학교장의 동의 없이 학원(學園) 안에서 체포되지 않는다(§60).

제60조의2(사회보장)에 따르면, 사립학교의 교원 및 사무직원이 질병에 걸리거나 부상·장해 또는 재해를 입거나 퇴직 또는 사망하였을 때에는 본인이나 그 유족에게 법률에서 정하는 바에 따라 적절한 급여를 지급한다.

사립학교에도 명예퇴직제도를 두고 있는데, 교원으로서 20년 이상 근속한 사람이 정년 전에 스스로 퇴직하는 경우에는 예산의 범위에서 명예퇴직수당을 지급할 수 있고, 필요한 사항은 정관으로 정한다(§60의3).

(12) 사립학교 교원의 징계

사립학교 교원이 본분을 위반할 행위시, 직무의무 위반 및 해태시, 품위손상시 교원의 임용권자는 징계의결을 요구하여야 하고, 징계의결의 결과에 따라 징계처분(파면, 해임, 강등, 정직, 감봉, 견책)을 하여야 한다(§61). 사립학교 교원의 징계사건을 심의·의결하기 위하여 학교에 교원징계위원회(5－11명)를 두되, 사립유치원 교원은 교육공무원 징계위원회에서 관할한다(§62). 관할청은 징계위원회 의결 내용이 징계 사유에 비추어 가볍다고 인정되면 재심의를 요청할 수 있다(§66의2).

(13) 보칙 및 벌칙

관할청은 사립학교의 교육에 관하여 조사를 하거나 통계 또는 그 밖에 필요한 사항에 관한 보고를 하게 할 수 있으며, 소속 공무원으로 하여금 장부나 그 밖의 서류 등을 검사하게 하거나 교육의 실시상황을 조사하게 할 수 있다(§70). 학교법인 또는 사립학교경영자는 그의 사무와 그가 설치·경영하는 학교의 사무를 처리하기 위하여 필요한 사무기구를 두되, 그 설치·운영과 사무직원의 정원·임용·보수·복무 및 신분보장에 관하여는 학교법인 또는 법인인 사립학교경영자의 경우에는 정관으로 정하고, 사인인 사립학교경영자의 경우에는 규칙으로 정한다. 각급 학교 소속 사무직원은 학교의 장의 제청으로 학교법인 또는 사립학교경영자가 임용한다(§70의2).

한편, 이 법에 따른 교육부장관의 권한은 그 일부를 대통령령으로 정하는 바에 따라[41] 시·도 교육감에게 위임할 수 있다(§71).

최근 2021년 9월 개정 신설된 제72조의3(임원의 친족 교직원 공개)에 따르면, 학교법인은 학교법인 임원과 친족관계에 있는 교직원을 교육부장관이 정하는 바[42]에 따라 공개하여야 한다. 동시에 청렴의무를 부과하였는바, 사립학교경영자, 학교법인의 임직원 및 사립학교의 장과 교직원(사학기관 종사자)은 법령을 준수하고 일체의 부패행위와 품위를 손상하는 행위를 금지한다(§72의4). 그리고 위와 같은 청렴의무를 준수하기 위한 행동강령(사학기관 행동강령)은 학교법인과 법인인 사립학교경영자의 경우에는 정관으로, 사인인 사립학교경영자의 경우에는 규칙으로 정하도록 했다. 관할청은 학교법인 또는 사립학교경영자가 행동강령 누락등 내용이 미흡하거나 행동강령 위반 시 제재 조치를 않는 경우 기간을 정하여 시정을 명할 수 있도록 까지 했다(§72의5).

이처럼 임원과 친족관계에 있는 교직원의 인적사항을 상시 공개토록 한 것은 사학의 공공성이라는 공익을 위하여 시도된 것임에 분명하나, 경우에 따라서는 개인 프라이버시의 침해 논란도 우려되는 부분이다.

(14) 벌칙

학교법인의 이사장이나 사립학교경영자(법인인 경우에는 그 대표자 또는 이사) 또는 대학교육기관의 장이 교비회계에 속하는 수입이나 재산을 다른 회계로 전출·대여하거나 목적 외로 부정하게 사용한 경우(§29⑥, §51 준용 경우)엔 3년 이하의 징역 또는 3천 만원 이하의 벌금에 처한다(§73). 학교법인의 이사장 또는 사립학교경영자가 매도 및 담보 제공 금지 재산, 예금채권 압류 금지, 신고에 대한 수리 의무 위반, 관할청의 명령 위반 사업 지속시 2년 이하의 징역 또는 2천만원 이하의 벌금에 처한다(§73의2).

---

41) 사립학교법 시행령 제28조(권한의 위임)에 따르면 설립허가, 해산인가, 합병인가, 정관변경 보고의 접수, 시정 또는 변경 명령, 해산명령, 청문 등 여섯 가지는 시·도교육감에게게 위임한다고 예시한다

42) 학교법인 임원등의 인적사항 공개 등에 관한 고시(2022.3.15.)에 따르면, 임원의 인적사항 및 임원과 친족관계에 있는 교직원의 인적사항(이름, 연령, 임기, 현직 및 주요경력, 친족관계)을 인터넷 홈페이지에 상시 공개하여야 한다.

사립학교 교원 또는 제70조의2에 따라 임명된 사무직원의 임용권자가 특별한 사유 없이 관할청의 해임 또는 징계 요구를 따르지 않거나 재심의를 요구하지 아니한 경우, 징계처분 및 재심의 요구를 하지 아니한 경우 등에는 1천 만원 이하의 과태료를 부과한다. 학교법인의 이사장, 감사 또는 청산인이나 사립학교경영자가 미등기, 미공고 및 허위공고 등의 경우에는 500만원 이하 과태료를 부과한다(§74).

33설 사립학교법 특징: 사학의 자주성 + 공공성(법인이사회), 국공립학교 교원과 동일한 교원의 복무

4. 특수교육법

가. 특수교육법의 교육법상 의의

특수교육법의 직접적인 제정 근거는 이 법 제1조(목적)에서 밝히고 있듯이 교육기본법 제18조[43]에 두고 있다. 이에 따르면 특수교육의 대상은 신체적·정신적·지적 장애 등으로 특별한 교육적 배려가 필요한 사람이며, 이를 위한 학교를 설립·경영하고 지원 시책을 수립·시행할 책무 주체는 국가와 지방자치단체이다. 결국, 이 조항은 국립 특수학교와 공립 특수학교의 설치 근거이기도 하다.

특수교육진흥법(1977.12.31.)은 '장애인 등에 대한 특수교육법'(2007.5.25.)으로 명칭을 바꾸었는데, 제정 이유에 따르면, "장애인뿐만 아니라 특별한 교육적 요구가 있는 사람에게 통합된 교육환경을 제공하고 생애주기에 따라 장애유형·장애정도의 특성을 고려한 교육을 실시하여 이들의 자아실현과 사회통합을 하는데 기여"한다는 취지였다. 출발은 특별한 진흥 시책에 필요한 법적 근거로서 '진흥법'으로 출발하였으나, 현재에는 교육제도의 기본적인 사항을 정한 법률주의(헌법 §31⑥) 연장선상에서 평가할 수 있다.[44]

사실 특수교육법은 목적 진술에서 볼 수 있듯이 교육기본법 제18조를 통해서 기본법보다는 특별히 국가 시책으로서 진흥해야 할 시책의 근거법으로 설정되어 있으나, 특수학교의 존립 근거는 이미 교육기본법 제3조의 '능력과 적성에 따라 교육을 받을 권리' 부분과, 제4조 교육의 기회균등에서 '신체적 조건 등을 이유로 교육에서 차별받지 않을 권리'에서도 찾을 수 있다. 또한 학교교육 종류와 설립·운영 등 학교교육에 관한 기본적인 사항은 따로 법률로 정한다는 교육기본법 제9조에 초·중등교육법이 제정되었고, 초·중등교육법 제2조의 학교의 종류에 4호 '특수학교'가 예시되어 있음에서도 교육제도로서의 기본성은 드러나고 있다.

---

43) 교육기본법 제18조(특수교육) 국가와 지방자치단체는 신체적·정신적·지적 장애 등으로 특별한 교육적 배려가 필요한 사람을 위한 학교를 설립·경영하여야 하며, 이들의 교육을 지원하기 위하여 필요한 시책을 수립·실시하여야 한다.

44) 법 형식상 법 제정의 근거가 명시되어 특별법 성격은 없어 졌지만, 내용상으로는 타법에서 규정하지 않은 특수교육 관련 법령이므로 내용상으로는 특별법적인 성격을 유지하고 있다는 평가이다. 2007년의 특수교육법의 논의 배경에는 기존의 진흥법이 초·중등교육 중심으로 장애 영유아 성인을 위한 규정에는 미흡하였다는 점도 지적되었다. 김원경·이석진·김은주·권택환(2010), 특수교육법 해설, 교육과학사, 35, 41면.

한편, 특수학교에 대한 언급은 초·중등교육법 제7절(§55–59)에 특수학교와 특수학급을 언급한데 이어서, 제12조(의무교육), 제19조 교직원의 구분, 제30조의2 학교회계의 설치, 제31조 학교운영위원회, 제48조 학과 및 고교학점제에도 언급되어 있다.

초·중등교육법 제55조(특수학교)에 따르면 특수학교는 신체적·정신적·지적 장애 등으로 인하여 특수교육이 필요한 사람에게 초등학교·중학교 또는 고등학교에 준하는 교육과 실생활에 필요한 지식·기능 및 사회적응 교육을 하는 것을 목적으로 정의하고 있다. 제55조(특수학급)은 고등학교 이하의 각급 학교에 특수교육이 필요한 학생을 위한 특수학급을 둘 수 있다고 규정하고 있다. 특수학교나 특수학급에서 초등학교·중학교 또는 고등학교 과정에 상응하는 교육과정을 마친 사람은 그에 상응하는 학교를 졸업한 사람과 같은 수준의 학력이 있는 것으로 본다고 하여 학력인정 조항을 두고 있다(§58). 또한, 국가와 지방자치단체는 특수교육이 필요한 사람이 초등학교·중학교 및 고등학교와 이에 준하는 각종학교에서 교육을 받으려는 경우에는 따로 입학절차, 교육과정 등을 마련하는 등 통합교육을 하는 데에 필요한 시책을 마련하여야 한다고 규정하여 통합교육을 규정하고 있는데, 교육기본법 제4조에서 차별받지 않을 권리와도 직접 연관이 있다 할 것이다.

실제로 장애를 가진 학부모들의 대부분은 수학이 가능하다고 한다면, 별도의 특수학교에서 특수교육을 받는 것보다는 일반학교내의 특수학급과 통합교육을 통해서 교육받기를 더 희망하기도 한다.

최근에는 장애인 학생의 경우 대학입학 및 취업등에 있어서 특별전형(별도 정원 배정 등)을 통한 배려가 법제화되어 가고 있으며, 학업성적 평가시에도 일반 학생들과는 다른 평가척도를 적용하기도 한다(학칙상 A학점 과반수 미만 배정의 경우, 장애인 학습자는 미포함). 적극적 평등조치의 실현 차원에서 바람직한 변화라 할 수 있다.

나. 특수교육법의 연혁

특수교육법이란 '장애인 등에 대한 특수교육법'을 약칭하는 표현이다. 이 법명으로 제정된 것은 2007년 5월 25일 법률 제8483호로 제정되었다(2008.5.26. 시행). 물론 이 전의 특수교육법은 '특수교육진흥법'이라는 명칭으로 제정되어 있었다.

이 법 이전 30년 전인 1977년 12월 31일에 제정(1979.1.1. 시행)되었던 '특수교육진흥법'은 당시 "시청각장애자등 심신장애자에 대한 특수교육을 진흥하여 그들에게 생활에 필요한 지식과 기능에 관한 교육을 실시함으로써 사회생활에 기여하게 함을 목적으로" 제정되어 그 대상이 다소 한정적이었다(§1). 당시 특수교육대상자는 시각장애자, 청각장애자, 지체불자유자, 정서장애자, 언어장애자, 기타의 심신장애자로 되어 있었다.

2007년에 제정된 '장애인등에 대한 특수교육법'은 제정 당시 주요 내용은 의무교육 및 무상교육, 고등교육, 특수교육지원센터의 설치, 장애의 조기발견, 특수교육 지원대상자에 대한 통합교육 촉진, 장애인 평생교육시설의 설치·운영 등을 새롭게 규정하였다.

2013년 4월 개정에서는, 장애학생의 경우 장애 특성에 따른 사고가 일반학생보다 자주 발생하며 일반학생의 사고보다 더 심각한 경우가 많지만 특수학교 기숙사에 이러한 응급상황에 대비한 전문인력을 두도록 하는 근거가 없어서, 국립·공립 및 사립의 특수학교 기숙사에 간호사 또는 간호조무사를 배치하도록 함으로써 장애학생들의 안전을 보장토록 했다. 이어 12월 개정에서는 특수교육교원의 자질향상을 위한 교육·연수과정과 통합교육을 하는 일반학교 교원의 교육·연수과정에 특수교육대상자 인권의 존중에 관한 내용이 포함되도록 했다.

2015년 12월 개정에서는, 특수교육 및 장애대학생에 대한 실태조사를 의무화하고 실태조사를 위한 자료제출 요청권 등을 인정(§13①②)하여 실태조사가 원활히 이루어질 수 있도록 하는 한편, 의료기관 및 복지시설 등에 순회교육을 위한 학급을 설치하도록 하여(§25④) 특수교육대상자의 체계적인 교육이 이루어질 수 있도록 하였으며, 대학의 장이 대학입학전형절차에서 장애수험생에게 필요한 수험편의 수단을 제공하도록 하여(§31②) 장애수험생이 장애로 인한 불리함 없이 입학전형에 응시할 수 있도록 했다.

2016년 2월 개정에서는 '정신지체'를 '지적장애'로 변경했고, 5월에는 벌칙조항에서 제38조 장애를 이유로 특수교육대상자의 입학을 거부하거나 입학전형 합격자의 입학을 거부하는 등의 불이익한 처분을 한 교육기관의 장, 대학의 입학전형절차에서 수험편의의 내용의 확인과 관계없는 별도의 면접이나 신체검사를 요구한 자에 대하여는 과거 300만원이던 벌칙조항을 1년 이하의 징역 또는 1천만원 이하의 벌금에 처하도록 강화했다.

2017년 12월 개정에서는 비교육적 용어이자 강제적인 의미를 담고 있는 단어인 '수용계획'이라는 용어가 남아있어 이를 '배치계획'으로 개정하였다(§5①6).

2018년 2월 개정시, 특수학교 학칙에 입학·전학 과정에서 비장애인 학생에게는 요구하지 아니하는 보증인·서약서 및 서류 제출을 요구하고, 학생자치활동을 보장하지 않으며, 학생생활지도에 관한 내용을 규정하지 않는 등 학칙의 내용이 다른 학교에 비하여 차별적이고 부실하여, 입학·전학, 학생자치활동, 학생생활지도에 있어서의 차별을 금지하고, 해당 차별 행위에 대한 벌칙을 규정하도록 했다(§4②2, §38의2).

2019년 12월 개정에서는, 시·도교육청에 특수교육지원센터를 설치할 수 있는 법적 근거를 마련하고(§11), 특수교육대상자에 대한 인권침해행위를 예방하기 위하여 교육감이 매년 인권침해 실태조사를 실시하도록 하고(§12② 신설), 신고시스템을 설치·운영하도록 하는 등(§13의2 신설) 현행 제도의 운영상 나타난 일부 미비점을 보완했다.

2020년 10월에는 원격수업은 시설·병원 및 가정 등에서 인터넷 등을 활용하여 학업을 지속할 수 있어 건강장애학생의 학습 지체 및 유급 문제를 해소할 수 있는 교육형태이나, 현행법에는 원격수업에 대한 법적 근거가 없어서 이를 마련하였다(§25⑥).

2021년 12월에는 다섯 가지 사항의 개정이 있었는데, 특수교육대상자를 위한 '보조인력'의 명칭을 '지원인력'으로 변경했고(§2, §21②, §28③), 특수교육에 관한 연차보고서의 국회 제출 주체를 교육부장관으로 했으며(§12①), 특수교육대상자로 선정될 수 있는 장애에 두 가지 이상의 장애가 있는 경우를 추가했다(§15①11). 교육장 또는 교육감이 순회교육의 실시를 위하여 의료기관 및 복지시설 등에 설치·운영하는 학급에 담당교사를 배치하는 등 필요한 조치를 강구하도록 하고, 학생들이 원만히 학교로 복귀할 수 있도록 심리적·정서적 지원을 하도록 했고(§25④⑤), 두 가지 이상의 장애를 지니면서 장애의 정도가 심한 특수교육대상자가 배치된 학급의 경우에는 학교급별 학급편성 기준 학생 수의 2분의 1 범위에서 조정할 수 있도록 했다(§27②). 그리고 대학의 장은 수업 중 활용하는 영상물에 장애학생을 위한 화면해설, 폐쇄자막 또는 수어통역 등 편의를 제공하도록 하고, 장애학생 학습지원 등에 필요한 구체적 사항을 학칙에 규정하도록 했다(§31④ 신설, §32).

다. 특수교육법의 주요 내용

이 법은 6개 장 38개 조항으로 구성되어 있는데, 총칙, 국가와 지방자치단체의 임무, 특수교육대상자의 선정 및 학교배치, 영유아 및 초·중등교육, 고등교육, 보칙 및 벌칙이 그것이다. 각 장별 구성을 표로서 정리하면 다음과 같다.

제1장 총칙 제1조 목적 제2조 정의 제3조 의무교육 등 제4조 차별의 금지 **2장 국가 및 지방자치단체의 임무** 제5조 국가 및 지방자치단체의 임무 제6조 특수교육기관의 설립 및 위탁교육 제7조 위탁교육기관의 변경신청 제8조 교원의 자질향상 제9조 특수교육대상자의 권리와 의무의 안내 제10조 특수교육운영위원회 제11조 특수교육지원센터의 설치·운영 제12조 특수교육에 관한 연차보고서 제13조 특수교육 실태조사 제13조의2 인권침해 사건 신고시스템의 구축·운영 등	**제3장 특수교육대상자의 선정 및 학교배치 등** 제14조 장애의 조기발견 등 제15조 특수교육대상자의 선정 제16조 특수교육대상자의 선정절차 및 교육지원 내용의 결정 제17조 특수교육대상자의 배치 및 교육 **제4장 영유아 및 초·중등교육** 제18조 장애영아의 교육지원 제19조 보호자의 의무 등 제20조 교육과정의 운영 등 제21조 통합교육 제22조 개별화교육 제23조 진로 및 직업교육의 지원 제24조 전공과의 설치·운영 제25조 순회교육 등 제26조 방과후 과정을 운영하는 유치원 과정의 교육기관 제27조 특수학교의 학급 및 각급학교의 특수학급 설치 기준	제28조 특수교육 관련서비스 제27조 특수학교의 학급 및 각급학교의 특수학급 설치 기준 제28조 특수교육 관련서비스 **제5장 고등교육** 제29조 특별지원위원회 제30조 장애학생지원센터 제31조 편의제공 등 제32조 학칙 등의 작성 제33－34 삭제 **제6장 보칙 및 벌칙** 제35조 대학의 심사청구 등 제36조 고등학교과정 이하의 심사청구 제37조 권한의 위임과 위탁 제38조 벌칙 제38조의2 벌칙 **부칙**

특수교육법[시행 2022. 7. 21.] [법률 제18298호, 2021. 7. 20., 타법개정]

(1) 총칙: 목적 및 정의

제1조(목적)에 따르면, 이 법은 「교육기본법」 제18조에 따라 국가 및 지방자치단체가 장애인 및 특별한 교육적 요구가 있는 사람에게 통합된 교육환경을 제공하고 생애주기에 따라 장애유형·장애정도의

특성을 고려한 교육을 실시하여 이들이 자아실현과 사회통합을 하는데 기여함을 목적으로 한다. 이 법에서 사용하는 용어의 정의는 다음과 같다.

1. “특수교육”이란 특수교육대상자의 교육적 요구를 충족시키기 위하여 특성에 적합한 교육과정 및 제2호에 따른 특수교육 관련서비스 제공을 통하여 이루어지는 교육을 말한다.
2. “특수교육 관련서비스”란 특수교육대상자의 교육을 효율적으로 실시하기 위하여 필요한 인적·물적 자원을 제공하는 서비스로서 상담지원·가족지원·치료지원·지원인력배치·보조공학기기지원·학습보조기기지원·통학지원 및 정보접근지원 등을 말한다.
3. “특수교육대상자”란 제15조에 따라 특수교육이 필요한 사람으로 선정된 사람을 말한다.
4. “특수교육교원”이란 「초·중등교육법」 제2조 제4호에 따른 특수학교 교원자격증을 가진 사람으로서 특수교육대상자의 교육을 담당하는 교원을 말한다.
5. “보호자”란 친권자·후견인, 그 밖의 사람으로서 특수교육대상자를 사실상 보호하는 사람을 말한다.
6. “통합교육”이란 특수교육대상자가 일반학교에서 장애유형·장애정도에 따라 차별을 받지 아니하고 또래와 함께 개개인의 교육적 요구에 적합한 교육을 받는 것을 말한다.
7. “개별화교육”이란 각급학교의 장이 특수교육대상자 개인의 능력을 계발하기 위하여 장애유형 및 장애특성에 적합한 교육목표·교육방법·교육내용·특수교육 관련서비스 등이 포함된 계획을 수립하여 실시하는 교육을 말한다.
8. “순회교육”이란 특수교육교원 및 특수교육 관련서비스 담당 인력이 각급학교나 의료기관, 가정 또는 복지시설(장애인복지시설, 아동복지시설 등을 말한다. 이하 같다) 등에 있는 특수교육대상자를 직접 방문하여 실시하는 교육을 말한다.
9. “진로 및 직업교육”이란 특수교육대상자의 학교에서 사회 등으로의 원활한 이동을 위하여 관련 기관의 협력을 통하여 직업재활훈련·자립생활훈련 등을 실시하는 것을 말한다.
10. “특수교육기관”이란 특수교육대상자에게 유치원·초등학교·중학교 또는 고등학교(전공과를 포함한다. 이하 같다)의 과정을 교육하는 특수학교 및 특수학급을 말한다.
11. “특수학급”이란 특수교육대상자의 통합교육을 실시하기 위하여 일반학교에 설치된 학급을 말한다.
12. “각급학교”란 「유아교육법」 제2조 제2호에 따른 유치원 및 「초·중등교육법」 제2조에 따른 학교를 말한다.

(2) 의무교육 및 차별의 금지

특수교육대상자에 대하여는 교육기본법 제8조에도 불구하고 유치원·초등학교·중학교 및 고등학교 과정의 교육은 의무교육으로 하고, 특수학교 전공과와 만 3세미만의 장애영아교육은 무상으로 한다. 만 3세부터 만 17세까지의 특수교육대상자는 의무교육을 받을 권리를 가진다. 의무교육 및 무상교육에 드는 비용은 대통령령으로 정하는 바에 따라 국가 또는 지방자치단체가 부담한다(§3).

교장 또는 총장은 특수교육대상자가 그 학교에 입학하고자 하는 경우에는 그가 지닌 장애를 이유로 입학의 지원을 거부하거나 입학전형 합격자의 입학을 거부하는 등 교육 기회의 부여에서 차별해서는 안 된다. 국가·지자체·교장·총장은 여섯 사항[45]에 관하여 장애인의 특성을 고려한 교육시행을 목적으로

45) 1. 제28조에 따른 특수교육 관련서비스 제공에서의 차별 2. 수업, 학생자치활동, 그 밖의 교내외 활동에 대한 참여 배제 3. 개별화교육지원팀에의 참여 등 보호자 참여에서의 차별 4. 대학의 입학전형절차에서 장애로 인하여 필요한 수험편의의 내용을 조사·확인하기 위한 경우 외에 별도의 면접이나 신체검사를 요구하는 등 입학전형 과정에서의 차별 5. 입학·전학 및 기숙사 입소 과정에서 비장애학생에게 요구하지 아니하는 보증인 또는 서약서 제출을 요구 6. 학생 생활지도에서의 「장애인차별금지 및 권리구제 등에 관한 법률」 제4조의 차별

함이 명백한 경우 외에는 특수교육대상자 및 보호자를 차별해서는 안 된다.

(3) 국가 및 지방자치단체의 임무

국가 및 지방자치단체는 특수교육대상자에게 적절한 교육을 제공하기 위하여 12가지 업무[46]를 수행하여야 하며 이에 드는 경비를 예산의 범위 안에서 우선적으로 지급하여야 한다. 국가는 업무추진이 부진하거나 예산조치가 부족하다고 인정되는 지방자치단체에 대하여는 예산의 확충 등 필요한 조치를 하도록 권고하여야 한다. 교육부장관은 제1항의 업무를 효율적으로 수행하기 위하여 문화체육관광부장관·보건복지부장관·고용노동부장관·여성가족부장관 등 관계 중앙행정기관 간에 협조체제를 구축하여야 한다(§5).

국가 및 지방자치단체는 특수교육대상자의 취학편의를 고려하여 특수교육기관을 지역별 및 장애영역별로 균형 있게 설치·운영하여야 하고, 국·공립의 특수교육기관이 부족하거나 특수교육대상자의 의무교육 또는 무상교육을 위하여 필요한 경우에는 사립의 특수교육기관에 그 교육을 위탁할 수 있다(§6).

국가 및 지방자치단체는 특수교육교원의 자질향상을 위한 교육 및 연수를 정기적으로 실시하여야 하며, 특수교육대상자의 통합교육을 지원하기 위하여 일반학교의 교원에 대하여 특수교육 관련 교육 및 연수를 정기적으로 실시하고, 교육 및 연수 과정에는 특수교육대상자 인권의 존중에 관한 내용이 포함되어야 한다(§8).

국가 및 지방자치단체는 장애를 가지고 있는 사람을 알게 되거나 특수교육대상자를 선정한 경우에는 2주일 이내에 보호자에게 해당 사실과 의무교육 또는 무상교육을 받을 권리 및 보호자의 권리·책임 등을 통보하여야 한다(§9).

국가 및 지방자치단체의 업무수행에 관한 주요 사항을 심의하기 위하여 교육부장관 소속으로 중앙특수교육운영위원회를, 교육감 소속으로 시·도특수교육운영위원회를, 교육장 소속으로 시·군·구특수교육운영위원회를 각각 둔다(§10). 교육감은 특수교육대상자의 조기발견, 특수교육대상자의 진단·평가, 정보관리, 특수교육 연수, 교수·학습활동의 지원, 특수교육 관련서비스 지원, 순회교육 등을 담당하는 특수교육지원센터를 시·도 교육청 및 모든 하급교육행정기관에 설치·운영하여야 한다(§11). 교육부장관은 특수교육의 주요 현황과 정책에 관한 보고서를 매년 정기국회 개회 전까지 국회에 제출하여야 하고 여기에는 특수교육대상자의 인권침해 실태조사 결과가 포함되어야 한다(§12).

교육부장관은 특수교육대상자의 배치계획·특수교육교원의 수급계획 등 특수교육정책의 수립을 위한 실태조사를 3년마다 실시하고 그 결과를 공표하여야 하며, 대학에 취학하는 장애학생의 교육여건을 개선하기 위하여 필요하다고 인정하는 경우 장애학생의 교육복지 실태조사를 3년마다 실시하고 그 결과를 공표하여야 한다. 교육감은 특수교육대상자의 인권보호를 위하여 인권침해 실태에 관한 조사를 대통

---

46) 1. 장애인에 대한 특수교육종합계획의 수립 2. 특수교육대상자의 조기발견 3. 특수교육대상자의 취학지도 4. 특수교육의 내용, 방법 및 지원체제의 연구·개선 5. 특수교육교원의 양성 및 연수 6. 특수교육기관 배치계획의 수립 7. 특수교육기관의 설치·운영 및 시설·설비의 확충·정비 8. 특수교육에 필요한 교재·교구의 연구·개발 및 보급 9. 특수교육대상자에 대한 진로 및 직업교육 방안의 강구 10. 장애인에 대한 고등교육 방안의 강구 11. 특수교육대상자에 대한 특수교육 관련서비스 지원방안의 강구 12. 그 밖에 특수교육의 발전을 위하여 필요하다고 인정하는 사항

령령으로 정하는 바에 따라 매년 실시하여 그 결과를 교육부장관에게 보고하여야 한다.

특수교육대상자에 대한 인권침해 현장을 보거나 그 사실을 알게 된 자는 학교 등 관계 기관에 이를 즉시 신고하여야 한다. 교육감은 특수교육대상자에 대한 인권침해 사건의 신속한 신고 및 발견을 위하여 신고시스템을 구축·운영하여야 한다(§13의2).

(4) 장애의 조기발견 및 특수교육 대상자의 선정

교육장 또는 교육감은 영유아의 장애 및 장애 가능성을 조기에 발견하기 위하여 지역주민과 관련 기관을 대상으로 홍보를 실시하고, 해당 지역 내 보건소와 병원 또는 의원(醫院)에서 선별검사를 무상으로 실시하여야 한다. 보호자 또는 교장은 장애를 가지고 있거나 장애를 가지고 있다고 의심되는 영유아 및 학생을 발견한 때에는 교육장 또는 교육감에게 진단·평가를 의뢰하여야 한다. 다만, 교장이 진단·평가를 의뢰하는 경우에는 보호자의 사전 동의를 받아야 한다(§14).

교육장 또는 교육감은 12가지 장애[47]에 해당하는 사람 중 특수교육이 필요한 사람으로 진단·평가된 사람을 특수교육대상자로 선정한다. 교육장 또는 교육감이 특수교육대상자를 선정할 때에는 진단·평가결과를 기초로 하여 고등학교 과정은 교육감이 시·도특수교육운영위원회의 심사를 거쳐, 중학교 과정 이하의 각급학교는 교육장이 시·군·구특수교육운영위원회의 심사를 거쳐 이를 결정한다(§15). 특수교육지원센터는 진단·평가가 회부된 후 30일 이내에 진단·평가를 시행하여야 한다(§16).

교육장 또는 교육감은 제15조에 따라 특수교육대상자로 선정된 사람을 해당 특수교육운영위원회의 심사를 거쳐 일반학교의 일반학급 또는 특수학급, 혹은 특수학교에 배치하여 교육하여야 하며, 특수교육대상자의 장애정도·능력·보호자의 의견 등을 종합적으로 판단하여 거주지에서 가장 가까운 곳에 배치하여야 한다(§17).

(5) 장애 영유아 및 초·중등 교육 지원

만 3세 미만의 장애영아의 보호자는 조기교육이 필요한 경우 교육장에게 교육을 요구할 수 있고, 교육장은 특수교육지원센터의 진단·평가결과를 기초로 만 3세 미만의 장애영아를 특수학교의 유치원과정, 영아학급 또는 특수교육지원센터에 배치할 수 있다(§18).

특수교육대상자의 보호자는 그 보호하는 자녀에 대하여 제3조 제1항에 따른 의무교육의 기회를 보호하고 존중하여야 하며, 부득이한 사유로 취학이 불가능한 의무교육대상자에 대하여는 대통령령으로 정하는 바에 따라 취학의무를 면제하거나 유예할 수 있다(§19).

특수교육기관의 유치원·초등학교·중학교·고등학교과정의 교육과정은 장애의 유형 및 정도를 고려하여 국가교육위원회가 정하고, 영아교육과정과 전공과의 교육과정은 교육감의 승인을 받아 학교장이 정한다. 특수학교 교장 및 특수교육대상자가 배치된 일반학교 교장은 위의 교육과정의 범위 안에서 특수교육대상자 개인의 장애유형과 정도, 연령, 현재 및 미래의 교육요구 등을 고려하여 교육과정의 내용을 조

---

47) 1. 시각장애 2. 청각장애 3. 지적장애 4. 지체장애 5. 정서·행동장애 6. 자폐성장애아와 관련된 장애를 포함한다) 7. 의사소통장애 8. 학습장애 9. 건강장애 10. 발달지체 11. 그 밖에 두 가지 이상의 장애가 있는 경우 등 대통령령으로 정하는 장애

정하여 운영할 수 있다. 특수학교 교장은 교육감의 승인을 받아 유치원 · 초등학교 · 중학교 · 고등학교과정을 통합하여 운영할 수 있다(§20).

각급학교 교장은 교육에 관한 각종 시책을 시행하는 경우 통합교육의 이념을 실현하기 위하여 노력하여야 하며(§21), 특수교육대상자의 교육적 요구에 적합한 교육을 제공하기 위하여 보호자, 특수교육교원, 일반교육교원, 진로 및 직업교육 담당 교원, 특수교육 관련서비스 담당 인력 등으로 개별화교육지원팀을 구성하여야 한다(§22). 중고교 교장은 특수교육대상자의 특성 및 요구에 따른 진로 및 직업교육을 지원하기 위하여 직업평가 · 직업교육 · 고용지원 · 사후관리 등의 직업재활훈련 및 일상생활적응훈련 · 사회적응훈련 등의 자립생활훈련을 실시하고, 대통령령으로 정하는 자격이 있는 진로 및 직업교육을 담당하는 전문인력을 두어야 한다(§23). 특수교육기관에는 고등학교 과정을 졸업한 특수교육대상자에게 진로 및 직업교육을 제공하기 위하여 수업연한 1년 이상의 전공과를 설치 · 운영할 수 있다(§24).

특수학교와 교장은 다음 각 호의 기준에 따라 학급 및 특수학급을 설치하여야 한다(§27).

1. 유치원 과정의 경우: 특수교육대상자가 1인 이상 4인 이하인 경우 1학급을 설치하고, 4인을 초과하는 경우 2개 이상의 학급을 설치한다.
2. 초등학교 · 중학교 과정의 경우: 특수교육대상자가 1인 이상 6인 이하인 경우 1학급을 설치하고, 6인을 초과하는 경우 2개 이상의 학급을 설치한다.
3. 고등학교 과정의 경우: 특수교육대상자가 1인 이상 7인 이하인 경우 1학급을 설치하고, 7인을 초과하는 경우 2개 이상의 학급을 설치한다.

(6) 고등교육에서의 장애학생 지원

총장은 장애학생 지원을 위한 계획, 심사청구 사건에 대한 심사 · 결정 그리고 장애학생 지원을 위한 대통령령 지정 사항을 심의할 특별지원위원회를 설치 · 운영하여야 하며(§29), 장애학생의 교육 및 생활에 관한 지원을 총괄 · 담당하는 장애학생지원센터를 설치 · 운영하여야 한다. 다만, 장애학생이 재학하고 있지 아니하거나 대통령령으로 정하는 바에 따라 장애학생 수가 일정 인원 이하인 소규모 대학 등은 장애학생 지원부서 또는 전담직원을 둠으로써 이를 갈음할 수 있다(§30). 총장은 정보접근 지원을 위하여 수업 중 활용하는 영상물에 장애학생을 위한 화면해설, 폐쇄자막 또는 수어통역 등 대통령령으로 정하는 편의를 제공하여야 한다(§31④). 총장은 이 법에서 정하는 장애학생의 지원 등에 관하여 네 가지 경우[48]에 해당하는 내용을 학칙에 규정하여야 한다(§32).

34설 특수교육법 특징: 장애범위 조정, 통합교육기조, 장애조기 발견, 장애인의 평생학습체제 강화

48) 1. 장애학생의 학습지원에 관한 사항 2. 장애학생의 입학시험을 포함한 입학전형 관리에 관한 사항 3. 수업 중 활용하는 영상물에 장애학생의 정보접근 지원을 위한 편의제공에 관한 사항 4. 그 밖에 장애학생의 교육활동 편의를 위하여 필요한 사항

5. 학교교육법규의 쟁점 판례: 학교급식비와 학교운영위원회 성격

가. 학교급식법 제8조 제2항 위헌소원(2010헌바164)

(1) 사건의 개요 및 청구인의 주장

청구인은 중학교 학생과 그 부모로서 중학교 재학 당시 급식비를 1, 2, 3학년에 걸쳐 납부하였는데, 이는 의무교육은 무상으로 한다는 헌법규정에 위배된다며 대한민국과 경기도, 안양시를 상대로 부당이득반환청구의 소(서울중앙지방법원 2009가소283520)를 제기하였고, 위 소송 계속 중 위헌법률심판제청신청(서울중앙지방법원 2009카기10517)을 하였으나 기각되자, 헌법소원심판을 청구(2010.4.12.)하였다.

청구인들의 주장요지는 헌법 제11조는 평등의 원칙에 관하여 규정하고 있고, 헌법 제31조는 모든 국민은 능력에 따라 균등하게 교육받을 권리를 가지고, 의무교육은 무상으로 한다고 규정하고 있으며, 교육기본법 제8조 제1항에서는 의무교육은 6년의 초등교육과 3년의 중등교육으로 한다고 정하고 있는바, 모든 국민은 3년의 중등교육과정에서 수업료는 물론, 급식비 등 일체의 경비를 부담하여서는 아니 됨에도 이 사건 법률조항들이 이에 반하게 규정되어 있어 헌법에 위반된다는 것이다.

(2) 심판 대상 조항

구 학교급식법(1996.12.30.) 제8조(경비부담) ① 학교급식 실시에 필요한 시설·설비에 요하는 경비와 학교급식의 운영에 필요한 경비 중 대통령령으로 정하는 경비는 당해 학교의 설립경영자 부담을 원칙으로 하되, 대통령령이 정하는 바에 따라 후원회 또는 학부모가 그 경비의 일부를 부담할 수 있다.②제1항에 규정된 경비 이외의 급식에 관한 경비는 대통령령이 정하는 바에 따라 학부모 부담을 원칙으로 하되, 필요한 경우에는 국가 또는 지방자치단체가 지원할 수 있다.

(3) 판시사항 및 결정 요지

의무교육 대상인 중학생의 학부모에게 급식 관련 비용 일부를 부담하도록 하는 구 학교급식법 제8조 제1항 후단 및 제2항 전단 중 초·중등교육법 제2조의 중학교에 관한 부분은 헌법에 위반되지 않는 다고 결정했다. 헌재의 결정요지는 다음과 같다.

> 헌법 제31조 제3항에 규정된 의무교육의 무상원칙에 있어서 의무교육 무상의 범위는 원칙적으로 헌법상 교육의 기회균등을 실현하기 위해 필수불가결한 비용, 즉 모든 학생이 의무교육을 받음에 있어서 경제적인 차별 없이 수학하는 데 반드시 필요한 비용에 한한다. 따라서, 의무교육에 있어서 무상의 범위에는 의무교육이 실질적이고 균등하게 이루어지기 위한 본질적 항목으로, 수업료나 입학금의 면제, 학교와 교사 등 인적·물적 시설 및 그 시설을 유지하기 위한 인건비와 시설유지비 등의 부담제외가 포함되고, 그 외에도 의무교육을 받는 과정에 수반하는 비용으로서 의무교육의 실질적인 균등보장을 위해 필수불가결한 비용은 무상의 범위에 포함된다. 이러한 비용 이외의 비용을 무상의 범위에 포함시킬 것인지는 국가의 재정상황과 국민의 소득수준, 학부모들의 경제적 수준 및 사회적 합의 등을 고려하여 입법자가 입법정책적으로 해결해야 할 문제이다.
> 학교급식은 학생들에게 한 끼 식사를 제공하는 영양공급 차원을 넘어 교육적인 성격을 가지고 있지만, 이러한 교육

적 측면은 기본적이고 필수적인 학교 교육 이외에 부가적으로 이루어지는 식생활 및 인성교육으로서의 보충적 성격을 가지므로 의무교육의 실질적인 균등보장을 위한 본질적이고 핵심적인 부분이라고까지는 할 수 없다.
이 사건 법률조항들은 비록 중학생의 학부모들에게 급식관련 비용의 일부를 부담하도록 하고 있지만, 학부모에게 급식에 필요한 경비의 일부를 부담시키는 경우에 있어서도 학교급식 실시의 기본적 인프라가 되는 부분은 배제하고 있으며, 국가나 지방자치단체의 지원으로 학부모의 급식비 부담을 경감하는 조항이 마련되어 있고, 특히 저소득층 학생들을 위한 지원방안이 마련되어 있다는 점 등을 고려해 보면, 이 사건 법률조항들이 입법형성권의 범위를 넘어 헌법상 의무교육의 무상원칙에 반하는 것으로 보기는 어렵다.

(4) 판례 평석

헌법재판소의 결정 이유에서 진술된 바와 같이 의무교육 무상의 범위에 있어서 학교 교육에 필요한 모든 부분을 무상으로 제공하는 것이 바람직한 방향이라고 하겠다. 그러나 그것은 현실적으로 가능하지도 않다. 통상 의무교육 범위에 관한 학설은 몇 가지로 나뉘나 무상범위 법정설이 통설적 견해이고 한국의 경우에도 이에 따르고 있다.

과거 무상교육에 대한 순차적 실시에 있어서도 헌법 재판소 다수 의견은 중학교까지 도입한다는 대원칙은 법률에 명시하고 순차적인 실시 방법은 대통령령에 위임한 것은 과도한 위임이나 교육제도에 관한 기본적인 사항을 법률로 정한 교육제도 법률주의 원칙에도 위반되지 않는다고 하였다. 같은 맥락에서 위의 무상교육비 내용중 급식비를 포함할 것인지의 문제 역시 입법부의 재량권, 즉 입법형성권에 맞겨져 있다고 본 사례라 할 것이다.

헌법재판소가 결정의 이유로 제시한 "균등한 교육을 받을 권리와 같은 사회적 기본권을 실현하는 데는 국가의 재정상황 역시 도외시할 수 없으므로, 원칙적으로 의무교육 무상의 범위는 헌법상 교육의 기회균등을 실현하기 위해 필수불가결한 비용, 즉 모든 학생들이 의무교육을 받음에 있어서 경제적인 차별 없이 수학하는 데 반드시 필요한 비용에 한한다"고 전제하면서, "의무교육에 있어서 무상의 범위에는 의무교육이 실질적이고 균등하게 이루어지기 위한 본질적 항목으로, 수업료나 입학금의 면제, 학교와 교사 등 인적·물적 시설 및 그 시설을 유지하기 위한 인건비와 시설유지비, 신규시설투자비 등의 재원 부담으로부터의 면제가 포함된다 할 것이며, 그 외에도 의무교육을 받는 과정에 수반하는 비용으로서 의무교육의 실질적인 균등보장을 위해 필수불가결한 비용은 무상의 범위에 포함된다"고 진술했다.

문제는 급식비의 경우, 의무교육에 있어서 본질적이고 필수불가결한 비용이라고 헌법재판소는 판단한 것으로 보이며, 이 필수비용 외의 것을 무상의 범위에 포함시킬 것인지는 국가의 재정상황과 국민의 소득수준, 학부모들의 경제적 수준 및 사회적 합의 등을 고려하여 입법자가 입법정책적으로 해결해야 할 문제라는 입장을 견지했다.

실질적으로 2011년에 무상급식을 반대하는 서울시장이 이를 주민투표에 붙여서 부결됨으로 인해 시장이 사퇴하는 일로까지 번졌으며, 경남도지사와 교육감간의 학교급식비를 둘러싼 감사갈등도 언론에 자주 보도되었다. 즉, 무상급식의 문제는 학교교육의 일상적인 복지로서의 문제이면서도, 지방자치단체의 재정적 부담과 직결되는 문제로서 뜨거운 정치현안이 되었다. 이러한 사안에 대하여 헌법재판소가 2012년 판결에서 원론적인 판결을 내놓아 입법촉구나 개선의 방향을 제시하지 못한 것은 아쉬운 부분이다.

사실 헌법재판소가 제시한 국가의 재정 상황이라는 기준 역시, 실제로 비용추계 자료를 감안하여 판단하였다고 한다면 보다 적극적인 입법 정책방향을 제시할 수 있었으리라 본다. 이 점에서, 관련 학회와 입법조사 당국의 기초자료의 제공이 필요하다고 본다. 국가 및 지방자치단체의 재정 부담 능력과 의무교육 실시의 범위, 실시의 단계 및 순서의 정당성에 대하여 사실적 논증 자료로서 매우 중요한 입법자료가 되기 때문이다.

초·중등학교 무상급식이 조례등을 통하여 보편적 복지정책의 일환으로 시행되고 있는 현 시점에 있어서도, 교육부 및 시도교육청에 의한 급식비에 관한 기초통계 조사는 이루어져야 할 것이다. 의무교육 비용 부담과 관련하여서는 국가와 지방자치단체 간의 분담 원칙에 관하여 언제나 기관 쟁의의 소지가 여전히 잠재하고 있기 때문이다.

오늘날 비용 부담의 문제는 균등 분할이라는 명분과 원칙의 문제라기보다는, 지방자치단체의 재원과 실제 부담 능력에 대한 사실 확인이 재정 배분 정의에 있어서 관건이 되기 때문이다. 국가 경제력의 50% 이상을 차지하는 서울과 수도권 중심 상황 하에 전국적으로 균등하게 분포되어 있는 의무교육 학교 지원을 위한 국가와 지방간의 재정배분 문제가 놓여 있음을 전제하여야 할 것이다. 이점에서 법률적인 배분 및 분담의 원칙과 더불어 지역적 재정여건이 발생하고 있는 상황 하에서의 적극적 평등 실현을 위한 입법 정책이 필요한 시점이다.

나. 사립학교에 대한 학운위 설치 의무 조항의 위헌확인(2000헌마278)

(1) 사건의 개요 및 청구인의 주장

청구인들은 사단법인 한국사립중·고등학교법인협의회의 구성원들인데, 1999. 8. 31. 개정된 초·중등교육법이 사립학교에도 학교운영위원회 설치를 의무화하고 있는 것은 청구인들의 재산권을 침해하고 헌법 제31조의 교육의 자주성과 전문성 등에 위반되며, 또 지방교육자치법 규정이 교육위원과 교육감을 학교운영위원이 선출하게 규정한 것은 지역 주민의 선거권을 배제한 것이므로 헌법 제11조 제1항, 제24조, 제117조 제1항에 위반한다며, 2000.4.26. 초·중등교육법 및 동법시행령의 해당조항과 지방교육자치법 제62조 제1항에 대하여 헌법소원심판을 청구(2000헌마278)하였다. 청구인들의 주장요지는 다음과 같다.

> "사립학교의 설립·운영의 주체인 학교법인 이외에 학부모, 교원, 지역대표 등이 학교운영에 반드시 참여하도록 하는 것은 사학의 독립성과 본질을 침해하는 것이다. 학교운영위원회는 "학교헌장", "학교의 예산안 및 결산", "학교교육과정의 운영방법에 관한 사항", "초빙교원추천에 관한 사항" 등(법 제32조)을 심의하거나 자문하도록 되어 있는데, 이는 학교법인 이사회의 권한을 침해하는 것이며, 한편 학교발전기금의 조성운용 및 사용에 관하여 자문기관에 불과한 학교운영위원회의 심의·의결을 거치지 않으면 학교가 제재조치를 받게 될 수도 있고, 학교운영위원회의 결정에 따르는 법률상 책임을 학교운영위원회가 아닌 학교법인이 지게 되어 문제가 있다.
> 사립학교에 학교운영위원회를 두면 학교운영에 문외한이거나 부적격인 학부모 대표와 지역인사가 학교운영을 맡게 되어 교사의 권위가 침해될 수 있으며, 교원위원의 경우 정치성이 강한 교사들이 참여하여 안정적인 교육이 저해될 우려가 있다.

이 사건 조항은 헌법 제31조의 교육의 자주성과 전문성에 반하고, 학교재단의 재산권을 침해하여 헌법 제23조 제1항의 재산권보장에 반한다. 또한 사립학교운영위원들에게 지방교육자치단체장 선출권을 부여하는 것은 지역 주민의 선거권을 침해하고 지역대표성에 반하므로 헌법 제11조 제1항, 제24조, 제117조 제1항에 반하는 것이다.

(2) 심판 대상 조항

초·중등교육법(법률 제6007호, 1999.8.31. 개정) 제31조(학교운영위원회의 설치) ① 학교운영의 자율성을 높이고 지역의 실정과 특성에 맞는 다양한 교육을 창의적으로 실시할 수 있도록 하기 위하여 국·공립 및 사립의 초등학교·중학교·고등학교 및 특수학교에 학교운영위원회를 구성·운영하여야 한다.[49)]

(3) 판시사항 및 결정 요지

주요 판시사항은 첫째로 학교운영위원회 입법의 허용범위, 둘째로 사립학교에도 학교운영위원회를 의무적으로 설치하도록 한 초·중등교육법 제31조 등이 사학 설립자 및 재단의 재산권을 침해한 것인지 여부(소극), 셋째, 위 법률조항이 헌법상 보장된 교육의 자주성, 전문성을 침해하는지 여부(소극)이다. 청구인의 주장은 기각되었고 결정요지는 다음과 같다.

1. 학교운영위원회는 학부모의 교육참여권의 보장수단으로 단위학교의 교육자치를 활성화하고 지역의 실정과 특성에 맞는 다양한 교육을 창의적으로 실시할 수 있도록 교원, 학부모, 지역사회인사 등이 학교의 운영에 관한 중요사항을 심의하게 하는 제도이다. 일반적으로 학부모가 미성년자인 학생의 교육과정에 참여할 당위성은 부정할 수 없으므로, 입법자가 학부모의 집단적인 교육참여권을 법률로써 인정하는 것은 헌법상 당연히 허용된다. 또 교사의 교육권(수업권) 역시 법적으로 보장되어야 할 권리이며, 지역주민의 학교운영위원회 참여제도는 주민자치라는 민주주의 원리와 관계되며 학교의 운영에 지역사회의 특성과 요구를 반영할 수 있다는 장점이 있다. 그렇다면 사립학교에도 국·공립학교처럼 의무적으로 운영위원회를 두도록 할 것인지 여부는 입법자의 정책문제에 속하고, 그 재량의 한계를 현저하게 벗어나지 않는 한 헌법위반으로 단정할 것은 아니다.
2. 헌법 제23조 제1항은 "모든 국민의 재산권은 보장된다. 그 내용과 한계는 법률로 정한다"고 규정하므로, 학교운영위원회 제도로 인하여 사학 설립자 및 재단의 사유재산에 대한 임의적 처분·이용이 제약된다고 하더라도, 이는 법률로써 사학재단의 사유재산에 대한 한계를 형성한 것이라고 볼 것이다. 사립학교 학교운영위원회는 대체로 자문기관으로서, 자문사항 중 학교예산 및 결산에 관한 자문은 사학이 요청할 경우에만 행하게 하고 있는 것 등을 볼 때, 이 제도가 사학의 재산권 행사를 본질적으로 훼손하는 것은 아니며, 이를 설사 사학의 재산권에 대한 형성이 아닌 제한이라고 보더라도 이는 정당한 입법목적을 달성하기 위한 것으로서 제한이 과잉한 것이라 할 수 없다.
3. 헌법 제31조가 보호하는 교육의 자주성·전문성·정치적 중립성은 국가의 안정적인 성장 발전을 도모하기 위하여서는 교육이 외부세력의 부당한 간섭에 영향받지 않도록 교육자 내지 교육전문가에 의하여 주도되고 관할되어야 할 필요가 있다는 데서 비롯된 것인 바, 비록 심판대상조항에 의하여 사립학교 교육의 자주성·전문성이 어느 정도 제한된다고 하더라도, 그 입법취지 및 학교운영위원회의 구성과 성격 등을 볼 때, 사립학교 학교운영위원회 제도가 현저히 자의적이거나 비합리적으로 사립학교의 공공성만을 강조하고 사립학교의 자율성을 제한한 것이라 보기 어렵다.

---

49) 이후 사립학교법 개정을 통하여 사립 초중고등학교 학운위는 '학교의 예산안 및 결산'을 반드시 자문하도록 개정되었다가, 다시 2021년 개정에서는 국·공립과 같이 필수적 심의기구로 되었다

(4) 판례 평석

초·중등교육법 제31조 등 위헌확인(2000헌마278) 소송은 1995년 학교운영위원회 도입이후 제기된 일련의 헌법소원 중의 하나이다. 최초의 학운위 헌법소원은 사립학교 학운위를 임의적으로 설치하도록 하는 것에 대하여 학부모의 교육참여권과 평등권을 침해하여 위헌이라는 헌법소원이었다(97헌마130[50]). 종국 결과는 기각되었으나 당시 재판부의견은 합헌취지의 기각결정과 위헌(4인) 반대의견으로 나뉘었다. 다음은 다수(9명 중 5명)재판관의 의견취지이다.

1. 사립학교에도 국·공립학교처럼 의무적으로 운영위원회를 두도록 할 것인지, 아니면 임의단체인 기존의 육성회 등으로 하여금 유사한 역할을 계속할 수 있게 하고 법률에서 규정된 운영위원회를 재량사항으로 하여 그 구성을 유도할 것인지의 여부는 입법자의 입법형성 영역인 정책문제에 속하고, 그 재량의 한계를 현저하게 벗어나지 않는 한 헌법위반으로 단정할 것은 아니다. 청구인이 위 조항으로 인하여 사립학교의 운영위원회에 참여하지 못하였다고 할지라도 그로 인하여 교육참여권이 침해되었다고 볼 수 없다.
2. 입법자가 국·공립학교와는 달리 사립학교를 설치·경영하는 학교법인 등이 당해학교에 운영위원회를 둘 것인지의 여부를 스스로 결정할 수 있도록 한 것은 사립학교의 특수성과 자주성을 존중하는데 그 목적이 있으므로 결국 위 조항이 국·공립학교의 학부모에 비하여 사립학교의 학부모를 차별취급한 것은 합리적이고 정당한 사유가 있어 평등권을 침해한 것이 아니다(97헌마130).

한편, 나머지 4명의 재판관은 위헌 취지의 반대의견을 제출하였다.

1. 교육과 관련된 사안에 대한 국가의 결정과정에 참여할 수 있는 학부모의 교육참여권은 헌법 제31조 제1항 및 제2항에 의거한 학부모의 교육권으로부터 도출된다. 사립학교 학부모의 교육참여권에 대한 제한은 단위학교에서의 교육자치를 활성화하려는 입법목적의 달성에도 부적합하며, 학교운영위원회 설치를 강제하더라도 그 기능을 심의기능으로 국한하도록 규정하여 사립학교의 자율성을 크게 침해하지 아니하면서도 학부모의 교육참여권을 최소한 보장할 수 있는 대체방안이 있음에도 그 설치를 사립학교의 임의에 맡긴 것은 최소침해성원칙에 위배되며, 과도한 교육참여권 제한으로 인한 학부모의 불이익이 사립학교의 자율성 보장을 통하여 얻으려는 공익보다 크기 때문에 법익균형성원칙에도 어긋난다.
2. 국·공립학교와 사립학교사이에는 설립 주체면에서는 차이가 있으나 공교육을 실시하는 교육의 내·외적 조건들에서는 본질적인 차이가 없음에도 불구하고 사립학교의 경우 학교운영위원회의 설치를 임의적인 것으로 규정함으로써 사립학교 학부모를 차별 취급한 것은 합리적인 사유가 없어 평등권을 침해한 것이다(97헌마130).

사실 사립학교 학부모가 먼저 제기했던 학운위의 임의적 설치에 교육참여권 및 평등권 침해 여부는 9명중 4명의 재판관이 위헌의견을 냈을 정도로 의견이 대립되었다. 그런데, 이후 초·중등교육법이 제정되면서 사립학교 학운위를 필수적 자문기구로 규정되었다. 그러자 이번에는 사립학교 재단 측들이 재산권 침해등을 이유로 소를 제기한 것이 이 사건이다. 헌재가 일관되게 견지하고 있는 입장은 학교구성원의 참여를 보장하는 학교민주주의를 위한 학운위의 설립목적의 정당성을 인정하면서, 사립학교 학운위를 국·공립과 같이 임의기구로 할지 필수적 기구로 할지의 여부는 입법 정책적인 선택의 문제로 보았다. 또한 자

50) 최초의 학운위 근거를 규정한 지방교육자치법 제44조의2 제2항 위헌확인 심판이었다.

문기구로서의 역할 정도로 사학의 재산권 행사를 본질적으로 훼손한 것으로 보지 않았다. 다르게 취급하였다는 뜻이었다.

국 · 공 · 사립학교 학운위의 필수 혹은 임의기구화와 때로는 심의 혹은 자문기구화 차이로부터 그 근거를 사립학교의 자율성과 특수성 반영으로 합헌성을 전개하였다. 그러나 그것은 학교선택권이 완전히 보장되는 학교와 그렇지 않은 학교에 대하여 달리 판단할 필요가 있었을 것이다. 즉, 학교선택권이 완전히 보장되는 경우라면, 본질적으로 교육목적과 인사 및 재정이 자율성을 핵심으로 하는 사립학교에 대하여 임의 기구이면서, 자문기구로 설정하고, 동시에 그런 학부모의 낮은 참여수준에도 불구하고 학교의 선택이 학부모의 의지에 의하여 선택된 것이라면 차별에 따르는 기본권 침해 문제는 문제 삼을 것은 없다 할 것이다.

그러나 문제는 40%에 이르는 사립고등학교의 경우에는 학부모와 학생이 학교선택에 매우 민감하고, 평준화 정책에 따라 원하는 학교에 배정되는 경우도 제한적이라는 점이다. 학부모의 선택과는 무관하게 학부모로서 학교운영 참여권이 자문수준으로 정해졌다는 것이다. 더구나, 사립학교 교원의 봉급액에 대하여 공적자금을 지원하고 있다는 점에서 예산과 결산을 다루는 학운위의 기능이 자문에 머문다는 것은 상당한 불합리였다고 할 수 있다.

결국, 이 사안은 학운위의 설치 자체라기보다는 학운위를 통하여 학부모가 어떤 권리주체에 서며, 학교설립별로 차등을 둔다면 그것은 정당하느냐 하는 것이다. 최소한 학교선택권이 완전히 보장되기 전까지 그리고 학교운영에 막대한 공적지원금이 충당되고 있다는 점에서 두 기구에 차이를 두는 것은 중학교까지 의무교육화되어 있고, 고교의 진학률이 100%를 육박하는 가운데 무상교육이 완성되고 있는 시점에서 보면, 불합리하다 할 것이다.

다행히, 이러한 점을 감안하여 2021년 9월 초 · 중등교육법에서는 사립학교 학운위의 법적 성격을 기본적으로 국 · 공립학교의 경우와 동일하게 설정하는 법 개정이 있었다.

당시 「초 · 중등교육법」(2021.9.24. 개정, 2022.3.25. 시행) 개정 취지에 따르면 "학교 운영의 자율성을 높이고 지역의 실정과 특성에 맞는 다양하고도 창의적인 교육을 할 수 있도록 각급 학교에서 학교운영위원회를 구성 · 운영하고 있는바, 사립학교에 두는 학교운영위원회도 심의기구로 격상하여 학교 운영에 관한 주요사항의 결정에 있어 견제기능을 수행할 수 있도록 한다"는 것이었다. 다만, 일부사항은 여전히 제외하거나 자문하는 부분도 있어 사립학교의 특성은 유지하고 있는 것으로 판단된다.[51]

이러한 학교운영위원회 성격의 변화는 헌법재판소의 판결의 영향보다는 학부모 등 학교구성원들의 학교 참여에 대한 권리의식의 신장 결과라고 할 것이다.

35설 학교교육법규 쟁점: 재정여건과 학교급식 무상화, 학교선택권과 사립학교 학교운영위원회 성격

51) 사립학교에는 없는 제7호 교육공무원법 제29조의3 제8항에 따른 공모 교장의 공모 방법, 임용, 평가 등 사항과 제8호 8. 교육공무원법 제31조 제2항에 따른 초빙교사의 추천을 제외한 것은 당연하다. 여전히 자문으로 남긴 사항은 1. 학교헌장과 학칙의 제정 또는 개정으로 사립학교의 건학 정신과 사립학교내 구성원들의 자율적인 의사결정을 존중한다는 차원이다

제 8 장

교원법규론

1. 교원의 신분과 지위
2. 교원의 권리 · 의무 · 책임
3. 교원의 자격 및 양성 관련 법규
4. 교원의 임용 및 연수 관련 법규
5. 교원법규의 쟁점 판례: 국정교과서제와 임용가산점제

교원법규론에서는 교원의 신분과 지위를 다룬다. 국가공무원으로서 국공립학교의 교원신분을, 사적인 계약근로자로서 사립학교 교원신분을 설정하고 법적인 지위의 동질성을 살펴본다. 교원의 권리의무 책임은 이러한 신분상의 차이에도 불구하고 동일한 법적인 지위에 있다.

교원의 자격과 관련하여서는 교원자격검정령을 비롯하여 구체적인 자격기준을 소개하고, 양성과 관련하여서는 교육대학 및 사범대학의 양성체제에 대하여 개관한다.

교원의 임용에 대하여는 교육공무원임용령 및 사립학교법에서 규정하고 있는 교원의 신규채용 승진 전보 등 교원 인사행정 관련 조항을 중심으로 검토한다. 교원의 권리이자 의무인 연수와 관련하여서는 교원연수에 관한 규정을 중심으로 논의한다.

교원법규의 쟁점으로는 임용시험 가산점과 관련한 위헌 판결을 다루고, 교원의 정치적 중립과 관련된 헌법재판소의 합헌 판결을 살펴보았다.

제 8 장 교원법규론

1. 교원의 신분과 지위

가. 교원의 개념과 종류

(1) 교육법상의 교원

교원은 교육기관에서 교육활동에 직접적으로 근무하는 자를 지칭한다. 현행 유아교육법, 초·중등교육법, 고등교육법은 교직원에 관한 절을 두어 규정하고 있다. 교직원은 교원과 직원을 통칭하는 법률용어이다. 교원은 유치원의 원장·원감·교사, 초·중등학교의 교장·교감·교사 그리고 고등교육기관의 총장·학장·교수·부교수·조교수·강사를 통칭하는 포괄적인 개념이다.

유치원의 경우 원장은 원무를 통할하고 소속 교직원을 지도·감독하며 원아를 교육하고, 원감은 원장을 보좌하여 원무를 관리하고 원아를 교육하며 원장이 부득이한 사유로 직무를 수행할 수 없는 때에는 그 직무를 대행한다. 교사는 법령이 정하는 바에 따라 원아를 교육한다(유아교육법 §21). 유치원의 경우 교원 외에 계약의사, 영양사, 간호사 또는 간호조무사, 행정직원 등을 둘 수 있는데(유아교육법 §20), 이들 중 상근자는 직원으로 볼 수 있고, 영양사 가운데에는 신설된 영양교사 자격을 취득한 후 영양교사로서 임용된 경우는 교원으로 분류된다.

초·중등학교의 경우 교장은 교무를 통할하고 소속 교직원을 지도·감독하며 학생을 교육하고, 교감은 교장을 보좌하여 교무를 관리하고 학생을 교육하며 교장이 부득이한 사유로 직무를 수행할 수 없는 때에는 그 직무를 대행한다. 교사는 법령이 정하는 바에 따라 학생을 교육한다(초·중등교육법 §20). 과거 교사의 경우 '교장의 명을 받아' 교육하는 것으로 되어 있었으나 1998년 발효된 초·중등교육법 에서는 '법령이 정하는 바에 따라'로 개정되었다. 이는 교사의 교육활동에 대한 보장 및 제한을 법령에 근거토록 한다는 것이며 교육전문가로서의 교원의 지위 보장에 진일보한 조치이다. 유치원 및 초·중등학교의 경우 행정직원 등 직원 역시 '원장 및 교장의 명을 받아'를 '법령에서 정해진 바에 따라' 유치원 및 학교의 행정사무와 그 밖의 사무를 담당하는 것으로 개정(2012.3.21.)되었다.

고등교육기관의 경우 총장 또는 학장은 교무를 통할하고, 소속 교직원을 감독하며 학생을 지도한다. 교수등의 교원은 학생을 교육·지도하고 학문을 연구하되, 학문연구만을 전담할 수 있다. 교원 외에 명예교수, 겸임교원 및 초빙교원 등을 두어 교육 또는 연구를 담당하게 할 수 있으므로 이들도 교원의 일종에 속한다. 학교의 행정사무와 기타의 사무를 담당하는 행정직원 등 직원을 두는 외에 교육·연구 및 학사에 관한 사무를 보조하는 조교를 별도로 두고 있는데, 조교는 교원이나 직원과는 구분되는 교직원의 일원으로 분류된다(고등교육법 §14－15, §17).

종합하면, '교원(敎員)'이란 용어는 법률상 학교 급별 및 설립별 차이 없이 교육업무에 종사하는 자를 지칭하는 가장 포괄적인 법률용어로서 각급학교 기관의 장인 원장, 교장, 총장은 물론 당해 교육기관의 교사를 포함하는 개념이다. 동시에 교원은 국·공립학교 소속 교원에 한정된 교육공무원보다는 넓은 개념이며, 교육행정기관에 근무하는 장학직렬 및 연구직렬인 교육전문직원[1]과도 구분되는 용어이다.

(2) 교원 자격의 종류

교원의 자격은 유치원, 초·중등학교, 고등교육기관으로 나누어 법률로 규정되어 있다. 유치원 교원의 자격은 원장, 원감, 정교사(1, 2급)로 구분된다. 관련 자격 기준은 다음과 같다(유아교육법 별표1,2).

표 8-1 유치원 원장·원감· 정교사·준교사 자격기준

구분	자격기준
원장	1. 유치원의 원감자격증을 가지고 3년 이상의 교육경력과 소정의 재교육을 받은 자 2. 학식·덕망이 높은 자로서 대통령령이 정하는 기준에 해당한다고 교육부장관의 인정을 받은 자
원감	1. 유치원 정교사(1급)자격증을 가지고 3년 이상의 교육경력과 소정의 재교육을 받은 자 2. 유치원 정교사(2급)자격증을 가지고 6년 이상의 교육경력과 소정의 재교육을 받은 자
1급정	1. 유치원 정교사(2급)자격증을 가진 자로서 3년 이상의 교육경력 을 가지고 소정의 재교육을 받은 자 2. 유치원 정교사(2급)자격증을 가지고 교육대학원 또는 교육부장관이 지정하는 대학원의 교육과에서 유치원 교육과정을 전공하여 석사학위를 받은 자로서 1년 이상의 교육경력이 있는 자
2급정	1. 대학에 설치하는 유아교육과 졸업자 2. 대학(전문대학 및 이와 동등 이상의 각종 학교와 「평생교육법」 제31조 제4항에 따른 전문대학학력인정 평생교육시설을 포함한다)졸업자로서 재학중 소정의 보육과 교직학점을 취득한 자 3. 교육대학원 또는 교육부장관이 지정하는 대학원의 교육과에서 유치원 교육과정을 전공하고 석사학위를 받은 자 4. 유치원 준교사자격증을 가진 자로서 2년 이상의 교육경력을 가 지고 소정의 재교육을 받은 자
준	1. 유치원 준교사 자격검정에 합격한 자

※ 1급정은 정교사(1급), 2급정은 정교사(2급), 준은 준교사를 의미함

초등학교 및 중학교, 고등학교 교장 및 교감의 자격 기준은 다음과 같다.

---

1) 장학사 및 교육연구사는 1. 대학·사범대학·교육대학 졸업자로서 5년 이상의 교육경력이나 2년 이상의 교육경력을 포함한 5년 이상의 교육행정경력 또는 교육연구경력이 있는 사람 2. 9년 이상의 교육경력이나 2년 이상의 교육경력을 포함한 9년 이상의 교육행정경력 또는 교육연구경력이 있는 사람
장학관 및 교육연구관은 1. 대학·사범대학·교육대학 졸업자로서 7년 이상의 교육경력이나 2년 이상의 교육경력을 포함한 7년 이상의 교육행정경력 또는 교육연구경력이 있는 사람 2. 2년제 교육대학 또는 전문대학 졸업자로서 9년 이상의 교육경력이나 2년 이상의 교육경력을 포함한 9년 이상의 교육행정경력 또는 교육연구경력이 있는 사람 3. 행정고등고시 합격자로서 4년 이상의 교육경력이나 교육행정경력 또는 교육연구경력이 있는 사람 4. 2년 이상의 장학사·교육연구사의 경력이 있는 사람 5. 11년 이상의 교육경력이나 2년 이상의 교육경력을 포함한 11년 이상의 교육연구경력이 있는 사람 6. 박사학위를 소지한 사람 (교육공무원법 별표1)

표 8-2 초·중등학교 교장 및 교감의 자격기준

교장	중등학교	1. 중등학교의 교감 자격증을 가지고 3년 이상의 교육경력과 일정한 재교육을 받은 사람 2. 학식·덕망이 높은 사람으로서 대통령령으로 정하는 기준에 해당한다는 인정을 교육부장관으로부터 받은 사람 3. 교육대학·전문대학의 학장으로 근무한 경력이 있는 사람 4. 특수학교의 교장 자격증을 가진 사람 5. 공모 교장으로 선발된 후 교장의 직무수행에 필요한 교양과목, 교직과목 등 교육부령으로 정하는 연수과정을 이수한 사람
	초등학교	1. 초등학교의 교감 자격증을 가지고 3년 이상의 교육경력과 일정한 재교육을 받은 사람 2. 학식·덕망이 높은 사람으로서 대통령령으로 정하는 기준에 해당한다는 인정을 교육부장관으로부터 받은 사람 3. 특수학교의 교장 자격증을 가진 사람 4. 공모 교장으로 선발된 후 교장의 직무수행에 필요한 교양과목, 교직과목 등 교육부령으로 정하는 연수과정을 이수한 사람
교감	중등학교	1. 중등학교 정교사(1급) 자격증 또는 보건교사(1급) 자격증을 가지고 3년 이상의 교육경력과 일정한 재교육을 받은 사람 2. 중등학교 정교사(2급) 자격증 또는 보건교사(2급) 자격증을 가지고 6년 이상의 교육경력과 일정한 재교육을 받은 사람 3. 교육대학의 교수·부교수로서 6년 이상의 교육경력이 있는 사람 4. 특수학교의 교감 자격증을 가진 사람
	초등학교	1. 초등학교 정교사(1급) 자격증 또는 보건교사(1급) 자격증을 가지고 3년 이상의 교육경력과 일정한 재교육을 받은 사람 2. 초등학교 정교사(2급) 자격증 또는 보건교사(2급) 자격증을 가지고 6년 이상의 교육경력과 일정한 재교육을 받은 사람 3. 특수학교의 교감 자격증을 가진 사람

초·중등학교의 교사자격은 정교사(1, 2급), 준교사, 전문상담교사(1, 2급), 사서교사(1, 2급), 실기교사, 보건교사(1, 2급), 영양교사(1, 2급) 등 7개 유형이며 초·중등교육법 별표2에 규정되어 있고, 교원자격검정령에 의하여 교육부장관이 검정·수여하는 자격증을 받게된다. 자격 검정사항을 심의하기 위해 장관 소속하에 교원자격검정위원회를 두고 있고, 교원양성위원회를 교원양성기관 및 시·도교청에 두도록 하고 있다(교원자격검정령 §17의2). 교원양성기관을 졸업할 경우 무시험 검정을 통하여 수여되는 2급 정교사 자격에 대하여 소개하면 다음과 같다.

표 8-3 교원양성기관 졸업 후 취득하는 정교사(2급) 자격기준

중등학교	1. 사범대학을 졸업한 사람 2. 교육대학원 또는 교육부장관이 지정하는 대학원 교육과에서 석사학위를 받은 사람 3. 임시 교원양성기관을 수료한 사람 4. 대학에 설치하는 교육과를 졸업한 사람 5. 대학·산업대학을 졸업한 사람으로서 재학 중 일정한 교직과(教職科) 학점을 취득한 사람 6. 중등학교 준교사 자격증을 가진 사람으로서 2년 이상의 교육경력을 가지고 일정한 재교육을 받은 사람 7. 초등학교의 준교사 이상의 자격증을 가지고 대학을 졸업한 사람 8. 교육대학·전문대학의 조교수로서 2년 이상의 교육경력이 있는 사람 9. 제22조에 따른 산학겸임교사 등(명예교사 제외)의 자격기준을 갖춘 사람으로서 임용권자의 추천과

	교육감의 전형을 거쳐 교육감이 지정하는 대학 또는 교원연수기관에서 대통령령으로 정하는 교직과목과 학점을 이수한 사람. 이 경우 임용권자의 추천 대상자 선정기준과 교육감의 전형 기준에 관하여는 대통령령으로 정한다.
초등학교	1. 교육대학을 졸업한 사람 2. 사범대학을 졸업한 사람으로서 초등교육과정을 전공한 사람 3. 교육대학원 또는 교육부장관이 지정하는 대학원의 교육과에서 초등교육과정을 전공하고 석사학위를 받은 사람 4. 초등학교 준교사 자격증을 가진 사람으로서 2년 이상의 교육경력을 가지고 일정한 재교육을 받은 사람 5. 중등학교 교사자격증을 가진 사람으로서 필요한 보수교육을 받은 사람 6. 전문대학을 졸업한 사람 또는 이와 같은 수준 이상의 학력이 있다고 인정되는 사람을 입소 자격으로 하는 임시 교원양성기관을 수료한 사람 7. 초등학교 준교사 자격증을 가진 사람으로서 교육경력이 2년 이상이고 방송통신대학 초등교육과를 졸업한 사람

한편, 2011년 7월 25일 초·중등교육법 개정을 통하여 수석교사제를 신설하였다.

초·중등교육법 제19조(교직원의 구분) ① 학교에는 다음 각 호의 교원을 둔다. 1. 초등학교·중학교·고등학교·고등공민학교·고등기술학교 및 특수학교에는 교장·교감·수석교사 및 교사를 둔다

제20조(교직원의 임무) ③ 수석교사는 교사의 교수·연구 활동을 지원하며, 학생을 교육한다.

제21조(교원의 자격) ③ 수석교사는 제2항의 (교사)자격증을 소지한 사람으로서 15년 이상의 교육경력(교육공무원법 제2조 제1항 제2호 및 제3호에 따른 교육전문직원으로 근무한 경력 포함)을 가지고 교수·연구에 우수한 자질과 능력을 가진 사람 중에서 대통령령으로 정하는 바에 따라 교육부장관이 정하는 연수 이수 결과를 바탕으로 검정·수여하는 자격증을 받은 사람이어야 한다.

교육공무원법 제29조의4(수석교사의 임용 등) ① 수석교사는 교육부장관이 임용한다. ② 수석교사는 최초로 임용된 때부터 4년마다 대통령령으로 정하는 업적평가 및 연수실적 등을 반영한 재심사를 받아야 하며, 심사기준을 충족하지 못한 경우 대통령령으로 정하는 바에 따라 수석교사로서의 직무 및 수당 등을 제한할 수 있다. ③ 수석교사는 대통령령으로 정하는 바에 따라 수업부담 경감, 수당 지급 등에 대하여 우대할 수 있다. ④ 수석교사는 임기 중에 교장·원장 또는 교감·원감 자격을 취득할 수 없다. ⑤ 수석교사의 운영 등 그 밖에 필요한 사항은 대통령령으로 정한다.

초·중등학교의 2급 전문상담·사서·보건·영양·실기교사 자격요건은 다음과 같다.

표 8-4 2급 전문상담교사·사서교사·보건·영양교사 및 실기교사 자격요건

전문상담 교사 (2급)	1. 대학·산업대학 상담·심리관련학과 졸업자로 재학중 소정의 교직학점 취득자 2. 교육대학원 또는 교육부장관 지정대학원의 상담·심리교육과에서 전문상담 교육과정을 이수하고 석사학위를 받은 자 3. 2급 이상의 교사자격증(유치원 교사 포함)을 가진 자로서 교육부장관 지정 교육대학원 또는 대학원에서 소정의 전문상담교사 양성과정을 이수한 자
사서교사 (2급)	1. 대학·산업대학(문헌정보학 또는 도서관학 전공) 졸업자로 교직과정을 이수한 자 2. 준교사 이상의 자격증을 가진 자로서 소정의 사서교사 양성 강습을 받은 자 3. 교육대학원 또는 교육부장관 지정대학원 교육과 사서교육과정전공 석사학위자 4. 사범대학 졸업자로서 재학중 문헌정보학 또는 도서관학을 전공한 자

보건교사 (2급)	1. 대학·산업대학(간호학과)졸업자로 재학중 교직학점 취득후 간호사면허증 소지자 2. 전문대학(간호과) 졸업자로 재학중 교직학점을 취득후 간호사면허증을 가진 자
영양교사 (2급)	1. 대학·산업대학의 식품학 또는 영양학 관련학과 졸업자로서 재학중 소정의 교직학점을 취득하고 영양사 면허증을 가진 자 2. 영양사면허증을 가지고 교육대학원 또는 교육부장관이 지정하는 대학원의교육과에서 영양교육과정을 이수하고 석사학위를 받은 자
실기교사	1. 전문대학(전문대학 준하는 각종학교 포함)졸업자로서 재학중 대통령령으로 정하는 실과계의 기능이수자, 또는 고등기술학교의 전공과를 졸업자 또는 평생교육법(§31④)상의 전문대학학력인정 평생교육시설의 교사자격 관련과 졸업자 2. 대학(대학에 준하는 각종학교 포함)·전문대학 졸업자로서 재학중 예능, 체육 기타 대통령령으로 정하는 기능을 이수한 자 3. 실업계고교 또는 3년제 고등기술학교 졸업자로 실기교사 자격검정 합격자 4. 실업과, 예능과, 보건과 관련 지식과 기능 소지자로서 실기교사 자격검정 합격자

학교에는 이들 교사 외에도 교육과정 운영상 필요한 경우 산학겸임교사, 명예교사, 강사 등을 두어 학생 교육을 담당하게 할 수 있다(초·중등교육법 시행령 별표2).

표 8-5 산학겸임교사·명예교사·강사의 자격요건

산학겸임교사	1. 전문대학 졸업자 또는 이와 동등 이상의 학력이 있는 자로서 산업체·공공기관·비영리기관 및 사회단체(특성화중학교, 특성화고등학교 및 대안학교의 경우에는 종교단체를 포함한다)에서 담당과목과 관련되는 분야의 직무에 3년 이상 근무한 자 2. 국가기술자격법에 의한 기술·기능분야의 산업기사 이상, 서비스분야중 사업서비스의 전문사무분야 자격증소지자 또는 기타 서비스분야의 산업기사 이상의 자격증 소지자(자격기본법에 의한 민간자격 소지자로서 임용권자가 이와 동등한 능력이 있다고 인정하는 자를 포함한다)로서 산업체에서 담당과목과 관련되는 분야의 직무에 3년 이상 근무한 자 3. 임용권자가 인정하는 국제대회 및 국내대회(문화예술·체육·기능 분야) 입상자로서 담당과목과 관련되는 분야의 직무에 3년 이상 근무한 자 4. 국가무형문화재의 보유자·전승교육사, 명장 등으로서 담당과목과 관련되는 분야의 전문성이 인정되는 자 5. 제1호 내지 제4호와 유사한 자격이 있는 자로서 교육감이 따로 정하는 자격기준에 해당하는 자
명예교사	학교운영위원회에서 정하는 자격기준에 해당하는 자. 다만, 학교운영위원회가 설치되지 아니한 학교의 경우에는 학칙 또는 학교법인의 정관 등이 정하는 자격기준에 해당하는 자
강사	1. 대학(유치원의 경우에는 전문대학을 포함한다)졸업자 또는 이와 동등 이상의 학력이 있는 자로서 담당과목과 동일 또는 유사한 과목을 전공한 자 2. 전문대학 졸업자 또는 이와 동등 이상의 학력이 있는 자로서 담당과목과 관련되는 분야에 2년 이상 실무경력이 있는 자 3. 고등학교 졸업자 또는 이와 동등 이상의 학력이 있는 자로서 담당과목과 관련되는 분야에 4년 이상 실무경력이 있는 자 4. 제1호 내지 제3호외의 자로서 교육감이 따로 정하는 자격기준에 해당하는 자

한편, 대학의 교원 및 조교의 자격기준은 '교수자격기준 등에 관한 규정'에 정하고 있는데, 다음과 같다.

표 8-6 교수 및 조교의 자격기준(교수자격기준등에 관한 규정 별표)

직명 \ 학력	대학졸업자 · 동등자격자			전문대학졸업자 · 동등자격자		
	연구실적 연수	교육경력 연수	계	연구실적 연수	교육경력 연수	계
교수	4	6	10	5	8	13
부교수	3	4	7	4	6	10
조교수	2	2	4	3	4	7
강사	1	1	2	1	2	3
조교	근무하려는 학교와 동등 이상의 학교를 졸업한 학력이 있는 사람					

※ 비고: 연구실적연수와 교육경력연수는 서로 대치할 수 있다. (단위: 년)

나. 교원의 신분과 정년보장

(1) 교원의 법적 지위

교원의 지위는 사회일반인이 교원에 대하여 갖는 역할 기대로서 사회적, 정치적, 경제적, 문화적 영역에 있어서 교원의 위상을 말한다. 교원의 법적 지위는 이러한 다양한 측면의 위상을 법규로서 규정해 놓은 것을 의미한다. 동시에 이는 당해 사회의 교육관(教育觀), 교사관(教師觀), 교직관(教職觀)을 반영한다.

교원의 법적 지위 형식은 교원에게 부여된 신분(身分) 규정으로 구체화되고 법적 지위의 내용은 교원에게 부여된 권리와 의무 그리고 책임관계 등으로 구성된다. 법적 지위의 기초를 이루는 교직관은 성직관, 전문직관, 노동직관 그리고 공직관으로 나눌 수 있고, 이에 따라 교원은 인격자로서 지위, 교육전문가로서 지위, 교육근로자로서 지위, 교육공직자로서 지위를 갖게 된다. 지위 기능 측면에서는 교육활동에 있어서 본질적 지위(인격자 · 전문가)와 수단적 지위(공직자 · 근로자)로 구분해 볼 수 있다. 이를 도표화하여 제시하면 다음 표와 같다.

표 8-7 교직관에 따른 교원 지위의 특성

교직관	교직의 본질	지위 유형	지위 명칭	지위 기능
성직관	인격성(윤리성)	인격자로서 지위	스승(선생)	본질적 지위
전문직관	전문성(자율성)	전문가로서 지위	교육자(교사)	
노동직관	근로성	근로자로서 지위	교육근로자(교육노동자)	수단적 지위
공직관	공공성	공직자로서 지위	교원(교육공무원)	

※ 출처: 고전(2002), 한국교원과 교원정책, 85면.

현대 교직의 본질 속에는 이미 윤리성·전문성·공공성·노동성이 교직의 역사를 통하여 축적되어 내재되어 왔기 때문에 각 교직관은 상보적이다. 즉, 성직관을 통해서는 바람직한 교사상 및 사회적 지위를, 전문직관을 통해서는 교육활동의 특수성을 반영한 직업적 기대를, 공직관에서는 교직을 법제화함에 있어서 공공성의 기대를 그리고 노동직관을 통해서는 교원의 근로자로서의 기본권보장과 경제적 지위에 대한 기대를 발견할 수 있다.

따라서 각 교직관을 대립적으로 비교하거나 우열을 가리는 논의의 실익은 없다. 교사와 교직이 처한 시대적 사회적 상황에 따라서 교직관의 강조 측면이 달라질 수 있으며, 그 결과 법제화된 교원의 지위는 국가 및 사회에 따라 차이를 드러내게 된다.

교사에게 근로자로서의 지위를 인정하지 않았던 1970－1980년대에는 전문직관을 그 논거로 삼았지만, 이제는 학습권을 침해하지 않는 범위 내에서 근로자로서 권리도 인정되고 있다. 오늘날 공교육 중심의 교육체제 하에서 교원 지위의 핵심은 교육전문가로서의 지위에 있음은 재론의 여지가 없고, 공직자 내지 이에 준하는 지위로 자리매김하고 있다.

(2) 교원 지위 법률주의의 의미

헌법 제31조 제6항은 "학교교육 및 평생교육을 포함한 교육제도와 그 운영, 교육재정 및 교원의 지위에 관한 기본적인 사항은 법률로 정한다"라고 하여 교육제도 외에도 교원지위에 관한 법률주의를 규정하고 있다. 이는 교육에 관한 기본방침의 결정이 원칙적으로 입법기관의 권한에 속한다는 헌법 정신의 선언이며, 동시에 행정기관의 부당한 간섭에 의해 국민의 교육기본권을 침해해서는 안된다는 행정입법의 헌법적 한계를 보여주는 부분이기도 하다. 시대와 입법부의 의지에 따라 무엇이 교원의 지위에 관한 기본적인 사항인가에 대하여는 강조점이 다르고 권리·의무·책임의 정도가 다를 수 있겠으나 무엇보다도 본질적인 것은 교육전문가로서 교원의 지위를 법률로서 보장하는데 근본적인 헌법정신이 있다할 것이다.

한국에는 교원의 지위에 관한 기본적인 사항을 정한 교원기본법(혹은 교원법)을 두고 있지 않으며, 교육공무원법(1953.4.18. 제정)과 사립학교법(1963.6.26. 제정)의 교원 조항이 이를 대신하고 있다. 국·공립학교의 경우 국가공무원 신분을 차용한 교육공무원이라는 공직자로서 신분을 중심으로 규정되어 왔다. 사립학교 교원은 학교법인과의 계약에 의하여 고용된 사적인 계약근로자로서 신분을 갖지만, 복무 사항을 비롯하여 대부분의 권리·의무·책임을 학교설립과 관계없이 국·공립학교 교원의 것을 준용받고 있다.

그동안 1953년 교육공무원법 제정이후 70년이 되도록 교원을 공직자로 보는 기본 관점에는 변화가 없었고, 1991년에 제정된 「교원 지위 향상을 위한 특별법」(1991.5.31., 이하 '교원지위향상법')[2]에서는 교원의 사회·경제적 지위 보장의 중요성이 강조되었고, 1999년의 「교원의 노동조합 설립 및 운영 등에 관한 법률」(1999.1.29., 이하 '교원노조법')을 통하여 근로자로서 지위를 법제적으로 수용하는 변화가 있었다.

1980년대 말 민주화 시기에 교원의 노동2권에 대하여 논의할 당시 학계나 교원단체로부터 교원지위기본법에 대한 제안 등[3]이 있었으나 합의를 도출하지 못하여 실기(失機)하고 말았다. 결국, 엄밀하게 말

2) 이 법은 다시 '교원의 지위 향상 및 교육활동 보호를 위한 특별법'으로 개정(2016.2.3.)되었다.

3) 한국교육법학회(양건·성낙인·신현직 입안)의 '교원의 지위에 관한 기본법 시안', 대한교육연합회(강인수 입안)의 '교원지위법

하면, 헌법상의 교원지위 법률주의 규정을 통해 예견된 교원 신분법은 입법불비는 아니라 할지라도 학교설립별로 다른 아직 미완성의 상황이라고 할 수 있다.

① 교원의 신분과 교원지위 법률주의

헌법 제31조 제6항 조항은 국민의 교육기본권을 실효성 있게 보장하기 위한 제도보장책으로서의 법적 성격을 가짐과 동시에 교육에 관한 기본방침의 결정이 원칙적으로 입법기관의 형성권에 속한다고 하는 이른바 '본질성이론'을 구체화한 것이다. 또한 이것은 국민의 교육권이 행정기관의 부당한 간섭에 의해 침해되는 일이 없도록 예방하는 의미도 지닌다.

그런데 본 조항은 제정헌법 당시에는 교육제도 법률주의만을 선언했던 것이었으나 제5차 개정헌법(1962.12.26., 제3공화국 헌법)에서는 '운영에 관한 사항'이 추가되고 제8차 개정헌법(1980.12.27., 제5공화국 헌법)에서 '교육재정'과 '교원지위에 관한 사항'이 추가되었다.

따라서 1980년 제8차 개정헌법 이전의 교원지위에 관한 법률의 법원은 교육제도 법률주의 내에서 규정되어 있다할 것이며 교육법, 교육공무원법, 사립학교법 등에 분산 규정된 형태를 보였던 것이다.

교원지위 법률주의를 선언한 이 헌법조항의 해석에 대해서는 전문직으로서 교원의 자격기준의 법제화와 신분보장을 위한 형성적 법률유보로 보는 입장, 형성적 법률유보로 보더라도 국가교육주권에 입각하여 교사의 기본권 제한의 근거 조항으로 보는 입장, 기본권을 구체화시킨 법률유보로 보는 입장 등[4]이 있다. 1980년 헌법 개정에서 교원지위 법률주의가 추가된 입법취지로 보아 교원지위에 관한 형성적 법률유보조항이라 할 수 있다.

특히 현재 교사의 기본권 제한이 국가공무원법을 준용하는 국가공무원법과 사립학교법에 근거하여 이루어지고 있다는 점에서 기본권 제한적 유보보다는 기본권 형성적 유보로 해석함이 마땅하다.

그러나 가장 이상적인 것은 본 헌법규정에 의해서 교사지위에 관한 기본법이 따로 제정되고 거기에 기본권의 보장과 제한에 관한 사항이 입법형성권에 의해 구체화될 것인 바 한국에 있어서 교원지위 법률주의의 헌법정신은 아직 실현되고 있지 못하고 있는 것으로 평가된다.[5] 교원지위에 관한 법률주의 원칙이 천명되고 있는 이상 독립된 신분보장법의 제정은 당연하고도 시급한 요청이다. 그리고 교원지위 법률주의에 의한 입법이 교사의 기본권을 공동화(空洞化)시켜서도 안되며 궁극적으로는 국민의 교육기본권을 보장하기 위한 목적에 기속되어야 함은 교육법의 이념적 기초로서 당연하다.

② 교원과 교육의 자주성 · 전문성 · 정치적 중립성 보장과의 관계

현행헌법 제31조 제4항은 "교육의 자주성 · 전문성 · 정치적 중립성 및 대학의 자율성은 법률이 정하는 바에 의하여 보장된다"고 규정하고 있는데 이 조항 역시 1962년 헌법에서 '자주성'과 '정치적 중립성'

안', 국회의원(박석무 · 이상옥 · 최훈 제안)의 '교권확립을 위한 특별법안' 등이 있었다.

4) 이에 대해서는 고전(1997), 교사의 법적지위에 관한 연구, 연세대 박사학위논문, 94면 이하(교사의 법적 지위 보장 근거) 참조.

5) 이점에서 볼 때 "교원지위 향상을 위한 특별법"은 교원지위에 관한 기본적인 사항을 정한 법률로 평가하기 어렵다. 따라서 교육법, 교육공무원법, 사립학교법과 대통령령에 위임된 교육공무원임용령 및 교원자격검정령 등에 분산되어 있는 교원지위법 구조 하에서 교원지위 기본사항에 관한 법률주의는 미완의 상태라고 할 수 있다.

이 처음 등장했고 문구 역시 법률유보의 형태가 아닌 “보장되어야 한다”로 되어 있었다. 이후 1980년 헌법에서 ‘전문성’이 추가됨과 동시에 “법률이 정하는 바에 의하여 보장된다”라는 법률유보 형식을 취하게 된 것이다.

이 조항의 법적 성질은 물론 교육기본권의 실효성 보장을 위한 보장책으로 볼 수 있으나 논자에 따라서는 구체적으로 교육의 자주성과 전문성은 교육자치제도의 보장으로서, 교육의 정치적 중립성은 교육의 자주성을 보장하기 위한 것으로 해석[6]되기도 하고 교육의 자주성·전문성·정치적 중립성은 입법권자가 교육제도를 법률로 제정할 경우 지켜야 할 가치지표이며 제도의 본질적 내용이 되어야 한다는 것으로 보는 견해[7]도 있다.

생각건대 교원의 법적 지위의 교육조리적 근거 측면에서 볼 때 본 조항은 교육원리에서 도출된 교육조리로서 교육법 제정의 기본원리라 하겠다. 형식적인 면에서는 한국 헌법은 교육의 자주성·전문성·정치적중립성·대학의 자율성[8]이라는 교육조리가 헌법정신으로까지 수용된 선진화된 법원(法源) 체제를 갖추었다 할 수 있다.

특히 교육의 전문성 보장의 원리는 교원의 법적 지위 보장이 교육전문가로서의 신분보장에 있음을 상기할 때 매우 중요한 헌법적 기초원리라 하겠다. 이 조항 역시 교원의 기본권 제한의 근거로서 논의되기도 하는 바 교육의 원리로부터 도출될 수 있는 이 조항의 기본 성격을 고려할 때 교육에 관한 법률의 제정 원리로서 넓게 보아야 하며 그것은 동시에 교육을 법제화하는데 있어서도 교육원리적 한계가 있음을 선언한 교육법제화의 교육원리적 한계 조항으로 볼 수 있다.

③ 교원과 교육조리의 법원성

교육조리는 교육관련법의 내용을 결정함에 있어서 그 표준이 되고 교육재판의 준거가 되는 교육상의 도리로서 특수조리에 속한다. 교육조리의 성립요건이 교육원리의 전제, 법논리 형식에의 부합 그리고 국민의 교육법 의식에 의한 지지에 있다면, 교원의 지위를 법적으로 보장하여야 할 교육조리적 근거(교육의 인간적 주체성, 진리교육의 자유성, 교육의 전문적 자율성, 교육의 자주적 책임성) 역시 한국의 헌법 제31조 제4항에 수용되어 있다.

교육조리는 교육에 있어서 가치판단을 전제한 규범 원리인 동시에 교육이 가르치는 자와 배우는 자의 관계원리, 이른바 교육학적 관계에 의해 이루어진다는 점에서 행위원리일 수도 있다. 따라서 교육조리는 시대와 사회배경에 따른 교원지위에 관한 의식, 이른바 교사관·교직관의 영향을 받으며 또한 교육의 과학적 원리 구성을 추구하는 교육학의 영향을 받으면서 재구성되고 교육법규의 개정과 재해석의 기준이 된다.

결국 교육조리는 법의 전과정(입법·사법·행정)에 심층적으로 작용하는 원리라는 면에서 그 법원성을 인정할 수 있으며 법의 생명력 있는 개선을 위하여 필수불가결한 요소이다. 예를 들어 교육법의 방법적

---

6) 신현직(1990), 교육기본권에 관한 연구, 서울대 박사학위논문, 149－154면.
7) 이승우, 교원노조(전교조)의 헌법적 평가, 인권과 정의(1990.3, 제163호), 67면.
8) 대학의 자율성은 학문의 자유의 보충적 성격이긴 하나 대학교수의 법적 지위 보장 차원에서 의미를 부여할 수 있다.

원리로서 의미를 가졌던 공공성의 원리가 교육권 보장이라는 이념적 기초위에 보호되고 있는 교육주체들의 기본권을 제한할 수 있는 법적 근거가 될 수 있느냐 등의 문제는 교육본래의 사사성이라는 교육원리적 측면과 조화적 해석을 통해서 새로운 교육조리를 형성해감으로써 해결되어야 한다고 볼 때 교육조리의 법원성은 인정된다.

그리고 교원의 지위 유형과 관련할 때 의무와 권리 형식이라는 강제규범 양식과 부합되기 어려운 스승으로서의 인격적 지위영역은 교원지위 자연주의 영역임으로 인하여 법제화의 한계 영역이면서 입법형성권의 자제가 요청되는 분야이다.

(3) 국·공립학교 교원의 신분: 교육공무원법상의 공직자(公職者)

교원의 신분은 국가공무원의 일종인 교육공무원이다. 교육공무원은 국가공무원 중 특정직 공무원(법관, 검사, 외무공무원, 경찰공무원, 소방공무원, 군인 등)의 일종으로 분류된다. 그러나 국·공·사립의 학교설립을 막론하고 교원 전체를 지칭하는 신분에 대한 직접적인 규정은 없다. 단지, 교육기본법은 교원의 임용·복무·보수 및 연금 등에 관하여 필요한 사항은 따로 법률로 정한다(§14⑤)고 되어 있고, 이에 근거하여 제정되어 있는 것이 교육공무원법이다. 이외에 공립대학교 및 지역특화발전특구의 경우 제한적으로 지방공무원 신분을 갖는 교원이 있으나 극히 일부이다.[9)]

교육공무원법은 1953년 4월 18일 법률 제285호로 제정되었는데 당시 이 법의 제정 목적은 교육에 종사하는 교육공무원의 직무와 책임의 특수성에 비추어 그 자격, 임면, 보수, 연령, 복무, 연수, 신분보장과 징계에 관한 기준을 정하는데 있었다. 제정 당시에는 제1장 총칙, 제2장 자격과 자격증, 제3장 임명, 제4장 보수, 제5장 복무 및 연수, 제6장 신분보장, 제7장 징계, 제8장 벌칙, 제9장 부칙 등 총 47개 조항으로 구성되었으나 2022년까지 76회 개정(타법 개정 반영 포함)된 바 있다.

2011년에 전문 개정된 현행 교육공무원법의 제정 목적(§1)에 따르면, “교육을 통하여 국민 전체에게 봉사하는 교육공무원의 직무와 책임의 특수성에 비추어 그 자격·임용·보수·연수 및 신분보장 등에 관하여 교육공무원에게 적용할 「국가공무원법」 및 「지방공무원법」에 대한 특례를 규정”하는 것이다. 내용은 제1장 총칙, 제2장 교육공무원인사위원회 제3장 자격, 제4장 임용, 제5장 보수, 제6장 연수, 제7장 신분보장·징계·소청, 제8장 공립대학교육공무원, 제9장 교육감 소속 교육전문직원 등 총 9개장 63개 조항과 부칙으로 구성되어 있다. 이 법은 국·공립학교 교원의 자격, 임용, 보수, 연수, 신분보장 등에 관한 내용을 담고 있고, 사립학교 교원에게도 준용되는 규정이 많아 교원의 신분 및 인사에 관한 가장 기본적인 법률로서 위치하고 있다.

그러나 국가공무원법의 85개 조항 중 20여개 조문을 제외하고는 교육공무원에게도 적용토록하고 있어 교육전문가인 교원 신분의 특수성을 반영하기에는 미흡하다 할 수 있다. 특히 국·공립학교 교원에게 적용되고, 사립학교 교원에게는 준용되는 국가공무원법상의 복무규정 중에는 정치운동과 노동운동 기타

---

9) 1997년 1월 1일부터 공립대학교(서울시립대학교)와 공립전문대학 교원의 신분은 지방공무원화로 된 바 있다. 이어서 2006년 6월 1일부터는 ‘지역특화발전특구’에 관할 지방자치단체장이 임용하는 초·중등학교 교원의 경우 지방공무원으로 보임할 수 있는데 그 수는 많지 않다.

공무 이외의 집단행위를 금지하는 내용이 포함되어 있는데 교원에 대한 지나친 시민권의 제한이라는 비판이 제기된다.

교육공무원법은 교원에 관한 기본 법률이라기보다는 공무원 중에서 특정직 공무원으로서의 교원의 특수성을 인정한 것에 불과한 법으로 평가[10]받기도 한다. 즉 시행령이 없는 이 법률은 이 법 제1조의 규정이 '교원에 대한 특별한 지위'가 아닌 '국가공무원법에 대한 특례'로서의 성격을 갖고 있으며 교원의 법적 지위에 대한 내용에 해당하는 복무에 대해서는 국가공무원법의 복무에 관한 규정(§55－67)과 신분보장에 관한 규정(§68－74)을 거의 대부분 적용하고 있어서 교원의 독자성을 인정한 법이라고는 보기 어렵다.

오히려 국가공무원법은 제2조 제1항의 제2호에서 공무원의 범주에 교육공무원을 특정직공무원으로 구분하고 있어서 국공립학교 교원의 법적 지위에 관한 모법(母法)은 국가공무원법이라 하겠으며 교육공무원법은 그 특례를 인정한 자법(子法)이라 함이 타당하다. 이러한 법률 간의 관계는 교육공무원법 제53조가 일부 적용 불가능한 국가공무원법상의 조항을 열거하는 방식에서도 확인된다.

교육공무원법은 1981년 11월 23일 개정을 통해 "교권은 존중되어야한다"고 한 후 1991년 3월 8일 개정을 통하여는 이에 덧붙여 "전문적 지위나 신분에 영향을 미치는 부당한 간섭을 받지 아니한다"고 개정되는 등 신분보장에 관한 규정을 강화하기도 했다. 그러나 교권이란 개념이 모호(교사의 법적인 교육기본권인지 교육적인 권위인지) 하고 전문적 지위나 신분보장의 관건이 되는 교사의 교육의 자유에 관한 보장조치가 전혀 따르지 않았다는 점에서 교원지위에 관한 기본법으로서는 역부족으로 보여진다.

이 법의 주요 개정 연혁을 개관하면, 1963년의 개정은 교육공무원 자격제도의 합리적 재조정을 도모한 것으로 그 주요 내용은 교사자격을 세분화하고 교육장·장학관·장학사 자격증제를 폐지하고 교육연구관·연구사를 신설했다. 이어 1966년 개정에서는 대학교원 이외의 교육공무원에 대한 동일호봉 동일봉급제를 신설하는 한편, 직위해제 및 해임제도를 신설했다. 1972년 개정에서는 교원의 자격기준을 교육법으로 옮겼고 공로퇴직수당제를 신설하였으며 교육장 및 교장·장학관·교육연구관이 될 수 있는 자격범위를 넓혔다. 1975년에는 대학의 우수교원의 확보를 표방한 이른바 기한부 임용제도가 도입되어 많은 논란을 불러 일으켰다.

1981년 전문 개정에서는 교권존중 조항 및 보수우대 조항이 신설되고 교육전문직의 자격요건이 보다 강화되었으며, 사립학교 교원의 교육공무원 특별채용 근거를 마련하고 초빙교원제도를 신설했다. 1990년에는 교육부로의 명칭변경에 따른 개정 등이 있었다.

그리고 1990년 12월 31일 개정에서는 동법 제11조 제1항(국·공립 교육대학·사범대학 졸업자의 우선채용)의 위헌 결정에 따라 관계 규정을 개정하였고, 1991년 개정에서는 대학 총·학장 및 교원임용제도를 개선하고 교장임기제를 도입했다.

1999년 1월 개정에서는 대학교원을 제외한 교육공무원의 정년을 65세에서 62세로 단축하였고, 2008년 3월에는 교원으로 재직 중 미성년자에 대한 성폭력범죄 행위, 금품수수 행위, 학생성적 관련 비위 행위 및 학생에 대한 신체적 폭력 행위로 인하여 파면·해임된 자를 원칙적으로 다시 교원으로 채용할

10) 신현직(1988), 교원의 지위에 관한 현행교육관계법상의 문제점과 대책, 사회과학논총 6, 73면.

수 없도록 했다.

2012년 12월 개정에서는 지방교육행정기관의 시·도교육감 소속 공무원은 지방직 공무원과 국가직 공무원(교육전문직원)으로 이원화되어 있어, 시·도교육청 차원의 효율적이고 통합적인 조직·인력관리에 불균형이 상존하고 있다는 지적에 따라, 교육감 소속 직원의 인력관리 체계를 일원화하기 위해 시·도교육감 소속 공무원 중 국가직 교육공무원인 교육전문직원을 지방직 교육공무원으로 전환하여 시·도교육감에게 교육감 소속 교육전문직원의 임용권을 부여하는 한편, 지방직 교육전문직원과 국가직 교육공무원(교장, 교감, 교사) 상호간의 전직·전보를 보장하기 위해 인사교류 관련 규정을 신설했다.

2018년 12월 개정에서는 기간제교원의 경우에도 교권이 존중되어야 한다는 점과 지위나 신분에 부당한 간섭을 받지 아니한다는 점을 명시했다(§32③).

2020년 1월 개정에서는 대학 교원 중 특정 성별이 4분의 3을 초과하지 않도록 노력하도록 하고, 국가와 지방자치단체가 대학의 양성평등을 위한 임용계획 및 추진실적을 매년 평가하여 공표하도록 했고(§11의5), 12월 개정에서는, 고등학교 이하 각급학교의 장은 교원에 대한 징계처분의 사유가 성폭력범죄행위, 아동·청소년대상 성범죄 행위, 성매매 행위, 성희롱 행위 등에 해당하는 경우에는 해당 교원을 징계처분 이후 5년 이상 10년 이하의 범위에서 일정 기간 동안 학급을 담당하는 교원으로 배정할 수 없도록 했고(§17③④ 신설), 연구부정행위 및 국가연구개발사업 관련 부정행위를 저지른 교육공무원의 징계 시효를 10년으로 연장했다(§52).

2021년 9월 개정에서는, 총장 후보자를 교원, 직원 및 학생의 합의된 방식과 절차에 따라 선정할 수 있도록 해서 교수들이 주도하던 총장 직선제에 직원과 교원을 참여시키도록 했는데(§24③), 이로 인해 대학 내 갈등이 우려되기도 한다. 나아가 교육공무원 중 교수, 부교수 및 조교수의 경우 공무원으로 재직기간 중 직무와 관련하여 형법 제347조(사기) 또는 제351조(제347조의 상습범)에 규정된 죄를 범한 사람으로서 300만원 이상의 벌금형의 선고를 받고 그 형이 확정된 경우에는 당연히 퇴직하도록 규정(§43의2)했고, 교원의 경우 수사 개시가 이루어졌을 때 직위해제가 가능한 비위행위에 아동·청소년 대상 성범죄 및 아동학대 등의 행위를 추가하였다(§44의2). 대학과 대학교수에 대한 사회적 위상에 변화를 보여주는 개정이었다.

(4) 사립학교 교원의 신분: 사립학교법상 근로자로서 사인(私人)

사립학교 교원은 사립학교의 학교법인과 임용계약을 맺은 근로자로서 사인(私人)의 신분을 갖는다. 그러나 법적 지위의 내용인 권리·의무·책임 관계에 있어서는 국·공립학교 교원과 동일하게 취급받아 왔다. 특히 복무에 관하여는 국·공립 교원 관련 규정을 준용하고 있어서 제반 기본권 제한에서 동일한 적용을 받는다.

헌법재판소 역시 국·공·사립학교의 동질성을 이유로 각 교원의 법적 지위를 동일하게 취급한다. 그러나 사회 일반에서는 사립학교 교원을 지칭하여 준공무원(準公務員)혹은 비공무원(非公務員) 신분이라는 표현을 사용하고 있으나 이는 법적인 신분 용어가 아닌 생활용어에 불과하다.

종합하면 사립학교 교원의 신분은 국·공립학교 교원의 공무원 신분과는 큰 차이가 있으나 법적 지위의 내용인 권리·의무·책임관계에 있어서는 동등하게 간주되고 있다.

(5) 신분 및 정년보장

교원의 신분보장에 대한 기본 방침은 교육기본법 제14조 제1항에 "학교교육에서 교원의 전문성은 존중되며, 교원의 경제적·사회적 지위는 우대되고 그 신분은 보장된다"고 규정된 데서 확인된다. 그리고 국·공립학교 교원의 신분보장은 교육공무원법 제43조를 통하여 교권의 존중과 의사에 반한 신분조치를 금지하고 있는 데서도 발견된다.

교육공무원법 제43조(교권의 존중과 신분보장)

① 교권(敎權)은 존중되어야 하며, 교원은 그 전문적 지위나 신분에 영향을 미치는 부당한 간섭을 받지 아니한다.

② 교육공무원은 형의 선고나 징계처분 또는 이 법에서 정하는 사유에 의하지 아니하고는 본인의 의사에 반하여 강임·휴직 또는 면직을 당하지 아니한다.

③ 교육공무원은 권고에 의하여 사직을 당하지 아니한다.

이어 1991년 제정된 교원지위향상법 제6조 제1항은 위의 규정을 재차 강조하였고, 2006년 10월 4일 개정에서는 내부 신고·고발자 보호 규정을 신설하였다.

교원지위향상법 제6조(교원의 신분보장 등)

① 교원은 형(刑)의 선고, 징계처분 또는 법률로 정하는 사유에 의하지 아니하고는 그 의사에 반하여 휴직·강임(降任) 또는 면직을 당하지 아니한다.

② 교원은 해당 학교의 운영과 관련하여 발생한 부패행위나 이에 준하는 행위 및 비리 사실 등을 관계 행정기관 또는 수사기관 등에 신고하거나 고발하는 행위로 인하여 정당한 사유 없이 징계조치 등 어떠한 신분상의 불이익이나 근무조건상의 차별을 받지 아니한다.

한편, 사립학교 교원 역시, 의사에 반한 휴직·면직과 권고사직을 금지한다(사립학교법 §56). 그러나 학급·학과의 개폐에 의하여 폐직이나 과원이 된 때에는 그렇지 않은 예외를 두어 국·공립학교에 비하여 상대적인 취약점도 갖고 있다.

사립학교법 제56조(의사에 반한 휴직·면직 등의 금지)

① 사립학교 교원은 형(刑)의 선고, 징계처분 또는 이 법에서 정하는 사유에 의하지 아니하고는 본인의 의사에 반하여 휴직이나 면직 등 불리한 처분을 받지 아니한다. 다만, 학급이나 학과의 개편 또는 폐지로 인하여 직책이 없어지거나 정원이 초과된 경우에는 그러하지 아니하다.

② 사립학교 교원은 권고에 의하여 사직을 당하지 아니한다.

불체포 특권[11] 역시 교원의 신분보장과 연관되는 바, 교육공무원법(§48) 및 사립학교법(§60) 그리고

---

11) 교육공무원법 제48조(교원의 불체포특권) 교원은 현행범인인 경우를 제외하고는 소속 학교의 장의 동의 없이 학원 안에서 체포되지 아니한다. 사립학교법 제60조(교원의 불체포특권) 사립학교 교원은 현행범인 경우를 제외하고는 소속 학교장의 동의 없이 학원(學園) 안에서 체포되지 아니한다. 교원지위향상법 제4조(교원의 불체포특권) 교원은 현행범인인 경우 외에는 소속 학교의

교원지위향상법(§4)은 교원은 현행범인인 경우 외에는 소속 학교의 장의 동의 없이 학원 안에서 체포되지 아니한다고 규정하고 있다. 또한, 각급학교 교원의 징계처분과 그 밖에 의사에 반하는 불리한 처분에 대한 소청심사를 하기 위하여 교육부에 '교원소청심사위원회'를 두고 있다(교원지위향상법 §7).[12] 심사 청구는 처분을 인지한 후 30일 이내이고 접수일 60일 이내 결정된다.

국·공립학교 교원의 정년은 1999년부터 65세에서 62세로 단축(대학은 65세 유지)되었다(교육공무원법 §47).[13] 그리고 명예퇴직 신청도 가능한바, 교육공무원으로서 20년 이상 근속한 자가 정년 전에 자진하여 퇴직하는 경우에는 예산의 범위 안에서 명예퇴직수당을 지급할 수 있다(§36).[14]

사립학교 교원의 경우 정년에 관한 별도의 규정은 두고 있지 않아 정관에 정한 정년 관련 규정에 따르게 되나, 국·공립학교 교원의 정년에 준하는 경우가 일반적이다. 다만 일반 교사의 임용시 교장의 제청(학교법인의 경우 이사회 의결 거침)으로 학교법인 또는 사립학교경영자가 임면토록되어 있다(사립학교법 §53의2). 명예퇴직의 경우 국·공립학교 교원의 경우와 동일한 규정을 두고 있다(§60의3).[15]

다. 교원의 사회·경제적 지위 보장

교원의 사회·경제적 지위 보장은 교원에 대한 인격자로서의 지위와 근로자로서의 지위에 대응한 것이다. 동시에 공직자로서 지위보장을 위한 공무원 신분 및 이에 준하는 신분보장은 교원의 사회·경제적 지위보장과 직·간접적으로 연계된다.

먼저, 앞서 살펴본 바와 같이 교육기본법 제14조 제1항에서 "교원의 경제적·사회적 지위는 우대되고"라고 규정되어 있다. 이어 교육공무원법은 "교권의 존중"을 명하고 있고(§43), "보수의 우대"를 규정(§34)[16]하고 있다. 사립학교법에 교원의 사회·경제적 지위에 관한 규정은 두고 있지 않으나 모든 교원에게 적용되는 교원지위향상법과 교원예우에 관한 규정을 통해 사립학교 교원 역시 국·공립학교 교원과 동등한 사회·경제적 지위를 입법적으로 보장받고 있다.

장의 동의 없이 학원 안에서 체포되지 아니한다.

12) 교원지위향상법 제7조(교원소청심사위원회의 설치) ① 각급학교 교원의 징계처분과 그 밖에 그 의사에 반하는 불리한 처분(교육공무원법 제11조의4 제4항 및 사립학교법 제53조의2 제6항에 따른 교원에 대한 재임용 거부처분을 포함한다. 이하 같다)에 대한 소청심사를 하기 위하여 교육부에 교원소청심사위원회를 둔다.

13) 교육공무원법 제47조(정년) ① 교육공무원의 정년은 62세로 한다. 다만, 「고등교육법」 제14조에 따른 교원인 교육공무원의 정년은 65세로 한다. ② 교육공무원(임기가 있는 교육공무원을 포함한다)은 그 정년에 이른 날이 3월에서 8월 사이에 있는 경우에는 8월 31일에, 9월에서 다음 해 2월 사이에 있는 경우에는 다음 해 2월 말일에 각각 당연히 퇴직한다.

14) 교육공무원법 제36조(명예퇴직) ① 교육공무원으로 20년 이상 근속한 사람이 정년 전에 스스로 퇴직하는 경우에는 예산의 범위에서 명예퇴직수당을 지급할 수 있다. ② 제1항에 따른 교육공무원 중 교장·원장이 임기가 끝나기 전에 스스로 퇴직하는 경우 그 정년은 제47조에 따른 연령으로 본다. ③ 제1항의 명예퇴직수당의 지급대상 범위, 지급액 및 지급절차와 그 밖에 필요한 사항은 대통령령으로 정한다.

15) 사립학교법 제60조의3(명예퇴직) ① 사립학교 교원으로서 20년 이상 근속한 사람이 정년 전에 스스로 퇴직하는 경우에는 예산의 범위에서 명예퇴직수당을 지급할 수 있다. ② 제1항의 명예퇴직수당의 지급대상 범위, 지급액, 지급 절차, 그 밖에 필요한 사항은 정관으로 정한다.

16) 교육공무원법 제43조(교권의 존중과 신분보장) ① 교권(敎權)은 존중되어야 하며, 교원은 그 전문적 지위나 신분에 영향을 미치는 부당한 간섭을 받지 아니한다. 제34조(보수결정의 원칙) ① 교육공무원의 보수는 우대되어야 한다. ② 교육공무원의 보수는 자격, 경력, 직무의 곤란성 및 책임의 정도에 따라 대통령령으로 정한다.

1991년 제정된 교원지위향상법은 당시 근로2권의 보장을 요구하는 교직단체들의 요구에 대한 대체 입법으로서 의미를 부여할 수 있는데, 주된 목적은 교원에 대한 예우와 처우를 개선하고 신분보장을 강화함으로써 교원의 지위를 향상시키고 교육 발전을 도모하는 것이었다. 우선 교원의 예우에 관하여 그 의무 실행 주체를 국가, 지방자치단체, 그 밖의 공공단체로 규정하였고, 보수를 특별히 우대할 것과 이를 사립학교에서도 준수할 것을 명하고 있다.

교원지위향상법 제2조(교원에 대한 예우) ① 국가, 지방자치단체, 그 밖의 공공단체는 교원이 사회적으로 존경받고 높은 긍지와 사명감을 가지고 교육활동을 할 수 있는 여건을 조성하도록 노력하여야 한다. ② 국가, 지방자치단체, 그 밖의 공공단체는 교원이 학생에 대한 교육과 지도를 할 때 그 권위를 존중받을 수 있도록 특별히 배려하여야 한다. ③ 국가, 지방자치단체, 그 밖의 공공단체는 그가 주관하는 행사 등에서 교원을 우대하여야 한다. ④ 제1항부터 제3항까지에서 규정한 사항 외에 교원에 대한 예우에 필요한 사항은 대통령령으로 정한다. <신설 2016. 2. 3.>

제3조(교원 보수의 우대) ① 국가와 지방자치단체는 교원의 보수를 특별히 우대하여야 한다. ② 사립학교법 제2조에 따른 학교법인과 사립학교 경영자는 그가 설치·경영하는 학교 교원의 보수를 국공립학교 교원의 보수 수준으로 유지하여야 한다.

한편, 정부는 대통령령으로 '교원예우에 관한 규정'[17]을 제정(2000.4.18.)하였는 데, 이 규정은 2016년 2월 교원지위향상법 개정시 반영되어 폐지되고 기존의 교원지위향상법은 법률명이 "교원의 지위 향상 및 교육활동 보호를 위한 특별법"으로 바뀌었다. 그 주된 내용은 교육활동 침해행위[18] 조사와 교원 보호조치, 관련 분쟁조정과 법률상담, 교원 민원의 조사·관리에 관한 시책을 수립토록 했고(§14), 교원법률지원단 구성·운영(§14의2)활동, 교육활동 침해행위 피해 교원에 대한 특별휴가(§14의3), 교육활동 침해행위에 대한 보호조치(§15), 교육활동 침해 행위의 축소·은폐 금지(§16), 관할청의 교육활동 침해행위, 보호조치등 실태조사(§16의2), 매년 1회 이상의 교직원·학생·보호자 대상 교육활동 침해행위 예방교육(§16의3), 교원치유지원센터의 지정(§17), 교육활동 침해 학생에 대한 조치 등(§18), 도서벽지 근무 교원의 교원의 근무환경 3년 단위 실태조사(§18의2) 그리고 시도 교권보호위원회 및 학교교권보호위원회의 설치(§19)를 규정하였다.

교육부장관이 고시(교육활동 침해 행위 및 조치 기준에 관한 고시, 2021.10.1.)에 따르면 교원의 교육활동(원격수업 포함)을 부당하게 간섭하거나 제한하는 행위는 다음과 같다.

---

17) 국무총리 훈령이었던 것을 대통령령으로 격상시킨 것으로 그 주요내용은 교육 관련 정책 수립시 교원 의견의 반영, 교원의 교육활동을 위한 공공시설의 이용에의 협조, 교원에 대한 자료제출 요구의 제한, 교육과 무관한 행사 참여 요구의 제한, 교원에 대한 민원조사시 소명기회의 보장 및 결과 전 인사상 불이익 조치 금지, 교육활동 관련 비용의 지원 등에 대하여 국가 및 지방자치단체와 교육감에게 의무를 부과하고 있다.

18) 1. 형법 제2편 제25장(상해와 폭행의 죄), 제30장(협박의 죄), 제33장(명예에 관한 죄) 또는 제42장(손괴의 죄)에 해당하는 범죄 행위 2. 성폭력범죄의 처벌 등에 관한 특례법 제2조 제1항에 따른 성폭력범죄 행위 3. 정보통신망 이용촉진 및 정보보호 등에 관한 법률 제44조의7 제1항에 따른 불법정보 유통 행위 4. 그 밖에 교육부장관이 정하여 고시하는 행위로서 교육활동을 부당하게 간섭하거나 제한하는 행위

1. 「형법」 제8장(공무방해에 관한 죄) 또는 제34장 제314조(업무방해)에 해당하는 범죄 행위로 교원의 정당한 교육활동을 방해하는 행위
2. 교육활동 중인 교원에게 성적 언동 등으로 성적 굴욕감 또는 혐오감을 느끼게 하는 행위
3. 교원의 정당한 교육활동에 대해 반복적으로 부당하게 간섭하는 행위
4. 교육활동 중인 교원의 영상·화상·음성 등을 촬영·녹화·녹음·합성하여 무단으로 배포하는 행위
5. 그 밖에 학교장이 「교육공무원법」 제43조 제1항[19]에 위반한다고 판단하는 행위

교원의 사회적 지위는 일반인들의 교직에 대한 선호 및 지위에 대한 인식을 통해서 확인해 볼 수 있다. 각종 직업선호도 조사에서 교원은 부동의 1위를 차지하는 직업군이다. 반면, 교사를 대상으로 한 조사에서는 일반인들이 자신의 지위보다 낮게 인식하는 경향이 있다. 선행연구에 따르면 교사들은 교직을 사회적인 공인도는 매우 높으나 사회적 지위는 중간에 머무는 것으로 인식하는 경향이 있다. 그러나 최근 경쟁사회 속에서 교직의 안정성이 부각되면서 교직에 대한 선호도는 더욱 높은 것으로 나타나고 있으며 대학의 학과 선택시 교육대학 및 사범대학은 여전히 선호도가 높은 학과로 인식되고 있다.

교원의 경제적 지위는 역시 수입의 정도에 가장 큰 영향을 받게 된다. 교원의 수입은 보수와 수당으로 구성되는데 각종 수당의 비중이 타 직업에 비하여 큰 특징을 보이기도 한다. 특정직 국가공무원과 교원의 보수를 비교하여 논의되기도 하는데 초임에 있어서는 상위에 속하나 전체적으로 볼 때에는 중간정도에 해당하며, 다른 직업에 비하여 정년이 다소 긴 것이 특징이다. 그러나 사회적 지위와 마찬가지로 교원 자신이 느끼는 경제적 지위는 일반인들의 인식이나 실제 지표보다도 낮게 인식하는 경향이 있다.

OECD 회원국간 교원관련 자료 비교 결과에 따르면, 미국과 서유럽권의 교원 보수가 상대적으로 높게 나타났고, 한국과 일본은 아시아지역에서 비교적 높은 보수를 받는 것으로 보고되고 있다. 한국은 초임 교원의 보수는 OECD국가의 평균 정도에 해당하지만 고경력 교사일수록 그리고 교감·교장의 관리직의 경우에는 상위에 랭크한 것으로 보고되고 있다.

한국은 교원의 사회·경제적 지위향상을 위하여 특별법까지 제정한 경우이지만, 권리·의무·책임관계와 친숙하기 어려운 '예우' 및 '존경'의 문제는 본질적으로 법률로 강제하기 어려운 입법의 한계 영역이기도 하다. 또한 특별한 보수의 우대 정책이 표방된 지 20여 년에 이르고 있으나 우대의 비교 대상이 설정되어 있지 않은 등 아직은 선언적이며 입법 정책적으로 노력하는 수준에 머문 것도 사실이다.

36설 교원지위 법률주의: 교육공무원법(국공립) + 사립학교법(사립) + 교원지위향상법(예우 · 우대)

19) 제43조(교권의 존중과 신분보장) ① 교권(敎權)은 존중되어야 하며, 교원은 그 전문적 지위나 신분에 영향을 미치는 부당한 간섭을 받지 아니한다.

그림 8-1 교원 관련 법령 체계도

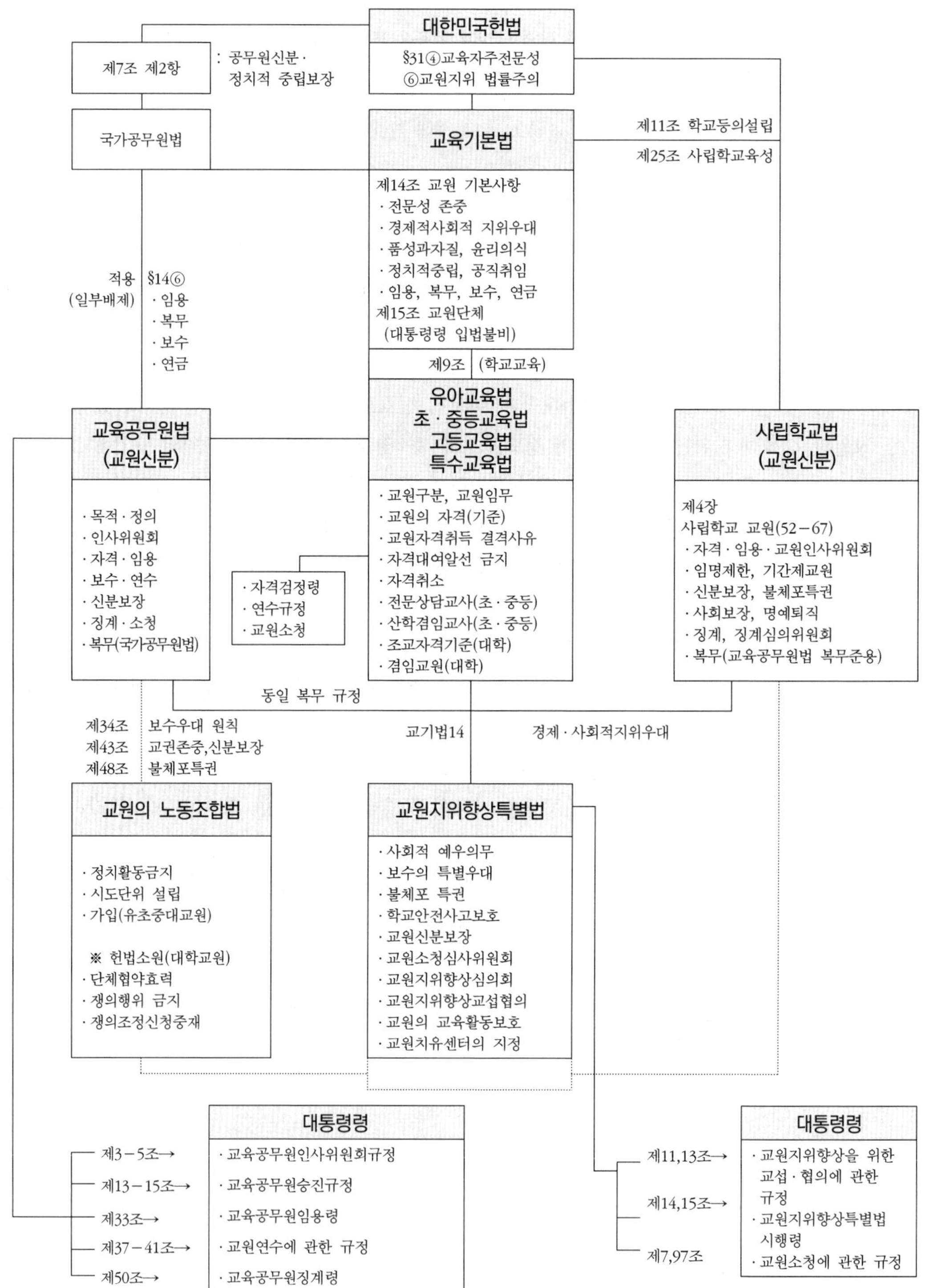

출처: 고전(1996), 교사의 법적지위에 관한 연구, 239면의 [그림 3－3]을 개정법률에 맞게 수정함

2. 교원의 권리 · 의무 · 책임

교원의 권리 · 의무 · 책임 관계는 주로 신분보장 및 복무규정에 나타나는 바, 교육기본법 제14조(전문성 존중, 사회 · 경제적 지위 우대, 신분보장, 교육자로서 품성 및 자질 향상 의무, 교육상의 정치적 중립, 공직취임의 법률유보 등)에 규정하고 있고, 국가공무원법의 복무사항을 적용한다.

가. 교원의 권리

(1) 신분상의 권리

① **신분 · 직위보유권**: 교육공무원은 형의 선고 · 징계처분 또는 교육공무원법이 정하는 사유에 의하지 아니하고는 그 의사에 반하여 휴직 · 강임 또는 면직을 당하지 않고 권고사직 당하지 않는다. 일방적 신분조치는 직제의 개폐 · 정원의 변동에 의한 직권 강임의 경우를 들 수 있다. 사립학교의 경우에는 학급 · 학과의 개폐에 의하여 폐직이나 과원이 된 때 신분조치가 가능하기 때문에 이와 관련한 사실상 해직의 원인이 되어 인사갈등이 벌어지기도 한다.

② **직무집행권**: 교원이 담당하고 있는 직무의 집행을 방해받지 않을 권리이다. 이를 방해하는 경우 형법상의 공무집행 방해죄가 성립한다.

③ **직명사용권**: 교장, 교감, 교사 등의 직명을 사용할 수 있다.

④ **행정쟁송권**: 위법 · 부당하게 그의 의사에 반하여 징계처분 기타 불이익 처분을 받은 때 행정쟁송을 할 수 있다.

⑤ **처분사유서 교부권 및 후임자 보충발령 유예 요구권**: 최종결정 때까지는 후임자를 발령하지 못하도록 요구할 수 있다.

⑥ **재심청구권**: 징계처분, 기타 의사에 반한 불리한 처분에 대해 30일 이내 교육부에 설치된 교원소청심사위원회에 재심을 청구할 수 있다. 이때 징계처분은 파면, 해임, 정직, 감봉, 견책(국 · 공립학교인 경우 징계절차에 의한 '불문경고' 포함)을 말하며, 의사에 반하는 불리한 처분은 면직(직권면직, 형식적인 의원면직), 휴직(직권휴직, 형식적인 의원휴직), 직위해제, 강임, 호봉획정 정정 거부 등을 말한다. 헌법재판소의 판결로 대학의 재임용 거부도 소청심사의 대상이 되도록 하였고 관련 특별위원회가 구성되었다.

(2) 재산상의 권리

① **보수청구권**: 교원은 '공무원보수규정'과 '공무원수당 등에 관한 규정'에 근거하여 보수(봉급과 각종 수당)를 지급받는다. 보수는 자격 · 학력 · 경력에 의하여 동일 호봉을 적용하는 것이 원칙이다. 교원인 교육공무원에게 지급되는 수당에는 상여수당, 가계보전수당, 특수지근무수당, 특수업무수당(연구업무수당, 교원보전수당, 교직수당, 교직수당가산금), 명예퇴직수당(20년 이상 근속 조건)등이 있다.

② **연금청구권**: 교육공무원은 공무원연금법, 사립학교 교원은 사립학교교원연금법의 적용을 받아 재직 동안 연금을 적립한 후 퇴직 시 받을 수 있다.

③ 실비변상청구권: 직무수행에 소요되는 실비변상을 받는다(국가공무원법 §48①).

표 8-9 초·중등 교원의 보수 체계(공무원보수규정, 공무원수당등에관한 규정)

봉급	• 직무와 재직기간에 따라 지급되는 기본 급여(1호봉-40호봉) • 대졸학력(통상 9호봉: 2,116,400원)/ 군필자(통상2년 복무시 11호봉: 2,229,800원) • 최고호봉(40호봉: 5,584,300원)
수당	• 상여수당: 정근수당(1, 7월 지급. 1년-2년 봉급 5%, 2-3년 10%…, 10년 이상 50%), 성과상여금
	• 가계보전수당: 가족수당, 자녀학비보조수당, 육아휴직수당(월봉급액 80% 150만원 초과시 150만원, 70만원 미만시 70만원)
	• 특수지근무수당: 도서벽지수당(가, 나, 다, 라 지역 각각 6, 5, 4, 3만원)
	• 특수근무수당: -연구업무수당(교사): 월 8만원/장학관(연구관): 월 22,000원/장학사(연구사): 월 17,000원 -교직수당(교원 및 교육전문직): 월 250,000원 -교직수당가산금: 교육경력 30년 55세 이상교원(월 5만원), 보직교사·특수교육·미감아담당교원(월 7만원), 학급담임(월 13만원), 보건교사(월 3만원), 병설유치원 겸임 교장/교감(월 10/5만원)
	• 초과근무수당: 시간외근무수당, 야간근무수당, 휴일근무수당, 관리업무수당(교장 월봉급액의 9%)
실비변상	• 정액급식비(월 14만원), 교통보조비(교사 월 13만원), 명절휴가비(봉급의 60% 연 2회) • 가계지원비(월 봉급액의 16.7%), 직급보조비(교장, 교감, 장학사(관),연구사(관))

※ 기본급과 연동된 수당을 기본급으로 산입하였고 수당대비 기본급 비중을 높여감

(3) 교원에 대한 특별한 권리부여

① **불체포 특권**: 현행범인 경우를 제외하고는 소속 학교장의 동의없이 학원 안에서 체포되지 않는다. 일반 공무원들에게 있어서 수사기관이 공무원을 구속하려면 현행범인 경우를 제외하고는 소속기관의 장에게 미리 '통보'하여야하는 규정에 비하여 '동의'를 요건으로 하였다는 점에서 차이가 있다.

② **교원단체 및 교원노조 참여권**: 교원은 교육기본법 제15조에 근거하여 교원단체를 만들어 교원지위향상법상에 근거해 장관 및 교육감과 교섭·협의할 수 있다. 또한 교원노조법에 따라 교원노조를 만들어 장관 및 교육감과 단체교섭을 할 수도 있다. 2006년 1월부터는 일반 공무원에게도 노조가 허용되고 있다.

③ **사회·경제적 지위 우대권**: 앞서 살펴본 바와 같이 교육기본법상 교원의 경제적·사회적 지위의 적정한 우대 원칙(§14), 교육공무원법상의 보수의 우대(§34①) 및 교원지위향상법상의 보수의 특별한 우대와 사립학교 교원의 국공립학교 교원 보수수준의 유지의무(§3)가 규정되어 있다. 교원 예우에 관한 규정 역시 특별한 우대 입법 정책이라 할 수 있다.

나. 교원의 의무

교원의 의무는 공무원의 복무를 규정한 국가공무원법(§55-67)과 지방공무원법(§47-58)을 적용받도록 하고 있다(교육공무원법 §53).[20] 사립학교 교원 역시 국·공립학교 교원의 복무에 관한 규정을 준용토록 하고 있다(사립학교법 §55).[21] 또한, 국가공무원법 제67조(위임 규정) "공무원의 복무에 관하여 필요한 사항은 이 법에 규정한 것 외에는 대통령령등으로 정한다"에 근거하여 제정된 국가공무원복무규정(대통령령)이 국·공사립학교 교원에게도 적용 및 준용되고 있다.

(1) 국민에 대한 봉사자로서 선서의 의무

공무원은 취임할 때에 소속 기관장 앞에서 대통령령(지방공무원은 조례)등으로 정하는 바에 따라 선서(宣誓)하여야 한다. 다만, 불가피한 사유가 있으면 취임 후에 선서하게 할 수 있다(국가공무원법 §55, 지방공무원법 §47). 국가공무원인 국·공립학교 교원은 최초로 임용되어 임명장을 수여받을 때에 소속 기관장(임용권자) 앞에서 선서하여야 한다.[22] 일반적으로 중등의 경우에는 시·도교육청의 교육감 앞에서, 초등의 경우에는 교육지원청의 교육장 앞에서 선서한다. 선서문은 "나는 대한민국 공무원으로서 헌법과 법령을 준수하고, 국가를 수호하며, 국민에 대한 봉사자로서의 임무를 성실히 수행할 것을 엄숙히 선서합니다"로 되어 있다. 교육전문가로서 교직에 들어서는 교원에게 이러한 국민에 대한 봉사자로 지위에 초점을 맞춘 국가공무원으로서의 선서문보다는 걸맞는 표현으로 보완됨이 바람직할 것이다.

(2) 법령 준수 및 성실한 직무 수행의 의무

모든 공무원은 법령을 준수하며 성실히 직무를 수행하여야 한다(국가공무원법 §56, 지방공무원법 §48). 성실과 불성실의 기준을 일률적으로 규정할 수는 없으나 현행법상 성실의무 위반은 교육공무원 징계양정 등에 관한 규칙(교육부령)에 따르면 9가지로 예시되어 있다. 즉, 공금횡령·유용, 업무상배임, 직권남용으로 타인 권리 침해, 직무태만 또는 회계질서 문란, 시험문제 유출 및 성적 조작 비위, 인사 관련(신규·특별채용·승진·전직·전보) 비위, 학교폭력 고의은폐·미대응, 연구비 비위, 기관내 성(性)비위의 고의적 은폐·미대응 등이다. 금전과 인사 관련 비위에 비중을 두고 있고, 최근 성폭력 및 학교폭력과 관련한 고의적 은폐와 미대응에 대한 징계가 강화되고 있다.

성실의 의무 위반에 대한 징계는 비위의 정도 및 과실의 경중(경과실·중과실)과 고의성 유무에 따라

---

20) 교육공무원법 제53조는 「국가공무원법」과의 관계를 규정한 조항으로서 국가공무법의 적용을 배제하는 조항을 열거하고 있다. 국가공무원의 복무를 정한 규정(§55-67)이 포함되어 있지 않아 동일 적용된다.

21) 제55조(복무) ① 사립학교의 교원의 복무에 관하여는 국·공립학교의 교원에 관한 규정을 준용한다.

22) 국가공무원복무규정 제2조(선서) ① 국가공무원은 취임할 때에 소속 기관의 장 앞에서 선서를 하여야 한다. ② 제1항의 선서는 별표 1의 선서문에 따른다("나는 대한민국 공무원으로서 헌법과 법령을 준수하고, 국가를 수호하며, 국민에 대한 봉사자로서의 임무를 성실히 수행할 것을 엄숙히 선서합니다").
국가공무원선서에 관한 규칙 제2조(선서의 시기 및 장소) ① 행정부 소속 국가공무원은 최초로 임용되어 임명장을 수여받을 때 소속 기관의 장(임용권자) 앞에서 선서를 하고, 부득이한 사유가 있는 경우에는 임명장을 수여받은 후에 선서를 하게 할 수 있다. 제3조(선서의 방식) ① 선서는 일어서서 오른손을 들고 선서문을 낭독하는 방식으로 한다. ② 2명 이상이 함께 선서를 하는 경우에는 전원이 일어서서 오른손을 들고 대표자 1명이 낭독하게 할 수 있다.

파면에서 견책에 이른다. 즉, 교육공무원징계위원회는 징계혐의자의 비위 유형, 비위 정도 및 과실의 경중과 평소 행실, 근무성적, 공적, 뉘우치는 정도 또는 그 밖의 정상 등을 참작하여 별표의 징계기준에 따라 징계를 의결하여야 한다.

표 8-10 성실의무 위반의 종류와 비위의 정도 및 과실에 따른 징계기준

비위의 정도 및 과실 / 성실의무 위반 종류	심한비위/고의	심한 비위/중과실 or 약한 비위/고의	심한 비위/경과실 or 약한 비위/중과실	약한 비위/경과실
1. 공금횡령·유용, 업무상 배임	파면	파면－해임	해임－강등	정직－감봉
2. 직권남용으로 다른 사람의 권리 침해	파면	해임	강등－정직	감봉
3. 부작위, 직무태만, 소극행정, 회계질서 문란	파면	해임	강등－정직	감봉－견책
4. 시험문제유출, 학생성적조작등 학생성적관련 비위 및 학교생활기록부 허위사실 기재, 부당 정정등 생활기록부 관련비위	파면	해임	해임－강등－정직	감봉－견책
5. 신규채용, 특별채용, 승진, 전직, 전보 등 인사와 관련한 비위	파면	해임	해임－강등－정직	감봉－견책
6. 학교폭력법에 따른 학교폭력을 고의적으로 은폐하거나 대응하지 아니한 경우	파면	해임	해임－강등－정직	감봉－견책
7. 연구부정행위	파면	해임	해임－강등－정직	감봉－견책
8. 연구비의 부당수령 및 부정사용 등 연구비의 수령 및 사용과 관련한 비위	파면	파면－해임	해임－강등	정직－감봉
9. 교육공무원법(§52)성관련비위은폐무대응	파면	해임	해임－강등－정직	감봉－견책
10. 국가공무원법(§78의2①) 지방공무원법(§69의2①) 비위 미신고, 미고발	파면－해임	강등－정직	정직－감봉	감봉－견책
11. 부정청탁에 따른 직무수행	파면	파면－해임	강등－정직	감봉－견책
12. 부정청탁	파면	해임－강등	정직－감봉	견책
13. 성과상여금 부정지급	파면－해임	강등－정직	정직－감봉	감봉－견책
14. 그 밖의 성실의무 위반	파면－해임	강등－정직	감봉	견책

주1: 초과근무수당 또는 여비를 거짓이나 부정한 방법으로 지급받은 경우에 해당하는 경우 그 징계기준은 「공무원 징계령 시행규칙」 별표 1의2 또는 「지방공무원 징계규칙」 별표 1의2를 준용한다.

주2: "부작위"란 교육공무원이 상당한 기간 내에 이행해야 할 직무상 의무가 있는데도 이를 이행하지 않는 것을 말한다.

주3: "연구부정행위"란 「학술진흥법」 제2조 제5호에 따른 연구자에 해당하는 교육공무원이 같은 법 제15조에 따른 연구부정행위를 저지른 경우를 말한다.

주4: "부정청탁에 따른 직무수행"이란 「부정청탁 및 금품등 수수의 금지에 관한 법률」 제6조의 부정청탁에 따른 직무수행을 말한다.

주5: "성과상여금"이란 「공무원수당 등에 관한 규정」 제7조의2 제10항에 따른 성과상여금을 말한다.

출처: 교육공무원 징계양정등에 관한 규칙(교육부령, 2022.1.3. 개정) [별표]상 징계기준(제2조 제1항 관련) 성실의무 발췌

(3) 직무상 명령에 복종 의무

공무원은 직무를 수행할 때 소속 상관의 직무상 명령에 복종하여야 한다(국가공무원법 §57).[23] 이를 교원에 적용한다면, 직무를 수행함에 있어서 소속 상관(교장·교감)의 직무상 명령에 복종할 의무를 진다.

23) 지방공무원법 제49조(복종의 의무)는 "공무원은 직무를 수행할 때 소속 상사의 직무상 명령에 복종하여야 한다. 다만, 이에 대한 의견을 진술할 수 있다"로 다소 구체적이다.

그러나 부당 이익을 위한 불공정 직무 지시에 대하여는 그 상급자에게 소명하고 거부하거나 행동강령 책임관에게 상담할 수 있다.[24] 공정한 지시사항을 불이행하여 업무추진에 중대한 차질을 준 경우 징계를 받게 된다.

교장·교감의 교사에 대한 직무 감독권 행사의 일환으로 하는 업무지시는 경우에 따라서 법령에 따라 학생을 교육하는 교사의 직무 수행과정에서 교사의 교수·학습활동의 자유를 제한하는 결과를 낳기도 한다. 교사의 활동이 법령과 학칙의 범위 내에서 행해졌다면 교사의 수업방법 및 평가방법의 선택은 존중되어야 하며, 교사 역시 교장·교감이 교사의 교육활동에 대한 장학 지도·조언 전문가로서 역할이 있음을 인정하여야 한다. 이 점에서 교육조직에서 교사와 교장·교감과의 관계는 명령·복종이라는 공무상의 관계 외에도 교육상의 지도·조언 관계가 병존함을 상호 인식할 필요가 있다. 다만, 이러한 복종의무는 불복종의 문제 상황이 발생하였을 경우 법적 판단의 근거로서 작용하므로 교사는 이를 인식해야 한다.

표 8-11 복종의무 위반 비위에 따른 징계기준

비위의 정도 및 과실 / 복종의무 위반	심한비위/고의	심한 비위/중과실 or 약한 비위/고의	심한 비위/경과실 or 약한 비위/중과실	약한 비위/경과실
1. 지시사항 불이행으로 업무 추진에 중대한 차질을 준 경우	파면	해임	강등－정직	감봉－견책
2. 그 밖의 복종의무 위반	파면－해임	강등－정직	감봉	견책

출처: 교육공무원 징계양정등에 관한 규칙(교육부령, 2022.1.3. 개정) [별표]상 징계기준(제2조 관련) 복종의무 위반 발췌

(4) 직장 이탈 금지

공무원은 소속 상관의 허가 또는 정당한 사유가 없으면 직장을 이탈하지 못한다. 교사는 교장·교감의 허가 또는 정당한 사유가 없으면 학교를 이탈해서는 안되며 교육업무에 전념하여야 한다. 일반적으로 탄력 출퇴근제가 실시되고 있기도 하다. 초·중등학교 교사가 대학등에 강의를 나갈 경우에는 강의 요청기관의 공문에 의하고, 연가를 사용하거나 업무에 지장이 없는 범위 내에서 허용된다.[25] 수사기관이 공

---

24) 공무원행동강령 제4조(공정한 직무수행을 해치는 지시에 대한 처리) ① 공무원은 상급자가 자기 또는 타인의 부당한 이익을 위하여 공정한 직무수행을 현저하게 해치는 지시를 하였을 때에는 그 사유를 그 상급자에게 소명하고 지시에 따르지 아니하거나 제23조에 따라 지정된 공무원 행동강령에 관한 업무를 담당하는 공무원(이하 "행동강령책임관"이라 한다)과 상담할 수 있다. ② 제1항에 따라 지시를 이행하지 아니하였는데도 같은 지시가 반복될 때에는 즉시 행동강령책임관과 상담하여야 한다. ③ 제1항이나 제2항에 따라 상담 요청을 받은 행동강령책임관은 지시 내용을 확인하여 지시를 취소하거나 변경할 필요가 있다고 인정되면 소속 기관의 장에게 보고하여야 한다. 다만, 지시 내용을 확인하는 과정에서 부당한 지시를 한 상급자가 스스로 그 지시를 취소하거나 변경하였을 때에는 소속 기관의 장에게 보고하지 아니할 수 있다. ④ 제3항에 따른 보고를 받은 소속 기관의 장은 필요하다고 인정되면 지시를 취소·변경하는 등 적절한 조치를 하여야 한다. 이 경우 공정한 직무수행을 해치는 지시를 제1항에 따라 이행하지 아니하였는데도 같은 지시를 반복한 상급자에게는 징계 등 필요한 조치를 할 수 있다.

25) 공무원행동강령 제15조(외부강의·회의등의 신고) ① 공무원은 대가를 받고 세미나, 공청회, 토론회, 발표회, 심포지엄, 교육과정, 회의 등에서 강의, 강연, 발표, 토론, 심사, 평가, 자문, 의결 등을 할 때에는 미리 외부강의·회의등의 요청자, 요청 사유, 장소, 일시 및 대가를 소속 기관의 장에게 신고하여야 한다. 다만, 외부강의·회의 등의 요청자가 국가나 지방자치단체(그 소속 기관 포함)인 경우는 그러하지 아니하다. ② 공무원이 제1항에 따라 외부강의·회의등을 할 때 받을 수 있는 대가는 외부강의·회의 등의 요청자가 통상적으로 적용하는 기준을 초과해서는 아니 된다.

무원을 구속하려면 그 소속 기관의 장에게 미리 통보하여야 한다. 다만, 현행범은 그러하지 아니하다(국가공무원법 §58, 지방공무원법 §50).

표 8-12 직장 이탈 금지 위반의 비위에 따른 징계기준

비위의 정도 및 과실 / 직장 이탈 금지 위반	심한비위/고의	심한 비위/중과실 or 약한 비위/고의	심한 비위/경과실 or 약한 비위/중과실	약한 비위/경과실
1. 집단행위를 위한 직장 이탈	파면	해임	강등－정직	감봉－견책
2. 무단결근	파면	해임－강등	정직－감봉	견책
3. 그 밖의 직장 이탈 금지 위반	파면－해임	강등－정직	감봉	견책

출처: 교육공무원 징계양정등에 관한 규칙(교육부령, 2022.1.3. 개정) [별표]상 징계기준(제2조 관련) 직장 이탈 금지 발췌

(4) 친절과 공정의 의무

공무원은 국민 전체의 봉사자로서 친절하고 공정하게 직무를 수행하여야 한다(국가공무원법 §59,[26] 지방공무원법 §51[27])). 학생의 학습권을 보장하는 데 있어서 교원의 역할은 교육의 질에 결정적 영향을 미친다는 점에서 중요하다. 교육 수요자인 학생과 학부모에 친절히 대하여야 함은 물론, 모든 학생에게 편증편애(偏憎偏愛)[28] 없는 공평한 자세로 임해야 한다. 공무원은 직무를 수행할 때 지연·혈연·학연·종교 등을 이유로 특정인에게 특혜를 주거나 특정인을 차별해서는 안되는 규정(공무원행동강령 §6)[29] 역시 공정의 의무와 연관된다.

표 8-13 친절 공정의 의무 위반의 비위에 따른 징계기준

비위의 정도 및 과실 / 비위의 유형	심한비위/고의	심한 비위/중과실 or 약한 비위/고의	심한 비위/경과실 or 약한 비위/중과실	약한 비위/경과실
친절·공정의 의무 위반	파면－해임	강등－정직	감봉	견책

출처: 교육공무원 징계양정등에 관한 규칙(교육부령, 2022.1.3. 개정) [별표]상 징계기준(제2조 관련) 친절공정 위반 발췌

(5) 종교중립의 의무

공무원은 종교에 따른 차별 없이 직무를 수행하여야 한다. 공무원은 소속 상관이 상기의 위배되는 직무상 명령을 한 경우에는 이에 따르지 아니할 수 있다(국가공무원법 §59의2, 지방공무원법 §51의2 2009.2.6.

---

26) 국가공무원복무규정 제4조(친절·공정한 업무 처리) ① 공무원은 공사(公私)를 분별하고 인권을 존중하며 친절하고 신속·정확하게 업무를 처리하여야 한다.

27) 제51조 공무원은 주민 전체의 봉사자로서 친절하고 공정하게 직무를 수행하여야 한다.

28) 편증(偏憎)은 특별히 어떤 학생을 미워하는 것, 편애(偏愛)는 일부 학생에게만 애정을 배푸는 것으로, 공평하지 못한 태도나 일관되지 못한 태도와 더불어 국가를 불문하고 학생들이 가장 싫어하는 교사유형이라고 할 수 있다.

29) 제6조(특혜의 배제) 공무원은 직무를 수행할 때 지연·혈연·학연·종교 등을 이유로 특정인에게 특혜를 주거나 특정인을 차별하여서는 아니 된다.

신설).[30] 종교계 학교의 경우 학사 및 교무행정을 수행할 경우 교직원 상호간, 학생 교육 중 부지불식 간에 위반될 수 있음에 유의해야 한다.

(6) 비밀엄수의 의무

공무원은 재직 중은 물론 퇴직 후에도 직무상 알게 된 비밀을 엄수하여야 한다(국가공무원법 §60, 지방공무원법 §52). 따라서 교원 역시 교직 재직 중은 물론 퇴직 후에도 교육활동상 알게 된 비밀을 엄수하여야 한다. 특히 학생의 특징 및 가정환경과 관련된 교육정보의 보호에 유의하여야 하며, 공교육의 유지 및 관리를 위한 각종 공문서의 보안 관리를 철저히 해야 한다. 학교폭력법은 관계자 신상정보 등 비밀을 유지 못하였을 경우 그에게 벌칙을 부과한다.[31]

표 8-14 비밀엄수의 의무 위반 비위에 따른 징계기준

비위의 정도 및 과실 / 비밀엄수의 의무 위반	심한비위/고의	심한 비위/중과실 or 약한 비위/고의	심한 비위/경과실 or 약한 비위/중과실	약한 비위/경과실
1. 비밀의 누설·유출	파면	파면－해임	강등－정직	감봉－견책
2. 비밀분실 또는 해킹 등에 의한 비밀침해 및 비밀유기 또는 무단방치	파면－해임	강등－정직	정직－감봉	감봉－견책
3. 개인정보 부정 이용 및 무단 유출	파면－해임	해임－강등	정직	감봉－견책
4. 개인정보의 무단조회·열람 및 관리소홀 등	파면－해임	강등－정직	감봉	견책
5. 그 밖에 보안관계 법령 위반	파면－해임	강등－정직	감봉	견책

출처: 교육공무원 징계양정등에 관한 규칙(교육부령, 2022.1.3개정) [별표]상 징계기준(제2조 관련) 비밀엄수 위반 발췌

(7) 청렴의 의무

공무원은 직무와 관련하여 직접적이든 간접적이든 사례·증여 또는 향응을 주거나 받을 수 없다. 공무원은 직무상의 관계가 있든 없든 그 소속 상관에게 증여하거나 소속 공무원으로부터 증여를 받아서는 안된다(국가공무원법 §61, 지방공무원법 §53). 교원의 경우 학부모로부터 이른바 촌지(寸志)를 받는 것은 청렴의무에 위반된다. 금품수수로 인한 비위의 정도가 무겁고 고의가 있는 경우 파면 될 수 있다. 스승의 날 및 학부모 상담시 학부모로부터 금품(상품권 포함)을 받는 것은 명백한 청렴의무 위반으로 볼 수 있다. 일반적으로 학부모들 사이에서는 답례의 뜻으로 담임 선생님에게 전하는 꽃다발·케이크·음료수 정도는 관례적인 인사로 인식되기도 하지만, 대가성이 인정된다면 이 또한 규정에 위반될 수 있다.

---

30) 국가공무원복무규정 제4조 ② 공무원은 직무를 수행할 때 종교 등에 따른 차별 없이 공정하게 업무를 처리하여야 한다.
31) 학교폭력법 제21조(비밀누설금지 등) ① 이 법에 따라 학교폭력의 예방 및 대책과 관련된 업무를 수행하거나 수행하였던 자는 그 직무로 인하여 알게 된 비밀 또는 가해학생·피해학생 및 제20조에 따른 신고자·고발자와 관련된 자료를 누설하여서는 아니 된다. 제22조(벌칙) ① 제21조 제1항을 위반한 자는 300만원 이하의 벌금에 처한다.

표 8-15 청렴의 의무 위반의 비위에 따른 징계기준

금품 · 향응 등 재산상의 이익 / 비위의 유형	100만원 미만		100만원 이상
	수동	능동	
1. 위법 · 부당한 처분과 직접적인 관계없이 금품 · 향응 등 재산상 이익을 직무관련자 또는 직무관련공무원으로부터 받거나 직무관련공무원에게 제공한 경우	강등－감봉	해임－정직	파면－강등
2. 직무와 관련하여 금품 · 향응 등 재산상 이익을 받거나 제공하였으나, 그로 인하여 위법 · 부당한 처분을 하지 아니한 경우	해임－정직	파면－강등	파면－해임
3. 직무와 관련하여 금품 · 향응 등 재산상 이익을 받거나 제공하고, 그로 인하여 위법 · 부당한 처분을 한 경우	파면－강등	파면－해임	파면

주 1. "금품 · 향응 등 재산상 이익"이란 「국가공무원법」 제78조의2 제1항 제1호에 따른 금전, 물품, 부동산, 향응 또는 그 밖에 「공무원 징계령」 제17조의2제1항에서 정하는 재산상 이익(금전이 아닌 재산상 이득의 경우에는 금전으로 환산한 금액을 말한다)을 말한다.

주 2. "직무관련자"와 "직무관련공무원"이란 「공무원 행동강령」 제2조 제1호에 따른 직무관련자와 같은 조 제2호에 따른 직무관련공무원을 말한다.

출처: 공무원 징계령 시행규칙(총리령, 2021.12.30. 개정) [별표1의3] 청렴의무 위반 징계기준(제2조 관련) 발췌

(8) 외국정부 영예 · 증여시 대통령 허가 받을 의무

공무원은 외국 정부로부터 영예 또는 증여를 받을 경우에는 대통령의 허가를 받아야 한다(국가공무원법 §62, 지방공무원법 §52). 직접수여하기 위한 해외출장 신청의 경우에는 관할청의 공무여행 허가시 관련 허가를 요청하여야 한다. 허가를 받지 않고 대한민국과 적국 관계에 있는 외국으로부터 영예 및 증여를 받았다면 복무 위반의 징계 사유가 될 수 있다.

(9) 품위유지의 의무

공무원은 직무의 내외를 불문하고 그 품위가 손상되는 행위를 하여서는 아니 된다(국가공무원법 §63, 지방공무원법 §55). 일반 공무원에 비하여 인격자로서 지위라는 역할 기대를 받고 있는 교원의 경우 품위유지의 의무는 더욱 폭넓게 적용될 수 있다. 교육공무원 징계양정 등에 관한 규칙에 따르면 성희롱,[32] 성매매, 공연음란행위, 미성년자 · 장애인에 대한 성폭력 · 성매매 · 공연음란행위, 카메라 등을 이용한 불법촬영 또는 불법촬영물 유포, 성관련 비위 피해자에 대한 2차 피해, 성 관련 비위 신고자에게 피해(신고자 신상정보유출, 신고자에 대한 폭행 · 폭언, 그 밖에 신고자의 의사에 반하는 일체의 불리한 처우)를 입힌 경우, 그 외 성 관련 비위, 학생에 대한 신체적 · 정서적 폭력행위, 음주운전, 그 밖의 품위유지의무 위반 등 15항목이 열거되어 있다. 최근 성 비위 및 음주운전에 대한 징계기준이 강화되고 있다.

법령 사항은 아니나 지역 교육청에 따라서는 방탕(放蕩), 주벽(酒癖), 알콜중독, 아편흡식, 축첩(蓄妾),

32) 국가인권위원회법(§2(5)) 규정상 "성희롱"을 의미하며 "업무, 고용 그 밖의 관계에서 공공기관의 종사자, 사용자 또는 근로자가 그 직위를 이용하거나 업무 등과 관련하여 성적 언동 등으로 성적 굴욕감 또는 혐오감을 느끼게 하거나 성적 언동 그 밖의 요구 등에 대한 불응을 이유로 고용상의 불이익을 주는 것"을 말한다.

도박(賭博), 낭비(浪費), 과도한 부채(負債), 경박(輕薄) 등도 열거되기도 된다. 또한 공무원은 근무중 품위를 유지할 수 있는 단정한 복장을 착용할 의무(국가공무원복무규정 §8의2)가 있는데 교원에게도 적용된다.

교원으로서 품위를 손상하였는지의 여부는 당사자 의도와 장소 및 품위손상 상황 및 사회적 영향력 등을 고려하여 판단하게 된다. 학교현장에서는 교원의 복장 및 두발과 관련하여서 품위유지와 교원의 표현의 자유나 개인 프라이버시 보장 간에 논란이 되기도 한다. 지나치게 엄격하게 적용될 경우 논란이 있을 수 있다.

표 8-16 품위유지 의무 위반 비위에 따른 징계기준

비위의 정도 및 과실 / 품위유지 의무 위반	심한비위/고의	심한 비위/중과실 or 약한 비위/고의	심한 비위/경과실 or 약한 비위/중과실	약한 비위/경과실
1. 성희롱	파면	파면-해임	강등-정직	감봉-견책
2. 미성년자 또는 장애인에 대한 성희롱	파면	파면-해임	해임-강등	강등-정직
3. 성매매	파면	파면-해임	해임-강등	강등-정직
4. 미성년자 또는 장애인에 대한 성매매	파면	파면	파면-해임	해임
5. 성폭력	파면	파면	파면-해임	해임
6. 미성년자 또는 장애인에 대한 성폭력	파면	파면	파면	파면-해임
7. 공연음란 행위	파면	파면-해임	강등-정직	감봉-견책
8. 미성년자 또는 장애인에 대한 공연음란	파면	파면-해임	해임-강등	강등-정직
9. 카메라를 이용한 불법촬영·촬영물 유포	파면	해임	해임-강등-정직	감봉-견책
10. 교육공무원법(§52) 비위피해자 2차피해	파면	해임	해임-강등-정직	감봉-견책
11. 교육공무원법(§52) 성비위 신고자 피해	파면	해임	해임-강등-정직	감봉-견책
12. 1-11 사항 외의 성관련 비위	파면	해임	해임-강등-정직	감봉-견책
13. 학생에 대한 신체·정신·정서적 폭력행위	파면-해임	해임-강등	강등-정직	감봉-견책
14. 음주운전	공무원 징계령시행규칙 별표1의5를 준용			
15. 그 밖의 품위유지의무 위반	파면-해임	강등-정직	감봉	견책

주 1. "성희롱"이란 「양성평등기본법」 제3조 제2호에 따른 성희롱을 말한다.
주 2. 비위행위가 음주운전에 해당하는 경우 그 징계기준은 「공무원 징계령 시행규칙」 [별표1의5]를 준용한다.
출처: 교육공무원 징계양정등에 관한 규칙(교육부령, 2022.1.3. 개정) [별표]상 징계기준(제2조 관련) 품위유지 위반 발췌

(10) 영리업무 및 겸직 금지

공무원은 공무 외에 영리를 목적으로 하는 업무에 종사하지 못하며, 소속 기관장의 허가 없이 다른 직무를 겸할 수 없다. 상기의 영리를 목적으로 하는 업무의 한계는 대통령령 등으로 정한다(국가공무원법 §64, 지방공무원법 §56).[33] 예를 들어 교원이 학교 내에서 다단계 판매원으로 등록하여 영리활동을 하는 행

33) 국가공무원복무규정 제25조(영리 업무의 금지) 공무원은 다음 각 호의 어느 하나에 해당하는 업무에 종사함으로써 공무원의 직무 능률을 떨어뜨리거나, 공무에 대하여 부당한 영향을 끼치거나, 국가의 이익과 상반되는 이익을 취득하거나, 정부에 불명예스러운 영향을 끼칠 우려가 있는 경우에는 그 업무에 종사할 수 없다. 1. 공무원이 상업, 공업, 금융업 또는 그 밖의 영리적인 업무를 스스로 경영하여 영리를 추구함이 뚜렷한 업무 2. 공무원이 상업, 공업, 금융업 또는 그 밖에 영리를 목적으로 하는 사기업체(私企業體)의 이사·감사 업무를 집행하는 무한책임사원·지배인·발기인 또는 그 밖의 임원이 되는 것 3. 공무원 본인의 직무와 관련 있는 타인의 기업에 대한 투자 4. 그 밖에 계속적으로 재산상 이득을 목적으로 하는 업무

위 등은 금지되고 있다. 반면, 배우자가 영리업무에 종사하는 것은 법적으로 문제되지 않으나 관련 업무로 인하여 수업등 교직 수행에 지장을 초래한다면 직무전념 의무 및 성실의무 등의 위반이 될 수 있다. 겸직의 경우 법률이 정하는 바에 따라 다른 공직에 취임하는 것은 가능하다(교육기본법 §14⑤).

표 8-17 영리업무 및 겸직금지 의무 위반의 비위에 따른 징계양정

비위의 정도 및 과실 / 비위의 유형	심한비위/고의	심한 비위/중과실 or 약한 비위/고의	심한 비위/경과실 or 약한 비위/중과실	약한 비위/경과실
영리업무 및 겸직금지 의무 위반	파면－해임	강등－정직	감봉	견책

출처: 교육공무원 징계양정등에 관한 규칙(교육부령, 2015.12.18. 개정) [별표]상 징계기준(제2조 관련) 발췌

(11) 정치운동의 금지

공무원은 정당이나 그 밖의 정치단체[34]의 결성에 관여하거나 이에 가입할 수 없다. 그런데 2020년 헌법재판소는 초·중등학교 교원에 대하여 "그 밖의 정치단체"부분은 청구인들의 정치적 표현의 자유 및 결사의 자유를 침해하였다고 판시하여 정당의 결성에 관여하거나 가입하는 것에 한정하여 금지하는 것으로 해석하는 것이 타당하다 할 것이다.

국가공무원법조항 중 '그 밖의 정치단체'에 관한 부분은 공무원의 정치적 중립성 및 교육의 정치적 중립성을 보장하기 위한 것이므로, 그 입법목적의 정당성이 인정된다. 그러나 위 조항은 위와 같은 입법목적과 아무런 관련이 없는 단체의 결성에 관여하거나 이에 가입하는 행위까지 금지한다는 점에서 수단의 적합성 및 침해의 최소성이 인정되지 않는다. 또한 위 조항은 국가공무원법 제2조 제2항 제2호의 교육공무원 가운데 초·중등교육법 제19조 제1항의 교원(이하 '교원'이라 한다)의 직무와 관련이 없거나 그 지위를 이용한 것으로 볼 수 없는 결성 관여행위 및 가입행위까지 전면적으로 금지한다는 점에서도 수단의 적합성 및 침해의 최소성을 인정할 수 없다. 공무원의 정치적 중립성은 국민 전체에 대한 봉사자의 지위에서 공직을 수행하는 영역에 한하여 요구되는 것이고, 교원으로부터 정치적으로 중립적인 교육을 받을 기회가 보장되는 이상, 교원이 기본권 주체로서 정치적 자유권을 행사한다고 하여 교육을 받을 권리가 침해된다거나 교육의 정치적 중립성이 훼손된다고 볼 수 없다. 교원이 사인의 지위에서 정치적 자유권을 행사하게 되면 직무수행에 있어서도 정치적 중립성을 훼손하게 된다는 논리적 혹은 경험적 근거는 존재하지 않는다. 공무원의 정치적 중립성 및 교육의 정치적 중립성에 대한 국민의 신뢰는 직무와 관련하여 또는 그 지위를 이용하여 정치적 중립성을 훼손하는 행위를 방지하기 위한 감시와 통제 장치를 마련함으로써 충분히 담보될 수 있다. 위 조항이 교원에 대하여 정치단체의 결성에 관여하거나 이에 가입하는 행위를 전면적으로 금지함으로써 달성할 수 있는 공무원의 정치적 중립성 및 교육의 정치적 중립성은 명백하거나 구체적이지 못한 반면, 그로 인하여 교원이 받게 되는 정치적 표현의 자유 및 결사의 자유에 대한 제약과 민주적 의사형성과정의 개방성과 이를 통한 민주주의의 발전이라는 공익에 발생하는 피해는 매우 크므로, 위 조항은 법익의 균형성도 갖추지 못하였다. 위 조항은 과잉금지원칙에 위배되어 나머지 청구인들의 정치적 표현의 자유 및 결사의 자유를 침해한다(헌재 2020. 4. 23. 2018헌마551).

---

34) 국가공무원법(법률 제8996호, 2008.3.28. 개정) 제65조 제1항 중 '국가공무원법 제2조 제2항 제2호의 교육공무원 가운데 초·중등교육법 제19조 제1항의 교원은 그 밖의 정치단체의 결성에 관여하거나 이에 가입할 수 없다.' 부분은 헌법에 위반된다(2018헌마551).

공무원은 선거에서 특정 정당 또는 특정인을 지지 또는 반대하기 위한 다음의 행위를 하여서는 아니 된다(국가공무원법 §65, 지방공무원법 §57).[35)]

1. 투표를 하거나 하지 아니하도록 권유 운동을 하는 것
2. 서명 운동을 기도(企圖)·주재(主宰)하거나 권유하는 것
3. 문서나 도서를 공공시설 등에 게시하거나 게시하게 하는 것
4. 기부금을 모집 또는 모집하게 하거나, 공공자금을 이용 또는 이용하게 하는 것
5. 타인에게 정당이나 그 밖의 정치단체에 가입하게 하거나 가입하지 아니하도록 권유 운동을 하는 것

공무원은 다른 공무원에게 상기의 위배되는 행위를 하도록 요구하거나, 정치적 행위에 대한 보상 또는 보복으로서 이익 또는 불이익을 약속하여서는 아니 된다. 정치적 행위의 금지에 관한 한계는 대통령령(국가공무원 복무규정)등으로 정한다.[36)]

이러한 정치운동의 금지는 헌법에 규정된 공무원의 정치적 중립성 원칙(헌법 §7②)에 따른 것이다. 교원에게 있어서도 교육의 정치적 중립성과 더불어서 이를 엄격히 금지하고 있다. 또한 교원노동조합의 경우에도 어떠한 정치활동도 금지되고 있다(교원노조법 §3).

현대 정당정치 시대에 있어서 정당가입 자체를 금지하는 것은 기본권의 본질적인 사항으로서 위헌적인 시민권의 제한이라는 국내외 인권기관으로부터 지적이 있다. 한국교총 등 교원단체 일각에서는 교원단체의 정치활동의 자유 제한을 완화하여야 한다고 주장한다.

전교조의 경우에도 전교조가 속한 민주노총의 경우 정당 정치에 적극적으로 관여하고 있지만, 전교조가 정치현안 및 시국과 관련한 정치적 의사표현을 할 경우 법위반이 된다.

---

35) 1. 투표를 하거나 하지 아니하도록 권유(국가공무원법은 '권유운동')하는 것 2. 서명운동을 기획(국가공무원법은 '기도')·주재하거나 권유하는 것 3. 문서 또는 도화(圖畵)를(국가공무원법은 '도서') 공공시설 등에 게시하거나 게시하게 하는 것 4. 기부금품(국가공무원법은 '기부금')을 모집하거나 모집하게 하는 행위 또는 공공자금을 이용하거나 이용하게 하는 것 5. 타인에게 정당이나 그 밖의 정치단체에 가입하게 하거나 가입하지 아니하도록 권유(국가공무원법은 '권유운동')하는 것

36) 국가공무원 복무규정 제27조(정치적 행위) ① 법 제65조의 정치적 행위는 다음 각 호의 어느 하나에 해당하는 정치적 목적을 가진 것을 말한다. 1. 정당의 조직, 조직의 확장, 그 밖에 그 목적 달성을 위한 것 2. 특정 정당 또는 정치단체를 지지하거나 반대하는 것 3. 법률에 따른 공직선거에서 특정 후보자를 당선하게 하거나 낙선하게 하기 위한 것 ② 제1항에 규정된 정치적 행위의 한계는 제1항에 따른 정치적 목적을 가지고 다음 각 호의 어느 하나에 해당하는 행위를 하는 것을 말한다. 1. 시위운동을 기획·조직·지휘하거나 이에 참가하거나 원조하는 행위 2. 정당이나 그 밖의 정치단체의 기관지인 신문과 간행물을 발행·편집·배부하거나 이와 같은 행위를 원조하거나 방해하는 행위 3. 특정 정당 또는 정치단체를 지지 또는 반대하거나 공직선거에서 특정 후보자를 지지 또는 반대하는 의견을 집회나 그 밖에 여럿이 모인 장소에서 발표하거나 문서·도서·신문 또는 그 밖의 간행물에 싣는 행위 4. 정당이나 그 밖의 정치단체의 표지로 사용되는 기(旗)·완장·복식 등을 제작·배부·착용하거나 착용을 권유 또는 방해하는 행위 5. 그 밖에 어떠한 명목으로든 금전이나 물질로 특정 정당 또는 정치단체를 지지하거나 반대하는 행위

표 8-18 정치운동의 금지 및 집단 행위 금지 위반의 비위에 따른 징계기준

비위의 정도 및 과실 / 비위의 유형	심한비위/고의	심한 비위/중과실 or 약한 비위/고의	심한 비위/경과실 or 약한 비위/중과실	약한 비위/경과실
정치운동 금지 위반	파면	해임	강등－정직	감봉－견책

출처: 교육공무원 징계양정등에 관한 규칙(교육부령, 2015.12.18. 개정) [별표]상 징계기준(제2조 관련) 발췌

(12) 쟁의행위의 금지(국가공무원법 §65①의 예외 교원노조법 §8)

헌법은 공무원인 노동자는 법률이 정하는 자에 한하여 단결권·단체교섭권 및 단체행동권을 가진다(헌법 §33②)고 하여 예외적으로 근로기본권을 인정하여 왔다. 현행 국가공무원법 제66조에 따르면 "공무원은 노동운동이나 그 밖에 공무 외의 일을 위한 집단 행위를 하여서는 아니 된다. 다만, 사실상 노무에 종사하는 공무원은 예외로 한다"고 규정되어 있다(국가공무원법 §66,[37] 지방공무원법 §58[38]). 위의 단서의 사실상 노무에 종사하는 공무원의 범위는 대통령령등으로 정하나[39] 교직은 해당되지 않았었다.

그러나 노동조합 및 노동관계조정법[40]에 따르면 공무원과 교원에 대하여 따로 법률로 정하도록 하였는데, 이는 1999년 노·사·정 합의에 따라 제정된 교원노조법 제정[41]으로 보다 구체화되었다.[42] 그 결과 공무원의 노동운동이나 공무 외 집단행위를 금지하는 규정에도 불구하고 교원은 교원노조법을 통해 근로3권 중 단결권 및 단체교섭권을 인정받게 되었다.

따라서 국가공무원법상 복무에 관한 규정인 제65조 제1항(집단행위의 금지)은 교원에게 적용되지 않으므로 "집단행위의 금지"는 교원노조법상 "쟁의행위의 금지"로 수정 예시된 것이다.

그러나 여전히 학습권 보호 차원에서 교원노동조합과 그 조합원은 파업, 태업 또는 업무의 정상적인

37) 국가공무원법 제66조(집단 행위의 금지) ① 공무원은 노동운동이나 그 밖에 공무 외의 일을 위한 집단 행위를 하여서는 아니 된다. 다만, 사실상 노무에 종사하는 공무원은 예외로 한다. ② 제1항 단서의 사실상 노무에 종사하는 공무원의 범위는 대통령령등으로 정한다. ③ 제1항 단서에 규정된 공무원으로서 노동조합에 가입된 자가 조합 업무에 전임하려면 소속 장관의 허가를 받아야 한다. ④ 제3항에 따른 허가에는 필요한 조건을 붙일 수 있다.

38) 지방공무원법 제58조(집단행위의 금지) ① 공무원은 노동운동이나 그 밖에 공무 외의 일을 위한 집단행위를 하여서는 아니 된다. 다만, 사실상 노무에 종사하는 공무원은 예외로 한다. ② 제1항 단서에 규정된 사실상 노무에 종사하는 공무원의 범위는 조례로 정한다.

39) 국가공무원 복무규정 제28조(사실상 노무에 종사하는 공무원) 법 제66조에 따른 사실상 노무에 종사하는 공무원은 과학기술정보통신부 소속 현업기관의 작업 현장에서 노무에 종사하는 우정직공무원(우정직공무원의 정원을 대체하여 임용된 일반임기제공무원 및 시간선택제일반임기제공무원을 포함한다)으로서 다음 각 호의 어느 하나에 해당하지 아니하는 공무원으로 한다. 1. 서무·인사 및 기밀 업무에 종사하는 공무원 2. 경리 및 물품출납 사무에 종사하는 공무원 3. 노무자 감독 사무에 종사하는 공무원 4. 보안업무규정에 따른 국가보안시설의 경비 업무에 종사하는 공무원 5. 승용자동차 및 구급차의 운전에 종사하는 공무원

40) 제5조(노동조합의 조직·가입) 근로자는 자유로이 노동조합을 조직하거나 이에 가입할 수 있다. 다만, 공무원과 교원에 대하여는 따로 법률로 정한다.

41) 제1조(목적) 이 법은 국가공무원법 제66조 제1항 및 사립학교법 제55조에도 불구하고 노동조합 및 노동관계조정법 제5조 단서에 따라 교원의 노동조합 설립에 관한 사항을 정하고 교원에 적용할 노동조합 및 노동관계조정법에 대한 특례를 규정함을 목적으로 한다.(1999.1.29. 제정, 1999.7.1. 시행)

42) 6급 이하 일반 공무원의 경우에도 2006년 1월 28일부터 적용된 공무원의 노동조합 설립 및 운영등에 관한 법률(2005.1.27. 제정·공포)에 의하여 단결권 및 단체교섭권을 보장받게 되었다.

운영을 방해하는 어떠한 쟁의행위도 금지되고 있다(교원노조법 §8).[43] 교원노조 가입자격에서 교장과 교감을 제외하고 있는 것은 이들을 인사 관리권자로서 사용자(교육감)의 입장에서 근무하는 자로 판단한 입법 취지라고 할 수 있다. 다음의 집단행위 금지 위반 역시, 법이 허용(집회신고를 얻은 정상적인 교원노조 및 교원단체의 집회에의 참가 등)하는 집단행위를 제외한 학교의 정상적인 업무와 학생의 학습활동에 지장을 초래하는 집단행위에 대하여는 다음의 징계기준은 여전히 적용된다 할 것이다.

표 8-19 집단행위 위반의 비위에 따른 징계기준

비위의 정도 및 과실 / 비위의 유형	심한비위/고의	심한 비위/중과실 or 약한 비위/고의	심한 비위/경과실 or 약한 비위/중과실	약한 비위/경과실
집단행위 금지 위반	파면	해임	강등－정직	감봉－견책

주 1. 교원의 모든 집단행위가 아니라 법적으로 보장된 집단행위 외의 것으로 학교업무방해 및 학생학습권 침해행위
출처: 교육공무원 징계양정등에 관한 규칙(교육부령, 2015.12.18. 개정) [별표]상 징계기준(제2조 관련) 발췌

(13) 교원에게 부과된 특별한 의무 부과

공무원보다는 교원으로서 특별히 부과된 의무는 교육기본법의 규정에 나타나 있다.[44]

첫째, 교육자로서 품성 및 자질 향상 노력 의무가 있다. 즉, 교원은 공무원의 성실한 직무수행 의무에 더하여 교육자로서 갖추어야 할 품성과 자질을 향상시키기 위해 노력해야 한다. 노력 의무라는 점에서 법적 구속력은 약하나 사회적으로 인격자로서 교원 존중에 대응하는 의무라 할 수 있다(교육기본법 §14②).

둘째, 교육자로서 윤리의식 확립 및 지도 노력 의무가 있다. 즉, 교원은 교육자로서의 윤리의식을 확립하고 이를 바탕으로 학생에게 학습윤리를 지도하고 지식을 습득하게 하며 학생 개개인의 적성을 계발할 수 있도록 노력하여야 한다(교육기본법 §14③).

셋째, 학생 교육시 정치적 중립의 의무가 있다. 즉, 교원은 특정한 정당이나 정파를 지지하거나 반대하기 위하여 학생을 지도하거나 선동하여서는 안된다(교육기본법 §14④). 이는 헌법(§31④)의 교육의 정치적 중립성 보장과도 관련된 부분이다. 물론 교육의 중립성 보장을 위해서는 교원 외에도 교육내용 및 교육행정에 있어서 정치적 중립 노력이 필요하다.

끝으로, 교원은 연수의 의무를 진다. 즉, 교육공무원에게는 연수기관에서 재교육을 받거나 연수할 기회가 균등히 부여되도록 하고 있다. 업무 향상을 위한 연구와 수양의 의무, 연수활동은 연수기회를 균등히 보장받고 필요한 교재비를 지급받도록 하는 점(교육공무원법 §37－38) 등에서는 자기발전을 위한 권리의 측면도 없지 않으나 의무로서의 성격이 더 강하다고 할 수 있다. 재교육 및 연수실적은 교원의 인사관

43) 제8조(쟁의행위의 금지) 노동조합과 그 조합원은 파업, 태업 또는 그 밖에 업무의 정상적인 운영을 방해하는 일체의 쟁의행위(爭議行爲)를 하여서는 아니 된다.

44) 제14조(교원) ① 학교교육에서 교원(敎員)의 전문성은 존중되며, 교원의 경제적·사회적 지위는 우대되고 그 신분은 보장된다. ② 교원은 교육자로서 갖추어야 할 품성과 자질을 향상시키기 위하여 노력하여야 한다. ③ 교원은 교육자로서의 윤리의식을 확립하고, 이를 바탕으로 학생에게 학습윤리를 지도하고 지식을 습득하게 하며, 학생 개개인의 적성을 계발할 수 있도록 노력하여야 한다.

리에 반영되도록 규정되어 있다, 이에 비하여 일반 국가공무원 및 지방공무원들에게 있어서 연수는 능률 향상을 위한 훈련으로서 의무적 성격을 강조한다.

다. 교원의 책임

(1) 행정상의 책임

① 징계책임: 교원이 징계를 받는 경우는 국가공무원법 및 이 법에 의한 명령을 위반하거나, 직무상의 의무를 위반하거나 직무를 태만히 한 경우, 직무 내 · 외를 불문하고 체면 또는 위신을 손상한 때이다(국가공무원법 §78①). 징계 요구권자는 학교장이고. 징계권자는 관할청장(교육감)이 되며. 당해 교원은 징계에 대한 재심을 구할 경우에는 교원소청심사위원회에 요구할 수 있다.

징계의 유형은 '배제조치(排除措置)'에 해당하는 파면 또는 해임이 있고, '교정조치(矯正措置)'에 해당하는 정직과 감봉 및 견책이 있다. 일반적으로 징계는 중징계와 경징계로 나누는데 파면과 해임 정직은 중징계로, 감봉과 견책은 경징계로 구분된다. 징계에 따른 효력은 다음과 같다.

표 8-20 징계의 종류 및 효력

종류		신분상 효력	보수 · 퇴직 급여상 효력
중징계	파면	• 공무원 관계로부터 배제 • 5년간 공무원으로 임용불가	• 퇴직급여 1/4(재직기간 5년 미만자) 1/2(재직기간 5년 이상자) • 퇴직수당 1/2
	해임	• 공무원 관계로부터 배제 • 3년간 공무원으로 임용불가	금품 · 향응수수, 공금횡령 · 유용 징계로 해임 • 퇴직급여 1/8(재직기간 5년 미만자) 1/4(재직기간 5년 이상자) • 퇴직수당 1/4
	정직 (1~3개월)	• 신분 보유하나 직무종사 불가 • 18월+정직처분기간 승진제한 • 처분기간 경력평정에서 제외	• 18월+정직처분기간 승급제한 • 보수 전액 삭감
경징계	감봉 (1~3개월)	• 12월+감봉처분기간 승진제한	• 12월+감봉처분기간 승급제한
	견책	• 6월간 승진제한	• 6월간 승급제한

주: 강등은 교장, 교감, 장학사, 장학관, 연구사, 연구관에 적용되는 중징계이나 자격제인 교사는 해당되지 않는다.

② 변상책임: 의무 위반으로 국가 또는 지방자치단체에 대하여 재산상의 손해를 발생하게 할 때 당해 공무원은 변상 책임을 진다.

(2) 형사상의 책임

① **직무범**: 형법이 규정하고 있는 공무원의 직무에 관한 죄의 일부(§122－128)가 여기에 해당한다. 직무유기죄, 직권남용죄, 불법체포 · 불법감금죄, 폭행 · 가혹행위죄, 피의사실 공표죄, 공무상 비밀누설죄, 선거방해죄 등이 있다. 교육상 불가피한 경우 예외적으로 허용되고 있는 체벌의 경우, 그 정도가 사회통념을 넘어설 경우 형법상의 폭행죄 및 가혹행위죄에 해당할 수 있음에 유의해야 한다.

② **준직무범**: 형법이 정한 직무에 관한 죄 가운데(§129－133) 수뢰 및 사전수뢰죄, 제3자 뇌물제공죄, 수뢰 후 부정처사 및 사후 수뢰죄, 알선 수뢰죄, 뇌물공여죄 등이 있다.

③ **행정 형벌 책임**: 정치운동 금지(국가공무원법 §65)를 위반한 사람은 정치운동죄(국가공무원법 §84)라 하여 3년 이하의 징역과 3년 이하의 자격정지에 처한다. 이 정치운동죄에 대한 공소시효의 기간은 형사소송법 제249조 제1항에도 불구하고 10년으로 하여 중죄로서 취급하고 있다. 반면 제66조의 집단행위의 금지를 위반한 사람은 다른 법률에 특별히 규정된 경우 외에는 1년 이하의 징역 또는 1천만원 이하의 벌금에 처하도록 하고 있다(국가공무원법 §84의2(벌칙)).

(3) 민사상 배상책임

교원에게 고의 및 중과실이 있는 경우 국가 및 지방자치단체는 먼저 피해자에게 배상을 한 후에 교원에 다시 그 배상한 금액을 청구하는 구상권(求償權)을 행사할 수 있다. 국 · 공립학교에서의 학교안전사고의 경우 교사의 임용주체인 교육감이 우선 배상하게 된다. 교사가 체육활동 및 야외 체험 학습과정 등에서 발생하는 안전사고에 있어서 사전에 충분한 안전교육 및 교육자로서 주의 의무를 다하지 못했을 경우 배상 책임을 면하기 어렵다. 학교안전사고를 예방하고, 학생 · 교직원 및 교육활동참여자가 학교안전사고로 인하여 입은 피해를 신속 · 적정하게 보상하기 위한 학교안전사고보상공제 사업의 실시를 위하여 학교안전사고 예방 및 보상에 관한 법률(2007.1.26.)이 제정되었다.

(4) 교원에 대한 특별한 책임부담

법령상 교원에 대하여 행정상 · 형사상 · 민사상 특별한 책임을 부과하고 있지는 않다. 그러나 미성년인 학생과 그들의 보호자인 학부모에 대한 교육적 책임과 사회의 교직에 대한 기대가 높다는 점에서 교원의 도의적 책임이 다른 직업군에 비하여 크다고 할 수 있다.

이는 교사라는 인격자로서의 지위 및 교직에 대한 사회의 높은 윤리적 기대와도 연관된 것이다. 같은 범죄행위라 할지라도 교원 및 학교에서의 사건에 대하여 언론의 반응과 사회의 여론이 매우 엄격하게 나타나는 것에서도 교원에 대한 책임이 막중함을 알 수 있다.

37설 교원의 법적지위: 국가공무원(국공립학교교원) + 사적 계약근로자(사립학교교원) = 복무 동일 적용

3. 교원의 자격 및 양성 관련 법규

가. 교원의 자격검정

교원자격에 대한 검정에 관한 법령으로는 교원자격검정령(대통령령)이 있다. 자격 검정은 국가가 정한 일정한 요건을 충족한 자에 대하여 교원으로서 자격을 인정하는 것으로서 헌법이 규정한 교육제도 및 교원지위 법률주의(§31⑥) 정신에 입각한 것이다. 이는 또한 교육 전문가로서 공적인 검증과정이라는 점에서 교육의 전문성 보장을 위한 제도 보장의 하나로서 의미를 갖는다.

교원자격검정령에 의하면 자격검정은 무시험검정과 시험검정으로 구분되어 실시되고 있다. 교육부장관 소속하에 교원자격검정위원회를 두어 유치원 및 초·중등학교 교원자격의 검정에 관한 사항을 심의한다. 교원양성기관의 졸업자 및 상급 교원자격의 취득의 경우에는 총장 및 교육감 소속하에 설치된 교원양성위원회 등의 심의를 거쳐 수여되고 있는 반면, 예외적인 경우에 시험검정을 거쳐 자격을 부여하기도 한다.

장관은 자격검정에 합격한 자에 대하여는 교원자격증을 수여하는데, 사범대학의 졸업자(대학의 교육과 및 교직과정 이수자 포함)로서 장관이 정하는 학과(학부)또는 전공분야를 복수전공(연계전공)한 자에 대하여는 그 학과 또는 전공분야에 대한 자격증을 수여할 수 있다. 중등학교 및 특수학교의 정교사 및 준교사와, 실기교사의 자격증의 경우 재학 중 전공과목을 50학점 이상 이수할 경우 담당과목을 표시할 수 있다. 장관은 허위 기타 부정한 방법으로 자격증을 받은 자에 대하여는 그 자격증을 박탈하며, 2년 이내에는 자격검정을 받을 수 없다.

무시험 자격검정의 종류로는 유치원의 원장, 원감, 초·중등학교 교장 및 교감의 자격과 각급학교 교사의 자격이 있다. 검정 방법은 관련 법의 자격기준에 따라 수시로 서류심사에 의하여 행한다.[45] 상급자격증의 취득(2급정교사에서 1급정교사 등)을 위한 재교육 또는 강습은 법정 연수기관에서의 15학점 이상 학점취득과 총학점 평균성적이 60점 이상, 장관지정 연수기관에서의 상급자격증 취득 연수과정 180시간 이상 이수와 총 평균성적 60점 이상을 조건으로 한다.

한편, 시험검정은 유치원·초·중등학교와 특수학교의 준교사와 실기교사 자격기준 중 3-4호에 의한 자격 검정의 경우에 실시한다. 시험검정은 교사자격 종별로 교원수급계획상 필요에 따라 시행하는데 최근 자격자의 공급초과로 거의 실시되고 있지 않고 있다.[46]

45) 교육대학의 졸업자 및 사범대학의 졸업자는 전공과목 50학점 이상, 교직과목 22학점 이상, 졸업평점 환산점수 100분의 75점 이상을 무시험 검정 합격기준으로 한다. 교육대학원 및 교육부령이 지정하는 대학원 교육과에서 석사학위를 받은 자에 대한 자격검정에 대하여는 검정령에서 상세하게 규정하고 있다(교원자격검정령 §19).

46) 방법은 학력고사와 실기고사 및 구술고사로 구분하여 실시하며, 학력고사는 각 과목 100점을 만점으로 하여 각 과목 40점 이상, 전 과목 평균 60점 이상을 합격으로 한다. 실기고사 및 구술고사는 고사별로 100점을 만점으로 하여 각 고사 40점 이상을 합격으로 한다.

표 8-21 학교종별에 따른 교원자격의 종류

<table>
<tr><th rowspan="2">근거
학교별</th><th colspan="5">초 · 중등교육법 제21조 및 유아교육법 제22조</th></tr>
<tr><th>제1항</th><th colspan="3">제2항</th><th>제3항</th></tr>
<tr><td>유 치 원</td><td>원장, 원감</td><td colspan="2">정교사(1, 2급)</td><td>준교사</td><td>수석교사</td></tr>
<tr><td>중등학교</td><td>교장, 교감</td><td colspan="2">정교사(1, 2급)</td><td rowspan="5">사서교사(1, 2급)
보건교사(1, 2급)
영양교사(1, 2급)
전문상담교사(1, 2급)
준교사
실기교사</td><td rowspan="5">수석교사</td></tr>
<tr><td>초등학교</td><td>교장, 교감</td><td colspan="2">정교사(1, 2급)</td></tr>
<tr><td rowspan="3">특수학교</td><td rowspan="3">교장, 교감</td><td>중 등</td><td rowspan="3">정교사
(1, 2급)</td></tr>
<tr><td>초 등</td></tr>
<tr><td>유치원</td></tr>
</table>

출처: 교육인적자원부(2022), 2022년도 교원자격검정 실무편람, 3면 표에 수석교사 추가함

나. 교원의 양성 과정

교원양성기관의 설치는 고등교육법의 제3절(§41－45)에 걸쳐 규정되어 있다. 교육대학교는 초등학교의 교원을 양성함을 목적으로 하며, 대학의 사범대학은 중등학교의 교원을 양성함을 목적으로 한다. 또한, 대학에는 특별한 필요가 있는 경우에 대통령령이 정하는 바에 의하여 교원의 양성을 목적으로 하는 교육과를 둘 수 있다. 이외 양성기관의 설치 근거는 국립학교설치령, 국립서울대학교설치령, 한국교원대학교설치령 등 별도의 대통령령에 근거한 경우도 있다.

교육대학교는 국가 또는 지방자치단체가 설립하도록 되어 있으나 현재에는 모두 국립의 형태를 띠고 있다. 또한 국가 및 지방자치단체는 특별한 필요가 있는 경우에 대통령령이 정하는 바에 의하여 교육대학 및 사범대학의 목적을 동시에 수행할 수 있는 종합교원양성대학을 설립할 수 있는데, 그 대표적인 형태가 한국교원대학교이다. 고등교육법상 교원양성기관의 목표는 다음과 같이 설정(§44)되었다.

1. 교육자로서의 확고한 가치관과 건전한 교직 윤리 확립
2. 교육의 이념과 그 구체적 실천방법 체득
3. 교육자로서의 자질과 역량을 생애에 걸쳐 스스로 발전시켜 나가기 위한 기초 확립

한편, 고등교육법에는 장관이 교원의 수요·공급상 단기간에 교원양성이 필요한 경우에는 대통령령이 정하는 바에 따라 임시교원양성기관 및 임시교원연수기관을 설치하거나 이의 설치를 인가할 수 있으나 현재에는 설치되어 있지 않다.

2022년 3월 현재 유·초·중등 교원 양성기관 총수(교육대학원 제외)는 654 기관이며 이 가운데 사립 양성기관이 521곳으로 대다수(79.7%)를 차지하고 있다. 초등교원양성기관의 경우 국립이 12개 기관(교육대학교 10곳 제주대학교 교육대학, 한국교원대학교 초등교육과), 사립이 1개 기관(이화여자대학 초등교육과)이다.

2008년 3월부터 기존의 제주교육대학교가 제주대학교내 교육대학으로 통합되어 교육대학교의 총수는 10개가 되었다.

또한, 교직과정을 통해서도 교원은 양성되고 있는데, 교원자격검정령 제20조에 따르면, 대학, 산업대학, 전문대학, 원격대학 또는 국군간호사관학교의 장은 교육부장관의 승인을 받아 교직과정을 개설할 수 있고, 대학·산업대학 및 교육대학의 장 또는 시·도교육감은 교육부장관의 승인을 받아 위의 교직과정 외에 자격증 취득을 위한 교육·연수과정을 개설할 수 있다. 한편, 교장 및 교감의 경우는 별도의 양성과정이 없고, 자격연수과정을 거친다.

주기적인 교원양성기관 평가를 실시하여 정원을 축소한 결과 일반대학 교직과정과 교육대학 교직과정이 대폭 축소되었다. 그러나 여전히 중등의 경우에는 비사범계열의 양성규모가 사범계열의 절반에 이르는 상황으로 과잉배출되고 있는 상황이다.

표 8-22 교원양성기관 현황(2022.3 기준)

구 분			기 관 수(사립)	학년도별 정원(사립)
유치원 교사	대학교		86(72)	5,157(2,176)
	전문대학		85(83)	5,445(5,368)
	소계		171(155)	10,602(7,544)
초등 학교 교사	교육대학교		10	3,583
	제주대학교(교육대학)		1	114
	한국교원대학교(초등과)		1	111
	이화여자대학교(초등과)		1	39
	소계		13(1)	3,847(39)
중등 학교 교사	사범 계열	사범대학	46(30)	8,884(5,095)
		일반대학 교육과	14(13)	637(622)
	비사 범계	일반대학 교직과정	122(93)	4,951(3,554)
	소계		182(136)	14,472(9,271)
특수 정교사(2급)			30(7)	1,507(1,326)
보건교사(2급)			107(93)	906(829)
사서교사(2급)			28(22)	103(68)
전문상담교사(2급)대학원외학부			38(30)	144(124)
영양교사(2급)			68(50)	215(172)
실기교사			27(27)	2,889(2,808)

주: 교육대학원은 양성 및 재교육 정원을 총정원제로 운영하고 있고, 2021년 현재 교사자격 개설 전공은 1,395전공(사립 805), 21년도 입학정원중 양성승인은 4,805명(사립 7,989)임

출처: 교육부홈페이지, 2021년도 교원양성기관 정원 관련 현황자료(2021.12.30. 누리집탑재용)에서 발췌함

38설 교원양성체제: 목적형 초등교원 양성(교대등) + 개방형 중등교원 양성(사범대, 교직과정등)

4. 교원의 임용 및 연수 관련 법규

가. 교원의 임용 검정

교원의 임용이라 함은 통상 신규채용에 한정하여 사용하는 경향이 있으나 교육공무원법상 임용은 신규채용 외에도 교원의 승진·승급·전직·전보·겸임·파견·강임·휴직·직위해제·정직·복직·면직·해임 및 파면[47]을 지칭하는 법률용어이다.

교원의 임용권은 직위별로 다르며 위임되기도 한다. 국·공립대학교 총장·교수, 국·공립학교 교장은 대통령에게 임용권이 있다. 그러나 교장의 임용권은 당해 시·도교육감에게 위임되고 있다. 교감, 교사, 장학사, 교육연구사의 임용권은 교육부장관에게 있다. 이 경우에도 각 시·도의 교육기관에 소속된 경우에는 교육감에게 임용권이 위임되어 있고, 교육감에로의 완전한 이양까지 논의되고 있다.

교육공무원법상 임용의 원칙은 자격·재교육성적·근무성적 기타 능력의 실증에 의하여 행하고, 교원으로서의 자격을 갖추고 임용을 원하는 모든 자에 대하여 능력에 따라 균등한 임용의 기회가 보장되어야 한다는 것이다(§10). 대학은 교육 또는 연구를 위하여 외국인을 교원으로 임용할 수 있고, 초·중등학교의 경우에도 원어민 강사를 기간제로 임용할 수 있다.

최근 부적격 교원의 신규채용 및 특별채용을 금지하기 위하여 채용의 제한 규정을 신설하였는 바, 제10조의3에 따르면, 유초중등학교 교사 등으로 재직하는 동안 금품수수 행위, 시험문제 유출 및 성적조작 등 학생성적 관련 비위 행위, 학생에 대한 신체적 폭력 행위 등으로 파면·해임되거나 금고 이상의 형을 선고받은 사람(집행유예의 형을 선고받은 후 그 집행유예기간이 지난 사람을 포함)은 유초중등학교 교원으로 신규채용 또는 특별채용할 수 없다(다만, 교육공무원징계위원회에서 해당 교원의 반성 정도 등을 고려하여 교원으로서 직무를 수행할 수 있다고 의결한 경우에는 그러하지 아니하다).

과거에 채용제한 사유로 있던 성폭력 범죄는 아예 교원의 결격사유로 강화했다. 즉, 제10조의4(결격사유)에 따르면, 국가공무원 결격사유자(파산선고, 금고이상 실형 등)외에 미성년자에 대한 성폭력범죄 행위자, 아동·청소년대상 성범죄 행위자, 성인에 대한 성폭력범죄 행위자로 파면·해임되거나 100만원 이상의 벌금형이나 그 이상의 형 또는 치료감호를 선고받아 그 형 또는 치료감호가 확정된 사람(집행유예를 선고받은 후 그 집행유예기간이 지난 사람을 포함)은 교육공무원으로 임용될 수 없다.

교사의 신규채용은 공개전형에 의한 선발 방식으로 임용권자(시·도교육감)가 실시한다. 담당할 직무수행에 필요한 연령 기타 필요한 자격요건과 공개전형의 절차·방법 및 평가요소 등 공개전형의 실시에 관하여 필요한 사항은 대통령령인 교육공무원임용령으로 정한다. 이에 따르면 교사의 신규채용의 공개전형은 당해 교사의 임용권자가 이를 실시하되, 국립학교의 장은 그 전형을 당해 학교가 소재하는 교육감에게 위탁하여 실시할 수 있다. 현재에는 교육공무원 임용후보자 선정경쟁시험(임용고사)이 실시되고 있으

---

47) 교육공무원법상(§2) '전직'은 교육공무원의 종별과 자격을 달리하는 임용을, '전보'란 교육공무원의 동일직위 및 자격 내에서의 근무기관이나 부서를 달리하는 임용을, '복직'이란 휴직·직위해제 또는 정직 중에 있는 교육공무원을 직위에 복귀시키는 것을 그리고 '강임'은 동종의 직무 내에서 하위의 직위에 임명하는 것을 의미한다.

며, 17개 시·도가 공동으로 출제위원회를 구성(한국교육과정평가원 위탁 수행)하여 실시하고 있다. 응시연령은 시험 예정일 현재 40세 이하(연장가능)로서 자격은 해당 교사자격 취득자 및 졸업 예정자로 되어 있다. 연령제한에 대하여는 국가인권위원회의 철회 권고도 있고 하여 점차 완화된 바 있다.

검정방법은 필기시험과 면접시험에 의하여 진행된다. 필기시험의 경우 서술적 단답형, 선택형 또는 논문형으로 구성된다. 다만, 예·체능 과목 등의 경우 실기시험을 치루기도 한다. 면접시험은 주로 교원으로서의 적성, 교직관, 인격 및 소양을 검정하는 과정이다. 배점은 당해 시·도 교육감이 정하되 가산점(1차시험성적 만점의 100분의 10 이내)을 부여할 수 있다(교육공무원법 §11의2). 그러나 이 가산점은 위헌성 여부가 논란이 되었던 만큼 중등학교 교원임용시험의 경우 2010년 까지 한정하여 부여된 후 폐지되었다.

한편, 교장은 교육부장관의 제청으로 대통령이 임용하며 임기는 4년이고 1차에 한하여 중임할 수 있다(단, 초빙교장 재직 회수는 산입하지 않음). 정년 전에 임기가 만료되는 교장으로서 교사로 근무할 것을 희망하는 자에 대하여는 수업담당 능력 및 건강 등을 참작하여 원로교사로 임용하여 우대토록 하고 있다.

초빙교원 또한 임용할 수 있는데, 고등학교 이하 각급 학교의 장은 당해 학교에 특별히 필요한 자(교장자격증 또는 교사자격증 소지자)를 교원으로 초빙하고자 하는 경우에는 교원의 임용권자에게 요청할 수 있다.

교육공무원법 제32조(기간제교원)에 따르면, 고등학교 이하 각급 학교 교원의 임용권자는 다음 각 호의 어느 하나에 해당하는 경우에는 예산의 범위에서 기간을 정하여 교원 자격증을 가진 사람을 교원으로 임용할 수 있다.

1. 교원이 §44① 각 호의 어느 하나의 사유로 휴직하게 되어 후임자의 보충이 불가피한 경우
2. 교원이 파견·연수·정직·직위해제 등 대통령령 지정사유로 직무를 이탈하게 되어 후임자의 보충이 불가피한 경우
3. 특정 교과를 한시적으로 담당하도록 할 필요가 있는 경우
4. 교육공무원이었던 사람의 지식이나 경험을 활용할 필요가 있는 경우
5. 유치원 방과후 과정을 담당하도록 할 필요가 있는 경우

기간제교원은 정규 교원 임용에서 어떠한 우선권도 인정되지 아니하며, 같은 항 제4호에 따라 임용된 사람을 제외하고는 책임이 무거운 감독 업무의 직위에 임용될 수 없다. 기간제교원은 임용기간이 끝나면 당연히 퇴직한다.[48] 기간제교원의 임용에 관하여는 앞서 살펴본 채용의 제한(§10의3①)과 결격사유(§10의4)를 준용한다.

사립학교 기간제 교원 역시 위의 임용 가능한 경우와 유사한 규정[49]을 두고 있고, 임용 기간이 만료되면 당연히 퇴직하며, 그 임용기간은 1년 이내로 하되, 필요한 경우 3년의 범위 내에서 그 기간을 연장

48) 적용이 배제되는 조항은 제43조 제2항·제3항, 제43조의2, 제44조부터 제47조까지 및 제49조부터 제51조까지, 「국가공무원법」 제16조, 제70조, 제73조, 제73조의2부터 제73조의4까지, 제75조, 제76조, 제78조, 제78조의2, 제79조, 제80조, 제82조, 제83조 제1항·제2항 및 제83조의2이다.

49) 사립학교법 제54조의4(기간제교원) 1. 교원이 제59조 제1항 각 호의 어느 하나에 해당하는 사유로 휴직하여 후임자의 보충이 불가피할 때 2. 교원이 파견·연수·정직·직위해제 또는 휴가 등으로 1개월 이상 직무에 종사할 수 없어 후임자의 보충이 불가피할 때 3. 파면·해임 또는 면직 처분을 받은 교원이 교원지위향상법 제9조 제1항에 따라 교원소청심사위원회에 소청심사를 청구하여 후임자의 보충발령 불가시 4. 특정 교과를 한시적으로 담당할 교원이 필요할 때

할 수 있다. 임용을 제한하는 경우 역시 국공립학교와 유사한 규정[50)]을 두고 있다.

나. 교원의 연수 의무 및 권리

교원연수의 기본 원칙은 연수기회의 균등으로서 교육공무원에게는 연수기관에서 재교육을 받거나 연수할 기회가 균등히 부여되고 있다(§37). 교육공무원은 그 직책을 수행하기 위하여 부단히 연구와 수양에 노력하여야 하고, 제38조(연수와 교재비)에 따르면, 교육공무원은 그 직책을 수행하기 위하여 끊임없이 연구와 수양에 힘써야 한다. 국가나 지방자치단체는 교육공무원의 연수와 그에 필요한 시설 및 연수를 장려할 계획을 수립하여 실시하도록 노력하여야 하며, 대통령령으로 정하는 바에 따라 연수에 필요한 교재비를 지급할 수 있다. 국가나 지방자치단체는 연수와 그에 필요한 시설 등을 제공하는 경우 장애인인 교육공무원의 연수활동에 불이익이 없도록 「장애인차별금지 및 권리구제 등에 관한 법률」 제14조에 따라 정당한 편의가 제공될 수 있도록 하여야 한다. 국가는 교재비를 지급하는 지방자치단체에 예산의 범위에서 그 경비의 전부 또는 일부를 보조할 수 있다.

교육기관·교육행정기관·교육연구기관의 장은 정기 또는 수시로 그 소속교육공무원의 재교육 및 연수의 실적과 근무성적을 평정하여 인사관리에 반영시켜야 한다(§42).

연수기관의 설치 및 운영에 관하여 필요한 사항을 규정하기 위하여 교원등의 연수에 관한 규정을 두고 있다. 이에 따르면 연수기관(연수원)은 교육연수원·교육행정연수원·종합교육연수원 및 원격교육연수원으로 구분된다. 연수원은 장관의 인가를 받아 설치한다. 이 경우 장관은 연수원의 지역적 분포 및 연수대상인원 등을 고려하여 그 수를 제한할 수 있다.

1. 교육연수원: 대학, 산업대학 또는 교육대학
2. 교육행정연수원: 대학, 산업대학 또는 교육대학
3. 종합교육연수원: 대학, 산업대학, 교육대학, 원격대학 중 방송통신대학, 교육청, 장관이 지정하는 기관 또는 법인
4. 원격교육연수원: 대학, 산업대학, 교육대학, 원격대학, 교육청, 장관이 지정하는 기관 또는 법인

교육연수원은 유치원 및 초·중등학교에 근무하는 교원을 연수대상으로 한다. 교육행정연수원은 각급학교에 근무하는 교장·교감·원장·원감 및 교장·원장의 자격인정을 받은 자를 연수대상으로 한다. 종합교육연수원 및 원격교육연수원은 위의 연수대상자를 대상으로 한다.

연수는 교육의 이론·방법 및 직무수행에 필요한 능력배양을 위한 직무연수와 교원의 자격을 취득하기 위한 자격연수, 국가·지방자치단체(시·도교육청)가 특별한 목적을 위하여 주관하는 특별연수 등으로 구분한다.

직무연수의 연수과정과 내용은 연수원장이 정한다. 자격연수의 연수과정은 2급정교사과정·1급정교사과정·전문상담교사(1급)과정·사서교사(1급)과정·보건교사(1급)과정·영양교사(1급)과정·원감과정·원

50) 사립학교법 제54조의4(기간제교원) ④ 기간제교원의 임용에 관하여는 사립학교법 제54조의3 제5항, 제6항을 준용한다

장과정·교감과정 및 교장과정으로 구분하되, 연수대상자의 선발에 관한 사항 및 연수의 내용은 교육부령(교원등의 연수에 관한 규정 시행규칙)으로 정한다. 현재 직무연수는 교육대학교 부설 초등교육연수원, 대학·산업대학 부설 중등교원연수원, 서울대 사범대 부설 교육행정연수원, 교원대 부설 종합교원연수원, 한국방통대 부설 종합교원연수원, 각 시·도의 지방교원연수원을 중심으로 실시되고 있다.

자격연수의 연수기간 및 이수시간은 교원등의 연수에 관한 규정 시행규칙[별표2]에 따라 자격연수의 연수과정표를 정하고 있다. 이에 따르면 정교사 1급 및 2급 과정으로 나누어 제시되고 있고 기본역량(30−50%) 및 전문 역량(50−70%)의 이수시간 배정 비율 정하고 있다. 수석교사·교감·원감·교장·원장과정 역시 두 영역에 동일한 배정비율을 적용한다. 연수자에게는 예산의 범위 안에서 연수에 필요한 실비의 전부 또는 일부를 지급한다.

한편, 특별연수의 경우는 교육공무원법 제40조에 근거한 연수로서, 제40조(특별연수)에 따르면, 국가나 지방자치단체는 특별연수계획을 수립하여 교육공무원을 국내외의 교육기관 또는 연구기관에서 일정기간 연수를 받게 할 수 있고, 예산의 범위에서 특별연수 경비를 지급할 수 있다. 장관은 특별연수를 받고 있는 교육공무원이 연수 목적을 성실하게 수행할 수 있도록 지도·감독하여야 하며, 이를 위하여 필요한 사항은 대통령령(교원등의 연수에 관한 규정)으로 정한다.

교원연수규정에 따르면, 장관 및 교육감은 특별연수계획을 수립하며(§12), 대상자를 선발할 때에는 근무실적이 우수하고 필요한 학력 및 경력을 갖춘 사람 중에서 선발(국외연수자는 필요한 외국어 능력 갖출 것)하여야 하고, 교원 스스로 수립한 학습·연구계획에 따라 전문성을 계발(啓發)하기 위한 특별연수로서 장관이 정하는 특별연수의 대상자를 선발할 때에는 요건을 갖추고 교원능력개발평가 결과가 우수한 사람 중에서 선발하도록 하고 있다. 또한 특별연수를 받은 교육공무원에게는 6년의 범위에서 대통령령으로 정하는 바에 따라 일정 기간 복무 의무를 부과할 수 있다(§14).

다. 교원능력개발 평가의 법제화

교원평가는 1995년 5·31 교육개혁에서부터 논의되어오다가 오랜 논란 끝에 교원능력개발 평가라는 형태로 「교원등의 연수에 관한 규정」을 통해 법제화하여 2011년 2월 25일에 신설되었다(제4장 §18−23). 공교육을 주관하는 교원의 능력을 유지·신장시키는 것이 교육력을 담보하는 것이라는 취지하에, 일종의 자기진단을 위한 형성평가로 도입되었다.

도입 초기에는 이른바 근무성적평정 이외에 또 다른 평가를 하는 것에 현장의 불만이 제기되었다. 교직단체를 중심으로 교원평가의 의도가 공교육 부실의 책임을 교사에게 전가시키고, 교육전문가인 교원의 전문성에 대한 불신을 조장하며, 성과급 등을 차등 지원하는 수단으로 활용될 경우 학교현장에서 불필요하고 비교육적인 경쟁을 심화시켜 학교현장을 황폐화시킬 것이라는 우려가 많았다. 사실 5·31교육개혁(1995)이나 교직발전종합방안(2001)에서의 교원평가정책의 배경에는 부적응 교사나 부적격 교사로 판명된 경우 퇴출시키고, 우수한 교사에 대하여는 보상체제를 강화한다는 전략이 내재해 있었다. 그러나 학생이나 학부모를 통한 일회적 설문지 등으로 이를 달성할 수 없을 뿐만 아니라, 부적격 교사의 문제는 인사관리 및 징계 양정을 강화함으로서 해소될 수 있는 문제라는 지적에 따라, 교원 스스로 자기진단을 목표로 한 이른바 능력개발을 위한 평가로 성격을 재규정하여 인사고가형이 아닌 능력개발형 교원평가제도가 도입된 것이다. 이 규정이 임용규정이 아니라 연수규정에 개설된 것은 그러한 입법취지를 담고 있는 것이라 해석할 수 있다.

제18조(교원능력개발 평가)에 따르면 장관 및 교육감 연수자를 선발하기 위하여 매년 유초중등학교에 근무하는 교원의 능력을 진단하기 위한 평가(교원능력개발 평가)를 실시하고, 이는 교원 상호 간의 평가 및 학생·학부모의 만족도 조사 등의 방법으로 한다. 이 규정은 평가의 원칙으로 다음 네 가지를 제시하고 있다(§19).

1. 평가대상 및 평가참여자의 범위는 평가의 공정성 및 신뢰성이 확보될 수 있도록 기준을 정할 것
2. 평가방법은 계량화할 수 있는 측정방법과 서술형 평가방법등을 함께 사용하여 평가의 객관성 및 타당성을 확보할 것
3. 평가에 참여하는 교원, 학생 및 학부모의 익명성을 보장할 것
4. 평가에 관한 학교의 자율성을 최대한 보장할 것

평가항목은 평가대상 교원에 따라 항목을 달리하여 평가하는 것으로 되어 있다(§20).

1. 교장, 원장, 교감 및 원감: 학교 경영에 관한 능력
2. 수석교사: 학습지도 및 생활지도 등에 관한 능력과 교사의 교수·연구 활동 지원 능력
3. 교사: 학습지도 및 생활지도 등에 관한 능력

장관 및 교육감은 교원능력개발 평가를 하였을 때에는 그 평가 결과를 해당 교원과 해당 교원(학교의 장은 제외)이 근무하는 학교의 장에게 통보하여야 하고, 장관과 교육감 및 교장은 교원능력개발 평가의 결과를 직무연수 대상자를 선정하거나 각종 연수프로그램을 개발하고 제공하는 경우 그리고 연수비를 지원하는 경우 활용할 수 있다(§21). 이른바 성과상여금 차등지급과는 연동시킨다는 활용 목적은 규정상 나타나 있지는 않다.

교육감과 교장은 교원능력개발 평가에 필요한 사항을 심의하기 위하여 해당 교육청, 유치원(병설은 제외) 및 학교별로 교원능력개발 평가관리위원회를 구성·운영하여야 한다. 이때 위원회는 교원, 학부모 및 외부 전문가 등을 포함하여 5명 이상 11명 이하의 위원으로 구성하며, 위원회의 심의사항, 구성 및 운영 등에 필요한 세부 사항은 교육부장관이 정하는 기준에 따라 교육감, 해당 유치원의 장 및 해당 학교의 장이 각각 정한다(§22).

교원능력개발평가의 구체적인 방법과 기준은 세부 사항[51]에 관하여 교육부장관이 정하는 기준과 절차에 따라 교육감이 정하게 된다(§23).

51) 1. 평가대상 교원 및 평가대상에서 제외되는 교원의 범위와 기준 2. 평가에 참여하는 교원, 학생 및 학부모의 범위 3. 평가항목의 추가 및 조정 4. 평가의 방법 및 절차 5. 평가시기 6. 연수자의 선정 기준·방법 등 평가 결과의 활용 및 연수 지원 7. 그 밖에 교원능력개발평가에 필요한 중요 사항

교원능력개발 평가는 교육부에서 「교원능력개발 평가 실시에 관한 훈령」을 제정하고 실시주체는 장관과 시·도교육감으로 하되, 위임에 따라 교육장과 교장이 실시하고 있다. 기본적으로 평가계획을 수립하는 주체는 시·도교육감이고, 교장·교감 평가문항은 교육감이 평가관리위원회 심의를 거쳐 정하는 반면, 각급 학교의 수석교사와 교사에 대한 평가문항은 해당 학교장이 단위학교 평가관리위원회 심의를 거쳐 정하도록 하고 있다.

역시 초등학생(4－6학년)의 만족도 조사의 경우 능력향상 연수대상자 지명에는 활용하지 않고 교원의 자기성찰 자료료만 활용토록 하고 있으며, 중·고등학교 학생의 만족도조사는 양극단값 5%씩 총 10%를 제외하고 결과 활용토록 하고 있다.

한편, 교원평가는 위와 같은 교원능력개발 평가(동료교원평가＋학생·학부모 만족도조사)는 전문성에 관한 평가라고 한다면, 이와는 별도로 전통적으로 실시해온 성과평가는 교원업적 평가(관리자평가＋교사평가)로 통합되어 불리우고 있다.

과거에는 관례적으로 승진대상자에게 만점을 부여하는 근무성적 평정과 성과상여금 지급을 위한 평가를 별도로 시행했으나 지금은 이를 교원업적 평가로 통합하였다. 교원업적 평가는 승진등 인사결정의 근거로서 활용되고(관리자평가 60%(교장40:교감20)＋교사평가40%), 그 중에서도 교사평가(정성20%＋정량80%)에 의한 교원업적평가는 개인성과급의 차등 지급에 활용되는 평가로 활용가능하다.

39설 교원임용 연수체제 특징: 무시험자격검정, 시험임용검정, 연수의 의무와 권리, 교원능력개발 평가

5. 교원 법규의 쟁점 판례: 국정교과서제와 임용가산점제

가. 교원지위 관련 법규범의 특징과 문제점[52)]

(1) 법규범 체계상의 특징

① 교원지위 법률주의 미비: 체계적 정당성의 문제

한국의 교원지위에 관한 법률은 법체계에 있어서 체계성에 다소 문제가 있다. 그것은 교원지위에 관한 법률이 여기저기에 분산·중복되어 있는 데서도 표면적으로 드러난다. 그러나 보다 근본적인 문제는 헌법에 예정되고 있는 교원지위 법률주의의 규정이 법률에 체계적으로 반영되어 있지 못하다는 점이다.

헌법 제31조 제6항이 교원지위에 관한 기본적인 사항은 법률로 정한다고 하여 개별적 지위법이 예정되고 있으나 1980년 규정도입 후 16여 년이 넘도록 교원지위기본법에 관한 정립은 여러 법률에서 분산·중복

52) 고전(1997), 교사의 법적지위에 관한 연구, 연세대 박사학위논문, 229－247면의 내용을 교육기본법 제정 이후 상황에 견주어 내용을 수정하고 보완하였다.

을 반복하고 있는 실정이다. 교원지위 법률주의가 헌법에 반영되기 이전에 교육법체제가 먼저 있었다는 것을 감안하면 교육기본법에서라도 교원지위에 관한 기본적인 사항이 규정되어야 함에도 다시 국가공무원법의 적용의 특례로서 교육공무원법을, 국가공무원법 준용(특히 복무규정)의 형태로서 사립학교법에 규정되어 있는 상황이 지속되었고 헌법적으로는 입법적 불비에 가깝다. 교원단체와 교원노조 이원화도 대표적인 예다.

국법질서의 기초가 되는 헌법에 명시된 교원지위 법률주의가 그 기본 취지대로 하위법에 체계화되지 못한 것은 법규범 상호간에는 규범구조나 규범내용 면에서 서로 상치내지 모순되어서는 안되는 체계적 정당성의 원리[53]에 문제를 발생시킨다.

헌법 제31조 제4항에 규정된 교육조리에 근거한 교육의 전문성 역시 교원지위에 관한 법률제정에 기본원리라고 할 수 있는데, 교원의 전문적 지위 보장을 기하기 위한 하위법은 찾아보기 힘들다. 교육공무원법 제43조 제1항이 "전문적 지위나 신분에 영향을 미치는 부당한 간섭을 받지 않는다"는 소극적·선언적 형태로 규정되어 있으며 연수에 관한 규정 역시 교육의 전문성이 터한 전문적 지위보장 책으로 보기에는 부족함이 많다. 오히려 그 핵심이 되는 교육의 자유에 대한 광범위한 제한은 헌법과 하위법 간의 체계적 정당성 수준을 대변한다.

② 과도한 위임입법: 의회유보 원칙 문제

다음으로 한국의 교원지위에 관한 사항은 헌법적 보장사항임에도 기본적인 사항마저도 위임입법에 의하여 이루어지고 있다. 교육공무원법과 사립학교법의 분산수용이 그러하고 여기서 다시 위임되는 대통령령, 교육부령 그리고 교육부장관의 명령 등에 이르기까지 교원의 지위에 관한 사항은 지나치게 행정입법에 의존하고 있다. 물론 법률의 위임에 의한 합법적인 위임사항이라 하더라도 그 범위에 대한 통제가 있어야 한다. 위임의 범위를 분명히 정하지 않은 포괄적 위임이 금지되는 것도 그 때문이다.

오늘날 복지행정국가 경향과 입법기능의 약화에 따라 행정입법이 광범위하게 이루어지고 또한 교육분야의 입법이 대부분 정부입법에 의존하고 있는 실정이고 보면 단순한 법률의 유임만으로는 부족하다 할 것이다. 어떤 분야의 어느 정도까지를 행정영역의 법률유보 영역으로 정할 것인가의 문제와 국민의 권리·의무 및 통치조직의 작용에 관한 본질적 사항을 포함한 내용을 위임하고 있는지의 여부는 물론 위임범위의 적합성에 대하여 의회 스스로 심의절차를 거쳐 결정하지 않으면 안된다.

이른바 법률유보를 위해서는 의회유보[54]로서 뒷받침되어야 할 것이다. 이런 관점에서 볼 때 한국의 교원지위에 관한 법률은 국민의 교육기본권 보장은 물론 교원 자신의 시민권보장에도 지대한 영향을 미친다는 점을 감안하면 위임입법의 한계가 잘 지켜졌다고 보기 힘들다. 법률의 제정과정에서 "필요한 사항은 대통령으로 정한다"는 규정에 대하여 의회는 법률의 상세성 자체만 문제 삼아서는 안되며 그 위임이 규정하는 내용의 중요성에 더욱 신중해야 한다. 더더욱 기본원칙만을 정한 대강의 법률에서 그 핵심적인

53) 허영(1994), 한국헌법론, 박영사, 861면. 체계적 정당성은 동일 법률 내에서는 물론이고 상이한 법률 간에도 그것이 수직적 관계이든 수평적 관계이든 반드시 존중되어야 하기 때문에 국회가 갖는 입법기능의 한계로서 의미를 갖는다.

54) 의회유보에 관해서는 이강혁, 의회유보의 원칙, 월간고시(1985.1), 58-68면 참조.

내용을 정할 때는 더욱 신중해야 한다. 일례로 교원자격에 관한 사항 및 교육과정 및 교과서 정책에 관한 사항은 교원의 법적 지위의 기본적이며 핵심적인 내용으로서 위임에 있어서 최소한 기본원칙(교육전문가로서 지위를 보장하기 위함이나 교원의 교육의 자유를 존중하는 범위 내라든가)이 제시되었어야 했다는 것이다.

의회유보의 중요성은 또 다른 측면에서도 강조되어야 하는 바, 교육에 관한 사항을 법제화할 경우 어느 정도까지를 법제화하느냐는 것이다. 교육의 전문성과 자주성의 원리에 터하여 교원 자신 혹은 학교 내부규제에 맡김이 국민의 교육기본권 보호에 오히려 득이 될 수 있는 영역이 분명 존재하고 있기 때문이다. 입법형성의 의무를 다하여야 함은 물론이거니와 입법형성의 자제의 범위를 스스로 정해 행정입법의 남용을 막는 것도 입법기관의 책무이다.

③ 국 · 공립학교 교원신분의 공무원성: 특수법 체계의 문제

한국 국·공립학교 교원의 법적 지위형식의 특징은 국가공무원법의 특례로서 규정된 공무원성과 공법질서체계에의 종속성을 들 수 있다. 교육이라는 특수전문분야의 전담자로서 교원지위를 인정한 것이 아니라 국가공무의 담당자중 교육업무라는 특정분야를 담당하는 공무원의 특례로서 교육공무원 신분을 부여하고 있는 것이다.

교육관계를 규율하는 법의 성격이 공법과 사법의 구분체계로는 미흡하여 특수법의 체계로서 인정된 지 오래이나 유독 교원의 신분에 관하여 공법체계의 기본을 이루는 국가공무원법을 적용하고 있음은 현대적 법체계에도 자연스럽지 않다. 교육활동에 관한 생활관계를 규율하는 법률은 학생 교육관계라는 특수관계로 인하여 특수한 법논리가 요청된다. 한국의 교원지위에 관한 법률이 공법체계를 따를 때 오는 대표적인 무리는 특별권력관계라는 공무원신분에 따른 기본권 제한을 교원에게 적용하는 것이다. 이 경우 교원은 교원으로서의 전문성 보장은 차치하고 일반시민으로서 보장받을 수 있는 기본권의 제한만이 따를 뿐인 것이다.

백번 양보하여 교육공무원의 신분체계로 규율되는 경우에 있어서도 일반공무원과는 다른 특수성이 인정되어야 한다. 이런 면에서 볼 때 한국의 교원지위에 관한 법률체계는 특수법 체계로서 교원의 교육전문가로서의 특수성보다는 공법체계로서 교직이 공직이라는 일반성에 기초하고 있다고 할 수 있다.

④ 사립학교 교원 법적 지위의 불명확성: 법률우위의 원칙 문제

한국의 사립학교 교원의 법적 지위에 관한 규정은 임용권자에 관한 것을 제외하고는 교육공무원과 유사하거나 준용하는 법체계를 갖고 있다. 현행법상 사립학교 교원의 신분은 기본적으로 계약관계에 의한 사인(私人)의 신분이나 공무원법을 준용하는 범위가 넓어 공무원 신분으로 착각할 정도이다. 실제로 사회에서는 일상용어로서 준공무원이란 용어도 사용되기도 한다.

사립학교법의 취지가 사학의 자주성과 공공성을 앙양하기 위해 제정되었다고는 하나 그 중요한 인적요소인 교원에 대하여는 내부사항인 복무규정을 공무원관계법을 준용토록 하고 있음은 국·공사립학교가 동질적이거나 동질적이어야 한다는 논리 하에 설정되어 교원의 동질성으로 해석되기도 한다. 그리고 이러한 동질성은 법적 지위의 동질성으로까지 확대 해석되어 사립학교 교원은 공무원이 아니라는 판례와

는 상반된 해석을 낳기도 한다.[55)]

이러한 해석상의 혼돈은 사립학교 교원에 관한 법규범의 내용이 불명확하기 때문인데 그 결과 행정명령(대통령령)에 과도하게 의존하고, 때로는 행정부의 자의적 법해석을 통해 여러 가지 제한을 가하고, 사법상 법해석의 혼돈을 가져와 결국 법률우위의 원칙[56)]에 충실하지 못할 우려가 있다. 헌법이 법률우위의 원칙을 채택하고 있는 이상 그 법률은 명확해야 하며, 만일 법률의 내용이 불명확하여 법률시행자의 자의가 개입될 여지가 있다면 그 법률우위의 원칙은 파괴되거나 공동화(空洞化) 될 수밖에 없다할 것이다.

이상에서 살펴본 한국의 교원지위에 관한 법률의 특징과 이에 따르는 문제점은 그 지위가 교육전문가라는 신분으로부터 도출된 것이 아니라 공무원으로부터 차용된데 기인한 것이며, 1980년 헌법이후 도입된 교원지위 법률주의의 헌법적 보장정신 실현이 1991년 교원지위에 관한 기본법이 아닌 교원지위향상법의 형식에 머물러 좌절된 결과이다.

(2) 공무원으로서 교원지위의 한계

① 교원의 인격자로서 지위의 남용가능성

인격자로서의 지위 영역은 권리·의무·책임이라는 법의 강제 논리형식에 친숙하지 않다는 점에서 입법형성권의 자제가 요청되는 바, 그 측면에서는 긍정적으로 평가할 수 있다. 교육기본법 14조가 "교원은 교육자로서 갖추어야 할 품성과 … 향상시키기 위하여 노력하여야 한다"라고 규정한데서 그 인격적 지위의 일면이 보이고 있다.

그러나 징계요구 사유에 직무의 내외를 불문하고 그 체면 또는 위신을 손상하는 행위(국가공무원법 §78①3)는 결국 교육공무원에게 적용하면 품위유지 의무의 위반이라 할 수 있겠고 사립학교 교원의 경우는 이를 분명히 교원으로서 품위를 손상케 하는 행위(사립학교법 §61①3)로 표현되어 있어 인격자로서 지위측면이 교원의 책임 영역에 반영되어 있음을 볼 수 있다. 인격자로서 지위영역을 넓게 해석하여 사회적 지위보장 및 예우하는 경우를 보더라도 국가 및 지방자치단체 그리고 공공단체에게 의무지우는 교육기본법 제14조(교원의 … 사회적 지위는 우대되고 …)와 교원지위향상법 제2조는 교원에게 권리로서 보장된 사항이라 하기엔 부족하다 하겠다. 반면 전술한 징계사유로서 품위손상은 그 범위가 모호하여 자의적 해석에 의한 남용의 여지가 있다.

② 지위사실로서 전문가관과의 괴리

한국인의 교원관은 전문가로서의 지위와 인격자로서의 지위기대에 편중되어 있다고 볼 때 교원의 법적 지위에 관한 내용은 이와 일치한다고는 할 수 없다. 이는 교원이 교육공무원과 공무원관계법을 준용

55) 예를 들어 대법원 판결(63다731)은 사립학교 교원은 공무원이 아니라고 판시하나 헌법재판소 결정(89헌가106)은 학교의 동질성·교원의 동질성·법제의 동질성을 들어 법적 지위의 내용(권리·의무·책임)의 적용을 같이 받음을 당연시하고 있다.

56) 법률우위의 원칙은 입법권과 행정권(사법권을 포함하여)과의 관계에 있어서 입법부가 제정한 법률이 행정권의 여러 활동에 우선하며, 따라서 행정권의 발동은 법률에 위반될 수 없음을 의미한다. 법률의 우위에 관해서는 이강혁, 법률의 우위, 고시계(1984.3), 89-102면 참조.

받는 법적 지위에 있다는 사실에서 출발하는데 따른 당연한 귀결이다.

교육기본법 제14조는 교원의 전문성이 존중됨과 교원의 자질향상을 위한 의무를 규정하였고, 교육공무원법 제43조에서는 전문가로서의 지위 일단을 보여주면서(교원은 그 전문적 지위나 신분에 영향을 미치는 부당한 간섭을 받지 않는다), 교원의 자질향상을 위한 연구와 수양의 의무(교육공무원법 제6장 §37－42)를 규정하고 있다.

그러나 위에서 일컫는 전문적 지위의 보호는 그 핵심이 교원의 교육활동 내에 있어서 전문성 보장에 있다고 볼 때 교육과정 결정에 관한 권리나 참여의 보장에 있어야 한다. 이런 측면에서 보면 교육과정 결정은 교육부장관에게 부여되고(초·중등교육법 §23②),[57] 교과용 도서의 저작권, 검인정권은 국가 및 교육부장관에 인정됨은 물론(초·중등교육법 §29①) 교원단체와 교육행정당국(교육부장관 및 교육감)간의 교섭·협의사항에 교육과정에 대한 사항이 제외됨을 분명히 하고 있는 것(교원지위향상법 §12)을 볼 때 교원의 교육전문가로서 교육의 자유보호나 교육과정 결정에의 참여보장이 크게 미흡하다고 본다. 초·중등교육법이 교사의 직무를 "법령이 정하는 바에 따라 학생을 교육한다"(§20④)고 하고 있을 뿐 교원의 자기책임에 의한 전문성과 자율성 보장 부분은 찾아볼 수 없는 것도 한계라 하겠다.

③ 교육의 특수성과의 부조화

공직자로서의 지위를 확보토록 하기 위하여 공무원의 복무와 근무관계를 교원에게 적용함은 교육의 특수성과 조화를 이루기 어려운 출발점이었다. 특히, 공무원이라 하더라도 그 특수성에 비추어 법적 지위의 내용, 이른바 권리·의무·책임의 양식이 달라져야 한다고 볼 때 그 특례로 제정된 교육공무원법은 교육의 특수성을 교원지위 면에서는 거의 반영하고 있지 않고 적용과 준용으로 일관하고 있다.

이것은 본질적으로 공직자로서 교원의 법적 지위가 교육활동의 특수성을 보장하기에는 한계가 있기 때문이다. 더구나 교육의 특수성이 반영된 교육의 조리가 헌법 규정에까지 보장(헌법 §31④)되어 있음에도 그 내용이 교육의 중요한 위치에 있는 교원의 권리·의무·책임에 적절히 반영되어 있지 못한 것으로 볼 수 있다.

그 가장 큰 부조화는 교육의 전문성을 보장하기 위한 교원의 법적 지위의 내용 조치가 미흡하다는데 있음은 말할 나위없고 상대적으로 강조된 공직자로서의 지위하의 권리·의무·책임은 공무원으로서의 권리·의무·책임으로 일관되고 있어서 교원에게 특별히 부여·부담·부과된 내용과 비교형량해 볼 때, 심한 불균형 상태이다. 즉 한국 교원의 법적 지위는 공무원으로서 일반성에 교원으로서 특수성은 상당부분 잠식된 상태이다.

---

57) 초·중등교육법(§23②) 개정(2021.7.20. 제정, 2022.7.21. 시행)으로 교육부장관에서 국가교육위원회로 업무가 2020.7.21.부터 이첩되었다. 물론, 교육부장관은 이 교육과정이 안정적으로 운영될 수 있도록 대통령령으로 정하는 바에 따라 후속지원 계획을 수립·시행하는 역할을 담당한다(§23③).

④ 기본권 제한의 편중성

공무원으로서 교원의 법적 지위내용은 교원의 특수성을 살리지 못한 반면 공무원으로서의 일반성에는 지나치게 충실하고 있다. 그것은 공법상 특별권력관계로 특징되는 공무원의 기본권 제한 논리가 그대로 교원에게 적용되고 있음을 의미한다. 그중에서도 일체의 정치활동과 쟁의행위의 금지는 교원의 참정권과 노동기본권의 실질적 보장을 약화시키는 부분이다.

공무원에게 부과되는 신분상 의무가 바로 정치운동 및 집단행위 금지라고 볼 때 교원이 공무원의 신분을 갖는 한 금지 규정의 적용은 불가피하다고 하더라도 신분의 차용인 한 교원의 특수성 역시 적정 범위 내에서 반영되지 않으면 안된다.

이러한 기본권의 제한이 의도하는 국민전체에 대한 봉사성과 정치적 중립성·공공성은 공무원에게는 당연히 요구되는 것이나 교육활동에서는 공무원 신분 적용을 통해서가 아니라 교육의 자주성·전문성·정치적 중립성 원리를 통해서도 달성할 수 있는 것이다. 기본권을 제한하는 결과에 있어서는 정도의 차이에 불과한 모습에 다다른다 할지라도 교원의 법적 지위 내용에서 보면 기본권 제한적 법률유보와 형성적 법률유보의 갈림길에 서는 것과도 같다.

헌법 제31조 제6항의 교원지위 법률주의원칙이 기본권 형성적 법률유보로 해석되어야 함은 앞서도 설명한 바와도 같고 현행법은 이점에서 교원지위에 관한 법률을 정립함에 있어서 헌법정신에 충실치 못한 한계도 갖고 있다.

⑤ 교원 평등원칙의 문제

법에 있어서 평등이란 "본질적으로 같은 것은 같게 다른 것은 다르게 취급"하는 것을 말한다. 따라서 교원의 법적 지위에 관한 법률의 적용에 있어 평등의 원칙은 법적 지위의 중요한 요소가 되는 법적 지위형식인 신분 양식이 중요한 기준이 되고 더 나아가 임용권의 소재가 중요한 기준이 된다 하겠다.

이런 면에서 현행 공무원으로서 법적 지위의 내용은 그 지위형식, 신분이 다른 사립학교 교원에게 공무원인 국공립학교 교원의 법적 지위 내용인 권리, 의무, 책임을 준용(특별한 단서나 변형이 없으므로 적용에 가까움)함으로써 교육공무원법과 사립학교법에서 각각 다른 신분으로 출발한 교원을 같게 취급하는 결과를 낳아 평등원칙에 위배되고 있다. 또한 임용권의 소재로 보아 국립학교 교원과 공립학교 교원은 엄연히 차이가 있음에도 같이 취급하고 있는 것이다. 반면 공무원 신분 논리에 의하더라도 교원이라는 교육법상 같은 직명을 사용하는 대학교수와 초·중등학교 교원을 교육공무원이라는 신분에 위치시키면서도 그 법적 지위내용에 있어서는 많은 차이를 두는 것(예를 들어 학문의 자유에 기초해 대학교원에게는 교육의 자유를 보장하는 것 등)은 교육공무원이라는 신분이란 이름하에 전개되는 기본권 제한 논리의 취약성인 동시에 같은 것을 다르게 취급하는 평등의 원칙에도 어긋난다. 교육전문가라는 본질적 지위에 터해 교원지위에 관한 기본법이 제정되지 않는 한 교원지위의 불평등 현상은 근본적으로 해결될 수 없는 이유의 단면을 여기에서도 읽을 수 있다.

⑥ 교원지위의 국제상식률과의 괴리

교원지위에 있어서 국제상식률로서 가장 많이 인용되는 것은 UNESCO · ILO가 개최한 정부 간 회의에서 1966년 채택된 「교원지위에 관한 권고문」이다. 앞의 현대 공교육체제하의 교원의 법적 지위 특성에서도 함께 논의된 바 있듯이, 이 권고문은 학생교육관계에 있는 교원에게 일반공무원에게 적용하는 법률을 적용하는데서 오는 한계를 극복하기 위한 부수적 목적을 지닌다는 점에서도 의의가 있다. 권고문은 비록 '교육의 자유'라는 표현을 쓰지는 않았으나 이른바 직업상의 자유로서 학문의 자유를 인정하며 전문가로서 지위보장에 초점을 맞추면서 참정권과 노동기본권을 포함한 시민적 권리를 광범위하게 인정할 것을 권고한 바 있다.

그러나 50년이 지난 시점에서 한국 교원의 법적 지위는 아직도 큰 괴리를 보이고 있다. 더군다나 사립학교 교원의 법적 지위까지 국가공무원의 그것을 따르게 하고 있는 것은 세계에서 유래를 찾기 힘든 것이라 하겠다. 법률체계와 교육문화적인 차이를 감안하더라도 한국 교원의 법적 지위는 독일, 일본, 미국[58]등의 선진 제국 등을 통해서 유추할 수 있는 교원지위의 국제상식률과도 다소 차이가 나는 것이다. 공직자로서 신분 그 자체보다도 근본적인 것은 교육전문가로서의 전문성과 특수성이 인정되고 있지 못하다는 데 있다.

나. 교육의 자유 제한 판례: 국정교과서 제도(89헌마88)

(1) 사건의 개요 및 청구인의 주장

청구인은 중학교 국어교사로 「통일을 여는 국어교육」과 「개편교과서 지침서 중학 국어 1－1」을 출간한 교사모임에 공저자로 참가한데 이어 중학교 국어교과서를 출판하려고 하였으나 당시 교육법 제157조와 대통령령인 교과용도서에 관한 규정 제5조가 중학교 국어교과서를 1종도서로 정하여 교육부가 저작, 발행, 공급하도록 규정하고 있어, 자신의 중학교 국어교과서의 저작 · 출판이 원천적으로 불가능함을 알고 헌법소원 심판을 청구(1989.5.11.)했다.

청구인의 주장은 이 규정이 교과서 저작을 원천적으로 교육부로 한정하여 포괄적으로 위임하고 있어 청구인과 같은 교사들에 의한 자주적, 전문적인 교과용 도서의 저작의 자유를 봉쇄하고 있으므로 교육의 자주성 전문성 보장(§31④)에 위반되며, 전문적인 직업교사로서 교과용도서를 저작 · 출판하는 것을 불가능하게 하고 있어 출판의 자유(§21①)를 침해하는 것이며, 교사들로 하여금(국정교과서에 의하여) 기계적이고 주입식인 형태의 교육만을 반복하게 할 뿐, 교육에 관한 다양한 학문적 연구를 스스로 포기하도록 강요하고 있어 학문의 자유(§22①)를 침해하고 있다고 주장했다.

58) 독일, 일본, 미국의 교원의 법적 지위와 기본권 제한에 대해서는 고전(1997), 앞의 논문, 제2장 제4절 3. 외국 교원의 법적 지위 보장과 제한 참조.

(2) 심판 대상 조항

심판 대상 조항은 구 교육법 제157조(교과서의 저작 · 검정 · 인정)으로 내용은 다음과 같다.

① 대학 · 교육대학 · 사범대학 · 전문대학을 제외한 각 학교의 교과용도서는 교육부가 저작권을 가졌거나 검정 또는 인정한 것에 한한다. ② 교과용 도서의 저작 · 검정 · 발행 · 공급 및 가격사정에 관한 사항은 대통령령으로 정한다.

이에 따라 제정된 대통령령인 교과용도서에 관한 규정 제5조(편찬)의 내용은 다음과 같다.

제5조(편찬) 1종도서는 교육부가 편찬한다. 다만, 교육부장관이 필요하다고 인정하는 1종도서는 연구기관 또는 대학 등에 위탁하여 편찬할 수 있다.

(3) 판시사항 및 결정 요지

헌법재판소는 위의 헌법소원이 제기된 지 2년 8개월 뒤 1992년 11월 12일 8대 1의 다수로서 합헌기각결정을 했다. 헌법재판소의 다수의견에 의한 결정요지문에 따르면, "국민의 수학권(헌법 제31조 제1항의 교육을 받을 권리)과 교사의 수업의 자유는 다 같이 보호되어야 하겠지만 그 중에서도 국민의 수학권이 더 우선적으로 보호되어야 한다"고 전제한 후, "국정교과서제도는 교과서라는 형태의 도서에 대하여 국가가 이를 독점하는 것이지만, 국민의 수학권의 보호라는 차원에서 학년과 학과에 따라 어떤 교과용 도서에 대하여 이를 자유발행제로 하는 것이 온당하지 못한 경우가 있을 수 있고 그러한 경우 국가가 관여할 수밖에 없다는 것과, 관여할 수 있는 헌법적 근거가 있다는 것을 인정한다면 그 인정의 범위 내에서 국가가 이를 검 · 인정제로 할 것인가 또는 국정제로 할 것인가에 대하여 재량권을 갖는다고 할 것이므로 중학교의 국어교과서에 관한 한, 교과용 도서의 국정제는 학문의 자유나 언론 · 출판의 자유를 침해하는 제도가 아님은 물론 교육의 자주성 · 전문성 · 정치적 중립성과도 무조건 양립되지 않는 것이라 하기 어렵다"고 판시하고 있다.

이에 대하여 재판관 변정수는 반대의견을 개진하였는데, 초 · 중 · 고등학교의 교과서에 관하여 교사의 저작 및 선택권을 완전히 배제하고 중앙정부가 이를 독점하도록 한 교육법 제157조의 규정은 정부로 하여금 정권의 지배 이데올로기를 독점적으로 교화하여 청소년을 편협하고 보수적으로 의식화시킬 수 있는 기회를 부여하는 것이어서 이는 교육의 자주성 · 전문성 · 정치적 중립성을 선언한 헌법 제31조 제4항에 반하고 교육자유권의 본질적 내용을 침해하는 것이어서 헌법 제37조 제2항에 반한다.

교육법 제157조 등에는 교육제도의 본질적 사항에 속하는 교과서의 저작 · 출판 · 선택 등에 대한 구체적 기준과 방법 및 절차 등의 사항을 규정하고 있지 않으며, 단지 동조 제2항에서 "교과용 도서의 저작 · 검정 · 인정 · 발행 · 공급 및 가격결정에 관한 사항은 대통령령으로 정한다"라고 규정함으로써 행정권에 의한 입법에 포괄적으로 백지위임하고 있으므로 교육법 제157조는 교육제도 법정주의 원리에 위배된다고 주장했다.

(4) 판례 평석

위헌성 여부에 대한 찬반론은 이미 청구인측과 국가측이 참고인 진술[59)]을 통해서도 드러나고 있으나 여기서는 기각결정에 대한 판례평석을 중심으로 살펴본다.

정재황은 다수의견의 판단의 시각과 교육의 다원주의 그리고 국정제의 문제점 측면에서 평석[60)]했다. 다수의견은 교사의 수업권 시각에서 판단하고 있으나 국정교과서 제도와 수학권 침해와의 관계에서 문제를 접근해야 옳았다고 한다. 즉 교사의 수업권을 기본권으로 보는 데는 주저하고 있으면서 학생의 수학권은 명백한 기본권으로 보았다면 이를 정면에서 다루어야 했다는 것이다. 그리고 국정교과서 문제는 교과서 저작·출판의 자유문제와 교과서 선택의 자유가 핵심이라는 점에서 교사 신분이 아닌 자(대학교수, 학자 등)의 권리 측면도 염두에 두었어야 했다는 것이다.

다음으로 학생의 수학권은 다양한 내용의 교육을 받을 권리를 포함한다고 볼 때 획일적일 수 있는 국정교과서는 수학권을 침해하는 동시에 학부모의 자녀에 대해 다양한 교육을 수학케 할 권리·의무와 이를 위한 교재선택권을 침해한다고 본다. 민주주의 교육은 다원성 원칙을 핵심으로 하는 만큼 국정제는 이에 맞지 않으며 오히려 획일적 교육은 교육의 정치적 중립성에 위반될 수도 있다고 한다.

끝으로 다수의견이 내세우고 있는 국정교과서의 제작방식은 집필자의 주관적 학설이나 가치관의 개입을 막을 수 있을지 의문이며 1종도서 편찬심의회의 구성방식과 권한에도 문제가 있다고 본다. 국정제는 과목의 선정기준이 모호하고 교육법 제157조 제2항은 대통령에게 이를 포괄적으로 위임하고 있고 교과용 도서에 관한 규정 제4조 제4호, 제6호는 교육부장관의 재량으로도 1종도서과목 지정을 할 수 있도록 하고 있어 위임의 한계를 벗어나 헌법 제75조(범위를 정한 대통령령)와 헌법 제95조(대통령의 위임 또는 직권에 의한 부령)에 위배되어 위헌이라고 한다. 그리고 이처럼 국정제의 인정근거가 박약하다면 지나친 제한으로 헌법 제37조 제2항(기본권 제한원칙)에도 부합하지 않아 위헌이라는 논지를 펴고 있다.

한편 본 사안의 청구인의 대리인으로서 참가한 변호사 이석태는 판례평석[61)]을 통해서 현행 교과서 발행제도의 현황과 외국의 예를 검토한 후 비교법적 관점이나 교육학적 관점에서 국정제는 가장 후진적이고 '닫힌 교과서관'을 바탕으로 하고 있으며 민주주의 교육이념에도 부합하지 않는다고 전제하면서 결

---

59) 헌법재판소에 제출된 의견서 등의 진술을 통해 청구인측 참고인들(이대 이규환, 계명대 신현직)은 국정제가 국민의 교육의 자유 특히 교육참가의 자유의 일환으로서의 교과서 작성의 자유를 본질적으로 침해한 것으로서 헌법 제10조(인간존엄과 행복추구), 제19조(양심자유), 제21조(표현자유), 제22조(학문자유), 제31조 제4항, 제37조 제2항(기본권의 본질적 내용침해 금지) 등에 위반되어 위헌이며, 국정제도를 지양하고 인가제나 자유발행제를 채택하는 세계적 추세에 어긋난다.
이에 반하여 국가측 참고인들(서울대 최대권, 변호사 이상규)은 이 사건 헌법소원 심판청구는 청구인이 심판청구 후 교사 자격을 상실하였으므로 각하되어야 한다거나 또는 사회적으로 판단능력이 미숙한 미성년자인 중학교 학생에 대하여서까지 교사의 교수의 자유(표현의 자유, 학문의 자유)를 제한 없이 확대 적용할 수는 없으므로 국가가 초·중등학교의 교과서를 제작한다고 해서 정치적 중립성을 제약한다고 볼 수 없고, 또 헌법 제31조 제6항이 교육법정주의를 명시하고 있는 바 이에 따라 교육법이 교과용 도서 제작을 법률로 규정할 수 있는 것이어서 결과적으로 합헌이라고 주장했다. 이석태(1993), 국정교과서제도 헌법소원사건, 민주사회를 위한 변론 2호, 177면. 최대권의 합헌논지에 대해서는 최대권(1993), 한국공법의 이론(김도창박사 고희기념 논문집), 동 간행위원회, 155-170 참고.

60) 정재황(1993), 판례평석, 법률신문, 13, 15면. 정재황(1994), 교육권·교육제도에 관한 헌법재판소 판례의 경향, 세계헌법연구(창간호), 국제헌법학회 한국학회, 380-385면.

61) 이석태(1993), 앞의 글, 175-207면.

정문을 검토하고 있다. 다수의견은 외국의 경우와는 달리 국정제를 고수해야 하는 이유를 헌법이 지향하는 교육이념, 국내외 제반교육여건(특히 남북긴장관계) 등에서 찾고 있으나 논리가 박약하며 공교육 시행주체로서 관여의 필요성에서 바로 국정제의 고수로 강조한 것은 논리의 비약이라는 것이다. 교과서제도 법정주의의 헌법적 근거로 들고 있는 교육제도 법정주의 조항 역시 국민의 교육권 보장 조항으로 보아야지 기본권 제한이나 국가교육권의 근거로 볼 수 없다고 비판한다. 다음으로 학문과 출판의 자유에 대하여 다수의견이 국정교과서 제도와 무관하다고 보는데 대하여 이는 교사의 직업적 특성 및 교과서와 교육과의 관계를 외면한 것이며 국정제·자유발행제·검·인정제의 선택이 국가의 전권사항에 속한다는 논리 역시 특허로서의 성질 외에 교육기본권에 내재된 고유의 자유권적 요소를 간과한 것으로 본다. 국정제의 장점(맞춤법의 통일 등) 역시 자의적이고 아전인수격으로서 설득력이 없다고 한다. 교육의 자주성·전문성·정치적 중립성의 보장논거로서 다수의견이 들고 있는 교육전문가의 비배제성, 교사일임 경우의 위험성, 중학국어 교과서의 국정제 필요성 역시 동의하기 어려운 해석이라 하고 있다. 동시에 논리적 적합성과 사회적 타당성을 결여한 채 합헌판결을 한 것은 법리적 관점에서 결정을 내렸다기보다는 정치적 고려를 한 것이 아닌가라는 의문이 제기되며, 국제인권규약[62]과의 관계에 있어서도 국정교과서제도는 원천적으로 교사의 저술을 허용하지 않음으로서 국내법적 효력을 갖는 본 국제규약을 위반하고 있다고 주장한다.

생각건대, 본 교과서 헌법소원은 합헌과 위헌의 판단자체의 문제도 문제려니와 논의의 쟁점이 된 교사의 교육의 자유의 헌법적 기본권성에 대하여 다수의견은 판단을 유보하여 논리를 전개함으로서 문제의 핵심에 접근하지 못한 헌법판단이다. 교사의 교육의 자유는 학문의 자유로부터 도출될 수 있는 기본권이 아니라 교육기본권 보장의 전제로서 그리고 교육의 전문적 자율성이라는 교육조리적 근거(헌법은 제31조 제4항에도 수용됨)로부터 인정되는 것임에도 직무권한으로 축소 해석함은 문제의 본질을 파악하지 못한 탓이다.

다음으로 지적할 수 있는 것은 다수의견의 국가교육권적 시각이다. 다수의견에 따르면 공교육=국가교육이라는 도식이 성립하는데 이는 헌법 제31조 제1항을 교육기본권 조항으로 보지 않고 국가가 제공하는 교육을 받을 권리(교육수권 또는 수학권)로 해석하는 데서 연유하고 있다. 다수의견의 국가교육권적 시각은 교육에 관한 법률의 규범적 타당성을 논할 때 가장 근본이 되는 제1의 이념적 원리인 국민의 교육기본권 보장에의 기속성을 간과한 관점이라고 보아 헌법적합성 판단의 기준면에서도 문제가 있다.

또한 학생의 수학권은 기본권으로 인정하면서도 교사의 교육의 자유 내지 교육권에 대해서는 부정적 태도를 견지하고 있는 것은 모순이며, 교사의 교육의 자유의 근거로서 제시될 수 있는 교육의 전문성·자주성·중립성의 헌법조항을 넓은 의미의 교육제도 법률주의로 포함시킨 이해까지는 수긍한다 하더라도 교육제도의 법률주의를 교육기본권 형성적 법률유보 측면도 있음에도 기본권 제한의 근거로만 삼은 것은 동의할 수가 없다.

다음으로 국정제도의 입법목적 뿐만 아니라 실제 현상에 대해서도 파악을 하고 국정제에 관한 비교

62) 1990년 4월 한국이 뒤늦게 가입한 '시민적 및 정치적 권리에 관한 국제인권규약'으로 흔히 B규약이라 칭한다. 본 규약 제19조 제2항은 "모든 사람은 표현의 자유를 가지고 있다. 표현의 자유는 국경에 관계없이 구두, 서면, 출판의 방법으로 예술 또는 각자의 선택에 의한 임의의 매체를 통하여 어떤 종류의 정보 및 사상도 전달하고 전달받을 수 있는 권리를 포함한다"고 규정되어 있다. 이석태(1993), 앞의 글, 205면.

법적 검토 및 국제상식률에 대한 검토를 해야 했음에도 이를 결한 채 국정제의 장점만 부각시키고 검·인정제도 및 자유발행제로의 전환에 대한 고려가 전혀 없다는 것이다. 다수의견이 밝히고 있듯이 교육의 자주성·전문성·정치적 중립성 보장의 헌법이념 실현에 국정제보다는 검·인정제도가, 검·인정제도 보다는 자유발행제를 채택하는 것이 좋은 것이라면 교과서 개방정책의 필요성을 행정입법에 맡길 것이 아니라 최소한 헌법불합치결정을 통해 입법촉구결정을 내렸어야 했다.

한편 청구인측의 위헌소송 주장에 있어서도 교사의 교육의 자유를 교육기본권 침해 시각에서 위헌을 재기하지 않고 학문의 자유에 근거를 둠으로써 대학의 교수의 자유와 하급교육기관의 수업의 자유라는 통상적인 차등논리에 귀속되고 마는 결과를 초래하였다는 데 아쉬움이 있다. 다수의견이 말하는 하급교육기관에서 수업의 자유의 제한 논거 역시 일본의 교과서 재판(高津判決)에서 제시된 피교육자의 미성숙성에 두고 있음은 통상적인 차등논리에 의존하는 예이다.

더구나 교사의 수업의 자유의 기본권성에 대한 시각을 소개하면서 헌법학자의 견해인지 교육학자의 견해인지 아니면 정부나 사회일반의 견해인지에 대해서 밝히지도 않고서 "부정적 견해가 많다"고 전제한 것도 잘못이지만, "설령 기본권에 준하는 것으로 간주하더라도 수업권을 내세워 수학권을 침해할 수 없고 국민의 수학권의 보장을 위해 교사의 수업권은 일정범위 내에서 제약을 받을 수밖에 없다"고 한 것은 교사의 교육의 자유에 대한 기본개념의 숙지 여부를 의심케 하는 부분이다. 즉 기본권성이 인정된다면 당연히 교과서 채택권과 저작권은 그 본질적 사항이 되는 것이며 교사의 수업권의 보호가 학생의 수학권의 보호의 전제임에도 이를 상충관계로 보고 있는 것은 문제라 하지 않을 수 없다.

다. 초·중등교원과 대학 교수간의 평등권: 공무담임권 제한 판례

(1) 사건의 개요 및 청구인의 주장

공립고교 교사인 청구인은 지방교육자치법 제정(1991.3.8.)에 따라 교육위원이 되고자 했으나 이법 제9조 제1항 제2호에서 대학의 조교수 이상의 교원을 제외한 국공사립학교의 교원에 대해서는 교육위원과의 겸직을 금지하고 있어서, 이 조항이 헌법상의 평등권, 공무담임권 등을 침해한 위헌적 법률이라고 하여 이 사건 헌법소원심판을 청구(1991.4.24.)하였다.

청구인은 일선 교육현장에서 교육활동을 수행하는 교사야말로 교육자치의 구체적인 담당자로서 가장 적임자라고 할 수 있는데도 교육위원 겸직을 금지한 것은 지방교육자치의 이념이나 지방교육자치법의 입법목적에 위반되며, 조교수 이상의 대학교수에게는 교육위원직을 겸할 수 있도록 한 것은 교사와 교수라는 사회적 신분에 의하여 부당하게 교육위원의 직무수행과 관련하여 차별하는 것으로 평등권(§11①)을 침해한 것이고, 교육위원은 정치적 공무원이 아님에도 겸직을 금지한 것은 명백히 공무담임권을 침해한 것이며, 교육위원직은 교육경험이 풍부하고 교육전문가인 교사가 이를 담당하여야 하는 것은 교육목적상 지극히 당연한 것인데 겸직을 금하고 있는 것은 교육의 자주성·전문성·정치적 중립성(§31④)에 반한다.

(2) 심판의 대상 조항

이 사건 심판의 대상은 지방교육자치에관한법률(1991.3.8. 제정, 법률제4347호) 제9조 제1항 제2호의 규정이며 그 내용은 “교육위원은 다음 각 호의 1에 해당하는 직을 겸할 수 없다. 1. (생략) 2. 국가공무원법 제2조에 규정된 국가공무원 및 지방공무원법 제2조에 규정된 지방공무원과 사립학교법 제2조의 규정에 의한 사립학교 교원. 다만 교육법 제81조의 규정에 의한 대학 · 교육대학 · 사범대학 · 전문대학 · 방송통신대학 · 개방대학 및 이에 준하는 각종 학교와 다른 법령에 의하여 설치된 대학의 조교수 이상의 교원을 제외한다. 3. (생략)”이다.

(3) 판시사항 및 결정 요지

헌법재소는 1993.7.29. 청구인의 헌법소원을 기각하면서, 지방교육자치법은 별도로 교육위원 정수의 2분의 1 이상과 집행기관인 교육감의 자격을 일정기간 이상 교육 관련 경력이 있는 자로 제한하여 교육의 자주성, 전문성이 충분히 보장되도록 규정하고 있으므로 교육위원과 초 · 중등학교 교원의 겸직을 금지하였다고 하여도 그것만으로 교육의 전문성을 보장한 헌법 제31조 제4항에 위반된다고 할 수 없고, 같은 대학교원에게는 겸직을 허용한다 하더라도 이는 양자 간 직무의 본질이나 내용 그리고 근무태양이 다른 점을 고려할 때 합리적인 차별이라고 할 것이어서 평등권을 침해하는 것이라고 할 수 없다고 보았다. 또한, 이 규정 자체에서는 겸직금지 이외에 입후보 금지까지 포함하지 않음이 법문상 명백하고, 그와 같이 겸직금지를 규정한 것은 교육위원이나 교원이 그 직무에 전념할 수 있도록 하기 위한 필요 최소한의 합리적인 규정이므로 위 규정이 헌법 제25조에 의하여 보장된 청구인의 공무담임권을 본질적으로 침해하는 것으로서 과잉입법 금지의 원칙(原則)을 규정한 헌법 제37조 제2항에 위반된다고 할 수 없다고 판시했다(91헌마69).

(4) 판례 평석

헌법재판소의 판결 요지는 초 · 중등교원의 직무전념 의무, 즉 학습권 보호 차원에서 겸직을 제한하는 당위성을 설명한 것이라 할 수 있고, 대학교수에 비하여 그 일상적인 전념요구가 강하므로 초 · 중등교원 만을 겸직금지 한 것은 합리적 차별이라는 취지로서 법리상으로는 크게 문제되어 보이지는 않는다.

문제는, 초 · 중등교원에게 겸직을 금지한 결과에 대하여 전혀 검토가 없다는 것이다. 이 사건 당시에는 지방교육자치법시행령을 통해 교육의원 후보자 등록 시부터 해임증명서를 요구한 규정(§3)[63]이 있었으므로 당선 여부를 확정할 수 없는 상태에서 입후보할 후보는 있기 어렵게 되고, 결국 현장 교원 출신 교육의원은 배제되고 고경력 혹은 정년퇴직후의 교원이 진출하는 교육의원직이 되는데 이 규정이 통로 역할을 하였다는 점이다.

1991년부터 제1기 – 제5기 교육위원 선거 결과 교육경력자 우선 당선제에 따라서 71.4%, 70.2%,

---

63) 재판부도 판결문에서 후보등록시 해임증명서를 요구한 것은 ‘필요 최소한의 제한 원리’에 어긋날 가능성이 있다고 판시한 바 있고, 이후 당선 후 사직하는 것으로 변경되었다.

72.6%, 80.8%, 87.1%로 교육 및 교육행정 경력자가 다수 당선되었으나 일선 초·중등학교 교원이 당선되는 경우는 2002년 4기의 경우 13명(전체의 8.9%), 2006년 5기의 경우 17명(전체의 5%)에 불과했고, 당선된 뒤에는 대학 교수와는 달리 여전히 사직했어야 했다.

한편, 2006년 12월 지방교육자치법 개정[64]으로 2010년 주민직선으로 당선되는 교육의원에 대하여는 당해 지방자치단체 지방의회 의원과 동등한 수준의 급여를 지급하게 되었고, 대학교수의 경우에도 휴직을 의무화하였다. 이로 인하여 초·중등학교 교원이 무보수 명예직인 교육위원에 진출하기 어려웠던 현실적인 제약은 어느 정도 해소되었으나, 여전히 휴직이 아닌 사직을 요구함으로서 제약 요인이 되어 고령의 교육의원제는 2010년 이후에 지속되었다.[65]

결국, 당선 가능성이 희박하고 휴직조차 불허된 상황은 현직 초·중등 교원의 교육위원 및 교육의원 입후보를 불가하게 만들어 사실상 공무담임권을 제약하였다고 할 수 있다. 이 점에서 최소한 대학교원과 마찬가지로 당선 후 휴직 조건은 필요하다고 본다.

그 외 초·중등교원과 대학교수와의 차별화 입법에 대한 헌법소원은 여러 방면(62세 정년단축시 대학교원 제외, 정치활동의 자유 제한에서 대학교원의 예외 등)에서 제기되기도 했다.

양자를 다르게 취급하여야 할 이유 역시, 사안에 따라서는 달리 언급되는 경향이 있으나 대체로 대학교수의 업무는 겸직할 수 있는 반면, 직접 매일매일 아동들을 지도해야하는 교사의 경우는 겸직이 어렵다는 점을 들거나 대학생들은 자기 의사결정력 능력이 있어서 교육의 정치적 중립이 문제시되지 않으나 가치관이 확립되지 않은 미성년인 초중고교 학생의 경우 학습권 보호 차원에서 교사의 쟁의행위, 정치활동의 자유는 제한 될 수밖에 없다는 논지이다.

이번 교육의원 겸직의 경우 직무전념의 의무 수행에 있어서 초·중등학교 교사의 경우 매일 매일 학생들과 함께 호흡하며 수업을 하고 학생들을 지도해야하고, 지식 전달 이상의 인격적 내용까지 포함하고 있는 등 양자의 법률적 성격과 기능(직무의 본질과 내용, 근무태양)이 다르다는 점을 합리적 차별의 이유[66]

---

64) 헌법재판 당시 지방교육자치법은 교육위원 정수의 1/2이상은 교육 또는 교육행정경력이 15년 이상 있는 자로 하고 교육감의 자격도 교육 또는 교육전문직 경력이 20년 이상인 자로 하였는데, 2010년에는 교육위원회를 지방의회로 통합하여 일반의원과 교육의원(과반수)으로 구성하며 교육의원 입후보자에게는 10년 이상의 교육관계 경력을 요구하고 있다(제주도는 2006년 실시).

65) 제주특별자치도의 경우 교육의원제를 2006년부터 2022년까지 다섯 차례 실시하였는데, 20년간 총 25명의 교육의원 당선자 중 현직 교사로 사직 후 당선된 사람은 전교육감인 이석문 의원(2010)이었고, 교감 사직 후 당선된 고의숙 의원(2022)은 유일한 여성의원이었다. 대부분 60대 이상, 교육청 간부, 남성중심 그리고 현직 교육의원의 무투표당선 경향이 있었는데, 현직 초·중등교원은 겸직 금지(휴직불허)에 따라 출마를 꺼려하고, 현직에 절대 유리한 선거인 것이 원인 중 하나였다. 고전(2022), 2022년 제주특별자치도 교육의원 선거의 쟁점과 입법과제, 교육행정학연구 40(4) 참고.

66) 【헌재판결】 교육위원회가 정치적 성질을 가진 기관도 아니요 오로지 지방교육의 발전에 이바지 살 것을 목표로 하는 기관일진대(제10조 제1항) 그 교육위원의 직에 선출되는 데 있어서 초·중등학교 교원이 미성년자를 대상으로 교육을 한다는 것이 차별의 합리적인 근거로 자리잡기는 어렵다고 할 것이나 그 교원의 직무와 신분으로 보아 당연히 갖추어야 할 직무전념의 이념을 고려할 경우에는 문제가 달라진다. 교육법(제75조 제1항 제1호, 제2호)에 의하면 "교사는 교장의 명을 받아 학생을 교육하는 자"(제1호)인 반면에 대학의 "교수·부교수·조교수와 전임강사는 학생을 교수·연구·지도하되, 연구 및 지도에만 종사할 수 있다"(제2호)고 하여 양자의 직무를 달리 규정하고 있다. 물론 대학교수도 학생을 교육하기는 하나 그 주된 직무는 연구기능이므로 이 점에서 매일 매일을 학생과 함께 호흡하며 수업을 하고 학생을 지도해야 하는 초·중등학교 교원에 비하여 상대적으로 많은 학문연구와 사회활동의 자유가 인정된다. 더구나 교육법이 교사의 경우에는 '교육'이라고 하여 지식전달 이상의 인격적 내용까지 포함시키면서 대학교수의 경우에는 단순히 '교수'라고만 하여 전문지식의 전수를 강조하고 있는 것도 이런 취지로 볼 수 있어 양자의 법률적 성격과 기능이 다름을 보여주는 것이다. 따라서 대학교수는 교육위원직을 겸하더라도 교원의 경우와 같이 직무에 전념하기 힘들다고 단정할 수는 없으며, 특히 교육법 제75조 제1항 제2호 단서에서 규정하듯이 학생을 교수하지 않고

로 들었다.

생각건대, 무보수 명예직이었던 소송 당시의 논지로는 나름 합리성이 없지 않으나, 현재에는 지방의원과 동일한 세비를 지급받게 되었고, 교수 역시 휴직제도로 바뀌었으므로, 초·중등 교원에게도 같은 휴직 조건을 허용하는 것인 왜곡된 선거결과(60대 전직 교육청 관료출신 남성 및 현직 교육의원의 독점 현상 및 무투표 당선 증가)를 개선하는 해소책이 될 것이다. 다만, 안타깝게 유일하게 남아있는 제주특별자치도 교육의원제의 경우도 중앙 정치권의 의지에 따라 2026년 6월로 일몰제가 예고되어 있어서 교육의원제 자체가 폐지될 예정이다.

라. 교원임용시험 제도 위헌 판례: 국공립대학 우선 임용 및 가산점

(1) 국·공립 사범대학 졸업자의 우선 임용 방침의 평등원칙 위배

교원 신규채용 시험과 관련한 쟁점은 국·공립 사범대학 졸업자에 대한 우선 임용 방침(89헌마89)과 사범대학 및 지역 가산점 제도에 관한 것(2001헌마882)으로 모두 헌법재판소로부터 위헌 판결을 받은 드문 예였다.

우선 임용제도는 1953년 11월 1일에 제정 공포된 교육공무원임용령에서 “국립 교원양성기관 졸업자와 상급자격증 소지자를 우선적으로 채용하여야 한다”(§5)는 규정을 두면서부터 시작되었는데, 이는 수업료·입학금 면제와 취업보장을 통하여 국립 교원양성기관으로의 우수 인재를 유치하고 부족한 교원공급을 해결하기 위한 방책이었다(1963년에 공립대학 추가). 그 결과 나름대로 교원 충원에 기여한 바가 없지 않았으나, 곧이어 수급불균형을 초래하였고 1988년 당시 사립사범대학의 예비교원이 전체의 54.19%이면서도 국·공립학교에 신규채용되는 경우는 7.49%에 불과했고, 1987년 이후 교직과정 이수자중 국공립 중등교원으로 임용된 경우는 전무한 상황에 이르렀다. 이어 1990년 10월 8일 헌법재판소는 우선 임용제도가 헌법상의 평등 원칙에 위배된다하여 위헌 판결을 내렸다.

> “우선 채용 규정은 사립사범대학 졸업자와 일반대학 교직과정 이수자가 채용될 수 있는 기회를 제한 또는 박탈하게 되어 결국 교육공무원이 되고자 하는 자를 그 출신학교의 설립주체나 학과에 따라 차별하는 결과가 되므로, 이러한 차별은 이를 정당화할 합리적인 근거가 없으므로 헌법상 평등의 원칙에 어긋난다.”(89헌마89)

이 판결로 인해, 이른바 교원임용시험제도가 도입되는 결과를 낳았다. 이 판결의 교훈은 두 가지로 정리할 수 있다. 우수한 인재를 국·공립 교·사대에 유치한다는 목적으로 도입된 ‘우선 임용제도’는 도입 당시에는 사회적인 공감이 있고, 실제 우수 인력 유치의 성과도 있었다고 볼 수 있다. 그러나 국·공립대 출신 조차도 임용대기하여야 하는 상황을 방치한 결과, 사립대학 출신자로부터 헌법소원을 제기받고 위헌 판결에 이르렀다는 점에서, 특별입법 및 차별화 정책을 주관하는 행정당국이 특례의 성과를 점검하고

연구·지도에만 종사하는 대학교수의 경우에는 더욱 그러함이 명백하다. 그렇다면 초·중등학교 교원에 대해서는 교육위원직 겸직을 금지하면서 대학교원에게는 겸직을 허용한다 하더라도 이는 양자간 직무의 본질이나 내용 그리고 근무태양이 다른 점을 고려할 때 합리적인 차별이라고 할 것이므로 청구인이 주장하듯 헌법상의 평등권을 침해한 것이라고 할 수 없다(91헌마69).

이에 대한 적절한 입법정책을 추진하지 않을 경우 교육당사자간의 권리 분쟁이 일어날 수 있다는 점이다.

다음으로 위헌 판결 당시 재학생 중심의 기득권 보호를 위한 경과규정만을 둔 관계로, 후보자 명부에 올라와 있던 미임용자에 대한 보호를 소홀히 하여 법적분쟁(미발추 문제)이 야기되기도 하였다. 위헌판결은 기득권자에 대한 제2의 권리 침해를 일으킬 수 있다는 교훈이다. 실제로 이들은 임용후보자 명부를 국가가 보증한 권리를 침해당한 것으로 보고 10년 이상 법적 투쟁을 전개하였고(이른바 '미발추 사건'), 결국 2004년에 이르러서야 교육대학 편입 등 미발추 특별 구제 입법[67]으로 통해서 권리를 구제받는 힘겨운 과정을 거쳤다.

(2) 사범대학 및 부전공 가산점 시험규칙에 의한 법률에 의한 기본권 제한 원칙 위배

앞의 위헌판결에 따라 우선 임용제도는 폐지되고 공개전형(임용고사) 방식으로 개정(1990.12.31.)되었다. 그러나 그 후 사범계 대학은 여전히 가산점 제도를 도입하여 특혜를 유지하고자 하였다. 결국, 과거와 비교할 때, 사립사범대학까지는 동일한 가산점을 누리게 되었으나, 사범대학 가산점제도는 일반교직과정 이수자를 피해자로 양산하는 결과를 낳았다.

대전교육감을 상대로 제기된 헌법소원에서 청구인은 가산점을 회복한다 할 지라도 사실상 전공과목에서 과락점수(40점 이하)를 취득하여 소의 이익을 다툴수 없어 각하될 수도 있었다. 그러나 헌법재판소는 유사한 다수의 일반 교직과정 수험생이 있다는 전제하에 직권으로 판결한 사건이다(2001헌마882).

헌법재판소는 소를 제기(2001.12.21.)한지 2년 3개월여 지난 2004년 3월 25일 위헌확인 인용결정을 하였다. 판결문에서 다수의견의 취지는 가산점으로 인해 공무담임권을 침해당할 수 있는 만큼 법률에 명적 근거조항을 두어야 하나 관련 시행요강은 아무런 법적 근거가 없어 헌법의 법률에 의한 기본권 제한 원칙(법률유보 원칙)을 위반하여 위헌임을 확인하는 인용결정을 하였다.

> "공립중등학교 교원 임용시험에 있어서 사범대 가산점과 복수·부전공 가산점은 적용대상에서 제외된 자의 공직에의 진입 자체를 가로막을 수 있는 점에서 그 공무담임권 제한의 성격이 중대하고, 서로 경쟁관계에 놓여 있는 응시자들 중 일부 특정 집단만 우대하는 결과를 가져오는 점에서 사전에 관련당사자들의 비판과 참여가능성이 보장된 공개적 토론과정을 통해 상충하는 이익간의 공정한 조정을 도모할 필요성이 절실하다. 그러므로 위 가산점들에 관하여는 법률에서 적어도 그 적용대상이나 배점 등 기본적인 사항을 직접 명시적으로 규정하고 있어야 했다. 그런데… 가산점 항목은 결국 아무런 법률적 근거가 없다고 보아야 하고, 따라서 헌법 제37조 제2항에 반하여 청구인의 공무담임권을 침해한다고 할 것이다."(2001헌마882)

3명의 재판관은 보충의견에서 가산점 규정이 실체적으로도 위헌이라는 의견을 냈다. 즉, 사범계대학

---

67) 이른바 미발추법(국사범대학졸업자중교원미임용자임용등에관한특별법)이 2004년 2월 제정되어 위헌판결 이전에 교원임용후보자명부에 등재되어 있던 자들에 대한 구제를 규정하였다. 방법은 공개전형에 응시시 응시연령 제한을 적용 받지 않고, 중등임용시험에 합격한 경우 우선적으로 임용하며, 부전공과정을 이수할 수 있고, 교육대학(서울과 부산 제외)과 교원대의 편입학 특별전형에 응시할 수 있으며, 초등교원 임용후보자선정 공개경쟁전형(경기, 강원, 충북, 전북, 전남, 경북, 경남, 제주)에 응시할 수 있도록 하였다. 이후 개정을 통하여 중등 미임용등록자 채용을 위한 별도의 정원(2006년 500명)을 확보하여 별도로 채용토록 했고, 초등의 경우에도 임용시험 응모 지역 제한(도에 한정) 규정을 삭제함과 아울러 별도의 채용 정원을 배정하였다. 이런 조치는 교육대학으로부터 반발을 사기도 했다.

출신의 학생들이 비사범계 출신자들보다 전문성에 앞서는 등 가산점을 부여하여야 할 객관적 타당성을 인정하기 어렵고, 부전공 가산점 역시 그로 인한 성과와의 합리적 비례관계를 확인하기 어렵다는 이유였다.

> "사범계대학 출신자가 비사범계대학 출신자보다 교직에 대한 소명감이 더 투철하고 교원으로서의 품성이나 교과교육에 관한 전문성 면에서 더 앞선다는 이유로 사범대 가산점을 부여하는 것이라면, 이는 그 객관적 타당성을 인정하기 어렵다.…(가산점은) 무고한 비사범계대학 출신자의 희생을 전제로 하는 점에서 지나치게 행정편의적이다.… 복수·부전공 가산점을 통해 추구되는 공익적 성과는 그로 인한 부정적 효과와 합리적 비례관계를 이루고 있다고 하기 힘들다."(2001헌마882)

법률의 형태가 아닌 기본권 제한이 위헌 의견의 요지였으므로 가산점에 대한 법률적 근거를 신설하는 것으로도 위헌성을 소각시킬 수 있는 판결이었지만, 정부의 대응은 가산점을 폐지하는 쪽으로 법개정을 하였다. 즉, 교육공무원법 개정(2004.10.15.)을 통해서 사범계 대학·복수자격·부전공 가산점을 폐지하고, 대통령령에의 위임사항에 '공개전형의 절차·방법 및 평가요소 등'을 추가하여 법적 근거를 두도록 했다.

동시에, 사범계 대학·복수자격·부전공 가산점의 경우 그 적용을 2005학년도 입학자를 포함한 당시 재학생보호를 위해 2010년 임용시험까지만 한시적으로 적용키로 하고, 교육대학의 지역가산점과 어학·정보처리·체육·기술 분야의 가산점 및 도서·벽지 지역 근무가산점은 계속 부여하는 법적 근거를 마련한 바 있다. 이는 지난 1990.10.8. 우선임용제에 대한 위헌판결시 임용후보자 명부에 올라와 있던 기득권자에 대한 조치를 소홀히 하여 10여 년간 입법분쟁을 벌렸던 것에 대한 교훈이 작용한 결과였다.

이 판결로 인하여 일반 수험생 입장에서 본다면, 사범대학과 일반대학의 교직과정을 통한 자격증 취득과정에 차이가 없게 되었으므로 굳이 사범대학에 갈 명분이 낮아지게 된 것을 의미하고, 이는 곧 사범대학 존폐론으로 이어지고 있다. 이처럼, 교원 임용시험은 직업선택에 있어서 객관도와 신뢰도 이외에도 양성기관으로의 진학에 결정적 영향을 미친다는 점에서 정책당국에 의해서 특별조치의 필요성과 현시성을 수시로 체크되어야 함을 교훈주고 있다. 또한 재학생들의 직업선택의 자유를 제약하는 각종 가산점제도는 교원 수급조절로 인한 공교육의 질 담보라는 공익의 측면과 비교형량 하여 입법 정책을 현실성 있게 조정해갈 필요성을 깨닫게 했다고 본다.

한편, 초등교원 양성기관의 경우 목적형 교육대학 및 초등교육과를 통해서 양성되고 있다는 점에서 여전히 지역 가산점제를 유지하고 있는데, 가산점이 임용에 있어서의 용인가능한 잇점을 벗어나 당락을 좌우하는 요인이 된다면 주객이 전도된다는 점도 감안할 필요가 있다. 즉, 지역인재를 지역에서 활용한다는 공익성과 직업 선택의 자유 제한이라는 기본권 제한 간의 실질적인 비교형량은 여전히 존재한다는 것이다. 특히, 각 교육대학의 재적학생중 해당 대학 지역 고교출신의 비율이 50%를 넘지 않는 대학이 대부분인 상황 하에서 지역 가산점을 유지하는 것이 합리적인가 하는 법적 타당성 이외에 가산점의 실체적 효력 분석을 기초로 공익산출과의 비교형량을 통해서 엄정히 분석해볼 일이다.

마. 교원신분법의 재정립의 과제: 「교원법」 제정

(1) 문제의 핵심: 전문가로서 과소한 보장과 공무원으로서 과도한 제한

교원의 법적 지위에 관한 법규범의 문제 상황은 교육법의 원리와 법률체계 그리고 교원지위에 관한 국제 상식률의 측면에서 살펴볼 때 다음과 같은 문제점이 있다.

첫째로 현행 법규범은 교육법의 기본원리에 충실치 못하다는 한계 부분이다. 먼저 교원의 법적 지위 보장이 국민의 교육기본권 실현을 위해 필요한 것이라는 교육법의 제1원리라는 관점에서 볼 때 공무원 법규의 적용 및 준용에 따른 교원에 대한 과도한 기본권 제한은 피교육자의 학습권 보장에 오히려 부정적인 영향을 줄 수 있다. 특히 교원의 교육의 자유의 제한은 그 대표적인 예이며 일부 제한적으로 노동기본권이 보장되기는 하였으나 법령, 조례, 예산조치가 필요한 사항에 있어서 단체교섭 효력이 없다는 점에서 그 실효성은 반감되었다.

그리고 교원지위에 관한 기본법이 없는 체제는 헌법에 명시된 교원지위 법률주의에 대한 최대 결함으로 교육법의 제2원리인 공공성의 원리를 충족하기엔 역부족이라고 본다.

한편, 교육의 자주성 · 전문성 · 중립성이라는 제3의 원리 측면에서 볼 때 현행 법규범은 헌법조항에까지 이를 포함시키고 교원지위에 관한 법률내용에서 이를 구체화하고 있어서 형식상으로는 교육조리의 존중원리를 충족시키고 있는 듯하다. 그러나 그 방법이 교원의 기본권 제한을 통해서 달성하려는 소극적인 경향이 있는 한계를 드러내고 있다. 교육의 중립성 보장을 명분으로 하는 교원의 정치활동의 자유를 포함한 참정권의 제한은 그 대표적 예이다.

그리고 교원지위의 본질적 성격의 반영 면에서 볼 때 특수성과 병존성의 반영이 부족하다. 즉 한국인이 기대하는 교사관과 공무원으로서의 법적 지위가 일치하지 않는 것은 특수성의 미반영 측면이다. 과거 공직관을 강조했던 경향에서 전문직관을 강조하는 것으로 변화되어가는 교원지위 인식의 변화를 법규범에 반영시키지 못한 채 공무원으로서 지위로 줄곧 일관한 것은 교원지위의 법규범과 법인식의 병존성이라는 성격을 고려하지 못한 결과이다. 이어 법제화의 한계 측면에서도 볼 때 기본권 제한의 일반원칙의 준수가 위협받고 있는 실정이며 교원의 기본권과 관련한 각종 헌법재판을 비롯한 교육재판 가운데 그 예를 쉽게 찾을 수 있다.

둘째로, 현행 법규범은 현대 공교육체제하의 교원지위의 특성과 비교하여 볼 때 공무원의 법적 지위를 차용 또는 준용하고 있다는 점에서는 법적 지위의 형식면에서는 공직자로서의 법적 지위의 형식이라는 경향을 따르고 명칭도 일반공무원이 아닌 교육공무원으로 하고 있다는 측면에서는 일정 부분 교육의 특수성이 반영된 신분체제라고도 볼 수 있다.

그러나 교육공무원은 어디까지나 공무원의 특례로서 인정되는 것으로서 공무원의 법적 지위의 범주를 벗어나지 못한 것이며 그 내용에 있어서도 교육전문가로서의 지위보장에 미흡할 뿐만 아니라 과도한 기본권 제한을 감안하면 공직자의 이중적 지위를 인정하는 현대 공교육체제하의 교원지위 특성과는 거리가 있다.

끝으로 현행 법규범은 독일, 미국의 경우와 비교할 때 법적 지위 형식면에 있어서는 공직자로서 지위 강조라는 점에서 유사성이 있으나 기본권 제한을 포함한 법적 지위 내용에 있어서는 큰 차이가 있다. 일본의 경우와 비교하면 법적 지위 형식 및 내용은 거의 흡사한 상황이나 사립학교 교원의 노동기본권의 엄한 통제는 한국의 법규범의 특징이다.[68]

결국, 현재 한국에 있어서 교원지위에 관한 논란의 근본적인 뿌리는 교육전문가로서의 지위보장을 소홀히 한 채 공무원관계법을 적용 또는 준용하는 이른바 '형식적 의미의 공직자로서의 법적 지위체계'에 머무는 현실에 있다.

(2) 해결책: 근본적인 최선책과 현실적인 차선책

종합해보면 법규범의 비체계성과 규범적 타당성의 미확보 상태에 있는 한국의 교원지위에 관한 법규범은 교원의 법적 지위의 중심을 교육전문가로서 권리 · 의무 · 책임 지우게 해야 하는 과제를 안고 있으며 그 해결의 가장 이상적인 방법은 교원에게 '교원'이라는 독립된 신분을 부여하기 위한 교원지위에 관한 독립된 신분법을 제정하는 것이다.

그것은 실정법적으로는 헌법 제31조 제6항이 규정하고 있는 교원지위 법률주의에 근거한 것이지만 교육의 내적 활동이 국가가 주관하는 공무가 아닌 이상 교육의 전문성과 특수성을 고려할 때 교원에게 공무원 신분을 부여하는 것은 신분상의 여러 가지 제약으로 인하여 학생의 학습권을 실효성 있게 보장하는 데는 미흡하기 때문이다.

독립된 신분법의 명칭은 '교원법'이나 '교원지위법' 혹은 '교원신분법'으로 할 수 있겠고 그 내용은 교원의 지위와 관련한 기본적인 사항으로 한다. 그리고 학교급별 · 학교설립별 소속 교원의 특수성을 반영하기 위하여 초 · 중등교육법, 고등교육법, 사립학교법에 교원에 관한 조항을 두고, 구체적인 개별 법령이 필요한 분야(교원의 자격검정, 승진, 연수, 보수, 수당, 징계 등)에 대해서는 독립된 신분법에 법적 근거 조항을 둘 필요가 있을 것이다.

독립된 신분법에 포함될 내용은 당연히 교육전문가로서의 신분보장을 핵심내용으로 하는 것이어야 하고 이를 위한 교원의 권리 · 의무 · 책임이 규정되어야 할 것인 바 그 내용구성을 예시하면 <표 8-23>과 같다.[69]

표 8-23 독립된 교원신분법의 내용구성

구분	내 용
총칙	• 목적: 교육전문가로서 신분보장, 국민의 교육기본권 보장에의 기속성 명시 • 대상: 학교급별, 학교설립별, 모든 교원
신분 규정	• 교원의 임용: 임용의 기본원칙, 임용에 관한 법률유보 • 신분보장: 전문가로서의 신분보장, 의사에 반한 인사조치 금지

68) 외국 교원의 법적지위 보장과 제한에 대해서는 고전(1997), 앞의 논문, 제2장 제4절 참고.
69) 위에 제시된 독립된 신분법의 내용은 과거에 교원지위향상을위한특별법 입안과정에서 제시되었던 한국교육법학회의 '교원지위에 관한 기본법 시안'과 대한교육연합회의 '교원지위법안'을 검토하고, 일본의 1947년도의 교원신분법안의 내용과 UNESCO · ILO의 '교원지위에 관한 권고'를 종합하여 작성한 것이다.

권리	• 교원평등권 • 교육의자유: 학문연구·교수의 자유, 교육과정결정에의 참여, 연수의 권리 • 참정권 보장: 정당 및 정치단체 가입의 자유, 공무담임권 보장 • 근로기본권 보장: 교원단체 활동의 자유(직능단체 및 노동조합으로 구분) • 교육환경권 및 생활권 보장: 근로조건 및 복지후생에 관한 권한 • 사회적·경제적 지위보장: 사회적 예우와 경제적 우대
의무	• 학생의 학습권 보장을 위해 학부모·공공단체·지방자치단체·국가와 협력할 의무 • 스승으로서 인격도야 의무(윤리강령 및 행동강령 준수) • 교육전문가로서 전문성 유지·향상 의무 • 교육공직자로서 공공성 유지의무 (정치소양교육에의 노력과 교육활동에서의 중립적자세) • 교육근로자로서 교원단체 참여의무(수업거부 등 학습권 침해 금지)
책임	• 윤리강령 및 행동강령 위반에 대한 도의적 책임 • 국민의 교육요구에 직접 일상적으로 응할 문화적인 직접책임 • 복무규정 위반에 대한 법적 책임(행정상·형사상·민사상)

출처: 고전(1997), 교사의 법적지위에 관한연구, 연세대 박사학위논문, 247면 <표 3-12> 인용

그렇다면 이러한 독립된 신분법의 제정은 현실적으로 가능한 것인가? 공무원 신분에 따르는 기본권 제한에 정당성을 부여해온 그동안의 사법부의 법인식 태도와 현행 공무원 신분하에서 문제해결을 꾀하여 교원지위에 관련된 법체계를 더욱 복잡하게 만들고 있는 입법부 소극적 자세를 관망할 때, 그 가능성은 그리 높지 않다.

사실 1953년 국회와 교육계의 환영 속에서 교육공무원법이 제정된 이래 70여 년 동안 교원은 공무원 신분자체에 대하여는 특별한 저항 없이 체질화된 상태라고 할 수 있으며, 공무원 신분과 관련하여 제정되어 있는 수많은 법규의 존재는 독립된 신분법의 제정과 더불어 요구되는 엄청난 입법 정비를 예견하기에 충분한 것이다.

따라서 독립된 신분법 제정에 따르는 교육관계법의 체제 변동문제를 줄이면서(이점에서 1997년의 교육법 분할 제정은 독립된 교원 신분법을 제정할 호기였으나 공론화되지 못하였다) 행할 수 있는 현실적인 차선책을 찾아보는 것도 의미가 있다고 본다. 그것은 공직자로서의 성격이 강조된 법적지위 형식인 현행의 교육공무원법 중심의 법률체계를 유지하면서도 내용적으로는 교육전문가로서의 권리·의무·책임에 관한 사항을 대폭 강화하는 것을 말한다.

즉, 교육공무원법의 내용을 명실상부하게 일반 공무원과는 다른 교육이라는 직무의 특수성이 반영된 법률로 개정하자는 것이다. 이를 위해서는 교원의 기본권 제한의 핵심 내용을 포함하고 있으면서 교육활동의 특수성이 전혀 반영되어 있지 않은 국가공무원법의 복무규정(국가공무원법 §55-67)의 적용 및 준용조항(교육공무원법 §53⑤, 사립학교법 §55)을 개정하여 교원의 복무사항을 구체적으로 규정하거나 보수·수당 규정을 별도로 제정하는 것이 교육기본법 제14조 제5항의 입법취지에도 부합하는 것이다.

이 경우 교육기본법 수준에서는 앞에서 제시한 대안과 같이 교원의 교육전문가로서의 신분보장 조항을 강화하고, 정당활동 및 공무담임권에 관한 제한이 필요한 최소범위 이내로 명시하여 보완되어야 할 것이다. 그리고 노동기본권 보장 측면에 있어서는 교원지위의 특수성을 반영하여 교육전문가로서의 지위

를 중심으로 교직단체에 관한 법률이 재구성되어야 할 것이다. 전문성 신장 영역을 교원연수 및 연구지원보다는 넓게 보아야 하고 교섭의 효력도 강화되어야 한다.

다음으로 노동기본권의 제한 범위를 재조정하기 위한 법률 개정도 뒤따라야 하는데 어떠한 쟁의행위도 금지하는 등의 포괄적인 규정은 완화하여 좀 더 구체화되어야 함은 물론 단체협약의 실효성을 높이기 위하여 법령·조례·예산에 규정된 내용을 재검토하여 협약효력 범위 내로 수용할 수 있는 법 정비 작업이 있어야 한다.

그리고 교직단체 이원화 정책 측면에서는 교육기본법의 교원단체 관련 조항과 교원지위향상법의 폐기 문제가 논의되어야 하고 전향적으로 교직단체 일원화의 입법체계를 도입할 수도 있다고 본다. 이 경우 교원노조법에 한국교총이 지지하는 교원단체법안의 내용을 수용하는 방식이나 새로운 교원단체법을 성안하는 경우를 상정할 수 있으나 일원화 혹은 이원화 어느 경우에든 교섭의 효력(단체협약)면에서는 동일해야 할 것이다. 쟁의행위 측면에서는 범위와 한계를 정하여 인정하되 수업에 차질을 일으키지 않는 한 학교 밖에서의 교원단체의 단체행동 및 집단의사표시 및 집회의 자유는 보장되어야 할 것이다. 그리고 교원단체의 조직에 필요한 사항은 대통령령이 아닌 법률의 형태로 따로 정하는 것이 바람직하다.

다음으로 초·중등교육법의 수준에서는 교원의 임무 규정을 보완하고 학교자치의 이념 하에 실시되고 있는 학교운영위원회제도와 실제 교육현장에서의 괴리를 극복하기 위한 보완책이 필요하다. 예를 들어 학교운영위원회의 심의 사항 가운데서 교원의 교육의 자유를 심히 제한할 우려가 있는 교과지도영역에 관한 사항(학교교육과정 운영 방법, 교과용 도서 및 교육자료의 선정 등)은 교사회 혹은 교무회의의 심의를 거치도록 한다.

(3) 교원신분법의 미래

현재까지 공무원으로서 법적지위가 계속되어 온 배경에는 국가의 말단 공무원으로 보임되어 온 법제사적 특징 이외에도 교육공무원법의 제정 이래로 안정된 신분이라는 공무원 신분에 대한 인식이 그 버팀목 역할을 해왔다고 할 수 있다. 그러나 교육소비자로서의 권리의식이 높아지고 있는 작금의 상황은 이러한 요구에 책임있게 대응할 수 있는 교원의 전문성 보장을 요구하고 있으며, 이를 위해서 공무원으로서 교원의 법적지위는 보완되거나 대체되지 않으면 안된다.

사실, 교원의 법적지위는 1960년대와 1980년대의 교원노동운동을 통하여 관심의 대상이 되어 왔으나 그 때마다 문제의 핵심에 접근하지 못하고 성직관·노동직관·전문직관·공직관간의 대립적인 논의수준에 머무르고 말았다. 교원에 대한 독립된 신분법은 과거 1980년대 후반 교원지위향상을 위한 특별법 논의시 일련의 가능성을 보였으나 무위로 끝났고, 1997년 대대적인 교육법 체제 정비과정에서도 실현되지 못했다.

이러한 상황 전개는 입법당사자인 국회 및 정부가 교원지위와 관련된 문제를 현행 공무원법의 태두리안에서 해결하려 했기 때문이다. 그리고 50여 년 만에 대대적인 정비를 단행하는 교육 3법안의 심의과정에 국회가 보이고 있는 핵심 논점을 파악 못하는 관심 수준, 저조한 참석률로 의결정족수가 염려되었던 국회 교육위원회의 무성의와도 무관하지 않다.

아울러 교원의 신분보장에 관한 문제가 근본적인 해결점에 이르지 못하고 표류하고 있는 것은 학계의 관심과 대안제시를 위한 노력이 부족했던 데에서도 한 원인을 찾을 수 있다. 이들은 교원의 법적지위 공방 이전에 제시되었어야 할 다양한 교원지위에 관한 논의의 틀을 제공하는데 관심을 두지 못했고 교직의 본질 및 법적 지위에 대한 개념 합의조차 이끌어 내지 못한 채, 당위적인 교육논리와 형식적인 법논리를 분리시켜 논의 해온 경향을 보여왔다. 이는 곧 교육학계와 법학계의 협조적 연구가 필요함을 뜻하고, 이를 위한 교육법학계의 연구가 기대되는 부분이다.

그러나 교육전문가로서 보장받는 교원신분법의 미래가 불투명하게 예측되는 보다 근본적인 원인이 교원 자신의 신분 의식에서 출발하고 있는 부분도 놓쳐서는 안된다. 현재 한국의 교원은 공무원이라는 신분보장에 안주하고 있으며 그것도 지방공무원보다는 국가공무원으로 남길 바라고 있다는 사실이다. 그리고 교원 자신은 교육전문가로 인정받고 싶어 하지만 전문가로서 요구되는 의무와 자기연찬의 노력에는 관심이 그리 높지 않다는 것이다. 오히려 대다수의 교원의 바램은 어떤 신분상의 변화보다도 개혁에 동원되지 않고 간섭받지 않으며 교실에서 가르치는 일에 만족하고 싶다는 문화가 기저에 넓게 깔려있다고 보여진다. 1980년이후 줄기차게 교원개혁을 포함한 정부주도의 개혁 추진이 현장에 가져온 교직 문화이기도 하다.

이점에서 교육전문가로서 인정받는 독립된 교원신분법의 제정 가능성은 높게 전망되지는 않는다. 왜냐하면 교원자신의 교육전문가로서 권리의식 수준에 비례하여 교원지위는 진전되어 갈 것이기 때문이다. 이는 차세대 교사와 연구자의 몫으로 넘어가게 될 것이다.

40설 근본적 최선책은 교원신분법 제정, 현실적 차선책은 교육전문가 지위 강화

제 9 장

교직단체법규론

1. 교직단체 이원화와 법령 체계
2. 교육기본법상의 교원단체의 법적지위
3. 교원노조법상의 교원노조의 법적지위
4. 교원단체 교섭 · 협의 및 교원노조 단체협약의 실제
5. 교직단체법규의 쟁점 판례: 쟁의행위 금지

한국에서 교직단체의 의미는 정책용어로서 교육기본법에 근거한 교원단체와 노동조합법에 근거한 교원노조를 통칭하는 표현이다. 교직단체가 이렇듯 이원화된 데에는 해방 이후 전개된 한국에서의 교직단체의 역사와 사회에서의 교직관의 변화를 반영한 결과이다.

전문직 이익단체를 표방한 한국교원단체총연합회(한국교총)는 구 교육법상의 교육회로부터 대한교육연합회(대한교련)을 거쳐 현재 최대 교원단체로서 자리하고 있다. 1960년대 4 · 19 이후 교원노동운동을 배경으로 하는 교원노조는 1980년대 초의 민중교육지 사건을 계기로 1989년 5월에 법외 노조로서 전국교직원노동조합(전교조)을 결성하였고, 1999년 1월에 합법화되어 복수 노조 시대를 열었다.

교원단체인 한국교총은 교육부장관 및 시 · 도교육감과 교원의 사회적 · 경제적 · 전문적 지위에 관하여 교섭 · 협의를 하여 합의서를 작성하고 있고, 교원노조인 전교조등은 교섭창구를 일원화하여 교육부장관 및 시 · 도교육감과 단체교섭을 통해 협약서를 작성 한다.

현행 법 체계 측면에서 교육기본법(1998.3.1. 시행)에 근거한 교원단체는 가장 중핵적인 전문직 교원단체이면서도 교육기본법이 예견한 설치 운영에 관한 대통령령이 만들어 있지 않아 현재에도 사단법인의 한계를 지니고 있고, 복수의 교원단체로부터 교섭창구의 조절에 대한 요구를 받고 있다.

동시에 1997년 7월부터 발효된 교원노조법에 근거한 교원노조는 노동조합으로서 법적 지위를 갖으면서도 학생의 학습권 보호를 위하여 단결권, 단체교섭권, 단체행동권의 행사에 있어서 일정 제약을 가하고 있다. 최근 대학교수에게도 노동기본권이 인정되었다.

교직단체 관련 법규의 최대 쟁점은 교원단체의 경우 조직에 관한 대통령령의 미비라고 할 수 있고, 법률로 격상하고 교섭협의 구조를 명료히 할 것을 요구받고 있다.

교원노조의 경우 복수의 교원노조 간의 단일화된 교섭창구를 마련하는 것이 현안으로 대두되고 있는데, 2000년대 초 세 차례 단협안이 체결된 이후 결과를 내지 못하고 있다.

교직단체 관련 법규의 쟁점과 관련하여서는 어떠한 정치활동 및 쟁의행위도 금지하는 현행 규정과 판례를 다루었다.

제 9 장 교직단체법규론

1. 교직단체의 이원화와 법령 체계

가. 교직단체의 개념[1)]

교직단체(敎職團體)는 교육계에 종사하는 구성원들이 그들의 관심 영역인 교육 · 연구 · 봉사 및 지원 활동을 조직적으로 전개하고 구성원들의 권익을 도모하기 위하여 결성한 조직이다. 따라서 학교급별, 학교설립별, 직위별, 담당교과별 구성 집단의 특성에 따라 다양하다.

현행 교육법상 교직단체라는 용어는 규정되어 있지 않고, 1998년 시행된 교육기본법에는 교원단체로 명명되어 있다. 1949년의 제정 교육법에는 '교육회(敎育會)'로 표현되어 있고, 이에 근거하여 전국적인 교육연합회인 '대한교육연합회'(교련으로 약칭되며 후에 한국교원단체총연합회로 변경됨)가 유일한 합법적 단체로서 허용된 것이 출발이었다.

이후 1999년 교원노조법에 의한 법외단체로 존재하던 전국교직원노동조합(이하 '전교조')이 합법화됨으로서 교원들을 구성원으로 하는 단체는 교육관계법상의 교원단체와 노동관계법상의 교원노조로 양분되고 있다. 교직단체라는 용어는 정부가 이들 두 집단을 지칭하여 사용하면서 일반화되었다는 점에서 법률용어가 아닌 정책용어라는 특성을 갖는다.[2)]

교직단체가 교원의 교직생활에서 중요한 이유는 국민의 삶의 질을 결정짓는 교육활동의 주관자인 교원과 이들을 지원하는 집단으로 구성되어 있고, 이들의 활동은 교육집단의 권익보호 차원을 넘어서 학생들의 학습을 위한 교육인프라로서 역할을 하기 때문이다. 더구나 법적 의무교육(초등 · 중학교) 및 실질적 의무교육(약 100% 진학하는 고등학교)은 국가 표준화에 의하여 관리되는 공교육체제로서 이에 근무하는 교원들의 단체인 교직단체에 대하여 강한 공공성을 요구하게 되었다.

또한 교직은 전문성을 기반으로 하는 직업이라는 점에서 이들 단체 역시 권익보호 이외에 전문직으로서의 유지와 발전 측면에도 노력을 기울이게 된다. 결국, 교직단체들은 공공성과 전문성을 갖는 교육활동의 특수성으로 인하여 집단의 권익과 전문성을 보호 · 신장시키는 동시에 국민 전체의 교육기본권을 보장하는 공익 추구 단체로서 의의를 갖는다.

---

1) 교직단체의 개념에 관해서는 고전(2007), "제13장 교직단체, 초등학교 교사론", 고재천 외, 학지사, 465－466면을 수정 보완하였다.

2) 교육부의 관련 부처의 명칭 역시 '교원단체지원과'에서 '교직단체지원과'로 다시 학부모단체를 포함한 '교육단체지원과'로, 이어서 '교육단체협력팀' 및 '교육협력과'로 변경되었고, 2022년에는 교원정책과 교육협력팀에서 교원단체 업무를 담당하고 있다.

나. 교직단체 관련 법령의 체계

교직단체를 교육 구성원들의 결사체로서 볼 때, 이의 헌법적 근거는 당연히 결사의 자유(헌법 §21)에 근거한다. 동시에 교원의 교육전문가로서의 지위를 법으로 정하도록 한 '교원지위 법률주의'(헌법 §31⑥) 헌법 정신 역시 직·간접적으로 교직단체 활동의 보장 및 제한과 연계되기도 한다.

교원단체라는 용어가 교육관계법에 처음 규정된 것은 1997년 12월 13일에 기존의 교육법을 분할하여 제정한 교육기본법(1998.3.1. 시행)에서였다. 즉, 교육기본법 제15조는 "교원은 상호 협동하여 교육의 진흥과 문화의 창달에 노력하며, 교원의 경제적·사회적 지위를 향상시키기 위하여 각 지방자치단체와 중앙에 교원단체를 조직할 수 있고, 교원단체의 조직에 필요한 사항은 대통령령으로 정한다"고 하였다. 물론, 이 대통령령이 2022년 현시점에서도 제정되어 있지 않기 때문에 교원단체는 사단법인 또는 임의단체로서 조직되어 있다.

그런데 교원단체 용어 이전에는 교육회라는 용어로 규정되었고, 이는 1949년 12월 31일 제정된 교육법에서부터였다.[3] 이후 교육회의 조직에 대하여 대통령령으로 정하도록 하면서 교육법시행령(1981.11.25.)은 '교육회 유일의 원칙'과 '민법의 적용을 받는 법인 원칙'을 규정[4]한 바 있고, 이를 1997년까지 적용[5]하다가 1998년 3월 1일 교육기본법 발효와 함께 시행령 또한 폐지되었다.

이후 교원단체로 개칭된 후 이와 관련한 대통령령은 아직 제정되지 않은 상태이나, 현재의 한국교총이 민법의 사단법인의 형태를 띠고 있는 것은 과거의 교육법시행령의 규정에 연유한 것이다. 현재 대부분의 교원단체는 시행령이 근거가 없이 민법의 사단법인의 형태로 교육부의 허가를 받아 설립되어 있고, 법인 사무에 관하여 교육부의 검사·감독 및 지원을 받고 있다. 결국, 1998년 교육기본법의 발효로 과거 유일 교원단체 방식에서 복수 교원단체 허용으로 바뀌게 되었다.

엄밀한 의미에서 하나의 교육회만을 인정하였던 시기에 있어서 교원은 헌법상의 결사의 자유 조차 제한받은 상태였다고 할 수 있다. 이는 국가공무원의 복무규정을 적용받는 국·공·사립학교 모든 교원에게 금지되어 있던 '노동운동 및 기타 공무 이외의 일을 위한 집단행위 금지'(국가공무원법 §66①, 사립학교법 §55) 의무와도 연관된 제한이었다.

교원의 결사의 자유 및 근로기본권의 제한에 대하여 사회적으로 이슈화된 것은 1988년 5월에 전교조가 법외의 임의단체로서 결성되면서부터였다. 당시 사회민주화의 분위기와 여소야대(與小野大) 정국 가운데 노동 2권의 제한적 보장까지 논의되기도 하였다. 그러나 1990년 1월 3당 합당으로 전교조는 합법화

---

3) 제정 교육법(1949.12.31.) 제80조 교원은 상호 협동하여 교육의 진흥과 문화의 창건에 진력하며 경제적 또는 사회적 지위를 향상시키기 위하여 군·시·도·중앙별로 교육회를 조직할 수 있다.

4) 교육법 시행령(1981.11.25.) 제36조의2(교육회의 조직) ① 법 제80조 제1항의 규정에 의하여 교육회를 조직하는 경우에는 중앙과 서울특별시·직할시·도 및 시·군별로 각각 하나의 교육회를 조직하여야 한다. ② 중앙과 서울특별시·직할시 및 도의 교육회를 조직하는 경우에는 법인으로 하되, 민법 제32조의 규정에 의한 사단법인으로 하여야 한다.[본조신설 1981.11.25.]

5) 교육기본법 이전까지 적용된 구 교육법 제80조 ① 교원은 상호 협동하여 교육의 진흥과 문화의 창달에 진력하며 경제적 또는 사회적 지위를 향상시키기 위하여 각 지방자치단체 및 중앙에 교육회를 조직할 수 있다. ② 제1항의 규정에 의한 교육회의 조직에 관한 기본사항은 대통령령으로 정한다. 이에 따른 교육법 시행령 제36조의2 ① 교육회를 조직하는 경우에는 중앙과 특별시·광역시·도 및 시·군·자치구별로 각각 하나의 교육회를 조직하여야 한다. ② 중앙과 시·도의 교육회를 조직하는 경우에는 법인으로 하되, 민법 제32조의 규정에 의한 사단법인으로 하여야 한다.

되지 못하였고, 대신 당시 유일한 합법적 교육회였던 대한교육연합회(한국교총의 전신)에게 교육당국과의 교섭·협의권을 인정하는 수준으로 일단락되었는데 그 법이 '교원지위 향상을 위한 특별법(1991.5.31.)'[6] 이다. 따라서 이 법은 교원의 노동기본권을 인정하지 않은 대신에 이와 유사한 교섭·협의권을 부여한 일종의 대체 입법으로서 의미를 갖는다. 현재에도 한국교총과 교육부장관, 시도교총과 교육감 간의 교섭·협의에 관한 사항 역시 교원지위향상법에 근거하고 있고, 구체적인 사항에 대하여는 대통령령인 '교원지위 향상을 위한 교섭·협의에 관한 규정'[7]을 두고 있다.

그러나 법외노조로 1989년 출범한 전교조는 합법적인 노조로 인정받지 못했다. 교원의 근로 3권은 법률이 정한 공무원에 한정하는 근로3권 제한(헌법 §33②)[8]과 교원지위 법률주의 규정 그리고 사실상 노무에 종사하는 공무원을 제외하고는 공무원의 노동운동을 금지하는 국가공무원법 제66조(국·공립학교교원)과 이를 준용하는 사립학교법 조항(사립학교교원)이 있었기 때문이었다.

이후 한국은 1991년 국제노동기구(ILO) 가입하였는데, ILO로부터 교원의 단결권 인정에 대한 수차례의 권고를 받았고, 1996년 경제협력개발기구(OECD) 가입 이후에도 같은 취지의 입법 권고를 받았다. 이에 김영삼 정부는 1996년 '노사관계개혁위원회'를 설치하여 공무원과 교원의 단결권에 대한 논의를 시작하였다. 그러나 1997 교육기본법 개정에는 반영되지 못하였다. 이어 1998년 김대중 정부에 이르러 '노사정위원회'를 통하여 교원의 노동조합 결성권을 보장하기로 합의하게 되었고, 1999년 1월 29일에 교원노조법의 역사적 제정·공포(시행 7.1)를 보게 되었다. 같은 날 교육공무원법 개정 역시 통과되었는데 정년을 65세에서 62세로 단축하는 것이었다. 한국 교원에게 당근과 채찍 정책이 동시에 실시된 날이기도 했다.

이에 따라 7월 1일부터 노동부에서 교원노조의 설립 신고를 받음으로서 전교조가 합법화되고 복수 교원노조가 탄생하게 되었다. 당시 교원노조의 형태보다 교원단체의 형태로 실질적인 근로 2권을 인정하는 교원단체 방식과 별도의 교원노조 방식 간에 논란이 있었으나 기존 교원단체와 교원노조 간에 합의에 이르지 못하고 이원화되기에 이르른 것인데 정부의 선택이라기보다는 한국의 교원단체와 교원노조의 역사가 만들어낸 결과이기도 했다.

교원노조의 법체계는 교육법이 아닌 헌법에서 예견한 공무원인 근로자의 근로 3권을 보장에 관한 법률유보 조항(헌법 §33②)과 별도의 교원노조법을 예고한 「노동조합 및 노동관계 조정법」(이하 '노동조합법')의 단서 조항(§5)[9]하여 1999년 교원노조법[10]을 제정하기에 이르렀다.

---

6) 이 법은 다시 2016.2.3. '교원의 지위향상 및 교육활동보호를 위한 특별법'으로 개칭되었는데, 기존의 '교원예우에 관한 규정'을 통합하고 교권보호위원회 및 교원치유지원센터에 관한 규정을 포함하였다,

7) 교원지위향상교섭협의규정 제1조(목적) 이 영은 교원지위 향상 및 교육활동 보호를 위한 특별법 제11조 내지 제13조의 규정에 의한 교원의 전문성 신장과 지위향상을 위한 교섭·협의 및 교원지위향상심의회의 운영 등에 관하여 필요한 사항을 규정함을 목적으로 한다.

8) 헌법 제33조 ② 공무원인 근로자는 법률이 정하는 자에 한하여 단결권·단체교섭권 및 단체행동권을 가진다.

9) 노동조합법 제5조(노동조합의 조직·가입) 근로자는 자유로이 노동조합을 조직하거나 이에 가입할 수 있다. 다만, 공무원과 교원에 대하여는 따로 법률로 정한다.

10) 제1조(목적) 이 법은 국가공무원법 제66조 제1항 및 사립학교법 제55조의 규정에 불구하고 노동조합 및 노동관계조정법 제5조 단서의 규정에 의하여 교원의 노동조합 설립에 관한 사항을 정하고 교원에 적용할 노동조합 및 노동관계조정법에 대한 특례를 규정함을 목적으로 한다.

관련 입법으로 대통령령인 '교원의 노동조합 설립 및 운영 등에 관한 법률 시행령'[11]과 노동부령인 '교원의 노동조합 설립 및 운영 등에 관한 법률 시행 규칙'[12]을 제정하여 구체적인 설립·운영 및 단체교섭에 관한 사항을 규정하고 있다.

종합하면, 한국의 교직단체의 헌법적 근거는 헌법에 명시된 결사의 자유와 공무원의 근로3권 규정에 근거하며, 교직단체의 특별한 지위 및 예외 규정은 교원지위 법률주의 규정과 직·간접적으로 연계된다. 교원단체는 교육기본법에 직접적인 근거를, 교원노조는 교원노조법에 두고 있고, 이는 한국의 교직단체가 이원화된 입법체계에 근거하고 있음을 의미한다. 지금까지 설명한 교직단체의 법적 근거 및 관련 법령을 노표화하여 제시하면 다음과 같다.

표 9-1 교직단체의 법적 근거 및 관련 법령

구분	교원단체	교원노조
헌법	결사의 자유(§21)	공무원의 근로3권(§33②)
법률	교육기본법(§15) 교원지위 향상 및 교육활동 보호를 위한 특별법 민법(§32 사단법인)	노동조합 및 노동관계 조정법(§5) 교원의 노동조합 설립 및 운영등에 관한 법률
대통령령	교원지위 향상을 위한 교섭·협의에 관한 규정	교원의 노동조합 설립 및 운영등에 관한 법률 시행령
기타	교원단체에 관한 대통령령은 아직 제정되지 않음	교원의 노동조합 설립 및 운영등에 관한 법률 시행규칙 (노동부령)

41설 용어 관계: 교원단체(교육기본법 근거) + 교원노조(교원노조법 근거) → 교직단체(정책 용어)

다. 교직단체의 조직 현황과 특성

(1) 교원단체

한국의 교직단체는 법정단체와 임의단체로 나뉜다. 법정단체로는 최대 교원단체인 한국교총을 필두로 다수의 교원단체가 민법상의 법인으로 등록되어 있고, 주무관청인 교육부는 설립을 허가하고 법인 사무를 검사·감독한다.

한국교총의 공식명칭은 '사단법인 한국교원단체총연합회'[13]이다. 한국교총의 정관에 따르면, 설립 목적은 회원상호 간의 강력한 단결을 통하여 교원의 전문적·사회적·경제적 지위향상과 교권 확립을 기함으로써 교육의 진흥과 문화의 창달(暢達)에 기여하는 것이다. 한국교총의 특징은 전문직 이익단체를 표방

11) 제1조(목적) 이 영은 교원의노동조합설립및운영등에관한법률에서 위임된 사항과 그 시행에 관하여 필요한 사항을 규정함을 목적으로 한다.

12) 제1조(목적) 이 규칙은 교원의 노동조합 설립 및 운영 등에 관한 법률 및 동법시행령에서 위임된 사항과 그 시행에 관하여 필요한 사항을 규정함을 목적으로 한다.

13) 영문 명칭은 The Korean Federation of Teachers' Associations(약호는 K.F.T.A)로 되어 있다(한국교원단체총연합회 정관 §1). 최초 조선교육연합회로 출범(1947.11.23.)하였고 대한교육연합회(대한교련, 1948.8.15.)에 이어 한국교원단체총연합회(1989. 11)로 개칭되었다.

하는 데 있다. 한국교총은 교육기본법의 교원단체 조항(§15)과 민법의 비영리법인의 설립과 허가 조항(§32)[14]에 근거하여 설립되어 있고, 교육부가 검사·감독하는 비영리 사단법인으로 신고되어 있다. 한국교총의 조직은 17개 시·도교원단체총연합회와 시·군·구 교원총연합회(200여개), 학교 및 관련 기관의 분회(11,000여 개)로 조직되 있다. 산하단체로 학교급, 직위, 설립, 성, 전공별 단체 등으로 조직되어 있다.[15]

한국교총의 회원 수는 자체 전산자료상 2008년 7월엔 187,630명,[16] 2020년 9월엔 144,568명으로 집계되고 있는데, 교원단체 가입률은 해를 거듭할수록 다소 감소하는 추세이며 교육부 통계(회비부담 교원 수)와는 다소 차이가 나기도 한다.

교육부가 발표한 '2022년 교육부 소관 법인 현황'에 따르면 비영리 사단법인[17] 45개 가운데 교원단체로 분류될 수 있는 단체는 한국교총, 한국교육삼락회총연합회,[18] 한국대학총장협회 등을 들 수 있다. 17개 시도교육청이 관할하는 비영리 법인 및 공익법인 가운데 교원들의 단체들도 다수 존재한다.[19] 설립신고 되지 않은 임의단체인 교원단체도 다수 존재하는데 각종 연구회도 여기에 속한다.

(2) 교원노조

1999년 제정된 「교원의 노동조합 설립 및 운영등에 관한 법률」(이하 '교원노조법')에 근거하여 당시 7월부터 노동부에 설립신고 된 교원노조는 당시 전국교직원노동조합과 한국교원노동조합 두곳이었지만, 뒤에 자유교원조합(2006)과 대한민국교원조합(2008)이 추가되었고, 최근에는 전국교사노조들의 연합단체인 교사노동조합연맹(2017)이 급격히 신장세이다.

고용노동부 자료(2020.12.31.) 자료에 따르면, 신고된 교원노조로는 전국교직원노동조합이 역사가 가장 오래되었고, 연합단체인 교사노동조합연맹과 자유교원조합이 있으며, 그 외 전국교원노조로서 한국교원노동조합, 대한민국교원조합 등 총 41개 유초중등학교 교사들의 교원노조가 있다. 그리고 개정된 교원

---

14) 제32조(비영리법인의 설립과 허가) 학술, 종교, 자선, 기예, 사교 기타 영리아닌 사업을 목적으로 하는 사단 또는 재단은 주무관청의 허가를 얻어 이를 법인으로 할 수 있다.

15) 산하단체로는 한국초등교장협의회, 한국중등교장협의회, 한국국공립중학교장회, 한국국공립일반고등학교장회, 한국중등학교여교장회, 전국공업고등학교장회, 한국초등교육여자교장협의회 등이 있다. 한국교총에는 최고의결기구로 대의원회를 두고 있고, 집행기구로 이사회를 두고 있으며, 기타 사무국, 한국교육정책연구소, 한국교육신문사, 원격교육연수원, 영재교육원 등을 부설하고 있다. 한국교육신문사에서는 주간 교육전문지인 「한국교육신문」과 월간 교육전문지인 '새교육' 및 '새교실'을 발간하고 있으며, 공입법인 형태로 설립된 한국교육정책연구소는 정책개발 기능을 담당한다

16) 이는 가입대상 교원(대학교수 포함 50만여 명)중 187,630명은 약 37%(2008년) 및 29%(2020) 분포이다. 2008년 기준으로 학교급별 회원분포는 유치원(0.5%), 초등(47.7%), 중학교(18.1%), 고교(22.8%), 대학(7.9%), 기타(3%)이고, 교장(감) 및 원장(감)(10.9%), 교사(76.8%), 보건·영양·상담교사(2.7%), 기타(9.6%)로 나타나 중등보다 초등이, 교장 및 교감보다는 교사의 비중이 많다.

17) 교육부에 설립신고된 공익법인 중 대한민국한자교육연구회, 대한상업교육회, 한국멀티미디어교육협회, 한국컴퓨터교육연구회, 부산유치원교육연구회, 한국언어교육연구회, 한국농업교육협회 등에도 다수의 교원이 회원으로 활동하고 있다는 점에서 교원단체의 일종으로 분류될 수 있다.

18) 한국교육삼락회는 '퇴직교원평생교육활동지원법'(2003.7.29. 제정)에 근거하여 설립된 국공사립 학교 교원 및 교육전문직 퇴직자를 회원으로 하여 교육부 장관의 인가를 받아 설립등기한 단체이다.

19) 서울특별시교육청 평생교육과에서 관할하는 비영리법인은 299개(2022.3.1.), 공익법인은 1,013개에 이른다. 비영리법인으로 전국국어교사모임, 전국수학교사모임, 전국영어교사모임, 전국체육교사모임, 좋은교사운동, 창의적체험활동교사연구회, 초등돌봄교사연합회, 한국교육정책교사연대, 한국강사연합회, 한국초등교장협의회, 한국초중고등학교교장총연합회, 한국퇴직교원협의회, 한국사립대학교수회연합회, 서울소재대학교수회연합회, 전국여교수연합회 등이 있다.

노조법에 따라 2020년 6월부터는 교수노조가 합법화되었고 연말까지 54개의 교수노조가 설립되었다.

교원노조의 대표격인 전교조의 공식 명칭은 '전국교직원노동조합'[20]이며, 1989년 5월 28일 법외단체로서 출범된 이래로 교원노조법 제정이후 1999년 7월 1일 등록하였다.[21] 전교조 규약집 제2조에 따르면, 설립 목적은 창립선언 및 강령의 정신에 입각하여 교육노동자로서의 기본 권익을 적극 옹호하고 민주교육의 발전에 기여하는 것이다. 전교조는 자주적·민주적 노동조합의 통일을 지향하는 국내·국외의 노동운동단체에 가입할 수 있도록 규약으로 정하고 있고 민주노총에 가입되어 있다.[22]

전교조의 조합원의 자격은 전국의 유치원 및 초·중·고등학교의 교원(교감 및 교장 제외)[23]으로 하고 있다. 1999년 설립신고 당시 조합원수는 62,654명이었고, 노동부의 노동조합 조직현황 보고에 따르면 2007년엔 86,918명, 2020년엔 45,200명으로 보고되고 있다.

다음 교원노조의 예로는 '한국교원노동조합'(이하 '한교조')[24]이 있다. 한교조 규약 제2조에 따르면, 설립 목적은 조합원 상호 단결을 통하여 '푸른교육'을 구현하고 교원으로서의 존엄성을 유지하며 교직의 전문성 확립을 기함으로써 창조적이고 민주적인 교육문화 창달에 기여하는 것이다. 한교조의 경우 상급단체를 갖지 않는다고 규정하여 민주노총이나 한국노총에 가입하지 않은 것이 특징이다. 유·초·중등학교 교원을 회원자격으로 하며, 교장 및 교감은 조합원 자격이 없다.[25]

한교조는 한국교총과 전교조라는 기존의 양대 교직단체의 단점을 보완한 이른바 '중도 합리주의'를 내세워 1999년 7월 출범하였다. 즉, 교육개혁에 있어서 급진적인 전교조의 투쟁노선이나 보수적인 한국교총의 유지노선보다는 점진적이고 투명한 교육개혁을 전개하겠다는 입장이었다. 한교조의 조합원 수나 조직규모는 양대 교직단체에 비하여 작으나 정책당국과의 단체교섭에서 전교조와 함께 참가한 적이 있다. 1999년 설립신고 당시 조합원수는 25,091명이었고, 고용노동부 자료에 따르면 2007년 12,000명, 2020년 5,302명으로 보고된 바 있다.

한편, 2006년 5월 4일 자유교원조합이 등록하여 제3의 교원노조로서 활동하고 있는데, '자유교조(自由敎組; KLTU)' 로 약칭된다. 자유교조의 설립계기는 자유주의교육운동연합(교육연합) 결성 준비 과정에서

20) 영문으로는 Korean Teachers and Educational Workers' Union(약호는 K.T.U)로 표기한다.

21) 1960년 4·19 때 한국교원노동조합이 법외단체로 결성되었으나 1961년 5·16 이후 해체되었고, 1986년 교육민주화선언(5.10)과 1987년 전국교사협의회 결성(전교협으로 통칭, 6.29)을 거쳐 법외단체인 1989년 전교조로 이어졌다.

22) 전교조의 조직기구는 의사결정기관으로서 대의원대회와 중앙위원회를 두고 있으며, 집행기구로는 중앙집행위원회, 중앙상임집행위원회를 두며, 기타 사무처, 정책실, 편집실을 두고 있다. 교원노조법상 교원노조의 설립단위를 시·도 단위 또는 전국단위로 한정하고 있어서 시·군·구 및 단위학교 수준의 전교조지회 및 분회는 독립적인 단체교섭권을 가지지는 못한다. 지역기구로서는 지부(시·도 단위), 지회(시·군·구 단위), 분회(학교 단위)를 두고 있다. 상설위원회로는 유치원·초등·중등·사립·여성·특수교육·보건·통일·실업교육위원회를 설치하고 있다. 전문산하기구로는 참교육연구소, 참교육상담소, 교과연합을 두고 있다. 우리교육 출판사에서는 주간 교육전문지로서 '교육희망', 월간 교육전문지인 '우리교육'을 발간하고 있다.

23) 노동관계조정법 제2조 제4호 가목에서 노동조합의 결격사유의 하나로 '사용자 또는 항상 그이 이익을 대표하여 행동하는 자의 참가를 허용하는 경우' 노동조합으로 볼 수 없기 때문인데, 교감 및 교감은 교사에 대한 근무평정자이면서 인사권을 행사한다는 점에서 가입할 수 없다. 또한 전국교직원조합 명칭에는 직원이 들어가 있으나 교원노조법상 조합원 자격은 교원에 한정된다.

24) 약칭은 한교조이며 영문으로는 Korean Union of Teaching and Educational Workers(약호는 KUTE)로 표기한다(규약 §1).

25) 한교조의 조직은 17개 광역시·도 단위로 본부를 설치하고 특정지역에 지역지회를 학교단위로 분회를 설치한다. 회의기구로 최고의결기구인 대의원회, 중앙위원회를 두고 집행기구로 중앙집행위원회와 상임집행위원회를 두고 있으며, 상임집행위원회로는 중등·사립·초등·여성·특수·보건·정보화·실업·통일·유아교육위원회 등 10개가 설치되어 있고, 전문산하기관으로 '푸른교육연구소'를 두고 있다.

지방의 현장 교사들이 자유주의 연대를 통해 전교조에 맞설 노조형식의 교원단체 설립을 제안(2005.5.4.)한데 있었다. 교육연합의 전국교사대표자회의는 자유교조 창립준비위원회를 구성(2006.1)하였고 2006년 5월 4일에는 교원노조로서 설립 신고(회원수 5천여 명)했다.[26] 고용노동부 2020년 교원노동조합 조직 현황에 따르면 조합원수는 140명으로 신고된 바 있다.

이어, 2008년 12월 5일에는 대한민국교원조합이 등록하여 제4의 교원노조가 출범하였는데 '대한교조(大韓敎組; Korean Teachers Union; KOTO)'로 약칭된다. 대한교조의 뿌리는 '뉴라이트교사연합'(2006.1.23.)'에 두고 있으며, 2006년부터 교원노조로의 전환을 모색하다 '뉴라이트신교원조합'(2008.8) 개칭 후 대한민국교원조합 출범식(11.26)[27]을 거쳐 2008년 12월 5일에 노동부에 등록하였다. 교육현안에 대한 차별화된 대안 제시를 통해 교육주체의 공감대를 형성하고, 전교조 대안세력을 넘어 '교육선진화의 새로운 활력체'로 위상을 정립한다는 기조이다. 특히, 반(反) 전교조 교육현장 활동 강화를 주요 전략 방안으로 내세웠다.[28] 고용노동부 2020년 교원노동조합 조직현황에 따르면 조합원수는 387명으로 신고되었다.

한편, 2016년 12월엔 한국 교원노조 역사에 있어서 또 다른 변화가 일었다. 전교조가 해직교원을 조합원으로 두는 것에 대해 고용노동부가 법외노조 통보처분(2013.10.24.)하자 정부와의 법적 분쟁이 진행되고 있던 가운데, 전교조 내 젊은 교사를 중심으로 서울교사노동조합이 결성(2016.12.8.)되었다. 이후 전국중등교사노동조합(2017.11.18.)이 창립되었고, 두 단체가 연합하여 2017년 12월 16일 교사노동조합연맹을 창립하였고, 2020년 말에는 27개 교사노조연합체로 성장하였는데, 고용노동부의 2020년 12월 31일 자료에는 36,749명으로 보도되었고, 자체보고에 따르면 2021년말에 4만 5천, 2022년 6월 말에는 27개 교사노조의 연합체[29]로서 5만 명을 넘어 전교조보다 많은 제1 교원노조가 된 것으로 공표한바 있다(교사노동조합연맹 홈페이지).

교사노조연맹은 앞선 다른 교원노조들이 단일한 중앙집행부를 중심으로 운영되는 것과 달리 독자적이며 자율적인 교사노조들의 분권형 연합체를 표방하였는데, 20－40대 젊은 교사들이 주축이 된 것으로 알려져 있다. 교사노조연맹은 2019년 7월 10일 교육부장관과 교원노조 역사상 17년 만에 단체협약을 체결하였고, 9개 전국 단위 교사노조와 함께 현재 교육부장관과 단체교섭을 추가로 진행하는 등 교사노조연맹 가맹 시·도 단위 교사노조들도 창립 이후 교육감과 대부분 단체협약을 체결하였다.

이상에서 살펴본 교직단체의 가입 현황을 살펴볼 때, 한국교총은 여전히 최대 교원단체로서 위치하며, 교원노조의 경우에는 다소 변화가 있어서 전교조와 교사노조연맹이 양립하는 구조이다. 또한 교원단

---

26) 자유교조는 창립선언문(2006.4.22.)을 통하여 자유교조의 비전을 글로벌 지식기반 사회를 이끌어 갈 새로운 교사상의 창출, 21세기 자유주의 시대에 걸맞는 새로운 조합운동의 전개 그리고 한국의 국가체제를 옹호하고 튼튼히 하는 애국운동의 선봉 등 세 가지이고, 기관지 '자유교육'을 발간했다.

27) 결의문은 "자유민주적 교원운동의 무기력과 이념의 광란이 새겨놓은 상처를 딛고 건강하고 실력있는 인재 양성을 위한 새로운 패러다임의 교원운동을 펼쳐나가야 한다"고 주장하였다.

28) 대한교조는 최고의사결정기구로 전국대의원 총회를 두고 있고, 중앙사무처, 상설·특별위원회, 광역·시군구 조직을 두고 있다. 정책개발기능을 담당하는 '21세기 미래교육정책연구원'을 두고 있는 것으로 소개되고 있다.

29) 교사노동조합연맹은 시·도 단위의 교사노조와, 전국 단위의 급별, 교과별 교사노조등 총 27개 교사노조의 연합단체 노동조합이다. 17개 시·도 단위 교사노조, 9개 전국 단위 교사노조, 1개 시도 단위 교과별 교사노조(전남전문상담)로 구성되어 있다. 9개 전국단위 교사노조는 4개 급별 교사노조(유치원, 초등, 중등, 특수), 5개 교과 교사노조(보건, 사서, 영양, 전문상담, 민주시민교육)이다.

체 및 교원노조의 양상도 학교급별, 기능별로 다양해졌다. 교원단체 및 교원노조의 회원 수는 당해 교직단체가 정확한 회원 수를 공개하고 않고 있고, 양 단체에 중복 가입한 회원도 있기 때문에 그 비중을 비교하는 데 무리가 있다. 실제로 국가교육위원회 교원관련 단체 대표 2명을 추천과정에서 법적 공방이 전개되는 등 현안으로 대두되고 있다.

1999년 교직단체 이원화 이후 교직단체의 구성 변화는 한국교총의 절대적 우위에서 노동조합 신장세로 돌아섰고, 뒤에는 분화된 여러 교원노동조합에 다양하게 가입되고 있는 추세이다. 그러나 가입비율은 과거 합법화 초기에 비하여 반감하는 추세이며, 현재는 가입대상 교원의 약 15%(교육공무직 85%, 일반행정직 81% 가입)만이 교원노조에 가입하고 있다.

한편, 헌법재판소의 교원노조법상 대학교원을 제외한 제2조에 대한 위헌판결(2018.8.30. 2015헌가38)이 있었다. 이후, 교원노조법 개정(2020.6.9.)을 통해 교수노조가 합법화되었고, 2020년 6월부터 고용노동부에 신고 등록되고 있다. 연합단체인 한국교수노동조합연맹(504명)과, 전국단위 노조로서 한국사립대학교수노동조합(346명), 전국국공립대학교수노동조합(1,370명)이 결성되었다. 개별대학 교수노동조합은 2020년 12월 31일 기준 51개 대학이다.

표 9-2 교원노조 합법화 이후 교직단체 회원수의 변화

교직단체	1999.7	2001.9	2003.4	2007	2020
전교조	62,654(설립신고)	82,430	93,375(교육부자료)	86,918(노동부)	45,200(노동부)
교사연					36,749(노동부)
한교조	25,091(설립신고)	–	32,100(자체보고)	12,000(노동부)	5,302(노동부)
자유교조				5,000(설립,06.5)	140(노동부)
한국교총	26만(자체보고)	167,813	167,840(교육부자료)	187,630(08.7전산)	00만(자체보고)

주 1: 2007년 기준 한국교총은 가입대상 교원(대학교원 포함 50만여 명)의 37%, 전교조는 43만5천여 명(대학교원 제외)의 20%가 가입(동시가입 포함)되었으나 교원노조 분화로 감소되고 있고 전체 노조가입율은 15% 이내로 보고되었다.

주 2: 고용노동부 보고(2020.12.31.)에 따르면, 교원노조연합단체로 교사노동조합연맹(3,6749),자유교원조합(140), 전국단위 교원노조로 전국교직원노동조합(45,200), 한국교원노동조합(5,302), 전국초등교사노동조합(3,659), 전국특수교사노동조합(1,072), 전국영양교사노동조합(661), 전국공립유치원교사노동조합(631), 전국보건교사노동조합(564), 대한민국교원조합(387) 등이 있다. 시도단위 교원노조로는 경기교사노동조합(11,163), 서울교사노동조합(5,671)등이 있다.

주 3: 대학교수노조로는 연합단체로 한국교수노동조합연맹(504)이 있고, 전국단위로는 전국국공립대학교수노동조합(1,370), 한국교수노동조합(346)이 있으며, 개별대학단위로는 한국폴리텍대학전국교수노동조합(606), 서울대학교교수노동조합(246), 원광대학교교수노동조합(168), 중앙대학교교수노동조합(158), 경기대학교교수노동조합(157), 한국폴리텍대학교수노동조합(150)등 54개 대학에 조직되어 있다.

42설 교직단체: 교원단체(사단법인, 임의단체) + 교원노조(연합단체, 전국 · 시도단위, 교수노조)

2. 교육기본법상의 교원단체의 법적지위

가. 교원단체 관련 법령의 개요

교원단체의 직접적인 설립 근거 규정은 1997년 12월 13일에 제정된 '교육기본법' 제15조이다. 이는 과거 교육법의 '교육회' 조항을 승계한 것으로 교육회의 조직에 대하여 시행령(대통령령)은 간단히 '유일단체와 민법 적용 원칙' 만을 규정할 뿐이었다. 따라서 교육회 혹은 교원단체의 법적 기반은 취약했으며, 사단법인 형태로 설립된 교원단체의 정관이 이를 대신하였다고 할 수 있다.

그런데 교육기본법 제정 이후 교원단체의 법적 근거는 교육기본법에 두게 되었고, 조직 운영을 대통령령에 위임하게 되었다. 그러나 2022년 현재에도 해당 대통령령은 제정되지 않았고, 교원단체의 법적 지위는 여전히 민법의 비영리법인 규정에 근거한 법인으로 남아있다.30)

교원단체는 교원들의 결사체라는 점에서 교원에게 적용되는 의무 및 책임이 동일 논리로 적용되기도 한다. 학교 설립과 관계없이 모든 교원에게 적용되는 공무원법상의 복무규정은 대표적인 예이고, 교원단체의 이름으로 정치활동을 할 수 없고, 교원단체로서 노동운동을 하거나 공무 외 집단행위는 할 수 없는 규정 등은 여전히 적용된다.

한편, 교원단체와 정책당국 간의 교섭·협의에 관한 법적 근거는 1991년 5월 31일에 제정된 교원지위법의 일부 조항에서 두게되었다. 주요 내용은 교원의 지위 향상을 위한 교섭·협의의 당사자와 의무(§11), 교섭·협의 사항(§12), 교원지위향상심의회의 설치(§13) 등에 관한 내용을 포함하고 있다. 이어 1992년 6월 2일에는 교섭·협의 및 교원지위향상심의회의 운영등에 관하여 필요한 사항을 규정한 대통령령인 '교원지위향상을 위한 교섭·협의에 관한 규정'이 제정되었다. 주요 내용은 목적, 교섭·협의 당사자, 교섭·협의사항의 범위, 교섭·협의절차, 교섭·협의시기, 합의사항의 성실한 이행, 교원지위향상심의회의 기능, 심의회의 구성, 위원의 자격, 심의회의 운영, 의결사항의 이행, 심의회의 운영경비, 심의회의 운영세칙 등이다.

나. 교원단체의 설립 및 참여 범위

(1) 설립

교원단체의 조직에 관한 별도의 대통령령이 없으므로 여기서는 구 교육법이 밝히고 있는 민법의 비영리법인의 설립과 허가에 관한 사항을 소개한다. 민법 제32조에 따르면 "학술, 종교, 자선, 기예, 사교 기타 영리 아닌 사업을 목적으로 하는 사단 또는 재단은 주무관청의 허가를 얻어 이를 법인으로 할 수 있다"고 규정하고 있다. 실제로 한국교총과 한국교육삼락회총연합회 등은 주무관청인 교육부의 허가를 얻어 비영리 사단법인으로 등기되어 있다. 서울특별시교육청에 등록된 단체로는 서울특별시교원단체총연

30) 민법은 비영리법인의 설립과 허가(§32), 법인설립의 등기(§33), 법인의 권리능력(§34), 법인의 불법행위능력(§35), 법인의 주소(§36), 법인의 사무의 검사·감독(§37), 법인의 설립허가의 취소(§38) 등을 규정하고 있다.

합회, 전국국어교사모임, 전국영어교사모임, 좋은교사운동, 한국강사협회, 한국사립대학교수회연합회, 한국특수교육연합회 등이고, 그 외 시·도교원단체총연합회는 해당 시도교육청을 통해 사무에 관하여 검사·감독을 받는다.

법인은 그 주된 사무소의 소재지에서 설립등기를 함으로써 성립하며(§33), 법률의 규정에 좇아 정관으로 정한 목적의 범위 내에서 권리와 의무의 주체가 된다(§34). 법인의 주소는 그 주된 사무소의 소재지에 있는 것으로 하며(§36), 법인의 사무는 주무관청이 검사·감독한다(§37). 또한 법인이 목적 이외의 사업을 하거나 설립허가의 조건에 위반하거나 기타 공익을 해하는 행위를 한 때에는 주무관청은 그 허가를 취소할 수 있다(§38).

(2) 참여 범위

사단법인 형태의 교원단체를 설립할 경우 회원(사원) 자격의 득실에 관한 규정은 정관의 필수적 기재 사항이다. 사단법인의 정관은 총사원 3분의 2 이상의 동의가 있는 때에 한하여 이를 변경할 수 있다. 그러나 정수에 관하여 정관에 다른 규정이 있는 때에는 그 규정에 의한다. 정관의 변경은 주무관청의 허가를 얻지 아니하면 그 효력이 없다(§40, §42).

한국교총의 경우 정관 시행세칙(§2)을 통하여 회원 자격을 규정하고 있는데 '유아교육법 및 초·중등교육법, 고등교육법에 교정된 자격이 있는 교원과 교육기관, 교육행정기관 및 교육연구기관의 장학직·연구직'을 포함한다. 교장과 교감 그리고 교육전문직이 포함되는 것이 교원노조와의 큰 차이점이다. 대학교수의 경우는 2020년 6월부터는 교총 가입 뿐만아니라 교수노조에 가입할 수 있다.

다. 교원단체 활동의 성과 및 과제

1992년 이후 한국교총은 교원지위향상법에 근거하여 교육부와 교섭·협의를 하여오고 있고, 시·도교총 역시 당해 교육감과 교섭·협의를 진행해 왔다. 1990년대 교원의 사회·경제적 지위 향상에 주도적 역할을 하였다고 할 수 있고, 담임교사 및 부장교사 수당을 비롯하여 교직의 특수성을 감안한 처우 개선에 일정 성과를 보이기도 하였다. 그러나 법령 개정이나 예산조치가 수반되어야 하는 경우가 많았고, 이는 교섭·협의 당사자의 의사보다는 입법부 및 재정 당국에 의하여 결정되는 경향이 있었다. 즉, 법적 구속력이 약한 '당사자의 노력의무 부과'는 실효성을 담보하기에는 미흡함이 많았다. 그러나 교원의 사회·경제적 지위향상에 관한 쟁점을 부각시키고 관련 교육정책의 수립에 미친 영향 또한 과소평가하기는 어렵다.

교원단체 관련 법령과 관련하여 가장 큰 문제점은 교육기본법이 예고하고 있는 교원단체 조직에 관한 대통령령이 아직 제정되지 않은 점이다. 그리고 교원단체가 다원화되어감에 따라 한국교총에게 부여된 독점적 교섭·협의의 지위에 대한 문제점도 지적되고 있으며, 복수 교원단체 간의 단일화된 창구에 의한 교섭·협의 방식의 도입이 논의되고 있으나 조직 운영에 관한 법률이 정비되어 있지 않아 쉽게 결론에 이르지 못하고 있다.

3. 교원노조법상의 교원노조의 법적지위

가. 교원노조 관련 법령의 개요

교원노조의 직접적인 설립 근거 법률은 1999년 1월 29일에 제정된 교원노조법으로서 15개 조항과 부칙으로 이루어져 있다. 목적 조항에서 나타난 바와 같이 교원노조는 국가공무원법 제66조 제1항 및 사립학교법 제55조의 규정(공무원의 노동운동 및 공무 외 집단행위 금지)에 불구하고 노동조합 및 노동관계조정법 제5조 단서의 규정에 의하여 교원의 노동조합 설립에 관한 사항을 정하고 일반노조에 대한 특례법으로서 규정되었다.

이 법은 몇 차례 개정[31]이 있었는데이 있었는데, 주로 교섭창구를 단일화하여 교섭에 응하는 규정의 적용 시한을 연장하는 것이었다. 가장 큰 변화는 역시 2020년 6월 9일 개정에 의해 교수노조를 허용하고, 유치원 교원을 포함한 경우였다. 2021년 1월 5일 개정에서는 제4조의2(가입범위)에서 교원 이외에 '교원으로 임용되어 근무하였던 사람으로서 노동조합 규약으로 정하는 사람'으로 넓혀서 퇴직교원 조합원으로 인한 전교조 법외노조 사태가 법적으로 완결된 바 있다. 교원노조법의 주요 내용은 목적, 정의, 정치활동의 금지, 노동조합의 설립, 노동조합 전임자의 지위, 교섭 및 체결권한등, 단체협약의 효력, 쟁의행위의 금지, 노동쟁의의 조정 신청, 중재의 개시, 교원노동관계조정위원회의 구성, 중재재정의 확정, 교원소청심사청구와의 관계, 다른 법률과의 관계, 벌칙 및 부칙으로 구성되어 있다.

교원에 적용할 노동조합 및 노동관계조정에 관하여 교원노조법에서 정하지 않은 사항에 대하여는 몇 규정[32]을 제외하고는 노동조합 및 노동관계조정법이 정하는 바에 따른다.

이 법의 시행령으로는 1999년 6월 8일 대통령령인 '교원의 노동조합 설립 및 운영 등에 관한 법률시행령'이 9개의 조항과 부칙으로 제정되었다. 몇 차례 개정[33]이 있었는데 관련 기관의 명칭 변경 및 교섭단일화 시행시기의 연장에 관한 것이다. 2020년 8월 11일 개정에서는 단체교섭 요구 및 그에 관한 절차를 정비하고, 복수의 노동조합이 단체교섭을 하는 경우 교섭위원의 선임에 관한 구체적인 사항을 정했고, 이어 2021년 6월 29일 개정에서는 교섭노동조합이 둘 이상인 경우 교섭위원을 선임하는 기준이 되는 교섭노동조합의 조합원 수는 종전과 같이 교원인 조합원만으로 산정한다는 점을 명확히 개정했다. 주요 내용은 목적, 산하조직의 신고, 교섭절차, 국민 여론등 의견수렴, 단체협약의 이행통보, 노동쟁의의 조정,

---

31) 1차 개정(2001.1.29.)은 교육부에서 교육인적자원부로의 개편, 2차 개정(2001.3.28.)은 교섭창구 단일화 의무적용의 연장(2001년에서 2006년까지), 3차 개정(2005.1.27.)은 교원징계재심위원회의 교원소청심사위원회로의 변경, 4차 개정(2006.12.30.)은 교섭창구 단일화 2009년까지 재연장, 5차 개정(2008.2.29.)은 교육인적자원부에서 교육부로의 개편 등

32) 적용되지 않는 조항은 노동관계법 제2조 제4호 라목 단서, 제24조, 제29조 제2항·제3항, 제36조 내지 제46조, 제51조 내지 제57조, 제60조 제5항, 제62조 내지 제65조, 제66조 제2항, 제69조 내지 제80조, 제81조 제2호 단서, 제88조, 제89조 제1호, 제91조, 제96조 제1항 제3호 및 부칙(법률 제5310호) 제5조 제1항·제2항. 또한 공직선거및선거부정방지법 제87조 단서의 규정(단체의 선거운동의 예외적 허용)은 노동조합에 대하여는 이를 적용하지 아니한다.

33) 노동조합의 대표자가 단체교섭을 하고자 하는 경우에는 상대방에 대한 서면통보 및 교섭위원의 선임을 하여야 하는바, 조직대상을 같이 하는 2 이상의 노동조합이 설립되어 있는 때에는 노동조합의 대표자가 연명으로 상대방에게 통보하도록 하고, 조직대상을 같이 하는 2 이상의 노동조합이 교섭개시 예정일 전까지 합의에 의하여 교섭위원을 선임하지 못할 경우에는 노동조합의 조합원수에 비례하여 교섭위원을 선임하도록 하려는 것이다.

수당의 지급, 구제신청 접수의 통보, 다른 시행령과의 관계, 부칙으로 구성되어 있다.

이 법의 시행규칙으로는 1999년 6월 29일 노동부령으로 제정된 '교원의 노동조합 설립 및 운영 등에 관한 법률 시행규칙'이 있다. 3개 조항(목적, 조정등의 신청, 다른 시행규칙과의 관계)과 부칙을 포함하고 있으며, 노동쟁의 조정·중재 신청서 양식을 규정하고 있다.

나. 교원노조의 설립 및 참여 범위

(1) 설립

교원노조법의 설립은 17개 시·도 단위 또는 전국단위에 한하여 허용하고 있어 직장별 자유설립주의에 따르는 일반노조와 구별된다.[34] 즉, 특별시·광역시·도·특별자치도 단위 또는 전국단위에 한하여 노동조합을 설립할 수 있다. 또한 교원노조를 설립하고자 하는 자는 노동부장관에게 설립신고서를 제출하여야 한다(§4). 초·중등 학교교육의 동질성 및 신분보장의 유사성을 감안하여, 학교별 노동조합의 구성 및 단체교섭 방식보다는 시·도 및 전국단위에 한정한 것으로 판단된다. 산하조직의 신고에 있어서 이 법 시행령은 교원노조 중 2이상의 시·도 단위 교원노조는 시·도 단위의 지부·분회 등에 한하여 설립신고를 할 수 있다(§2).

(2) 참여 범위

교원노조법상 교원노조에 가입할 수 있는 교원은 2020년 6월 개정을 통하여 대학교원(강사제외)과 유치원 교원이 포함되게 되었다. 즉, 제2조(정의)에 따르면, 이 법에서 "교원"이란 다음 각 호의 어느 하나에 해당하는 사람을 말한다.

1. 「유아교육법」 제20조 제1항에 따른 교원
2. 「초·중등교육법」 제19조 제1항에 따른 교원
3. 「고등교육법」 제14조 제2항 및 제4항에 따른 교원. 다만, 강사는 제외한다.

유치원 교원의 경우는 1999년 제정당시에는 초·중등교육법 제19조 제1항에서 유치원이 포함되어 규정되었었으나 2004년 1월에 초·중등교육법에서 유아교육법이 분리되면서 입법조치가 되지 않아 누락되어 있던 것[35]을 복원한 것이다. 다만, 해고된 자로서 노동관계법 제82조 제1항의 규정[36]에 의하여 노동위원회에 부당노동행위의 구제신청을 한 자의 경우에는 중앙노동위원회의 재심판정이 있을 때까지 이

34) 노동관계법 제5조(노동조합의 조직·가입)에 의하면, 근로자는 자유로이 노동조합을 조직하거나 이에 가입할 수 있다. 다만, 공무원과 교원에 대하여는 따로 법률로 정한다.

35) 초·중등교육법 제19조(교직원의 구분) ① 학교에 두는 교원은 다음 각호와 같다. 1. 삭제 (유치원의 원장·원감·교사는 유아교육법 20조로 이관 제정－2004.1.29.), 2. 초등학교·중학교·고등학교·공민학교·고등공민학교·고등기술학교 및 특수학교에는 교장·교감 및 교사를 둔다.

36) 제82조(구제신청) ① 사용자의 부당노동행위로 인하여 그 권리를 침해당한 근로자 또는 노동조합은 노동위원회에 그 구제를 신청할 수 있다.

를 교원으로 본다.

따라서 교원노조의 참여 범위는 유·초·중등·고등교육의 전 교육기관의 교원이라고 할 수 있다. 학교의 교원 중에서도 교장·교감은 교사에 대한 지휘·감독자로서 인사 및 학사관리 등 학교운영을 통할하고 있으므로 사용자 측에 해당되므로 이들이 가입할 경우 노동조합으로 인정받을 수 없다. 즉, 노동관계법 제4조는 '사용자 또는 항상 그의 이익을 대표하여 행동하는 자[37]의 참가를 허용하는 경우' 이를 노동조합으로 보지 않기 때문이다. 다만, 부장교사등 보직교사에 대하여는 인사 및 근로조건에 관한 위임권한의 행사 여부에 따라 논란이 될 수 있으나 교원노조 가입을 금지하고 있지는 않다. 대학의 경우에는 소속 교수의 근무평정등 인사권을 갖는 총장 및 학장의 경우에는 교수노조에 가입 자격이 없다고 봐야 한다.

노동부의 '공무원·교원노동조합 질의회시집'에 따르면 '사용자 또는 항상 그의 이익을 대표하여 행동하는 자'인지 여부에 대한 판단은 형식적인 직급 명칭이나 지위보다는 직무내용 및 회사규정의 운영 실태, 근로자에 관한 사항에의 관여 정도 등 구체적인 사실관계를 토대로 근로자의 인사·후생·노무관리 등 근로조건의 결정 또는 업무상의 명령이나 지휘감독 등에 대해 사업주로부터 권한과 책임을 부여받았는지 여부, 근무평정 권한 및 책임이 최종적으로 귀속되는지 여부, 근로관계에 대한 계획과 방침 등 사용자의 기밀에 속하는 사항을 접하고 있어 근로자의 현 직책상의 직무수행에 수반하는 책임과 의무가 노동조합의 조합원으로서의 활동에서 요구되는 성의와 책임에 직접 저촉되는지 여부 등에 따라 판단해야 한다고 해석한다.

한편, 교원노조에는 임용권자의 허가가 있는 경우에는 노동조합의 업무에만 종사하는 노동조합 전임자를 둘 수 있다. 전임자는 당해 기간 중 교육공무원법 제44조 및 사립학교법 제59조의 규정[38]에 의한 휴직 명령을 받은 것으로 본다. 또한 전임기간 중 봉급을 받지 못하며, 전임자임을 이유로 승급 기타 신분상의 불이익을 받지 아니한다(§5).

(3) 금지 및 벌칙

교원노조법은 교원노조에 대하여 어떠한 정치활동도 금지하고 있고(§3), 교원노조와 그 조합원에 대하여 파업·태업 기타 업무의 정상적인 운영을 저해하는 어떠한 쟁의행위도 금지하고 있다(§8). 쟁의행위 금지를 위반한 자는 5년 이하의 징역 또는 5천만원 이하의 벌금에 처하며, 확정된 중재재정을 따르지 않은 관계 당사자는 2년 이하의 징역 또는 2천만원 이하의 벌금에 처한다(§15).

이 경우 과거 '일체의 정치활동'과 '일체의 쟁의행위' 표현은 '어떠한'으로 수정되기도 했다. 그러나 그 본질적 뜻에는 변함이 없고, 지나치게 포괄적이어서 범위를 한정하기 어렵고 최소한의 제한 원칙에 맞지 않아 기본권 제한 한계를 벗어난 것이 아닌가라는 지적도 있다.

---

37) 교원노조법 역시 근로자인 교원에 대응하는 사용자의 범위에 장관, 교육감, 학교설립·경영자를 비롯하여 교원에 관한 사항에 대하여 장관·교육감·학교설립·경영자를 위하여 행동하는 자(교장 및 교감이 이에 해당한다고 볼 수 있음)를 포함하여 규정(§14)하고 있다.

38) 교육공무원법 제44조 제1항 제11호는 전임자의 경우 본인의 의사에 불구하고 휴직을 명하여야 하는 경우로 규정하고 있고, 사립학교법 역시 마찬가지의 규정을 두고 있다.

4. 교원단체 교섭 · 협의 및 교원노조의 단체협약

가. 교원단체의 교섭 · 협의

(1) 교섭 · 협의의 대상과 범위

교원지위향상법에 따르면, 교육기본법 제15조 제1항에 따른 교원단체는 교원의 전문성 신장과 지위 향상을 위하여 교육감이나 교육부장관과 교섭 · 협의한다. 교육감이나 교육부장관은 교섭 · 협의에 성실히 응하여야 하며, 합의된 사항을 시행하기 위하여 노력하여야 한다(§11). '교원지위향상을 위한 교섭 · 협의에 관한 규정'은 구체적으로 교섭 · 협의의 당사자로서 한국교총과 교육부장관 그리고 시 · 도교총과 시 · 도교육감을 각각 상대 교섭 · 협의의 당사자로 규정하고 있다(규정 §2).

교섭 · 협의 사항에 대하여는 교원의 처우 개선, 근무조건 및 복지후생과 전문성 신장에 관한 사항을 그 대상으로 하되, 교육과정과 교육기관 및 교육행정기관의 관리 · 운영에 관한 사항은 교섭 · 협의의 대상이 될 수 없다고 규정(§12)한다. 교섭 · 협의사항의 범위는 규정에 9가지로 예시되고 있다(규정 §3).

1. 봉급 및 수당체계의 개선에 관한 사항
2. 근무시간 · 휴게 · 휴무 및 휴가등에 관한 사항
3. 여교원의 보호에 관한 사항
4. 안전 · 보건에 관한 사항
5. 교권 신장에 관한 사항
6. 복지 · 후생에 관한 사항
7. 연구활동 육성 및 지원에 관한 사항
8. 전문성 신장과 연수등에 관한 사항
9. 기타 근무조건에 관한 사항

교섭 · 협의에서 요청이 있으면 이를 심의하기 위하여 교육부와 시 · 도에 각각 교원지위향상심의회를 두되 교육부는 7명 이내, 시 · 도는 5명 이내의 위원으로 구성한다. 다만, 위원장을 제외한 위원의 2분의 1은 교원단체가 추천한 자로 한다. 심의회의 운영과 위원의 자격 및 선임에 관하여 필요한 사항은 대통령령으로 정한다(§13).

(2) 교섭 · 협의의 절차와 방법

'교원지위향상을 위한 교섭 · 협의에 관한 규정'에 따르면 교섭 · 협의 절차는 다음과 같다. 교원단체가 교섭 · 협의요구를 하고자 하는 때에는 교섭 · 협의 개시 예정일 20일전까지 교섭 · 협의내용을 상대방에게 서면으로 통보하여야 한다. 다만, 긴급한 사안이 있는 때에는 7일전까지 통보할 수 있다.

교섭 · 협의요구가 있는 때에는 당해 당사자는 그 소속 직원 중에서 지명한 자로 하여금 교섭 · 협의 내용의 범위, 교섭 · 협의대표, 교섭 · 협의의 일시 및 장소 기타 교섭 · 협의에 필요한 사항에 관하여 미리 실무협의를 하도록 하고 그 결과를 서면으로 작성하게 하여야 한다. 교섭 · 협의대표는 당사자가 각각 지

명하되, 쌍방이 같은 수로 한다. 당사자는 각각 필요하다고 인정하는 때에는 교섭 · 협의내용과 관련이 있는 자 또는 기관 · 단체 등의 의견을 들을 수 있다. 당사자는 평화적 교섭 · 협의에 지장을 주는 행위를 하여서는 아니 된다. 교섭 · 협의에서 합의한 사항에 관하여는 교섭 · 협의대표 전원이 서명한 합의서 2부를 작성하여 당사자가 각각 1부씩 보관한다(규정 §4). 교섭 · 협의는 매년 1월과 7월에 행하되, 특별한 사안이 있는 때에는 당사자가 협의하여 그 때마다 행할 수 있다(규정 §5).

한편, 교원지위향상심의회는 당사자로부터 교섭 · 협의사항에 관한 심의요청이 있는 경우에 이를 심의의결한다. 심의요청은 당사자의 합의에 의하여 한다. 다만, 교섭 · 협의가 시작된 날부터 30일이 경과된 때에는 당사자 일방이 단독으로 요청할 수 있다(규정 §7). 중앙에 두는 심의회(중앙심의회)는 위원장 1인을 포함한 7인의 위원으로 구성하되, 위원장은 당사자가 합의하여 추천한 자를, 위원은 당사자가 각각 3인씩 추천한 자를 국무총리가 각각 임명 또는 위촉한다.

시 · 도심의회는 위원장 1인을 포함한 5인의 위원으로 구성하되, 위원장은 당사자가 합의하여 추천한 자를, 위원은 당사자가 각각 2인씩 추천한 자를 교육부장관이 각각 임명 또는 위촉한다. 심의회의 위원장 및 위원의 임기는 각각 3년으로 하되, 1차에 한하여 중임할 수 있다. 심의회의 위원장은 당해 심의회를 대표하며, 심의회를 소집하고, 그 의장이 된다. 위원장이 사고가 있을 때에는 위원장이 미리 지명한 위원이 그 직무를 대행한다. 심의회의 업무를 처리하기 위하여 심의회에 서기 2인을 두되, 위원장이 쌍방이 추천한 자 중에서 각 1인씩 지명한다(규정 §8).

심의회의 위원은 교육경력 10년 이상인 교원 또는 교원이었던 자, 판사 · 검사 또는 변호사의 직에 5년 이상 재직 중이거나 재직한 자, 행정기관의 3급(시 · 도심의회 위원의 경우에는 4급)이상 공무원 또는 공무원이었던 자(고위공무원단에 속하는 일반직공무원 또는 일반직공무원이었던 자를 포함), 사립학교를 설치 · 경영하는 법인의 임원 또는 사립학교 경영자나 사립학교를 설치 · 경영하는 법인의 임원이었던 자 또는 사립학교 경영자이었던 자, 경제 · 사회 · 문화계 인사 중에서 학식과 덕망이 있는 자 등으로 구성한다. 그러나 국가공무원법 제33조 각호의 1에 해당하는 자(국가공무원 결격 사유자)는 심의회의 위원이 될 수 없다(§9).

심의회는 교섭 · 협의에 관한 심의요청을 받은 때에는 그 요청을 받은 날부터 30일 이내에 심의의결을 하여야 한다. 심의회는 필요하다고 인정하는 때에는 당사자에 대하여 심의에 필요한 자료의 제출을 요구하거나 관계인을 심의회에 출석하게 하여 의견을 들을 수 있다. 심의회의 회의는 재적위원 3분의 2 이상의 출석으로 개의하고, 출석위원 3분의 2 이상의 찬성으로 의결한다. 출석위원 전원이 서명날인 한 심의 의결서를 작성하여 이를 당사자에게 통보하여야 한다. 교육감 및 교육부장관은 심의 의결서를 통보받은 때에는 그 심의의결서의 내용에 대하여 교육감은 교육부장관에게, 교육부장관은 국무총리에게 각각 보고하여야 한다(§10).

당사자는 심의회의 심의 의결서를 통보받은 때에는 그 의결사항을 성실하게 이행하도록 하여야 한다(규정 §11). 중앙심의회의 운영경비는 국가가, 시 · 도 심의회의운영경비는 당해 시 · 도가 각각 부담한다. 심의회의 위원 및 심의회에 출석한 자에 대하여는 예산의 범위 안에서 수당과 여비를 지급할 수 있다(규정 §12). 심의회의 운영에 관하여 이 영에 정한 것 외에 필요한 사항은 심의회의 의결을 거쳐 위원장이 정한다(규정 §13).

(3) 합의서의 효력

합의서의 효력은 법적 구속력은 없다고 보는 것이 일반론이며, 교원노조의 단체협약안에 비하여도 미흡한 것이 사실이다. 교섭 · 협의 규정에 따르면 당사자는 교섭 · 협의에서 합의한 사항을 성실하게 이행하여야 한다. 이 경우 법령의 제정 · 개정 또는 폐지, 예산의 편성 · 집행 등에 의하여 이행될 수 있는 사항에 관하여는 쌍방이 적법한 절차와 방법에 의하여 그 이행을 위한 노력을 하여야 한다. 교섭 · 협의시의 합의사항에 대한 이행여부에 관하여는 다음 교섭 · 협의 시까지 각각 상대방에게 서면으로 통보하여야 한다. 이 경우 이행하지 못한 부분에 대하여는 그 사유를 기재하여야 한다(규정 §6).

(4) 교섭 · 협의 실적

한국교총이 보고한 교섭 · 협의 사항 실적을 정리하면 다음 표와 같다.

표 9-3 한국교총의 연도별 · 영역별 교섭 · 협의 사항 실적

연도별	92	93	94	95	96	97	98	99	2000	2001	계	이행률
	141	119	130	115	97	104	100	176	281	344	1,607	
영역별	전문직 교원단체 활동	교원 처우 향상	교원 인사제 도개선	교육 여건 개선	교원 잡무 감축	교권 신장	교원 전문성 신장	교원복 지후생 증진	교원안 전보건 증진	여교원 권익 신장	기타	1005 (66.0)
	97 (6.0)	197 (12.3)	287 (17.9)	354 (22.0)	146 (9.0)	112 (7.0)	168 (10.5)	124 (7.7)	26 (1.6)	40 (2.5)	56 (3.5)	

출처: 한국교총(2002), 1992－2001년 교원단체의 단체교섭 합의사항 분석연구, 346－350면을 인용한 한국교원단체총연합회(2003), 교사론, 323면에서 재인용.

교육부와 한국교총 간의 2020－2021년 상반기 교섭 · 협의 합의서는 2022.3.8. 체결되었는데, 1992년 이후 31회째로서, 교원의 근무여건 개선, 복지향상 및 처우개선, 교권 확립 및 전문성 강화, 교육 환경 개선 등을 위한 내용으로 총 25개조 35개항이다.

교원단체의 조직에 관한 대통령령이 제정되지 않은 가운데, 사단법인 형태의 교원단체가 점차 증가하고 한국교총만을 유일한 교섭 · 협의 상대로 하여 진행되는 방식에 대하여 이의를 제기하는 경우도 나타나게 되었다. 교원노조법과의 균형을 위해서도 교원단체 조직에 관한 대통령령보다는 법률이 바람직하다는 것이 교육계의 중론이다.

43설 교원단체 입법 현안: 교원단체조직 법률 제정 + 교원단체와 정부 간 교섭협의 창구의 단일화

나. 교원노조의 단체협약

(1) 단체교섭의 대상과 범위

교원노조법 제6조(교섭 및 체결 권한 등)에 따르면, 교원노조 대표자는 그 노동조합 또는 조합원의 임금, 근무조건, 후생복지 등 경제적·사회적 지위 향상에 관하여 다음 각 호의 구분에 따른 자와 교섭하고 단체협약을 체결할 권한을 가진다.

1. 제4조 제1항(유초중등학교)에 따른 노동조합의 대표자의 경우: 교육부장관, 시·도 교육감 또는 사립학교 설립·경영자. 이 경우 사립학교 설립·경영자는 전국 또는 시·도 단위로 연합하여 교섭에 응하여야 한다.
2. 제4조 제2항(대학)에 따른 노동조합의 대표자의 경우: 교육부장관, 특별시장·광역시장·특별자치시장·도지사·특별자치도지사(이하 "시·도지사"라 한다), 국·공립학교의 장 또는 사립학교 설립·경영자

교원노조법에서는 교섭사항을 위와 같이 '임금·근무조건·후생복지 등 경제적·사회적 지위향상에 관한 사항'으로 규정하면서 교원단체와 같이 배제 항목(교육과정 및 교육기관·교육행정기관의 관리·운영)을 규정하지는 않는다. 교육부 및 시·도교육청의 교육정책 관련 내용이 단체교섭의 대상이 되는지에 대하여는 많은 논란이 있어 왔다. 노동부의 '공무원·교원노동조합 질의회시집'에 따르면, 교육정책에 관한 사항이나 교육행정기관의 관리·운영 등에 관한 사항은 원칙적으로 관련 법령에 의거하여 행정기관이 스스로의 직무로서, 그의 권한과 책임으로 행하는 것이므로 교원노조의 의견수렴은 별론으로 하더라도 단체교섭 사항은 아니라고 본다. 다만, 근로자의 임금, 근무조건, 후생복지 등과 밀접하게 관련되는 정책은 그 범위 내에서 교섭의 대상이 될 수 있다고 해석한다.

노동조합의 교섭위원은 해당 노동조합의 대표자와 그 조합원으로 구성하여야 한다. 노동조합의 대표자는 교육부장관, 시·도지사, 시·도 교육감, 국·공립학교의 장 또는 사립학교 설립·경영자와 단체교섭을 하려는 경우에는 교섭하려는 사항에 대하여 권한을 가진 자에게 서면으로 교섭을 요구하여야 한다. 교육부장관, 시·도지사, 시·도 교육감, 국·공립학교의 장 또는 사립학교 설립·경영자는 노동조합으로부터 교섭을 요구받았을 때에는 교섭을 요구받은 사실을 공고하여 관련된 노동조합이 교섭에 참여할 수 있도록 하여야 한다. 교육부장관, 시·도지사, 시·도 교육감, 국·공립학교의 장 또는 사립학교 설립·경영자는 교섭을 요구하는 노동조합이 둘 이상인 경우에는 해당 노동조합에 교섭창구를 단일화하도록 요청할 수 있다. 이 경우 교섭창구가 단일화된 때에는 교섭에 응하여야 한다(신설 2020.6.9.). 교육부장관, 시·도지사, 시·도 교육감, 국·공립학교의 장 또는 사립학교 설립·경영자는 노동조합과 단체협약을 체결한 경우 그 유효기간 중에는 그 단체협약의 체결에 참여하지 아니한 노동조합이 교섭을 요구하여도 이를 거부할 수 있다(신설 2020.6.9.). 단체교섭을 하거나 단체협약을 체결하는 경우에 관계 당사자는 국민여론과 학부모의 의견을 수렴하여 성실하게 교섭하고 단체협약을 체결하여야 하며, 그 권한을 남용하여서는 아니 된다. 단체교섭의 절차 등에 관하여 필요한 사항은 대통령령으로 정한다(이상 §6).

국민여론과 학부모 의견수렴은 교육활동의 직접적인 수혜자인 학습자 및 보호자의 보호를 위한 조

치로서 일반 노동조합의 신의성실 및 권한남용 금지라는 일반적인 교섭원칙[39]에 추가된 원칙이라고 할 수 있다. 노동관계 당사자 또는 공동으로 국민여론 및 학부모의 의견을 수렴하는 때에는 여론조사를 하거나 공청회 등을 개최할 수 있다(시행령 §4).

(2) 단체교섭의 절차 및 쟁의 중재

단체교섭의 절차에 관하여는 교원노조법시행령(§3)에 자세히 규정되어 있다. 교원노조 대표자는 상대방(장관, 시·도지사, 시·도교육감, 국·공립학교장, 사립학교를 설립·경영자 혹은 이들 구성원 단체대표자)에게 단체교섭을 요구하려는 경우 노동조합의 명칭, 대표자의 성명, 주된 사무소의 소재지, 교섭 요구 사항 및 조합원 수(단체교섭을 요구하는 날을 기준으로 한다) 등을 적은 서면으로 알려야 한다. 사립학교 설립·경영자는 노동조합의 대표자로부터 단체교섭을 요구받은 때에는 그 교섭이 시작되기 전까지 전국 또는 시·도 단위로 교섭단을 구성해야 한다.

상대방은 제1항에 따른 단체교섭을 요구받은 때에는 관련된 노동조합이 알 수 있도록 지체 없이 자신의 인터넷 홈페이지 또는 게시판에 그 사실을 공고해야 한다. 단체교섭에 참여하려는 관련된 노동조합은 공고일부터 7일 이내에 서면으로 상대방에게 교섭을 요구해야 한다. 상대방은 교섭 요구 기한이 지나면 지체 없이 교섭을 요구한 노동조합을 자신의 인터넷 홈페이지 또는 게시판에 공고하고, 교섭노동조합에 그 공고한 사항을 알려야 한다. 교섭노동조합과 상대방(노동관계 당사자)은 공고가 있는 경우(둘 이상의 노동조합이 교섭창구를 단일화하려는 경우에는 제3조의2에 따라 교섭위원의 선임이 완료된 경우를 말함) 그 소속원 중에서 지명한 사람에게 교섭 내용, 교섭 일시·장소, 그 밖에 교섭에 필요한 사항에 관하여 협의하도록 하고, 교섭을 시작해야 한다. 상대방은 교섭 요구 기간에 교섭 요구를 하지 않은 노동조합의 교섭 요구를 거부할 수 있다(시행령 §3).

시행령 제3조의2(교섭위원의 선임)에 따르면, 교섭노동조합은 공고일부터 20일 이내에 노동조합의 교섭위원을 선임하여 상대방에게 교섭노동조합의 대표자가 서명 또는 날인한 서면으로 그 사실을 알려야 한다. 이 경우 교섭노동조합이 법 제6조 제6항(교섭단일화된 노동조합)에 해당하면 교섭노동조합의 대표자가 연명으로 서명 또는 날인해야 한다. 교섭위원의 수는 교섭노동조합의 조직 규모 등을 고려하여 정하되, 10명 이내로 한다. 교섭노동조합이 둘 이상인 경우에는 교섭노동조합 사이의 합의에 따라 교섭위원을 선임하여 교섭창구를 단일화하되, 위 공고일 기간에 자율적으로 합의하지 못했을 때에는 교섭노동조합의 조합원 수(교원인 조합원의 수를 말한다. 이하 이 조에서 같다)에 비례(산출된 교섭위원 수의 소수점 이하의 수는 0으로 본다)하여 교섭위원을 선임한다. 이 경우 교섭노동조합은 전단에 따른 조합원 수를 확인하는 데 필요한 기준과 방법 등에 대하여 성실히 협의하고 필요한 자료를 제공하는 등 교섭위원의 선임을 위하여 적극 협조해야 한다. 조합원 수에 비례한 교섭위원의 선임은 위 공고일 기간이 끝난 날부터 20일 이내에 이루어져야 한다. 교섭노동조합이 조합원 수의 산정과 관련하여 이견이 있는 경우 그 조합원의 수는 제3

39) 노동관계법 제30조(교섭등의 원칙) ① 노동조합과 사용자 또는 사용자단체는 신의에 따라 성실히 교섭하고 단체협약을 체결하여야 하며 그 권한을 남용하여서는 아니 된다. ② 노동조합과 사용자 또는 사용자단체는 정당한 이유 없이 교섭 또는 단체협약의 체결을 거부하거나 해태하여서는 아니 된다.

조 제5항에 따른 공고일 이전 1개월 동안 전자금융거래에 따른 전자지급수단의 방법으로 조합비를 납부한 조합원의 수로 하되, 둘 이상의 노동조합에 가입한 조합원에 대해서는 다음 각 호의 구분에 따른 방법으로 해당 조합원 1명에 대한 조합원 수를 산정한다. 이 경우 교섭노동조합은 임금에서 조합비를 공제한 명단을 상대방에게 요청할 수 있고, 상대방은 지체 없이 해당 교섭노동조합에 이를 제공해야 한다.

1. 조합비를 납부하는 노동조합이 1개인 경우: 조합비를 납부하는 노동조합의 조합원 수에 숫자 1을 더한다.
2. 조합비를 납부하는 노동조합이 둘 이상인 경우: 숫자 1을 조합비를 납부하는 노동조합의 수로 나눈 후에 그 산출된 숫자를 그 조합비를 납부하는 노동조합의 조합원 수에 각각 더한다.

교섭노동조합은 위의 규정에도 불구하고 조합원 수에 대하여 이견이 계속되거나 기간안에 교섭위원을 선임하지 못한 경우 고용노동부장관 또는 노동조합의 주된 사무소의 소재지를 관할하는 지방고용노동관서의 장에게 조합원 수의 확인을 신청할 수 있다. 이 경우 고용노동부장관 또는 해당 지방고용노동관서의 장은 조합원 수의 확인을 위한 자료가 불충분하여 그 확인이 어려운 경우 등 특별한 사정이 없으면 신청일부터 10일 이내에 조합원 수를 확인하여 교섭노동조합에 알려야 한다.

단체교섭이 결렬된 경우에는 당사자 어느 한쪽 또는 양쪽은 중앙노동위원회에 조정을 신청할 수 있다. 당사자 어느 한쪽 또는 양쪽이 조정을 신청하면 중앙노동위원회는 지체 없이 조정을 시작하여야 하며 당사자 양쪽은 조정에 성실하게 임하여야 한다. 조정은 신청을 받은 날부터 30일 이내에 마쳐야 한다(§9). 중앙노동위원회는 다음 각 호의 어느 하나에 해당하는 경우에는 중재(仲裁)를 한다(§10).

1. 단체교섭이 결렬되어 관계 당사자 양쪽이 함께 중재를 신청한 경우
2. 중앙노동위원회가 제시한 조정안을 당사자의 어느 한쪽이라도 거부한 경우
3. 중앙노동위원회 위원장이 직권으로 또는 고용노동부장관의 요청에 따라 중재에 회부한다는 결정을 한 경우

교원의 노동쟁의를 조정·중재하기 위하여 중앙노동위원회에 교원 노동관계 조정위원회를 둔다. 위원회는 중앙노동위원회 위원장이 지명하는 조정담당 공익위원 3명으로 구성한다. 다만, 관계 당사자가 합의하여 중앙노동위원회의 조정담당 공익위원이 아닌 사람을 추천하는 경우에는 그 사람을 지명하여야 한다. 위원회의 위원장은 위원회의 위원 중에서 호선(互選)한다(§11).

관계 당사자는 중앙노동위원회의 중재재정이 위법하거나 월권에 의한 것이라고 인정하는 경우에는 행정소송법 제20조에도 불구하고 중재재정서를 송달받은 날부터 15일 이내에 중앙노동위원회 위원장을 피고로 하여 행정소송을 제기할 수 있다. 기간 이내에 행정소송을 제기하지 아니하면 그 중재재정은 확정된다. 중재재정이 확정되면 관계 당사자는 이에 따라야 한다. 중앙노동위원회의 중재재정은 행정소송의 제기에 의하여 효력이 정지되지 아니한다. 확정된 중재재정의 내용은 단체협약과 같은 효력을 가진다(§12).

노동관계 당사자는 위의 조정 또는 중재를 신청하는 때에는 노동부령이 정하는 바에 따라 중앙노동위원회에 이를 신청하여야 한다. 중앙노동위원회는 그 신청내용이 조정 또는 중재의 대상이 아니라고 인정하는 경우에는 신청인에게 그 사유와 조정 또는 중재외의 다른 해결방법을 알려주어야 한다. 중앙노동

위원회는 노동쟁의 조정 또는 중재를 하게 된 경우에는 지체 없이 이를 서면으로 관계당사자에게 각각 통보하여야 한다(시행령 §6).

교원의 노동쟁의를 조정·중재하기 위하여 중앙노동위원회에 교원노동관계조정위원회를 둔다. 이 위원회는 중앙노동위원회 위원장이 지명하는 조정담당 공익위원 3인으로 구성한다. 다만, 관계당사자의 합의로 중앙노동위원회의 조정담당 공익위원이 아닌 자를 추천하는 경우에는 그 추천된 자를 지명하여야 한다. 위원회의 위원장은 위원회의 위원 중에서 호선한다(§11).

관계당사자는 중앙노동위원회의 중재재정이 위법하거나 월권에 의한 것이라고 인정하는 경우에는 행정소송법 제20조의 규정에 불구하고 그 중재재정서의 송달을 받은 날부터 15일 이내에 중앙노동위원회 위원장을 피고로 하여 행정소송을 제기할 수 있다. 이 기간 내에 행정소송을 제기하지 아니한 때에는 그 중재재정은 확정된다. 중재재정이 확정된 때에는 관계당사자는 이에 따라야 한다. 중앙노동위원회의 중재재정은 위의 행정소송의 제기에 의하여 그 효력이 정지되지 아니한다. 확정된 중재재정의 내용은 단체협약과 동일한 효력을 가진다(§12).

사용자의 부당노동행위(노동관계법 §81)에 의한 행위로 인하여 교원이 해고 기타 불이익을 받은 것을 이유로 당해 교원 또는 교원노조가 노동위원회에 그 구제를 신청한 경우에는 교원소청심사위원회에 소청심사를 청구할 수 없다(§13).

(3) 단체협약의 효력

교원노조법은 노사간 합의에 의하여 체결된 단체협약의 내용 중 법령·조례 및 예산에 의하여 규정되는 내용과 법령 또는 조례에 의하여 위임을 받아 규정되는 내용은 단체협약으로서의 효력이 없다. 교육부장관, 시·도지사, 시·도 교육감, 국·공립학교의 장 및 사립학교 설립·경영자는 단체협약으로서의 효력이 없는 내용에 대하여는 그 내용이 이행될 수 있도록 성실하게 노력하여야 한다(§7).

그러나 교원의 임금·근무조건·후생복지 등이 대부분 법령 및 조례사항으로 규정되고 예산조치가 필요한 사항이라는 점에서 단체협약의 실효성이 미흡한 한계를 드러내기도 한다. 노동조합을 단체교섭 사항이 극히 제한적이고 쟁의권 조차 없다는 점에서 그 실효성은 반감되고 있다는 지적이다.

이러한 문제점을 보완하기 위하여 시행령은 교육부장관, 시·도지사, 시·도 교육감, 국·공립학교의 장 및 사립학교 설립·경영자는 단체협약으로서의 효력을 가지지 않는 단체협약 내용에 대한 이행 결과를 다음 교섭 시까지 교섭노동조합에 서면으로 알리도록 하고 있다(시행령 §5). 그러나 노력의무는 노력의 무일 뿐 법적 구속력은 미미하다 할 것이다.

(4) 교원노조 활동의 성과와 과제

1999년 교원노조법의 제정으로 그동안 교원에게는 원천적으로 금지되어왔던 근로3권이 제한적인 근로2권으로 보장되는 변화를 가져왔다. 이는 교원이 실질적으로 처한 근로자로서의 지위를 법적으로 수용한 측면과 아울러 교원의 근무조건과 관련된 정책의 결정에 있어서 정책당국의 중요한 파트너로서 위상 변화를 가져왔다는 의미를 갖는다.

그러나 각종 개혁정책에 있어서 교직단체와 정책당국 간의 갈등으로 정책추진은 순조롭지 못하였고, 특히 교원단체와 교원노조 간 그리고 학부모단체 간의 의견대립으로 정책적 의사결정은 난항을 겪기도 하였다. 현재까지 교육부와의 단체교섭은 총 세 차례(2000, 2001, 2002) 체결된 바 있다.

그러나 교육부와 교원노조 교섭단간 그리고 시·도교육감과 지역교원노조 간 교섭 역시 교섭의제의 선정과 교원평가 등 정책현안 관련 갈등으로 인하여 2003년 이후 단체협약은 체결되지 못한 상태이다. 여전히 복수의 교원노조시 단체교섭 창구를 단일화하는 문제는 쟁점으로 남아있다.

44설 교원노조 현안: 교원노조 교섭 창구 일원화를 통한 교섭재개 및 교섭사항의 재 정비

5. 교직단체 법규의 쟁점 판례

가. 교원노조의 쟁의행위의 금지

현행 교원노조법은 "노동조합과 그 조합원은 파업·태업 기타 업무의 정상적인 운영을 저해하는 일체의 쟁의행위를 하여서는 아니된다"(§8)고 하여 쟁의행위를 금지하고 있다. 노동관계법에 의하면 쟁의행위란 파업·태업·직장폐쇄 기타 노동관계 당사자가 그 주장을 관철할 목적으로 행하는 행위와 이에 대항하는 행위로서 업무의 정상적인 운영을 저해하는 행위를 말한다(§2).

여기에서 그 주장이라 함은 같은 법 노동관계법 제2조 제5호에 규정된 임금·근로시간·복지·해고 기타 대우 등 근로조건의 결정에 관한 노동관계 당사자 간의 주장을 의미한다고 볼 것이므로, 위와 같은 근로조건의 유지 또는 향상을 주된 목적으로 하지 않는 쟁의행위는 노동관계법의 규제대상인 쟁의행위에 해당하지 않는다고 할 것이다.

헌법재판소는 교원들이 집단 연가서를 내고 정부의 정책에 반대하는 집회에 참석하는 행위에 대하여 근로조건과 연계 요건을 강조하였다(2003헌마878).[40] 이는 근로조건의 유지 및 향상과 관련이 없는 교원노조의 쟁의행위는 교원노조법에 의하여 처벌할 수 없다는 취지이지 연가투쟁으로 인한 수업 결손등 형법상 업무방해죄 및 폭력행위등 처벌에 관한 법률 위반은 별개의 문제라는 뜻이다.

한편, 법원은 학교장들이 연가를 제출하여 교육행정시스템(NEIS) 저지 집회 등에 참가하려는 교사들에게 집회 불참을 명령한 것은 전교조의 조합활동권을 침해한 것이라 판결하였다(인천지법 2004구단661).[41]

---

40) 【헌재판결】 전교조 조합원으로서 다수 조합원들과 함께 집단 연가서를 제출한 후 수업을 하지 않고 무단 결근 내지 무단 조퇴를 한 채 교육인적자원부가 추진하고 있는 교육행정정보시스템(NEIS) 반대집회에 참석하는 등의 쟁의행위는 NEIS의 시행을 저지하기 위한 목적으로 이루어진 것인 바, 청구인들의 행위는 직접적으로는 물론 간접적으로도 근로조건의 결정에 관한 주장을 관철할 목적으로 한 쟁의행위라고 볼 수 없어 노동조합및노동관계조정법의 적용대상인 쟁의행위에 해당하지 않는다고 할 것이다(헌재 2003헌마878).

41) 【법원판결】 원고들이 지정한 날 등에 근무하는 각 학교에 연가를 실시한다고 해서 각 학교의 공무수행에 특별한 지장이 있었다고 볼 수 없음에도 불구하고 각 학교장들이 원고들의 연구신청을 불허가 한 것은 전교조 행사가 쟁의행위라고 볼 수 없는

교원노조가 아닌 교원단체의 경우는 국가공무원법상의 집단행위 금지 규정(§66)이 여전히 적용된다 하겠다. 즉 교원은 노동운동이나 그 밖에 공무 외의 일을 위한 집단 행위를 해서는 안된다. 그런데 대법원은 '공무 외의 일을 위한 집단 행위'에 대하여 '공익에 반하는 목적을 위하여 직무전념 의무를 게을리 하는 등의 영향을 가져오는 집단적 행위'로 축소 해석한 바 있다(대법원 90도2310).[42]

결국, 교원노조의 연가투쟁을 통한 집단행위는 그 사안이 근로조건 등의 교섭조건을 관철시킬 목적으로 하는 쟁의행위가 아닌 이상 교원노조법상의 쟁의행위위반에 해당한다 할 수 없으며, 일반 교원단체의 경우 공익에 반하는 목적을 위하여 직무전념 의무를 게을리하는 등의 영향을 가져오는 행위가 아닌 이상 국가공무원법상의 위의 집단행위 금지를 위반한 것으로 처벌할 수 없다는 것이다.

그러나 집단연가 등으로 인한 공익의 손실이 발생하였을 경우 이에 대한 관련 법령에 의거한 처벌은 구체적인 상황에 따라 판단되어야 할 것이다. 수업결손이 발생하여 학생의 학습권을 심각히 침해되고 학교의 정상적인 운영에 막대한 지장을 초래하였다면 이에 대한 징계 책임은 불가피 할 것이다.

나. 교직단체 교섭창구의 단일화

교원단체의 경우 교원지위향상법 제11조를 통하여 교육기본법 제15조 제1항에 따른 교원단체에게 교원의 전문성 신장과 지위 향상을 위하여 교육감이나 교육부장관과 교섭·협의하도록 하고 있을 뿐 교섭의 당사자에 대하여는 불분명하다. 그러나 교원지위 향상을 위한 교섭·협의 규정은 제2조에서 교섭·협의당사자로서 '교육법 제80조의 규정에 의하여 중앙 및 특별시·직할시·도(시·도)에 조직된 교육회와 교육부장관 및 교육감을 각각 교섭·협의의 당사자로 한다'고 하면서, '중앙에 조직된 교육회는 교육부장관과, 시·도에 조직된 교육회는 당해 시·도의 교육감과 각각 교섭·협의를 한다'하여 중앙의 교육회와 시·도의 교육회를 장관 및 교육감의 교섭 상대자로 예정하고 있다.

그러나 교육법은 이미 1998년 3월 1일에 교육기본법의 발효와 함께 폐지된 법률이고 교육기본법에서 예고된 교원단체의 조직에 필요한 사항을 규정한 대통령령은 제정되지 않은 상태이지만, 한국교총과

점으로 미루어 정당한 권한의 행사를 그르친 것으로서 그 불허거가는 원고들에 대하여 구속력이 없다고 할 것이다. 그러므로 원고들이 연가를 신청한 날에 원고들의 직무수행 의무는 면제되었다고 할 것이어서 원고들이 전교조가 주최한 이 사건 각 집회에 참가하였다고 하더라도 원고들의 행위를 무단결근, 무단조퇴로 볼 수 없고, 따라서 원고들이 직장이탈금지의무, 성실의무를 위반하였다는 징계사유는 인정할 수 없다(인천지법 2004구단661).

42) 【대법원판결】'공무 이외의 일을 위한 집단적 행위'는 공무가 아닌 어떤 일을 위하여 공무원들이 하는 모든 집단적 행위를 의미하는 것은 아니고 언론, 출판, 집회, 결사의 자유를 보장하고 있는 헌법 제21조 제1항, 헌법상의 원리, 국가공무원법의 취지, 국가공무원법상의 성실의무 및 직무전념의무 등을 종합적으로 고려하여 '공익에 반하는 목적을 위하여 직무전념 의무를 해태하는 등의 영향을 가져오는 집단적 행위'라고 축소 해석하여야 할 것이다. 피고인이 관련한 강원교사협의회 내지 그 산하인 동해교사협의회는 보충수업 확대 실시 반대, 스승의 날 문제, 교사들의 대한교련 탈퇴촉구 등 교육 내부의 문제와 모순점들을 지적하거나 그 개선을 주장하기 위한 교사들의 임의단체인 것으로 보이고 설사 강원교사협의회가 전교조 설립의 필요성을 교사들에게 홍보하는 등의 활동을 하였다고 할지라도 그러한 활동만으로 그 표현행위 자체가 노동조합의 설립행위 내지 노동조합의 통상활동이라고 볼 수 없으므로 피고인의 각 행위는 노동운동에 해당한다고 볼 수 없고 또한 피고인이 행한 강원교사협의회 대의원대회 및 상임위원회 개최, 강연회에서의 연설, 동해교사협의회 소식지의 작성, 배포는 모두 휴일이나 근무시간 이외에 이루어졌고 달리 공익에 반하는 목적을 위하여 직무전념 의무를 해태하였다고 볼 자료가 없으므로 피고인이 '공무 이외의 일을 위한 집단적 행위'를 하였다고 볼 수 없다(대법원 92도2310).

시 · 도교총은 교섭의 당사자로서 기능하고 있는 것이 현실이다.

이는 1991년 교원지위향상법 제정 이래로 한국교총과 시 · 도교총이 교육법상의 중앙의 교육회 및 시 · 교육회로서 교섭 · 협의의 유일한 당사자로서 역할을 하여왔다는 데서 연유한 것이다. 이러한 입법적 불비 상태에서의 한국교총 및 시 · 도교총으로의 교섭 · 협의 창구를 단일화해온 방식은 최근 활발히 조직되고 활동하고 있는 전국단위의 여타 교원단체들로부터 교섭 · 협의에의 참가 요구를 받고 있다. 정부 측에서도 이에 대한 입법대책을 마련 중이며 복수의 교원단체 체제에 걸 맞는 교섭 · 협의 방식이 도입될 것으로 전망된다.

한편, 교원노조의 경우 2020년 6월 9일 법개정을 통하여 제6조 제6항을 신설하였는데, "교육부장관, 시 · 도지사, 시 · 도 교육감, 국 · 공립학교의 장 또는 사립학교 설립 · 경영자는 교섭을 요구하는 노동조합이 둘 이상인 경우에는 해당 노동조합에 교섭창구를 단일화하도록 요청할 수 있고, 교섭창구가 단일화된 때에는 교섭에 응하여야 한다"고 규정하였다.

과거 교원노조법에서는 교섭창구 단일화 의무를 해당 노동조합에 부과하였던 것을,[43] 사용자 측이 요구하고, 교섭창구 단일화시 교섭에 응하도록 한 차이점이 있다.

교섭창구 단일화(교섭위원의 선임)의 원칙에 대하여는 오랫동안 논란을 거듭하다가, 시행령 제3조의2 제3항은 "교섭노동조합이 둘 이상인 경우에는 교섭노동조합 사이의 합의에 따라 교섭위원을 선임하여 교섭창구를 단일화하되, 교섭신청 공고일 20일 이내에 자율적으로 합의하지 못했을 때에는 교섭노동조합의 조합원 수(교원인 조합원의 수)에 비례(산출된 교섭위원 수의 소수점 이하의 수는 0으로 봄)하여 교섭위원을 선임한다.[44] 이 경우 교섭노동조합은 전단에 따른 조합원 수를 확인하는 데 필요한 기준과 방법 등에 대하여 성실히 협의하고 필요한 자료를 제공하는 등 교섭위원의 선임을 위하여 적극 협조해야 한다(개정 2021.6. 29.)[45]

교원노조와의 단체교섭은 교원노조 설립 직후 3개년 간 성과를 보였으나 이후 교섭의제와 교섭당사자 문제로 성과를 보지 못하였다. 이른바 박근혜 정부하에서의 법외노조 통보이후 사실상 단체교섭은 중단되었고, 이후 2018년 진보교육감(17시도교육청중 13곳 당선)이 다수 당선되면서 교원노조와의 시 · 도교원노조와의 단체협약 수준에서는 일정 결과를 내기도 했으나 그 실효성의 범위는 적었다.

2020년 9월 3일 대법원 판결을 통하여 고용노동부의 '법상 노조 아님 통보'에 대한 직권 취소(9.4.)가 내려짐에 따라, 전교조는 법적 지위를 회복하였고, 2013년에 중단되었던 교육부와의 단체교섭을 7년 만에 재개하였다. 전교조는 2013년도 단체교섭 요구안을 통해 '노동조합 활동', '연수 · 전문성 보장', '근무

43) 과거에는 조직대상을 같이하는 2 이상의 노동조합이 설립되어 있는 경우에는 노동조합은 교섭창구를 단일화하여 단체교섭을 요구하여야 한다고 규정했다. 그리고 그 당시 이 규정에 적용 유효기간을 정했는데, 처음에는 1999년에서 2001년으로, 다시 2006년 및 2009년으로 몇 차례 연장했었다. 이는 노조설립 초기에는 전교조와 한교조로 교섭창구가 단일화되어 별 문제가 없었는데 2005년 자유교조가 설립신고를 하면서 교섭의 참여를 놓고 논란이 되었다.

44) 개정안 중에는 각 교원노조 회원 수에 비례하여 10명 이내의 단일 교섭단을 구성하되, 전체 교원노조원 수의 100분의 1 이상을 보유한 소수 노조 2개에만 교섭위원을 배정하는 방안이었으나 17대 국회에서는 통과되지 못하였다.

45) 교섭노동조합이 조합원 수의 산정과 관련하여 이견이 있는 경우 그 조합원의 수는 공고일 이전 1개월 동안 전자지급수단의 방법으로 조합비를 납부한 조합원의 수로 하되, 둘 이상의 노동조합에 가입한 조합원에 대해서는 해당 조합원 1명에 대한 조합원 수를 산정한다. 이 경우 교섭노동조합은 임금에서 조합비를 공제한 명단을 상대방에게 요청할 수 있고, 상대방은 지체 없이 해당 교섭노동조합에 이를 제공해야 한다(교원노조법 시행령 §3의2⑤).

여건 · 처우개선', '채용 · 인사 · 복무' 등 136개조 363개항(부칙 5개조 12개항 별도)에 대해 단체 교섭을 요구하였고, 각각 5명 이하로 구성된 실무교섭을 진행한 바 있으나 2022년 9월 현재 단체협약에는 이르지는 못하였다.

한편, 교육부는 교사노동조합연맹이 단체교섭 요구(5.19.)해 옴에 따라 전교조와의 단체교섭을 재개한 직후인 2020년 11월 2일 교사노동조합연맹과 단체교섭을 위한 '교육부－교사노동조합연맹 본교섭'을 시작했다. 교사노동조합연맹이 요구한 내용은 '노동조합 활동', '임금 · 수당', '근로조건 및 복지', '교권보호 및 생활지도' 등 전문, 본문(64개조 161개항), 부칙(6개조 13개항)이었다. 이 역시 각각 5명 이하로 구성된 실무교섭에서 교섭 · 협의를 진행했으나 2022년 9월 현재 단체협약은 체결하지 않았다.

특징적인 부분은, 법 제6조 개정(2020.6.9.)을 통하여 교섭을 요구하는 노동조합이 둘 이상인 경우에는 해당 노동조합에 교섭창구를 단일화하도록 요청할 수 있고, 교섭창구가 단일화된 때에는 교섭에 응하도록 규정(제6항)하고 있으나 교육부는 복수의 교원노조에 대하여 개별적으로 단체협약에 임하는 방식을 취했다. 전교조에서 분리된 교사노동조합연맹 간의 회원수 경쟁 논란이 현안이어서 교섭창구 단일화가 쉽지 않은 문제로 대두되고 있다.

한편, 2020년 6월부터 합법화되어 등록한 교수노조의 경우, 교육부 전국국공립대학교수노동조합(국교조) 간에 첫 번째 단체협약을 체결했다(2022.5.6.). 이 단체교섭은 본교섭 개회(2021.5.6.) 1년간 8차례 실무교섭 논의를 거쳐 23개조 43개항 협약에 합의하였다. 주요 내용은 국공립대학 발전과 이에 필요한 재정의 확보를 위해 관계 법령이 제정될 수 있도록 노력하고, 우수 교원 확보 차원에서 국립대학 교원 보수 체계 등 처우 개선을 위해 노력하며, 국교조 요청 시 대학 교원의 성과급적 연봉제 개선을 위해 노력하고, 예산의 범위 내에서 노조 사무실 등을 지원하고, 대학교원의 연구 여건을 개선하기 위해 실험실습 장비 구입 등의 투자가 확대될 수 있도록 노력하는 등 주로 노력 조항이 주를 이루었다.

다. 사립학교 교원노조의 단체교섭

현행 교원노조법(2020.6.9. 개정)상 사립학교 교원노조에게도 교섭 및 체결 권한을 부여하고 있다. 사립의 유초중등학교 및 대학 교원노조 대표자는 그 노동조합 또는 조합원의 임금, 근무 조건, 후생복지 등 경제적 · 사회적 지위 향상에 관하여 사립학교 설립 · 경영자와 교섭하고 단체협약을 체결할 권한을 갖도록 규정하면서, 다만, 유초중등 사립학교 교원노조와의 단체교섭의 경우 사립학교 설립 · 경영자는 전국 또는 시 · 도 단위로 연합하여 교섭에 응하여야 한다(§6①). 즉, 사립학교의 단체 교섭의 경우 교섭 단위를 시 · 도와 전국단위로 하되, 사학 또한 연합하여 교섭에 응하도록 하고 있는 것이다.

그러나 그동안 사학법인들은 교원노조의 단체교섭에 응하지 않는 문제점을 드러냈다. 헌법소원에까지 이른 사례로서, 대전지부는 한교조와 전교조의 위임을 받아 대전지역 학교법인들에게 단체교섭을 2002년 4월 29일부터 수 차례 요구하였으나 학교법인들은 교섭단장의 선임 및 교섭단 구성의 어려움을 이유로 이에 응하지 않았고, 지부는 충남지방노동위원회에 부당노동행위 구제신청을 하였다. 동 위원회는 부당노동행위로 인정하여 학교법인들에게 단체교섭에 응하도록 구제명령(2003.6.19.)을 내렸으나 학교법인들은 불응하여 중앙노동위원회에 재심 신청을 하였다. 그러나 동 위원회 역시 부당노동행위를 인정하였다(2003.6.19.). 학교법인들은 다시 재심판정취소를 구하는 서울행정법원에 행정소송(2004구합4833)을 제기하였으나 학교법인 연합체는 교섭의무자가 되고 이를 거부할 경우 부당노동행위임을 판시하였다(2004.7.27.).

이에 학교법인들은 연합 교섭방식에 대하여 헌법소원 심판(2004헌바67)을 청구하였다(2004.9.9.). 즉, 사립학교의 설립·경영자들은 교원노조와 개별적으로 단체교섭을 할 수 없고 반드시 연합하여 단체교섭에 응하도록 한 규정은 비례의 원칙에 어긋나게 사립학교의 설립·경영자들의 결사의 자유를 침해한다고 주장하였다. 이에 헌법재판소는 입법 목적이 정당하고, 방법이 적절하며 침해의 최소성이 인정되고 법익의 균형성에서 공익이 결사의 자유의 제한보다도 크다는 이유로 기각하였다(2006.12.28.).

> "개별 학교에서의 교원노조를 인정하지 않는 것에 대응하여 이 사건 법률조항이 개별 학교법인은 단체교섭의 상대방이 될 수 없도록 함으로써 교원노조로 하여금 개별 학교의 운영에 관여하지 못하도록 한 것은, 첫째 교원의 근로조건이 각 학교법인별로 크게 다르지 아니한 점, 둘째 교원의 지위를 통일적으로 보장할 필요가 있는 점, 셋째 교원의 노사관계가 일반 노사관계와는 다른 특수성을 지니는 점 등을 모두 고려하여 개별 학교차원의 교섭으로 인한 혼란을 방지하고자 하는 것이라고 할 것이므로, 그 입법목적의 정당성 및 방법의 적절성을 인정할 수 있다.
> 개별 학교법인에게 단체교섭의 상대방이 될 수 있도록 한다면 전국 단위 또는 시·도 단위 교원노조가 모든 개별 학교법인과 단체교섭을 해야 하므로 이는 불필요한 인적·물적 낭비요인이 될 뿐만 아니라, 단체교섭의 결과인 단체협약의 내용이 개별 학교마다 다르다면 각 학교 사이에서 적지 않은 혼란이 야기될 수도 있다. 따라서 이 사건 법률조항은 청구인들의 결사의 자유에 대한 필요·최소한의 제한이라고 할 수 있으므로 침해의 최소성 요건을 충족한다. 그리고 이 사건 법률조항이 추구하고자 하는 공익은 개별 학교법인이 단체교섭의 상대방이 되지 못함으로 인하여 발생할 수 있는 결사의 자유의 제한보다 크다고 할 것이므로 법익의 균형성도 충족한다.
> 교원이 근로관계 법령에서 정한 근로자임에는 틀림이 없다고 하더라도 교원의 근로관계는 각 사업장에서 사용자에 고용되어 직접 근로를 제공하고 그로부터 임금 등의 반대급부를 받는 일반근로자의 근로관계와는 본질적인 구조상의 차이가 있다. 따라서 일반 사용자들이나 경영자들과는 달리 개별 학교법인이 교원노조와의 단체교섭의 상대방이 될 수 없도록 한 것은 합리적인 이유가 있는 차별이라고 할 것이므로 이 사건 법률조항은 학교법인인 청구인들의 평등권을 침해한다고 할 수 없다."[46]

이렇듯 사립학교 설립·경영자들이 교섭단을 구성하지 못한 데에는 현행 관련 법률이 연합 교섭만을 규정하고 있고 절차에 관한 규정이 미비되어 있다는 점이 지적되기도 한다. 이에 대한 노동부의 '공무원·교원노동조합 질의회신집'에 따르면, 각 학교 설립·경영자 전체가 참여하는 교섭단을 구성하거나, 각 학교·설립경영자들이 협의하여 적정한 숫자의 교섭대표단을 선정하고 교섭대표단에게 교섭 또는 협약체결권을 위임하는 방법, 또는 사립학교 설립·경영자로 구성된 단체에 교섭 또는 협약체결권을 위임하고 당해 단체 주도로 교섭단을 구성 할 수 있으므로 절차 규정이 없다는 이유로 교섭단을 구성하지 않고 응하지 않는 것은 교원노조법의 취지에 반한다는 입장이다.

---

46) (재판관 조대현의 반대의견) 이 사건 법률조항은 사립학교를 설립한 학교법인과 그 교원의 자주적인 교섭권을 부정하는 것이고, 사립학교별로 설립·경영자가 다르고 그에 따라 근무조건도 다르다는 점을 무시한 것으로서 합리성도 없다. 또한 각 사립학교를 설립한 학교법인의 자주성과 자율성을 무시할 뿐만 아니라 학교법인과 그 교원이 각자의 근무조건에 맞추어 필요한 사항을 교섭할 수 있는 자유와 권리를 본질적으로 침해하는 것이다. 따라서 이 사건 법률조항은 헌법 제31조 제4항과 제33조 제1항에 위반된다고 선언하여야 한다.

이후 전교조 울산지부의 요구에 사학법인연합회가 본교섭에 응한 사례도 있었으나, 사립학교 연합체와 교원노조 연합체간의 단체교섭은 이루어지지 않았다. 사립학교 교원들의 근로기본권의 보장에 남겨진 과제라 할 수 있다.

라. 대학교수노조의 합법화와 교수회

대학교수는 1999년 교원노조법 제정당시 적용의 대상에서 제외되었는데 이에 대해 전국교수노동조합이 행정법원에 위헌법률 제청신청을 하고 법원이 이를 받아들여 헌법재판(2015헌가38)이 진행되었다. 즉, 제청신청인인 전국교수노동조합은 고용노동부장관에게 노동조합설립신고서를 제출하였으나 고용노동부장관은 노동조합설립신고를 반려 처분하면서, 그 이유로 교원노조법상 가입범위(§2)가 초·중등학교 교원에 제한하고 있다고 하였다. 이 사건 처분에 불복하여 고용노동부장관을 상대로 위 처분의 취소를 구하는 행정소송을 제기하는 한편, 그 소송 계속 중 노동조합법 제5조 단서, 교원노조법 제2조에 대하여 위헌제청신청을 하였고, 제청법원은 이를 받아들여[47] 위헌법률심판 제청(2015.8.30.)을 하였는데, 심판대상은 교원노조법 제2조였다.

헌법재판소는 3년 만에 교원노조법 제2조에 대하여 헌법에 합치되지 않는다는 헌법불합치 판결(2018.8.30.)을 내렸다. 헌재는 대학 교원을 교육공무원 아닌 대학 교원(사립대학 교수)과 교육공무원인 대학 교원(국립대학교수)으로 나누어 판결했다. 먼저 사립대학 교수에 대한 판결 취지는 본질적 권리인 단결권 부정의 입법목적의 정당성과 수단의 적합성(필요 최소한의 제한)을 인정할 수 없다는 취지였다. 즉, 본질성 이론에 위배되고 과잉금지원칙에 위배된다는 것이다. 국립대학 교수의 경우에도 합리성을 상실한 과도한 것으로 입법형성권의 범위를 벗어났다고 보아 헌법에 위배된다고 보았다.

> 심판대상 조항으로 인하여 교육공무원 아닌 대학 교원들이 향유하지 못하는 단결권은 헌법이 보장하고 있는 근로3권의 핵심적이고 본질적인 권리이다. 심판대상조항의 입법목적이 재직 중인 초·중등교원에 대하여 교원노조를 인정해 줌으로써 교원노조의 자주성과 주체성을 확보한다는 측면에서는 그 정당성을 인정할 수 있을 것이나, 교원노조를 설립하거나 가입하여 활동할 수 있는 자격을 초·중등교원으로 한정함으로써 교육공무원이 아닌 대학 교원에 대해서는 근로기본권의 핵심인 단결권조차 전면적으로 부정한 측면에 대해서는 그 입법목적의 정당성을 인정하기 어렵고, 수단의 적합성 역시 인정할 수 없다. 설령 일반 근로자 및 초·중등교원과 구별되는 대학 교원의 특수성을 인정하더라도, 대학 교원에게도 단결권을 인정하면서 다만 해당 노동조합이 행사할 수 있는 권리를 다른 노동조합

---

47) 【법원판결】 가. 사립대학 교원의 경우, 헌법 제31조 제6항에 근거하여 교원의 권리·의무 및 책임을 규정하는 법률을 제정할 수 있다고 하더라도 학생의 수업권 보장을 이유로 고등교육법상의 교원의 노동기본권을 일정한 조건 아래 제한하는 것은 별론으로 하고, 헌법이 명시적으로 보장하고 있는 노동기본권을 전면적으로 부정하는 심판대상 조항은 고등교육법상 사립학교 교원의 노동3권의 본질적인 내용을 침해한 것으로서 위헌이다. 나. 초·중등교육법상의 교원들에게만 단결권과 단체교섭권을 인정하고 고등교육법상의 교원들에게는 이를 전면적으로 금지하는 심판대상 조항은 고등교육법상의 교원을 초·중등교육법상의 교원에 비하여 합리적 이유 없이 차별한 것으로서 헌법상 평등원칙에 위배되어 위헌이다. 고등교육법상 교원의 교육대상인 대학생은 스스로의 가치판단에 따라 의사를 결정하고 행동할 수 있는 성인으로서, '대학의 장 임용추천위원회'의 위원이 되는 등 대학 자치의 주체로서의 지위까지 보장받고 있어 고등교육법상의 교원이 근로기본권을 행사하더라도 그로 인하여 대학생들의 교육권이 침해될 우려는 초·중등학교 학생들에 비하여 오히려 적다. 그러므로 심판대상 조항은 사립대학의 교원뿐 아니라 공무원인 국·공립대학 교원을 초·중등교육법상의 교원에 비하여 합리적 이유 없이 차별한 것이다(서울행정법원 2015헌가38).

> 과 달리 강한 제약 아래 두는 방법도 얼마든지 가능하므로, 단결권을 전면적으로 부정하는 것은 필요 최소한의 제한이라고 보기 어렵다. 또 최근 들어 대학 사회가 다층적으로 변화하면서 대학 교원의 사회·경제적 지위의 향상을 위한 요구가 높아지고 있는 상황에서 단결권을 행사하지 못한 채 개별적으로만 근로조건의 향상을 도모해야 하는 불이익은 중대한 것이므로, 심판대상 조항은 과잉금지원칙에 위배된다.
> 교육공무원인 대학 교원에 대하여 보더라도, 교육공무원의 직무수행의 특성과 헌법 제33조 제1항 및 제2항의 정신을 종합해 볼 때, 교육공무원에게 근로3권을 일체 허용하지 않고 전면적으로 부정하는 것은 합리성을 상실한 과도한 것으로서 입법형성권의 범위를 벗어나 헌법에 위반된다(2018.8.30. 2015헌가38).

재판관 2인은 반대의견을 통하여, 대학교수는 대학자치의 주체로서 교수회등을 통한 교내 의사결정 과정을 주도하고 정치활동의 자유를 통해 사회제도형성에 참여하거나 교수노조가 아니더라도 사회적 경제적 지위 향상을 도모할 수 있다는 점에서 합리적 차별로 보았다.

> 대학교원의 단결권 제한은 심판대상 조항이 교원노조법이 적용되는 '교원'을 초·중등교육법상의 교원에 한정한 차별취급의 결과이므로, 이 사건의 쟁점은 심판대상 조항이 평등원칙에 위반되는지 여부이다. 그런데 대학교원은 헌법 및 법률로써 신분이 보장되고 임금 등 근로조건이 결정될 뿐 아니라, 학문의 자유의 제도적 보장을 통하여 초·중등교원과 구별되는 독자성과 자율성을 보장받고 있으며, 대학자치의 주체로서 학사 운영 전반에 걸쳐 의사결정 과정에 참여한다. 또 초·중등교원과 달리 대학 교원은 정당 가입 및 선거운동 등이 가능하므로, 정치활동 및 각종 위원회, 정부기관 연구 활동 등을 통하여 사회 정책 및 제도 형성에 폭넓게 참여할 수 있고, 노조형태의 단결체가 아니더라도 전문가단체 혹은 교수회 등을 통하여 사회적·경제적 지위 향상을 도모할 수 있다는 점에서 초·중등교원과 구별된다. 따라서 심판대상 조항은 합리적인 이유가 있으므로 평등원칙에 위배되지 아니한다(2018.8.30. 2015헌가38).

그리고, 제2조 본문에 대하여 헌법에 합치되지 않는다는 헌법불합치 결정을 하면서 이 법률조항은 2020. 3. 31.을 시한으로 개정될 때까지 계속 적용한다는 잠정적용을 명하였다. 이 판결로 인해 있을 수 있는 기존 교원노조들의 법적 공백 상태를 막는다는 취지[48])였다. 그러나 실제 법률이 개정된 것은 2020년 6월 9일 교원노조법 개정을 통해서였다.

교원노조가 법제화되던 1999년 당시에는 초·중등교원과 대학교수를 구분하는 것이 합리적이라고 보았던 것이 된 것이 20여 년 지난 2018년의 시점에서는 과도한 것으로 판단된 것은 그 만큼 대학교원의 사회적 경제적 지위에 변화가 있었음을 의미한다. 특히 2002년부터 도입된 계약임용제와 이후 교원업적평가에 의한 성과급제 등은 이를 뒷받침하는 변화였다. 대학 내에서도 일반 직원들이 직원노조를 만들고 교내 각종 의사결정기구에 참여하며 총장선거에도 적지 않은 영향력을 행사하고 있는 상황이 되었다.

게다가 이 판결이 있기 1년 여전인 2017년 11월 28일 고등교육법 개정을 통하여, 과거 사립대학의 공공성 확보 차원에서 설치토록 했던 의무화했던 대학평의원회를 국·공립대학으로 확대하는 법 개정을

---

48) 【헌재판결】 심판대상 조항은 대학 교원의 단결권을 침해하여 헌법에 위반되나, 단순위헌결정을 하여 당장 그 효력을 상실시킬 경우에는 초·중등교육법 제19조 제1항에 의한 교원들에 대한 교원노조 설립의 근거가 사라지게 되어 교원노조의 자주성과 주체성을 확보하는 데 기여하는 입법목적을 달성하기 어려운 법적 공백 상태가 발생할 수 있다. 나아가 심판대상조항의 위헌적 상태를 제거함에 있어 대학 교원의 특성 등을 고려하여 대학 교원의 단결권 보장의 범위를 합리적으로 형성함에 있어서는 헌법재판소의 결정취지의 한도 내에서 입법자에게 재량이 부여되므로 입법자가 법률을 개선할 때까지 그 효력을 존속하게 하여 이를 적용할 필요가 있다(2015헌가38).

하였다. 그 결과 기존의 교수평의회를 중심으로 대학자치의 전통을 이어오던 대학의 거버넌스에 커다란 변화를 촉발하게 되었다. 이 대학평의원회는 대학의 중장기 발전계획과 학칙 제정 심의권을 부여받았고, 교원, 직원, 조교 및 학생 대표로 구성하면서 한 집단이 평의원 정수의 2분의 1을 초과하지 못하도록 하여, 사실상 교수들의 대학운영 주도권은 큰 전환기를 맡게 되었다.

이러한 시점에서 대학교수노조의 허용은 대학교수들의 이익은 스스로 대학총장이나 정부 당국과의 단체교섭에 의하여 확보하고 대학 내 다른 이익집단들과 점차 동등한 입장에 서게 됨을 의미한다. 아직은 대부분의 대학들이 대학평의원회를 형식적으로 운영하고 있고, 대학교수노조 역시 교수회가 포용하여 설립한 조직으로 협업적으로 활동하고 있어서 큰 갈등은 야기되지 않고 있다. 그러나 대학 내에서도 과거 초·중등 교육 현장에서 한국교총과 전교조 간의 대립이 있었듯이 이 것이 재현될 위험성 또한 배제할 수 없다. 그리고 초·중등학교 교사와 마찬가지로 대학교수의 보수와 수당이 법정화되어 있고, 국가의 예산조치가 필요한 사안이 대부분이라는 점에서 대학별 단체교섭이나 전국단위 정부와 대학 간 단체교섭에 의한 협약서의 효력범위가 극히 미미하다는 점에서 교수노조는 상징성은 있을지언정 실효성은 약하다. 게다가 고용노동부의 교수노조 설립현황에서 드러나듯이 교수 자신이 교육노동자로서의 권리의식이 높지 않다는 점에서 이 법의 실효성은 크게 기대하기 어려울 것으로 전망된다.

45설 교직단체 입법과제: 교육기본법상 교직단체 근거의 신설 + 교섭협의와 단체교섭의 일원화

제 **10** 장

고등교육법규론

1. 고등교육법규 체계
2. 대학의 학생선발 · 교수임용 · 학사운영 · 학위수여
3. 대학의 의사결정 구조와 과정
4. 대학평가인증과 교수업적평가
5. 고등교육법의 쟁점 판례: 대학의 자율성 및 법인화

고등교육법규란 실정법인 현행 '고등교육법' 만을 의미하는 형식적 의미에서의 법률을 의미하지만, 넓은 의미에서는 고등교육을 규율하는 법률과 규범의 총체를 뜻한다. 위로는 헌법의 대학의 자율성 보장을 비롯하여 교육기본법상의 고등교육 규정 그리고 고등교육법에 근거하거나 고등교육기관의 운영과 관련된 직접적이거나 간접적인 명령과 행정규칙까지도 포함한다. 대학자치의 관점에서는 대학 내 학교규칙(학칙) 역시 가장 기초단위에 있어서 고등교육 규범이라고 할 수 있다.

고등교육법은 학생의 선발, 교수의 임용, 학사의 운영 그리고 학위의 수여라는 전교육 과정에 걸쳐 규율하고 있다. 최근 개정된 강사규정은 대학의 인력관리에 커다란 변수로 대두될 것이다. 대학의 의사결정 구조와 과정 측면에서 민주적 절차를 강조하는 방향으로 변화되고 있으나 여전히 총장은 의사결정과 집행의 정점에 있다. 교수회는 대학자치를 실현하는 기초조직으로 대학운영에 참여하고 있으나 최근 모든 대학에 최고 의사결정의 필수기구로 대학평의원회를 설치토록 하여 대학 내 거버넌스에 변화가 예상된다.

대학재정 역시 대학의 자율운영에 직결되는 요소로서 등록금 의존율이 높은 편이다. 고등교육법에 근거하여 설치된 등록금심의위원회의 통제를 받게되며 기성회비 폐지로부터 도입된 대학회계법상의 대학재정위원회 역시 직접적 간접적으로 대학재정 관련 의사결정 구조와 과정에 중요한 영향력을 행사하고 있다.

대학에 대한 평가와 결과의 공개 의무는 대학의 사회적 책무 차원에서 강조되고 있으며, 정부의 대학지원사업과 연동되어 대학 개혁의 한 축을 형성하면서 대학의 학사운영 및 교육과정 전반에 적지않은 영향을 미치고 있다. 대학발전이라는 긍정적 평가와 대학에 대한 정부 통제에 따른 자율성 위축과 국가 주도의 획일적 개혁에 대한 우려도 있다.

개인 교수로서 또한 평가문제는 교수의 업적평가 및 성과급적 연봉제를 통하여 검증되고 있으며, 이는 대학교수의 삶에 적지 않은 변화를 가져오고 있다.

고등교육과 관련된 판례로는 서울대학교 입시요강과 판례를 통해서는 대학의 헌법상 기본권으로서 대학의 자율성 문제를 그리고 대학법인화 과정에서 비롯된 대학 직원들의 기본권 침해 논란을 다루었다.

제 10 장　고등교육법규론

1. 고등교육법규 체계

가. 고등교육법의 개념

고등교육법규란 실정법인 현행 '고등교육법' 만을 의미하는 형식적 의미에서의 법률을 의미하지만, 넓은 의미에서는 고등교육을 규율하는 법률과 규범의 총체를 뜻한다. 위로는 헌법의 대학의 자율성 보장 및 교육제도 법률주의[1]을 비롯하여 교육기본법상의 고등교육법 근거 규정,[2] 그리고 고등교육법에 근거하거나 고등교육기관의 운영과 관련된 직접적이거나 간접적인 명령과 행정규칙까지도 포함한다.

'고등교육'이라 함은 초등교육과 중등교육에 이은 최상위의 교육을 통칭한다. 초·중등교육법에 상대하여 한국에는 1998년 3월부터 고등교육법(법률 제5439호)을 두고 있다. 따라서 법률 명칭과 형식적 의미에서 고등교육법은 실정법상의 고등교육법을 의미한다. 그 적용 대상 역시 고등교육법상 고등교육을 실시하는 학교라 할 수 있는데, ⓐ 대학 ⓑ 산업대학 ⓒ 교육대학 ⓓ 전문대학 ⓔ 방송대학·통신대학·방송통신대학 및 사이버대학(원격대학) ⓕ 기술대학 ⓖ 각종학교가 그것이다. 현행법으로는 고등교육법과 고등교육법시행령이 있다.

이러한 실정법적 정의보다 실질적인 고등교육과 관련된 법체계로서 고등교육법을 상정한다면, 앞서 설명한 각종 고등교육을 실시하는 학과와 관련된 다양한 법률이 존재하게 된다.

형식적 의미의 고등교육법은 현행 「고등교육법」을 의미하며, 실질적 의미의 고등교육법은 고등교육을 수행하기 위해 제정된 고등교육 관련 제반 법령들을 통칭하는 개념이다.

나. 고등교육법의 법규 체계

우선, 관계 법령으로는 고등교육법시행령, 고등교육기관의 평가인증 등에 관한 규정, 교원등의 연수에 관한 규정, 국립학교설치령, 기술대학설립운영규정, 대학교원 자격기준 등에 관한 규정, 대학설립운영규정, 사이버대학설립운영규정, 한국교원대학교설치령, 한국방송통신대학교 설치령, 한국임업전문학교 및

---

1) 헌법 제31조 ④ 교육의 자주성·전문성·정치적 중립성 및 대학의 자율성은 법률이 정하는 바에 의하여 보장된다. ⑥학교교육 및 평생교육을 포함한 교육제도와 그 운영, 교육재정 및 교원의 지위에 관한 기본적인 사항은 법률로 정한다.

2) 교육기본법 제9조(학교교육) ① 유아교육·초등교육·중등교육 및 고등교육을 하기 위하여 학교를 둔다. ② 학교는 공공성을 가지며, 학생의 교육 외에 학술 및 문화적 전통의 유지·발전과 주민의 평생교육을 위하여 노력하여야 한다. ③ 학교교육은 학생의 창의력 계발 및 인성함양을 포함한 전인적 교육을 중시하여 이루어져야 한다. ④ 학교의 종류와 학교의 설립·경영 등 학교교육에 관한 기본적인 사항은 따로 법률로 정한다.

한국수산전문학교 설치령, 국립대학법인 서울대학교 설립운영에 관한 법률 등이 고등교육법에 밀접하게 연관되어 제정된 법령 등이 있다.

교육부령등은 행정규칙으로서 고등교육관련 법률의 시행에 관한 것이 대부분이다. 고등교육관련 행정규칙으로는 명예교수규칙, 대학등의 정원외 위탁학생에 관한 규칙, 학력인정학교지정규칙, 학위의 종류 및 표기방법에 관한 규칙, 교원등의 연수에 관한 규정 시행규칙, 국립학교의 각종증명발급등에 관한 규칙, 기술대학설립운영규정시행규칙, 대학설립운영규정시행규칙, 한국방송통신대학교설치령시행규칙, 고등교육기관의 자체 관한 규칙, 대학등록금에 관한 규칙, 대학입학전형 관련 수입지출의 항목 및 산정방법에 관한 규칙 등이 그것이다.

다. 고등교육법의 헌법 정신

고등교육에 관한 헌법정신은 헌법 제31조 제4항에 보장된 '대학의 자율성 보장'에 근거하고 있다. 이 책의 제4장 제4절 다항에서 살펴보았듯이, '대학의 자율성 보장'은 이른바 사회민주화 과정에서 탄생한 1987년의 현행 헌법 개정시 추가된 부분으로서 법률유보의 형식에 대한 해석 역시 두 가지 기능이 모두 내재되어 있다. 즉, 대학의 자율권 보장이라는 형성적 기능과 대학의 자치에 대한 제한이라는 제한적 유보기능을 모두 갖는다.

헌법학자들 간에는 학문의 자유에 대한 보충적 견해(허영)[3]로 보는 견해가 전통적이었다면, 이 규정에 따라 대학의 자율성의 헌법적 근거를 새롭게 했다고 보는 견해(김철수)[4]도 있다. 대학의 자율성 보장을 대학의 자치 전통에서 유래한 것으로 보아 가능한 대학의 자율에 연구와 교육을 맡기는 것으로 해석[5]하기도 하며, 헌법적 근거 논의의 실익이 없다고 보는 경우도 있다(정재황).

이들 헌법학자들의 대학의 자율성 논의의 한계는 대학의 자치를 거의 동일 개념으로 설정하고 논의하는 부분이다. 한국 헌법에 굳이 '대학의 자율성'으로 규정한 입법 의도는 경찰권까지 누렸던 전통적인 대학의 자치와는 구분하여 헌법이 예견하는 대학에 허용된 권한의 범위 내의 자율성을 보장한 것으로 해석하는 것이 더 타당하리라고 본다. 대학의 자치가 관습법 내지 교육조리상 인정되는 것이라면, 굳이 유사한 개념의 대학의 자율성을 헌법에 그것도 법률유보의 형태로 규정한 것은 대학의 자율성이 존중되어야 한다는 입법정신과 동시에 대학이 누릴 수 있는 자율 역시 헌법 질서 내의 것이어야 한다는 선언으로 봐야 할 것이다.

---

3) 이 대학의 자율성 보장 규정은 '대학의 자치'에 관한 창설적 규정이 아니라 보완 규정이다. 이는 전문화된 고도의 산업사회에서 고급인력이 양성과 학문발전을 위해서 대학교육이 차지하는 비중이 특히 크기 때문에, 대학의 기능과 사명을 다할 수 있도록, 대학에게 독자적인 계획과 책임 하에 학문연구와 학술활동 및 직업교육을 실효성 있게 수행케 하려는 취지이다. 허영(2022), 한국헌법론, 박영사, 491면.

4) 대학자치를 학문의 자유의 중요 내용으로 보며, 교원인사자치, 시설관리자치, 학생선발관리자치, 연구교육내용·방법의 자주결정권, 예산관리 자치권을 든다. 김철수(2008), 학설·판례 헌법학(상), 박영사, 945면.

5) 5공 헌법을 정초했다는 권영성의 견해로 '가능한 한'이라는 수식어에 '제한 가능성', '허용범위 내'의 의미가 포함된 것으로 보여진다. 그는 대학자치의 내용을 인사, 관리 및 운영, 학사관리(학생선발, 교육과정운영, 학위수여 등)에 관한 자주결정권으로 보았다. 권영성(1994), 헌법학원론, 법문사, 289면.

헌법재판소는 이 규정의 의미에 대하여 대학의 자율성 보장은 대학에서의 학문의 자유의 보장 수단이며, 이는 대학에 부여된 헌법상의 기본권으로 본다. 헌법재판소가 대학을 기본권의 주체로 설정한 부분은 이후 헌법재판에서 자주 인용되고 있다.

> "헌법 제31조 제4항이 규정하는 교육의 자주성, 대학의 자율성 보장은 대학에 대한 공권력 등 외부세력의 간섭을 배제하고 대학인 자신이 대학을 자주적으로 운영할 수 있도록 함으로써 대학인으로 하여금 연구와 교육을 자유롭게 하여 진리탐구와 지도적 인격의 도야라는 대학의 기능을 충분히 발휘할 수 있도록 하기 위한 것으로서 이는 학문의 자유의 확실한 보장 수단이자 대학에 부여된 헌법상의 기본권이다."(92헌마68 · 76(병합), 2021헌마1230)

위에서처럼 헌법재판소는 대학의 자율성 조항이 학문의 자유의 확실한 보장수단으로서 대학에게 부여된 '헌법상의 기본권'이라는 다소 복합적 표현을 쓰고 있으나 앞의 학설에서 본다면 보완규정설에 가까운 입장을 취하고 있다.

헌법재판소가 말하는 대학의 자율은 대학시설의 관리 · 운영만이 아니라 학사관리 등 전반적인 것으로 보았고, 연구와 교육의 내용, 그 방법과 그 대상, 교과과정의 편성, 학생의 선발, 학생의 전형, 입학시험제도 역시 포함되며 자주적으로 결정되어야 한다고 보았다(92헌마68 · 76(병합)).

대학이 대학 스스로의 의지에 의하여 학생을 모집하고 교육시키며 학위를 수여하는 자치기관으로 성격은 중세 대학의 전통에서 비롯된 것이고, 오늘날에 있어서도 사회 공동선의 추구와 진리탐구라는 미션은 여전하다 할 것이다. 동시에 고등교육 대중화 시대에 대학 역시 국가 공교육 관리 시스템 아래의 교육기관으로서 공공성의 원리에 지배받는다고 할 수 있고, 일정부분은 균등한 교육여건의 조성을 위하여 법제화 및 표준화되어 가고 있다고 할 수 있다. 그러나 대학이 국민교육 제도의 일환이 되고 보니 학생정원과 학위 수여 그리고 자격 검정관련 법령을 통해서 목적형 대학(교육대학, 사범대학, 의과대학, 간호대학 등)의 교육과정까지도 제한하고 있는 것이 현실이다.

이러한 논의를 전제로 할 때, 한국 대학의 자율성 보장 수준은 고등교육과 관련된 구체적 법률에서의 보장 수준에 의하여 그 형성적 성격과 침해적 성격이 결론 날 수 있을 것이다.

그런데 앞서 제4장에서 살펴보았듯이 아쉽게도 '대학의 자율성' 혹은 '대학자치'라는 용어들은 교육의 원칙을 정한 교육기본법에도, 심지어는 당해 법률인 고등교육법 및 그 시행령에도 전혀 규정되고 있지 않은 부분은 오히려 입법불비라 하여도 과언이 아니다.

오히려 대학운영 전반에 걸친 행정부의 권한을 살펴볼 때, 대학의 자율권의 범주가 매우 협소함을 알 수 있다. 즉, 장관이 정하는 학생정원 관리권, 대학의 교원의 인사 및 재정에 관한 각종 규정, 등록금 책정과정, 학위수여 과정 그리고 대학평가를 통한 관리행정 등을 살펴볼 때, 대학의 자율성 보장 범위가 극히 제한적임을 알 수 있다.

이렇듯 대학의 자율성에 대한 입법불비 상태에서 대학의 자율성 헌법정신과 그에 내제된 대학자치의 정신은 고등교육 관련 법률을 진단하고 개정하며 해석하는 교육조리로서의 의미는 여전히 갖고 있다 할 것이다.

라. 고등교육법의 연혁

1997년 교육법 재편을 통해서 제정된 고등교육법은 기존의 교육법의 고등교육 내용을 계수하여 정한 수준이었다. 25년여 동안 60여 차례의 개정(타법 개정 포함)이 있었다는 것은 그 만큼 시대변화와 더불어 고등교육에 대한 다양한 요구가 분출되었다는 뜻이기도 하다. 학생들로부터는 등록금 반값 요구는 물론 직원들과 더불어 대학 의사결정 구조와 과정에 참여를 요구가 높아져 대학의 거버넌스에 적지 않은 변화가 있었다. 등록금심의위원회의 설치와 대학평의원회 설치 개정은 그 대표적인 예이다.

2005년 11월 개정에서는 대학수학능력시험에서 부정행위를 한 자에게 1년간 시험의 응시자격을 제한하도록 하고, 응시자격이 정지된 자가 그 정지기간이 종료된 후 다음 시험에 응시하고자 하는 때에는 교육인적자원부가 정하는 바에 따라 40시간 이내의 인성교육을 이수하도록 하는 등 대학수학능력시험에서의 부정행위를 방지하기 위하여 관련 제재조치를 강화했다(§34⑤⑥신설).

2007년 4월 개정에서는 대학 학칙을 개정할 때마다 교육부장관에게 보고하도록 하고 있는 규정으로 인한 행정력의 낭비와 대학 자율성의 훼손에 대한 우려가 제기됨에 따라 학칙을 제정하거나 학사운영 등에 관한 사항 중 대통령령으로 정하는 중요 사항에 대한 학칙을 개정하는 경우에만 장관에게 보고하도록 하는(§6②) 일종의 학사 자율화 개정이 있었다.

2010년 1월 개정에서는 대학의 등록금 인상률을 억제하기 위하여 각 대학에 등록금심의위원회를 설치·운영하도록 하고, 각 대학은 등록금의 인상률을 직전 3개 년도 평균 소비자 물가상승률의 1.5배를 넘지 않도록 하며, 직전 3개연도 평균 소비자 물가상승률의 1.5배를 넘은 경우 장관은 해당 대학에 행·재정적 제재 등 불이익을 줄 수 있도록 하고, 정부는 고등교육에 대한 지원계획을 수립·보고하도록 했다(§11).

2011년 7월에는 대학이 학칙을 제정하거나 개정하는 경우에 장관에 보고하도록 하는 규정을 폐지하고, 학교는 학칙으로 정하는 바에 따라 학년도를 자유롭게 정할 수 있도록 하며, 국내대학 간에도 교육과정을 공동으로 운영할 수 있도록 하는 등 일련의 자율화 정책을 뒷받침하였고, 대학의 전임강사 제도는 삭제하여 조교수부터 임용되도록 했다.

2012년 1월 개정에서는 시간강사에게 교원으로서의 법적 지위를 부여하고, 고용안정과 신분보장을 강화하기 위하여 '시간강사'의 명칭을 '강사'로 변경하며, 강사의 임용기간을 1년 이상으로 하도록 하는 등 대학교 교원 체제에 변화를 주었다(§14). 그러나 각 강사의 전공과 대학 내 교육과정을 인위적으로 맞출 수 없기 때문에 고용안정은 기대만큼 나타나지 못했다. 따라서 2012년 12월 개정에서는 처우개선은 거의 없으면서 시간강사제도 및 변형된 비정규직교수제도를 더욱 고착화하고 정규 교수 임용을 줄이는데 악용될 수밖에 없는 구조적인 문제가 있으므로 해당 내용의 시행일을 2013년 1월 1일에서 2014년 1월 1일로 1년 간 유예했다. 이후 2014년 1월 개정에서는 2016년 1월 1일로, 2015년 12월 개정에서는 2018년 1월 1일로 다시 2년을 유예하였다가 2017년 12월 개정에서 2019년 1월 1일로 연장했다.

2013년 5월 개정에서는 대학입학금 문제가 사회문제화됨에 따라 국민에게 금전적 납부의무를 부과하는 입학전형료에 관한 근거와 입학전형료 감면·반환 등에 관한 사항을 법률에 명시하였다(§34의4①신설등).

2017년 3월 개정을 통해서는 고등교육 정책의 효율적인 추진과 고등교육 연구에 필요한 기초자료 수집을 위하여 전국 학교를 대상으로 교육 통계조사를 매년 실시하고, 통계조사의 협조, 유관 통계자료의 연계협력, 자료제공 및 활용 등에 관한 사항을 규정(§11의3)했다.

2017년 11월 개정에서는 대학의사결정기구로서 사립대학에만 있던 대학평의원회를 전 대학으로 확대하여 설치토록 하는 개정(§19의2 신설)이 있었는데, 발전계획과 학칙 심의권을 부여했기 때문에 기존의 교수회 및 교수평의회의 역할에 변화를 가하는 것이어서 대학교수 사회에 커다란 반향을 불러오기도 했다.

2019년 12월에는 과거에 법적 근거를 만들었던 입학금에 대하여 다시 규정을 두어 입학 또는 편입학하는 사람으로부터 입학금을 받을 수 없도록 하되, 대학원대학, 대학원에 두는 학위과정 등은 예외를 인정했다(§11②).

2020년 10월 개정에서는 등록금심의위원회 구성 시 구성단위별 상한을 정하고, 관련 전문가 위원을 선임할 때에는 학칙으로 정하는 바에 따라 학교를 대표하는 측과 학생을 대표하는 측이 협의하도록 하여(§11③) 학생의 참여를 강화하는 개정이 있었다.

2021년 3월 개정을 통해서는 학교 내 교직원, 학생 등 학교 구성원의 인권보호 및 권익향상과 성희롱·성폭력 피해예방 및 대응을 위해 인권센터를 설치·운영하도록 의무화하는 한편 그 업무를 규정하고, 인권센터 운영에 필요한 재원을 지원하거나 보조할 수 있도록 했다(§19의3 신설).

마. 고등교육법의 구성 및 총칙

고등교육법(1997.12.13 제정)은 교육기본법 제9조 제4항에 근거하여 제정된 대표적인 학교교육 관계법으로서 고등교육에 관한 사항을 정하고 있다. 주요 내용은 총칙, 학생과 교직원, 학교, 보칙 및 벌칙 등 4개 장 64개 조항과 부칙으로 이루어 졌다. 학제, 학교의 종류, 교육과정, 수업 및 수업 연한, 입학 및 졸업, 학위수여 등 고등교육 제도에 관한 기본적인 사항을 정하고 있다. 현행 고등교육법의 구조와 총칙 내용을 2021년 3월 23일에 개정된 고등교육법(법률 제17951호)을 중심으로 살펴보면 다음과 같다.

표 10-1 고등교육법 주요 내용

제1장 총칙	제24조 분교	제49조 전공심화과정
제1조 목적	제25조 연구시설 등	제49조의2 전문기술석사과정
제2조 학교의 종류	제26조 공개강좌	제50조 학위의 수여
제3조 국립·공립·사립 학교의 구분	제27조 외국박사학위의 신고 등	제50조의2 전공심화과정 학위수여
제4조 학교의 설립 등	제27조의2 안전관리계획의 수립·시행	제50조의3 의료인 양성을 위한 과정의 수업연한 및 학위에 관한 특례
제5조 지도·감독	제2절 대학 및 산업대학	
제6조 학교규칙	제1관 대학	제50조의4 전문기술석사과정 학위수여
제7조 교육재정	제28조 목적	제51조 편입학
제7조의2 재정지원계획 및 협의·조정	제29조 대학원	제51조의2 유치원 부설
제8조 실험실습비 등의 지급	제29조의2 대학원의 종류	제5절 원격대학

고등교육법[시행 2022. 3. 24.] [법률 제17951호, 2021. 3. 23., 일부개정]

제1조(목적)에 따르면, 이 법은 교육기본법 제9조에 따라 고등교육에 관한 사항을 정함을 목적으로 하며, 제2조(학교의 종류)로는 대학, 산업대학, 교육대학, 전문대학, 방송대학·통신대학·방송통신대학 및 사이버대학(원격대학), 기술대학, 각종학교 등 일곱 가지를 제시한다.

대학은 국가나 국가가 설립하는 국립학교, 지자체가 설립하는 공립학교, 학교법인이 설립하는 사립학교로 나뉘는데, 이른바 대학법인으로 설립된 서울대와 인천대하근 국가가 국립대학법인을 만들어 설립한 국립대학의 일종으로 분류되어 있다. 4년제 일반대학 중 공립대학은 서울시립대학이 유일하다.

대학의 설립 인가는 교육부장관이며, 지도·감독청도 교육부장관이어서 장관은 대학에 대하여 절대적인 행정권을 행사한다(§4, §5).

대학 내의 자치규범인 학교규칙, 즉 학칙은 학교의 장인 총장의 권한이다(§6). 대학평의원회의 심의를 거치도록 되어 있고, 지도·감독청에는 인가가 아닌 신고토록 되어 있다. 국립대학 및 공립대학의 재원을 지원하거나 보조하는 주체는 국가와 지방자치단체이다. 학교 역시 예산과 결산을 공개할 의무가 있다(§7).

최근에는 고등교육 재원 조달의 어려움이 발생하여 장관에게 5년 단위 「고등교육 재정지원 5개년 기본계획」[6]을 수립할 의무를 부과하였고, 이를 국무회의를 거쳐 국회에 제출토록 하고 있다(§7의2)

대학에서 등록금과 관련한 행정은 매우 중요한 관심사항으로서 몇 번의 법 개정이 있었다. 입학 또는 편입학자로부터 입학금 징수는 2019년 12월 3일 제11조 제2항 개정으로 금지되었다(대학원 학위과정 및 연구과정 제외).

또한 각 학교에는 등록금을 책정하기 위하여 교직원(사립대학의 경우에는 학교법인이 추천하는 재단인사를 포함), 학생, 관련 전문가 등으로 구성되는 등록금심의위원회를 설치·운영하여야 한다(§11③).[7] 학교는 특별한 사정이 없으면 등록금심의위원회의 심의결과를 최대한 반영하여야 한다. 등록금의 인상률이 직전 3개 연도 평균 소비자 물가상승률의 1.5배를 초과하게 하지 않도록 규정(§11⑩)하였는데, 2010년대 반값 등록금 정책 이후 10여 년 이상 대학등록금은 동결되었다.[8]

고등교육기관에 대한 평가는 대학의 책무성 차원에서 중요한 부분이면서, 대학의 자율성에 미치는 영향 또한 적지 않다는 점에서 논란이 되어왔다.

고등교육법 제11조의2(평가 등)에 따르면, 해당 기관의 교육과 연구, 조직과 운영, 시설과 설비 등에 관한 사항을 스스로 점검하고 평가하여 그 결과를 공시해야하고, 장관은 대학의 신청에 따라 학교운영의 전반과 교육과정의 운영을 평가하거나 인증할 수 있다. 장관은 관련 평가전문기관 등을 인정기관으로 지정할 수 있는데 현재는 일반대학 인증평가는 한국대학교육협의회 부설 한국대학평가원에서 실시하고, 교원양성기관 평가의 경우 한국교육개발원 등에서 실시하고 있다.

대학에 대한 평가인증제도의 최종적인 수혜자는 대학을 선택하는 학생과 학부모라는 점에서 정부정책과 연동하여 지나치게 국가 주도의 대학평가가 될 경우 획일적인 개혁을 강요하게 됨은 물론, 대학의 자율성을 제한하는 결과를 초래하기도 한다. 또한, 교육부 사업위주의 지원 정책은 인적 인프라가 충분치 못한 수도권 외 대학의 발전을 저해한다는 지적도 있다.

다음으로 비교적 최근에 고등교육법 개정에 추가된 제11조의3(교육통계조사 등)에 의하면 장관은 고등교육 정책의 효율적인 추진과 고등교육 연구에 필요한 학생·교원·직원·학교·교육행정기관 등에 대한 기초자료 수집을 위하여 교육통계조사를 매년 실시하고 그 결과를 공개토록 하고 있다.

46설 고등교육법규의 특성: 국·공·사립대학(높은 사학의존도), 고등교육법과 별도 대학설립 법령

6) 1. 고등교육 재정지원의 중장기 투자 목표 및 방향 2. 고등교육 환경의 변화와 대학의 재정 여건 전망 3. 학교의 역할 및 특성에 따른 재정지원 배분 방향 4. 주요 추진과제 및 추진 방법 5. 고등교육 재정지원 사업의 성과 분석 및 성과관리 계획 6. 국가균형발전을 위한 재정지원 배분 방향

7) 이 경우 학생 위원은 전체 위원 정수의 10분의 3 이상, 구성단위별 위원은 10분의 5 미만이 되도록 하고, 관련 전문가 위원을 선임할 때에는 학칙으로 정하는 바에 따라 학교를 대표하는 측과 학생을 대표하는 측이 협의하여야 한다.

8) 등록금의 인상률을 직전 3개 연도 평균 소비자 물가상승률의 1.5배를 초과하여 인상한 경우에는 교육부장관은 해당 학교에 행정적·재정적 제재 등 불이익을 줄 수 있다(§11⑪).

2. 대학의 학생 선발 · 교수 임용 · 학사 운영 · 학위 수여

가. 학생 선발

대학에서의 학생 선발은 대학이 자치적으로 운영되는 첫 관문이기도하다. 고등교육법은 학생선발에 관하여 학생정원, 입학자격, 학생 선발방법 등에 관한 구체적 규정을 두고 있다.

(1) 학생의 정원 책정권 및 운영의 원칙

학생정원은 대학의 교육의 질에 직접적으로 영향을 주며, 부실의 원인이 되기도 한다. 대학측에서는 대학재정과 직결되므로 한번 확보한 정원은 유지하기 위해 노력을 한다. 대학의 자율성에 맡겨서 스스로 자율조정 하는 것이 바람직하겠지만, 그에 따른 부조리와 부작용도 만만치 않기 때문에 정원에 대하여는 철저하게 공적으로 관리되고 있다. 여기서 정부의 역할은 학생의 정원은 대통령령이 정하는 범위에서 학칙으로 정하도록 위임되어 있다. 더불어 고등교육법시행령 제27조는 학생 정원의 운영 원칙에 대하여 다음과 같이 규정한다.

고등교육법 제32조(학생의 정원) 대학(산업대학 · 교육대학 · 전문대학 · 원격대학 · 기술대학 및 각종학교 포함)의 학생 정원에 관한 사항은 대통령령으로 정하는 범위에서 학칙으로 정한다.

고등교육법시행령 제27조(학생정원 운영의 원칙) 법 제32조에 따라 대학(산업대학 · 교육대학 · 전문대학 · 기술대학 · 원격대학 및 각종학교를 포함한다. 이하 이 조에서 같다)이 학생정원을 정할 때에는 당해 대학의 교육여건과 사회적 인력수급 전망 등을 반영하여 대학이 특성있게 발전할 수 있도록 정하여야 한다.

이 시행령에 따르면 기본적으로 정원은 입학정원을 기준으로 학칙이 정하는 모집단위별로 정하도록 하여 정원 내에서는 대학의 자율권을 인정하고 있다. 다만, 교육부장관은 교원양성기관의 정원이나 의사, 치과의사, 간호사, 의료기사, 약사, 수의사, 국립학교 정원, 공립학교정원을 정하도록 되어 있다(§28③).

(2) 대학의 입학 자격 및 학생 선발

고등교육법은 대학의 입학자격을 고교 졸업자 및 동등 수준 학력자를 기본으로 한다. 고등교육법 제34조(학생의 선발방법 등)에 따르면, 대학(산업대, 교대, 전문대, 원격대학등 포함, 대학원대학은 제외)의 장은 입학 자격이 있는 사람 중에서 일반전형이나 특별전형에 의하여 입학을 허가할 학생을 선발한다. 입학전형의 방법과 학생선발일정 및 그 운영에 필요한 사항은 고등교육법시행령으로 정한다. 시험에서 부정행위를 한 사람에 대하여는 그 시험을 무효로 하고, 그 시험의 시행일이 속한 연도의 다음 연도 1년 동안 시험의 응시자격을 정지한다.

(3) 입학사정관 등

2012년부터 각 대학에는 시험성적 외에 학교생활기록, 인성이나 능력, 소질 ,지도성 및 발전가능성과 역경극복 경험 등을 입학전형 자료로 하여 다양한 입시전형 실시 할 수 있도록 하기 위하여 관련 업무를 전담하는 교원 또는 직원인 입학사정관을 둘 수 있도록 했다. 장관은 대학에게 입학사정관의 채용 및 운영을 권장할 수 있고, 국가는 입학사정관의 채용 및 운영에 사용되는 경비의 일부를 지원할 수 있다.

(4) 대학입학 전형료 및 입학전형 계획의 공표

2013년 정부는 대학 입학전형료에 대한 사회적 관심이 증대되자 공정한 입학전형료 행정에 대한 가이드라인을 규정하였다. 입학전형 관련 수입·지출항목 및 산정방법에 대한 교육부령의 근거, 전형료 면제 및 감액의 근거, 반환의 조건 등을 명시하고 있다.

제34조의4(입학전형료) 규정에 따르면, 대학의 장은 입학전형에 응시자에게 입학전형료를 받을 수 있는데, 대학의 장은 전년도 입학전형 관련 수입·지출 내역 및 모집인원 대비 지원인원 등을 고려하여 입학전형료를 정한다.

한편, 제34조의5(대학입학 전형계획의 공표)에 따르면, 장관이 시행하는 시험의 기본방향 및 과목, 평가방법, 출제형식, 지원 횟수, 기타 입학 관련사항을 정하거나 변경할 경우에는 해당 입학연도의 4년 전 학년도가 개시되는 날 전까지 공표하여야 한다. 그리고 이 경우 공청회 및 정보통신망 등을 통하여 국민과 관계 전문가의 의견을 충분히 수렴하도록 하고 있다. 학교협의체[9]는 입학년도 2년 전 학년도 개시 6개월 전까지 대학입학 전형 기본사항을 수립·공표토록 하고 있다. 대학의 장은 매 입학연도의 전 학년도가 개시되는 날의 10개월 전까지 대학입학전형시행계획(입학전형자료별 반영비율 포함)을 수립하여 공표하여야 한다. 이 경우 대학의 장은 대학입학전형기본사항을 준수토록 하고 있다.

이렇듯 입시제도 변경의 유예기간을 두도록 한 것은 대학입시라는 결정적인 교육기회를 배분하는 시험에 대한 신뢰를 보호하기 위한 것으로서, 과거 1994학년도 서울대학교 신입생선발입시안 변경(일본어 제외)에 대한 헌법소원(92헌마68·76(병합))에서 고 1, 2, 3학년의 신뢰이익보호에 대한 문제가 거론된 후 보완된 제도로 할 수 있다.

나. 교수 임용

대학에서의 학생 선발은 대학이 자치적으로 운영되는 첫 관문이기도 하다. 고등교육법은 학생선발에 관하여 학생정원, 입학자격, 학생 선발방법 등에 관한 규정을 두고 있다.

(1) 대학 교원의 종류 및 자격기준

대학에는 총장, 학장 이외에 교수, 부교수, 조교수, 강사를 두고 있다. 강사가 추가된 것은 2019년 8월 1일부터 시행에 들어갔다. 교원의 상대 개념은 직원과 조교로 구분되어 있다.

기본적으로 대학 교원의 자격은 대통령령 위임사항이다. 이에 따라 규정된 '대학교원 자격기준등에

---

9) 고등교육법 제10조(학교협의체) ① 대학·산업대학·교육대학·전문대학 및 원격대학 등은 고등교육의 발전을 위하여 각 학교의 대표자로 구성하는 협의체를 운영할 수 있다.

관한 규정'에 따르면 대학졸업자의 경우 교수는 10년, 부교수는 7년, 조교수는 4년의 연구실적 및 교육경력 연수가 있어야 한다.

표 10-2 대학교원 자격기준 등에 관한 규정 [별표] 〈개정 2019. 6. 11.〉

학력 / 연구·교육	대학졸업자·동등자격자			전문대학졸업자·동등자격자		
경력연수 / 직명	연구실적연수	교육경력연수	계	연구실적연수	교육경력연수	계
교수	4	6	10	5	8	13
부교수	3	4	7	4	6	10
조교수	2	2	4	3	4	7
강사	1	1	2	1	2	3
조교	근무하려는 학교와 동등 이상의 학교를 졸업한 학력이 있는 사람					

注: 연구실적연수와 교육경력연수 중 어느 하나가 기준에 미달하더라도 연구실적연수와 교육경력연수의 합계가 해당 기준을 충족하면 자격기준을 갖춘 것으로 본다.

(2) 대학교원의 임용

국립대학 교원들은 교육공무원으로서 이에 따르면 교수 및 부교수는 대통령이, 조교수는 교육부장관이 임용한다. 물론, 사립대학 교원의 임용은 정관이 정한 바에 따른다. 교육공무원임용령[10]은 대학교원의 신규채용시 기초심사, 전공심사, 면접심사에 의하여 채용토록 절차를 정하고 있으며, 특정대학 학사학위 소지자의 3분의 2가 초과되는 것을 금지하고 있다.[11] 조교는 대학의 장이 임용한다.

(3) 강사 제도의 도입

개정된 강사에 규정은 2013년에 시행될 예정이었으나 무려 6년여를 지난 2019년에 발효되었다. 2019년 8월 1일부터 시행에 들어간 강사규정은 대통령령으로 정한 임용기간, 임금등 근무조건을 따르도록 하는 개선이 있었다. 임용기간은 기본적으로 1년 이상이 원칙이고 예외적으로 1년 미만을 허용하고 있다. 또한 강사에 대하여는 일반 교원에게 적용되는 각종 인사관련 규정을 동일하게 적용하는 경우와 적용을 배제하는 경우[12]도 나뉘었다. 특징적인 개정은 1년 이상의 임용원칙에 방학기간에도 임금이 지급된

---

10) 교육공무원법 제25조(교수 등의 임용) ① 교수·부교수는 대학의 장의 제청으로 교육부장관을 거쳐 대통령이 임용하고, 조교수는 대학의 장의 제청으로 교육부장관이 임용한다. ② 대학의 장이 제1항의 교육공무원을 임용제청할 때에는 해당 대학인사위원회의 동의를 받아야 한다. 다만, 대학인사위원회를 구성할 수 없는 신설 대학은 대학인사위원회가 구성될 때까지 인사위원회의 동의를 받아야 한다.

11) 제4조의3(대학교원의 신규채용) ① 대학교원을 신규채용하는 경우에는 법 제11조의2제1항에 따라 특정 대학의 학사학위 소지자가 「고등교육법 시행령」 제28조 제1항의 모집단위별 채용인원의 3분의 2를 초과하지 아니하도록 하여야 한다. 다만, 신규채용된 대학교원이 해당 대학에서 학사학위를 취득하였다 하더라도 그 학사학위 전공분야가 그 대학에 채용되어 교육·연구할 전공분야와 다른 경우에는 그 대학에서 학사학위를 취득한 사람으로 계산하지 아니한다.

12) 1년 미만으로 임용할 수 있는 경우는 1. 원격대학(사이버대학 제외)의 강사로서 교육과정 또는 수업의 효율적 운영을 위하여

다는 점이다.

강사는 교육공무원법, 사립학교법 및 사립학교교직원 연금법을 적용할 때에는 교원으로 보지 아니한다. 다만, 국립·공립 및 사립학교 강사의 임용·신분보장 등에 관하여 별도로 준용하는 경우도 있다(§14의2). 강사에게는 교원의 지위 향상 및 교육활동 보호를 위한 특별법을 동일하게 적용한다

(4) 겸임교원 제도의 변화

2018년까지 고등교육법은 대학에 겸임교원·명예교수 및 시간강사 등을 두어 교육이나 연구를 담당하게 할 수 있다고 규정했었다(2011.7.21. 전문개정). 그러나 대학마다 임용 방식 및 신분보장에 차이가 있어서 2019년 8월 1일부터 보다 상세한 규정을 두게 되었다.

> 第17조(겸임교원 등) ① 학교에는 대통령령으로 정하는 바에 따라 제14조 제2항의 교원 외에 명예교수·겸임교원 및 초빙교원 등을 두어 교육이나 연구를 담당하게 할 수 있다. ② 겸임교원 및 초빙교원 등(겸임교원등)에게는 제14조의2 제1항·제2항(교육공무원법 제11조의4 제7항 및 사립학교법 제53조의2 제9항은 제외한다)을 준용한다. 이 경우 "강사"는 "겸임교원등"으로 본다. ③ 제2항에도 불구하고 다음 각 호의 어느 하나에 해당하는 경우에는 겸임교원등을 1년 미만으로 임용할 수 있다. 1. 학교 외의 기관에서 발주하는 1년 미만의 연구 또는 산학협력에의 참여를 위하여 겸임교원등을 임용하는 경우 2. 교육과정 또는 수업의 효율적 운영을 위하여 국가 또는 지방자치단체(제3조에 따른 국립학교 및 공립학교는 제외한다) 및 공공기관의 운영에 관한 법률 제4조에 따른 공공기관에 정규직으로 근무하는 사람을 겸임교원 등으로 임용하는 경우

다. 대학의 학사 운영

대학의 학사운영은 기본적으로 대학의 자치 영역에 속한다. 그러나 국민공교육체제의 관점에서 기본적인 사항에 대하여 고등교육법은 규율하고 있다. 교육과정의 운영 원칙뿐만 아니라 때로는 상당히 자세한 영역에까지 관여하여 대학과의 갈등이 빚어지기도 한다.

(1) 학교규칙의 제정권자와 교육과정

대학에서 학교규칙(학칙)의 제정권자는 학교의 장, 즉 총장이다. 물론 법령의 범위 내에서 정하도록 되어 있고, 최근에는 학칙을 제정하거나 개정할 경우 대학평의원회의 심의를 거치도록 개정되었다.

> 고등교육법 제6조(학교규칙) ① 학교의 장(학교를 설립하는 경우에는 해당 학교를 설립하려는 자를 말한다)은 법령의 범위에서 학교규칙(학칙)을 제정하거나 개정할 수 있다. ② 학칙의 기재사항, 제정 및 개정 절차 등 필요한 사항은 대통령령으로 정한다.
>
> 제19조의2(대학평의원회의 설치 등) ① 학교는 다음 각 호의 사항을 심의하기 위하여 교직원과 학생 등으로 구성되는 대학평의원회를 설치·운영하여야 한다. 다만, 제2호 및 제3호는 자문사항으로 한다. 1. 대학 발전계획에 관한 사항 2. 교육과정의 운영에 관한 사항 3. 대학헌장의 제정 또는 개정에 관한 사항 4. 학칙의 제정 또는 개정에 관한 사항

필요한 경우 2. 학기 중에 발생한 교원의 6개월 미만의 병가·출산휴가·휴직·파견·징계·연구년(6개월 이하) 또는 교원의 직위해제·퇴직·면직으로 학기 잔여기간에 대하여 긴급하게 대체할 강사가 필요한 경우

한편, 고등교육법 시행령은 학칙으로 규정할 사안에 대하여 17가지[13]를 예시하고 있다. 이름하여 학칙은 대학 내의 가장 기초법이자 대학 자치를 위한 헌장이라고 할 수 있다.

(2) 교육과정의 운영 및 수업

고등교육 기관에서 교육과정의 운영 및 수업은 학칙에 따른다. 교과의 이수는 평점과 학점제로 하는데 이수시간은 시행령에 매학기 최소 15시간 이상으로 정해져 있다. 수업은 주간, 야간, 계절, 방송 및 통신, 현장실습 수업 등의 방법으로 분류된다. 최근 코로나19 감염병 상황으로 인하여 원격수업 대체에 대한 근거 조항을 신설하기도 했다.

> 고등교육법 제21조(교육과정의 운영) ① 학교는 학칙으로 정하는 바에 따라 교육과정을 운영하여야 한다. 다만, 국내대학 또는 외국대학과 공동으로 운영하는 교육과정에 대하여는 대통령령으로 정한다. ② 국내대학은 대통령령으로 정하는 바에 따라 외국대학으로 하여금 국내대학 교육과정을 운영하게 하고, 그 교육과정을 이수한 학생에게 국내대학 학위를 수여할 수 있다. ③ 교과의 이수는 평점과 학점제 등에 의하되, 학점당 필요한 이수시간 등은 대통령령으로 정한다.
>
> 고등교육법시행령 제14조(학점당 이수시간) ① 법 제21조 제3항에 따른 학점당 필요한 이수시간은 학교가 교육과정의 특성을 고려하여 교과별로 정하되, 매 학기 최소 15시간 이상으로 한다. ② 학생의 출석 등 제1항에 따른 학점당 필요한 이수시간의 이수 인정에 필요한 사항은 학칙으로 정한다.
>
> 고등교육법 제22조(수업 등) ① 학교의 수업은 학칙으로 정하는 바에 따라 주간수업, 야간수업, 계절수업, 방송·정보통신 매체 등을 활용한 원격수업 및 현장실습수업 등의 방법으로 할 수 있다. ② 학교는 「재난 및 안전관리 기본법」 제3조 제1호에 따른 재난이 발생하는 등 정상적인 수업진행이 어려운 경우에는 학칙으로 정하는 바에 따라 주간수업, 야간수업 및 계절수업을 원격수업으로 대체할 수 있다. <신설 2020. 10. 20.> ③ 제1항 및 제2항에 따라 학칙으로 원격수업과 학교 밖에서 이루어지는 수업의 방법, 출석, 평가 등에 관한 사항을 정하려는 경우에는 대통령령으로 정하는 바에 따라야 한다. <신설 2017. 11. 28., 2020. 10. 20.> ④ 학교는 학생의 현장적응력을 높이기 위하여 필요하면 학칙으로 정하는 바에 따라 실습학기제를 운영할 수 있다.

(3) 학점의 인정

학점 역시 대통령령으로 정하는 범위에서 학칙으로 정하는 바에 따라 인정된다. 고등교육법 제23조(학점의 인정 등)에 따르면, 학교는 학생이 여섯 가지[14]에 해당하는 경우에 대통령령으로 정하는 범위에서

---

13) 고등교육법시행령 제4조(학칙) ① 법 제6조에 따른 학교규칙(학칙)에는 다음 각 호의 사항을 기재하여야 한다. 1. 전공의 설치와 학생정원 2. 수업연한·재학연한, 학기와 수업일수 및 휴업일 3. 입학, 재·편입학, 휴·복학, 모집단위 간 이동 또는 전과·자퇴·제적·유급·수료·졸업 및 징계 4. 학위의 종류 및 수여·취소 5. 교육과정의 운영, 교과의 이수단위 및 성적의 관리 6. 복수전공 및 학점인정 7. 등록 및 수강 신청 8. 공개강좌 9. 교원의 교수시간 10. 학생회 등 학생자치활동 11. 장학금지급 등 학생에 대한 재정보조 12. 삭제 <2006.1.13.> 13. 수업료·입학금 기타의 비용징수 14. 학칙개정절차 15. 대학평의원회에 관한 사항 16. 교수회가 있는 경우에는 그에 관한 사항 17. 그 밖에 법령에서 정하는 사항

14) 1. 국내외의 다른 학교에서 학점을 취득한 경우 2. 평생교육법 제31조 제4항, 제32조 또는 제33조 제3항에 따른 전문대학 또는 대학졸업자와 동등한 학력·학위가 인정되는 평생교육시설에서 학점을 취득한 경우 3. 국내외의 고등학교와 국내의 제2조 각 호의 학교(다른 법률에 따라 설립된 고등교육기관을 포함한다)에서 대학교육과정에 상당하는 교과목을 이수한 경우 4. 「병역법」 제73조 제2항에 따라 입영 또는 복무로 인하여 휴학 중인 사람이 원격수업을 수강하여 학점을 취득한 경우 5. 「학점인정 등에 관한 법률」 제7조 제1항 또는 제2항에 따라 교육부장관으로부터 학점을 인정받은 경우 6. 국내외의 다른 학교·연구기관 또는 산업체 등에서 학습·연구·실습한 사실이 인정되거나 산업체에서 근무한 사실이 인정되는 경우

학칙으로 정하는 바에 따라 이를 해당 학교에서 학점을 취득한 것으로 인정할 수 있다. 학점인정의 기준과 절차 등 학점을 인정하는 데 필요한 사항은 대통령령으로 정하는 바에 따라 학칙으로 정한다.

(4) 편입학 및 휴학

대학에는 편입생의 선발과 휴학제도도 두고 있는데 모두 학칙 규정사항이다. 국가와 지방자치단체는 학업·가정의 양립을 위한 학생과 학교의 노력을 지원하여야 하고, 학교의 장은 학업·가정의 양립을 방해하는 학교 내의 관행과 제도를 개선하고 학업·가정의 양립을 지원할 수 있는 교육환경을 조성하기 위하여 노력하여야 한다(§23의3).

학생이 휴학 할 수 있는 경우는 병역법에 따른 입영 또는 복무, 신체·정신상의 장애로 장기 요양 경우, 만 8세 이하(취학 중인 경우에는 초등학교 2학년 이하)의 자녀를 양육하기 위하여 필요하거나 여학생이 임신 또는 출산하게 된 때 그리고 그 밖에 학칙으로 정하는 사유 등이다.

라. 대학의 학위 수여

고등교육법은 학위의 수여에 대하여 종류 및 신고와 유예제도를 규정하고 있을 뿐, 수여의 검증에 대하여는 학칙에 따르고 있다. 그러나 목적형 양성기관의 경우 관련 자격 취득을 위한 검정규칙 등[15]을 통하여 매우 구체적으로 자격요건을 제시하는데 이것이 해당 대학의 입장에서는 학위의 수여 및 자격검정의 통제 영향으로 나타나기도 한다.

(1) 학위의 수여

대학에서는 학사학위를, 대학원에서는 석사학위와 박사학위를 수여하는 것이 원칙이다. 학사학위의 종류는 학칙으로 정하나, 석사와 박사학위는 학술학위와 전문학위로 구분한다. 학위의 종류와 수여에 필요한 사항은 대통령령으로 정한다. 학위의 종류 및 표기방법에 관한 규칙(교육부령) 제2조(학위의 종류) 학술학위의 종류는 별표와 같고, 전문학위의 종류는 대학의 장이 학칙으로 정한다.

표 10-3 학위의 종류 및 표기방법에 관한규칙 [별표] 제2조 관련 학술학위의 종류

석사학위	박사학위
문학, 신학, 미술학, 음악학, 법학, 정치학, 행정학, 도시계획학, 조경학, 교육학, 도서관학, 경제학, 경영학, 상학, 이학, 가정학, 체육학, 공학, 의학, 치의학, 한의학, 보건학, 간호학, 약학, 농학, 수의학, 수산학 기타 대학의 장이 학칙으로 정하는 학위	문학, 철학, 신학, 경제학, 법학, 정치학, 이학, 가정학, 의학, 약학, 공학, 농학, 수의학, 행정학, 경영학, 교육학, 수산학, 보건학, 치의학, 한의학, 간호학 기타 대학의 장이 학칙으로 정하는 학위

15) 교원의 경우 교원자격검정령(대통령령), 교원자격검정령시행규칙(교육부령), 유치원 및 초등·중등·특수학교 등의 교사자격 취득을 위한 세부기준(교육부고시)을 들 수 있다.

(2) 외국 박사학위의 신고 및 학사학위 취득의 유예

외국 박사학위 소지자는 귀국 후 6개월 이내에 교육부장관에 신고하여야 한다.[16] 이를 위해 교육부장관은 외국학교의 박사학위과정 설치현황과 학위과정에 대한 해당 국가의 인증 여부 등 외국학교의 학위과정에 대한 정보시스템을 구축하여야 한다.

고등교육법은 최근 학사학위 취득 유예 제도[17]를 도입하였는데 청년실업에 따른 졸업 유예 신청자가 증가한 대학 현실을 반영한 개정이었다.

47설 대학운영의 법제화(학생정원, 목적대학의 교육과정, 학위수여, 대학평가등)에 따른 자율성·공공성 자율과제

3. 대학의 의사결정 구조와 과정

가. 총장의 지위와 역할

(1) 총장의 지위와 역할

대학의 총장은 학교의 장으로서 학교의 교무를 총괄하고 소속 교직원을 감독하며, 학생을 지도하는 임무를 갖는다. 학교규칙(학칙)을 제정하거나 개정할 수 있는 최종적인 권한 역시 총장에게 있다는 점에서 대학 내 의사결정의 최고 정점에 있다고 할 수 있다. 그러나 최근 학내 의사결정 구조와 과정이 민주화되어 가면서 총장의 역할도 지도자보다는 조정자로서 역할에 무게중심이 실려지고 있다.

(2) 총장의 선출 방법

국립대학과 사립대학의 총장선출방법이 다르게 규정되어 있다. 국립대학 총장의 경우 교육공무원법을 통해 대학 추천을 받아 교육부장관 제청으로 대통령이 임용한다. 추천방식은 추천위원회를 통하는 간접선거 방식이 있고, 해당 대학 교원의 합의된 방식과 절차에 따른 선정인 직접선거 방식이 있다. 대체적으로 총장직선제가 선호되고 있다.

---

16) 고등교육법 시행령 제17조(외국박사학위의 신고) 외국에서 박사학위를 받은 자는 법 제27조의 규정에 의하여 귀국한 날(귀국 후에 박사학위를 받은 자는 그 학위를 받은 날)부터 6월 이내에 당해 학위논문 또는 학위논문이 게재된 출판물 1부를 첨부하여 교육부장관에게 신고하여야 한다.

17) 제23조의5(학사학위취득의 유예) ① 학교(제2조 제5호부터 제7호까지의 학교는 제외)에서 학칙으로 정하는 학사학위(전문학사학위 포함)취득에 필요한 모든 과정을 마친 사람은 학칙으로 정하는 바에 따라 학사학위취득의 유예를 신청할 수 있다. ② 학교는 제1항에 따라 학사학위취득을 유예한 학생에게 학점 이수 등 수강을 의무화하여서는 아니 된다. ③ 제1항에 따라 학사학위취득을 유예한 학생은 「교육관련기관의 정보공개에 관한 특례법」에 따른 각종 대학정보공시 등에서 재학생으로 보지 아니한다. ④ 제1항부터 제3항까지에서 규정한 사항 외에 학사학위취득 유예의 운영에 필요한 사항은 대통령령으로 정한다.

최근 교육공무원법 개정을 통해서 추천위원회의 선정 방법이 아닌 경우 교원이 합의한 방식을 "해당 대학 교원, 직원 및 학생의 합의된 방식과 절차에 따른 선정"으로 개정(2021.9.24.)하였는데, 각 대학들은 그 비율을 놓고 새로운 갈등에 직면하고 있다.[18]

공립대학의 장은 대통령령으로 정하는 바에 따라 해당 공립대학의 추천을 받아 지방교육공무원 인사위원회에 자문하여 지방자치단체의 장이 임용한다.[19] 교수·부교수·조교수는 공립대학의 장의 제청으로 지방자치단체의 장이 임용하고, 조교는 공립대학의 장이 임용한다.

한편 사립대학의 장(총장)은 장은 사립학교법에 의거하여 당해 학교를 설치·경영하는 학교법인 또는 사립학교경영자가 임용한다.[20] 각급 학교의 교원은 해당 학교법인 또는 사립학교경영자가 임용하되, 학교법인 및 법인인 사립학교경영자가 설치·경영하는 사립학교의 교원은 해당 학교의 장의 제청으로 이사회의 의결을 거쳐 임용한다(사립학교법 §53의2).

나. 교수회 지위와 역할

대학자치를 논할 경우 교수들의 집단인 교수회는 전통적으로 대학 내 자치활동의 중심적 위치에 서 있다. 그러나 고등교육법은 교수회에 관하여 규정을 두고 있지 않다. 다만, 고등교육법시행령 제4조는 학칙에 관한 언급에서 학칙에 기재사항 중 하나로서 제16호에 '교수회가 있는 경우에는 그에 관한 사항'을 필수 기재 사항으로 넣고 있다.

현재 교수회가 조직되어 있지 않은 대학은 없으며 대표적인 자치조직으로서 대학의 중추적 역할을 하고 있다. 대학에 따라서는 교수평의회 혹은 대학교수평의회를 통하여 학내 학칙을 비롯한 내규에 대한 심의기능을 담당하는 최고 기구로 설정되어 있기도 하다. 다만, 최근 정부가 법률개정을 통하여 사립대학에 두었던 대학평의원회를 국립대학에도 두도록 법을 개정함으로써 기존의 교수평의원회와의 역할재설정 등이 최대 현안이 되었다

단과대학의 경우에도 교수회 조직을 두는 경우가 대부분이다. 이 경우 단과대학 내의 교수들의 인사

---

18) 교육공무원법 제24조(대학의 장의 임용) ① 대학(공립대학 제외)의 장은 해당 대학의 추천을 받아 교육부장관의 제청으로 대통령이 임용한다. 다만, 새로 설립되는 대학의 장을 임용하거나 대학의 장의 명칭 변경으로 인하여 학장으로 재직 중인 사람을 해당 대학의 총장으로, 총장으로 재직 중인 사람을 해당 대학의 학장으로 그 임기 중에 임용하는 경우에는 교육부장관의 제청으로 대통령이 임용한다. ② 제1항 본문에 따른 대학의 장의 임용추천을 위하여 대학에 대학의 장 임용추천위원회를 둔다. ③ 추천위원회는 해당 대학에서 정하는 바에 따라 다음 각 호의 어느 하나의 방법에 따라 대학의 장 후보자를 선정하여야 한다. <개정 2021.9.24.> 1. 추천위원회에서의 선정 2. 해당 대학 교원, 직원 및 학생의 합의된 방식과 절차에 따른 선정 ④ 추천위원회의 구성·운영 등에 필요한 사항은 대통령령으로 정하되, 위원의 일정 비율 이상은 여성으로 한다.

19) 교육공무원법 제55조(공립대학의 장 등의 임용) ① 공립대학의 장은 대통령령으로 정하는 바에 따라 해당 공립대학의 추천을 받아 지방교육공무원 인사위원회에 자문하여 지방자치단체의 장이 임용한다. 다만, 새로 설립되는 공립대학의 장을 임용하거나 공립대학의 장의 명칭 변경으로 인하여 학장으로 재직 중인 사람을 해당 공립대학의 총장으로, 총장으로 재직 중인 사람을 해당 공립대학의 학장으로 그 임기 중에 임용하는 경우에는 지방교육공무원 인사위원회에 자문하여 지방자치단체의 장이 임용한다.

20) 사립학교법 제53조(학교의 장의 임용) ① 각급학교의 장은 당해 학교를 설치·경영하는 학교법인 또는 사립학교경영자가 임용한다. ② 제1항의 규정에 의하여 학교법인이 대학교육기관의 장을 임기중에 해임하고자 하는 경우에는 이사정수의 3분의 2 이상의 찬성에 의한 이사회의 의결을 거쳐야 한다.

및 보수 및 처우에 관한 사항, 교육과정 및 관련 내규의 개정의 경우 반드시 교수회의를 거치도록 되어 있는 경우가 대부분이다.

물론 단위 학과의 경우에도 학과 내의 중요한 교육과정 및 신임교수 및 강사의 추천, 학생의 입학전형 및 졸업 사정과 관련된 주요 사항을 결정할 경우 학과교수회를 거치는 것이 관례화되어 있고, 학과교수회는 대학 내 자치활동 중 풀뿌리 자치 기초조직이다.

다. 국립대학 대학평의원회의 신설

2017년 11월 28일 개정된 고등교육법은 대학 내 중요 사안에 대한 심의 및 자문기구로서 대학평의원회 설치를 입법화했다. 2007년 7월 27일 사립학교법 개정을 통해 사립대학에 대학평의원회 설치를 의무화한 이후 10년 만이다. 그러나 국·공립대학들은 기존의 교수들을 중심으로 하여 구성된 나름의 '대학평의원회' 혹은 '교수평의원회'를 학칙에 근거하여 운영하여 오고 있었으므로 법개정 후 양자간의 역할분담을 하는데 논란이 대학마다 재연되었다.

> 고등교육법 제19조의2(대학평의원회의 설치 등) ① 학교는 다음 각 호의 사항을 심의하기 위하여 교직원과 학생 등으로 구성되는 대학평의원회(이하 "대학평의원회"라 한다)를 설치·운영하여야 한다. 다만, 제2호 및 제3호는 자문사항으로 한다. 1. 대학 발전계획에 관한 사항 2. 교육과정의 운영에 관한 사항 3. 대학헌장의 제정 또는 개정에 관한 사항 4. 학칙의 제정 또는 개정에 관한 사항 5. 다른 법률에 따른 학교법인 임원 또는 개방이사추천위원회 위원 추천에 관한 사항(사립학교에 한정한다) 6. 그 밖에 교육에 관한 중요 사항으로서 학칙 또는 정관으로 정하는 사항
>
> ② 대학평의원회는 11명 이상의 평의원으로 구성하여야 하며, 교원, 직원, 조교 및 학생 중에서 각각의 구성단위를 대표할 수 있는 사람으로 구성하되, 동문 및 학교의 발전에 도움이 될 수 있는 자를 포함할 수 있다. 이 경우 어느 하나의 구성단위에 속하는 평의원의 수가 전체 평의원 정수의 2분의 1을 초과해서는 아니 된다.
>
> ③ 대학평의원회에 의장과 부의장 각각 1명을 두며, 평의원 중에서 호선한다. 이 경우 의장은 학생이 아닌 평의원 중에서 호선한다.
>
> ④ 평의원의 임기는 2년으로 한다. 다만, 학생인 평의원의 임기는 1년으로 한다.
>
> ⑤ 대학평의원회는 제1항 각 호의 사항의 심의에 필요한 경우 대통령령으로 정하는 바에 따라 학교의 장에게 관련 자료의 제출을 요청할 수 있다. 이 경우 그 요청을 받은 학교의 장은 특별한 사유가 없으면 이에 따라야 한다.
>
> ⑥ 대학평의원회는 회의의 일시, 장소, 발언 요지 및 결정사항 등이 기록된 회의록을 작성·보존하고 이를 공개하여야 한다. 다만, 개인의 사생활을 현저히 침해할 우려가 있다고 인정되는 사항 등 대통령령으로 정하는 사항에 대해서는 대학평의원회의 의결로 회의록의 전부 또는 일부를 공개하지 아니할 수 있다.
>
> ⑦ 그 밖에 대학평의원회의 구성·운영 등에 필요한 사항은 대통령령으로 정하는 바에 따라 해당 학교법인의 정관 및 학칙으로 정한다.[본조신설 2017. 11. 28.]

고등교육법시행령은 대학평의원회의 자료 요청 및 비공개 그리고 대학평의원회의 구성 운영에 등에 대하여 규정하고 있다. 사실 대학평의원회는 사립학교법을 통해 사립대학에 먼저 도입된 바 있었다. 즉, 2007년 7월 27일 전문개정을 통해서 다음과 같은 기능을 갖는 평의회가 심의·자문기구로 설치된 바 있다.[21]

---

21) 사립학교법 제26조의2(대학평의원회) ① 대학교육기관에 다음 각 호의 사항을 심의하게 하기 위하여 대학평의원회를 둔다. 다

라. 국립대학회계법과 대학재정위원회

과거 대학재정의 상당부분을 맡아왔던 대학기성회가 해산됨에 따라 2015년 3월 13일 '국립대학의 회계 설치 및 재정 운영에 관한 법률(약칭: 국립대학회계법)이 제정되었고, 2016년 1월 1일부터 시행되고 있다. 총장은 대학재정위원회가 의결한 대학등록금에 따른 대학회계의 예산 및 결산에 대하여는 반드시 따라야 한다.

이 법의 제정 목적은 "국립대학 재정 운영의 자율성과 효율성을 높여 국립대학의 공공성과 사회적 책임성을 확립하고, 나아가 학문 발전과 인재 양성 및 국가 균형 발전에 이바지"하는 것이다(§1). 그 적용범위는 고등교육법 제2조 각 호에 해당하는 학교 중 국가가 설립·경영하는 학교(부설학교 제외)에 대하여 적용한다(§2). 이 법은 다른 법률에 특별한 규정이 있는 경우를 제외하고 그 성질에 반하지 아니하는 한 고등교육법 제2조 각 호에 해당하는 학교로서 같은 법 제3조에 따른 지방자치단체가 설립·경영하는 공립학교(부설학교 제외)에 대하여 준용한다.

국립대학회계법 제4조(국가 및 지방자치단체의 지원)에 따르면, 국가는 국립대학의 교육 및 연구의 질 향상과 노후시설 및 실험·실습 기자재 교체 등 교육환경 개선을 위하여 필요한 재정을 안정적으로 지원하여야 한다. 국가는 종전의 각 국립대학의 예산, 고등교육예산 규모 및 그 증가율 등을 고려하여 인건비, 경상적 경비, 시설확충비 등 국립대학의 운영에 필요한 경비를 각각 총액으로 지원하여야 한다. 또한 국가는 각 국립대학에 지원하는 지원금의 총액을 매년 확대하도록 노력하여야 한다. 지방자치단체는 해당 지방자치단체가 추진하는 사업과 관련하여 필요한 경우 국립대학에 재정 지원을 할 수 있다.

제5조(국립대학의 의무)에 따르면, 국립대학의 장은 해당 대학의 재정을 건전하고 효율적으로 운영하여야 하며, 세출액이 세입액을 초과하지 아니하도록 하여야 하며 해당 대학의 중·장기 발전계획 및 재정 운용계획을 수립하고 이를 성실하게 이행하여야 한다.

제8조(재정위원회의 설치·운영)에 따르면, 국립대학에 재정 및 회계의 운영에 관한 주요 사항을 심의·의결하기 위하여 재정위원회를 두는데, 위원은 11명 이상 15명 이하로 하고 그 정수는 재정·회계규정으로 정하며, 당연직위원과 일반직위원으로 구성한다. 이 경우 일반직위원을 과반수로 한다. 재정위원회의 당연직위원은 재정·회계규정으로 정하고, 일반직위원은 다음 각 호[22)]의 사람 중에서 재정·회계규정으로 정하는 추천 절차를 거쳐 국립대학의 장이 임명 또는 위촉한다. 이 경우 일반직위원은 교원, 직원, 재학생을 각각 2명 이상 포함하여야 하며 해당 대학의 장은 일반직위원이 될 수 없다.

48설 대학총장선출방법, 대학평의원회 설치, 등록금조정위원회, 교수노조 신설 → 대학거버넌스의 변화

만, 제3호 및 제4호는 자문사항으로 한다. 1. 대학의 발전계획에 관한 사항 2. 학칙의 제정 또는 개정에 관한 사항 3. 대학헌장의 제정 또는 개정에 관한 사항 4. 대학교육과정의 운영에 관한 사항 5. 추천위원회의 위원의 추천에 관한 사항 6. 그 밖에 교육에 관한 중요 사항으로서 정관으로 정하는 사항 ② 대학평의원회의 조직 및 운영 등에 관하여 필요한 사항은 대통령령으로 정하는 바에 따라 정관으로 정한다.

22) 1. 해당 대학에 재직 중인 교원·직원 및 재학생 2. 해당 대학의 발전에 기여한 사람 3. 그 밖에 학교경영에 필요한 전문성과 경험이 있는 사람

4. 대학평가인증과 교수업적평가

가. 대학평가인증제등

대학의 책무성을 담보하기 위하여 고등교육법 제11조의2(평가 등)를 두고 있다. 이에 따르면, 학교는 교육부령으로 정하는 바에 따라 해당 기관의 교육과 연구, 조직과 운영, 시설과 설비 등에 관한 사항을 스스로 점검하고 평가하여 그 결과를 공시하여야 한다. 장관으로부터 인정받은 기관(인정기관)은 학교의 신청에 따라 학교운영의 전반과 교육과정(학부 · 학과 · 전공 포함)의 운영을 평가하거나 인증할 수 있다. 다만, 의학 · 치의학 · 한의학 또는 간호학에 해당하는 교육과정을 운영하는 학교는 대통령령으로 정하는 절차에 따라 인정기관의 평가 · 인증을 받아야 한다. 장관은 관련 평가전문기관, 학교협의체, 학술진흥을 위한 기관이나 단체 등을 인정기관으로 지정할 수 있다. 정부가 대학에 행정적 또는 재정적 지원을 하려는 경우에는 평가 또는 인증 결과를 활용할 수 있다.

나. 교수업적평가와 성과연봉제

(1) 교원 보수의 우대 원칙과 결정의 원칙

교원의 지위 향상 및 교육활동 보호를 위한 특별법(교원지위법)은 국 · 공립학교 교원의 보수가 특별이 우대 되어야하며, 사립학교 교원 역시 그에 준하여야 한다고 선언[23]하고 있다.교육공무원법 역시 교육공무원의 보수결정의 원칙은 보수 우대로 규정하고 있다.[24]

국가공무원법 역시 보수에 대하여 보수결정의 원칙과 보수의 종류를 규정하고 있는데, 제46조(보수결정의 원칙)에 따르면, 공무원의 보수는 직무의 곤란성과 책임의 정도에 맞도록 계급별 · 직위별 또는 직무등급별로 정한다. 다만, 각 호[25]의 어느 하나에 해당하는 공무원의 보수는 따로 정할 수 있다. 공무원의 보수는 일반의 표준 생계비, 물가 수준, 그 밖의 사정을 고려하여 정하되, 민간 부문의 임금 수준과 적절한 균형을 유지하도록 노력하여야 한다. 경력직공무원 간의 보수 및 경력직공무원과 특수경력직공무원 간의 보수는 균형을 도모하여야 한다. 공무원의 보수 중 봉급에 관하여는 법률로 정한 것 외에는 대통령령으로 정한다. 그리고 이 법이나 그 밖의 법률에 따른 보수에 관한 규정에 따르지 아니하고는 어떠한 금전이나 유가물(有價物)도 공무원의 보수로 지급할 수 없다.

---

23) 교원지위향상법 제3조(교원 보수의 우대) ① 국가와 지방자치단체는 교원의 보수를 특별히 우대하여야 한다. ② 「사립학교법」 제2조에 따른 학교법인과 사립학교 경영자는 그가 설치 · 경영하는 학교 교원의 보수를 국공립학교 교원의 보수 수준으로 유지하여야 한다.

24) 교육공무원법 제34조(보수결정의 원칙) ① 교육공무원의 보수는 우대되어야 한다. ② 교육공무원의 보수는 자격, 경력, 직무의 곤란성 및 책임의 정도에 따라 대통령령으로 정한다. 교육공무원의 경우 공무원보수규정상의 별표규정(유초중등교원과 대학교원 별도)을 따르고 있다.

25) 1. 직무의 곤란성과 책임도가 매우 특수하거나 결원을 보충하는 것이 곤란한 직무에 종사하는 공무원 2. 제4조 제2항에 따라 같은 조 제1항의 계급 구분이나 직군 및 직렬의 분류를 적용하지 아니하는 공무원 3. 임기제공무원

또한 국가공무원법 제47조(보수에 관한 규정)에 따르면, 공무원의 보수에 관한 사항[26]은 대통령령으로 정한다. 특수 수당과 상여금의 지급 또는 특별승급에 관한 사항은 대통령령등으로 정한다.

(2) 국립대학 교원의 성과연봉제

고등교육법이 직접적으로 교수의 업적평가를 언급하고 있지는 않다. 다만, 공무원보수규정을 통해서 국립대학 교원의 성과연봉 지급 규정이 예시되어 있다. 성과연봉을 지급함에 있어서 교육, 연구, 봉사 영역으로 나누어 평가하고 그 결과에 따라 차등 지급하는 방식이다.

대략의 기준은 평가 대상인원의 20% 최상의 교원은 성과연봉 기준액의 1.5배 이상−2배 미만, 30%에 해당하는 차상위 교원은 1.2−1.5배 미만, 40% 순위자는 기준액 이하, 10% 해당자는 미지급 방식으로 제시되어 있다. 다만, 총장은 10% 범위 내에서 조정가능하다.[27]

(3) 성과연봉제에 대한 위헌확인 소송

국립대학 교원의 성과연봉제에 대하여는 위헌확인 소송이 제기되었으나, 헌법재판소는 2013년 11월 28일 위헌 주장을 기각했다(공무원보수규정 제39조의2 위헌확인 소송, 2013.11.28. 2011헌마282·763(병합)).

주요 판시사항은 국립대학 교원의 성과연봉 지급에 대하여 규정한 공무원보수규정(2011. 1. 10. 대통령령 제22617호로 개정된 것) 제39조의2 제1항, 제3항, 제4항이 교원지위 법정주의에 반하여 청구인들의 학문의 자유를 침해하는지 여부(소극)와 이 사건 조항이 과잉금지원칙에 반하여 청구인들의 학문의 자유를 침해하는지 여부(소극)였다.

합헌 취지의 헌법재판소 결정요지는 성과연봉제는 학문의 자유를 침해하지 않으며, 침해의 최소성이 인정되고 법익의 균형성도 확보된 만큼 과잉금지 원칙에 반하여 청구인의 기본권을 침하지 않은 것으로 기각결정 하였다.

1. 이 사건 조항은 교육공무원법 제34조 및 제35조, 국가공무원법 제46조, 제47조 등의 위임에 따라서 교원 보수의 결정 기준이 되는 '자격, 경력, 직무의 곤란성 및 책임의 정도'를 보다 구체화하여 정한 것이므로, 교원지위 법정주의에 반하여 청구인들의 학문의 자유를 침해한다고 볼 수 없다.
2. 이 사건 조항은 국립대학 교원의 연구의욕 고취 및 교육의 수월성 제고를 통한 대학경쟁력 강화를 위한 것으로

---

26) 1. 봉급·호봉 및 승급에 관한 사항 2. 수당에 관한 사항 3. 보수지급방법, 보수의 계산, 그 밖에 보수지급에 관한 사항

27) 공무원보수규정 제39조의2(국립대학 교원의 성과연봉 지급) ① 연봉제 적용대상인 국립대학 교원의 성과연봉은 국립대학의 장이 정하는 바에 따라 일정 기간 동안의 교육·연구·봉사 등의 업적을 평가하여 그 결과에 따라 차등 지급한다. ② 제1항의 업적평가를 위하여 필요한 사항은 교육부장관이 따로 정할 수 있다. ③ 성과연봉은 대학별로 실시하는 성과평가 결과 평가 대상인원의 20퍼센트에 해당하는 최상위의 교원에게는 성과연봉 기준액의 1.5배 이상에서 2배 미만, 평가 대상인원의 30퍼센트에 해당하는 그 다음 상위의 교원에게는 성과연봉 기준액의 1.2배 이상에서 1.5배 미만, 평가 대상인원의 40퍼센트에 해당하는 그 다음다음 상위의 교원에게는 성과연봉 기준액 이하로 하여 각각 국립대학의 장이 정하는 금액을 지급하고, 평가 대상인원의 10퍼센트에 해당하는 그 밖의 교원에게는 지급하지 아니한다. 다만, 국립대학의 장은 필요한 경우 평가등급별 인원비율을 평가 대상인원의 10퍼센트 범위에서 각각 더하거나 빼어 조정할 수 있다. ④ 국립대학의 장은 성과연봉 기준액의 1.5배 이상에서 2배 미만의 금액을 지급받는 교원 중 해당 국립대학을 대표할 만한 탁월한 업적을 나타낸 교원을 선정하여 성과연봉 기준액의 2배 이상에 해당하는 금액을 지급할 수 있다. ⑤ 국립대학의 교원에 대한 성과연봉 기준액, 지급방법, 지급절차 및 그 밖에 성과연봉의 지급에 필요한 사항은 교육부장관이 기획재정부장관 및 인사혁신처장과 협의하여 정한다.

서 목적의 정당성 및 수단의 적합성이 인정된다. 또한, 이 사건 조항은 교원의 학문연구나 교육 등의 활동을 제약하거나 이를 일정한 방향으로 강요하고, 낮은 등급을 받은 교원에 대하여 직접적으로 어떤 제재를 가하는 것이 아니라, 평가결과에 따라 연봉에 상대적인 차등을 둠으로써 교원들의 자발적인 분발을 촉구할 뿐이고, 구체적인 평가기준이나 평가방법 등은 각 대학에서 합리적으로 설정하여 운영할 수 있으므로 침해의 최소성도 인정된다. 그리고 이 사건 조항으로 인하여 달성되는 공익이 그로 인하여 받게되는 불이익보다 크므로 법익의 균형성도 인정된다. 따라서 이 사건 조항은 과잉금지원칙에 반하여 청구인들의 학문의 자유를 침해한다고 볼 수 없다.

49설 공공성 담보를 위한 대학평가인증체제, 정부사업에 따른 대학통제, 교수업적평가제의 명분과 실제

5. 고등교육법의 쟁점 판례: 대학의 자율성 및 법인화

가. 대학의 자율성 기본권 주체로서 대학기관(92헌마68 · 76(병합))

(1) 사건의 개요 및 심판청구 이유

이 사건은 1994학년도 서울대학교 신입생선발입시안에 대한 헌법소원(92헌마68 · 76(병합))이다. 대원외고는 교육법시행령 제111조 제3항에 따라 외국어의 전문교육을 주로 하는 학교로서 같은 시행령 제112조에서 고등학교 교과로서 인정된 외국어 과목들을 다시 전공별로 세분하여 학과를 나누고 모든 재학생을 선택에 따라 1개 학과에 속하게 하여 그 학과에 따라 각각 다른 외국어를 교육시키는 외에는 일반의 고등학교와 동일한 교과과정에 따라 교육시키고 있었다. 그런데 서울대학교가 '94학년도 대학입학고사 주요요강'에서 일본어를 선택과목에서 제외시켰고 이 요강은 특별한 사정변경이 없는 한 1995학년도 대학입학고사에도 적용될 것이 분명하므로 1994학년도 및 1995학년도에 대학에 진학할 청구인들을 비롯하여 고등학교에서 일본어를 선택과목으로 공부한 학생들은 서울대학교를 입학하는 데 있어 큰 불이익을 입게 되었다. 교육부장관이 지정한 고교 과목 속에는 프랑스어, 독일어, 중국어, 에스파냐어와 함께 일본어도 외국어 교과의 선택과목의 하나로 채택되어 있고 그 때문에 청구인들을 비롯한 많은 학생들이 일본어를 선택하게 된 것인데 교육부의 방침을 믿고서 공부한 학생들이 대학입학시험에 불이익을 입게 된다는 것은 옳지 못하다고 청구인들은 심판을 청구한 것이다.

청구인들은 대학별 고사과목의 선택이 대학의 자율에 속한다 할지라도 이는 무한정한 자율이 아니며 대학별 고사과목에 제2외국어를 포함시킬 것이냐의 여부는 대학의 자율범위에 속한다고 할 것이나 제2외국어를 고사과목에 포함시키는 이상 교육법에서 인정된 제2외국어간에 차별을 두는 것은 대학의 자율범위를 벗어난 것이며 대학입학에 있어 부당하게 차별대우를 하는 것으로서, 헌법 제11조 제1항이 선언한 평등의 원칙에 위배하여 헌법 제31조 제1항이 보장하고 있는 균등하게 교육을 받을 권리를 침해한 것이라는 주장했다.

(2) 판결대상 조문

판결대상 조문은 서울대학교 94학년도 대학입학고사 주요요강(大學入學考査主要要綱) 중에서 인문계열 대학별고사의 제2외국어에 일본어를 제외한 요강 부분이다.

(3) 판시사항 및 결정요지

헌법재판소의 판시 사항은 다음 세 가지에 관하여 내려졌다. 첫째, 서울대학교가 발표한 대학입학고사주요요강은 사전안내로서 행정쟁송의 대상이 될 수 있는 행정처분이나 공권력의 행사는 될 수 없지만 그 내용이 국민의 기본권에 직접 영향을 끼치는 내용이고 앞으로 법령의 뒷받침에 의하여 그대로 실시될 것이 틀림없을 것으로 예상되어 그로 인하여 직접적으로 기본권 침해를 받게 되는 사람에게는 사실상의 규범작용으로 인한 위험성이 이미 현실적으로 발생하였다고 보아 헌법소원의 대상이 되는 공권력의 행사로 보았다.

둘째로 헌법상 교육의 자주성, 대학의 자율성 보장의 의의에 학문의 자유의 확실한 보장수단이자 대학에 부여된 헌법상의 기본권성을 인정했다.[28] 이는 '대학의 자율성 보장'에 대한 이후의 헌법재판에서 중요한 판례로서 인용되고 있다.

셋째로, 제2외국어에 일본어를 제외한 것에 대하여는 교육법시행령이 정한 제한 범위 내에서의 적법한 대학의 자율권 행사로서 이로 인한 경쟁에서의 불이익은 대학의 자율권 행사에 따른 반사적 불이익으로 보았다. 더불어 일본어 대신 고교 필수과목인 한문을 채택하였고, 2년 전에 발표하여 고교 1, 2학년에 대한 배려를 하였다는 점에서 교육의 기회균등을 침해하지 않았다고 보았다.

이렇듯 다수의견의 취지는 제2외국어로서 일본어를 제외한 대학입시요강의 발표는 헌법상의 대학의 자율성의 행사로서 제한의 방법이나 최소한의 권리 침해 관점에서 볼 때 교육의 기회균등을 침해한 것은 아니라고 판시했다.

동시에 별개의견(김진우, 이시윤)이 제시되었는데, 이러한 변경은 고교 2학년의 경우 이미 1년간 이전 일본어를 선택하여 공부한 신뢰이익을 침해한 것으로 보아야 하며, 대학의 적법한 자율권 행사의 결과 초래된 반사적 불이익으로 보는 다수의견에 반대하며, 다만, 신뢰이익 침해가 있었더라도 비례의 원칙에 반할 정도는 아니어서 헌법위반으로 보지는 않는다는 것이었다. 한편 재판관 조규광은 학생과 대학의 관계는 기본권 상호간 관계가 아닌 기본권 주체와 공권력담당자와의 관계로서 2학년의 경우는 대처할 수 있는 1학년과는 달리 종전 대학입시요강에 대한 신뢰를 저버린 것으로서 평등권, 균등한 교육받을 권리를 침해하는 것으로 위헌선언이 필요하다고 보았다. 재판관 김양균은 반대의견에서 신뢰보호 원칙에 위배하여 취학기회의 균등 및 수학권을 침해하는 것으로 1994년에 강행될 경우 경과조치의 미비로 위헌적인 공권력 행사가 된다고 보았다.

---

28) 【헌재판결】 헌법 제31조 제4항이 규정하고 있는 교육의 자주성, 대학의 자율성 보장은 대학에 대한 공권력 등 외부세력의 간섭을 배제하고 대학인 자신이 대학을 자주적으로 운영할 수 있도록 함으로써 대학인으로 하여금 연구와 교육을 자유롭게 하여 진리탐구와 지도적 인격의 도야라는 대학의 기능을 충분히 발휘할 수 있도록 하기 위한 것으로서 이는 학문의 자유의 확실한 보장수단이자 대학에 부여된 헌법상의 기본권이다(92헌마68 · 76(병합)).

(4) 판례 평석

국민적 관심사로 되어 있는 대학입시 요강에 대하여 수험생과 학부모가 대학을 상대로 낸 헌법소원이라는 점에서 시사하는 바가 적지 않았다. 무엇보다 대학의 자율성이 단순한 교육기관의 행정행위 상의 융통성이 아니라 공권력의 주체로서 헌법상 대학의 자율성 보장에 있어서 기본권의 주체라고 한 점은 큰 의미를 부여할 수 있다.

대학의 자율성의 향유 주체가 대학이라는 점을 명확히 하였고, 헌법상의 대학의 자율성 보장이 고등교육법의 제정과 해석 그리고 국가 및 지방자치단체가 대학에 관여할 경우에 자율성 보장 범위 내에서야 한다는 가이드라인도 제시한 것으로 해석할 수 있다. 또한 그 자율은 시설의 관리·운영, 학사관리 전반(연구와 교육의 내용, 그 방법과 그 대상, 교과과정의 편성, 학생의 선발, 학생의 전형등)에 걸쳐있음을 명확하게 해석하였다.29) 더불어 대통령령을 통해서 대학의 입학방법에 대하여 규제하는 것은 기본권 제한의 일반적 법률유보 원칙(필요한 최소한의 제한)에 따라 공공복리를 위해 허용될 수 있다고 본 것이다. 즉, 대학의 자율권 역시 제한의 대상이 된다는 입장이다.

이 사건으로 인해 요강 개정시 수험생의 권리에 대한 배려가 후속 입법으로 반영되었다. 즉, 대학의 전년도 입시요강에 의존하여 시험을 준비하는 수험생의 보호 관점에서 고교 1학년과 2학년의 신뢰보호 이익 범위에 대한 논란이 있었던바, 이후 입시요강 고시에 있어서 충분한 시간을 갖도록 법률을 개정하는 계기가 되기도 했다.30)

한편, 고1에 대하여도 위헌성을 인정하지 않은 반대의견과는 달리 재판관 김양균의 의견에는 주목할 만한 부분이 있다. 즉, 입시 요강 변경에 따른 영향요인을 단지 고1 혹은 고2, 3이라는 준비기간만으로 보지 않고, 영향을 받는 학생의 규모를 구체적으로 논거하였다는 점이다. 즉, "청구인 이외에도 현재 고등학교에서 일본어를 공부하고 있는 선의의 1학년, 2학년 학생 약 58만 명 특히 그 중에서도 일본어를 선택과목으로 하여 대학에 진학하고자 하는 약 3만여 명(서울대학 지망자는 1천여 명)의 학생"이라는 구체적 기본권 침해의 정도를 예시한 부분이다. 이는 판결로 인한 기본권 침해 구제의 사실적 실효성을 검증하는 동시에, 예상되는 공권력의 행사로부터 국민의 기본권 침해를 최소화할 수 있다는 점과 공익과의 비교형량을 보다 가시적으로 논거한 점은 평가받을 만하고, 일반적인 법해석적 접근에 더 나아가 법사회학

29) 【헌재판결】 대학의 자율성은 헌법 제22조 제12항이 보장하고 있는 학문의 자유의 확실한 보장수단으로 꼭 필요한 것으로서 이는 대학에게 부여된 헌법상의 기본권이다. … 대학의 자율은 대학시설의 관리·운영만이 아니라 … 학생의 선발, 학생의 전형도 자율의 범위에 속해야 하고 따라서 입학시험제도도 자주적으로 마련될 수 있어야 한다(92헌마68·76(병합)).

30) 고등교육법 제34조의5(대학입학 전형계획의 공표) ① 교육부장관은 다음 각 호의 어느 하나에 해당하는 사항을 정하거나 변경할 경우에는 해당 입학연도의 4년 전 학년도가 개시되는 날 전까지 공표하여야 한다. 1. 장관이 시행하는 시험의 기본방향 및 과목, 평가방법, 출제형식 2. 해당 입학연도에 학생이 대학에 지원할 수 있는 총 횟수 3. 그 밖에 대학 입학과 관련한 것으로서 교육부장관이 필요하다고 인정하는 사항 ② 장관은 앞의 사항을 정하거나 변경하려는 경우 공청회 및 정보통신망 등을 통하여 국민과 관계 전문가의 의견을 충분히 수렴하여야 한다. ③ 제10조에 따른 학교협의체는 매 입학연도의 2년 전 학년도가 개시되는 날의 6개월 전까지 장관이 공표하는 사항을 준수하여 입학전형에 관한 기본사항(대학입학전형기본사항)을 수립·공표하여야 한다. ④ 대학의 장은 입학전형을 공정하게 시행하고 응시생에게 입학에 대한 정보를 제공하기 위하여 매 입학연도의 전학년도가 개시되는 날의 10개월 전까지 대학입학전형시행계획을 수립하여 공표하여야 한다. 이 경우 대학의 장은 대학입학전형기본사항을 준수하여야 한다.

적 관점에서 의미있는 의견이었다.[31)]

나. 대학법인화의 합헌성(2011헌마612)

(1) 사건 개요 및 청구인 주장

이 사건은 대학법인화로 인하여 기본권을 침해받았다고 주장하며 국립대학법인 서울대학교 설립·운영에 관한 법률에 대한 위헌확인을 구한 판례이다(2011헌마612). 청구인들은 서울대 교직원과 서울대 재학생, 타대학 교직원, 일반시민들로서 국립대학 서울대학교를 법인인 '국립대학법인 서울대학교'로 전환하고, 소속 교직원들을 그 희망에 따라 공무원에서 퇴직하거나 법인 서울대의 교직원으로 임용하는 내용 등을 담고 있는 '국립대학법인 서울대학교 설립·운영에 관한 법률'이 제정(2010.12.27.)되자, 청구인들은 법 및 시행령의 일부 조항이 대학의 자율, 공무담임권 및 평등권 등을 침해하여 헌법에 위반된다고 주장하면서 헌법소원심판을 청구(2011.10.17.)한 사건이다.

(2) 심판대상 조문

구 국립대학법인 서울대학교 설립·운영에 관한 법률(2010.12.27. 법률 제10413호로 제정되고, 2013. 3. 23. 법률 제11690호로 개정되기 전의 것) 제3조(법인격 등) ① 국립대학법인 서울대학교는 법인으로 한다(②−③생략). 제7조(총장의 선출) ① 총장은 총장추천위원회가 추천한 후보자 중에서 이사회가 선출하여 교육과학기술부장관의 제청으로 대통령이 임명한다. ② 총장추천위원회는 이사회가 추천하는 사람, 국립대학법인 서울대학교 교직원 및 외부인사 등을 포함하여 30명 이내로 구성하되, 그 구성 및 운영에 관한 구체적인 사항은 정관으로 정한다.

(3) 판시사항 및 결정 요지

주요 결정요지는 이 소송에서 다른 대학 교직원, 서울대학교 재학생 및 일반시민의 기본권 침해 가능성 내지 자기관련성이 인정되는지 여부(소극), 둘째로 국·공유재산을 서울대학교에 무상 양도하거나, 재정 지원하도록 한 이 법률로 인해 서울대 교직원의 평등권을 침해할 가능성이 있는지 여부(소극), 이사회와 재경위원회에 일정 비율 이상의 외부인사를 포함하는 내용 등을 담고 있는 법규정들이 대학의 자율을 침해하는지 여부(소극), 총장의 간접선출을 규정한 규정이 대학의 자율을 침해하는지 여부(소극) 그리고 서울대 교직원의 공무원 지위 변동과 관련하여 서울대 교직원이 공무담임권 및 평등권을 침해하는지 여부(소극) 등이다. 특히 대학의 자율 침해와 관련된 외부인사 포함 부분과 총장의 간접선출 방식에 대하여 헌법재판소는 다음과 같이 결정했다.

학교법인의 이사회 등에 외부인사를 참여시키는 것은 다양한 이해관계자의 참여를 통해 개방적인 의사결정을 보장

---

31) 이는 교육법이 사법이나 악법으로 남지 않기 위해서는 규범적 타당성 이외에 사실적 실효성 검증을 위한 법현실에 대한 분석이 필요하다고 본다. 이는 법해석학적 방법 이외 법사회학적 접근을 시도하는 교육법학적 접근이기도 하다.

하고, 외부의 환경 변화에 민감하게 반응함과 동시에 외부의 감시와 견제를 통해 대학의 투명한 운영을 보장하기 위한 것이며, 대학 운영의 투명성과 공공성을 높이기 위해 정부도 의사형성에 참여하도록 할 필요가 있는 점, 사립학교의 경우 이사와 감사의 취임 시 관할청의 승인을 받도록 하고, 관련법령을 위반하는 경우 관할청이 취임 승인을 취소할 수 있도록 하고 있는 점 등을 고려하면, 외부인사 참여 조항은 대학의 자율의 본질적인 부분을 침해하였다고 볼 수 없다.
총장의 간접선출 조항은 교직원이 참여하는 총장추천위원회에서 추천한 후보자 중에서만 총장을 선출하도록 하고 있으므로 단순 임명제와는 달리 교직원의 의사가 어느 정도 반영되고 있으며, 총장추천위원회 운영에 관한 구체적인 사항을 정관에서 정하도록 위임하여 직접선거와 유사한 방식을 채택할 가능성도 열어 놓고 있으므로, 대학의 자율의 본질적 부분을 침해하였다고 볼 수 없다.

이 사건의 당사자의 주된 피해인 공무담임권 침해에 대하여도 정당한 입법목적과 적합한 수단을 인정했다. 즉, 여러 경과조치(희망퇴직 또는 법인고용의 선택권 부여, 일정기간 공무원 신분보유, 재직당시 연금수준 보장, 타부처 전출기회 부여 등)를 두어서 침해가 최소화되도록 했고, 법인화에 따른 공익(국립대학 경쟁력 제고)이 불이익(공무원 지위 상실)에 비하여 작지않은 법익균형을 갖춘 합헌적인 기본권 제한이라는 입장이었다.

(4) 판례 평석

대학법인화 문제는 오랜 논의 끝에 2010년에 법인화 법률을 제정하기에 이른 고등교육법의 현안 중에 하나이다. 2018년을 기점으로 대학진학 예정인 고등학교 3학년의 졸업예정자 수가 전체 대학입학 정원을 밑도는 수험생 부족상황이 전개되기에 이르렀다. 경쟁력을 갖추지 않은 대학들은 이러한 학생인구 감소와 향후 예견되는 인구절벽 시대를 맞아 경쟁력을 갖추지 않으면 살아남기 힘들 것이라는 것이 고등교육 대중화 시대를 맞는 한국의 대학에 대한 일반적인 전망이기도하다.

대학법인화의 입법취지는 대학의 경영을 외부 인사를 포함한 이사회체제로 전환하여 대학운영 및 의사결정 구조를 민주화함과 아울러 재정의 투명성과 투자의 유치 용이성을 담보하여 대학의 재정구조를 새롭게 함으로서 국제 경쟁력 있는 구조로 변화시키고자 하는데 취지가 있다. 분명 대학 구조개혁 정책의 일환으로 추진된 것으로 소개되고 있다.

결정 요지문에도 나와 있듯이 대학의 경쟁력 강화라는 공익이 기존의 교직원이 누리는 공무원 신분이라는 직업적 안정성을 잃는 사익침해에 비하여 결코 적지 않다는 법익균형 논리는 일면 타당성이 있어 보인다.

다만, 문제는 대학법인화가 대학의 경쟁력을 과연 담보할 것인가라는 점이다. 이는 법인화된 대학에 대한 사후적 검증으로는 확인하기 어려운 점이 있다. 즉, 서울대학교라고 하는 최상의 프리미엄(기업 및 외부, 정부 및 국외로부터 투자의 최우선 순위)을 누리고 있던 곳은 법인화의 무풍지대에 여전히 건재할 것이라는 점이다. 오히려 문제는 이러한 법인화가 경쟁력 기반이 약한 지방의 국립대학의 경우에는 인건비 절감을 위한 인력감축과 시설투자 감소로 인하여 오히려 교육경쟁력이 악화되는 악순환을 가져올 수도 있다는 점이다.

또한, 대학의 생존의 문제를 대학 자체보다는 외부인 정부 정책에 의하여 추진되어질 경우 자율적 운영을 생명으로 하는 대학자치의 관점에서도 바람직하지 못하다고 할 수 있다. 법 성립 이후 대학 법인화가 서울대학 이외에 다른 기존 국립대학에서 진행되고 있지 않은 것은 시사하는 바가 적지 않다.

대학법인화 법률은 서울대학을 투자하기 좋고, 대학에 이윤을 돌려주기 좋은 대학으로 만들어 놓은 것은 사실이나 다른 군소 국립대학에 대하여는 별다른 영향이 없는 법률이었다는 점에서 서울대학에 있어서는 정당성이 인정되나 다른 군소 국립대학에 있어서는 수용되기 어려운 것이 현실이다. 결국 과거와 마찬가지로 다른 국립대학들과는 달리 국립학교설치령이 아닌 서울대학교설치령에 의하여 그간 서울대가 누렸던 특혜를 법인화법을 통해 유지시킨 것 이외에는 이 법률의 별다른 입법적 의의를 발견하기는 당분간 어려울 전망이다.

50설 고등교육법상 입법불비의 대학의 자율성 규정, 서울대, 인천대 국립대학법인화의 명암

제 **11** 장

평생교육법규론

1. 평생교육법규 체계
2. 평생교육법
3. 학원 · 도서관 · 독학사 · 학점인정 관련 법규
4. 영유아 · 청소년 · 기타 평생교육법규
5. 평생교육법의 쟁점과 판례: 과외금지

평생교육법규는 교육기본법규, 학교교육법규와 더불어 3대 교육법규 체계를 형성하고 있다. 평생교육법규는 학교외 교육을 대상으로 한 법규들로서 그 시작은 사회교육법 제정에서 시작되었고, 현재는 평생교육법으로 개칭되었다. 오늘날에는 전 생애, 전 사회 영역에 있어서의 교육법으로서 독자적인 법 영역을 담당하고 있으면서도 학교교육법규를 보완하는 기능을 한다. 그러나 평생교육법의 고유한 역할은 학교교육법과는 대비된 개념으로서 학교 외 교육을 그 주된 대상으로 한다.

헌법 제31조 제5항을 통하여 국가에게 부여된 평생교육 진흥 의무는 국민의 교육기본권 영역에서도 필수적인 영역으로 자리잡고 있다. 평생교육이 국민의 전 생애를 통한 학습의 자유와 권리를 보장하는 것이라는 점에서 평생교육 입법정책은 중요한 법적 근거를 제공하고 있다.

2021년 9월 교육기본법 개정을 통하여 교육법상 '사회교육'은 온전히 '평생교육'으로 치환되었다. 교육기본법상 평생교육들은 평생교육 제도에 대한 기본적인 사항을 담고 있으면서 평생교육의 기본 방향을 제시하기도 한다. 지금까지 사회교육법규로 불리우던 교육법체계가 평생교육법규로 불리우게된 계기이기도하나 헌법 개정이라는 과제를 남겼다.

평생교육법은 평생교육법규의 중심적인 법률로서 국민의 평생 학습권을 선언함과 아울러 국가와 지방자치단체의 책무에 대하여도 언급하고 있다.

학원과외법은 학교교육 밖에 있으면서도 학생들의 삶과 학부모의 교육참여의 주된 장이기도 한 점에서 결코 그 비중을 소홀이 할 수 없는 법이다. 그 외 검토할 평생교육법규로 도서관법, 독학사법, 학점인정법 등을 살펴보기로 한다..

그리고 적용의 대상 면에서 영유아, 청소년, 직업교육 관련 법률 역시 평생교육의 한 영역으로 보아 주요 개념과 내용을 검토한다.

이 장의 쟁점으로는 국가에 의한 과외금지 조치(1980.7)에 대한 헌법재판소 위헌판결(2000.4)을 평석하였고, 사교육에 대한 대응책으로 제정된 선행교육규제법(2014.3)과도 비교 논의하였다.

제 11 장 평생교육법규론

1. 평생교육법규 체계

가. 평생교육법규의 의미와 범위

지금까지는 평생교육법규라는 용어보다는 사회교육법규라는 용어가 보편적으로 사용되어 왔다. 한국 교육법제상의 '평생교육'이라는 용어는 그 변천사로 인해 의미와 범위에 혼돈이 있어온 것이 사실이고 2021년 9월 24일 교육기본법 개정을 통해 '사회교육'을 대신하는 용어로 '평생교육'으로 치환되었다(2022. 3.25. 시행). 헌법 제31조 제5항에 '국가의 평생교육 진흥 의무'의 형태로부터 출발하고 있는 평생교육의 뜻을 밝히는 일은 교육법제사를 올바로 이해함은 물론, 교육법의 체계를 이해하는데 필수적인 과정이다.

첫째, 원래 사회교육법규는 학교교육법규의 상대 개념으로서 출발하였고, 지금의 평생교육법규와 동일하다. 과거에 사회교육은 학교 외 교육으로서 학교교육이 교육의 주류로 인식하던 시대적 산물이다. 현재에도 평생교육법상 평생교육은 학교외 교육, 즉 전통적인 사회교육에 다름 아니다. 다만, 학교 외 교육으로서 당시 사회교육에는 가정교육은 논의되지 못했다.

둘째, 과거의 사회교육이 제도화 및 법제화된 것은 정규교육과정의 혜택을 받지 못한 국민들에 대한 보충교육과 국민 계몽교육 차원의 성인교육을 제도화시키면서부터였다. 제정 교육법상 공민학교나 1960년대의 지역사회 학교 운동 등의 개념은 그 예라고 할 수 있다.

셋째, 사회교육은 국가 · 지방자치단체 · 민간이 운영하는 각종 문화 · 체육 시설의 교육적 활동의 측면에서도 사용되어왔다. 도서관, 박물관, 구민회관, 수련원, 체육관 등에 대한 공적 관리를 위하여 여러 사회교육법규가 마련되어갔던 것이다.

넷째, 평생교육이란 용어는 1980년 헌법 개정을 통하여 학교교육과 대비되는 개념으로 등장하였다. 즉, 당시 헌법 제29조 제5항에 '국가는 평생교육을 진흥하여야 한다'고 하여 국가가 학교교육의 유지 발전에 노력하는 것은 당연한 것을 전제로 특별히 평생교육에 대하여는 진흥시켜할 의무를 국가에 부여함을 강조한 것이 헌법정신이다. 적어도 제5항의 평생교육은 국민들이 생애에 걸쳐 학습할 자유와 권리를 보장하는 정책을 수립하고 추진하라는, 이른바 평생학습의 이념(당시에는 평생교육의 이념) 아래에서 국가가 국민에게 요람에서 무덤까지 보장하는 교육정책을 펴라는 것이 바로 이 규정을 신설한 헌법정신이었다고 본다.

따라서 헌법 개정 당시의 평생교육에는 가정교육, 학교교육, 사회교육을 포괄하는 개념으로 보는 것이 일반론이었다. 평생학습의 이념, 곧 생애에 걸친 학습이 가능하도록 국가의 평생교육 정책을 수립하여야 할 헌법적 근거였다. 이 규정은 지금도 평생학습 내지 생애학습의 이념을 규정한 의미로 해석함이 마땅하다. 곧바로 제정된 사회교육법이 그 증거이다.

그런데 문제는 제6항에서 교육제도 법률주의를 규정하면서 평생교육을 '학교교육 및 평생교육을 포함한 교육제도'라는 표현으로 학교교육과 병렬적 의미로 규정하고 있다는 점이다. 즉, "학교교육 및 평생교육을 포함한 교육제도와 그 운영, 교육재정 및 교원의 지위에 관한 기본적인 사항은 법률로 정한다"고 하였다. 그렇다고 한다면 응당 헌법 개정 직후인 1982년에 제정된 법률은 '사회교육법'이 아니라 '평생교육법'이 되었어야 했다. 아쉽게도 사회교육법으로 제정하면서 이것이 2022년 교육기본법 개정까지 40년을 끌어온 '사회교육법 & 평생교육법' 혼돈 역사의 아쉬운 출발점이 되었다. 국회에 제출된 2021년 9월의 교육기본법 개정안의 취지는 뒤늦게나마 '사회교육'을 '평생교육'으로 치환한다는 것이었다.

특히, 구 교육기본법 "제10조(사회교육) ① 국민의 평생교육을 위한 모든 형태의 사회교육은 장려되어야 한다"를 "제10조(평생교육) ① 전 국민을 대상으로 하는 모든 형태의 평생교육은 장려되어야 한다"로 개정한 것은 '교육이념'으로서 평생교육을 '교육영역'으로서 평생교육으로 사회교육법 제정 40년 만에 그리고 교육기본법 제정 25년 만에 치환한 것이다.

이제, 교육기본법 개정으로 말미암아, 법률상 평생교육 영역으로서 사회교육의 의미는 제거되었고, 학자 간에 논란이 되었던 헌법 제31조 제5항의 국가가 진흥하여야 할 평생교육이 곧 과거의 사회교육에 한정 할 것인가에 대한 해석이 남게 되었다.

다른 한편으로는 1982년에 사회교육법이 아니고 평생교육법으로 출발하였다면 이러한 지난한 논쟁은 불필요했을지도 모른다. 사실 1980년 헌법 개정시 문교부가 밝힌 평생교육의 취지 역시 학교교육과는 대비된 이른바 학교 밖의 교육임을 전제로 제안한 바 있다.[1] 이렇게 사회교육법이 된 것은 평생교육에 대한 용어가 아직은 정착단계 이전이었고, 평생교육보다는 익숙한 개념으로 사용되어 왔기 때문이다.

사실, 1949년 제정 교육법 당시 교육위원회 심의사항의 하나로 '14. 사회교육 기타 문화사업에 관한 사항'(§27)으로 이미 언급된 바 있었고, 같은 법에서 고등공민학교의 설립 취지에서 학령 초과자 및 성인을 대상으로 공민적 사회교육 기회를 부여한다는 부분(§137)에서도 사회교육이 언급된 바 있다. 물론, 최초의 정부 교육법 제안 역시 교육기본법, 학교교육법, 사회교육법으로 제안되었다는 점도 당시의 '사회교육' 중심의 법률 체계 인식을 읽을 수 있다. 대통령령 수준에서 제정된 '사회교육심의위원회규정(1965. 1.19.)'[2]이 최초였고 유일했다.

요약하면, 학교교육과 평생교육 법률주의를 선언한 헌법 규정에 따라 제정된 법률 명칭이 1982년의 사회교육법이 되었지만, 헌법 제31조 제5항의 국가진흥 의무의 영역인 '평생교육'은 여전히 학교교육, 사회교육 그리고 가정교육을 포괄하는 하나의 교육이념으로 해석되는 것이 바람직하다는 것이며, 향후 헌법 개정의 과제를 남겼다고도 할 수 있다.

---

1) 당시 문교부가 헌법 개정시 제출한 문서에는 평생교육의 의미를 학교 외 청소년교육, 성인교육(농민, 노동자 교육), 부녀자 교육, 노인교육, 취학전 교육, 대중교육으로 설명했다. 권영성 역시 학교교육과 평생교육을 별개의 교육형태로 규정하였다. 이러한 점 등을 들어 개정된 헌법 제31조 제5항의 평생교육은 곧 사회교육진흥 조항으로 해석하기도 한다. 권두승(2007), "제8장 한국에서의 평생교육법 연구 20년의 성과와 과제", 교육법학 연구 동향, 한국학술정보, 321면.

2) 사회교육심의위원회 규정 제1조(설치) 문교부장관의 자문에 응하여 사회교육 및 종교에 관한 사항을 조사·연구·심의하게 하기 위하여 문교부에 사회교육심의원회를 둔다.

평생교육 관련 법은 이미 행정 관할 부처 면에서는 교육영역을 넘어서는 범정부적 업무로 되었다고도 보여진다. 더불어 사회교육을 담당하던 박물관, 도서관, 청소년시설 등은 교육부 소관이 아닌 현재 문화체육관광부 소관 사항이기도 하다.

이렇듯 교육기본법에 까지 사회교육을 평생교육으로 치환되고 있는 시점에 이르러, 교육법의 체제를 교육기본법규, 학교교육법규, 사회교육법규로 통칭하는 것은 오히려 법체계의 혼란을 가중 시킬 것을 우려하여 저자는 「교육기본법」(2021.9.24. 개정, 2022.3.25. 시행) 개정과 더불어 '사회교육법규'를 '평생교육법규'로 개칭하여 명명[3]하고 있다. 그렇다고 하더라도 헌법 제31조 제5항이 말하는 국가의 '평생교육' 진흥 의무는 가정, 학교, 사회에 있어서 국민의 전 생애에 걸친 평생학습의 자유과 권리를 진흥시킬 의무로 해석함에는 변화가 없다. 향후 평생 학습권 중심의 교육기본권 보장을 내용으로 한 헌법 개정 과제라고 할 수 있다. 이점에서 지난 2021년 6월 평생교육법 개정[4]에서 모든 국민이 평생에 걸쳐 학습하고 교육받을 수 있는 권리를 보장을 이 법의 목적으로 하여 이른바 '평생 학습권' 보장을 새롭게 규정한 것은 진일보한 조치로 평가할 수 있다. 평생 학습권은 교육기본법에 구체화되어야 한다.

오늘날 현대사회에서 교육의 이념으로서 오랫동안 '평생교육'이 논의되어 왔고, '평생학습사회'를 전제로 한 정책이 1995년 5·31교육개혁에 표방된지도 사반세기가 지나고 있다. 학교교육과 대비되는 평생교육(=구 사회교육)으로 수용하더라도, 1980년 헌법에 규정된 평생교육 진흥의 헌법 정신은 국가에게 국민이 가정교육, 학교교육, 평생교육(구 사회교육)의 영역에서 전 생애에 걸쳐 학습권을 보장받을 수 있도록 진흥하도록 의무화한 것으로 보아야 할 것이다.[5]

1999년의 평생교육법 제정과 2021년 교육기본법상 평생교육 용어 치환으로 인하여 이제 사회교육은 평생교육으로 불리우게 되었다. 남은 과제는 헌법의 평생학습의 이념이 반영되는 규정으로 개정되는 것과 이것을 교육기본법에서 평생학습의 관점에서 보다 정비할 필요가 있다. 이른바 평생학습의 이념이 보다 구체적으로 표현될 필요가 있겠고, 이때 지금까지 누락되어온 '가정교육' 역시 기본적인 책임 소재와 지원의 의무를 규정할 필요가 있다.

결국, 평생교육법은 과거 사회교육을 전공하는 사람들이나 유관 기관을 위한 자기 목적적 법률이 아

3) 고전(2022), "제1장 교육법 개관과 교육법학", 대한교육법학회편, 교육법의 이해와 실제, 교육과학사, 28−30면 교육법의 체계 부분 참고.

4) 개정 평생교육법 제1조(목적) 이 법은 헌법과 교육기본법에 규정된 평생교육의 진흥에 대한 국가 및 지방자치단체의 책임과 평생교육제도와 그 운영에 관한 기본적인 사항을 정하고, 모든 국민이 평생에 걸쳐 학습하고 교육받을 수 있는 권리를 보장함으로써 모든 국민의 삶의 질 향상 및 행복 추구에 이바지함을 목적으로 한다.(2021.6.8. 개정)
구 평생교육법 제1조(목적) 이 법은 헌법과 교육기본법에 규정된 평생교육의 진흥에 대한 국가 및 지방자치단체의 책임과 평생교육제도와 그 운영에 관한 기본적인 사항을 정함을 목적으로 한다.
권두승 역시 평생교육법이 국민의 평생에 걸친 학습권을 보장하기 위하여 평생학습에 관한 권리 전반을 신장하는 평생학습에 관한 지원법의 성격으로 전환하여야 한다는 입장을 견지하며, 학점인정법 및 독학학위법의 근거 기본법으로 조항을 정비할 것을 제안한 바 있다. 권두승(2007), 앞의 책, 338−339면.

5) 이 점에서 교육관련 국책연구기관 중 유일하게 '국가' 명칭을 넣어서 '국가평생교육진흥원'이라 칭하면서 헌법 제31조 제5항에 근거한 것이라는 근거로 든 바 있는데, 명명 당시에도 지금도 여전히 학교 외 교육, 즉 구 사회교육만을 담당하는 것은 한계가 있다고 본다. 김신일 전 교육부장관을 비롯한 한국의 사회교육 연구자들이 1980년대 이후 노력해 온 나름의 결실이라고 그 영역에서는 평가받을 수 있겠으나, 국민의 교육기본권 관점에서는 평생 학습의 이념에 부합한 헌법과 평생교육법의 개정과 이에 부합한 국가평생교육진흥원 혹은 국가평생학습원이 되어야 할 것이다.

니고, 전 국민들의 생애에 걸친 학습권 보장을 위한 법으로 존재하도록 해야 한다. 명칭을 치환하였다고 하여 평생학습의 이념이 완성되는 것은 더더욱 아니며, 평생학습의 이념적 토대를 헌법과 교육기본법에 보다 명확하게 반영할 과제가 남아 있는 것이다.

과거에 사회교육법규로 불리우는 평생교육법규는 학교교육을 제외한 모든 형태의 평생학습을 위한 교육에 관한 법규를 총칭한다. 현재 국민의 평생학습에 관한 사항을 모두 담고 있지는 못한 '평생교육법' 이지만 교육법 체계상 평생교육법규의 토대가 되는 법률임에는 변함이 없다. 더불어 사회적 필요에 의하여 제정된 많은 평생학습을 위한 각종 법률 또한 평생교육법규로 보아야 할 것이다. 그런 측면에서 평생교육법 제4조가 평생교육 이념 조항을 통하여 나름의 평생학습의 취지를 반영하고, 제29조에서 학교에서의 평생교육 조항을 포괄하고 있는 것은 입법체계적으로 다소 혼돈을 초래하고 있는 것은 사실이나 평생학습 이념을 법제화하였다는 점에서는 일정 의의를 평가할 수 있다. 이러한 법체계상의 혼돈은 한국의 헌법과 사회교육법제 사회사를 통하여 그 연유를 이해할 필요가 있다.

나. 평생교육법규의 출발과 전개

1945년 해방이후, 3년 만인 1948년 7월 17일에 대한민국헌법이 제정되고 교육법은 40년대 마지막 날인 1949년 12월 31일에 제정되었다. 그러나 정부가 제안한 교육법안은 당초 교육기본법과 학교교육법 (1949.4.30.) 그리고 사회교육법안(1949.5.31.)이었다.

최초로 정부법안으로 준비되었던 사회교육 관계법은 처음에는 '성인사회교육법안'(1949.3.29.)으로 작성되었다가 다시 5월 3일에 '사회교육법안'으로 국무회의에 상정되었고, 국회에는 5월 31일에 이송되었다.[6] 당시 법안은 남아 있지 않으나 정태수는 동아일보(1949.5.4.) 기사를 인용하여 5개 조항을 소개한 바 있다.

정부 제출 사회교육법안(1949.5.4. 동아일보)

제1조 대한민국 국민에게 사회적 교양을 향상시키기 위하여, 특히 학교 교육을 받지 못한 자에게 성인 교육을 실시한다.

제6조 성인교육을 실시하는 학교의 종류는 공민학교, 고등공민학교 2종을 둔다.

제7조 공민학교의 설치 및 폐지에 관하여서는 시립 또는 도립학교는 문교부장관, 기타학교는 지방장관의 인가를 받아야 한다.

제9조 공민학교의 수업연한은 2년, 고등공민학교의 수업연한은 3년으로 한다.

제21조 국가 및 지방공공단체는 사회교육을 위하여 박물관, 도서관, 미술관, 동물원, 식물원, 체육관, 공설운동장, 공회당, 극장 기타 문화시설의 설치를 위하여 노력하여야 한다.

폐기되긴 했으나 정부 사회교육법안을 살펴볼 때, 당시의 사회교육은 학교교육 과정을 이수하지 못한 성인교육(공민학교, 고등공민학교)과 국가나 공공단체가 설치하는 박물관, 도서관, 미술관, 동물원, 식물

6) 정태수는 교육기본법과 학교교육법에 비하여 제안이 늦어진 것은 일본의 사회교육법(1949.6.10.)을 늦게 참고할 수 있었기 때문으로 보기도 한다. 정태수(1996), 한국교육기본법제 성립사, 예지각, 102-103면.

원, 체육관, 공설운동장, 공회당, 극장 등 기타 문화시설을 통한 사회교육으로 정도로 이해되고 있었다. 그러나 이 사회교육법안은 국회 내에서 논의 당시 교육기본법, 학교교육법과 더불어 일본의 교육법 체제와 유사하다는 이유로 폐기되었고, 대신 문교사회위원회는 통합 법안으로 「교육법」을 성안하여 본회의에서 통과되었다.7)

그러나 사회교육에 관한 사항은 제정 교육법에서는 학령초과자 공민교양 정책과 구, 시, 도 교육위원회 관장 사무로서 사회교육 기타 문화사업 그리고 제8절 공민학교와 고등공민학교에 대하여 언급하고 있는 것이 전부이다. 게다가 사회교육을 담당하던 도서관, 박물관, 수련시설에 관한 것들은 문화체육관광부 소관으로 법령으로 분류되어 교육법제에서는 다소 비껴있었다.

제10조 국가와 지방공공단체는 초등교육을 받지 못하고 학령을 초과한 자 또는 일반국민에게 민주국가의 공민으로서 필요한 교양을 갖추기 위하여 적절한 교육정책을 강구 실시하여야 한다.
제11조 공장, 사업장 기타교육에 이용할 수 있는 모든 시설은 그 본래의 용도에 지장을 주지 아니하는 한 교육을 위하여 이용할 수 있다.
제27조 구교육위원회의 의결을 요하는 사항은 다음과 같다
14. 사회교육 기타 문화사업에 관한 사항
제37조 특별시 또는 시의 교육위원회는 다음의 사무를 장리한다.
14. 사회교육 기타 문화사업에 관한 사항
제50조 도교육위원회의 심의를 요하는 사항은 다음과 같다.
11. 사회교육 기타 문화사업에 관한 사항

제8절 공민학교와 고등공민학교
제137조 공민학교와 고등공민학교는 초등교육을 받지 못하고 학령을 초과한 자 또는 일반 성인에게 국민생활에 필요한 보통교육과 공민적 사회교육을 실시함을 목적으로 한다.
제138조 공민학교의 수업연한은 3년이며 초등교육을 받지 못하고 학령을 초과한 자가 입학한다.
제139조 초등교육을 전연 받지 못한 성인에게 국문을 해득케 하기 위하여 공민학교에 성인반을 둔다. 성인반의 수업기간은 200시간 이상으로 한다.
제140조 1910년 1월 1일 이후 출생한 학령초과자로 국문을 해득하지 못하는 자는 공민학교 성인반의 교육을 받을 의무가 있다. 전항의 의무가 있는 자의 친권자, 후견인 또는 그를 사용하는 자도 또한 그를 취학시킬 의무가 있다. 의무독려 기타에 관한 사항은 대통령령으로 정한다.
제141조 교회, 공회당, 공장, 사무장 기타 사용 가능한 건물은 공민학교 교사로 사용할 수 있다.
제142조 고등공민학교의 수업연한은 1년이상 3년이며 초등학교 또는 공민학교를 졸업한 자가 입학한다.

교육법 제정 이후 한국전쟁이 발발하였고, 1952년부터 1980년까지 사회교육법안은 15차례에 걸쳐 수정안이 발의되기를 30여 년이 흘렀다. 1980년 5공화국에 평생교육이 언급된 것을 계기로 사회교육법은

7) 일본은 2차 대전 패전 후 미군정청에 의하여 이른바 민주헌법인 '일본국헌법'을 제정(1946.11.3. 공포, 1947.5.3. 시행 – 헌법기념일)하였고, 1947년 3월에는 교육에 관한 근본법으로서 교육기본법을 제정함과 동시에 학교교육법을 제정하였다. 1949년 6월 10일에 공포 시행된 사회교육법은 "학교교육법에 기반한 학교교육과정으로서 행해지는 교육활동을 제외한 주로 청소년 및 성인을 대상으로 행해지는 조직적인 교육활동(체육 및 레크레이션 활동 포함)을 말한다"고 규정(§2)한 바 있다. 공민관(구민회관), 박물관, 도서관이 대표적인 사회교육기관이다. 일본의 교육법에 대하여는 고전(2019), 일본 교육법학, 박영story, 462면 이하 참조.

1982년 12월 15일 국회에서 통과되기에 이르렀다.

이어 1999년 8월 31일 김대중 정부는 김영삼 정부의 교육개혁위원회에서 추진해오던 수요자(학습자) 중심의 평생학습 체제를 지향하는 입법(초기 명칭은 평생학습법)으로 사회교육법을 평생교육법으로 개정하기에 이르렀다.

다. 현행 평생교육법규 체계

사회교육 관련 법규범은 제정 교육법(1949) 당시에는 교육법에 학령초과 교육 및 교육위원회 업무에 간단히 언급되고 공민학교 규정이 있을 뿐이었다. 그 이후 사회교육을 담당하던 각종 시설들은 교육부가 아닌 타 부처에서 관장함에 따라 평생교육법규로 묶여질 수 없었다. 이는 1982년 사회교육법으로 1999년 평생교육법으로 이어지면서 사회교육 관련 기본법으로서 자리매김되었으나 여전히 각종 기관과 시설에 대한 관할권은 교육부 이외의 부처에서 관장해 왔고, 현재 평생교육을 담당하는 행정기관 역시 시도교육청보다는 시도청의 관련 부국에서 이를 관장하고 있는 형국이다.

이렇듯 사회교육 관련 법규는 교육부의 관장 범위를 넘어선 특징을 가지고 분화되어 왔고, 이에 따라 전 사회교육을 총괄하는 기본법이라기보다는 교육부가 관장하는 사회교육으로서 평생교육법에 한정된 결과를 낳기도 했다.

국법질서 체계로 볼 때, 사회교육법규의 최고의 법원(法源)은 헌법 제31조인 교육을 받을 권리, 이른바 교육기본권에 관한 조항이라고 할 수 있다. 헌법 제31조의 능력에 따른 균등한 교육을 받을 권리나 교육의 자주성·전문성·정치적 중립성 역시 사회교육기관에서도 지켜져야 하는 헌법적인 교육원리라고 할 수 있다. 사회교육과 관련된 보다 직접적인 규정은 제5항의 국가의 평생교육 진흥 의무라고 할 수 있다. 그러나 이 조항은 향후 헌법 개정시 평생 학습권 조항으로 수정하고 지방자치단체를 추가할 필요가 있다.

제6항[8]의 경우 평생교육제도에 대한 법률주의 원칙으로서 법적 안정성을 기하고 국민의 평생교육 활동이 행정부의 일방적 판단에 의하여 침해되거나 좌우되지 않도록 법적인 보장을 하고 있다고 할 수 있다.

이어서 교육제도와 그 운영에 관한 기본적 사항을 정한 교육기본법을 통하여 사회교육에 대한 헌법정신은 보다 구체화되어 있다.

평생교육 장려 원칙, 학교교육 이수로의 인정, 평생교육 법률주의(§10), 평생교육시설 설립경영 주체로서 국가 및 자자체(§11), 평생교육과정 학습자의 기본적 인권 존중 보호의 원칙(§12), 평생교육시설 설립경영자의 운용 관리 의무, 학습성과 및 과정 기록 관리 의무, 교육내용의 학습자 공개 원칙(§16), 지도·감독 기관으로서 국가와 지방자치단체(§17), 남녀평등 사회교육의 증진(§17의2), 평생교육을 통한 직업교육 시책 마련(§21), 해외동포를 위한 사회교육 실시의무(§29) 등이 규정되어있다. 관련 조항은 다음과 같다.

---

8) 헌법 제31조 ⑥ 학교교육 및 평생교육을 포함한 교육제도와 그 운영, 교육재정 및 교원의 지위에 관한 기본적인 사항은 법률로 정한다.

제10조(평생교육) ① 전 국민을 대상으로 하는 모든 형태의 평생교육은 장려되어야 한다. <개정 2021. 9. 24.>
② 평생교육의 이수(履修)는 법령으로 정하는 바에 따라 그에 상응하는 학교교육의 이수로 인정될 수 있다.
③ 평생교육시설의 종류와 설립·경영 등 평생교육에 관한 기본적인 사항은 따로 법률로 정한다.
제11조(학교 등의 설립) ① 국가와 지방자치단체는 학교와 평생교육시설을 설립·경영한다.
② 법인이나 사인(私人)은 법률로 정하는 바에 따라 학교와 평생교육시설을 설립·경영할 수 있다.
제12조(학습자) ① 학생을 포함한 학습자의 기본적 인권은 학교교육 또는 평생교육의 과정에서 존중되고 보호된다.
제16조(학교 등의 설립자·경영자) ① 학교와 평생교육시설의 설립자·경영자는 법령으로 정하는 바에 따라 교육을 위한 시설·설비·재정 및 교원 등을 확보하고 운용·관리한다.
② 학교의 장 및 평생교육시설의 설립자·경영자는 법령으로 정하는 바에 따라 학습자를 선정하여 교육하고 학습자의 학습성과 등 교육의 과정을 기록하여 관리한다.
③ 학교와 평생교육시설의 교육내용은 학습자에게 미리 공개되어야 한다.
제17조(국가 및 지방자치단체) 국가와 지방자치단체는 학교와 평생교육시설을 지도·감독한다.
제17조의2(양성평등의식의 증진) ② 국가 및 지방자치단체와 학교 및 평생교육시설의 설립자·경영자는 교육을 할 때 합리적인 이유 없이 성별에 따라 참여나 혜택을 제한하거나 배제하는 등의 차별을 하여서는 아니 된다.
제21조(직업교육) 국가와 지방자치단체는 모든 국민이 학교교육과 평생교육을 통하여 직업에 대한 소양과 능력을 계발하기 위한 교육을 받을 수 있도록 필요한 시책을 수립·실시하여야 한다.
제29조(국제교육) ② 국가는 외국에 거주하는 동포에게 필요한 학교교육 또는 평생교육을 실시하기 위하여 필요한 시책을 마련하여야 한다.

이러한 교육법의 대원칙으로 교육기본법에 규정된 평생교육은 초·중등교육법(공민학교 규정)이나 고등교육법(학점의 인정, 편입학, 원격대학) 상에도 부분적으로 평생교육 기능을 포함하고 있다는 점에서 평생교육의 법원(法源)의 기능을 하기도 한다.

그러나, 평생교육에 관한 보다 직접적인 법률은 평생교육법이라 할 수 있다. 이외에도 학원의 설립·운영에 관한 법률(학원과외법), 독학에 의한 학사학위 취득에 관한 법률(독학사법), 학점인정등에 관한 법률(학점인정법), 산업교육진흥 및 산학연협력촉진에 관한 법률(산업교육진흥법), 직업교육훈련촉진법, 자격기본법 그리고 재외국민의 교육지원등에 관한 법률(재외국민교육법) 등은 교육부과 주관하는 평생교육법규의 일종이다.

한편, 다른 부처에 속한 평생교육 기관 및 시설에 관련 된 법률로는 도서관법, 작은도서관진흥법, 박물관 및 미술관 진흥법, 국민체육진흥법, 생활체육진흥법(이상 문화체육관광부), 청소년기본법, 청소년보호법, 청소년복지지원법, 청소년활동진흥법, 가족친화 사회환경의 조성 촉진에 관한 법률(이상 여성가족부), 법교육지원법(법무부), 환경교육진흥법(환경부) 등도 평생교육의 일부를 담당한다는 점에서 평생교육의 법원을 이룬다.

표 11-1 평생교육법규 체계

헌법 제31조 제5항 국가의 평생교육진흥의무: ⑤ 국가는 평생교육을 진흥하여야 한다.
제6항 평생교육제도 법정주의: ⑥ 학교교육 및 평생교육을 포함한 교육제도와 그 운영, 교육재정 및 교원의 지위에 관한 기본적인 사항은 법률로 정한다.

교육부 관련 평생교육법규	문화체육관광부, 여성가족부, 법무부 등 관련 평생교육법규
교육기본법	도서관법(문)
평생교육법	작은도서관진흥법(문)
학원의 설립·운영에 관한 법률	박물관 및 미술관 진흥법(문)
독학에 의한 학위취득에 관한 법률	국민체육진흥법· 생활체육진흥법(문)
학점인정 등에 관한 법률	청소년기본법/청소년보호법(여)
산업교육진흥 및 산학연협력촉진에 관한 법률	청소년복지지원법/청소년활동진흥법(여)
직업교육훈련촉진법	가족친화 사회환경의 조성 촉진에 관한 법률(여)
자격기본법	법교육지원법(법무부)
재외국민의 교육지원등에 관한 법률	환경교육진흥법(환경부)

※ 권두승(1998), 사회교육법규론, 교육과학사, 26면에서 방송통신고등학교 설치기준령, 한국방송통신대학 설치기준령, 개방대학 설치운영 규정, 산업체특별학급 설치기준령, 각종학교에 관한 규칙, 소비자보호법, 소년원법, 자연보호법을 예시하기도 한다.

라. 평생교육법규의 법적 성격

평생교육법규는 평생교육법 만을 지칭하는 것이 아닌 평생교육 관련 법률 전반을 지칭하는 복합적인 개념이다. 기본적으로 교육법이 가지고 있는 특성을 갖고 있다. 그 첫째가 공법(公法)도 사법(私法)도 아닌 제3의 법으로서 평생교육 관계를 다루는 교육특수법으로서 성격을 갖는다.

다음으로 내용상 측면에서 평생교육법 역시 교육인권법 및 교육조성법으로서 성격을 갖는다. 학교교육 못지않게 중요한 영역이 사회이므로 평생에 걸친 교육기본권의 실현 차원에서 평생교육법은 인권의 실현에 기여하게 된다는 관점에서이다. 그리고 규제법이 아닌 평생교육활동을 지원하는 조성법으로서 성격을 기본적으로 갖는다. 물론, 교육기관으로서 행정기관과의 관계에서 지도·감독 및 보고·지시의 영역이나 규정 위반에 대한 규제 및 벌칙이 없는 것은 아니지만, 기본적으로 국민의 평생 학습권을 조성하고 이에 소요되는 인적 물적 자원을 지원하는 법이다.

끝으로 법 적용상의 측면에서 평생교육법은 특별법과 일반법으로서 성격을 동시에 갖는다. 특정한 평생교육대상자 만을 상대로 하는 입법의 경우에는 특별법적 성격을 띠게 되지만, 불특정 다수를 상대로 한 평생교육의 영역과 대상 측면에서 보면 국민 전체를 위한 일반법으로서 성격도 동시에 갖는다.

51설 사회교육법규 → 평생교육법규로의 전환 의미, 국가의 평생교육진흥 의무와의 관계 재해석

2. 평생교육법

가. 제정 배경

「평생교육법」(1999.8.31. 제정, 2000.3.1. 시행)은 기존의 사회교육법을 개정한 것으로 평생교육법규의 모법(母法)이자 기초 법률로서 의미를 갖는다. 내용은 5개장 32개 조항으로 구성되어 있다.

본래 사회교육 관련 법률의 원류는 해방 후 문맹퇴치를 목표로 발령된 고등공민학교 규정(1948. 1.13.)에서 찾을 수 있으나 교육법 규정으로 흡수되었고, 1950년을 전후하여 생겨난 기술학교 및 고등기술학교들에 관한 것들도 마찬가지였다. 이어 1952년에는 문교부 성인교육과 주관으로 사회교육법 제정 방안이 논의되었으나 성안되지 못하였다. 한편, 사회교육의 한 영역을 담당한다 할 수 있는 학원에 대하여는 학원의 설립·운영에 관한 법률이 별도로 제정(1961.9.18.)되었고, 1963년에는 도서관의 설치·운영에 관한 사항을 정한 도서관법이 제정되기도 하였다. 그러나 보다 본격적인 사회교육 관련법의 제정은 제5공화국 헌법 개정에서 국가의 평생교육 진흥의무가 명문화되면서 더욱 가시화되었는데 그 첫째 법안이 사회교육법이였다.

그런데 「사회교육법」(1982.12.31. 법률 제3648호)이 공포된 이후 3차에 걸쳐 부분적으로 개정되었으나 급변하는 사회변화에 법적·제도적으로 따라가지 못하고, 특히 21세기 지식기반사회를 맞이하여 평생학습의 중요성이 날로 증가하여 새로운 틀의 법령마련이 대두됨에 따라 개정한다는 것이었다. 정부는 그동안 교육공급자 중심의 닫힌 사회교육체제를 수요자(학습자)중심의 열린 평생학습체제로 개편하기 위해 교육개혁의 핵심 과제로 평생교육법 제정을 추진하게 되었다.

사회교육법을 평생교육법으로 개정하면서 있었던 주요 변화를 정리하면 다음과 같다.

첫째로 직장인들의 계속교육 및 재교육 등을 통한 자아실현과 안정적인 교육기회 확대를 위해 각 직장의 실정에 따라 유급 또는 무급으로 학습휴가를 실시하거나 학습비를 지원할 수 있는 유·무급학습휴가제를 도입하고 있다.

둘째로 평생교육의 종합연수·연구 및 정보센터의 기능 등을 수행하기 위하여 민간교육·연구기관 및 단체를 지정하여 중앙단위의 평생교육원을 운영하고, 기존의 평생교육시설을 활용하여 시·도단위의 지역평생교육정보센터와 시군구·읍면동단위 평생학습관을 운영토록 하였으며, 또한, 국민의 학습권과 학습자의 선택권을 최대한 보장하기 위해 국가 및 지방자치단체는 기관중심보다는 학습자에게 공공학습비를 지원할 수 있도록 규정하고 있다.

셋째로 사업장에 고용된 종업원을 대상으로 고용주의 경비부담을 원칙으로 사내대학을 양성화하여 전문대 및 대학의 학력·학위인정을 부여하고, 방송, 케이블TV, 정보통신매체센터 등을 통한 방송통신교육의 민간인 참여를 확대하여 다양한 원격교육을 실시하고, 이를 산·학·연·관 협동학습체제와 연계하여 직장 내 학습과 재택학습 기회를 확대하며, 특히 원격대학, 원격연수원, 원격학원 등을 통한 21세기형의 다양한 학위과정과 비학위과정을 개설하고, 국내외 학교 및 평생교육기관 간에 원격교육을 통해서 전문대 및 대학과정의 학점 및 학위 등을 상호 인정하여 원격교육기회를 확대토록 규정하고 있다.

넷째로 도자기(청자, 백자), 소리(창)등 우리민족 전래의 전통문화예술 등에 있어 인간문화재로 지정된 명인 등으로부터 일정한 교육을 받은 자에게 그에 상응하는 학력을 인정하는 문하생 학력인정제도를 도입하였다.

다섯째로 민간자본의 교육훈련, 연구용역, 프로그램개발, 평생교육기관의 경영진단 및 평가, 지식정보제공 등 교육훈련산업에 투자를 촉진하여 지식·인력개발사업을 진흥·육성토록 규정하고 있다.

여섯째로 교육전문인적자원 등을 대학의 시간강사, 각종연수기관의 강사요원, 적성특기교육활동의 강사 등으로 활용하기 위하여 강사정보은행제를 신설하고 있으며, 국민의 평생학습을 촉진시키기 위하여 개인의 학습경험을 종합적으로 누적관리하는 교육구좌제를 운영하여 효율적인 인간자원을 개발 관리하도록 규정하고 있다.

끝으로 당시 「사회교육전문요원」을 「평생교육사」로 명칭을 변경하고 그 역할과 기능도 평생교육의 기획·진행·분석 및 평가 업무 전담과 교수역할을 추가하여 전문성과 능력있는 평생교육담당자를 양성하여 양질의 평생교육을 실시토록 하였다.

한편, 2007년 12월 평생교육법 개정은 그 개념과 추진 체계에 커다란 변화를 가져왔다. 우선, 평생교육 개념을 "학교의 정규교육과정을 제외한 학력보완교육, 성인 기초·문해 교육, 직업능력 향상교육, 인문교양교육, 문화예술교육, 시민참여교육 등을 포함하는 모든 형태의 조직적인 교육활동"으로 보다 구체적으로 정의하여 평생교육의 활동내용을 제시했다.

동시에, 평생교육의 활성화를 위하여 국가와 광역·기초 자치단체 단위의 추진체제를 정비하였다. 당시 교육인적자원부장관은 5년마다 평생교육진흥기본계획을 수립하고, 시·도지사는 평생교육진흥 기본계획에 따라 연도별 평생교육진흥시행계획을 시·도교육감과 협의하여 수립·시행하는 것으로 개정되었다. 또한 평생교육의 총괄적인 집행기구로서 한국교육개발원의 평생교육센터·학점은행센터, 한국방송통신대학교의 독학학위검정원 3개의 기관을 통합하여 「국가평생교육진흥원」을 설립하도록 했다. 시·도지사로 하여금 시·도평생교육진흥원을 설치 또는 지정·운영할 수 있도록 하거나, 시·도교육감으로 하여금 시·군·구에 평생학습관을 지정 또는 설치·운영하며, 기초자치단체의 장에게는 평생학습관의 설치 또는 재정적 지원 등 지역 평생교육 진흥 사업을 실시할 수 있도록 하는 개정도 이때 이루어졌다.

2009년 5월 평생교육법 개정을 통해서는 평생학습프로그램에 대한 평가인정의 근거를 규정하고, 평생교육기관이 부정한 방법으로 평가인정을 받은 경우에는 시정명령을 하거나 평가인정에 대한 취소를 할 수 있게 하며, 일과 학업을 병행하는 사내대학의 입학대상을 확대하여 사내교육의 접근성을 강화하고자 하였다.

2016년 5월 개정에서는 장애인을 위한 평생교육이 강화되었다. 국가와 지방자치단체는 장애인평생교육에 대한 정책을 수립·시행하도록 하고, 교육부장관이 평생교육진흥기본계획을 수립할 때, 장애인의 평생교육진흥계획 등을 함께 수립하도록 했다(§5② 신설, §9②). 시·도평생교육협의회 및 시·군·자치구 평생교육협의회의 위원에 장애인 평생교육 전문가를 포함하도록 했다(§12④, §4③). 더불어 국가장애인평생교육센터 근거조항을 두었고(§19의2 신설), 특수교육법상의 장애인 평생교육시설과 교육과정 부분을 이관시켜 규정했다(§20의2, §21의2 신설).

2019년 4월 개정에서도 장애인 평생교육을 체계적이고 지속적으로 실시하기 위하여 유기적인 협조체제를 구축하도록 강조되었고(§20②), 장애인 평생교육 종사자에 대한 인권교육을 신설했다(§19의2 신설).

2021년 6월 8일 개정에서는 몇 가지 주목할 만한 변화가 있었다. 우선 평생교육의 목적을 모든 국민이 평생에 걸쳐 학습하고 교육받을 수 있는 권리를 보장함으로써 모든 국민의 삶의 질 향상을 도모하는 것으로 수정하였다(§1). 단순히 평생교육제도와 그 운영에 관한 기본적인 사항을 정한다는 구법의 목적에 비하여 보다 헌법정신에 부합한 규정이라고 할 수 있다. 이른바 '평생 학습권' 보장을 평생교육법의 목적 조항에 넣은 것이다. 또한 적합한 평생교육을 선택하고 참여할 수 있도록 국가 및 지방자치단체가 상담 및 지원활동을 하도록 했고(§5⑤ 신설), 장관은 국가 및 지방자치단체에서 추진하는 평생교육사업에 대해 조사·분석하고, 그 결과를 관계 기관의 장에게 통보하고 평생교육진흥위원회에 제출하도록 했으며(§9의2 신설), 장애인 평생학습도시와 관련된 사항을 규정하고, 장애인 평생학습도시 활성화를 위하여 국가는 대통령령으로 정하는 바에 따라 관계 중앙행정기관의 장 및 유관기관 등이 참여하는 협의체를 구성·운영할 수 있도록 하는 한편(§15의2 신설), 평생교육 이용권 제도를 도입했다(§16의2, §16의3 신설).

나. 주요 내용

평생교육법(2021.6.8. 개정)은 8개장 46개 조항으로 구성되고, 주요 내용은 평생교육의 이념 및 교육과정, 공공시설의 이용, 평생교육 설치자의 역할 등을 규정하고 있으며, 평생교육에 있어서 국가 및 지방자치단체의 의무를 구체적으로 규정하고 있으며, 평생교육센터 및 지역평생교육정보센터의 운영, 평생교육사의 양성 및 자격부여, 평생교육기관 그리고 문해교육 등에 관하여 언급하고 있다.

(1) 평생교육의 정의와 이념

평생교육법 제2조는 평생교육을 "학교의 정규교육과정을 제외한 학력보완교육, 성인문자해득교육, 직업능력 향상교육, 인문교양교육, 문화예술교육, 시민참여교육 등을 포함하는 모든 형태의 조직적인 교육활동"으로 정의한다. 과거 사회교육법과 제정 평생교육법[9]에서 '학교 외 교육'으로 개념 정의한 것과 비교하면 구체적인 영역을 예시한 특징이 있다.

평생교육법의 목적은 "헌법과 교육기본법에 규정된 평생교육의 진흥에 대한 국가 및 지방자치단체의 책임과 평생교육제도와 그 운영에 관한 기본적인 사항을 정하고, 모든 국민이 평생에 걸쳐 학습하고 교육받을 수 있는 권리를 보장함으로써 모든 국민의 삶의 질 향상 및 행복 추구에 이바지함"으로 하고 있어서 평생 학습권의 보장을 제1 목적으로 하고 있으며, 헌법과 교육기본법의 연계성을 강조하고 있다.[10]

---

9) 제정 평생교육법(1999.8.31.)에는 "평생교육이라 함은 학교교육을 제외한 모든 형태의 조직적인 교육활동을 말한다"고 한 반면, 2007년 개정 평생교육법에서 지금과 같은 규정이 되었다. 구 사회교육법(1982−1997)에서는 "사회교육이라 함은 다른 법률에 의한 학교교육을 제외하고 국민의 평생교육을 위한 모든 형태의 조직적인 교육활동을 말한다"는 규정과 대비된다.
평생교육법 제2조(정의) 이 법에서 사용하는 용어의 정의는 다음과 같다. <개정 2014.1.28.>
1. "평생교육"이란 학교의 정규교육과정을 제외한 학력보완교육, 성인 문자해득교육, 직업능력 향상교육, 인문교양교육, 문화예술교육, 시민참여교육 등을 포함하는 모든 형태의 조직적인 교육활동을 말한다.

10) 과거 사회교육법(1982년 제정)상 목적은 "모든 국민에게 평생을 통한 사회교육의 기회를 부여하여 국민의 자질을 향상케 함으

평생교육법에 표현된 평생교육의 이념은 네 가지로서, 균등한 기회의 보장, 자유로운 참여와 자발적 학습, 정치적 중립, 사회적 대우(자격과 학력인정 등) 등이다.

제4조(평생교육의 이념) ① 모든 국민은 평생교육의 기회를 균등하게 보장받는다.
② 평생교육은 학습자의 자유로운 참여와 자발적인 학습을 기초로 이루어져야 한다.
③ 평생교육은 정치적 · 개인적 편견의 선전을 위한 방편으로 이용되어서는 아니 된다.
④ 일정한 평생교육과정을 이수한 자에게는 그에 상응하는 자격 및 학력인정 등 사회적 대우를 부여하여야 한다.

(2) 국가 및 지방자치단체의 책임과 평생교육진흥계획

평생교육법은 국가 및 지방자치단체로 하여금 국민과 장애인을 위한 평생교육진흥정책을 수립 · 추진하고 소관 단체 · 시설 · 사업장 설치자에게 평생교육을 적극 권장토록 하며, 이들 모두는 평생학습기회를 확대하기 위하여 유급 또는 무급의 학습휴가를 실시하거나 도서비 · 교육비 · 연구비 등 학습비를 지원할 수 있도록 하고 있다.

교육부장관은 5년마다 평생교육진흥기본계획을 수립하고 있고, 평생교육진흥정책에 관한 주요 사항을 심의하기 위하여 교육부장관 소속으로 평생교육진흥위원회를 두고 있다. 시 · 도지사는 기본계획에 따라 연도별 평생교육진흥시행계획을 수립 · 시행하고 있고, 이 경우 시 · 도교육감과 협의하고 있다. 시행계획의 수립 · 시행에 필요한 사항을 심의하기 위하여 시 · 도지사 소속으로 시 · 도평생교육협의회를 두고 있다. 이어 시 · 군 및 자치구에는 지역주민을 위한 평생교육의 실시와 관련되는 사업간 조정 및 유관기관간 협력 증진을 위하여는 시 · 군 · 자치구평생교육협의회를 법정기구로 두고 있다.

(3) 국가평생교육진흥원 등 각종 지원기관

국가는 평생교육진흥과 관련된 업무를 지원하기 위하여 국가평생교육진흥원을 설립했다. 이 기관은 평생교육 관련 지원 및 조사업무, 진흥위원회의 기본계획 수립 지원, 프로그램 개발, 평생교육사등의 양성 · 연수, 시 · 도평생교육진흥원의 지원, 학점인정 및 독학사를 위한 학점 · 학력인정 업무, 학습계좌의 통합 관리 · 운영, 문해교육 관리 · 운영 등을 수행한다(§19).

한편, 장애인의 평생교육진흥과 관련된 업무를 지원하기 위하여 국가장애인평생교육진흥센터를 두고 있다. 시 · 도지사는 시 · 도평생교육진흥원을 둘 수 있고, 장애인평생교육시설 등을 설치하거나 지정 · 운영할 수 있다. 시 · 도교육감 또한 장애인평생교육시설을 둘 수 있으나, 평생학습관은 반드시 설치 또는 지정 · 운영하여야 한다. 시장 · 군수 · 자치구의 구청장은 평생학습센터를 설치하거나 지정하여 운영할 수 있다. 국민의 개인적 학습경험을 종합적으로 집중 관리하는 제도인 학습계좌제를 실시하는 것은 교육부장관의 의무이다.

로써 국가사회의 발전에 기여한다"고 되어 있다.

(4) 평생교육사

평생교육사 자격을 발급하는 자는 교육부장관이며 다음과 같은 경우에 자격을 부여한다.

1. 고등교육법 제2조에 따른 학교(대학) 또는 이와 같은 수준 이상의 학력이 있다고 인정되는 기관에서 교육부령으로 정하는 평생교육 관련 교과목을 일정 학점 이상 이수하고 학위를 취득한 사람
2. 학점인정 등에 관한 법률 제3조 제1항에 따라 평가인정을 받은 학습과정을 운영하는 교육훈련기관(학점은행기관)에서 교육부령으로 정하는 평생교육 관련 교과목을 일정 학점 이상 이수하고 학위를 취득한 사람
3. 대학을 졸업한 사람 또는 이와 같은 수준 이상의 학력이 있다고 인정되는 사람으로서 대학 또는 이와 같은 수준 이상의 학력이 있다고 인정되는 기관, 제25조에 따른 평생교육사 양성기관, 학점은행기관에서 교육부령으로 정하는 평생교육 관련 교과목을 일정 학점 이상 이수한 사람
4. 그 밖에 대통령령으로 정하는 자격요건을 갖춘 자

평생교육사는 평생교육의 기획·진행·분석·평가 및 교수업무를 수행한다. 평생교육사의 등급, 직무범위, 이수과정, 연수 및 자격증의 교부절차 등에 필요한 사항은 대통령령으로 정한다. 교육부장관은 평생교육사의 양성과 연수에 필요한 시설·교육과정·교원 등을 고려하여 대통령령으로 정하는 바에 따라 평생교육기관을 평생교육사 양성기관으로 지정할 수 있다. 평생교육사를 배치해야하는 기관은 시·도평생교육진흥원, 장애인평생교육시설, 시·군·구평생학습관 등이다.

(5) 평생교육기관

평생교육기관의 설치자는 다양한 평생교육프로그램을 실시하여 지역사회 주민을 위한 평생교육에 기여하여야 한다. 평생교육기관의 설치자는 특별시·광역시·도·특별자치도의 조례로 정하는 바에 따라 평생교육시설의 운영과 관련하여 그 시설의 이용자에게 발생한 생명·신체상의 손해를 배상할 것을 내용으로 하는 보험가입 또는 공제사업에의 가입 등 필요한 안전조치를 하여야 한다. 학력인정 평생교육시설의 설립 주체는 사립학교법에 따른 학교법인 또는 공익법인의 설립·운영에 관한 법률에 따른 재단법인으로 한다. 평생교육법 제29조에는 학교의 평생교육에 대하여 다음과 같이 규정되어 있다.

제29조(학교의 평생교육) ① 초·중등교육법 및 고등교육법에 따른 각급학교의 장은 평생교육을 실시하는 경우 평생교육의 이념에 따라 교육과정과 방법을 수요자 관점으로 개발·시행하도록 하며, 학교를 중심으로 공동체 및 지역문화 개발에 노력하여야 한다. ② 각급학교의 장은 해당 학교의 교육여건을 고려하여 학생·학부모와 지역 주민의 요구에 부합하는 평생교육을 직접 실시하거나 지방자치단체 또는 민간에 위탁하여 실시할 수 있다. 다만, 영리를 목적으로 하는 법인 및 단체는 제외한다. ③ 학교의 평생교육을 실시하기 위하여 각급학교의 교실·도서관·체육관, 그 밖의 시설을 활용하여야 한다. ④ 학교의 장이 학교를 개방할 경우 개방시간 동안의 해당 시설의 관리·운영에 필요한 사항은 해당 지방자치단체의 조례로 정한다.

학점은행기관의 장은 교육부장관의 평가인정을 받은 학습과정 운영을 통하여 평생교육을 실시한다. 각급 학교의 장은 학생·학부모와 지역 주민을 대상으로 교양의 증진 또는 직업교육을 위한 평생교육시

설을 설치·운영할 수 있다. 평생교육시설을 설치하는 경우 각급학교의 장은 관할청에 보고하여야 한다. 대학의 장은 대학생 또는 대학생 외의 자를 대상으로 자격취득을 위한 직업교육과정 등 다양한 평생교육과정(평생교육원등)을 운영할 수 있다.

학교형태의 평생교육시설을 설치·운영하고자 하는 자는 대통령령으로 정하는 시설·설비를 갖추어 교육감에게 등록하여야 한다. 이때 교육감은 학교형태의 평생교육시설 중 일정 기준 이상의 요건을 갖춘 평생교육시설에 대하여는 이를 고등학교졸업 이하의 학력이 인정되는 시설로 지정할 수 있다. 전공과를 설치·운영하는 고등기술학교는 교육부장관의 인가를 받아 전문대학졸업자와 동등한 학력·학위가 인정되는 평생교육시설로 전환·운영할 수 있다. 이 경우 전공대학의 명칭을 사용할 수 있다.

이 밖에도 평생교육법은 사내대학형태의 평생교육시설(전문대 또는 대학 학력·학위 인정), 사업장의 고객 등을 대상으로 하는 평생교육시설, 시민사회단체 부설 평생교육시설, 신문·방송 등 언론기관부설 평생교육시설, 국가 및 지자체 주관 지식·인력개발 관련 평생교육시설 등에 대하여 규정하고 있다.

(6) 문해교육

국가 및 지방자치단체는 성인의 사회생활에 필요한 문자해득능력 등 기초능력을 높이기 위하여 노력하여야 한다. 교육감은 대통령령으로 정하는 바에 따라 관할 구역 안에 있는 초·중학교에 성인을 위한 문해교육 프로그램을 설치·운영하거나 지방자치단체·법인 등이 운영하는 문해교육 프로그램을 지정할 수 있다. 국가 및 지방자치단체는 문해교육 프로그램을 위하여 대통령령으로 정하는 바에 따라 우선하여 재정적 지원을 할 수 있다.

한편, 국가는 문해교육의 활성화를 위하여 평생교육진흥원에 국가문해교육센터를 두어야 한다. 시·도 교육감 및 시·도지사는 시·도문해교육센터를 설치하거나 지정·운영할 수 있다.

(7) 평생학습 결과의 관리·인정

평생교육법에 따라 학력이 인정되는 평생교육과정 외에 평생교육법 또는 다른 법령의 규정에 따른 평생교육과정을 이수한 자는 학점인정 등에 관한 법률로 정하는 바에 따라 학점 또는 학력을 인정받을 수 있다. 각급학교 및 평생교육시설의 장은 학습자가 국내외의 각급학교·평생교육시설 및 평생교육기관으로부터 취득한 학점·학력 및 학위를 상호 인정할 수 있다.

52설 평생교육법상 평생교육의 이념: 균등한 기회보장, 학습의 자유, 정치적 중립, 상응학력인정

3. 학원 · 도서관 · 독학사 · 학점인정 관련 법규

가. 학원의 설립 · 운영 및 과외교습에 관한 법률

이 법은 학원의 설립과 운영에 관한 사항을 규정하여 학원의 건전한 발전을 도모함으로써 평생교육 진흥에 이바지함과 아울러 과외교습에 관한 사항을 규정함을 목적으로 제정되었다.

이 법에서 학원이란 사인(私人)이 대통령령으로 정하는 수 이상의 학습자 또는 불특정다수의 학습자에게 30일 이상의 교습과정(교습과정의 반복으로 교습일수가 30일 이상이 되는 경우 포함)에 따라 지식 · 기술(기능 포함) · 예능을 교습(상급학교 진학에 필요한 컨설팅 등 지도를 하는 경우와 정보통신기술 등을 활용하여 원격으로 교습하는 경우 포함)하거나 30일 이상 학습장소로 제공되는 시설을 말한다.[11)]

교습소는 과외교습을 하는 시설로서 학원 및 위의 제공 시설이 아닌 시설을 말한다. 과외교습이란 초등학교 · 중학교 · 고등학교 또는 이에 준하는 학교의 학생이나 학교 입학 또는 학력 인정에 관한 검정을 위한 시험 준비생에게 지식 · 기술 · 예능을 교습하는 행위를 말한다.

학원과외법상 학원의 종류는 학교교과교습학원과 평생직업교육학원으로 분류할 수 있다. 전자는 초 · 중등교육법 제23조[12)]에 따른 학교교육과정을 교습하거나 유아교육법상 유아,[13)] 특수교육법상 장애인,[14)] 초 · 중등교육법상 학생을 대상으로 교습하는 학원을 말한다. 다만, 직업교육을 목적으로 하는 직업기술분야의 학원에서 취업을 위하여 학습하는 경우는 제외한다.

학원과외법은 현직 교원의 과외교습을 제한하고 있다. 즉, 초 · 중등교육법상 학교나 고등교육법상 대학 교원(강사 제외)은 과외교습을 할 수 없다.

한때는 과외교습을 원칙적으로 금지하고 예외적으로 허용한 것에 대하여 헌법소원이 제기되어 위헌판결(98헌가16)이 난바 있다. 이 판결은 이후 2014년 9월에 제정된 「공교육정상화 촉진 및 선행교육 규제에 관한 특별법」 제정시, 대통령 선거공약을 법제화할 당시에 중요한 입법정책적 가이드 라인이 되기도 했다. 즉, 선행학습금지법 공약은 선행학습이 아닌 선행 교육으로, 금지가 아닌 규제로 바뀌었다. 법률에 의한 기본권 제한의 한계를 지키고자 한 조치였다.

학원 교습비에 관하여 학원과외법 제15조는 학원설립 · 운영자, 교습자 또는 개인과외교습자는 학습

---

11) 학원으로 보지 않는 것은 유초중등교육법 및 고등교육법, 그 밖의 법령에 따른 학교, 도서관 · 박물관 및 과학관, 사업장 등의 시설로서 소속 직원의 연수를 위한 시설, 평생교육법에 따라 인가 · 등록 · 신고 또는 보고된 평생교육시설, 근로자직업능력개발법에 따른 직업능력개발훈련시설이나 그 밖에 평생교육에 관한 다른 법률에 따라 설치된 시설, 도로교통법에 따른 자동차운전학원, 주택법 제2조 제3호에 따른 공동주택에 거주하는 자가 공동으로 관리하는 시설로서 같은 법 제43조에 따른 입주자대표회의의 의결을 통하여 영리를 목적으로 하지 아니하고 입주민을 위한 교육을 하기 위하여 설치하거나 사용하는 시설 등

12) 제23조(교육과정 등) ① 학교는 교육과정을 운영하여야 한다. ② 교육부장관은 제1항에 따른 교육과정의 기준과 내용에 관한 기본적인 사항을 정하며, 교육감은 교육부장관이 정한 교육과정의 범위에서 지역의 실정에 맞는 기준과 내용을 정할 수 있다. ③ 학교의 교과(教科)는 대통령령으로 정한다.

13) 제2조(정의) 1. 유아란 만 3세부터 초등학교 취학전까지의 어린이를 말한다

14) 제15조(특수교육대상자의 선정) ① 교육장 또는 교육감은 다음 각 호의 어느 하나에 해당하는 사람 중 특수교육을 필요로 하는 사람으로 진단 · 평가된 사람을 특수교육대상자로 선정한다. 1. 시각장애 2. 청각장애 3. 지적장애 4. 지체장애 5. 정서 · 행동장애 6. 자폐성장애(이와 관련된 장애 포함) 7. 의사소통장애 8. 학습장애 9. 건강장애 10. 발달지체 11. 그 밖에 대통령령으로 정하는 장애

자로부터 교습비등을 받을 수 있으며, 교습비등을 받는 경우 교육부령으로 정하는 바에 따른 영수증을 발급하여야 한다고 규정하고 있다. 학원설립·운영자, 교습자 또는 개인과외교습자는 교습내용과 교습시간 등을 고려하여 교습비를 정하고, 기타경비는 실비로 정한다. 학원설립·운영자, 교습자 또는 개인과외교습자는 시·도의 교육규칙으로 정하는 바에 따라 교습비등과 그 반환에 관한 사항을 학습자가 보기 쉬운 장소에 게시하여야 하며, 학습자를 모집할 목적으로 인쇄물·인터넷 등을 통하여 광고를 하는 경우에는 교습비등, 등록증명서 또는 신고증명서 내용 중 대통령령으로 정하는 사항을 표시하여야 한다.

교육감은 교습비등이 과다하다고 인정하면 대통령령으로 정하는 바에 따라 교습비등의 조정을 명할 수 있다. 교육감은 학원의 건전한 발전과 교습소 및 개인 과외교습자가 하는 과외교습의 건전성을 확보하기 위하여 적절한 지도·감독을 하여야 한다.

학원은 한국의 사교육을 대표하고 있다. 교육부 보도자료(2020.3.11.)에 따르면, 한국 학생들의 사교육은 그 인적 규모와 재정 규모에서 학생의 학습부담 및 부모의 경제부담에 결코 무시할 수 없는 영향요소임을 보여주고 있다. 전체적으로 사교육 참여율은 74.8%로 전년(72.8%) 대비 1.9%p 상승했다. 학교급별 사교육 참여율은 초등학생 83.5%(↑0.9%p), 중학생 71.4%(↑1.7%p), 고등학생 61.0%(↑2.4%p)이었다. 주당 사교육 참여시간은 6.5시간으로 전년(6.2시간) 대비 0.3시간 증가했다. 학교급별로는 초등학생 6.8시간(↑0.3시간), 중학생 6.8시간(↑0.3시간), 고등학생 5.7시간(↑0.4시간)이었다. 월평균 사교육비를 학교급별로 보면 초등학생 29.0만 원(↑2.7만 원, 10.3%), 중학생 33.8만 원(↑2.6만 원, 8.4%), 고등학생 36.5만 원(↑4.4만 원, 13.6%)이었다. 참여학생 기준으로는 초등학생 34.7만 원(↑2.9만 원, 9.1%), 중학생 47.4만 원(↑2.6만 원, 5.8%), 고등학생 59.9만 원(↑5.0만 원, 9.1%)이었다. 한국의 학생들과 학부모들에게 있어서 사교육의 부담을 볼 때, 학원은 사설교육기관이지만 학교교육 못지않게 법률에 의하여 그 공공성이 담보되지 않으면 안되는 영역으로 자리하고 있다.

표 11-2 학교급별 사교육 참여율 (단위:%, %p)

구 분	2018	2019	
			증감(%p)
전 체	72.8	74.8	1.9
초등학교	82.5	83.5	0.9
중학교	69.6	71.4	1.7
고등학교	58.5	61.0	2.4

출처: 교육부 보도자료(2020.3.11.), 2019년 초중고 사교육비조사 결과 발표

나. 도서관법 · 학교도서관진흥법 · 작은도서관 진흥법

「도서관법」(2006.12.20.)은 국민의 정보 접근권과 알 권리를 보장하는 도서관의 사회적 책임과 그 역할 수행에 필요한 사항을 규정하여, 도서관의 육성과 서비스를 활성화함으로써 사회 전반에 대한 자료의 효율적인 제공과 유통, 정보접근 및 이용의 격차해소, 평생교육의 증진 등 국가 및 사회의 문화발전에 이

바지함을 목적으로 한다.

이 법에서 도서관은 도서관자료를 수집 · 정리 · 분석 · 보존하여 공중에게 제공함으로써 정보이용 · 조사 · 연구 · 학습 · 교양 · 평생교육 등에 이바지하는 시설을 말한다. 도서관은 도서관자료의 유통 · 관리 및 이용 등에 관한 업무의 효율성을 높이고 지식정보의 공동이용을 위하여 다른 도서관과 협력하여야 한다. 도서관은 주민에게 다양한 서비스를 제공하기 위하여 박물관 · 미술관 · 문화원 · 문화의 집 등 각종 문화시설과 교육시설, 행정기관, 관련 단체 및 지역사회와 협력하여야 한다. 대학도서관 · 학교도서관 · 전문도서관 등은 그 설립 목적의 수행에 지장이 없는 범위 안에서 공중이 이용할 수 있도록 시설 및 도서관자료를 제공할 수 있다.

국가 및 지방자치단체는 종합계획 및 시행계획의 추진을 위하여 필요한 재원을 확보하여야 한다. 도서관발전을 위하여 필요한 재원의 전부 또는 일부를 문화예술진흥법 제16조에 따른 문화예술진흥기금에서 출연 또는 보조할 수 있다.

문화체육관광부장관은 그 소속하에 국가를 대표하는 도서관으로서 국립중앙도서관을 둔다. 국립중앙도서관은 국가대표도서관으로서 효율적인 업무처리 및 지역간 도서관의 균형발전을 위하여 필요한 경우에 지역별 · 분야별 분관을 둘 수 있다. 시 · 도는 해당지역의 도서관시책을 수립하여 시행하고 이와 관련된 서비스를 체계적으로 지원하기 위하여 지역대표도서관을 지정 또는 설립하여 운영하여야 한다.

한편, 국가 또는 지방자치단체는 대통령령이 정하는 바에 따라 공립 공공도서관을 설립 · 육성하여야 한다. 누구든지 사립 공공도서관을 설립 · 운영할 수 있다. 고등교육법 제2조에 따른 대학 및 다른 법률의 규정에 따라 설립된 대학교육과정 이상의 교육기관에는 대학도서관을 설치하여야 한다. 초 · 중등교육법 제2조에 따른 학교에는 학교도서관을 설치하여야 한다. 학교도서관은 초 · 중등교육법과 사립학교법 및 그 밖의 법률의 규정에 따른 해당 학교의 감독청의 지도 · 감독을 받는다.

국가, 지방자치단체, 법인, 단체 또는 개인은 전문도서관을 설립할 수 있다. 도서관은 모든 국민이 신체적 · 지역적 · 경제적 · 사회적 여건에 관계없이 공평한 도서관서비스를 제공받는 데에 필요한 모든 조치를 하여야 한다. 문화체육관광부장관 소속으로 지식정보 취약계층 중에서 특히 장애인에 대한 도서관서비스를 지원하기 위하여 국립장애인도서관을 둔다.

「학교도서관진흥법」(2007.12.4. 제정)을 통하여는 사회교육의 한 방편으로 학교도서관의 활용 가능성을 열어두고 있다. 학교도서관진흥법은 초 · 중등교육법상의 학교에 설치하는 도서관의 설립 · 운영 · 지원 등에 관한 사항을 규정하여 공교육을 내실화하고 지역사회 평생교육발달에 이바지할 목적으로 제정된 법률이다. 이 법에 따르면 학교도서관은 기본적으로 도서관법 제38조[15]에 따른 업무를 수행하며, 학교도서관은 이 업무수행에 지장이 없는 범위 안에서 지역사회를 위하여 개방할 수 있다. 학교도서관은 학교와 지역사회의 실정에 맞게 학부모 · 노인 · 장애인, 그 밖의 지역주민을 위한 프로그램을 개발 · 보급할 수 있

15) 제38조(업무) 학교도서관은 학생 및 교원 등의 교수, 학습활동을 지원하기 위하여 다음 각 호의 업무를 수행한다. 1. 학교교육에 필요한 도서관자료의 수집 · 정리 · 보존 및 이용서비스 제공 2. 학교소장 교육 자료의 통합관리 및 이용 제공 3. 시청각자료 및 멀티미디어 자료의 개발 · 제작 및 이용 제공 4. 정보관리시스템과 통신망을 이용한 정보공유체제의 구축 및 이용 제공 5. 도서관 이용의 지도 및 독서교육, 협동수업 등을 통한 정보 활용의 교육 6. 그 밖에 학교도서관으로서 해야 할 기능수행에 필요한 업무

다. 학교의 장은 위의 업무를 수행함에 있어서 학교운영위원회와 협의하도록 규정하고 있다.

「작은도서관 진흥법」(2012.2.17. 제정)은 국민의 지식정보 접근성을 높이고 생활 친화적 도서관문화의 향상을 목적으로 제정되었다. 이 법의 제정 취지에 따르면, 1960년대 이래 새마을문고 운동을 시초로 전개되어 온 지역사회 독서 공간 확충 운동은 1990년대 중반 작은도서관 운동으로 발전하면서 단순한 독서공간의 의미를 넘어 지역 주민의 생활·문화 복합공간으로 기능과 역할이 확대되어 한국의 지식발전 인프라를 제고하고 국민의 삶의 질 향상에 기여하여 왔으나, 작은도서관 진흥을 위한 중앙행정기관 및 지방자치단체의 역할이 정립되지 못하고 행정적·재정적 지원이 미흡하여 작은도서관을 국민생활과 밀접한 지식발전 및 문화 인프라로 발전시키는 데 장애가 되고 있다는 지적이 있었다.

이에 작은도서관의 설립 주체, 국가 및 지방자치단체의 지원근거 등을 명확히 규정함으로써 작은도서관의 진흥에 기여하고 생활 친화적 도서관문화 향상에 이바지하는 것을 취지로 제정하게 된 것이다. 이 법은 작은도서관의 운영 방향에 대하여 주민의 참여와 자치를 기반으로 지역사회의 생활문화 향상에 이바지할 수 있도록 운영할 것과 시장·군수·구청장은 작은도서관의 설치·운영에 필요한 경우 지역주민, 관계 전문가 및 이용자 등의 의견을 수렴하기 위한 자치운영위원회(구성 운영은 조례로 제정)를 둘 수 있을 것을 주문했다. 2022년 9월 현재 전국에 7,388개의 작은 도서관이 운영되고 있다(https://www.smalllibrary.org).

그 외 국회의 도서관의 조직, 직무, 그 밖에 필요한 사항을 규정한 「국회도서관법」(1988.12.29. 제정)이 있어서 입법관련 자료 뿐 만아니라 방대한 출판물과 학술논문 및 정기간행물을 소장하여 중추적인 대표 도서관으로서 자리 매김되어 있다(https://www.nanet.go.kr).

대학도서관의 설립·운영·지원에 관한 사항을 규정한 「대학도서관진흥법」(2015.3.27. 제정)이 있다. 대학도서관의 진흥을 위해 행정적·재정적 지원방안을 마련해야하는 주체는 국가 및 지방자치단체이다. 대학도서관이 업무의 일환으로 대학이 교육 연구를 지원하는 업무수행에 지장이 없는 범위 내에서 지역사회를 위하여 시설과 자료를 개발할 수 있고, 대학과 지역사회의 실정에 맞게 지역주민을 위한 교육프로그램 등을 운영할 수 있다.

다. 독학에 의한 학위취득에 관한 법률

이 법은 독학자(獨學者)에게 학사학위(學士學位) 취득의 기회를 줌으로써 평생교육의 이념을 구현하고 개인의 자아실현과 국가·사회의 발전에 이바지하는 것을 목적으로 1990.4.7.에 제정된 법률이다. 국가로 하여금 독학자가 학사학위를 취득하는 데에 필요한 편의를 제공할 의무를 부과하기도 한다. 교육부장관은 독학자에 대한 학위취득시험을 실시한다. 시험에 응시할 수 있는 사람은 고등학교 졸업이나 이와 같은 수준 이상의 학력(學力)이 있다고 인정된 사람이어야 한다.

과정별 인정시험 제도를 두고 있는데, 교양과정 인정시험, 전공기초과정 인정시험, 전공심화과정 인정시험 그리고 학위취득 종합시험이 그것이다. 종합시험은 앞의 세 시험을 거친 사람이어야 한다. 다만, 일정한 학력(學歷)이나 자격이 있는 사람에 대하여는 앞의 세 과정별 인정시험 또는 시험과목의 전부 또는 일부를 면제할 수 있다.

교육부장관은 학위취득 종합시험에 합격한 사람에게는 학위를 수여한다. 국가평생교육진흥원장은 학위취득 종합시험의 합격증명, 학위증명, 그 밖에 필요한 증명서를 발급하고, 각종 증명서의 발급에 필요한 사항은 교육부령으로 정한다. 교육부장관은 대통령령으로 정하는 바에 따라 시험 실시, 학사 관리, 그 밖에 독학에 의한 학위취득에 관한 업무를 그 소속 기관의 장이나 국립학교(전문대학과 고등학교 이하의 각급 학교는 제외)의 장에게 위임할 수 있다.

라. 학점인정 등에 관한 법률

이 법은 평가인정을 받은 학습과정(學習課程)을 마친 자 등에게 학점인정을 통하여 학력인정과 학위취득의 기회를 줌으로써 평생교육의 이념을 구현하고 개인의 자아실현과 국가사회의 발전에 이바지함을 목적으로 제정(1997.1.13.)되었다. 이 법에서 '평가인정'이란 교육부장관이 이 법에서 정한 학습과정에 대하여 기준을 갖추었는지를 평가하여 학점인정 학습과정으로 인정하는 행위를 말한다. '학위'는 고등교육법상 학사학위나 전문학사학위와 같은 수준의 효력을 가지는 학위를 말한다. 이 법에서 대학이란 고등교육법상, 대학, 산업대학, 교육대학, 전문대학, 방송대학 · 통신대학 · 방송통신대학 및 사이버대학, 기술대학을 말한다.

교육부장관은 대통령령으로 정하는 평생교육시설, 직업교육훈련기관 및 군(軍)의 교육 · 훈련시설 등이 설치 · 운영하는 학습과정에 대하여 대통령령으로 정하는 바에 따라 평가인정을 할 수 있다. 평가인정에 필요한 교수 또는 강사의 자격, 학습시설 · 학습설비, 학습과정의 내용 등 평가인정 기준의 내용은 대통령령으로 정한다. 교육부장관은 평가인정을 받은 학습과정을 마친 자에게 그에 상당하는 학점을 인정한다. 그 예는 다음과 같다.

1. 대통령령으로 정하는 학교 또는 평생교육시설에서 「고등교육법」, 「평생교육법」 또는 학칙으로 정하는 바에 따라 교육과정을 마친 자
2. 외국이나 군사분계선 이북지역에서 대학교육에 상응하는 교육과정을 마친 자
3. 「고등교육법」 제36조 제1항, 「평생교육법」 제32조 또는 제33조에 따라 시간제로 등록하여 수업을 받은 자
4. 대통령령으로 정하는 자격을 취득하거나 그 자격 취득에 필요한 교육과정을 마친 자
5. 대통령령으로 정하는 시험에 합격하거나 그 시험이 면제되는 교육과정을 마친 자
6. 「무형문화재 보전 및 진흥에 관한 법률」 제17조에 따라 국가무형문화재의 보유자로 인정된 사람과 그 전수교육을 받은 사람으로서 대통령령으로 정하는 사람

일정한 학점을 인정받은 자는 대학이나 전문대학을 졸업한 자와 같은 수준 이상의 학력이 있는 것으로 인정한다. 교육부장관은 고등학교를 졸업한 자 또는 이와 같은 수준 이상의 학력이 있다고 인정된 자로서 일정한 학점을 인정받고 대통령령으로 정하는 요건을 충족한 자에게 학위를 수여한다. 이 법은 학위를 수여할 수 있는 교육기관의 장을 예시하기도 한다.[16] 학점을 인정받으려는 자의 학습을 지원하기 위

16) 1. 대학의 장 2. 고등교육법 제59조 제4항에 따라 상급 학위과정에의 입학학력이 인정되는 학교로 교육부장관의 지정을 받은 각종학교의 장 3. 평생교육법 제32조에 따른 사내대학형태의 평생교육시설의 장 4. 평생교육법 제33조에 따른 원격대학형태의

하여 필요한 시책을 마련하여야 할 책임 또한 국가와 지방자치단체에 있다.

53설 평생교육법규 사례: 학원과외법, 도서관법(작은도서관, 대학도서관), 독학사법, 학점인정법

4. 영유아 · 청소년 · 기타 평생교육법규

가. 영유아보육법

영유아보육법(嬰幼兒保育法)은 1991년 1월 14일 제정된 것으로, 영유아(嬰幼兒)의 심신을 보호하고 건전하게 교육하여 건강한 사회 구성원으로 육성함과 아울러 보호자의 경제적 · 사회적 활동이 원활하게 이루어지도록 함으로써 영유아 및 가정의 복지 증진에 이바지함을 목적으로 한다.

이 법률은 총칙(목적, 정의, 이념, 책임, 보육정책위원회, 육아종합지원센터, 한국보육진흥원의 설립 및 운영, 보육실태 조사, 보호자 교육, 보육통합정보시스템), 어린이집의 설치, 보육교직원, 어린이집의 운영, 건강 · 영양 · 안전, 비용, 지도 및 감독, 보칙 그리고 벌칙 등 총 9개장 56개 조항과 부칙으로 구성되어 있다.

유아교육법 제정 당시 사회복지법인 보육시설(어린이집)을 유아학교로 통합하는 유아교육법의 제정과 영유아보육법을 영아보육법으로 개정하려는 운동(유아교육 공교육체제 실현을 위한 범국민 연대모임)이 있었고 김대중 정부도 대선공약의 하나로 채택한 바 있으나 보육시설 관련 주무 부서인 보건복지부의 반대로 유아교육법은 교육부가 관장하는 방식으로 영유아에 대한 '보육'과 '교육' 행정이 분리 운영되고 있다.

영유아보육법(법률 제18899호, 2022.6.10. 개정)의 내용 중 주요 내용은 다음과 같다.

이 법에서 영유아란 6세 미만의 취학 전 아동을 말한다. '보육' 이란 영유아를 건강하고 안전하게 보호 · 양육하고 영유아의 발달 특성에 맞는 교육을 제공하는 어린이집 및 가정양육 지원에 관한 사회복지서비스를 말한다. 이 법이 밝힌 보육 이념은 영유아 이익의 최우선 주의, 안전 · 쾌적 환경에서의 건강한 성장 목표, 차별 없는 보육 원칙으로 규정[17]되어 있다.

동시에 보건복지부에는 중앙보육정책위원회를 두어 보육에 관한 각종 정책 · 사업 · 보육지도 및 어린이집 평가에 관한 사항 등을 심의하며, 시 · 도에는 지방보육정책위원회를 둔다.

보건복지부장관은 시간제보육 서비스를 제공하거나 보육에 관한 정보의 수집 · 제공 및 상담을 위하여 중앙육아종합지원센터를, 시 · 도지사 및 시장 · 군수 · 구청장은 지방육아종합지원센터를 설치 · 운영하여야 한다. 이 경우 필요하다고 인정하는 경우에는 영아 · 장애아 보육 등에 관한 육아종합지원센터를 별도로 설치 · 운영할 수 있다.

평생교육시설의 장

17) 제3조(보육 이념) ① 보육은 영유아의 이익을 최우선적으로 고려하여 제공되어야 한다. ② 보육은 영유아가 안전하고 쾌적한 환경에서 건강하게 성장할 수 있도록 하여야 한다. ③ 영유아는 자신이나 보호자의 성, 연령, 종교, 사회적 신분, 재산, 장애, 인종 및 출생지역 등에 따른 어떠한 종류의 차별도 받지 아니하고 보육되어야 한다.

한편 보육서비스의 질 향상을 도모하고 보육정책을 체계적으로 지원하기 위하여 한국보육진흥원을 설립한다. 주요 업무는 어린이집 평가척도 개발, 보육사업에 관한 교육·훈련 및 홍보, 영유아 보육프로그램 및 교재·교구 개발, 보육교직원 연수프로그램 개발 및 교재 개발, 이 법에 따라 보건복지부장관으로부터 위탁받은 업무, 그 밖에 보육정책과 관련하여 보건복지부장관이 필요하다고 인정하는 업무를 수행한다.

보건복지부장관은 이 법의 적절한 시행을 위하여 보육 실태 조사를 3년마다 하여야 한다. 국가와 지방자치단체는 영유아의 보호자에게 영유아의 성장·양육방법, 보호자의 역할, 영유아의 인권 등에 대한 교육을 실시할 수 있다. 어린이집의 종류는 다음과 같다.

1. 국공립어린이집: 국가나 지방자치단체가 설치·운영하는 어린이집
2. 사회복지법인어린이집: 「사회복지사업법」에 따른 사회복지법인(이하 "사회복지법인"이라 한다)이 설치·운영하는 어린이집
3. 법인·단체등어린이집: 각종 법인(사회복지법인을 제외한 비영리법인)이나 단체 등이 설치·운영하는 어린이집으로서 대통령령으로 정하는 어린이집
4. 직장어린이집: 사업주가 사업장의 근로자를 위하여 설치·운영하는 어린이집(국가나 지방자치단체의 장이 소속 공무원 및 국가나 지방자치단체의 장과 근로계약을 체결한 자로서 공무원이 아닌 자를 위하여 설치·운영하는 어린이집을 포함한다)
5. 가정어린이집: 개인이 가정이나 그에 준하는 곳에 설치·운영하는 어린이집
6. 협동어린이집: 보호자 또는 보호자와 보육교직원이 조합(영리를 목적으로 하지 아니하는 조합에 한정한다)을 결성하여 설치·운영하는 어린이집
7. 민간어린이집: 제1호부터 제6호까지의 규정에 해당하지 아니하는 어린이집

국가나 지방자치단체는 국공립어린이집을 설치·운영하되, 도시 저소득주민 밀집 주거지역 및 농어촌지역 등 취약지역이나 산업단지 지역에 우선적으로 설치하여야 한다. 이 경우 국공립어린이집은 보육계획(§11)에 따라 다음 각 호의 지역에 우선적으로 설치하여야 한다.

국공립어린이집 외의 어린이집을 설치·운영하려는 자는 특별자치도지사·시장·군수·구청장의 인가를 받아야 한다. 대통령령으로 정하는 일정 규모 이상 사업장의 사업주는 직장어린이집을 설치하여야 한다. 어린이집을 설치·운영하려는 자는 보건복지부령으로 정하는 설치기준을 갖추어야 한다.

어린이집에는 보육교직원을 두어야 한다.[18] 어린이집에는 보육교사의 업무 부담을 경감할 수 있도록 보조교사 등을 둔다. 보육교직원은 영유아에게 신체적 고통이나 고성·폭언 등의 정신적 고통을 가하여서는 아니 된다. 어린이집은 기본보육과 연장보육으로 나누어 실시할 수 있다.

어린이집의 원장은 어린이집운영위원회를 설치·운영할 수 있다. 다만, 취약보육(脆弱保育)을 우선적으로 실시하여야 하는 어린이집과 대통령령으로 정하는 어린이집은 어린이집운영위원회를 반드시 설치·운

18) 보육교사의 배치기준은 1) 만1세 미만의 영유아 3명당 1명을 원칙으로 한다. 2) 만1세 이상 만2세 미만의 영유아 5명당 1명을 원칙으로 한다. 3) 만2세 이상 만3세 미만의 영유아 7명당 1명을 원칙으로 한다. 4) 만3세 이상 만4세 미만의 영유아 15명당 1명을 원칙으로 한다. 5) 만4세 이상 미취학 영유아 20명당 1명을 원칙으로 하며, 영유아 40명당 1명은 보육교사 1급 자격을 가진 사람이어야 한다. 6) 취학아동 20명당 1명을 원칙으로 한다. 7) 장애아 보육은 장애아 3명당 1명을 원칙으로 하되, 장애아 9명당 1명은 특수교사 자격소지자

영하여야 한다. 운영위원회는 원장, 보육교사 대표, 학부모 대표 및 지역사회 인사로 구성한다. 이 경우 학부모 대표가 2분의 1 이상이 되도록 구성하여야 한다. 운영위원회는 9가지 사항[19]을 심의하며 연간 4회 이상 개최하여야 한다.

시·도지사 또는 시장·군수·구청장은 어린이집 보육환경(급식, 위생, 건강 및 안전관리)을 모니터링하고 개선을 위한 컨설팅을 하기 위하여 부모, 보육·보건 전문가로 점검단을 구성·운영할 수 있다. 보호자는 영유아의 보육환경·보육내용 등 어린이집의 운영실태를 확인하기 위하여 어린이집 원장에게 어린이집 참관을 요구할 수 있다. 국가나 지방자치단체, 사회복지법인, 그 밖의 비영리법인이 설치한 어린이집과 대통령령으로 정하는 어린이집의 원장은 영아·장애아·다문화가족의 아동 등에 대한 보육(취약보육)을 우선적으로 실시하여야 한다.

국가 또는 지방자치단체는 무상보육 및 무상교육 지원을 받지 않는 영유아에 대하여 필요한 경우 시간제보육 서비스를 지원할 수 있다. 지방자치단체, 사회복지법인, 그 밖의 비영리법인이 설치한 어린이집과 대통령령으로 정하는 어린이집의 원장은 각 호[20]의 어느 하나에 해당하는 자가 우선적으로 어린이집을 이용할 수 있도록 하여야 한다.

보건복지부장관은 표준보육과정을 개발·보급하여야 하며 필요하면 그 내용을 검토하여 수정·보완하여야 한다. 원장은 영유아에게 보건복지부령으로 정하는 바에 따라 균형 있고 위생적이며 안전한 급식을 하여야 한다. 어린이집의 원장은 영유아의 통학을 위하여 차량을 운영하는 경우 어린이통학버스로 관할 경찰서장에게 신고하여야 한다.

국가와 지방자치단체는 영유아에 대한 보육을 무상으로 하되, 그 내용 및 범위는 대통령령으로 정한다. 무상보육 실시에 드는 비용은 대통령령으로 정하는 바에 따라 국가나 지방자치단체가 부담하거나 보조하여야 한다. 국가와 지방자치단체는 자녀가 2명 이상인 경우에 대하여 추가적으로 지원할 수 있다.

국가와 지방자치단체는 어린이집이나 유치원을 이용하지 아니하는 영유아에 대하여 영유아의 연령을 고려하여 양육에 필요한 비용을 지원할 수 있다. 영유아가 시간제보육 서비스를 이용하는 경우에도 그 영유아에 대하여는 양육에 필요한 비용을 지원할 수 있다.

국가와 지방자치단체는 비용 지원을 위하여 보육서비스 이용권을 영유아의 보호자에게 지급할 수 있다. 국가나 지방자치단체는 대통령령으로 정하는 바에 따라 어린이집의 설치, 보육교사(대체교사를 포함한다)의 인건비, 초과보육(超過保育)에 드는 비용 등 운영 경비 또는 지방육아종합지원센터의 설치·운영,

---

19) 1. 어린이집 운영 규정의 제정이나 개정에 관한 사항 2. 어린이집 예산 및 결산의 보고에 관한 사항 3. 영유아의 건강·영양 및 안전에 관한 사항 3의2. 아동학대 예방에 관한 사항 4. 보육 시간, 보육과정의 운영 방법 등 어린이집의 운영에 관한 사항 5. 보육교직원의 근무환경 개선에 관한 사항 6. 영유아의 보육환경 개선에 관한 사항 7. 어린이집과 지역사회의 협력에 관한 사항 8. 보육료 외의 필요경비를 받는 경우 제38조에 따른 범위에서 그 수납액 결정에 관한 사항 9. 그 밖에 어린이집 운영에 대한 제안 및 건의사항

20) 국민기초생활 보장법 수급자, 한부모가족지원법 보호대상자의 자녀, 국민기초생활 보장법 차상위계층의 자녀, 장애인복지법 장애인 중 보건복지부령으로 정하는 장애 정도에 해당하는 자의 자녀, 장애인복지법 장애인 중 보건복지부령으로 정하는 장애 정도에 해당하는 자가 형제자매인 영유아, 다문화가족지원법에 따른 다문화가족의 자녀, 국가유공자 등 예우 및 지원에 관한 법률 국가유공자 중 전몰군경, 상이자로서 보건복지부령으로 정하는 자, 순직자의 자녀, 제1형 당뇨를 가진 경우로서 의학적 조치가 용이하고 일상생활이 가능하여 보육에 지장이 없는 영유아, 그 밖에 소득수준 및 보육수요 등을 고려하여 보건복지부령으로 정하는 자의 자녀

보육교직원의 복지 증진, 취약보육의 실시 등 보육사업에 드는 비용, 폐쇄회로 텔레비전 설치비의 전부 또는 일부를 보조한다.

보육시설의 목적, 대상 그리고 각종 운영과정 및 조건들을 학교교육기관의 일종인 유치원과 어떤 점에서 차이가 있는지 비교하여 제시하면 다음 표와 같다.

표 11-3 유치원과 보육시설 간의 비교

구분	보육시설	유치원
근거 법률	영유아보육법(보건복지부 소관 사회복지시설)	유아교육법(교육부소관 학교의 일종)
목적	보호자의 사정을 감안하여 영유아의 보육을 통한 가정의 복지증진	유아의 심신의 조화로운 발달 조장
대상	만 6세 미만 취학전 아동 (보육시설장이 12세까지 연장가능 §27)	만 3세－초등학교 취학전 유아 (유아교육법 §2)
종류	국공립어린이집, 사회복지법인어린이집, 법인·단체등어린이집, 가정어린이집, 민간어린이집	국립유치원, 공립유치원(시립, 도립), 사립유치원(법인 또는 사인이 설립경영) 병설유치원(초중고교에 병설 가능)
보육우선 제공 및 취원	국민기초생활수급, 한부모가족, 차상위계층, 장애인, 다문화가족, 국가유공자, 당뇨 영유아, (직장어린이집은 사업장의 근로자 자녀 우선)	지원자가 많을 경우 추첨에 의함 (유아 선발 시기 절차 시도조례 제정 가능)
취원시기	보호자의 희망에 따라 수시 가능	학년도 개시 3월 1일 원칙 §12
수업일수	수업일수는 년간 300일(공휴일도 운영가능)	매학년 180일 이상(유아시 §12) 관할청 승인얻어 10%내 감축가능
학급, 원아수	－ 교사1인 배치기준 1세 미만 영유아 3명, 1세－2세 미만 영유아 5명 2세－3세 미만 영유아 7명, 3세－4세 미만 15명 4세 이상 미취학영유아 20명(40명당 1급 1명) 취학아동 20명당 교사 1명 원칙	교육감이 정함(유아시 §16)
운영위원회	임의기구(어린이집운영위원회 설치가능)	필수기구(유치원운영위원회 설치 원칙) 2020.7.1
보육시간 및 수업운영	주6일 이상, 하루 12시간 이상 운영 원칙 (보호자 사전 동의받아 운영시간 조정 가능) 기본보육, 연장보육	반일제(3～5시간/1일) §2 시간연장제(5～8시간/1일) 종일제(8시간 이상/1일)
보육 및 교육내용	· 신체 정서 언어 사회성및인지적발달도모(법29) 보육과정은 기본생활, 신체운동, 사회관계, 의사소통, 자연탐구, 예술경험 6개 영역(표준보육과정) · 3～5세 오전: 연령별 유아교육과정 오후: 보건복지가족부 보육프로그램 · 0～2세 발달연령단계별 보건복지부 영아 보육프로그램(보건복지부 규칙23 별표9)	· 교육부장관이 정한 범위 안에서 교육감이 정함(유아법 §13) · 건강, 사회, 표현, 언어, 탐구의 5개영역으로 놀이중심의 통합교육과정(교육부고시 1992－15) · 교직원은 유아를 도구, 신체를 이용해 고통을 가하거나 고성, 폭언으로 정신적 고통가하면 안 됨
직원배치	시설장, 보육교사, 유치원교사	원장, 원감, 교사, 수석교사 §20

교사자격	유아(3~5세)교사: 보육교사 1·2급 자격 소지자 영아(0~2세)교사: 보육교사 3급 이상 자격 소지자 (3급 보육교사: 고교졸업후 보수교육자)	전문대 유아교육 전공 이상자 유치원준교사, 정교사(1,2급) 등
소관부처	보건복지부→시도청→시군구청→가정복지과	교육부→시·도교육청→시·군·구교육청→학무과
예산지원	국공립시설: 인건비 50%, 시설·장비비 보조 사회복지관, 종교기관시설: 인건비 50%(2명) 보조 민간보육시설: 교재교구비 보조	공립유치원: 시설,운영비 지원 사립유치원: 설립비,인건비,연수경비, 교재교구비 (조례에 따라 전부 또는 일부 지원가능)
무상교육	만 3세 이상 영유아(누리교육과정) 만 3세 미만 영유아(영유아보육과정) 장애아는 만 12세까지 무상보육 가능	취학직전의 3년의 유아교육 국가와 지방자치단체 부담 (무상교육 기간은 3년을 초과할 수 없음)

나. 청소년 관계법

청소년 관계 법령을 평생교육법의 일환으로 다루어야 하는 이유는 청소년을 보호하고 육성하는 업무가 사회에서 이루어진다는 점과 청소년 가운데 학생 청소년의 비중이 절대적으로 많다는 점이기도 하다. 학교교육을 벗어난 청소년 문제는 교육적으로 풀어야 할 중대한 사회문제라는 점에서도 소홀히 다룰 수 없는 사회교육의 영역이다.

청소년 관련 법제로는 청소년기본법(1991.12.30.)과 청소년보호법(1997.3.7.), 청소년 성보호에 관한 법률(2000.2.3.), 청소년활동진흥법(2004.2.9.), 청소년복지지원법(2004.2.9.) 등이 있다.

노무현 정부 때 국가청소년위원회를 국무총리실 산하기구로 격상하여 설치(2006.3.29.)되기도 하였으나, 이명박 정부 때는 동위원회를 폐지하고 보건복지가족부 내 아동청소년정책실(2008.2.29.)로 주무기관을 변경하였다. 2020년 현재는 여성가족부의 청소년가족정책실하에 청소년정책관을 두고 있으며, 청소년정책과, 청소년활동진흥과, 청소년활동안전과, 청소년자립지원과, 학교밖청소년지원과, 청소년보호환경과, 2023세계잼버리지원단, 위기청소년 통합지원정보시스템 구축TF 등을 두고 있다.

「청소년기본법」은 청소년의 권리 및 책임과 가정·사회·국가 및 지방자치단체의 청소년에 대한 책임을 정하고 청소년육성정책에 관한 기본적인 사항을 정한 법이다. 그 구성은 총칙, 청소년육성정책의 총괄·조정, 청소년시설, 청소년지도자, 청소년단체, 청소년활동 및 복지, 청소년 육성기금, 보칙, 벌칙 등 10개 장 66개 조항으로 구성되어 있다.

「청소년기본법」(법률 제17285호, 2020.5.19. 개정)의 주요내용을 소개하면 다음과 같다. 이 법의 목적은 청소년의 권리 및 책임과 가정·사회·국가·지방자치단체의 청소년에 대한 책임을 정하고 청소년정책에 관한 기본적인 사항을 규정하는 것이다. 제2조(기본이념)에 따르면, 이 법은 청소년이 사회구성원으로서 정당한 대우와 권익을 보장받음과 아울러 스스로 생각하고 자유롭게 활동할 수 있도록 하며 보다 나은 삶을 누리고 유해한 환경으로부터 보호될 수 있도록 함으로써 국가와 사회가 필요로 하는 건전한 민주시민으로 자랄 수 있도록 하는 것을 기본이념으로 한다. 이 법에서의 청소년은 9세 이상 24세 이하인 사람을 말한다. 주목할 부분은 청소년의 권리와 책임(§5)에 대하여 규정한 부분인데, 기본적 인권, 차별금지, 자주적 의사결정권, 쾌적한 환경보호권 그리고 건전 가치관확립과 구성원으로서 책임 노력의무를 규정하고 있다.[21] 그리고 특별히 청소년의 자치권 확대를 규정하였는데 다음과 같다.

> 第5조의2(청소년의 자치권 확대) ① 청소년은 사회의 정당한 구성원으로서 본인과 관련된 의사결정에 참여할 권리를 가진다. ② 국가 및 지방자치단체는 청소년이 원활하게 관련 정보에 접근하고 그 의사를 밝힐 수 있도록 청소년 관련 정책에 대한 자문·심의 등의 절차에 청소년을 참여시키거나 그 의견을 수렴하여야 하며, 청소년 관련 정책의 심의·협의·조정 등을 위한 위원회·협의회 등에 청소년을 포함하여 구성·운영할 수 있다. ③ 국가 및 지방자치단체는 청소년과 관련된 정책 수립 절차에 청소년의 참여 또는 의견 수렴을 보장하는 조치를 하여야 한다. ④ 국가 및 지방자치단체는 청소년 관련 정책의 수립과 시행과정에 청소년의 의견을 수렴하고 참여를 촉진하기 위하여 청소년으로 구성되는 청소년참여위원회를 운영하여야 한다. ⑤ 국가 및 지방자치단체는 제4항에 따른 청소년참여위원회에서 제안된 내용이 청소년 관련 정책의 수립 및 시행과정에 반영될 수 있도록 적극 노력하여야 한다. ⑥ 제4항에 따른 청소년참여위원회의 구성과 운영에 필요한 사항은 대통령령으로 정한다. <신설 2017. 12. 12.>

이어 청소년 육성에 관한 가정, 사회, 국가·지방자치단체의 책임을 자세히 규정하고 있다.

> 第6조(가정의 책임) ① 가정은 청소년육성에 관하여 1차적 책임이 있음을 인식하여야 하며, 따뜻한 사랑과 관심을 통하여 청소년이 개성과 자질을 바탕으로 자기발전을 실현하고 국가와 사회의 구성원으로서의 책임을 다하는 다음 세대로 성장할 수 있도록 노력하여야 한다. ② 가정은 학교 및 청소년 관련 기관 등에서 실시하는 교육프로그램에 청소년과 함께 참여하는 등 청소년을 바르게 육성하기 위하여 적극적으로 노력하여야 한다. ③ 가정은 정보통신망을 이용한 유해매체물 접촉을 차단하는 등 청소년 유해환경으로부터 청소년을 보호하기 위하여 필요한 노력을 하여야 한다. ④ 가정의 무관심·방치·억압 또는 폭력 등이 원인이 되어 청소년이 가출하거나 비행(非行)을 저지르는 경우 친권자 또는 친권자를 대신하여 청소년을 보호하는 자는 보호의무의 책임을 진다.
>
> 第7조(사회의 책임) ① 모든 국민은 청소년이 일상생활에서 즐겁게 활동하고 더불어 사는 기쁨을 누리도록 도와주어야 한다. ② 모든 국민은 청소년의 사고와 행동양식의 특성을 인식하고 사랑과 대화를 통하여 청소년을 이해하고 지도하여야 하며, 청소년의 비행을 바로잡는 등 그 선도에 최선을 다하여야 한다. ③ 모든 국민은 청소년을 대상으로 하거나 청소년이 쉽게 접할 수 있는 장소에서 청소년의 정신적·신체적 건강에 해를 끼치는 행위를 하여서는 아니 되며, 청소년에게 유해한 환경을 정화하고 유익한 환경이 조성되도록 노력하여야 한다. ④ 모든 국민은 경제적·사회적·문화적·정신적으로 어려운 상태에 있는 청소년들에게 특별한 관심을 가지고 이들이 보다 나은 삶을 누릴 수 있도록 노력하여야 한다.
>
> 第8조(국가 및 지방자치단체의 책임) ① 국가 및 지방자치단체는 청소년육성에 필요한 법적·제도적 장치를 마련하여 시행하여야 한다. ② 국가 및 지방자치단체는 근로 청소년을 특별히 보호하고 근로가 청소년의 균형 있는 성장과 발전에 도움이 되도록 필요한 시책을 마련하여야 한다. ③ 국가 및 지방자치단체는 청소년에 대한 가정과 사회의 책임 수행에 필요한 여건을 조성하여야 한다. ④ 국가 및 지방자치단체는 이 법에 따른 업무 수행에 필요한 재원을 안정적으로 확보하기 위한 시책을 수립·실시하여야 한다.

---

21) ① 청소년의 기본적 인권은 청소년활동·청소년복지·청소년보호 등 청소년육성의 모든 영역에서 존중되어야 한다. ② 청소년은 인종·종교·성별·나이·학력·신체조건 등에 따른 어떠한 종류의 차별도 받지 아니한다. ③ 청소년은 외부적 영향에 구애받지 아니하면서 자기 의사를 자유롭게 밝히고 스스로 결정할 권리를 가진다. ④ 청소년은 안전하고 쾌적한 환경에서 자기발전을 추구하고 정신적·신체적 건강을 해치거나 해칠 우려가 있는 모든 형태의 환경으로부터 보호받을 권리를 가진다. ⑤ 청소년은 자신의 능력을 개발하고 건전한 가치관을 확립하며 가정·사회 및 국가의 구성원으로서의 책임을 다하도록 노력하여야 한다.

제48조(학교교육 등과의 연계)에 따르면, 국가 및 지방자치단체는 청소년활동과 학교교육 · 평생교육을 연계하여 교육적 효과를 높일 수 있도록 하는 시책을 수립 · 시행하여야 한다. 여성가족부장관이 위의 시책을 수립할 때에는 미리 관계 기관과 협의하여야 하며, 전문가의 의견을 들어야 한다. 협의를 요청받은 관계 기관은 특별한 사유가 없으면 이에 따라야 한다.

또한 제48조의2(청소년 방과 후 활동의 지원)에 따르면 국가 및 지방자치단체는 학교의 정규교육으로 보호할 수 없는 시간 동안 청소년의 전인적(全人的) 성장 · 발달을 지원하기 위하여 다양한 교육 및 활동 프로그램 등을 제공하는 종합적인 지원 방안을 마련하여야 한다.

「청소년보호법」은 청소년에게 유해한 매체물과 약물 등이 청소년에게 유통되는 것과 청소년이 유해한 업소에 출입하는 것 등을 규제하고, 청소년을 청소년폭력 · 학대 등 청소년유해행위를 포함한 각종 유해한 환경으로부터 보호 · 구제함으로써 청소년이 건전한 인격체로 성장할 수 있도록 제정된 법이다. 구성은 총칙, 청소년 청소년유해 매체물의 결정 및 유통 규제, 청소년의 인터넷게임 중독 예방, 청소년 유해약물등, 청소년 유해행위 및 청소년 유해업소등의 규제, 청소년 보호사업의 추진, 청소년보호위원회, 보칙, 벌칙 등 8개장 64개 조항으로 되어 있다. 청소년보호법(법률 제17091호, 2020.3.24. 개정)의 주요 내용은 다음과 같다. 청소년 보호법에서의 청소년은 청소년 기본법상의 연령(9－24세)과는 달리 19세 미만인 경우를 말한다. 이 법이 지목한 청소년 유해 약물이란 주류, 담배, 마약류, 환각물질, 그 밖에 중추신경에 작용하여 습관성, 중독성, 내성 등을 유발하여 인체에 유해하게 작용할 수 있는 약물을 말한다. 청소년 유해 물건은 음란한 행위를 조장하는 성기구등, 음란성 · 포악성 · 잔인성 · 사행성 등을 조장하는 완구류 등, 청소년유해약물과 유사한 형태의 제품 등을 말한다.

청소년보호법 역시 가정의 역할과 책임, 사회의 책임, 국가와 지방자치단체의 책무에 대하여 규정하고 있다(§3,§4,§5). 2021년 12월 개정에서는 이른바 셧다운제(§26)를 삭제하였다. 즉, 인터넷게임 제공자가 16세 미만의 청소년에게 심야시간대 인터넷게임 제공을 제한하도록 하는 '셧다운제'를 지난 10년간 적용하였는데, 컴퓨터(PC) 온라인게임 대신 모바일 게임이 크게 성장하는 등 게임이용 환경이 변화하여, 심야시간대 청소년이 이용할 수 있는 매체가 다양해짐에 따라 삭제했다. 동시에 게임중독 외에 과몰입에 대한 지원을 추가하였다.[22)]

다. 직업교육 관련 법률

직업교육에 관한 법이 교육법의 범주에 들어가야 하는 것은 교육을 받을 권리를 향유한 국민이 연동하여 누리는 가장 중요한 권리가 직업선택의 자유이기 때문이다. 동시에 국가 자격 표준화에 관한 법률은 직업교육 만큼 중요한 직업의 법적 요건으로 작용한다는 점에서 교육법의 체계에서 다룰 필요가 있다. 특히 직업교육훈련 및 산업교육은 학교 밖의 사회교육을 장으로 하여 이루어진다는 점에서 평생교육법의

22) 제27조(인터넷게임 중독 · 과몰입 등의 예방 및 피해 청소년 지원) ① 여성가족부장관은 관계 중앙행정기관의 장과 협의하여 인터넷게임 중독 · 과몰입(인터넷게임의 지나친 이용으로 인하여 인터넷게임 이용자가 일상생활에서 쉽게 회복할 수 없는 신체적 · 정신적 · 사회적 기능 손상을 입은 것을 말한다) 등 매체물의 오용 · 남용을 예방하고 신체적 · 정신적 · 사회적 피해를 입은 청소년과 그 가족에 대하여 상담 · 교육 및 치료와 재활 등의 서비스를 지원할 수 있다.

일원을 담당한다.

교육기본법은 교육의 진흥 가운데 직업교육에 대하여 "국가와 지방자치단체는 모든 국민이 학교교육과 평생교육을 통하여 직업에 대한 소양과 능력을 계발하기 위한 교육을 받을 수 있도록 필요한 시책을 수립·실시하여야 한다"(§21)고 규정하고 있다. 직업교육이 학교교육과 평생교육의 소명임을 밝히고 있는 것이다. 따라서 교육기본법 시행 직후인 1997년 3월 27일에는 직업교육과 관련하여서 자격기본법, 직업교육훈련촉진법, 한국직업능력개발원법 등 이른바 직업교육 3법이 제정되기도 했다. 물론 일부의 법률은 명칭이 바뀌기도 했다.

교육기본법을 구체화한 대표적인 법률은 직업교육훈련촉진법(1997.3.27. 제정, 1997.4.1. 시행)[23]이 있다. 이 법의 제정 목적은 직업교육훈련을 촉진하는 데에 필요한 사항을 정하여 모든 국민에게 소질과 적성에 맞는 다양한 직업교육훈련의 기회를 제공하고 직업교육훈련의 효율성과 질을 높임으로써 국민생활수준의 향상과 국가경제의 발전에 이바지함을 목적으로 한다. 이 법에서 사용하는 '직업교육훈련'이란 산업교육진흥 및 산학협력촉진에 관한 법률 및 근로자직업능력 개발법과 그 밖의 다른 법령에 따라 학생과 근로자 등에게 취업 또는 직무수행에 필요한 지식·기술 및 태도를 습득·향상시키기 위하여 실시하는 직업교육 및 직업훈련을 말한다. 국가 및 지방자치단체로 하여금 행정상·재정상의 지원시책을 마련하도록 하고 있는데 그 영역은 직업교육훈련기관의 시설·설비의 확충 및 실험실습의 실시, 경제적·시간적 여유가 부족한 사람에 대한 직업교육훈련의 실시, 직업교육훈련교원의 양성 및 자질향상을 위한 연수, 법인으로 전환한 직업교육훈련기관, 산업체가 실시하는 현장실습, 산학협동의 실시, 원격직업교육훈련체제의 구축, 직업교육훈련생의 수강료 등 직업교육훈련 비용 부담 등이다.

한편, 「산업교육 진흥 및 산학연협력 촉진에 관한 법률」(2011.7.25. 개정)[24] 또한 대표적인 직업교육법이다. 이 법은 산업교육을 진흥하고 산학연협력(産學硏協力)을 촉진하여 교육과 연구의 연계를 기반으로 산업사회의 요구에 따르는 창의적인 산업인력을 양성하며, 효율적인 연구개발체제를 구축하고, 나아가 산업발전에 필요한 새로운 지식·기술을 개발·보급·확산·사업화함으로써 지역사회와 국가의 발전에 이바지함을 목적으로 제정되었다.

이 법에서 산업교육이란 산업교육기관이 학생에게 산업에 종사하거나 창업하는 데에 필요한 지식과 기술 등을 습득시키고 기업가정신을 함양시키기 위하여 하는 교육을 말한다. 산업교육기관은 산업수요에 연계된 교육 또는 특정 분야 인재양성을 목적으로 하는 학교로서 대통령령으로 정하는 고등학교·고등기술학교, 직업 또는 진로와 직업교육 과정을 운영하는 특수학교, 산업교육을 하는 대학 등을 말한다. 2011년 개정에서 강조된 '산학연협력'이란 산업교육기관과 국가, 지방자치단체, 연구기관 및 산업체등이 상호 협력하여 행하는 활동[25]을 말한다. 대학은 학교규칙으로 정하는 바에 따라 대학에 산학연협력에 관한 업무를 관장하는 조직(산학협력단)을 둘 수 있고, 산학협력단은 법인으로 설립되어 있다.

---

23) 원래 직업훈련기본법으로 제정(1976.12.31.)되었던 것을 폐지(1997.12.24.)하고 제정한 것이다.

24) 원래 산업교육진흥법으로 제정(1963.9.19.)되고 산헙교육진흥 및 산학협력촉진에 관한 법률로 개정(2003.5.27.)되었던 것을 산학에서 산학연으로 확대하여 개정(2011.7.25.)하여 지금에 이르렀다.

25) 산업체의 수요와 미래의 산업발전에 따르는 인력의 양성, 새로운 지식·기술의 창출 및 확산을 위한 연구·개발·사업화 산업체 등으로의 기술이전과 산업자문, 인력, 시설·장비, 연구개발정보 등 유형·무형의 보유자원 공동 활용 등

한편, 3대 직업교육법으로 제정되었던 「자격기본법」(1997.3.27. 제정)의 취지는 자격에 관한 기본적인 사항을 정함으로써 자격제도의 관리·운영을 체계화하고 평생직업능력 개발을 촉진하여 국민의 사회경제적 지위를 높이고 능력중심사회의 구현에 이바지함을 목적으로 1997년 제정되었다. 산업사회의 발전에 따른 다양한 자격수요에 부응하여 자격제도를 국가자격과 민간자격으로 구분하고 자격제도의 관리주체를 다원화하는 등 자격제도에 관한 기본적인 사항을 정함으로써 자격제도의 관리·운영을 체계화·효율화하고 자격제도의 공신력을 높여 국민의 직업능력개발을 촉진하고 사회경제적 지위향상을 도모하려는 데 있다. 이 법의 구성은 총칙, 자격관리·운영체계, 국가자격, 민간자격, 보칙 등 5개 장 42개 조항이다.

오늘날의 직업사회에서 교육의 성과는 학력 졸업장 이외에 직무능력의 검증척도로서 널리 이용되는 각종 자격증이 필수적이다. 이와 같은 학력인증과 자격인증은 모두 개인이 직업선택의 자유를 실효성 있게 보장하는 기제라 할 수 있다.

교육직업능력개발원법은 한국교육직업능력 개발 정책을 연구하는 국책연구기관의 설립 근거에 관한 법으로서 제정되었으나, 1999년 1월 29일에 제정된 '정부출연 연구기관등의 설립·운영 및 육성에 관한 법률'에 통합되어 규정되었다.

54설 기타 평생교육법규: 영유아보육법(어린이집), 청소년기본법 및 보호육성 관련법, 직업교육법

5. 평생교육법의 쟁점 판례: 과외금지(98헌가16)

가. 과외금지 조치의 배경과 전개

한국 국민들의 교육열은 실로 역사가 깊다. 신임 교육부 장관의 제1 과제 역시 어김없이 입시제도 개혁이었고, 실패는 곧 장관의 단명에 비례했다. 1980년 정권을 잡은 신군부는 국회를 정지시킨 가운데 국가보위비상대책위원회(국보위)를 통해서 한국의 교육열과 대학입시에서 빚어지고 있는 과외문제를 해결하기 위하여 7·30교육개혁안(교육정상화 및 과열과외 해소방안) 조치를 단행했다. 모든 고교 재학생의 학원 및 학교에서의 과외를 금지시키고, 대학에게는 본고사를 실시하지 않도록 하는 극단적인 조치였다. 당시 과외 문제가 사회문제로 대두되고 있었기 때문에 일반 국민들 입장에서 환영을 받을 만한 조치였던 것도 사실이다.

문제는 과외를 원천적으로 금지하고 예외적으로 허용하는 방식을 유지해왔다는데 있었다. 국민의 학습권을 과도하게 제한하는 결과를 가져왔던 것이다.

이 판례는 서울지방법원이 학원과외법 위반으로 공소제기(98고단7799)된 사건[26]에서 직권으로 위헌

26) 청구외 이○선은 서울지방법원에 학원과외법 위반으로 공소제기되었는데(98고단7799), 그 공소사실의 요지는 '피고인은 "○○교육"의 대표로서, 1995. 12. 초순경부터 1997. 10. 16.경까지 사이에 피씨(P. C) 통신업체인 천리안, 미래텔에 개설한 "○

심판 청구(98헌가16)한 경우이다. 즉, 피고인에게 당시 학원과외법 제22조 제1항 제1호, 제3조(과외금지)에 헌법위반의 의심이 있다고 보았다. 다른 한편, 전문음악인들 역시 과외교습 금지에 대한 헌법소원심판을 청구(98헌마429)하였다.[27]

나. 헌법소원과 위헌판결(98헌가16 및 98헌마429)

심판대상이 된 조항은 학원과외법 제3조(과외교습)였다.[28] 위헌심판을 청구한 법원은 다음과 같은 위헌제청 이유를 제출하였다.

> "이 사건 법률조항은 학문과 예술의 자유(헌법 제22조 제1항), 교육을 받을 권리(제31조 제1항), 직업선택의 자유(제15조), 행복추구권(제10조) 등을 제한하면서, 현직교사의 과외교습 금지와 같이 병리현상이 예상되는 경우에 한하여 예외적으로 기본권을 제한하는 방법을 선택하지 아니하고, 이와는 반대로 원칙적으로 모든 과외교습행위를 금지하여 그에 위반된 경우 형사처벌을 하도록 하고, 예외적으로 일정한 요건에 해당하는 과외교습행위만을 적법한 것으로 취급하였다. 그 결과 비난할 여지가 없거나 바람직한 과외교습행위까지도 예외적 요건에 해당하지 않는 한 모두 범죄행위로 되었는데, 이는 헌법 제37조 제2항이 규정한 과잉금지의 원칙에 위반되고, 나아가 위 헌법상 기본권의 본질적 내용을 침해하였다. 국가는 공적 부문에서만 아니라 사적 부문에서도 가르치고 배우는 것을 장려하고 보호해야 할 것인데, 이 사건 법률조항이 사적 부문의 가르치고 배우는 행위를 원칙적으로 금지하는 것은 국가를 사교육에 대한 보호자가 아닌 압제자로 작용하게 한다. 과외교습에 따른 일부 사회병리현상을 해결하기 위하여 사교육의 영역을 원칙적으로 포기하는 것은 무한경쟁의 시대를 살고 있는 국민의 능력계발에 커다란 장애가 되고, 문화국가의 이념에 배치되며, 자유민주국가에서는 도저히 받아들일 수 없는 철학에 기초하고 있다. 이는 "자율과 조화를 바탕으로 자유민주적 기본질서를 더욱 확고히 하여 정치·경제·사회·문화의 모든 영역에 있어서 각인의 기회를 균등히 하고, 능력을 최고도로 발휘하게" 하여야 한다는 헌법 전문의 정신에도 위반된다."

한편, 청구인들은 이 규정의 위헌성에 대하여 다음과 같이 주장했다.

○방"을 통하여 회원으로 가입한 2,415명으로부터 약 374,000,000원을 받고 수천회에 걸쳐 문제를 내고 질의·응답하는 방식으로 과외교습을 하고, 1997. 7. 초순경부터 같은 해 10.경까지 사이에 공소외 박○만 등 지도교사로 하여금 교습비를 내고 가입한 회원의 집을 방문지도하게 하는 방식으로 과외교습을 함으로써 위 법률 제22조 제1항 제1호, 제3조에 위반하였다'는 것이다.

27) 청구인들은 전문음악인들로서 그중 청구인 김○진은 작곡 전공, ○○대학교 음악대학 명예교수 겸 사단법인 한국음악협회 이사장이고, 청구인 신○정은 피아노연주 전공, ○○대학교 음악대학장이고, 청구인 박○길은 성악 전공, ○○대학교 음악대학교수 겸 국립오페라단 단장이고, 청구인 이○영은 첼로연주 전공, ○○대학교 음악교수 겸 실내악단 비하우스 대표이고, 청구인 김○은 바이올린연주 전공, ○○대학교 음악대학교수 겸 실내악단 바로크합주단 대표이다. 청구인들은 음악에 재능이 있는 어린이들에 대한 과외교습을 금지하는 학원의설립·운영에관한법률 제3조와 과외교습에 대한 처벌을 규정한 위 법률 제22조 제1항 제1호가 청구인들의 기본권을 침해한다고 주장하면서 이 사건 헌법소원심판을 청구하였다.

28) 학원과외법 제3조(과외교습) 누구든지 과외교습을 하여서는 아니된다. 다만, 다음 각 호의 1에 해당하는 경우에는 그러하지 아니하다.
   1. 학원 또는 교습소에서 기술·예능 또는 대통령령이 정하는 과목에 관한 지식을 교습하는 경우
   2. 학원에서 고등학교·대학 또는 이에 준하는 학교에의 입학이나 이를 위한 학력인정에 관한 검정을 받을 목적으로 학습하는 수험준비생에게 교습하는 경우
   3. 대학·교육대학·사범대학·전문대학·방송통신대학·개방대학·기술대학 또는 개별 법률에 의하여 설립된 대학 및 이에 준하는 학교에 재적중인 학생(대학원생을 포함한다)이 교습하는 경우
   ※ 1997.1.13. 법률 제5272호로 제3호에 "기술대학"이 삽입되었고, 1999.1.18. 법률 제5634호로 제2호 후단에 규정되어 있던 "이 경우 중학교·고등학교 및 이에 준하는 학교의 재학생에 대하여는 교육부장관이 정하는 기간에 한한다"가 삭제되었다.

1. 이 사건 법률조항은 헌법 제37조 제2항에 위반하여 청구인들의 행복추구권(헌법 제10조), 학문과 예술의 자유(제22조 제1항)를 침해하고, 교육을 받을 권리(제31조 제1항)에 관한 헌법규정과 제23조의 재산권 행사의 공공복리적합성에도 위배된다.
2. 스스로의 시간, 자금, 노력으로 지식과 아이디어를 얻겠다는 노력을 불법시하는 것은 타당하지 않으며, 학교교육 외에 사교육에 의하여 수월성을 추구하는 것을 금지하는 것은 헌법 제10조의 행복추구권 보장규정에 위배된다. 이 사건 법률조항에 의한 정규교육외 사교육의 원칙적 금지는 한국을 오늘날의 세계적 지식과 문화의 경쟁에서 낙후되게 할 것이며, 학습의 장소를 굳이 법이 정하는 학원, 교습소의 영업장소로 제한하여야 할 합리적 이유를 찾을 수 없다. 학습의 장소와 자격 등을 국가가 규제함으로써 국민의 지식, 예술의 발현을 통제, 관리하는 것은 헌법정신에 반한다.
3. 이 사건 법률조항을 그대로 두는 한 한국에서는 도제교육이 불가능하여 우수한 연주가를 배출할 수 없고, 전문음악가가 되기 위해서는 외국으로 나갈 수밖에 없다.
4. 어린이에게 교육투자를 많이 한다고 하여 그 어린이가 남보다 뛰어나게 된다는 논리는 입증되지 않았으며 설령 그로 인한 불공평이 있다 하더라도 그 불공평을 학교, 학원, 교습소 이외의 배움 자체를 금지하는 방법으로 해소하는 것은 타당하지 않다. 또 일부 고액과외의 폐단이 있다고 하여 국민의 가정경제가 파탄된다고 보거나, 청소년들의 정상적 성장이 저해된다고 일반화하는 것은 타당하지 않으며, 국가가 가격통제의 방법으로 레슨을 금지하고 학교, 학원, 교습소를 규격화하는 것은 정당화될 수 없다.
5. 입시부정, 교수 등의 본업에의 불충실, 남의 궁박을 이용하는 부당이득자, 탈세 등의 행위에 대하여는 입시제도를 개선하고, 엄격한 처벌과 제재에 의한 법의 지배를 확립함으로써 대처할 것이지 이러한 폐단을 막기 위하여 수월성의 추구와 가르치고 배우는 자유를 희생시키는 것은 본말이 전도된 것이다.
6. 부모가 어린 자녀를 교육시키고 스승이 이를 가르치는 자유는 다른 사람의 자유나 권리와 충돌하지 않는 가장 평화로운 자유이다. 세계적으로 유례를 볼 수 없는 배우고 가르치는 자유, 예술을 키우는 자유를 공격하는 악평등주의의 이 사건 법률조항은 위헌이다.

헌법재판소는 위헌 판결문을 통해 부모의 자녀교육권, 교육에 대한 국가의 책임, 부모의 자녀교육권과 국가의 교육책임과의 관계, 법 제3조에 의하여 제한되는 기본권, 기본권 제한의 한계로서의 비례의 원칙, 입법목적의 정당성과 수단의 적합성, 수단의 최소침해성, 법익의 균형성 등에 대하여 각각 다음과 같이 판시하였다.

1. 자녀의 양육과 교육은 일차적으로 부모의 천부적인 권리인 동시에 부모에게 부과된 의무이기도 하다. '부모의 자녀에 대한 교육권'은 비록 헌법에 명문으로 규정되어 있지는 아니하지만, 이는 모든 인간이 누리는 불가침의 인권으로서 혼인과 가족생활을 보장하는 헌법 제36조 제1항, 행복추구권을 보장하는 헌법 제10조 및 "국민의 자유와 권리는 헌법에 열거되지 아니한 이유로 경시되지 아니한다"고 규정하는 헌법 제37조 제1항에서 나오는 중요한 기본권이다. 부모는 자녀의 교육에 관하여 전반적인 계획을 세우고 자신의 인생관·사회관·교육관에 따라 자녀의 교육을 자유롭게 형성할 권리를 가지며, 부모의 교육권은 다른 교육의 주체와의 관계에서 원칙적인 우위를 가진다.
2. 헌법 제31조 제1항은 "모든 국민은 능력에 따라 균등하게 교육을 받을 권리를 가진다"고 규정하여 국민의 교육을 받을 권리를 보장하고 있다. '교육을 받을 권리'란, 모든 국민에게 저마다의 능력에 따른 교육이 가능하도록 그에 필요한 설비와 제도를 마련해야 할 국가의 과제와 아울러 이를 넘어 사회적·경제적 약자도 능력에 따른 실질적 평등교육을 받을 수 있도록 적극적인 정책을 실현해야 할 국가의 의무를 뜻한다. 특히 같은 조 제6항은 "학교교육 및 평생교육을 포함한 교육제도와 그 운영, 교육재정 및 교원의 지위에 관한 기본적인 사항은 법률로 정한다"고 함으로써 학교교육에 관한 국가의 권한과 책임을 규정하고 있다. 위 조항은 국가에게 학교제도를 통한 교육을 시행하도록 위임하였고, 이로써 국가는 학교제도에 관한 포괄적인 규율권한과 자녀에 대한 학교교육

의 책임을 부여받았다.

3. 자녀의 양육과 교육에 있어서 부모의 교육권은 교육의 모든 영역에서 존중되어야 하며, 다만, 학교교육에 관한 한, 국가는 헌법 제31조에 의하여 부모의 교육권으로부터 원칙적으로 독립된 독자적인 교육권한을 부여받음으로써 부모의 교육권과 함께 자녀의 교육을 담당하지만, 학교 밖의 교육영역에서는 원칙적으로 부모의 교육권이 우위를 차지한다.
4. 법 제3조에 의하여 제한되는 기본권은, 배우고자 하는 아동과 청소년의 인격의 자유로운 발현권, 자녀를 가르치고자 하는 부모의 교육권, 과외교습을 하고자 하는 개인의 직업선택의 자유 및 행복추구권이다.
5. 과외교습을 금지하는 법 제3조에 의하여 제기되는 헌법적 문제는 교육의 영역에서의 자녀의 인격발현권·부모의 교육권과 국가의 교육책임의 경계설정에 관한 문제이고, 이로써 국가가 사적인 교육영역에서 자녀의 인격발현권·부모의 자녀교육권을 어느 정도로 제한할 수 있는가에 관한 것이다. 학교교육에 관한 한, 국가는 교육제도의 형성에 관한 폭넓은 권한을 가지고 있지만, 과외교습과 같은 사적으로 이루어지는 교육을 제한하는 경우에는 특히 자녀인격의 자유로운 발현권과 부모의 교육권을 존중해야 한다는 것에 국가에 의한 규율의 한계가 있으므로, 법치국가적 요청인 비례의 원칙을 준수하여야 한다.
6. 사교육의 영역에 관한 한, 우리 사회가 불행하게도 이미 자정능력이나 자기조절능력을 현저히 상실했고, 이로 말미암아 국가가 부득이 개입하지 않을 수 없는 실정이므로, 위와 같이 사회가 자율성을 상실한 예외적인 상황에서는 고액과외교습을 방지하여 사교육에서의 과열경쟁으로 인한 학부모의 경제적 부담을 덜어주고 나아가 국민이 되도록 균등한 정도의 사교육을 받도록 하려는 법 제3조의 입법목적은 입법자가 '잠정적으로' 추구할 수 있는 정당한 공익이라고 하겠다. 수단의 적합성의 관점에서 보더라도 법 제3조가 학원·교습소·대학(원)생에 의한 과외교습을 허용하면서 그밖에 고액과외교습의 가능성이 있는 개인적인 과외교습을 광범위하게 금지하는 규제수단을 택하였고, 이러한 수단이 위 입법목적의 달성에 어느 정도 기여한다는 점은 의문의 여지가 없다. 따라서 수단으로서의 적합성도 인정된다 하겠다.
7. 법 제3조는 원칙적으로 허용되고 기본권적으로 보장되는 행위에 대하여 원칙적으로 금지하고 예외적으로 허용하는 방식의 '원칙과 예외'가 전도된 규율형식을 취한데다가, 그 내용상으로도 규제의 편의성만을 강조하여 입법목적달성의 측면에서 보더라도 금지범위에 포함시킬 불가피성이 없는 행위의 유형을 광범위하게 포함시키고 있다는 점에서, 입법자가 선택한 규제수단은 입법목적의 달성을 위한 최소한의 불가피한 수단이라고 볼 수 없다.
8. 법 제3조와 같은 형태의 사교육에 대한 규율은, 사적인 교육의 영역에서 부모와 자녀의 기본권에 대한 중대한 침해라는 개인적인 차원을 넘어서 국가를 문화적으로 빈곤하게 만들며, 국가간의 경쟁에서 살아남기 힘든 오늘날의 무한경쟁시대에서 문화의 빈곤은 궁극적으로는 사회적·경제적인 후진성으로 이어질 수 밖에 없다. 따라서 법 제3조가 실현하려는 입법목적의 실현효과에 대하여 의문의 여지가 있고, 반면에 법 제3조에 의하여 발생하는 기본권제한의 효과 및 문화국가실현에 대한 불리한 효과가 현저하므로, 법 제3조는 제한을 통하여 얻는 공익적 성과와 제한이 초래하는 효과가 합리적인 비례관계를 현저하게 일탈하여 법익의 균형성을 갖추지 못하고 있다.

부모의 자녀교육권에 대하여는 다른 교육의 주체와의 관계에서 원칙적인 우위를 가진다는 점을 명확히 했다. 이는 향후 교육당사자[29] 간의 이해 충돌시 중요한 기준점이 될 것이다.

이어서 교육에 대한 국가의 책임으로서 사회적·경제적 약자도 능력에 따른 실질적 평등교육을 받을 수 있도록 적극적으로 노력할 할 것을 주문했다. 그 책임 완수를 위한 활동의 하나로 과외에 대하여 포괄적으로 규율할 수 있는 권한도 부여된다 할 수 있다. 과외교육의 원칙적 금지에 따라 학생은 학습권(인격의 자유로운 발현권), 학부모는 교육권, 과외 희망자는 직업선택의 자유나 행복추구권을 제한받는다는 점도

29) 교육기본법상 교육당사자는 학습자, 보호자, 교원, 교원단체, 학교설립경영자, 국가, 지방자치단체이다. 미성년자의 경우 보호자는 학습자의 권리를 대행한다는 점을 감안한다면, 학습자와 그 대리인인 보호자의 교육에 관한 권리보호를 위하여 나머지 당사자들이 역할분담을 하고 있는 것으로 보아야 하고, 특히 국가와 지방자치단체는 능력에 따라 균등하게 제공되어야 할 교육여건 조성 책임자로서 위치에 선다.

분명히 했다.

그런데 원칙적으로 금지하고 예외적으로 허용한 이 제한 방식은 제한을 통해서 얻으려는 공익과 제한당한 측의 사익을 형량할 때 지나치게 과도하며, 고액과외의 폐해나 과열 과외에 대한 국민적인 열망을 고려할 때 입법목적은 어느 정도 정당하나 그 수단이 주객전도의 원칙적 금지에 최소 침해 원칙이나 법익의 균형성을 갖추지 못하여 합헌적 제한이라고 보기 어렵다는 논지이다

한편, 세 명의 재판관은 다음과 같은 반대의견을 제출하기도 했다.

1. 이 사건 법률조항이 국민의 기본권을 과도하게 침해하는 위헌적인 규정이라는 점에서는 다수의견과 견해를 같이 하나, 우리 현실에 비추어 볼 때 아직까지는 과외교습을 전면 허용할 것이 아니고 일정부분 규제할 필요가 있다. 따라서 이 사건 법률조항에 대하여 바로 위헌선언을 할 것이 아니라 헌법불합치결정을 함으로써 입법자로 하여금 국민의 기본권을 가능한 한 적게 침해하면서도 과외교습을 둘러싼 폐단을 제거할 수 있는 새로운 수단을 마련하도록 하는 것이 타당하다(재판관 한대현).
2. 이 사건 법률조항의 입법목적은 정당하고, 단속의 필요성도 인정되나, 이 법률조항의 위헌성은 과외교습의 규제방식이 기본권제한입법의 체계와 방식을 제대로 갖추고 있지 못한 데에 있는 것이며, 과외교습의 폐단이 여전히 극심하여 이를 규제하여야 할 필요성과 당위성이 인정되는 현재의 상황에서 이 사건 법률조항의 효력을 소멸시켜 과외교습을 전면적으로 허용하는 것이 곧 합헌적 상태를 실현하는 것이라 볼 수 없다. 그러므로 단순위헌결정을 하여 당장 그 효력을 상실시킬 것이 아니라, 입법자가 광범위한 국민적 합의를 거쳐 합리적인 범위에서 과외교습을 규제할 수 있도록 하고 과외교습이 전혀 규제되지 않는 상황을 피하기 위하여 새로운 입법이 이루어질 때까지는 이 사건 법률조항을 잠정적으로 적용하도록 하는 헌법불합치결정을 하는 것이 바람직하다(재판관 정경식).
3. 과외교습은 학교교육에 종속된 보충교육으로서 학교교육의 공공성을 침해하는 경우 국가는 학교교육의 정상화를 위하여 재량적으로 이를 규제할 수 있고, 그 규제입법의 위헌심사기준은 입법형성의 합리성이다. 다수의견이 이를 금지함으로써 비례성원칙에 반한다고 지적하고 있는 친척이나 이웃집 가정주부의 교습, 뛰어난 예술인의 개인 과외교습 등은 이를 허용할 경우 교습행위의 은밀성으로 인하여 입법목적 달성에 어려움이 있고, 그러한 개인교습이 학교교육의 공공성을 해하지 않는다는 보장도 없다. 과외교습 금지로 인한 공익을 고려할 때 이들이 개인과외교습을 못함으로써 불이익을 받는다 하더라도 법익 간에 균형을 잃는 것도 아니다. 초등학생의 학교 교과목에 대한 과외교습 금지는 그것이 초등학생에게 신체적·정서적·교육적으로 바람직하지 않은 영향을 미칠 수 있기 때문이다. 결국, 이 사건 법률조항은 국가와 학부모의 공동과제인 자녀의 학교교육과 학부모가 결정하는 사교육의 한 부분인 과외교습과의 조화를 꾀하기 위한 입법으로서 합리성을 벗어난 것으로 인정되지 아니한다. 이 사건 법률조항이 원칙적인 금지와 예외적인 허용이라는 규율형식을 취하고 있으나, 실질적으로 이 법에서 허용되는 과외교습은 학습이 부진한 학생들로 하여금 이를 보충하는 데 모자람이 없는 한편, 사회적 폐해의 소지가 현저하고 부작용이 보다 높은 개인의 과외교습에 한하여 금지되고 있을 뿐이다. 따라서, 이 사건 법률조항은 입법목적의 정당성 및 수단의 합리성을 갖춘 입법으로서 과외교습자와 학부모, 학습자의 기본권의 본질적인 내용을 침해하는 것이 아니므로 합헌이다(재판관 이영모).

반대의견으로는 단순 위헌결정보다는 헌법불합치 결정을 통하여 입법적으로 해소할 시간을 주는 것이 바람직하다는 의견과, 과외에 대한 규제는 금지하는 것이 현실적이고 합리적이며 학부모나 학습자의 기본권을 본질적 내용을 침해하는 것은 아니므로 합헌이라는 논지이다.

다. 공교육 정상화를 위한 선행학습 규제 법 제정

2014년 3월 11일에는 국회에서는 법률 제12395호로 「공교육 정상화 촉진 및 선행교육 규제에 관한 특별법」이 제정 공포되었다. 선행학습 문제는 2013년 대통령 선거 당시 교육분야의 주요 쟁점으로 대두되었고, 여·야 후보 모두는 관련 법 제정을 공약하였다. 대학입시는 학원에서 준비하고 학교는 그저 내신을 관리하는 곳으로 전락한지 오래이고, 급기야 이는 공교육에 대한 학생과 학부모의 불신으로까지 이어진 상황이었다.

그러나 법안 제안과정에서 선행학습을 금지하는 것은 국민들의 학습의 자유를 지나치게 제약한다는 점에서 헌법정신과 배치된다는 지적이 있었다. 앞서 살펴본 '과외 금지' 조치에 대한 헌법재판소의 위헌판결은 그러한 우려를 더 깊게 하였다.

결국, 학습자의 입장이 아니라 교육을 시키는 학교의 입장에서 이 문제를 접근하게 되었고, 법안의 명칭은 '선행학습'에서 '선행교육'으로 바꾸었다. 그리고, 학습자에 대한 '금지'라는 기본권 침해적인 극단적 표현은 관련 교육기관에 대한 '규제'라는 방식으로 수정하여 법안을 만들게 되었다.

우선, 이상민 의원등은 2014. 4. 16.에 '선행교육 규제에 관한 특별법'을 제안하였는데, 유치원과 초중고등학교로 하여금 국가교육과정에 앞선 교육과정이나 편법으로 선행학습을 유발하는 교육과정을 편성 운영하지 않도록 규정하였다.

이어, 강은희 의원등도 2013. 4. 30.에 '공교육 정상화 촉진에 관한 특별법'을 제안하였는데, 초중고등학교 정규 교육과정 및 방과후 교육과정에서 선행교육 및 선행학습을 유발하는 평가 등의 행위를 금지하는 유사한 내용을 포함하였다.

주요 교직단체들은 국회의 선행교육 규제법에 대한 보도자료와 관련 시행령 입법예고에 대한 입장을 발표하였다. 기본적으로 법안의 취지에는 십분 공감하나 방법에 있어서 실효성이 문제라는 반응이다. 특히, 선행학습 제공을 주도하고 있는 학원에 대하여는 선행 학습유발 광고·선전의 금지는 실효성이 약하다는 반응이었다.

표 11-4 선행교육 규제법 시행령 입법예고에 대한 교직단체의 반응

단체	주요 쟁점	주요 주장
한국교총	1. 법안의 기본 취지 2. 방안의 한계 3. 광고금지 학원규제 4. 현 장부작용 대응안	1. 사교육 과열, 학습부담, 소모적 경쟁등 교육폐해 유발 선행교육 규제 취지 동의 2. 선행학습 유발의 가장 큰 원인인 수능을 비롯한 대학입시를 정점으로 한 입시경쟁이 상존하고, 지나치게 어려운 교육과정을 해소하는 근본적 처방 없이 선행학습을 제한 3. 선행학습이 주로 이루어지는 학원, 교습소에 대한 광고 금지의 실효성 의문 4. 선행학습 문제 출제 여부를 가릴 학교급별, 교과별 명확한 기준 마련 (나선형 교육과정의 예습과 선행학습구분곤란 문제, 절대평가하에서 변별력 확보를 위한 심화문제에 대한 선행학습 오인 우려) – 학교교육의 자율성과 불필요한 업무를 양산 지양 (선행학습 예방교육, 매년 선행학습 금지계획 수립시행 등)

		– 선행학습에 대한 엄격한 제한은 교사의 수업의 자율권을 제한하게 될 수 있음 – 규제에 따른 풍선효과 가능성 대비 (온라인 선행교육 규제곤란, 비밀 고액과외 확산, 교육 불평등 심화 등) – 지나치게 어려운 교육과정을 쉽게 해 선행교육 유발 요인 차단하고 대입제도 개혁 (내신 강화, 수능 기초학력평가)
전교조	1. 시행령안의 실효성 2. 선행학습관련 과제에 대한 대응 누락 3. 특권학교 규제한계 4. 일반학교와 격차 5. 광고금지 학원규제 6. 현 부작용 대응안	1. 제시된 규제로는 선행학습 근절과 사교육수요 억제에는 실효성이 크게 떨어짐 2. 수능문제풀이 중심의 고3 수업파행 문제, 선행학습위주의 학원 규제 및 처벌 부재, 자사고 등 특권학교와 일반학교 교육과정 운영의 차별문제, 학교에서의 대학논술 준비의 어려움 등에 대한 대처 미흡(법망을 피하기 위한 온갖 편법 난무 우려) 3. 특목고 및 자사고 등에 대한 사교육 수요와 불안 심리를 억세하기에 한계 4. 특목고 및 자사고의 필수이수단위를 50% 감축으로 선행교육과정 편성 용인 (전공영역을 축소하고 국·영·수 위주의 교육과정을 편법 운영하는 경우 다반사) 5. 선행학습의 주범이 학교가 아니라 학원임에도 규제 부재상태(학원가는 이유 대응) 6. 중학교 선행학습과 일반고 슬럼화의 주범인 특목고, 자사고 폐지가 최우선 선행 조치 – 대학별 논술을 폐지, 현행 수능시험 자격고사화, 국가차원의 논술시험 대체
좋은 교사	1. 법안에 대한 기대 2. 평가난이도 문제 3. 수능종속 교육과정 4. 현행 교육과정문제	1. 대학의 비정상적 출제 관행에 제동, 초·중등교육의 정상화에 기여 2. 성취평가제 정착을 위한 고교입시 개선, 성취기준 타당성 제고, 학습안전망 강화 3. 수능의 난이도와 고교 교육과정 성취기준을 일치시킬 필요성(교육과정위원회 역할) 4. 지나치게 많고 어려운 교육과정(중3 32.7%가 수학기초학력에 미달(50점 미만)) – 비교를 위한 획일적인 상대평가 지양, 개별 맞춤형 교육과정 지향, 부진학생 지원)

라. 한국인의 교육열과 국가에 의한 학습의 규제 방식과 범위[30)]

첫째, 법안 제안의 동인인 선행학습의 원인 진단 측면에서의 문제이다. 법안에 따르면 마치 선행학습 열기가 학교의 선행교육의 주도적 실시에 의하여 조장되고 이를 금지하거나 교육과정 범위 내 시험 원칙을 지키면 어느 정도 진정될 것으로 전제한다. 교육부의 정책포럼에서도 선행학습의 유발요인은 ① 개별학교와 정부수준의 정책과 제도, ② 교육적 목적보다는 상업적 이익을 위해 선행학습 상품을 최대한 활용하려는 사교육 시장의 마케팅, ③ 선행학습을 부추기는 환경에서 불안과 경쟁심리 등에 따라 선행학습을 요구하는 수요자(학생과 학부모) 의식 등으로 지적[31)]되기도 했다. 특히 교직단체들이 주장하듯이 학교 내부에서 선행학습의 원인을 찾기보다는 선행학습을 부추기는 학교입시제도와 학원시장의 문제가 더 심각하다는 것이다.

둘째, 지금의 교육과정이 선행학습을 해야 할 정도로 어려운 것인가에 대한 문제이다. 학력조사 대상과 학교(일반고, 특목고, 농촌학교, 도시학교)에 따라 그 답은 달라질 수 있다. 구체적이고 원론적으로는 개인차의 변인이 더 크다 할 수 있다. 즉, 선행학습은 학력수준이 높은 학생에 대한 적극적인 학습기회 제공 차원에서는 합리적이라고 할 수 있다. 그러나 이것이 과도하고 무분별한 선행학습 풍조로 이어지고 오히려 공교육 정상화를 저해하는 주된 원인이 되어 있다면, 공익(公益), 즉 능력에 따른 균등한 교육여건

30) 고전(2014), 선행교육 규제법은 성공할 수 있을까?, 제주교육(월간) 2014년 가을호.
31) 안상진, 공교육 정상화 정책 포럼 자료집(2014.7.25.), 교육부, 4면.

의 실질적 보장을 위하여(선행학습 유무에 따라 교육기회가 차별화되지 않기 위하여) 비교육적이고 비상식적인 선행학습은 어느 정도 제한되어야 할 것이다. 그 방법의 하나로서 선행교육을 실시하는 교육기관과 학원에 대한 규제를 생각해 낸 것이라는 점에서 이 법은 사회적 합의에 기초한다.

셋째, 선행교육 규제의 방법의 실효성에 대한 문제이다. 앞서 살펴본 바와 같이 이 법안 및 시행령에 대하여 제기되는 문제는 규제 방법이 갖는 실효성에 대한 의문이다. 학생들이 학습하는 주된 동기이자 궁극의 목적으로 되어 있는 내신성적과 학교입시를 떼어놓고는 선행학습 동기를 잠재울 수 없다는 것이다. 이런 관점에서 학교시험 출제 범위에 대한 규제와 수능시험 및 대학 측의 본고사 출제에 대한 규제는 당연하게 요구되는 규제라 하겠다. 현실적으로 어렵게 출제되는 수능이나 수능범위와 학교교육과정 진행과의 차이점, 확일적인 내신 상대평가 등의 문제는 결국 선행학습을 여전히 부추긴다는 것이다.

넷째, 예상되는 부작용에 대한 대비 측면에서의 문제이다. 일각에서는 입시위주의 교육관행을 바꾸지 않고 교육기관에 대한 선행교육 규제 지침만을 강요한다면, 보고용 교육과정과 실제용 교육과정간의 괴리(허위보고), 교사 개개인의 교과운영 및 교육과정 상의 자율권 제한 및 학생의 학습권 침해 우려, 불법적인 고액 선행 학원교육의 조장, 음성적인 제3의 개인 교습 조장, 사교육 억제를 위한 농어촌학교 방과후 학교프로그램의 위축 등을 우려한다.

다섯째, 진학에 유리한 학교에 대한 보다 근본적인 처방 측면에서의 문제이다. 대부분의 학부형들이 학원에서 선행학습을 시키는 이유는 내신관리를 위한 차원이지만, 궁극적으로는 좋은 상급학교에 진학을 목적으로 한다. 그 정점에는 결국 특목고 및 자사고가 자리하고 있다. 이른바 입시명문이라는 과학고와 외국어고등학교에 대한 보다 근본적인 처방이 필요한 시점이라고 본다. 즉, 과학고는 과학계열의 진학을, 외국어고는 외국어 계열 진학을 목적으로 한 목적형 진학고라는 원래 취지로 되돌리는 것이 특목고 지향의 맹목적인 선행학습 동기를 잠재우는 첫 번째 단초가 될 것임에 자명하다. 그리하지 못하는 것은 역시 기득권 때문이고, 이는 제도개선에 유예기간이 필요하며 도입은 빠를수록 좋다고 본다.

동시에 교육과정의 수준과 양에 대한 검토도 요구되고 있다. 학문 영역 간의 밥그릇 싸움으로 비춰지고 있는 교육과정 시수의 조정이나 교육내용의 수준 조정도 필요하다. 국민공통교육과정이라는 미명하에 졸업 후 일생동안 단 한 번도 유용하게 활용될 가능성이 없는 것들의 암기에 얼마나 많은 시간과 노력이 계속 낭비되어야 하는가 하는 것이다.

무지(無知)로부터 자유를 내세운 교양(liberal Education)에 가까운 국민공통교육과정이 얼마나 많은 이 땅의 초·중등학생의 삶을 짓누르고 있는지는 하나의 아이러니가 아닐 수 없다. 기초와 원리교육에 충실하면서도 학습의 양은 줄이는 지혜가 필요한 때이다. 누가 진정으로 선행학습을 바라고 있는지 되물어 볼 일이다.

살펴본 바와 같이, 1980년 국가 비상시국에 비정상적인 절차를 거쳐 전격 단행된 7·30 과외금지 조치는 20년이 지난 2000년 4월 27일에 위헌 판결을 받을 때까지 20년의 시간이 흘렀다. 그리고 2013년 대통령 공약사항으로 등장한 '선행학습금지법'은 다음해 국회논의과정에서 「공교육 정상화 촉진 및 선행교육 규제에 관한 법률」로 제정(2014.3.11.)되었다. '선행학습'은 '선행교육'으로, '금지'는 '규제'로 한정되었고, 제한의 구체적 목적 또한 '공교육 정상화 촉진' 이라는 공익을 표방하였다. 모두 앞선 일방적이며 원천적인 과외금지 조치에 내려진 위헌판결의 교훈에 따른 것이었다. 앞선 판결이 후속 법률의 제정에 긍정적으로 작용한 대표적인 사례라 할 수 있다. 법률의 위헌성은 상당히 소각된 것으로 판단되나 법률이 기도하고자 하는 선행학습은 그 결과 공교육이 정상화될 정도로 자제되거나 자리를 감추었는가에 대하여는 의문을 제시하지 않을 수 없다. 법규범의 규범적 타당성이 법현실에 있어서의 사실적 실효성을 담보하는 데는 역부족이었다고 평가할 수 있다.

55설 과외금지 위헌판결의 교훈: 수단의 적합성, 선행학습금지법 공약 → 선행교육규제법으로 조정 제정

제 3 부

교육 입법정책론

제 12 장

학생의 인권보호 입법정책

1. 학생 인권의 의미와 법적 근거
2. 학생징계 · 학교폭력 · 학교안전사고 관련 법령과 인권
3. 학생 인권보호 관련 조례
4. 학생 인권보호의 제도보장 및 정책
5. 학생 인권보호 입법정책의 쟁점과 판례: 학생인권조례의 위법성

이 장에서는 학생의 인권 보호관련 입법정책을 다룬다, 학생 인권의 의미를 교육기본법과 초 · 중등교육법 그리고 각 시도의 교육조례를 통하여 개념 정의 한다. 학생징계 법령은 신체에 고통을 가하는 지도에 대하여는 허용하지 않고 있다. 학교폭력 예방 및 대책에 관한 법률은 학교에서의 크고 작은 폭력들이 단순한 훈계와 훈육으로 해결되기 어려운 사회문제임을 보여주고 있다.

학교 안전사고 역시 학생의 인권보호 및 교사의 교권보호 차원에서 비중있게 다루어야 하는 주제이다. 학생인권보호 조례는 학생인권의 개념에 대하여 상세하게 정의하고 있는데 서울, 경기, 광주, 전북, 충남 제주등 6곳에서 제정 시행되고 있다. 학생 인권보호의 제도보장은 조례를 통하여 진술되어 있는 학생인권 침해에 대한 구제 대책을 규정하고 있다. 구제를 위한 적정절차를 마련하고 학생인권교육센터 등을 통한 인권교육역시 중요한 정책으로 인식되고 있다. 학생인권조례는 상위법과의 충돌을 이유로 그 위법성이 논란되기도 하였으나 현재는 관련 조항을 정비하였다.

제 12 장 학생의 인권보호 입법정책

1. 학생 인권의 의미와 법적 근거

가. 학생의 권리와 의무

교육기본법과 초·중등교육법 등에 명시된 학생의 기본적인 권리는 평생 학습권, 교육선택권, 자치활동 보장권, 학교운영에의 참여권, 학교교육과정에서의 기본적 인권 보장권 그리고 안전 보장권 등이다.

(1) 학생의 권리

① 평생 학습권 및 교육 선택권

교육기본법은 국민의 평생 학습권을 규정함과 아울러 학습자가 학교교육과정에서 기본적 인권을 보장받고 인격과 개성을 존중받을 권리를 규정하고 있다(§3, §12①). 선택교육 단계인 고등학교 학생에게는 학과선택권을 보장하고 있다(§48②). 초·중등교육에서는 공교육체제를 도입하여 국가교육과정 및 교과서 규정[1)]을 통해서 학습권을 보장하고 있는데 학교결정에 따른다는 점에서 제한의 의미도 있다.[2)]

② 자치활동 보장권과 학교운영에의 참여권

학생의 자치활동은 권장·보호되며, 조직·운영에 관한 기본적인 사항은 학칙으로 정하도록 되어 있어서 학생의 권리 보장은 학칙을 통해서 구체화된다.[3)] 학생의 학교운영 참여는 교육기본법상 보장된 것이지만 교직원·학부모·지역주민에 비하여 제한적이다. 즉, 학교운영위원회가 학생과 밀접한 관련이 있는 사항[4)]에 대하여 학생대표의 의견을 수렴할 필요가 있다고 판단할 경우에 한한다.

---

1) 제23조(교육과정 등) ① 학교는 교육과정을 운영하여야 한다. ② 국가교육위원회는 제1항에 따른 교육과정의 기준과 내용에 관한 기본적인 사항을 정하며, 교육감은 국가교육위원회가 정한 교육과정의 범위에서 지역의 실정에 맞는 기준과 내용을 정할 수 있다. ③ 교육부장관은 제1항의 교육과정이 안정적으로 운영될 수 있도록 대통령령으로 정하는 바에 따라 후속지원 계획을 수립·시행한다. ④ 학교의 교과(敎科)는 대통령령으로 정한다.

2) 이것이 학습자의 '학습의 자유'나 교원의 교육전문가로서 '교육의 자유'를 제한하는 의미도 지니나, 국민 전체의 공교육(공익)을 도모하는 차원에서, 일정한 능력을 갖춘 국민들에게 균등한 교육기회를 부여하는 취지다. 또한, 대학입시에 따른 입시부담이나 과열 사교육으로 학생의 '학습의 자유'가 유명무실해진 현실이 있는 것이 사실이고, 이를 바로 잡아보고자 '공교육정상화 및 선행교육규제에 관한 특별법'이 제정되기도 했다.

3) 초·중등교육법 제17조(학생자치활동) 학생의 자치활동은 권장·보호되며, 그 조직과 운영에 관한 기본적인 사항은 학칙으로 정한다. 초·중등교육법 시행령 제9조(학교규칙 기재사항) (중략) 8. 학생자치활동의 조직 및 운영

4) 초·중등교육법 시행령 제59조의4(의견 수렴등) ② 국·공립학교에 두는 운영위원회는 다음 각 호의 어느 하나에 해당하는 사항을 심의하기 위하여 필요하다고 인정하는 경우 학생 대표 등을 회의에 참석하게 하여 의견을 들을 수 있다. 1. 법 제32조 제1항 제1호, 제6호 또는 제10호에 해당하는 사항 2. 그 밖에 학생의 학교생활에 밀접하게 관련된 사항

③ 학교교육 과정에서의 기본적 인권 보장권

2000년대 들어 교육법에는 학생의 인권이 강조되었다. 교육기본법의 학습자 인권보장 원칙에 이어서 초·중등교육법은 학생 인권보장의무를 학교설립·경영자와 교장에게 부여하고 그 가이드라인을 헌법과 국제인권조약에 둔다.5) 학칙은 여러 학생인권과 관련한 사항을 규정하고 있다.6) 학생인권의 구체적 보장 범위와 방법에 대하여는 각 시·도의 학생인권조례가 정하기도 한다.7)

④ 안전보장권

국가와 지자체는 안전사고 예방 시책 수립의무를 지고, 교장과 교육감등은 안전대책을 수립·시행할 의무가 있다. 학생 안전과 관련된 특별법도 제정되었는데 「학교안전사고 예방 및 보상에 관한 법률」(2007.1.2. 제정)과 「학교폭력 예방 및 대책에 관한 법률」(2004.1.29. 제정)이 대표적이다.

표 12-1 교육기본법 및 초·중등교육법령상 학생의 권리 규정

권리내용	관련 법률
국민학습권 학습자	교육기본법 §3(학습권) 모든 국민은 평생에 걸쳐 학습하고, 능력과 적성에 따라 교육 받을 권리를 가진다. 교육기본법 §12(학습자) ① 학생을 포함한 학습자의 기본적 인권은 학교교육 또는 평생교육의 과정에서 존중되고 보호된다. ② 교육내용·교육방법·교재 및 교육시설은 학습자의 인격을 존중하고 개성을 중시하여 학습자의 능력이 최대한으로 발휘될 수 있도록 마련되어야 한다.
고교 학과선택	초·중등교육법 §48② 고등학교의 교과 및 교육과정은 학생이 개인적 필요·적성 및 능력에 따라 진로를 선택할 수 있도록 정하여져야 한다.
자치활동 보장	초·중등교육법 §17(학생자치활동) 학생의 자치활동은 권장·보호되며, 그 조직과 운영에 관한 기본적인 사항은 학칙으로 정한다.
학교운영참여	교육기본법 §5② 학교운영의 자율성은 존중되며, 교직원·학생·학부모 및 지역주민 등은 법령으로 정하는 바에 따라 학교운영에 참여할 수 있다. ※학생밀접관련사항 학생대표참여(시행령)
인권보장	초·중등교육법 §18의4(학생의 인권보장) 학교의 설립자·경영자와 학교의 장은 「헌법」과 국제인권조약에 명시된 학생의 인권을 보장하여야 한다.

※ 초·중등교육법 제32조 제1항 1.학교헌장과 학칙의 제정 또는 개정 6. 정규학습시간 종료 후 또는 방학기간 중의 교육활동 및 수련활동 10. 학교급식

5) 초·중등교육법 제18조의4(학생의 인권보장) 학교의 설립자·경영자와 학교의 장은 「헌법」과 국제인권조약에 명시된 학생의 인권을 보장하여야 한다.(본조신설 2007.12.14.)

6) 초·중등교육법 시행령 제9조(학교규칙 기재사항) 7. 학생 포상, 징계, 징계 외의 지도방법, 두발·복장 등 용모, 교육목적상 필요한 소지품 검사, 휴대전화 등 전자기기의 사용 및 학교 내 교육·연구활동 보호와 질서 유지에 관한 사항 등 학생의 학교생활에 관한 사항

7) 경기, 광주, 서울, 전북, 충남, 제주는 학생인권조례를 제정하였다. 경기도는 학생인권의 내용으로 "차별받지 않을 권리, 폭력 및 위험으로부터 자유, 교육에 관한 권리, 양심·종교의 자유 및 표현의 자유, 자치 및 참여의 권리, 복지에 관한 권리, 징계 등 절차에서의 권리, 권리침해로부터 보호받을 권리, 소수 학생의 권리 보장" 등을 규정하고 있다. 교육과정에서의 권리와 생활지도와 관련한 표현의 자유, 신체의 자유, 사생활의 보장, 휴식권 등이 포함된다.

안전보장	교육기본법 §17의5(안전사고 예방) 국가와 지방자치단체는 학생 및 교직원의 안전을 보장하고 사고를 예방할 수 있도록 필요한 시책을 수립·실시하여야 한다. 초·중등교육법 §30의8(학생의 안전대책 등) ① 국립학교의 경우에는 학교의 장이, 공립 및 사립 학교의 경우에는 교육감이 시·도의 교육규칙으로 정하는 바에 따라 학교시설(학교담장을 포함한다)을 설치·변경하는 경우에는 외부인의 무단출입이나 학교폭력 및 범죄의 예방을 위하여 학생 안전대책을 수립하여 시행하여야 한다. ※안전대책 수립시 학생의견 수렴(시행령)

주: 초·중등교육법시행령 §59의4(의견 수렴 등) ② 국·공립학교에 두는 운영위원회는 학생의 학교생활에 밀접하게 관련된 사항을 심의하기 위하여 필요하다고 인정하는 때에는 학생 대표 등을 회의에 참석하게 하여 의견을 들을 수 있다. ③ 국·공립학교에 두는 운영위원회는 국립학교의 경우에는 학칙으로, 공립학교의 경우에는 시·도의 조례로 정하는 바에 따라 학생 대표가 학생의 학교생활에 관련된 사항에 관하여 학생들의 의견을 수렴하여 운영위원회에 제안하게 할 수 있다. 초·중등교육법시행령 §57의2(학생의 안전대책 등)학교의 장이 학생의 안전대책 등을 수립할 때에는 학생, 학부모 및 교직원의 의견을 듣고 학교운영위원회의 심의 또는 자문을 거쳐야 한다.

(2) 학생의 의무

① 학습자로서 윤리의식 확립 의무

학습자로서 윤리의식을 확립할 의무는 2005년 교육기본법 개정에서 추가된 것으로 교원의 지도를 받는다.[8] 학습윤리는 학교에서 시험을 포함하여, 출석, 과제 작성, 모둠활동 등에서 지켜야할 윤리로서, 시험부정이나 인터넷자료 도용, 모둠활동시 역할 미수행등은 대표적 학습윤리 위반 행위이다. 초등학교 때부터 학습윤리를 길러주는 것이 무엇보다 중요하다.

② 학교규칙 준수의 의무

학교규칙(학칙)은 교장이 학내 구성원 간 심의(사립학교의 경우 자문)를 거쳐 정하는 가장 기초적 교육법 규범이다. 포상 및 징계[9]나 학생의 자치활동을 법령과 학칙으로 정했으므로 이에 근거하여 학생의 권리도 보장되지만 법령과 학칙이라는 가이드라인을 준수해야 할 학생의 의무도 동시에 발생된다.

③ 교원의 교육·연구활동 방해 및 학내 질서 문란 행위 금지

교원의 교육·연구활동의 방해 금지는 주로 대학생의 학내시위와 행사로 인한 방해를 염두에 둔듯하지만, 초·중·고교에 있어서도 교육활동 중 발생하는 학생에 의한 교권침해(지도불응 및 수업방해 행위)도 여기에 포함한다. 질서 문란의 경우는 교내시위와 수업거부, 등교거부 등이 있을 수 있다. 일부 학생 인

---

8) 교육기본법 제12조(학습자) ③ 학생은 학습자로서의 윤리의식을 확립하고, 학교의 규칙을 준수하여야 하며, 교원의 교육·연구활동을 방해하거나 학내의 질서를 문란하게 하여서는 아니 된다.
교육기본법 제14조(교원) ③ 교원은 교육자로서의 윤리의식을 확립하고, 이를 바탕으로 학생에게 학습윤리를 지도하고 지식을 습득하게 하며, 학생 개개인의 적성을 계발할 수 있도록 노력하여야 한다.
교육기본법 제17조의3(학습윤리의 확립) 국가와 지방자치단체는 모든 국민이 학업·연구·시험 등 교육의 모든 과정에 요구되는 윤리의식을 확립할 수 있도록 필요한 시책을 수립·실시하여야 한다.

9) 제18조(학생의 징계) ① 학교의 장은 교육상 필요한 경우에는 법령과 학칙으로 정하는 바에 따라 학생을 징계하거나 그 밖의 방법으로 지도할 수 있다. 다만, 의무교육을 받고 있는 학생은 퇴학시킬 수 없다.

권조례는 학생의 학내 집회의 자유를 제한적으로 허용하기도 한다.[10)]

④ 교육당사자 권리와 의무 행사에 따른 학생의 의무

자녀들은 헌법과 초·중등교육법상[11)] 보호자의 자녀 취학의무에 따라 결과적으로 학습권을 보장받지만 동시에 교육법에는 학칙을 준수하며 학교에 다녀야 할 통학 의무 및 교육과정 참여 의무가 부과된다. 장관의 국가수준 학업성취도 평가권[12)]에 따라 학생은 당연히 평가를 받을 의무를 진다. 교사에게 부여된 학생지도의 권리는 학습권 보장과 동시에 학습자의 의무를 수반한다.

나. 법령상의 학생 인권의 존중과 보호

앞서 살펴본 바와 같이 교육관계법에서 학생의 인권을 언급한 것은 교육기본법에서이다. 특히 교육당사자인 학생에 관하여 언급하면 제1항[13)]에서 학습권의 보장에 앞서서 '학교교육과 평생교육과정에 있어서 학습자의 인권보장'을 천명했는데 그 배경을 이해할 필요가 있다.

인간의 자아를 실현하고 행복을 추구하도록 하기 위한 교육이라는 과정은 그 자체가 하나의 인권의 실현과정이라는 점에서 교육받을 권리를 인권의 관점에서 바라보는 것이다. 그런데 교육기본법 제12조 제1항의 규정은 아이러니하게도 가장 필수적으로 인권을 실현하기 위한 기본적인 권리의 하나인 교육을 받고 학습하는 과정이 비인간적, 나아가 비인권적인 부분이 있을 수 있다는 것을 전제로 하고 있다. 그것도 학교나 평생교육 모든 영역에서이다.

이러한 아이러니한 규정이 교육제도의 기본 원칙을 정한 교육기본법에 등장하게 된 것은 역시, 한국사회의 교육병폐인 지나친 입시경쟁과 이로 인한 교육열을 언급하지 않을 수 없다. 그 과정에서 학습자의 학습의 자유나 선택은 뒷전이고, 오직 이른바 일류대학에 진학하고자하는 입시교육 자체만 남아 학교교육은 비정상화되고 주입식 입시교육이 대세를 이루어온 것도 부인할 수 없는 사실이다. 오죽했으면 국가가 나서서 과외를 금지하고 이것이 헌법재판소에서 위헌판결을 받는 전대미문의 일까지 거친 나라가 한국이기도 하다.

교육기본법의 교육당사자로서 학습자에 대한 기본적 인권의 존중과 보호는 미성년자로서 학습자들이 충분히 건강한 환경에서 지내고 휴식할 수 있는 권리(휴식권, 수면권 등등)와 보다 인간적인 생활환경과

---

10) 이 경우 학교장은 학습권과 학생안전 보장을 위해 필요한 최소한의 제한(시간, 장소, 방법 등)하기도 한다.
전북 학생인권조례 제17조(표현의 자유) ③ 학생은 집회의 자유를 가진다. 단, 학교의 장은 교내의 집회에 대해서는 학생의 안전과 학습권의 보장을 위하여 필요한 최소한의 범위 내에서 이 조례 제19조 제2항에 정한 절차를 거쳐 정하는 학교의 규정으로 집회의 시간, 장소, 방법에 관하여 제한할 수 있다.
서울특별시 학생인권조례 제17조(의사 표현의 자유) ③ 학생은 집회의 자유를 가진다. 다만, 학교 내의 집회에 대해서는 학습권과 안전을 위해 필요한 최소한의 범위 내에서 학교규정으로 시간, 장소, 방법을 제한할 수 있다.

11) 초·중등교육법 제13조(취학의무) ① 모든 국민은 보호하는 자녀 또는 아동이 6세가 된 날이 속하는 해의 다음 해 3월1일에 그 자녀 또는 아동을 초등학교에 입학시켜야 하고, 초등학교 졸업할 때까지 다니게 하여야 한다.

12) 초·중등교육법 제9조(학생·기관·학교평가) ① 교육부장관은 학교에 재학 중인 학생을 대상으로 학업성취도를 측정하기 위한 평가를 할 수 있다.

13) 제12조(학습자) ① 학생을 포함한 학습자의 기본적 인권은 학교교육 또는 평생교육의 과정에서 존중되고 보호된다.

인간관계 속에서 지낼 권리를 보장하라는 입법자의 명령이라고 할 수 있다. 게다가 초등학교와 중학교가 이미 학습의 선택보다는 국민공통교육이라는 이름하에 의무교육화하였고, 고등학교의 진학률이 100%에 가깝다는 현실은 초·중등학교 학생들이 처한 현실을 단적으로 보여준다. 이는 후술하는 유엔 아동권리협약과 관련한 국가보고서 및 아동인권위원회의 권고사항에도 잘 나타나 있다.

학습권은 기본적으로 학교의 선택권과 학습내용의 선택권 그리고 적정한 휴식권 그리고 능력에 따라 교육기회를 제공받고, 객관적이고 신뢰도 높은 학력검증을 거쳐 상급학교에 진학할 권리를 모두 포함하게 된다. 문제는 이러한 권리가 지나치게 강요되어 모든 학생들이 경쟁구도로 함몰되어 권리의 실현이 목표가 아닌 시험과 성적 그 자체가 되어 비인간적 비인격적 학습과정에 놓여왔다는 점이다. 이에 교육기본권은 이를 학습자의 기본적 인권을 존중하고 보호 할 것을 언명하고 있는 것이다.

그러나 이 규정은 선언적 의미만을 가졌을 뿐, 법적 구속력이 약한 규정이었다. 학생의 인권 보장에 대한 보다 구체적인 규정이 초·중등교육법에 등장한 것은 교육기본법이 제정된 때로부터 10년 후의 일이었다.

초·중등교육법 제18조의4(학생의 인권보장) 학교의 설립자·경영자와 학교의 장은 「헌법」과 국제인권조약에 명시된 학생의 인권을 보장하여야 한다(본조신설 2007.12.14.).

학생 인권을 보장하여야 할 주체는 학교의 설립자 및 경영자 그리고 학교의 장으로 하였고, 보장하여야할 내용은 '헌법과 국제인권조약에 명시된 학생의 인권'으로 구체화하였다. 당시 추가된 이 조항은 과거 학생의 징계(§18)에 재심청구(§18의2)[14]를 신설하고 시·도학생징계조정위원회의 설치(§18의3)[15]와 더불어 추가된 것에서 볼 수 있듯이 학교의 징계과정에서 있을 수 있는 인권침해를 염두에 둔 신설 조항들이었다. 이어서 초·중등교육법 시행령은 학생의 신체에 고통을 가할 수 있는 교육상 불가피한 경우를 삭제하고 원칙적으로 훈육과 훈계 방법을 쓰도록 개정(2011.3.18.)되었던 것이다. 그러나 보다 구체적인 법적인 진술은 법령보다는 각 시도의 학생인권 조례를 통해서였다.

56설 한국 학습자의 기본적 인권보장 문제: 교육기본법상 학습자의 제1권리 의미와 교육열 현실

14) 제18조의2(재심청구) ① 제18조 제1항에 따른 징계처분 중 퇴학 조치에 대하여 이의가 있는 학생 또는 그 보호자는 퇴학 조치를 받은 날부터 15일 이내 또는 그 조치가 있음을 알게 된 날부터 10일 이내에 제18조의3에 따른 시·도학생징계조정위원회에 재심을 청구할 수 있다. ② 제18조의3에 따른 시·도학생징계조정위원회는 제1항에 따른 재심청구를 받으면 30일 이내에 심사·결정하여 청구인에게 통보하여야 한다. ③ 제2항의 심사결정에 이의가 있는 청구인은 통보를 받은 날부터 60일 이내에 행정심판을 제기할 수 있다. ④ 제1항에 따른 재심청구, 제2항에 따른 심사 절차와 결정 통보 등에 필요한 사항은 대통령령으로 정한다. [본조신설 2007.12.14.] [전문개정 2012.3.21.]

15) 제18조의3(시·도학생징계조정위원회의 설치) ① 제18조의2 제1항에 따른 재심청구를 심사·결정하기 위하여 교육감 소속으로 시·도학생징계조정위원회(이하 "징계조정위원회"라 한다)를 둔다. ② 징계조정위원회의 조직·운영 등에 필요한 사항은 대통령령으로 정한다. [본조신설 2007.12.14.]

2. 학생징계 · 학교폭력 · 학교안전사고 관련 법령과 인권

가. 학생징계에 관한 법령

학생의 권리의 남용 혹은 의무의 불이행에 대한 책임으로서 내려질 수 있는 징계에 대하여 초·중등교육법 제18조는 교장을 징계권자로 하고 있으며, 법령과 학칙에 근거하도록 한다. 징계의 유형은 시행령에 제31조 제1항에 학교 내의 봉사, 사회봉사, 특별교육이수, 1회 10일 이내, 연간 30일 이내의 출석정지 그리고 퇴학처분 등 다섯 가지로 제시되어 있으나, 의무교육기관의 학생에 대한 퇴학은 금지되어 있다. 퇴학조치는 학생신분의 박탈이라는 점에서 시·도학생징계조정위원회에서 재심이 가능하다. 학생인권 조례들은 징계에 대한 재심절차를 보장하고 있다.

표 12-2 학생에 대한 징계의 유형 및 지도방법상 가이드라인(초 · 중등교육법 시행령 §31)

학생징계의 유형 징계의 방법 등	시행령 §31 ① 교장은 교육상 필요하다고 인정할 때에는 학생에 대하여 다음 각 호의 어느 하나에 해당하는 징계를 할 수 있다. 1. 학교내의 봉사 2. 사회봉사 3. 특별교육이수 4. 1회 10일 이내, 연간 30일 이내의 출석정지 5. 퇴학처분 ② 교장은 징계시 학생인격이 존중되는 교육적인 방법으로 하여야 하며, 그 사유의 경중에 따라 징계의 종류를 단계별로 적용하여 학생에게 개전의 기회를 주어야 한다. ③ 교장은 징계시 학생의 보호자와 학생의 지도에 관하여 상담을 할 수 있다. ④ 교육감은 특별교육이수 및 출석정지의 징계를 받은 학생을 교육하는데 필요한 교육방법을 마련·운영하고, 이에 따른 교원 및 시설·설비의 확보 등 필요한 조치를 하여야 한다.
지도방법 가이드라인 신체고통방법의 금지	시행령 §31 ⑧ 학교의 장은 (초·중등교육법 제18조 제1항 본문에 따라) 지도를 할 때에는 학칙으로 정하는 바에 따라 훈육·훈계 등의 방법으로 하되, 도구, 신체 등을 이용하여 학생의 신체에 고통을 가하는 방법을 사용해서는 아니 된다. <개정 2011.3.18.>

57설 학생징계지도 원칙: 학칙상 훈육 · 훈계 방법 원칙 + 도구 · 신체 이용한 신체고통가함 금지

나. 학교폭력 예방 및 대책에 관한 법률

(1) 학교폭력 예방 및 대책에 관한 법률의 제정 배경과 주요내용

이 법(2004.1.29.)은 학교폭력으로부터 피해학생을 보호하고, 가해학생은 선도·교육하며, 이들 간의 분쟁을 조정함으로서 종국적으로는 학생의 인권을 보호하고 학생을 건전한 사회구성원으로 육성한다는 취지이다. 이 법에 규정된 학교폭력 및 따돌림에 대한 개념 정의는 다음과 같다.

표 12-3 학교폭력예방 및 대책에 관한 법률상 개념 정의(학교폭력법 §2)

학교폭력	학교 내외에서 학생을 대상으로 발생한 상해, 폭행, 감금, 협박, 약취·유인, 명예훼손·모욕, 공갈, 강요·강제적인 심부름 및 성폭력, 따돌림, 사이버 따돌림, 정보통신망을 이용한 음란·폭력 정보 등에 의하여 신체·정신 또는 재산상의 피해를 수반하는 행위
따돌림	학교 내외에서 2명 이상의 학생들이 특정인이나 특정집단의 학생들을 대상으로 지속적이거나 반복적으로 신체적 또는 심리적 공격을 가하여 상대방이 고통을 느끼도록 하는 일체의 행위
사이버 따돌림	인터넷, 휴대전화 등 정보통신기기를 이용하여 학생들이 특정 학생들을 대상으로 지속적, 반복적으로 심리적 공격을 가하거나, 특정 학생과 관련된 개인정보 또는 허위사실을 유포하여 상대방이 고통을 느끼도록 하는 일체의 행위

학교폭력 예방 및 대책은 국가 수준, 지방자치단체 수준, 학교 수준으로 나뉘어 규정되어 있다. 국가 수준에서는 장관이 5개년 기본계획을 수립토록 되어 있으며, 국무총리 소속의 학교폭력대책위원회가 범정부 차원에서 설치·운영되고 있어서 국가적 중요 정책임을 알 수 있다.

지방자치단체 수준에서는 학교폭력대책지역위원회를, 시군구에는 학교폭력대책지역협의회가 설치되어 있다. 교육감 역시 학교폭력 전담부서를 설치하고 있고(전문기관 설치가능), 연 2회 이상 실태조사를 실시하며 축소·은폐에 대한 징계와 기여자에 대한 상훈을 담당한다. 단위학교에는 학교폭력대책자치위원회가 구성되어 피해학생의 보호조치 및 가해학생에 대한 선도·교육조치를 결정하거나 양자 간의 분쟁을 조정하기도 한다. 교장은 상담실을 설치하고 전문상담교사를 두며, 학내 전담기구를 구성하며, 예방교육 및 대책 교육을 학기별 1회 이상 실시하고 있다.

다음으로, 피해학생 보호를 위한 조치로는 심리상담 및 조언, 일시보호, 치료 및 치료를 위한 요양, 학급교체 등이 있고, 가해학생에 대한 선도·교육조치로는 피해학생에 대한 서면사과, 피해학생 및 신고·고발 학생에 대한 접촉, 협박 및 보복행위의 금지, 학교에서의 봉사, 사회봉사, 학내외 전문가에 의한 특별교육이수 또는 심리치료, 출석정지, 학급교체, 전학, 고교의 퇴학처분 등이 있다.

한편, 자치위원회 또는 교장이 피해학생보호 및 가해학생에 내린 조치에 이의가 있는 피해학생과 보호자는 지역위원회에 재심을 청구할 수 있고, 그 결정에 대해서도 행정심판을 제기 할 수 있다. 학교폭력 현장을 보거나 사실을 안 경우 누구라도 신고(117)할 의무가 있다. 학교폭력 관련 업무를 수행한 자는 가해학생·피해학생, 신고자·고발자와 관련된 자료를 누설할 수 없다.

(2) 학교폭력에 있어서 담임 교사의 역할

학교폭력 대책의 일환으로 현직 교원의 연수교육이 강화되었고, 교육대학 및 사범대학의 교육과정 역시 교사자격취득을 위한 세부기준[16]에 따라서 교직소양 영역에서 '학교폭력예방의 이론과 실제' 교과

16) '유치원 및 초등·중등·특수학교 등의 교사자격 취득을 위한 세부기준'(교육부고시 제2014-48호, 2014.9.2.)에 따르면, 교직과목의 세부 이수기준(별표2)에 교직 소양교과는 6학점으로 특수교육학개론, 교직실무, 학교폭력예방의 이론과 실제 등을 각 2학점 이상씩 이수토록 하고 있다. 단서에는, '학교폭력예방의 이론 및 실제'는 '생활지도 및 상담'과목으로 대체하여 교직소양 영역으로 인정가능하다. 다만, 이 경우 '생활지도 및 상담' 과목의 교수요목에 학교폭력의 이해, 예방 및 대처방안 등을 50%이상 반영하여야 한다.

목이 필수화되었다. 최근 사이버 따돌림에 대한 대처도 강조되고 있는 추세이다.

학교폭력 피해자에 대한 보호조치나 가해 학생 및 보호자에 대한 선도·교육조치는 엄격한 절차와 심의 그리고 재심과정을 거쳐서 진행되어야 한다. 담임은 이를 학부모에게 알릴 책임이 있다.

교사는 "학교폭력 현장을 보거나 그 사실을 알게 될 경우 같은 학교라면 당해 학교 교장에게, 다른 학교라면 학교 등 관계 기관에 즉시 신고해야 한다" 특히, 교원이 "학교폭력의 예비·음모 등을 알게 될 경우에는 교장에게 보고하고 해당 학부모에게 알려야 한다"고 규정하고 있다. 교원이 학교폭력을 신고하지 않고 자체적으로 처리할 경우 이 법 위반은 물론, 교원의 복무규정(성실의무 등)을 위반하게 되어 징계를 받을 수 있다.

또한 담임은 이 법에 따라 학교폭력의 예방 및 대책과 관련된 업무를 수행하거나 수행할 경우, 그 직무로 인하여 알게 된 비밀[17] 또는 가해학생·피해학생 및 신고자·고발자와 관련된 자료를 누설하여서는 안된다. 이를 위반한 경우 300만원 이하의 벌금에 처하는 것으로 벌칙을 두고 있다.

다. 학교안전사고 관련 법령

(1) 학교안전사고의 유형과 관련 법률

학교안전사고 예방 및 보상에 관한 법률(2007.9.1 시행)에 따르면 학교안전사고란 "교육활동[18] 중에 발생한 사고로서 학생·교직원 또는 교육활동참여자[19]의 생명 또는 신체에 피해를 주는 모든 사고 및 학교급식 등 학교장의 관리·감독에 속하는 업무가 직접 원인이 되어 학생·교직원 또는 교육활동참여자에게 발생하는 질병으로서 대통령령이 정하는 것"을 말한다. 유형은 다음과 같다.

표 12-4 학교안전사고의 유형

교육활동과의 관련성 정도에 의한 분류	정규교육활동 중의 사고	교과수업중사고	일반교과수업 중, 실험·실습중, 체육시간중의 사고
		각종특별활동 중의 사고	체육대회, 축제, 합창대회 등 교내행사중, 현장학습, 소풍, 사생대회, 수련활동, 수학여행등 교외활동중, 체육대회, 예술대회 등 교외행사 출전 중, 클럽활동, 학생자치활동 중의 사고
		학교급식 중의 사고, 청소활동 중의 사고, 휴식시간 중의 사고	

17) 학교폭력예방 및 대책에 관한 법률 시행령 제33조(비밀의 범위)에 따르면 누설이 금지된 비밀의 범위는 다음 각 호와 같다.
 1. 학교폭력 피해학생과 가해학생 개인 및 가족의 성명, 주민등록번호 및 주소 등 개인정보에 관한 사항
 2. 학교폭력 피해학생과 가해학생에 대한 심의·의결과 관련된 개인별 발언 내용
 3. 그 밖에 외부로 누설될 경우 분쟁당사자 간에 논란을 일으킬 우려가 있음이 명백한 사항

18) 교육활동이란 학교의 교육과정 또는 학교장이 정하는 교육계획 및 교육방침에 따라 학교의 안팎에서 학교장의 관리·감독 하에 행하여지는 수업·특별활동·재량활동·과외활동·수련활동 또는 체육대회 등의 활동, 등·하교 및 학교장이 인정하는 각종 행사 또는 대회 등에 참가하여 행하는 활동, 그 밖에 대통령령이 정하는 시간 중의 활동으로서 위의 항목과 관련된 활동 등을 지칭한다.

19) 교육활동참여자라 함은 학생 또는 교직원이 아닌 자로서 학교장의 승인 또는 학교장의 요청에 따라 교직원의 교육활동을 보조하거나 학생 또는 교직원과 함께 교육활동을 하는 자를 말한다.

	비정규 교육활동	보충수업, 자율학습 중의 사고, 방과후 교육활동 중의 사고
	학교의 일과 전후의 사고	
	등·하교 중의 사고	
교원의 임장여부에 의한 분류	임장(교원이 현장에 있는) 중의 사고	
	비임장 중의 사고	
원인행위자별 분류	학생자신 원인	학생의 고의에 의한 사고(자살, 자해사고), 학생 자신의 부주의에 의한 사고
	교원 원인	체벌에 의한 사고, 심리적 처벌에 의한 사고, 직무상 소홀 등에 의한 사고
	다른 학생원인	폭행, 집단따돌림, 우발적 접촉, 부주의, 학생간부의 학생지도 중 체벌 사고
	학교시설·설비에 의한 사고	
	식중독 등의 사고	
	제3자에 의한 사고(학교구성원 이외의 자에 의한 가해 사고)	
장소에 의한 분류	학교 안에서의 사고, 학교 밖에서의 사고	
피해에 의한 분류	피해의 내용 또는 정도가 중한 사고(중대사고), 약한 사고(경미사고)	

출처: 한국교원단체총연합회 편(2000), 교원과 법률, 동연합회 251－253면의 내용을 저자가 표로서 재구성

(2) 학교안전사고와 관련한 교사의 책임

학교안전사고에 대한 교원의 법적 책임은 민사상 책임, 형사상 책임, 징계책임 등을 지기도 한다(대법원 96다44322). 그러나 교사에게 미성년자의 부모와 같이 미성년자의 생활 전반에 관하여 일반적 일상적 감독 및 주의할 의무가 있는 것은 아니며, 학교에서의 교육활동과 밀접 불가분의 관계에 있는 생활관계에서만 학생에 대한 감독 의무를 부담하게 되며, 이 경우에도 사고 발생의 구체적 위험이 있어 사고를 예견하고 교육 감독을 통하여 사고를 방지할 수 있다는 기대 가능성이 존재할 때에 손해배상 책임을 부담하게 된다(대법원 97다15258).

따라서 교원으로서 직무상의 의무를 성실히 수행하던 중에 발생한 의도되지 않은 사고나 지도·감독의 범위 밖에서 돌발적으로 발생한 사고에 대해서는 교사에게 책임을 물을 수 없다고 보는 것이 통설이다. 그러나 교사의 직무 수행중의 과실이 사고발생의 한 원인을 제공한 경우나, 징계권의 범위를 넘어 금지된 체벌로 인한 학생 인사사고의 경우 불법행위자로서 책임을 져야 한다. 학교의 안전사고등의 발생시 교원이 책임은 당해 교원이 사전 안전교육을 실시하였는지의 유무, 현장에 임장한 중에 일어난 사고였는지의 유무등 교육활동 상황과 교사의 사전 사후 조치와도 연동하여 교원의 책임 유무 및 수준을 결정하게 된다.[20)]

20) 【사례 1】 초등학교 4년 학생이 교사가 시력검사 중 친구가 휘두른 철사에 눈이 찔린 상해사건에서 교사는 보호·감독의 책임이 있고 위험물의 보관 주의 교육을 시키지 못한 것은 직무집행상의 불법행위에 해당하여 손해배상 책임이 있고 가해 학생의 부모 역시 지도책임이 있다(광주지법 96가합114).
【사례 2】 초등학교 1년 학생이 글씨쓰기 수업 중에 친구가 필통에서 연필을 꺼내다 눈을 찌른 사건에서 교사는 안전확보 조치할 책임이 있고 가해 학부모 역시 지도책임이 있다(대전지법 2006가단21862).

3. 학생 인권보호 관련 조례

가. 학생 인권보호 조례상의 인권의 개념 보호의 원칙

학생인권조례는 교육기본법과 초·중등교육법이 학생 인권 보장 정신을 구체화한 자치입법이다. 2022년 10월 현재 6곳(경기, 전북, 서울, 광주, 충남, 제주)에서 제정되었는데, 상위법의 범위 이탈과 관련한 논란이 있었다.

경기도가 가장 먼저 2010년 10월 5일에 제정하였고, 충남은 2022년 1월 8일에 제정 공포한바 있다. 전북과 서울의 학생인권 조례의 경우 교육부에 의하여 조례의 범위를 벗어났다하여 대법원에 위법 제소되기도 했다.

조례마다 학생 인권에 대한 정의는 다소 차이가 있지만, 대체적으로 '헌법과 유엔의 아동권리에 관한 협약 그리고 국제관습법상 학생의 권리' 등으로 언급되어 있다.

표 12-5 각 시·도 학생인권 조례 상의 학생인권이 개념 정의

경기	헌법과 법률에서 보장하거나 「유엔 아동의 권리에 관한 협약」 등 대한민국이 가입·비준한 국제인권조약 및 국제관습법에서 인정하는 인간으로서의 존엄과 가치 및 자유와 권리 중 학생에게 적용될 수 있는 모든 권리
서울	「대한민국헌법」 및 법률에서 보장하거나 「유엔 아동의 권리에 관한 협약」 등 대한민국이 가입·비준한 국제인권조약 및 국제관습법에서 인정하는 권리 중 학생에게 적용될 수 있는 모든 권리
광주	「대한민국헌법」 및 법률에서 보장하거나 「유엔 아동의 권리에 관한 협약」 등 대한민국이 가입하거나 비준한 국제인권조약 및 국제관습법에서 인정하는 인간으로서의 존엄과 가치 및 자유와 권리 중 학생에게 적용될 수 있는 모든 권리
전북	「대한민국헌법」과 법률에서 보장하거나 대한민국이 체결·공포한 조약과 국제관습법에서 인정하는 인간으로서의 존엄과 가치 및 자유와 권리 중 학생이 누릴 수 있는 모든 권리

【사례 3】 초등학교 3년 학생이 음악실 수업대기 중 친구가 던진 부메랑에 눈을 다친 사건에서 장난이 심한 학생을 지도하지 않은 과실 책임이 있고, 가해학생 부모도 책임이 있다(울산지법 2004가단31455).

【사례 4】 초등학교 3년 학생이 학교 계단 손잡이에 배를 대고 미끄럼을 타고 내려오다 상해를 입은 사고에서 교사는 학생들의 이러한 사실을 알고 안전교육을 시킬 의무가 있었으나 게을리 하여 손해를 배상할 책임이 있고(40%), 학부모 역시 주의의무를 소홀히 한 책임이 있다(60%)(서울고법 2006나1636).

【사례 5】 초등학교 6년 학생이 교사의 허락없이 과학실에 들어가 실험을 하던 중 폭발사고로 사망한 사고에서 과학교사는 과학실을 개방·방치한 중대한 과실이 있어 배상책임이 있다(청주지법 98가합1154).

【사례 6】 초등학교 3년 학생 골프교육 중 골프공에 맞아 부상을 입은 사고에서 교사·교감·교장의 보호·감독상의 조치과정에서 고의나 중대한 과실을 인정할 수 없어 사용자(지자체)가 배상 책임이 있고(80%), 학생도 교사에 지시에 따르지 않은 과실 책임(20%)이 있다(의정부지법 2009가합13313).

【사례 7】 초등학교 5년 야구부 학생이 포수용 보호용구를 착용하지 않은 상태에서 야구공에 맞아 부상을 입은 사고에서 용구를 착용하지 않고 연습하게 한 학교(사용자 지자체)에게 배상책임(55%)이 있고, 주의를 살피지 않고 다른 곳을 응시하다 부상당한 피해학생의 책임(45%)도 있다(부산고법 95나9273).

【사례 8】 초등학교 6년 학생이 체육시간에 축구 중 학생간 충돌로 골절당한 사고에서, 교사가 체육수업에 몸이 않좋은 학생은 참관만 시키고, 시합전 준비운동을 시킨 후 심판으로 참가했으며, 사고 후 즉시 병원으로 후송하는 등 지도·감독할 주의의무를 다하였으므로 배상책임이 없다(수원지법 97가합21478).

충남	「대한민국헌법」과 법률에서 보장하거나 「유엔 아동의 권리에 관한 협약」 등 대한민국이 가입·비준한 국제 인권 조약과 국제관습법에서 인정하는 인간으로서의 권리 중 학생이 누릴 수 있는 모든 권리
제주	「대한민국헌법」과 법률에서 보장하거나 「유엔 아동의 권리에 관한 협약」 등 대한민국이 가입·비준한 국제인권 조약 및 국제관습법에서 인정하는 인간으로서의 존엄과 가치 및 자유와 권리 중 학생에게 적용될 수 있는 모든 권리

학생인권 조례상 보호의 원칙으로는 최소한 권리의 최대한 보장, 열거되지 않은 이유로 인한 경시 금지, 본질적 침해 금지 등이다.

표 12-6 각 시·도 학생인권 조례 상의 학생인권 보호의 원칙

경기	① 이 조례에서 규정하는 학생의 인권은 학생이 인간으로서의 존엄성을 유지하고 행복을 추구하기 위하여 반드시 보장되어야 하는 최소한의 권리이며, 학생의 인권은 이 조례에 열거되지 아니한 이유로 경시되어서는 아니 된다. ② 학생의 인권에 대한 제한은 인권의 본질적 내용을 침해하지 않는 최소한의 범위에서 교육의 목적상 필요한 경우에 한정하여 학생이 그 제정·개정에 참여한 학칙 등 학교 규정으로써 할 수 있다.
서울	① 이 조례에서 규정하는 학생인권은 인간으로서의 존엄성을 유지하고 행복을 추구하기 위하여 반드시 보장되어야 하는 기본적인 권리이며, 교육과 학예를 비롯한 모든 학교생활에서 최우선적으로 그리고 최대한 보장되어야 한다. ② 학생의 인권은 이 조례에 열거되지 않았다는 이유로 경시되어서는 아니 된다. ③ 학칙 등 학교 규정은 학생인권의 본질적인 내용을 제한할 수 없다.
광주	① 학생은 인간으로서 존엄과 가치를 가지며 행복을 추구할 권리를 가진다. ② 이 조례에서 규정하는 학생의 인권은 「대한민국헌법」과 「유엔 아동의 권리에 관한 협약」에 따라 최대한 보장하여야 하며, 이 조례에 열거되지 아니 한 이유로 경시해서는 안 된다. ③ 학교는 학칙 등 학교 규정으로 학생인권의 본질적인 내용을 침해할 수 없다(2020.4.1신설).
전북	① 학생은 인간으로서 존엄과 가치를 가지며 행복을 추구할 권리를 가진다. ② 학생의 인권은 법령의 범위 안에서 필요한 경우에 한하여 최소한으로만 제한될 수 있으며, 이 조례에 열거되지 아니한 이유로 경시되지 아니 한다. ③ 학생의 개성과 자율성은 학교생활에서 최대한 존중되어야 한다.
충남	① 이 조례에서 규정하는 학생인권은 인간으로서의 존엄성을 유지하고 행복을 추구하기 위해 반드시 보장되어야 하는 기본적인 권리이며 학교생활에서 최우선적으로 그리고 최대한 보장되어야 한다. ② 학생인권은 이 조례에 열거되지 않았다는 이유로 경시되어서는 안 된다. ③ 학생인권은 교육 목적상 필요한 경우에 한정하여 학교규칙 등 학교 규정으로 최소화하여 제한 할 수 있다. 다만, 학칙과 학교규정은 학생인권의 본질적 내용을 침해 할 수 없다.
제주	① 이 조례에서 규정하는 학생의 인권은 학생이 인간으로서의 존엄성을 유지하고 행복을 추구하기 위하여 반드시 보장되어야 하는 기본적인 권리이며, 이 조례에 열거되지 아니한 이유로 경시되어서는 아니 된다. ② 학생의 인권에 대한 제한은 인권의 본질적 내용을 침해하지 않는 최소한의 범위에서 교육의 목적상 필요한 경우에 한정하여 학생이 그 제·개정에 참여한 학칙 등 학교 규정으로써 할 수 있다.

나. 학생 인권조례의 주요 내용

각 시·도 학생인권조례에서 학생인권 및 학생자치와 관련된 주요 내용은 학습에 관한 권리, 정규교과 이외 교육활동의 자유, 휴식을 취할 권리, 개성을 실현할 권리, 사생활의 자유, 표현의 자유, 자치활동의 권리, 학칙 등 학교 규정의 제정 및 개정에 참여할 권리, 정책결정에 참여할 권리 등으로 구성된 것으

로 조사보고 되었다.[21] 특히 최근 들어서는 학교자치의 개념이 강조되면서 학생들의 학교운영에의 참여와 자치활동의 권리가 강조되고 있는 추세이다. 각 시도의 특징적인 내용과 변화들을 살펴보도록 한다.

경기도 학생인권조례(2010.10.5. 제정)의 경우 차별받지 않을 권리, 폭력·위험으로부터 자유로울 권리, 위험으로부터의 안전을 규정했다. 특히, 성별, 종교, 나이, 사회적 신분, 출신지역, 출신국가, 출신민족, 언어, 장애, 용모 등 신체조건, 임신 또는 출산, 가족형태 또는 가족상황, 인종, 피부색, 사상 또는 정치적 의견, 성적 지향, 병력, 징계, 성적 등을 이유로 정당한 사유 없이 차별받지 않을 권리를 가진다고 하였는데, 성적 지향에 대하여는 찬반 의견이 갈려 갈등을 드러내기도 했다.

교육에 관한 권리로서는 학습에 관한 권리, 정규교과 이외의 교육활동의 자유, 휴식을 취할 권리를 보장한다. 이어 사생활의 비밀과 자유 및 정보에 관한 권리로서는 개성을 실현할 권리, 사생활의 자유, 사생활이 비밀을 보호받을 권리, 정보에 관한 권리를 규정하고 있다. 이어 양심·종교의 자유, 의사 표현의 자유, 자치활동의 권리, 학칙 등 학교규정의 제·개정에 참여할 권리, 정책결정에 참여할 권리가 있다. 복지에 관한 권리로는 학교복지에 관한 권리, 교육환경에 대한 권리, 문화 활동을 향유할 권리, 급식에 대한 권리, 건강에 관한 권리 등을 보장 받는다. 기타 징계 등 절차에서의 권리, 상담 및 조사 등 청구권, 소수학생(빈곤, 장애, 한부모가정, 다문화가정, 운동선수 등)[22]의 권리 보장 등을 규정했다.

인권교육과 관련하여서는 경기도 학생인권의 날, 홍보, 학교 내 인권교육·연수, 교원에 대한 인권연수 및 지원, 보호자 교육을 언급했다. 교육감은 매년 학생인권 실태를 조사해야하고 실천계획을 3년단위로 수립해야한다. 학생인권심의위원회는 학생의 인권에 관한 정책수립 및 평가에 관한 사항을 심의한다. 교육감은 2년마다 학교별 학생인권실현 상황을 조사하고, 그 개선을 위하여 적절한 조치를 취하여야 한다.

경기도 조례의 경우 다른 조례에 앞서서 가장 먼저 제정된 점과 체벌금지 조항[23]과 성적지향에 따른 차별금지, 교육감의 직영급식 및 무상급식 노력의무 등[24] 등을 특징적으로 규정하였는데 논란이 되기도 했다. 2021년 11월 개정에서는 소수자 보호차원에서 "학생은 어떠한 이유로도 차별적 말이나 행동, 소수자에 대한 혐오적 표현 등을 통해 인권을 침해받지 않을 권리를 가진다"(§5③)를 신설했다. 그리고 18세 선거권 확대와 더불어 선거권등 유권자 교육을 강화했는데, 신설된 제19조의2(선거권)에 따르면, 법률에 따라 선거권을 가진 학생은 선거권 행사와 정당 활동의 자유를 가지며, 교장은 학생에게 유권자 교육을 실시할 수 있도록 노력하여야 하며, 교육감은 학생의 유권자 교육을 위한 교육자료 및 교육프로그램을 마련하도록 했다. 더불어 교육기본법에 기후변화 사항이 추가된 것과 아울러 학생에게 기후변화 대응

21) 오동선(2015), 아이를 빛나게 하는 학교인권, 아카데미프레스, 201－216면.

22) 서울특별시 학생인권조례의 경우는 소수자 학생을 "빈곤 학생, 장애 학생, 한부모가정 학생, 다문화가정 학생, 외국인 학생, 운동선수, 성소수자, 일하는 학생 등"으로 규정하고 그 특성에 따라 요청되는 권리를 적정하게 보장받을 수 있도록 하여야 한다고 규정하였다(2019.3.28. 개정). 경기도가 성수자를 차별 금지에서 규정한 것과 차이가 나는 부분이고, 교육감, 학교의 장 및 교직원으로 하여금 학생의 성적지향과 성별 정체성에 관한 정보나 상담 내용 등을 본인의 동의 없이 다른 사람(보호자는 제외)에게 누설해서는 아니 되며, 학생의 안전상 긴급을 요하는 경우에도 본인의 의사를 최대한 존중하여야 한다고 규정했다.

23) 제16조 ② 학교에서 체벌은 금지된다.

24) 제23조 ③ 교육감과 학교의 장은 친환경, 근거리 농산물에 기초한 급식을 제공하기 위하여 노력하여야 한다. ④ 교육감은 직영급식과 의무교육과정에서의 무상급식을 실시하기 위하여 노력하여야 한다.

및 친환경 · 생태계 보존을 통해 안전하고 지속 가능한 환경을 누릴 권리를 가지는 것으로 규정했다(§21③ 신설). 학생들의 권리 변화에 맞춘 개정이라고 할 수 있다.

서울특별시의 학생인권조례 역시 경기도 인권조례와 유사한 내용들을 포함하고 있다. 제11조[25]의 문화활동을 향유할 권리는 특징적이다. 서울의 조례에도 학생인권위원회, 학생참여단, 학생인권옹호관, 학생인권교육센터, 학생인권 영향평가 제도 등을 두고 있다. 2021년 3월 개정에서는 학교규칙으로 복장을 제한할 수 있다는 단서규정을 삭제했다(§12②).

광주광역시 조례는 신체의 자유 규정[26]를 통해 체벌을 금지하고 있다. 첫 조례 제정은 '광주광역시 학생인권 보장 및 증진에 관한 조례'로 제정(2011.10.28.)되었다가, 광주광역시 학생인권 조례로 명칭변경 개정(2020.4.1.)되었다. 이 때 상당히 많은 부분이 보완되었다.

2020년 4월 개정에 따르면, 학칙등 규정으로 학생인권의 본질적인 내용을 침해할 수 없다는 규정(§19③)과 특성화고등학교는 현장실습 과정 등에서 학생의 안전과 학습권이 보장될 수 있도록 노력하고, 교육감과 학교를 통하여 학생 선수들의 안전과 학습권이 보장될 수 있도록 노력할 의무 규정들(§10⑥⑦ 신설)이 신설되었다.

또한 제14조(표현의 자유) 부분은 표현과 집회의 자유로 보완[27]하였는데, 다만, 학교 내의 집회에 대해서는 학습권과 안전을 위해 필요한 최소한의 범위에서 조례에서 정한 절차(§15④)에 따른 학교 규정으로 시간, 장소를 제한할 수 있도록 했다. 그리고 법규와 사회통념에 위배되지 않는 다면 학교 내외 모임 · 단체 활동에 참여할 권리를 보장하였고, 학교로 하여금 학생의 언론활동을 보장하고 지원토록 하는 노력 조항도 신설했다. 특히 자치와 참여의 권리 또한 강화시켰는데 학교로 하여금 성적, 징계, 교사의 추천 여부 등을 이유로 학생자치기구의 구성원 자격을 제한하지 않으며, 학생자치기구의 대표는 보통 · 평등 · 직접 · 비밀 선거에 의해 선출토록 하며(§15② 신설), 학교는 학교운영위원회에 학생 대표를 참석시켜 의견을 청취할 수 있도록 했다(§15⑥ 신설).

광주광역시교육청에 설치하는 학생인권위원회 내에 소위원회 설치근거를 신설(§25의2)하는 근거규정을 두고, 학생인권 구제 소위원회를 두는 것으로 규정했다. 민주인권교육센터를 교육청 본청의 소관 부서에서 업무를 담당할 수 있는 근거 규정도 두었다(§38① 단서 신설). 아울러 구 법상의 전문위원회를 학생인권 구제 소위원회로 변경하였다(§39). 학생들의 인권 침해에 대한 구제 및 상담에 보다 적극적으로 대

---

25) ① 학생은 다양한 문화활동을 누릴 권리를 가진다. ② 학생은 건강한 문화를 형성하고 누리기 위하여 행 · 재정적 지원을 받을 권리를 가진다. ③ 학교의 장 및 교직원은 학생의 다양한 문화활동을 지원하기 위하여 학생의 의견을 수렴하고, 교육, 공연, 전시 등 다양한 문화프로그램을 개발 · 운용할 수 있다. ④ 교육감은 제3항의 원활한 운영을 위하여 학교 및 지역 사회의 관계기관과 협조체계를 만들어야 한다.

26) 제11조(신체의 자유) ① 학생은 존엄한 인격체로서 신체의 자유를 가진다. ② 학교에서 비인도적이거나 굴욕적인 처우 등을 포함한 체벌은 금지된다. ③ 학교에서는 교육적 목적의 활동을 제외한 강제노동은 금지된다.

27) 광주광역시 학생인권조례 제14조(표현과 집회의 자유) ① 학생은 다양한 수단을 통해 자유롭게 자신의 생각을 표현하고 그 의견을 존중받을 권리를 가진다. ② 학생은 두발, 복장 등 자신의 용모를 스스로 결정할 권리를 가진다. 다만, 교복에 관한 사항은 제15조 제4항의 절차에 따라 학교 규정으로 정할 수 있다. ③ 학생은 설문조사 등을 통해 학교 구성원의 의견을 모을 권리가 있고, 집회의 자유를 가진다. 다만, 학교 내의 집회에 대해서는 학습권과 안전을 위해 필요한 최소한의 범위에서 제15조 제4항의 절차에 따른 학교 규정으로 시간, 장소를 제한할 수 있다. ④ 학생은 법규와 사회통념에 위배되지 않는 한 학교 안팎에서 모임이나 단체 활동 등에 자유롭게 참여할 권리를 가진다. ⑤ 학교는 인터넷 및 인쇄 매체를 통한 학생들의 언론활동을 최대한 보장하고, 필요한 시설 및 행 · 재정적 지원을 하도록 노력하여야 한다.

처하는 입법 취지라 할 수 있다.

58설 학생인권조례의 특징: 학습의 자유 + 표현의 자유 + 휴식권 + 학교자치참여 + 인권센터 설치

4. 학생 인권보호의 제도보장 및 정책

가. 조례상의 학생인권의 보호 및 침해에 대한 구제

경기도 학생인권조례에 의거하여 학생인권의 날(조례 공포일 10월 5일)이 제정되어 있고, 학생인권교육(학기당 2시간 이상)과 교원 · 학부모대상 인권연수과정(연 2회 이상)을 마련할 것과 인권실천계획등을 수립할 것을 규정하고 있다.

학생인권침해에 대한 상담 및 구제를 위하여 학생인권옹호관을 설치하고 있다. 학생인권옹호관은 학생인권에 관한 학식이나 경험이 풍부한 사람 중에서 당연직 위원을 제외한 경기도학생인권심의위원회의 동의를 얻어 교육감이 임명한다. 학생인권옹호관은 상임 5명 이내로 하며, 교육감이 정하는 각자의 관할지역에서 활동한다. 임기는 3년으로 하되, 한 차례에 한정하여 연임할 수 있다. 학생인권옹호관은 학생의 인권에 대한 헌법 및 관련 법령 그리고 「유엔 아동권리에 관한 협약」을 비롯한 국제인권규범의 정신에 따라 그 직무[28]를 독립적으로 성실하게 수행하여야 한다. 학생인권옹호관의 직무와 관련하여 제도 개선권고 등 중요한 사항은 경기도학생인권심의위원회 심의를 거쳐 결정한다. 학생인권옹호관은 직무를 수행하기 위하여 필요한 때에는 본청, 교육지원청 및 학교에 자료를 요청할 수 있고, 교직원 및 관계공무원에게 질의할 수 있다. 학생인권옹호관은 구제신청에 대해 조사하기 위하여 필요한 경우에는 현장방문조사를 할 수 있다. 교직원과 관계공무원은 자료요구 및 질의, 현장방문조사에 성실히 응하여야 한다. 학생인권옹호관의 직무수행을 위하여 사무기구를 둔다. 사무기구에는 공무원 및 전문조사원 등 학생인권옹호관의 직무를 보좌하기 위한 인원을 둔다. 경기도의 교육지원청마다 학생인권상담실을 둔다. 경기도 조례 제44조는 학생인권침해 구제신청 및 조치에 대하여 다음과 같이 규정하고 있다.

> ① 학생이 인권을 침해당하였거나 침해당할 위험이 있는 경우에는 학생을 비롯하여 누구든지 학생인권옹호관에게 그에 관한 구제신청을 할 수 있다.
> ② 제1항의 구제신청을 받은 학생인권옹호관은 사건을 조사한 후에 본청, 교육지원청, 학교 및 교직원에 대한 시정권고 등 적절한 조치를 취하여야 한다. 이 경우 미리 시정권고 등의 상대방에게 의견 진술의 기회를 주어야 한다.
> ③ 학생인권옹호관이 제2항의 조사결과 사안이 중대하거나 특별한 조치가 필요하다고 판단되는 경우에는 이를 즉시 교육감에게 통보하고, 교육감은 경기도학생인권심의위원회의 심의를 거쳐 그 요지를 공표하여야 한다.

---

28) 1. 학생인권침해에 관한 상담 2. 학생인권침해 구제신청에 대한 조사 및 직권조사 3. 학생인권 침해에 대한 적절한 시정 및 조치 권고 4. 학생인권 향상을 위한 제도 개선 권고 5. 제2호부터 제4호까지의 내용에 대한 공표

④ 학생인권옹호관으로부터 시정권고를 받은 본청, 교육지원청, 학교 및 교직원은 정당한 사유가 없으면 그 권고사항을 이행하여야 하고, 조치결과를 즉시 학생인권옹호관과 교육감에게 보고하여야 한다. 학생인권옹호관의 권고내용을 이행하지 않은 경우에는 그 사유를 소명하여야 한다.

서울의 경우에도 학생의 인권 침해 구제 신청은 학생인권옹호관이 받고 있고, 조사하게 된다. 광주의 경우 시도에 학생의회[29]를 두어 학생들의 의견을 구하고 참여를 유도하는 특징적인 제도를 운영하고 있다. 학교는 학기당 2시간 이상 인권에 관한 학생 교육 및 교직원 연수를 실시하여야 하고, 교육 및 연수 시 노동인권, 스포츠인권과 성인지 교육에 대한 내용을 포함하여야 한다.

나. 시도교육청의 학생인권교육센터

서울특별시교육청과 전라북도교육청은 학생인권교육센터를 운영하고 있다. 서울특별시 학생인권교육센터(https://studentrights.sen.go.kr)는 2012년 서울특별시의회가 서울 시민들의 주민발의를 통해 「서울학생인권조례」를 제정·공포한 것을 계기로, 이 조례 제42조(학생인권교육센터)를 근거로 설치되었다. 이 센터는 학생인권옹호관의 지휘에 따라 학생인권 증진과 인권 친화적 교육문화 조성을 위한 업무를 수행하고 있다.

서울특별시교육청에서는 학생인권침해에 대한 신고, 상담을 위하여 학생인권옹호관과 학생인권교육센터를 설치하여 학생인권침해사건에 대한 조사와 해소, 예방에 필요한 사항을 운영하고 있다. 주요 조직은 업무를 총괄하는 학생인권옹호관이 배치되어 있다. 인권증진 체계구축, 학생인권상담 및 권리구제 활동, 인권교육 및 홍보활동이 핵심이다. 학생이 인권을 침해당하였거나 침해당할 위험이 있는 경우에는 학생을 비롯하여 누구든지 그에 관한 구제신청을 할 수 있다(서울학생인권조례 §47).

한편, 전라북도교육청 역시 학생인권교육센터(http://school.jbedu.kr/human)를 운영하고 있다. 전북학생인권교육센터는 2013년 7월 12일 공포된 「전라북도 학생인권조례」에 의하여 학생의 인권을 학교교육과정과 학교생활에 충실히 보호되고 실현하고자 2014년 8월 1일부터 운영하고 있다. 인권교육 지원을 위하여 인권교육강사단을 운영하고, 인권동아리(사제동행 인권동아리, 인권교육 연구동아리)를 운영한다.

광주광역시의 경우는 민주인권교육센터(http://human.gen.go.kr/)를 두고 있다. 조례 제38조에 따르면 교육감은 학생인권을 증진하고 인권교육, 민주시민교육 및 평화교육 업무를 종합적이고 체계적으로 수행하기 위하여 민주인권교육센터를 두며, 이 경우 교육청 본청의 소관 부서에서 센터의 업무를 담당할 수

---

29) 제29조(학생의회) ① 교육감은 학생과 관련된 정책에 대하여 학생의 의견을 구하고 참여를 유도하기 위하여 광주광역시 학생의회를 둔다. ② 학생의회는 다음 각 호의 사항에 대하여 교육감 및 교육장에게 의견을 제출할 수 있다. <개정 2020.4.1.> 1. 학생인권 조례 개정에 관한 사항 2. 학생인권증진계획에 관한 사항 3. 교육청의 학생 관련 정책 중 교육감이 회의에 부치는 사항 4. 그 밖에 학생인권 실현 및 학생참여 활성화를 위하여 필요한 사항 ③ 교육감은 제2항에 따라 제출된 의견을 존중하고 시책에 반영하도록 노력하여야 한다.
제30조(학생의회의 구성 및 운영) ① 학생의회는 유치원을 제외한 각 학교 급에 따라 구성하며 고등학교 학생의회는 본청, 초등학교·중학교 학생의회는 교육지원청별로 둔다. ② 당연직 학생의회의원은 민주적 절차에 따라 선출된 각 급 학교 학생회장으로 하며, 당연직 학생의원 수의 20퍼센트 이내의 인원을 공개모집을 통하여 학생의원으로 선발할 수 있다. ③ 학생의회 의장과 부의장은 학생의원 중에서 호선한다. ④ 학생의회는 그 주체인 학생이 정한 방법에 따라 자주적으로 운영하는 것을 원칙으로 한다.

있도록 했다. 센터에는 업무[30]를 수행하기 위하여 필요한 인력을 두며, 전문조사원과 상담원 등을 둔다.

제주특별자치도교육청은 학생인권을 증진하고 인권교육을 종합적이고 체계적으로 수행하기 위하여 학생인권교육센터(https://www.jje.go.kr/human/index.jje)를 설치했다. 이는 2021년 1월 8일 제정된 「제주특별자치도교육청 학생인권조례」 제36조에 근거한 것이다. 센터의 주요 업무는 인권교육의 시행 및 지원, 관련 실태조사 및 정책 개발, 학생인권 침해 관련 상담 및 조사, 그 밖에 도교육감이 필요하다고 인정한 사항 등이다. 현재 장학관, 교육연구사, 주무관 그리고 학생인권지원관 2인으로 구성되어 있다. 센터에서는 학생인권심의위원회와 학생인권참여위원회의 업무를 동시에 수행하고 있다.

다. 교육부의 장애학생 인권보호 종합 대책 및 입법 반영

교육부는 2018년 12월 18일 장애학생 인권이 보호받는 교육환경 구축 및 사회문화 조성을 위한 '장애학생 인권보호 종합 대책'을 발표하였다. 대책의 주안점은 장애학생 인권지원단 중심으로 지원하던 기존 방식을 개선하여, 장애학생에 대한 인권침해에 대해 적극적으로 감지·대응하고 예방하는 체제를 만드는 것에 두었다. 주요 사항으로 인권사안을 제보할 수 있는 온라인 인권보호 지원센터를 구축·운영하는 방안, 인권침해 사안이 발생한 사립특수학교에 대하여 공립화를 추진하는 방안, 사회복무요원 배치 기준을 강화하고 및 복무분야의 재배치 조항을 신설하는 방안 그리고 매년 이행상황 점검을 위한 종합 대책 점검단을 운영하는 방안등을 포함하고 있다.

관련하여 교육관련 법규에는 장애학생 인권보호 및 학습권 강화 차원에서 법 개정이 이루어지기도 했다. 특수교육법 개정(2021.12.28.)의 경우 특수교육대상자를 위한 '보조인력'의 명칭을 '지원인력'으로 변경했고(§2, §21②, §28③), 특수교육에 관한 연차보고서의 국회 제출 주체를 교육부장관으로 했으며(§12①), 특수교육대상자로 선정될 수 있는 장애에 두 가지 이상의 장애가 있는 경우를 추가했다(§15①11). 교육장 또는 교육감이 순회교육의 실시를 위하여 의료기관 및 복지시설 등에 설치·운영하는 학급에 담당교사를 배치하는 등 필요한 조치를 강구하도록 하고, 학생들이 원만히 학교로 복귀할 수 있도록 심리적·정서적 지원을 하도록 했고(§25④⑤), 두 가지 이상의 장애를 지니면서 장애의 정도가 심한 특수교육대상자가 배치된 학급의 경우에는 학교급별 학급편성 기준 학생 수의 2분의 1 범위에서 조정할 수 있도록 했다(§27②). 대학의 장은 수업 중 활용하는 영상물에 장애학생을 위한 화면해설, 폐쇄자막 또는 수어통역 등 편의를 제공하도록 하고, 장애학생 학습지원 등에 필요한 구체적 사항을 학칙에 규정하도록 했다(§31④ 신설, §32).

평생교육 차원에서는 2016년 5월 평생교육법 개정을 통해서, 국가와 지방자치단체로 하여금 장애인이 평생교육의 기회를 부여받을 수 있도록 장애인 평생교육에 대한 정책을 수립·시행하도록 하면서(§5② 신설) 평생교육진흥기본계획 수립시 장애인의 평생교육 진흥에 관한 사항을 추가했다(§9②). 그리고 시·도 평생교육협의회 및 시·군·자치구평생교육협의회의 위원에 장애인 평생교육 전문가를 포함하도록 했다(§12④, §14③). 주목할 만한 변화는 국가로 하여금 국가장애인평생교육진흥센터를 설치토록 하여 장이인

30) 1. 민주·인권·평화교육의 시행 및 지원 2. 민주·인권·평화교육 관련 실태조사 및 정책 개발 3. 학생인권 침해 관련 상담 및 조사 4. 학생의회 지원 5. 그 밖에 교육감이 필요하다고 인정한 사항

평생교육 교육과정 및 조사업무를 종합적으로 수행토록 했다(§19의2 신설). 2019년 4월 개정에서는 국가와 지방자치단체에게 장애인의 평생교육을 체계적이고 지속적으로 실시하기 위하여 유기적인 협조체제를 구축하도록 했다(§5③ 신설).

라. 유엔 아동의 권리협약 정부보고와 아동 · 청소년 인권 현안

한국 정부는 1991년 유엔아동권리협약을 비준하였다. 동시에 115개 지표항목에 대하여 한국은 협약이행 5·6차 국가보고서를 2017년 12월에 제출했다. 이에 대하여 유엔아동권리위원회는 한국사회의 경쟁적 교육체제의 문제와 이로 인한 아동의 여가 및 문화 활동에 부정적 영향을 미치고 있다는 점을 지속적으로 지적하고 권고해 왔다. 다음은 이 위원회가 2019년 교육·여가 및 문화활동과 관련하여 권고한 주요 내용이다.

- 사교육 의존도를 줄이고, 신분과 상관없이 모든 아동에게 의무교육을 교육기본법에 보장 할 것
- 장애아동 통합교육을 강화할 것
- 모든 대안학교가 인가를 받아 학력이 인정될 수 있도록할 것
- 교육의 지역불균형을 해소할 것
- 성적 지향 및 성정체성을 적절히 포괄하는 성교육을 제공할 것
- 아동의 견해가 진로 선택의 기초가 되도록할 것
- 학교에서 학업성적에 따른 차별을 포함한 차별을 예방·근절할 것
- 사이버 괴롭힘 근절을 위한 조치를 강화할 것
- 아동의 발달을 위해서 휴식, 여가 놀이에 대한 관점과 태도 전환을 위한 인식제고 프로그램과 다중캠페인을 실시하고, 충분한 시간을 보장하며, 시설은 연령에 적합하며, 접근성이 용이하고 안전한 시설을 마련할 것

요약하면, 한국사회는 여전히 경쟁적 교육체제를 유지하고 사교육 심화로 인해 아동은 휴식, 여가 및 문화생활을 향유할 권리를 충분히 누리지 못하고 있다는 지적이다.

한국청소년정책연구원은 이 국제협약 이행과 관련한 인권지표를 분석한 결과,[31] 교육분야에 관하여는 2017년도의 경우 학생1인당 공교육비는 초등학교의 경우(29%)는 OECD평균(21%)을 상회하고 중등교육의 경우도 유사하나 고등교육의 경우(26%)로 OECD평균(36%)보다 10%나 밑도는 것으로 보고했다. 이는 사립대학 비중이 높은 탓도 있으나 국가 공교육비 투자가 미흡한 것으로 분석했다.[32]

그 외에도 한국의 아동·청소년은 학업스트레스와 여가·문화부족, 시민이자 참여의 주체로서 존중받지 못하는 문제, 다양한 취약계층에 대한 보호체계와 지원 강화 필요 등 인권과제를 갖고 있는 것으로

31) 한국청소년정책연구원(2021), 2021아동·청소년 권리에 관한 국제협약 이행 연구, 340－360면.

32) 교육여건의 척도로 자주 활용되는 학급당 학생수는 학급당 학생 수는 2021년 발표 기준 OECD 평균은 21.1명, 한국은 23.0명, 중학교는 OECD평균이 23.3명, 한국은 26.1명으로 보고되었다(고교 학급당 학생수는 미산출함). 이는 인구감소의 영향으로 지속적으로 감소 추세에 있다. 이는 20221 교육부가 발표한 경제협력개발기구(OECD) 교육지표 2021 결과발표(2021.9.16.)에 의한 것이다. 그러나 2022년 8월 30일에 교육부가 발표한 '2022년 교육기본통계조사 결과 발표'에 다르면 학급당 학생 수는 유치원 16.7명, 초등학교 21.1명, 중학교 25.0명, 고등학교 22.6명으로 보고되어, 초등학교는 전년도 OECD 평균과 동일해졌고, 중학교의 경우는 전년도 26.1명보다 낮은 25.0명으로 비교되어 학령인구 급감을 잘 보여주고 있다.

보고하였다. 특히 교육 분야와 관련하여서는 학생들의 1인당 사교육비는 고학년으로 갈수로 증가하고 있다고 보고한다(고교학생 1인당 월평균 사교육비 60만원, 학생 25.3%가 학업중단을 생각해본 경험이 있다고 반응).

한국청소년정책연구원이 수행한 이 보고에 따르면 한국의 아동·청소년 인권 정책 과제 중 교육과 관련한 과제로는 포스트 코로나 시대 교육정보 공유와 소통을 위한 '학부모협의회'(가칭) 운영 그리고 교육격차 해소를 위한 방과후 교육과정 확대 차원의 '종일학교제'(가칭) 운영 과제 등을 제안 한바 있다.[33]

59설 한국 학생의 인권 실태(UN보고): 입시스트레스 + 높은 학업성취도에 비해 낮은 학교 만족도

5. 학생 인권보호 입법정책의 쟁점과 과제: 교육벌과 조례

가. 법령상 존재하지 않는 체벌과 학생 인권조례에서의 체벌금지

체벌은 교육법상 징계의 유형에도 속하지 않으며 법령서 직접 언급하고 있지 않은 용어이다. 다만, 앞의 초·중등교육법 시행령 제31조 제8항은 "도구, 신체 등을 이용하여 학생의 신체에 고통을 가하는 방법"은 금지되고 있다[34]을 원천적으로 신체에 고통을 가하는 지도방법을 금지하는 규정으로 개정한 것이다. 따라서 신체에 고통을 가하는 기합이나 간접 체벌은 금지되어 있다.

학교규칙 기재사항(시행령 §9)으로 '징계 외의 지도방법 등 학생의 학교생활에 관한 사항'이 포함된 것에 근거하여 벌점제 및 교육벌도 정할 수 있다. 그리고 학생인권조례는 모두 체벌을 금지하고 있다.[35] 또한 교육감과 학교장으로 하여금 체벌 방지를 위해 노력할 의무를 지우고 있다.[36]

결국, 교사는 학생지도시 교사가 도구나 신체를 사용하여 학생의 신체에 고통을 가하는 행위는 하지

---

33) 인권 일반과 관련하여서는 협약 제40조 제2항(b)(v) 상소권 관련 유보조항 철회, 아동예산 산출 기준 마련 및 아동친화 예산 확대 과제, 시민적 권리와 자유와 관련하여서는 사회참여의 권리에 대한 인식 확산, 미디어 리터러시 역량 강화 과제를, 폭력 및 학대분야 과제로는 교사의 체벌 근절을 위한 초·중등교육법 시행령 개정, 아동학대 전담공무원 전문화 및 지자체 간 격차 해소, 양육상담 시스템 마련을 통한 아동학대 예방, 학대 피해 아동 쉼터 확대 및 대상자 유형별 대응을 들었다. 가정환경 및 대안양육과 관련한 과제로는 수용자 자녀 인권보호 강화, 아동보호체계 사각지대 아동 발굴 및 지원확대 과제를, 장애와 기초보건 및 복지 측면의 과제로는 COVID－19로 인한 자살위험 감소, COVID－19로 인한 비만 및 시력저하 등 신체적 건강 대응체계 마련 과제를 들었다. 끝으로 특별보호조치 과제로는 이주배경 아동·청소년 대상 차별 예방 대책 마련과 탈북학생의 학업중단 감소 대책 과제등을 제시했다. 한국청소년정책연구원(2021), 앞의 보고서, 523－540면 참고.

34) 구 초·중등교육법 시행령(§31⑦)이 "학교장은 학생지도를 하는 때에는 교육상 불가피한 경우를 제외하고는 학생에게 신체적 고통을 가하지 아니하는 훈육, 훈계 등의 방법으로 행하여야 한다"고 하여 불가피한 경우에 고통을 가하는 방식(이른바 체벌)도 가능했던 것을 개정된 규정에서는 원천적으로 금지시킨 것이다.

35) 경기(§6② 학교에서 체벌은 금지된다), 전북(§9 ② 학교교육과정에서 체벌은 금지된다), 광주(§11 ② 학교에서 비인도적이거나 굴욕적인 처우 등을 포함한 체벌은 금지된다 ③ 학교에서는 교육적 목적의 활동을 제외한 강제노동은 금지된다), 서울(§6① 학생은 체벌, 따돌림, 집단괴롭힘, 성폭력 등 모든 물리적 및 언어적 폭력으로부터 자유로울 권리를 가진다) 등의 사례가 있다.

36) 경기(§6③ 학교와 교육감은 따돌림, 집단 괴롭힘, 성폭력 등 학교폭력 및 체벌을 방지하기 위하여 최선의 노력을 다하여야 한다. 서울(§6③ 교육감, 학교의 장 및 교직원은 체벌, 따돌림, 집단괴롭힘, 성폭력 등 모든 물리적 및 언어적 폭력을 방지하여야 한다)의 예가 있다.

못하며, 해당 학교에서 징계 이외 학칙에서 정한 생활지도 방법을 숙지하여 지도하지 않으면 안 된다. 매질, 뺨질, 주먹질, 발길질은 이미 교육법을 벗어나 형법상 폭행죄에 해당한다.

체벌금지 이후 교육부는 보도자료(2011.3.11.)를 통하여 '훈육 차원의 교육벌'에 대한 방침[37]을 발표하였는데, 학교급별 신체적·정서적 발달 단계 및 특성을 고려하여 학교 구성원이 합의하여 법령의 범위 안에서 학칙을 통해 정하는 것을 원칙으로 한다(법령에 달리 정한다면 다르게 정한다는 의미 포함). 제주대학교 교육대학 부설초등학교의 경우 학교규칙(2019.7.22.)에 의거하여 제33조(훈육·훈계) ① 징계 외의 학생지도 및 학교 내 교육·연구 활동 보호와 질서 유지에 관한 사항 등 학생의 학교생활에 관한 지도는 훈육·훈계의 방법으로 지도하되, 도구, 신체 등을 이용하여 학생의 신체에 고통을 가하는 방법을 사용해서는 아니 된다. ② 훈육·훈계의 지도 내용과 절차는 학년급별 특성 및 학생들의 신체적·정신적 발달 단계를 고려하여 실시하고 세부적인 사항은 별도의 규정으로 정한다고 규정한다.

이에 따라 제정된 제주대학교 교육대학 부설초등학교 학생생활규정(2019.7.22.)상 징계 외의 지도·체벌 금지 및 훈육·훈계 조항(§33)에 따르면, 학생을 지도하면서 도구, 신체 등을 이용하여 학생의 신체에 고통을 가하는 체벌은 금지한다. 다만, 교육적 효과를 높이기 위한 훈육· 훈계 방법으로 구두주의, 교실 뒤에 서서 수업받기, 상담지도(보호자 상담 포함), 반성문 쓰기, 사과의 편지 쓰기, 좋은 글귀 쓰고 외우기 등을 적용할 수 있다고 규정되어 있다.[38]

체벌이 금지된지 1년여가 흐른 뒤 한국교총은 체벌금지로 인해 교권이 추락하고 있다고 성명서(2011.7.17.)를 발표하였다("무너지는 교실, 추락하는 교권! 외면 말고 실질적 대책 시급히 마련해야!").[39] 반면, 체벌 금지 및 학생인권조례 제정을 긍정적으로 평가하는 전교조는 보도자료(2011.4.20.)를 통해 체벌 금지 및 학생인권 조례 정책에 대한 경기 및 서울 지역 교사 의견조사 결과, 체벌금지 및 학생인권조례는

37) 【문1】 일부 시·도 교육청에서 간접체벌 허용에 대한 반대 의견이 있는데, 이에 대한 견해는?
【답】 간접 체벌은 개정 시행령 제31조 제8항에 근거한 것으로, 그동안 직접 체벌의 근거로 문제시 되어 온 문구는 삭제하고, 교육적 차원에서 교사에게 최소한의 지도수단으로서의 교육벌 개념으로 허용한 것입니다. 훈육 차원의 교육벌은 그 내용과 절차를 학교급별 신체적·정서적 발달 단계 및 특성을 고려하여 학교 구성원이 합의하여 결정한 학칙에서 정하도록 하고, 관련 학칙 제·개정시 학생의 참여를 의무화하도록 함으로써, 생활지도에 대한 단위학교의 자율성을 존중하면서도 학생의 자율성과 책임의식을 높여나갈 수 있을 것으로 기대됩니다.

38) 폐지된 구 규정(부설초등학교 생활지도 규정)은 다음과 같았다.
제38조(벌의 종류) 생활지도의 하나로 학생에게 벌을 줄 경우, 체벌(體罰) 외에도 학업태만 학생에게 주는 지벌(知罰)이나 봉사활동과 같은 덕벌(德罰)을 줄 수 있다.
제39조(체벌기준) 초·중등교육법시행령 제31조 제7항의 '교육상 불가피한 경우'를 체벌규정으로 정하여 시행하되, 이를 특수하고 예외적인 상황으로 제한 해석하여야 하며 학생에게 체벌을 주고자 할 때에는 다음 각 호의 사항을 준수하며, 세부 규칙은 별도로 정한다. ① 교사는 감정에 치우친 체벌을 해서는 안된다. ② 교사가 체벌할 때에는 사전 학생에게 체벌 사유를 분명히 인지시켜야 하며, 해당학생이 응하지 않거나 대체벌을 요구할 경우, 해당 교사는 학교장의 허가를 얻어 학생의 보호자를 내교토록 하여 학생지도문제를 협의할 수 있다.
제40조(체벌대상) 체벌은 다음 각 호의 해당자에 실시할 수 있다. ① 교사의 반복적인 훈계 등 지도에 변화가 없는 경우 ② 남의 권리를 침해하거나 신체·정신·인격적 피해를 입히는 행위 ③ 남의 물건 및 물품을 의도적으로 손상시키는 행위 ④ 학습태도가 매우 불성실한 경우

39) 성명서의 요지는 첫째 신체·도구를 이용한 직접체벌 금지하되, 교실 내 문제행동 학생 즉각 제지 허용을 통해 학습의 학습권 및 교사의 교수권을 보호해야 하며, 둘째, 가정·지역사회·학교가 학생교육 공동 책임지는 교육기본법을 조속히 개정해야 하며, 셋째, 16개 시·도교육청, 「교권119」 설치 및 운영을 통해 교권사건에 신속히 대응해야 하며, 넷째, 교과부－교육청－교원단체 간 교실위기 실태파악 위한 협의체를 구성할 것을 제안했다. 영국이 노터치 정책을 폐기하고 교사에게 교실질서 유지권을 부여한 것을 반면교사 삼아야 한다고도 했다.

88.7%의 교사가 교육적으로 타당한 정책으로 평가하는 것으로 보도했다.[40]

이렇듯 신체적 고통을 가하는 지도를 금지한 법 개정을 둘러싸고 보수성향의 교원단체와 진보성향의 교원노조의 입장이 달랐으나, 현장에서는 이를 학칙으로 담아내는데 어려움을 겪는 것이 사실이며, 이른바 간접체벌로 분류되었던 기합 등의 체력단련 성격의 벌칙이 대부분 제재 대상이 되면서 교사들은 학생지도에 더욱 소극적으로 될 수밖에 없었다. 학생의 발달 단계(학교급 및 학년)와 성별을 고려한 가이드라인이 마련될 필요가 있다 하겠다.

대법원은 전라북도 학생인권조례 무효확인 소송(2013추98) 판결에서 시행령상의 "도구, 신체등을 이용하여 학생의 신체에 고통을 가하는 방법을 사용해서는 아니된다"라는 규정을 조례상의 '학생에 대한 체벌 금지'와 동일하게 해석하여 조례의 합법성을 인정한 바 있다.

나. 학생인권조례의 상위법 위반 쟁점과 과제

학생인권조례와 관련하여 쟁점이 되었던 것은, 조례가 학교규칙을 일률적으로 규제하여 초·중등교육법 시행령 제9조(학교규칙의 기재사항 등)가 보장하는 학교의 자율성 및 학교 구성원의 학칙제정권을 침해할 수 있으며, 집회의 자유에 관한 조항 등은 학생의 학습권을 침해하거나 교사의 교육권을 약화시킬 수 있고, 성적 지향 등은 그릇된 성인식을 심어 줄 수 있으며, 휴대폰 소지 자체를 금지할 수 없도록 한 조항 등은 인권침해로 문제시 되었다.[41]

장관은 서울에 이어 전라북도 학생인권조례에 대한 무효확인 소송을 제기했다(2013.7.22.). 장관은 조례가 학기당 인권교육(2시간)을 실시토록 규정한 것은 대통령령으로 정할 국가사무로서 조례제정권의 한계를 벗어났다고 주장했으나, 대법원은 장관이 고시하는 기본 교육과정 과목 외의 내용을 포함시킬 재량권이 학교에 있고, 교육감은 지역실정에 맞는 교육과정을 정할 수 있고, 학교교육과정 운영 장학지도를 할 수 있다고 보았다(대법원 2013추98).

장관이 주장하는 법률유보 원칙 및 법률우위의 원칙 위배에 대하여는, 조례안은 전체적으로 헌법과 법률의 테두리 안에서 이미 관련 법령에 의하여 인정되는 학생의 권리를 열거하여 그런 권리가 학생에게 보장되는 것임을 확인하고 학교생활과 학교 교육과정에서 학생의 인권 보호가 실현될 수 있도록 내용을 구체화하고 있는 데 불과할 뿐, 법령에 의해 인정 안된 새로운 권리를 학생에게 부여하거나 학교운영자나 교장, 교사 등에게 새로운 의무를 부과하고 있는 것이 아니고, 정규교과 시간 외 교육활동의 강요 금지,

40) 교사 60%는 학생인권 조례 시행이후에 학생지도가 어려워졌다고 생각하지 않으며, 학생인권을 존중하면 교사의 권리와 노동환경이 나빠진다고 생각하는 교사는 10%에 불과하다는 것이다. 학생 인권과 체벌 금지 정책을 정착할 수 있는 대안으로는 학생인권과 교권을 보장할 수 있는 학교생활규정을 마련하는 것이고, 학급당 학생수를 감축해야하며, 전문 상담교사의 확대 배치와 운영의 내실화의 순으로 선호했다.

41) 장관이 서울특별시 학생인권조례에 대하여 제기(2012.1.26.)한 무효확인 소송(대법원 2012추15)에 따르면, 조례가 학생인권위원회, 학생인권옹호관, 학생인권교육센터를 의무적으로 설치하고 위원회 등이 독립적으로 그 직무를 수행할 수 있도록 하며 앞의 위원회 등의 구성에 지방의회가 사전에 적극적으로 관여할 뿐만 아니라, 교육감이 일정한 경우 위원회 등의 권고에 따라야 하는 등 교육감의 인사권, 정책결정권을 침해하였다고 주장했다. 이 사건은 교육감이 장관의 의회재의요구 요청을 이행하지 않은 경우가 아니어서 대법원에 직접 제소하기 위한 요건에 해당되지 않아 각하 결정(2012.11.28.)되었으나 학생인권조례의 논란 사항을 잘 드러낸 판례였다.

학생인권 교육의 실시 등의 규정 역시 교육의 주체인 교장이나 교사에게 학생의 인권이 학교 교육과정에서 존중되어야 함을 강조하고 그에 필요한 조치를 권고하고 있는 데 지나지 않으며, 그 규정들이 교사나 학생의 권리를 새롭게 제한하는 것이라고 볼 수 없으므로, 국민의 기본권이나 주민의 권리 제한에서 요구되는 법률유보 원칙에 위배된다고 할 수 없고, 내용이 법령의 규정과 모순·저촉되어 법률우위 원칙에 어긋난다고 볼 수 없다고 판시했다(2013추98).[42]

또한 대법원은 조례의 다음 부분에 대하여 법령에 위배되지 않은 이유를 밝히고 있다.

① 학생의 정의에 관한 부분: 이 사건 조례안(§2②)은 학생의 정의에 '학교 또는 유치원에 재학 중인 사람' 외에 '입학과 퇴학 여부를 다투고 있는 사람'을 포함시켰는데, 관련 법령에서 이들을 배제하거나 학습권 보호를 적극 금지하는 규정이 없으므로, 법령에 모순·저촉되는 것이라고 할 수 없다.

② 체벌 금지에 관한 부분: 조례안이 체벌의 정의나 범위를 구체적으로 정하지 아니한 채 '학교 교육과정에서 체벌은 금지된다'고만 규정(§9②)한 부분에 대하여 초·중등교육법(§18①)과 시행령(§31⑧)의 범위 내에서 학생에 대한 체벌을 금지하는 취지로 해석되므로 관련 법령에 모순·저촉된다고 보기 어렵다.

③ 조례안 복장·두발 규제, 소지품 검사·압수의 제한, 집회·표현의 자유 제한 부분: 이는 초·중등교육법(§8) 및 시행령(§9)인 '두발·복장 등 용모, 교육목적상 필요한 소지품 검사, 휴대전화 등 전자기기의 사용, 학교 내 교육·연구활동 보호와 질서 유지에 관한 사항 등 학생의 학교생활에 관한 사항'의 내용과 그 제한 범위를 일치시켜 규정한 것에 불과하고, 정규교과 시간 이외 교육활동 편성에 관한 제한 부분 역시 원래 교육감의 학교에 대한 일반적인 지도·감독권한 또는 장학지도의 대상이 되는 사항을 규정한 것으로 법령위반이 아니다.

결국, 대법원은 이 조례안 규정들이 법령에 위반하여 학칙 제정권을 통하여 학교에 부여된 자율성과 교사의 학생지도에 관한 재량을 침해한 것은 아니어서 위법성을 부정하였다.

한편, 교육부는 서울특별시 학생인권조례에 대한 위법소송을 제기(2012.1.26.)한 후 초·중등교육법 시행령 개정(2012.4.20.)을 통해서 법령에서 위임하지 않은 사항을 조례에서 제정하는 문제점을 해소하기 위하여 학교규칙의 기재사항 규정(시행령 §9, 7호)에 '학생의 두발·복장 등 용모, 교육목적상 필요한 학생의 소지품 검사, 휴대전화 등 전자기기의 사용에 관한 사항'을 추가하고, 학교규칙을 제정하거나 개정할 때에는 미리 학생뿐만 아니라 학부모와 교원의 의견을 듣도록 하였다.[43] 즉, 학칙기재 사항으로 하였다

42) 【대법원 판결】 교육의 자주성·전문성·정치적 중립성에 관한 헌법 규정에 비추어 이 사건 조례안에서 규율하고 있는 학교생활에서의 학생지도와 교육과정에서의 교사의 교육내용 및 교육방법의 선택은 교육감 등의 권력적인 지도·감독의 대상이 아니라 조언·권고 등 비권력적인 장학지도의 대상이 될 뿐이라고 새겨지고, 이 사건 조례안도 인권옹호관의 시정권고 외에 그 내용을 강제하는 어떤 제재수단을 두고 있지 아니한 점 등에 비추어 볼 때, 정규교과 시간 이외 교육활동의 강요 금지, 학생인권 교육의 실시 등의 규정 역시 교육의 주체인 학교의 장이나 교사에게 학생의 인권이 학교 교육과정에서 존중되어야 함을 강조하고 그에 필요한 조치를 권고하고 있는 데 지나지 아니한다고 보아야 한다. 이와 같이 이 사건 조례안 규정들이 헌법과 관련 법령에 의하여 인정되는 학생의 권리를 확인하거나 구체화하고 그에 필요한 조치를 권고하고 있는 데 불과한 이상 그 규정들이 교사나 학생의 권리를 새롭게 제한하는 것이라고 볼 수 없으므로, 국민의 기본권이나 주민의 권리의 제한에 있어 요구되는 법률유보원칙에 위배된다고 할 수 없고, 그 내용이 법령의 규정과 모순·저촉되어 법률우위원칙에 어긋난다고 볼 수도 없다(2013추98).

43) 7. 학생 포상, 징계, 징계 외의 지도방법, 두발·복장 등 용모, 교육목적상 필요한 소지품 검사, 휴대전화 등 전자기기의 사용 및 학교 내 교육·연구활동 보호와 질서 유지에 관한 사항 등 학생의 학교생활에 관한 사항(2012.4.20. 개정). 대법원 판결 후 다시 이 부분을 삭제 개정(2020.2.25.7. 학생 포상, 징계, 교육목적상 필요한 지도 방법 및 학교 내 교육·연구활동 보호에 관한 사항 등 학생의 학교생활에 관한 사항). 현행(2022.8.30.)은 7. 학생 포상, 징계, 교육목적상 필요한 지도 방법, 학업 중단 예방 및 학교 내 교육·연구활동 보호에 관한 사항 등 학생의 학교생활에 관한 사항

는 것은 행정지도를 통하여 가이드라인을 제시하고자 하였던 것이다. 그러나 대법원이 학생인권 조례가 규정한 해당 조항의 합법성을 인정한 후 현재는 학생인권 조례가 있는 경우 당해 가이드라인에 따라 학칙을 규정할 수 있도록 되었다. 현재 전라북도 학생인권조례는 학생이 참여하여 제정한 학칙에 의거할 경우 복장과 두발을 제한할 수 있고, 전자기기의 소지를 규제할 수는 있다.

> 전라북도 학생인권조례 제12조(개성을 실현할 권리) ① 학생은 복장, 두발의 길이·모양·색상 등 용모에서 자신의 개성을 실현할 권리를 가진다. ② 교복을 입는 학교의 여학생은 치마와 바지에 대한 선택권을 가진다. ③ 학교의 장은 교육목적상 정당한 사유가 있는 경우에 이 조례 제19조 제2항(학칙등 학교규정의 제·개정에 참여할 권리)에 정한 절차를 거쳐 정하는 학교의 규정으로 제1항의 권리를 제한할 수 있다.
>
> 제13조(사생활의 자유) ① 학생은 학교의 부당한 간섭 없이 개인 물품을 소지·관리하는 등 사생활의 자유를 가진다. ② 교직원은 학생의 동의 없이 소지품을 검사하거나 압수해서는 아니 된다. 소지품의 검사 또는 압수는 학생과 교직원의 안전을 위하여 긴급한 경우에 필요한 최소한에 한하며, 전체 학생을 대상으로 하는 일괄검사는 지양하여야 한다. ③ 교직원은 일기장이나 개인 수첩 등 학생의 사적인 기록물을 열람하여서는 아니 된다. ④ 학교의 장은 학생의 휴대전화기, 그 밖에 전자기기의 소지 자체를 금지하여서는 아니 된다. 다만, 학교의 장은 수업방해의 방지 등 교육목적상 정당한 사유가 있는 경우에 이 조례 제19조 제2항에 정한 절차를 거쳐 정하는 학교의 규정으로 학생의 휴대전화기 사용과 그 밖에 전자기기의 소지를 규제할 수 있다. ⑤ 학교의 장은 다른 방법으로는 안전 등 목적을 달성하기 어려운 경우에 한하여 폐쇄회로 텔레비전(CCTV)을 설치할 수 있으며, 설치 여부나 설치 장소에 관하여 학생의 의견을 수렴하고 설치 사실을 누구나 쉽게 알 수 있게 표시하여야 한다.

이처럼 학생의 인권을 신장시키기 위한 의도의 학생인권조례는 교사로 하여금 학생들의 표현의 자유와 사생활의 자유를 침해하는 일이 없도록 가이드라인을 제시하고 있으나, 그 만큼 교사는 교육활동 및 생활지도에 조심스럽고 적극 나서기 어려운 측면이 없지 않다. 초등학교 담임선생님이 학생 생활지도상 관례적으로 행해오던 초등학생의 일기장 지도는 학생인권조례(§13③ 교직원은 일기장이나 개인 수첩 등 학생의 사적인 기록물을 열람하여서는 아니 된다)에 따르면 엄격히 금지되고 있는 것이 현실이므로 현장의 교사들도 변화된 조례와 학생인권 문화에 적응할 필요가 있다.

그 외에도, 학생인권조례는 '차별받지 않을 권리'라는 명목으로 학생의 임신과 출산 및 동성애자가 될 수 있는 권리를 보장한다거나, '폭력으로부터 자유로울 권리'라는 명목으로 체벌을 거부할 수 있는 권리를 보장한다는 비판과 나아가 학생인권 조례가 교권 위축을 가져올 것이라는 우려도 있어 왔다.[44)]

현장 교사들 중에는 학칙을 기준으로 삼지 않거나 신체에 고통을 가하는지의 여부를 고려치 않고, 본인이 준비한 지시봉(체벌 겸용)이나 간접체벌(기합 등) 정도는 가능한 것으로 생각하는 경우도 없지 않다. 생활지도 및 행동수정의 방법으로서 보다 효과적인 훈계·훈육 방법이 고안될 필요도 있다. 더불어, 학생인권신장이 교권 위축과 비례 관계에 있다는 생각은 다소 권위적인 것이며, 학생의 인권을 고려한 교사의 탈권위적인 지도 자세가 오히려 교사에 대한 존경과 그에 합당한 사회적 권위를 유지하게 한다는 점도 함께 고려되어야 할 것이다.

60설 학생 인권보호 과제: 효과적 훈육방법 + 조례취지의 법령에의 수용 + 신장된 학생인권의식 반영

44) 전제철(2020), "제10장 학생인권의 증진", 대학교육법학회편, 교육법의 이해와 실제, 교육과학사, 315면.

제 13 장

교사의 교권보호 입법정책

1. 교권의 의미와 법적 근거
2. 교권보호 관련 법령
3. 교권보호 관련 조례
4. 교권침해의 영역과 구제
5. 교권보호 입법정책의 쟁점 판례: 정치활동의 금지

이 장에서는 교사의 교권보호 입법정책을 다룬다. 우선 교권의 의미를 명확하게 하기 위하여 교육학계의 논의와 법률적 출처를 밝힌다. 교권은 교사의 교육활동상의 권리와 교사에 대한 사회적 권위를 모두 포괄하는 의미를 지니며 교권의 존중 정신은 교육공무원법을 통하여 법적으로 처음 규정되었다.

관련 법령으로는 헌법 제31조 제6항의 교원지위 법률주의를 비롯하여 교육기본법상의 교원 조항, 초·중등교육법 상의 교원관련 조항에 포함되어 있는 바 그 의미를 분석하도록 한다.

교원이 노동기본권 입법화 과정에서 대체입법으로 제정되었던 교원지위향상법은 2016년 2월 개정에서 「교원의 지위향상 및 교육활동 보호를 위한 특별법」으로 개칭되었다. 그 주된 내용에 교권보호위원회의 설치를 담고 있다.

교권에 대하여 보다 직접적으로 규정한 것은 시·도의 교권보호 조례를 통해서이다. 몇몇 사례를 중심으로 교권에 대한 규정 방식이 다양함을 알아본다.

교권보호에 제도보장에 대하여는 교사의 교육권 영역, 교사의 신분 및 지위 영역, 교원의 국민으로서 기본권 영역으로 나누어 살펴본다.

입법정책의 쟁점 및 과제는 네 가지 관점에서 제시한다. 헌법재판소 판례는 교사의 기본권 제한과 관련하여 가장 논란이 되었던 정치활동의 금지에 대하여 살펴본다.

제 13 장 교사의 교권보호 입법정책

1. 교권의 의미와 법적 근거

가. 교권 논의의 배경과 개념

교권보호가 강조되고 교원 예우 규정이 교원지위법으로 통합 개정된 것은 교권의 침해 현실이 심상치 않으며 교원의 예우 보장에도 문제가 있음을 드러낸 것이다. 「불조심」 포스터나 「개조심」 현판이 여기저기 붙어 있다면 그 만큼 불이 잘나고 개가 위험하다는 이야기의 반증과 같은 논리이다.

교권이란 용어보다 '교권침해'라는 용어가 익숙한 것은 그동안 한국교총이 이와 관련된 사건에 비중있게 대응하고 매년 통계를 작성하여 사회에 알려 경종을 울리고 있는 것과 무관하지 않다. 학교폭력 예방과 대응을 위한 법률이 나올 정도로 아이들에 대한 생활지도가 그만큼 어렵게 되었고, 아이들은 교사의 통제에 따르지 않으며 게임과 인터넷에 정신을 빼앗긴지 오래이다. 교사는 점차 아이들을 지도하기 어려운 여건에 놓이면서도 사회로부터는 부모를 대신해줄 책무를 더욱 강하게 요구받고 있다.

학생인권조례가 제정(경기 2010.10.5., 광주 2011.10.28., 서울 2012.1.26., 전북 2013.7.12., 충남 2020.7.10., 제주 2021.1.8.)되면서 학교에서의 일체의 체벌이 금지되었다고 생각하는 교사들에겐 마땅한 생활지도 수단이 없어 무력감을 느끼는 상황이다. 보수성향의 교원단체는 교권침해 증가의 한 원인으로 지나친 학생인권의 옹호를 들지만, 진보성향의 교원노조는 둘은 별개의 사안이며 학생인권의 보장이나 교사의 교육활동의 자유보장 국민의 학습권 보장에 모두 기여하는 것으로 보기도 한다.

교권(敎權)은 일반적으로 교사의 법적 권리(權利)로 알려져 있지만 교사의 사회적 권위(權威)도 내포하는 복합적 개념이다. 즉, 교육전문가로서 교육의 자유를 누릴 권리, 교원으로서 신분과 지위를 보장받을 권리, 국민으로서 기본권을 보장 받을 권리 측면과 함께 역사적 사회적 맥락에서 스승에 대하여 학생·부모·사회가 인정하는 윤리적이며 전문적인 '권위'의 측면도 포괄한다. 교권을 단순히 학생을 제압하는 권위 일변으로 생각하거나, 법적으로 보장된 교육상의 권리로만 생각하는 것 모두는 교권에 대한 편협한 이해방식이다. 물론, 한국교총이 교권침해에 대하여 적극 나서고 이를 교육공무원법에 반영한 입법적 역사로 인하여 교육계에서는 교권침해라는 부정적 용어가 일반화되기는 했다. 그러나 법적인 용어로 이미 자리매김되었고 국가와 지방수준에서 교권보호위원회가 있는 만큼 교권에 대한 보다 정확한 이해가 필요한 시점이다.

나. 교육학계에서의 교권에 대한 논의[1]

교육학계에 '교권'이란 단어가 언제 처음 등장했는지는 분명하지 않다. 정우현은 UNESCO · ILO의 '교원지위에 관한 권고문(1966)'에서 Teacher's Right를 처음 사용하였고, 그것이 교권 용어의 시작이라고 해석 한다.[2] 그러나 제1대 국회의 국가공무원법안 심의(1949.7.20.) 과정에서 김수선의원은 교권확립을 주장[3]하고 있다. 또한 대한교련은 1970년대에 교권상담을 해왔고, 이로 인해 교권이란 용어가 교육계에 통용되기도 했다. 1970년대 교사론 저서에도 '교권'이 논의되고 있는데, 대체로 '전문직으로서 교원의 권위와 권리'를 지칭하는데 어느 정도 일치하고 있다.[4]

표 13-1 교육학계의 교권의 개념에 대한 논의 내용 및 특징

출처	내용	특징
이 중(1974) 교원의 제문제	교육을 행하는 주체자인 교육자의 권리	교원지위권고문식 해석 (Teacher's Right)
이돈희(1977) 교직과 교권	교권은 제도적으로 부여된 권위에 대한 부당한 간섭과 침해로부터 교원을 보호하고 교원의 지적 · 기술적 권위에 대한 불합리한 평가에 의한 도전에 희생되지 않도록 하는 교직생활의 기본조건으로서의 의미를 갖는다.	자율성, 신분안정 강조 권위와 책무는 동전의 표리와 같다고 봄 지배력으로서 권위 아님
이종재(1983) 교직과 사도	교사의 권위로서 교사의 교육적 자율성에 대한 인정도 교사의 권위를 상위개념으로, 교사의 교육권, 전문성, 의무의 수행, 교사에 대한 사회적 인식 등을 들 수 있음	전문성과 자율성 강조 교육자유권의 미보장지적 교육공무원법 규정 직후
정우현(1988) 교권의 확립과 교직의 자율성	교사의 권리이며 생활권보장(노동기본권 포함)과 신분보장(특별공무원 대우, 교육의 자유, 연수기회) 그리고 자율권의 신장(교육과정에의 교사의 참여와 교사자격기준	사회민주화 시기의 관점
임규진(1988) 교권 존중의식 조사척도의 개발 및 측정	교원의 직업적 권위(이돈희 인용)와 권리(대한교련 인용) 학생 · 교사 · 교장의 교권존중의식은 높으나 학부모 · 교육행정기관 · 사무직원은 낮으며, 남교사보다 여교사가 높음 교사의 교육권은 국가 · 학부모 · 학생의 교육권과 상관관계	교권존중의식 조사척도를 개발한 선도적 연구 교권은 교원지위결정요인 교권은 사기 · 의욕에 영향

출처: 고전(2012), 교권 보호 법제화의 쟁점과 과제, 교육행정학연구 30(4), 59면 <표 3> 인용

1981년의 교육공무원법 제43조는 교원지위향상법 제정(1991.5.30.) 후 다시 "교권은 존중되어야 하며, 교원은 그 전문적 지위나 신분에 영향을 미치는 부당한 간섭을 받지 아니한다"로 개정(1991.6.20.)되

1) 교육학계 논의는 고전(2012), 교권 보호 법제화의 쟁점과 과제, 교육행정학연구 30(4), 58－59면 참조.
2) 정우현(1988), 교권의 확립과 교직의 자율성, 교육학연구 26(2), 18면.
3) "교원을 별정직으로 두어서 교원의 생활도 보장하고 교권을 확립함으로서 어떤 정권에도 예속되지 않고 …"
4) 일본에서도 교권은 학술이나 정책 용어보다는 생활용어로 쓰인다. 사전적으로 ① 교사가 학생 · 생도에 대해서 갖는 권력 ② 종교상의 권위(大辭林:三省堂)로 한국과 유사하다. 교육학회에서는 '교육행정에 있어서 교권독립'처럼 교원만의 권리 이상의 의미로 사용되기도 한다.

었다. 교권이 이 법에 규정된 배경은 당시 유일한 교원단체였던 대한교육연합회(대한교련)가 역점을 둔 교권상담 활동과 무관하지 않다. 대한교련은 학교현장에서 발생하는 교원·학생·학부모 간의 갈등문제를 교권 침해 관점에서 지적하였고, 이런 경향으로 교권은 일상적이고 일반적인 교사의 교육활동상의 권리 보호 측면보다는 '교사의 권위 실추'와 '교권 침해'의 구제 차원에서 논의되는 경향이 있었다. 대한교련의 후신인 한국교총의 보고서는 교권을 교사의 권리라는 협의 측면 외에도 교사의 권위와 생활보장권 및 자율적인 단체활동권 등을 포함한 의미로 사용한다.[5] 최근에 한국교총은 정치나 외부 간섭으로부터 자주적인 교육활동을 보장하는 기본적 생활조건을 강조하기도 한다.[6] 전국교직원노동조합(이하 '전교조')에서도 교권상담국을 설치하고 교원의 인사 및 교육활동에서 일어나는 권리의 침해와 구제에 관한 활동을 주요 업무 중의 하나로 대응한 바 있다.

다. 헌법상의 교원지위 법률주의와 교권

헌법 제31조 제6항 "학교교육 및 평생교육을 포함한 … 교원의 지위에 관한 기본적인 사항은 법률로 정한다"는 교원지위 법률주의의 선언이다. 교육전문가로서 지위의 결정이 원칙적으로 입법기관의 형성권에 속한다는 형성적 법률유보이다.[7] 그러나 기본적인 사항을 정한 법(교원신분법등)은 제정되지 않았고, 교육기본법(1998)의 교원 조항과 교육공무원법(1953) 그리고 사립학교법(1963)의 교원 조항이 이를 대신하고 있어서 헌법정신이 충분히 구현되고 있다고 보기는 어렵다. 1989년 전교조 결성을 계기로 교원지위에 대한 법안 논의[8]도 있었으나 기존 교직단체간의 대립으로 입법성과는 없었다. 교육 근로자로서의 지위는 10여 년이 지난 1999년에야 교원노조법을 통해 인정되기에 이르렀다.

비록 교권(敎權)의 개념 정의가 학계, 법안, 조례에서 다의적으로 쓰이지만 교원의 권리를 포함한 이상, 헌법상 교원의 지위에 관한 기본적인 사항임은 분명하며, 이는 교권이 교원지위 법정주의와 직결됨을 의미한다. 즉, 교권의 보호는 교육활동을 수행하는 교원에 대한 교육전문가로서 지위를 보장한 헌법 정신과 연계된 것으로 보는 것이 바람직하다.

한편, 헌법 제31조 제4항은 "교육의 자주성·전문성·정치적 중립성 및 대학의 자율성은 법률이 정하는 바에 의하여 보장된다"고 하였는데, 그 보장을 위하여 교육내용 및 방법이나 교육행정이 자주적이고 전문적이며 중립적이어야 함은 물론, 교육활동의 주체인 교원에게 이 교육조리(敎育條理)에 따라 교권을

5) 한국교총의 교권 보호활동을 자문해 온 강인수 교수에 따르면 교권은 "교원의 학생을 교육할 법적인 권리와 스승 또는 전문직으로서 윤리적·사회적 의미에 따른 전문적·기술적 권위의 복합적 의미를 가지고 있으며, 따라서 교권은 학생 교육을 위해 법이 인정한 힘(권리)과 사회적·윤리적으로 교사의 지위와 능력에 따라 부여된 권위"라 하였다. 강인수(1989), 교육법연구, 문음사, 3면.

6) 한국교총은 교직단체의 일정 정치활동의 허용을 강조하면서 교권을 "정치나 외부의 간섭으로부터 독립되어 자주적으로 교육할 권리, 즉 제도적 권위에 대한 부단한 간섭과 침해로부터 교원을 보호하고, 교원의 지적·기술적 권위에 대한 불합리한 평가로 인하여 교원이 희생되지 않도록 하는 교직 생활의 기본조건"이라는 의미를 부여하기도 했다. 한국교원단체총연합회(2011), 2010년도 교권회복 및 교직상담 활동실적, 3면.

7) 고전(2005), 신교육체제하 교원정책의 교육법적 평가, 교육법학연구, 17(1), 3면.

8) 대한교육연합회(강인수 입안)의 '교원지위법안', 한국교육법학회(양건·성낙인·신현직 입안)의 '교원의 지위에 관한 기본법 시안' 등.

보장(권리의 보호 및 침해의 구제)하거나 제한(의무의 요구 및 책임의 부과)한다는 것이 입법 정신이다.

61설 교권(教權): 교사의 법적인 권리(교육의 자유 · 신분보장 · 기본권) + 사회적 권위

2. 교권보호 관련 법령

가. 교육공무원법상의 최초 규정

교육공무원법은 교권에 대하여 직접적으로 규정한 최초의 법률이었다. 제43조 제1항[9]은 교권의 존중과 신분보장을 규정하고 있다. 교원신분 보장의 원칙으로서 부당한 간섭 금지 · 권고사직 금지 · 불체포 특권, 정년보장 등을 포함하는데 교육공무원법과 사립학교법에 구체화되어 있다.[10] 과거 정년단축 개정(2009.1.29.)에 대해 헌법소원(99헌마112 · 137)이 있었으나 이는 합헌적인 국가 입법 정책으로서 결정된 바 있다.

나. 교육기본법 및 초 · 중등교육법상의 교원의 지위

교육기본법(1997.3.1. 시행)상 교권이란 용어는 없지만 제14조 제1항 "학교교육에서 교원의 전문성은 존중되며, 교원의 경제적 · 사회적 지위는 우대되고 그 신분은 보장된다"고 하여, 헌법상의 교원지위 법률주의 정신을 구체화하고 있다. 전문성 존중 규정에 근거하는 교원의 교육활동에 있어서 '교원의 자유'의 기본권성의 인정이나 직무권한설 간에는 여전히 논란이 있지만,[11] 학생의 기본권인 학습의 자유를 보장하기 위해서 교사의 교육활동의 자유가 보장되어야 한다는 것은 전제 조건이다.

다만, 법률에 근거한 국가교육과정 및 교과서 제도에 의하여 교사의 교육의 자유가 공교육의 유지를 위해 필요한 범위 내에서 제한 받고 있다고 보아야 한다. 그 외 교육기본법은 교육자로서 품성 · 자질 향상의 노력 의무(§14②), 특정 정당 · 정파의 지지 · 반대를 위한 학생지도 · 선동의 금지(§14③),[12] 교직 외

---

9) 제43조(교권의 존중과 신분보장) ① 교권(教權)은 존중되어야 하며, 교원은 그 전문적 지위나 신분에 영향을 미치는 부당한 간섭을 받지 아니한다.

10) 교육공무원법은 신분에 영향을 미치는 부당한 간섭 금지, 의사에 반한 휴직 · 강임 · 면직의 금지 그리고 권고사직의 금지를 규정(§43)하고 있고, 사립학교 교원에 대하여도 유사한 규정(§56)을 두고 있으나, 학급 · 학과의 개폐에 의한 경우 예외를 인정하기도 한다. 불체포 특권(교육공무원법 §48, 사립학교법 §60, 교원지위향상법 §4)이나 일반 공무원에 비하여 다소 긴 정년제(초 · 중등 62세, 대학 65세) 역시 교원의 신분보장과 맥을 같이 한다.

11) 학습의 자유가 학습권의 중핵이라는 점에 근거하여 교사의 교육의 자유를 인정하는 것이 교육법학계의 다수설이지만, 대학교수와는 달리 표준화 국가교육과정과 교과서를 사용하는 초 · 중등학교 교사에 대하여는 헌법상의 기본권이 아닌 직무권한으로 보기도 한다. 헌법재판소는 교과서 재판에서 '교사의 수업권'이라고 표현(89헌마88)하는 등 다소 소극적인 입장이다.

12) 교육의 정치적 중립성 담보를 이유로 한 초 · 중등교원에 대한 정당가입과 선거운동 금지가 시민권의 과도한 제한이라는 주장으로 헌법소원(2001헌마710)이 있었으나 합헌 판결되었다.

공직취임의 허용(§14④), 교원의 임용·복무·보수 및 연금 등에 관한 별도의 법률 제정(§14⑤),[13] 교원단체(§15) 등을 규정하고 있다.

다음으로 초·중등교육법(1997.3.1. 시행)은 교원의 임무와 자격 규정을 통하여 교원의 기본적인 지위를 언급하고 있다. 교사는 교장·교감·수석교사와 직무를 분담하고 있으며, 그의 자격요건 및 검정과정을 엄격히 하여, 교육전문가로서 지위를 법으로 정하고 있다. 법 20조는 "교사는 법령에서 정하는 바에 따라 학생을 교육한다"고 규정하고 있다.

교원노조법은 근로자로서 지위를 인정한 법률[14]로 교권을 직접 언급하지는 않았지만 교원이 법적지위를 또다른 차원에서 강화하여 직간접적으로 교권 보호에 영향을 주고 있다.

다. 구 교원지위향상법과 교원의 지위

구 「교원의 지위향상을 위한 특별법」(1991)에는 교권이라는 용어는 없으나 교권의 보호를 위한 구체적인 제도 보장을 포함하고 있었다. 교원에 대한 예우 규정(§2),[15] 보수의 특별한 우대 원칙과 국·공·사립학교 교원보수의 동등 수준 유지 원칙(§3),[16] 불체포 특권(§4),[17] 학교 안전사고로부터의 보호를 위한 학교안전공제회 설립·운영(§5), 교원의 신분보장과 내부자 고발 보호(§6),[18] 징계처분 및 의사에 반한 불리한 처분 처리를 위한 교원소청심사위원회 규정(§7－10), 교원의 지위 향상을 위한 교섭·협의 및 심의회 설치 규정(§11－13)을 두고 있다. 교섭·협의를 교원의 처우 개선, 근무조건 및 복지후생과 전문성 신장에 관한 사항에 한정하고, 교육과정과 교육기관 및 교육행정기관의 관리·운영에 관한 사항은 교섭·협의의 대상이 될 수 없다. 대통령령으로서 교권 용어가 등장한 것은 교원지위향상법에 따라 제정된 교섭·협의규정(대통령령)에 교섭·협의사항의 범위로서 '교권 신장에 관한 사항'을 예시한 부분이다.

구 교원지위향상법에 근거하여 제정된 구 교원예우에 관한 규정(대통령령) 역시 단순한 사회적 예우를 넘어선 참여와 권리 보호를[19] 정하고 있었다는 점에서 교권보호와 관련되었었다. 특히, 국가 및 지방

13) 예로서 교육공무원법과 사립학교법이 해당하나, 교원 기본법 없이 일반공무원의 특례수준에서 준용되는 등, 교육전문가로서 지위보장에 한계를 나타내고 있고, 행정명령에 위임된 임용령·승진규정·징계령은 위임의 과도성이 지적되기도 한다.

14) 이는 교육기본법에 의하여 보장된 교원단체 결성 및 교섭·협의와 대비되는 것으로 한국의 교직단체 이원화 상태를 의미한다. 교원노조는 17개 시·도 단위와 전국단위로만 결성할 수 있으며, 장관 및 교육감 그리고 사립학교 설립·경영자와 단체교섭 할 수 있으나 일체의 쟁의행위와 정치활동은 금지되고 있다. 법령·조례 및 예산에 의하여 규정되는 내용과 법령 또는 조례에 의하여 위임을 받아 규정되는 내용은 단체협약으로서의 효력을 가지지 아니하고 이 사항이 협약으로 체결될 경우 사용자로 하여금 노력할 의무만을 부과하고 있는 상황이다.

15) 제2조(교원에 대한 예우) ① 국가, 지방자치단체, 그 밖의 공공단체는 교원이 사회적으로 존경받고 높은 긍지와 사명감을 가지고 교육활동을 할 수 있는 여건을 조성하도록 노력하여야 한다. ② 국가, 지방자치단체, 그 밖의 공공단체는 교원이 학생에 대한 교육과 지도를 할 때 그 권위를 존중받을 수 있도록 특별히 배려하여야 한다. ③ 국가, 지방자치단체, 그 밖의 공공단체는 그가 주관하는 행사 등에서 교원을 우대하여야 하며, 교원이 교육활동을 원활하게 수행할 수 있도록 적극 협조하여야 한다.

16) 제3조(교원 보수의 우대) ① 국가와 지방자치단체는 교원의 보수를 특별히 우대하여야 한다. ② 학교법인과 사립학교 경영자는 그가 설치·경영하는 학교 교원의 보수를 국공립학교 교원의 보수 수준으로 유지하여야 한다.

17) 교원은 현행범인인 경우 외에는 소속 학교장의 동의없이 학원안에서 체포되지 아니한다.

18) 제6조(교원의 신분보장 등) ① 교원은 형의 선고, 징계처분 또는 법률로 정하는 사유에 의하지 아니하고는 그 의사에 반하여 휴직·강임 또는 면직을 당하지 아니한다. ② 교원은 해당 학교의 운영과 관련하여 발생한 부패행위나 이에 준하는 행위 및 비리 사실 등을 관계 행정기관 또는 수사기관 등에 신고하거나 고발하는 행위로 인하여 정당한 사유 없이 징계조치 등 어떠한 신분상의 불이익이나 근무조건상의 차별을 받지 아니한다.

자치단체에게 교원의 정당한 교육활동이 부당하게 침해되거나 교육활동과 관련하여 교원에 대한 폭행·협박 또는 명예훼손 등이 있는 경우에는 이를 관계 법령에 따라 엄정하게 조사·처리하도록 하고 있었다. 이 교원예우규정은 신 교원지위향상법에 반영되어 폐지되었다. 교권을 언급한 교육관계 법령을 정리하면 다음과 같다.

표 13-2 교육 관계법령상 교권에 관한 규정

관계법	내용	비고
교육공무원법(법률)	§43(교권의 존중과 신분보장) ① 교권은 존중되어야 하며, 교원은 그 전문적 지위나 신분에 영향을 미치는 부당한 간섭을 받지 아니한다.	유일한 법률 조문 (1981.11.23. 개정)
교원지위향상 및 교육활동 보호에 관한 법률	§14-21 국가 지자체의 교원교육활동 보호시책의 수립·시행의무, 학교장의 교육활동 침해행위(폭행, 모욕 등) 인지시 보호조치 및 관할청 보고의무(축소,은폐 금지), 해당 학생특별교육·심리치료 위탁의무, 관할청의 교원치유센터의 지정 및 재정지원, 해당 보호자에 대한 특별교육·심리치료 부과권, 교원의 근무환경 실태조사, 교권보호위원회의 설치·운영, 교육감으로의 권한의 위임, 과태료 등	교원예우규정에 신설(2013)된 교권위원회를 교원지위법으로 이관 개정(2015.12.31.)
교원지위 향상을 위한 교섭·협의에 관한 규정(대통령령)	§3(교섭·협의사항의 범위) 5. 교권 신장에 관한 사항(1992.6.2.)	교원단체와 장관 및 교육감간의 교섭협의사항
초·중등교육법시행령(대통령령)	§59의3(회의록 작성 및 공개)(…국공립학교 학교운영위원회 회의록의 홈페이지등 공개원칙 예외 경우…) 3. 학생 교육 또는 교권 보호를 위하여 공개하기에 적당하지 아니하다고 인정하는 사항	학운위 회의록 비공개 관련(2011.3.18. 신설)
유아교육법시행령(대통령령)	§22의7(회의록의 작성 및 공개)(…해당 운영위원회의 의결로 공개하지 않을 수 있는 경우…) 3. 유아교육 또는 교권 보호를 위하여 공개하기에 적당하지 아니한 사항	운영위원회회의록 비공개(2012.8.31. 신설)
각종 기념일 등에 관한 규정(대통령령)	§2① 관련 별표(각종 기념일 표) 스승의 날-5.15 -주관부처(교육부) -행사내용: 교권존중의 사회적 풍토조성과 스승 공경에 관련된 행사를 한다.	(2014.3.24. 개정)
각 시·도 교권 보호 관련 조례	경기·광주·울산·충남은 교원의 교권과 교육활동보호에 관한 조례, 인천은 교권확립헌장 운영 조례	제2조(정의)에서 교권에 관한 규정 (2011년 이후)

주: 교육부직제규칙(교육부령)상 교원정책과장의 분장사무중 교권향상은 현재 삭제됨. 교육규칙으로는 전북교권보호위원회 구성 및 운영에 관한 규칙(2020.4.22.), 충남교권보호위원회 설치·운영에 관한 규칙(2020)

---

19) 정책수립에의 교원의견 반영, 교육 활동시 공공시설의 이용, 자료체출요구의 제한 및 업무부담 경감, 행사참여 요구의 제한, 학교교육분쟁조정위원회 및 학교폭력 관련 법률지원단의 구성·운영, 교원에 대한 민원 조사시 소명기회 제공 및 결과 전 인사조치의 금지, 교육활동 관련 비용(도서 및 문화시설이용 비용)의 지원 등을 포함하고 있다.

라. 신 교원지위향상법상의 교육활동 보호

신 교원지위향상법(교원의 지위향상 및 교육활동 보호를 위한 특별법)은 과거 교원예우규정의 내용을 보완하여 교육활동 보호 조항(§14－21)을 추가하였다. 주된 내용은 국가와 지자체로 하여금 교원교육활동보호시책을 수립·시행할 의무를 부과하고, 학교장에게는 교육활동 침해행위(폭행, 모욕 등) 인지시 보호조치를 하고 관할청에 보고토록 하여 축소하거나 은폐하지 않도록 했다. 해당 학생에 대해서는 특별교육이나 심리치료를 위탁토록 하였다. 관할청 역시 교원치유센터를 지정하고 재정지원을 분담한다, 해당 보호자에게도 특별교육 및 심리치료를 받게 할 수 있다. 또한 교원의 근무환경 실태조사 조항을 신설하고, 시도 등의 교권보호위원회의 설치·운영과 교육감으로의 권한의 위임 그리고 특별교육 거부하는 학부형에 대하여 과태료(300만원) 규정을 두었다.

관할청은 학교폭력이 발생한 경우 또는 교육활동과 관련하여 분쟁이 발생한 경우에 해당 교원에게 법률 상담을 제공하기 위하여 변호사 등 법률전문가가 포함된 법률지원단을 구성·운영하여야 한다. 그리고 교육활동 침해행위로 피해를 입은 교원은 교육부장관이 정하는 바에 따라 특별휴가를 사용할 수 있다.

교육활동 침해행위에 대한 조치(§15)에 따르면, 관할청과 유치원 및 고등학교 이하 각급학교 교장은 소속 학교의 학생 또는 그 보호자 등이 교육활동 중인 교원에 대하여 다음 각 호의 어느 하나에 해당하는 행위(이른바 교육활동 침해행위)를 한 사실을 알게 된 경우에는 즉시 교육활동 침해행위로 피해를 입은 교원의 치유와 교권 회복에 필요한 조치(보호조치)를 하여야 한다.

1. 「형법」 제2편 제25장(상해와 폭행의 죄), 제30장(협박의 죄), 제33장(명예에 관한 죄) 또는 제42장(손괴의 죄)에 해당하는 범죄 행위
2. 「성폭력범죄의 처벌 등에 관한 특례법」 제2조 제1항에 따른 성폭력범죄 행위
3. 「정보통신망 이용촉진 및 정보보호 등에 관한 법률」 제44조의7 제1항에 따른 불법정보 유통 행위
4. 그 밖에 교육부장관이 정하여 고시하는 행위로서 교육활동을 부당하게 간섭하거나 제한하는 행위

이 때 보호조치의 유형은 ⓐ 심리상담 및 조언, ⓑ 치료 및 치료를 위한 요양, ⓒ 그 밖에 치유와 교권 회복에 필요한 조치를 말한다. 보호조치를 한 각급 학교 교장은 지체 없이 지도·감독기관(관할청)[20]에 교육활동 침해행위의 내용과 보호조치 결과를 보고하여야 하며, 교육감은 대통령령으로 정하는 중대한 사항의 경우에 이를 교육부장관에게 즉시 보고하여야 한다. 보고를 받은 관할청은 교육활동 침해행위로 피해를 입은 교원이 요청하는 경우 교육활동 침해행위가 관계 법률의 형사처벌규정에 해당한다고 판단하면 관할 수사기관에 고발하여야 한다.

교육활동 침해행위로 피해를 입은 교원의 보호조치에 필요한 비용은 교육활동 침해행위를 한 학생의 보호자(친권자, 후견인 및 그 밖에 법률에 따라 학생을 부양할 의무가 있는 자를 말한다) 등이 부담하여야 한다. 다만, 피해교원의 신속한 치료를 위하여 교육활동 침해행위로 피해를 입은 교원 또는 고등학교 이하 각급 학교의 장이 원하는 경우에는 관할청이 부담하고 이에 대한 구상권을 행사할 수 있다. 각급 학교 교

20) 1. 국립의 고등학교 이하 각급학교: 교육부장관 2. 공립·사립의 고등학교 이하 각급학교: 교육감

장은 위의 보고를 할 때 교육활동 침해행위의 내용을 축소하거나 은폐해서는 안되며, 관할청 또한 보고받은 자료를 해당 학교 또는 교장에 대한 업무 평가 등에 부정적인 자료로 사용해서는 안된다.

교원의 교육활동 보호를 위한 행정 당사자의 책무를 정리하면 다음과 같다.

표 13-3 신 교원지위향상법상 교원의 교육활동 보호를 위한 행정 당사자의 책무

관련조항	주요 내용j
국가,지자체의 보호시책수립 의무(§14)와 권한위임(§20)	§14① 국가, 지방자치단체, 그 밖의 공공단체는 교원이 교육활동을 원활하게 수행할 수 있도록 적극 협조하여야 한다. ② 국가와 지방자치단체는 교원의 교육활동을 보호하기 위하여 다음 각 호의 사항에 관한 시책을 수립·시행하여야 한다. 1. 제15조 제1항에 따른 교육활동 침해행위와 관련된 조사·관리 및 교원의 보호조치 2. 교육활동과 관련된 분쟁의 조정 및 교원에 대한 법률 상담 3. 교원에 대한 민원 등의 조사·관리 4. 그 밖에 교원의 교육활동 보호를 위하여 필요하다고 인정되는 사항 §20 이 법에 따른 교육부장관의 권한은 그 일부를 대통령령으로 정하는 바에 따라 교육감에게 위임할 수 있다.
관할청과 교장의 의무(§14의2,15,16,17,21)	§14의2① 관할청은 학교폭력이 발생한 경우 또는 교육활동과 관련하여 분쟁이 발생한 경우에 해당 교원에게 법률 상담을 제공하기 위하여 변호사 등 법률전문가가 포함된 법률지원단을 구성·운영하여야 한다. §15 관할청과 학교장은 학생 또는 그 보호자 등이 교육활동 중인 교원에 대하여 (예시된) 교육활동 침해행위를 한 사실을 알게 된 경우에는 즉시 교육활동 침해행위로 피해를 입은 교원의 치유와 교권 회복에 필요한 조치(보호조치)를 하여야 한다. §16① 교장은 보고시 교육활동 침해행위의 내용을 축소하거나 은폐해서는 안된다 ② 관할청은 보고받은 자료를 해당 학교 또는 교장 업무 평가 등에 부정적인 자료로 사용해서는 안된다. §16의2 관할청은 교원의 교육활동에 대한 보호를 강화하기 위하여 교육활동 침해행위, 보호조치 등에 대하여 대통령령으로 정하는 바에 따라 실태조사를 할 수 있다. §16의3 교장은 교직원·학생·학생의 보호자를 대상으로 교육활동 침해행위 예방교육을 매년 §17 관할청은 교육활동 침해행위로 피해를 입은 교원의 정신적 피해에 대한 치유를 지원하기 위하여 전문인력 및 시설 등 대통령령으로 정하는 요건을 갖춘 기관 또는 단체를 교원치유지원센터로 지정할 수 있다. §18 교장은 소속 학생이 교육활동 침해행위를 한 경우에는 해당 학생에 대하여 조치(학교에서의 봉사, 사회봉사, 학내외 전문가에 의한 특별교육 이수 또는 심리치료, 출석정지, 학급교체, 전학, 퇴학처분)를 할 수 있다.(퇴학처분은 의무교육과정에 있는 학생에 대하여는 적용 않음) §18의2 관할청은 도서벽지에서 근무하는 교원의 근무환경 실태를 파악하기 위하여 3년마다 실태조사를 실시하여야 한다. §21 정당한 사유 없이 특별교육 또는 심리치료에 참여하지 아니한 보호자에게는 300만원 이하의 과태료를 부과한다.
시·도 교권보호위원회(§19) 및 학교교권보호위원회)	§19① 시·도교권보호위원회 심의사항 1. 교원의 교육활동 보호를 위한 시책의 수립 2. 교원의 교육활동과 관련된 다음의 분쟁 조정(제2항에 따른 학교교권보호위원회에서 조정되지 아니한 분쟁의 조정, 학교교권보호위원회가 설치되지 아니한 유치원의 교원의 교육활동과 관련된 분쟁조정) §19② 학교교권보호위원회(유치원엔 원장이 필요하다고 인정한 경우 설치가능) 심의사항 1. 교육활동 침해 기준 마련 및 예방 대책 수립 2. 교육활동 침해 학생에 대한 조치 3. 교원의 교육활동과 관련된 분쟁의 조정 4. 그밖에 학교규칙으로 정하는 사항

주: 초·중등학교에는 학교교권보호위원회를 의무적으로 설치해야하나 유치원원장은 임의적 설치 가능

62설 교권의 법적 기반: 교육공무원법(교권존중원칙) + 교원지위향상법(교육활동 및 교권보호제도)

3. 교권보호 관련 조례

가. 각 시·도의 교권보호 조례 제정 현황

국내 법규상 교권을 보다 구체적으로 정의한 것은 각 시·도 의회가 제정한 교권 보호에 관련된 조례이다.

표 13-4 교권관련 시·도 조례 및 규칙

조례명	규칙명
경기도교육청 교원의 교권과 교육활동 보호에 관한 조례 광주광역시 교권과 교육활동 보호 등에 관한 조례 울산광역시 교권과 교육활동 보호등에 관한 조례 인천광역시 교권확립 헌장 운영 조례	강원도 교권보호위원회 구성 및 운영 규칙 경남교육청 교권보호위원회 실치 및 운영에 관한 규칙 경북교육청 교권보호위원회 설치 및 운영 규칙 광주광역시 교권과 교육활동 보호 등에 관한 조례시행규칙 대구광역시 교권보호위원회 구성 및 운영에 관한 규칙 대전광역시 교권보호위원회 설치·운영에 관한 규칙 세종시교육청 교권보호위원회 설치·운영에 관한 규칙 인천교육청 교권보호위원회 구성 및 운영에 관한 규정 전라남도 교권보호위원회 구성 및 운영에 관한 규칙 전라북도 교권보호위원회 구성 및 운영에 관한 규칙 제주특별자치도 교권보호위원회 설치·운영에 관한 규칙

주: 「경기도 학교자치 조례」(2019.11.11. 제정·시행), 「전라북도 학교자치 조례」(2019.2.1. 제정·시행), 「광주광역시 학교 자치에 관한 조례」(2019.1.1. 제정, 2019.3.1. 시행) 등에 교사회, 교직원회, 교무회의 등을 통하여 교사의 의사결집 기구를 법제화하기도 했다. 경기도(2013)와 전북(2015) 학교자치조례는 당시 교육부가 대법원에 제소하여 교원인사자문위원회를 둔 것이 위법하다는 판결(2016추5018)로 효력 정지된 바 있고, 2019년에 각각 다시 제정되었다.

경기, 인천, 광주, 충남, 울산 등이 관련 조례를 제정하여 교권 보호에 노력하고 있는데, 문제는 교권에 대한 용어의 규정이 지역별로 다소 차이가 있다는 점이다. 인천광역시는 2011년 10월 17일에 전국 최초로 '교권확립헌장 운영 조례'를 제정한 바 있고, 경기도·광주광역시·울산·충남은 조례 명칭을 '교원의 교권과 교육활동보호에 관한 조례'로 하여 제정하였다. 서울의 경우에는 라는 명칭으로 제정되었다.

전북의 경우에도 교권과 교육활동 보호등에 관한 조례(2013.11.1.)가 제정된 바 있고, 학교자치조례와 교권보호위원회 구성 및 운영에 관한 규칙을 제정하기도 했다.

위와 같은 조례들은 법적 용어이나 내용이 규정되지 않았던 '교권'을 처음으로 규정한 의의를 갖는다. 인천광역시의 교권확립헌장 운영 조례(2011.10.17.)는 수업권, 교육과정 결정권, 교재 선택 활용권, 강의내용 편성권, 교육방법 결정권, 성적 평가권, 학생생활지도권, 학생징계요구권 등으로 정의하였다. 광주광역시의 '교권과 교육활동 보호등에 관한 조례'(2012.1.9.)는 교권과 교권침해를 규정("교육행정기관, 학교행정가, 동료교사, 학부모, 학생, 지역주민, 언론 등에 의해 제2호(앞의 규정)에 따른 교권이 부당하게 간섭받거나 침해 받는 현상") 두기도 했다. 그러나 '교권'에 대하여 각 조례가 의미하는 바가 다른 한계를 드러내기도 했다.

나. 조례상의 교권 및 교권 보장 원칙

조례들은 교권 보호의 기본원칙으로서, 교원의 기본권보장 및 제한의 한계(본질적 내용 침해금지)와 교권 침해에 대한 교육청의 대응 의무 등을 언급하며, 행정업무의 경감, 차별금지, 국·공·사립학교 교원 간 동등한 교권보호조치 등을 포함한다. 교육과정, 교재선택, 교수학습 및 학생평가의 자율권 보장과 부당한 간섭의 배제 등을 예시하기도 한다.

표 13-5 주요 시·도의 교권 보호 조례상의 교권 개념 비교

관계 조례	교권 개념 관련 조례 내용	비고
인천광역시 교권확립헌장 운영 조례 (2011.10.17.)	§2(정의) 3. "교권"이란 학생에 대한 교원의 우월적 지위가 아니라 국민의 자녀교육권을 위임받아 교원 자신이 가지는 전문교과에 대한 지적능력, 높은 수준의 덕성과 인격을 바탕으로 진리와 양심에 따라 외부의 부당한 지배나 간섭이 없이 자유롭게 교육을 행할 수 있는 권리로 교육법규에 근거하여 수업권, 교육과정 결정권, 교재 선택 활용권, 강의내용 편성권, 교육방법 결정권, 성적평가권, 학생생활지도권, 학생징계요구권 등을 가지는 것을 말한다.	교권을 정의한 첫 조례
광주광역시 교권과 교육활동 보호 등에 관한 조례 (2012.1.9.)	§2(정의) 2. "교권"이란 헌법과 법률에서 보장하거나 대한민국이 가입·비준한 국제인권조약 및 국제관습법에서 인정하는 기본적 인권 및 교육권 등 교원의 직무수행에 수반되는 모든 권한을 말한다.	최초 교권 보호조례
충청남도 교권과 교육활동 보호 등에 관한 조례 (2012.7.20.)	§2(정의) 3. "교권"이란 학생에 대한 교원의 우월적 지위가 아니라 국민의 자녀 교육권을 위임받아 교원 자신이 가지는 전문교과에 대한 지적능력, 높은 수준의 덕성과 인격을 바탕으로 진리와 양심에 따라 외부의 부당한 지배나 간섭 없이 자유롭게 교육활동을 할 수 있는 권리로 교육법규에 따른 교원의 수업권, 교육과정 결정권,교재 선택 활용권,강의내용 편성권, 교육방법 결정권, 성적 평가권,학생생활지도권,학생징계 요구권 등을 말한다.	학생에 대한 우월적 지위 배제
전라북도 교권과 교육활동 보호등에 관한 조례 (2013.11.1.)	§2(정의) 2. "교권"이란 「대한민국헌법」 및 법률에서 보장하거나 대한민국이 가입·비준한 국제인권 조약 및 국제관습법에서 인정하는 기본적 권리로서 교원에게 적용될 수 있는 모든 권리를 말한다.	

주 1: 서울특별시 교권 보호와 교육활동 지원에 관한 조례(2012.6.25.) 제2조(정의) 2. "교권"이란 「대한민국헌법」과 법률에서 보장하거나 대한민국이 가입·비준한 국제조약 및 일반적으로 승인된 국제법규에서 보장하는 기본적 권리로서 교원에게 적용될 수 있는 모든 권리와 교원의 직무수행에 수반되는 제반 권한을 말한다.

주 2: 경기도 교권보호 지원에 관한 조례(2012.10.17.) 제2조(정의) 3. "교권"이란 교원이 교육활동을 할 때 존중받아야 할 권위와 법률이 보장하는 제반 권리를 말한다(권위포함).

주 3: 세종특별자치시 교육청 교권 보호위원회 설치·운영에 관한 규칙(교육규칙)은 교권 침해를 "교원이 학생·학부모·그 밖의 특정집단 및 개인으로부터 폭행, 폭언, 성희롱 등 외부의 간섭으로부터 독립되어 자주적으로 교육할 권리를 침해 받는 것을 말한다"고 규정한다(§2).

표 13-6 시·도 교권 조례의 주요 내용

지역	교권조례의 주요 내용 구성
인천	• 교권확립 헌장의 일반원칙(§4) 전인적 성장, 상호협력, 교원의 노력, 교원인권보장과 제한 한계 • 권리보장(§6) 정치적 중립성 존중, 행정기관·교장·학부모·사회로부터 부당한 간섭 배제 • 교장에게 학생징계의 요구가능(§10) 1. 정상적 수업을 방해하는 행위로 교원의 수업권과 다른 학생의 학습권을 침해하는 학생 2. 교원에게 폭언·폭행·모욕·협박을 하는 학생
광주	• 교권보장의 기본원칙(§3) 국민기본권 보장, 제한의 한계, 학교와 교육청의 교권 침해 대응 의무 • 교육활동의 보장(§4) 교권존중, 근무여건개선, 수업방해에 대한 조치, 부당간섭금지, 의견수렴 의무 • 차별 금지, 종교의 자유, 부당한 불이익 등의 배제, 행정업무의 경감, 교육감책무, 민원조사 유의 • 교권보호지원센터(§11) 연수, 상담, 진상조사, 대외대응, 각종지원, 정정보도요청, 교권보호위원회 회부 • 교권보호위원회(§15–24) 교육감소속, 고발권고, 학생전학권고, 교원전보조치 권고, 센터회부사건 포함
충남	• 교권보장 기본원칙(§3) 기본권 보장, 상호협력, 교원의 노력, 학교·교육청의 교권 침해 대응의무 • 교권 보호(§4) 특정종교행위 강요금지, 종교이유 차별(임용, 승진, 고용조건)금지, 법령에 의한 징계 불이익 금지, 교육감의 교원 활동전념여건 조성 및 행정업무 부담경감 조성의무 • 교육감의 책무(§5) 예방과 회복조치, 고충심사처리, 연금법·공제회법에 의한 치료비등 지원노력 교장의 책무는 조사 및 보호조치, 교권센터 신고, 2차적 교권침해방지 조치, 경찰등 신고조치 • 교장에게 학생징계 요구가능(§10) – 인천조례의 경우와 동일 • 국공사립학교교원 동등보호(§11) • 교권 보호지원센터(§12–14, 교원정책과장) 연수, 상담, 진상조사, 정정보도, 구제청구 등 • 교권 보호위원회는 (시도)교권센터 회부 사건처리, 고발권고, 학생전학 권고, 교원전보조치 권고

출처: 고전(2012), 교권 보호 법제화의 쟁점과 과제, 교육행정학연구, 30(4), 66면 <표 8> 부분 인용.

한편, 교육부는 각 시·도의 이러한 교권에 관한 조례 제정에 대하여 상위법과의 충돌을 이유로 대법원에 조례 무효 확인 소송을 제기하기도 했다. 대법원이 무효결정(2014.2.27.)으로 효력을 상실하거나(서울) 재의 중 회기만료로 폐기되기도 했다(경기도). 대법원 위법하다는 결정의 주된 취지는 다음과 같았다.

> "교원의 지위에 관한 사항은 법률로 정하여 전국적으로 통일적인 규율이 필요한 것이고 국가가 이를 위하여 상당한 경비를 부담하고 있으므로, 이에 관한 사무는 국가사무로 보아야 하는데, 위 조례안 제5조가 교원의 지위에 관한 사항에 속하는 교원의 차별 및 불이익 금지 등에 관하여 규정하고, 제6조, 제9조, 제10조가 교원의 지위 보호를 위하여 교권보호위원회 및 교권보호지원센터의 설치·구성·운영에 관한 사항 등을 규정한 것은 국가사무에 관하여 법령의 위임 없이 조례로 정한 것으로 조례제정권의 한계를 벗어나 위법하다"

대법원의 이러한 무효 취지는 이후 교원지위향상법 개정시 법률을 통해 전국적으로 통일적인 규율 차원에서 교권보호위원회 및 교원치유지원센터에 관한 규정이 반영되기도 했다.

한편, 교권은 교권 자체보다는 교권침해라는 표현으로 더 알려졌다. 교권은 학생을 교육할 법적인 권리인 '교육권'이라는 법률적인 의미와 함께, 교원의 사회적·전문적 지위에서 나오는 '권위'라는 교육적인 의미를 모두 포괄하는 복합 용어로 사용되기도 한다.

교권침해란 "교육행정기관, 상급자, 동료 교원, 학부모, 지역 주민, 학생 등이 학교 교육활동과 관련하여 교원의 법적인 교육할 권리와 사회·윤리적 권위 내지 교원의 전문적 권위를 침해 또는 무시하는 행위"라 정의되기도 한다.[21] 교육공무원법 제43조 제1항이 "교권은 존중되어야 하며, 교원은 그 전문적 지위나 신분에 영향을 미치는 부당한 간섭을 받지 아니한다"는 문맥으로 볼 때, 교권은 전문적 지위와 신분과도 직접적 혹은 간접적으로 연결되어 있다.

또한, 교권은 권리 이면서도 권위를 내포한 복합 개념으로서 성격도 지니고 있다. 교사의 교육권(이른바 교육의 자유)과 교사로서의 신분 및 지위를 보장받을 권리, 국민의 한 사람으로서 향유할 수 있는 기본적 인권이라는 '권리' 측면과 교직의 역사적 사회적 맥락에서 교원에 대하여 학생·부모·사회가 인정하는 전문적이며 윤리적인 '권위'의 측면을 포괄한다는 의미이다. 따라서 교권의 침해는 권리의 짐해뿐만 아니라 권위의 훼손도 포함하게 된다.

63설 교권조례의 특징: 교사의 기본적 인권 + 전 교육과정에서 교사의 교육활동 권한(조례간 차이)

4. 교권침해의 영역과 구제

가. 교권침해의 영역

교권침해는 교권에 대한 개념구분, 교권침해에 대한 정의에 따라 상이하게 유형화할 수 있다. 교권 상담 활동을 해온 한국교총의 보고서에 따르면 교권 침해유형은 ⓐ 부당한 처분에 따른 신분피해, ⓑ 학생·학부모 등에 의한 폭언·협박·폭행 등의 부당행위, ⓒ 허위사실의 외부 공표로 인한 교원의 명예회손, ⓓ 교직원 간의 갈등, ⓔ 학교안전사고로 인한 피해, ⓕ 기타(학교폭력, 비리 등)로 구분한다.[22]

경기도교육청의 교권연구 보고서(2009)에 따르면 교권침해의 유형은 ⓐ 교원으로서의 교육할 권리 침해,[23] ⓑ 전문직 종사자로서의 권리 침해 유형,[24] ⓒ 인간으로서의 기본권 침해 유형[25]으로 제시되기도 한다.[26]

21) 한국교원단체총연합회(2006), 교권침해예방 및 교권보호에 관한 제도 개선 방안, 17면.

22) 한국교원단체총연합회(2011), 앞의 보고서, 3면.

23) 인터넷에서의 교사 비방 또는 언론 매체를 통한 압박, 교사 배제를 주장하는 서명운동 등 명예훼손, 학내에서 폭언이나 난동 등 수업과 업무 방해, 학내외에서 발생하는 물리적 폭력, 전화나 이메일 등을 통한 폭언과 협박, 학교안전사고에 대한 손해배상청구, 형사고소, 학교안전공제회 보상 거부, 직접보상, 추가보상 요구, 학교폭력 처리과정에서 교사에 대한 부당한 압박, 학교폭력 피해자 학부모의 무리한 요구, 교사에게 일방적인 책임 전가, 학생평가와 관련한 권한 침해

24) 사립학교에서의 법인 내 학교 간 강제전보, 교내인사위원회의 운영 미흡, 방학 중 근무자와 연수에 대한 승인권의 남용, 기간제 교사에 대한 교권침해

25) 학생에 의한 교사 성희롱 또는 폭행, 휴가 허가권의 남용 등 복무와 관련된 분쟁, 모성보호와 여성의 권리와 관련된 권리 침해

26) 경기도교육청(2011), 교권보호 길라잡이 이럴땐 어떻게, 19-20면. 본 자료집은 경기도교육청이 2009년 의뢰하여 수행된 앞의 강명숙 외 '교권 보호 방안 및 교권 보호 헌장 제정 연구' 결과를 반영한 것이다.

표 13-7 교권 침해 영역과 침해 영역별 대표 사례

교권 침해 영역	침해 영역별 사례	비고
교사 교육권 영역 : 교육의 자유 침해	– 국가교육과정의 운영 – 국·검·인정교과서제도 – 교장의 지도·감독권 – 학생·학부모의 침해 (지도불응, 수업중단)	• 교육당사자간의 교육권의 배분문제 • 교육과정 및 교과서 개편 정책문제 • 단위학교 내 역할분담 및 권한배분 • 교사의 수업과 업무 집행 방해문제
교사 신분·지위 영역 : 사회적 경제적 침해	– 신분·인사 관련 조치 – 안전사고 관련 피소 – 생활지도 관련 피소	• 교권침해의 전형적인 유형 • 부당 인사·징계·처분·근평·연가·휴직등 • 소송은 교사의 책임범위가 핵심 쟁점 • 교사의 민·형사적 부담 과중 영역
국민 기본권 영역 : 정신적 육체적 침해	– 폭언·욕설·성희롱 – 폭행·금품요구·협박등 – 명예회손 – 사생활 침해	• 교육당사자간 분쟁 과정에서 빈발 • 사실적 구제가 곤란한 정신적 침해 • 법적분쟁으로 전개되는 육체적 침해 • 조사보도과정에서 발생하는 2차침해

※ 일체의 정치활동의 금지, 노동기본권의 제한적 보장 등은 교권 침해의 논의가 없지 않으나 국가교육과정 및 교과서 제도와 마찬가지로 입법정책적 차원의 문제이자 교권 보장의 범위 확장 차원에서 논의될 문제라 할 수 있다.

신 교원지위향상법(§15)은 교권침해라는 표현 대신 '교육활동 침해행위'로 규정하고 다음과 같은 행위를 예시하고 있다.

1. 「형법」 제2편 제25장(상해와 폭행의 죄), 제30장(협박의 죄), 제33장(명예에 관한 죄) 또는 제42장(손괴의 죄)에 해당하는 범죄 행위
2. 「성폭력범죄의 처벌 등에 관한 특례법」 제2조 제1항에 따른 성폭력범죄 행위
3. 「정보통신망 이용촉진 및 정보보호 등에 관한 법률」 제44조의7 제1항에 따른 불법정보 유통 행위
4. 그 밖에 교육부장관이 정하여 고시[27]하는 행위로서 교육활동을 부당하게 간섭하거나 제한하는 행위

구제제도로서는 관할청과 학교장으로 하여금 즉시 교육활동 침해행위로 피해를 입은 교원의 치유와 교권 회복에 필요한 조치를 하도록 하고 있다. 보호조치의 유형은 심리상담 및 조언, 치료 및 치료를 위한 요양, 그 밖에 치유와 교권 회복에 필요한 조치로 규정한다.

교권보호제도는 법정 제도와 비법정 제도로 나누어 볼 수도 있다. 전자로는 교원소청심사위원회, 학

---

27) 교육활동 침해 행위 및 조치기준에 관한 고시(2021.10.1. 개정) 제2조(교원의 교육활동 침해 행위) 교원의 교육활동(원격수업을 포함한다)을 부당하게 간섭하거나 제한하는 행위는 다음 각 호와 같다.
  1. 「형법」 제8장(공무방해에 관한 죄) 또는 제34장 제314조(업무방해)에 해당하는 범죄 행위로 교원의 정당한 교육활동을 방해하는 행위
  2. 교육활동 중인 교원에게 성적 언동 등으로 성적 굴욕감 또는 혐오감을 느끼게 하는 행위
  3. 교원의 정당한 교육활동에 대해 반복적으로 부당하게 간섭하는 행위
  4. 교육활동 중인 교원의 영상·화상·음성 등을 촬영·녹화·녹음·합성하여 무단으로 배포하는 행위
  5. 그 밖에 학교장이 「교육공무원법」 제43조 제1항(교권(敎權)은 존중되어야 하며, 교원은 그 전문적 지위나 신분에 영향을 미치는 부당한 간섭을 받지 아니한다)에 위반한다고 판단하는 행위에 위반한다고 판단하는 행위

교안전공제회, 교원치유지원센터, 공무원 및 사립학교교직원 연금제도, 학교교권보호위원회, 시·도교권보호위원회, 시·도법률지원단, 고충처리심사제도, 언론중재위원회제도 등이 있다. 후자로는 시·도교육청 자체 교권보호제도(무료법률지원, 교권침해관련 특별교육 및 심리치료 지원, 교직 스테레스해소 프로그램 및 캠프, 교권보호 컨설팅단 등), 한국교총에 의한 교권보호제도(법률자문 및 중재·구제 활동, 교권변호인단제, 소송비 지원, 교직상담실), 민간보험제도(교원배상책임 보험제도, 교권보호배상책임 보험제도) 등이 있다.[28)]

나. 교권침해 영역별 사례와 구제 제도

(1) 교사의 교육권 영역의 침해와 구제

교사의 교육의 자유에 대한 침해로서 교육당사자 간의 교육권의 배분문제와 관련한 갈등과도 연관된다. 국가·교육행정기관·교장·교사 간의 교육에 관한 권한 배분을 어떻게 할 것인가의 문제이기도 하다. 일선에서는 학교장의 지도·감독권 행사를 비롯하여 장학지도 과정에서 있을 수 있는 교사의 교육활동에 대한 과도한 제한 및 침해가 간혹 문제가 되기도 한다. 학생과 학부모가 자녀의 학교폭력피해, 성적평가, 안전사고 및 생활지도와 관련하여 이의를 제기하는 과정에서 발생하는 폭언과 폭행 등으로 수업과 학교업무가 정지되는 경우, 나아가 학생의 지시에 따르지 않는 학생으로 말미암아 통제되지 않은 정상수업이 진행되지 않을 경우 교사의 교육권은 담보되기 어렵다.

교육과정과 교과서 문제가 전국적이며 가장 국가적인 차원의 개선 과제라고 한다면, 학교장과 학부모 및 학생으로 인한 수업 및 업무 수행의 차질은 가장 일상적인 학교현장의 교권침해이며, 수업중단은 다른 학생의 학습권 침해로 이어질 수 있다. 대표적인 교사의 교육권 영역의 침해 사례는 다음과 같은 경우를 들 수 있다.

- 특정 이데올로기 편향의 국가교육과정 강요로 인한 교사의 교육권 침해
- 시대·사회 변화에 적응하지 못한 국가교육과정 방치로 인한 교사의 교육권 침해
- 과도한 국정 및 검정 교과서 제도 운영으로 인한 교재 선택의 자유 침해
- 학급 및 교과목 운영에 있어서 학교장의 과도한 장학활동으로 인한 침해
- 학급 및 교과목 운영에 있어서 학교장의 장학지도 소홀로 인한 반사적 불이익
- 학생의 교사 지도 불응으로 인한 수업 및 학급 통제 불능에 따른 교육권 침해
  (벌칙 및 퇴실조치 무시, 항명 및 조롱과 집단행동으로 인한 수업 및 통제 불능)
- 학부모의 교실 및 교무실에서 폭언·폭력으로 인한 수업중단 및 업무방해 침해
  (학생지도 불만, 학교안전사고 불만, 편증편애 항의, 체벌항의, 성적처리 불만 등)

이러한 교육활동상 교권을 보장하기 위한 제도로는 다음과 같은 제도를 들 수 있다.

① 교권입장에서 본 국가교육과정과 교과서 제도

교사의 교육권은 합법적 국가 교육과정과 교과서 제도 범위 내에서 보장되는 것이며, 이런 의미에서

---

28) 김성기·황준성·이덕난(2017), 교권바르게 찾아가기, 가람문화사, 59–66면.

이 제도는 교권을 위축시킨 측면이 있으나 학습권이 먼저 라고 할 수 있다. 국정교과서에서 검·인정 및 자유발행을 확대해가고 있는 경향이 있고, 국가교육과정 제정과정에 교육과정심의회를 두어 교원의 전문성을 담보하고, 교과서의 개발과 심의에 현장 교사의 참여를 넓혀가고 있는데 이 또한 교권의 보호와 무관하지 않다.

② 교장의 지도·감독권과 교사의 교권의 양립

일선 학교에서는 교사가 작성한 학습지도안이나 시험문제를 놓고 학교장과 담당 교사간에 의견충돌이 일어나기도 한다. 초·중등교육법은 학교장에게 소속 교직원에 대하여 지도·감독권 및 학생교육권을 부여하고 있다. 교장은 교사에게 의견을 제시하고 내규를 위반한 사항에 대해서는 시정을 명하는 등 원활하게 교무를 통할할 책무를 지닌다. 교장에게 부여된 지도·조언권은 교사 개인에 대한 통제라기보다는 국민공통교육과정의 운영 책임자로서 활동이라 할 수 있다. 지도·조언하는 교장도 교사의 전문적 역량에 대한 신뢰를 바탕으로 임해야 하며, 교사 역시 최종적인 판단은 학교운영의 최종 책임자인 교장의 의견을 존중하는 것이 합법적인 제도의 유지에 긴요하다. 결국, 지도 장학행위가 합리적이고 합법적인 범위를 벗어나 교권을 심각히 훼손했는지 여부는 각각의 경우에 따라 판단해야 한다.

③ 교권을 위한 학생의 기본적인 의무

학생이 교사의 지시를 불이행함으로써 학급운영 및 수업진행이 사실상 불가능한 상황에 이르면, 이는 심각한 교권침해이자 다른 학습자에 대하여는 제2의 학습권 침해를 가져올 수 있다. 결국, 이러한 교사의 지시 불이행 및 교육활동 방해나 질서문란 행위는 학칙을 통하여 징계 및 제재를 가하게 되어 있다.

④ 공무집행(업무) 방해자가 될 수 있는 학부모

그동안 상상할 수 없었던 학부모의 교육활동 방해 행위에 대하여 교육법은 언급하고 있지 않으나 현실은 그렇지 않다. 다른 학생의 학습권 보호차원에서도 수업 및 업무 방해·중지 행위는 제재를 받아야 한다는 것이 중론이다. 폭행과 협박으로 수업이 진행(직무집행)이 방해될 정도라면 공무(사립학교는 업무) 집행 방해죄를 적용할 여지가 높으며 죄의 성립여부는 상황에 따라 구체적으로 판단하여야 한다.[29]

(2) 교사 신분·지위 영역의 침해와 구제제도

침해의 결과가 부당한 신분 및 인사조치나 법원에의 민사상 형사상 피소되어 경제적 타격은 물론 사회적 지위에 까지 타격을 받게 되는 침해이다. 침해 결과가 법적 행정적 조치를 통해 수반된다는 점에서 정신적·육체적 공격을 통해 이루어지는 국민 기본권 영역의 침해와도 구분되며, 이미 교육법에서 보장된 신분보장 및 특권[30]을 위반한 형태로 나타난다.

---

29) 【교권침해 사례】 조카에게 부당한 대우를 했다는 이유로 수업중인 교사에게 행패(교사의 멱살을 잡아 흔드는 등 10여분 간 수업을 방해)를 부린 혐의로 기소된 자에게 공무집행방해죄 등을 적용 징역 8월에 집행유예 2년이 선고되었다(광주지법 2008.9, 서울특별시교육청 교권상식 자료집).

30) 신분 및 직위 보유권, 직무집행권, 소청심사청구 및 행정쟁송권, 의사에 반하는 신분조치를 당하지 아니할 권리, 권고사직 당하

주로 국가나 교육행정기관 및 학교장에 의한 인사 및 신분조치나 교육활동(안전사고) 및 생활지도(학교폭력 및 체벌)로 인한 피소와 연관된다. 관련된 침해 사례를 예시하면 다음과 같다.

- 인사권자 및 징계권자의 부당한 조치로 인한 교사 신분상 경제상의 손실(보복성 인사조치 및 근무평정, 교원평가 결과를 둘러싼 교원간 갈등(교장평가), 학교장의 교사에 대한 연수·휴직·연가 승인권의 남용(출산·육아·모성보호미흡 등), 기간제교사에 대한 과중업무, 부당인사, 인사위원회 누락등 적정절차 보장미흡)
- 학교안전사고로 인한 손해배상청구 및 형사피소에 의한 침해
- 생활지도(학교폭력 및 체벌)로 인한 손해배상 청구 및 형사피소에 의한 침해

교사의 신분·지위에 얽힌 교권문제와 구제제도의 사례를 살펴보면 다음과 같다.

① 징계 및 불리한 처분은 교원소청 심사제도

교원지위향상법에 따르면 각급학교 교원의 징계처분과 그 밖에 그 의사에 반하는 불리한 처분에 대한 소청심사를 하기 위하여 교과부에 교원소청심사위원회를 두고 있다(과거 교원징계재심위원회(1991년 설치)의 후신). 교원이 징계처분과 그 밖에 그 의사에 반하는 불리한 처분에 대하여 그 처분이 있었던 것을 안 날부터 30일 이내에 소청심사를 청구할 수 있고, 위원회는 접수한 날부터 60일 이내에 결정을 하여야 한다.

이를 통해 많은 교원들이 과도한 인사조치로부터 구제를 받기도 함. 연구결과 보고에 따르면, 국공립학교에 비하여 사립학교 교원의 소청 제기율이 16.8% 높고, 징계처분의 소청 구제율이 40.9% 로 높으며, 징계와 기타 불리한 처분에 대한 소청의 각하율이 46.2%에 이르고, 소청심사 결과에 대한 행정소송에서 위원회의 패소율은 19%이다.

② 고충처리는 고충심사 청구제도

교육공무원인 교사는 인사·조직·처우 등 각종 직무조건과 기타 신상문제에 대하여 인사상담이나 고충의 심사를 청구할 수 있으며, 이를 이유로 불이익한 처분이나 대우를 받지 않는다. 교육부에 중앙고충심사위원회가, 임용권자 또는 임용제청권자 단위로 보통고충심사위원회가 설치되어 있다. 이 제도는 사립학교 교원은 활용할 수 없다는 단점과 국·공립학교 교원역시 신청하는 경우가 드문 것으로 보고되고 있다.

③ 학교 안전사고로부터 교원 및 학생의 보호

학교 안전사고는 이에 대한 교사의 형사상·민사상 책임을 묻는 소송의 제기로 교원의 신분박탈은 물론 경제적 정신적 피해를 유발하는 중대 사안으로서 교권보호와 직결된다. 특히 안전공제회의 치료비 및 보상금액과 피해 학부모의 요구가 상충하여 법적분쟁으로 비화되는 경우도 적지 않다.[31]

지 아니할 권리, 불체포특권, 처분사유 설명서 교부권 및 후임자 보충발령의 유예, 여교원의 동등 신분보장권

31) 【학교안전사고 분쟁 사례】 고교 2학년 체육시간에 지도교사가 준비운동과 안전교육을 실시한 후 체육활동을 중이었으나 더운

학교안전사고 예방 및 보상에 관한 법률(2007)에 따르면 학교안전사고라 함은 교육활동(수업·특별활동·재량활동·과외활동·수련활동 또는 체육대회 등의 활동, 등·하교 및 학교장이 인정하는 각종 행사 또는 대회) 중에 발생한 사고로서 학생·교직원 또는 교육활동참여자(보조교사 및 방과후활동 강사포함)의 생명 또는 신체에 피해를 주는 모든 사고 및 학교급식 등 학교장의 관리·감독에 속하는 업무가 직접 원인이 되어 학생·교직원 또는 교육활동 참여자에게 발생하는 질병을 말한다.

사고보상공제 사업의 주체는 각 시·도 교육감이고 공제급여의 종류는 요양급여, 장해급여, 간병급여, 유족급여, 장의비이다. 요양급여의 범위에서 제외되는 진료비 등 그 밖의 지급기준은 장관이 정한다. 학생 1인당 기준 공제료는 '2022년도 학교안전공제회 공제료 산정기준'(교육부고시)에 따르면 2022년도 학생1인당 기준 공제료는 유치원 2,800원원 초등학교 4,300원 중학교 9,100원 고등학교 12,100원으로 책정되었다. 피공제자 측의 과실에 따라서는 그 비율에 따라 부담을 상계할 수 있다.[32] 장해급여, 간병급여 및 유족급여를 산정할 때에는 피공제자에게 과실이 있으면 이를 상계할 수 있다.[33]

(3) 교사의 국민 기본권 영역의 침해와 구제

시민으로서 누려야하는 인격권, 신체의 자유, 인격권 등을 침해당함으로서 발생하는 이른바 인권침해의 영역이다. 주로 정신적 육체적 침해로서 앞의 교원 신분·지위 영역의 침해가 발생하는 과정에서 연동하고 교육행정 당국보다는 교사·학부모·학생간의 인간관계 갈등에서 파생된다. 주로 학부모와 교사간 그리고 교사간의 갈등이 주된 것이지만, 최근 학생에 의한 침해도 증가하고 있다.

수업 및 교육활동 중에 발생할 수업 및 업무중단을 가져와 나아가 다른 학생의 학습권 침해로까지 확대될 수 있는 침해이다. 앞의 교권 침해 피소사건 및 갈등 상황에 대한 조사나 보도과정(신문·방송·인터넷 포함)의 오류로 인하여 당해 학교와 교사 개인의 명예훼손 및 사생활 침해가 증가하고 있는데, 1차 침해에 이은 제2차적 교권침해가 되고 있다.

- 학생·학부모·교원의 교사에 대한 폭언·욕설·성희롱
- 안전사고 및 생활지도(학교폭력 및 체벌)를 이유로 한 금품요구 및 협박
- 학생·학부모의 학교홈페이지 및 인터넷을 통한 허위사실 유포와 교사 비방

날씨 탓에 종료 15분전에 자율적으로 체육활동을 하게하고 교실로 입실할 사람은 먼저 들어가도록 지시한후 운동장을 떠났으나 이후 한 학생이 다른 운동장에가서 철봉에서 놀다 목뼈를 다친 사건에 대하여, 담당교사가 예견할 수 있는 사건이라고는 할 수 없으나 교사의 부재로 신속한 응급처치가 늦어진 점과 학교측의 철봉아래 안전조치가 미흡한 점 그리고 철봉에서 떨어진 직접적인 원인이 학생본인에게 있었던 점을 감안하여 피고의 책임을 40%로 제한했다(서울특별시 교육청 교권상식 자료집).
【학교안전사고 분쟁 사례】 방과후 수업이라 할지라도 학교 강사 임용계약에 정한 바에 따라 결강을 할 경우 보충수업을 실시하여야 하고 2주전에 학교장에게 신고토록 하여야 함에도 이를 어겨, 수강생이 토요일에 닫힌 건물 안으로 들어갔다가 사고가 났다면 학교장 및 담당 강사는 사고학생에 대한 보호·감독의무를 위반한 것으로 사고에 대한 책임이 있다고 보았다(서울특별시 교육청 교권상식 자료집).

32) 그러나 다음 각 호의 어느 하나에 해당하는 경우에는 피공제자에게 과실이 있더라도 공제급여와 상계하지 않는다.
1. 피공제자가 「유아교육법」에 따른 유치원의 학생인 경우 2. 피공제자가 「초·중등교육법」에 따른 초등학교(초등교육을 실시하는 특수학교 및 각종학교를 포함한다)의 학생으로서 미성년자인 경우 3. 피공제자의 심신상실 또는 심신미약 등의 이유로 학교안전사고가 발생한 경우(학교안전법 §20의3③)[본조신설 2022.3.22.]

33) 학교안전법 시행령 제20조의3 ② 장해급여, 간병급여 및 유족급여를 산정할 때 피공제자의 과실을 상계하는 경우 상계할 수 있는 금액은 각 급여의 산정액의 100분의 50을 한도로 한다.

- 학생 · 학부모의 전화나 이메일을 통한 교사에 대한 폭언과 협박
- 공개적 장소와 지면(성명서, 소식지, 가정통신문)을 통한 명예훼손 행위
- 개인정보 유출을 통한 사생활 침해

국민으로서 교사의 교권문제에 대한 보호제도로는 다음과 같은 것을 들 수 있다.

① 사회적 예우와 불체포 특권에 담긴 의미

교원에 대한 폭행 · 폭언 · 성희롱 등은 당연히 형법의 명예훼손과 연관되지만, 우선 교육법 측면에서는 교원에 대한 사회적 예우를 규정한 교원지위향상법에 저촉된다. 국가, 지방자치단체, 그 밖의 공공단체는 교원이 사회적으로 존경받고 높은 긍지와 사명감을 가지고 교육활동을 할 수 있는 여건을 조성하도록 노력하여야 한다. 교원은 현행범인 경우 외에는 소속 학교의 장의 동의 없이 학원 안에서 체포되지 아니한다고 하여 국회의원 및 선거관리위원회와 함께 불체포특권을 인정하고 있다.

② 언론과 여론재판으로부터 교원의 보호

지금은 교원지위향상법에 포함되었으나 과거 '교원예우에 관한 규정'(2000.4)에는 학부모나 학교 외부 인사가 교사의 교육 활동이나 그 밖의 일에 대하여 민원이나 진정을 제기하는 경우에 주의 사항을 규정한 바 있다. 교원지위향상법 시행령 제7조(교원에 대한 민원 등의 조사)에 따르면, 국가 및 지방자치단체는 교원에 대한 민원 · 진정 등을 조사하는 경우에는 관계법령이 정하는 바에 따라 당해 교원에게 소명할 기회를 주어야 하고, 정당한 사유가 없는 한 그 결과가 나오기 전에 인사상의 불이익한 조치를 하여서는 아니된다. 또한 민원 · 진정 등을 조사하는 경우 그 내용이 학생 등에게 알려지지 아니하도록 노력하여야 하고, 당해 교원의 수업활동을 존중하여야 한다. 교원의 정당한 교육활동이 부당하게 침해되거나 교육활동과 관련하여 교원에 대한 폭행 · 협박 또는 명예훼손 등이 있는 경우에는 이를 관계 법령에 따라 엄정하게 조사 · 처리하여야 한다.

특정 사안이 발생하였을 경우 언론과 인터넷 싸이트를 통하여 추측과 억측에 의한 보도 및 댓글의 폐해는 담당 교사에게는 견디기 어려운 경우가 적지 않다는 점에서 학교와 교육행정당국에서 적절한 보호조치를 취해야 한다.

64설 교권보호제도: 교권보호위원회, 교원치유지원센터, 고충처리, 교원소청심사위원회, 학교안전공제회

5. 교권보호 입법정책의 쟁점 판례

교권보호 입법정책과 관련하여서는 가장 취약 영역인 정치활동의 금지 관련 헌법재판소 판례에 대해서 다루고, 이어 교권보호 입법 정책의 쟁점을 다섯 관점에서 살펴보고 입법과제를 제시한다.

가. 교원 및 교직단체의 정치활동의 금지 판례(2001헌마710)

교원 및 교직단체의 정치활동의 금지는 공무원의 정치적 중립성 및 교육의 정치적 중립성이라는 헌법정신에 근거한다. 헌법 제7조 제2항은 "공무원의 정치적 중립성은 법률이 정하는 바에 의하여 보장된다"고 규정하고 있고 제31조 제4항은 "교육의 자주성·전문성·정치적 중립성 및 대학의 자율성은 법률이 정하는 바에 의하여 보장된다"고 되어 있다.

이에 따라 국가공무원법은 공무원의 정치운동을 금지하고 있고 이는 사립학교 교원에게도 준용[34]된다. 국가공무원법에 따르면 첫째, 공무원은 정당[35]이나 그 밖의 정치단체의 결성에 관여하거나 이에 가입할 수 없다(§65①). 다만 위의 규정 중 '그 밖의 정치단체의 결성' 부분은 위헌판결[36]을 받았다. 둘째, 공무원은 선거에서 특정 정당 또는 특정인을 지지 또는 반대하기 위한 다음의 행위를 하여서는 안된다(§65②).[37]

1. 투표를 하거나 하지 아니하도록 권유 운동을 하는 것
2. 서명 운동을 기도(企圖)·주재(主宰)하거나 권유하는 것
3. 문서나 도서를 공공시설 등에 게시하거나 게시하게 하는 것
4. 기부금을 모집 또는 모집하게 하거나, 공공자금을 이용 또는 이용하게 하는 것
5. 타인에게 정당이나 그 밖의 정치단체에 가입하게 하거나 가입하지 아니하도록 권유 운동을 하는 것

셋째, 공무원은 다른 공무원에게 앞의 위배되는 행위를 하도록 요구하거나, 정치적 행위에 대한 보상 또는 보복으로서 이익 또는 불이익을 약속하여서는 아니 된다(§65③).

넷째, 정치적 행위의 금지에 관한 한계는 대통령령등으로 정한다(§65④). 이에 따라 제정된 국가공무원 복무규정[38]은 정치적 행위를 다음에 해당하는 정치적 목적을 가진 것으로 규정하고 있다. 즉, 국가공무원 복무규정 제27조(정치적 행위)에 따르면, 정치적 행위는 다음 각 호의 어느 하나에 해당하는 정치적 목적을 가진 것을 말한다고 규장하고 있다.

1. 정당의 조직, 조직의 확장, 그 밖에 그 목적 달성을 위한 것
2. 특정 정당 또는 정치단체를 지지하거나 반대하는 것

---

34) 사립학교법 제55조(복무) 사립학교의 교원의 복무에 관하여는 국·공립학교의 교원에 관한 규정을 준용한다.

35) "정당"이라 함은 국민의 이익을 위하여 책임있는 정치적 주장이나 정책을 추진하고 공직선거의 후보자를 추천 또는 지지함으로써 국민의 정치적 의사형성에 참여함을 목적으로 하는 국민의 자발적 조직을 말한다(정당법 §2).

36) 국가공무원법(2008.3.28. 법률 제8996호로 개정된 것) 제65조 제1항 중 '국가공무원법 제2조 제2항 제2호의 교육공무원 가운데 초·중등교육법 제19조 제1항의 교원은 그 밖의 정치단체의 결성에 관여하거나 이에 가입할 수 없다.' 부분은 헌법에 위반된다(2018헌마551).

37) 교원노조가 2004년 국회의원 총선거 당시 시국선언문을 작성하여 배포하고 서명을 받은 사건에 대하여 대법원은 "단순히 행위자가 행위의 명목으로 내세우는 사유뿐만 아니라 그 행위의 태양, 즉 그 행위가 행하여진 시기·장소·동기·방법·행위의 구체적인 내용 등을 종합적으로 관찰하여 그것이 특정 정당 또는 후보자를 지지 혹은 반대하기 위한 목적의지를 수반하는 행위인지 여부를 판단하여야 한다"고 판시했다(대법원 2005도4513).

38) 정치적 행위의 금지에 관한 한계를 대통령령인 복무규정에 위임한 것에 대하여 법률에 근거하지 않은 기본권 제한 금지(헌법 §37②)와 포괄위임 금지 규정(헌법 §75)을 위반할 소지가 있다는 지적이다. 표시열(2008), 교육법, 박영사, 138면.

3. 법률에 따른 공직선거에서 특정 후보자를 당선하게 하거나 낙선하게 하기 위한 것

위에 규정된 정치적 행위의 한계는 위의 정치적 목적을 가지고 다음 각 호의 어느 하나에 해당하는 행위를 하는 것을 말한다.

1. 시위운동을 기획·조직·지휘하거나 이에 참가하거나 원조하는 행위
2. 정당이나 그 밖의 정치단체의 기관지인 신문과 간행물을 발행·편집·배부하거나 이와 같은 행위를 원조하거나 방해하는 행위
3. 특정 정당 또는 정치단체를 지지 또는 반대하거나 공직선거에서 특정 후보자를 지지 또는 반대하는 의견을 집회나 그 밖에 여럿이 모인 장소에서 발표하거나 문서·도서·신문 또는 그 밖의 간행물에 싣는 행위
4. 정당이나 그 밖의 정치단체의 표지로 사용되는 기(旗)·완장·복식 등을 제작·배부·착용하거나 착용을 권유 또는 방해하는 행위
5. 그 밖에 어떠한 명목으로든 금전이나 물질로 특정 정당 또는 정치단체를 지지하거나 반대하는 행위

또한, 국가 및 지방공무원은 정당의 발기인 및 당원이 될 수 없도록 규정(정당법 §22①)하고 있다. 다만, 대통령, 국무총리, 국무위원, 국회의원, 지방의회의원, 선거에 의하여 취임하는 지방자치단체의 장, 국회부의장의 수석비서관·비서관·비서·행정보조요원, 국회상임위원회·예산결산특별위원회·윤리특별위원회 위원장의 행정보조요원, 국회의원의 보좌관·비서관·비서, 국회 교섭단체대표의원의 행정비서관, 국회교섭단체의 정책연구위원·행정보조요원과 고등교육법(§14)에 의한 총장·학장·교수·부교수·조교수·강사인 국·공사립학교 교원을 제외한다.[39] 사립학교의 경우 대학 교원을 제외한 교원은 정당의 발기인 및 당원이 될 수 없다.

또한 공직선거법 제9조(공무원의 중립의무 등)에 따르면, 공무원 기타 정치적 중립을 지켜야 하는 자(기관·단체를 포함)는 선거에 대한 부당한 영향력의 행사 기타 선거결과에 영향을 미치는 행위를 하여서는 안된다고 규정한다.

이와 같이 공무원에게 포괄적으로 정치운동 및 활동을 제한하고 있는 논거로는 국민전체의 봉사자설, 공공복리설, 직무의 내재적 성질설, 정치적 중립성 유지설, 공무원의 권익보호설, 공무에 대한 신뢰성 보장설, 특별권력관계설 등이 있다. 헌법에 규정[40]된 바와 같이 국민전체의 봉사자설이 일반적인 논거이나, 앞서 살펴본 바와 같이 공무원 직무의 성격 및 종류에 따라 제한의 범위에 차이를 두고 있는 현행법 규정처럼 직무의 내재적 성질설 또한 의미있는 논거이다.[41]

---

39) 헌법재판소는 초·중등학교 교원에 대해서는 정당가입과 선거운동의 자유를 금지하면서 대학교원에게는 이를 허용한다 하더라도, 이는 양자간 직무의 본질이나 내용 그리고 근무태양이 다른 점을 고려할 때 합리적인 차별이라고 할 것이므로 헌법상의 평등권을 침해한 것이라고 할 수 없다고 판시하였다(2001헌마710).

40) 헌법 제7조 ① 공무원은 국민전체에 대한 봉사자이며, 국민에 대하여 책임을 진다.

41) 헌법재판소는 공무원에 대한 정치적 중립성의 필요성에 관하여, 공무원은 국민전체에 대한 봉사자이므로 중립적 위치에서 공익을 추구하고(국민전체의 봉사자설), 행정에 대한 정치의 개입을 방지함으로써 행정의 전문성과 민주성을 제고하고 정책적 계속성과 안정성을 유지하며(정치와 행정의 분리설), 정권의 변동에도 불구하고 공무원의 신분적 안정을 기하고 엽관제로 인한 부패·비능률 등의 폐해를 방지하며(공무원의 이익보호설), 자본주의의 발달에 따르는 사회경제적 대립의 중재자·조정자로서의 기능을 적극적으로 담당하기 위하여 요구되는 것(공적 중재자설)이라고 하면서, 공무원의 정치적 중립성 요청은 결국 위 각 근거를 종합적으로 고려하여 공무원의 직무의 성질상 그 직무집행의 중립성을 유지하기 위하여 필요한 것이라고 판시했다

한편, 교원은 공무원으로서 위와 같은 정치 활동의 자유를 제한 받는 것 이외에 헌법이 규정한 정치적 중립성 보장 정신(§31④)에 따라, 교육활동에 있어서 정치적 중립을 지켜야 할 의무를 지닌다. 교육기본법 제6조 제1항은 교육의 정치적 중립성에 대하여 "교육은 교육 본래의 목적에 따라 그 기능을 다하도록 운영되어야 하며, 정치적·파당적 또는 개인적 편견을 전파하기 위한 방편으로 이용되어서는 아니 된다"고 규정하고 있다. 이는 교육이 어느 특정 정당을 위한 수단으로 이용되어 특정 정당에게만 유리한 교육을 금지하는 것이며, 일반 학술의 원칙이나 논리에 의하지 아니한 독선적 주장을 내세워 선전하는 것을 금지하는 것을 의미한다.[42] 그러나 이것이 민주시민으로서 자질 함양을 위한 정치에 관한 교육, 즉 민주시민교육 혹은 정치소양 교육 자체에 대한 부정을 의미하는 것은 아니다.

나아가 교육기본법은 제14조 제3항에서 "교원은 특정 정당 또는 정파를 지지하거나 반대하기 위하여 학생을 지도하거나 선동하여서는 아니 된다"고 규정하여 교육의 정치적 중립을 보장하기 위한 교육활동에 있어서의 교원의 의무를 구체화하고 있다. 이는 앞서 살펴본 바와 같이 초·중등학교 교원에게 정당의 당원이 될 수 없도록 한데 이어서, 일반 교원으로서도 정치 편향적으로 학생을 지도하거나 선동하는 것을 금하는 것이다. 그러나 이것이 교원에게 정치적 무소신 및 무언급을 강요하는 것은 아니다. 오히려 학생에게 현대 정당정치 시대의 구성원으로서 활동할 수 있는 기본 자질을 함양하는데 정치적 편향성이 배제하여 가르쳐야하는 어려운 정치교육의 의무를 부여받았다 할 것이다. 물론 교원의 정치적 중립만으로 교육의 정치적 중립이 충분히 달성될 수 있는 것은 아니며, 이데올로기에 편향되지 않은 교육내용과 정치권에 의하여 좌우되지 않는 교육행정이 보장될 때 완성될 수 있다. 공직선거권이 18세로 인하되어 고등학교 학생인 유권자에 대한 선거교육이 현실화된 시점에서 보다 적극적인 정치소양 교육이 요구되고 있다.

나아가 교직단체에 관하여는 교원노조와 교원단체에 관하여 살펴본다. 먼저 교원노조법은 교원노조에 대하여 어떠한 정치활동도 금지하고 있다(§3). 교원단체에 관하여는 교육관계법에서 직접적으로 언급하지 않고 있다. 앞서 살펴본 바와 같이 공직선거에 있어서 공무원 기타 정치적 중립을 지켜야 하는 자에 기관 및 단체를 포함하고 있고, 이들 단체에게도 선거에 대한 부당한 영향력의 행사 기타 선거결과에 영향을 미치는 행위를 금지하고 있는 규정(공직선거법 §9①)을 들 수 있다.

한편, 중학교 교사들이 제기한 헌법소원(2001헌마710)에서 정당법 및 공직선거법에 의하여 교원이 정당을 가입하거나 선거운동을 할 수 없어 기본권을 침해당했다는 주장에 대하여 헌법재판소는 미성숙한 학생들의 기본권을 보호하고 학부모의 교육권과 갈등을 피하기 위한 부득이하고 필요한 최소한의 조치로 판결[43]하였다.

(91헌마67).

42) 표시열(2008), 앞의 책, 134－135면.

43) 【헌재판결】 초·중등학교에 근무하는 교원이 정당의 발기인 또는 당원이 되는 것을 금지하고 있는 것은, 공무원의 신분을 보장하고 민주주의 및 법치주의의 통치이념에 기여하려는 공무원제도의 본질에 비추어 공무원의 정치적 중립성 확보를 위한 조치로서 헌법 제37조 제2항에 따른 최소한의 제한이라고 할 수 있다. 이는 한국의 정치적 현실과 역사적 경험에 비추어 행정의 중립성·효율성의 확보뿐만 아니라 특히 교원의 활동이 미성숙한 학생들의 가치판단에 중대한 영향을 주고 있으므로 교육자로서의 특별한 처신이 요구되고, 피교육자인 학생들의 기본권 또는 학부모들의 자녀에 대한 교육권과의 갈등을 예방하기 위해 부득이하고 필요한 조치이기도 하다(2001헌마710).

또한 이 판결에서 청구인들이 교원의 정치적 활동을 제한하는 것은 학교 내에서의 교육활동에만 국한하여 적용하여야지 근무시간 내외를 불문하고 일률적으로 정치활동을 금지하는 것은 과잉금지의 원칙에 어긋나게 정치적 표현의 자유라는 국민의 기본권을 제한하는 것이라는 주장에 대하여 헌법재판소는 "감수성과 모방성 그리고 수용성이 왕성한 초·중등학교 학생들에게 교원이 미치는 영향은 매우 크고, 교원의 활동은 근무시간 내외를 불문하고 학생들의 인격 및 기본생활습관 형성 등에 중요한 영향을 끼치는 잠재적 교육과정의 일부분인 점을 고려하고, 교원의 정치활동은 교육수혜자인 학생의 입장에서는 수업권의 침해로 받아들여질 수 있다는 점에서 현 시점에서는 국민의 교육기본권을 더욱 보장함으로써 얻을 수 있는 공익을 우선시해야 할 것이라는 점 등을 종합적으로 감안할 때, 초·중등학교 교육공무원의 정당가입 및 선거운동의 자유를 제한하는 것은 헌법적으로 정당화될 수 있다"판시했다.[44]

나. 교권보호 입법 정책의 쟁점[45]

(1) 교권 개념의 혼돈: 축소론 & 확대론

법령수준에서 교권에 대한 개념 정의를 명확히 할 필요가 있고, 각 측면의 제도보장 논의가 필요하다. 국회, 정부 그리고 지방의회에서 진행되고 있는 교권의 법제화 방안들을 검토한 결과, 교권에 대한 개념 설정이 누락되거나 서로 달라 혼란을 줄 수 있고, 하위법령인 조례 수준에서 지역별로 규정되고 있어서 교권 보호의 내용과 범위에 혼선을 초래할 수 있다. 정부 입법예고에서 조차 법률명에 교권 보호라 칭하면서도 교권에 대한 개념 정의를 누락하고 있고, 교권 침해라는 표현 대신 학생 학부모로부터 정당한 교육활동을 침해받는 경우라 표현 하면서도 형법상의 상해·폭행·협박·명예회손·모욕 또는 공갈이나 성폭력특별법상의 성폭력범죄 등으로 규정하고 있는 상황이다. 교사에 대한 폭행·폭언·명예훼손 등은 가중 처벌되어 마땅하나 예외적인 학생·학부모의 교권침해 부분만 지나치게 강조하면서 교권의 중핵에 해당하는 교원의 교육활동의 자유나 신분보장을 소홀히 해서는 안 된다.

(2) 입법체계상의 문제: 독립 입법 & 개정 입법

헌법이 예고한 교원지위에 관한 기본적인 사항을 정한 교원기본법 혹은 교원지위법이 제정되었더라면, 여기에 교권사항을 규정하는 것이 가장 바람직했을 것이다. 그러나 현행 교원법 체계에서는 교육공무원법과 사립학교법 교원규정이 이를 대신하고 있고, 교원의 사회적 경제적 지위 향상에 관하여는 교원지위향상법을 두고 있다. 그리고 과거 교원의 예우에 관한 교원 예우규정(대통령령)의 내용을 앞의 교원지위향상법에 포함하여 '교원의 지위향상 및 교육활동 보호를 위한 특별법'으로 개정했다. 교권을 법제화하는데 나름 진일보한 조치라 평가할 수 있다. 그러나 교원지위향상법에 교권 보호를 추가하여 개정하는 방안

44) 교원의 정치활동이 제한되는 장소와 대상, 내용은 학교 내에서의 학생에 대한 당파적 정치교육과 정치선전, 선거운동에 국한하여야 하고, 그 밖의 정치활동은 정치적 기본권 차원에서 교원에게도 보장하여야 한다는 주장도 있다. 허종렬(1998), 헌법상 교원 및 교원단체의 정치적 기본권 보장, 교육법학연구 10, 144면.

45) 교권관련 쟁점 및 입법과제에 대하여는 고전(2012), 교권 보호 법제화의 쟁점과 과제, 교육행정학연구 30(4), 67-70면을 기초로 10여년 간의 법률 변화를 반영하여 수정 보완하였다.

은 폭력·폭언·명예훼손과 같은 인권 침해에 초점을 맞출 경우 교권 보호의 기본적인 사항을 포괄하는데 한계가 있다. 차제에 교육공무원법을 대신 할 '교원법'(교원 신분의 새로운 창설)의 제정 논의도 근본적으로 필요하다.

(3) 교권 침해 사안 판단의 기준: 가이드라인 & 학교 자율성

교권 침해는 객관적으로 드러난 사실 이외에도 당사자인 교사의 침해에 대한 피해 인식에 따라 권위의 실추 수준도 달라 질 수 있기 때문에 일률적 규정이 어렵다. 학교별로 정하는 방식도 학생에 대한 징계와 연계되는 판단준거가 학교마다 다르게 되어 규범력이 떨어지게 된다. 교권 침해 사안의 판단기준(양정기준)을 세분화하면 일벌백계의 부작용이 있고, 지나치게 대강화하면 교권 침해 판단 준거로서 실효성이 없다. 침해행위의 대강의 항목은 법 제15조 제1항[46]에 명기되었다. 상해, 폭행, 협박, 명예훼손, 손괴, 성폭력, 불법정보 유통 행위등은 이른바 일반 시민으로서 기본권 침해 행위에 해당한다. 이 사안들은 결국 수사기관의 수사를 통하여 범법 및 처벌이 가해질 수 밖에 없을 것이다. 문제는 '교육부 장관이 정하여 고시하는 교육활동에 대한 부당한 간섭 및 제한 행위'(§15①4)라고 할 수 있다. 시행령은 이를 다시 다섯 가지[47]로 열거하였다. 그 가운데에 학교장이 판단할 수 있는 교권 침해 행위는 교육공무원법 제43조 제1항(교권(敎權)은 존중되어야 하며, 교원은 그 전문적 지위나 신분에 영향을 미치는 부당한 간섭을 받지 아니한다)에 위반한다고 판단하는 행위 이다(교육활동 침해행위 및 조치 기준에 관한 고시, 2021.10.1.). 결국, 앞선 침해 행위들은 대부분 수사기관의 범법 여부에 대한 판단을 의뢰할지를 정하는 것이 될 것이고, 단위 학교의 자율적 판단이라고 할 수 있는 교장의 판단은 교권 존중 의무를 위반한 행위라는 매우 모호하고 원론적인 기준으로 인해 사실상 적용하기가 어렵다고 본다. 교육활동 방해의 심각성을 판단하는 준거는 학교단계별로 좀 더 기준을 상세하게 정하여 고시하는 것이 바람직하다.

(4) 교권 보호 제도의 적절성: 규범적 타당성 & 사실적 실효성

교권보호 종합방안이 발표된 2012년 당시 한국교총은 정부 대책이 교실붕괴, 교권추락에 따른 명예퇴직의 급증, 담임의 기피 현상 등 우려되는 교단 현실 개선에 기여할 것으로 기대했다. 또한 학생인권조례 제정이후 학생의 수업방해 행위에 적극 대처하지 못한 상황 역시 이 대책을 통해 교권과 학습권 모두를 보장되리라 기대했다(교총 보도자료, 2012.8.28.).

전교조는 학교장의 교원 인권침해에 대한 대책과 교육활동에서 교원의 교육권 보장에 대한 언급이 없어 본질적으로는 교권 보호 대책에 교권이 빠져있고, 교권 침해 학생·학부모에 대한 특별교육 및 가중처벌과 학부모의 학교방문 사전 예약제는 학생·학부모를 교권 침해의 주범화한다고 지적했다. 또한 교권

---

46) 1. 「형법」 제2편 제25장(상해와 폭행의 죄), 제30장(협박의 죄), 제33장(명예에 관한 죄) 또는 제42장(손괴의 죄)에 해당하는 범죄 행위 2. 「성폭력범죄의 처벌 등에 관한 특례법」 제2조 제1항에 따른 성폭력범죄 행위 3. 「정보통신망 이용촉진 및 정보보호 등에 관한 법률」 제44조의7 제1항에 따른 불법정보 유통 행위

47) 1. 「형법」 제8장(공무방해에 관한 죄) 또는 제34장 제314조(업무방해)에 해당하는 범죄 행위로 교원의 정당한 교육활동을 방해하는 행위 2. 교육활동 중인 교원에게 성적 언동 등으로 성적 굴욕감 또는 혐오감을 느끼게 하는 행위 3. 교원의 정당한 교육활동에 대해 반복적으로 부당하게 간섭하는 행위 4. 교육활동 중인 교원의 영상·화상·음성 등을 촬영·녹화·녹음·합성하여 무단으로 배포하는 행위 5. 그 밖에 학교장이 「교육공무원법」 제43조 제1항에 위반한다고 판단하는 행위

보장을 위해 인권친화적인 생활지도나 민주적인 학교문화가 요구되고, 사립학교 상황(고충청구 불가, 부패 신고 대상기관에 사립학교 누락 등) 개선도 주문했다(전교조 논평, 2012.8.28.).

한편, 학교 현장의 사건 은폐 및 축소보고에 대하여 지도감독 기관이 징계토록 하되 교권 침해의 빈도를 교장평가에 부정적으로 사용하지 않도록 하여 교육활동 침해행위를 축소하거나 은폐하려는 현장의 관례에 대응하고자 했다. 그런데 학교단위로 중심으로 교육활동 및 징계가 이루어지고 있는(학교장의 징계권 보장) 상황에서 어느 수준 이상의 사건을 교육청에 보고할 것인가가 관건이나 형법과 성폭력특별법, 정보보호법 등의 위반 여부를 판단하기가 쉽지 않다는 것이다. 현행법은 단위 학교에 부담을 주지 않기 위해서 교장의 판단 하에 보호조치(심리상담 및 조언, 치료 및 요양, 기타 치유와 교권 회복조치) 후 관할청에 보고토록 하고 있고, 이후는 시도 교권보호위원회에 맡기도록 하고 있다. 명백한 현행법 위반에 대하여는 신속히 관계 기관에 신고·고발하고, 교육적 활동의 일환으로서 처리하여야 할 사안에 대하여는 학교교권보호위원회 및 학교운영위원회의 심의를 거쳐서 처리할 수도 있는 여지가 거의 없다는 것이다. 교장입장에서는 사건이 위중하여 현행 법 위반으로 판단되면 관할청에 신고해야 할 압박을 느낄 것이고, 오히려 빈번한 자율적으로 판단할 수 있는 교권존중 의무 위반 행위에 대해서는 신고를 꺼릴 가능성이 높다는 뜻이다. 그럼에도 각급학교 교권보호위원회의 기능에 '교육활동 침해 기준 마련 및 예방대책 수립'을 넣은 것은 단위학교 자율운영 원칙에 따른 것으로 평가할 수는 있으니 시행령과 고시를 그대로 적용하는 수준일 될 것이다.

한편, 당시 학생이외의 사람의 교육활동 침해에 대하여 가중처벌을 규정한 정부입법 예고안[48]은 교사에 대한 폭행·협박·성희롱 등이 교사의 권위와 교육관계를 원천적으로 파괴한다는 점에서 의미있는 제안이었으나 형평성 논란으로 제외된 것은 아쉬운 부분이다.

피해 교원에 대한 상담 및 치료 조치는 그동안 교원의 정신·심리적 충격에 대하여 소홀히 해왔다는 점에서 바람직하다. 다만, 교육감이 상담·치료기관의 지정만으론 불충분하고 실질적인 치료가 되도록 해야한다. 그리고 상담과 치료의 희망 주체는 당사자이어야 할 것이다. 그리고 피해 교원이 원할 경우 우선 전보하는 조치는 적절하나 충분한 정신적 치유가 담보되어야 한다.

(5) 교권과 학생인권과의 관계: 상충성 & 상호보완성

학생인권 및 교권 조례의 목적은 교육당사자간의 관계를 재검토하여 국민의 교육기본권을 보다 실효성 있게 보호하자는 취지이다. 교권과 학생인권과의 관계 측면에서 서로가 상충관계로 설정되기보다는 교육여건의 개선을 통한 교육의 질 향상에 궁극의 목표를 두고 상호보완 관계로 설정되어야 한다. 이점에서 교권에 대한 개념 합의도 이루어지지 않은 상황에서 학생인권에 관한 조례만 일방적으로 제정되는 것은 균형을 잃은 입법정책이다. 전라남도에서 입법예고된 바 있었던 '교육공동체 인권조례안'은 하나의 대안이라고 볼 수 있다. 다만, 학생 인권조례와 교권조례의 내용을 어떻게 통합하여 조화롭게 제정하느냐가 이후 입법의 최대 과제가 될 것이다.

---

48) 형법 본조에 정한 형의 2분의 1까지 가중하도록 법안 제2조의4에 규정. 이는 존속폭행, 존속상해, 존속협박 등의 가중 처벌(평균 2분의 1)하는 입법례를 준용한 것이다.

다. 교권보호 법제화를 위한 입법 과제

교권 보호 법제화의 다섯 가지 쟁점과 관련하여 과제를 제시하면 다음과 같다.

첫째, 법령에서 교권 및 교권침해의 정의와 제도 보장의 범위와 한계가 설정되어야 한다. 교사에 대한 폭행과 폭언, 명예훼손이라는 기본권 보장 외에도, 헌법 정신에 부합한 교육전문가로서 교육권과 직업인으로서 지위 보장이 포함되어야 한다.

둘째, 입법체계에 있어서 교원지위가 교육공무원법 및 사립학교법, 교원지위향상법 등에 분산·중복된 것은 헌법 정신의 실현에 미흡한 입법체계이다. 근본적인 해결책은 교원신분법의 제정이나, 공무원법 차용 70년을 고려하여 교원지위향상법을 교원지위법으로 재구조화하되 여타 관계법을 개정하여 교육의 자유, 신분보장, 기본권의 보장에 대한 체계적인 내용이 반영되도록 할 필요가 있다.

셋째, 교권 침해 사안 판단시 교육활동 방해의 심각성을 판단하는 준거는 학교 단계별로 기준을 법제화하고, 학내의 적정절차를 학칙에 반영할 필요가 있다.

넷째, 현행법 위반에 대한 신속한 조치의 필요성, 교내 교권기구 및 심의기구에 의한 적정 절차의 보장, 위탁교육으로 부적절한 학생에 대한 대처, 피해교원의 희망에 의한 실질적인 치유체제의 정비, 소요예산의 확보 부분은 실효성과 직결된다.

다섯째, 교권과 학생 인권과의 관계 측면에서 서로가 상충관계로 설정되기보다는 교육여건의 개선을 통한 교육의 질 향상에 궁극의 목표하에 상호보완 관계로 설정되어야 한다. 이점에서 학생 인권과 교권에 대한 공감적 개념 설정 과제가 있다.

끝으로 교권 보호 법제화 정책 측면에서는 신분체제의 개편을 염두에 둔 '교원지위 법제화' 정책을 국가수준에서 추진할 필요가 있다. 즉, 교원의 양성·선발·자격·승진·연수관리 전반에 이르는 교원정책의 총체적인 개정이어야 한다. 이 때 국·공립학교 교원의 국가공무원 신분 쟁점해소와 사립학교 교원의 특수성도 감안해야 한다.

교권 보호 법제화에 관련한 후속 연구 측면에서는, 전국적 차원의 법인식 조사가 필요하다. 특히 교원 자신이 교권에 대하여 인식하는 수준과 침해 현실과 보호 제도에 대한 만족도 역시 제도의 실효성 확보 차원에서 정책연구 및 기관차원의 연구로 수행될 필요가 있다. 교권 침해등 문제의 해결에 있어서 관련된 당사자인 '학부모'와 '학생'의 인식수준이 문제 해결 방향을 결정하게 될 것이다. 동시에 교원 자신의 교권에 대한 '권리의식 수준'의 규명도 중요하다. 교권 개념에 권리와 권위의 문제가 내제되어 있듯이 쟁점 해소는 제도보장을 넘어 의식의 전환을 전제로 한다.

65설 쟁점과제: 교사의 정치활동금지 완화 + 교사의 권리의식 수준에 부합한 교원지위향상법 개정

제 14 장

학교의 자율성 보장 입법정책

이 장에서는 학교의 자율성 보장 입법정책을 다룬다. 학교의 자율성은 단위 학교 운영에 있어서 학교교육 당사자들이 합의의사 결정과정을 통하여 자율적으로 결정하고 시행하는 것을 지칭한다. 교육자치제도에서 일컫는 단위 학교에서의 교육자치인 학교자치를 그 기본 이념 내지 방향을 삼는다 하겠다.

학교의 자율성의 의미가 법률과 현실에서 중층적으로 사용되고 있는 현실을 이해할 수 있도록 학교자치와의 개념 차이와 유사성을 분석한다.

학교자율성 보장의 헌법적 기초를 형성하는 헌법 제31조 제4항의 교육의 자주성 · 전문성 · 정치적 중립성 보장을 필두로 교육기본법 제5조 제3항이 새롭게 규정한 학교운영에 있어서의 자율성 존중 원칙과 학교구성원의 참여 보장을 알아본다.

초 · 중등교육법상의 학교 자율성을 신장하는 중심기구로서 자리하는 학교운영위원회의 설립 취지와 기능을 살펴보고, 표준화 교육과정의 특례를 정한 자율학교에 대하여도 언급한다.

학교의 자율성 보장이 학교자치 조례를 통하여 보다 구체화되고 있는 사실에 착안하여 광주광역시, 경기도, 전라북도의 학교자치 조례를 살펴보도록 한다.

이들에 나타난 학교운영의 원칙과 기초조직의 구조는 현장에서 일고 있는 학교 자율화의 변화를 잘 보여줄 것이다.

한편, 학교의 자율성 제도보장 및 정책과 관련하여서는 역대 정부에 있어서 학교 자율화 정책의 전개 및 특징에 대하여 알아본다.

끝으로 입법정책의 쟁점과 과제와 관련하여서는 교육부로부터 제소된 학교자치조례의 위법성 논란에 대하여 검토하기로 한다.

제 14 장 학교의 자율성 보장 입법정책

1. 학교 자율성의 의미와 법적 근거

가. 학교의 자율성

학교의 자율성에 관하여 한국교육개발원이 수행한 비교적 초기 보고서인 이종태 외(1997)의 연구는 '학교의 자율성'을 구성하는 의미의 측면을 잘 보여준다. 이에 따르면 학교와의 대외적 관계와 소극적 차원에서 볼 때 '학교자치'와 유사어로 해석되는 한편, 대내적인 관계와 적극적 차원에서는 '학교 구성집단의 참여와 협력'의 의미로 해석된다.[1] 전자는 학교를 둘러싼 기관 간의 행정 권한 관계에 초점을 맞춘 의미 분석이라면, 후자는 학교라는 조직 내에 있어서 의사결정 구조와 과정에 중점을 둔 의미 분석이라 할 수 있다.

이를 종합하면 학교가 대외적으로 간섭받지 않고 스스로 결정하고 시행하며 책임지는 고유권한, 즉 학교자치권을 보장 받은 상태를 의미한다. 이는 학교 내적으로는 학교 구성원 간 역할분담을 기초로 한 학교의 의사결정 구조와 과정이 확보된 상태라고 할 수 있다. 전자가 중앙으로부터의 교육분권 및 재량행위의 범위와 연관된 것이라면, 후자는 분권된 기관으로서 학교당사자의 자율 역량에 의하여 거버넌스가 이루어지는 상태를 말한다.

교육행정 이론적으로 단위학교 책임경영제(SBM; School Based Management)의 출현과 함께 강조된 학교행정의 원리이기도 하다. 교육정책적으로는 1980년 국가주도의 교육개혁이 진행되어 온 중에서 가장 일관되게 지속적으로 추진되어오고 있는 것이 '학교 자율화 정책'이라는 점에서도 학교의 자율성은 행정적으로나 법적으로 키워드임에는 분명하다.

나. 학교자치와 학교 자율성

앞서 살펴본 바와 같이 학교의 자율성을 '학교가 외부의 간섭이나 규제에 얽매이지 않고 자신의 특성과 조건을 고려하여 구성원의 자율과 참여에 의해 자유롭게 교육에 관한 의사결정을 하는 것' 정도로 이해한다면 이는 곧 학교자치와 같은 개념이라고 할 수 있다.

일본의 교육행정론에서도 학교의 자율성을 '학교가 교육기관으로서 독자적인 판단에 의해 교육활

---

1) 이종태 외(1997), 학교의 자율성 신장을 위한 교육개혁 과정 고찰－학교운영위원회와 교육규제 완화를 중심으로－, 한국교육개발원(연구보고서 97－13), 25－27면 참고. 학교의 자율성의 유형을 교장 주도형, 교사 주도형, 학부모 주도형, 지역사회 주도형으로 상정해 보기도 했다.

동·경영활동을 자주적·창조적으로 해나가는 것'으로 정의하기도 한다.[2] 모두 학교의 권한 및 의사결정력을 의미하나, 굳이 비교한다면 학교자치가 교육자치와 연관된 통치기구 내지 법적인 개념이라면, 학교자율성은 교육조직과 연관된 행정적 개념으로 대비될 수 있다.

'학교자치'[3]라는 용어가 한국 교육계에 사용되기 시작한 것은 그리 오래 전의 일이 아니다. 주로 교육자치제도를 논하는 과정에서 풀뿌리 교육자치로서, 혹은 교육자치의 완성으로서 일컬어져 왔다. 지금까지 관련 출간물을 근거로 추론컨대 학교자치에 관한 논의는 1980년대 말 교육민주화를 표방한 전교조에서 제기된 것으로 보이며, 1991년 지방교육자치제가 본격 실시된 후에는 점차 공론화되었다. 즉, 전교조는 교육자치의 전제조건으로 교장선출제, 교무회의 의결기구화, 학교운영위원회 설치 등을 주장했고, 이것이 국내 언론에 학교자치의 주요 내용으로 소개되었다.

이후 1995년 학교운영위원회가 도입되자 이 기구는 학교자치를 위한 중심기구로서 인식되었고, 최근의 일반 행정자치와 교육자치의 통합 논의 과정에서 교육자치에 앞서 학교자치가 선행되어야 한다는 교육계의 주장으로 이어지고 있다.[4]

현행 교육법규 상에 학교자치라는 용어는 사용되고 있지 않고 있으며,[5] 학자들 간의 논의 역시 교육자치의 시각에서 학교자치를 논의하거나 동일시하는 관점이 있는가 하면, 학교경영 이론적 측면에서 학교자치를 논의하는 경우도 있다.[6] 여기서는 학교자치에 대한 개념을 교육법리(教育法理) 및 교육조리(教育條理)[7]적 측면에서 논의하고자 한다.

학교자치를 교육조리와 연관하여 법리적으로 논의한 대표적인 예로는 일본교육법학회의 경우를 들 수 있다. 교육법학사전에는 학교자치(Autonomy of the school; Freiheit der Schule)를 '학교의 교육계획, 활동이나 조직을 교장 등을 포함한 교직원이 자주적, 주체적으로 결정하고 운영하는 것'으로 개념 정의[8]하고 있으며, 그 근거를 교육의 전문직적 자율성[9] 이라는 교육조리에서 구하는 것이 일반적이다.

이 학교자치는 학교 급별에 따라 차이를 보이는데 자치 전통과 학문의 자유 원리에 입각하여 제도화된 대학의 경우와는 달리, 초·중등학교의 경우에는 학교가 학생 및 학부모에 대하여 교육책임을 직접적이고 자주적으로 다하기 위해 요구되는 것으로서 교육자치제도의 범위 내에서 논의되어온 교육법상의 기

2) 北神正行(2000), 学校の自律性と責任, 学校経営研究 第25巻, 大塚学校経営研究会, 2頁.
3) 학교자치 개념에 대하여는 고전(2000), 학교자치 시대의 학교장 인력구조 및 관리, 교육행정학연구 18(4), 103-105면 참고.
4) 한겨레신문 1991.2.27., 14면(사회)과 1991.5.11., 14면(사회)에 실린 전교조 1991년 사업목표 기사 및 전교조의 교육자치선언문 요지, 동아일보 1992.9.2., '모양새만 갖춘 교육자치' 기사 참고. 이후 교장 선출보직제와 교무회의 의결기구화는 전교조의 일관된 학교자치론의 주요 내용으로 최근까지 주장되고 있다.
5) 단, 학생자치활동에 대하여는 초·중등교육법 제17조(학생자치활동의 보장), 초·중등교육법 시행령 제9조 제1항 제8호(학칙기재사항 중 학생자치활동 조직 및 운영), 제30조(학교장의 학생자치활동의 지원 의무), 제64조 제2항 제4호(학교발전기금의 사용목적 중 학생복지 및 학생자치활동의 지원) 등이 있다.
6) 동일시한 예로 이기우(1998), 교육자치와 학교자치 및 지방교육행정제도, 한국지방자치학회보 24(3), 170면. 후자의 예로 김홍회(1999), 학교자치경영(School-Based Management)에 의한 학교개혁, 교육행정학연구 17(2), 26면 참고.
7) 법체계에 있어서는 교육과 관련된 법의 내용을 결정함에 있어서 그 표준이 되고 교육재판의 준거가 되는 교육상의 도리(道理)를 말하며, 가치체계에 있어서는 동시대인의 교육에 관한 정의감정(正義感情)과 교육학적 근거에 의한 교육원리에 의해서 지원 받고 있는 교육가치를 말한다. 헌법에 수용된 대표적 교육조리로는 교육의 자주성·전문성·정치적 중립성이 있다. 고전(1996), 교사의 법적지위에 관한 연구, 연세대 박사학위논문, 35면.
8) 日本教育法学会編(1993), 教育法学辞典, 学陽書房, 86頁.
9) 兼子 仁(1978), 教育法(新版), 有斐閣, 276-277頁 참고.

본원리라 할 수 있다. 그리고, 공교육체제의 도입과 표준화 교육과정의 운영으로 그 제도화에는 여러 가지 제약이 따르지만 여전히 학교교육의 제도화에 있어서 지켜져야 할 교육조리로서의 의미를 지닌다고 할 수 있다.

전통적 학교자치론에 의하면 학교자치는 각 교원에 의한 교육권(수업내용 편성권, 교과서 사용 재량권, 보조교재 선정권, 교육평가권, 생활지도권, 징계권 등)의 행사와 학교 전체로서의 자치권한(학교(교직원회의)의 교육과정 편성권, 교무분장권, 학교교육 조치권(입학, 진급, 졸업 등), 학생징계 처분권 등)의 보장을 구성요소로 한다. 그리고 기본적인 자치조직으로 의결기관으로서의 교직원회의, 학교관리자로서 교장 및 교감 그리고 학내지도 조언자로서 보직교사 등을 들고 있다.[10]

그러나 이러한 교사중심의 전통적 학교자치론은 교육권에 대한 학습권 중심적 이해와 교육공동체로서의 학교인식이 확산되면서 학생회와 학부모회, 나아가 지역사회의 참여를 보장하는 학교의 조직원리로 발전되었다.[11] 따라서 진정한 교육책임을 다하게 하는 자주적·주체적인 학교자치가 성립되기 위해서는 학교가 교육행정권의 부당한 지배를 받지 않는 동시에, 학부모·주민과의 협력관계나 지원이 필요하게 된다.[12] 그렇지만 학교자치의 근본정신에 비추어 볼 때 그 요체는 역시 교직원들의 합의체인 교직원회의라고 할 수 있다.

한편, 학교자치는 그 내용 면에서 교육내용 및 방법에 관한 학교 내적 자치사항과 교원인사 및 시설설비, 예산 등에 관한 학교 외적 자치사항으로 나누어 볼 수도 있는데, 전자에 대하여는 교직원회의가 그 주체가 되고, 후자의 경우에는 학교뿐만 아니라 교육조건 정비의 의무를 진 교육행정기관은 물론, 나아가 학부모와 지역사회가 관여하게 된다. 그리고 교장은 전학교적 업무의 통할자로서 권한 범위 내에서 학교 내외의 자치사항을 주관하는 위치에 선다. 물론, 이러한 역할 분담은 이론적인 것이고 실제 학교자치 상황은 그 사회의 교육통치기구와 권한배분 방식 그리고 교육구성원의 권리의식 수준에 따라 다양하게 나타날 수 있다.

그리고, 최근의 학교경영 정책과 관련하여 학교자치는 '학교의 자율성'과 유사하게 사용되는데, 엄밀한 의미에서 학교 자율성은 재량권의 범위와 관계된 개념으로 사용되고 있으므로, '학교의 자주성'과 함께 학교자치의 내용을 이루는 개념요소라 하겠다.

다. 학교자치와 교육자치

통상 학교자치는 학교단위에서 이루어지는 교육자치라 칭한다. 그럼에도 정책용어로는 학교자치라는

---

10) 兼子 仁(1978), 앞의 책, 415－474頁 참고. 교직원회의의 법적 성격에 대해서는 보조기관 및 자문기관으로 보는 것이 정부의 행정해석 및 관계규칙의 제정방식이나 교육법학계에서는 교직원회의를 학교자치의 제도적 표현으로 보는 만큼 교육내적 사항에 관하여는 그 결정기관성(교육적 결정기관설)을 인정하는 것이 통설적 견해이다.

11) 일본에서의 학교자치론은 56년 체제하의 절대적인 교육위원회에 대응한 교사의 교육권 확보를 중심으로 전개되었는데, 1970년대 교육법학의 진전에 따라 학습권에 기초한 학교자치론으로 심화되었고, 80년대 학교문제에 대한 전 교육구성원의 참여의 필요성에 따라 다원적인 의사결정 체제로서 학교자치론으로 변모해 왔다. 최근의 교육개혁방안의 학교의 자율성·자주성 확립 방안 역시 미흡한 부분이 있지만 학교자치의 맥락에서 추진되고 있다.

12) 日本教育法学会編(1993), 앞의 사전, 86頁.

용어보다 학교 자율성이란 용어를 사용하곤한다. 정부의 교육분권 정책에 있어서도 교육부와 시·도교육청간의 분권 확대에 대하여는 '교육자치'의 추진이라는 표현을 쓰지만, 단위학교와 중앙 및 시도 교육행정기관과의 관계는 학교자치라는 표현보다 '학교 자율성 신장'이라 한다.

그것은 아마도 자치라는 개념을 통치행위로 보아 자치조직권, 자치입법권, 자치 재정권의 확립과 연관지어볼 때, 단위 학교에 있어서 조직, 입법, 재정 등에 걸쳐 이렇다할 자치분권이 없는 상태와 무관하지 않기 때문이다. 즉, 단위학교에서 고유 자치권한을 누리는 자치단체성을 인정할 수 없다면 학교자치라는 용어는 법적으로 수용되기 어려운 용어라는 취지이다.

물론, 일리있는 지적이며 한국의 원로 교육행정학자인 김종철 교수 역시, 교육자치의 개념을 중앙이나 학교단위에서 사용하는 것이 적절치 않고 지방분권을 전제로 한 행정분권의 개념으로 지방교육자치를 상정하기도 했다.[13]

그러나 교육자치를 지방자치의 일환인 행정 분권적 개념이 아닌 헌법상 교육의 자주성을 실현하기 위한 교육활동 및 교육행정 등 교육의 전 영역에 있어서의 지도 원리 내지 이념으로 상정한다면 그 영역과 수준은 중앙, 지방, 학교 어디에고 적용되어야 한다는 것이다. 다만, 국가 공교육체제하에서 균등한 교육여건 조성을 위하여 국가표준화 내지 법제화를 실시한 결과 대부분 법령과 규정에 의하여 수행될 뿐 학교 구성원의 자율적인 의지에 의해서 결정되기 어려운 것이 현실이다. 그렇다 하더라도 교육행위를 포함하고 있는 이상, 교육의 문제는 교육자 스스로 결정하고 행해야 한다는 자주성의 원칙이 배제되는 것은 아니라고 본다. 학교자율성이라는 용어의 출현은 현대 공교육체제하에서 단위학교에서 고전적 의미의 자치행정을 하기 어려운 가운데 표출된 자연스러운 용어라고도 할 수 있다.

이렇듯, 학교자치의 개념을 좀 더 명확히 하기 위하여는 교육자치, 지방교육자치제도와의 관계를 설정할 필요가 있다. 교육자치는 교육의 자주성·전문성·중립성이라는 교육조리에 근거하여 교육당사자들의 자주적인 의사결정, 자주적인 참여에 의한 교육이 이루어지는 것을 말하다.[14] 지방교육자치제도는 교육자치의 기본정신을 교육행정 영역에서 실효성 있게 보장하기 위한 제도적 보장책이라 할 수 있으며 자치행정의 방법적 원리를 적용한 예라 하겠다.[15] 즉, 교육자치에는 교육행정 이외 교육활동 내에서의 자치영역이 존재하고, 지방교육자치제도는 교육자치의 제도적 표현의 하나로 보아야 할 것이므로 엄밀한 의미에서 그것은 지방교육행정자치인 것이다.

그리고 학교자치는 학교라는 단위에서 이루어지는 교육자치이며, 여기에는 교육내용의 자치와 교육행정의 자치가 모두 포함되게 된다. 따라서 학교자치는 지방교육자치제도의 기초 자치 단위로서 의미를

13) 김종철(1982), 교육행정의 이론과 실제, 교육과학사, 174면. "논자에 따라서는 교육자치제도의 개념을 지방교육행정에 국한하지 않고 중앙교육행정에 있어서도 부분적으로 적용할 수 있는 것으로 생각하는 사람도 있으나 필자의 견해로는 일반행정에 있어서 지방자치의 개념과 대비하여 지방교육행정에 국한하는 것이 타당하다고 생각한다."

14) 정재황(1998), 교육권과 교육자치의 공법(헌법·행정법)적 보장에 관한 연구, 교육행정학연구 16(2), 308면. 교육기본법은 교육당사자를 학습자, 보호자, 교원, 교원단체, 학교등의 설립자, 국가 및 지방자치단체로 규정하고 있다(§12－17).

15) 이 점에서 지방교육자치제도는 그 어의대로 지방자치 제도와 교육자치 이념을 통합시킨 것이다. 즉, 지역적 자치와 영역적 자치가 내포된 개념으로서 지방분권(단체자치)과 민중통제(주민자치)를 기반으로 한 '행정자치'를 교육의 특수성을 기초로 한 '전문자치'와 결합시킨 것이다. 이 경우에도 일반행정권에 대한 직권의 독립을 강조하는 주민참가적 교육자치라고 할 수 있는 미국형 교육위원회제도가 있는가 하면, 문화적 지역자치 정신에 입각한 전문적 교육자치인 프랑스형의 대학구제도로 나눌 수 있다. 같은 뜻, 兼子 仁(1978), 앞의 책, 349頁. 신현직(1990), 교육기본권에 관한 연구, 서울대 박사학위논문, 155면 참조.

지니는 동시에 교육행정 영역 이외 교육활동 영역에 있어서의 자치영역을 포괄하는 개념 구조를 갖는다.[16] 그런데 이러한 영역 구분은 교육자치에 관한 교육조리적 구분이며, 제도화 단계에 이르러서는 현대 공교육체제의 특성을 반영하듯 행정자치에 보다 초점을 두어 일반행정에 대비되는 조건정비작용으로서 교육행정의 특수성이 부각되기 마련이다. 그러나 자치제도가 비록 통치권한의 배분과 밀접하게 관련되고 공교육체제의 확립으로 교육행정의 영역이 확대되어감에 따라 교육활동 전반을 포괄한다 하더라도 지방교육자치제도에 있어서 교육자치의 이념적 가치는 여전히 내포되어야 하는 것으로 이해되어야 할 것이다.[17]

지방교육자치제도의 완성을 학교자치에 두는 것도 그것이 단순한 행정권한의 배분에 있는 것이 아니라 교육조리의 실현에 궁극적인 목적을 두고 있고, 학교는 바로 행정과 교육이 교차하는 현장이기 때문이기도 하다. 또한, 학교자치의 논의시 행정권한의 이양 및 위임의 수준에서뿐만 아니라 교원의 전문적 자율성과 함께 다루어야 할 이유가 여기에 있는 것이다.

66설 학교의 자율성: 단위 학교 교육자치 이념에서 출발 + 정부의 일관된 학교정책이자 법률 보장

2. 학교 자율성 보장 관련 법령

가. 교육기본법상 학교 운영의 자율성 존중

학교자율성 보장을 직접적으로 선언한 법률은 교육기본법의 교육의 자주성 조항 중 제3항이며, 이 조항은 그 방법적 기초로서 학교구성원의 참여를 규정하고 있고, 그 중심체는 학교운영위원회를 규정한다.

학교자치에 관해서는 직접적인 교육법 규정이 없는 반면 '학교의 자율성'은 교육기본법에 명확히 기술되어 있다. 즉, 교육기본법 제5조 제3항은 국가와 지방자치단체의 책무의 하나로서 학교운영의 자율성 보장 원칙을 천명하고 있다. 보장 주체를 명확히 하고 있다는 점이 구 교육기본법과 차이나는 부분이다. 그 방법적 핵심이 교직원·학생·학부모 및 지역주민 등이 법령이 정하는 바에 따라 학교운영에 참여 할 수 있는 방식임을 예시하고 있다. 이에 근거하여 도입된 대표적인 제도는 '학교운영위원회' 제도임은 더 언급할 나위가 없다.

---

16) 따라서 교육행정단위를 국가교육행정기관, 지방교육행정기관, 단위학교로 설정하고 교육자치의 단위를 단위학교로 한정하여 학교자치를 교육자치와 동일시하는 견해(이기우(1998), 앞의 논문, 169면 각주 12) 참고)는 교육행정=초·중등학교 교육활동일 때 가능한 논리이다.

17) 이른바 교육의 내적 사항(교과교육내용·방법·교재선정·교육평가 등)과 교육의 외적사항(시설설비·예산·집행·재정·교원인사 등)의 구별론에 따르면 교육행정의 대상은 외적 사항에 국한된 것이지만 혼합사항(교원연수 등)의 존재와 조건정비적 교육내용 행정(표준교육과정, 학습지도요강 등)의 필요성은 인정되고 있으며 교육의 외적 사항이다 하더라도 민주적 의사결정 구조와 과정이 강조되고 있다. 교육의 내적·외적 사항에 대해서는 兼子 仁(1978), 앞의 책, 122-125, 216-217, 350-353頁. 日本敎育法學會(1993), 앞의 사전, 193-195頁 참고.

개정 교육기본법 제5조(교육의 자주성 등) ③ 국가와 지방자치단체는 학교운영의 자율성을 존중하여야 하며, 교직원·학생·학부모 및 지역주민 등이 법령으로 정하는 바에 따라 학교운영에 참여할 수 있도록 보장하여야 한다(2021.9.24. 개정).

구교육기본법 제5조 ② 학교운영의 자율성은 존중되며, 교직원·학생·학부모 및 지역주민 등은 법령으로 정하는 바에 따라 학교운영에 참여할 수 있다.

제31조(학교운영위원회의 설치) ① 학교운영의 자율성을 높이고 지역의 실정과 특성에 맞는 다양하고도 창의적인 교육을 할 수 있도록 초등학교·중학교·고등학교 및 특수학교에 학교운영위원회를 구성·운영하여야 한다. ② 국립·공립 학교에 두는 학교운영위원회는 그 학교의 교원 대표, 학부모 대표 및 지역사회 인사로 구성한다. ③ 학교운영위원회의 위원 수는 5명 이상 15명 이하의 범위에서 학교의 규모 등을 고려하여 대통령령으로 정한다.

한편, 교육기본법 상의 학교운영의 자율성의 보장은 헌법 제31조 제4항의 교육의 자주성·전문성·정치적 중립성에 대한 법률유보 원칙에 근거한 것이기도 하다는 점에서 헌법적 근거를 갖고 있다. 또한 개정된 교육기본법 제5조 제1항은 헌법에서 표현된 교육의 자주성과 전문성을 보장하여야 할 책무의 주체가 국가와 지방자치단체임을 원천 선언하면서 국가로 하여금 지방자치단체의 교육에 관한 자율성을 존중하도록 선언하였다. 이는 이후의 조항들이 헌법적 근거에 의하여 규정되었음을 명확히 한 개정이다. 중앙정부(교육부장관)에게 지방정부(교육감)의 교육에 관한 자율성을 존중토록 한 것은 기본적으로 지방자치법이 교육·학예에 관한 사항을 자치단체의 고유사무로 하고 있음에도 국가표준화 및 법제화에 의하여 법률통제 및 행정통제를 받는 공교육시스템을 유지하기 때문이다.

구 교육기본법상 제2항은 제3항으로 옮겨졌는 바, 여전히 지방교육자치제도[18]의 근거조항이 되고 있다. 즉, 지역 실정에 맞는 교육을 실시하기 위한 시책이란 이를 뜻한다.

개정 교육기본법 제5조(교육의 자주성 등) ① 국가와 지방자치단체는 교육의 자주성과 전문성을 보장하여야 하며, 국가는 지방자치단체의 교육에 관한 자율성을 존중하여야 한다. (신설 2021.9.24.) ② 국가와 지방자치단체는 관할하는 학교와 소관 사무에 대하여 지역 실정에 맞는 교육을 실시하기 위한 시책을 수립·실시하여야 한다. (개정 2021.9.24.)

구 교육기본법 제5조(교육의 자주성 등) ① 국가와 지방자치단체는 교육의 자주성과 전문성을 보장하여야 하며, 지역 실정에 맞는 교육을 실시하기 위한 시책을 수립·실시하여야 한다.

또한 학교자율화는 권한의 배분(위임 및 이양)을 전제로 하고, 지방교육자치는 기본적으로 지방분권의 원리에 의하여 교육에 관한 권한을 지방으로 배분하는 것을 뜻하므로 학교자율화 조치가 지방분권 및 지방교육자치의 실현과 밀접히 관련되는 것은 당연한 결과이다.

---

18) 지방교육자치에 관한 법률 제1조(목적) 이 법은 교육의 자주성 및 전문성과 지방교육의 특수성을 살리기 위하여 지방자치단체의 교육·과학·기술·체육 그 밖의 학예에 관한 사무를 관장하는 기관의 설치와 그 조직 및 운영 등에 관한 사항을 규정함으로써 지방교육의 발전에 이바지함을 목적으로 한다.

나. 초·중등교육법상 학교의 자율성 언급

(1) 학교운영위원회의 설치 목적과 학교운영의 자율성

초·중등교육법 제31조는 학교운영위원회의 설치를 언급하면서 학교운영위원회의 설치 취지를 다음과 같이 진술하고 있다. 즉, 그 목적은 학교운영의 자율성을 높이고 지역의 실정과 특성에 맞는 다양하고도 창의적인 교육을 할 수 있도록 초등학교·중학교·고등학교 및 특수학교에 학교운영위원회를 구성·운영하도록 필수화하고 있다. 유치원의 경우는 유아교육법에 필수 심의기관으로 규정되어 있다.[19]

(2) 초·중등교육법 시행령상 자율학교 규정

자율학교의 초·중등교육법상의 근거는 제61조(학교 및 교육과정 운영의 특례) 조항[20]을 통해서이다. 그리고 대통령령인 초·중등교육법 시행령 제105조는 학교 및 교육과정 운영의 특례를 규정하고 있고, 이러한 자율적 운영을 하는 학교를 '자율학교'라 구체적으로 칭한다.

> 초·중등교육법시행령 제105조(학교 및 교육과정 운영의 특례) ① 교육감은 다음 각 호의 어느 하나에 해당하는 국립·공립·사립의 초등학교·중학교·고등학교 및 특수학교를 대상으로 법 제61조에 따라 학교 또는 교육과정을 자율적으로 운영할 수 있는 학교(자율학교)를 지정·운영할 수 있다. 다만, 국립학교를 자율학교로 지정하려는 경우에는 미리 교육부장관과 협의해야 한다.
> 1. 학습부진아등에 대한 교육을 실시하는 학교
> 2. 개별학생의 적성·능력 개발을 위한 다양하고 특성화된 교육과정을 운영하는 학교
> 3. 학생의 창의력 계발 또는 인성함양 등을 목적으로 특별한 교육과정을 운영하는 학교
> 4. 특성화중학교
> 5. 산업수요 맞춤형 고등학교 및 특성화고등학교
> 6. 「농어업인 삶의 질 향상 및 농어촌지역 개발촉진에 관한 특별법」 제3조 제4호에 따른 농어촌학교
> 7. 그 밖에 교육감이 특히 필요하다고 인정하는 학교

자율학교를 운영하려는 학교의 장은 학교운영에 관한 계획등[21]이 포함된 신청서를 작성하여 교육감에게 제출하여야 한다. 또한 교육감은 학생의 학력향상 등을 위하여 특히 필요하다고 인정되는 공립학교를 직권으로 자율학교로 지정할 수 있다. 이 경우 지정을 받은 학교의 장은 지체 없이 학교운영 계획등을 작성하여 교육감에게 제출하여야 한다. 자율학교는 5년 이내로 지정·운영하되, 교육감이 정하는 바에 따라 연장 운영할 수 있다. 교육부장관 또는 교육감은 자율학교의 운영에 필요한 지원을 하여야 한다. 위의 요건 외에 자율학교의 지정 및 운영에 필요한 사항은 교육부장관이 정하여 고시한다(시행령 §105②). 오늘

---

19) 제19조의3(유치원운영위원회의 설치 등) ① 유치원 운영의 자율성을 높이고 지역의 실정과 특성에 맞는 다양한 교육을 창의적으로 실시할 수 있도록 하기 위하여 유치원에 유치원운영위원회를 두어야 한다. 다만, 대통령령(20명 미만 사립유치원-저자주)으로 정하는 규모 미만의 사립유치원은 유치원운영위원회를 두지 아니할 수 있다.

20) 초·중등교육법 제61조(학교 및 교육과정 운영의 특례) ① 학교교육제도를 포함한 교육제도의 개선과 발전을 위하여 특히 필요하다고 인정되는 경우에는 대통령령으로 정하는 바에 따라 제21조 제1항·제24조 제1항·제26조 제1항·제29조 제1항·제31조·제39조·제42조 및 제46조를 한시적으로 적용하지 아니하는 학교 또는 교육과정을 운영할 수 있다.

21) 1. 학교운영에 관한 계획 2. 교육과정 운영에 관한 계획 3. 입학전형 실시에 관한 계획 4. 교원배치에 관한 계획 5. 그 밖에 자율학교 운영 등에 관하여 교육감이 정하여 고시하는 사항

날 각 시·도교육감들이 이러한 학교 명칭을 혁신학교나 지역의 특성을 반영한 명칭으로 명명한다.[22)]

시행령 제105조의2(공모 교장의 자격 등)에 따르면, 법 제61조에 따라 법 제21조 제1항을 적용하지 않는 사립 자율학교의 학교유형별 공모 교장의 자격 등에 관한 사항은「교육공무원임용령」제12조의5 제1항을 준용한다. 장관 및 교육감은 교육공무원법 제29조의3에 따라 공모 교장으로 임용된 사람 및 제1항에 따라 사립자율학교의 공모 교장으로 임용된 사람 중 교장자격증 미소지자에 대해서 임용 후 1년 이내에 자격연수를 실시해야 한다. 이 경우 자격연수의 구체적인 내용, 실시방법 등은 교육부장관이 정한다.

그리고 특성화중·고교의 지정·지정 취소를 위하여 장관 소속으로 특수목적고등학교 등 지정위원를(시행령 §105의3), 자율학교 지정·운영에 관한 사항을 심의하기 위하여 교육감 소속으로 자율학교 지정·운영위원회를 둔다(시행령 §105의4).

67설 학교 자율성 보장 근거: 교육기본법 §5(교육의 자주성) + 초·중등교육법 §31(학교운영위원회)

3. 학교 자율성 보장 관련 조례: 학교자치 조례

법령 수준에서 단위학교의 자율성이 학교운영위원회와 자율학교를 중심으로 규정되어 있다면, 학교자치를 규정한 법규는 시·도의 학교자치 조례이다. 2022년 10월 현재 학교자치는「광주광역시 학교자치에 관한 조례」(2019.1.1. 제정, 2019.3.1. 시행).「전라북도 학교자치 조례」(2019.2.1. 제정·시행),「경기도 학교자치 조례」(2019.11.11. 제정·시행),「전라남도 학교자치 조례」(2020.11.5. 제정·시행),「인천광역시 학교자치 활성화 조례」(2020.11.9. 제정·시행),「강원도 학교자치 조례」(2021.6.4. 제정·시행),「부산광역시교육청 학교자치 활성화 조례」(2022.2.16. 제정·시행) 등 7곳 곳에 제정되어 있다. 물론 광주와 전북 학교자치 조례는 교육부로부터 대법원에 위법확인소송을 받기도 했다.

학교자치 조례의 목적은 광주조례의 경우 "학생, 학부모, 교직원이 학교운영에 참여할 권리를 보장하여 민주적인 학교공동체를 실현하고, 소통, 배움과 성장이 있는 학교문화를 조성하는 것"으로 대동소이하다.[23)] 학교운영의 원칙과 자치기구의 구성을 중심으로 살펴본다.

---

22) 제주특별자치도의 경우 자율학교는 제주특별법에 근거하며, 'i-좋은학교', '다혼디배움학교' 등으로 불려오고 있다.

23) 전북조례의 경우 "전라북도 학교교육의 주체들에게 학교운영에 참여할 수 있는 권리와 권한을 보장함으로써 민주적인 학교공동체 실현과 건강한 배움과 성장의 학교문화를 조성하는 것", 경기조례의 경우 "경기도 학생, 학부모, 교직원들에게 학교운영에 참여할 수 있는 권리를 보장함으로써 학교 자치공동체 실현을 위한 민주적 학교문화 조성을 목적"으로 한다. 가장 최근에 제정된 부산조례는 "학생·학부모·교직원의 학교운영 참여를 활성화함으로써 학교자치를 실현하고 민주적인 학교문화의 조성에 이바지함을 목적"으로 규정했다.

가. 학교운영의 원칙

광주광역시 조례의 경우, 학교운영의 원칙은 교육기본법상 학교교육의 방법과 목표 준수 원칙 이외에 교장이 준수하여야 할 5가지 원칙과 구성원간 민주적인 학교공동체 실현을 위한 신뢰와 존중의 원칙을 예시하고 있다.

> 광주 제3조(학교운영의 원칙) ① 광주광역시교육감(교육감)과 광주광역시교육청 관내 학교의 교장 및 원장(학교장)은 「교육기본법」 제9조 제3항에서 규정하고 있는 학교 교육의 방법과 목표를 준수하여 학교를 운영하여야 한다.
> ② 교육감과 학교장은 「교육기본법」 제12조부터 제14조까지의 규정에 따라 학교의 운영과정에서 다음 각 호를 준수하여야 한다.
> 1. 교육감과 학교장은 법령의 범위 안에서 교사가 판단하고 결정한 교육의 내용, 방법 및 평가 등에 관한 사항을 존중하여야 한다.
> 2. 교육감과 학교장은 학생, 학부모, 교사 및 직원이 학교의 의사결정과정에 참여하도록 보장하여야 하며, 성별, 종교, 나이, 신체조건, 경제적 여건, 학업성적 등을 이유로 차별하여서는 아니 된다.
> 3. 교육감과 학교장은 학생과 교사의 교수학습활동을 지원하여야 하며, 이를 위하여 교수학습활동에 대한 예산을 배정하여야 한다.
> 4. 학생은 학교운영 전반에 관하여 학교에 의견을 제시할 수 있으며, 교육감과 학교장은 그 의견을 존중하여야 한다.
> 5. 학부모는 학생교육에 관하여 학교에 의견을 제시할 수 있으며, 교육감과 학교장은 그 의견을 존중하여야 한다.
> ③ 학생, 학부모, 교직원이 학교 운영에 참여할 때에는 민주적인 학교공동체 실현을 위해 서로 신뢰하고 존중하여야 한다.

전북 학교자치조례의 경우, 교장의 의무 중심으로 운영 원칙을 네 가지 제시하고 있는 데, 학교교육 주체의 참여보장 원칙, 교사의 교육내용, 방법, 평가에 관한 법령 범위내 판단과 결정 사항 존중 원칙, 교직원 권리보장과 부당지시 요구에 의한 권리 침해 금지 원칙, 학부모 학생 제시 의견에 대한 신의성실 원칙에 따른 처리 등이다.

> 전북 제3조(학교운영의 원칙) ① 학교의 장은 민주적인 학교문화의 조성을 위하여 학교교육의 주체가 학교의 의사결정에 참여할 수 있도록 보장하여야 한다. ② 학교의 장은 교사가 교육의 내용과 방법, 평가 등에 관하여 법령의 범위에서 판단하고 결정한 사항을 존중하여야 한다. ③ 학교의 장은 교직원의 권리를 보장하고, 부당한 지시나 요구로부터 권리가 침해되지 않도록 하여야 한다. ④ 학교의 장은 학부모와 학생이 학교에 제시한 의견을 신의성실의 원칙에 따라 처리하여야 한다.

경기도의 경우 교육감의 학교운영의 자율성 존중 의무, 교장의 민주적 학교문화 조성 노력 의무를 두 축으로 운영원칙을 정하고 있다.

> 경기도 제3조(학교운영의 원칙) ① 경기도교육감(교육감)은 「교육기본법」 제5조 제2항에 따라 학교운영의 자율성은 존중하며, 교직원·학생·학부모 등이 법령으로 정하는 바에 따라 학교운영에 참여할 수 있도록 제도를 개선하는 등 노력하여야 한다. ② 학교의 장은 민주적인 학교문화 조성을 위하여 학교의 운영과정에서 다음 각 호를 준수하도록 노력한다.

1. 학생, 학부모, 교직원이 학교의 의사결정에 참여하도록 보장한다.
2. 교사가 교육의 내용과 방법, 평가 등에 관하여 법령의 범위에서 판단하고 결정한 사항에 대해 존중한다.
3. 학생이 학교에 의견을 제시할 수 있도록 보장하며, 그 의견을 존중한다.

나. 자치기구의 구성

광주광역시 학교자치에 관한 조례는 자치기구로 학생회, 학부모회, 교직원회를 둔다.

광주 제4조(자치기구의 구성 등) ① 학교에는 자치기구로 학생회, 학부모회, 교직원회를 둔다. 다만, 유치원은 학생회를 두지 아니한다. ② 교육감과 학교장은 자치기구의 자치권이 훼손되지 않도록 노력하여야 한다. ③ 교육감과 학교장은 학생의 자치활동이 교직원과 학부모의 부당한 간섭을 받지 않도록 조치하여야 한다. ④ 각 자치기구의 제안과 의견 등의 조정을 위하여 학교자치회의를 구성·운영한다.

광주광역시의 경우 학생회, 학부모회, 교직원회 임원과 학교장으로 구성된 학교자치회의를 둔 것이 특징이다. 학교는 정규교육과정 이외의 학습과정에 대한 학부모의 교육선택권을 존중하여야 한다. 교육감과 학교장은 자치기구 운영 및 사업에 필요한 예산을 지원할 수 있다.

광주 제8조(학교자치회의) ① 제4조 제4항에 따라 학교자치회의는 학생회·학부모회·교직원회 각 자치기구별 임원 2명과 학교장으로 구성하여 운영한다.

② 학교자치회의는 다음 각 호의 사항을 협의 조정한다.

1. 제4조의 자치기구 간 의견 종합에 관한 사항
2. 제4조의 자치기구 간 분쟁 조정에 관한 사항

③ 학교자치회의는 학교장이 민주적인 절차에 따라 운영한다.

④ 학교자치회의는 학교장 또는 제4조의 자치기구의 대표가 요청하는 경우 소집한다.

경기도 학교자치 조례의 경우 자치기구는 학생회, 학부모회, 교사회, 직원회, 교직원회를 두도록 했다. 교육감은 학교자치를 활성화하기 위하여 필요한 예산을 지원할 수 있다.

경기 제8조(교직원회) ① 학교에는 교원과 직원으로 구성되는 교직원회를 둘 수 있다.

② 학교의 장은 학교 내 교직원회의 운영규정을 제정하여 회의가 민주적으로 운영되도록 노력한다.

③ 의장은 회의를 진행하고, 서기를 두어 회의록을 작성한다.

④ 교직원회의 토론과 협의는 교직원 각 구성원의 의견을 충분히 존중하고, 소통과 상호협력을 위한 민주적인 방법으로 진행한다.

⑤ 교직원회의 협의결과에 대하여 학교의 장은 이를 존중하도록 노력한다.

⑥ 교직원회는 다음 각 호의 사항을 협의한다.

1. 학교운영위원회에 상정할 교무안건에 관한 사항
2. 학교 운영과 관련된 교직원의 제안 사항
3. 교육과 관련한 학교 내 각종 위원회 구성에 관한 사항
4. 각종 자치기구 및 위원회에서 협의한 사항 중 전체 교직원의 의견 수렴이 필요한 사항
5. 그 밖에 필요하다고 인정되는 사항

⑦ 교직원회의 의장 등 임원 구성 및 세부 운영 등에 대한 사항은 필요한 경우 운영규정으로 정한다.

전라북도의 경우에 기초조직은 학생회, 학부모회, 교사회, 직원회를 두는 것은 유사하나, 다시 교직원회를 두고 있다. 교육감은 매년 학교의 민주적 운영 실태에 관한 조사를 실시하여 전라북도교육청 운영계획에 반영하고 그 개선을 위하여 적절한 조치를 취한다.

전북 제4조(자치기구의 종류 등) ① 학교에는 자치기구로서 학생회, 학부모회, 교사회, 직원회를 둔다. 다만, 유치원, 통합학교, 소규모학교 등의 자치기구 설치에 대한 예외 사항은 교육규칙으로 정할 수 있다.
② 학교의 장은 자치기구의 자치권이 훼손당하지 않도록 노력하여야 한다.
③ 학교의 장은 자치기구 운영에 필요한 예산을 편성·배분하여야 한다.

전북의 경우 교무회의를 두고 있는데 그 설치 구성과 기능은 다음과 같다.

전북 제9조(교무회의의 설치·구성 등) ① 학교에는 교직원 회의기구로서 교무회의(校務會議)를 둔다.
② 교무회의의 참석 범위는 학교별 여건에 따라 정할 수 있다.
③ 교무회의는 학교의 장이 소집하며, 정기회의와 임시회의로 구분한다.
④ 정기회의는 학기 중 월 1회 실시하고, 임시회의는 학교의 장 또는 교직원 4분의 1 이상의 소집 요청이 있는 경우 실시한다.
⑤ 학교의 장은 교무회의를 주재하고, 사무 처리를 위해 소속 교직원 중에서 간사를 임명한다.
전북 제10조(교무회의의 기능) 교무회의는 다음 각 호의 사항을 심의한다.
1. 학교 규칙의 제·개정, 교무회의 운영규정의 제·개정, 학교교육과정과 이에 소요되는 예산에 관한 사항
2. 학교운영위원회에 부칠 교무 안건에 관한 사항
3. 학교 운영과 관련한 교직원의 제안 사항
4. 학교 내 각종 위원회 구성에 관한 사항
5. 자치기구에서 심의한 사항 중 전체 교직원의 의견 수렴이 필요한 사항
6. 그 밖에 학교의 장이 필요하다고 인정하는 사항

전북 제11조(교무회의의 운영원칙 등) ① 교무회의는 교직원 각 구성원의 의견을 충분히 존중하고, 소통과 상호협력에 기초한 민주적인 방법과 회의의 일반원칙에 따라 운영하도록 한다.
② 학교의 장은 교무회의가 민주적으로 운영될 수 있도록 교무회의 운영규정을 제정한다.
③ 학교의 장은 교무회의의 심의결과에 대하여 특별한 사유가 없을 때에는 이를 받아들인다. 다만, 학교의 장은 교무회의의 심의결과에 이의가 있을 때 교무회의에 재논의를 요구할 수 있으며, 재논의의 절차 및 의사 결정에 관한 사항 등은 교무회의 운영규정으로 정한다.

부산의 경우 교원과 직원으로 구성된 교직원회를 두고 있다.

부산 제6조(교직원회) ① 학교에는 교원과 직원으로 구성된 교직원회를 둘 수 있다. ② 교직원회는 다음 각 호의 사항에 대하여 협의한다. 1. 교직원회 회칙의 제정·개정에 관한 사항 2. 교직원 복지 및 교직원회 활동에 관한 사항 3. 그 밖에 학교운영에 관하여 학교의 장 또는 학교운영위원회에 제안할 사항 ③ 교직원회 임원은 민주적인 절차에 따라 구성하며, 그 밖에 교직원회의 구성 및 운영 등에 관한 사항은 해당 학교 교직원회 회칙으로 정한다.

학교자치기구로서 학교운영위원회가 중심적 역할을 하는 것은 어느 지역이나 공통된 사항이다. 광주의 경우에는 학교자치회의라는 회의체를 별도로 두기도 한다. 대부분 학내 구성원의 의사를 결집시킬 기

초 조직을 두고 있는데, 학생회는 필수적이며, 학부모회를 규정하거나 별도의 학부모 조례를 두는 경우도 점차 증가하고 있다. 그 외 교사회, 직원회, 교직원회를 두는 경우, 교사회 직원회를 두는 경우, 교직원회만을 두는 경우 등으로 나뉜다.

이렇듯 다양한 학내 조직이 만들어지는 것은 기초조직을 정비하여 학교운영위원회가 내실 있게 운영되도록 하는 것으로서 바람직한 현상이다. 그러나 역할이 중복되고 2－3개 집단의 조직이 병존할 경우 합의의사 결정이 쉽지 않다는 점에서 기초조직으로서 역할분담을 효율적으로 하기 위해서는 법령 수준에서 가이드라인이 필요하다. 대화의 통로가 만들어졌다고 민주적 학교운영이 완성되는 것은 아니며, 합의의사 결정을 도출해 내는 민주적 절차가 실질적으로 작동하기 위한 역할분담 또한 염두에 두어야 한다.

동시에, 현행 법령상 단위학교의 최종적인 의사결정권자이자 책임자는 학교의 장으로 되어 있고, 학교운영위원회를 비롯한 각종 기구들은 참여 이상의 책무를 부여받고 있지 않다는 점에서 자율과 책임의 측면에서 역할분담이 진지하게 논의되어야 할 것이다.

68설 학교자치 조례: 학교자치의 원칙(민주적 · 자율적 교육공동체), 기초 학교자치 조직의 법제화

4. 학교의 자율성 제도보장 및 정책

가. 한국 교육정책 키워드로서 '학교 자율화 정책'

첫째, 한국의 학교교육 정책의 일관된 주제는 '학교 자율화 정책'이라고 할 수 있다. 1980년대 역대 정권에서 대통령자문 교육개혁 기구를 통해 발표된 학교교육 정책의 가장 뚜렷하고 일관된 정책 키워드는 '자율화'라고 할 수 있다. 초기에는 '교복자율화' '대학입시 자율화' 등 규제 성격의 지침을 완화한다는 것이나 각 교육기관이 취사 선택할 수 있는 선택의 폭을 넓혀주는 수준의 자율화가 주를 이루었다. 자율화 정책이 학교운영의 자율화로 명료하게 규정된 것은 1997년 기존의 교육법을 분할하여 교육기본법을 제정하면서, 제5조 제2항에서 '학교운영의 자율성'을 존중하는 원칙을 천명하면서 부터라고 할 수 있다.

나. 단위학교 자율화의 상징으로서 '학교운영위원회'

학교의 자율성과 학교구성원의 참여의 보장은 학교운영의 기본 원칙이다. '학교의 자율성(自律性)'은 '학교자치(學校自治)'라는 표현과 혼용되어서 쓰이며 학교운영위원회는 풀뿌리 교육자치로서 학교자치의 이상을 실현할 핵심 기구로 평가된다. 학교운영위원회는 이른바 과거의 교장중심의 폐쇄적 학교운영에 대한 반성으로부터 촉발된 것이었다. 학교구성원의 참여를 기반으로 하고 이를 교원위원, 학부모위원, 지역위원으로 설정하여 교장중심 운영체제에 변화를 가져왔다. 더불어 교장임기제, 교장공모제 그리고 수석

교사제 등은 학교에서의 능력주의 인사의 상징으로 여겨지지만, 다른 한편으로는 학교운영위원회를 통한 자율운영을 뒷받침할 리더십 확보 차원에서 기능하고 있다.

학교운영위원회 제도는 1995년 시범 도입한 이후 국·공립학교에의 필수기구화, 전 각급 학교로의 필수기구화, 교육감 및 교육위원 선거인단제와 연계를 통한 교육자치와 학교자치의 연계 그리고 2021년 개정을 통해서는 국·공·사립학교 학교운영위원회 성격의 심의기구 단일화에 이르기까지 학교 내의 의사결정 중심기구로서 자리를 잡아가고 있다.

학교운영위원회가 임의기구에서 필수 심의기구로 자리잡기까지 수 차례의 헌법재판이 제기되어 관련 규정의 규범적 정당성에 대한 논란이 있었지만, 위헌 판결은 없었다.

다. 단위학교 자율운영의 기초조직으로서 '학부모회, 교사회, 교직원회'

학교운영위원회에 대한 많은 연구들은 그 제도가 확보한 제도적 당위성과는 별개로 단위학교에서 다소 형식적으로 운영되고 학부모, 교사, 학생들에게 풀뿌리 학교민주주의로서 체감도가 낮다는데 공통된 인식을 보이고 있다. 이름하여 '학교운영위원회 활성화 과제'를 지적하는 것이 공통된 결론이다.[24] 동시에 그 해결책 중의 하나는 학교운영위원회 구성의 민주적 정당성을 더욱 확보하여 명실 상부한 단위학교 자치기구로서 기능토록 한다는 것이다.

학교운영위원회가 체감하기 어려웠던 것은 학부모위원 및 교원위원을 선출하는 과정이 각각 학부모 전체회의 및 교사 전체회의를 거치도록 하고 있으나 대부분 추천제 내지 간접선출 방식을 취하고 있어서 운영위원들이 각 집단을 제대로 대표하지 못한다는 것이다.

자연스럽게 학교운영위원회를 지지하는 기초조직으로서 학부모회, 교사회 등의 법제화 논의가 전개되었다. 시작은 노무현 정부에서부터 비롯되었지만, 여전히 법령수준에서 학부모회나 교사회는 법제화되지 않았다. 다만, 학교자치 조례 및 학부모회 조례 제정 운동을 통해서 점차 학내 기초조직으로서 점차 자리를 잡아가고 있다.

학생회와 관련하여서는 학생 자치활동(초·중등교육법 §17)에 관하여 "학생의 자치활동은 권장·보호되며, 그 조직 및 운영에 관한 기본적인 사항은 학칙으로 정한다"고 하면서, 이 법 시행령에서는 "학교장은 학생의 자치활동을 권장·보호하기 위하여 필요한 사항을 지원하여야 한다"(§30)고 규정하고 있다. 학생회는 학생의 자치활동 보장 차원에서 학칙사항으로 언급하는 수준으로 최대한 입법적 자제를 통해 자율권을 보장한 것으로 평가할 수 있다.

통상 자율화 내지 자치라고 한다면 비교적 법제화가 낮게 되어 있고 자치규범을 통하여 규율됨을 뜻

24) 과거 학교자율운영 정책의 문제점에 대하여 김용(2019)은 내적 동기보다는 책무성과 성과급같은 외적 동기를 자극하는 신자유주의 교육개혁 일환이었다는 점, 교육목표와 성과를 결합하는 전국학업성취도평가, 교원평가, 교육정보공개 등의 정책은 교사의 자율성과 전문성을 심각하게 약화시킨 점, 규제를 완화한 자율운영학교가 전체교육 생태계에 미칠 영향에 대한 사회학적 논의 부족, 외재적 요인으로 교사의 자율적 실천을 가로막는 입시교육 압력, 학교의 자율적 활동을 지원하기보다 저해하는 교육부와 교육청, 학교평가등 책무성 정책하에서 교사들의 탈전문화와 정서적 소진 문제 등을 지적했다. 김용(2019), 학교자율운영 2.0, 살림터, 90-96면.

한다. 법령에 상세한 규정을 두고 있는 것 자체가 자치조직으로서 생명력을 잃을 수 있다는 뜻이다. “최고의 자치규범은 관련된 법령이 없이 오로지 자치규범에 의할 때 완전해진다”라는 격언처럼, 가장 이상적인 학교자치 법규는 법령으로 획일화하여 규정하기보다는 기본적인 사항 이외에는 학칙등 자치규범 사항으로 넘겨서 최대한 입법적으로 자제될 때 가능하다고 할 수 있다. 그 점에서 단위학교 교원, 학생, 학부모 집단 중에서 학교교육법규로부터 가장 자율성을 크게 부여받는 조직은 학생회라고 할 수 있다. 학생회라는 표현도 없지만 학생회가 조직되지 않은 초·중·고·대학은 없는 것이 현실이다. 과거에 2000년대 초반 노무현 정부 초기에 교사회, 학부모회, 학생회 법제화 정책이 추진된 바 있었으나, 학생회는 이미 자치조직으로서 현장에서 뿌리내리고 있어서 법제화를 통해서 조직을 통일하고 역할과 기능을 획일적으로 부여하는 것이 오히려 학생집단의 자유로운 참여를 제한 한다는 지적에 따라 제외했던 것도 같은 맥락이었다.

다만, 교사회의 경우 학교 내에 가장 전문적인 집단이고 의사결집의 필요성도 높은데 비하여 법제화가 가장 더딘 것이 사실이다. 학교자치 관련 조례를 제정한 7곳 자빙자치단체의 조례를 살펴보더라도 교사회, 교직원회, 교무회의 등 다양한 모습으로 전개되고 있고, 학교운영위원회와의 역할분담 역시 입법적으로 정비가 아직은 미흡한 상황이다.

라. 학교 자율성 보장 확대를 위한 실험학교로서 ‘자율학교’, ‘혁신학교’

학교 자율성의 제도 보장은 학교운영위원회 그리고 기초조직의 법제화에 이어서 학교교육과정의 자율운영을 허용하는 ‘자율학교’로 이어지고 있다. 학교에서의 자치는 의무교육 시행을 위하여 국민적으로 합의한 국가 표준화 교육과정(2015 개정 교육과정 고시등)이나 국·검·인정제에 의한 교과서제도라고 하는 제반 교육법규의 범위 내에서의 자율성이라는 점에서 상당한 제약이 따른다. 자율적으로 또는 임의적·창의적으로 행할 수 있는 재량이 법령의 범위 내로 한정되기 쉬운 구조라는 것이다. 공교육이란 시스템 하에서 동일한 능력을 가진 것으로 전제하는 학습자 집단으로 구성된 학교에서의 교육과정과 교재 그리고 각종 교육시설·설비, 교직원을 비롯한 인적 인프라 역시 균등한 여건으로서 제공되어야 한다. 그러기 위해서 표준화, 즉 법제화가 도입되었고, 그 만큼 자율성의 폭은 축소되었다고 할 수 있다.

자율학교는 그러한 법제화의 예외라고 할 수 있고, 법제화에 따른 획일성을 극복하고 다양성을 시도하여 결국 전체 학교의 개선점을 찾아보자는 취지의 일종의 실험학교이다.

이른바 자율학교의 직접적인 근거조항은 초·중등교육법 제61조(학교 및 교육과정 운영에 있어서 특례)를 통해서이다. 즉, 학교제도를 포함한 교육제도의 개선과 발전을 위하여 특히 필요하다고 인정되는 경우에는 대통령령(초·중등교육법시행령)이 정하는 바에 의하여 제21조 제1항(교장·교감자격증제), 제24조 제1항(3.1－2.28 학년도제), 제26조 제1항(학년제에 의한 진급 또는 졸업), 제29조 제1항(국·검·인정 교과용도서의 사용 의무), 제31조(학교운영위원회 설치), 제39조(초등학교의 수업연한), 제42조(중학교의 수업연한), 제46조(고등학교의 수업연한)의 규정을 한시적으로 적용하지 아니하는 학교 또는 교육과정을 운영할 수 있다“고 규정하면서 이 규정에 의하여 운영되는 학교 또는 교육과정에 참여하는 교원 및 학생 등은 이로 인하여 불이익을 받지 않도록 보장하였다. 위에서 언급한 대통령령인 초·중등교육법 시행령 제105조(학교 및 교육과정 운영의 특례)는 이 학교를 '자율학교'라 명명하고 있는 것이다. 이를 통하여 법제화된 자율학교는 7개 유형으로 규정되었지만 교육감이 학력향상 등을 위하여 공립학교를 직권으로 자율학교로도 지정할 수 있도록 했다(시행령 §105①). 통상 자율학교는 5년 이내로 지정·운영하되, 교육감이 정하는 바에 따라 연장 운영할 수 있다(시행령 §105④). 교육부장관 또는 교육감은 자율학교의 운영에 필요한 지원을 하여야 한다(시행령 §105⑤).

각 시·도에서는 교육감의 성향에 따라서 활용도가 달라지기도 했다. 이른바 진보성향 교육감 지역이었던 경기도의 경우 '혁신학교'는 2018－2022년 시기에 전국적으로 가장 많이 확대되기도 했다. 각급 학교들의 필요에 의하여 학교개혁 의제를 선택하며 참여하는 학습공동체로서 학교자치 문화를 지향하며 교사들의 학습공동체 활동을 장려하는 특징을 보이기도 한다. 제주특별법상 특례를 활용한 이른바 제주형 자율학교 정책도 주목을 받고 있다.

문제는 이러한 자율학교 내지 혁신학교 정책이 이른바 진보성향 교육감과 보수성향 교육감의 교체기에는 그 강조점이 달라져 일관된 자율화 정책을 어렵게 하는 원인이 되기도 한다. 제주형 자율학교를 분석한 강은주(2017)는 자율학교 정책의 가치는 자율성과 책무성이었으나 교육감에 따라 달리하였던 i좋은학교와 다흔디배움학교 간 목적이 달라 공감대 형성이 미흡했다는 진단이다. 이들 자율학교는 이른바 보수와 진보성향의 교육감에 의하여 시대적 요구를 반영한 것이었으나 모델 변경에 대한 교육청의 의견수렴 노력은 부족했던 것으로 진단되었는데 교육감 교체기에 일반적인 현상이기도 하다. 그리고 제주특별법상 특례를 두었지만 현장에서는 활용도는 낮았는데 교육청에서 지침 등 구체적 활용방안 모색이 부족했음을 원인으로 지적했다. 그리고 자율학교의 자체평가 시스템이 부재하고 각급 학교에서의 자율학교 운영 역량이 미흡하여 기대 만큼의 책무성은 담보할 수 없었다고 분석하였다.[25)]

마. 단위학교 교육자치 제도 보장으로서 '교육분권' 및 '학교자치'

학교자치와 학교자율성은 기본적으로 지향점이 같다는 점에서 단위학교에서의 교육자치 완성을 목표로하는 교육자치제도는 곧 학교자율성 신장과 직결되어 있다. 비록 교육자치 입법정신은 헌법이나 교육기본법에 명료하게 기술되어 있지는 않지만, 헌법 제31조 제4항이 보장하는 교육의 자주성 보장과 직결되어 있음은 앞서 살펴본 바와 같다.

그 제도적 보장책이 곧 지방교육자치법에 근거한 교육자치제라 할 수 있다. 교육기본법 역시 제5조에서 동일한 취지의 조항을 두어왔고, 최근의 개정을 통해서는 교육의 자율성과 학교의 자율성 보장 주체를 명확히 규정하고 있다.

교육기본법 제1조 개정을 통해서는 국가가 지방자치단체의 교육에 관한 자율성을 존중할 의무까지 규정하여, 교육부－교육청－학교 간에 있어서 자율성 존중의 기본 정신을 명확히 하고 있다.

---

25) 강은주(2017), 제주형 자율학교에 대한 다차원 정책 분석, 제주대 박사학위논문, 211－216면.

지금까지 교육부장관으로부터 시도교육감에게로 이양한 교육분권 가운데 가장 의미있는 분권은 2012년 3월 21일 개정을 통해서 보장된 '학교에 대한 포괄적 장학 · 지도권'을 교육감의 전권으로 전환 시킨 조치라 할 수 있다.[26] 즉, 교육부장관과 교육감이 공유하던 것을 교육감 전권으로 이양했는 바, 이는 학교자율화 조치에 이정표를 새운 조치였다고 할 수 있다. 다만, 장학 · 지도권을 이양받은 교육감이 얼마나 지역의 특색을 살려 학교교육과정에 대한 계획을 수립하고, 나아가 단위학교의 자율운영권을 담보하느냐가 관건이 될 것이다.

문재인 정부하에서는 교육민주주의 회복과 교육자치 강화를 국정과제로 선정하였고, 일반자치와의 통합보다는 단위학교 자치를 강화하는 정책을 펴기도 했다. 학생과 학부모 자치활동을 활성화시키고 학부모회 조례가 활발히 제정된 것도 이 시기의 변화였다. 앞의 교육기본법 개정(2021.9)을 통해서 교육의 자주성 보장을 강화하고 사립학교 학교운영위원회를 심의기구화한 개정도 단행되었다. 교육부 기능 재설정을 전제로 「국가교육위원회법」(2022.7.21. 시행)이 제정된 것 또한 국가수준의 교육정책 수립에 있어서 교육의 자주성 및 정치적 중립성 그리고 전문성을 담보하면서 국가 교육과정 및 현안에 대한 국민적 의견수렴의 장으로서 역할이 기대되기도 한다.

특히, 교육과정 측면에 있어서는 국가교육위원회의 출범을 계기로 초 · 중등교육법이 개정되어 교육부의 업무였던 교육과정 개편을 주도하게 되었다. 즉, 초 · 중등교육법 제23조에 따르면 "학교는 교육과정을 운영하여야 하며, 국가교육위원회는 교육과정의 기준과 내용에 관한 기본적인 사항을 정하며, 교육감은 국가교육위원회가 정한 교육과정의 범위에서 지역의 실정에 맞는 기준과 내용을 정할 수 있다"고 규정한다(§23).

교육행정기관인 교육부가 주도하기보다 국가교육위원회가 주도하도록 한 기능의 부여는 국가교육위원회의 설립 목적(교육에 관한 교육정책이 사회적 합의에 기반하여 안정적이고 일관되게 추진되도록 함으로써 교육의 자주성 · 전문성 및 정치적 중립성을 확보하고 교육발전에 이바지함을 목적)에서도 기술되어 있듯이 교육의 자율성 신장과도 연동되어 있다. 국가교육위원회의 세 가지 미션[27]을 고려할 때, 국가교육위원회는 교육의 자율성 확보하는데 진일보한 통치 구조를 마련하는데 일조한 것으로 기대된다.

그러나 다른 한편에서 본다면, 교육행정당국이 풀기 어려운 교육계의 난제를 국민적 합의기구라는 명분을 가진 국가교육위원회에 의뢰하고, 이것이 일선 학교와 교사에게 요구되어 질 때, 체감하는 단위학교 중심의 자율운영보다는 여전히 밖으로부터 학교개혁 목표를 달성하거나 평가에 대비하기 위한 경쟁적 자율화에 머물 가능성도 없지 않다. 진정한 교육 개혁이란 '교실 개혁에서 발의되어 교실에서의 변화로 완성'될 때 가능하다는 화두와 같이, 단위학교에서의 자율화는 교사, 학생, 학부모에게 체감되는 것이어야 할 것이다.

---

26) 초 · 중등교육법 제7조(장학지도) 교육감은 관할 구역의 학교를 대상으로 교육과정 운영과 교수(敎授) · 학습방법 등에 대한 장학지도를 할 수 있다. (전문개정 2012.3.21.)

27) 국가교육위원회법 제10조(위원회의 소관 사무) ① 위원회의 소관 사무는 다음 각 호와 같다.
1. 제11조에 따른 교육비전, 중장기 정책 방향, 학제 · 교원정책 · 대학입학정책 · 학급당 적정 학생 수 등 중장기 교육 제도 및 여건 개선 등에 관한 국가교육발전계획 수립에 관한 사항 2. 제12조에 따른 국가교육과정의 기준과 내용의 고시 등에 관한 사항 3. 제13조에 따른 교육정책에 대한 국민의견 수렴 · 조정 등에 관한 사항 4. 그 밖에 다른 법률에 따라 위원회의 소관으로 정한 사항

동시에 지속될 것으로 예상되는 학교 자율화 정책은 학교교육 당사자인 교사, 학생, 학부모의 학교자치에 있어서 적정한 역할분담에 기초하여야 하고, 자율화의 수준은 구성원이 학교자치에 대한 권리 의식 양상과 기꺼이 참여하고자 하는 의욕 수준에 비례한 것이어야 할 것이다. 일찍이 어느 시·도에서는 학부모회 조례를 만들어 기초조직을 갖추려 했으나 학교운영위원회 구성이 더 어려워졌다는 현장의 반응은, 제도의 도입에 앞서 당사자의 권리의식의 진단이 먼저임을 잘 보여준다. 학교구성원들의 학교자율화에 대한 인식진단이 먼저이다.

학교자치 조례의 위법성 논란을 가져온 교원인사위원회 역시 학교당사자들의 법규범에 대한 법인식간의 괴리를 확인하고 이를 해소하는 방향에서의 법 개정이 필요하다. 학교자치 조례에 대한 법인식 분석을 한 백규호(2017)의 연구 결과에 의하면, 초중고교 교원(458명대상, 교감·교장 7.2%)은 학교교육당사자의 학교의사결정 참여, 교사의 교육내용·방법의 선정권·평가권 존중, 학부모·학생의 학교교육 의견 제시권, 학생회·학부모회 설치 및 심의권 부여 등에서는 법규범과 법인식간에 차이가 없는 것으로 나타났으나 교무회의·교원인사(자문)위원회에 대해서는 찬반 견해가 있었다(위원장인 교감의 가장 높은 긍정도 4.75). 이에 법체계 안정성을 위하여 교장의 권한 내에 두는 교원인사자문위원회를 제안하였고, 교무회의의 경우 학교운영위원회로부터 권한 위임받은 회의기구로서 역할분담을 제안했다.[28] 이렇듯 법률 이해당사자 간의 법규범에 대한 법인식 간극 차이를 진단하고 헌법과 교육기본법에 규정된 제도의 입법정신에 입각한 역할분담을 준거로 대안을 모색하는 교육법학적 접근방법은 교육당사자간의 갈등을 일으키는 현안 해소에 의미있는 접근이라고 할 수 있다.

69설 학교 자율성 제도보장: 학교운영위원회, 학교기초조직의 법제화, 자율학교 운영, 교육분권조치

5. 학교 자율화 입법의 쟁점과 과제: 자치조례의 위법성[29]

가. 학교자치 조례를 둘러싼 입법 분쟁 사건의 주요 개요

(1) 구「광주광역시 학교자치에 관한 조례(2013.1.31.)」에 대한 교육부의 제소

광주광역시 학교자치에 관한 조례안은 교사회, 학생회, 학부모회, 직원회 등 설치·운영의 규범적 근거를 마련하여 학교를 민주적으로 운영하도록 하는 환경을 조성하고자 주민 발의되었다. 광주광역시 학교자치조례제정운동본부 대표 외 17,980명이 연서하여 청구한 조례 제정안에 대하여 2012.8.29. 광주광역시교육청 법제심의위원회에서 검토를 받았다. 검토 후 당일 조례청구가 수리되어 2012. 10. 8. 제1차

28) 백규호(2017), 학교자치 입법정신의 규명과 법인식 분석, 제주대 박사학위논문, 115, 192－197면.
29) 최근 학교자치 조례관련 입법분쟁 판례분석에 관하여는 고전·백규호·이수경(2017), 학교자치기구 법제화 및 기능 연구, 한국지방교육연구소, 53－58면의 내용을 참조.

교육위원회에 상정되었다. 하지만 광범위한 의견수렴과정의 필요성을 이유로 의결이 보류되어 2012. 11.6., 2013.1.23. 공청회를 실시하였다.

광주광역시의회는 2013.1.31. 광주광역시 학교자치에 관한 조례안을 의결하였다. 교육부는 2013. 2.20. 광주광역시 교육감에게 '이 사건 조례안이 법령의 명시적인 위임 없이 조례로 학교에 특정한 기구를 설치하도록 의무화하여 위법하며 초·중등교육법에 따른 기구 및 그 기능과 상충되어 공익을 저해할 우려가 있다'는 등의 이유로 재의요구 지시를 하였다. 이에 따라 광주광역시 교육감은 2013.2.21. 이 사건 조례안에 대한 재의요구를 하였다. 그러나 광주광역시의회는 2013.3.14. 이 사건 조례안을 원안 그대로 재의결하였다.

이에 교육부는 2013.4.9. 대법원에 조례안 무효확인소송 및 집행정지결정을 신청하였으며(2013.8.21.), 대법원 본안판결 전까지 학교자치조례를 집행정지 하였다(대법원 2013추36).[30]

대법원은 2016.12.29. 관련 사건을 광주광역시 학교자치에 관한 조례안에 대하여 한 재의결은 효력이 없다고 판결하였다(대법원 2013추36).

(2) 구 「전라북도 학교자치조례(2015.12.14.)」에 대한 교육부의 제소

전라북도의회는 학교교육의 당사자들에게 학교운영에 참여할 수 있는 권리를 보장함으로써 민주적인 학교공동체 실현과 배움과 성장이 있는 학교문화를 조성하는 것을 목적으로 2015.12.14. 「전라북도 학교자치조례안」을 의결하고 2016.1.4. 시행에 들어갔다.

교육부는 2016.1.5. 전라북도교육감에게 '이 사건 조례안이 상위법에 규정되지 않은 자치기구를 의무적으로 설치하도록 하여 법령에 위반되거나 학교현장의 교육활동 및 교무행정에 혼란을 초래하여 공익을 현저히 저해할 우려가 있다'는 등의 이유로 재의요구를 지시하였다. 그러나 전라북도교육감은 같은 날 '이 사건 조례안이 이미 2016.1.4. 공포되어 이에 대하여 재의요구가 불가능하다'는 취지의 결과보고를 하였다. 이에 교육부는 2016.1.13. 「지방교육자치에 관한 법률」 제3조에 의하여 준용되는 지방자치법 제172조 제7항에 따라 이 사건 조례안 의결의 효력 배제를 구하는 이 사건 소를 직접 제기하였다.[31]

대법원은 2017.1.25. 관련 사건을 전라북도 학교자치조례안에 대하여 한 의결은 효력이 없다고 판결하였다.

나. 광주·전북 학교자치 조례의 입법 분쟁에 대한 교육부와 지방의회의 입장

「광주광역시 학교자치에 관한 조례」에 관하여 교과부가 제시한 주요 위법사항은 다음과 같다. 첫째, '교육감과 학교장은 교사의 평가권을 침해하여서는 아니된다'는 규정으로 상위법령에 근거가 없는 교사의 평가권을 들어 교육감과 학교장의 권한을 제한하고 있다.

둘째, 교육감과 학교장은 학생과 교사의 교수학습활동 예산을 우선 배정하도록 하여 관련 법률에 따

30) 백규호(2017). 앞의 논문, 95-96면.
31) 백규호(2017), 앞의 논문, 97면.

라 교육감과 학교장이 갖는 예산편성권을 조례로 제한하고 있다.

셋째, 법령의 명시적 위임 없이 조례로 학교에 교사회, 교무회의, 교원인사자문위원회 등 특정한 기구를 설치하도록 의무화하고 있다.

넷째, 학교운영위원회 안건을 법령의 위임 없이 교무회의에서 사전 심의를 거치도록 하고 있다(교육과학기술부 보도자료, 2013.2.20.).

2013년 광주광역시는 학교자치에 관한 조례의 주요 쟁점을 참고하여 제정했다. 보완된 내용은 첫째 광주가 '교사의 평가권을 침해하여서는 아니 된다'라고 한 것을 '법령의 범위에서 판단하고 결정한 평가'로 범위를 한정 하였다. 둘째, 교사의 교수학습활동 예산 우선 배정 관련 사항은 두지 않은 대신 신의성실 원칙을 추가했다. 셋째, 기초 자치기구의 자치권 보장의무를 학교장에게 부과하였다(광주는 자치권 훼손금지 관점), 넷째, 교무회의 결정의 구속력을 광주보다 명확히 하여 학교장이 교무회의 결정을 따르는 방식을 취했다. 학교운영의 중심이 학교장보다는 교무회의의 구성원(교직원)에 있음을 보여주었다.[32)]

전라북도의회는 「전라북도 학교자치조례」에 관하여 교육부가 제시한 주요 위법사항은 상위법령이 보장하고 있는 학교장의 학교 경영권 등을 침해한다 등의 이유를 들었다(광주광역시회의 보도자료, 2016.1.7.).

표 14-1 광주 및 전북의 학교자치조례 관련 입법 분쟁의 주요 내용

쟁점 사항	교육부의 제소 취지	지방의회 등의 입장 등[33)]
쟁점1. 법률 유보의 원칙과 조례 제정권 범위	1. 법령의 명시적 위임 없이 조례로 학교에 교사회, 직원회, 교무회의, 교원인사자문위원 등 특정기구 설치 의무화 2. 법령의 위임 없이 교무회의 사전 심의권 행사는 불법	지방의회의 민주적 정당성 인정하여 포괄적 법률 위임의 가능성 법령근거한 위임조례는 주민권리제한과 관련된 부분으로 한정됨 ∴자치기구설립 및 역할분배 가능
쟁점2. 법률 우위의 원칙과 조례 제정권 범위	1. 상위법령 근거 없는 교사의 평가권으로 인한 교육감과 학교장의 권한 제한 2. 교육감과 학교장이 갖는 예산편성권 조례로 제한	헌법 제117조 제1항, 지방자치법 제22조의 '법령의 범위 안'에서라는 의미를 '법령에 위반되지 않는 범위 내'에서로 해석(지방의회)

주: 전북은 교사의 평가권을 존중 조항으로 수정했고, 예산편성권을 조항을 삭제 보완함.
출처: 백규호·고전(2016), 학교자치 조례의 입법정신과 입법 분쟁 분석, 교육법학연구 28(1), 47면.

다. 대법원의 판단

대법원은 2016년 12월 29일 구 「광주광역시 학교자치에 관한 조례안」에 대한 재의결은 효력 없다고 판결하였다. 특히, 이 사건 조례안 제10조가 교원인사에 관한 사항을 심의하기 위하여 공립학교에 교원인사자문위원회를 두도록 하고 그 심의사항에 관하여 규정한 것은 국가사무에 관하여 법령의 위임 없이 조

32) 백규호·고전(2016), 학교자치 조례의 입법정신과 입법분쟁 분석, 교육법학연구 28(1), 46면.
33) 홍석노·김대유·이재희·강일구(2014: 58－66) 보고서를 바탕으로 학교자치 쟁점에 대하여 광주, 전북의 입장에서 추론하여 정리하였다.

례로 정한 것으로 조례제정권의 한계를 벗어나 위법하다고 판결하였다(대법원 2013추36).

또한 대법원은 2017년 1월 25일 구 「전라북도 학교자치조례안」에 대한 의결은 효력이 없다고 판결하였다. 이 사건 조례안도 제9조가 교원인사에 관한 사항을 심의하기 위하여 학교에 교원인사자문위원회를 두도록 하고 자문위원회의 자문결과에 대하여 학교의 장은 특별한 이유가 없는 한 이를 수용한다고 규정한 것은 국가사무에 관하여 법령의 위임 없이 조례로 정한 것으로 조례제정권의 한계를 벗어나 위법하다고 판결하였다(대법원 2016추5018).

대법원은 광주학교자치조례안 참조 판례로 대법원 99추30, 2011두12153, 2012추145을 제시하고 있으며, 전북 학교자치조례안 참조판례로 대법원 2012추145, 2013추98을 제시하였다. 「서울 교권보호와 교육활동 지원에 관한 조례안」 판결(대법원 2012추145)은 광주 · 전북 학교자치조례안 판결 시 모두 참조하고 있었다.

참조 판례 중 대법원 99추30, 2011두12153에서는 조례제정권 범위와 위임조례의 한계성을 제시하고 있다. 위임조례라고 하더라도 개별 법령의 취지에 부합하여야 하고 그 범위 내에서만 조례의 내용을 정할 수 있다고 한정하고 있다. 특히 교원의 지위 등 국가사무에 관하여 법령의 위임 없이 조례로 정한 것은 조례제정권의 한계를 벗어난 위법하다고 판결하고 있다(대법원 2012추145).

하지만 대법원 2013추98에서는 당사자의 새로운 권리 부여, 새로운 의무 부과, 국민 또는 주민의 기본권 제한이 없을 경우 전체적으로 헌법과 법률의 테두리 안에서 이미 관련 법령에 의하여 인정되는 권리 열거, 권리보장 확인, 내용 구체화 등에 대해서는 법률유보 원칙과 법률우위원의 원칙에 어긋난다고 볼 수 없다고 판결하였다.

표 14-2 학교자치조례 관련 판례 현황

구분	사건명	사건번호	시사점
1	조례안재의결 무효확인 (광주 학교자치조례안)	대법원 2013추36	교원인사자문위 조항 조례제정권 한계 위법
2	조례안의결 무효확인 (전라북도 학교자치조례안)	대법원 2016추5018	교원인사자문위 조항 조례제정권 한계 위법
3	울진군발전소주변지역지원산업시행에관한조례 무효확인 청구의 소	대법원 99추30 (광주 판결 참조판례)	조례제정권 범위와 위임조례의 한계성 제시
4	결식아동 급식지원 전자카드 공급 및 위탁운영사업자 선정 취소	대법원 2011두12153 (광주 판결 참조판례)	조례제정권 범위와 위임조례의 한계성 제시
5	조례안의결 무효확인 (학생인권조례안)	대법원 2013추98 (전북 판결 참조판례)	기본권 창설 및 제한이 아닌 경우 조례제정 가능
6	조례안재의결 무효확인 청구의 소 (서울 교권보호와 교육활동 지원에 관한 조례안)	대법원 2012추145 (광주 · 전북 판결 참조판례)	교원의 지위 관련 사항 국가사무 등은 조례제정 불가

출처: 고전 · 백규호 · 이수경(2017), 학교자치기구 법제화 및 기능 연구, 한국지방교육연구소, 57면 <표 Ⅳ-14> 인용.

라. 판례의 시사점

학교자치조례 관련 판례는 조례제정권의 범위에 대하여 다음과 같이 시사점을 주고 있다.

광주·전북 학교자치조례안 판결에서는 광주안 제10조(교원인사자문위원회), 전북안 제9조(교원인사자문위원회) 조항에 대하여 위법하여 효력이 없는 이상 관련 사건 조례안에 대한 재의결 또는 의결은 전부 효력이 부인되어야 한다고 결론을 내리고 있다(대법원 2013추36, 대법원 2016추5018). 단, 자치기구(학생회, 학부모회, 교사회 등)을 부정하는 직접적인 언급이 없었다는 점은 학교자치 조례안을 준비하는 일부 시도에 시사하는 바가 크다고 해석된다.

또한 교원의 지위 등에 대한 사항을 조례로 제정할 때에서는 법률 위임이 필요로 하기 때문에 최소한 초·중등교육법 개정이 필요로 하다. 특히, 학교자치조례안의 쟁점 사항인 교원인사자문위원회는 교장의 권한과 충돌되기 때문에 초·중등교육법 제20조(교직원의 임무) 중 교장의 임무 일부 개정이 필요할 것이다.

학교자치의 독립적 기초조직으로서 교사회와 그 역할을 두기 위해서는 교원의 지위에 관한 사항은 국가사무이기 때문에(대법원 2013추36) 법률 근거가 필요하다. 단, 학교운영위원회의 기능 내에서 전심기구로서 교사회는 초·중등교육법 시행령 제58조의2(교사회, 학부모회, 학생회 구성) 신설을 통하여 근거를 제시할 수 있을 것이라 판단된다.

70설 학교자치 조례 제정 관련 분쟁의 교훈: 법률유보의 원칙+법률우위의 원칙 준수 중요성

제 15 장

한국 교육법과 교육법학의 과제

1. 교육법의 정립: 헌법정신 구현론 및 헌법 개정론
2. 교육법의 해석: 공감대적 가치질서론
3. 교육법학의 연구 대상: 교육법 전과정 · 전영역론
4. 교육법학의 연구 방법: 교육법학적 접근 방법론
5. 교육법학의 연구 성과: 한국교육법학론

한국 교육법의 과제는 교육법 내용 측면의 원리이자 헌법에 반영된 대표적인 교육조리인 교육의 자주성, 전문성, 정치적 중립성의 보장 관점에서 제시할 수 있다. 교육의 자주성 측면에서는 교육분권에 기초한 지방교육자치제 과제를 우선 들 수 있고, 대학의 자율성 보장으로 표현되는 대학의 자치와 최근의 학교단위 학교자치 관점에서의 학교운영의 자율성 보장에 관한 입법 과제가 있다.

교육의 전문성 측면에서는 무엇보다 교원의 전문성을 담보하기 위한 교원의 양성, 자격 검정, 임용 그리고 현직 연수에 걸친 입법과제를 들 수 있다. 나아가 각급 학교 국가교육과정의 개발과 교원 및 교육기관에 대한 평가 입법 역시 종국적으로는 교육의 전문성을 담보하기 위한 법적 시스템이다.

정치적 중립성 측면에서는 그간의 교원에 대하여 소극적으로 시민권을 제한하던 방식에서 벗어나 필요한 범위 내의 적극적 보장이 필요하며, 학생에 대한 정치교육의 요구와 학생의 선거권 확대와 관련한 변화를 적극 수용하는 입법이 마련되어야 한다.

보다 장기적이며 근본적인 과제는 헌법의 교육조항을 개정하는 것이며, 이는 국민의 교육기본권 보장의 관점에서 평생 학습의 자유와 권리, 교육의 자유, 학부모의 참여권, 교육자치, 국가와 지방자치단체의 책무 등에 관하여 헌법조화론적 개정을 하는 것이다.

다음으로 교육법의 해석과 적용에 있어서 지켜져야 할 원칙으로 국민들의 교육에 대한 공감대적 가치질서의 확인 과정이 필요하고, 사법기관의 판례와 교육법 연구자의 학설은 그 중요 논거가 되며 사회의 법 인식 조사 결과 역시 이를 뒷받침 할 수 있도록 상호 연계되어 해석되고 적용되어야 한다.

끝으로, 교육법학의 과제는 연구대상, 연구방법, 연구성과 측면에서 제시할 수 있다. 교육입법, 교육행정, 교육사법에 이르는 전 과정에 대한 연구가 필요하고, 교육학과 법학의 학제적 접근을 통한 교육법학적 접근 또한 지속적으로 시도되어야 한다. 지금까지의 연구 성과를 기반으로 한국교육법학은 독자적 연구영역으로 자리매김되어 가고 있다.

제 15 장 한국 교육법과 교육법학의 과제

1. 교육법의 정립: 헌법정신 구현론 및 헌법 개정론

가. 헌법정신 구현론

교육법의 일차적인 존재 이유는 헌법에 규정되어 있는 국민의 교육기본권을 더욱 구체화하여 규정하고 이를 실효성 있게 보장하기 위한 교육 제도의 법적 근거를 제공하는데 있다. 교육에 관한 권리에 대한 인식 또한 시대에 따라 관점을 달리해 오고 있다. 즉, 과거에는 국가가 제공하는 교육을 수동적으로 받는다는 교육수권(敎育受權) 관점이었다면, 이제는 인간다운 삶을 영위하기 위해 필수적으로 보장되고 주장되어야 할 인권(人權)으로서의 성격이 강조되는 방향으로 가고 있다. 교육 법규사적 특성과 헌법재판을 통해서 볼 때 강화 또는 완화되거나 신설되어야 할 과제는 그 판단 기준을 교육법의 원리에서 구할 수 있다. 특히 제1원리인 교육조리 존중의 원리 차원에서 헌법 제31조 제4항에 반영되어 있는 '교육의 자주성, 전문성, 정치적 중립성 보장'은 교육법을 정립하는 과제를 논하는데 주요 기준점이다.

(1) 교육의 자주성 보장

첫째, 교육의 자주성 차원에서 한국의 교육법은 재정립하여야 할 적지 않은 과제를 안고 있다. 교육의 자주성은 교육당사자에 의한 자주적인 의사결정과 집행 그리고 자기 책임을 의미하며, 교육행정에 있어서는 국가, 지방, 학교 수준에서 전문 영역으로서 자치행정을 보장하는 것을 말한다. 물론, 지방분권에 기초한 행정체제 아래에서 지방교육자치제의 보장이 주요 관심사이다. 교원 개인 차원에서의 자주성은 학교 전 교육과정에서 교육전문가로서 자주적인 교육활동을 보장받는 것을 의미한다.

교육의 자주성과 관련하여는 교육기본법에 보다 구체적으로 규정되어 있고, 최근 개정을 통해서 지방자치단체의 교육에 관한 자율성을 국가로 하여금 존중토록 의무화하였다. 동시에 학교운영의 자율성을 존중하고 구성원을 참여토록 보장하는 주체 역시 국가와 지방자치단체로 구체화하는 개정이 있었다(2021. 9.24.). 이른바 지방교육자치 및 학교운영의 자율성 보장 차원에서 교육의 자주성을 보다 구체적으로 규정한 진일보한 입법 변화였다. 그러나 교육기본법상 '교육자치'나 '학교자치' 개념은 여전히 등장하고 있지 않다.

지방교육행정에 있어서 자주성은 지방자치단체로부터 교육감 제도와 같은 독임제 교육행정을 보장받는 방식이나 교육부로부터는 인사 및 조직과 재정 영역에 있어서 적정한 교육에서의 지방분권을 보장받는 방법으로 보장될 수 있다. 중앙집권으로부터 지방분권으로의 보장 방법과 양상은 한국의 교육행정사와 교육법제사 그리고 교육당사자의 교육자치에 대한 의식 변화를 반영하게 된다. 문재인 정부

(2017.5－2022.5)는 교육부에 '지방교육자치 강화 추진단' 및 '지방교육재정 제도개선 추진단'을 설치하고, 시도교육감협의회와 함께 '교육자치정책협의회'를 공동운영하는 등 교육자치 강화의 정책 흐름을 보여주었다. 또한 국회에서 교육기본법의 교육의 자주성 조항(§5)이 개정되고 현장에서 '학교자치'의 논의가 활발히 이루어졌다 점에서 2020년대 들어선 한국의 '교육의 자주성' 측면에서의 입법 정책의 진전을 읽을 수 있다.

반면, 헌법 제31조 제4항의 후단에 규정된 '대학의 자율성 보장'은 법률 유보 형태로 규정되었으나 교육기본법이나 고등교육법 등 관련법에서 구체적으로 언급되지 않은 것은 중대한 입법적 불비(立法的 不備)가 지속되었다. 헌법의 교육조항에 언급된 '대학의 자율성' 보장이 고등교육법 및 시행령 어디에도 단어조차 언급되고 있지 않는 것은 하나의 아이러니이다. 반면, 상대적으로 대학의 공공성 담보라는 이유로 학생정원 및 등록금의 책정, 교원 등 국가자격과정에 대한 지침, 평가 및 공개의 의무를 통해 대학의 자율운영은 상대적으로 축소되어왔다. 자율성에 대한 무언급이 대학 내의 완전한 자치 보장을 위하여 입법적 자제로 평가하기 어려운 이유가 여기에 있다.

이런 상황하에서 대학들은 정부가 각종 대학평가 및 정부지원 사업을 통해서 대학을 정부가 원하는 개혁 방향으로 통제하고 있다고 정부를 비판한다. 대학자치의 정신과 전통을 깊이 고려하지 못하고 대학 거버넌스를 민주화한다는 명목하에서 사립대학에 도입되었던 대학평의원회를 총장과 교수회 중심의 의사결정구조를 유지해 온 국·공립대학에 의무화(2017.11.28. 고등교육법 개정)[1)]하여 기존의 교수회 중심으로 운영되어온 국·공립대학의 거버넌스에 커다란 변화와 갈등이 예고하고 있다.

이어 총장 임용시 추천위원회 선정방식 또는 해당 대학 교원, 직원 및 학생의 합의된 방식과 절차에 따른 선정 방식으로 합의 대상을 넓히는 것으로 개정(2021.9.24. 교육공무원법 개정)[2)]하여 직원과 학생의 참여권이 더욱 확대되었다. 동시에 대학교수에게도 노동조합의 결성이 허용(2021.1.5. 교원노조법 개정)되어 대학 내의 거버넌스는 매우 복잡한 구조로 전개되고 있고 갈등도 예상된다.

한편, 초·중등학교에 있어서 자율운영을 보장을 위한 학교운영위원회 역시 국·공립학교와 사립학교간의 차이를 좀 더 좁히고자 기본적으로 심의기능을 강화하는 개정(초·중등교육법, 2021.9.24.)이 있었다. 그러나 여전히 활성화의 과제를 안고 있으며, 일부 지방자치단체 조례를 통해서 학부모회 및 교무회의가 법제화되고 있을 뿐, 학교 기초 조직의 법제화가 완결되지 않고 있어서 교육의 자주성 보장을 위한 학교자치로의 이행은 초기 단계라 할 수 있다.

---

1) 신설된 고등교육법 제19조의2(2017.11.28.)는 교원, 직원, 조교 및 학생으로 11명 이상의 평의원으로 하되 어느 한 집단이 2분의 1을 초과 할 수 없도록 규정하여, 그동안의 교수회 중심의 대학 거버넌스에 큰 변화를 가져왔다. 대학의 학칙과 교수의 인사, 교육과정 문제에 대하여 그동안 교수중심의 의사결정 관례(교수평의회)에서 교수집단 이외의 과반수이상의 직원, 조교, 학생들 집단이 등장하여 대학 거버넌스에 영향을 미치게 되었는데, 일부 대학에서는 대학평의원회 부의장으로 직원이 선출되기도 했다.

2) 개정된 교육공무원법 제24조의3(2021.9.24.)은 대학의 장을 임용할 경우 추천위원회에서 선정하는 방법과 해당 대학 교원, 직원 및 학생의 합의된 방식과 절차에 따른 선정 방법을 예시하여 그동안 교원간의 합의방식에 큰 변화를 가져왔고, 법이 본격 발효된 2022년 이후 각 대학에서 투표비율을 둘러싼 갈등이 우려된다.

(2) 교육의 전문성 보장

둘째, 교육법이 다른 법과 구분되는 중핵적 특징은 '교육의 전문성'이며 교육의 자주성과 더불어 교육법의 존재 이유이기도 하다. 교육의 전문성은 학교 교육과정을 비롯한 교육제도 및 교육행정 전반에 걸쳐있고, 이와 관련된 교육입법 및 행정입법 그리고 학교 교육법제와 행정 내에서 교육당사간의 권리·의무·책임 관계를 둘러싼 분쟁인 교육재판 과정에서 자주 등장하는 핵심 논제이기도 하다.

그중에서도 국가수준의 표준화된 교육과정으로 운영되고 있는 유·초·중등 공교육에 있어서는 교육과정 개발 및 교과용 도서 선정상의 전문성은 교육과정 전문성 담보의 지표가 되며 이는 교육활동의 전문성으로 직결된다. 동시에 학교교육의 유지와 학생의 진학과정에 있어서도 전문성의 담보는 중요한 법제 마련의 준거가 된다.

우선 '좋은 교육', '좋은 학교'에 대한 판단, 즉 학교 교육역량의 평가 결과는 교육수요자의 정당한 선택권 보장에 필수적인 요소로 떠오르고 있고, 학생 개개인의 진학에 있어서 전문적이고 공정한 학력의 검증과 진학 법제는 '능력에 따른 교육기회의 균등한 보장'에 열쇄이기도 하다. 고교 내신에 대한 공정한 관리와 대학 입시의 신뢰도 향상이 항구적인 정책 과제인 이유도 여기에 있다.

최근 인구감소로 인해 대학정원 대비 학령인구가 감소하여 대학은 대학교육 역량을 수요자 중심으로 높여야하는 요구를 받고 있으며, 초·중등학교에 있어서도 학교평가 및 교원업적 평가를 통한 교육력의 공인 및 신장을 강하게 요청받고 있다.

무엇보다 교원의 전문성은 교육의 전문성을 담보하는 근간이 된다. 헌법 제31조 제6항에서 교육제도, 교육재정에 이어 교원의 지위에 관한 법정주의를 선언하고 있는 것도 이와 무관하지 않다. 우선 교원에 대한 전문성 검증을 위해 국가 기준인 교원자격 검정령에 대한 논의는 현장 능력을 강조하는 시류에 따라 관련 법제가 끊임없이 변하고 있다. 나아가 교원 양성 체제와 관련한 법률 역시 교원 전문성 담보의 한 축이다.

현재 심각한 수급불균형 상태에 있는 중등학교 교원 양성 체제와 지역기반 초등교원 양성체제의 명분 상실은 사범대학, 교직과정 그리고 교육대학 설립 체제와 관련된 결단을 요구하는 입법과제이기도 하다. 2000년대 초반 교육부가 작성한 '교직발전 종합방안'(2001.7.26.)에 이어서 20년 뒤에 발표된 '초·중등 교원양성체제 발전방안'(2021.12.10.)에 이르기까지 교원정책의 핵심 의제는 전문성의 담보와 유지에 있음을 보여준다. 인구감소로 인해 교원양성 체제 개편에 대한 사회의 요구도 증가하고 있는 반면, 우수한 교원을 확보할 수 있는 법률의 제정은 교육계의 오랜 숙원이나 제정된 바는 없다.

헌법 제31조 제4항에서 특별히 교원의 지위에 대한 법률주의 정신을 살리는 것 또한 한국의 교원 입법정책의 주요 과제이기도하고 이는 교육의 전문성 담보와 직결되는 문제이다. 즉, 교원의 법적 지위의 중심을 공무원이라는 공직자 관점에 경도되어 있는 상황에서 교육전문가로서 권리·의무·책임을 지우게 해야 하는 방향으로 지위보장의 방점을 옮겨야 한다.

그 해결의 가장 근본적인 최선책은 교사들에게 '교원'이라는 독립된 신분을 부여하기 위한 교원 지위에 관한 독립된 신분법을 제정하는 것이다. 그러나 1953년 이후로 교육공무원법 체제가 70여 년 정착되어 왔다는 점에서 법적 안정성을 감안한 현실적 차선책이 요구되는 시점이다. 즉, 공직자로서의 성격을 강조하는 법적 지위의 형식인 교육공무원법 중심의 법적 지위 체계를 유지하더라도 법적 지위의 내용인 권리 · 의무 · 책임에 있어서는 '교육전문가로서의 실질적인 지위보장'을 대폭 강화하는 것이다. 역설적으로 표현하면 현재 한국에 있어서 교원의 법적 지위에 관한 논란의 근본적인 뿌리는 1953년 당시 교육전문가로서의 지위보장을 소홀히 한 채 공무원 관계법을 적용 또는 준용하는 이른바 '형식적 의미의 공직자로서의 법적 지위체계'에 머무는 현실에 있다.

여러 차례 헌법재판에까지 이르렀던 가산점 문제를 비롯한 교원 임용고사를 통한 임용 법제 역시 우수교원 확보 및 능력에 따른 임용기회의 균등한 보장 차원에서 검증을 요한다. 교육역량의 검증은 곧 전문성 담보의 신뢰수준이라는 관점에서 교육기관 및 교육행정기관, 학생, 교원에 대한 평가체제의 타당성을 요한다. 유치원에서 대학에까지 이르는 교원 노사관계에 있어서 교원의 근무여건 개선 역시 교육의 전문성 확보의 결정적 변수이다.

앞의 양성체제에서 교직 입직까지의 전문성 담보 못지않게 중요한 영역이 현직 교원에 대한 전문성 유지 및 신장을 위한 재교육 및 연수 시스템 그리고 교원의 현직 교육활동에서의 자유 보장 또한 교육의 전문성을 담보 차원에서 살펴보아야 할 입법 과제들이다.

더불어 교원의 교육활동 환경이라고 할 수 있는 최첨단 교육시설과 설비(디지털 및 AI활용 교구 등)는 미래사회 학교교육의 또 다른 역할과 더불어 교육 전문성 실현의 척도로 등장하고 있다. 동시에 이른바 스마트 전자 학습교재의 활용에 있어서 저작권의 문제와 전자 교육매체등 교육환경 및 시설 · 설비의 지역 간 학교 간 격차로 인한 학습역량의 격차 및 교육 불평등의 문제는 교육행정 당국 및 입법당국이 살펴야 할 새로운 입법 정책적 과제이다.

(3) 교육의 정치적 중립성 보장

셋째, 교육의 정치적 중립성의 보장은 헌법에 교육의 자주성 및 전문성 보장과 함께 병렬하여 규정되어 있지만 구체적 법률에서는 상대적으로 교육과정보다는 교원 및 교육행정 영역에서 공직자의 복무의무로서 국한되어온 특징이 있다.

기본적으로는 교육기본법은 교육의 중립성에 대하여, 제6조(교육의 중립성)를 통해 "① 교육은 교육 본래의 목적에 따라 그 기능을 다하도록 운영되어야 하며, 정치적 · 파당적 또는 개인적 편견을 전파하기 위한 방편으로 이용되어서는 아니 된다. ② 국가와 지방자치단체가 설립한 학교에서는 특정한 종교를 위한 종교교육을 하여서는 아니 된다"고 규정하여 헌법상의 정치적 중립성에 더하여 국 · 공립학교의 종교적 중립성을 구체화하여 언급하고 있다. 나아가 제14조(교원) 제4항을 통해서는 "교원은 특정한 정당이나 정파를 지지하거나 반대하기 위하여 학생을 지도하거나 선동하여서는 아니 된다"고 하여 학생지도 상에 있어서 정치 중립적 교육 원칙을 선언하고 있다.

교원들의 복무에 대하여는 학교설립에 관계없이 공무원 복무규정의 근간인 국가공무원법 제65조(정치 운동의 금지)를 적용받도록 하고 있다. 즉, "공무원은 정당이나 그 밖의 정치단체의 결성에 관여하거나 이에 가입할 수 없고, 선거에서 특정 정당 또는 특정인을 지지 또는 반대하기 위한 행위[3])를 하여서는 안

---

3) 1. 투표를 하거나 하지 아니하도록 권유 운동을 하는 것 2. 서명 운동을 기도(企圖) · 주재(主宰)하거나 권유하는 것 3. 문서나

된다"는 원칙을 천명하고 있다.

그런데 공무원 신분이 아닌 사립학교 교원에 대하여도 같은 의무를 부여하는 문제와 대학의 교원에 대하여는 정치활동의 자유를 광범위하게 인정하면서도 유·초·중등학교 교원에 대하여는 과도하게 제한하여 평등원칙의 위반이라는 논란은 지속적인 입법 정책적 과제로 대두되어 왔다. 교원의 정치적 기본권에 대한 과도하면서도 소극적인 입법은 해소하여야 할 주요 입법과제이다.

1999년부터 교원노동조합을 합법화함으로써 교원의 노동기본권 제한 상황이 다소 개선되기는 하였으나 "교원노동조합은 어떠한 정치활동도 하여서는 안 된다"(제3조)고 하여 정치활동이 허용된 일반노동조합의 산별노조에 가입되어 있으면서도 정치적 의사표현까지도 과도하게 제한하고 있다. 이에 정치권이 교육공약이나 입법을 다룸에 있어 이들 교직단체의 의견을 반영하도록 법적으로 보장하기 위해서는 최소한 선거과정에 교육전문가를 통해서 공약을 검증하는 '교육공약 메니페스토'를 도입하는 것이 바람직 할 것이다.

이어, 교원의 정치적 중립성을 지나치게 강조하다 보면, 학생을 위한 '정치교육', 즉 '민주시민 교육'이 소극적으로 될 수 있다. 그런데 학생들의 선거권 확대 상황에 맞추어 정치교육 및 유권자 교육은 오히려 중요한 주제로 대두되고 있다. 이미 국회의원 피선거 연령이 19세로 하향 조정되었고 16세 고등학교 학생에게 교육감 선거권을 부여하는 개정안이 제출되고 있는 상황이어서 교육 및 교원의 정치적 중립성과 학생의 정치적 참여도 새롭게 조명되어야 한다.

종합하면 한국의 교육법규의 재정립은 국민의 교육기본권(教育基本權) 보장이라는 이념적 기초하에 교육의 전문성, 중립성, 자주성을 그 내용적 원리로 하여 제정 및 개정되어야 하고, 그 영역은 교육과정을 비롯한 교육내용 자체와 교원 그리고 이들을 지원하는 교육행정 및 학교와 교육행정기관의 관리 체제 관련 입법 전반에 걸쳐서 검토되어야 한다는 것이다.

71설 한국 교육법규의 재정립의 과제: 헌법정신의 구현(교육의 자주성·전문성·정치적 중립성)

나. 헌법 개정론

(1) 헌법 개정에 대한 기존 논의[4)]

교육법의 부법(父法)이라고 할 수 있는 교육기본법 제정 당시, 헌법 제31조의 '교육을 받을 권리' 표현으로는 오늘날의 국민의 교육에 관한 기본적 인권을 충분히 표현하기에는 부족하다. 1997년 제정된 교육기본법은 이를 '학습권' 조항으로 보완하였으나 당시 원안에 제시되었던 '학습의 자유' 부분을 포용할 수 없었다. 교육법학계에서는 학습권과 교육권을 포괄하는 개념으로서 교육기본권에 대한 이해의 폭과 공감대를 넓혀가고 있다.

도서를 공공시설 등에 게시하거나 게시하게 하는 것 4. 기부금을 모집 또는 모집하게 하거나, 공공자금을 이용 또는 이용하게 하는 것 5. 타인에게 정당이나 그 밖의 정치단체에 가입하게 하거나 가입하지 아니하도록 권유 운동을 하는 것

4) 고전(2017), 교육기본권 관점에서의 헌법 개정 논의, 교육법학연구 29(2), 19－21면.

헌법의 교육조항에 대한 개정 문제는 학습권과 교육권을 포함한 인권 실현을 위한 매우 종합적인 기본권으로서 교육기본권의 개념을 설정하는 것으로서 헌법 제31조는 물론 다른 헌법 조항과의 관계를 설정하여야하는 숙제를 내포하고 있다.

헌법상 종합적이며 기본적인 인권으로서 교육기본권으로 명명하면서 논의를 전개한 신현직은 국민의 교육에 관한 기본적 인권인 '교육기본권'의 내용을 학습의 자유와 권리 그리고 교육의 자유와 평등으로 개념 설정하고, 헌법상 여러 기본권 조항에 그 근거를 두고 논의를 전개했다.[5] 이는 곧, 현행 '교육을 받을 권리'라는 제31조 제1항만으로 교육에 관한 권리가 완전히 보장될 수 없다는 것을 의미하고, 현행 헌법에 대한 합헌적 문리해석에 충실한 논의라고 할 수 있다. 동시에, 헌법 제31조의 '교육을 받을 권리'로서는 국민의 교육에 관한 기본적 인권을 포괄하기는 어렵다는 점을 부각시켰고, 이는 헌법 개정의 단초를 제공했다.

허종렬은 헌법 제31조 제1항을 학습자의 교육기본권이라 명명하면서, 학습자의 권리 보장을 위한 헌법개정론을 폈다. 즉, 헌법 제31조 제3항의 의무교육과 제5항의 교육자주성, 전문성, 정치적 중립성은 교육공급자에게 적용되는 것이므로 그대로 두되, 나머지 조항에서 '교육'을 '학습'으로 수정하는 방안을 제시했다. 또한, 헌재 결정에서 헌법상 열거되지 않은 권리로 확인된 '교육관련 인권(자녀의 인격발현권)'들을 '학습권'으로, 의무교육을 확대하여 '초등교육과 법률이 정한 교육을 받을 권리'를 '유·초·중등학습을 할 권리'로 할 것과, 학부모의 교육의무에 더하여 독일기본법의 예처럼 '학부모의 교육권'을 명시할 것 그리고 '사립학교의 설립과 운영상의 자유' 및 '종립학교 설립과 운영의 자유'를 보장할 것 등을 제안했다.[6]

노기호는 현행 제31조의 '교육을 받을 권리'는 조문의 문리해석의 원칙에 따라 교육을 '받을' 권리만을 의미하는 '학습권' 규정으로 파악해야 한다면서, '교육을 받을 권리'를 "모든 국민은 교육에 관한 권리를 갖는다"로 개정하는 것이, 국민의 교육기본권을 확립하는 데 기여할 뿐만 아니라 다른 기본권의 명칭과도 조화를 이룰 수 있다고 제안했다.[7]

그 외 2017년 헌법 개정 논의시 헌법이 추구하는 자유 이념을 학교교육에 적용하여 관료주의적 개입을 줄이자는 주장,[8] 각 정권의 필요에 의해 개설된 배경을 고려하여 개정하자는 주장[9] 그리고 시대적

---

5) 제10조 학습권, 제22조 학문의 자유, 제31조 교육을 받을 권리의 종합으로 본다. 교육 이념을 인간으로서의 존엄과 가치의 실현으로 파악해 제10조에서 학습권의 근거를 찾는다. 신현직(1990), 교육기본권에 관한 연구, 서울대 박사학위논문, 207면.

6) 허종렬, 학습자의 권리보장을 위한 헌법개정론, 월간교육(2017.5), 41면. '교육'을 '학습'으로 바꾸는 부분은, 제1항의 '능력에 따라 교육을 받을 권리', 제2항의 '초등교육과 법률이 정하는 교육', 제4항의 '평생교육 등을 학습할 권리', 초능학습과 법률이 정하는 학습, 평생학습 등으로 수정 제안했다.

7) 노기호(2008), 교육기본권, 집문당, 37면.

8) 이명웅은 학교교육에서 학생의 적성에 맞는 학습의 자유, 교사의 교수의 자유, 대학의 자율권, 학부모의 학교선택권, 학교법인의 학교운영 자유 보장을 제안했다. 제31조 후문에 "학교교육은 다양성과 창의성을 증진하고, 학생의 적성을 고려하여야 한다". 제3항(무상의무교육) 후문에 "국가는 아동의 교육을 위한 충분한 재정을 확보할 의무를 진다", 제7항(신설)에 "사립학교의 설립과 운영의 자유는 보장된다"를 제안했다. 이명웅, 헌법의 '자유'이념이 제자리를 찾아야 한다, 월간교육(2017.4), 101－102, 108, 110면. 문광삼은 "국가는 교육의 다양성과 창의성을 보장하여야 하고, 교육은 학생의 적성을 우선적으로 고려하여 실시하여야 한다"고 수정 제안했고, 재정확보 의무에서 '아동의' 삭제를 주문했다. 문광삼, 헌법의 교육권 개정 제안 내용을 들여다보고, 월간교육(2017.4), 119면.

9) 이인규는 ① 모든 국민은 평생에 걸쳐 능력과 정성에 따라 학습할 권리와 이에 필요한 지원을 받을 권리를 가진다. ② 국가는 교육격차 해소 및 교육과정 질제고 및 형평성을 위해 노력하여야 한다. ③ 모든 국민은 그 보호하는 자녀에게 시민으로서 최소기준에 도달하도록 교육을 받게 할 의무를 진다. ④ 의무교육에 부수되는 제반 비용은 법률이 따로 정하지 아니한 모두 무상으

지체와 모호성을 수정하기 위한 개정안 등[10]이 제안된 바 있다.

국회 헌법개정 자문위원회[11]의 2014년 7월 '활동결과 보고서'에 따르면, 교육을 받을 권리의 주체를 '국민'에서 '사람'으로 확대할 것과, 체계상 국가의 교육진흥의무(제5항)를 교육의 자주성등(제4항)보다 먼저 규정할 것, 다양한 분야에 대한 교육 요구를 반영할 수 있도록 국가의 교육진흥의무의 대상을 평생교육뿐만이 아니라 직업교육, 민주시민교육, 사회교육으로 확대 할 것, 교육의 자주성 등의 보장에 관한 규정 형식을 원칙적 보장에 보다 적합한 표현 방식(구체적인 내용은 법률로 정한다)으로 변경할 것 그리고 교육제도, 교육재정, 교원의 지위 등 교육에 관한 법정주의 표현을 정비하는 것 등을 제안했다.[12]

한편, 2017년 4월 당시, 국회 개헌특별위원회에 접수되었던 교육관련 개정 내용은, 제1항 교육을 받을 권리의 주체를 '국민'에서 '사람'으로 확대하고, 교육의 자주성·전문성·정치적 중립성 등을 제4항에서, 국가의 교육진흥의무를 제5항에서 규정하고 있으나, 체계상 국가의 교육진흥의무가 먼저 규정되어야 하므로 조문 순서 변경을 논의한 바 있고, 제3항의 법률이 정하는 바에 의해 보장되었던 교육의 자주성 등을 헌법에 의한 보장으로 강화하여야 한다는 의견, 국가의 평생교육 진흥의무를 직업교육, 민주시민교육, 사회교육으로 확대할 것, 제6조 교육제도, 교육재정, 교원의 지위 등에 관한 내용을 법정주의 원칙에 맞게 정비해야한다는 점에 대체로 동의하고 있다고 보고된 바 있다.[13]

황준성, 정필운, 이덕난은 헌법의 교육 조항 관련 연구 경험자 21명에 대한 델파이 조사 결과[14]를 바탕으로 개헌 의견을 도출하였다. 개헌의 원칙으로 기존 헌법의 기본이념 또는 기본원리 존중을 통한 동일성 유지, 국가사회 및 헌법체제의 적극적 변화 도모 지양, 국민의 기본권과 민주주의 보장 강화, 국민

로 한다. ⑤ 교육자치와 학교자치, 대학 및 사학의 자율성은 법률이 정하는 바에 의하여 보장된다. (이하 ⑥ 정치적 파당적 개인적 편견의 전파 방편 금지 ⑦ 교원의 전문성 존중, 경제·사회적 지위우대 신분보장 ⑧ 평생교육 진흥 ⑨ 학습자 기본적 인권 존중보장 ⑩ 국가교육위원회 설치 등 제안). 이인규, 새로 써야 할 교육기본권 조항, 월간교육(2017.4), 114－115면.

10) 이명희는 시대적 지체를 극복하기 위해 단순히 '능력에 따라'로는 학업능력과 경제력에 좌우되므로, 타고난 적성을 살릴 수 있는 적절한 교육을 받을 권리로 수정할 것, 의무교육을 '국민 필수 기초학력'으로 하면서 국가 부담을 강화하고, 민주시민 학습의무를 동시에 규정할 것 등을 제안했다. 애매성 보완을 위해서는 평생교육 진흥의 방향을 구체화할 것, 대학과 사학의 자율성을 별도 조항으로 보장할 것, 교육의 자주성·전문성·정치적 중립성을 최대한 보장할 것, 교육제도와 운영이 정권에 따라 자의적으로 실행되는 폐단을 개선 할 것 등이다. ① 모든 국민은 자신의 적성에 따라 적절한 교육을 받을 권리를 가진다. ② 모든 국민은 자녀에게 소정의 의무교육을 받도록 지원하고, 그 자신도 민주시민으로서 자립적인 생활을 할 수 있도록 학습할 의무를 진다. ③ 의무교육은 무상으로 하되, 그 이상의 교육에 대해 규제하지 않으며 의무교육기간의 기초학력은 보장된다. ④ 교육의 자주성·전문성·정치적 중립성은 법률에 의해 최대한 보장된다. ⑤ 국가는 평생교육을 진흥하여 국민의 평생에 걸친 학습 기회를 보장한다. ⑥ 교육제도와 그 운영은 법률에 의거하되, 중·장기적으로 연속성과 일관성이 존중되어야 한다. ⑦ 대학과 사학의 자율성을 법률에 의하지 아니하고는 제한하지 않는다. 이명희, 현행 헌법의 시대적 지체와 모호성을 수정하기 위한 제안, 월간교육(2017.4), 123－127면.

11) 국회의장 직속으로 2014년 1월 '국회헌법개정자문위원회'(김철수위원장 등 15명)가 발족되었다.

12) 국회헌법개정자문위원회(2014), 활동결과보고서 I, 국회법제실, 98면. 제36조 ① 모든 사람은 능력에 따라 균등하게 교육을 받을 권리를 가진다(현행 제2항은 제8절 기본의무(제60조로 이동)). ② 의무교육은 무상으로 한다. ③ 국가는 평생교육, 직업교육, 민주시민교육, 사회교육을 진흥하여야 한다. ④ 교육의 자주성·전문성·정치적 중립성 및 대학의 자율성은 보장된다. 구체적인 내용은 법률로 정한다. ⑤ 교육제도와 그 운영, 교육재정 및 교원의 지위 등 기본적인 사항은 법률로 정한다.

13) 여전히 논쟁 중인 사안으로는 '교육을 받을 권리'를 '학습할 권리'로 변경하자는 주장, '균등한 교육'보다 '평생 학습권'과 국가의 '불평등 해소 노력'이 더 중요하다는 주장, '능력에 따른 교육'을 '적성과 능력에 따른' 교육으로 변경하자는 주장, '대학의 자율'을 넘어 '대학의 자치'를 법률에 위반되지 않는 한 보장해야 한다는 주장, 의무교육을 중등학교까지 확대하고 무상교육의 범위와 내용을 명확히 하며 국가가 전체 재정 부담을 해야한다는 주장 등으로 아직 합의되지는 못했다고 한다. 박태순, 교육기본권 개정의 주요 논의 내용을 중심으로, 월간교육(2017.4), 120－122면.

14) 황준성·정필운·이덕난(2017), 교육분야 개헌의 과제와 방향, 한국교육개발원.

적 공감대 형성에 한정, 과도한 명문화 경계를 제시했다. 구체적인 개정의견으로는 제1항에 "학습의 자유를 가지며"를 추가하며, 제3항에 "국가는 의무교육을 무상으로 실시하며, 무상의 범위와 내용은 법률로 정한다"고 하여 의무교육의 주체를 국가로 명기하며 무상 범위 및 내용 법률주의를 제안했다. 제4항은 대학의 자율성 대신 "지방교육자치제도는 법률로 보장한다"로 수정하고, 대학의 자율성 부분은 제22조 제2항으로 옮겨 "대학의 자치는 법률로 보장한다"로 수정 제안했다. 제6항에 대하여는 "학교교육 및 평생교육을 포함한 교육제도와 교육과정, 교육재정, 교원의 지위 등 그 운영에 관한 기본적인 사항은 법률로 정한다"고 하여 교육과정을 추가하고, 열거된 모든 영역의 기본적인 사항을 의미하도록 진술문을 보완했다.[15] 연구진들은 교육법학계 및 교육학계의 개헌 논의의 필요성을 제기하기도 했다.

(2) 제1항 '교육을 받을 권리': 학습하고 교육을 받을 교육기본권[16]

제1항 "모든 국민은 능력에 따라 균등하게 교육을 받을 권리를 가진다"는 규정에서 유지되어야 할 헌법정신은 모든 사람(국민)의 교육에 대한 권리성, 능력에 따른 평등주의 교육원칙 그리고 교육을 받을 권리로서 학습권의 측면이다.

발견되는 문제점은 첫째, 교육기본권 관점에서 볼 때, 교육과 학습의 측면이 균형있게 포함되어 있지 못하다는 점이다. 국가로부터 제공되는 국가주도의 교육을 받는다는 뉘앙스가 강하므로 적극적으로 학습 용어로 재규정 될 필요가 있다.

둘째, 교육기회의 배분 원칙이 능력주의 원칙만으론 다소 부족하고, 교육활동에 능력과 적성에 대한 개발(開發)과 계발(啓發) 양 측면이 있으므로 '적성'을 보완할 필요가 있다.

셋째, 권리는 있으나 자유는 언급이 없다. 특히, 교육을 받을 권리의 상대 개념으로서 마치 교육을 시킬 권리가 존재하는 듯한 오해를 불러일으키기도 했고, 일부 헌법학자들은 이를 교육권이라 명명하기도 했다. 이른바 국가주도의 교육과 교육자 위주의 교육 관점에서의 해석이다. 오늘날 학습자 중심의 교육시대에, 교육을 받을 권리란 '학습할 권리'를 의미하며, 이는 곧 학습의 자유를 전제로 교육자로부터 교수활동을 통해 배움을 얻고 스스로 학습활동을 전개하는 자유와 권리 양 측면을 갖고 있다. 본질적으로 학습은 자유스러운 것이어야 하므로 학습의 권리뿐만 아니라 학습의 자유가 명확히 규정될 필요가 있다.

넷째, 학습의 자유를 인정한다면, 학습활동의 주관자인 학습자와 교수자 모두의 자유로운 교수·학습활동 또한 보장되어야 할 것이다. 동시에 미성년자인 학습자의 경우 친권의 주체인 보호자의 교육참여권을 보장하여야 한다. 또한 자유로운 학습을 위하여 교수자의 자유 및 교육기관의 자유 또한 보장되어야 한다. 다만, 국가수준에서 표준화된 교육과정을 통하여 국민적 합의를 바탕으로 한 의무교육에 있어서는 그 만큼 학습과 교육의 자유는 반사적으로 제한을 받게 된다. 따라서 '공교육'이라고 하는 적용의 범위가 설정되어야 한다.

끝으로, 유럽연합 기본권 헌장의 예에서와 같이 학습권의 주체를 국민에서 사람으로 확대한다는 취지에서 '모든 국민'을 '모든 사람'으로 개정할 필요가 있다. 특히, 평생에 걸쳐 능력과 적성에 따라 학습할 자

---

15) 황준성·정필운·이덕난(2020), 현행 교육헌법의 개정 방안에 관한 연구, 교육법학연구 32(1), 218-219면.
16) 고전(2017), 앞의 논문, 21-22면.

유와 권리는 국적과 인종에 상관없이 인간의 기본적인 인권으로서 보장되어야 하기 때문이다. 다만, 의무무상교육 및 제도보장의 경우에는 국민으로서의 지위와 공적자금의 출연이라는 관계가 있다는 점에서 국민의 권리와 의무로 표현되는 경우도 있다. 그렇다 하더라도 무국적자에 대해서는 의무교육이 배척되는 것은 아니고 현재와 같이 인도적인 차원에서 제공되는 것이 종국적으로는 사회질서에 긍정적인 일이다.

이들 문제점을 해소하기 위한 제1항은 "모든 사람은 능력과 적성에 따라 균등하게 평생에 걸쳐 학습할 자유와 권리를 가진다"로 개정한다. 이는 현행 교육기본법의 학습권 조항[17]을 헌법에 반영하는 것이기도 하다. 나아가 후단에 공교육의 중요한 원리로서 "공교육에 있어서 학습자의 자유와 권리를 보장하기 위하여 교원의 교수활동의 자유와 교육기관의 자율성은 존중되어야 한다"를 추가한다.

(2) 제2항 보호자의 취학시킬 의무: 가정교육의 책무와 지원 추가[18]

제2항 "모든 국민은 그 보호하는 자녀에게 적어도 초등교육과 법률이 정하는 교육을 받게 할 의무를 진다"는 조항에서 유지되어야 할 헌법정신은 교육기본권의 중요 구성원으로서 '보호자의 의무교육에 관한 책무'라 할 수 있다. 발견되는 문제점은, 법정 의무교육에 자녀를 취학 시킬 의무(책무)만 있을 뿐, 법정 의무교육에 있어서 보호자의 자유와 권리 측면이 도외시 되고 있다는 점이다.

둘째, 보호자의 법정 교육 영역만 언급할 뿐, 교육의 첫 번째 장(場)인 가정교육에 대하여는 언급이 없다는 것이다. 보호자는 가정교육에 있어서 일차적 책임자로 해야 할 것이다.

셋째, '적어도 초등교육과 법률이 정하는 교육'이라는 표현에서 '적어도'는 구어적 표현이므로 '최소한'으로 수정되는 것이 바람직하고, 현재 고등학교 진학률이 이미 99.9%인 상황을 감안하여 이미 실질적으로 의무교육화되어 고등학교 단계를 포함하여 그 범위를 초등교육에서 초·중등교육으로 확대할 필요가 있다.

넷째, "받게 할 의무를 진다"로 규정되어 있어서 피동성을 면치 못하고 있다. 학습자 및 보호자의 능동적 지위를 재설정토록 공교육에 있어서 이들의 권리로 규정할 필요가 있다. 이제는 의무교육 차원보다는 교육복지권(教育福祉權)의 차원에서 접근할 필요가 있다.

이들 문제점을 해소하기 위한 제2항은 "모든 사람은 보호자로서 자녀의 가정교육에 관한 권리와 책임을 지며, 자녀에게 최소한 초·중등교육등 법률이 정한 국민공통 공교육을 받게 하고 그 운영과정에 참여할 권리를 갖는다" 여기서 국민공통 공교육은 현재의 초등학교 1학년에서 고등학교 1학년까지의 10년을 확대하여 고등학교 2, 3학년까지를 포함한 12년으로 정하도록 한다. 국민적 합의를 거친다는 점에서 '국민공통 공교육'이라고 표현을 하였다. 즉, 국민의, 국민에 의한, 국민을 위한 의미의 공교육이지 국가결정 국민교육은 아니다.

17) 교육기본법 제3조(학습권) 모든 국민은 평생에 걸쳐 학습하고, 능력과 적성에 따라 교육 받을 권리를 가진다
18) 고전(2017), 앞의 논문, 22-23면.

(3) 제3항 '무상(無償)': '공공부담(公共負擔)'으로 표현 적정화[19]

제3항 "의무교육은 무상으로 한다"는 조항에서 유지되어야 할 헌법정신은 '의무교육 무상의 원칙'이다. 발견되는 문제점으로는 첫째로 '의무교육'이라고 하는 용어가 평생 학습권 보장이라고 하는 학습의 자유와 권리 보장 측면과 조화를 이루지 못한다는 것이다. 앞서 살펴본 바와 같이 의무교육보다는 '공공부담의 국민공통 공교육'으로 수정할 필요가 있다.

둘째, '무상(無償)'이라는 표현은 비용을 국가 및 지방자치단체가 부담한다는 것인데, 이는 재원을 국세 및 지방세에서 출원한다는 것으로 국민 입장에서 보면 국가로부터 받는 무상이라기보다는 본인이 세금(국세, 지방세)으로 부담하여 납부한 것이 재투자되는 자기부담금이라고 할 수 있다. 다만, 무상교육을 받는 기간이 정해져 있다는 점에서 언젠가는 받게 될 자신과 자신의 자녀, 불특정 다수의 국민을 위한 공공부담금의 성격을 지닌다. 따라서 '무상'이라는 표현보다는 담세자 권리보호 차원에서 '공공부담'이라는 표현이 적절하다.

셋째, 무상의 범위와 보장 방법이 구체적이지 못하다는 것이다. 법률보장을 선언하여 국가재정 상황에 맞추어 무상의 범위를 정할 필요가 있다. 학설은 법정무상설(法定無償說)에 입각하여 '수업료'와 '교과용도서'의 대금을 받지 않는 것으로 해석되고 있으나, 현행 헌법 및 교육기본법에서는 규정한 바 없다. 실질적으로 수업료와 교과용도서 이외에도 부모가 부담하는 교육비는 비교할 수 없다는 점에서, 현행 헌법의 의무교육 무상규정은 규정일 뿐, 사실적 실효성이 없이 입법취지가 형해와(形骸化)되고 있다.

이들 문제점을 해소하기 위해한 제3항은 "국민공통 공교육에 소요되는 비용은 공공부담으로 하며 그 비용의 범위에 대하여는 법률로 정한다"로 수정할 것을 제안한다.

(4) 제4항 교육조리의 보강: '자율성 · 특수성', '교원 신분' 보장[20]

제4항 "교육의 자주성 · 전문성 · 정치적 중립성 및 대학의 자율성은 법률이 정하는 바에 의하여 보장된다"는 조항에서 유지되어야 할 헌법정신은 '교육의 자주성 · 전문성 · 정치적 중립성'이라는 이른바 교육법에 존재하는 특수한 교육조리(敎育條理)[21]의 보장 조항이다.

발견되는 문제점으로, '교육'의 자주성 등을 표현되어 있어서 그 적용 영역이 일반적인 학교교육만을 말하는 것인지, 교원의 교육활동이나 교육행정의 영역까지 포괄하는 것인지 명확하지 않다는 것이다. 실제로 교육자치와 지방자치 통합론자들은 이 규정이 교육행정에는 적용되지 않는다고 하면서 지방교육자치제의 헌법적 근거를 부정하며 지방자치에의 통합을 주장하고 있다. 이번 개정을 통하여는 교육조리의 적용 영역을 교육활동과 교원 및 교육행정 전 영역으로 명확하게 규정할 필요가 있다.

둘째, '자주성 · 전문성 · 정치적 중립성' 외에도, 오늘날 강조되고 있는 교육조리로는 '자율성', '책무성', '특수성'(지역 특수성 포함)을 보강할 필요가 있고, 정치적 중립성은 필요에 따라 종교적 중립성을 내

---

19) 고전(2017), 앞의 논문, 22-23면.
20) 고전(2017), 앞의 논문, 24-25면.
21) 동시대인의 교육에 대한 정의감정과 교육학 이론 의하여 지지받는 교육에 있어서의 도리와 원칙 가운데 법률관계(권리 · 의무 · 책임)와 친숙한 것들로서 교육입법 · 행정 · 재판에서 해석의 기준이 된다.

포할 수 있도록 중의적으로 '중립성'으로 표현하는 것이 바람직하다.

셋째, 교육·교원·교육행정과 관련된 제반 교육법제의 제정과 운영에서 지켜져야 할 중요한 기본 원칙에 관한 조항이 이 교육조리 조항이라고 한다면, 교원의 법적지위 형식과 권리·의무·책임의 법제화가 빠질 수 없다. 그런데 현재는 제6항의 교육제도 법정주의에 형식적으로 기술되어 있을 뿐이다. 따라서 교육전문가로서 교원의 신분에 결 맞는 교원신분법(공무원신분을 차용한 교육공무원이 아닌 교원)의 창설을 예고할 필요가 있고, 그에 상응하는 교육전문가로서 권리·의무·책임은 물론 사회적 경제적 지위를 보장하는 것을 말한다.

넷째, "법률이 정하는 바에 의하여 보장된다"라는 표현을 기본권 형성적·침해적 법률유보를 모두 내포하므로 그간 기본권 제한의 헌법적 근거로 활용되기도 했다. 이를 원칙적으로 보장하는 것에 초점을 맞추어 "구체적 내용은 법률로 정한다"로 수정할 필요가 있다.

한편, '대학의 자율성'은 앞의 교육과 교육행정의 운영 원칙으로서는 다소 분류체계가 어울리지 않은 위치이다. 혹자는 이 대학의 자율성은 학문의 자유에서 파생되는 보충적 성격의 규정에 불과하다고 하나, 헌법재판소 판례를 통하여 대학 기관의 기본권으로서 확인된 바 있고, 초·중등의 국민공통 공교육과는 달리 취급되어야 할 이유가 있다는 점에서 조항을 달리하여 규정하는 것이 바람직하다. 즉, 제5항에서 국가와 지방자치단체의 '불필요한 간섭의 배재와 자치보장'이라는 책무의 일환으로서 '대학자치'를 별도로 규정할 필요가 있다.

이를 위해 대학의 자율성은 별도로 규정하고 제4항은 "교육의 자주성·전문성·특수성·중립성·자율성·책무성은 교육활동 및 교육행정의 전 영역에서 존중되고, 교육전문가로서 교원의 신분과 지위는 최대한 보장된다. 구체적인 내용은 법률로 정한다"로 수정한다.

(5) 제5항 '국가'의 평생학습 진흥 의무: 주체와 범위 구체화[22)]

제5항 "국가는 평생교육을 진흥하여야 한다"는 조항에서 유지되어야 할 헌법정신은 '평생교육의 이념'과 이에 대한 '국가의 책무성'이라고 할 수 있다. 발견되는 문제점으로, 첫째, '국가' 만을 평생교육진흥 의무의 주체로 하였다는 점이다. 지방분권시대에 지방자치단체의 역할을 상정하지 못하였다는 점에서 국가 외에도 지방자치단체를 포함시킬 필요가 있다. 이미 평생교육법에는 공동의 책임 방식을 채택하고 있다.

둘째, '평생교육'이라는 표현은 본래 가정교육, 학교교육, 사회교육을 통칭하는 교육이념인데, 과거의 사회교육법을 헌법에 근거한 평생교육법을 만든다 하면서 그 의미가 와전되고 있다. 따라서 가정교육, 학교교육, 사회교육 등에서의 평생학습으로 기술하고, 평생 학습권 개념을 명문화할 필요가 있다.

셋째, 국가와 지방자치단체는 '교육행정'의 주관자로서 '교육분권'에 기반한 '교육자치'의 실시가 중요함에도 중앙집권과 지방분권 등에 관한 언급이 누락되어 있다. 양자간의 역할분담과 상호협력의 원칙을 천명하고, 유·초·중등학교에서의 교육자치(학교자치 및 사학의 자유), 교육행정기관의 교육자치(지방교육자치 및 중앙교육자치), 대학의 교육자치(대학자치)를 국가와 지방자치단체와의 관계(부당한 간섭의 배제)를 통

---

22) 고전(2017), 앞의 논문, 25면.

하여 명시할 필요가 있다.

넷째, 교육진흥을 위하여 필수적인 재원 확보 및 지원에 관한 논의가 누락되어 있다. 따라서 진흥을 위한 시책을 수립·시행할 것은 물론 소요 재원을 확보할 의무를 국가와 지방자치단체에 부과할 필요가 있다.

이들 문제점을 해소하기 위한 제5항은 “국가와 지방자치단체는 국민의 학습의 자유와 권리 보호를 위하여 적절하게 역할을 분담하고 상호간 협력하여야 하며, 학교와 교육행정기관 및 대학에서는 부당한 간섭을 배제하고 교육자치를 보장하여야 한다” 이어 후단에는 “국가와 지방자치단체는 가정교육, 학교교육, 사회교육 등에서의 평생 학습을 진흥하기 위한 시책을 수립·시행하여야 하며, 필요한 재원을 확보하여야 한다”고 부연토록 한다.

(6) 제6항 교육제도 법정주의: 교육기본법의 준헌법적 지위부여[23)]

제6항 “학교교육 및 평생교육을 포함한 교육제도와 그 운영, 교육재정 및 교원의 지위에 관한 기본적인 사항은 법률로 정한다”는 조항에서 유지되어야 할 헌법정신은, ‘교육제도 법률주의 정신’이다. 발견되는 문제점으로 첫째, ‘학교교육 및 평생교육을 포함한 교육제도’라는 표현은 중의적(重意的) 문구여서 교육제도로 표현해도 충분하다. 더욱이 가정교육을 포함하기 위해서는 교육제도로 표현하는 것이 보다 포괄성을 갖는다.

둘째, ‘교육재정’에 관한 사항 역시 교육제도에 포함되어 있고, 교육재정의 확보에 대하여는 앞서 제5항에서 국가와 지방자치단체의 의무로 진술하였으므로 여기에서는 삭제한다.

셋째, ‘교원의 지위에 관한 기본적인 사항’은 교육제도 법률주의 일환으로 법률유보 형태로 기술되어 교원의 기본권 형성적 기능보다 기본권 제한에 대한 헌법적 근거조항으로 활용되는 사례(교원의 노동기본권 제한 헌재판례 등)가 많았다. 따라서 교원의 지위를 교육제도의 일환으로 다룰 것이 아니라 교육·교원·교육행정과 관련된 제반 교육법제의 제정과 운영에서 지켜져야 할 중요한 기본 원칙의 하나로서 다시 규정할 필요가 있다. 즉, 교육전문가로서 교원의 신분과 지위보장에 초점을 두는 것을 말하며, 그 방안은 제4항의 교육조리 조항의 보완에서 이미 언급하였다.

넷째, 교육법의 모법(母法)인 헌법에서 규정한 헌법정신을 총체적으로 반영한 기본적인 법률, 즉 교육기본법의 제정 근거를 둠으로써, 여타 교육법의 엄격한 가이드라인으로서 모든 교육법의 부법(父法)인 교육기본법의 헌법적 근거를 명확히 할 필요가 있다. 즉, 교육기본법의 준헌법적(準憲法的) 지위를 설정하여 법률상 우위를 선언할 필요가 있다. 교육기본법의 제정 근거를 둠과 아울러, 교육기본법이 교육당사자간의 권리·의무·책임과 교육제도의 운영 원칙에 관한 기본적인 사항을 정하도록 하자는 제안이다.

이들 문제점을 보완하기 위한 제6항은 “교육당사자의 권리·의무·책임에 관한 사항과 교육제도와 그 운영에 관한 기본적 사항은 교육기본법으로 정한다”[24)]

23) 고전(2017), 앞의 논문, 26-27면.
24) 현행 교육기본법 제1조(목적) 이 법은 교육에 관한 국민의 권리·의무 및 국가·지방자치단체의 책임을 정하고 교육제도와 그 운영에 관한 기본적 사항을 규정함을 목적으로 한다.

종합하면 개정안의 핵심 내용은 '국민의 권리에서 모든 사람의 권리로 확대', '교육을 받을 권리'에서 '학습할 자유와 권리'로의 전환, '보호자의 가정교육 학교교육에서의 권리와 책임 보완', '국가주도 의무무상교육'에서 '무상공공부담의 국민공통 공교육과정으로의 전환', '교육법제화 원리로서 교육조리의 보완', '국가와 지방자치단체의 역할분담과 상호협력, 교육자치의 보장, 평생 학습 진흥의 의무' 그리고 '교육기본법의 제정 근거' 등이다.

표 15-1 현행 헌법 제31조 개정안 및 주요 의미

현행	개정안	주요 의미
① 모든 국민은 능력에 따라 균등하게 교육을 받을 권리를 가진다.	① 모든 사람은 능력과 적성에 따라 균등하게 평생에 걸쳐 학습할 자유와 권리를 가진다.	-받을 권리에서 학습권 -능력외 적성원칙 추가
② 모든 국민은 그 보호하는 자녀에게 적어도 초등교육과 법률이 정하는 교육을 받게 할 의무를 진다.	② 모든 사람은 보호자로서 자녀의 가정교육에 관한 권리와 책임을 지며, 자녀에게 최소한 초·중등 교육등 법률이 정한 국민공통 공교육을 받게 하고 그 운영과정에 참여할 권리를 갖는다.	-가정교육의 추가 -중등교육의 추가 -국민공통 공교육 -보호자의 참여권
③ 의무교육은 무상으로 한다.	③ 국민공통 공교육에 소요되는 비용은 공공부담으로 하며 그 비용의 범위에 대하여는 법률로 정한다.	-무상에서 공공부담 -비용범위 법정주의
④ 교육의 자주성·전문성·정치적 중립성 및 대학의 자율성은 법률이 정하는 바에 의하여 보장된다.	④ 교육의 자주성·전문성·특수성·중립성·자율성·책무성은 교육활동 및 교육행정의 전 영역에서 존중되며, 교육전문가로서 교원의 신분과 지위는 최대한 보장된다. 구체적인 내용은 법률로 정한다.	-교육조리의 제시 -특수성, 중립성 보완 -자율성과 책무성 -교원신분과 지위보장
⑤ 국가는 평생교육을 진흥하여야 한다.	⑤ 국가와 지방자치단체는 국민의 학습의 자유와 권리 보호를 위하여 적절하게 역할을 분담하고 상호간 협력하여야 하며, 학교와 교육행정기관 및 대학에서는 부당한 간섭을 배제하고 교육자치를 보장하여야 한다. 국가와 지방자치단체는 가정교육, 학교교육, 사회교육 등에서 평생 학습을 진흥하기 위한 시책을 수립·시행하여야 하며, 필요한 재원을 확보하여야 한다.	-국가지자체의 원리 -역할분담과 상호협력 -학교교육자치(사학) -지방교육자치 -대학자치의 보장 -평생 학습의 진흥 의무 -필요재원확보 의무
⑥ 학교교육 및 평생교육을 포함한 교육제도와 그 운영, 교육재정 및 교원의 지위에 관한 기본적인 사항은 법률로 정한다.	⑥ 교육당사자의 권리·의무·책임에 관한 사항과 교육제도와 그 운영에 관한 기본적 사항은 교육기본법으로 정한다.	-교육기본법 헌법근거 -준헌법적 성격 부여

출처: 고전(2017), 교육기본권 관점에서의 헌법 개정 논의, 교육법학연구 29(2), 27면 <표 6> 인용 ⑤ 평생교육→평생 학습(추가).

72설 교육헌법개정론: 교육기본권, 의무교육→국민공통 공교육, 무상→공공부담, 교육자치 규정화

2. 교육법의 해석: 공감대적 가치질서론

교육법의 목적은 교육에 있어서 정의의 실현에 있으며, 그것은 동시대인의 교육에 관한 공감대적 가치질서의 실현이라고도 할 수 있다.

이를 헌법적으로는 '능력에 따른 균등한 교육기회의 보장' 이른바 '교육기본권'의 실효성 있는 보장으로 달리 표현할 수 있다. 이를 위해서는 무엇보다도 교육에 관한 공감대적인 가치질서가 무엇인지 확인되어야 하고, 이것은 교육법을 제정 및 개정함은 물론 실정법을 해석하고 판단하는 준거가 된다. 교육법학에서는 이를 '교육조리'라고도 하며, 이를 규명하는 것이 교육법학의 사명이며, 이를 위해 교육법학적 접근이 요구되기도 한다.

그런데 교육법학 분야는 타학문에 비하여 학문으로서 역사가 깊지 않은 편이어서 교육법학적 접근방법 자체에 대한 연구가 선결 과제인 것 또한 현실이다. 그것은 곧 교육법학의 정체성을 구축해 가는 과정이며 한국에 있어서 교육법 연구사에 대한 정리를 전제로 한다. 현재의 교육법 연구자들은 교육법학적 연구논리를 규명해가면서 연구를 진행해야 한다.

그리고 교육법을 해석하고 적용하는 데에 있어서 독자적 교육법리를 어떻게 구축해 갈 것이냐 하는 것 또한 교육에 관한 공감대적 가치질서의 규명을 위하여 빼놓을 수 없는 연구과제이다. 특히 헌법의 교육 관련 조항을 포함하여 이미 법리에 수용되어 있는 주된 교육조리인 '교육의 자주성·교육의 전문성·교육의 중립성'을 어떻게 해석하는 것이 바람직한가 하는 점이다. 즉 법리 측면에서의 교육의 자주성·전문성·중립성에 대한 해석의 한계를 바탕으로 교육조리적 해석 방법을 시도하고, 더 나아가 추가될 수 있는 교육조리를 발견하는 후속 연구가 긴요한 과제이다.

교육법 연구자들 사이에 널리 통용되는 공감대적 가치가 확인되었다면, 우리는 그것을 통설적 견해 혹은 학설이라고 할 수 있다. 물론 통설이 국민의 일반적 정의감정(正義感情)과 반드시 일치하는 것은 아니나 연구자들 간에 형성된 공감대를 통해서 입법 정책의 방향은 충분히 제시받을 수 있다.

보다 바람직하게는 교육에 관한 공감대적 가치질서의 실체는 동시대인들의 정의감정에 대한 실제적 검증을 통해서 확인될 필요가 있다. 이른바 법인식 조사를 기반으로 한 연구가 병행되어야 할 이유가 여기에 있다.

일반인의 법인식에 대한 조사연구는 법률의 인적 효력 범위가 전 국민에 미친다는 점에서 전국 단위의 표집에 의한 인식조사가 보다 일반화 가능도가 높다. 특히 사법부의 법인식과 비교를 위하여 법률의 해석 및 적용 근거에 대한 설문을 작성할 때 사법부의 법리나 교육조리를 일반 국민이 알기 쉽도록 표현을 평이하게 바꾸는 것이 무엇보다 관건이 된다.

예를 들면 교원법 연구자들은 일반 법학에서 다루는 교원의 법적 지위에 대한 법리를 판단의 준거로 삼으면서도 교사와 교원 그리고 교육공무원의 개념도 명확하게 구분하지 않는 일반 국민들의 법인식 현실이나 교원들의 높지 않은 자신의 권리 의식 현실 하에서 '공감대적 가치질서'를 어떻게 설정할 것인가라는 딜레마를 해결하여야 한다. 법리적으로는 공립학교 교원에게는 지방자치단체의 지방공무원 신분을 부여하는 것이 타당할 것이나 1953년 이후 국가공무원 신분을 유지해 온 결과, 이미 70년간의 국가공무원 법체계를 이루어온 장고한 법제사와 그 신분에 익숙해져있고 국가공무원 신분을 불합리하다기 보다는 오히려 긍지로까지 생각하는 교원의 법인식 현실이 분명 존재한다는 점을 감안하여야 한다.[25)]

이렇듯 교육법 연구자들은 법논리와 당사자의 법인식 간의 간극을 명확하게 직시하는 것을 전제로 헌법 조화로운 '공감대적 가치질서'를 새롭게 규명하거나 제시하여야 한다.

교육법에 관한 논의에 있어서 헌법재판소의 판례는 현행법의 규범적 타당성을 법적으로 검증하는 의의를 지닌 동시에 관련 법률의 분쟁에 관한 사법기관의 법인식의 기준을 제시하며 그 규범력은 해당 법률에 관한 입법기능과 행정기능 등 전 국법 질서를 규율하게 된다.

그러나 교원의 기본권 제한에 대한 헌법재판소의 판례에서 볼 수 있듯이 재판관의 긍정적 법인식과 교원의 부정적 법인식이라는 대립된 경향은 결국은 법해석 및 법적용의 주체와 객체 간의 대립을 의미하며 이것은 해당 법률이 법률로서의 사실적 실효성을 확보하는데 한계로 작용한다. 더구나 법률의 위헌성 여부 판단에 의하여 규범적 타당성을 재확인한 해당 법규에 대한 합헌 판단에 대하여 일반인의 법인식이 상반된 부정적 인식 경향을 보인다면 법의 효력을 신뢰하지 못하게 된다. 특히 법규범의 규율 당사자인 교원 자신의 법인식이 가장 부정적이라면 법은 그 존재 의의를 위협받게 될 것이다.

이러한 법인식의 괴리를 극복하는 방향은 교육의 이치와 법의 이치에 합당하게 법을 해석하고 적용하는 법의 합리화에서 찾아야 한다. 즉 헌법정신의 재확인을 위하여 헌법의 이치에 맞도록 그리고 교육에 관한 특수법으로서 인정되는 교육조리에 맞도록 재해석 되고 재정립되어야 한다.

법의 합리화를 위한 방법상의 원칙은 교육기본권 보장에의 기속성과 교육조리의 존중에 있다할 수 있다. 그것은 기본권 제한의 근거로 내세우는 교원 지위 법정주의를 교원의 기본권 보장의 근거로 보는 시각으로 전환함과 아울러, 교원 지위에 관한 법률 자체가 자기 목적적이 아닌 국민의 교육기본권 확보를 위해 필요하고 존재한다는 인식의 전환을 전제로 한다. 이것은 교육법을 일종의 인권 실현을 위한 법으로서 인식하는 것을 의미한다.

교원과 관련하여 살펴보면, 한국의 교원 지위에 관한 법률(구체적으로는 교원의 법적 지위 내용, 이른바 권리·의무·책임)이 교원의 법적 지위를 규율하는 법규범으로서 사실적 실효성을 확보하기 위하여는 법규범의 해석과 적용에 있어서 교육법 원리로 회귀되어야 한다. 즉 교원의 지위에 관한 국민의 공감대적 가치질서, 이른바 헌법 질서에 부합되는 교원 지위 관련 법규의 해석 및 적용은 교원 지위에 관한 법인식 주체들 간의 간극을 좁히게 하며 이러한 인식의 교류가 법의 재정립 작용에까지 이르게 될 때 교원 지위에 관한 법률은 체계성에 기초한 규범적 타당성과 합리성에 근거한 사실적 실효성을 확보하게 될 것이다.

그것은 곧 법의 강제적 구속력에 의해 사실적 실효성이 확보되어 있는 듯 보이나 규범적 타당성이 없는 '악법(惡法)'으로서의 교육법의 위치로부터, 혹은 법의 규범적 타당성은 주장되고 있으나 사실적 실효성이 없는 '사법(死法)'으로서의 입장으로부터 탈피케 하여 '살아있는 법(生法)'으로서 교육법을 목표로 하는 작업이다.

---

25) 지금까지 학교설립 주체와 임용권 간의 일치를 위해 여러 차례의 교원신분을 지방직화하는 논의가 있었지만 한국교총등 교직단체의 반대로 무산되었다. 신분보장과 보수에 있어서 차이를 두지 않는다 할지라도 교사들은 지방공무원 신분으로 되는 것을 신분 격하로 인식하기 때문이다. 특히, 학교장 최초 임용시 대통령으로부터 직접 임명장을 받는 것을 긍지와 명예로 여기는 것은 교육계의 상식으로 되어 있다.

교육기본권 보장의 기속성 원리로의 회기를 위해서는 국가교육권이 아닌 국민교육권의 시각에서 교육법에 대한 이해가 선행되어야 하며 더 나아가 교육조리의 존중 원리를 위해서는 교육에 관한 법규범의 해석과 적용에 있어서 기준이 되는 교육조리를 수용한 교육법리의 규명이 전제되어야 한다. 그것은 곧 교육법의 특수법 및 인권법으로서의 성격을 명확히 하고 인정받는 것을 의미하며 살아있는 교육법을 위한 작업은 교육법학의 가능성인 동시에 교육법 연구자의 사명이다.

3. 교육법학의 연구 대상: 교육법 전과정 · 전영역론

교육법학이 연구 대상으로 삼는 것은 교육법을 둘러싼 현상이고, 이는 교육입법, 교육행정, 교육재판에 이르는 교육법의 정립·적용·해석의 전 과정에 걸친 과정을 연구 대상으로 한다. 개별 교육법의 경우에도 법의 제정 배경, 입법 과정, 개정 논의, 법 현실과의 충돌, 대체 입법 및 개정과 폐지 등 법의 생성과 변환 및 소멸 전 과정을 다룬다.

현대사회에서는 정부나 국회가 제안한 법안의 정당성이 당연히 인정되는 시대는 아니다. 국가 공권력 자체가 정당시 되는 것이 아니라 그것이 국민에게 어떻게 받아들여지는가에 더 방점을 두고 있는 것이다. 게다가 국민들 가운데에서도 여러 교육당사자들은 서로 직접적이고 구체적인 입법청원 및 개정운동을 벌리고 있으며, 적극적인 권리 구제를 위하여 국가 공권력 혹은 이해당사자 간에 교육재판을 적극 제기하고 있는 것이 현실이다. 따라서 하나의 법률이 제안되어 성안되는 과정에 대한 연구는 여러 입법 정책적 관점이나 정치 공학적인 관점에서 영향 요인을 다양한 관점과 입장에서 살펴보아야 한다.

또한 법률의 심의를 주관하는 국회의 상임위원회를 비롯한 입법과정과 국민여론을 수렴하는 입법 예고과정이 법률의 절차적 정당성 확보 차원에서 연구자들의 주요 관심이 되고 있고, 국회 회의록과 검토보고서 및 지방의회 회의록과 검토보고서는 법안 형성과정에 대한 연구의 중요한 부분으로 인식되고 있다.

국회 및 지방의회에서 법률로서 의안화되어 가는 과정에서 등장하는 입법세미나 및 공청회 역시 법안에 대한 국민적 공감대를 형성해가는 중요한 자리로서 위치하고 있으며, 입법과정 연구에서 빠트릴 수 없는 요소가 되었다. 이 과정에서 여론의 추이를 파악하기 위한 언론분석(키워드 분석 등) 또한 입법 논의에 활용되기도 한다.

법 이론과 법 현실간의 간극 그리고 교육당사자 간의 이해 조정을 위하여 필수적으로 입법 쟁점 및 법안에 대한 법의식 조사는 필수적인 과정이 되고 있다. 국민과 주민에 적용되는 법률과 조례라는 점에서 의견조사 대상이 지나치게 넓어 개인 연구의 한계로서 작용하기도 한다. 통상 교직단체 및 시민단체, 정부 및 국회 발주 정책연구보고서에서 이를 수행하고는 있으나 표본의 대표성 문제는 언제나 제기되고 있고, 보수와 진보단체의 성격에 따라 법인식의 결과가 달리 나타나는 문제점도 지적된다.

한편, 교육법의 연구영역은 교육의 전 영역으로 확산되고 있다. 그동안 학교교육·평생교육·특수교육 등은 각각 교육관련 전문가에게 맡겨지고, 관련된 법률의 경우에는 관련 법률전문가나 교육행정가가 주도하여 입법하는 경우가 많았다. 그러나 오늘날의 교육의 각 분야의 입법은 관련 이해당사자들이 정책의 입안은 물론 입법 정책적 해결인 입법과 개정 및 폐지에까지 관여하고 있는 것이 현실이다.

자연히 각 분야의 법률전문가들이 속출하고 있고, 관련 분야별 법률 전문서가 속속 출판되고 있는 것 또한 그 증거이다. 특히, 교육분쟁의 증가에 따라 교육재판을 전문으로 하는 변호사가 등장하고 이 분야의 실무 및 전문서들이 꾸준히 간행되고 있으며, 현장의 교원이나 학부모들이 쉽게 알 수 있고 도움을 받을 수 있는 질의응답식 가이드 서적이나 만화형식의 책도 등장하고 있다.

또한, 국내 도서목록에서 '교육법'으로 검색하였을 때 많이 나타나는 각종 시험준비를 위한 서적도 국내 교육법에 대한 수요를 보여주고 있다. 이러한 수험서는 비록 교육법의 논의 영역과 깊이를 넓히는데 크게 기여하는 것은 아니나 나름 교육법의 연구 성과를 간접적으로 확산 보급하는 역할을 함에는 틀림이 없다. 이러한 서적들은 교육행정직이나 교육전문직 입직을 위한 교육법 해설서가 주를 이루고, 오히려 응당 있을 법한 교육행정 고등고시나 사법시험 교과에는 포함되어 있지 않다.

교육법학회 역시 그동안 교육법 연구 인프라 구축차원에서 대학의 교직과목에 교육법을 포함시키거나 중견 교육 분야 공무원시험 수험과목에 관련 과목이 포함되어야 한다는 논의를 지속적으로 하고는 있다. 일설에 따르면 과목의 필요성엔 공감하나 수험생이 공부하거나 출제위원들이 공감할 기본 교재가 부족하여 국가고시 수험과목으로 채택되지 못한다는 항변도 있다. 부업으로 교육법연구를 진행하다보니 이렇다 할 저서들이 많이 출간되고 있지 못하다는 변명도 일리가 없는 것은 아니지만, 학회와 연구자들이 교육법에 대한 사회적 수요에 적극 대응하지 못한 것이 앞선 원인이었다고 본다.

결론적으로 지금 한국의 교육법학은 연구 대상 면에서 보다 근본적이며 중요한 연구영역인 교육법학의 학문적 정체성에 대한 논의를 책임 져야함과 아울러, 가장 실용적인 필요인 교직교과의 교재나 공무원 수험서 및 법전 해설서까지도 다룸으로서 교육법 연구의 저변을 넓혀 가야한다는 것이다.

73설 교육법학의 연구영역: 교육법의 생성-소멸 전 과정(교육입법, 교육행정, 교육사법)

4. 교육법학의 연구 방법: 교육법학적 접근 방법론

가. 기존의 접근 방법

한국에서 교육문제에 대한 법적 연구의 접근은 연구자의 학문적 배경에 의하여 좌우되어온 특징이 있다. 즉, 접근방법의 문제는 주제 자체의 문제였다기보다 연구자의 연구 경험에 따르게 되었다. 따라서 교육학계에서 접근하는 연구와 법학계에서 접근하는 방법이 상이한 것은 당연한 귀결이다. 교육학 내에서도 교육행정학적 배경을 갖고 접근하는 경우, 법제사적 접근을 하는 경우, 교육정치학 및 교육재정경제학적 접근을 하는 경우 등 다양하다.

교육법에 대한 연구 관심은 1960년대 교원 자격이나 교육행정직 직무연수를 수행했던 행정관료나 강사를 중심으로 시작되었고, 1970년대 들어서 안기성 교수가 일본의 교육법학을 국내에 소개한 것을 계기로 연구자들 사이에 관심이 높아져갔다. 교육학계에서는 교육행정학 연구자를 중심으로 시도되었는데 새로운 제도의 도입이나 정책 근거로서 법률을 다루었으며 그 바탕이 되는 기저는 역시 교육행정학 및 정책학을 배경으로 한 것이었다. 1991년 본격적으로 지방자치제가 도입 이후에는 지방교육재정 배분 관련 법적 현안에 대하여 일부 교육재정경제학자들이 교육법학회에서 관련 논문을 발표하기도 했다.

1980-90년대 교육법 연구 초기에는 교원의 권리, 학생의 권리, 학부모의 권리에 대한 법해석적 접근이 주류를 이루었으나, 차츰 이들 간의 관계 규명과 조화론적 이해를 추구하는 접근도 나타났다. 교원의 권위와 예우적 의미가 강했던 교권에 관한 논의의 예를 들면, 초기에는 교원의 법적 권리에 초점을 두었다가 점차 일선 학교 교원들에게 보장되어야 할 학교 교육과정 전반에 있어서 교육활동의 자유 개념으로 확산되어 접근되고 있다. 현재에는 교권의 문제를 학생들의 인권 및 학습권과의 연계 속에서 조화롭게 해석하고 학교자치와 연계하여 논의하려는 접근 양상을 보이고 있고 관련 입법 또한 그러한 방향으로 나아가고 있다.

법학계에서도 연구자의 배경이 헌법학 혹은 행정법학인지에 따라 교육법 논제의 논의 방향과 판단의 기준이 조금씩 다르게 나타난다. 헌법학적 배경을 가진 연구자들은 주로 교육을 받을 권리의 보장과 침해 관점에 접근하고 헌법 재판 등 판례 분석을 병행하여 논의하는 방식을 취한다. 행정법학 전공자들은 교육행정 기관의 분권이나 지방교육자치제도와 관련한 사안에 대하여 관심을 더 기울이는 편이다. 이들은 전통적으로 법해석학적 접근이 주류를 이룬 가운데, 오늘날에는 법의 사회적 의미 규명을 당연시하는 법사회학적 접근이 일반화되어 있듯이 이에 대한 논의를 병행하기도 한다.

그러나 개인적인 수준의 연구에 있어서 당사자의 법의식 및 법인식 조사는 법학계보다는 교육학계에서 주로 이루어졌다. 최근 교육당사자들 간의 법적 분쟁이 증가하고 학교 내에서 교육 분쟁이나 학생 인권이 강조되면서 인권변호사등 법조 실무자들이나 저서를 출판하는 경우가 늘고 있는데 이 또한 교육법의 사회적 의미를 규명하려는 법사회학적 접근의 일환으로 평가할 수 있다.

교원의 법적 지위 관련 논의를 예를 들면,[26] 기존의 논의유형은 연구내용과 연구논리로 나누어 볼 수 있고, 내용상으로는 지위영역, 지위유형, 법적 지위 형식·내용, 해석·적용 등의 논의로 구분되고, 논리상으로는 교육학적 접근과 법학적 접근으로 나뉘는데 법학적 접근은 다시 법해석학적 접근과 법사회학적 접근으로 구분된다.

지위영역 중심 논의는 교원의 법적 지위를 사회적·경제적·정치적·문화적 지위를 중심으로 논의하는 유형으로서 각각의 지위 측면이 법적으로 어떻게 규정되어 있는지를 보는 것이다. 지위의 여러 측면이 포괄적으로 논의될 수 있으나 지위 개념간의 구분이 어렵고 논의의 중복을 피하기 어렵다.

지위유형 중심 논의는 인격자·전문가·공직자·근로자로서의 지위를 중심으로 법적 지위를 논하는 것이다. 이러한 논의 방식은 교원 지위에 관한 법률의 중심이 어디에 있는지 밝히는데 유용하나 법적 지

26) 고전(1997), 교사의 법적지위에 관한 연구, 연세대 박사학위논문, 310-315면 참조.

위의 구체적 내용 파악을 위해서는 기본권을 중심으로 한 법률관계의 논의로 확장되지 않으면 안된다.

그런데 교원지위에 관한 논의시 내용을 통합적으로 접근할 경우 다양한 측면에서의 논의가 가능해진다. 즉 공무원으로서 자리매김 되는 한국 교원의 법적 지위 그 자체에 함몰되지 않고 본질적 지위로서의 교육전문가로서 지위 측면, 인격자로서 지위 측면 그리고 수단적 지위로서의 공직자로서 지위 측면과 교육근로자로서의 지위 측면이라는 교원 지위의 다중성에 입각하는 접근은 교원의 지위를 법적으로 논함에 있어 균형있는 분석 틀을 제공한다.

교원 지위의 다 측면을 보아야 하는 이유는 교직의 본질(인격성·전문성·공공성·근로성)에 근거한 교원 지위가 다중적(인격자·전문가·공직자·근로자로서의 지위)이라는데 기인한다. 즉, 교원의 법적 지위가 단순히 법률규정 그 자체가 아닌 교원 지위에 대한 사회일반인의 정의 감정, 이른바 교원관 및 교직관을 포함하고 있다는 점에서 교직관을 바탕으로 한 인격자·전문가·공직자·근로자로서의 지위 측면이 함께 고려되어야 한다. 또한 법적 지위에 관한 법률의 영향요인이자 구성요인이 될 수 있는 사회적·경제적·정치적·문화적 지위에 관한 법률사항이 함께 조망되어야 한다.

다음으로 법적 지위의 형식·내용 중심 논의는 교원의 법적 지위의 형식인 '신분'과 그 내용인 '권리·의무·책임 관계'를 중심으로 논의하는 방식이다. 이는 현재의 교원 지위에 관한 법률체계를 파악하는데 가장 일반적인 논의의 틀이라 하겠으나 법률의 가치판단에는 미치지 못하는 기술적(記述的) 논의라는데 한계가 있다.

법적 지위에 대한 해석·적용중심 논의는 교원의 법적 지위에 관한 법률의 내용을 사회생활관계의 구체적 사실에 실현시키기 위하여 일반적이고 추상적인 법규정의 의미를 밝혀내는 일련의 과정에 대한 논의이다. 주된 분석대상은 재판관의 법인식인 판례분석이지만 법규범의 형식과 내용에 대한 분석을 전제로 하며 법규범의 실효성 검증으로 이어지지 않으면 안된다는 점에서 볼 때 위의 논의 방식의 한계인 동시에 가능성이기도 하다.

다음으로 연구논리상 교육학적 접근의 핵심은 교원 지위 법제화에 있어서 지켜져야 할 교육원리를 규명하는 것이다. 교육학적 접근은 교육학의 종합과학으로서 성격 때문에 분과 학문영역에 따라서 도움이 필요하게 된다. 교원의 교수활동의 본질 및 교원에 대한 역할 기대인 교사관 그리고 교육관의 성격 규명을 위하여는 교육철학적 논의에 의해 뒷받침되어야 하고, 교원에 관한 법률의 역사적 전개과정에서의 특성 규명을 위해서는 교육사적 논의가 필요하다. 또한 교원 지위의 사회적 의미 파악을 위하여는 교육사회학적 관점의 성찰이 있어야 하고, 종국적으로는 교육에 관한 법률연구라는 점에서는 교육법 연구논리, 이른바 교육법학적 접근방법이 요구된다.

한편, 법학적 접근 중 법해석학적 접근은 현행 실정법 질서의 규범내용을 체계적으로 인식함을 임무로 하고 재판에 의한 법의 구체적 실현을 위하여 통일적·조직적인 해석을 행하는 실용적인 법학을 말한다. 추상적 법규의 구체화라는 유용성에도 불구하고 교육에 관한 법률을 공법질서 체제 속에서 좁게 해석할 경우 교육법의 사회적 의미를 간과하게 되며 형식논리에만 몰두할 경우 유권해석 만능이라는 결과를 가져올 수도 있다.

이에 비해 법사회학적 접근은 교육에 관련된 법현상, 즉 법규범 논리에 대응하는 현실을 역사적·경험적 사실에 의한 검증을 통하여 설명하는 것으로서 법의 과학화 · 이론화에 주력한다. 그러나 오늘날 법사회학의 일반적 주류는 법 제정 및 법해석과 같은 법 실천과 무관한 것이 아니라 오히려 입법정책의 도구로서 법사회학을 파악한다.

이상과 같은 교원의 법적 지위에 관한 기존의 논의유형은 연구내용상 편중되는 쪽보다는 통합되는 것이 바람직하며 연구논리에 있어서도 교육학과 법학의 분산적 접근은 도움이 되지 못한다. 즉, 교원 지위의 존재방식이 사회적 맥락 속에 존재해 있고, 교직의 본질에서 비롯되는 다중적 지위 측면을 보유하고 있는 상태에서 법률체계의 명료화와 실효성 검증을 위하여 연구내용상 통합과 연구논리의 재구성이 필요하다.

기존의 연구논리를 재구성해야 할 필요성은 교육의 논리에 치우쳤을 때는 교원 지위의 설정 면에서는 이상적이기는 하나 추상적이거나 사변적으로 흐르기 쉽고, 법 논리만이 강조되었을 때는 구체적이긴 하나 교육현상 속에서 이상적 교원 지위의 설정이 어렵고 기술적으로 되기 쉬운 단점이 있다는 점에서 요구되는 것이다. 교원의 법적 지위에 관한 논의는 연구내용상, 혹은 연구논리상 어느 한 가지에 편중되어서는 교원 지위의 다양한 측면이 충분히 설명될 수 없다.

이렇게 통합된 연구내용은 기존의 교육학적 접근이나 법학적 접근이라는 일면적인 연구논리에 의해서는 충분한 논의를 전개시킬 수 없으며 교육학과 법학의 연구논리를 재구성한 교육법해석학적 접근 및 교육법사회학적 접근인 이른바, 교육법학적 접근방법에 의해서 가능하게 된다.

나. 교육법학적 접근 방법

교육법학을 '교육법 현상을 독자적 연구대상으로 하여 교육학과 법학의 학제적 연구방법 및 결과를 토대로 교육과 법의 관계구조를 기술 · 설명 · 예측하는 학문'으로 정의할 때, 교육법 주제에 대한 교육법학적 접근방법이란 당해 주제에 관한 법 현상, 즉 교육입법 · 교육행정 · 교육재판이라는 법 과정을 분석하는 데 있어서 교육학과 법학의 학제적 연구방법, 즉 교육법해석학적 연구방법, 혹은 교육법사회학적 연구방법을 사용한다는 의미이다.

그리고 이 교육법해석학적 연구방법은, 법해석학(현행 실정법 질서의 규범내용을 체계적으로 인식함을 임무로 하고 재판에 의한 법의 구체적 실현을 위하여 통일적 · 조직적인 해석을 기하는 실용법학)적 방법 위에 교육학의 도움을 받아 교육이라는 특수한 사회관계에 관한 특수법 논리, 이른바 교육법 논리에 근거한 교육조리를 구명해가는 방법을 말한다.

또한 교육법사회학적 연구방법은, 법사회학(법규범논리에 대응하는 현실을 역사적 · 경험적 사실에 의한 검증을 통하여 설명하는 경험과학)적 방법의 지원 속에 교육학이 주축이 되어, 교육법이 실현되는 현실적 조건과 과정 그리고 앞으로의 변화에 필요한 조건 등을 규명해가는 방법을 말한다.

전자의 방법이 법해석학과 원리적 교육학(교육원리, 교육사상사)의 교류에 의해 연구 대상 교육법 규정을 교육법원리에 비추어 해석하는 방법이라면, 후자의 방법은 교육제도의 원리 및 형성배경과 변화조건 등의 규명을 목표로 하는 제도사적 교육학(교육행정학, 사회교육학, 비교교육학)과 법사회학의 교류에 의

해 법 규범과 법 현실의 간극을 비롯한 당해 교육법 규정의 사회적 의미를 밝히는 방법이다.[27)]

교육법 연구에 있어서 이러한 교육법학적 연구방법이 활용되어야 하는 이유는 연구대상이 되는 교육법 규정에 관한 '존재 규범' 중심의 정태적 연구방법(해석적 접근방법)에 그치는 것이 아니라 '당위규범'을 추구하는 동태적 연구방법(기능적 접근방법)을 포괄할 때 비로소 그 교육법 규정의 의미를 '살아있는 법'으로서 규명하는 것이 가능해지기 때문이다.

예를 들어, 한국의 교원 지위에 관한 법규범의 법 정립작용 분석에 있어서는 현재의 교원 관련 법규가 지금의 상태로 된 그 배경을 법제사(법규범의 변천)와 교육사(교육관 · 교원관의 변천)라는 두 측면에서 살펴보는 것은 현재 법적 지위 문제의 원인을 진단하고 해결방안을 제시하는데 역사적 증거 제시로서 그리고 판단의 실증적 근거가 될 수 있다.

그리고 한국의 교원 지위에 관한 법 인식 분석에 있어서 교육법사회학적 접근은 법해석 · 적용의 주체인 재판관의 법인식과 일반국민의 법 인식을 비교하여 법과 현실간의 간극을 조율해 보는데 유용하다. 이렇게 통합된 연구내용과 재구성된 연구논리에 따른 교육법학적 접근방법은 한국 교원의 법적 지위를 분석하는데 유용한 틀로서 기여할 수 있다.

결국, 교육법학의 접근방법이 교육학과 법학간의 학제성에 기초하고 있듯이 교육법에 관한 연구는 두 분야의 연구교류를 통해서 이루어져야 한다. 학문의 우열을 가리는 자세나 교류에 소극적 자세(예를 들어 인용문헌의 교육학 또는 법학의 편중성)는 교육법학의 발전, 나아가 국민의 교육기본권 보장의 원칙을 규명하는데 도움이 안된다. 특히 교육학의 간학문적 성격은 교육원리의 도출에 때로는 혼선을 줄 수도 있기 때문에 교육학 쪽에서의 교육법제화의 준거 확립에 관한 연구 노력이 요구된다.

이런 측면에서 볼 때 취학연령 제한 규정에 대한 교육기회의 균등한 보장과 관련한 헌법소원이 능력에 따른 교육기회의 균등한 보장원리에 위배되는 측면이 있었음에도 합헌으로 끝날 수밖에 없었던 이유를 재음미할 필요가 있다. 만일 교육학이 초등학교에 입학 가능한 학습능력을 변별해줄 평가 준거를 개발했다면 지금처럼 지극히 단순한 생활 연령 기준에만 의존할 필요도 없었을 것이며 위의 헌법소원의 결정에도 교육원리적 근거를 제시하게 되어 영향을 줄 수 있었을 것이다.

그러나 현실은 수많은 교육학의 교수 · 학습이론과 측정 · 평가이론에도 불구하고 현재의 교육학은 이에 미치지 못하고 있으며 그것은 곧 교육학이 교육을 연구의 대상으로 하면서도 인간의 교육을 받을 권리(인권으로서 교육기본권) 보장과 실현에는 크게 기여하고 있지 못한 단적인 예이다.

74설 교육법학의 사명: 사법(死法)과 악법(惡法)아닌 살아있는 교육법의 탐구(교육학+법학)

---

27) 교육법학의 연구방법에 대한 보다 자세한 논의는 '제3장 교육법학론' 참고.

다. 교육법학적 접근 방법의 한계

연구과정에서 드러날 수 있는 교육법학적 연구논리의 가장 본질적 한계는 역시 현행법의 규정이 교육의 원리를 충분히 수용하지 못할 경우 판단의 준거로서 대체될 수 있는 이른바 독자적 교육법리가 무엇이어야 하는지 규명하기가 쉽지 않다는 점이다.

공법체계에서 비롯되는 특별권력 관계에 기초한 공직자로서의 지위체계가 교육조리적(敎育條里的) 근거와 교육학적 원리에서 지원받는 교육전문가로서의 지위를 충분하 수용하지 못한 것은 그 대표적인 예이다. 이것은 두 원리를 종합할 수 있는 교육조리를 수용한 교육법리(교육법조리)의 불명확성에서 기인하는 바, 교육법학의 연구 성과에 의존하게 된다.

따라서 교육법학적 연구방법은 교육법에 관한 연구에 있어서 현행법의 법리와 교육원리의 조화를 추구하는 교육법조리를 함께 구명해가지 않으면 안된다.

판단의 준거가 될 교육법 조리 상의 문제는 위와 같은 교육법학 자체의 한계 이외에도 한국 헌법의 특수성과 관련이 있다. 즉, 한국 헌법 제31조 제4항은 교육의 자주성·전문성·중립성이라는 이른바 교육조리를 헌법정신으로 이미 수용하고 있어서 그 자체가 현행법 해석·적용의 법리의 영역에 포함되어 있기 때문이다. 그런데 이 교육의 자주성·전문성·중립성이라는 교육조리가 제도원리나 지도이념의 성격으로 명확하게 규정되지 않고 법률유보 조항의 형태로 규정되어 교육당사자의 법적 지위 보장보다는 제한의 측면에서 기능할 가능성이 있다는 데 문제가 있다.

헌법재판관의 다수의견의 교원의 기본권 제한 논거 제시 과정에서도 수차 드러나듯이 이 헌법규정은 교원 지위 법률주의를 규정한 제31조 제6항과 함께 교원을 공직자로서 자리매김한 헌법적 근거로, 나아가 교원의 기본권 제한의 합헌성 판단의 근거로 그리고 때로는 국가교육권의 근거로서 이미 현행법 판단의 법리로서 기능한 바 있다.

이 경우 교육법학적 접근의 과제는 이른바 교육원리와 일반법 법리를 포용하는 특수조리로서 교육법조리를 새롭게 규명하는 데 있기보다는 이미 현행법의 법리로 수용(때로는 전용)되고 있는 교육조리에 관한 헌법조항의 법적 성격을 일반법 법리에 우선되어야 할 특수법 조리로서 규명하고 그런 관점에서 법의 정립·해석·적용 작용을 분석하는 것이다.

교육입법과 교육재판 그리고 교육행정에 있어서 지도 원리로서 수용되어야 할 교육상의 도리인 교육조리가 헌법조항에 규정됨으로서 오히려 조리로서의 생명력을 상실하고 있는 한국의 교육법 해석·적용 과정을 볼 때, 교육조리까지 포함하고 있는 한국 헌법은 단지 그 이유 하나만으로 선진적 교육법이라거나 국민의 교육기본권 보장에 앞선 교육법이라고 긍정적으로 평가될 수만은 없다.

5. 교육법학의 연구 성과: 한국 교육법학론

한국에서의 교육법 연구에 있어서 전기가 마련된 것은 역시 관련 학회가 창립되면서 부터였다. 1984년의 헌법학자 중심의 한국교육법학회의 창립과 1986년의 교육행정학자 중심의 대한교육법학회의 창립을 말한다. 전자가 교육법 연구와 법교육의 중요성을 고취시킨 계기를 마련했다면, 후자는 교육정책과 행정을 교육법적 관점에서 직접 다루어 교육행정의 연구영역을 넓혔다.

제3장에서는 한국의 교육법 연구사를 정리하기 위하여 해방이후 교육법 연구를 시기 구분하여 검토하였다. 해방이후 교육법규 해설 연구기, 1970년 중반 이후의 교육법학 도입 연구기 그리고 교육법학회의 창립을 계기로 한 1980년대 중반부터의 교육법학적 접근 연구기로 나누어 살펴보았다. 특히 학회 창립 후 40여 년 간 교육법 연구에는 양적, 질적 면에서 괄목할 만한 변화가 있었다.

교육법 연구의 성과의 핵심은 관련 박사학위의 출현과 대한교육법학회의 학술지 발간이라고 할 수 있다. 1986년 대한교육법학회 창설 당시 교육법 분야 박사학위 소지자가 6명에 불과한 상황에서 출발하여 2020년에는 100여 명에 이른 사실과, 1988년 6편으로 창간호를 낸 『敎育法學硏究』지에 2022년 제34권 제1호까지 528편의 논문이 게재되었다는 것은 그 양적 성장의 증거로서 충분하다.

더욱이 이러한 양적 성장은 학회에 대한 정부의 연구 지원과 정부출연 각 연구기관의 관심이 부족하고 교육행정학과 공법학계에서 변두리 영역으로 인식되어 학문적 발전 기반(대학교수직 및 대학원 과정)마저 공고하지 못한 상황에서 제한된 연구자들이 이루어낸 성과라는 점에서 더 의의가 크다. 그러나 양적인 성장과는 대조적으로 개선되어야 할 문제나 아직 미완성의 과제도 남기게 되었다.

고전은 1997년 학회활동 10년의 성과 검토 보고서에서 교육법학적 접근에 대한 조심스러운 진단[28]과 대한교육법학회지 창간사에 제시된 초대회장(정태수)의 교육법학 연구의 다섯 가지 방향[29]을 소개한 적이 있다. 이러한 우려스러운 진단과 방향 제시는 지금 이 시점에서도 성찰의 여지를 남기고 있다.

가. 학문적 구심점으로서 학회의 역할

교육법은 이제 개인적 연구 관심 차원을 넘어서 국민적 관심사이며, 여러 가지 교육분쟁을 비롯한 현안들은 학회차원의 대응을 요구하고 있다. 그러나 교육법에 대한 논의 기회가 확대되고 교육과 관련된 모든 법의 영역들이 회자되고 있으나, 학회가 교육법 연구의 구심적 역할을 충분히 하는 데는 한계가 있다.

무엇보다도 교육법 연구를 본업(本業)으로 삼지 못하고 부업(副業) 혹은 잔업(殘業) 수준에서 논의할 수밖에 없는 대학의 열악한 연구 인프라(교육법 전공자의 부재)가 주된 원인이다. 학회가 대학을 대신한

28) "한국의 경우 … 간학문적 방법론을 특성으로 하는 교육법학의 학문적 정체성 확립에는 이르지 못하고 있는 것으로 보인다. 더구나 그 연구활동 인력이 극히 제한된 상태이며 아직은 연구방법상의 논의가 활발하지 못하여, 연구영역상 교육행정학으로 부터는 독자적인 영역으로 분화되지 못하고, 연구방법상 행정법학으로 부터는 독립되지 못한 상태가 아닌가 조심스레 진단해 본다."

29) "그 하나는 교육인들이 교육법학적 관심을 높이는 것이며, 그 둘은 국민의 受敎育權 확보라는 시각에서 교육법을 연구해야 한다는 것이며, 그 셋은 교육특유의 敎育條理를 탐구하고 이를 교육법의 기반으로 삼아야 한다는 것이고, 그 넷은 교육입법 연구와 교육판례연구가 심화되어야 한다는 것이며, 마지막으로는 교육현장의 여러 교육현상을 깊이 연구하여 현장문제 해결과 그 개선에 힘이 되어야 한다."

연구의 구심적 역할을 충실히 하지 못한 부분도 성찰을 요한다. 교육법 연구에 대한 초심(初心)을 두었던 박사학위 소지자들이 지속적으로 중추적인 연구 활동을 하도록 학회가 그 구심적 역할을 하고 학술활동의 장을 넓혀야 할 것이다.

나. 교육법학으로서 학문적 정체성의 확립 문제

학문적 정체성 문제는 지난 1997년 당시 저자가 보고한 학회 활동 10년간의 성과 분석에서 검토된 사안으로서 그동안 학회에서 충분한 논의 기회를 갖지는 못했다. 교육법학의 개념이 국내에 소개된 지 50여 년에 이르렀고, 학회의 연혁도 40주년을 준비하고 있다. 인구학적 한 세대보다 학문적 세대의 교체가 빈번함을 견주어 볼 때, 교육법 관련 이론 역시 몇 번의 논쟁사를 거쳤음직도 하나 우리의 교육법 학문 활동은 그렇게 활발하지 못한 듯싶다.

우리가 언제까지 교육법 연구를 개인적·학문적 배경을 인정할 수밖에 없다는 이유로 그 논의를 미루어서는 곤란하며, 교육학과 법학의 간학문적 접근방법이라는 우산아래 학문적 자성과 분발을 게을리 할 수는 없으리라고 본다. 이 점에서 대한교육법학회의 "교육권 논쟁" 학술대회(2004.7)는 그 가능성을 보여주는 발아라고 할 수 있고, 앞으로 그러한 논쟁의 향연이 지속되기를 기대한다.

다. 교육법 쟁점 현안에 대한 '학설(學說)'의 제공

'경쟁'과 '선택'의 시기에 국민의 균등한 교육기회를 보장하는 데에는 의례히 당사자 간의 법적 분쟁이나 제도 개선을 위한 교육법 개정 현안이 넘쳐나기 마련이다. 이때, 법이 법 현실과 유리되지 않도록 국민의 교육에 대한 공감대를 확인하고 그 논거를 제공하는 역할은 바로 교육법 연구자의 몫이다. 또한 그 집단적인 노력은 교육현안에 대한 학회의 대응으로 나타나며, 구체적인 상황에서는 판단준거로서 통설적 견해와 소수설 등을 제공하게 된다.

그리고 학설의 영향은 입법과정에서부터 법의 적용 및 해석의 전 과정에 미치게 될 것이다. 그러나 그간 학회내의 지나치게 조심스러운 학문적 겸양 분위기는 학설의 형성에 부정적으로 작용하지 않았는지 성찰할 여지가 있다.

예를 들어 한국의 의무교육에 관한 헌법 이념이 교육의 평등성과 수월성 중 어느 쪽에 기반하고 있는지, 의무교육의 무상 범위는 어느 수준으로 하는 것이 타당한지, 교원의 교육의 자유의 범위나 수업권의 본질은 무엇인지에 대하여 학회 내의 논설(다수설 및 통설, 소수설 등)을 정리할 필요가 있다. 판단의 준거로서 '학설' 나아가 구조적인 활동력을 갖춘 '학파(學派)'의 형성을 기대해 본다.

라. 학제적(學際的) 접근 방법의 시도

학제적 접근방법이란 법학과 교육학의 연구 교류측면에서의 과제를 의미한다. 일본의 교육법학계의 대부 가네꼬 마사시(兼子 仁)가 40여 년 전에 "교육법학 분야는 교육학과 법학간의 본격적인 공동연구 없이는 진정한 교육법학의 확립이 어렵다"고 지적[30]하였듯이, 교육법학의 학제적 성격 및 필연성은 교육법 연구자들이라면 누구나 공감하는 부분이다.

문제는 이러한 학제적 접근 노력을 어떤 방법으로 할 것인가에 달려 있다. 개인적 연구자 차원에서는 양 학문의 연구 성과를 십분 활용하는 것이 될 것이고, 학회차원에서의 인적 교류 및 초청도 이를 뒷받침하게 될 것이다. 예를 들어 최근의 헌법 재판소의 판결에 대한 검토 때, 가장 많은 합헌 사유로 들고 있는 국회의 입법 정책적 재량권 범주 내라는 논설에 있어서도 학제적 접근은 긴요하다. 즉, 법규의 규범적 정당성을 논함에 있어서 교육관계의 특수성을 교육조리에 근거하여 주창하는 것 이외에도, 교육 공익의 증진이라는 사실적 실효성을 검증하는 데에 교육학적 연구 성과가 이를 뒷받침 될 수 있다는 뜻이다.

교육법 연구에 대한 필요성은 그 어느 때보다도 높아졌다고 할 수 있으나 이것이 학문적 정체성을 담보하는 것은 아니며, 여전히 연구방법의 체계화(體系化) 및 학제화(學際化)라는 과제를 남기고 있다.

마. 교육기본법 정신에 대한 탐구

연구영역 및 주제와 관련하여서 최근 교육정책 및 제도 개선의 차원에서 다양한 논의 주제가 다루어지고 있는 것은 교육법 논의의 범주를 넓힌다는 차원에서 환영할 만하다. 그러나 모든 교육법의 입법과 적용 및 해석의 기준이 되는 헌법의 교육조항과 교육기본법의 규정들은 개별 교육법의 판단 준거가 된다는 점에서 보다 큰 관심을 보여야 할 것이다.

지금까지의 연구가 헌법의 교육조항에 대한 헌법적 접근이 주를 이루었다면, 준 헌법적 성격을 갖는 교육기본법 정신에 대한 교육법학적 탐구에 보다 관심을 가질 필요가 있다. 법규범의 정당성을 다루는 헌법재판소 판례에 대한 분석 및 평석 역시 이러한 관점에서의 접근이 필요하다.

특히, 교육기본법이 제정(1997.12.13.)된지 25년 만에 20여 차례의 개정을 하였다는 것은 한국의 교육법 체계의 불완전성을 상징적으로 보여준다. 정부의 교육정책을 홍보하거나 추진하기 위한 수단으로 행정편의적인 개정을 하였던 것은 아닌지 성찰이 필요하다. 정부가 추진하는 개혁 의제에 따라 조항을 첨삭한 결과이기도 하다는 점에서, 교육기본법에는 교육개혁의 원칙 및 방향, 특히 개혁추진 절차의 민주적 정당성에 대한 규정이 마련될 필요도 있다. 이런 관점에서 본다면 지금까지 있었던 교육기본법의 개정은 개혁의 방향을 수정하거나 교육제도의 기본 원칙이 바뀐 것이라고는 보기 어렵다. 이것이 잦은 교육기본법 개혁을 성찰하여야 할 이유이기도 하다.

교육기본법은 헌법의 교육규정을 재확인한 교육법의 부법(父法)이자 준헌법으로서 교육관련 법규이 제정 방향을 제시하는 교육법의 헌법(이른바 '준헌법적 성격')으로 인식할 필요가 있다. 일본의 경우 1947년에 제정된 교육기본법이 60년만인 2007년 4월 1일에 단 1회 개정되었다는 점은 여러 면에서 생각해볼 부분이다. 그것도 기본법 정신의 훼손을 염려하는 일본교육법학회가 주축이 된 50여 학술단체들이 연합

30) 兼子 仁(1978), 教育法(新版), 有斐閣, 46頁.

하여 반대운동을 전개하고, 제정에서 개정까지 끊임없이 60여 년간의 논쟁사를 거쳤다는 점에서 시사하는 바가 적지 않다고 본다.

바. 연구 역량의 결집

지금까지의 교육법 연구사와 그 연구업적이 보여주듯이 개인적인 연구의 집적은 상당한 만면, 연구역량을 결집한 집단적 노력의 결실은 미흡하였다. 1994년의 교육법 정비관련 정책과제를 학회차원에서 추진한 것을 계기로 한국교육행정학회 기획에 의한 『교육법론』(1995)의 집필은 그 가능성을 보여준 학회 수준의 처녀작이었다. 이후 2004년도에 기획되어 수행된 '교육법학 사전' 편찬 연구는 가능성을 보여준 시도였으나 저서로 출간되지 않았다.

나아가 국가적 교육개혁과 개인적 교육 분쟁이 일상화된 오늘의 교육법 현실 속에서 교육법 연구자들이 보다 적극적으로 참여하고, 연구역량의 집적이 학회를 구심점으로 집결됨으로서 '교육법 운동' 차원으로까지 승화되었으면 하는 바램을 가져본다. 학교교육법과 사립학교법 분야의 단독 저서들이 출간되고 있는 점도 고무적이다. 특히, 대한교육법학회가 2022년에 발간한 15인 공저의 『교육법의 이해와 실제』(교육과학사)[31]는 학회의 연구 역량을 모은 본격적인 교육법 교재로서 간행된 의의가 적지 않다고 본다.

향후 학회의 교육법 연구 역량을 집대성한 『교육법학』 저서나 『교육법전』(해설서)을 기대해 본다.

사. 교육법 연구 3세대의 과업

교육법 분야가 별도의 학위과정이 있는 것도 아니며, 일단 관심을 두기 시작하면 거의 자수연구(自手硏究) 하여야 하는 상황이 40여 년 지속되고 있음에도 꾸준히 관련 연구자가 늘고 있다는 것은 그 만큼 교육법 현상이 우리 삶의 중요한 영역으로 대두되었다는 것이며, 그것이야 말로 교육법학의 발전 가능성이자 존재 이유이다.

그럼에도 여전히 교육법 연구가로서 길을 들어서려는 후학들이 결심한 순간 학문적 문전걸식(門前乞食)을 시작해야만 하는 현실은 쉽게 개선되어가지 못하고 있다. 공법연구가는 교육학의 선행연구를 검토하여 교육적 소양(Educational mind)을 쌓아야 하고, 교육학 연구에서 출발한 이들은 헌법이나 행정법을 뒤져가며 법률적 소양(Legal mind)을 스스로 익혀가야 한다. 어렵게 학위를 취득하여도 교육법으로 연구직을 잡는 것 또한 쉽지 않으며, 또 설령 교수직이라는 본업을 갖더라도 이런 저런 활동을 분주히 하다 보면, 교육법 연구는 뒷전으로 물러나고 본업이 아닌 부업이나 잔업으로 전락하는 것이 일상적인 모습이다.

1세대 교육법 연구자들이 교육법 연구의 관심을 보이고 논의의 장을 마련하는데 기여하였다면, 2세

---

31) 대한교육법학회(회장 박인현)에서 기획 편찬한 학부 및 대학원 교재용 도서로서, 고전(교육법 개관과 교육법학), 허종렬(헌법과 교육기본권의 보장), 정필운(교육당사자의 법적 지위), 강기홍(교육에 대한 국가 및 지방자치단체의 권한과 책임), 이형석(교육제도 법정주의), 이수경(평생교육과 직업교육), 김용(교육과정 및 학생평가와 교육법), 하봉운(교육재정과 교육법), 이덕난(교육시설 및 환경과 법), 학생인권의 증진(전제철), 김학추(교원과 교권), 김갑석(학교폭력예방 및 대책), 주영달(학교안전사고와 법률), 교육복지와 대안학교(전윤경), 정순원(교육정보화와 법) 등 15개의 장으로 구성되어 있다.

대 연구자들은 논의의 꽃을 피움이 당연한 일이다. 이 점에서 우리 교육법 연구자들은 각자의 위상에서 나름의 역할 분담을 잘하고 있는지 반성할 여지가 크다고 본다.

대부분의 연구사는 현재의 시기를 '발전기'나 '성숙기'로 전제하곤 하나 그 시기 구분의 유효성은 10년을 넘기지 못한다. 여기서 밝힌 교육법 연구의 과제는 적어도 지금의 시기가 교육법 연구의 발전기나 성숙기라하기엔 부족함이 많다는 것을 인정한 것이다. 그러나 10여 년 뒤의 연구사에 대한 분석결과, 교육법학적 접근 연구 후기(後期)에서도 같은 문제가 지적된다면 그것은 분명 정체나 퇴보에 가깝다고 할 것이다. 동학제현들과 교육법학을 연구하는 3세대들의 왕성한 저작열(著作熱)을 기대해 본다.

75설 교육법학연구 3세대의 과업: 본업(本業)으로서 교육법학 연구(Eucational · Legal Mind) 기대

부 록

부록 1　대한민국헌법(발췌)

제10조 모든 국민은 인간으로서의 존엄과 가치를 가지며, 행복을 추구할 권리를 가진다. 국가는 개인이 가지는 불가침의 기본적 인권을 확인하고 이를 보장할 의무를 진다.

제11조 ① 모든 국민은 법 앞에 평등하다. 누구든지 성별·종교 또는 사회적 신분에 의하여 정치적·경제적·사회적·문화적 생활의 모든 영역에 있어서 차별을 받지 아니한다.

제15조 모든 국민은 직업선택의 자유를 가진다.

제31조 ① 모든 국민은 능력에 따라 균등하게 교육을 받을 권리를 가진다.

② 모든 국민은 그 보호하는 자녀에게 적어도 초등교육과 법률이 정하는 교육을 받게 할 의무를 진다.

③ 의무교육은 무상으로 한다.

④ 교육의 자주성·전문성·정치적 중립성 및 대학의 자율성은 법률이 정하는 바에 의하여 보장된다.

⑤ 국가는 평생교육을 진흥하여야 한다.

⑥ 학교교육 및 평생교육을 포함한 교육제도와 그 운영, 교육재정 및 교원의 지위에 관한 기본적인 사항은 법률로 정한다

제22조 ① 모든 국민은 학문과 예술의 자유를 가진다.

제34조 ① 모든 국민은 인간다운 생활을 할 권리를 가진다.

제37조 ① 국민의 자유와 권리는 헌법에 열거되지 아니한 이유로 경시되지 아니한다.

② 국민의 모든 자유와 권리는 국가안전보장·질서유지 또는 공공복리를 위하여 필요한 경우에 한하여 법률로써 제한할 수 있으며, 제한하는 경우에도 자유와 권리의 본질적인 내용을 침해할 수 없다.

제40조 입법권은 국회에 속한다.

제75조 대통령은 법률에서 구체적으로 범위를 정하여 위임받은 사항과 법률을 집행하기 위하여 필요한 사항에 관하여 대통령령을 발할 수 있다.

제95조 국무총리 또는 행정각부의 장은 소관사무에 관하여 법률이나 대통령령의 위임 또는 직권으로 총리령 또는 부령을 발할 수 있다.

제101조 ① 사법권은 법관으로 구성된 법원에 속한다.

제111조 ① 헌법재판소는 다음 사항을 관장한다.

1. 법원의 제청에 의한 법률의 위헌여부 심판
2. 탄핵의 심판
3. 정당의 해산 심판

4. 국가기관 상호간, 국가기관과 지방자치단체간 및 지방자치단체 상호간의 권한쟁의에 관한 심판
5. 법률이 정하는 헌법소원에 관한 심판

第117조 ① 지방자치단체는 주민의 복리에 관한 사무를 처리하고 재산을 관리하며, 법령의 범위 안에서 자치에 관한 규정을 제정할 수 있다. ② 지방자치단체의 종류는 법률로 정한다.

第118조 ① 지방자치단체에 의회를 둔다. ② 지방의회의 조직·권한·의원선거와 지방자치단체의 장의 선임방법 기타 지방자치단체의 조직과 운영에 관한 사항은 법률로 정한다.

부록 2 교육기본법

[시행 2022.3.25. 법률 제18456호, 2021.9.24., 일부개정]

제1장 총칙 <개정 2007. 12. 21.>

제1조(목적) 이 법은 교육에 관한 국민의 권리·의무 및 국가·지방자치단체의 책임을 정하고 교육제도와 그 운영에 관한 기본적 사항을 규정함을 목적으로 한다. [전문개정 2007. 12. 21.]

제2조(교육이념) 교육은 홍익인간(弘益人間)의 이념 아래 모든 국민으로 하여금 인격을 도야(陶冶)하고 자주적 생활능력과 민주시민으로서 필요한 자질을 갖추게 함으로써 인간다운 삶을 영위하게 하고 민주국가의 발전과 인류공영의 이상을 실현하는 데에 이바지하게 함을 목적으로 한다.[전문개정 2007.12.21.]

제3조(학습권) 모든 국민은 평생에 걸쳐 학습하고, 능력과 적성에 따라 교육 받을 권리를 가진다. [전문개정 2007. 12. 21.]

제4조(교육의 기회균등 등) ① 모든 국민은 성별, 종교, 신념, 인종, 사회적 신분, 경제적 지위 또는 신체적 조건 등을 이유로 교육에서 차별을 받지 아니한다. ② 국가와 지방자치단체는 학습자가 평등하게 교육을 받을 수 있도록 지역 간의 교원 수급 등 교육 여건 격차를 최소화하는 시책을 마련하여 시행하여야 한다. ③ 국가는 교육여건 개선을 위한 학급당 적정 학생 수를 정하고 지방자치단체와 이를 실현하기 위한 시책을 수립·실시하여야 한다. <신설 2021. 9. 24.> [전문개정 2007. 12. 21.] [제목개정 2021. 9. 24.]

제5조(교육의 자주성 등) ① 국가와 지방자치단체는 교육의 자주성과 전문성을 보장하여야 하며, 국가는 지방자치단체의 교육에 관한 자율성을 존중하여야 한다. <신설 2021. 9. 24.> ② 국가와 지방자치단체는 관할하는 학교와 소관 사무에 대하여 지역 실정에 맞는 교육을 실시하기 위한 시책을 수립·실시하여야 한다. <개정 2021. 9. 24.> ③ 국가와 지방자치단체는 학교운영의 자율성을 존중하여야 하며, 교직원·학생·학부모 및 지역주민 등이 법령으로 정하는 바에 따라 학교운영에 참여할 수 있도록 보장하여야 한다. <개정 2021. 9. 24.> [전문개정 2007. 12. 21.]

제6조(교육의 중립성) ① 교육은 교육 본래의 목적에 따라 그 기능을 다하도록 운영되어야 하며, 정치적·파당적 또는 개인적 편견을 전파하기 위한 방편으로 이용되어서는 아니 된다. ② 국가와 지방자치단체가 설립한 학교에서는 특정한 종교를 위한 종교교육을 하여서는 아니 된다. [전문개정 2007. 12. 21.]

제7조(교육재정) ① 국가와 지방자치단체는 교육재정을 안정적으로 확보하기 위하여 필요한 시책을 수

립 · 실시하여야 한다. ② 교육재정을 안정적으로 확보하기 위하여 지방교육재정교부금 등에 관하여 필요한 사항은 따로 법률로 정한다. [전문개정 2007. 12. 21.]

第8조(의무교육) ① 의무교육은 6년의 초등교육과 3년의 중등교육으로 한다. ② 모든 국민은 제1항에 따른 의무교육을 받을 권리를 가진다. [전문개정 2007. 12. 21.]

第9조(학교교육) ① 유아교육 · 초등교육 · 중등교육 및 고등교육을 하기 위하여 학교를 둔다. ② 학교는 공공성을 가지며, 학생의 교육 외에 학술 및 문화적 전통의 유지 · 발전과 주민의 평생교육을 위하여 노력하여야 한다. ③ 학교교육은 학생의 창의력 계발 및 인성(人性) 함양을 포함한 전인적(全人的) 교육을 중시하여 이루어져야 한다. ④ 학교의 종류와 학교의 설립 · 경영 등 학교교육에 관한 기본적인 사항은 따로 법률로 정한다. [전문개정 2007. 12. 21.]

第10조(평생교육) ① 전 국민을 대상으로 하는 모든 형태의 평생교육은 장려되어야 한다. <개정 2021. 9. 24.> ② 평생교육의 이수(履修)는 법령으로 정하는 바에 따라 그에 상응하는 학교교육의 이수로 인정될 수 있다. <개정 2021. 9. 24.> ③ 평생교육시설의 종류와 설립 · 경영 등 평생교육에 관한 기본적인 사항은 따로 법률로 정한다. <개정 2021. 9. 24.> [전문개정 2007. 12. 21.] [제목개정 2021. 9. 24.]

第11조(학교 등의 설립) ① 국가와 지방자치단체는 학교와 평생교육시설을 설립 · 경영한다. <개정 2021. 9. 24.> ② 법인이나 사인(私人)은 법률로 정하는 바에 따라 학교와 평생교육시설을 설립 · 경영할 수 있다. <개정 2021. 9. 24.> [전문개정 2007. 12. 21.]

제2장 교육당사자 〈개정 2007. 12. 21.〉

第12조(학습자) ① 학생을 포함한 학습자의 기본적 인권은 학교교육 또는 평생교육의 과정에서 존중되고 보호된다. <개정 2021. 9. 24.> ② 교육내용 · 교육방법 · 교재 및 교육시설은 학습자의 인격을 존중하고 개성을 중시하여 학습자의 능력이 최대한으로 발휘될 수 있도록 마련되어야 한다. ③ 학생은 학습자로서의 윤리의식을 확립하고, 학교의 규칙을 준수하여야 하며, 교원의 교육 · 연구활동을 방해하거나 학내의 질서를 문란하게 하여서는 아니 된다. [전문개정 2007. 12. 21.]

第13조(보호자) ① 부모 등 보호자는 보호하는 자녀 또는 아동이 바른 인성을 가지고 건강하게 성장하도록 교육할 권리와 책임을 가진다. ② 부모 등 보호자는 보호하는 자녀 또는 아동의 교육에 관하여 학교에 의견을 제시할 수 있으며, 학교는 그 의견을 존중하여야 한다. [전문개정 2007. 12. 21.]

第14조(교원) ① 학교교육에서 교원(敎員)의 전문성은 존중되며, 교원의 경제적 · 사회적 지위는 우대되고 그 신분은 보장된다. ② 교원은 교육자로서 갖추어야 할 품성과 자질을 향상시키기 위하여 노력하여야 한다. ③ 교원은 교육자로서 지녀야 할 윤리의식을 확립하고, 이를 바탕으로 학생에게 학습윤리를 지도하고 지식을 습득하게 하며, 학생 개개인의 적성을 계발할 수 있도록 노력하여야 한다. <개정 2021. 3. 23.> ④ 교원은 특정한 정당이나 정파를 지지하거나 반대하기 위하여 학생을 지도하거나 선동하여서는 아니 된다. ⑤ 교원은 법률로 정하는 바에 따라 다른 공직에 취임할 수 있다. ⑥ 교원의 임용 · 복무 · 보수 및 연금 등에 관하여 필요한 사항은 따로 법률로 정한

다. [전문개정 2007. 12. 21.]

제15조(교원단체) ① 교원은 상호 협동하여 교육의 진흥과 문화의 창달에 노력하며, 교원의 경제적·사회적 지위를 향상시키기 위하여 각 지방자치단체와 중앙에 교원단체를 조직할 수 있다. ② 제1항에 따른 교원단체의 조직에 필요한 사항은 대통령령으로 정한다. [전문개정 2007. 12. 21.]

제16조(학교 등의 설립자·경영자) ① 학교와 평생교육시설의 설립자·경영자는 법령으로 정하는 바에 따라 교육을 위한 시설·설비·재정 및 교원 등을 확보하고 운용·관리한다. <개정 2021. 9. 24.>

② 학교의 장 및 평생교육시설의 설립자·경영자는 법령으로 정하는 바에 따라 학습자를 선정하여 교육하고 학습자의 학습성과 등 교육의 과정을 기록하여 관리한다. <개정 2021. 9. 24.>

③ 학교와 평생교육시설의 교육내용은 학습자에게 미리 공개되어야 한다. <개정 2021. 9. 24.>

제17조(국가 및 지방자치단체) 국가와 지방자치단체는 학교와 평생교육시설을 지도·감독한다. <개정 2021. 9. 24.> [전문개정 2007. 12. 21.]

제3장 교육의 진흥 〈개정 2007. 12. 21.〉

제17조의2(양성평등의식의 증진) ① 국가와 지방자치단체는 양성평등의식을 보다 적극적으로 증진하고 학생의 존엄한 성(性)을 보호하며 학생에게 성에 대한 선량한 정서를 함양시키기 위하여 다음 각 호의 사항을 포함한 시책을 수립·실시하여야 한다. <개정 2021. 9. 24.>

1. 양성평등의식과 실천 역량을 고취하는 교육적 방안
2. 학생 개인의 존엄과 인격이 존중될 수 있는 교육적 방안
3. 체육·과학기술 등 여성의 활동이 취약한 분야를 중점 육성할 수 있는 교육적 방안
4. 성별 고정관념을 탈피한 진로선택과 이를 중점 지원하는 교육적 방안
5. 성별 특성을 고려한 교육·편의 시설 및 교육환경 조성 방안

② 국가 및 지방자치단체와 제16조에 따른 학교 및 평생교육시설의 설립자·경영자는 교육을 할 때 합리적인 이유 없이 성별에 따라 참여나 혜택을 제한하거나 배제하는 등의 차별을 하여서는 아니 된다. <개정 2021. 9. 24.> ③ 학교의 장은 양성평등의식의 증진을 위하여 교육부장관이 정하는 지침에 따라 성교육, 성인지교육, 성폭력예방교육 등을 포함한 양성평등교육을 체계적으로 실시하여야 한다. <개정 2021. 9. 24.> ④ 학교교육에서 양성평등을 증진하기 위한 학교교육과정의 기준과 내용 등 대통령령으로 정하는 사항에 관한 교육부장관의 자문에 응하기 위하여 양성평등교육심의회를 둔다. <개정 2008. 2. 29., 2013. 3. 23., 2021. 9. 24.> ⑤ 제4항에 따른 양성평등교육심의회 위원의 자격·구성·운영 등에 필요한 사항은 대통령령으로 정한다. <개정 2021. 9. 24.> [전문개정 2007. 12. 21.] [제목개정 2021. 9. 24.]

제17조의3(학습윤리의 확립) 국가와 지방자치단체는 모든 국민이 학업·연구·시험 등 교육의 모든 과정에 요구되는 윤리의식을 확립할 수 있도록 필요한 시책을 수립·실시하여야 한다. [전문개정 2007. 12.21.]

제17조의4 삭제 <2021. 9. 24.>

제17조의5(안전사고 예방) 국가와 지방자치단체는 학생 및 교직원의 안전을 보장하고 사고를 예방할 수 있도록 필요한 시책을 수립·실시하여야 한다. [본조신설 2015. 1. 20.]

제17조의6(평화적 통일 지향) 국가 및 지방자치단체는 학생 또는 교원이 자유민주적 기본질서를 확립하고 평화적 통일을 지향하는 교육 또는 연수를 받을 수 있도록 필요한 시책을 수립·실시하여야 한다. [본조신설 2016. 5. 29.]

제18조(특수교육) 국가와 지방자치단체는 신체적·정신적·지적 장애 등으로 특별한 교육적 배려가 필요한 사람을 위한 학교를 설립·경영하여야 하며, 이들의 교육을 지원하기 위하여 필요한 시책을 수립·실시하여야 한다. <개정 2021. 3. 23.> [전문개정 2007. 12. 21.]

제19조(영재교육) 국가와 지방자치단체는 학문·예술 또는 체육 등의 분야에서 재능이 특히 뛰어난 사람의 교육에 필요한 시책을 수립·실시하여야 한다. <개정 2021. 3. 23.> [전문개정 2007. 12. 21.]

제20조(유아교육) 국가와 지방자치단체는 유아교육을 진흥하기 위하여 필요한 시책을 수립·실시하여야 한다. [전문개정 2007. 12. 21.]

제21조(직업교육) 국가와 지방자치단체는 모든 국민이 학교교육과 평생교육을 통하여 직업에 대한 소양과 능력을 계발하기 위한 교육을 받을 수 있도록 필요한 시책을 수립·실시하여야 한다. <개정 2021. 9. 24.> [전문개정 2007. 12. 21.]

제22조(과학·기술교육) 국가와 지방자치단체는 과학·기술교육을 진흥하기 위하여 필요한 시책을 수립·실시하여야 한다. [전문개정 2007. 12. 21.]

제22조의2(기후변화환경교육) 국가와 지방자치단체는 모든 국민이 기후변화 등에 대응하기 위하여 생태전환 교육을 받을 수 있도록 필요한 시책을 수립·실시하여야 한다. [본조신설 2021. 9. 24.] [종전 제22조의2는 제22조의3으로 이동 <2021. 9. 24.>]

제22조의3(학교체육) 국가와 지방자치단체는 학생의 체력 증진과 체육활동 장려에 필요한 시책을 수립·실시하여야 한다. [전문개정 2007. 12. 21.] [제22조의2에서 이동 <2021. 9. 24.>]

제23조(교육의 정보화) ① 국가와 지방자치단체는 정보화교육 및 정보통신매체를 이용한 교육을 지원하고 교육정보산업을 육성하는 등 교육의 정보화에 필요한 시책을 수립·실시하여야 한다. ② 제1항에 따른 정보화교육에는 정보통신매체를 이용하는 데 필요한 타인의 명예·생명·신체 및 재산상의 위해를 방지하기 위한 법적·윤리적 기준에 관한 교육이 포함되어야 한다. [전문개정 2018. 12. 18.]

제23조의2(학교 및 교육행정기관 업무의 전자화) 국가와 지방자치단체는 학교 및 교육행정기관의 업무를 전자적으로 처리할 수 있도록 필요한 시책을 마련하여야 한다. [전문개정 2007. 12. 21.]

제23조의3(학생정보의 보호원칙) ① 학교생활기록 등의 학생정보는 교육적 목적으로 수집·처리·이용 및 관리되어야 한다. ② 부모 등 보호자는 자녀 등 피보호자에 대한 제1항의 학생정보를 제공받을 권리를 가진다. ③ 제1항에 따른 학생정보는 법률로 정하는 경우 외에는 해당 학생(학생이 미성년자인 경우에는 학생 및 학생의 부모 등 보호자)의 동의 없이 제3자에게 제공되어서는 아니 된다. [전문개정 2007. 12. 21.]

제24조(학술문화의 진흥) 국가와 지방자치단체는 학술문화를 연구·진흥하기 위하여 학술문화시설 설치 및 연구비 지원 등의 시책을 수립·실시하여야 한다. [전문개정 2007. 12. 21.]

제25조(사립학교의 육성) 국가와 지방자치단체는 사립학교를 지원·육성하여야 하며, 사립학교의 다양하고 특성있는 설립목적이 존중되도록 하여야 한다. [전문개정 2007. 12. 21.]

제26조(평가 및 인증제도) ① 국가는 국민의 학습성과 등이 공정하게 평가되어 사회적으로 통용될 수 있도록 학력평가와 능력인증에 관한 제도를 수립·실시할 수 있다. ② 제1항에 따른 평가 및 인증제도는 학교의 교육과정 등 교육제도와 상호 연계되어야 한다. [전문개정 2007. 12. 21.]

제26조의2(교육 관련 정보의 공개) ① 국가와 지방자치단체는 국민의 알 권리와 학습권을 보장하기 위하여 그 보유·관리하는 교육 관련 정보를 공개하여야 한다. ② 제1항에 따른 교육 관련 정보의 공개에 관한 기본적인 사항은 따로 법률로 정한다. [전문개정 2007. 12. 21.]

제26조의3(교육 관련 통계조사) 국가와 지방자치단체는 교육제도의 효율적인 수립·시행과 평가를 위하여 교육 관련 통계조사에 필요한 시책을 마련하여야 한다. [본조신설 2017. 3. 21.]

제27조(보건 및 복지의 증진) ①국가와 지방자치단체는 학생과 교직원의 건강 및 복지를 증진하기 위하여 필요한 시책을 수립·실시하여야 한다. <개정 2008. 3. 21.> ② 국가 및 지방자치단체는 학생의 안전한 주거환경을 위하여 학생복지주택의 건설에 필요한 시책을 수립·실시하여야 한다. <신설 2008. 3. 21.> [전문개정 2007. 12. 21.]

제28조(장학제도 등) ① 국가와 지방자치단체는 경제적 이유로 교육받기 곤란한 사람을 위한 장학제도(奬學制度)와 학비보조 제도 등을 수립·실시하여야 한다. <개정 2021. 3. 23.> ② 국가는 다음 각 호의 사람에게 학비나 그 밖에 필요한 경비의 전부 또는 일부를 보조할 수 있다. <개정 2021. 3. 23.>

1. 교원양성교육을 받는 사람
2. 국가에 특히 필요한 분야를 국내외에서 전공하거나 연구하는 사람

③ 제1항 및 제2항에 따른 장학금 및 학비보조금 등의 지급 방법 및 절차, 지급받을 자의 자격 및 의무 등에 관하여 필요한 사항은 대통령령으로 정한다. [전문개정 2007. 12. 21.]

제29조(국제교육) ① 국가는 국민이 국제사회의 일원으로서 갖추어야 할 소양과 능력을 기를 수 있도록 국제화교육에 노력하여야 한다. ② 국가는 외국에 거주하는 동포에게 필요한 학교교육 또는 평생교육을 실시하기 위하여 필요한 시책을 마련하여야 한다. <개정 2021. 9. 24.> ③ 국가는 학문연구를 진흥하기 위하여 국외유학에 관한 시책을 마련하여야 하며, 국외에서 이루어지는 우리나라에 대한 이해와 우리 문화의 정체성 확립을 위한 교육·연구활동을 지원하여야 한다. ④ 국가는 외국정부 및 국제기구 등과의 교육협력에 필요한 시책을 마련하여야 한다. [전문개정 2007. 12. 21.]

부칙 〈제18456호, 2021. 9. 24.〉

제1조(시행일) 이 법은 공포 후 6개월이 경과한 날부터 시행한다. 다만, 제5조, 제22조의2 및 제22조의3의

개정규정은 공포한 날부터 시행한다.

제2조(사회교육시설에 관한 경과조치) 이 법 시행 당시 종전의 규정에 따라 설립된 사회교육시설은 이 법에 따른 평생교육시설로 본다.

제3조(남녀평등교육심의회에 관한 경과조치) 이 법 시행 당시 종전의 규정에 따라 설치된 남녀평등교육심의회는 이 법에 따라 설치된 양성평등교육심의회로 본다.

유아교육법[시행 2022. 7. 21.] [법률 제18298호, 2021. 7. 20., 개정]

초·중등교육법[시행 2022. 7. 21.] [법률 제18298호, 2021. 7. 20., 개정]

사립학교법[시행 2022. 8. 11.] [법률 제18372호, 2021. 8. 10., 개정]

특수교육법[시행 2022. 7. 21.] [법률 제18298호, 2021. 7. 20., 개정]

지방교육자치에 관한 법률[시행 2022. 4. 20.] [법률 제18841호, 2022. 4. 20., 개정]

교육공무원법[시행 2022. 7. 21.] [법률 제18298호, 2021. 7. 20., 개정]

고등교육법[시행 2022. 3. 24.] [법률 제17951호, 2021. 3. 23., 개정]

평생교육법[시행 2021. 12. 9.] [법률 제18195호, 2021. 6. 8., 개정]

부록 3 교육관련 헌법재판소 판결 요지

사 건 명	조문 및 사건번호	쟁점 및 판시 요지	결과
국공립대 우선임용	교육공무원법 §11① 헌법소원 1990.10.8. 89헌마89	<국공립사범대학 출신자의 우선 임용 규정의 위헌여부> 교육공무원이 되려는 자를 출신학교 및 설립·학과에 따라 차별하는 것은 입법목적 달성의 수단으로서 심히 균형을 잃고 있어 비례의 원칙에 어긋나며 차별의 필요성과 정당성이 없고 사회통념상 용인될 수 없는 정도의 차별이다.	위헌
의무교육의 단계실시	교육법 §8의 2 위헌심판 1991.2.11. 90헌가27	<중학교 의무교육 단계적 실시의 평등원칙 위반여부> 도서·벽지·접적지역과 특수학교에 한한 중등의무교육의 순차적 실시는 교육기회의 상대적 불리성을 고려할 때 오히려 실질적 평등에 부합된다.	합헌
사립학교교원 근로3권 제한	사립학교법 §55,58④의4 위헌심판 1991.7.22. 89헌가106	<사립학교 교원에 대한 근로3권 제한 또는 금지의 위헌 여부> 근로기본권(§33①)에 앞서 교원지위 법정주의(§31⑥)가 먼저 적용되며, 근로3권 제한은 교육제도 본질을 지키기위한 것으로 일반근로자와 달리 취급할 합리적 이유가 있고 국공립교원보다 불리하지 않아 평등원칙 위반 아니다.	합헌
대학자율성	1994년 서울대 입시안 헌법소원 1992.10.1. 92헌마68·76	<대학입시에서 제2외국어(일본어) 제외의 위헌 여부> 대학입시요강은 헌법에 보장된 대학의 자율권행사에 기초한 것으로 교육의 기회균등을 침해한 것은 아니다.	기각
공립학교교원 근로3권 제한	국가공무원법 §66 헌법소원 1992.4.28. 90헌바27	<국공립학교 교원에 대한 노동운동을 금지의 위헌 여부> 노동운동은 근로3권 기초한 행위로서 사실상 노무에 종사는 공무원과는 달리 근로3권을 인정하지 않는 헌법적근거(§33②)가 있고 합리적 차별이다.	합헌
국정교과서	교육법 §157 헌법소원 1992.11.12. 89헌마88	<국정교과서제의 교육자주성·전문성등 침해 여부> 바람직한 제도는 아니나 적어도 중학교 국어교과에 관한한 교육이념과 원리에 모순되거나 배치된 것은 아니다.	기각
교육의원 겸직금지	지방교육자치법 §9① 헌법소원 1993.7.29. 91헌마69	<초중고등학교 교원의 교육위원 겸직금지의 위헌 여부> 대학교원과 초중고교 교원 간에는 직무의 본질 및 근무태양이 다르므로 합리적인 차별이며 평등권 침해가 아니다.	기각
만 6세 초등 취학연령	교육법 §96① 헌법소원 1994.2.24. 93헌마192	<획일적 취학연령 규정의 위헌 여부> §31①에서의 '능력'이란 법률이 정한 능력을 말하는 것이므로, 반드시 지능이나 수학능력이 있다고 하여 취학할 권리가 있는 것은 아니다.	기각
과외금지	학원법 §22①위헌제청 §3위헌확인 2000.4.27. 98헌가16·98헌마429	<교외교습의 원칙금지, 예외(입시학원,대학생과외)허용의 위헌 여부> 학교밖 교육영역에서는 부모의 교육권이 우위이며, 과외금지는 정당한 공익목적이나, 원칙과 예외가 전도되어 최소성과 법익균형성을 갖추지 못했다.	위헌

정년단축	교육공무원법 §47① 헌법소원 2000.12.14. 99헌마112, 137	<초·중등학교 교원의 정년 연령 단축(65세→62세)의 위헌 여부> 63세 단축은 불합리할 정도로 지나친 것 아니며, 경과조치를 두어 기존 교원의 신뢰이익을 보호하였기에 헌법상의 신뢰보호원칙에 위배되지 않는다.	기각
교육위원 우선당선제	지방교육자치법 §60 헌법소원 2003.2.27. 2002헌마573	<교육위원 선거시 교육경력자 우선당선제의 위헌 여부> 교육의 자주·전문성을 구현하려는 입법목적이 정당하고, 비경력자도 2분의 1 비율 외에는 민주주의 원칙에 따라 당선될 수 있어 법익균형을 이루고 있다.	기각
교수기간제 임용	교원지위법 §9① (구 사립학교법 §53의2③) 위헌소원 2003.12.18. 2002헌바14	<교수를 기간제로 임용하는 것이 교원지위법정주의에 위반되는지 여부> 대학교수를 기간을 정해 임면할 수 있도록 한 것과, 교원지위법상 재임용 거부를 재심청구대상으로 명시하지 않은 것은 교원지위법정주의(§31⑥) 위반이다.	헌법 불합치
임용가산점	임용고사시행요강 헌법소원 2004.3.25. 2001헌마882	<사범계·복수전공·부전공 가산점의 위헌 여부> 공무담임권을 침해이므로 법률에 명확한 근거조항을 두어야 하나 관련 시행요강은 아무런 법적근거가 없어 법률유보원칙을 위반하여 위헌이다.	위헌
초·중등교원 정당가입	정당법 §6① 헌법소원 2004.3.25. 2001헌마710	<초·중등 교원의 정당가입 등 금지 및 대학교수와의 차별 위헌 여부> 국민의 교육기본권을 보장함으로써 얻을 수 있는 공익우선을 종합적으로 감안할 때, 정당가입 및 선거운동의 자유를 제한하는 것은 합헌. 교사와 교수는 직무본질(기초지식전달&학문연구)과 내용, 근무태양이 달라 합리적 차별이다.	기각
사립학교 학운위설치	초·중등교육법 §31 헌법소원 2001.11.29. 2000헌마278	<사립학교 학교운영위원회 설치 의무의 위헌 여부> 사립학교 교육의 자주성 전문성이 어느 정도 제한된다 하더라도 그 입법취지 및 학교운영위원회의 구성과 성격등을 볼 때, 자의적이거나 비합리적으로 학교의 공공성만을 강조하고 사립학교의 자율성을 제한한 것은 아니다.	기각
교수노조 금지	노동조합법 §5 단서 위헌제청 2018.8.30. 2015헌가38	<대학교수의 노동조합 결성을 인정하지 않은 교원노조법의 위헌 여부> 단결권은 근로3권의 본질적 권리조차 부정하여 입법목적의 정당성을 인정어렵고, 수단의 적합성이나 최소한의 제한이 아니므로 과잉금지원칙에 위배된다.	헌법 불합치

참고문헌

【단행본 · 학술논문 · 보고서 · 일반박사논문】

강길수(1957). **교육행정**. 서울: 풍국학원.

강길수(1976). **한국교육행정사 연구**. 서울: 교육출판사.

강길수(1986). **한국교육행정사연구초**. 서울: 재동문화사.

강은주(2017). 제주형 자율학교에 대한 다차원 정책 분석. 제주대박사논문.

강인수(1989). **교육법연구**. 서울: 문음사.

강인수(2007), 교육법의 연구 대상과 과제. 교육행정학연구 25(3). 한국교육행정학회.

강인수 · 박재윤 · 김형근 · 황홍규(2009). **대학교육관계법 이론과 실제**. 서울: 학지사.

강인수 · 하윤수 · 황홍규(2000). **교원과 법률**. 한국교원단체총연합회.

고재천 외(2007). **초등학교 교사론**. 서울: 학지사.

고전(1997). 한국의 교육법 연구동향 연구. 교육법학연구 9호. 대한교육법학회.

고전(1999). 학교법규상 기본적 인권 보장제도와 과제. 교육법학연구 11. 대한교육법학회.

고전(2000). 학교자치시대의 학교장 인력구조 및 관리. 교육행정학연구 18(4). 한국교육행정학회.

고전(2002). **한국교원과 교원정책**. 서울: 도서출판 하우.

고전(2003). **일본교육개혁흑백서**. 서울: 학지사.

고전(2004). 교원임용시험 위헌론의 비판과 수용. 교육행정학연구 22(4). 한국교육행정학회.

고전(2005). 신교육체제하 교원정책의 교육법적 평가. 교육법학연구 17(1). 대한교육법학회.

고전(2006). **학교행정의 이해**. 대구: 정림사.

고전(2006). 일본의 의무교육비 국고부담제 개혁과 시사점. 교육법학연구 18(1). 대한교육법학회.

고전(2006). 한국의 교육법 연구동향 연구(Ⅱ). 교육법학연구 18(2). 대한교육법학회.

고전(2007). 제주특별자치도 설치에 따른 교육자치제 변화 연구. 교육행정학연구 25(3). 한국교육행정학회.

고전(2007). 지방교육자치에관한법률 관련 헌법소원 분석. 교육법학연구 19(2). 대한교육법학회.

고전(2008). 교육기본법의 제 · 개정과 교육입법의 과제. 교육법학연구 20(2). 대한교육법학회.

고전(2008). 2007년 교육감 주민직선 결과 및 쟁점 분석. 교육행정학연구 26(2). 한국교육행정학회.

고전(2008). 학교 자율화 정책의 특성과 과제－5.31교육개혁에서 4.15학교자율화 추진계획까지－. 초등교육연구 21(3). 한국초등교육학회.

고전(2009). 대학의 학습윤리 관련 규정 및 교육 개선 방안. 교육법학연구 21(2).대한교육법학회.

고전(2009). 제주특별자치도법상 교육관련 쟁점 분석. 교육법학연구 21(1). 대한교육법학회.

고전(2009). 교육전문대학원 도입 방안의 검토와 과제. 한국교원교육연구 26(2). 한국교원교육학회.

고전(2010). 교육감선거제도의 규범적 타당성 및 사실적실효성 진단연구. 교육법학연구 22(2). 대한교육법학회.

고전(2010). 지방교육자치제도 개정에 관한 논의－민주주의 · 지방자치 · 교육자주 및 제도 원리 관점－. 지방자치법연구 10(2). 한국지방자치법학회.

고전(2010). 일본의 지방교육행정 개혁의 쟁점과 시사점. 한국교육 37(4). 한국교육개발원.

고전(2011). 교원능력개발평가 법제화의 쟁점과 과제. 교육행정학연구 29(4). 한국교육행정학회.

고전(2011). 교육감 선출제도 개선을 위한 입법방안. 국회입법조사처.

고전(2011). 학교 청렴계약제 법제화 방안 연구. 초등교육연구 24(1). 한국초등교육학회.

고전(2011). 학교자율운영 지원을 위한 지방교육행정기관 관계 법률의 개정 과제. 교육법학연구 23(1). 대한교육법학회.

고전(2011). 한국 교육대학의 법적 책무성에 관한 연구. 초등교육연구 24(4). 한국초등교육학회.

고전(2011). 일본의 교육장 제도의 특징과 시사점. 비교교육연구 21(5). 한국비교교육학회.

고전(2012). 교권(敎權) 보호 법제화의 쟁점과 과제. 교육행정학연구 30(41). 한국교육행정학회.

고전(2012). 교원 보수의 특별한 우대 입법 정신과 과제. 교육법학연구 24(3). 대한교육법학회.

고전(2012). 일본 동경대학 가을 입학제도입과 시사점. 비교교육연구 22(5). 한국비교교육학회.

고전(2012). 일본의 교육법학 연구 동향 분석(I). 교육법학연구 24(1). 대한교육법학회.

고전(2013). 학교운영위원회 관련 법제에 관한 교육법학적논의. 교육법학연구 25(2). 대한교육법학회.

고전(2013). 일본 교육위원회 개혁 논의의 쟁점과 시사점. 비교교육연구 23(4). 한국비교교육학회.

고전(2014). 2014 교육감 주민직선 결과 및 쟁점 분석. 교육법학연구 26(3). 대한교육법학회.

고전(2014). 교육의원 일몰제의 규범적 타당성 진단연구. 교육법학연구 26(2). 대한교육법학회.

고전(2014). **일본교육개혁론**. 서울: 박영story.

고전(2015). 일본의 연구윤리 활동 및 관리의 특징과 시사점. 비교교육연구 25(6). 한국비교육학회.

고전(2015). 학부모 연구의 입법적 과제와 교육법학적 접근. 교육법학연구 27(1). 대한교육법학회.

고전(2016). 일본의 최근 교육개혁 정책의 특징과 평가－문부과학성과 중앙교육심의회를 중심으로－. 비교교육연구 26(4). 한국비교교육학회.

고전(2017). 교육기본권 관점에서의 헌법 개정 논의. 교육법학연구 29(2). 대한교육법학회.

고전(2017). 비교교육학과 교육법학에 있어서 교육법 연구. 비교교육연구 27(6). 한국비교교육학회.

고전(2017). 한국의 지방교육자치 입법정신에 관한 교육법학적 논의. 교육법학연구 29(1). 대한교육법학회.

고전(2017). 헌법정신 관점에서의 교육기본법 개정 논의. 교육법학연구 30(1). 대한교육법학회.

고전(2017). 일본의 교원생애 질관리 정책의 특징과 시사. 비교교육연구 27(1). 한국비교교육학회.

고전(2018). 한국 교육행정 · 교육자치제 원리 논의, 그 연원에 대하여. 교육행정학연구 36(2). 한국교육행정학회.

고전(2018). 헌법정신 관점에서의 교육기본법 개정 논의. 교육법학연구 30(1). 대한교육법학회.

고전(2019). 2018 교육감 주민직선 결과 및 쟁점 분석. 교육법학연구 31(1). 대한교육법학회.

고전(2019). **일본 교육법학**. 서울: 박영story.

고전(2019). 일본의 지방교육행정법 개정(2015)에 대한 평가와 시사점. 한국일본교육학연구 24(2). 한국일본교육학회.

고전(2020). 교수노동조합 법제화의 쟁점과 과제. 교육행정학연구 38(4). 한국교육행정학회.

고전(2020). 교원노조법 제2조 헌법불합치결정(2015헌가38)에 대한 판례분석. 교육법학연구 32(2). 대한교육법학회.

고전(2021). 제주특별법상 교육의원 피선거 자격제한 기각결정(2018헌마444)에 대한 판례분석. 교육법학연구 32(2). 대한교육법학회.

고전(2021). 지방분권법상 국가의 교육자치와 지방자치 통합 노력 의무 규정등의 타당성과 입법 과제. 교육행정학연구 39(4). 한국교육행정학회.

고전(2022). 2022년 제주특별자치도 교육의원 선거의 쟁점과 입법과제. 교육행정학연구 40(4). 한국교육행정학회.

고전 · 고미옥 · 백규호(2020). 학부모의 학교운영 참여의 입법보장. 학부모연구 7(1). 한국학부모학회.

고전 · 김이경(2003). 지방교육자치제도 진단 연구. 한국교육개발원(TR2003−8).

고전 · 백규호 · 이수경(2017). 학교자치기구 법제화 및 기능 연구. 한국지방교육연구소.

고전 외(2016). **초등교육행정의 이론과 실제**. 서울: 양성원.

교육부(1998). **교육50년사**. 교육부.

교육부(2015). **외국의 학생인권 법령집**, 서울: 휴먼컬처아리랑.

교육출판기획실 편(1986). **교육노동운동**. 서울: 석탑.

교육학사전편찬위원회 편(1989). **교육학대사전**. 서울: 교육서관.

구슬 · 김동현(2020). **교사가 묻고 변호사가 답하다**. 서울: 테크빌교육.

국립특수교육원(2020). 장애인 등에 대한 특수교육법 개정방안 연구.

권두승(1998). **사회교육법규론**. 서울: 교육과학사.

권영성(1994). **헌법학원론**. 서울: 법문사.

권영성(2007). **헌법학원론**. 서울: 법문사.

김경용(2004). 조선시대 과거제도 시행의 법규와 실제. 교육법학연구 16(2). 대한교육법학회.

김낙운(1969). **교육법축조해설**. 서울: 교단사.

김낙운(1986). **현행 교육법해설**. 서울: 하서출판사.

김동희(1998). **행정법 I**. 서울: 박영사.

김민석(2020). **민석 쌤의 교권상담실**. 서울: 우리교육.

김성기 · 황준성 · 이덕난(2017). **교권바르게 찾아가기**. 서울: 가람문화사.

김성열(2006). 학교운영위원회의 법제화의 성과와 전망. 교육법학연구 18(1). 대한교육법학회.

김영식 · 최희선(1988). **교육제도 발전론**. 서울: 성원사.

김영우(1984). **한국 개화기의 교원양성연구**. 서울: 창학사.

김영우(1997). 한국 개화기의 교육. 서울: 교육과학사.

김영인 · 최윤진 · 구정화(2014). 청소년 인권과 참여. 한국방송통신대학교출판문화원.

김용(2007). 교육기본법의 성과와 과제. 교육법학연구 19(1). 대한교육법학회.

김용(2019). 학교자율운영 2.0. 서울: 살림터.

김원경 외(2010). 특수교육법해설. 서울: 교육과학사.

김윤섭(2000). 교육법원리. 서울: 영진서관.

김윤섭(2003). 한국교육법 원리와 실현. 서울: 한올출판사.

김재규 · 정태수(1965). 교육공무원법정의. 서울: 교학도서주식회사.

김정인(2018). 대학과 권력. 서울: 휴머니스트.

김종규(2020). 교육당사자의 교육기본권과 국가 교육권한의 내용과 갈등 해결에 대한 헌법 이론적 연구: 보호자 및 교원을 중심으로. 교육법학연구 32(3). 대한교육법학회.

김종철 외(1994). 최신 교사론. 서울: 교육과학사.

김종철(1979). 한국고등교육연구. 서울: 배영사.

김종철(1982). 교육행정의 이론과 실제. 서울: 교육과학사.

김종철(1989). 한국교육정책연구. 서울: 교육과학사.

김종철 · 이재원 · 최수령(2011). 학교소송. 도서출판 위즈덤.

김종철 · 이종재(1997). 교육행정의 이론과 실제. 서울: 교육과학사.

김창곤(1974). 교육자치의 입법화 과정. 교육학연구 12(2). 한국교육학회.

김창수(1981). 교육판례해설. 서울: 교학사.

김철수(1994). 헌법학개론. 서울: 박영사.

김철수(1998). 헌법학신론. 서울: 박영사.

김철수(2008), 학설 · 판례 헌법학(상). 서울: 박영사.

김철수(2013). 헌법학신론(21전정신판). 서울: 박영사.

김현정 외(2020). 공교육 정상화 촉진 및 선행교육 규제에 관한 특별법 매뉴얼 개정연구. KERIS.

김혜자 외(2016). 2015년 지방교육재정 관련 법령 개선방안연구. 한국교육개발원.

나민주 · 고전 · 김용 · 차성현(2022). 제주 교육자치 15년의 성과와 과제, 발전방안 연구. 한국교육행정학회.

남수경(2022). 새정부 교육재정 정책 및 법제의 주요 이슈와 과제. 교육법학연구 34(2). 대한교육법학회.

노기호(2008). 교육권론. 서울: 집문당.

대한교육법학회 편(2007). 교육법학 연구 동향. 서울: 한국학술정보.

대한교육법학회 편(2022). 교육법의 이해와 실제. 서울: 교육과학사.

대한교육연합회(1980). 교권사건판례집. 대한교육연합회.

박균성(2022). 행정법론(상). 서울: 박영사.

박남기(2017). 국가교육위원회 설치 필요성 논의에 비추어본 동 위원회 입법방향. 교육법학연구 29(1). 대한교육법학회.

박수정(2016). 한국 교육행정사 연구의 성과와 과제. 교육학연구 54(1). 한국교육학회.

박용호(2014). **영유아보육법**. 서울: 진원사.

박인현(2018). 기본권 보장 차원에서의 교육 개헌 제안. 초등교육논총 34(1). 대구교육대학교.

박인희(1977). 교육법학고 교육법연구서설. 논문집 24. 경북대학교.

박재윤(1986). 교육법 연구의 주요 연구동향(1차 발표회 1986.12.13.). 대한교육법학회.

박재윤(2000). **국제교육법의 이론과 실제**. 서울: 원미사.

박재윤(2005). **학교교육법편람**. 서울: 교육과학사.

박재윤 외(2003). **사립학교법편람**. 서울: 한국문화사.

박재윤 외(2004). **교원노조법해설**. 서울: 한국문화사.

박재윤 외(2007). **교원노조법**. 서울: 교육과학사.

박재윤 · 황준성(2006). **사립학교법 편람**. 서울: 한국문화사.

박종훈 · 정혜민(2019) **교권, 법에서 답을 찾다**. 경기: 푸른칠판.

박창언(2019). **교육과정과 교육법**. 서울: 학지사.

박호근(2020). 학교폭력예방법 변천과정 분석. 교육법학연구 32(2). 대한교육법학회.

박희병(1950). **교육법해의**. 서울: 교육주보사.

백규호(2014). 헌법 제31조 제4항 교육의 전문성의 해석과 법률유보의 한계성. 교육법학연구 26(2). 대한교육법학회.

백규호 · 고전(2016). 학교자치조례의 입법정신과 입법분쟁 분석. 교육법학연구 28(1). 대한교육법학회.

백혜선(2014). 제주특별자치도의회 교육위원회 구성 · 운영에 관한 실증연구. 제주대박사논문.

법률연구회(2019). **영유아보육법 절차실무**(2020). 법률정보센터.

변성숙 · 변국희(2020). **학생 사안처리의 정석**. 경기: 좁쌀한알.

변정심(2022). 유아교육 공공성 강화 정책에 대한 다차원 정책 분석. 제주대박사논문.

서울대학교 교육연구소 편(1998). **교육학 대백과 사전**. 서울: 하우동설.

석종현(1995). **일반행정법**(上). 서울: 삼영사.

손인수(1971). **한국 근대교육사**. 서울: 연세대출판사.

손인수(1992). **미군정과 교육정책**. 서울: 한국사회학연구소.

손희권(2008). **교육과 헌법**: 헌법 제31조의 구조와 해석. 서울: 학지사.

송기창(2021). 지방교육재정부부금법 50년의 쟁점과 과제. 교육법학연구 33(3). 대한교육법학회.

송병기 외 편(1970). **한말근대법령자료집**(I 권). 대한민국국회도서관.

시사연구소편(1975). **광복 30년사**. 서울: 세문사.

신현직(1999). 교육의 자주성, 전문성, 정치적 중립성의 법리. 교육법학연구 11. 대한교육법학회.

신현직(2003). **교육법과 교육기본권**. 서울: 청년사.

심임섭(1988). **교사와 교육법**. 서울: 거름.

안규철(1999). **교육법제 연구**－한국 미국 일본의 교육법제－. 광주: 대한문화.

안기성(1976). 교육법학의 가능성; 그 방법론적 서설. 새교육('76.6). 서울: 대한교육연합회.

안기성(1984). **한국근대교육법제연구**. 고려대학교민족문화연구소.

안기성(1989). **교육법학 연구**. 서울: 고려대출판부.

안기성 역(1977). **미국교육법제개설**. 서울: 광명출판사.

안기성 외(1995). 교육법 정비를 위한 기초연구. 대한교육법학회.

안기성 외 역(1999). George Johnson. **미국교육법제**. 서울: 청암미디어.

안병영 외(2015). **5 · 31 교육개혁 그리고 20년**. 서울: 다산출판사.

양은택 · 엄문영(2017), 국내 학술지 교육법학연구의 연구동향 분석, 교육법학연구 28(3). 대한교육법학회.

염철현(2001). Louis Fischer etc. **교사와 법**. 서울: 원미사.

염철현(2010). 만화와 함께 생각하는 **교육논쟁 20**. 서울: 한울.

염철현(2016). 미국 교육법의 최근 연구동향 및 시사점. 교육법학연구 28(4). 대한교육법학회.

오동선(2015). **아이를 빛나게 하는 학교인권**. 경기: 아카데미프레스.

오천석(1964). **한국신교육사**. 서울: 현대교육총서출판사.

오천석 편(1969). **교육법규**. 서울: 현대교육총서출판사.

원영철(2021). **교권 교직이야기**. 서울: 삼영사.

윤광희 외(2000). 일본과 미국의 교직단체에 관한 연구. 한국교육개발원.

윤정일 외(1996). 한국교육정책의 탐구. 서울: 교육과학사.

윤정일 · 송기창 · 조동섭 · 김병주(2007). **교육행정학원론**(4판). 서울: 학지사.

윤종건 · 이일권 · 김희규(2005). **교원노조와 교육개혁**. 서울: 원미사.

이기우(1998). 교육자치와 학교자치 및 지방교육자치제도. 한국지방자치학회보 24(3).

이기우(2005). 교육자치제의 본질과 과제. 민주법학 27. 민주주의법학연구회.

이시우(2006). 독일 교육법 연구의 동향과 과제. 교육법학연구 18(2). 대한교육법학회.

이시우(2016). 독일 교육법 연구의 동향과 특징. 교육법학연구 28(4). 대한교육법학회.

이명웅(2016). **사립학교와 헌법: 자유와 평등의 조화**. 신조사.

이병헌(2006). **중화인민공화국교육법**. 서울: 시간의물레.

이승종(2005). **지방자치론**. 서울: 박영사.

이완정(1988). **교육법의 이론과 실상**. 서울: 문음사.

이원호(1976). 법제사적 측면에서 본 조선시대 교육의 변천. 교육학연구 14(2). 한국교육학회.

이원호(1983). **개화기교육정책사**, 서울: 문음사.

이윤식 외(2007). **교직과 교사**. 서울: 학지사.

이종국(1982). **사립학교법 축조해설**. 서울: 재동문화사.

이종근(2007). 한국의 교육헌법 연구 20년의 성과와 과제. 교육법학연구 19(1). 대한교육법학회.

이종근(2015). 헌법원리에 비추어 본 교육감 직선제의 문제점과 제대안의 적실성 검토. 교육법학연구 27(3). 대한교육법학회.

이종재 · 이차영 · 김용 · 송경오(2012). 한국교육행정론. 서울: 교육과학사.
이차영(1996). 대학에서의 교수의 법적 지위와 권한. 교육법학연구 8. 대한교육법학회.
이차영(2002). 학교선택의 간과된 대안: 가정학교의 도전과 법적 과제. 교육법학연구 14(2). 대한교육법학회.
이철국 역(1989). 勝野尙行. 교사론(교육 전문직의 이론－교육노동법학서설). 서울: 거름.
이현희(1982). 대한민국임시정부사. 서울: 집문당.
이형석(2017). 헌법학적 관점에서 본 대학의 자치와 한계. 교육법학연구 29(2). 대한교육법학회.
이형행 · 고전(2001). 교육행정론. 서울: 양서원.
인권정책연구소 역(2019). 인권의 이해: 인권교육을 위한 핸드북(볼프강 베네덱 편저). 국가인권위원회
임이랑(2021). 교사를 위한 법률 가이드. 서울: 따비.
임종수(2022). 선생님의 권리보호와 책임예방. 서울: 한국학교법률연구소.
임해규(2011) 교육에서 학습으로: 학습권과 그 보장 원리. 서울: 교육과학사.
임해규(2012). 평생교육법 개정 방안 연구. 국회교육과학기술위원회.
장영수(2003). 기본권론(헌법학2). 서울: 홍문사.
전국교사협의회(1988). 교육악법 · 교육자치제. 서울: 미래사.
전국교사협의회(1988). 교육판례. 서울: 미래사.
전국교직원노동조합교과위원회(1990). 교과서백서. 서울: 푸른나무.
전윤경(2018). 교원의 정치적 기본권 보장범위에 관한 교육적 논의: 정당법 22조 제1항 제1호 등 위헌소원에 관한 판례평석을 중심으로. 교육법학연구 30(2). 대한교육법학회.
정범모(1968). 교육과 교육학. 서울: 배영사.
정성식(2021). 같이 읽자, 교육법. 서울: 에듀니티.
정순원(2020). 교육제도 법률주의에 따른 교과서제도 쟁점 고찰. 교육법학연구 32(3). 대한교육법학회.
정우현(1995). 교사론(개정증보판). 서울: 배영사.
정우현(1988). 교권의 확립과 교직의 자율성. 교육학연구 26(2). 한국교육학회.
정재황(1998). 교육권과 교육자치의 공법(헌법 · 행정법)적 보장에 관한 연구. 교육행정학연구 16(2). 한국교육행정학회.
정재황(2015). 신헌법입문. 서울: 박영사.
정종섭(2007). 기본권의 개념. 서울: 도서출판 금붕어.
정종섭(2015). 헌법학원론. 서울: 박영사.
정진환(1994). 교육제도론. 서울: 정민사.
정태수(1995). 광복3년 한국교육법제사. 서울: 예지각.
정태수(1996). 한국 교육기본법제 성립사. 서울: 예지각.
정태수 편(1992). 미군정기 한국교육사자료집(上). 서울: 홍지원.
정필운(2021). 헌법이론의 관점에서 본 기본법의 정당성과 기능. 교육법학연구 33(1). 대한교육법학회.

정필운(2022). 전환기의 교육헌법. 서울: 박영사.

조광제(2002). 교원징계소송의 실제. 서울: 원미사.

조남두 외(2006). 교육행정론. 서울: 원미사.

조석훈(2020). 학교와 교육법(3판). 서울: 교육과학사.

주삼환(2007). 한국교원행정. 서울: 태영출판사.

주영달(2020). 사립학교법(3판). 서울: 세창출판사.

주영달(2022). 학교법인 정상화를 위한 제도로서의 사립학교법상 사학분쟁조정위원회의 문제점과 개선 방안. 교육법학연구 34(1). 대한교육법학회.

진영옥(1988). 교사와 교권. 서울: 거름.

천세영 · 남미정(2004). 교사와 윤리. 서울: 교육출판사.

최윤진(1998). 청소년의 권리. 서울: 양서원.

최종고(1991). 법학통론. 서울: 박영사.

표시열(2002). 교육정책과 법. 서울: 박영사.

표시열(2008). 교육법－이론 · 정책 · 판례－(개정판). 서울: 박영사.

표시열(2010). 지방교육자치의 기본가치와 주요쟁점. 교육법학연구 22(1). 대한교육법학회.

하갑수 · 하윤수(1999). 교육과 법률. 부산: 세종출판사.

하봉운(2018). 지방교육자치권의 현황과 과제: 누리과정 법령 사례를 중심으로. 교육법학연구 30(3). 대한교육법학회.

하승수 · 김진(1999). 교사의 권리 학생의 인권. 서울: 사계절.

하윤수(1999). 학교생활과 법. 부산: 세종출판사.

하윤수(2011) 학교와 헌법. 서울: 한울문화사.

한경주(1983). 교육법강의. 서울: 법문사.

한국교원단체총연합회 편(2003). 교사론. 서울: 교육과학사.

한국교육신문사(2007). 학교행정실무백과(2 학사실무편). 한국교육신문사.

한국교육행정학회 편(1995). 교육법론. 서울: 도서출판 하우.

한국법제연구원(2013). 북유럽의 교육복지 법제에 관한 비교법적 연구(전5권).

한국청소년정책연구원(2021). 2021 아동 · 청소년 권리에 관한 국제협약 이행 연구.

한국헌법학회(2020). 헌법개정연구. 서울: 박영사.

허영(1992). 헌법이론과 헌법(中). 서울: 박영사.

허영(2015). 한국헌법론(전정11판). 서울: 박영사.

허영(2022). 한국헌법론(전정18판). 서울: 박영사.

허영민(1992). 일반법학개론. 서울: 박영사.

허재욱(1998). 교육법신강. 서울: 형설출판사.

허종렬(1994). 교육법제 정비방안 연구. 한국교원단체총연합회.

허종렬(1998). 헌법상 교원 및 교원단체의 정치적 기본권 보장. 교육법학연구 10. 대한교육법학회.
허종렬(2002). 교육법학의 독자성론. 서강법학연구(제4권) 서울: 서강법학연구소.
허종렬(2021). 교육기본법의 법체계상 위상 및 효력과 체계적합성 검토. 교육법학연구 33(1). 대한교육법학회.
홍석노 · 김대유 · 이재희 · 강일구(2014). 학교민주주의를 위한 학교자치조례의 제정 가능성과 한계. 경기도교육연구원.
홍정선(2014). 신지방교육자치법(제3판). 서울: 박영사.
홍정선(2015). 신지방자치법. 서울: 박영사.
홍정선(2022). 신행정법원론(상). 서울: 박영사.
황준성(2011). 교육입법평가에 관한 연구. 교육법학연구 23(1). 대한교육법학회.
황준성 외(2014). 학원법령 체계정비를 위한 정책 연구. 한국교육개발원.
황준성 · 정필운 · 이덕난(2017). 교육분야 개헌의 과제와 방향. 한국교육개발원.
황준성 · 정필운 · 이덕난(2020). 현행 교육헌법의 개정 방안에 관한 연구. 교육법학연구 32(1). 대한교육법학회.
황홍규(2000). 교육기본법에서의 학습권 개념의 도입 배경과 그 의의. 교육법학연구 12. 대한교육법학회.
황홍규(2021). 초 · 중등교육법 제 · 개정 연혁 고찰 및 시사점. 교육법학연구 33(1). 대한교육법학회.

【교육법 관련 박사학위 논문 120편】

백명희(1977), "한국 교원의 권리 · 의무에 관한 연구", 이화여대(교육학)
박인희(1982), "현대교육법원리로서의 교육의 자유－미 · 일 법리를 중심으로－", 경북대(법학)
조규인(1984), "대학자치에 관한 연구", 성균관대(법학)
허재욱(1985), "한국사립학교법에 관한연구－자주성과 공공성을 중심으로－", 중앙대(교육학)
강인수(1987), "학생 · 부모의 교육권에 관한 연구", 고려대(교육학)
안규철(1987), "한국교육법의 효력에 관한 연구", 동국대(교육학)
고재형(1988), "한국교육법에 관한 체계분석적 연구", 단국대(법학)
박덕원(1989), "고등교육에 있어서 학문의 자유", 계명대(교육학)
이경운(1990), "대학생의 법적 지위", 서울대(법학)
신현직(1990), "교육기본권에 관한 연구", 서울대(법학)
이종만(1991), "평생교육체제 확립을 위한 사회교육 관련법규 연구", 서울대(교육학)
박재윤(1992), "교육조직에 관한 법운영 실태 연구", 고려대(교육학)
임헌소(1992), "학교관계에 관한 법적 고찰: 국공립학교의 이용관계를 중심으로", 고려대(법학)
이혜숙(1993), "판례를 통해서 본 대학교수의 학문의 자유", 단국대(교육학)
김윤섭(1993), "한국교육법의 기본원리에 관한 분석적 연구", 성균관대(교육학)

허종렬(1993), “교육에 관한 국가의 권한과 그 한계: 독일 기본법상 교육고권에 관한 학설과 판례를 중심으로”, 성균관대(법학)
김형근(1994), “대학제도의 개혁에 관한 법적 연구:대학법 제정을 중심으로”, 명지대(법학)
이천수(1994), “기본적 인권으로서 교육권에 관한 연구”, 명지대(법학)
오태진(1994), “한국 근대 교육권사상의 형성에 관한 연구”, 고려대(교육학)
김혜선(1994), “체벌의 정당성 여부에 관한 연구”, 성신여대(교육학)
원영상(1995), “교원징계재심제도의 운영 및 발전에 관한 연구”, 동국대(교육학)
유영웅(1995), “교육권의 규범적 토대와 정당화”, 경북대(교육학)
김관수(1996), “학부모의 교육권에 관한 연구”, 전주대(법학)
조석훈(1996), “학생징계의 특성 분석”, 서울대(교육학)
고 전(1997), “교사의 법적 지위에 관한 연구”, 연세대(교육학)
김홍주(1997), “교육행정권한의 위임 및 위탁 연구”, 단국대(교육학)
박창언(1998), “법적규제에 의한 교육과정 및 교과서 연구”, 경북대(교육학)
김태진(1998), “헌법상의 교육권에 관한 연구”, 단국대(법학)
허태진(1998), “교육정책과정의 이익대표체제 변화에 관한 연구”, 동국대(교육학)
노기호(1998), “교원의 교육권에 관한 연구”, 한양대(법학)
박길상(1999), “공무원 교원의 노동관계법 연구”, 한양대(법학)
장상필(1999), “독일의 교육권에 관한 연구”, 고려대(교육학)
한승희(1999), “학교안전사고에 대한 교사의 책임범위”, 고려대(교육학)
염철현(1999), “미국 교육법제의 사회통합 기능에 관한 연구”, 고려대(교육학)
이준성(1999), “헌법상 평생교육권에 관한 연구”, 경남대(법학)
이수광(2000), “학생 인권 신장방안 연구”, 강원대(교육학).
조주호(2000), “지방교육자치제에 관한 입법과정 연구”, 인하대(교육학)
김학추(2001), “한국 고등교육법제 변천의 정치과정에 관한 연구”, 고려대(교육학)
이광우(2001), 교사의 학생체벌에 관한 연구: 성립근거와 적정범위를 판결과 실증적 연구중심으로, 경남대(교육학)
김용선(2002), “교육기본권에 관한 연구”, 호남대(법학)
김석범(2002), “한국 교원단체의 단체교섭 연구”, 인하대(교육학)
안주열(2002), “어린이 학습권과 그 보장에 관한 연구”, 전북대(법학)
정부영(2002), “헌법상 교육기본권에 관한 연구: 교육을 받을 권리를 중심으로”, 경희대(법학)
이수훈(2003), “교육기본권의 실질적 보장에 관한 연구”, 창원대(법학)
송요원(2003), “교사의 수업권에 관한 연구”, 인하대(법학)
홍영혜(2003), “학부모 교육운동단체의 교육관련 주장에 나오는 학부모 교육권 연구”, 경남대(교육학)
류호두(2004), “교원징계처분 행정쟁송에서의 청구유형별 선례동향 분석”, 건국대(교육학)

정현승(2004), "교사의 교육권과 학생의 권리간의 상충과 조화", 교원대(교육학)
최취주(2004), "공법적 측면에서 본 공교육원칙의 법리에 관한 연구", 성균관대(법학)
강일원(2005), "학교사고로 인한 민사책임", 중앙대(법학)
황준성(2005), "사학교육에 관한 국민의 자유", 홍익대(교육학)
오태열(2005), 체벌에 의한 학생인권 침해에 관한 연구: 미시적·상호작용적 이해를 중심으로, 경상대(교육학)
정순원(2006), "청소년의 인격성장권과 사이버공간에서의 청소년 보호", 성균관대(법학)
김용갑(2006), "대법원 판례에 나타난 교권에 관한 연구", 강원대(교육학)
위미숙(2006), "한국과 일본에서의 교사의 법적 지위에 관한 연구", 성균관대(교육학)
차윤선(2006), "학교운영위원회에 관한 헌법재판소 판례를 통하여 본 학부모의 교육참여", 경남대(교육학)
김환식(2007), "근로자의 학습권에 관한 연구", 고려대(교육학)
이덕난(2008), "미래지향적 영유아 교육정책의 입법영향평가", 중앙대(교육학).
류충현(2008), "국회의 입법심사기준에 관한 연구: 교육관계법의 심사사례를 중심으로", 고려대(법학)
김종문(2008), "특수학교 교육과정 개정 쟁점에 대한 법리적 고찰", 건국대(교육학)
박경수(2008), "사립학교법상 사학의 자주성과 공공성의 변화추이와 관련 집단의 저해요인 인식 연구", 국민대(교육학)
김은아(2008), "자주성과 공공성의 측면에서 본 제38차 사립학교법 개정과정 및 내용 연구", 영남대(교육학)
함의숙(2009), "헌법적 가치 기준에 따른 사교육 정책 분석: 과외 금지 및 고교 평준화 정책을 중심으로", 인하대(문학)
이승미(2009), "학교의 교육과정 책무성에 관한 연구: 교육법규와 국가교육과정 총론을 중심으로", 고려대(교육학)
이분화(2009), "교육기본권 관점에서의 사립학교법과 학교선택권의 연구", 영남대(법학)
김도형(2009), "학교사고에 의한 손해배상책임에 관한 연구", 경성대(법학)
김규홍(2009), "학교의 안전사고에 관한 계약책임: 학교의 안전배려의무에 의한 재구성을 중심으로", 창원대(법학)
강대중(2009), "교원 신분보장에 관한 판례 분석", 우석대(교육학)
김대식(2009), "대학의 자유와 국립대학법인화", 경상대(법학)
황홍규(2010), "대학의 거버넌스에 관한 비교법적 연구: 일본, 미국, 독일, 영국 및 한국", 한양대(법학)
이형찬(2010), "교육내용 결정·선택권에 관한 연구: 교육자치조례제정권의 범위와 한계를 중심으로", 경상대(법학)
오석규(2010), "학교사고의 법적 책임에 관한 연구: 판례를 중심으로", 홍익대(교육학)
김 용(2010), "교육규제완화의 헌법적 통제", 충북대(법학)
강기찬(2010), "사학의 자유에 관한 연구", 대전대(법학)
임종수(2011), "학생 인격권의 침해유형과 그 구제수단에 관한 연구", 성균관대(법학)

임해규(2011), "학습권과 그 보장원리에 관한 연구", 서울대(교육학)
황동연(2011), "사립학교법상 사학운영구조의 자주성과 공공성에 관한 입법평가", 홍익대(교육학)
이형석(2011), "헌법상 교육제도 법정주의에 관한 연구", 원광대(법학)
민진홍(2011), "아동인권 관련 국제조약이 국내 아동복지제도에 미친 영향 연구", 서울기독대(사회복지학)
김진욱(2012), "학생의 안전사고에 대한 학교의 민사책임에 관한 연구", 원광대(법학)
조태원(2012), "학생의 학습권과 교원의 교육권의 범위와 한계 연구: 판례 중심으로", 성균관대(교육학)
서우석(2012), "학교안전사고에 대한 법적책임과 권리구제에 관한 연구", 군산대(법학)
김연정(2012), "아동·청소년의 권리에 관한 헌법적 연구", 건국대(법학)
양희준(2013), "교육정보공개법 제정 과정에 관한 교육사회학적 연구", 서울대(교육학)
전광수(2013), "한국 사회교육법 성립의 역사적 변천 과정 연구", 공주대(교육학)
김형섭(2013), "학교폭력예방을 위한 법제 연구: 경찰의 대응방안과 헌법정책을 중심으로", 영남대(법학)
홍석노(2014), "교육을 받을 권리의 헌법적 보장", 고려대(법학)
조미애(2014), "교육권한 영역별 지방교육자치제의 가치 구현에 대한 분석", 전북대(교육학)
강현구(2014), "아동권리관점에서 본 영유아보육법과 유아교육법의 형성과정 및 법령 분석", 서울대(생활과학)
조두환(2014), "학교안전사고의 민사적 구제에 관한 연구", 제주대(법학)
이지혜(2015), "교사 교육권의 법적 근거와 제한", 공주대(교육학)
정명진(2015), "인권교육법 제정에 관한 연구", 창원대(법학)
김용덕(2015), "사학의 자주성과 공공성에 관한 법제의 내용에 대한 연구: 대법원 및 헌법재판소 판례를 중심으로", 성균관대(교육학)
이성옥(2015), "참여권 재해석에 기초한 보육현장의 영유아 청문권", 서울대(생활과학)
장완수(2015), "한국 유아교육기관 관련 판례 분석", 전남대(교육학)
김갑석(2015), "학교폭력대응에 관한 헌법적 고찰", 대구대(법학)
권혜정(2016), "국가교육과정기준법 시안 개발 연구", 고려대(교육학)
전지수(2016), "청각장애인의 기본권 보장에 관한 연구: 교육을 받을 권리를 중심으로", 외국어대(법학)
박정희(2016), "지방교육자치의 헌법합치적 구현", 충북대(법학)
박세철(2016), "학교안전사고의 민사책임에 관한 연구", 경기대(법학)
장진희(2017), "영국 초등교육법의 형성 배경과 내용 분석: 1870년 초등교육법을 중심으로", 한국교원대(교육학)
백규호(2017) "학교자치 입법정신의 규명과 법인식 분석", 제주대(교육학)
표관식(2017), "학생인권조례의 실효성 연구", 공주대(교육학)
윤태현(2017), "학교폭력예방 및 대책의 실효성 제고방안: 학교폭력 예방 및 대책에 관한 법률 검토를 중심으로", 한양대(법학)
김재윤(2018), "헌법상 교원지위 법정주의(제31조 제6항)에 관한 비판적 연구", 울산대(법학)

주영달(2018), "사립학교법상 임시이사 선임 학교법인의 정상화제도 분석과 개선방안", 고려대(교육학)
정향기(2018), "학교폭력 예방제도의 문제점과 개선방안에 관한 법적 연구", 동아대(법학)
정명임(2019), "교육을 받을 권리의 실현을 위한 지방교육자치제도의 개선방안에 관한 연구", 서강대(법학)
조기성(2019), "교권의 개념과 보호 방안 연구", 인하대(교육학)
송도인(2019), "사립학교 교원의 소청심사제도에 관한 연구", 한양대(법학)
위국환(2019), "학교안전사고 예방제도에 관한 비교법적 연구", 동아대(법학)
신강숙(2020), "학생인권 보장 현황과 개선 방향에 대한 연구", 강원대(법학)
문봉애(2020), "영유아보육과 유아교육의 제도 통합에 관한 법적 연구", 동아대(법학)
이상희(2020), "헌법을 통한 아동인권 보호에 관한 연구", 고려대(법학)
배소연(2020), "헌법상 교육의 정치적 중립성에 관한 연구", 연세대(법학)
양항룡(2020), "유초중등교육 권한 배분에 대한 인식 및 문제분석", 전북대(교육학)
박서현(2020), "학교폭력 예방 및 사후관리제도 개선에 관한 법적 연구", 동아대(법학)
김승연(2021), "학부모 학교 참여 관련 법제의 변화와 학부모의 인식", 숙명여대(교육학)
김종규(2021), "우리나라 지방교육자치의 주요 쟁점에 대한 헌법재판소 및 법원 판례분석", 연세대(교육학)
최현미(2021), "학교안전사고 피해구제에 관한 법제도 개선 연구", 동아대(법학)

【외국 참고문헌(あかさたなはまや순)】

芦部信喜(1994). 憲法學 Ⅱ－人權總論. 東京: 有斐閣.
芦部信喜(高橋和之 補訂)(2015). **憲法**(第六版). 東京: 岩波書店,
有倉遼吉(1976). **教育法學**. 東京: 學陽書房.
荒牧 重人 他編(2015). **新基本法コンメンタール 教育關係法**. 東京: 日本評論社.
姉崎洋一他編(2015). **ガイドブック 教育法**. 東京: 三省堂.
渡部 學, 阿部 洋編(1990). 第1集 **教育要覽類 植民地朝鮮教育政策史料集成**. 東京: 龍溪書舍.
尾崎春樹(2013). **教育法講義**. 東京: 悠光堂.
大桃敏行 · 背戸博史 編(2010). **生涯學習**. 東京: 東洋館出版社.

兼子 仁編(1972). **法と教育**. 東京: 學陽書房.
兼子 仁(1978). **教育法**(新版). 東京: 有斐閣.
兼子 仁(1979). "有倉遼吉法學の歷史的意義". **季刊教育法**(39). 東京: エイデル研究所.
兼子 仁(1984). "教育法の學際性と獨自性". **教育法學の課題と方法**. 東京: エイデル研究所.
兼子 仁 · 永井憲一 · 平原春好編(1974). **教育行政と教育法の理論**. 東京: 東京大出版會.
兼子 仁 · 市川順美子(1998). **日本の自由教育法學**. 東京: 學陽書房.
九州大學大學院教育法制研究室編(2015). **教育法規エッセンス**. 福岡: 花書院.

小林直樹(1980). **憲法講義**(上). 東京: 東京大学出版会.

相良性一 · 林部一二(1960). **教育法規の基礎知識**. 東京: 明治図書,

佐藤功(1997). **日本國憲法概說**(全訂制5版). 東京: 學陽書房.

佐藤幸治(1995). **憲法**(第三版). 東京: 青林書.

高橋濱吉(1927). **朝鮮教育史考**. 京成: 帝國地方行政學會朝鮮本部

千葉 卓(1973). 西ドイツの教育法關係文獻. **教育權理論の發展**(日本教育法學會年報二号). 東京: 有斐閣.

土屋基規(2011). 日本教育法学会の40年－教育法学研究の總括に向けて. **教育法學40年と政權交代**(日本教育法学会年報(40号). 東京: 有斐閣.

鄭泰秀(1985). 韓國教育法の成立過程に關する研究. 博士學位論文. 日本筑波大學大學院.

永井憲一(1970). **憲法과 教育基本權**. 東京: 勁草書房.

永井憲一(1993). **教育法學**. 東京: エイデル研究所.

日本教育法學會年報(1972－2016). 東京: 有斐閣.

1. 教育權保障の理論と實態. 1972
2. 教育權理論の發展. 1973
3. 國民の學習權と教育自治. 1974
4. 地域住民と教育法の創造. 1975
5. 戰後教育と憲法 · 教育法. 1976
6. 學習權實現の今目的課題. 1977
7. 教育基本法30年と教育法學. 1978
8. 公教育と條件整備の法制. 1979
9. 子どもの權利と教育法. 1980
10. 80年代教育法學の展望. 1981
11. 現代教育政策と教育法. 1982
12. 教育行政の動向と教育法. 1983
13. 教育改革の動向と教育法. 1984
14. 學校教育の理念と現實. 1985
15. 「臨教審」教育改革と教育法. 1986
16. 教育制度の改革と教育法. 1987
17. 教育基本法40年の現實と課題. 1988
18. 教育への權利と教育法. 1989
19. 子どもの人權と教育法. 1990
20. 新世紀への教育法學の課題. 1991
21. 子どもの權利條約と教育法. 1992
22. 教育の公共性と教育への權利. 1993
23. 學校五日制と教育改革. 1994
24. 國際化時代と教育法. 1995
25. 教育參加と子どもの權利條約. 1996
26. 戰後50年と教育法學. 1997
27. 教育基本法50年. 1998
28. 教育改革と地方分權. 1999
29. 教育立法と學校自治 · 參加. 2000
30. 教育法制の再編と教育法學の將來. 2001
31. 「教育改革」と教育基本法制. 2002
32. 教育法制の變動と教育法學. 2003
33. 教育における＜國家＞と＜個人＞. 2004
34. 教育における公共性の再構築. 2005
35. 教育基本法改正の動向. 2006
36. 教育基本法体制の危機と教育法. 2007
37. 新教育基本法と教育法學. 2008
38. 新自由主義教育改革と教育三法. 2009
39. 子どもと教師をめぐるもの教育法學の新課題. 2010
40. 教育法學40年と政權交代. 2011
41. 教育の国家責任とナショナル · ミニマム. 2012

42.「不当な支配」と教育の自由. 2013
43. 教育の政治化と子ども教師の危機. 2014
44. 新教育基本法と教育再生実行戦略. 2015
45. 戦後70年と教育法 2016
46. 立憲主義の危機と教育法. 2017
47. 憲法施行70年と教育法學の課題. 2018
48. 教育における平等と「市民社会」2019
49. 教育の「貧困化」と教育法 2020
50. 教育人権保障の到達点と課題 2021
51. 公教育の危機と再構築 2022

日本教育法學會 編(1980－1981). **講座教育法**. 東京: エイデル研究所
1. 教育法學の課題と方法. 1980
2. 教育權と學習權. 1981
3. 教育內容と教育法. 1980
4. 教育條件と整備の教育法. 1980
5. 學校の自治. 1981
6. 教育の地方自治. 1981
7. 世界と日本の教育法. 1980

日本教育法學會 編(1993). **教育法學辭典**. 東京: 學陽書房.

日本教育法學會 編(2001). **講座 現代教育法**. 東京: 三省堂
1. 教育法學의の展開と21世紀の展望. 講座現代教育法 1.
2. 兒童 · 學校と教育法. 講座現代教育法 2.
3. 自治 · 分權と教育法. 講座現代教育法 3.

日本教育法學會編(2014). **教育法の現代的争點**. 東京: 法律文化社.

日本教育法學會編(2021). 新教育基本法コンメンタ__ル. 東京: 学陽書房.

長谷部　恭男(2014). **憲法**(第6版). 東京: 新世社.

平原春好(1993). **教育行政學**. 東京: 東京大學出版會.

堀尾輝久(1971). **現代教育の思想と構造**. 東京: 岩波書店.

堀尾輝久(1977). 教育と人権. 東京: 岩波書店.

堀尾輝久(1994). 日本の教育. 東京: 東京大学出版会.

牧 柾名(1990). **教育権と教育の自由**. 東京: 新日本出版社.

牧柾名 · 平原春好(1975). **教育法入門**, 東京: 學陽書房

Hans Heckel, P. Seipp(1976), Schulrechtkunde(5 Aufl), WG: Luchterhand,

McCorthy M. M & Cambron－McCabe N. H.(1987), Public School Law: Teachers' and students' Right, 2ed. Allyn and Bacon.

【국가 주요기관 및 관련 학회】

국회 의안정보시스템 https://likms.assembly.go.kr/bill/main.do

헌법재판소 판례검색 http://www.ccourt.go.kr/

대한민국 법원 종합법률정보 https://glaw.scourt.go.kr/wsjo/intesrch/sjo022.do

법제처 종합법률정보 http://glaw.scourt.go.kr/
교육부(법령정보) http://www.moe.go.kr/
대한교육법학회 http://www.ksel.or.kr/
미국교육법학회 https://educationlaw.org/
일본교육법학회 http://jela1970.jp/

사항색인

— ㅌ —

— ㅍ —

— ㅎ —

— 기타 —

인명색인

저자약력

고 전(高 鐫)

제주대학교 부총장
교육대학 교수
(교육법 · 행정전공)
koj@jejunu.ac.kr

- 연세대학교 교육과학대학 교육학과(문학사)
- 연세대 대학원 교육학과(교육학석사 · 교육학박사)
- 일본 게이오대학 연구과정(1996.1－1997.3)
- 일본 동경대학 교육학연구과 연구조교수 (2001.2－2003.2, 일본학술진흥회(JSPS)프로그램)
- 한국교육개발원 부연구위원(1998.3－2003.8) 교육행정연구팀장(교육정책 · 교원 · 일본교육연구)
- 대구교육대학교 조교수 역임(2003.9－2007.8)
- 제주교육대학교 조교수 역임(2007.8－2008.2)
- 교육부 정책자문위원회 위원 역임(2013.7－2015.7)
- 제주 KBS총국 시사토론 MC 역임(2014.5－2014.11)
- 제주대학교 교수회 수석부회장 역임(2019.4－2021.2)
- 제주대학교 교수평의회 부의장 역임(2019.4－2021.2)
- 제주대학교 대학평의원회부의장 역임(2019.4－2021.2)
- 제주대학교 재정위원회 위원 역임(2019.4－2020.10)
- 대한교육법학회 회장 역임(2009.1－2010.12)
- 한국교육행정학회 회장 역임(2021.1－2021.12)
- 한국교육학회 감사 역임(2013.1－2016.12)
- 한국교원교육학회 부회장(2015.1－2022.12)

- 현 제주대 부총장 겸 교육대학장(2021.3－2023.2)
- 현 제주대 교육대학 교수(2008.3－현재)
- 현 국회입법지원 위원(2009.2－현재)
- 현 제주특별자치도인권위 위원(2020.7－현재)
- 현 대한교육법학회 고문(2011.1－현재)
- 현 (사)한국교육행정학회 법인이사(2020.12－2024.11)

【저서 및 주요 논문】

- 「교육법의 이해와 실제」(공저, 교육과학사, 2022)
- 「초등교육행정의 이론과 실제」(공저, 양성원, 2021)
- 「일본 교육법학」(박영story, 2019) 학술원 우수도서
- 「교육학의 이해」(공저, 아카데미프레스, 2019)
- 「비교교육학과 교육학」(공저, 양성원, 2018)
- 「한국 지방교육자치론」(공저, 학지사, 2018)
- 「한국의 교직과 교사 탐색」(공저, 학지사, 2018)
- 「일본교육개혁론」(박영story, 2014)
- 「학교행정의 이해」(정림사, 2006)
- 「일본교육개혁흑 · 백서」(학지자, 2003, 절판)
- 「한국교원과 교원정책」(도서출판 하우, 2002)
- 「교육과 법」(공저, 신우사, 2000)
- 2022년 제주특별자치도 교육의원 선거의 쟁점과 입법과제. 교육행정학연구 40(4). 한국교육행정학회. 2022.
- 지방분권법상 국가의 교육자치와 지방자치 통합 노력 의무 규정등의 타당성과 입법 과제. 교육행정학연구 39(4). 한국교육행정학회. 2021.
- 제주특별법상 교육의원 피선거 자격제한 기각결정에 대한 판례분석. 교육법학연구 32(2). 대한교육법학회. 2021.
- 교원노조법 제2조 헌법불합치결정(2015헌가38)에 대한 판례분석. 교육법학연구 32(2). 대한교육법학회. 2020.
- 교수노동조합 법제화의 쟁점과 과제. 교육행정학연구 38(4). 한국교육행정학회. 2020.
- 일본의 지방교육행정법 개정에 대한 평가와 시사점. 한국일본교육학연구 24(2). 한국일본교육학회. 2019.
- 2018 교육감 주민직선 결과 및 쟁점 분석. 교육법학연구 31(1). 대한교육법학회. 2019.
- 헌법정신 관점에서의 교육기본법 개정 논의. 교육법학연구 30(1). 대한교육법학회. 2018.
- 한국 교육행정 · 교육자치제 원리 논의, 그 연원에 대하여. 교육행정학연구 36(2). 한국교육행정학회. 2018.
- 교육기본권 관점에서의 헌법 개정 논의. 교육법학연구 30(1). 대한교육법학회. 2017.
- 비교교육학과 교육법학에 있어서 교육법 연구. 비교교육연구 27(6). 한국비교교육학회. 2017.
- 교육기본권 관점에서의 헌법 개정 논의. 교육법학연구 29(2). 대한교육법학회. 2017.
- 일본의 최근 교육개혁 정책의 특징과 평가. 비교교육연구 26(4). 한국비교교육학회. 2016.
- 학부모 연구의 입법적 과제와 교육법학적 접근. 교육법학연구 27(1). 대한교육법학회. 2015.
- 교육의원 일몰제의 규범적 타당성 진단연구. 교육법학연구 26(2). 대한교육법학회. 2014.
- 2014 교육감 주민직선 결과 및 쟁점 분석. 교육법학연구 26 (3). 대한교육법학회. 2014.
- 일본의 교육법학 연구 동향 분석(Ⅰ). 교육법학연구 24(1). 대한교육법학회. 2012.
- 교원 보수의 특별한 우대 입법 정신과 과제. 교육법학연구 24(3). 대한교육법학회. 2012
- 교권(敎權) 보호 법제화의 쟁점과 과제. 교육행정학연구 30 (41). 한국교육행정학회. 2012.

【주요 수상경력】

- 대한교육법학회 학술상 수상(제1회, 2017) 한국의 지방교육자치 입법정신에 관한 교육법학적 논의. 교육법학연구 29(1). 대한교육법학회. 2017.

한국 교육법학

초판발행 2022년 10월 25일

지은이 고 전
펴낸이 안종만 · 안상준

편 집 사윤지
기획/마케팅 이후근
표지디자인 이소연
제 작 고철민 · 조영환

펴낸곳 (주) 박영시
서울특별시 금천구 가산디지털2로 53, 210호(가산동, 한라시그마밸리)
등록 1959. 3. 11. 제300-1959-1호(倫)
전 화 02)733-6771
f a x 02)736-4818
e-mail pys@pybook.co.kr
homepage www.pybook.co.kr
ISBN 979-11-303-4327-3 93360

정 가 49,000원

이 저서는 2017년 대한민국 교육부와 한국연구재단의 지원을 받아
수행된 연구임(NRF-2017S1A6A4A01022130)